Der Weg in den Ersten Weltkrieg

Das deutsche Militär in der Julikrise 1914

von

Anscar Jansen

Tectum Verlag
Marburg 2005

Umschlagabbildungen: Gruppenbild deutscher Marineoffiziere, 1916
Maschinengewehr-Kompagnie im Schützengraben, 1914/1918.

Jansen, Anscar:
Der Weg in den Ersten Weltkrieg.
Das deutsche Militär in der Julikrise 1914.
/ von Anscar Jansen
- Marburg : Tectum Verlag, 2005
Zugl.: Marburg, Univ. Diss. 2003
ISBN 978-3-8288-8898-2

© Tectum Verlag

Tectum Verlag
Marburg 2005

Inhaltsverzeichnis

I   Vorwort 7

II   Einleitung..9
    II. 1 Der Erste Weltkrieg 9
    II. 2 Geschichte der Forschung zum Kriegsausbruch 10
    II. 3 Der Forschungsstand 14
        II. 3. a Das Militär in der Forschung 14
        II. 3. b Die Julikrise 22
        II. 3. c Das Militär in der Julikrise 27
    II. 4 Quellenlage 31
    II. 5 Fragestellung 35
        II. 5. a Grundlagen 36
        II. 5. b Kriegsvorbereitung 36
        II. 5. c Wie reagierte das deutsche Militär auf die Julikrise? 37
    II. 6 Methodik 38
        II. 6. a Das Militär als Teil der Gesellschaft 44
        II. 6. b Militär als eigenständige Organisation 46
        II. 6. c Der Einfluß der Persönlichkeit 48
    II. 7 Der Aufbau der Arbeit 48

III   Das deutsche Militär in einem Zeitalter der Unsicherheit 50

IV   Die Vorbereitung auf den Krieg:
        Deutsche Mobilmachungsplanung 123
    IV. 1 Die Entwicklung der Mobilmachungsplanungen 1900 bis 1914:
        Kriegsplan, Kriegsbild und Krisen 123
    IV. 2 Die Technik und ihr Einfluß auf die Mobilmachung 177
    IV. 3 „Antinationale Elemente" und die Mobilmachung 186

V   Die Julikrise 198
    V. 1 Die Julikrise: Vom Attentat in Sarajevo zum
        österreichisch-serbischen Krieg 198
        V. 1. a Die Julikrise: 28. Juni bis 22. Juli 198
        V. 1. b Die Julikrise: 23. bis 27. Juli 237
        V. 1. c Die Julikrise: 28. Juli 277
    V. 2 Die Julikrise: Vom Balkan- zum Weltkrieg 292
        V. 2. a Die Julikrise: 29. Juli 293
        V. 2. b Die Julikrise: 30. Juli 323
        V. 2. c Die Julikrise: 31. Juli 366
        V. 2. d Die Julikrise: 1. August 422
        V. 2. e Die Julikrise: Ausklang 473

VI Exkurs: Der Konflikt über die Verhaftungen in
    Schleswig Holstein 500

VII Zusammenfassung: Die deutschen Streitkräfte
    auf dem Weg in den Krieg 510

VIII Abkürzungsverzeichnis 525

IX Quellen- und Literaturverzeichnis 535
    IX. 1 Quellenverzeichnis 535
       IX. 1. a Gedruckte Quellen 535
       IX. 1. b Ungedruckte Quellen 538
    IX. 2 Literaturverzeichnis 542
       IX. 2. a Wörterbücher 542
       IX. 2. b Zeitgenössische Literatur 542
       IX. 2. c Literatur 543

I Vorwort

Die vorliegende Arbeit wäre ohne die Hilfe und Unterstützung zahlreicher Menschen nicht möglich gewesen. Ihnen soll deshalb an dieser Stelle mein tiefer Dank ausgesprochen werden.

Zunächsteinmal geht ein großes Dankeschön an meinen Doktorvater, Prof. Dr. P. Krüger, der mit Rat und Tat das Projekt betreut hat und immer Zeit für ein Gespräch hatte.

Dann wären hier die Mitarbeiter der besuchten Archive zu nennen. An der Spitze das Team von Dr. Fuchs im Bayerischen Hautstaatsarchiv-Kriegsarchiv. Mein schier unstillbarer Hunger nach Akten hätte ohne ihr Engagement nicht gestillt werden können.

Dank muß auch den zahlreichen Freunden quer durch Deutschland gesagt werden. Ihre Bereitwilligkeit Unterkunft zu bieten, hat das vorliegende Werk erst möglich gemacht. Darüber hinaus hat ihre Gastfreundschaft die Zeit der Archivreisen zu einem unvergeßlichen Abschnitt meines Lebens gemacht.

Ein Dank auch an die Freunde und Kollegen in Marburg, die sowohl durch fachliche Diskussionen, als auch durch das freundschaftliche Gespräch die Entstehung der Arbeit begleitet haben.

Ein tiefer Dank gilt meinen Eltern, deren ideelle und finanzielle Unterstützung zu keiner Zeit fehlte und die manches Unbill in Kauf genommen haben, um mir dieses Projekt zu ermöglichen.

Gleichfalls sei meinem Bruder gedankt, der mit niemals erlahmenden Eifer versuchte, mich aus dem Elfenbeinturm der Wissenschaft zurück ins wahre Leben zu locken.

Gewidmet sei diese Arbeit meinem Urgroßvater mütterlicherseits Wilhelm Schumacher (geboren 04.08.1883, gefallen 06.07.1917 bei Fontaine), der zu den Opfern des Krieges gehört, dessen Entstehung hier beschrieben wird.

Münster im Juli 2005

Anscar Jansen

II Einleitung

II. 1 Der Erste Weltkrieg

Beinahe 100 Jahre ist es her, seitdem der Erste Weltkrieg ausbrach. Die Ermordung des österreichisch-ungarischen Thronfolgers in Sarajewo und die folgende internationale Krise im Juli 1914 führten zu dem schrecklichsten Krieg, den die Menschheit bis dahin gekannt hatte. Der Erste Weltkrieg war gekennzeichnet durch den Einsatz neuer technischer Mittel im Kriegsgeschehen. Damit wurden neue Dimensionen sowohl in der Dauer als auch in der Zahl der Kriegsopfer erreicht.[1] Mit dem Ersten Weltkrieg endete eine Epoche. Er markierte das Ende der europäischen Dominanz in der Weltgeschichte.[2] Seine Konsequenzen betrafen alle Bereiche: „Der Erste Weltkrieg war der politische, wirtschaftliche und kulturelle Zusammenbruch des bisherigen Europa."[3] Die seit der Aufklärung herrschende Hoffnung auf eine kontinuierliche, fortschrittliche Entwicklung der Menschheit wurde brutal enttäuscht und sollte nie wiederkehren.[4] Keine der am Krieg beteiligten Großmächte sollte diesen Krieg unbeschadet überstehen.[5] Das vergangene Jahrhundert hat durch ihn eine tiefe Prägung erhalten. Seine Geschichte ist weitestgehend durch den Ersten Weltkrieg geprägt worden.[6] So kann man den zweiten Krieg als Versuch seitens Deutschlands interpretieren, die Ergebnisse des ersten zu revidieren.[7] Die historisch einmaligen Verbrechen, die dabei begangen wurden, haben dazu geführt, daß sich in Deutschland das historische Bewußtsein auf den Zweiten Weltkrieg konzentriert. Bei aller Beschäftigung mit dem Ersten war der Zweite – zumindest im Hinterkopf – immer präsent.[8] Dadurch hatte und hat dieses Thema jedoch immer noch eine gewisse Brisanz und Aktualität – und wird trotz der Fokussierung auf das Dritte Reich weiterhin ein Thema bleiben, welches die deutsche Geschichtswissenschaft be-

---

[1] M. van Crefeld: Command in War. Cambridge, Mass. 1985, S. 184.

[2] A. Hillgruber: Der historische Ort des Ersten Weltkrieges. S. 115, in: A. Hillgruber: Die Zerstörung Europas. Beiträge zur Weltkriegsepoche 1914 bis 1945. Frankfurt/M., Berlin 1988, S. 83-102; O. R. Holsti: Crisis. Escalation. War. Montreal, London 1972, S. 1; G. Ritter: Der Erste Weltkrieg. Studien zum deutschen Geschichtsbild. Bonn 1964, S. 11.

[3] E. Schulin: Die Urkatastrophe des zwanzigsten Jahrhunderts. S. 22, in: W. Michalka (Hg.): Der Erste Weltkrieg. Wirkung. Wahrnehmung. Analyse. München, Zürich 1994, S. 3-28.

[4] Ebd., S. 3.

[5] V. R. Berghahn: Sarajewo, 28. Juni 1914. Der Untergang des alten Europa. München 1997, S. 7.

[6] Hillgruber: Ort S. 109.

[7] Berghahn: Sarajewo S. 15.

[8] Zum anderen Bewußtsein in Großbritannien vgl. N. Ferguson: Der falsche Krieg. Der Erste Weltkrieg und das 20. Jahrhundert. Stuttgart 1999, S. 7 ff.

schäftigt. Mit den Konflikten auf dem Balkan, die nach dem Zusammenbruch des Kommunismus am Ende des 20. Jahrhunderts ausbrachen, erschien der Name Sarajewo wieder in den Schlagzeilen. Damit scheint sich eine Verbindungslinie vom Anfang zum Ende des vergangenen Jahrhunderts zu erstrecken. „Eine Welt oder auch nur ein Europa ohne Krieg – diese Vision hat sich am Ende des 20. Jahrhunderts als Illusion erwiesen."[9]

II. 2 Geschichte der Forschung zum Kriegsausbruch

Im Grunde ist die Frage nach den Ursachen des Kriegsausbruches 1914, nach den Schuldigen und Verantwortlichen bereits in den ersten Tagen des Krieges diskutiert worden. Die deutsche Seite betrieb von Anfang an eine zielbewußte Propaganda, die Deutschlands Unschuld belegen sollte.[10] Auf Seiten der Gegner des Reiches war man andererseits von der Schuld überzeugt.[11] Diese Überzeugung fand ihren Ausdruck im Artikel 231 des Versailler Vertrages, der die Schuld Deutschlands und seiner Verbündeten am Kriege konstatierte. Das Bekanntwerden dieses Artikels führte zu einer Propagandaoffensive seitens der deutschen Regierung, um vor allem in Hinblick auf die zu erwartenden Reparationsforderungen dem Vertrag sozusagen die moralische Grundlage zu entziehen.[12] Im Auswärtigen Amt wurde extra ein Kriegsschuldreferat eingerichtet, um diese Propaganda zu koordinieren und zu leiten.[13] Nach der Unterzeichnung des Vertrages von Versailles kam es darauf an, eine Grundlage für seine Revision anzubieten.[14] Versuche seitens des Reichstages durch einen Untersuchungsausschuß, die Vorgänge vor dem Krieg zu klären, sahen sich der Obstruktion und selektiver Weitergabe von Material seitens der Militärs und Beamten ge-

---

[9] Th. Kühne, B. Ziemann: Militärgeschichte in der Erweiterung. Konjunkturen, Interpretationen, Konzepte. S. 9, in: Th. Kühne, B. Ziemann (Hg.): Was ist Militärgeschichte? Paderborn, München, Wien, Zürich 2000, S. 9-46.

[10] B.-J. Wendt: Über den geschichtswissenschaftlichen Umgang mit der Kriegsschuldfrage. S. 16, in: K. J. Gantzel (Hg.): Wissenschaftliche Verantwortung und politische Macht. Berlin, Hamburg 1986, S. 3-63.

[11] W. Jäger: Historische Forschung und politische Kultur in Deutschland. Die Debatte 1914-1980 über den Ausbruch des Ersten Weltkrieges. Göttingen 1984, S. 17.

[12] E. Schraepler: Die Forschung über den Ausbruch des Ersten Weltkrieges im Wandel des Geschichtsbildes 1919-1969. S. 323, in: Geschichte in Wissenschaft und Unterricht, 23. Jg. 1972, S. 321-338.

[13] Ebd., S. 323; zur amtlichen deutschen Unschuldspropaganda siehe I. Geiss: Die manipulierte Kriegsschuldfrage. In: Militärgeschichtliche Mitteilungen, Bd. 34 1983, S. 31-60.

[14] Jäger S. 42.

genüber.[15] Dementsprechend können seine Ergebnisse nur „enttäuschend" genannt werden.[16] In der deutschen Geschichtswissenschaft herrschte Einigkeit, die sogenannte Kriegsschuldlüge zu widerlegen.[17] Dabei war die wissenschaftliche Debatte eingebettet in die politischen Auseinandersetzungen der Weimarer Republik. Ging es doch darum, „nationales Selbstbewußtsein zu erhalten, sich gegen die ‚vaterlandslose Linke' abzugrenzen [...]."[18] Wer eine kritische Auseinandersetzung mit der Vergangenheit einforderte – hauptsächlich Persönlichkeiten aus dem linksliberalen und sozialistischem Lager – stand damit jedoch sowohl in der Wissenschaft als auch in der Öffentlichkeit allein.[19] Somit war in der Weimarer Zeit eine echte Auseinandersetzung mit diesem Problem nicht möglich. International stand die Debatte ganz im Zeichen des Primats der Außenpolitik, dabei fand eine zunehmende Abwendung von der Alleinschuld Deutschlands hin zu einem Krieg „for which either everybody or nobody was responsible"[20]. Diese These des Hineinschlitterns wurde jedoch von deutschen Historikern abgelehnt.[21] Ging es doch darum, die Schuld der Entente am Kriegsausbruch darzulegen.

Nach dem Zweiten Weltkrieg fand die Debatte ihre Fortsetzung. In Deutschland wurden die Forschungen der Zwischenkriegszeit weiter geführt.[22] Nun ging es darum, nachzuweisen, daß eine Kontinuität zwischen beiden Kriegen nicht bestanden habe.[23] Es bestand sowohl in der deutschen Wissenschaft als auch in der Öffentlichkeit der Glaube an die Unschuld der Reichsleitung weiter.[24] Dabei

---

[15] U. Heinemann: Die verdrängte Niederlage. Politische Öffentlichkeit und Kriegsschuldfrage in der Weimarer Republik. Göttingen 1983, S. 158.

[16] Heinemann: Niederlage S. 204.

[17] Jäger S. 70.

[18] Wendt S. 16.

[19] Ebd., S. 15, 23. Zu der Debatte über den Krieg und die Erinnerung an ihn in der Weimarer Zeit siehe die Quellen in B. Ulrich, B. Ziemann: Krieg im Frieden. Die umkämpfte Erinnerung an den Ersten Weltkrieg. Quellen und Dokumente. Frankfurt/M. 1997.

[20] J. Joll: War Guilt 1914: A continuing Controversy. S. 62, in: P. Kluke, P. Alter (Hg.): Aspekte der deutsch-britischen Beziehungen im Laufe der Jahrhunderte. Stuttgart 1978, S. 60-80. Zur internationalen Debatte siehe auch G. Krumeich: Vergleichende Aspekte der „Kriegsschulddebatte" nach dem Ersten Weltkrieg. In: W. Michalka (Hg.): Der Erste Weltkrieg. Wirkung. Wahrnehmung. Analyse. München, Zürich 1994, S. 913-923. Der deutsche Forschungsstand vor Ausbruch des Zweiten Weltkrieges wird aufgezeigt in A. v. Wegerer: Der Ausbruch des Weltkrieges 1914. 2 Bde. Hamburg 1939.

[21] Jäger S. 110 ff.; Wendt S. 9.

[22] B. Thoß: Nationale Rechte, militärische Führung und Diktaturfrage in Deutschland 1913-1923. S. 31, in: Militärgeschichtliche Mitteilungen, Bd. 42 1987, S. 27-76.

[23] Jäger S. 109 f.

[24] Geiss: Kriegsschuldfrage S. 106.

wurde die anfänglich bekämpfte Auffassung von dem Hineinschlittern aller Mächte zunehmend auch in Deutschland übernommen.[25] Damit war auch international ein Konsens erreicht, der sich in den deutsch-französischen und deutsch-britischen Historikervereinbarungen zeigte.[26] Methodisch stand weiterhin die Diplomatiegeschichte mit ihrem Primat der Außenpolitik im Vordergrund.[27] So schien Ende der 50er Jahre die Weltkriegsforschung an einen gewissen Endpunkt gekommen zu sein.[28]

In dieser Situation publizierte Fritz Fischer seine Forschungen, und es kam zu einem völligen Umschwung in der Debatte. Fischers Untersuchungen zur Vorgeschichte und Geschichte des Ersten Weltkriegs leiteten eine neue Epoche ein.[29] Eigentlich hatte er nur die Kriegsziele des kaiserlichen Deutschlands untersuchen wollen, aber die Diskussion konzentrierte sich schnell auf seine Einschätzung der Rolle des Reiches bei der Entstehung des Weltkrieges. Betonte er doch die Hauptverantwortung der Reichsleitung für den Kriegsausbruch. Damit ist er in Deutschland auf erbitterten Widerstand gestoßen. Es entstand der erste Historikerstreit der jungen Bundesrepublik.[30] Dabei war das eigentlich Schockierende die Kontinuität zwischen beiden Kriegen, die Fischer herausstellte.[31] Damit stellte er die gesamte jüngere deutsche Geschichte in Frage: „Alles war

---

[25] Wendt S. 9.

[26] B. Thoß: Der Erste Weltkrieg als Ereignis und Erlebnis. Paradigmenwechsel in der westdeutschen Weltkriegsforschung seit der Fischer-Kontroverse. S. 1013 f., in: W. Michalka (Hg.): Der Erste Weltkrieg. Wirkung. Wahrnehmung. Analyse. München, Zürich 1994, S. 1012-1045; zur deutsch/französischen Vereinbarung Wendt S. 10.

[27] Jäger S. 157.

[28] Thoß: Weltkrieg S. 1012.

[29] Zunächst erschien 1961 F. Fischer: Griff nach der Weltmacht. Die Kriegszielpolitik des kaiserlichen Deutschland 1914/18. Der Titel erfuhr mehrere Auflagen; die neueste Düsseldorf 2002[4]; dann folgte 1969 F. Fischer: Krieg der Illusionen. Die deutsche Politik von 1911-1914. Der Band erlebte ebenfalls mehrere Auflagen, deren letzte Düsseldorf 1998[3] ist.

[30] V. Ullrich: Als der Thron ins Wanken kam. Das Ende des Hohenzollernreiches 1890-1918. Bremen 1993, S. 100; zur Fischer-Kontroverse siehe auch: W. J. Mommsen: Die deutsche „Weltpolitik" und der Erste Weltkrieg. In: Neue Politische Literatur, Bd. 16 1971, S. 482-492; V. R. Berghahn: Die Fischerkontroverse – 15 Jahre danach. In: Geschichte und Gesellschaft, Bd. 6 1980, S. 403-419; F. Fischer: Twenty-Five Years Later: Looking back at the ‚Fischer-Controversy' and its Consequences. In: Central European History, Vol. XXI 1988, S. 207-223; G. Schöllgen: Griff nach der Weltmacht? 25 Jahre Fischer-Kontroverse. In: Historisches Jahrbuch, Bd. 106 1986, S. 386-406; G. Schöllgen: „Fischer-Kontroverse" und Kontinuitätsproblem. Deutsche Kriegsziele im Zeitalter der Weltkriege. In: A. Hillgruber, J. Dülffer (Hg.): Ploetz. Geschichte der Weltkriege. Mächte, Ereignisse, Entwicklungen 1900-1945. Freiburg, Würzburg 1981, S. 163-178; E. Zechlin: Zum Kriegsausbruch 1914. Die Kontroverse. In: Geschichte in Wissenschaft und Unterricht, 35. Jg. 1984, S. 211-221.

[31] Schöllgen: Fischer-Kontroverse S. 163.

falsch – sogar das Bismarckreich."[32] Dabei galt den älteren Historikern doch gerade das Bismarckreich als historische Legitimation für die Politik der Gegenwart – besonders in Bezug auf das Verhältnis zur DDR und der angestrebten Wiedervereinigung.[33] Fischer und seine Schüler sahen aber in der Abkehr von derartigen Überlegungen eine Grundvoraussetzung für Deutschlands friedliche Entwicklung in der Zukunft`.[34] Eben diese unterschiedlichen Voraussetzungen erklären die Heftigkeit der Debatte.[35] Wurden seine Überlegungen in Westdeutschland in den 60ern zunächst abgelehnt, standen die Historiker des Auslandes seinen Ideen positiver gegenüber.[36] So reicht die Wirkung seiner Arbeiten über Deutschland hinaus.[37]

Aber Fischer bot nicht nur neue Interpretationen. Seine Bemühungen, die Haltung der Reichsleitung nicht nur vom außenpolitischen Standpunkt aus, sondern auch von innenpolitischen und ökonomischen Aspekten her zu verstehen, sollten sich als zukunftsträchtig erweisen. Fischer wurde damit zum Wegbereiter einer neuen Generation von Historikern, die sich vermehrt den innenpolitischen Seiten der Entwicklung zuwandten. Das Primat der Außenpolitik mußte einem Primat der Innenpolitik weichen.[38] Dies führte zu einer grundlegenden Neuinterpretation der Vorgeschichte und Entstehung des Ersten Weltkrieges:[39] als die innenpolitische Krise des Reiches unkontrollierbar wurde, haben die führenden Gesellschaftsschichten die Flucht in den Krieg angetreten.[40] Die Diskussion bewegte sich dabei zunehmend weg von der Julikrise hin zu ihrer Vorgeschichte. Dabei

---

[32] Ferguson: Krieg S. 27. Zu der Einbettung Fischers und seiner Nachfolger in das geistige Klima der sechziger Jahre siehe M. Salewski: Der Erste Weltkrieg. Paderborn, München, Wien, Zürich 2003, S. 24 f.

[33] K. H. Jarausch: World Power or tragic Fate? The Kriegsschuldfrage as historical Neurosis. S. 74, in: Central European History, Vol. V 1972, S. 72-92.

[34] Jäger S. 139 f.

[35] N. Ferguson: Germany and the Origins of the First World War: New Perspectives. S. 727, in: The Historical Journal, Vol. 35 1992, S. 725-752.

[36] Jäger S. 150.

[37] Sowohl die britische als auch die amerikanische Forschung wurden von Fischers Thesen beeinflußt, siehe P. Simkins: Britain and the First World War. A Review of recent Historiography. S. 146, in: J. Rohwer (Hg.): Neue Forschungen zum Ersten Weltkrieg. Koblenz 1985, S. 145-161; J. Kipp: `Over there`: World War I in recent American Military Historiography. An Overview. S. 388, in: J. Rohwer (Hg.): Neue Forschungen zum Ersten Weltkrieg. Koblenz 1985, S. 383-406.

[38] Joll: War Guilt S. 64; Wendt S. 46.

[39] Jäger S. 169.

[40] Ebd., S. 171.

veränderte sich das Bild des kaiserlichen Deutschlands: es erschien nun als gescheiterte Großmacht.[41]

Fischers Forschungen bewirkten ein neues Interesse an der Erforschung der Julikrise und ihrer Vorgeschichte. Das Quellenmaterial wurde neu interpretiert und zahlreiche Publikationen entstanden.[42] Allerdings war mit der Fischer-Kontroverse auch der Konsens in der Forschung dahin, ohne daß sich bis heute ein neuer etablieren konnte.[43]

II. 3 Der Forschungsstand

Verschiedene Aspekte werden in der vorliegenden Arbeit miteinander verbunden. So handelt es sich zum einen um die Erforschung der Julikrise 1914, zum anderen um einen Teil der Geschichte des deutschen Militärs. Aber auch das Militär in der Julikrise ist in der Forschung behandelt worden. So soll im folgenden zunächst der Stand der allgemeinen militärgeschichtlichen Forschung nachgezeichnet werden. Danach wird der Frage des Forschungsstandes zur Julikrise nachzugehen sein. Abschließend sollen die Aussagen der Forschung zu der Rolle, die das Militär in der Julikrise spielte, zusammengefaßt werden. Selbstverständlich handelt es sich dabei um einen Teil der Forschungen zum Kriegsausbruch, der nicht isoliert betrachtet werden kann.

II. 3. a Das Militär in der Forschung

Geschichtsschreibung über militärische Sachverhalte läßt sich nicht von der allgemeinen Geschichtsschreibung abkoppeln. So ist auch die Forschung über das deutsche Militär nachhaltig von der Entwicklung der wissenschaftlichen Diskussion beeinflußt worden.[44]

---

[41] Ebd., S. 154.

[42] Schöllgen: Griff S. 394.

[43] V. Ullrich: Die nervöse Grossmacht. Aufstieg und Untergang des deutschen Kaiserreiches 1871-1918. Frankfurt/M. 1997², S. 251; H. Strachan: The First World War: Causes and Course. S. 229, in: The Historical Journal, Vol. 29 1986, S. 227-255; M. Fröhlich: Imperialismus. Deutsche Kolonial- und Weltpolitik 1880-1914. München 1994, S. 194 f.; zur andauernden Diskussion siehe auch U. Heinemann: Kriegsschuld 1914. Nach wie vor ein publizistischer Dauerbrenner. In: W. Michalka (Hg.): Die deutsche Frage in der Weltpolitik. Neue Politische Literatur, Beihefte 3 Stuttgart 1986, S. 127-135.

[44] Siehe dazu W. Deist: Bemerkungen zur Entwicklung der Militärgeschichte in Deutschland. In: Th. Kühne, B. Ziemann (Hg.): Was ist Militärgeschichte? Paderborn, München, Wien, Zürich 2000, S. 315-322.

Unter Militär sollen hier – wie auch im weiteren Verlauf der Arbeit – sowohl Heer als auch Marine verstanden werden. Die in den Kolonien stationierten Schutztruppen ergänzten sich zwar aus dem Heimatheer, unterstanden jedoch über das Reichs-Kolonialamt, welches ein eigenes Oberkommando organisierte, direkt dem Reichskanzler.[45] Damit stellen sie einen Sonderfall dar.

Die ältere deutsche Militärgeschichtsschreibung war Militärgeschichtsschreibung im engsten Sinne des Wortes. Das Militär wurde gleichsam losgelöst von der Gesellschaft, die es umgab, von wirtschaftlichen, technischen u.a. Veränderungen betrachtet. Allein das Militärspezifische fand Berücksichtigung. Es wurde reine Institutions- bzw. Kriegsgeschichte betrieben. Hauptmotivation für die Geschichtsschreibung war, aus den Kriegen der Vergangenheit etwas für die Kriege der Zukunft zu lernen.[46] Kennzeichnend für diese Epoche war, daß die Militärgeschichtsschreibung von Offizieren betrieben wurde. In der Person des 1929 verstorbenen Berliner Professors Hans Delbrück existierte zwar ein Militärgeschichtsschreiber, der sich an der Universität betätigte und der als Vater der wissenschaftlichen Militärgeschichtsschreibung gilt, dabei jedoch keine Nachahmer fand.[47]

Es entstand so eine Vielzahl von Werken, die sich mit den unterschiedlichsten Aspekten der Militärgeschichte beschäftigten. Beispielhaft dafür können die nach dem Ersten Weltkrieg entstandenen Werke des Reichs- bzw. Marinearchivs stehen.[48] Daneben gab es die breite Beschäftigung hoher Offiziere, die der Frage nachgingen, wie man den Krieg doch hätte gewinnen bzw. wie man den nächsten besser führen könne.[49] Vorherrschend waren dabei technische Aspekte, die

---

[45] E. Graf v. Matuschka: Organisationsgeschichte des Heeres 1890 bis 1918. S. 203, in: Militärgeschichtliches Forschungsamt (Hg.): Handbuch zur deutschen Militärgeschichte 1648-1939. Bd. 3 Abschnitt V Herrsching 1983, S. 157-283.

[46] M. Pöhlmann: Kriegsgeschichte und Geschichtspolitik. Die amtliche deutsche Militärgeschichtsschreibung 1914-1956. Paderborn, München, Wien, Zürich 2002, S. 49.

[47] W. Wette: Militärgeschichte zwischen Wissenschaft und Politik. S. 52 f., in: Th. Kühne, B. Ziemann (Hg.): Was ist Militärgeschichte? Paderborn, München, Wien, Zürich 2000, S. 49-71.

[48] So die in der Reihe „Forschungen und Darstellungen aus dem Reichsarchiv" erschienen Werke: H. Cron: Die Organisation des deutschen Heeres im Weltkriege. Berlin 1923; L. Frhr. Rüdt v. Collenberg: Die deutsche Armee von 1871-1914. Berlin 1922; Th. v. Schäfer: Generalstab und Admiralstab. Das Zusammenwirken von Heer und Flotte im Weltkrieg. Berlin 1931. Daneben noch die vielbändigen offiziösen Werke zum Ersten Weltkrieg, in denen viele Aspekte u. a. auch die Kriegswirtschaft etc. ihre Berücksichtigung fanden. Zu den Werken aus dem Reichsarchiv siehe Pöhlmann S. 157 ff., 216 ff.

[49] Beispielhaft für ersteres: W. Groener: Das Testament des Grafen Schlieffen. Berlin 1927; W. Groener: Der Feldherr wider Willen. Berlin 1931^3; für letzteres: Frhr. H. v. Freytag-Loringhoven: Heerführung im Weltkriege. Vergleichende Studien. 2 Bde. Berlin 1920/1921.

herausgehoben und unabhängig von den gesellschaftlichen und politischen Umständen betrachtet wurden. Ferner betonte man die scheinbare Objektivität dieser Aspekte.[50]

Die Ankündigung eines Perspektivenwechsels ergab sich in den 20er Jahren: Kehr und Endres erweiterten den Gesichtspunkt, indem sie soziologische Ansätze zur Untersuchung des Militärs heranzogen.[51] Diese Ansätze zeigten zunächst jedoch keine Wirkung. Bis in die 50er Jahre herrschte immer noch die Institutions- und Kriegsgeschichte vor.[52] Obwohl sich einzelne Historiker auf dem Gebiet der Militärgeschichte stark engagierten, änderte dies nichts an der Tatsache, daß der Großteil der Fachwelt von diesem Fachgebiet kaum Notiz nahm.[53]

Erst im Zuge der allgemeinen Umorientierung der Geschichtswissenschaft in den 60er Jahren sollten die Ansätze der 20er Jahre wieder aufgenommen werden. Die bisherige Methodik und Zielsetzung der Militärgeschichte wurde zunehmend kritisiert.[54] Ritters Beschäftigung mit dem Schlieffenplan und – als Reaktion auf Fritz Fischer entstandene – voluminöse Untersuchungen zum

---

[50] Krumeich G.: Sine ira et studio? Ansichten einer wissenschaftlichen Militärgeschichte. S. 97, in: Kühne Th., Ziemann B. (Hg.): Was ist Militärgeschichte? Paderborn, München, Wien, Zürich 2000, S. 91-102.

[51] U. a. E. Kehr: Zur Genesis des Königlich Preußischen Reserveoffiziers. In: H.-U. Wehler (Hg.): Eckart Kehr. Das Primat der Innenpolitik. Gesammelte Aufsätze zur preußischdeutschen Sozialgeschichte im 19. und 20. Jahrhundert. Berlin 1965, S. 53-63; E. Kehr: Klassenkämpfe und Rüstungspolitik im kaiserlichen Deutschland. In: ebd., S. 87-110; E. Kehr: Soziale und finanzielle Grundlagen der Tirpitzschen Flottenpropaganda. In: ebd., S. 130-148; F. C. Endres: Soziologische Struktur und ihr entsprechende Ideologien des deutschen Offizierskorps vor dem Weltkriege. In: Archiv für Sozialwissenschaft und Sozialpolitik, Bd. 58 1927, S. 282-319.

[52] Th. Mergel: Politikbegriffe in der Militärgeschichte. Einige Beobachtungen und ein Vorschlag. S. 145 ff., in: Th. Kühne, B. Ziemann (Hg.): Was ist Militärgeschichte? Paderborn, München, Wien, Zürich 2000, S. 141-156. Beispielhaft seien hier genannt W. Hubatsch: Der Admiralstab und die obersten Marinebehörden in Deutschland 1848-1945. Frankfurt/M. 1958; W. Görlitz: Der deutsche Generalstab. Geschichte und Gestalt 1657-1945. Frankfurt/M. 1950.

[53] Pöhlmann S. 16; Wette S. 49, 58.

[54] Siehe die neu abgedruckten Diskussionsbeiträge der Jahre 1960/61 wie H. Meier-Welcker: Unterricht und Studium in der Kriegsgeschichte angesichts der radikalen Wandlung im Kriegswesen. In: Militärgeschichtliches Forschungsamt (Hg.): Militärgeschichte. Probleme-Thesen-Wege. Stuttgart 1982, S. 18-26; H. Heidegger: Kann Kriegsgeschichtsunterricht heute noch einen praktischen Nutzen haben? In: ebd., S. 26-33; F. Forstmeier: Sinn und Wert des kriegsgeschichtlichen Unterrichts. „Innerer Nutzen" oder „Applikatorische Methode"? In: ebd., S. 33-37; G. Papke: Was ist Kriegsgeschichte? In: ebd., S. 38-47; Zielsetzung und Methode der Militärgeschichtsschreibung. In: ebd., S. 48-59; B. Wegner: Kliometrie des Krieges? Ein Plädoyer für eine quantifizierende Militärgeschichtsforschung in vergleichender Absicht. In: ebd., S. 60-78.

Problem des Militarismus in Deutschland markieren einen Übergang.[55] Zwar steht bei ihm immer noch die Außenpolitik im Vordergrund, aber im Gegensatz zur älteren Forschung finden sich hier die ersten kritischen Worte. Hatte Craig schon auf die wichtige Funktion der Armee als Bestandteil der inneren Politik in Preußen und später Deutschland hingewiesen,[56] so wurde dies nun zu einem neuen Schwerpunkt der Forschung. Dabei wurden Rückgriffe auf sozialwissenschaftliche Fragestellungen angewandt.[57]

Am deutlichsten wurde dies vielleicht bei Berghahns Forschungen über den Tirpitz-Plan.[58] Seine Untersuchungen dehnte er später auf die Gesamtrüstungspolitik des Kaiserreichs aus.[59] In beiden Fällen sieht er die eigentliche Motivation im innenpolitischen Bereich. Rüstung als Mittel der herrschenden Eliten, ihre Macht zu erhalten, sei wichtiger gewesen als die Bedrohung durch andere Länder. Ganz in der Tradition dieses Primats der Innenpolitik steht auch Schulte.[60] Dem vorrangigen Ziel, den innenpolitischen status quo zu verteidigen, habe die Armee Opfer bringen müssen: auf allen Gebieten – sei es taktisch, sei es technisch, sei es rüstungsmäßig – sei sie gehindert worden, auf der Höhe der Zeit zu bleiben. Auch die Marine wurde unter diesem Aspekt erforscht.[61] Durch diesen sozialgeschichtlichen Ansatz geriet die soziale Zusammensetzung des deutschen Offizierskorps ins Blickfeld der Forschung. Die dabei beobachtete soziale Homogenität und ihre Grundlagen in den Zugangsbeschränkungen und der Ausbil-

---

[55] G. Ritter: Der Schlieffenplan. Kritik eines Mythos. München 1956; G. Ritter: Staatskunst und Kriegshandwerk. Das Problem des „Militarismus" in Deutschland. 4 Bde. München 1954-1968.

[56] G. A. Craig: The Politics of the Prussian Army 1640-1945. London, Oxford, New York 1964².

[57] V. R. Berghahn: Militär, industrialisierte Kriegsführung und Nationalismus. S. 20, in: Neue Politische Literatur, Bd. 26 1981, S. 20-41.

[58] V. R. Berghahn: Zu den Zielen des deutschen Flottenbaus unter Wilhelm II. In: Historische Zeitschrift, Bd. 210 1970, S. 34-100; V. R. Berghahn: Der Tirpitz-Plan. Genesis und Verfall einer innenpolitischen Krisenstrategie unter Wilhelm II. Düsseldorf 1971; V. R. Berghahn: Des Kaisers Flotte und die Revolutionierung des Mächtesystems vor 1914. In: J. C. G. Röhl (Hg.): Der Ort Kaiser Wilhelms II. in der deutschen Geschichte. München 1991, S. 173-188.

[59] V. R. Berghahn: Rüstung und Machtpolitik. Zur Anatomie des „Kalten Krieges" vor 1914. Düsseldorf 1973; siehe auch St. Förster: Rüstungspolitik als Objekt politischer Gruppeninteressen. Die Heeresvorlage von 1904/05. In: J. Dülffer (Hg.): Parlamentarische und öffentliche Kontrolle von Rüstung in Deutschland 1700-1970. Beiträge zur historischen Friedensforschung. Düsseldorf 1992, S. 79-95.

[60] B.-F. Schulte: Die deutsche Armee 1900-1914. Zwischen Beharren und Verändern. Düsseldorf 1977.

[61] H. H. Herwig: „Luxury" Fleet: The Imperial German Navy 1888-1918. London, Boston, Sydney 1980.

dung fanden Berücksichtigung.[62] Die besondere Stellung des Militärs im wilhelminischen Kaiserreich und seiner Gesellschaft wurde beschrieben.[63] Ebenso wurde der Einfluß der innenpolitischen Struktur des Reiches auf die deutschen strategischen Planungen untersucht.[64] Ja, sogar die Sozialgeschichte einzelner Waffen fand ihren Historiker.[65] Die Debatte wandte sich bald dem Problem des Militarismus zu und verließ so den eigentlichen militärischen Rahmen.[66] Auch Untersuchungen zur wirtschaftlichen Vorbereitung des Krieges überschritten diese Grenze.[67] Der Versuch, die Flotte durch eine Werbekampagne populär zu machen und damit die von Tirpitz angestrebte Rüstung auch in der Öffentlich-

---

[62] D. Bald: Sozialgeschichte der Rekrutierung des deutschen Offizierskorps von der Reichsgründung bis zur Gegenwart. In: Bundesministerium der Verteidigung (Hg.): Schriftenreihe Innere Führung. Heft 29 München 1977, S. 15-49; D. Bald: Der deutsche Generalstab 1859-1939. Reform und Restauration in Ausbildung und Bildung. München 1977; D. Bald: Der deutsche Offizier. Sozial- und Bildungsgeschichte des deutschen Offizierskorps im 20. Jahrhundert. München 1982; W. Deist: Zur Geschichte des preussischen Offizierskorps 1888-1918. In: H. H. Hofmann, Militärgeschichtliches Forschungsamt (Hg.): Das deutsche Offizierskorps 1860-1960. Boppard/Rhein 1980, S. 39-57; J. Fischer: Das württembergische Offizierskorps 1866-1918. In: ebd., S. 99-138; Frhr. Th. v. Fritsch-Seerhausen: Das sächsische Offizierskorps 1867-1918. In: ebd., S. 59-73; H. Rumschöttel: Das bayerische Offizierskorps 1866-1918. In: ebd., S. 78-98 (im folgenden Rumschöttel I); H. Rumschöttel: Das bayerische Offizierskorps 1866-1914. Berlin 1973 (im folgenden Rumschöttel II).

[63] W. Deist: Die Armee in Staat und Gesellschaft 1890-1914. In: W. Deist: Militär, Staat und Gesellschaft. Studien zur preußisch-deutschen Militärgeschichte. München 1991, S. 19-43 (zuerst erschienen in: M. Stürmer (Hg.): Das kaiserliche Deutschland. Politik und Gesellschaft 1870-1918. Düsseldorf 1970, S. 312-339); W. Deist: Armee und Arbeiterschaft 1905-1918. In: Militärgeschichtliches Forschungsamt (Hg.): Militärgeschichte. Probleme-Thesen-Wege. Stuttgart 1982, S. 171-190 (überarbeitete Version eines ursprünglich 1975 erschienenen Aufsatzes in: Francia. Forschungen zur westeuropäischen Geschichte. Bd. 2 München 1975, S. 458-481).

[64] L. L. Farrar: The Short War Illusion. The Syndrome of German Strategy August-December, 1914. In: Militärgeschichtliche Mitteilungen, Bd. 12 1972, S. 39-52; L. L. Farrar: The Short-War Illusion. German Policy, Strategy & Domestic Affairs August-December 1914. Oxford 1973.

[65] J. Ellis: The Social History of the Machine Gun. Baltimore 1986².

[66] Vgl. V. R. Berghahn: Militarismus. Die Geschichte einer internationalen Debatte. Hamburg, Leamington Spa, New York 1986; St. Förster: Der deutsche Militarismus im Zeitalter des totalen Krieges. In: Neue Politische Literatur, Bd. 27 1982, S. 133-146; R. Chickering: Der „Deutsche Wehrverein" und die Reformen der deutschen Armee 1912-1914. In: Militärgeschichtliche Mitteilungen, Bd. 25 1979, S. 7-33; M. S. Coetzee: The German Army League. Popular Nationalism in Wilhelmine Germany. New York, Oxford 1990; Th. Rohkrämer: Der Militarismus der „kleinen Leute". Die Kriegervereine im deutschen Kaiserreich 1871-1914. München 1990; E. Willems: Der preußisch-deutsche Militarismus. Ein Kulturkomplex im sozialen Wandel. Köln 1984.

[67] L. Buchardt: Friedenswirtschaft und Kriegsvorsorge. Deutschlands wirtschaftliche Rüstungsbestrebungen vor 1914. Boppard 1968.

keit und im Reichstag durchzusetzen, zeigt, daß zumindest die Marine bereit war, neue Wege zur Durchsetzung ihrer Ziele zu gehen.[68] Kritik gegen die Betonung der Innenpolitik begann sich bald zu regen.[69] Die entsprechende Forschung sah in den Militärs Leute, die aus rationalen Gründen einer gewissen Politik folgten.[70] Gefordert wurde eine breitere und genaue Analyse der verschiedenen Motivationsmuster, wobei auch Aspekte wie Mentalitäten, kulturelle Vorprägungen und Traditionen mit einzubeziehen waren. Der Gedanke, allein die Innenpolitik und zwar unverändert zwischen 1871 und 1918 habe das Militär bestimmt, wurde zurückgewiesen. Teilweise wurde diese Kritik von der sozialgeschichtlichen Forschung akzeptiert und alte Forschungspositionen erweitert.[71] Dabei machte sich vor allem bemerkbar, daß sich die ideologischen Blöcke, die in den 70er und 80er Jahren die Forschung beherrscht hatten, aufzulösen begannen.[72] Der Versuch, eine breitere Basis anzulegen und ältere Ergebnisse zu kritisieren, hat zu einer Vielzahl von Arbeiten geführt. Dabei wurden die unterschiedlichsten Faktoren untersucht. Es erschienen Arbeiten, die sowohl die innen- als auch die außenpolitische Seite der Funktion des Militärs

---

[68] W. Deist: Flottenpolitik und Flottenpropaganda. Das Nachrichtenbüro des Reichsmarineamts 1897-1914. Stuttgart 1976.

[69] Siehe Messerschmidts Diskussion der Forschung in: M. Messerschmidt: Militär und Politik in der Bismarckzeit und im wilhelminischen Deutschland. Darmstadt 1975, S. 75 ff.; und M. Geyer: Die Geschichte des deutschen Militärs von 1860 bis 1945. Ein Bericht über die Forschungslage (1945-1975). In: H.-U. Wehler (Hg.): Die moderne deutsche Geschichte in der internationalen Forschung 1945-1975. Göttingen 1978, S. 256-286; generell die Aufsatzsammlung G. Eley: From Unification to Nazism. Reinterpreting the German Past. Boston, London, Sydney 1986. Für eine „dialektische Verknüpfung beider ‚Primate'" trat Geiss ein.- I. Geiss: „Weltpolitik": Die deutsche Version des Imperialismus. S. 148, in: G. Schöllgen (Hg.): Flucht in den Krieg? Die Außenpolitik des kaiserlichen Deutschland. Darmstadt 1991, S. 148-169. Und jüngst Salewski S. 61 ff.; pointiert: „Der Sozialimperialismus ist ein Schreibtischphänomen von Historikern [...]." - Ebd. S. 63.

[70] J. Dülffer: Militärgeschichte und politische Geschichte. S. 135, in: Th. Kühne, B. Ziemann (Hg.): Was ist Militärgeschichte? Paderborn, München, Wien, Zürich 2000, S. 127-139.

[71] B. F. Schulte: Die Kaisermanöver 1893 bis 1913. Evolution ohne Chance. S. 244, in: F. Estenbauer, H. Kalkbrenner, M. Mattmüller, L. Roemheld (Hg.): Von der freien Gemeinde zum förderalistischen Europa. Festschrift für Adolf Gasser zum 80. Geburtstag. Berlin 1983, S. 243-259. M. Funck: Militär, Krieg und Gesellschaft. Soldaten und militärische Eliten in der Sozialgeschichte. S. 162 ff., in: Th. Kühne, B. Ziemann (Hg.): Was ist Militärgeschichte? Paderborn, München, Wien, Zürich 2000, S. 157-174. Siehe auch Berghahn: Militär. Eine Verteidigung der älteren Betrachtungsweise, die sich an Clausewitz Diktum, der Krieg sei die Fortführung der Politik mit anderen Mitteln, orientiert, bietet St. Förster: „Vom Kriege". Überlegungen zu einer modernen Militärgeschichte. In: Th. Kühne, B. Ziemann (Hg.): Was ist Militärgeschichte? Paderborn, München, Wien, Zürich 2000, S. 265-281.

[72] Krumeich: ira S. 92.

berücksichtigten.[73] Biographische Ansätze und Untersuchungen zu einzelnen Persönlichkeiten und ihrem Umfeld fanden Verwendung.[74] Grundlagen und Voraussetzungen der Kriegsplanung wurden untersucht.[75] Angeregt durch mentalitätsgeschichtliche Forschungen wurden Kriegserwartung und Kriegsbild der Militärs berücksichtigt.[76] Einer erneuten Betrachtung wurde auch die Rüstung unterzogen.[77]

Stand in der bisherigen Forschung fest, daß die deutschen Militärs mit einem kurzen Krieg gerechnet haben, so wurde diese Ansicht von Förster kritisch untersucht und widerlegt.[78]

---

[73] W. Deist: Die Armee des autoritären Nationalstaates im totalen Krieg. In: E. W. Hansen, G. Schreiber, B. Wegner (Hg.): Politischer Wandel, organisierte Gewalt und nationale Sicherheit. Beiträge zur neueren Geschichte Deutschlands und Frankreichs. Festschrift für Klaus-Jürgen Müller. München 1995, S. 95-108.

[74] H. Afflerbach: Falkenhayn. Politisches Denken und Handeln im Kaiserreich. München 1996²; W. Deist: Kaiser Wilhelm II. in the Context of his military and naval Entourage. In: J. C. G. Röhl, N. Sombart (ed.): Kaiser Wilhelm II. New Interpretations. The Corfu Papers. Cambridge 1982, S. 169-192; W. Deist: Kaiser Wilhelm II. als Oberster Kriegsherr. In: J. C. G. Röhl (Hg.): Der Ort Kaiser Wilhelms II. in der deutschen Geschichte. München 1991, S. 25-42.

[75] A. Bucholz: Moltke, Schlieffen and Prussian War Planning. New York, Oxford 1991; M. Kutz: Realitätsflucht und Aggression im deutschen Militär. Baden-Baden 1990; G. E. Rothenberg: Moltke, Schlieffen, and the Doctrine of Strategic Envelopment. In: P. Paret (ed.): Makers of modern Strategy from Machiavelli to the nuclear Age. Oxford 1986, S. 296-325; W. Rahn: Seestrategisches Denken in der deutschen Marine 1914-1945. In: E. W. Hansen, G. Schreiber, B. Wegner (Hg.): Politischer Wandel, organisierte Gewalt und nationale Sicherheit. Beiträge zur neueren Geschichte Deutschlands und Frankreichs. Festschrift für Klaus-Jürgen Müller. München 1995, S. 143-160; J. Snyder: The Ideology of the Offensive. Military Decision Making and the Disasters of 1914. Ithaka, London 1984; J. L. Wallach: The Dogma of the Battle of Annihilation. The Theories of Clausewitz and Schlieffen and their Impact on the German Conduct of two World Wars. Westport, London 1986.

[76] D. Bald: Zum Kriegsbild der militärischen Führung im Kaiserreich. In: J. Dülffer, K. Holl (Hg.): Bereit zum Krieg. Kriegsmentalität im wilhelminischen Deutschland 1890-1914. Beiträge zur historischen Friedensforschung. Göttingen 1986, S. 146-160; J. Dülffer: Kriegserwartung und Kriegsbild in Deutschland vor 1914. In: W. Michalka (Hg.): Der Erste Weltkrieg. Wirkung. Wahrnehmung. Analyse. München, Zürich 1994, S. 778-799.

[77] M. Epkenhans: Die wilhelminische Flottenrüstung 1908-1914. Weltmachtstreben, industrieller Fortschritt, soziale Integration. München 1991; St. Förster: Der doppelte Militarismus. Die deutsche Heeresrüstungspolitik zwischen Status-Quo-Sicherung und Aggression 1890-1913. Stuttgart 1985; M. Geyer: Deutsche Rüstungspolitik 1860-1980. Frankfurt/M. 1984; mit Betonung der Außenpolitik: D. G. Herrmann: The Arming of Europe and the Making of the First World War. Princeton 1997².

[78] St. Förster: Der deutsche Generalstab und die Illusion des kurzen Kriegs. Metakritik eines Mythos. In: Militärgeschichtliche Mitteilungen, Bd. 54 1995, S. 61-95.

Betont ein Teil der Forschung die Unfähigkeit der deutschen Militärs, die Erfordernisse einer neuen Zeit zu berücksichtigen, so kommt eine andere Forschungsrichtung, die sich hauptsächlich am Militärfachlichen und dem Vergleich zu anderen Armeen orientiert, zu genau entgegengesetzten Ergebnissen: in der deutsche Armee habe ein großes Potential an Modernität und Innovation gelegen.[79] Es fehlt allerdings eine moderne Untersuchung der gerade unter dem Aspekt der Innovationsfreudigkeit wichtigen Beziehung des Militärs zur Technik.[80]

In jüngster Zeit wandte sich das Interesse vor allem der Alltagsgeschichte des kleinen Mannes und der Regionalgeschichte zu.[81] Dabei verarbeitete man in Deutschland Anstöße aus dem englischsprachigen Raum.[82] Auch die mittlere Ebene des Offizierskorps wird nun beleuchtet.[83] Eine mentalitätsgeschichtliche Untersuchung der militärischen Führungsspitze steht jedoch noch aus.[84] Dies hängt sicherlich mit einer Betrachtungsweise zusammen, die sich auf den einfachen Soldaten konzentriert. Die neue Geschlechterforschung betätigte sich ebenfalls auf dem Gebiet der Streitkräfte.[85] Auch diesen neuen Ansätzen, die sich unter dem Sammelbegriff der Kulturgeschichte zusammenfassen lassen, betonen die enge Beziehung des Militärs zu seinem gesellschaftlichen Umfeld.[86] Mit all diesen Trends einhergehend, erfreute sich die Militärgeschichte in Deutschland eines vermehrten Interesses durch die Historiker.[87]

---

[79] T. N. Dupuy: A Genius for War. The German Army and General Staff, 1807-1945. Falls Church 1997[8]; B. I. Gudmundsson: Stormtroop Tactics. Innovation in the German Army, 1914-1918. Westport, London 1995[2].

[80] Dazu siehe St. Kaufmann: Technisiertes Militär. Methodische Überlegungen zu einem symbiotischen Verhältnis. In: Th. Kühne, B. Ziemann (Hg.): Was ist Militärgeschichte? Paderborn, München, Wien Zürich 2000, S. 195-209.

[81] Siehe G. Krumeich: Kriegsalltag vor Ort. Regionalgeschichtliche Neuerscheinungen zum Ersten Weltkrieg in Deutschland. In: Neue Politische Literatur, Bd. 34 1994, S. 187-202; B. Ulrich: „Militärgeschichte von unten." Anmerkungen zu ihren Ursprüngen, Quellen und Perspektiven im 20. Jahrhundert. In: Geschichte und Gesellschaft, Bd. 22 1996, S. 473-503; Thoß: Weltkrieg; für die einfachen Soldaten siehe A. Lipp: Diskurs und Praxis. Militärgeschichte als Kulturgeschichte. S. 217, in: Th. Kühne, B. Ziemann (Hg.): Was ist Militärgeschichte? Paderborn, München, Wien, Zürich 2000, S. 211-227.

[82] Kühne, Ziemann S. 14.

[83] Siehe Bericht über die Tagung des Militärgeschichtlichen Forschungsamtes J. Encke: Mit dem Körper eine Bresche schlagen. Im Staub der Militärarchive tummelt sich der gedrillte Geist. In Potsdam widmete sich eine Tagung der inneren Mobilmachung von Weltkriegsteilnehmern. In: FAZ, 22.03.01.

[84] Krumeich: ira S. 100.

[85] Kühne, Ziemann S. 16.

[86] Lipp S. 227.

[87] Kühne, Ziemann S. 9, 18; Wette S. 49; Funck S. 158 ff.

Militärgeschichte ist – wie dieser kurze und unvollständige Überblick zeigt – mittlerweile ein Fachgebiet geworden, daß an den Strömungen der Forschung partizipiert. Nur betrachtet sie alles aus einem speziellen Gesichtswinkel, eben dem des Militärs.[88] Dementsprechend muß sich Militärgeschichte mit dem Militär als Bestandteil des innerstaatlichen Systems, im gesellschaftlichen Umfeld, im Rahmen staatlich-gesellschaftlicher Modernisierung, im Verhältnis zu anderen gesellschaftlichen Gruppen, in der Außen- und Innenpolitik, als Faktor der Wirtschaft – und Rüstungswirtschaft – in Fragen der Ideologie und Erziehung und im herkömmlichen Aktionsbereich Strategie und Kriegsführung beschäftigen.[89] Neben dieser Einbettung ist allerdings nicht zu übersehen, daß das Militär auch ein Eigenleben führt.[90] Dieser breitere Ansatz gipfelt in der Forderung, im Zeitalter totaler Kriege die Militärgeschichte als Totalgeschichte zu betreiben.[91]

II. 3. b Die Julikrise

Im Verlauf der Diskussion über die Ergebnisse Fritz Fischers vollzog sich ein radikaler Bruch mit den Meinungen der Vergangenheit. Aus dem unschuldigen Deutschland wurde der Hauptverantwortliche für den Ausbruch des Ersten Weltkrieges. Darüber herrscht weitestgehend Konsens.[92] Damit enden nun aber auch schon die Gemeinsamkeiten. Wann der Entschluß zum Krieg fiel, welche Motive hinter diesem Entschluß standen, ob er mehr innen- oder außenpolitisch

---

[88] Geyer: Geschichte S. 269; Rumschöttel II S. 20; Chr. Müller: Anmerkungen zur Entwicklung von Kriegsbild und operativ-strategischem Szenario im preußisch-deutschen Heer vor dem Ersten Weltkrieg. S. 387, in: Militärgeschichtliche Mitteilungen, Bd. 57 1998, S. 385-442.

[89] M. Messerschmidt: Einleitung S. 12 f., in: Militärgeschichtliches Forschungsamt (Hg.): Militärgeschichte. Probleme-Thesen-Wege. Stuttgart 1982, S. 11-15. Siehe auch Kühne, Ziemann S. 22, 46; sowie die Beiträge in dem von den beiden Autoren herausgegebenen Sammelband Th. Kühne, B. Ziemann (Hg.): Was ist Militärgeschichte? Paderborn, München, Wien, Zürich 2000. Für den derzeitigen Stand der Diskussion kann dieses Buch als „Standardwerk" bezeichnet werden. - Pöhlmann S. 16, Anm. 5. Den Stand der modernen Diskussion um die Militärgeschichte kommentiert D. Langewiesche: Kampf um Marktmacht und Gebetsmühlen der Theorie. Einige Bemerkungen zu den Debatten um eine neue Militärgeschichte. In: Th. Kühne, B. Ziemann (Hg.): Was ist Militärgeschichte? Paderborn, München, Wien, Zürich 2000, S. 323-327.

[90] D. Porch: Military History. S. 499, in: The Historical Journal, Vol. 29 1986, S. 497-505.

[91] Siehe R. Chickering: Militärgeschichte als Totalgeschichte im Zeitalter des totalen Krieges. In: Th. Kühne, B. Ziemann (Hg.): Was ist Militärgeschichte? Paderborn, München, Wien, Zürich 2000, S. 301-312.

[92] R. Henig: Die Vorgeschichte des Ersten Weltkrieges. Mainz 1995, S. 52; V. R. Berghahn: Germany and the Approach of War in 1914. London, Basingstoke, S. 1 ff.; Berghahn: Fischerkontroverse S. 403; J. Lowe: The Great Powers, Imperialism and the German Problem, 1865-1925. London, New York 1994, S. 220.

motiviert war – all dies ist umstritten. Die Literatur zum Ersten Weltkrieg ist mittlerweile unüberschaubar geworden.[93] Dies zwingt zur Konzentration. So soll nun im folgenden hauptsächlich die deutsche Forschung behandelt werden, ohne dabei die internationale Forschung ganz aus dem Blick zu verlieren. Zu weiteren Informationen über den Forschungsstand und –tendenzen sei jedoch auf die entsprechende Literatur verwiesen.[94]

Auch in Deutschland hat sich die Forschung nach Fischer um neue Interpretationen bemüht und ist dabei zu sehr unterschiedlichen Ergebnissen gekommen. Diese standen unter dem Einfluß der Forschungen über das wilhelminische Kaiserreich. Im wesentlichen haben sich dabei drei Hauptrichtungen herausgebildet.[95] Die erste, die von Fischer, Geiss, Röhl, Schulte und Gasser vorgetragen wurde, sah in der Politik des Deutschen Reiches im Juli 1914 den Versuch, den Durchbruch zur Weltmacht zu erringen; diese These wurde teilweise radikalisiert zu einem lang geplanten Angriffskrieg. Der Entschluß hierzu sei auf einer

---

[93] J. Joll: Die Ursprünge des Ersten Weltkrieges. München 1988, S. 7.

[94] Auch wenn dies nur eine kleine Auswahl sein kann: St. Audoin-Rouzeau: Von den Kriegsursachen zur Kriegskultur. Neue Forschungstendenzen zum Ersten Weltkrieg in Frankreich. In: Neue Politische Literatur, Bd. 39 1994, S. 203-217; W. Gutsche, H. Otto: Der Erste Weltkrieg in der DDR-Geschichtswissenschaft. In: J. Rohwer (Hg.): Neue Forschungen zum Ersten Weltkrieg. Koblenz 1985, S. 91-103; M. Spirak: L'Histiographie Français sur la Guerre de 1914-18 depuis 1969. In: ebd., S. 115-134; J. Droz: Les Causes de la Première Guerre mondiale. Essai d'histiographie. Paris 1973; M. R. Gordon: Domestic Conflict and the Origins of the First World War: The British and the German Cases. In: Journal of Modern History, Vol. 46 1974, S. 191-226; J. Remak: 1914 – The Third Balkan War: Origins Reconsidered. In: Journal of Modern History, Vol. 43 1971, S. 353-366; J. Stevenson: More Light on World War One. In: The Historical Journal, Vol. 33 1990, S. 195-210; F. H. Hinsley: The Origins of the First World War. In: K. Wilson (ed.): Decisions for War 1914. New York 1995, S. 1-9; R. Poidevin: Les origines de la Premier Guerre mondiale. Paris 1975; Simkins; Kipp; Ferguson: Germany; Strachan; Joll: Ursprünge; Joll: War Guilt; Jarausch: World Power. Der Vollständigkeit halber sei hier auch auf die Forschungen zu den einzelnen Ländern hingewiesen: F. Fellner: Austria-Hungary. In: K. Wilson (ed.): Decisions for War 1914. New York 1995, S. 9-27; M. Cornwall: Serbia. In: ebd., S. 55-97; K. Neilson: Russia. In: ebd., S. 97-121; J. F. V. Keiger: France. In: ebd., S. 121-151; J. Stengers: Belgium. In: ebd., S. 151-175; K. Wilson: Britain. In: ebd., S. 175-209; R. J. B. Bosworth: Italy and the Approach of the First World War. London 1983; J. F. V. Keiger: France and the Origins of the First World War. New York 1983; G. Kennan: The Fateful Alliance: France, Russia and the Coming of the First World War. New York 1984; D. C. B. Lieven: Russia and the Origins of the First World War. London 1983; F. Marten: Thunder at Twilight: Vienna 1913-1914. London 1991; Z. Steiner: Britain and the Origins of the First World War. New York 1977.

[95] Hier und im folgenden wird der Gliederung und Beurteilung gefolgt von Ullrich: Thron S. 101 ff.; Ullrich: Grossmacht 251 ff.

Konferenz am 8. Dezember 1912, dem sogenannten Kriegsrat, gefallen.[96] Der Hinweis auf ökonomische Interessen und gesellschaftlichen Motiven stellte einen Fortschritt gegenüber der vorangegangenen Forschung dar. Fischer ist es jedoch nicht gelungen, die von ihm hauptsächlich erwähnten ökonomischen Motive in den Handlungen der Akteure nachzuweisen. Auch die Frage, ob der Krieg wirklich im sogenannten Kriegsrat am 8. Dezember 1912 beschlossen wurde, bleibt offen.[97]

Die DDR-Forschung – bei aller Betonung des Abstandes zur „bürgerlichen" Forschung – sah sich dieser Interpretation noch am nächsten.[98]

Eine zweite Position berücksichtigt vor allem die innenpolitische Situation des Kaiserreichs. Die Weigerung der herrschenden Eliten, sich einer Demokratisie-

---

[96] Fischer: Griff; Fischer: Krieg; I. Geiss: Der lange Weg in die Katastrophe. Die Vorgeschichte des Ersten Weltkrieges 1815-1914. München 1990². Mit leichten Modifizierungen seiner früheren Aussagen I. Geiss: Deutschland und Österreich-Ungarn beim Kriegsausbruch 1914. Eine Machthistorische Analyse. In: M. Gehler, R. F. Schmidt, H.-H. Brandt, R. Steininger (Hg.): Ungleiche Partner? Österreich und Deutschland in ihrer gegenseitigen Wahrnehmung. Historische Analysen und Vergleiche aus dem 19. und 20. Jahrhundert. Stuttgart 1996, S. 375-395. Auch wenn kein Deutscher, sei er hier trotzdem genannt: J. C. G. Röhl: Die Generalprobe. Zur Geschichte und Bedeutung des „Kriegsrates" vom 8. Dezember 1912. In: D. Stegmann, B. J. Wendt, P.-Ch. Witt (Hg.): Industrielle Gesellschaft und politisches System. Beiträge zur politischen Sozialgeschichte. Festschrift für Fritz Fischer zum siebzigsten Geburtstag 1978. Bonn 1978, S. 357-373; J. C. G. Röhl: Vorsätzlicher Krieg? Die Ziele der deutschen Politik im Juli 1914. In: W. Michalka (Hg.): Der Erste Weltkrieg. Wirkung. Wahrnehmung. Analyse. München, Zürich 1994, S. 193-216 (Aufsatz erschien auf englisch unter: Germany. In: K. Wilson (ed.): Decisions for War 1914. New York 1995, S. 27-55); B. F. Schulte: Zu der Krisenkonferenz vom 8. Dezember 1912 in Berlin. In: Historisches Jahrbuch der Görres-Gesellschaft, 102. Jg. 1982, S. 183-197; A. Gasser: Deutschlands Entschluß zum Präventivkrieg 1913/14. In: M. Sieber (Hg.): Discordia Concors. Festgabe für Edgar Bonjour zu seinem siebzigsten Geburtstag am 21. August 1968. Bd. 1 Basel 1968, S. 171-225; A. Gasser: Der deutsche Hegemonialkrieg von 1914. In: I. Geiss, B. J. Wendt (Hg.): Deutschland in der Weltpolitik des 19. und 20. Jahrhunderts. Festschrift für F. Fischer. Düsseldorf 1973, S. 307-339. Fischer selbst hat sich gegen die Interpretation seiner Werke, Deutschland habe den Krieg lange vorher geplant, gewandt. - Fischer: Years S. 215. Dagegen bemerkte Zechlin: „So aber wird seine Auffassung zumeist auch von seinen Anhängern verstanden oder als Politikum aufgegriffen." - Zechlin: Kriegsausbruch S. 211.

[97] Zum Kriegsrat siehe Kapitel Kapitel III Das deutsche Militär in einem Zeitalter der Unsicherheit, S. 67 ff.

[98] W. Gutsche: Serbien in den Mitteleuropaplänen des deutschen Imperialismus am Vorabend des ersten Weltkrieges. S. 35, in: Zeitschrift für Geschichtswissenschaft, Bd. 23 1975, S. 35-48; W. Gutsche: Außenpolitische Ziele, Rüstungspolitik und Kriegsdisposition der deutschen Reichsleitung vor 1914. S. 963, in: Zeitschrift für Geschichtswissenschaft, Bd. 36 1988, S. 963-977. Zur DDR-Forschung allgemein siehe W. Gutsche: Zur Entfesselung des ersten Weltkrieges. Aktuelle Probleme der Forschung. In: Zeitschrift für Geschichtswissenschaft, Bd. 33 1985, S. 779-793.

rung – vertreten durch die Arbeiterklasse und ihrem Organ der SPD – zu stellen, habe die Ausflucht in manipulative Herrschaftstechniken nötig gemacht. In zunehmenden Maße seien diese Techniken gescheitert. Den herrschenden Eliten sei nur der Ausweg in den Krieg geblieben. Einige Vertreter dieser These sind Wehler, Berghahn, W. J. Mommsen und Groh.[99] Auch dieser Position fällt es schwer, die Beeinflussung der Reichsleitung durch die sozialsstrukturelle Position des Reiches nachzuweisen. Nicht geklärt ist auch die Frage, ob der Reichskanzler Bethmann-Hollweg ein reiner Gefangener der innenpolitischen Strukturen war oder ob ihm nicht doch ein gewisser Handlungsspielraum offenstand. Der Hinweis, daß Außenpolitik sich nicht losgelöst von der Innenpolitik vollzieht, ist jedoch ein wertvoller und läßt sich aus der Forschung nicht mehr wegdenken.

Neben diesen beiden hat sich noch eine dritten Gruppe von Forschern etabliert. U. a. besteht sie aus Zechlin, Hillgruber, Erdmann und Stürmer.[100] Sie konnte sich einer gewissen Resonanz in der jüngeren Forschung erfreuen.[101] Diese Position interpretiert das Verhalten der Reichsleitung als einen – letztlich gescheiterten Versuch, – mit Hilfe einer Politik hart am Krieg die außenpolitische Situation des Reiches zu verbessern. Bedeutsam ist hierbei vor allem die differenzierte Analyse der Motive der handelnden deutschen Politiker. Gegen diese Überlegung ist allerdings zu fragen, ob eine solche Politik noch als defensiv beschrieben werden kann. Völlig ausgeklammert bleibt dabei auch die Situation,

---

[99] H.-U. Wehler: Krisenherde des Kaiserreichs 1871-1918. Studien zur deutschen Sozial- und Verfassungsgeschichte. Göttingen 1970; H.-U. Wehler: Das deutsche Kaiserreich 1871-1918. Göttingen 1988^6; Berghahn: Germany; Berghahn: Sarajewo; W. J. Mommsen: Die latente Krise des Deutschen Reiches 1909-1914. Frankfurt/M. 1973; W. J. Mommsen: Die latente Krise des Wilhelminischen Reiches. Staat und Gesellschaft in Deutschland 1890-1914. In: Militärgeschichtliche Mitteilungen, Bd. 15 1974, S. 7-28; W. J. Mommsen: Großmachtstellung und Weltpolitik. Die Außenpolitik des Deutschen Reiches 1870 bis 1914. Frankfurt/M., Berlin 1993; D. Groh: „Je eher, desto besser!" Innenpolitische Faktoren für die Präventivkriegsbereitschaft des Deutschen Reiches 1913/14. In: Politische Vierteljahresschrift, XIII. Jg. 1972, S. 501-521.

[100] Zechlin: Kriegsausbruch; E. Zechlin: Krieg und Kriegsrisiko. Zur deutschen Politik im Ersten Weltkrieg. Düsseldorf 1979; A. Hillgruber: Die deutsche Politik in der Julikrise 1914. In: A. Hillgruber: Die Zerstörung Europas. Beiträge zur Weltkriegsepoche 1914 bis 1945. Frankfurt/M., Berlin 1988, S. 83-102; A. Hillgruber: Riezlers Theorie des kalkulierten Risikos und Bethmann Hollwegs politische Konzeption in der Julikrise 1914. In: Historische Zeitschrift, Bd. 202 1966, S. 333-351; K. D. Erdmann, E. Zechlin: Krieg oder Frieden. Europa 1914. Kiel 1985; M. Stürmer: Ein Nationalstaat gegen Geschichte und Geographie: Das deutsche Dilemma. In: G. Schöllgen (Hg.): Flucht in den Krieg? Die Außenpolitik des kaiserlichen Deutschland. Darmstadt 1991, S. 95-107, M. Stürmer: Das ruhelose Reich. Deutschland 1866-1918. Berlin 1994.

[101] Heinemann: Kriegsschuld S. 127.

der sich Bethmann im Innern des Reiches gegenüber sah. Hier ist nicht nur die innenpolitische Lage zu nennen, sondern auch der zunehmende Einfluß der Öffentlichkeit auf die Außenpolitik. Das Zeitalter der reinen Kabinettspolitik war vorbei.[102]

Zusammenfassend kann man sagen: „Keine der hier nur kurz skizzierten Positionen kann für sich beanspruchen, auf alle Probleme, die sich im Zusammenhang mit dem Kriegsausbruch 1914 und der Rolle der deutschen Reichsleitung stellen, bereits überzeugende Antworten gefunden zu haben."[103]

In der internationalen Forschung gab und gibt es die verschiedensten Interpretationen zur Julikrise 1914.[104] So wurde darauf hingewiesen, daß bisher alle Augen auf Deutschland gerichtet gewesen seien, während das eigentliche Problem Österreich-Ungarn gewesen sei.[105] Ferguson versucht in seinem jüngsten Werk eine breite Analyse unter Berücksichtigung vieler – sowohl innen- als auch außenpolitischer – Faktoren.[106] Der Militärhistoriker John Keegan betont erneut die besondere Rolle der Militärs und ihrer Planungen.[107] Farrar untersucht das System der europäischen Großmächte – auch unter Berücksichtigung innerer Faktoren – und kommt zu dem Ergebnis, Deutschlands Politik sei durch eine Mischung von „Arrogance and Anxiety" geprägt gewesen.[108]

Neue Wege begann die Forschung in den 80er Jahren zu beschreiten. Vermehrt richtet sich die Aufmerksamkeit auf die Alltags- und Mentalitätsgeschichte.[109] Dies hat den Fischer-Schüler Radkau zu seiner Untersuchung über das „Zeitalter der Nervosität" angeregt.[110]

---

[102] A. Hillgruber: Großmachtpolitik und Weltmachtstreben Deutschlands. S. 155, in: A. Hillgruber, J. Dülffer (Hg.): Ploetz. Geschichte der Weltkriege. Mächte, Ereignisse und Entwicklungen 1900-1945. Freiburg, Würzburg 1981, S. 153-163.

[103] Ullrich: Thron S. 103.

[104] Dazu siehe K. Hildebrand: Imperialismus, Wettrüsten und Kriegsausbruch 1914 (II). In: Neue Politische Literatur, Bd. 20 1975, S. 339-364.

[105] P. W. Schroeder: World War I as Galloping Gertie: A Reply to Joachim Remak. S. 336, in: Journal of Modern History, Vol. 44 1972, S. 319-345.

[106] Ferguson: Krieg.

[107] J. Keegan: Der Erste Weltkrieg. Eine europäische Tragödie. Hamburg 2000.

[108] L. L. Farrar: Arrogance and Anxiety. The Ambivalence of German Power, 1848-1914. Iowa City 1981.

[109] Krumeich: Kriegsalltag S. 187. Siehe auch J. M. Winter: Catastrophe and Culture: Recent Trends in the Historiography of the First World War. In: Journal of Modern History, Vol. 64 1992, S. 525-532.

[110] J. Radkau: Das Zeitalter der Nervosität. Deutschland zwischen Bismarck und Hitler. München 2000.

Einen guten Überblick über den aktuellen Stand der Diskussion mit vielen hilfreichen Literaturhinweisen bietet Salewskis aus einer Vorlesung hervorgegangenes Buch über den Ersten Weltkrieg.[111] Knapp und präzise faßt auch Schulin die Ursachen für den Kriegsausbruch bei allen beteiligten Mächten zusammen.[112]

II. 3. c Das Militär in der Julikrise

Theoretisch ist es allen Forschern klar, daß das deutsche Militär in der Julikrise eine bedeutende Rolle spielte. Fragt man aber nach der Rolle, welche die Militärs praktisch gespielt haben, so muß man feststellen, daß das Wissen über das Militär in der Julikrise doch sehr dürftig ist.

Militärische Vorbereitungen gehören natürlich zum Krieg und zur Mobilmachung. Ganz der apologetischen Gesamttendenz folgend, stand in Deutschland praktisch seit Kriegsende der Gedanke im Vordergrund, diese habe es nicht gegeben.[113] Natürlich hielten sich auch die offiziellen Archivwerke an diese Vorlage.[114] Obschon die Tendenz eindeutig ist, enthalten diese Arbeiten doch eine Fülle von Informationen über die Mobilmachung 1914.

---

[111] Salewski.

[112] E. Schulin: Der Erste Weltkrieg und das Ende des alten Europa. S. 52 ff., in: Funkkolleg Jahrhundertwende 1880-1930. Die Entstehung der modernen Gesellschaft. Studienbegleitheft 6 Tübingen 1989, S. 46-83.

[113] Siehe H. v. Kuhl: Der deutsche Generalstab in Vorbereitung und Durchführung des Weltkrieges. Berlin 1920²; W. Kloster: Der deutsche Generalstab und der Präventivkriegsgedanke. Stuttgart 1932; M. Graf Montgelas: Die Mobilmachung des Jahres 1914. Sonderdruck. Die deutsche Nation. Eine Zeitschrift für Politik. 1. Jg. 1919, M. Graf Montgelas: Nachträge zur Mobilmachung des Jahres 1914. Die deutsche Nation. Eine Zeitschrift für Politik. 1. Jg. 1919; besonders die zahlreichen Artikel in der eigens zum Zwecke der Kriegsunschuldpropaganda begründeten Zeitschrift „Kriegsschuldfrage" – später unter dem etwas unverfänglicheren Titel „Berliner Monatshefte" –, wie z. B.: H. Lutz: Moltke und der Präventivkrieg. In: Kriegsschuldfrage, 5. Jg. 1927, S. 1107-1120; Th. v. Schäfer: Wollte Generaloberst v. Moltke den Präventivkrieg? In: Kriegsschuldfrage, 5. Jg. 1927, S. 543-560.

[114] Bayerisches Kriegsarchiv (Hg.): Die Bayern im Großen Kriege 1914-1918. München 1923²; Reichsarchiv (Hg.): Der Weltkrieg 1914-1918. Bd. 1 Berlin 1925; Marine-Archiv (Hg.): Der Krieg zur See 1914-1918. O. Groos (Bearb.): Der Krieg in der Nordsee. Bd. 1 Berlin 1920; Marine-Archiv (Hg.): Der Krieg zur See 1914-1918. R. Firle (Bearb.): Der Krieg in der Ostsee. Bd. 1 Berlin 1921; Marine-Archiv (Hg.): Der Krieg zur See 1914-1918. E. Raeder (Bearb.): Der Kreuzerkrieg in den ausländischen Gewässern. 2 Bde. Berlin 1922/1923.

Ein früher und einflußreicher Kritiker war Albertini.[115] Für ihn waren die Militärs beherrscht vom Willen zum Krieg. In der Endphase der Julikrise hätten sie dann den Zivilisten das Ruder aus der Hand genommen. In Deutschland sollte es lange dauern, bis dieser Ansatz wieder aufgegriffen wurde. Eine erste leichte Abwendung ist bei Ritters Aufsatz über den Anteil der Militärs am Kriegsausbruch 1914 festzustellen.[116] Er untersuchte die militärische Planung, ihren Einfluß auf das Verhalten der Soldaten in der Julikrise und kommt zu dem Ergebnis, daß die deutsche Militärplanung mitverantwortlich am Kriegsausbruch war. Allerdings verneint er einen echten Kriegswillen. Diese Ergebnisse hat er im zweiten Band seiner Untersuchung „Staatskunst und Kriegshandwerk" weiter ausgebaut.[117]

Auch auf die Einschätzung des Militärs in der Julikrise warf die Fischer-Kontroverse ihre Schatten. Hier waren es die Militärs, die von Beginn an eine aktive Rolle spielten und den Krieg forderten.[118] Die Einschätzung, daß das Militär eine aktivere Rolle in der Julikrise gespielt habe, hat sich seither durchgesetzt. Im Gegensatz dazu habe die Marine einen Krieg zu diesem Zeitpunkt verhindern wollen.[119] Je nach persönlicher Meinung des Autors ergeben sich Nuancen in der Interpretation. So soll das Militär zunächst der Reichsleitung den Vortritt gelassen haben,[120] um dann schließlich mit Erfolg auf den Krieg zu drängen und der Politik nur noch die Schaffung günstiger Voraussetzungen zu überlassen.[121] Nach anderer Ansicht überstürzten sich die Ereignisse in der Endphase der Julikrise, so daß den überforderten Diplomaten das Ruder aus der Hand genommen wurde.[122] Das Grundproblem sei fehlende zivile Kontrolle ge-

---

[115] L. Albertini: The Origins of the War of 1914. 3 Bde. London, New York, Toronto 1952-1957.

[116] G. Ritter: Der Anteil der Militärs an der Kriegskatastrophe von 1914. In: Historische Zeitschrift, Bd. 193 1961, S. 72-91.

[117] Ritter: Staatskunst, Bd. 2, München 1950.

[118] Fischer: Griff S. 48; ebenso G. Fesser: Bernhard v. Bülow und der Ausbruch des Ersten Weltkrieges. S. 322, in: Militärgeschichtliche Mitteilungen, Bd. 51 1992, S. 317-324.

[119] V. R. Berghahn, W. Deist: Kaiserliche Marine und Kriegsausbruch 1914. Neue Dokumente zur Julikrise. S. 38, in: Militärgeschichtliche Mitteilungen, Bd. 7 1970, S. 37-58; H. H. Herwig: Admirals versus Generals: The War Aims of the Imperial German Navy, 1914-1918. S. 211, in: Central European History, Vol. V 1972, S. 208-233; Herwig: Fleet S. 143 f.

[120] Berghahn: Germany S. 188 ff., 247; Lowe S. 218.

[121] Berghahn: Germany S. 202 f.; ähnlich Hillgruber: Politik S. 96 f.; Hillgruber: Riezler S. 349; Mai: Ende S. 63.

[122] Joll: Ursprünge S. 37.

wesen.[123] Gegenüber der engen Planung der Armee mit ihrem Schlieffen-Plan habe sich das elastischere Konzept der Politik nicht durchsetzen können.[124] Die auswärtige Politik habe sich in eine Lage manövriert, in der das Militär die Führung übernehmen konnte.[125] Dabei sei es jedoch nur um taktische Unterschiede gegangen – in den zu erstrebenden Zielen habe Einigkeit geherrscht.[126] Der Generalstab habe durch zu optimistische Ansichten über die Siegesaussichten in einem eventuellen Krieg die Politiker zu einer riskanten Politik verleitet.[127] Von einer konsequenten Politik seitens Moltkes in der Julikrise könne keine Rede sein.[128]

Schon dieser kurze Überblick zeigt, daß sich die Forschung hauptsächlich auf das Verhältnis des Militärs zur Reichsleitung konzentrierte. Dabei ist häufig von der zivilen Seite ausgegangen worden. In diesem Kontext kann gelten, was Mommsen zu Fischers Gesamtinterpretation der Julikrise anmerkte: „He draws his conclusions rather from what people said than from what they actually did."[129] So werden den Verhandlungen in Berlin breiten Raum eingeräumt, während es völlig offen bleibt, welche Anordnungen und Befehle die Militärs in der Julikrise tatsächlich erließen. Schon Ritter hat auf das Desiderat einer Untersuchung zur militärischen Vorgeschichte des Ersten Weltkrieges hingewiesen.[130] Seine Forschungen, die vom Militär ausgingen, sollten jedoch erst wieder in

---

[123] Joll: Ursprünge S. 103; Ullrich: Thron S. 132 f.; Craig S. 294 f.; so auch Ritter: Weltkrieg S. 23.

[124] J. Snyder: Civil-Military Relations and the Cult of the Offensive, 1914 and 1984. S. 127, in: St. E. Miller (ed.): Miltary Strategy and the Origins of the First World War. Princeton 1985, S. 108-147; Mommsen: Wilhelminischen Reiches S. 26; Wallach: Dogma S. 200; gegen die Betonung der entscheidenden Rolle der militärischen Planung siehe M. Trachtenberg: History and Strategy. Princeton 1991, S. 62.

[125] G. Schmidt: Die Julikrise: Unvereinbare Ausgangslagen und innerstaatliche Zielkonflikte. S. 201 ff., in: G. Schöllgen (Hg.): Flucht in den Krieg? Die Außenpolitik des kaiserlichen Deutschland. Darmstadt 1991, S. 186-229; Farrar: Arrogance S. 180 f.; Ferguson: Krieg S. 195 ff.

[126] Farrar: Policy S. 20; Farrar: Arrogance S. 179.

[127] H. Afflerbach: Die militärische Planung des Deutschen Reiches im Ersten Weltkrieg. S. 283 f., in: W. Michalka (Hg.): Der Erste Weltkrieg. Wirkung. Wahrnehmung. Analyse. München, Zürich 1994, S. 280-319.

[128] Strachan S. 237.

[129] W. J. Mommsen: Domestic Factors in German Foreign Policy before 1914. S. 14, in: Central European History, Vol. VI 1973, S. 3-43.

[130] G. Ritter: Die Zusammenarbeit der Generalstäbe Deutschlands und Österreich-Ungarns vor dem ersten Weltkrieg. S. 523, in: W. Berges, C. Hinrichs (Hg.): Zur Geschichte und Problematik der Demokratie. Festgabe für Hans Herzfeld. Berlin 1958, S. 523-551.

Afflerbachs Biographie des Kriegsministers Falkenhayn aufgegriffen werden.[131] Aber auch Ritters und Afflerbachs Forschungen lassen sich auf zwei Namen reduzieren: Generalstabschef Moltke und Falkenhayn. In beiden Untersuchungen wird den Verhandlungen mit der zivilen Reichsspitze ebenfalls die Priorität eingeräumt.

So ist es kein Wunder, daß man auf die Frage nach eventuellen militärischen Vorbereitungen die unterschiedlichsten Antworten erhält. Direkt nach dem Krieg behauptete die Entente, am 21. Juli seien zunächst eine Reihe von Reservistenjahrgängen einberufen worden; die deutschen Offiziere, die sich in der Schweiz aufhielten, seien am 23. zurückberufen worden und am 25. Juli die abwesenden Offiziere der Garnison Metz.[132] Auch in der historischen Forschung finden sich die unterschiedlichsten Angaben zu deutschen Kriegsvorbereitungen. Direkt nach dem 5. oder 6. Juli seien „konkrete militärische Vorbereitungen für den kommenden Krieg getroffen" worden.[133] Am 18. Juli sei der Generalstab mit seinen Vorbereitungen fertig gewesen.[134] Erst nach dem österreichischen Ultimatum sei es zu militärischen Vorbereitungen gekommen.[135] Es hätten geheime militärische Vorbereitungen gegen Rußland stattgefunden.[136] Die notwendigen Befehle, um die geplante Offensive gegen Belgien, Luxemburg und Frankreich überhaupt effektiv durchführen zu können, müßten mindestens zwei Wochen vor Ausführung herausgegeben worden sein.[137]

Es existieren lediglich drei Untersuchungen, die sich mit der militärischen Ebene der Julikrise beschäftigen. Untersucht wurde die Mobilmachung 1914 von einem Forscher der DDR.[138] Die Arbeit ist jedoch in diesem Kontext nur von eingeschränktem Wert, da ihr Schwerpunkt auf der Planung und nicht auf dem

---

[131] Afflerbach: Falkenhayn S. 148, Anm. 7.

[132] Zur Vorgeschichte des Weltkrieges. Heft 2: Militärische Rüstungen und Mobilmachungen. Beilagen zu den stenographischen Berichten über die öffentlichen Verhandlungen des Untersuchungsausschusses (1. Untersuchungsausschuß). Bericht I-V. M. Graf Montgelas. Berlin 1921, S. 7.

[133] F. Klein (Autorenkollektiv unter Leitung v.): Deutschland im ersten Weltkrieg. Bd. 1 Berlin 1970², S. 222; konkretes über die Art der Vorbereitungen wird an dieser Stelle jedoch nicht gesagt.

[134] Fischer: Krieg S. 698.

[135] Farrar: Arrogance S. 177; D. Hertz-Eichenrode: Deutsche Geschichte 1890-1918. Das Kaiserreich in der Wilhelminischen Zeit. Stuttgart, Berlin, Köln 1996, S. 198.

[136] Lowe 218.

[137] Fellner S. 20.

[138] H. Rahne: Die militärische Mobilmachungsplanung und –technik in Preußen und im deutschen Reich (Mitte des 19. Jahrhunderts bis zur Auslösung des zweiten Weltkrieges). 2 Bde. Leipzig 1972.

Vollzug der Mobilmachung liegt, und der Autor nur Quellen aus den Archiven der DDR nutzen konnte. Anhand einer Zusammenstellung aus den 30er Jahren untersuchte Trumpener die Aktivitäten des deutschen Geheimdienstes in der Julikrise.[139] Er kommt zu dem Ergebnis, zunächst habe nichts die „sleepy routine" des Generalstabes gestört.[140] Der Nachrichtendienst sei bis zum 23. Juli untätig geblieben.[141] Auf regionaler Ebene existiert zumindestens für die bayerische Pfalz ein kurzer Aufsatz, der sich mit den Militärs dort in der Julikrise beschäftigt und dabei die Betonung auf die innermilitärischen Vorgänge legt.[142]

So muß festgestellt werden, daß eine Forschungslücke existiert, die sich sowohl auf die militärischen Maßnahmen innerhalb der Julikrise als auch auf die innermilitärische Diskussion erstreckt.

II. 4 Quellenlage

Einer der Gründe, warum diese beiden Fragen trotz des großen Interesses der Forschung an der Julikrise immer noch offen sind, liegt sicherlich an der schwierigen Quellenlage. Für die zivile Forschung existiert mit den Aktenpublikationen der 20er und 30er Jahre eine breite Quellenbasis.[143] Leider wurden bei der Edition der „Deutschen Dokumente zum Kriegsausbruch" und der Aktenpublikation zur „Großen Politik" Dokumente militärischer Provenienz nicht berücksichtigt.[144] Dieses ist um so bedauerlicher, als im Zweiten Weltkrieg die Be-

---

[139] U. Trumpener: War Premeditated? German Intelligence Operations in July 1914. In: Central European History, Vol. IX 1976, S. 58-85.

[140] Ebd., S. 63.

[141] Ebd., S. 63.

[142] A. Fuchs: Vor 80 Jahren. Beginn des Ersten Weltkrieges. Eine pfälzisch-bayerische Chronik. In: Stimme der Pfalz, 45. Jg. 1994, S. 3-8.

[143] Schraepler S. 328.

[144] Für Die deutschen Dokumente zum Kriegsausbruch 1914. Neue, durchgesehene und vermehrte Ausgabe. Hg. v. M. Graf Montgelas, W. Schücking. Bd. 1-4 Berlin 1927, siehe Schraepler S. 325 f; für Die Große Politik der europäischen Kabinette 1871-1914. Hg. v. J. Leprius, A. Mendelssohn-Bartoldy, F. Thimme, siehe Schraepler S. 327. Auch die Bayerischen Dokumente zum Kriegsausbruch und zum Versailler Schuldspruch. Hg. v. P. Dir. München, Berlin 1922 sind für das Militär wenig ergiebig. Da sich I. Geiss (Hg.): Julikrise und Kriegsausbruch 1914. Eine Dokumentensammlung. 2 Bde. Hannover 1963/1964 auf bereits erschienenes Material stützt, gilt dies auch für dieses Werk. Ähnlich unergiebig auch A. Bach: Deutsche Gesandtschaftsberichte zum Kriegsausbruch 1914. Berichte und Telegramme der badischen, sächsischen und württembergischen Gesandtschaften aus dem Juli und August 1914. Berlin 1937 und E. Deuerlein (Hg.): Briefwechsel Hertling-Lerchenfeld 1912-1917. Dienstliche Privatkorrespondenz zwischen dem bayerischen Ministerpräsidenten Georg Graf

stände des Reichsarchivs vernichtet wurden.[145] Davon waren neben den Akten des preußischen Heers auch Aktenablieferungen anderer Kontingente betroffen.[146] Schon am Ende des Ersten Weltkrieges und in der Zwischenkriegszeit war der Verlust von Akten durch Kampfhandlungen während des deutschen Rückzuges und der Revolution zu beklagen gewesen.[147] Auch die Unterlagen einiger der führenden Männer in der Führung des Reiches im behandelten Zeitraum haben sich nicht bis heute überliefert.[148] Es lassen sich aber eine Reihe von Quellen aus der Literatur der Zeit vor dem Zweiten Weltkrieg entnehmen. Da wären die Memoiren, die meistens auch Quellen enthalten.[149] Daneben wurden von den Hauptbeteiligten selber Quellen publiziert.[150] Auch die offizielle Geschichtsschreibung über den Ersten Weltkrieg brachte Quellen heraus.[151] Ebenso lassen sich aus den kriegsgeschichtlichen Untersuchungen des Generalstabes Quellen ziehen.[152] Daneben findet sich in der Literatur – sowohl vor als auch nach dem Zweiten Weltkrieg – öfters Quellen entweder in voller Länge oder auszugsweise zitiert.[153]

---

von Hertling und dem bayerischen Gesandten in Berlin Hugo Graf von und zu Lerchenfeld. Bd. 1 Boppard 1973.

[145] G. Granier: Deutsche Rüstungspolitik vor dem Ersten Weltkrieg. General Franz Wandels Tagebuchaufzeichnungen aus dem preußischen Kriegsministerium. S. 130, in: Militärgeschichtliche Mitteilungen, Bd. 38 1985, S. 123-162; Krumeich: ira S. 99.

[146] Mai S. 223. Zur allgemeinen Quellenlage zum Ersten Weltkrieg siehe Salewski S. 12 ff.

[147] Pöhlmann S. 167.

[148] Für Moltke Wallach: Dogma S. 114, Anm. 5; für Falkenhayn Afflerbach: Falkenhayn S. 5 f.; für Bethmann-Hollweg F. Stern: Bethmann Hollweg und der Krieg. Die Grenzen der Verantwortung. Tübingen 1968, S. 7.

[149] So z. B.: A. v. Tirpitz: Deutsche Ohnmachtspolitik im Weltkriege. Hamburg, Berlin 1926; die von Moltkes Frau zuerst in den 20er Jahren herausgebenen Papiere: Th. Meyer (Hg.): Hellmuth von Moltke 1848-1916. Dokumente zu seinem Leben und Wirken. Bd. 1 Basel 1993³; W. Groener: Lebenserinnerungen. Jugend Generalstab Weltkrieg. Hg. v. F. Frhr. v. Hiller v. Guetringen. Göttingen 1957; F. Graf Conrad v. Hötzendorf: Aus meiner Dienstzeit 1906-1918. Bde. 3, 4 Wien, Leipzig, München 1922/1923; Th. v. Bethmann Hollweg: Betrachtungen zum Weltkriege. Hg. v. J. Dülffer. Essen 1989.

[150] Trotz des Titels einiges zur Vorkriegszeit E. Ludendorff (Hg.): Urkunden der Obersten Heeresleitung über ihre Tätigkeit 1916-1918. Berlin 1920.

[151] Reichsarchiv (Hg.): Der Weltkrieg 1914-1918. Kriegsrüstung und Kriegswirtschaft. Anlagen zum ersten Band. Berlin 1930; Militärgeschichtliches Forschungsamt (Hg.): Die Militärluftfahrt bis zum Beginn des Weltkrieges 1914. Anlagebd. Frankfurt/M. 1966²; Marine-Archiv: Nordsee.

[152] Z. B. Generalstab des Heeres. 7. (Kriegswissenschaftliche) Abteilung (Hg.): Der Handstreich gegen Lüttich vom 3. bis 7. August 1914. Berlin 1939.

[153] So in Hubatsch: Admiralstab; Ritter: Schlieffenplan; Rahne; W. Elze: Tannenberg. Das deutsche Heer von 1914. Seine Grundzüge und deren Auswirkungen im Sieg an der Ostfront. Breslau 1928; H. v. Zwehl: Erich von Falkenhayn. Eine biographische Studie. Berlin 1926.

Es sind allerdings auch eine Reihe von Quellen erschienen, die sich mit dem Militär befassen.[154] Mit den Aufzeichnungen Admiral v. Müllers, des Chefs des Marine-Kabinetts, verfügen wir über Quellen aus der unmittelbaren Umgebung des Kaisers.[155]

Trotz dieser Fundorte kann insgesamt festgestellt werden, daß die Quellenlage, was die publizierten Quellen angeht, eher lückenhaft ist. Die Forschung muß viele Umwege gehen, um hier und dort etwas zu finden. Hilfreich sind die spärlichen publizierten Quellen aber auf jeden Fall.

Wie bereits erwähnt, sind die Bestände des preußischen Heeres weitgehend dem Zweiten Weltkrieg zum Opfer gefallen. Dennoch hat hier einiges überlebt. Auf Grund des Untergangs der DDR sind diese Quellen heute alle im Bundesarchiv-Militärarchiv Freiburg zu finden. Wenn auch lückenhaft, so können diese Bestände doch einen wertvollen Einblick bieten. Die Akten der anderen Teile des Reichsheeres – des württembergischen, des badischen, des sächsischen und des bayerischen – befinden sich in den jeweiligen Archiven in Stuttgart, Karlsruhe, Dresden und München. Hier ist der Erhaltungsgrad sehr unterschiedlich. Am besten und reichhaltigsten ist die Überlieferung in München. Dort ruht ein wahrer Schatz von Akten zur Militärgeschichte des Ersten Weltkrieges. So sind zum Beispiel die Kriegstagebücher der einzelnen Einheiten fast komplett überliefert. Auch sehr reichhaltig ist die Aktenlage in Dresden – hier wurden die Akten, die früher im Militärarchiv der DDR in Potsdam lagerten und sächsischer Provenienz waren, nach 1990 wieder nach Dresden überführt. Etwas schmaler sieht die Situation in Karlsruhe und Stuttgart aus. Die Akten der einzelnen Kontingente gewähren nicht nur Einblick in ihre Geschichte, sondern erlauben auch vielfältige Rückschlüsse auf den preußischen Bestandteil des Heeres.

---

[154] Die Berichte des bayerischen Militärbevollmächtigten Wenninger in Berlin in B. F. Schulte: Neue Dokumente zu Kriegsausbruch und Kriegsverlauf 1914. In: Militärgeschichtliche Mitteilungen, Bd. 25 1979, S. 123-185; Granier; V. R. Berghahn, W. Deist (Hg.): Rüstung im Zeichen der wilhelminischen Weltpolitik. Grundlegende Dokumente 1890-1914. Düsseldorf 1988; W. Deist (Hg.): Militär und Innenpolitik im Weltkrieg 1914-1918. Bd. 1 Düsseldorf 1970; G. Kronenbitter: Die Macht der Illusionen. Julikrise und Kriegsausbruch 1914 aus der Sicht des deutschen Militärattachés in Wien. In: Militärgeschichtliche Mitteilungen, Bd. 57 1998, S. 519-550; Berghahn, Deist: Marine. Der Nachlaß des Marineoffiziers Ernst v. Weizsäcker, der 1914 im Marinekabinett tätig war, enthält interessante Einblicke in das Alltagsleben der Marine.- L. E. Hill (Hg.): Die Weizsäcker-Papiere 1900-1932. Frankfurt/M. 1982.

[155] W. Görlitz (Hg.): Regierte der Kaiser? Kriegstagebücher, Aufzeichnungen und Briefe des Chefs des Marine-Kabinetts Admiral Georg Alexander von Müller 1914-1918. Göttingen, Berlin, Frankfurt/M. 1959²; W. Görlitz (Hg.): Der Kaiser .... Aufzeichnungen des Chefs des Marinekabinetts Admiral Georg Alexander von Müller über die Ära Wilhelm II. Göttingen, Berlin, Frankfurt/M. 1965.

Von besonderer Bedeutung für die Erforschung der Julikrise sind dabei die Kriegstagebücher der einzelnen Truppen. In einigen Fällen beginnen sie schon mit der dem Krieg vorangehenden Krise. Einige Einheiten gaben ihren Tagebüchern Anlagebände bei, in denen die einschlägigen Befehle gesammelt wurden. Wo dies nicht der Fall ist, finden sich teilweise Befehlsbücher, die die tagtäglichen Dienstbefehle enthalten. Diese Befehlssammlungen erlauben einen direkten Einblick in den Alltag der Truppe. Sie sind bisher in der Forschung zur Julikrise nicht berücksichtigt worden.[156] Insofern betritt der Forscher hier Neuland.

Die Bestände der Marine haben weitestgehend die Zeitläufe überstanden. Sie befinden sich heute im Bundesarchiv-Militärarchiv Freiburg. Neben Angaben zur Marine finden sich hier und da auch wichtige Hinweise auf das Heer.

Daneben sind auch die Akten der zentralen Reichsbehörden von Interesse. Sie befinden sich im Bundesarchiv Koblenz bzw. Berlin. Sie vermitteln einerseits Einblicke in das Verhältnis der zivilen zu den militärischen Behörden, andererseits sind sie auch informativ zu Aspekten der Militärgeschichte.

Ein Problem der Aktenlage liegt in dem großen politischen Interesse, dem der Ausbruch des Ersten Weltkrieges sich erfreut hat. So mag es sein, daß einige Akten ganz bewußt vernichtet wurden.[157] Daneben gibt es auch andere Probleme. Wichtige Quellen, wie z. B. die Kriegstagebücher, sind nicht immer so geführt worden, daß sie nennenswerte Informationen enthalten.[158] Teilweise sind die Akten so lückenhaft, daß sich die Vorgänge nur schwer rekonstruieren las-

---

[156] Diese Befehlssammlungen bieten nicht nur einen Einblick in die Julikrise, sondern können auch für eine Rekonstruktion des Kriegsgeschehens auf der Truppenebene eine wichtige Rolle spielen.

[157] Sicher war das der Fall beim Tgb. des bayerischen 8. Inf.-Reg. von 1914; hier wurden, wie bereits 1934 festgestellt wurde, die Einträge für den Juli sorgsam mit einem Messer herausgetrennt. Siehe die entsprechenden Schriftwechsel, BHStA, Abtl. IV 8. Inf.-Reg. (F) Bund 139. Zu den Abkürzungen siehe Abkürzungsverzeichnis.

[158] So gibt es eine Reihe von KTB's, die lapidar vermelden, daß am 31. Juli der Zustand der drohenden Kriegsgefahr und am 1. August die Mobilmachung ausgesprochen wurde, wie z. B. KTB 4. Battr. Feldart.-Reg. 7, 29.07.1914-31.08.1918, BHStA Abtl. IV 7. Feldart.-Reg. (WK) Bund 72; KTB Stab II. Abtl. Feldart.-Reg. 7, 29.07.1914-01.01.1915, BHStA Abtl. IV 7. Feldart.-Reg. (WK) Bund 58; KTB 3. Battr. Feldart.-Reg. 11, 30.07.1914-02.06.1916, BHStA Abtl. IV 11. Feldart.-Reg. (WK) Bund 58; diese KTB's datieren übrigens alle die drohende Kriegsgefahr auf den 30. Juli und machen damit eine weitere Fehlerquelle deutlich. Richtig datiert, aber ebenso lapidar das KTB des Inf.-Reg. 113, 31.07.1914-30.06.1916, GlAK Abtl. 456 EV. 142, Bund 7, Heft 1; KTB II. Batl. Inf.-Reg. 114, 31.07.1914-30.06.1916, GlAK Abtl. 456 EV. 142, Bund 8, Heft 11; das KTB des I. Batl.'s desselben Regiments vergißt, die Mobilmachung zu erwähnen, KTB I. Batl. Inf.-Reg. 114, 01.08.1914-30.04.1916, GlAK Abtl. 456 EV. 142, Bund 8, Heft 7; ohne Details KTB II. Batl. Inf.-Reg. 125, 31.07.-10.09.1914, HStAS M 411 Bund 103, Band 1007; KTB Ulanen-Reg. 19, 31.07.1914-31.03.1915, HStAS M 412 Bund 12, Band 72.

sen. Daß dies nicht nur auf Aktenverluste oder bewußtes Verschweigen zurückzuführen ist, zeigt der Schriftwechsel, den der Direktor des bayerischen Kriegsarchives 1922 mit Major a. D. Götz über die Tätigkeit des bayerischen 4. Infanterie-Regiments führte.[159] Hier war aus den Akten nicht klar zu ersehen, was das Regiment am 31. Juli eigentlich gemacht hatte. Ein weiterer Grund für die lückenhafte Aktenlage ergibt sich aus der fortschreitenden technischen Entwicklung. Wie immer wieder aus den Akten hervorgeht, erfolgte ein wichtiger Teil der innermilitärischen Kommunikation telephonisch – ohne daß dann Gesprächsnotizen oder ähnliches angefertigt wurden. So muß uns dieser Teil weitgehend verschlossen bleiben.

Eine weitere Schwierigkeit liegt darin, daß der normale Dienstbetrieb weiterging. Häufig begann die Anlage eigener Akten erst mit dem Erlaß der drohenden Kriegsgefahr am 31. Juli, so daß sich die eigentlich interessanten Informationen zwischen den Vorgängen des normalen Friedensbetriebes verbergen.

So ist die Quellenlage zwar nicht als ausgesprochen gut zu betrachten, aber hoffnungslos ist sie nicht. Es hat eine Fülle von Material überlebt, die es erlauben, eine ungefähre Rekonstruktion der Ereignisse im Militär im Verlaufe der Julikrise auf allen Ebenen anzufertigen. Wenn auch die Verluste des preußischen Kontingents sehr schmerzlich sind, so hat doch genug Material überdauert, um Schlüsse ziehen zu können. Auch die Quellen anderer Bestände sind dabei sehr hilfreich. Um diese Quellen zu heben, bedarf es teilweise einer mühseligen Sucharbeit.

II. 5 Fragestellung

Quellen alleine sagen relativ wenig aus, erst die Fragestellung des Historikers bringt sie zum Sprechen. So soll im folgenden dargelegt werden, welche Fragen bei der vorliegenden Arbeit im Vordergrund standen und welche Bedeutung diese Fragen für die Forschung haben. Dabei geht es um zwei Hauptfragen, die eng miteinander verknüpft sind. Zum einen stellt sich ganz generell die Frage, wann das deutsche Militär welche Kriegsvorbereitungen vorgenommen hat. Zum anderen ist zu untersuchen, wie die verschiedenen Ebenen innerhalb des deutschen Militärs auf die internationale Krise des Julis 1914 reagiert haben.

---

[159] BHStA Abtl. IV 8. Inf.-Reg. (Rgts.-Stab) (WK) Bund 1.

II. 5. a Grundlagen

Das Bestreben, die Ereignisse auf militärischem Gebiet während der Julikrise nicht nur zu beschreiben, sondern auch zu erklären, verlangt einen Rückblick auf die Zeit vor der Krise. Pointiert ausgedrückt geht es dabei zum einem um die Frage, in welchem Zustand sich das deutsche Militär befand, als es in die Julikrise eintrat. Zum anderen ist die Frage wichtig, wie sich eine mögliche Mobilmachung in den Planungen ausnahm, um sie dann mit der Realität des Jahres 1914 vergleichen zu können. Dies gilt natürlich besonders für eventuelle Planungen für den Fall einer politischen Krise. Damit soll der Hintergrund beleuchtet werden, vor dem sich die Ereignisse des Juli 1914 abspielten. Wie häufig ist der Versuch einer Erklärung umfangreicher und schwieriger als eine reine Schilderung der Ereignisse.

II. 5. b Kriegsvorbereitung

Wie bereits im Abschnitt über den Stand der Forschung dargelegt, ist das Wissen über die tatsächlichen militärischen Vorbereitungen des deutschen Militärs in der Julikrise sehr gering. Bereits Stahl hat im Zusammenhang der Entscheidung des preußischen Kriegsministers vom Februar 1914, die höheren Kavalleriestäbe schon zu Zeiten politischer Spannung zusammenzustellen, darauf hingewiesen, daß es wichtig sei, festzustellen, ob dies bereits vor Ausspruch der drohenden Kriegsgefahr erfolgt sei.[160] Denn die Frage nach solchen Vorbereitungen – so banal sie sich zunächst anhört – erlaubt einige Rückschlüsse. Ist der Krieg bereits lange vorher geplant gewesen, so ist damit zu rechnen, daß solche Vorbereitungen und sei es auch nur auf einem sehr geringen Stand, bereits recht früh stattfanden. Wenn dem nicht so ist, erlauben sich Schlüsse auf die Einschätzung der politischen Lage seitens der Militärs. Militärische Vorbereitungen können ein Indikator sein, ab wann mit dem Ausbruch eines Krieges gerechnet wurde. Interessant ist es auch, Unterschiede und Gemeinsamkeiten zwischen Heer und Marine festzustellen. Desweiteren lassen sich Aussagen über die Beziehungen der Militärs zu der Reichsleitung machen. Da – wie bereits dargelegt – in der Forschung in der Endphase der Julikrise ein massives Drängen der Armee hin zum Krieg bzw. zu offiziellen vorbereitenden Maßnahmen wie Ausspruch der „drohenden Kriegsgefahr" oder Mobilmachung konstatiert wird, stellt sich die Frage, ob dem Drängen auch Taten gefolgt sind. Inwieweit erfolgten eventuelle Maßnahmen in Absprache mit den Zivilisten, ohne ihr Wissen

---

[160] F.-Chr. Stahl: Preußische Armee und Reichsheer 1871-1914. S. 225 f., Anm. 225, in: O. Hauser (Hg.): Zur Problematik „Preußen und das Reich". Köln, Wien 1984, S. 181-247. Die Zusammenstellung erfolgte am 31. Juli siehe Kapitel V. 2. c Die Julikrise: 31. Juli, S. 630 f.

oder sogar gegen ihren Willen? Und wie verhielt es sich mit der Marine, deren Spitze gegen den Krieg war?

Mit dieser Frage kann ein weiterer Beitrag zur Diskussion über die Julikrise geleistet werden.

II. 5. c Wie reagierte das deutsche Militär auf die Julikrise?

Als weitere große Lücke in der Forschung muß die Frage der Reaktion auf die Julikrise innerhalb des deutschen Militärs gelten. Die bisherige Forschung beschränkte sich auf die Spitzen in Berlin. Dies bedeutet zum einen sowohl beim Heer als auch bei der Marine die Vernachlässigung der mittleren und unteren Führungsebene. Zum anderen wird beim Heer so nur das preußische Kontingent betrachtet. Wie man im sächsischen, württembergischen oder gar bayerischen Kriegsministerium mit der internationalen Krise umging, ist unbekannt. So sind in dieser Fragestellung an sich zwei Fragen versteckt: einmal die Frage nach den Spitzen der anderen Kontingente, zum anderen die Frage nach dem Verhalten der lokalen Befehlshaber. Daraus lassen sich Rückschlüsse auf die innere Verfassung des deutschen Militärs ziehen. Von wem ging die Initiative aus? War der Verlauf der Julikrise auf militärischer Ebene nur von Berlin aus gesteuert oder gab es Initiativen seitens der anderen Heereskontingente oder einzelner Truppenteile vor Ort? Wie gestaltete sich das Verhältnis von oben und unten: gab es unterschiedliche Handlungsweisen mit entsprechenden unterschiedlichen Motiven? Alle diese Fragen sind auch bei der Marine von Interesse. Gab es Unterschiede zwischen Heer und Marine und worin lagen diese begründet? Es geht hier also darum, das Bild des deutschen Militärs in der Julikrise zu verbreitern und zu verfeinern. Mit der Berücksichtigung einzelner Truppen soll versucht werden, neben der Militärgeschichte von oben oder der von unten so etwas wie eine Militärgeschichte der Mitte zu betreiben. Denn schließlich stellten die Offiziere im Truppendienst die Mehrheit im Offiziers-Korps dar, und sie waren diejenigen, die hauptsächlich das Bild des Militärs in der Öffentlichkeit prägten. Gleichzeitig waren sie genauso wie die einfachen Soldaten den Handlungen der Führung ausgesetzt und konnten auf diese reagieren.[161] Ähnliche Untersuchungen gibt es bereits für die französische Armee; für die deutsche stellen sie jedoch ein Desiderat der Forschung dar.[162]

---

[161] Mergel S. 150.
[162] Ebd., S. 152 f.

II. 6 Methodik

Jede historische Arbeit steht unter gewissen Prämissen ihres Autors, nach denen er sein Material sortiert und dessen Relevanz bewertet. Diese Voraussetzungen aufzuzeigen, ist der Zweck des folgenden Abschnittes.
Ein monokausaler Erklärungsansatz wird dabei abgelehnt. Jeder solche Ansatz ist an sich nur durchzuhalten, wenn man die vorhandenen Quellen auf das Prokrustes-Bett seiner eigenen Prämissen legt. Eine solche Herangehensweise sagt mehr über den Autor und die Zeit in der er schreibt aus, als über die Zeit, die er behandelt. Salewski weist zu recht darauf hin, daß „große historische Theorien dem Erkenntnisprozeß mehr schaden als nutzen"[163] können. Hier sollen nun zunächst anhand zweier unterschiedlicher Erklärungsmodelle die Schwierigkeiten einer monokausalen Erklärung dargelegt werden. Gewählt wurde dabei einmal der sozialgeschichtliche und der mentalitätsgeschichtliche Ansatz. Damit stehen sich ein älterer und ein jüngerer Strang der Forschung gegenüber. Diese beiden Ansätze wurden deshalb ausgewählt, weil ihnen zwei verschiedene Grundannahmen zugrunde liegen: dem sozialgeschichtlichen der, daß sich die Akteure quasi als Agenten der sozialen Schicht, der sie entstammen, bewegen.[164] Damit seien ihre Ansichten zu Krieg und Kriegsgefahr quasi schon determiniert gewesen. Deshalb sei auch die Untersuchung von Zusammensetzung und Herkunft des Offizierskorps wichtig, da diese Grundlagen Rückschlüsse auf die gesellschaftlichen und politischen Einstellungen der Offiziere erlauben.[165] Im Gegensatz dazu untersucht der mentalitätsgeschichtliche Ansatz Meinungen, Einstellungen und Weltanschauungen. Bei aller Diskussion über ihre Ursprüngen weist er daraufhin, daß diese Vorstellungen eine Eigendynamik entwickelten und somit das Handeln der Akteure bestimmten, so daß die Handlungen teilweise ohne Logik erscheinen. Dabei ist der sozialgeschichtliche Ansatz wohl eher an Gruppen und der mentalitätsgeschichtliche eher an Einzelpersonen orientiert. Ob man nun alle Handlungen des deutschen Militärs auf seine soziologische Zusammensetzung zurückführt oder die soziopolitische Lage des wilhelminischen Kaiserreichs als Grundlage annimmt; ob man Mentalitäten postuliert, die den Personen in gewissen Situationen gewisse Handlungen vorgezeichnet hätten – all dies vermag, wenn überhaupt, nur einen Teilbereich zu erklären. Dieser Teilbereich wird dann schnell zum wesentlichen und entscheidendem Merkmal aufgebauscht. Andere Bereiche werden ignoriert oder in das Schema gepreßt.

---

[163] Salewski S. 56.

[164] I. Geiss: Juli 1914: Kritischer Kommentar zu den Krisenstudien. S. 359, in: K. J. Gantzel, G. Kress, V. Rittberger (Hg.): Konflikt-Eskalation-Krise. Sozialwissenschaftliche Studien zum Ausbruch des Ersten Weltkrieges. Düsseldorf 1972, S. 357-365.

[165] Bald: Offizier S. 25.

Der Anwendung eines monokausalen Erklärungsansatzes auf das deutsche Militär vor dem Ersten Weltkrieg stellen sich besonders viele Probleme in den Weg. Das deutsche Militär bietet nämlich ein sehr widersprüchliches Bild. Moderne und Vergangenheit standen sich gegenüber. Die Gleichzeitigkeit des Ungleichzeitigen ist hier sehr deutlich zu erkennen. Damit zeigt sich auch beim Militär, was über das gesamte wilhelminische Reich gesagt wurde, nämlich daß sich die komplizierten Verhältnisse jeder einfachen Erklärungsformel entziehen.[166] Dabei erreichte dieses Phänomen manchmal schon den Charakter des Absurden. So gehörte nun mal zum standesgemäßen Auftreten des Offiziers der Säbel. Da nun Flieger in der Regel Offiziere waren, entwickelte sich tatsächlich eine Diskussion darüber, wo denn nun im Flugzeug der Säbel zu tragen bzw. anzubringen sei.[167] Da wurde in der Ausbildung Wert auf Drill gelegt, während man mit der Auftragstaktik den Weg zu fortschreitender Selbständigkeit sowohl der Offiziere als auch der Soldaten beschritt. Technischen Neuerungen stand man abwartend gegenüber, so schuf man erst nach Frankreich eine eigene Militärluftfahrt.[168] 1914 besaß Deutschland dann allerdings mehr Militärflieger als Frankreich.[169] Dazu hatte das deutsche Heer als einziges in Europa 1914 bereits Flugabwehrgeschütze entwickeln lassen.[170] Ebenso ging es dem MG: bis es als Waffe akzeptiert wurde, dauerte es über zehn Jahre.[171] Dennoch war die deutsche Armee bei Einführung und Stärke der MG-Einheiten führend in Europa.[172] Auch bei der Artillerie ergab sich ein ähnlich gespaltenes Bild. Bei den Flachfeuergeschützen wurden veraltete Geschütze ohne Rohrrücklauf angeschafft, die dann mühselig auf den französischen Standard gehoben werden mußten.[173] Im Gegensatz dazu hatte die deutsche Armee die Wirkung der Steilfeuerartillerie früher erkannt als andere Armeen.[174]

Diese Widersprüche im Erscheinungsbild der deutschen Armee wurde von einigen Autoren damit erklärt, daß es ihre primäre Rolle gewesen sei, den gesell-

---

[166] J. Dülffer: Sackgassen, Wendeschleifen und Durchgangsstraßen. – Zum deutschen Kaiserreich. S. 83, in: W. Michalka (Hg.): Die deutsche Frage in der Weltpolitik. Neue Politische Literatur, Beihefte 3 Stuttgart 1986, S. 83-103.

[167] G. P. Neumann: Die deutschen Luftstreitkräfte im Weltkriege. Berlin 1920, S. 115 f.

[168] L. Kennett: The First Air War 1914-1918. New York, Toronto, Oxford, Singapore, Sydney 1999, S. 8 f.

[169] Ebd., S. 21.

[170] Ebd., S. 52.

[171] Schulte: Armee S. 380.

[172] Ellis: History S. 61.

[173] H. Linnenkohl: Vom Einzelschuß zur Feuerwalze. Der Wettlauf zwischen Technik und Taktik im Ersten Weltkrieg. Bonn 1996, S. 65 ff.

[174] N. Stone: The Eastern Front 1914-1917. London, Sydney, Auckland, Toronto 1976^2, S. 38.

schaftlichen status quo nach innen zu sichern: „Die These vom bedeutenden Einfluß des inneren Einsatzes der Armee auf Taktik, Ausbildung und Bewaffnung der hier nachgegangen wurde, ist geeignet, Licht in das Gewirr traditionsgebundener und moderner Leitlinien zu bringen, das die deutsche Armee vor 1914 so schwer erklärbar macht."[175] Konservative Militaristen versuchten, das Heer als innenpolitisches Instrument der Krone zu erhalten, deshalb nahmen sie in Kauf, daß die Armee klein blieb; diese Politik mußte mit dem äußeren Sicherheitsbedürfnis des Reiches kollidieren.[176] Bis 1912 dominierte die innenpolitische Funktion die Überlegungen des Kriegsministeriums und selbst danach wurden Aspekte der äußeren Sicherheit nur zögernd berücksichtigt.[177] Ausbildung, Drill und Massentaktik, all dies diene dazu, die Truppen im Falle innerer Unruhen in der Hand zu behalten.[178] So wird mit den besonderen innenpolitischen Verhältnissen praktisch alles und jedes erklärt. Dabei ist es extrem schwierig, diese Priorität in den Quellen nachzuweisen. Die Masse der Quellen beschäftigt sich mit der Sicherung nach Außen. Erst 1907 wurde seitens des Generalstabes die Studie „Der Kampf in insurgierten Städten" erstellt – während man bereits seit 1905 mit dem Schlieffenplan einen Kriegsplan nach außen besaß. Von den Vorgängern des Schlieffenplans ganz zu schweigen. Es entstünde also die paradoxe Situation, daß das deutsche Militär einen Großteil seiner Zeit und Energie einem Problem widmete – der Sicherung nach Außen – welches nur sekundären Stellenwert hatte, während das Hauptanliegen – der Einsatz im Bürgerkrieg – kaum behandelt wurde. Eine solche Verengung der Perspektive droht, wichtige und interessante Aspekte in der Militärgeschichte des wilhelminischen Deutschlands außer acht zu lassen.[179]

Auch die Motivation der Flottenrüstung wurde im Bestreben gesehen, die gesellschaftlichen Verhältnisse zu stabilisieren.[180] Auch hier ist es schwierig, dies aus den Quellen abzuleiten: Tirpitz spricht nur an wenigen Stellen von der Nützlichkeit der Flotte gegenüber den Sozialdemokraten und dies auch nur an

---

[175] Schulte: Armee S. 289 f.

[176] St. Förster: Militär und staatsbürgerliche Partizipation. Die allgemeine Wehrpflicht im Deutschen Kaiserreich 1871-1914. S. 61, in: R. G. Foerster (Hg.): Die Wehrpflicht. Entstehung, Erscheinungsform und politisch-militärische Wirkung. München 1994, S. 55-71.

[177] Berghahn: Tirpitz-Plan S. 264 f.

[178] H. H. Herwig: Strategic Uncertainties of an Nation-State: Prussia-Germany, 1871-1918. S. 248 f., in: W. Murray, M. Knox, A. Bernstein (ed.): The Making of Strategy. Rulers, States and War. Cambridge 1997, S. 242-278.

[179] G. Eley: Army, State and Civil Society: Revisiting the Problem of German Militarism. S. 105, in: G. Eley: From Unification to Nazism. Reinterpreting the German Past. Boston, London, Sydney 1986, S. 85-109.

[180] Kehr: Grundlagen S. 136.

Stellen, wo er sein Gegenüber zu überzeugen suchte.[181] Tirpitz dachte primär als Marineoffizier von marinespezifischen Faktoren her.[182] Damit soll nicht gesagt werden, daß innenpolitische Überlegungen keine Rolle spielten. Im Gegenteil, in einigen Bereichen waren sie sehr wichtig. Aber sie spielten niemals unangefochten eine Hauptrolle, sondern waren immer mit anderen Faktoren verknüpft. Ein weiteres Problem liegt darin, daß Vertreter des Primats der Innenpolitik dies häufig benutzen, um der deutschen Armee ein Zurückbleiben gegenüber den Anforderungen der Zeit zu attestieren. Zu diesem Ergebnis kommen sie, indem sie die deutsche Armee isoliert betrachten. Andere Autoren, die sich auch den Verhältnissen in anderen europäischen Armeen widmen, kommen häufig zu dem Ergebnis, daß die deutsche Armee bei diesen Versäumnissen kein Einzelfall war, sondern noch vergleichsweise gut dastand.[183] Hier scheinen verschiedene Perspektiven vorzuliegen: während die eine Seite das Problem von einem Standpunkt der absoluten Innovationsfähigkeit, also das, was theoretisch hätte erreicht werden können, angeht, betrachtet die andere Seite eher die relative Innovationsfähigkeit, also das, was unter den Zeitgenossen tatsächlich erreicht wurde.

Ein weiterer Aspekt bei der Beschränkung der Betrachtung auf die deutsche Armee ist, daß sehr schnell Erscheinungen als typisch deutsch erklärt werden, die es in anderen europäischen Armeen auch gegeben hat.[184] Dies macht aber dann die Erklärung aus rein deutschen Aspekten hinfällig. So erscheint es fraglich – um nur ein Beispiel zu nennen –, die Betonung der Offensive in der deutschen Taktik und Strategie auf die soziopolitische Struktur des Kaiserreiches und dem damit verbundenen Primat des Bürgerkriegseinsatzes zurückzuführen.[185] Die Franzosen waren in Betonung der Offensive viel radikaler als die Deutschen; sie stützen sich auf eine „geradezu verrückte" Strategie der Offensive.[186]

---

[181] Deist: Flottenpolitik S. 14, 54; siehe auch G. Eley: Sammlungspolitik, Social Imperialism and the Navy Law of 1898. In: G. Eley: From Unification to Nazism. Reinterpreting the German Past. Boston, London, Sydney 1986, S. 154-153.

[182] Deist: Flottenpolitik S. 14.

[183] Ferguson: Krieg; Dupuy; Gudmundsson.

[184] In Kritik an Schulte: Armee, weist Storz auf diesen Aspekt hin. - D. Storz: Kriegsbild und Rüstung vor 1914. Europäische Landstreitkräfte vor dem Ersten Weltkrieg. Herford, Berlin, Bonn 1992, S. 15 f.

[185] Schulte: Armee S. 291.

[186] Ferguson: Krieg S. 133. Eine gesamteuropäische Vorliebe für die Offensive stellt auch Mollin fest. - V. Mollin: Auf dem Weg zur „Materialschlacht". Vorgeschichte und Funktionieren des Artillerie-Industrie-Komplexes im Deutschen Kaiserreich. Pfaffenweiler 1985, S. 341. Aufgrund seiner Untersuchungen über die Sozialgeschichte des MG's kommt Ellis zu

Auch die in letzter Zeit in Mode gekommene Untersuchungen von Mentalitäten vermag nicht alles zu erklären, auch wenn sie für das gespaltene Bild der deutschen Armee der Vorkriegszeit einige interessante Denkansätze liefern kann. Die Vertreter dieses Ansatzes gehen davon aus, daß Mentalitäten Sachzwänge schaffen, die die Realisierung anderer Lösungsmöglichkeiten erheblich einschränken.[187] Dabei dienen diese eher als unterbewußte Folie, denn als bewußte Entscheidungsträger.[188] So meint daher Doerry feststellen zu können: „Bethmann Hollweg und seine Generationsgenossen handelten offenbar nach den ungeschriebenen Gesetzen einer mentalen ‚Verfassung', die die wilhelminische von anderen Generationen unterschied."[189] Diese „Verfassung" sei gekennzeichnet durch: „Selektive Wahrnehmung und das Denken in Hierarchien, Freund-Feind-Bilder und die Projektion eigener Aggression auf Fremdgruppen – das alles sind Mechanismen, die in den Jahren zwischen 1908 und 1914 einen bestimmenden Einfluß in der politischen Kultur des Deutschen Kaiserreichs besaßen."[190] Der Vorteil dieses Ansatzes liegt in der Fähigkeit, die widersprüchlichen Erscheinungen des Kaiserreichs besser deuten zu können als der sozialgeschichtliche. So wurde darauf hingewiesen, ein klar kalkuliertes Machtkalkül des Bürgertums, um sich der Sozialdemokraten zu erwehren, sei mit der tatsächlichen Politik, die im deutschen Kaiserreich betrieben wurde, nicht vereinbar.[191] Dies legt die Vermutung nahe, daß es eher mentale Bedingungen waren, die derartiges Verhalten steuerten.[192] Auch in der Haltung zum Krieg zeigte sich innerhalb der Führungsgruppen des Reiches ein merkwürdiges Schwanken in der Einstellung ein und derselben Person: „Charakteristisch für die deutschen Führungskreise sind nicht so sehr feste Positionen in Sachen Krieg, sondern eher ein wechselndes Rollenspiel: Zeigte sich der eine besorgt, ergriff der andere die Gelegenheit, um den Mutigen zu spielen. Da die meisten beide Einstellungen in sich trugen, fiel dieses Rollenspiel nicht schwer."[193] In der Tat sind solche Beobachtungen hilfreich, die oftmals schwankende und unsichere Haltung in Politik und Gesellschaft zu erklären.

---

dem Ergebnis, daß sich die Schwierigkeiten bei der Einführung dieser Waffe in allen europäischen Armeen glichen. Zur Begründung führt er an, daß in allen europäischen Armeen der Offiziersnachwuchs vornehmlich aristokratischen Ursprungs war. - Ellis: History S. 48 f.

[187] M. Doerry: Übergangsmenschen. Die Mentalität der Wilhelminer und die Krise des Kaiserreichs. München 1986, S. 185.

[188] Joll: War Guilt S. 79.

[189] Doerry S. 185.

[190] Ebd., S. 183.

[191] Ebd., S. 24.

[192] Ebd., S. 24.

[193] Radkau S. 452.

Es tun sich allerdings auch Schwierigkeiten auf. Zum einen ist die Mentalität der Bevölkerung im wilhelminischen Kaiserreich nicht in sich schlüssig: eine der zentralen kulturellen Normen des wilhelminischen Bürgertums war die Fortschrittlichkeit: wachsende militärische und wirtschaftliche Macht des Reiches führte zu einem neuen Selbstgefühl.[194] Dies ist eine Erklärungsmöglichkeit, eine andere ist die, daß gerade das Modernitätsbewußtsein zu Ängsten führte, der Moderne nicht gewachsen zu sein; dies führte wiederum zu vermehrter Hinwendung zu dem traditionell Vertrauten.[195] Der schnelle technische und gesellschaftliche Wandel führte zu einer politischen Mentalität, die sich diesem Wandel verstärkt verweigerte.[196] So lassen sich durch Erforschung der Mentalitäten durchaus Widersprüchliches miteinander vereinbaren. Fraglich muß aber bleiben, wo in einer konkreten historischen Situation die Schwerpunkte lagen. Zum anderen können Mentalitäten immer nur Rahmenbedingungen abgeben, vor denen sich dann die konkreten Ereignisse vollziehen. Vollkommen offen muß sein, wie breit die Spannweite der Entscheidungen ist, die in einen bestimmten mentalen Rahmen passen. Desweiteren setzten sich Mentalitäten aus verschiedenen Elementen zusammen.[197] Damit ergibt sich die Frage, welches Element in einer konkreten historischen Situation denn nun zum Tragen kam?

Abschließend ist festzustellen, daß natürlich auch Faktoren wie soziale Interessen etc. eine Rolle gespielt haben, so daß nur eine Verbindung möglichst vieler Faktoren zu einem befriedigenden Ergebnis kommen kann.[198] Dabei sollen strukturelle oder funktionale Beiträge berücksichtigt werden, das heißt die Bedingungen, die vorgefunden wurden, auf der einen und den intentionalen, das heißt den Bedingungen, die durch eigene Aktionen oder Entschlüsse erst geschaffen wurden, auf der anderen Seite.[199] Zusätzlich sollen Überlegungen, die im Zusammenhang der Entstehung strategischen Denkens entstanden, berücksichtigt werden. Strategisches Denken entwickelt sich in einem Rahmen aus den verschiedensten Bedingungen sowohl ziviler als auch militärischer Natur: Ideologie, kulturelle Einschätzungen, wirtschaftliche Faktoren, institutionelle Interessen, Weltsicht und Persönlichkeit ihrer Planer; dabei läßt sich für das genaue Verhältnis der verschiedenen Faktoren untereinander keine allgemeingültige

---

[194] Doerry S. 24.
[195] Ebd., S. 25.
[196] Ebd., S. 47 f.
[197] Ebd., S. 44 f.
[198] Vgl. Funck S. 169.
[199] Hinsley S. 2.

Regel aufstellen.[200] Ein solches Verfahren wird von Fall zu Fall, abhängig von der Quellenlage, den Einfluß der unterschiedlichen Faktoren verschieden anordnen und gewichten. Angestrebt wird also in etwa eine sozialantrophologische Betrachtungsweise.

Im folgenden Abschnitt werden drei Kernbereiche umrissen werden, die für diese Arbeit erkenntnisbestimmend waren. Dabei soll versucht werden, einen möglichst breiten Ansatz zu wählen. Als Grundthese kann vorausgestellt werden: die Zeitgenossen im wilhelminischen Deutschland verspürten zwar, daß sie in einer Welt des Wandels und der Unsicherheiten lebten, dies aber offen zuzugeben, dazu fehlte ihnen die Kraft, statt dessen wurden mentale Abwehrreaktionen entwickelt.[201]

Dieses Problem ergab sich für das Militär im besonderen Maße, wie die weitere Darstellung im Verlauf der Arbeit aufzuzeigen versucht.

II. 6. a Das Militär als Teil der Gesellschaft

Eine Armee ist immer Bestandteil der sie umgebenden Gesellschaft. Beide stehen in enger Beziehung zueinander. Die Gesellschaft entscheidet über Zweck, Ausstattung und Umfang einer Armee. Ihre Soldaten gehen aus ihr hervor und kehren nach Beendigung ihres Dienstes wieder zu ihr zurück. Doch auch während ihrer Dienstzeit nehmen sie am gesellschaftlichen Leben und an dessen Veränderungen teil.[202] Gleichzeitig wirkt wiederum das Militär auf die Gesellschaft zurück. Das Militär ist Teil der gesamtgesellschaftlichen Entwicklung und kann ohne ihr Verständnis nicht verstanden werden.[203] Dies betrifft sowohl die Makroebene – also die Ebene der Politik, der Strategie – als auch die Mikroebene – die Ebene des Einzelnen, seiner Anschauungen und seines Alltagslebens. Allerdings muß klar sein, daß je nach Stellung innerhalb des Militärs, in der Hierarchie, in der Dienstverwendung und auch je nach Ort der Stationierung, verschiedene Faktoren verschieden gewichtet werden. Für den Truppenoffizier dürften Fragen der Strategie oder der Anschaffungspolitik eher im Hintergrund stehen, während sie für einen Offizier im Kriegsministerium oder Generalstab ganz andere Bedeutung hatten. Dies gilt ebenso für die Marine.

---

[200] W. Murray, M. Grimsley: Introduction on Strategy. S. 12 f., in: W. Murray, M. Knox, A. Bernstein (ed.): The Making of Strategy. Rulers, States and War. Cambridge 1997, S. 1-24.
[201] Doerry S. 51.
[202] Rumschöttel II S. 20.
[203] Müller S. 387.

So ist der Offizier des wilhelminischen Kaiserreichs ein typisches Kind seiner Epoche. In Bereichen, die sich mit der zivilen Welt überschneiden, teilt er die Einstellungen seiner Zeit.

An den politischen und gesellschaftlichen Veränderungen waren die bewaffneten Streitkräfte auf vielen Wegen beteiligt. Die Veränderungen in der Sozialstruktur des Offizierskorps, die vermehrte Betonung der Zuverlässigkeit gegenüber den Sozialdemokraten, weisen darauf hin.[204]

Neben dieser Teilhabe an der Gesellschaft ergeben sich für das Militär aber noch andere Einflußfaktoren. Militärs stellen Fachleute dar, die von ihrer Gesellschaft unterhalten werden, um ihr Sicherheit zu gewährleisten. Dies versucht das Militär dadurch zu leisten, daß es sich die Fähigkeit, Krieg zu führen, aneignet. Dabei ist es in diesem Kontext egal, ob es sich um einen Bürgerkrieg oder einen Krieg nach außen handelt. Damit steht das Militär unter einem gewissen Legitimationsdruck. Seine Stellung in der Gesellschaft verdankt es der Monopolisierung des Wissens, wie ein Krieg zu führen sei. Jedes Zweifeln an dieser Fähigkeit bedeutet – wenn auch indirekt – eine Infragestellung seiner Rolle. Aus diesem Grunde wird das Militär schon aus institutionellen Gründen bemüht sein, den Zugang zu diesem Fachwissen zu begrenzen und zu kontrollieren. Denn nur dieses Wissen vermag, sowohl seine Existenz als auch seine Stellung innerhalb der Gesellschaft zu legitimieren. Ganz besonders galt dies für Deutschland mit seiner sehr starken Rolle des Militärs. Dieses Prinzip gilt jedoch nicht nur gegenüber der zivilen Umwelt. Jede Waffengattung, jede militärische Behörde und Institution wird für sich einen besonderen Bereich reklamieren und verbunden damit das nötige Fachwissen, um diesen Bereich erfolgreich bearbeiten zu können. Im Auftreten nach außen kann das im Kampf um Einfluß und Ressourcen bedeuten, daß man für sich selber das bessere Konzept als das der Konkurrenten reklamiert. Die deutsche Marine, die im Gegensatz zum Heer über keine Tradition verfügt, wird hiervon besonders betroffen sein. Hier wird es erheblich auf die Verankerung des Militärs im Staatsaufbau ankommen, wie diese Konflikte ausgetragen werden und wer sich dabei durchzusetzen vermag.

Gleichzeitig ist damit ein Spannungsfeld in dem Verhältnis des Militärs zu den Zivilisten umrissen. Das Militär wird versucht sein, Einmischung von Nicht-Fachleuten in seine Angelegenheiten zurückzuweisen, da denen das nötige Fachwissen fehle. Auf der anderen Seite wird es geneigt sein, die Situation des Staates sowohl innen- als auch außenpolitisch rein aus seinem Blickwinkel zu betrachten. Dementsprechend werden seine Vorschläge häufig einseitig sein. Auch hier ist wiederum das Verhältnis zwischen Militärs und Zivilisten ent-

---

[204] Siehe Kapitel III Das deutsche Militär in einem Zeitalter der Unsicherheit, S. 115 ff.

scheidend, inwieweit diese fachmännischen Urteile Gehör finden bzw. vielleicht sogar sich gegenüber anderen Vorstellungen durchsetzen. Die sich daraus ergebenen Konflikte können sich auf allen Ebenen der Gesellschaft ergeben.

So ist das Verhältnis des Militärs zu seiner Gesellschaft ein doppeltes. Auf der einen Seite partizipiert es an den allgemeinen Entwicklungen, auf der anderen Seite spielt es eine Sonderrolle, die sich aus seiner Funktion ergibt, und wirkt damit unter Umständen wiederum auf die Allgemeinheit zurück.[205]

II. 6. b Militär als eigenständige Organisation

Daneben ist das Militär aber auch eine eigene Welt. Innerhalb des Militärs hat sich im Verlaufe der Zeit ein Gerüst von Konventionen und Traditionen etabliert, die sich auf den Offizier auswirken.[206] Es hat sich eine eigenständige militärische Kultur entwickelt. Das Leben des Offiziers wird zu einem beträchtlichen Teil von den Verhaltensweisen bestimmt werden, die sich innerhalb des Militärs entwickelt haben. Durch seine berufliche Stellung wird er gesellschaftliche Entwicklungen in erster Linie durch die Brille seiner Funktion wahrnehmen. Seine Mentalität wird infolgedessen zwar in weiten Teilen auch außerhalb des Militärs zu finden sein, aber sie wird doch auch typische, nur dem Militär eigene Elemente enthalten. Diese wird bei einer Waffengattung wie dem Heer, das auf eine lange Geschichte zurückblicken kann, ausgeprägter sein als bei einer so jungen wie der deutschen Marine. Diese wird wiederum bemüht sein, den Mangel an Tradition etc. durch Anleihen beim Heer bzw. Eigenentwicklungen auszugleichen.

Neue Entwicklungen, die sich auch auf militärisches Gebiet auswirken wie z. B. die Technik, wird der Offizier vor dem Hintergrund dieser Grundlagen betrachten. Militärische Doktrin gibt einen hilfreichen Rahmen ab, um die Erscheinungen der Zeit zu bewerten und Schlüsse daraus zu ziehen.[207]

Besonders wichtig für den Offizier wird seine Stellung innerhalb der militärischen Organisation sein. Neben den oben erwähnten Ressortegoismen gegenüber den Zivilbehörden gibt es so etwas auch innerhalb des Militärs. Auch hier wird es darum gehen, die eigene Stellung zu verteidigen, indem man ihre Wichtigkeit beweist. Dies wird besonders deutlich bei Institutionen sein, die wie das bayerische, württembergische oder sächsische Kriegsministerium viele ihrer Aufgaben im Rahmen der Vereinheitlichung des deutschen Heeres nach der

---

[205] Siehe auch Dülffer: Militärgeschichte S. 132 f.

[206] Vgl. dazu Keegans Ausführungen über das zeitgenössische britische Militär. - J. Keegan: Die Kultur des Krieges. Hamburg 1997, S. 15 ff.

[207] Snyder: Ideology S. 27.

Reichsgründung haben abgeben müssen. Es ist zu erwarten, daß diese sich an die ihnen verbliebenden Funktionen klammern und abwehrend auf jeden Versuch reagieren, diese zu verkleinern. Dies kann dann schon mal dazu führen, daß wider jede Logik auf der eigenen Position beharrt wird.[208] Ähnliches gilt auch für die Marine, dort allerdings nicht so stark, weil der überragende Einfluß Tirpitz' hier einen gewissen Ausgleich schuf. Aber auch dort werden diese Erscheinungen zu beobachten sein.

Jeder Offizier steht unter einem Legitimitätsdruck von oben und von unten. Von oben wird von ihm erwartet, daß er die ihm aufgetragenen Aufgaben erfüllen kann. Seine bisherige Stellung und seine weitere berufliche Laufbahn hängen davon ab. Nur wer sich in den Augen der höheren Instanzen bewährt hat, kann mit Beförderung rechnen. Diese Befähigung muß im Alltagsdienst quasi Tag für Tag erworben werden. Dies wird dazu führen, daß der einzelne Offizier eher geneigt ist, so zu handeln, wie er denkt, daß es von ihm erwartet wird. Solange keine eindeutigen Befehle vorliegen, wird er dabei auf seine Erfahrungen der Vergangenheit zurückgreifen. Auch gegenüber seinen Untergebenen steht der Offizier unter einem Legitimationsdruck. Der technische Fortschritt im Militär führt von der herkömmlichen Amts- hin zu einer neuen Sachautorität.[209] Dabei wird der Untergebene durch seine technischen Qualifikationen in der Lage sein, Entscheidungen des Vorgesetzten entscheidend zu beeinflussen, indem er von seiner Autorität auf dem Gebiet der Technik gebraucht macht.[210] Das gesteigerte Selbstbewußtsein des technischen Soldaten beschränkt sich nicht auf den fachlich-technischen Bereich, sondern dehnt sich auf das gesamte Militärleben aus.[211]

Dies wird seitens des Offiziers zu zwei Reaktionen führen: zum einen wird er den technischen Veränderungen eher skeptisch gegenüber stehen; zum anderen wird er Faktoren nicht-technischer Art wie z. B. die Moral betonen, um seine Stellung weiterhin zu legitimieren. Dies gilt natürlich nicht überall gleichermaßen. Je mehr ein Offizier mit Technik und Untergebenen zu tun hat, um so stärker wird diese Spannung sein.

---

[208] Ein typisches Zeichen für Konflikte innerhalb Organisationen siehe C.-A. Gemzell: Organization, Conflict and Innovation. A Study of German Naval Strategic Planning, 1888-1940. Lund 1973, S. 16 f.

[209] W. Mosen: Eine Militärsoziologie. Technische Entwicklung und Autoritätsprobleme in modernen Armeen. Neuwied, Berlin 1967, S. 54.

[210] Ebd., S. 47.

[211] Ebd., S. 47.

II. 6. c Der Einfluß der Persönlichkeit

Dies ist sicherlich eine der schwierigsten Fragen in der modernen Geschichtsschreibung. In der Abkehr von Rankes Diktum, Männer machen Geschichte, ist man zusehends dahin geraten, den Einfluß der Persönlichkeit zugunsten sozialer Verhältnisse, Strukturen etc. zu negieren. Geht man davon aus, daß eine historische Situation nicht von vornherein in ihrem Ausgang determiniert ist, sondern daß sie viele Entwicklungsmöglichkeiten in sich trägt, dann mag es möglich erscheinen, daß unter gewissen historischen Umständen die Persönlichkeit der Agierenden einen größeren Einfluß hat als angenommen. Dies mag vor allem auf Krisenzeiten zutreffen, in denen die bisherigen Lösungsmöglichkeiten, die Gewohnheiten etc. auf einmal nicht mehr als Leitfaden dienen können. Dies kann eventuell auch noch durch das Vorhandensein von Strukturen, die dem Einzelnen größere Freiräume gestatten, verstärkt werden.

Eine Untersuchung des Verhaltens einzelner Persönlichkeiten kann so gerade Aufschlüsse ergeben. Dies spiegelt auch die Forschung der jüngsten Vergangenheit. Dort läßt sich ja wieder ein erneutes Interesse am Individuum in der Geschichtsschreibung feststellen.[212]

Eine Untersuchung, die nicht nur kollektive, sondern auch Elemente der Einzelpersönlichkeit berücksichtigt, vermag aufzuzeigen, daß sich innerhalb des gegebenen Rahmens eine weite Spannbreite von verschiedenen Reaktionsmöglichkeiten ergeben. Diese Spannbreite kann nicht immer durch kollektive Faktoren erklärt werden. Sie ist von individuellen Faktoren beeinflußt. Besonders das deutsche Offizierskorps vor dem Ersten Weltkrieg mit seiner einheitlichen Herkunft und seinen gemeinsamen Interessen gegenüber der Gesellschaft vermag dafür vielleicht ein Beispiel abgeben. Zwar machen Männer keine Geschichte, aber sie prägen doch den konkreten Verlauf, den die Geschichte dann nimmt.

II. 7 Der Aufbau der Arbeit

Ausgehend von den oben umrissenen Überlegungen soll im folgenden das deutsche Militär in der Julikrise untersucht werden. Hierzu soll zunächst einmal in einem kurzen Kapitel die Stellung des Militärs im wilhelminischen Kaiserreich dargelegt werden. Daran anschließend sollen unterschiedliche Aspekte der allgemeinen Geschichte wie auch der Militärgeschichte, die das Militär beeinflußten, dargestellt werden. Dann folgt eine Beschreibung ähnlicher Faktoren mit ihrem Einfluß auf die Mobilmachungsplanungen. Diese Aspekte trugen alle da-

---

[212] R. J. Evans: Fakten und Fiktionen. Über die Grundlagen historischer Erkenntnis. Frankfurt/M., New York 1999, S. 180 f.

zu bei, den Zeitabschnitt ab 1900 für das deutsche Militär zu einem Zeitalter der Unsicherheit zu machen. Gleichzeitig soll in diesem Abschnitt versucht werden, sowohl den allgemeinem Zustand als auch die Mobilmachungsplanungen des Militärs mit darzustellen.

Anschließend soll chronologisch der Verlauf der Julikrise Tag für Tag aus militärischer Sicht behandelt werden. Chronologisch deshalb, weil sich so der Verlauf der Krise besser aufzeigen läßt und die einzelnen chronologischen Abschnitte schon durch den Umfang, der nötig ist, um sie zu beschreiben, eine Entwicklung erkennen lassen. Nach Abschluß dieser Schilderung soll ein Exkurs folgen, der zwar den zeitlichen Rahmen der Julikrise überschreitet, aber wegen seiner Thematik und seinem Ausgang von besonderem Interesse für die Geschichte des Kaiserreichs ist: der Konflikt zwischen den Zivil- und Militärbehörden über die im Verlaufe der Mobilmachung aus Sicherheitsgründen vorgenommenen Verhaftungen in Schleswig-Holstein. Abschließend sollen die Ergebnisse der vorliegenden Arbeit kurz zusammengefaßt werden.

III Das deutsche Militär in einem Zeitalter der Unsicherheit

Nachdem die Forschungslage zum deutschen Militär in der Julikrise erläutert worden ist, erscheint es angebracht, einen näheren Blick auf die Situation des deutschen Militärs allgemein zu werfen. Hierbei ist weniger an einen weiteren Überblick über die Forschung gedacht, sondern eher an eine skizzenhafte Beschreibung der Lage, in der sich die deutschen Streitkräfte 1914 befanden. Kennzeichen der Jahre ab 1900 war ein rapider Wandel, der alle Bereiche der Streitkräfte umfasste. Weder die Führung noch die Offiziere der mittleren Führungsebene konnten sich den Veränderungen entziehen.

Das Bestreben in Preußen, das Militär dem Einfluß des Monarchen gegenüber dem Parlament zu erhalten, hatte zu einer Trennung von Kommandobereich, dem Bereich der Befehlsgewalt des Königs, und der Militärverwaltung geführt.[213] Allerdings konnten die Ansprüche der Volksvertretung nicht ganz abgewehrt werden, gewisse Zugeständnisse, wie z. B. die Bestimmung des Militärbudgets, mußten gemacht werden.[214] Diese Trennung wurde nach der Reichsgründung weitergeführt. Der Kommandobereich unterstand unmittelbar dem Kaiser; er erlaubte es dem Monarchen, über Fragen der Organisation, Ausbildung, Disziplin, Stellenbesetzung und Einsatz alleine zu entscheiden.[215] Demgegenüber stand die Militärverwaltung, die hauptsächlich in Fragen, die den Etat betrafen, noch der Gegenzeichnung durch Reichskanzler oder Kriegsminister und der Zustimmung des Parlaments bedurfte.[216] Die Zustimmung oder Ablehnung des Etats durch den Reichstag war die einzige Möglichkeit des Parlaments, Einfluß auf den militärischen Bereich zu nehmen.[217] Neben der zivilen – vom Parlament abhängigen – Ebene gab es also eine zweite – vom Parlament unabhängige – auf Befehl und Gehorsam aufgebaute militärische Ebene.[218] Nach dem Zabern-Zwischenfall faßte Delbrück den Staatsaufbau des wilhelminischen Staatswesens in den „Preußischen Jahrbüchern" zusammen: „Die kriegerische Genossenschaft des Offizierskorps mit dem Kriegsherrn an der Spitze hier und

---

[213] W. Schmidt-Richberg: Die Regierungszeit Wilhelms II. S. 62, in: Militärgeschichtliches Forschungsamt (Hg.): Handbuch zur deutschen Militärgeschichte 1648-1939. Bd. 3 Abschnitt V Herrsching 1983, S. 9-157.
[214] Craig S. 178 f.
[215] Schmidt-Richberg S. 62.
[216] Ebd., S. 62.
[217] C. H. Hermann: Deutsche Militärgeschichte. Eine Einführung. Frankfurt/M. 1966, S. 253.
[218] Ebd., S. 253.

die im Reichstag repräsentierten Massen des bürgerlichen Volkes dort sind die beiden Grundpfeiler des deutschen Staatswesens."[219]

Der Aufbau des Heers spiegelt diesen Dualismus. Da ein Reichskriegsminister nicht existierte, fiel es dem preußischen Minister zu, als Vertreter des stärksten Kontingents, den Militäretat zu verwalten und vor dem Reichstag zu vertreten.[220] Damit war er teilweise dem Parlament verantwortlich. Aus dem Bestreben, die Einflußmöglichkeiten des Reichstages zu beschränken, ergab sich die Tendenz, dem preußischen Kriegsministerium möglichst viele Kompetenzen zu entziehen.[221] Statt dessen wurden Stellen geschaffen, die über das Recht des unmittelbaren Zugangs zum Kaiser – das Immediatrecht – ihm unmittelbar unterstellt waren. Wilhelm II. fand dieses Prinzip bereits vor und baute es während seiner Herrschaft weiter aus, so daß sich eine zunehmende Dezentralisierung im Aufbau des deutschen Heeres ergab.[222]

In diesem Aufbau nahm der Kaiser eine zentrale Stellung ein. Ihm oblag es, die Koordination zwischen der zivilen und der militärischen Spitze des Reiches durchzuführen.[223] Daneben mußte er aber auch die Arbeit der verschiedenen Immediatstellen miteinander verbinden.[224]

Die wichtigsten zentralen Stellen, die das Immediatrecht innehatten, waren der Generalstab, das Kriegsministerium und das Militärkabinett. Der Generalstab war für die Planung und Durchführung eines künftigen Krieges verantwortlich; das Kriegsministerium befasste sich mit allen Aspekten der militärischen Verwaltung; das Militärkabinett schließlich war das Organ, über welches der Kaiser seine Befehle weiterleitete.

Neben diesen drei Zentralstellen gab es noch andere Stellen, die das Immediatrecht besaßen. Zur größten Gruppe zählten die Kommandierenden Generale

---

[219] H. Delbrück: Zabern und kein Ende. S. 401, in: Preußische Jahrbücher, Bd. 155 1914, S. 398-402; zu Zabern siehe H.-U. Wehler: Der Fall Zabern von 1913/14 als eine Verfassungskrise des Wilhelminischen Kaiserreichs. In: Wehler H.-U.: Krisenherde des Kaiserreichs 1871-1918. Studien zur deutschen Sozial- und Verfassungsgeschichte. Göttingen 1970, 65-83.

[220] K.-V. Neugebauer: Militärgeschichte des Kaiserreichs. Des Kaisers „schimmernde Wehr". S. 215, in: K.-V. Neugebauer (Hg.): Grundzüge der deutschen Militärgeschichte. Bd. 1 Freiburg 1993, S. 193-269.

[221] Ebd., S. 215.

[222] R. Schmidt-Bückeburg: Das Militärkabinett der preußischen Könige und deutschen Kaiser. Seine geschichtliche Entwicklung und staatsrechtliche Stellung. Berlin 1933, S. 187.

[223] Herwig: Uncertainties S. 245.

[224] O. H. Meissner: Der Kriegsminister 1814-1914: Ein Beitrag zur militärischen Verfassungsgeschichte. Berlin 1940, S. 49 f.

der Armeekorps.[225] Sie unterstanden direkt dem Kaiser.[226] Sie wachten eifersüchtig über ihre Unabhängigkeit, besonders gegenüber dem Kriegsministerium.[227] 1914 umfaßte das preußische Heer und die ihm angeschlossenen Kontingente 22 Armeekorps: 19 preußische, 2 sächsische und 1 württembergisches.[228] Jedes Armeekorps hatte seinen eigenen Bezirk, aus dem es normalerweise auch seinen Ersatz an Soldaten aushob.[229] Zu weiteren Dienststellen, die das Vortragsrecht besaßen, gehörten die Armee-Inspekteure und der Generaladjutant.[230] Auch die Generalinspektionen der einzelnen Waffengattungen waren vortragsberechtigt.[231] Dazu kamen noch einige andere Stellen, wie z. B. der Präsident des Reichsmilitärgerichts.[232] Insgesamt besaßen etwa 50 Dienststellen das Immediatrecht.[233] Damit besaß die deutsche Armee den dezentralisiertesten Aufbau in Europa.[234] Ein solcher Aufbau mußte notwendigerweise zu Reibungen führen. Häufig waren Kompetenzbereiche nicht klar abgegrenzt; zur Entscheidung einer Angelegenheit war es notwendig, die verschiedensten Stellen zu hören und miteinander in Einklang zu bringen. Koordinator sollte der Kaiser sein – angesichts eines solchen Aufbaus wäre auch eine weit stärkere Persönlichkeit als Wilhelm II. es war, überfordert gewesen. Eine grundsätzliche Änderung wäre aber nur um den Preis der Einschränkung der Kommandogewalt möglich gewesen und damit

---

[225] Das Armeekorps (A. K.) bildete im Frieden das höchste Truppenkommando unter dem Kaiser. Ein A. K. bestand aus zwei Divisionen (Div.) und den Korpstruppen. Die Korpstruppen bestanden in der Regel aus einem Pionier-Bataillon (Pio.-Batl.), der schweren Fußartillerie und dem Train, manchmal wurde diese noch durch ein Jäger-Bataillon (Jäger-Batl.) verstärkt. Die Div. bestand aus zwei Infanterie-Brigaden (Inf.-Brig.) und je einer Kavallerie- und Feldartillerie-Brigade (Kav.-, Feldart.-Brig.). Die Inf.-Brig. umfaßten je zwei Regimenter (Reg.) zu je drei Bataillonen (Batl.), die wiederum aus jeweils vier Kompanien (Komp.) bestanden. Die Kav.-Brig. gliederte sich in zwei Kavallerie-Regimenter (Kav.-Reg.) zu je fünf Eskadrons (Esk.). - Neugebauer: Militärgeschichte S. 215 ff. Die Feldart.-Brig. war in zwei Feldartillerie-Regimenter (Feldart.-Reg.) zu zwei Feldartillerie-Abteilungen (Feldart.-Abtl.) die je drei Batterien (Battr.) umfaßten, unterteilt. - Matuschka S. 173. Zu den Div. ist noch anzumerken, daß es außer der Garde-Kav.-Div. im Frieden nur Inf.-Div. gab. - Ebd. S. 167. Deshalb unterschieden die Zeitgenossen häufig nicht; die 29. Div. ist die 29. Inf.-Div. Zu den Abkürzungen siehe Abkürzungsverzeichnis.

[226] Huber: Heer S. 322.

[227] Rüdt v. Collenberg: Stellung S. 311.

[228] Neugebauer: Militärgeschichte S. 215; zu den Kontingenten der Bundesstaaten siehe weiter unten.

[229] Neugebauer: Militärgeschichte S. 220.

[230] Ebd., S. 214.

[231] Schmidt-Richberg S. 73.

[232] Ebd., S. 74.

[233] Neugebauer: Militärgeschichte S. 214 f.

[234] Gudmundsson S. 18.

ausgeschlossen.[235] Denn einer der zugrundeliegenden Hintergedanken war ja, die Armee notfalls auch gegen das Parlament einsetzen zu können.[236] Dieses Wirrwarr schuf allerdings für den einzelnen Offizier auch Freiräume, in denen er gefordert war, weil die oberen Stellen sich nur schwer einigen konnten. Dies scheint im Kontext der Julikrise der wichtigste Aspekt zu sein.

War schon der Aufbau des preußischen Heeres kompliziert genug, so wurde der Aufbau der gesamten Streitkräfte des Deutschen Reiches durch die verschiedenen Bundeskontingente auch nicht gerade einfach gestaltet. Dem preußischen Teil hatten sich 22 Armeen der Bundesstaaten angeschlossen.[237] Sie verzichteten dabei jedoch nicht vollständig auf ihre Rechte.[238] Daneben gab es noch drei Armeen, die – im unterschiedlichen Ausmaß – ihre Eigenständigkeit bewahren konnten. Dies waren die sächsische, die württembergische und die bayerische Armee. Das Verhältnis zum preußischen Kontingent wurde durch Militärkonventionen geregelt, die die einzelnen Staaten mit Preußen geschlossen hatten.[239] Die ersten beiden unterstanden schon im Frieden dem Kaiser.[240] Das letztere unterlag der Befehlsgewalt des bayerischen Königs.[241] Erst mit Ausspruch der Mobilmachung sollte sie unter den Befehl des Kaisers treten.[242] Eine eigene Übereinkunft zwischen Bayern und Preußen sorgte auch in diesem Fall dafür, daß Bayern im Kriege entsprechend berücksichtigt wurde.[243] Sowohl Württemberg und Sachsen als auch Bayern verfügten über ein eigenes Kriegsministerium.[244] Diese drei Bundesstaaten hielten sich auch eine Militärverwaltung.[245] Die Kontingentsarmeen unterhielten auch eigene Generalstäbe.[246]

---

[235] Deist: Kriegsherr S. 34.

[236] Förster: Heeresrüstungspolitik S. 175.

[237] L. M. Ellis: Army, State and Politics in the Grand Duchy of Baden, 1866-1920. Baltimor 1986, S. 12.

[238] M. Messerschmidt: Die politische Geschichte der preußisch-deutschen Armee. S. 209 ff., in: Militärgeschichtliches Forschungsamt (Hg.): Handbuch zur deutschen Militärgeschichte 1648-1939. Bd. II Abschnitt IV Erster Teil Herrsching 1983, S. 9-380.

[239] S. Fiedler: Kriegswesen und Kriegsführung im Zeitalter der Millionenheere. Bonn 1993, S. 28; H. W. Koch: Die deutschen Armeen im 19. und 20. Jahrhundert. Starnberger See 1999, S. 128 f.

[240] Neugebauer: Militärgeschichte S. 212 f.

[241] Ebd., S. 212 f.; E. v. Frauenholz: Die Geschichte des Königlich Bayerischen Heeres von 1867 bis 1914. München 1931, S. 29.

[242] Rumschöttel II S. 39; Frauenholz S. 29.

[243] Übereinkommen des K. Preußischen und K. Bayerischen Kriegsministeriums über die Vertretung Bayerns in den Organen der obersten deutschen Heeresleitung im Kriege, BHStA M Kr Nr. 18305.

[244] Hubatsch: Verwaltung S. 318 ff.; dort auch näheres zum Aufbau der einzelnen Kriegsministerien; speziell zum Bayr. Kriegsministerium siehe Frauenholz S. 139 ff.

Eine Sonderstellung nahm Elsaß-Lothringen ein. In dem Reichsland, das direkt vom Reich verwaltet wurde, dienten Truppen aller Kontingente.[247] Dies machte eine komplizierte Regelung der Dienstverhältnisse bei den betreffenden Armeekorps notwendig, in denen versucht wurde, die Rechte der einzelnen Kontingente zu bewahren, ohne die Handlungsfähigkeit zu gefährden.[248]

Im Unterschied zum Heer war die Marine von Anfang an Reichssache.[249] Damit entfiel eine Aufteilung in verschiedene Kontingente. Ein Grund für die Popularität, die die Flotte erringen konnte, war gerade ihr Nimbus als einigendes Symbol des Deutschen Reiches.[250] Ähnlich wie beim Heer, war auch bei der Flotte die Monarchie bemüht, ihre Kommandogewalt zu erhalten.[251] Dies führte ebenso wie bei der Armee zu einer wachsenden Dezentralisierung in der Organisation. So wurde 1898 das Oberkommando der Marine aufgelöst.[252] Seine bisherigen Aufgaben wurden verschiedenen Immediatstellen zugeordnet. Dies waren der Staatssekretär des Reichsmarineamts, der Chef des Marinekabinetts, der Admiralstabschef, die Chefs der Nord- und Ostseestation, der Generalinspekteur der Marine, der Inspekteur des Bildungswesens, der Flottenchef, der Chef des Kreu-

---

[245] R. Morsey: Kapitel V. § 1: Die Erfüllung von Aufgaben des Norddeutschen Bundes und des Reiches durch Behörden des Bundes und des Reiches. S. 171, in: K. H. G. Jeserich, H. Pohl, G.-Chr. v. Unruh (Hg.): Deutsche Verwaltungsgeschichte. Bd. 3 Stuttgart 1984, S. 138-186.

[246] Rothenberg S. 301; zum bayr. Generalstab siehe Frauenholz S. 65 f., 142. Häufig wird vom preußischen Generalstab einfach als vom deutschen Generalstab gesprochen. Angesichts der Generalstäbe der anderen deutschen Staaten ist diese Bezeichnung allerdings nicht korrekt, worauf A. Skřivan: Schwierige Partner. Deutschland und Österreich-Ungarn in der europäischen Politik der Jahre 1906-1914. Hamburg 1999, S. 142, Anm. 322 zu Recht hinweist. De facto spielte aber der preußische die Rolle eines deutschen Generalstabes.

[247] Fiedler S. 42.

[248] Vorschrift für die besonderen Kommando usw. Verhältnisse beim XV., XVI. und XXI. Armeekorps, GlAK Abt. 456 EV. 74, Bund 20, 2 gen, Heft 3.

[249] Sicken S. 111.

[250] J. Steinberg: The Kaiser's Navy and German Society. S. 105, in: Past and Present, Vol. 28 1964, S. 102-110; dabei spielte auch eine Rolle, daß die ersten Versuche, eine Reichsflotte zu schaffen mit der Revolution von 1848 verbunden waren – mithin hatte die Flotte auch so etwas wie ein liberales Erbe. - W. Hubatsch: Die Ära Tirpitz. Studien zur deutschen Marinepolitik 1890-1918. Göttingen, Berlin, Frankfurt/M. 1955, S. 11.

[251] Dies zeigt, daß es bei der Kommandogewalt nicht nur darum ging, das Militär auch nach innen einsetzen zu können, sondern es überhaupt ohne Mitsprache des Parlaments gebrauchen zu können. Denn gegen den Reichstag in Berlin oder rebellierende Arbeiter im Ruhrgebiet war die Flotte direkt jedenfalls nicht einsetzbar.

[252] Ritter: Staatskunst, Bd. 2. S. 155; W. Petter: Deutsche Flottenrüstung von Wallenstein bis Tirpitz. S. 220, in: Militärgeschichtliches Forschungsamt (Hg.): Handbuch zur deutschen Militärgeschichte 1648-1939. Bd. 5 Abschnitt VIII Herrsching 1983, S. 13-262.

zergeschwaders und die Kommandanten der außerhalb der heimischen Gewässer operierenden Schiffe.[253]

Der Staatssekretär des Reichsmarineamts (RMA) unterstand nominell als Teil der Reichsverwaltung dem Reichskanzler.[254] Er zeichnete die Anordnungen des Kaisers gegen und war somit praktisch der Marineminister.[255] Das RMA war für die Verwaltung und Rüstungsplanung der Marine zuständig.[256] Den Marinehaushalt mußte sein Chef vor dem Reichstag vertreten.[257] Des weiteren gehörte zum Zuständigkeitsbereich des RMA auch die Vorbereitung und Durchführung der Mobilmachung.[258] Dabei bediente es sich der Mithilfe der Chefs der beiden Stationen.[259] Durch die Besonderheit der Marine bedingt, hatte das RMA einen großen Einfluß auf alle Bereiche des Marinelebens. Da es für die Rüstung verantwortlich war, bestimmte das RMA somit schon über andere Dienststellen z. B. die Kriegsplanung, aber auch die Ausbildung. Denn diese mußten davon abhängen, welche Schiffe mit welchen Einsatzmöglichkeiten man zur Verfügung hatte. Somit war es die entscheidende Dienststelle im Aufbau der Marine.

So zeigen die Verhältnisse in beiden Teilstreitkräften dasselbe Bild: eine Vielzahl von mehr oder weniger gleichberechtigten Stellen, die fast ohne jegliche Koordination nebeneinander wirtschafteten. Galt dies nun schon für die Verhältnisse innerhalb der Teilstreitkräfte, um wieviel mehr mußten sich diese Probleme dann bei der Koordination von Armee und Flotte bemerkbar machen. Der Kaiser war derjenige, in dessen Person alles zusammenlief – Reichsleitung, Heer und Marine.[260] Wie bereits im Zusammenhang mit dem Heer bemerkt: diese Aufgabe war nicht zu lösen.

Auf außenpolitischem Gebiet galt das Interesse der Militärs naturgemäß in erster Linie den jeweiligen Bündnissystemen. Deutschland war mit Österreich-Ungarn

---

[253] Ebd. S. 220; siehe auch P. Padfield: The Great Naval Race. The Anglo-German Naval Rivalry, 1900-1914. London 1974, S. 38 f.; I. N. Lambi: The Navy and German Power Politics, 1862-1914. Boston, London, Sydney 1984, S. 33, 167. Zur Organisation der Marine 1914 siehe W. Hubatsch: Kaiserliche Marine. Aufgaben und Leistungen. München 1975, S. 529 ff.

[254] R. Güth: Die Organisation der deutschen Marine in Krieg und Frieden 1913-1933. S. 263, in: Militärgeschichtliches Forschungsamt (Hg.): Handbuch zur deutschen Militärgeschichte 1648-1939. Bd. 5 Abschnitt VIII Herrsching 1983, S. 263-336.

[255] Ebd., S. 263.

[256] Ebd., S. 264; zu seinem Aufbau siehe ebd., S. 264 ff.

[257] Ebd., S. 266.

[258] Hubatsch: Admiralstab S. 124.

[259] Güth S. 268; zu deren Aufbau siehe ebd., S. 269 f.

[260] P. Kennedy: The Kaiser and German Weltpolitik: Reflections on Wilhelm II. Place in the Making of German Foreign Policy. S. 162, in: J. C. G. Röhl, N. Sombart (ed.): Kaiser Wilhelm II. New Interpretations. The Corfu Papers. Cambridge 1982, S. 143-168.

und Italien verbündet; dem stand das enge Verhältnis von Frankreich und Rußland gegenüber. Letzterem Bündnis näherte sich zunehmend Großbritannien an. Alle Versuche der deutschen Politik, diese Konstellation zu sprengen, blieben erfolglos. Hierbei versuchte nicht zuletzt Reichskanzler Bethmann-Hollweg das Verhältnis des Reiches zum britischen Empire nachhaltig zu verbessern. Diese Bemühungen erhielten aber einen harten Dämpfer, als sich im Frühjahr 1914 Gerüchte über den Abschluß einer britisch-russischen Marinekonvention verbreiteten. Botschafter Lichnowsky berichtete am 10. Juni 1914 aus London, daß der Privatsekretär Churchills erklärt habe, die Gerüchte über eine russisch/englische Flottenvereinbarung seien Unsinn; dies decke sich mit Nachrichten, die der Botschafter aus anderer Quelle erhalten habe.[261] Im Gegensatz dazu konnte der deutsche Militärattaché in Petersburg im Mai 1914 berichten: „Derselbe Großfürst Nicolai Michailowitsch hat vorgestern zu Schiermann gesagt, daß der nächste Krieg zwischen Rußland und Deutschland stattfinden und bestimmt anno 1916 ausbrechen werde. Auch sei eine Russ.-Engl. Flottenkonvention neuerdings gegen uns abgeschlossen worden, nachdem die Umwandlung der Entente in Alliance von England abgelehnt sei."[262] Im Juni wurden diese Gerüchte durch einen Spion in der russischen Botschaft zu London zur Gewißheit.[263] Dies beunruhigte Berlin aufs höchste. Denn damit war das Bemühen in Gefahr, Großbritannien von seinen Partnern zu lösen.[264] Entgegen den Erwartungen der Diplomatie hatte sich damit der Ring der Einkreisung vollendet.[265] Bethmanns außenpolitischer Kurs geriet deshalb im Frühjahr 1914 immer mehr unter Druck. In militärischen Kreisen wurde zunehmend bezweifelt, ob das Vertrauen in Englands friedenserhaltende Rolle gerechtfertigt sei.[266] Bethmann selbst sah die Haltung Großbritanniens nun anders; am 4. Juli 1914 berichtete der bayerische Gesandte aus Berlin, daß der Reichskanzler ihm mitgeteilt habe,

---

[261] Bericht Botschafter London Nr. 349, 10.06.1914, BA-MA RM 5/1018. Der Bericht war an den Reichskanzler gerichtet; laut Randnotizen wurde er aber auch vom RMA an den Admiralstab übersandt.

[262] Bericht Militärattaché Petersburg Nr. 27, 7./20.05.1914, ebd. Dieser Bericht wurde laut Randnotizen auf Befehl des Kaisers an den Generalstab, das Kriegsministerium und das RMA weitergereicht.

[263] Ullrich: Grossmacht S. 238. Die Erkenntnisse des Spions waren allerdings nur der Reichsleitung zugänglich. - E. Hölzle: Die Selbstentmachtung Europas. Das Experiment des Friedens vor und im Ersten Weltkrieg. Göttingen, Frankfurt/M., Zürich 1975, S. 246; M. Rauh: Die britisch-russische Marinekonvention von 1914 und der Ausbruch des Ersten Weltkrieges. S. 53, in: Militärgeschichtliche Mitteilungen, Bd. 41 1987, S. 37-62. Die beiden oben zitierten Dokumente belegen allerdings, daß das Militär nicht ganz ahnungslos war.

[264] Farrar: Arrogance S. 64.

[265] Mommsen: Großmachtstellung S. 299.

[266] Ebd., S. 296.

Deutschland sei außenpolitisch isoliert, auch Großbritannien sei zu den Gegnern zu rechnen.[267] Die Militärs sahen die einzige Möglichkeit, die politische Situation des Reiches zu verbessern, in einem Krieg.[268] Es gibt zumindestens Verdachtsmomente, die darauf hindeuten, daß man 1914 auch zu unkonventionellen Methoden schritt, um die außenpolitischen Gegner zu neutralisieren: gleichzeitige Verladungen von Waffen für die Aufständischen in Mexiko und Ulster machten es wahrscheinlich, daß diese Waffenlieferungen von den deutschen Behörden toleriert wurden, um Großbritannien zu schwächen.[269] Sollte dies zutreffen, so hatte man bereits den Rahmen der normalen Politik überschritten und war zur aktiven Destabilisierung eines potentiellen Gegners übergegangen.

Von militärischer Warte aus gesehen bedeutete diese Entwicklung, daß nur mit Italien und Österreich-Ungarn als Verbündeten gerechnet werden konnte. Dabei war allerdings die Haltung Italiens mit vielen Fragezeichen versehen. Aus Wien war im Winter 1911 zu erfahren, daß Italien seine Grenze zu Österreich-Ungarn militärisch befestigt habe, dies werde von den Österreichern im geheimen mit gleichen Maßnahmen beantwortet.[270] Die prekäre bündnispolitische Lage wurde von breiteren Kreisen im deutschen Offizierskorps als bedrohlich aufgefaßt.[271]

---

[267] Bayr. Dok., Nr. 1, S. 112. Mit dem Eingreifen Großbritanniens auf der Seite der Gegner Deutschlands hatte das Militär wohl gerechnet, wie die 1914 vorhandenen Fragebögen zur Vernehmung von Kriegsgefangenen und Überläufern ausweisen. Diese Fragebögen gab es sowohl in französisch als auch in englisch, BHStA Abtl. IV Gen. Kdo. I. A. K. (WK) Bund 80.

[268] Mommsen: Großmachtstellung S. 296.

[269] A. T. Or. Stewart: The Ulster Crisis. London 1967, S. 225 f.

[270] Bericht sächs. Gesandter Wien Nr. 491, 27.12.1911, SHStA Sächs. Militärbevollmächtigter Nr. 1433. Es bestand zwar eine Übereinkunft zwischen den Generalstabschefs Italiens und Deutschlands im Kriegsfall italienische Truppen am Rhein einzusetzen. – G. Graf Waldersee: Von Deutschlands militärpolitischen Beziehungen zu Italien. S. 640, in: Berliner Monatshefte, 7. Jg. 1929, S. 636-664. Diese Vereinbarung wurde im März 1914 sogar schriftlich fixiert. – W. Foerster: Die deutsch–italienische Militärkonvention. S. 405 f., in: Kriegsschuldfrage, 5. Jg. 1927, S. 395-416. Siehe dazu auch den „Auszug aus den Vereinbarungen zwischen königlich preußischem und königlich italienischem Generalstab", 11.03.1914, BHStA Abtl. IV A. O. K. 6 Nr. 369. In dem Akt findet sich auch eine „Anweisung für den Bevollmächtigten General bei den Italienern für Mob. Jahr 1914/15". Um die Zuammenarbeit auch auf der unteren Ebene zu fördern sollten die deutschen Truppen mit zweisprachigen Wörterbüchern ausgerüstet werden, ebd. Auch die Flotten beider Länder hatten eine Übereinkunft erzielt. – M. Palumbo: German-Italian military Relations on the Eve of World War I, S. 358 f. in: Central European History, Vol. XII 1979, S. 343-371; Lambi S. 408. Zweifel, ob es den im Kriegsfall wirklich so kommen würde, konnten allerdings in Deutschland nie unterdrückt werden. – Waldersee: Deutschlands S. 640, Albertini, Bd. 1, S. 562 ff.

[271] Ritter: Staatskunst, Bd. 2, S. 133.

Eine gewisse Übersicht über die bündnispolitische Situation findet sich in Moltkes Denkschrift „Die militär-politische Lage Deutschlands" vom November 1913; in ihr wurde darauf hingewiesen, daß Italien seine Küsten nicht gegen Englands Flotte verteidigen könne, so daß ein feindliches England sich negativ auf Italiens Bündnistreue auswirken würde.[272] Desweiteren habe sich das Verhältnis zu Frankreich laufend verbessert, während das zu Österreich-Ungarn sich verschlechtert habe.[273] Deshalb sei im Kriegsfalle zunächst mit Italiens Mitwirken nicht zu rechnen.[274] Die Türkei könne auch englische Truppen binden, da sie in der Lage sei, das englische Kolonialgebiet zu bedrohen.[275] Daneben vermöge sie auch, beträchtliche russische Truppen vom Einsatz gegen Deutschland abzuziehen.[276] Es sei als sicher anzusehen, daß Großbritannien auf Seiten Frankreichs an einem Krieg gegen Deutschland teilnehmen würde.[277] Auch Waldersees „Denkschrift über Deutschlands militärische Lage Mai 1914", die an Moltke gerichtet war, sieht den Sachverhalt ähnlich: „Auf dem Balkan gären die Dinge noch. Daß Frankreich und Rußland daran sind, dort überall gegen den Dreibund einzunehmen, ist erwiesen. Rumäniens Haltung ist z. Zt. noch unsicher. Daß aber vielleicht sehr bald auch hier unsere Gegner Erfolg haben werden, ist leider mehr als wahrscheinlich. Daß sich unsere Feinde sagen können, im Augenblick halte Italien noch zum Dreibunde und noch halte Kaiser Franz Josephs Persönlichkeit die bunte Monarchie zusammen, ist klar. Aber wie lange? Werden diese Dinge sich nicht vielleicht recht bald zu ihren Gunsten verschieben? Diese Frage wird niemand mit einem bestimmten ‚Nein' beantworten wollen."[278]

So stellte sich für das deutsche Militär die Außenpolitik alles andere als rosig dar. Die Unsicherheit des deutschen Bündnissystems führte zu dem Wunsch nach einer Veränderung. So entsandte Moltke Anfang 1914 Oberquartiermeister Waldersee zu Jagow, Staatssekretär des Auswärtigen Amtes (AA), und ließ ihn die für Deutschland bedrohliche Situation schildern. Aus Sicht der Militärs sei es höchste Zeit, sich nach einem neuen Bündnissystem umzusehen.[279]

Die Spannungen zwischen den beiden Bündnisblöcken entluden sich seit 1900 immer wieder in Krisen. Der Reigen der Krisen wurde durch die Marokkokrise

---

[272] Bl. 4, BA-MA W-10/50891.
[273] Bl. 4, ebd.
[274] Bl. 5, ebd.
[275] Bl. 7, ebd.
[276] Bl. 8, ebd.
[277] Bl. 4, ebd.
[278] Bl. 47, BA-MA W-10/50730.
[279] Schäfer: Präventivkrieg S. 548.

von 1905 eröffnet; es folgte die bosnische Annexionskrise von 1908/09; 1911 war es wieder Marokko, welches zu Spannungen zwischen den europäischen Mächten führte. Über die Resultate des ersten Balkankriegs kam es im Winter 1912 zu internationalen Auseinandersetzungen; der Wunsch der Türkei, seine Armee nach den Niederlagen der Balkankriege mit deutscher Hilfe neu zu organisieren, führte zur Liman-v.-Sanders-Krise. Auseinandersetzungen über deutsche Zeitungsartikel, die Rußland Kriegsabsichten unterstellten, beendeten dann im Frühjahr 1914 die Reihe der Vorkriegskrisen.[280]

Diese Krisen verfestigten zum einen die bestehenden Bündnisblöcke; zum anderen wurde die Überzeugung Allgemeingut, daß es eines Tages doch zur Entladung in einem großen Krieg kommen müsse. So schrieb bereits 1905 der junge Marineoffizier Weizsäcker aus Piräus nach Hause: „Wie man in den Leutnantskreisen und unter den Oberleutnants über die Spannung zwischen uns und England denkt, kann ich der Mama sagen, nämlich, daß wir den Krieg noch erleben. Was unsere älteren Offiziere im Ernst annehmen, weiß ich nicht."[281] Im Verlaufe der Jahre sollte sich dieser Eindruck verfestigen. Der bayerische Militärbevollmächtigte v. Gebsattel schrieb am 11. November 1911 nach München, daß, egal wie die Agadirkrise ausgehe, ein Krieg gegen Frankreich „nicht nur wahrscheinlich, sondern notwendig ist, weil die Ansicht der Franzosen betreffs der Überlegenheit der deutschen Armee sich in letzter Zeit gründlich geändert hat. Während sie diese früher, wenn auch grollend, anerkannten, glauben sie heute, uns – jedenfalls mit Hilfe Englands – mehr als gewachsen zu sein. Bei dem Ver-

---

[280] Zu den Krisen im einzelnen siehe R.H. Wippich: Das deutsche Reich auf europäischen Konfrontationskurs. Die erste Marokkokrise 1905/06. In: J. Dülffer, M. Kröger, R.-H. Wippich (Hg.): Vermiedene Kriege. Deeskalation von Konflikten der Großmächte zwischen Krimkrieg und Erstem Weltkrieg 1865-1914. München 1997, S. 557-578; M. Kröger: Ein gerade noch berechenbares Risiko. Die bosnische Annexionskrise 1908/09. In: J. Dülffer, M. Kröger, R.-H. Wippich (Hg.): Vermiedene Kriege. Deeskalation von Konflikten der Großmächte zwischen Krimkrieg und Erstem Weltkrieg 1865-1914. München 1997, S. 603-614; M. Kröger: Kolonialerwerb als Niederlage. Die zweite Marokkokrise 1911. In: J. Dülffer, M. Kröger, R.-H. Wippich (Hg.): Vermiedene Kriege. Deeskalation von Konflikten der Großmächte zwischen Krimkrieg und Erstem Weltkrieg 1865-1914. München 1997, S. 615-639; E. Oncken: Der Panthersprung nach Agadir. Die deutsche Politik während der zweiten Marokkokrise 1911. Düsseldorf 1981; M. Kröger: Kein serbischer Zugang zur Adria. Britischdeutscher Friedenskurs im Jahr 1912. In: J. Dülffer, M. Kröger, R.-H. Wippich (Hg.): Vermiedene Kriege. Deeskalation von Konflikten der Großmächte zwischen Krimkrieg und Erstem Weltkrieg 1865-1914. München 1997, S. 641-655; M. Kröger: Letzter Konflikt vor der Katastrophe. Die Liman-von-Sanders-Krise 1913/14. In: J. Dülffer, M. Kröger, R.-H. Wippich (Hg.): Vermiedene Kriege. Deeskalation von Konflikten der Großmächte zwischen Krimkrieg und Erstem Weltkrieg 1865-1914. München 1997, S. 657-671; A. Jux: Der Kriegsschrecken des Frühjahrs 1914 in der europäischen Presse. Berlin 1929.

[281] Hill S. 105.

hältnis, dass seit 40 Jahren zwischen Frankreich und Deutschland besteht, kann dieser Zustand nicht andauern, sondern es muss wieder einmal die Frage gelöst werden, welche Nation tatsächlich die schwächere ist, welche sich der Anderen zu beugen hat."[282] Diese Stimmung war besonders unter den Militärs zu finden, deren Präventivkriegsbereitschaft seitdem wuchs.[283] An die Unvermeidbarkeit eines Krieges hatte bereits Schlieffen geglaubt.[284] Diese Überzeugung verdichtete sich nun in militärischen Kreisen zur Gewißheit. Demgegenüber gab es aber auch Tendenzen, die aus der drohenden Kriegsgefahr die Konsequenz für eine Entspannung zwischen den Großmächten zogen.[285] Diese Überlegungen wurden dann in der Außenpolitik auch praktisch umgesetzt.[286] In der Forschung häufig übersehen, spielten sie dennoch eine wichtige Rolle in der Außenpolitik Europas in den Vorkriegsjahren.[287] So ergab sich eine unterschiedliche Einschätzung der Zukunft in der deutschen Führungsspitze. Während die Militärs einen Krieg sicher erwarteten, sah die Reichsleitung Anzeichen einer friedlichen Weiterentwicklung der Dinge. Dieser Gegensatz erklärt auch, warum die Militärs mit ihrem Drängen nach einem Präventivkrieg nicht durchdrangen. Da allerdings auch die zivile Seite nicht ganz frei von einer gewissen Kriegserwartung war, bestand die Gefahr für die Zukunft darin, daß die Kriegserwartung die Oberhand über die Anzeichen für eine Entspannung gewinne. Aber nicht nur bei den Führungsspitzen des Reiches wuchs die Kriegserwartung. Auch die Kommandierenden Generale teilten diese Einschätzung.[288] Und in einer Anfang 1914 verfaßten Regimentsgeschichte hieß es: „Am Ende des Jahres war die Weltlage friedlicher, der Balkankrieg hatte endlich seinen Abschluss gefunden. Aber nach ewigen Frieden sieht es auch zur Jahreswende 1913/14 nicht aus. Die Kriegsrüstungen der europäischen Staaten sind zu gewaltig, als dass sie nicht über kurz oder lang zum Entscheidungskampfe drängen sollten."[289]

Verstärkt wurden diese Zukunftserwartungen durch die Absichten, die man deutscherseits den anderen Mächten unterstellte. Im Militär verfestigte sich die Überzeugung, daß Rußland nach Abschluß seiner Rüstungen 1916/17 einen

---

[282] Bericht Nr. 1993, BHStA Abtl. IV M Kr Nr. 984.
[283] Ullrich: Grossmacht S. 228.
[284] Ritter: Staatskunst, Bd. 2, S. 134.
[285] F. Kießling: Gegen den „großen Krieg"? Entspannung in den internationalen Beziehungen 1911-1914. München 2002, S. 34 f., 72 ff.
[286] Ebd., S. 77 ff., 96 ff., 136 ff., 145 ff., 195 ff., 224 ff. Die Diplomaten versuchten auch auf die Öffentlichkeit mäßigend einzuwirken. - Ebd., S. 194.
[287] Ebd., S. 305 f.
[288] Weizsäcker, 07.01.1912. - Hill S. 137.
[289] Manuskript: Regiments-Geschichte 1. Feldartillerie-Regiment, München 1914, BHStA Abtl. IV HS 1121.

Krieg gegen Deutschland vom Zaun brechen werde.[290] Eine Überzeugung, die auch im AA Anhänger fand.[291] Diese Erwartungen ließen Überlegungen heranreifen, es vor diesem Zeitpunkt mit einer außenpolitischen Offensive gegenüber dem Zarenreich zu versuchen. Am 22. Februar 1914 berichtete der württembergische Gesandte Varnbüler aus Berlin, Unterstaatssekretär Zimmermann rechne jetzt nicht mit einem Krieg.[292] Man sei im Auswärtigen Amt allerdings entschlossen, Rußland „bei nächster Gelegenheit energisch die Zähne zu zeigen."[293] Dies könne man, da Rußland militärisch nicht gerüstet sei und Frankreich sowie Großbritannien friedfertig gesinnt seien.[294] Auch der deutsche Botschafter in Konstantinopel sei dieser Ansicht, jetzt sei die letzte Gelegenheit, bevor Rußland militärisch aufgerüstet habe; er fürchte allerdings, daß man diese Gelegenheit verstreichen lasse.[295] Der Petersburger Botschafter Pourtalès wies in einem Bericht an Bethmann vom 11. März 1914 darauf hin, daß er Gerüchte für falsch halte, Rußland wolle bei nächster Gelegenheit einen Krieg mit Deutschland beginnen.[296] Wilhelm II. bemerkte dazu: „Ich als Militair hege nach allen Meinen Nachrichten nicht den allergeringsten Zweifel, daß Russland den Krieg systematisch gegen uns vorbereitet; und danach führe ich meine Politik."[297] Selbst liberale Blätter erhoben nun die Forderung, einen Präventivkrieg zu wagen.[298] Diese Stimmungen breiteten sich auch immer mehr in der deutschen Öffentlichkeit aus.[299]

Angeregt durch den organisierten Nationalismus und den Imperialismus begannen die militärisch-politischen Führungseliten in Europa nach 1900, einen Krieg immer mehr in ihr Kalkül miteinzubeziehen.[300] In jeder Krise gelang es noch einmal, den Frieden zu bewahren. Gleichzeitig schränkte jedes erfolgreiche Krisenmanagement den Spielraum der Politik weiter ein. Denn eine Seite fühlte sich immer als Verlierer und war nicht mehr bereit, in einer ähnlichen Situation

---

[290] Mommsen: Krieg S. 212.
[291] K. M. Fürst v. Lichnowsky: Meine Londoner Mission 1912-1914 und Eingabe an das preußische Herrenhaus. Berlin 1919, S. 33.
[292] Bericht württ. Gesandter Nr. 587, 22.02.1914, HStAS E 50/03, Nr. 208.
[293] Ebd.
[294] Ebd.
[295] Ebd.
[296] GP, Bd. 39, Nr. 15844, S. 550.
[297] Ebd., S. 554.
[298] Ullrich: Thron S. 95.
[299] Ullrich: Grossmacht S. 236 f.
[300] O. Dann: Nation und Nationalismus in Deutschland 1770-1990. München 1993, S. 206 f.

noch einmal nachzugeben.[301] In Deutschland führte die außenpolitische Isolierung des Reichs zu einer mißtrauischen Beobachtung der Umwelt. Den benachbarten Großmächten wurde unterstellt, daß sie nur auf eine Gelegenheit warteten, gegen Deutschland loszuschlagen.[302] Dies ließ einen Krieg unvermeidbar erscheinen.[303] Gerade bei den Militärs gewann das Bild, welches Deutschland umgeben von Feinden um seine Existenz kämpfen sah, immer mehr Überzeugungskraft.[304] Seit der Agadirkrise fand der Glauben an die Unvermeidbarkeit des Kriegs aber auch in weiten Teilen der deutschen Öffentlichkeit Zuspruch.[305] Eine Verstärkung erreichte diese Stimmung dann im Frühjahr 1914.[306] Dabei nahm die Reichsleitung in der Person des Reichskanzlers eine abwartende Haltung ein. Bethmann Hollweg lehnte einen Krieg zwar nicht generell ab, aber er wollte ihn nur dann führen, wenn deutsche lebenswichtige Interessen gefährdet seien.[307] Die Entspannungstendenzen in der Außenpolitik werden dabei eine wichtige Rolle gespielt haben. Mit der steigenden Kriegsgewißheit ergab sich in der öffentlichen Meinung ein Wandel. Nach 1911 wurde in der deutschen Öffentlichkeit Rußland zunehmend als Bedrohung gesehen.[308] Damit trat der bisherige Hauptfeind England in der Einschätzung der Öffentlichkeit zurück.[309] Innerhalb der Regierungskreise wuchs die Furcht vor den russischen Rüstungen.[310]

Für die Militärs hieß das, daß sie laufend mit der Möglichkeit eines Krieges konfrontiert wurden. Seit 1905 begannen auch die ansonsten eher unpolitischen Offiziere, sich Gedanken über die Lage in Europa und die Zukunft zu machen.[311] Die Stimmung im Frühjahr 1914 faßte Waldersee in einer für Moltke bestimmten Denkschrift zusammen: „Nicht als ob für den Augenblick der Beginn eines

---

[301] Geiss: Deutschland S. 390. Anders Kießling, der die Rolle der Entspannung zwischen den Großmächten betont siehe Kießling S. 312 ff., bes. S. 314, FN 197.

[302] Förster: Heeresrüstungspolitik S. 162.

[303] Ebd., S. 162.

[304] Ebd., S. 162.

[305] Mommsen: Krieg S. 204.

[306] Mommsen: Großmachtstellung S. 293; Fischer: Kaiser S. 283; W. Gutsche: Aufstieg und Fall eines kaiserlichen Reichskanzlers. Theobald von Bethmann Hollweg. Ein politisches Lebensbild. Berlin 1973, S. 108.

[307] H. Pogge v. Strandmann: Staatsstreichpläne, Alldeutsche und Bethmann Hollweg. S. 23, 26, in: H. Pogge v. Strandmann, I. Geiss: Die Erforderlichkeit des Unmöglichen. Deutschland am Vorabend des ersten Weltkrieges. Frankfurt/M. 1965, S. 7-45.

[308] Mommsen: Krieg S. 210.

[309] Farrar: Arrogance S. 104.

[310] So bezeugte der Botschafter in London die Angst im AA noch im Juni 1914. - Lichnowsky S. 27.

[311] Groener: Lebenserinnerungen S. 135.

Krieges von Seiten der Gegner Deutschlands zu gewärtigen sei; wohl aber mehren sich die Anzeichen, daß diese unablässig rüsten und Vorbereitungen auf den verschiedensten Gebieten treffen, um zu gegebener, wohl noch etliche Jahre hinabsteigenden Zeit, den Dreibund oder dessen beide Kaisermächte, am liebsten gar Deutschland allein, mit überlegener Macht von allen Seiten her anzufallen."[312]

Diese Kriegsgewißheit erhielt nicht zuletzt dadurch Nahrung, dass in Folge der Krisen und ihrer Kriegsnähe es immer wieder zu militärischen Vorbereitungen kam. So forderte Wilhelm II. während der zweiten Marokkokrise am 28. August 1911 Bethmann Hollweg auf, die Verhandlungen mit den anderen Mächten bis nach dem Ende der deutschen Manöver am 24. September hinzuziehen: „Der Kriegsminister und Chef des Generalstabes der Armee haben von vorstehenden Kenntnis genommen. Ein Zurückhalten der Reserven ist nicht mehr beabsichtigt."[313] Am 31. August 1911 erkundigte sich der Kriegsminister v. Heeringen bei Bethmann Hollweg, ob mit einem Krieg zu rechnen sei; dies wurde vom Reichskanzler verneint.[314] Der Kriegsminister trug weiterhin vor, daß man während der Manöver an der Westgrenze praktisch wehrlos sei, der Reichskanzler müsse allein verantworten, ob diese Schwäche politisch getragen werden könne.[315] Trotz militärischer Vorbereitungen Frankreichs und Englands hielt die deutsche Führungsspitze – sowohl Zivilisten als auch Militärs – an dem planmäßigen Ablauf der deutschen Manöver und der pünktlichen Entlassung der Reservisten fest.[316] Am 6. September berichtete der sächsische Gesandte aus Berlin, daß man bemüht sei, die Verhandlungen solange hinzuziehen, bis die deutschen Herbstmanöver am 24. September beendet seien.[317] In Großbritannien wurde im Juli 1911 die Flotte in Alarmbereitschaft gesetzt.[318] In der deutschen Flotte sah man sich gezwungen, vorbereitende Maßnahmen zu ergreifen.[319] Dies fand vor allem im September 1911 statt; dabei ging es darum, die Einsatzbereitschaft der Flotte zu erhöhen.[320] U. a. war den Marineoffizieren der Urlaub gesperrt wor-

---

[312] Denkschrift über Deutschlands militärische Lage Mai 1914, Bl. 46, BA-MA W-10/50730.
[313] GP, Bd. 29, Nr. 10724, S. 345.
[314] Aufz. Heeringen. - Ebd., Bd. 29, Nr. 10726, S. 347.
[315] Aufz. Heeringen. - Ebd., Bd. 29, Nr. 10726, S. 346 f.
[316] Kröger: Kolonialerwerb S. 635; Herrmann: Arming S. 160.
[317] Bericht sächs. Gesandter Nr. 1081, 06.09.1911, SHStA Sächs. Militärbevollmächtigter Nr. 1432.
[318] Massie S. 611.
[319] Hubatsch: Admiralstab S. 148, Anm. 109.
[320] Chef der Hochseeflotte an Tirpitz Nr. Gg. 624 C, 16.09.1911, BA-MA N 253/25 a (Nl. v. Tirpitz).

den.³²¹ Tirpitz habe im Sommer und Herbst 1911 auf die Entlassung der Reservisten verzichten wollen; auf Anraten des Reichskanzlers seien die Reservisten jedoch planmäßig entlassen worden.³²² Trotzdem machte sich die Marineleitung keine Sorgen über einen eventuellen Kriegsausbruch, die erhöhte Kriegsbereitschaft ging vom Kaiser aus.³²³ Auch die Armee traf gewisse Vorbereitungen: in Metz wurde eine bayerische Brigade von den Manövern zurückgehalten.³²⁴

Die Spannungen im Winter 1912 führten ebenfalls zu militärischen Vorbereitungen. Bereits im September hatte Rußland eine Probemobilmachung durchgeführt und konzentrierte nun seine Truppen an der Grenze zu Österreich-Ungarn; dieses antwortete seinerseits mit der Verstärkung der Truppen in Galizien und Bosnien-Herzegowina.³²⁵ Die russischen militärischen Vorbereitungen weckten die Besorgnis der Mittelmächte.³²⁶ Moltke stellte zahlreiche russische Mobilmachungsvorbereitungen fest und konstatierte eine erhöhte russische Kriegsbereitschaft.³²⁷ Die Stimmung im Generalstab gibt ein Bericht des sächsischen Militärbevollmächtigten vom 3. November wieder: „Hier ist man wenigstens im Generalstabe recht kühl, verfolgt natürlich sehr eifrig was die Russen machen, ohne aber gleich hinter jedem flüchtigen Schattenumriß ein verstecktes Gespenst zu sehen. Da wir bereit sind, braucht auch nicht viel zu geschehen. Immerhin kann es noch zu dem Zustand drohender Kriegsgefahr kommen."³²⁸ Am 10. November 1912 erkundigte sich der sächsische Militärbevollmächtigte sowohl im Preußischen Kriegsministerium als auch im Generalstab, ob Nachrichten über eventuelle militärische Vorbereitungen seitens der Nachbarstaaten vorlägen.³²⁹ Ihm wurde geantwortet, daß außer allgemeinen Überprüfungen der Mobilmachungsarbeiten – wie sie zur Zeit auch in Deutschland durchgeführt würden –

---

³²¹ Aufz. Tirpitz über Sitzung Budgetkommission, 21.11.1911, BA-MA N 253/25 b (Nl. v. Tirpitz).

³²² Bericht sächs. Gesandter Nr. 2501 A, 15.12.1911, SHStA Sächs. Militärbevollmächtigter Nr. 1432.

³²³ E. Oncken: Pantherensprung nach Agadir. Die deutsche Politik während der Zweiten Marokkokrise 1911. Düsseldorf 1981, S. 202 f.; zur Nervosität in der Reichsleitung siehe auch Padfield S. 254.

³²⁴ Oncken S. 215 f.

³²⁵ Lowe S. 192.

³²⁶ Tunstall S. 119.

³²⁷ Kröger: Zugang S. 644.

³²⁸ Schulte: Kriegsausbruch, Nr. 12, S. 153. Zu der in der Quelle erwähnten „drohenden Kriegsgefahr" siehe Kapitel IV. 1 Die Entwicklung der Mobilmachungsplanungen 1900 bis 1914: Kriegsplan, Kriegsbild und Krisen.

³²⁹ Bericht sächs. Militärbevollmächtigter Berlin Nr. 97/4154, 10.11.1912, Sächs. Militärbevollmächtigter Nr. 1433.

nichts Auffälliges zu beobachten sei.[330] Es werde nicht mit einem Krieg gerechnet.[331] Moltke berichtete am 12. November 1912 an Kiderlen-Wächter, daß Rußland zwar in einigen Militärbezirken Vorbereitungen getroffen, die eigentliche Mobilmachung allerdings noch nicht begonnen habe.[332] Der Generalstabschef hielt das Zarenreich zum gegenwärtigen Zeitpunkt nicht für einen Krieg bereit.[333] Die allgemeine Spannung stieg dennoch zusehends. In einem weiteren Schreiben an den Staatssekretär im AA vom 19. November betonte der Generalstabschef, daß nun jede weitere Maßnahme seitens der Russen als Beginn der Mobilmachung gedeutet werden müsse.[334] Am 21. November 1912 teilte Moltke dem AA mit, daß in Frankreich die Lage ruhig sei, aber an der russischen Grenze seien schon vor einer eventuellen Kriegserklärung mit Operationen der Russen zu rechnen.[335] Ende November wurde im Zarenreich eine Teilmobilmachung angeordnet, die die Militärbezirke Kiew, Warschau und Odessa betraf.[336] Einige Quellen legen nahe, daß die ersten Stufen der deutschen Mobilmachungsplanung „Sicherheit" und „politische Spannung" in Deutschland in Kraft getreten waren.[337] Dies erscheint eher unwahrscheinlich. Es sind wohl einzelne Maßnahmen, je nach Spannungszustand, getroffen worden, aber die gesamte Planung für diese beiden Stichworte wurde wohl nicht in die Tat umgesetzt.[338] Der SPD-Politiker Bebel berichtete dem englischen Generalkonsul Angst in Zürich im November 1912 laut den Worten des Briten: „Herr Bebel selbst traf zwei wichtige Feststellungen. Erstens sagte er, daß in Deutschland bisher noch keine offene Mobilisierung stattgefunden habe, hinter den Kulissen aber größte Aktivität herrsche. Seine Leute seien aus allen Teilen Deutschlands informiert worden, daß die diesjährigen Rekruten mit solch außergewöhnlicher Eile und Strenge gedrillt würden, daß große Unzufriedenheit unter den Mannschaften ausgebrochen sei. Diese jungen Soldaten hätten täglich vier Stunden länger ermüdenden Drill als zu normalen Zeiten – natürlich um sie so früh wie möglich für das Feld

---

[330] Ebd.
[331] Ebd.
[332] GP, Bd. 33, Nr. 12360, S. 316. Zu den russischen Vorbereitungen und die Reaktionen darauf siehe auch Skřivan S. 293 ff.
[333] Ropponen S. 249 f.
[334] GP, Bd. 33, Nr. 12394, S. 358.
[335] Ebd., Bd. 33, Nr. 12412, S. 382.
[336] Skřivan S. 298.
[337] Bucholz S. 277.
[338] Näheres zu den Begriffen im Kapitel IV. 1 Entwicklung der Mobilmachungsplanungen 1900 bis 1914: Kriegsplan, Kriegsbild und Krisen.

einsatzbereit zu machen."[339] Am 21. November 1912 begann der Generalstab, die Nachrichten aus den Nachbarländern in schriftlicher Form zusammenzufassen; diese Berichterstattung dauerte bis Februar 1913 an.[340] Der Tenor dieser Berichte war, daß zwar militärische Vorbereitungen getroffen werden, von einer kriegerischen Absicht aber keine Rede sein könne. Auf deutscher Seite wurde mit den ersten Vorbereitungen für einen eventuellen Krieg begonnen. So wurden aus Furcht vor Sabotageakten im November 1912 die Schiffsbesatzungen auf dem Rhein überwacht.[341] Am 26. November 1912 beantragte der Kriegsminister beim Reichsamt des Innern, die Beschaffung von Getreide im Ausland beschleunigt in Angriff zu nehmen; die Heeresverwaltung habe bereits selbständig Versuche in dieser Richtung durchgeführt.[342] Auf Anregung des Chefs der Eisenbahnabteilung des preußischen Generalstabes ordnete das bayerische Staatsministerium vom 26. November bis zum 17. Dezember 1912 die Bewachung der bayerischen Staatsbahnen in der Pfalz durch Bahnpersonal an.[343] Ebenso wurde der Schutz der Bahnen im Osten mit den Österreichern besprochen und die Einziehung von Reservisten bei den östlichen Korps vorbereitet.[344] Innerhalb des Militärs kam es zu Diskussionen über eventuelle Vorbereitungen.[345] Am 21. Dezember notierte General Wandel in sein Tagebuch, daß auf Anweisung des Reichskanzlers die „seit einigen Wochen" bestehende Bahnbewachung im Osten und Westen nun aufgehoben werden könne.[346] Ende 1912 ersuchte das Preußische Kriegsministerium die Generalkommandos seines Kontingentes, über die Lage in ihrem Korpsbezirk zu berichten; dabei lag das Schwergewicht auf der Zuverlässigkeit der Truppen.[347] Wie ein Vorspiel auf die Julikrise wirkt es, wenn

---

[339] Angst an Tyrrel, 23.11.1912. - H. Bley: Bebel und die Strategie der Kriegsverhütung 1904-1913. Eine Studie über Bebels Geheimkontakte mit der britischen Regierung und Edition der Dokumente. Göttingen 1975, Nr. 70, S. 215.

[340] Nachrichten über die militärische Lage in Frankreich Nr. 5 und 6 vom 02.01.1913 und 18.02.1913, BHStA Abtl. IV M Kr 992; Nachrichten aus Frankreich Nr. 1, 21.11.1912, über England Nr. 1, 21.11.1912, Nr. 2, 29.11.1912, Nr. 3, 02.01.1913, über Rußland Nr. 4, 10.12.1912, Nr. 5, 02.01.1913, Nr. 6, 28.01.1913, Nr. 7, 18.02.1913, BHStA Abtl. IV M Kr Nr. 1711; über Rußland Nr. 1, 21.11.1912, Nr. 2, 25.11.1912, Nr. 3, 28.11.1912, BHStA Abtl. IV M Kr Nr. 998. Auch das Sächs. Kriegsministerium erhielt diese Nachrichten, SHStA Sächs. Kriegsarchiv (P) Nr. 623.

[341] Reichsinnenminister Nr. V. 3116 an Kriegsministerium, 28.02.1914, BAB R 1501/112264.

[342] Kriegsministerium Nr. 21040/12. geh. B 2, 26.11.1912, BAB R 1501/118522.

[343] Bayr. Staatsminister an Präsident Reichseisenbahnamt, 05.04.1913, BHStA Abtl. IV Gen. Kdo. II. A. K. (F) Bund 164.

[344] Schulte: Kriegsausbruch S. 83.

[345] Ebd., S. 87.

[346] Granier S. 142.

[347] Schulte: Armee S. 274.

die militärischen Vorbereitungen als nicht weit genug gehend kritisiert wurden: „Kurzum, schön sieht es nicht aus, und man kann sich nur wundern, daß militärischerseits bei uns gar nichts unternommen wird. In der Marine könnte man sehr wohl z. B. gewisse Anordnungen an die Werften u. s. w. geben, von denen man, ohne daß sie bekannt würden, Vorteile hätte. Aber dazu fehlt zu sehr das Zusammenarbeiten in der Leitung."[348] Am 1. Dezember 1912 informierte sich der sächsische Militärbevollmächtigte erneut im Generalstab. Man rechne nicht mit einem Krieg, gleichwohl lasse man Rußland und Frankreich aufmerksam beobachten.[349] Immerhin habe man auf Anraten der Kommandierenden Generale des I. und XX. Armeekorps dort Reservisten einziehen lassen.[350] Dies waren zwei Armeekorps mit Standorten an der Ostgrenze des Reiches. Die Generalkommandos waren in Königsberg bzw. Allenstein stationiert. Dies habe zu Gerüchten und Panik unter der Bevölkerung geführt.[351] Krieg wurde allerdings in naher Zukunft erwartet: „Im allgemeinen ist man hier der Ansicht, daß jetzt im Winter die Großmächte politischen Verwicklungen möglichst ausweichen werden, man rechne aber ziemlich sicher, daß im Frühjahr es zu kriegerischen Auseinandersetzungen kommt, bei denen auch Deutschland beteiligt sein wird."[352]

Nachdem Bethmann Hollweg in einer Reichstagsrede am 2. Dezember erklärt hatte, Deutschland werde seinem Bündnispartner Österreich-Ungarn beistehen, gab der britische Kriegsminister Haldane am 3. Dezember zu verstehen, Großbritannien würde eine Niederwerfung Frankreichs nicht dulden. Dies führte am 8. Dezember zu der Konferenz, die Wilhelm II. mit seinen Militärs abhielt, dem sogenannten Kriegsrat. An der Konferenz vom 8. Dezember nahmen neben dem Kaiser Moltke und die Vertreter der Marine, Tirpitz, Heeringen und Müller, teil.[353] Dabei wurde Konsens in der Frage erzielt, daß die Armee einen Krieg befürwortete, während die Flotte eher für ein Abwarten war.[354] So berichtete der sächsische Militärbevollmächtigte: er habe aus „zuverlässiger Quelle [...] streng vertraulich erfahren", daß der Kaiser am Sonntag eine Besprechung mit Moltke und Tirpitz in Berlin gehabt habe: „Exz. v. Moltke will den Krieg, denn er ist der Meinung, daß er Frankreich jetzt nicht gelegen kommen würde, was sich aus

---

[348] Weizsäcker, 24.11.1912. - Hill S. 141. Der letzte Satz weist auf eine Problematik hin, die der Marine ebenfalls in der Julikrise noch zu schaffen machen sollte.

[349] Bericht sächs. Militärbevollmächtigter Berlin Nr. 107/4432, 01.12.1912, Sächs. Militärbevollmächtigter Nr. 1433.

[350] Ebd.

[351] Ebd.

[352] Ebd.

[353] J. C. G. Röhl: An der Schwelle zum Weltkrieg: Eine Dokumentation über den „Kriegsrat" vom 8. Dezember 1912. S. 77, in: Militärgeschichtliche Mitteilungen, Bd. 21 1977, S. 77-134.

[354] Görlitz: Kaiser S. 124 f.

dessen Eintreten für eine friedliche Lösung der Verhältnisse entnehmen lasse. Exz. v. Tirpitz dagegen würde es lieber sehen, wenn es erst in einem Jahr dazu käme, nachdem der Kanal und der Hafen für Unterseeboote auf Helgoland fertiggestellt sein werden."[355] Admiral v. Müller konstatierte nach dem Kriegsrat: „Das Ergebnis war so ziemlich Null."[356] Auch der bayerische Militärbevollmächtigte Wenninger war über das Ereignis informiert. Am 15. Dezember berichtete er nach München: „Moltke war für sofortiges Losschlagen; seit Bestehen des Dreibundes sei der Moment niemals günstiger gewesen. – Tirpitz verlangte Aufschub für 1 Jahr, bis der Kanal u. der U-Bootshafen H[elgo]land fertig sei. Ungern ließ sich der Kaiser zu dem Aufschub bestimmen."[357] Der bayerische Gesandte Lerchenfeld berichtete am 14. Dezember 1912 nach München, Wilhelm II. habe sich ihm gegenüber über die politische Lage geäußert: „Der Kaiser sagte, es geht vielleicht bald um das Ganze für Deutschland. Von drei Seiten bedroht, müssen wir auf alles gefaßt sein und dürfen nichts versäumen, um Armee und Flotte stark zu machen."[358] Der kriegerischen Rhetorik auf der Konferenz vom 8. Dezember 1912 folgten keine diplomatische Überlegungen zur Vorbereitung eines Krieges.[359] Der Kriegsrat stellte somit keinen Entschluß zur Kriegsauslösung dar, angesichts der anhaltenden internationalen Spannung waren Kriegsvorbereitungen der Militärs auch bei anderen Großmächten nichts Ungewöhnliches.[360] Allerdings erlaubte diese Sitzung doch Einblicke in die Mentalität der Reichsführung. Dabei traten die Unterschiede in der Einschätzung zutage. Die Konferenz zeigte, daß die Militärs nur in einem Krieg den Ausweg aus der Situation Deutschlands sahen.[361] Die Politik der Reichsleitung war dagegen friedlich ausgerichtet.[362] Erneut zeigt sich hier der Gegensatz, der zwischen beiden Gruppen bestand.

Die Konferenz ist in der Forschung kontrovers diskutiert worden.[363] Da einige Historiker der Meinung sind, daß auf dieser Konferenz der Entschluß gefaßt worden sei, im Sommer 1914 einen Krieg auszulösen, soll sie hier näher erläu-

---

[355] Bericht sächs. Militärbevollmächtigter Berlin Nr. 115/4573, 12.12.1912, Sächs. Militärbevollmächtigter Nr. 1433.

[356] Tgb. Müller. - Görlitz: Kaiser S. 125; dort eine verkürzte Version des Eintrags, vollständig: Röhl: Schwelle, Nr. 4, S. 100.

[357] Ebd., Nr. 22, S. 113.

[358] Ebd., Nr. 20, S. 111.

[359] Fischer: Krieg S. 234.

[360] Förster: Heeresrüstungspolitik S. 253.

[361] Mommsen: Factors S. 13.

[362] Kröger: Zugang S. 647.

[363] Einen Überblick über die Diskussion bietet Salewski S. 78 ff.

tert werden. So schrieb Gasser: „Man kann die Dinge drehen und wenden, wie man will, sie lassen nur eine einzige schlüssige Folgerung zu: Die deutsche Heeresleitung legte sich im Frühjahr 1913 grundsätzlich darauf fest, im Laufe der allernächsten Zeit, 1914 oder spätestens 1915, unbedingt loszuschlagen [...]".[364]

Über die Beurteilung der Konferenz herrscht in der Forschung – wie bereits oben erwähnt – keine Einigkeit.[365] In der Diskussion um die Konferenz und ihre Folgen haben sich eine Reihe von Interpretationen ergeben. Die Bandbreite reicht dabei von der Annahme, die Konferenz sei folgenlos geblieben, über die These, die Konferenz zeige die Abhängigkeit des Regierungshandelns im wilhelminischen Deutschland von dem Willen des Kaisers und den Militärs, so sei die Situation vom Dezember 1912 ein Vorläufer der Julikrise gewesen, ohne mit ihr in einem kausalen Zusammenhang zu stehen, bis zu einer weiteren Richtung, die in der Konferenz und ihren Folgen ein Zeichen der wachsenden Kriegsbereitschaft, nicht jedoch eines Kriegswillens sieht, es zeige sich der Unterschied zwischen der Reichsleitung und den Militärs, letztere seien kriegsbereit gewesen und nur von den Zivilisten zurückgehalten worden, die Entscheidungen, die aus der Konferenz entwuchsen, schufen – ohne daß dies beabsichtigt war – Zwänge, welche einen Krieg 1914/15 unvermeidbar machten, diese Zwangslage sei bewußt herbeigeführt worden, da die Absicht bestand, einen Krieg zu führen, am 8. Dezember 1912 sei der Entschluß zur Auslösung des Krieges im Sommer 1914 gefaßt worden, wobei die Details, etwa eine eventuelle Neutralität Englands, der Zukunft überlassen wurden.[366] Grob gesagt lassen sich also zwei Gruppen feststellen: auf der einen Seite diejenigen, die der Konferenz keine oder nur wenig Bedeutung beimessen; auf der anderen Seite diejenigen, die von der Wichtigkeit überzeugt sind. Die Befürworter der Bedeutung der Konferenz lassen sich wiederum in zwei Gruppen aufteilen. Die eine meint, die Entscheidung zum Krieg sei nicht im Sommer 1914, sondern im Winter 1912 gefallen; die andere zieht ebenfalls eine Verbindungslinie zwischen beiden Daten, hält jedoch eine weitere Verifizierung vonnöten.[367]

Auch bei diesen Gedankengängen war Fritz Fischer der Vorreiter. Er hatte erstmals eine Verbindungslinie von der Krisenkonferenz am 8. Dezember 1912 zum Ausbruch des Ersten Weltkrieges gezogen.[368] Dagegen erhob sich jedoch Wi-

---

[364] Gasser: Deutschlands S. 179.
[365] Ebd., S. 78.
[366] Röhl: Generalprobe S. 358.
[367] Zur den ersteren gehören Gasser und Geiss, während zur letzteren Röhl und Fischer zu rechnen sind. - Schulte: Krisenkonferenz S. 183. Schulte selber kann man zu den letzteren zählen.
[368] Röhl: Schwelle S. 77.

69

derspruch.[369] Dieser wurde von so unterschiedlichen Historikern wie Berghahn, Deist, Ferguson, Joll, Kruse und Mommsen geäußert. Eine Verbindung zwischen der Konferenz vom Dezember 1912 und der Julikrise läßt sich nach dem gegenwärtigen „an den Quellen orientierten Forschungsstand" nicht aufzeigen.[370] Daß in der Konferenz der Entschluß zur Auslösung eines Krieges gefaßt worden sei, ist eher unwahrscheinlich.[371] Die deutschen Militärs planten einen Präventivkrieg nicht für 1914, sondern irgendwann nach 1915.[372] Seit 1912 war die Reichsleitung bereit für einen Krieg, ohne ihn jedoch zu einem bestimmten Zeitraum geplant zu haben.[373] Der Kriegsrat zeigte nur Konsequenzen auf dem Gebiet der Rüstung. Ansonsten waren seine direkten Folgen zu vernachlässigen.[374] Die bereits vorher diskutierte Heeresvermehrung wurde nun mit neuer Energie in Angriff genommen.[375] Das waren aber auch die einzigen direkten Effekte dieser Konferenz.[376] Die These von Fischer/Röhl, damals sei der Entschluß gefaßt worden, im Sommer 1914 einen Krieg zu beginnen, läßt sich nicht mehr aufrechterhalten.[377] Eindeutige Verbindungslinien zwischen Kriegsrat und Julikrise konnten bisher nicht nachgewiesen werden.[378] Dies lag auch daran, daß Bethmann die Politik wieder in die Hände nahm und sein Kalkül der englischen Neutralität weiterverfolgte.[379] Da man deutscherseits keine Mobilmachungsmaßnahmen ergriff, wurde in der Konferenz vom 8. Dezember vielmehr gegen einen Krieg zu diesem Zeitpunkt entschieden.[380]

Dem stehen die Forscher der anderen Gruppe gegenüber. Sie meinen, es sei ihnen gelungen, die Argumente der Gegenseite zu widerlegen.[381] Als ihre Vertreter lassen sich Gasser, Geiss, Hull, Röhl und Schulte benennen. Am 8. Dezember wurde der Entschluß zur baldigen Auslösung des Krieges gefaßt; wegen des Ausbaus des Kaiser-Wilhelm-Kanals und dessen Bedeutung für die Marine

---

[369] Berghahn: Sarajewo S. 92.
[370] Deist: Kriegsherr S. 34 f.
[371] Ullrich: Grossmacht S. 234.
[372] Ferguson: Krieg S. 139.
[373] Joll: Ursprünge S. 149.
[374] Mommsen: Factors S. 13.
[375] Ebd., S. 13.
[376] Ebd., S. 13.
[377] Mommsen: Krieg S. 207; Berghahn: Sarajewo S. 92.
[378] W. Kruse: Ursachen und Auslösung des Krieges. S. 20, in: W. Kruse (Hg.): Eine Welt von Feinden. Der Große Krieg 1914-1918. Frankfurt/M. 1997, S. 11-25; Deist: Kriegsherr S. 34 f.
[379] Ebd., S. 20.
[380] Tunstall S. 119.
[381] Röhl: Schwelle S. 78; Schulte: Krisenkonferenz S. 195.

wurde eine Vertagung bis zum Sommer 1914 seitens der Militärs akzeptiert; die Zwischenzeit sollte zur militärischen, psychologischen und diplomatischen Kriegsvorbereitung genutzt werden.[382] Die Entscheidung zum Krieg im Kriegsrat sei allein von Militärs aus rein militärischen Erwägungen heraus getroffen worden.[383] In Einzelheiten bedürfe die Konferenz mit ihren Folgen noch weiterer Forschung, fest stehe aber, daß seitdem Wilhelm II. einen Krieg mit England erwartete.[384] Obwohl der Reichskanzler an der Konferenz nicht teilnahm, habe er eine wichtige Rolle gespielt. Bethmann sei ziemlich bald über die Resultate informiert worden.[385] Er wollte den Krieg vorbereiten und hätte sich deshalb dem Drängen derjenigen in Berlin, die die Auslösung eines sofortigen Krieges forderten, versagt.[386] Ein Gegeneinander zwischen Militärs und Zivilisten habe nicht existiert, es habe kein polykratisches Chaos in der Führung des Reiches gegeben.[387] Die Konsequenzen aus der Konferenz seien ganz nach dem Willen des Reichskanzlers gewesen. Die Kassierung des Ostaufmarsches zeige, daß sich Bethmanns Konzept des Kontinentalkrieges gegenüber dem Konzept des Kaisers, einen Seekrieg gegen England zu führen, durchgesetzt habe.[388] Schulte hebt die Rolle der Zivilisten hervor: „Doch fiel mit dieser Entscheidung gegen die Flottenverstärkung endgültig die Entscheidung auf mittlere Frist für Bethmann Hollwegs Konzept der Vorbereitung der Armee für den großen Krieg mit den Flügelmächten Frankreich und Rußland und damit zugleich, für den europäischen Krieg, der in neunzig Prozent der Fälle zum Weltkrieg führen würde."[389] Dem gegenüber betont Gasser die Rolle des Militärs. Der Generalstab wurde in den Wochen vor und nach der Konferenz vom 8. Dezember 1912 de facto zur Reichsregierung.[390] Gasser führt aus: „Gleichzeitig traf der deutsche Generalstab als Oberregierung des Reiches in aller Heimlichkeit strategische Maßnahmen zur Sicherung des Blitzsieges."[391] Als da waren Wegfall des Ostaufmarsches und der nun vorgesehene Handstreich auf Lüttich.[392] Röhl denkt an eine partielle Bekanntschaft des Reichskanzlers mit den Ergebnissen der Konfe-

---

[382] I. Geiss: Das deutsche Reich und der Erste Weltkrieg. München, Zürich 1985, S. 26.
[383] Hull S. 262.
[384] Schulte: Krise S. 32.
[385] Ebd., S. 30 f.
[386] Schulte: Kriegsausbruch S. 77.
[387] Schulte: Krise S. 38; Schulte: Kriegsausbruch S. 119.
[388] Schulte: Krise S. 35, 36 f.
[389] Ebd., S. 37.
[390] Gasser: Hegemonialkrieg S. 313.
[391] Ebd., S. 318.
[392] Ebd., S. 318.

renz. Bethmann Hollweg sei über die Bereitschaft des Kaisers, einen Krieg auszulösen, nicht informiert worden.[393]

Auch hinsichtlich der Folgen der Konferenz gibt es unterschiedliche Meinungen. Dabei steht im Hintergrund der Gedanke, daß der Entschluß, einen Krieg auszulösen, militärische Vorbereitungen erforderte. So wurde geäußert: die Militärs – Armee und Flotte – begannen nach dem Kriegsrat, hektisch zu rüsten.[394] In Folge der Konferenz wurden umfangreiche militärische Vorbereitungen getroffen, die von der vorzeitigen Beschaffung von Gerät bis hin zur Bearbeitung der Mobilmachungsunterlagen mit dem Ziel der Beschleunigung und Verbesserung reichten.[395] Vorbereitende Maßnahmen, wie Überprüfung der Ernährung von Armee und Bevölkerung, könnten – so Röhl – auf die Beschlüsse der Konferenz zurückzuführen sein.[396] „Es trifft also keinesfalls zu, daß der sogenannte ‚Kriegsrat' vom 8.12.1912 keinerlei Auswirkungen gehabt habe und es sich nur um eine Laune des Kaisers gehandelt habe, die schnell wieder verflogen sei. Vielmehr ist nachgewiesen, daß sich diese Konferenz in den Rahmen der seit 1911 verschärften internationalen Spannung eingliedert und den in Krisenzeiten von militärischer Seite ergriffenen Maßnahmen einen zusätzlichen Akzent verlieh." So schreibt Schulte.[397]

Die Vertreter, die der Konferenz eine große Bedeutung beimessen, argumentieren auch mit der weiteren Entwicklung der deutschen Militärplanung. Die Aufgabe des Ostaufmarsches und die geplante Besetzung Lüttichs gehören zusammen als Resultat des Beschlusses, spätestens 1914/15 zum Präventivkrieg zu schreiten.[398] Beide Entscheidungen konnten nur dann einen Sinn haben, wenn man möglichst bald losschlagen wollte.[399] Die Rüstungen der Gegner machten einen baldigen Krieg zur Notwendigkeit, da mit der Heeresvermehrung von 1913 die Grenzen der Aufrüstbarkeit der deutschen Armee erreicht wurden; allerdings sollte der Krieg nicht während der durch die Heeresvermehrung be-

---

[393] Röhl: Schwelle S. 88, 95.
[394] Schulte: Krise S. 34.
[395] Schulte: Kriegsausbruch S. 100 f.
[396] Röhl: Schwelle S. 96; Röhl: Generalprobe S. 370.
[397] Schulte: Kriegsausbruch S. 107.
[398] Gasser: Deutschlands S. 189.
[399] A. Gasser: Preussischer Militärgeist und Kriegsentfesselung 1914. Eigendynamik einer Machtpsychose: von der Inkubation 1866/71 und Virulenz seit 1895 zum Durchbruch 1914/18 und Paroxysmus 1933/45. S. 99, in: A. Gasser: Ausgewählte historische Schriften 1933-1983. Basel, Frankfurt/M. 1983, S. 83-133.

dingten Reorganisation der Armee durchgeführt werden.[400] Der Schlieffenplan wurde nun Ausdruck eines unbedingten „Angriffswillens um jeden Preis"[401].

Die Meinungen über die Konferenz vom 8. Dezember 1912 gehen also weit auseinander. Doch was ist davon zu halten? Als wichtigste Konsequenz der Zusammenkunft wird von einigen Forschern der Entschluß aufgefaßt, frühestens im Sommer 1914 einen Krieg auszulösen. Es gibt allerdings eine Reihe von Gründen, die gegen diese Annahme sprechen. Warum sollte Moltke im Frühjahr 1914 – siehe weiter unten – gegenüber Jagow anregen, einen Präventivkrieg auszulösen, wenn er als Teilnehmer der Konferenz gewußt hätte, daß diese Entscheidung schon längst gefallen war? Auch fehlt jedes Zeichen konkreter Kriegsvorbereitungen seit dem Dezember 1912. Es wurden zwar Überlegungen zur wirtschaftlichen Kriegsführung angestellt, die bereits beschlossene Rüstung erfuhr eine Beschleunigung, und die Mobilmachungsarbeiten wurden überprüft. Aber mehr passierte nicht. Ja, sogar die Heeresvorlage von 1913, die in diesem Zeitraum beschlossen wurde, wäre erst im Oktober 1915 komplett durchgeführt gewesen. Warum hatte man sie nicht auf das Frühjahr 1914 terminiert? Diese Frage muß sich stellen, wenn man von dem Willen der Reichsleitung ausgeht, einen Krieg im Sommer 1914 zu beginnen. Bis jetzt ist keine Quelle aufgetaucht, die einen Bezug zwischen der Konferenz vom 8. Dezember 1912 und der Julikrise 1914 hergestellt hätte.

Wenn es einen Termin gibt, der in den Quellen immer wieder auftaucht, ist es das Jahr 1916. Der Kriegsminister befahl am 29. November 1912, das Programm der Luftrüstung bis dahin zu vollenden. In der Diskussion um die drei neuaufzustellenden Armeekorps hatte man sich ebenfalls auf dieses Jahr geeinigt. Bis dahin wäre auch die Heeresvorlage von 1913 durchgeführt gewesen. Und Moltke schrieb am 18. Juli 1914 an Bethmann über die weitere Entwicklung auf dem Rüstungssektor, daß er dem Vorschlag des Kriegsministeriums die allgemeine Wehrpflicht erst zum 1. Oktober 1916 durchzuführen, nicht beipflichten könne: „Die rastlosen Bemühungen unserer Gegner, ihre Rüstung zu vervollkommen, die mehr oder weniger verdeckt angedeuteten kriegerischen Absichten für das Jahr 1916 gestatten meines Erachtens nicht, uns in Ruhe mit den Folgen ‚der großen Wehrvorlage von 1913' abzufinden."[402]

Wie sieht es nun mit den anderen angeblichen Konsequenzen der Konferenz aus? Schulte verwies zu Recht auf das Prozeßhafte der Entscheidungen im

---

[400] J. C. G. Röhl: Der militärpolitische Entscheidungsprozeß in Deutschland am Vorabend des Ersten Weltkriegs. S. 201 f., in: J. C. G. Röhl: Kaiser, Hof und Staat. Wilhelm II. und die deutsche Politik. München 1988², S. 175-202.

[401] Gasser: Deutschlands S. 177.

[402] Reichsarchiv: Kriegsrüstung, Anlagen, Nr. 67, S. 196.

Winter 1912. Die Konferenz vom 8. Dezember 1912 stand im Kontext mit anderen Krisenkonferenzen in derselben Zeit.[403] So fand die Heeresvorlage schon am 23. November 1912 auf einer Konferenz in Springe die prinzipielle Billigung Bethmanns.[404] Es war also die Entscheidung, das Beschaffungsprogramm für die Armee zu beschleunigen, bereits vor der Konferenz gefaßt worden. Dabei hatte man sich das Frühjahr 1913 und eben nicht 1914 als Ziel gesetzt. Die Überprüfung der Mobilmachungsarbeiten waren mehr oder weniger Routine, die sich aus den veränderten Verhältnissen ergaben.[405] In der Marine lief ebenfalls alles seinen gewohnten Gang.[406] So fällt das Resultat relativ mager aus.

Was schließlich die Änderungen in den deutschen Kriegsplänen angeht, so ist es allerdings richtig, daß das deutsche Heer nach Abschluß der russischen Rüstungen ratlos gewesen wäre, allerdings nicht, weil man keinen Ostaufmarsch mehr hatte. Diesen hätte man aus der weiter betriebenen Studie wieder entwickeln können. Sicherlich machten auch die belgischen Rüstungen den Handstreich auf Lüttich nicht gerade einfacher. Aber von einem Zwang, deswegen möglichst bald den Krieg zu wagen, kann wohl keine Rede sein.

In der Diskussion wird immer wieder betont, daß die Entscheidung, den Krieg zu vertagen, auf die Flotte zurückzuführen gewesen sei. Diese habe noch bis zur Fertigstellung der Erweiterung des Kaiser-Wilhelm-Kanals warten wollen. So schrieb Gasser über die Fertigstellung des Nord-Ostsee-Kanals: „Damit war das wichtigste Hindernis, das seit Ende 1912 einem forcierten Dreifrontenkrieg im Wege gestanden hatte, am 23./24. Juni 1914 weggeräumt – vier Tage vor Sarajewo!"[407] Da diesem Aspekt eine solch große Rolle eingeräumt wird, sei er hier etwas ausführlicher behandelt.[408]

In der Tat war der Kanal, bzw. seine durch die Vergrößerung der Kriegsschiffe notwendigen Umbauten, ein wichtiges Element in den Überlegungen der Führungsspitze des Reiches. So schrieb am 24. Oktober 1911 der Admiralstabschef an das RMA über den Kaiser-Wilhelm-Kanal. Sein Vorschlag, zunächst auf jeder Kanalseite mit dem Ausbau einer Schleuse für Dreadnoughts zu beginnen, habe sich als technisch nicht durchführbar erwiesen. Somit wäre also erst für das Frühjahr 1914 mit der Befahrbarkeit des Kanals für solche Schiffe zu rechnen:

---

[403] Schulte: Krise S. 17, Anm. 26.

[404] Ebd., S. 20.

[405] Mehr darüber unter dem Kapitel IV. 1 Die Entwicklung der Mobilmachungsplanungen 1900 bis 1914: Kriegsplan, Kriegsbild und Krisen, 133 ff.

[406] Lambi S. 383 f.

[407] Gasser: Hegemonialkrieg S. 317.

[408] Röhl hat bereits am Rande auf die im folgenden beschriebenen Vorgänge aufmerksam gemacht – ohne daraus jedoch Schlüsse zu ziehen. - Röhl: Krieg, S. 213 f., Anm. 49.

„Angesichts der Verschärfung der politischen Lage, wie sie sich seit dem Frühjahr ergeben hat, haben die Gründe, die mich s. Zt. vom Standpunkt der Kriegsleitung aus veranlassten, die beschleunigte Fertigstellung der Kanalerweiterungsbauten zu befürworten, eine noch höhere Bedeutung als früher gewonnen. Die Gefahr, daß der jetzige Zustand zu den ernstesten Folgen führt, ist gewachsen. Wenn sie leider nicht beseitigt werden kann, so sollte doch auf jeden Fall versucht werden, ihre Dauer selbst unter Aufwendung erheblicher Mittel, abzukürzen."[409] Er bitte deshalb darum, bei den zuständigen Stellen auf eine „möglichst baldige Fertigstellung des Kanals hinzuwirken."[410] Die Bedeutung des Kanals unterstreicht auch der Bericht des sächsischen Gesandten vom 18. Januar 1912 aus Berlin: „Wie Euerer Exzellenz erinnerlich sein wird, hatte während der Kriegsgefahr des vorigen Sommers der Umstand, daß der Kaiser-Wilhelm-Kanal noch im Umbau sich befindet, eine große Rolle gespielt."[411] Eine daraufhin durch Delbrück angeordnete Besichtigung des Kanals ergab, daß bis zum April 1914 der Kanal auch für Dreadnoughts befahrbar sein werde.[412] Zunächst sah es so aus, als könnte der Termin Frühjahr 1914 gehalten werden. Mit Schreiben vom 26. Januar 1914 informierte das RMA den Admiralstab, daß der Kaiser-Wilhelm-Kanal zwar ab April „im Notfalle" für größere Schiffe passierbar sei; dies bedeute keine Beendigung des Ausbaues, der fast auf der ganzen Länge weitergehe, aus diesem Grunde sei es verfrüht, Daten für eine Durchfahrt zu erheben.[413] Allerdings ergaben sich ungeahnte Probleme. Am 18. März 1914 schrieb der Staatssekretär des Innern an seinen Kollegen im RMA. Er teilte ihm mit, daß die Bauarbeiten an dem Kanal bald so weit fortgeschritten seien, daß ein großes Schiff der Marine Anfang Juni wohl eine Probedurchfahrt machen könne: „Im allgemeinen ist dringend erwünscht, daß die Schiffe der Kaiserlichen Marine es auch nach der Versuchsfahrt möglichst vermeiden, den Kanal zu durchfahren. Jede Durchfahrt behindert mehr oder weniger den Baubetrieb und verzögert namentlich die schnelle Fertigstellung des Kanals auf 11 m Tiefe, die für die glatte und schnelle Fahrt tiefgehender Schiffe notwendig ist."[414] Alle bisherigen Bemühungen um einen beschleunigten Ausbau seien an unvorhergesehenen technischen Schwierigkeiten gescheitert; auch der Termin der Probedurchfahrt werde davon abhängen, ob solche Schwierigkeiten ausblieben.[415] Die

---

[409] BA-MA RM 5/1926.
[410] Ebd.
[411] Bericht sächs. Gesandter Berlin Nr. 90, SHStA Sächs. Militärbevollmächtigter Nr. 1433
[412] Ebd.
[413] Schreiben Nr. A IV. 214, BA-MA RM 5/1926.
[414] Schreiben Nr. III A 2058, ebd.
[415] Ebd.

Probedurchfahrt fand dann am 25. Juli statt – also fast einen Monat nach Sarajewo![416] Also war der Kanal bei Ausbruch der Krise noch nicht voll benutzbar und fällt so als ein Grund zum Kriegsentschluß im Sommer 1914 aus. Denn wenn die Vollendung des Kanals eine entscheidende Rolle gespielt hätte, wäre angesichts seines unfertigen Zustandes im Juli 1914 eine abwartende Politik der deutschen Reichsleitung zu erwarten gewesen.

Was bleibt dann für die Bedeutung der Konferenz vom 8. Dezember 1912 übrig? Ein konkreter Entschluß wurde nicht gefaßt. Die Konferenz ist eher ein Zeichen dafür, wie die Militärs und der Kaiser auf die sich ständig verschärfende Lage reagierten. Die Befürchtung des Generalstabes, den Rüstungswettlauf gegen Frankreich und Rußland zu verlieren, führte ab Dezember 1912 zu den wiederholten Präventivkriegsforderungen.[417] Tirpitz' Einwand, mit einem Krieg bis zur Fertigstellung der Schlachtflotte zu warten, fand in der Armee kein Gehör.[418] Immer mehr kam Moltke zu der Überzeugung, daß es angesichts der wachsenden Landrüstungen Frankreichs und Rußlands ein Fehler sei, auf die Vollendung des deutschen Flottenbaus zu warten.[419] Die Militärs in der nächsten Umgebung des Kaisers drängten zum Krieg.[420] Auch der Reichskanzler änderte seine Einstellung dazu; er rechnete nun mit einem unmittelbar bevorstehenden Krieg.[421] Die Stimmung Wilhelms II. kam in einem Gespräch mit dem schweizerischen Gesandten am 10. Dezember 1912 zum Ausdruck: „Dann wiederholte der Kaiser, daß nach allem was er erfahre, der Rassenkampf nicht zu vermeiden sei, – vielleicht ist er nicht für jetzt, aber er wird voraussichtlich in einem oder zwei Jahren stattfinden."[422]

Am 12. Dezember 1912 berichtet Leuckart, der sächsische Militärbevollmächtigte in Berlin, daß dort die Situation nun ernster beurteilt werde. Der Generalstab verschicke nun die Aufstellungen über die militärischen Nachrichten aus den Nachbarländern an alle Armeekorps, diese Berichterstattung wurde – wie oben erwähnt – am 21. November aufgenommen,; bisher hatten nur die Korps

---

[416] Näheres dazu siehe in den Kapiteln zur Julikrise.
[417] Förster: Heeresrüstungspolitik S. 267; Mommsen: Großmachtstellung S. 267.
[418] Ebd., S. 267; Padfield S. 295 f.
[419] J. C. G. Röhl: Admiral von Müller and the Approach of War, 1911-1914. S. 672, in: The Historical Journal, Vol. 12 1969, S. 651-673.
[420] Hull S. 260.
[421] Schulte: Krisenkonferenz S. 192.
[422] Zit. nach T. F. Cole: German-Decision-Making on the Eve of the First World War: The Records of the Swiss Embassy in Berlin. S. 63, in: J. C. G. Röhl (Hg.): Der Ort Kaiser Wilhelms II. in der deutschen Geschichte. München 1991, S. 53-70.

an der Grenze davon Kenntnis erhalten.[423] Nach Überlegungen, die Kurse der Kriegsschule zu kürzen, sei man zu dem Entschluß gekommen, die noch laufenden in voller Länge zu Ende zu bringen und sie in Zukunft von vornherein kürzer anzulegen.[424] Im Militär-Kabinett wurde überlegt, ob man Offiziere, die für ihre Stellung nicht geeignet seien, bis zum üblichen Ende des Dienstjahres im April in ihren Stellungen belassen könne.[425] Ende Dezember 1912 fanden Besprechungen zwischen dem Kriegsminister, dem Generalstabschef und dem Kaiser darüber statt, ob angesichts der politischen Lage Beurlaubungen im Militär über die Feiertage erlaubt werden sollten und ob der übliche Neujahrsempfang der Kommandierenden Generale beim Kaiser stattfinden könne. Moltke wollte weder Urlaub noch Neujahrsempfang. Auf Empfehlung des Reichskanzlers riet der Kriegsminister ab, von der üblichen Routine abzuweichen. Der Kaiser entschied, um Aufsehen zu vermeiden, die gleiche Prozedur wie in jedem Jahr zu vollziehen. Allerdings sollten die Generale der Grenzkorps selbständig Vorkehrungen treffen, um trotz Beurlaubungen die Grenze jederzeit sichern zu können.[426] In einem Rundschreiben vom 16. Dezember 1912 erinnerte das bayerische Innenministerium daran, die Mobilmachungsarbeiten zu überprüfen und die Vorarbeiten für das nächste Jahr besonders gut und pünktlich zu erledigen.[427]

Auf der militärischen Seite lassen sich Parallelen zur Julikrise finden. Dies fängt bei der Berichterstattung über die militärische Lage in den Nachbarländern an, um dann mit den ersten Maßnahmen auf deutscher Seite weiterzugehen. Entspannend wirkte, daß sich die Krise über einen längeren Zeitraum hinzog. Bei den Militärs hinterließ die Kriegsnähe ihre stärksten Spuren. Die Krise hatte außerdem gezeigt, daß die Flotte in den entscheidenden Monaten aufgrund von Personalschwächen nicht kriegsbereit war; als Konsequenz wurden in der Marineleitung Überlegungen angestellt, einen solchen Mangel in Zukunft zu verhindern.[428]

Wiederholt führte die Kriegsgefahr zu militärischen Vorbereitungen in Deutschland und Europa. Dennoch kam es nicht zu einem Teufelskreis von Maßnahme und Gegenmaßnahme. Hilfreich war dabei, daß sich die einzelnen

---

[423] Röhl: Schwelle, Nr. 14, S. 106.

[424] Ebd., S. 107.

[425] Ebd., S. 107.

[426] Bericht sächs. Militärbevollmächtigter Berlin Nr. 119/4704, 20.12.1912, Sächs. Militärbevollmächtigter Nr. 1433

[427] Bayr. Staatsministerium d. Inneren Nr. 132 BJ, 16.12.1912, BHStA Abtl. IV M Kr Nr. 1610.

[428] B. F. Schulte: Europäische Krise und Erster Weltkrieg. Beiträge zur Militärpolitik des Kaiserreichs, 1871-1914. Frankfurt/M., Bern 1983, S. 32 ff.

Krisen über Wochen und Monate hinzogen, so daß genügend Zeit zu nüchterner Überlegung blieb. Außerdem wurde von der deutschen Reichsleitung die Lage immer friedlich interpretiert, so daß sich die eigenen Maßnahmen in Grenzen hielten. Es stand allerdings zu erwarten, daß angesichts einer sich verfestigenden Kriegserwartung in Zukunft auch militärische Vorbereitungen aus diesem Blickwinkel heraus interpretiert werden würden. Mit der festen Erwartung eines Überfalls nahmen somit militärische Sicherheitsmaßnahmen im Ausland die Züge einer Bedrohung an.

Eng mit den Spannungen im politischen System verbunden war die Entwicklung der internationalen militärischen Rüstungen. Hierbei trat eine Wechselbeziehung auf: auf der einen Seite beeinflusste der Rüstungswettlauf das internationale Klima negativ und trug somit seinen Teil zu den Spannungen bei, während auf der anderen Seite die mit den Krisen verbundene Kriegsdrohung den Ruf nach stärkerer Rüstung laut werden ließ.[429]

In den Jahren vor dem Ersten Weltkrieg wurde die deutsche Rüstung durch drei Faktoren bestimmt: zunächst durch die nach dem Tirpitzplan sich vollziehende Flottenrüstung, die durch die technische Entwicklung zu ständigen Veränderungen an den Schiffen führte, dann der durch die technische Entwicklung bedingte große Bedarf an neuen Ausrüstungsgegenständen des Heeres und schließlich das im Zusammenhang mit den steigenden internationalen Spannungen stehende Bedürfnis, das deutsche Heer auch zahlenmäßig zu vergrößern.[430] Diese Faktoren trugen dazu bei, daß die Rüstungskosten explodierten und es damit immer schwieriger wurde, die finanziellen Realitäten und die Wünsche der Militärs in Einklang zu bringen.

Zunächst einmal bestimmte die Flottenrüstung das Bild. Nach dem von Tirpitz, dem Chef des RMA, aufgestellten Plan sollte das Deutsche Reich eine Flotte erhalten, die in einer zukünftigen Auseinandersetzung mit Großbritannien bestehen könnte. In dem Maße, in dem jedoch Deutschland seine Flotte ausbaute, erhöhten auch die Briten die Zahl ihrer Schiffe. So standen 1914 bei den fertiggestellten Schiffen den englischen 32 modernen Großkampfschiffen deren 22 auf

---

[429] So verdoppelten sich in den Jahren zwischen 1900 und 1914 die Rüstungsausgaben in Österreich-Unagrn, Deutschland und Rußland. – P. M. Kennedy: The First World War and the International Power System. S. 7 f., in: St. E. Miller (ed.): Military Strategy and the Origins of the First World War. Princeton 1985, S. 7-41.

[430] Zur deutschen Rüstung vor dem Ersten Weltkrieg siehe J. Steinberg: Tirpitz and the Birth of the German Battle Fleet: Yesterday`s Deterrent. London 1968²; P. M. Kennedy: Tirpitz, England and the Second Navy Law of 1900: A Strategical Critique. In: Militärgeschichtliche Mitteilungen, Bd. 8 1970, S. 33-57; Epkenhans; Förster: Heeresrüstungspolitik; Geyer; Herrmann: Arming.

deutscher Seite gegenüber.[431] Nimmt man dazu die noch im Bau befindlichen Schiffe, so würde sich das Zahlenverhältnis rasch weiter verschlechtern. Im Jahre 1917 stünden dann 44 britische 25 deutschen Schiffen gegenüber.[432] Tirpitz' Vorhaben war damit eindeutig gescheitert.

Beim Heer konnte man den Rüstungsfortschritt an der zunehmenden zahlenmäßigen Stärke der deutschen Armee ablesen. Betrug die Zahl der Truppen 1899 noch 495.000 Mann,[433] so war sie 1913 bereits auf 782.344 Mann gestiegen.[434] Diese Erhöhung der Personalstärken wurde begleitet von erbitterten Auseinandersetzungen zwischen dem Generalstab und dem Kriegsministerium. Während der Generalstab die erreichten Truppenstärken als bei weitem nicht ausreichend ansah, versuchte das Ministerium, immer wieder auf die Bremse zu treten und die Steigerungen einzuschränken. Diese Auseinandersetzungen sollten praktisch bis zum Kriegsausbruch andauern.

Neben der Erhöhung der Personalstärken kam es darauf an, den Materialbestand des Heeres zu modernisieren. Die rasante technische Entwicklung machte hierbei eine Vielzahl von Neuanschaffungen nötig. Zur Verdeutlichung der Neueinführungen nach 1900 sollen die folgenden Zeilen dienen, ohne jedoch den Anspruch auf Vollständigkeit erheben zu wollen. Zunächst einmal ist die Umbewaffnung auf das Gewehr 98 zu nennen. Die Kosten für die Umbewaffnung wurden mit 73 Millionen Mark veranschlagt.[435] Sie konnte wegen der Heeresvermehrung von 1912 bis Kriegsbeginn nicht durchgeführt werden, so daß die Landwehr- und Landsturmtruppen immer noch mit veralteten Gewehren ausgerüstet waren.[436] Ab 1909 wurde die Kavallerie mit dem Karabiner 98 ausgerüstet.[437] Ab 1909 gelangte auch die Pistole 08 zu den Truppen.[438] Schließlich wurde 1908 auch ein neues MG eingeführt.[439] Bis zum Kriegsbeginn waren alle MG-Formationen mit der neuen Waffe ausgerüstet, die älteren Modelle wanderten in die Gerätereserve oder zu den Festungsbeständen.[440] Am 24. November 1910 schrieb Moltke an das Allgemeine Kriegsdepartement des Kriegsmi-

---

[431] Petter: Flottenrüstung S. 255.
[432] Ebd., S. 260.
[433] Granier S. 124.
[434] Herrmann: Arming S. 234.
[435] Reichsarchiv (Hg.): Der Weltkrieg 1914-1918. Kriegsrüstung und Kriegswirtschaft. Bd. 1 Berlin 1930, S. 226.
[436] Ebd., Bd. 1, S. 226.
[437] Ebd., Bd. 1, S. 227.
[438] Ebd., Bd. 1, S. 228.
[439] Ebd., Bd. 1, S. 230.
[440] Ebd., Bd. 1, S. 231.

nisteriums und forderte dieses auf, die Versuche mit einem Selbstladegewehr fortzusetzen und ihm darüber zu berichten.[441] 1913 wurden erstmals Hand- und Gewehrgranaten beschafft.[442] Ab 1908 kam die fahrbare Feldküche bei der Truppe zur Anwendung.[443] 1908 wurde bei der Kavallerie ein Brückenwagen eingeführt, der ohne Hilfe der Pioniere die Überbrückung von Gewässern erlaubte.[444] 1909 erhielten auch die Pioniere ein neues Brückengerät.[445] Im selben Jahr bekamen sie auch neue Scheinwerfer.[446] 1908 gelangte ein Truppenfernsprecher zur Einführung.[447] 1905 wurden bespannte Funken-Telegraphen-Abteilungen geschaffen.[448] 1906 wurden erstmals PKW`s für höhere Kommandostellen angeschafft.[449] Ab 1910 waren jährlich 1 Millionen Mark für die Subventionierung von Privat-LKW`s, die im Kriegsfall der Truppe zur Verfügung gestellt werden sollten, vorgesehen.[450] 1908 wurden 175 LKWs subventioniert, 1909 207, 1910 152, 1911 156, im Jahr 1912 135, insgesamt 825 LKWs.[451] Beginnend 1907 wurde bei der Truppe die neue feldgraue Uniform ausgegeben, und nach zwei Jahren war die gesamte Armee damit versehen worden.[452] Mit der Umbewaffnung der Feldartillerie auf die neuen Geschütze mit Rohrrücklauf wurde 1905 begonnen, ursprünglich waren dafür vier Jahre vorgesehen; die erste Marokkokrise führte aber zu einer Beschleunigung, so daß die Umbewaffnung schon Ende 1908 – und damit ein halbes Jahr früher als geplant – beendet war.[453] Die neue Haubitze 98.09 traf im Jahr 1910 bei der Truppe ein, 1912 waren alle Haubitzen-Abteilungen umgerüstet.[454] Hier waren die Reserve-Formationen bei Kriegsbeginn noch nicht komplett auf das neue Gerät umge-

---

[441] Ludendorff, Nr. 5, S. 6.
[442] Reichsarchiv: Kriegsrüstung, Bd. 1, S. 263.
[443] Matuschka S. 161.
[444] Ebd., S. 169 f.
[445] Reichsarchiv: Kriegsrüstung, Bd. 1, S. 267.
[446] Ebd., Bd. 1, S. 266.
[447] Ebd., Bd. 1, S. 276.
[448] Matuschka S. 183 f.
[449] Reichsarchiv: Kriegsrüstung, Bd. 1, S. 281.
[450] Ebd., Bd. 1, S. 283.
[451] V. Löbells Jahresberichte über das Heer- und Kriegswesen, XXXIX. Jg. 1912, S. 350 f.
[452] Reichsarchiv: Kriegsrüstung, Bd. 1, S. 290.
[453] Ebd., Bd. 1, S. 236. Die Umbewaffnung wurde notwendig, da unter dem Einfluß der Firma Krupp ein bereits bei seiner Einführung veraltetes Geschütz beschafft wurde. Dazu siehe G. W. F. Hallgarten: Das Wettrüsten. Seine Geschichte bis zur Gegenwart. Frankfurt/M. 1967, S. 59 f. Einen Vorgang, den man mit Mollin als „Skandal erster Ordnung" bezeichnen kann.- Mollin S. 269. Zu den technischen Details siehe Linnenkohl S. 65 ff.
[454] Reichsarchiv: Kriegsrüstung, Bd. 1, S. 239.

stellt worden.[455] Auch die Umbewaffnung auf die schwere Feldhaubitze 02 machte nur langsam Fortschritte.[456] Mit der Anschaffung der Rundblickfernrohre war 1905 begonnen worden.[457] Diese neuen Richtmittel für die Artillerie waren 1914 nur bei den aktiven Truppen eingeführt worden.[458]

Neu im Arsenal der deutschen Armee war die schwere mobile Artillerie. Als eigene Waffengattung war sie erst von Schlieffen geschaffen worden.[459] Die Entwicklung der schwersten Artillerie wurde zwischen Krupp, der Artillerie-Prüfungskommssion und dem Generalstab betrieben; erst später wurde das Kriegsministerium eingeschaltet.[460] Da die Finanzierung nicht über den Rüstungsetat erfolgen konnte, mußte der Generalstab Krupp überzeugen, die Geschütze auf seine Kosten zu bauen, in der Hoffnung, daß sie eines Tages doch von der Armee erworben und bezahlt werden würden.[461]

Bis 1914 konnte bei allen Truppen der 1909 erstmalig angeschaffte 21 cm-Mörser ausgeliefert werden.[462] Seit 1908 wurde die Zahl der mit 10 cm-Kanonen ausgerüsteten Batterien auf zwölf vermehrt.[463] In den Jahren 1908/11 erhielten acht Batterien eine 13 cm-Kanone, obwohl deren Konstruktion Mängel aufwies.[464] 1910 begann die Einführung der schweren Minenwerfer mit einem Kaliber von 25 cm, ab 1913 folgten dann die mittleren, 17 cm-Mörser.[465] Seit 1910 stand ein 30,5 cm-Mörser zur Verfügung.[466] Im Frühjahr 1911 wurde ein 42 cm-Mörser unter der Tarnbezeichnung „Kurze-Marine-Kanone" eingeführt.[467] Ein Jahr später, im Frühjahr 1912, wurde eine weitere kurze Marinekanonen-Batterie ebenso wie ein zusätzlicher 42 cm-Mörser bestellt.[468]

---

[455] Ebd., Bd. 1, S. 240.
[456] Ebd., Bd. 1, S. 246.
[457] Matuschka S. 173.
[458] Reichsarchiv: Kriegsrüstung, Bd. 1, S. 242.
[459] Görlitz S. 174.
[460] W. Justrow: Die dicke Bertha und der Krieg. Berlin 1935, S. 21.
[461] Herrmann: Arming S. 65.
[462] Reichsarchiv: Kriegsrüstung, Bd. 1, S. 249.
[463] Ebd., Bd. 1, S. 250.
[464] Ebd., Bd. 1, S. 251.
[465] Linnenkohl S. 188 f.
[466] Justrow S. 21.
[467] Ebd., S. 23.
[468] Reichsarchiv: Kriegsrüstung, Bd. 1, S. 254.

Die Militärluftfahrt war ein Kind des 20. Jahrhunderts. 1910 begann die Ausbildung von Militärfliegern.[469] Anfang 1912 verfügte das deutsche Heer über insgesamt zehn Luftschiffe.[470] Zwei Luftschiffe der Deutschen Luftschiffahrts-Aktiengesellschaft (Delag) wurden vom Kriegsministerium subventioniert und standen somit im Mobilmachungsfall den Streitkräften zur Verfügung.[471] Auch die Einrichtung von Luftschiffhäfen wurde vom Kriegsministerium subventioniert.[472] In Zusammenarbeit von Generalstab, Kriegsministerium, der zivilen Verwaltung und privaten Vereinen gelang es bis zum Kriegsbeginn, in Deutschland ein Netz von Flughäfen zu schaffen.[473] Die Luftschiffe sollten mit Bomben ausgerüstet werden, deren Lieferung allerdings bis zum Kriegsausbruch noch nicht erfolgt war.[474] Auch an die Bewaffnung der Luftschiffe mit MG's und Selbstladegewehren war gedacht.[475] Eine Anzahl Bomben für Flugzeuge wurde Mitte 1913 angeschafft.[476] Privatpiloten erhielten unter gewissen Voraussetzungen, u. a. regelmäßiges militärisches Training, Subventionen für ihre Flugzeuge.[477]

Neue Angriffsmittel machten neue Verteidigungsmittel nötig. Anfang 1914 standen achtzehn Flugabwehrkanonen – Ballon-Abwehr-Kanonen (B.A.K.) genannt – zur Verfügung.[478] Davon waren sechs auf Kraftwagen transportabel.[479]

Bei dieser beeindruckenden Aufzählung muß darauf hingewiesen werden, daß vieles nur Stückwerk blieb; so hatte die Kavallerie keine Seitenwaffen, es fehlte Schanzzeug und die notwendige Ausbildung, es gab bei ihr keine fahrbaren Feldküchen, keine Zelte, keine Brotbeutel und Feldflaschen.[480]

Immer wieder gab es Schwierigkeiten, die technische Entwicklung richtig zu beurteilen und zu nutzen. Am 30. September 1911 schrieb Moltke an das Kriegsministerium, daß angesichts der Unmöglichkeit, die Luftschiffe für die offensive Kriegsführung zu nutzen, für diese keine Mittel mehr ausgewiesen

---

[469] Reichsarchiv: Kriegsrüstung, Bd. 1, S. 272.
[470] Militärluftfahrt S. 90.
[471] Ebd., S. 90.
[472] Ebd., S. 94, Anm. 4.
[473] Ebd., S. 144.
[474] Ebd., S. 101.
[475] Ebd., S. 100.
[476] Ebd., S. 161.
[477] Kennett S. 16.
[478] Neumann S. 276.
[479] Ebd., S. 276.
[480] Matuschka S. 169.

werden sollten und statt dessen alles Geld in die Entwicklung der Flugzeuge zu setzen sei.[481] Der General-Inspekteur des Militär-Verkehrswesens schrieb daraufhin am 18. Dezember 1911 an das Kriegsministerium, daß es für die Förderung des Luftschiffbaues egal sein müsse, ob der Generalstab diese im Kriegsfall verwenden wolle.[482] Das Kriegsministerium schloß sich dieser Ansicht an und weigerte sich, Gelder von den Luftschiffen auf die Flugzeuge zu verlagern.[483]

Die Unsicherheit über die Vor- und Nachteile einer technischen Innovation konnten auch dazu führen, daß der Wert einer Neuheit vollkommen verkannt wurde. Gemeint ist hierbei der Bau von Panzern.[484] Der Verzicht auf den Panzerbau im Krieg ist als eine der „schlimmsten militärischen Fehlentscheidungen"[485] bezeichnet worden. Aber die Geschichte des deutschen Panzerbaus bzw. dessen Ausbleiben reicht in die Vorkriegsjahre zurück. Rein theoretisch hätte es nahe gelegen, die taktischen Probleme, die sich durch die Einführung neuer oder verbesserter Waffen ergaben, durch die Einführung neuer technischer Mittel zu lösen.[486] Fast zwangsläufig wäre da die Idee eines motorisierten, gepanzerten und bewaffneten Fahrzeuges aufgekommen.[487] Dies ist jedoch nicht geschehen. Und dies lag nicht etwa daran, daß es an Entwürfen und Modellen von Panzern gefehlt hätte! Wie bei allen Mächten wurde auch in Deutschland mit frühen Formen des Panzers experimentiert.[488] So wurden seit 1905 gepanzerte und ungepanzerte LKW's als MG-Träger ausprobiert.[489] Der Ankauf des damals modernsten Radpanzers wurde allerdings im selben Jahr von der Heeresverwaltung abgelehnt.[490] Neuen Auftrieb erhielten diese Erprobungen 1909. In jenem Jahr wurden zwei französische Modelle erworben.[491] Die Versuche endeten jedoch nicht erfolgversprechend, so daß die Generalinspektion des Militär-Verkehrswesens beim Kriegsministerium am 12. März 1910 deren Einstellung beantragte. Dem Antrag wurde seitens des Ministeriums entsprochen und noch einmal Ende 1911 bestätigt. Als Folge dieser Entscheidung wurden die bereits

---

[481] Militärluftfahrt: Anlagebd., Nr. 36, S. 73.
[482] Ebd., Nr. 37, S. 75.
[483] Schreiben Kriegsministerium an Generalstabschef, 05.03.1912. - Ebd., Nr. 39, S. 77 ff.
[484] In der Verkennung des Panzers stand man im Vorkriegseuropa nicht alleine. - H. Kaufhold-Roll: Der deutsche Panzerbau im Ersten Weltkrieg. Hamburg 1991, S. 23.
[485] Keegan: Weltkrieg S. 569.
[486] Dazu siehe Kaufhold-Roll S. 17, 22 f.
[487] Ebd., S. 23.
[488] Ebd., S. 62.
[489] Ebd., S. 63.
[490] Ebd., S. 63.
[491] Ebd., S. 63.

vorhandenen Modelle verkauft und bis 1914 fanden deutscherseits keine Versuche mehr auf dem Gebiet des Panzerbaus statt.[492] Als Begründung für diesen Beschluß wurde die technische Anfälligkeit der Fahrzeuge und die mangelnde Geländegängigkeit genannt. Außerdem wurde die Befürchtung geäußert, daß schwer gepanzerte Fahrzeuge zu unbeweglich seien und damit eine leichte Beute der feindlichen Abwehr seien, während leicht gepanzerte Fahrzeuge zu verwundbar seien.[493] Da man den potentiellen Wert des Panzers nicht erkannt hatte, wurde also auf eine technische Weiterentwicklung und Verbesserung verzichtet. Allerdings war das Problem der Geländegängigkeit nur mit der Einführung eines kettengetriebenen Fahrzeuges zu überwinden. Bei allen bisherigen Versuchen waren nur Radpanzer ausprobiert worden.

Das mangelnde Interesse der Soldaten führte jedoch nicht zu einem Ende der Konstruktion von Panzern. Privatleute und –firmen beschäftigten sich weiterhin mit dem Problem. So entwarf ein Österreicher 1911 erstmals ein Model mit Kettenantrieb und damit hatten die Konstruktionsprinzipien des modernen Kampfpanzers die Szene betreten. Sein Entwurf, den er sowohl in seiner Heimat als auch in Deutschland den Militärs zum Kauf anbot, fand kein Interesse.[494] Dabei wurde der Wert des Kettenantriebs durchaus erkannt. Kurz vor Kriegsausbruch machte man sich im Kriegsministerium in Berlin Gedanken über die Entwicklung eines mit Ketten ausgerüsteten, geländegängigen Transportfahrzeuges.[495] Bis zum Kriegsbeginn führte alles dies jedoch zu nichts. Im Krieg, wurde zwar bereits schon früh die Entwicklung von Radpanzern betrieben, aber bis Kriegsende wurden nur 17 Exemplare produziert.[496] Erst als auf seiten der Alliierten 1916 Kampfpanzer auftraten, begann in Deutschland die Entwicklung eigener Modelle.[497] Bereits im Januar 1917 lag eine eigener Entwurf für einen Panzer vor.[498] Im April dieses Jahres konnte der erste deutsche Panzer dem Kriegsministerium vorgeführt werden.[499] Kompetenzstreitigkeiten, Überlastung der Industrie und Sonderinteressen der Truppengattungen behin-

---

[492] Ebd., S. 63 f. Kochs Aussage, bis 1914 habe niemand an den Bau von Panzern gedacht, entspricht also nicht den Tatsachen. - Koch S. 196.
[493] Kaufhold-Roll S. 64.
[494] Ebd., S. 64 ff.
[495] Ebd., S. 112 ff.
[496] Ebd., S. 71 f.
[497] Ebd., S. 111 f.
[498] Ebd., S. 124.
[499] E. Volckheim: Die deutschen Kampfwagen im Weltkriege. Berlin 1937^2, S. 22.

derten jedoch die rasche Produktion.[500] So sahen nur 20 deutsche Panzer den Einsatz an der Front.[501] Ihr erster Einsatz erfolgte im März 1918.[502] In diesem Monat standen zehn deutschen 900 alliierte Panzer gegenüber.[503] Die deutsche Panzerwaffe blieb hinsichtlich ihrer Ausrüstung auf die vom Feind erbeuteten Panzer angewiesen. Bis Kriegsende wurden acht Panzer-Abteilungen aufgestellt. Davon waren drei mit deutschen Modellen und die restlichen fünf mit Beutepanzern ausgerüstet.[504]

Aber zurück zur Entwicklung vor dem Krieg. Der Panzerbau verdeutlicht sehr schön die Probleme, die sich bei der Einführung neuer Technologien ergaben. Zunächst einmal war die Voraussetzung für die Einführung einer technischen Innovation eine gewisse Betriebssicherheit. Diese war bei den frühen Panzern nicht gegeben. Erst unter den Bedingungen des Stellungskrieges sollte sich herausstellen, daß dieser Faktor nur eine geringe Rolle spielte.[505] Entscheidend war also auch das Bild, welches man von einem zukünftigen Krieg hatte und an einen langjährigen Stellungskrieg hatte keiner gedacht. Ein weiterer Grund für das Fehlen einer deutschen Panzerentwicklung vor dem Weltkrieg ist darin zu suchen, daß die maßgeblichen Stellen Motorfahrzeuge als reine Transportmittel betrachteten. Ironischerweise litt der Panzer auch unter den technischen Innovationen auf anderen Gebieten. Organisatorisch war für ihn die General-Inspektion des Militär-Verkehrswesens zuständig. U. a. gehörten in ihren Zuständigkeitsbereich die Nachrichten-, Luftschiffer- und Fliegertruppen. Also alles Bereiche, in denen in den Jahren vor dem Ersten Weltkrieg ein rasanter Wandel stattgefunden hatte. Die General-Inspektion war einfach überfordert, alle Waffen gleichzeitig zu fördern.[506] Nicht zu vergessen sind die finanziellen Aspekte, die es nicht als geraten erscheinen ließen, die knappen Mittel in ein so unsicheres Pro-

---

[500] Kaufhold-Roll S. 153; Schmidt-Richberg S. 139; siehe dazu auch F. Uhle-Wettler: Erich Ludendorff in seiner Zeit. Soldat – Stratege – Revolutionär. Eine Neubewertung. Berg 1996², S. 225 ff.
[501] Volckheim S. 8 f.
[502] Ebd., S. 27.
[503] Koch S. 310.
[504] Volckheim S. 20; Matuschka S. 264.
[505] Noch 1918 mußten die Panzer der deutschen Panzer-Abteilungen, die ja hauptsächlich ausländische Modelle verwendeten, nach jedem Einsatz zur Inspektion. Zwei Einsätze hintereinander ließen sich nicht durchführen, weil dann kaum ein Panzer noch das Schlachtfeld erreichte. - Volckheim S.18, 32. Darüberhinaus war die Belastung der Besatzungen enorm, da die Temperatur im Panzer auf bis zu 86° C steigen konnte. - Ebd., S. 26.
[506] Kaufhold-Roll S. 67 f.

jekt wie dem Panzerbau zu investieren.[507] So führte also eine Vielzahl von Gründen zu dem Entschluß, auf einen deutschen Panzerbau zu verzichten.

Immer wieder ist auf den vorangehenden Seiten die Rede von dem Einfluß gewesen, den die technische Entwicklung auf das Militärwesen nahm. Dieses Problem ist bislang in der Forschung nur am Rande untersucht worden.[508] Durch die Einführung der neuen Techniken veränderten sich die europäischen Armeen seit 1904 radikal.[509] Neue Waffen mußten in das Bild eines künftigen Krieges integriert werden. Waffen, deren genaue Auswirkungen nicht abzuschätzen waren. Daneben erfuhren bereits bekannte Waffen wie Gewehre und Artillerie eine ungeahnte Steigerung ihrer Leistungen.[510] Außerdem galt es, zivile Erfindungen wie das Automobil auf ihre militärische Nützlichkeit hin zu überprüfen.[511]

Dabei führte die Technik auf mehreren Gebieten zu offenen Fragen und trug wesentlich dazu bei, daß die Jahre vor dem Ersten Weltkrieg für das deutsche Militär zu einer Zeit der Unsicherheit wurden. Zum einen warf die rasche technologische Entwicklung immer wieder Fragen auf, welche Neuheit die bessere sei bzw. ob die Anschaffungspoltik richtig betrieben wurde. Zum anderen entstanden bisher unbekannte Bedrohungen, gegen die ein Verteidigungsmittel gefunden und über deren Anwendung im eigenen Interesse Klarheit geschaffen werden mußte. Durch die technologische Entwicklung erweiterte sich der Gesichtskreis der Militärs. Der reine Fachmann des Krieges drohte seine Position an den Beherrscher der Technik abzutreten. Dies mußte zu Spannungen innerhalb der Streitkräfte führen. Eine Gesichtskreiserweiterung fand auch insofern statt, als das Militär auf vielen Gebieten des zivilen Lebens, wie sich z. B. bei der Subventionierung von Lastkraftwagen zeigte, aktiv werden mußte, zu denen es bisher kaum Kontakt hatte.

Kennzeichnend für die Situation vor dem Krieg war, daß eine Vielzahl von neuen technischen Mitteln auf die Armeen einströmte und von einer Generation

---

[507] Ebd., S. 68.

[508] Ebd., S. 15.

[509] Herrmann: Arming S. 222. Allgemein für das Militär der Neuzeit siehe Hallgarten S. 55 f.; Kaufmann S. 208.

[510] Die Wirkung der Gewehre und Feldartillerie hatte sich 1914 gegenüber den Einigungskriegen verzehnfacht; die der Artillerie allgemein vervier- bis verfünffacht. - Kaufhold-Roll S. 16.

[511] Seit 1892 wurde im deutschen Heer mit entsprechenden Erprobungen von Automobilen begonnen. - Ebd., S. 59.

verarbeitet werden mußte, „die ihre Jugend noch beim Schein von Petroleumlampen und Kerzenlicht verbracht hatten."[512] Wie sehr noch alles offen war und die Vorstellungen über Einsatzmöglichkeiten häufig eher vom Wollen als vom Können geprägt waren, zeigt die Vorschrift „Die Verwendung der Flugzeuge" von 1913; in ihr wurde das Üben von Bombenangriffen zur Pflicht gemacht. Auch wenn zur Zeit genaue Zieleinrichtungen ebensowenig wie zuverlässige Abwurfeinrichtungen existierten, so sei doch das Vernichtungsmittel Flugzeug zu nutzen. Große Ziele werde man immer noch treffen: „Ein besonderer Vorschlag empfiehlt, das Abwerfen von Geschossen auch gegen lebende Ziele zu üben und will hierzu kleine mit Mehl gefüllte Säckchen, die beim Auftreffen platzen, verwenden. Wenn dies ohne Gefährdung der Zielobjekte durchführbar erscheint, dürfte solche Übungen sicherlich ein Wert nicht abzusprechen sein."[513]

Desweiteren mußte auf die Technik auch bei der Auswahl der Soldaten Rücksicht genommen werden. Bereits bei der Musterung mußten die vorhandenen technischen Fähigkeiten im Anbetracht der späteren Verwendung Berücksichtigung finden.[514] Aber auch nach Ableistung des Wehrdienstes übte die Technik ihren Einfluß aus. Viele Mitarbeiter der Industrie standen ob ihres unverzichtbaren technischen Spezialwissens nicht mehr für den Waffendienst im Kriegsfalle zur Verfügung. In einem Brief an das Kriegsministerium zur Luftrüstung vom 6. November 1912 schrieb Moltke: „Ausnahmsweise werden die wichtigsten Arbeiter in den für die Heeresverwaltung liefernden Luftschiff-Fabriken vom Waffendienst zurückgestellt werden müssen."[515] Diese Entwicklung verursachte einige Sorgen, denn man fürchtete, gerade im Kriegsfall zu wenig Soldaten zur Verfügung zu haben. Diese Sorgen wurden in der Konferenz in Frankfurt am 21. Januar 1914 artikuliert. Denn kämpfenden Formationen sollten nicht zu viele aktive Soldaten entzogen werden: „Grundsatz muß sein: Was vorn ist, möglichst gut machen, da liegt die Entscheidung."[516]

Der Einfluß der Technik zwang gerade die Marine, ihre Beschaffungspolitik zu überdenken. Die zunehmende Bedeutung der Kohlen- und Ölzufuhr führte dort zu Überlegungen, den Bau eigener Nachschubdampfer für Kohle und Öl in An-

---

[512] Storz: Kriegsbild S. 14 f. (Zitat), 45. Es wäre interessant, einmal zu untersuchen, wie sich die Einstellung gegenüber der Technik in jenen Jahren, in denen die Einführung neuer Techniken zum Alltag gehörte, änderte.
[513] Abschnitt d, 1913, BHStA Abtl. IV Gen. Kdo. II. A. K. (WK) Bund 2.
[514] Mosen S. 54.
[515] Ludendorff, Nr. 18, S. 36.
[516] Protokoll der Chefkonferenz in Frankfurt/M. am 21. Januar 1914, Abschnitt Sonstiges, BHStA Abtl. IV M Kr Nr. 1592.

griff zu nehmen, um die Versorgung mit Brennstoffen im Kriegsfalle zu gewährleisten. Von der Beschaffung wurde allerdings Abstand genommen.[517] Auch das Auftauchen einer neuen Waffe, des U-Bootes, schuf Probleme. Hier verhinderte Tirpitz' Konzentration auf die Schlachtflotte eine eingehende Beschäftigung mit den sich nun bietenden Möglichkeiten.[518] Dementsprechend hinkte Deutschland bei der Beschaffung von U-Booten hinter anderen europäischen Mächten hinterher. Die fortschreitende technische Entwicklung erschwerte bei der Marine ein planvolles Vorgehen, zwang zu Improvisationen und führte zu Spannungen zwischen einzelnen Ressorts. So beklagte v. Weizsäcker am 4. November 1906, daß alle Forderungen der Truppe vom RMA unter Hinweis auf mangelnde finanzielle Mittel zurückgewiesen würden: „Tatsächlich ist immer noch Geld da, wenn auch vom Reichsmarineamt jedesmal versichert wird, sie hätten nichts mehr. In Wirklichkeit wird gegen Schluß jedes Etatsjahres zwischen den einzelnen Fonds im größten Umfang hin und her übertragen. Herauskommen darf das natürlich nicht, soweit es nicht gesetzlich ist; aber es ist unbedingt nötig, weil die fortwährenden technischen Neuerungen unvorhergesehene Gelder nötig machen, wenn die Marine nicht hinter den anderen Nationen zurückbleiben soll."[519]

Zusammenfassend läßt sich somit sagen, daß die technische Entwicklung zu vielerlei Unsicherheiten bei den Militärs führte. Diese Unsicherheit wurde noch durch die Vielzahl von Innovationen verstärkt, die es zu verarbeiten galt. Unklar blieb häufig, welche Richtung die technische Rüstung nehmen sollte, was sinnvoll und was nicht sinnvoll war. Erfahrungen konnten kaum gesammelt werden. Es stellte sich die Frage nach dem Einfluß der neuen Waffen auf die Kriegsführung. So hatte das Flugzeug vor dem Ersten Weltkrieg nur begrenzt kriegerische Verwendung gefunden.[520] Die Möglichkeit, mit Hilfe der Flugwaffen tief im feindlichen Hinterland Beobachtungen zu machen, erzwang ein völlig neues Verhalten der Truppen im Anmarsch auf das Gefechtsfeld, um nur ein Beispiel zu nennen. Gerade dieses Beispiel belegt die zunehmende Kompliziertheit. Aus der ursprünglichen Innovation Flugzeug erwuchs eine ganze Reihe von Neuanschaffungen wie Luftkameras, Bomben etc. Gleichzeitig mußten neue Waffen zur Abwehr entwickelt werden, die wiederum neue Übungs- und Ausbildungsverfahren erzwangen. Die Auswirkungen waren in der ganzen Armee spürbar.

---

[517] Admiralstab Nr. A 515¹ an RMA, 03.02.1914, BA-MA RM 5/1844.
[518] Gemzell S. 90.
[519] Hill S. 109.
[520] S. Wise: The Royal Air Force and the Origins of Strategic Bombing. S. 150, in: T. Travers, C. Archer (ed.): Men at War. Politics, Technology and Innovation in the Twentieth Century. Chicago 1982, S. 149-173.

Die Marine hatte es da noch etwas einfacher, da hier die technische Entwicklung mit dem bisherigen Konzept der Schlachtflotte kompatibel blieb, auch wenn sich neue Bedrohungen abzeichneten. Die technischen Veränderungen erreichten auch den Alltag der Truppe. Beim bayerischen 1. Feldartillerie-Regiment wurde so zum Jahreswechsel 1913/14 in der Kaserne eine Telephonanlage eingebaut.[521]

An der Spitze der Armee kam es zu teilweise erbittert geführten Auseinandersetzungen. Gestritten wurde sowohl über die nötige Heeresstärke als auch über die technische Ausstattung. Wie die Auseinandersetzung zwischen Kriegsministerium und Generalstab über die Einstellung der Förderung des Luftschiffbaues zugunsten der Flugzeuge zeigte, barg die ungewisse und schnelle Entwicklung viele Unsicherheitsfaktoren. Aber auch die Truppe kam in jenen Jahren nicht zur Ruhe. Ein Strom von neuen Ausrüstungsgegenständen ergoß sich über die Armee. Deren Gebrauch mußte erlernt und die militärische Verwendung oftmals erst ausprobiert werden. Dazu kamen nach 1912 die personellen Vergrößerungen, die von der Truppe verkraftet werden mußten. Diese teilweise hektisch erfolgten Veränderungen führten in der Armee zu Unruhe und Unordnung.[522] Diese Unruhe gefährdete sogar die Einsatzbereitschaft der Armee. Im August 1913 trat Falkenhayn an Bethmann heran und bat ihn, bei der Gestaltung der äußeren Politik auf die inneren Schwierigkeiten der Armee Rücksicht zu nehmen.[523] Somit führte die Rüstung in allen Bereichen der Armee zu Spannungen und Unsicherheiten.

Eine weitere Quelle der Unsicherheit lag in den Kriegsplänen von Armee und Flotte begründet. Die Armee wollte einen künftigen Krieg zunächst nach dem Schlieffen-Plan führen. Der konkrete Plan fußte auf folgenden Überlegungen: da es den Russen möglich war, nach anfänglichen Niederlagen sich in die Tiefe ihres Raums zurückzuziehen, während die Franzosen sich an der Grenze zum Kampf stellen mußten, und außerdem die russische Mobilmachung wesentlich mehr Zeit erforderte als die deutsche und französische, wollte sich Schlieffen zunächst gegen Frankreich wenden. Es kam darauf an, die Zeitunterschiede bei der Mobilmachung so auszunutzen, daß Frankreich geschlagen wurde, bevor das russische Heer eingreifen konnte. Nun war allerdings die französische Ostgrenze schwer befestigt, so daß ein Angriff hier wenig Erfolg – vor allem keinen schnellen Erfolg – versprach. Deshalb entwarf Schlieffen einen Plan, in dem die schwachen deutschen Truppen des linken Flügels in Elsaß-Lothringen sich de-

---

[521] Manuskript Regiments-Geschichte 1. Feldart.-Reg., 1913, München 1914, BHStA Abtl. IV HS 1121.
[522] Schulte: Kriegsausbruch S. 106.
[523] Ebd., S. 106.

fensiv verhielten, während der starke rechte Flügel durch die Niederlande und Belgien marschierend in Frankreich einfallen sollte. Im weiteren Verlauf der Operationen sollte dieser Flügel dann an Paris vorbei schwenkend den feindlichen Truppen in den Rücken fallen. Ziel war es, einen gigantischen Kessel zu bilden und die darin eingeschlossenen Truppen des Gegners zu vernichten. Daß die mit seinem Plan verbundenen Neutralitätsverletzungen Großbritannien sicher auf Seite der deutschen Gegner bringen würde, war Schlieffen und seinen Offizieren klar. Man ging allerdings davon aus, Frankreich so schnell schlagen zu können, daß Großbritannien nicht wirksam eingreifen könne.[524] Während dieser Operationen sollten schwache deutsche Truppen im Osten die Grenze gegen Rußland sichern. Selbst von diesen Truppen verlangte Schlieffen ein offensives Vorgehen.[525] Während dieser Phase sollte die Hauptlast auf den Österreichern ruhen. Dies machte Schlieffen auch seinen österreichischen Kollegen deutlich.[526] Was nach Abschluß der Kesselschlacht in Frankreich passieren sollte, findet sich nicht im Schlieffenplan. Die Frage, wie man nun im Osten weiter vorgehen sollte, darüber hatte Schlieffen sich keine Gedanken gemacht. Insofern stellt sein Plan nichts anderes als den Versuch dar, einen Mehrfrontenkrieg in einen Einfrontenkrieg zu verwandeln.

Diesen Feldzugsplan fand Moltke bei seinem Amtsantritt als Generalstabschef 1906 vor. Er übernahm die Grundidee, veränderte aber einige Details. Zum einen beschloß er, den Marsch durch die Niederlande wegfallen zu lassen. Er hoffte, sich so ein Schlupfloch für den deutschen Handel zu erhalten. Der Verzicht auf den Durchmarsch der Niederlande bedeutete jedoch eine Einengung

---

[524] St. van Evera: The Cult of the Offensive and the Origins of the First World War. S. 91, in: St. E. Miller (ed.): Miltary Strategy and the Origins of the First World War. Princeton 1985, S. 58-108.

[525] Wallach: Dogma S. 153.

[526] Skřivan S. 142. Einzelheiten des Schlieffenplans wurden den Österreichern jedoch nicht mitgeteilt. – L. Höbelt: Schlieffen, Beck, Piontek und das Ende der gemeinsamen deutsch-österreichisch-ungarischen Aufmarschpläne im Osten. S. 26, in: Militärgeschichtliche Mitteilungen, Bd. 36 1984, S. 7-31. Moltke und Conrad einigten sich in einem Briefwechsel vom Januar, Februar 1913 auf eine Offensive der Masse des österrechischen Heeres gegen Rußland, die nach Möglichkeit von Deutschland unterstützt werden sollte. – Reichsarchiv: Weltkrieg, Bd. 2, S. 12. Zu der militärischen Zusammenarbeit beider Länder siehe auch G. A. Jr. Turnstall: Planning for War against Russia and Serbia. Austro-Hungarian and German military Strategies, 1871-1914. New York 1993; H. H. Herwig: Disjointed Allies: Coalition Warfare in Berlin and Vienna, 1914. In: Journal of Military History, Vol. 54 1990, S. 265-280; G. Graf Waldersee: Über die Beziehungen des deutschen zum österreichisch-ungarischen Generalstab vor dem Weltkriege. In: Berliner Monatshefte, 8. Jg. 1930, S. 103-142. Zur weiteren Entwicklung im Krieg siehe H. H. Herwig: The First World War. Germany and Austria-Hungary 1914-1918. London, New York, Sydney, Auckland 1997; A. Alberti: General Falckenhayn. Die Beziehungen zwischen den Generalstabschefs des Dreibundes. Berlin 1927.

der Wege für den deutschen Nachschub.⁵²⁷ Dies machte die Besitznahme der vier durch Lüttich verlaufenden Eisenbahnlinien so wichtig, gleichzeitig war die Festung Lüttich nun nicht mehr zu umgehen, denn sie konnte den gesamten deutschen Durchmarsch durch Belgien aufhalten, ein Grund, warum sie sofort genommen werden mußte.⁵²⁸ All dies führte zu dem Entschluß, die Festung Lüttich gleich zu Kriegsbeginn per Handstreich zu nehmen. Vorüberlegungen dazu hatten bereits 1906 existiert.⁵²⁹ Der Handstreich war erstmals in den Planungen für das Mobilmachungsjahr 1908/09 fest vorgesehen.⁵³⁰ Er war nach Moltkes Ansicht nur durchführbar, wenn man zuschlug, bevor die Belgier in einer Spannungszeit die Festung voll ausgerüstet hätten.⁵³¹ In seinen Erläuterungen zum Schlieffenplan, sehr wahrscheinlich von 1911, kommentierte er den Handstreich auf Lüttich folgendermaßen: „Das Unternehmen ist nur ausführbar, wenn der Angriff gemacht wird, bevor die Zwischenräume ausgebaut sind. [...] Eine moderne Festung durch Handstreich zu nehmen, dürfte in der Kriegsgeschichte noch kein Beispiel haben."⁵³² In der alljährlichen Denkschrift des Generalstabes für den Angriff auf Lüttich wurde 1914 festgestellt, daß der Ausbau der Zwischenräume zwischen den einzelnen Festungswerken bis zur Ausführung des Handstreiches nur zum Teil durchgeführt sein werde. Dies würde den Angreifer begünstigen.⁵³³

Eine weitere Veränderung wurde durch das vermutete Verhalten der Franzosen bedingt. Bis zum Jahre 1911 wurde mit einem defensiven Verhalten der Franzosen im Kriegsfall gerechnet.⁵³⁴ „Seit 1911 machte sich eine Gegenströmung in

---

⁵²⁷ L. C. F. Turner: The Significance of the Schlieffen Plan. S. 213, in: P. M. Kennedy (ed.): The War Plans of the Great Powers, 1890-1914. London, Boston, Sydney 1979, S. 199-221.

⁵²⁸ Ebd., S. 212.

⁵²⁹ G. Jäschke: „Schlieffenplan" und „Marneschlacht". S. 189, in: D. Bradley, U. Marwedel (Hg.): Militärgeschichte, Militärwissenschaft und Konfliktforschung. Festschrift Werner Hahlweg. Osnabrück 1977, S. 185-199.

⁵³⁰ J. V. Bredt: Die belgische Neutralität und der Schlieffensche Feldzugsplan. Berlin 1929, S. 52 f.

⁵³¹ Ebd., S. 53.

⁵³² Ritter: Schlieffenplan S. 180.

⁵³³ Zit. nach Generalstab: Handstreich S. 2. Im Frieden bestanden rund um Lüttich nur einzelne Festungsanlagen, die zwischen ihnen befindlichen Zwischenräume sollten erst im Rahmen der Mobilmachung befestigt werden. Dies sind die hier erwähnten Zwischenräume.

⁵³⁴ Großer Generalstab 3. Abteilung: Aufmarsch und operative Absichten der Franzosen in einem zukünftigen deutsch-französischen Kriege, Mai 1912, S. 20, BHStA Abtl. IV A. O. K. 6 Nr. 369; wie die fortlaufenden Änderungen zeigen, bis 1914 gültig; gerade diese Änderungen geben einen guten Überblick über die Wechsel in der Einschätzung der Franzosen von 1912-1914; bei Seiten, die nicht geändert wurden, wird im folgenden nur die Seitenzahl genannt, bei nur einmaliger Änderung soll die frühere Version als „alte Fassung" und die jünge-

der öffentlichen Meinung bemerkbar. Die überraschenden Erfolge der französischen Flieger, die Hoffnung auf eine Unterstützung durch die Engländer und auf ein neutrales Verhalten der Italiener gaben den Franzosen größere Sicherheit. Sie glaubten, den Deutschen numerisch gewachsen zu sein und sie in der Ausnutzung der Technik und in der Ausbildung der Truppen zu übertreffen."[535] Insgesamt werde doch aber zunächst mit einem defensiven Verhalten der Franzosen zu rechnen sein.[536] Man werde allerdings einen Gegenangriff einkalkulieren müssen.[537] Diese Einschätzung wurde auch im Kriegsministerium geteilt. In einer Denkschrift Wandels über die Ziele einer künftigen Heeresvermehrung vom 29. November 1911 heißt es, bisher seien die Franzosen in ihren Planungen für den Kriegsfall defensiv eingestellt gewesen, nun aber sei eine „rücksichtslose Offensive" des westlichen Nachbarn im Kriegsfall zu erwarten.[538] Der Generalstabschef hatte bereits zu den Zeiten, in denen mit einer französischen Defensive gerechnet wurde, auf Generalstabsreisen und in Kriegsspielen ein offensives Verhalten der Franzosen einstudieren lassen.[539] Um dem erwarteten französischen Gegenangriff entgegenzuwirken, verstärkte Moltke die deutschen Truppen in Elsaß-Lothringen.[540] Diese Entscheidung wurde nach dem Krieg als Abkehr von den Gedanken Schlieffens, den rechten Einschließungsflügel so stark wie möglich zu machen, heftig kritisiert. Die Erwartung einer französischen Offensive wurden in den kommenden Jahren auf deutscher Seite immer stärker. Seit 1913 vermehrten sich in Frankreich die Stimmen, die eine eigene Offensive forderten.[541] Ob dies allerdings gleich zu einer strategischen Offensive führen würde, war dem deutschen Generalstab noch unbekannt.[542] Seit 1913 werde immer häufiger von einer Offensive nach Lothringen herein gesprochen.[543] Letztlich mußte die deutsche Heeresleitung allerdings einräumen, daß sichere Informationen über Aufmarsch und operative Absichten der Franzosen nicht zur Verfü-

---

re als „neue Fassung" bezeichnet werden. Beim Einschub mehrerer Seiten wird im Original ein Buchstabe an die Seitenzahl angehängt – z. B. S. 30 a, S. 30 b, S. 30 c – dem wird auch hier in den Fußnoten gefolgt werden.

[535] Ebd., S. 21.
[536] Ebd., S. 22.
[537] Ebd., S. 24 (alte Fassung).
[538] Berghahn, Deist: Rüstung, IX Nr. 2, S. 377.
[539] Foerster: Gedankenwerkstatt S. 37 f.
[540] Bredt S. 51.
[541] Großer Generalstab 3. Abteilung: Aufmarsch und operative Absichten der Franzosen in einem zukünftigen deutsch-französischen Kriege, Mai 1912, S. 24 (neue Fassung), BHStA Abtl. IV A. O. K. 6 Nr. 369.
[542] Ebd., S. 30 c.
[543] Ebd., S. 51 (neue Fassung).

gung stünden.[544] Auch die Erfolge des Nachrichtendienstes vermochten daran nichts zu ändern. III b, die entsprechende Abteilung im Generalstab, erhielt kurz vor Kriegsausbruch durch einen Agenten Einblicke in die französische Aufmarschplanung.[545] Unklarheiten über die französischen Absichten verhinderten eine praktische Auswertung.[546]

Zu Moltkes Dienstzeiten veränderten sich die Zahlenverhältnisse immer mehr zuungunsten des Reiches. Dieses Problem hatte ja auch Schlieffen geplagt. Durch verschiedene Maßnahmen im Rahmen ihrer Aufrüstung war es den Russen gelungen, ihre Mobilmachung zu beschleunigen und damit den deutschen Zeitvorsprung, der zur Niederwerfung Frankreichs bestand, zu verengen.[547] Allerdings wurde das Tempo der russischen Mobilmachung von deutscher Seite überschätzt.[548] Spätestens ab 1916, so wurde in deutschen militärischen Kreisen vermutet, würden die russischen Rüstungen so weit fortgeschritten sein, daß die Durchführung des Schlieffenplans nicht mehr möglich sei.[549] Im Zuge der allgemeinen Aufrüstung nahm die französische Armee laufend an Stärke zu, so daß bis 1914 die Schwierigkeiten eines deutschen Erfolges im Westen sogar mehr gewachsen waren als im Osten.[550]

Wie sah Moltke nun den Schlieffenplan? Er hat seine Ansichten über den Plan bei verschiedenen Gelegenheiten niedergelegt. In einer Stellungnahme zum Schlieffenplan, anscheinend von 1911, schrieb er: „Gelingt es, den Franzosen eine schnelle und entscheidende Niederlage beizubringen, so wird man auch Truppen gegen Rußland freibekommen."[551] Er übernahm auch die Begründung für die Offensive gegen Frankreich: „Ist Frankreich in den ersten grossen Schlachten geschlagen, so wird das Land, das über keine grossen Reserven an Menschenmaterial verfügt, kaum imstande sein einen langdauernden Krieg weiter zu führen, während Russland ihn nach einer verlorenen Schlacht in das Innere seines unermesslichen Gebiets verlegen und ihn auf unabsehbare Zeit in

---

[544] Ebd., S. 1.

[545] J. T. Rickelson: A Century of Spies. Intelligence in the Twentieth Century, Oxford, New York 1995, S. 14; D. Kahn: Hitler's Spies. German Military Intelligence in World War II. London, Sydney, Auckland, Toronto 1978, S. 36 ff.

[546] Kahn S. 36. Zum Nachrichtendienst gegenüber Frankreich bei Kriegsbeginn siehe auch U. Liss: Der Nachrichtendienst in den Grenzschlachten im Westen im August 1914. S. 141 ff., in: Wehrwissenschaftliche Rundschau, 12. Jg. 1962, S. 140-160.

[547] Kuhl: Generalstab S. 177.

[548] Herwig: Germany S. 69.

[549] Afflerbach: Planungen S. 283.

[550] Ritter: Anteil S. 78.

[551] Ritter: Schlieffenplan, Text III, S. 179.

die Länge ziehen kann. Das ganze Streben Deutschland [sic] muss aber darauf gerichtet sein mit einigen grossen Schlägen den Krieg wenigstens nach einer Seite hin sobald wie möglich zu beendigen."[552] Die Konsequenzen einer Verletzung der belgischen Neutralität waren ihm klar. In seiner Denkschrift „Verhalten Deutschlands in einem Dreibundkriege" vom Februar 1913 schrieb er, daß die Verletzung der belgischen Neutralität England auf die Seiten der Gegner bringen würde; da aber die einzige Chance zu einem „raschen Feldzug gegen Frankreich" in dem Durchmarsch durch Belgien liege, so müsse dies in Kauf genommen werden.[553] Diese Denkschrift ist deshalb so wichtig, weil sie die einzige Darlegung von Moltkes eigenen Gedanken enthält.[554] Über den weiteren Verlauf eines Krieges hieß es in der von Moltke gebilligten Erklärung gegenüber dem italienischen Generalstabschef Pollio vom 7. Dezember 1913: „Die heutigen Verhältnisse bringen es mit sich, daß die Entscheidung schnell fallen muß; die Völker können lange Kriege aller Voraussicht nach kaum noch ertragen. Aber selbst, wenn man im allgemeinen mit einer verhältnismäßig langen Dauer rechnen will, so zwingen die Umstände im gegebenen Falle den Dreibund dazu, die Entscheidung im Kriegsfalle gegen Frankreich schleunigst herbeizuführen. Noch kommt Rußland langsamer in Bewegung. Frankreich muß niedergerungen sein, bevor jenes wirksam eingreift. Es könnte sogar eintreten, daß nach ernstlichen Niederlagen seines Verbündeten sich zu arrangieren Rußland geneigt sein würde."[555]

Wie bereits erwähnt, ließ Schlieffen die Frage, wie nach der Vernichtung der französischen Truppen weiter verfahren werden sollte, offen. Die ständige Verstärkung der französischen Armee ließ einen solchen totalen Sieg zu Moltkes Zeiten aber immer unwahrscheinlicher erscheinen. Über das französische Verhalten machte sich der Generalstab nun folgende Gedanken: nach einer Niederlage an der Grenze sei es „sehr wahrscheinlich, daß die Masse des Heeres auf die mittlere Loire, Teile des rechten Flügels in Richtung auf Lyon, des linken

---

[552] Moltkes Denkschrift: Die militär-politische Lage Deutschlands Ende November 1913, Bl. 6 f., BA-MA W-10/50891.

[553] Elze, Nr. 1, S. 160. Als Jagow ihm im Winter 1913 fragte, ob es nicht möglich sei, auf den Durchmarsch durch Belgien zu verzichten, um Großbritannien neutral zu halten, bediente sich Moltke derselben Argumentation. - Farrar: Arroganz S. 126. Übrigens wäre die Neutralität Belgiens von britischer Seite im Falle eines Kriegs ebenso verletzt worden. - Ferguson: Krieg S. 105.

[554] L. Beck: Besaß Deutschland 1914 einen Kriegsplan? S. 97, in: H. Speidel (Hg.): Ludwig Beck. Studien. Stuttgart 1955, S. 87-113.

[555] Zit. nach Waldersee: Deutschlands S. 658.

Flügels nach Paris zurückweichen werden."[556] Da Frankreich jeden wehrfähigen Mann zu den Fahnen rufe, sei es ihm nicht möglich, wie 1870/71 auf anfängliche Niederlagen mit Neuaufstellung von Truppen zu reagieren.[557] Andererseits sei auch nicht mit einer völligen Vernichtung, wie sie ebenfalls 1870/71 gelungen sei, zu rechnen; die Operationen der Deutschen seien auch nach anfänglichen französischen Niederlagen nicht leicht: „Starke Kräfte werden vor den französischen Grenzbefestigungen zurückgelassen werden müssen. Der Vormarsch der deutschen Hauptkräfte gegen die Loire wird von Paris und Lyon her flankiert. Die Riesenfestung Paris wird schwer zu bewältigen sein."[558] Förster kommentiert diese Zeilen folgendermaßen: „Das bedeutete in Klartext nichts anderes, als daß selbst bei großen Anfangserfolgen alle operativen Ziele des Schlieffenplans, insbesondere die schnelle Vernichtung der gesamten französischen Armee, unerreichbar waren!"[559] Nimmt man die verschiedenen Aussagen zusammen, so ergibt sich überall ein großes Vielleicht. Gelänge es, die Franzosen zu schlagen, so wären sie nicht mehr kriegsfähig. Ihnen würden dann die menschlichen Reserven fehlen. Allerdings würde ein Sieg nicht so leicht zu erreichen sein. Vielleicht schiede Rußland nach einem deutschen Sieg im Westen aus dem Krieg aus; vielleicht würde sich auch ein langer Feldzug gegen Rußland anschließen. Das Entscheidende dieser Aussagen ist nicht, daß etwas Bestimmtes erwartet wurde, sondern daß immer mit mehreren Möglichkeiten gerechnet wurde, wobei im Hinterkopf immer die Hoffnung existierte, daß die für Deutschland günstigste Alternative eintreten möge.

So kann man nicht davon sprechen, daß die deutsche Heeresspitze 1914 voll Zuversicht und Vertrauen in den Schlieffenplan in den Krieg gegangen sei. Die Zweifel an seiner Durchführbarkeit trugen das ihre dazu bei, die Unsicherheit im Militär zu vergrößern. Da allerdings zu diesem Plan keine realistische Alternative in Sicht war, stieg die Bereitschaft, einen Krieg zu führen, solange man den Plan vielleicht noch umsetzen konnte. Vielleicht ginge es ja gut – spätestens nach Abschluß der Rüstungen der anderen europäischen Mächte war das Schei-

---

[556] Großer Generalstab 3. Abteilung: Aufmarsch und operative Absichten der Franzosen in einem zukünftigen deutsch-französischen Kriege, Mai 1912, S. 60, BHStA Abtl. IV A. O. K. 6 Nr. 369.

[557] Ebd., S. 61.

[558] Ebd., S. 61; ähnliche Zweifel hatte Schlieffen bereits 1905 geäußert. - Foerster: Gedankenwerkstatt S. 51 f.

[559] Förster: Generalstab S. 86. Dort auch Fundstelle – Anm. 86 – der Ausarbeitung über Aufmarsch und operative Absichten [...] im BA-MA. Das dortige Exemplar ist auf den Mai 1910 datiert.

tern garantiert. So wurde die Kriegsbereitschaft mehr von der Unsicherheit als von der Sicherheit gefördert.[560]

Neben diesen Planungen existierten bis 1913 noch Überlegungen, einen Feldzug gegen Rußland zu führen. Beim Ostaufmarsch sollte die Hälfte des Heeres im Osten aufmarschieren; die andere Hälfte mobil in den Standorten verbleiben, um je nach Lage im Osten oder Westen eingesetzt zu werden.[561] Moltke ließ diesen Plan ab 1913 nicht mehr bearbeiten. Für diese Entscheidung gab es mehrere Gründe. Zum einen war nicht zu erwarten, daß Frankreich einer Niederlage Rußlands ruhig zusehen würde, und somit ein Krieg allein gegen Rußland unwahrscheinlich erschien.[562] Zum anderen änderte sich in den Jahren vor 1913 die russische Aufmarschplanung. 1909 meldeten „Löbells Jahresberichte", daß die russischen Weichselfestungen aufgelassen würden.[563] Seit 1910 sollte dementsprechend das Land westlich der Weichsel im Kriegsfalle zunächst einmal aufgegeben werden.[564] Auch in der Dislokation der russischen Armee ergaben sich Veränderungen. Seit ihrer Niederlage gegen Japan verlegte Rußland seine Truppen nach Westen, bis ab 1910 ein Schwerpunkt in den Militärbezirken an der deutschen und österreichisch-ungarischen Grenze erreicht war.[565] Ein Kriegs-

---

[560] Ein weiterer Aspekt, der die deutschen Militärs mit Sorge erfüllen mußte, war die Tatsache, daß im Ausland der Schlieffenplan in seinen Grundzügen bekannt war. Der nötige Ausbau der Bahnlinien an der niederländischen und belgischen Grenze war im Ausland nicht unbemerkt geblieben. – Turner S. 205. 1911 wurde dies auch im belgischen Parlament besprochen und fand Resonanz in der deutschen Presse: „Die Deutschen, so äußerte man noch ganz vor kurzem im belgischen Senat, wo der Kriegsminister zu Vorsichtsmaßregeln gedrängt wurde, dächten gar nicht daran, im Kriegsfalle die Neutralität Belgiens zu respektieren; vielmehr planten sie, durch das Gebiet dieses kleinen und schwachen Staates nach Frankreich einzubrechen, um auf diesem Wege die kolossal ausgedehnten französischen Raumfestungen Verdun und Toul mit den dazwischenliegenden Sperrforts zu umgehen." - E. Daniels: Politische Korrespondenz. Marokko und Tripolis. – Der kanadische Gegenseitigkeitsvertrag. – Die Ermordung Stolypins. – Die Krone und die Liberalen beim Kampf um das englische Vetobill. – Belgische Rüstungen und französische Operationspläne. – Die Dekrete über die Reorganisation des französischen Oberkommandos. – Tripolis und Aegypten. S. 183, in: Preußische Jahrbücher, Bd. 146 1911, S. 175-191. Damit gibt diese belgische Stimme die Argumentation des deutschen Generalstabes recht genau wieder. Auch in Frankreich wurde, wie „Löbells Jahresberichte 1912" vermeldeten, mit einem deutschen Durchmarsch durch Belgien gerechnet. - Löbells Jahresberichte 1912, S. 331. Am 29. August 1913 berichtete der deutsche Militärattaché in Paris, daß die dortige Presse zur Zeit die Frage diskutiere, ob Frankreichs Grenzen genügend gegen einen Einfall deutscher Truppen aus Luxemburg und Belgien gesichert seien, Bericht Nr. 373/13, BA-MA N/56/2 (Nl. Tappen).
[561] Bredt S. 51; zum Ostaufmarsch siehe auch Foerster: Gedankenwerkstatt S. 56 ff.
[562] Reichsarchiv: Weltkrieg, Bd. 1, S. 17 f.
[563] Löbells Jahresberichte 1909, S. 366.
[564] Reichsarchiv: Weltkrieg, Bd. 1, S. 16 f.
[565] Geyr v. Schweppenburg S. 150.

spiel zeigte Moltke 1913, daß es unmöglich war, ein Ausweichen der russischen Truppen in die Tiefe des Raumes zu verhindern.[566] In Moltkes Denkschrift „Verhalten Deutschlands in einem Dreibundkriege" vom Februar 1913 hieß es, daß die Rückverlegung des russischen Aufmarsches die früher geplante deutsch/österreichisch-ungarische Offensive nach Polen unmöglich gemacht habe.[567] „Will Deutschland sich daher nicht in die traurige Lage versetzen, in einem Kriege, der über seinen Fortbestand oder über seinen Untergang entscheiden wird, auf jede Initiative und Offensive zu verzichten und sich auf einen Defensivkrieg nach beiden Fronten zu beschränken, so muß der alte Gedanke des Vorgehens gegen Rußland und der Verteidigung gegen Frankreich fallengelassen werden. [...] Es wird demnach zu befürworten sein: Offensive gegen Frankreich so stark wie möglich, Defensive gegen Rußland so schwach wie möglich."[568] Ein weiterer Grund hing mit der zunehmenden Abhängigkeit des Heeres von den Zulieferungen aus der Industrie zusammen. Die industriellen Hauptstandorte befanden sich an der Westgrenze und mußten auf jeden Fall geschützt werden, während man im Osten anfänglich ruhig Land verlieren konnte.[569] Es wurde erwartet, daß die Russen zunächst Deutschland gegenüber eine defensive Einstellung einnehmen würden, während Österreich gegenüber mit einer Offensive zu rechnen sei.[570] In der deutschen Öffentlichkeit war allerdings bekannt, daß die französische Regierung versuchte, von den Russen eine Zusage zu erhalten, im Kriegsfall binnen 14 Tagen mit einer Offensive gegen Deutschland zu beginnen.[571] Das Ende deutscher Beschäftigung mit einer Kriegsführung im Osten bedeutete die Entscheidung von 1913 allerdings noch nicht. Der Ostaufmarsch wurde auch nach diesem Jahr in Form einer Studie fortgesetzt, aus der sich leicht wieder ein neuer Aufmarschplan entwickeln ließ. Dies hätte allerdings Zeit gebraucht.[572]

Die Marine sah sich bei ihrer Kriegsplanung anderen Problemen gegenüber. Unter der Federführung Tirpitz' war sie gebaut worden, um die alles entscheidende Seeschlacht gegen Großbritannien zu suchen. Tirpitz war es gelungen,

---

[566] Herrmann: Arming S. 209.
[567] Elze, Nr. 1, S. 157.
[568] Ebd., Nr. 1, S. 158.
[569] Foerster: Gedankenwerkstatt S. 58.
[570] Der vermutete russische Aufmarsch, Februar 1914, BA-MA PH 6/I, 317.
[571] E. Daniels: Politische Korrespondenz. Enver als Serashier. – Eine französische Stimme über den Zukunftskrieg. – Innere Verhältnisse in Frankreich und dem Vereinigten Königreich. S. 390, in: Preußische Jahrbücher, Bd. 155 1914, S. 382-398.
[572] Bredt S. 51 f.

seine Vorstellungen auch in der Planung durchzusetzen.[573] Sein Einfluß ging soweit, daß alle Überlegungen, die Ausbildung etc., nur auf die Schlacht hin ausgerichtet waren; Alternativen wurden nicht in Bedacht gezogen.[574] Zwar gab es davon abweichende Ideen, aber Tirpitz war erfolgreicher, seine Vorstellungen durchzusetzen.[575] Dabei hatte der Staatssekretär des RMA zwei grundlegende Ideen: Großbritannien könne wegen seiner weltweiten Interessen nur Teile seiner Flotte in der Nordsee konzentrieren; es würde auf jeden Fall zu einer engen Blockade der deutschen Küste und damit gleich zu Beginn eines Krieges zu einem offensiven Vorgehen des Gegners kommen.[576] Sollte diese Schlacht nicht mit einer vernichtenden deutschen Niederlage enden, so mußte zwischen beiden Flotten ein Stärkeverhältnis herrschen, daß annähernd ausgeglichen war. Nach Tirpitz würden die britischen überseeischen Interessen dafür sorgen, daß eine deutsche Flotte, die zwar in der Gesamtstärke unterlegen sei, dennoch in der Nordsee ein erträgliches Verhältnis aufweisen würde. Der Erwartung einer engen Blockade entsprechend, war die deutsche Schlachtflotte mit einem Aktionsradius gebaut worden, der sie rein technisch nur für Operationen in der Nordsee geeignet sein ließ.[577] Schon recht früh zeigte sich, daß Großbritannien entgegen den Erwartungen doch in der Lage war, seine Marine im Heimatland zusammenzuziehen. Der Rüstungswettlauf zementierte die so erreichte britische Überlegenheit und baute sie sogar noch aus.

Unter dem Einfluß des Rüstungswettlaufs mit Großbritannien änderten sich die deutschen Kriegspläne. Zunächst hatte man an ein offensives Vorgehen gedacht. 1903 wurde die Idee eines begrenzten Flottenvorstoßes in den Kanal aufgegeben; statt dessen sollte – in Absprache mit dem Generalstab – in der Ostsee die Seeherrschaft erkämpft werden.[578] Ein Jahr später wurde seitens der Marine ein sofortiges Angreifen der englischen Flotte und eine Nahblockade erwartet.[579] Trotz der gleichbleibenden Erwartungen wurde im Hinblick auf die britische

---

[573] P. M. Kennedy: The Development of German naval Operations Plans against England, 1896-1914. S. 71 f., in: The English Historical Review, Vol. LXXXIX 1974, S. 48-76. Zur Motivation von Tirpitz Gedanken siehe Gemzell S. 92 ff.

[574] W. Rahn: Strategische Probleme der deutschen Seekriegsführung 1914-1918. S. 343 f., in: W. Michalka (Hg.): Der Erste Weltkrieg. Wirkung. Wahrnehmung. Analyse. München 1994, S. 341-366.

[575] Gemzell S. 120 ff.

[576] Kennedy: Development S. 74.

[577] Potter S. 426. Kritisch dazu Hubatsch: Marine S. 60. Bei der Erwartung einer engen Blockade hatte man anscheinend verdrängt, daß bereits die Franzosen 1870/71 eine weite Blockade praktiziert hatten.-Ebd., S. 143 ff.

[578] Petter: Flottenrüstung S. 224 f.

[579] Ebd., S. 225.

Überlegenheit im Operationsbefehl für 1905 die Entscheidungsschlacht à la Tirpitz verboten, da ein günstiger Ausgang nicht zu erwarten war.[580] Diese Anweisung wurde von nun an alljährlich wiederholt.[581] Dabei war an den Beratungen auch der Generalstab beteiligt.[582] Jetzt sollte zunächst einmal die britische Marine geschwächt werden, um dann mit der Schlachtflotte mit Aussicht auf Erfolg eine Seeschlacht schlagen zu können.[583] Das Ziel, die englische Flotte soweit zu schwächen, daß eine Schlacht unter Umständen gewagt werden könne, ließ sich nur bei einer engen Blockade, die in der Reichweite deutscher Torpedo- und U-Boote stattfand, erreichen.[584] Dabei tauchten bereits 1907 erste Zweifel in der Marineleitung auf, ob die Briten überhaupt zu dem Mittel der engen Blockade greifen würden.[585] Derartige Überlegungen, denen sich auch Tirpitz nicht ganz verschließen konnte, sollten von da an wiederholt in der Marineführung auftauchen.[586] Diese Zweifel vermochten jedoch keine Änderung im Erwartungshorizont der Marine zu erreichen: nach wie vor wurde mit der engen Blockade gerechnet.[587] Der offensive Gedanke war allerdings nicht vollkommen aus den Köpfen der Marineplaner verschwunden. 1908 wurde eine Offensive mit allen Kräften durch den Admiralstab geplant.[588] Gedacht war dabei an einen Vorstoß zum Firth of Forth.[589] Diese Planungen konnten sich jedoch nicht durchsetzen. Offiziell lautete die Direktive für die Flotte ein Jahr später, unter günstigen Voraussetzungen die Schlacht zu wagen, ansonsten abzuwarten.[590] Im Operationsplan für 1909 war gemeinsames Vorgehen von Armee und Flotte vorgesehen, dabei sollte die Marine den gegnerischen Seestreitkräften den größtmöglichen Schaden zufügen.[591] Der Entschluß des Admiralstabes, nicht mehr sofort nach Kriegsausbruch die Schlacht zu suchen, wurde dem Generalstab nicht mitge-

---

[580] Ebd., S. 225.
[581] Ebd., S. 225.
[582] Ebd., S. 226 f.
[583] Kennedy: Development S. 62 f.
[584] Marine-Archiv: Nordsee, Bd. 1, S. 54.
[585] Ritter: Staatskunst, Bd. 2, S. 189; erste Zweifel an der engen Blockade lassen sich für 1902 nachweisen. - Padfield S. 98.
[586] Lambi S. 343 f.
[587] Kennedy: Tirpitz S. 46.
[588] Kennedy: Development S. 66; Foerster: Gedankenwerkstatt S. 64.
[589] Kennedy: Development S. 67.
[590] Ebd., S. 68 f.
[591] Hubatsch: Admiralstab S. 142 f.

teilt.[592] Die Information wurde auch intern nicht weitergegeben; so hatte das RMA 1909 keine Ahnung von den Planungen des Admiralstabs.[593]

Mit dem Übergang zum Dreadnoughtbau[594] ergab sich das Problem des Kaiser-Wilhelm-Kanals, der Nord- und Ostsee verband. Bis zur Fertigstellung seiner Erweiterungen war er für Schiffe dieses Typs nämlich nicht passierbar. Damit wurde die Möglichkeit, die Flotte in der Ostsee zu versammeln, risikoreich. Denn dies hätte bedeutet, einen gefährlichen Marsch um Dänemark herum unternehmen zu müssen, um in der Nordsee aktiv werden zu können. Dennoch wurde angesichts der britischen Überlegenheit eine Konzentration in der Ostsee diskutiert.[595] 1912 wurde nach Absprache mit dem Generalstab die Versammlung der Flotte in der Nordsee beschlossen.[596] Auch in jenem Jahr sollte wurde die Entscheidung durch eine große Seeschlacht erwartet.[597] Der Operationsbefehl von 1912 ordnete entsprechend an, die Flotte in der Deutschen Bucht zu versammeln, die britische Flotte zuerst zu schwächen und unter günstigen Voraussetzungen die Schlacht zu wagen.[598] Nur Torpedo- und U-Boote sollten zunächst offensiv werden.[599] Damit war die Operationsplanung deutlich defensiver eingestellt als in den Vorjahren.[600] Die offensiven Planungen der Marine waren von einer Mischung aus Verzweiflung und Hoffnung bestimmt.[601] Damit ergibt sich eine Parallele zu den Planungen der Armee, die ebenfalls zwischen beiden Polen schwankte.

Die Konzentration in der Nordsee nahm bewußt Nachteile gegenüber der russischen Marine in der Ostsee in Kauf.[602] Denn wie Admiral v. Pohl in einer Denkschrift vom Winter 1913 über einen Krieg der Mittelmächte gegen die Triple-Entente ausführte, war eine intakte Flotte wichtiger als eine unter Umständen

---

[592] Beck: Kriegsplan S. 102 f.
[593] Lambi S. 350.
[594] Die 1906 in Dienst gestellte britische Dreadnought eröffnete ein neues Kapitel im Kriegsschiffbau, da sie allen Vorgängermodellen dank ihrer schweren Bewaffnung und großen Geschwindigkeit überlegen war.
[595] Kennedy: Development S. 67 f.
[596] Güth S. 273.
[597] Hubatsch: Admiralstab S. 152.
[598] Kennedy: Development S. 69.
[599] Ebd., S. 70.
[600] K. Weniger: Die Entwicklung des Operationsplanes für die deutsche Schlachtflotte. S. 55, in: Marine-Rundschau, Bd. XXXV 1930, S. 51-59.
[601] Kennedy: Development S. 75.
[602] Marine-Archiv: Ostsee, Bd. 1, S. 4.

mit hohen eigenen Opfern verbundene Vernichtung der russischen Flotte.[603] Die Vernachlässigung der Ostsee geriet allerdings durch die russischen Marinerüstungen in Gefahr.[604] Denn ebenso wie das russische Heer rüstete auch die Marine auf. Damit drohte die Möglichkeit, daß die schwachen deutschen Flottenteile in der Ostsee eine russische Seeherrschaft nicht mehr würden verhindern können. Somit wäre – ähnlich wie beim Heer – in absehbarer Zeit ein Punkt erreicht gewesen, an dem diese Planungen obsolet geworden wären.

Die Frage der Kriegsführung gegen England hing von dem Verhalten des Gegners ab. Die erhoffte Kräftereduzierung war nur bei einer engen Blockade zu erwarten. Bereits 1910 erschien dem Admiralstab eine enge Blockierung der Deutschen Bucht durch die Engländer unwahrscheinlich.[605] Die früheren Zweifel hatten sich also verdichtet. Im Winter 1913/14 führte der Admiralstab ein Kriegsspiel durch, mit dem das deutsche Vorgehen gegen eine weite britische Blockade geprüft werden sollte. Dabei erwies sich, daß ein deutscher Vorstoß gegen die britische Flotte zu schweren Verlusten führen mußte. Als Schlußfolgerung sah Admiral v. Pohl zunächst eine Offensive mit Minen- und U-Booten vor, um den Gegner zu schwächen, erst danach könne man die Schlachtflotte mit Aussicht auf Erfolg einsetzen.[606] Die Ideen des Admirals fanden die Zustimmung des Kaisers, der allerdings darauf hinwies, trotz der defensiven Grundhaltung den offensiven Geist nicht zu vergessen.[607] Angesichts der Situation zeigt sich in diesem Kommentar Wilhelms II., daß die Beschwörung der Offensive längst nicht mehr auf logischem Kalkül, sondern nur noch auf dem Festhalten an einem Idol beruhte. Wie dem auch sei, entscheidend blieb die Frage der Blockadeart. Hier trat wieder das Prinzip Hoffnung auf. In den „Angaben über die englische Marine vom Mai 1914" hieß es: „Beide Blockadearten [enge und weite, d. Verf.], die überdies viele Merkmale gemeinsam haben, werden bei dem schnellen Wechsel der Lagen häufig abwechseln oder ineinander übergehen. Die Annahme, daß in den ersten Kriegstagen, in denen mit Vorstößen unserseits gerechnet wird, unsere Gewässer eng blockiert werden, hat viel Wahrscheinlichkeit."[608] Man dachte hierbei vor allem an den Schutz des Transportes der britischen Armee auf den Kontinent.[609] Diese Einschätzung wurde trotz aller

---

[603] Zit. nach ebd., Bd. 1, S. 2.

[604] Güth S. 273. Zu den russischen Marinerüstungen siehe Hubatsch: Marine S. 117 ff.

[605] Hubatsch: Admiralstab S. 142 f.

[606] Denkschrift zum Immediatvortrag über das strategische Kriegsspiel des Admiralstabes Winter 1913/14, 05.05.1914, BA-MA RM 5/900; dazu siehe auch Lambi S. 402 ff.

[607] Hschr. Randbemerkungen zur Denkschrift, BA-MA RM 5/900.

[608] Zit. nach Marine-Archiv: Nordsee, Bd. 1, S. 56.

[609] Weniger S. 56.

anders lautenden Nachrichten aufrecht erhalten.[610] Im Operationsbefehl für die Nordsee 1914 hieß es, daß – vor allem mit Minen und U-Booten – die zahlenmäßige Überlegenheit der englischen Flotte soweit dezimiert werden solle, daß die deutsche Schlachtflotte eine Seeschlacht mit Erfolg wagen könnte. Diese sei dann unter allen Umständen anzustreben. Biete sich allerdings schon vorher eine günstige Gelegenheit, so müsse man diese ausnutzen.[611] Die Fixierung der Planungen auf die Entscheidungsschlacht zeigte nun ihre Folgen. Zwar hatte sich der Admiralstab Gedanken über einen Handelskrieg gegen England u. a. mit Hilfe der U-Boote gemacht, aber ernsthafte Konsequenzen hatte dies nicht.[612] Der vom Admiralstabschef am 12. März 1914 entworfene Befehl für die im Ausland befindlichen Schiffe, der nach einem Immediatvortrag am 14. März von Wilhelm II. gebilligt wurde, sah vor, daß unter günstigen Umständen ein sofortiger Angriff gegen die britische Schiffahrt zur Erringung der Seeherrschaft von den Kreuzern vorgetragen werden könne.[613]

Im Operationsbefehl 1914 für die Ostsee wurde den deutschen Seestreitkräften die Aufgabe gestellt, eine eventuelle Marineoffensive der Russen zu behindern, die Kieler Bucht gegen das Eindringen englischer und russischer Seestreitkräfte zu sichern und den feindlichen Handel in der Ostsee zu beeinträchtigen.[614] Sofort nach Kriegsausbruch vorzunehmende Vorstöße, verbunden mit Minenunternehmungen, sollten die russische Marine stören.[615] Ein Einbruch der englischen Marine in die Ostsee wurde vor Kriegsausbruch nicht erwartet.[616]

Zwischen den Planungen der Marine und denen des Heeres für einen Krieg gab es verblüffende Parallelen. Beide suchten den Sieg in einer Offensive zu erringen. Beide sahen sich angesichts der Stärkeverhältnisse zur Konzentration auf eine Front gezwungen. In beiden Fällen hätte die russische Rüstung die Situation in absehbarer Zeit unkalkulierbar gemacht. Beiden Teilstreitkräften lagen Nachrichten vor, die eine Verwirklichung ihres Konzeptes fraglich erscheinen ließen. Und in beiden Fällen wurde dagegen die Hoffnung gesetzt, daß es irgendwie doch noch möglich sein werde, zu einem Erfolg zu kommen. Da ein Eingeständnis der tatsächlichen Situation auf der einen Seite bedeutet hätte, die eigene Position in Frage zu stellen, und auf der anderen Seite realistische Alternativen, die mit dem bisherigen System kompatibel waren, nicht in Sicht waren, blieb

---

[610] Marine-Archiv: Nordsee, Bd. 1, S. 61.
[611] Zit. nach ebd., Bd. 1, S. 54; siehe auch Foerster: Gedankenwerkstatt S. 66.
[612] G. Hardach: Der Erste Weltkrieg 1914-1918. München 1973, S. 44.
[613] BA-MA RM 5/900.
[614] Anlage 11. - Marine-Archiv: Nordsee, Bd. 1, S. 257.
[615] Marine-Archiv: Ostsee, Bd. 1, S. 5.
[616] Ebd., Bd. 1, S. 11.

auch gar nichts anderes übrig, als zu hoffen und damit den Boden einer rationalen Kalkulation zu verlassen.

Erwies es sich in Anbetracht des wilhelminischen Systems schon als unmöglich, die Planungen der beiden Teilstreitkräfte auch nur aufeinander abzustimmen, so war es nur natürlich, daß keinerlei Ansätze zur Entwicklung einer Gesamtstrategie existierten. Der Versuch, ein strategisches Staatsziel zu definieren und dies dann mit allen zur Verfügung stehenden Kräften, seien sie nun politischer oder militärischer Natur, zu erreichen, wurde nie unternommen. Eine grand strategy, wie die Angloamerikaner es nennen, fehlte dem Deutschen Reich.

Die ungünstige Situation des Reiches ließen den Wunsch laut werden, durch einen präventiven Krieg die Lage zu verbessern, solange Deutschland noch Erfolgsaussichten in einer kriegerischen Auseinandersetzung habe. Diese Forderung, den Ring der Gegner präventiv zu sprengen, bevor man selber erdrosselt würde, hatte verschiedene Grundlagen, die sich nicht nur im Militär fanden. Mit jeder internationalen Krise in der Vorkriegszeit wuchs der Gedanke, daß es sicher zu einem Krieg kommen werde.[617] Von den anderen Mächten wurde als sicher angenommen, daß sie nur auf eine Gelegenheit warteten, um über das Reich herzufallen.[618] Dies mußte zu einer fatalistischen Kriegserwartung führen.[619] Die feste Erwartung des kommenden Krieges unterminierte den Willen zu friedlichen Lösungen.[620] Sie führte zu einer Steigerung dieser Ansicht in der Überlegung, den unvermeidbaren Krieg selber auszulösen.[621] Damit konnte man dem Unvermeidlichen zu einem günstigen Zeitpunkt begegnen. Dieser Fatalismus war auch in der Bevölkerung verbreitet.[622] Ja, es war sogar innerhalb der Bevölkerung eine gewisse Sehnsucht nach dem Krieg zu verspüren.[623] Um mit Radkaus treffender Formulierung zu sprechen: „Aber wenn man überzeugt war, daß der Krieg so oder so irgendwann kommen werde, dann wurde das ewige Warten besonders für labile Charaktere zur Qual und der Kriegsausbruch zur Erlösung von einer quälenden Spannung."[624]

---

[617] K. Hildebrand: Julikrise 1914: Das europäische Sicherheitsdilemma. Betrachtungen über den Ausbruch des Ersten Weltkrieges. S. 488, in: Geschichte in Wissenschaft und Unterricht, 36. Jg. 1985, S. 469-502.
[618] Förster: Heeresrüstungspolitik S. 162.
[619] Ebd., S. 162.
[620] O. J. Hale: The Great Illusion 1900-1914. New York, London 1971, S. 290.
[621] Ullrich: Grossmacht S. 229.
[622] Mommsen: Topos S. 196.
[623] Rohkrämer: Militarismus S. 270.
[624] Radkau S. 447.

Einen Höhepunkt erreichte die Präventivkriegsdebatte in der Adriakrise 1912. Zuvor hatte sich in Deutschland mit dem Linksruck in der Reichstagswahl 1912 eine weitere Quelle für den Kriegsgedanken aufgetan. Zur Erhaltung des Systems mußten weltpolitische Erfolge her; da diese bei der gegenwärtigen Konstellation nicht erreichbar waren, erschien ein Krieg als letzter Ausweg, um doch noch die Weltmachtstellung zu erreichen.[625] Im Winter 1912 kulminierte das Krisengefühl zusammen mit dem Bewußtsein, daß ein Krieg unvermeidbar sei, zu einem Höhepunkt. Diesen Höhepunkt stellt die bereits geschilderte Konferenz vom 8. Dezember 1912 dar.

Einen neuen Höhepunkt erreichte die Präventivkriegsstimmung zum Jahresbeginn 1914. Seit Frühjahr 1914 gewann der Gedanke in militärischen Kreisen an Boden, den erwarteten Krieg zu führen, solange die russischen Rüstungen nicht vollendet und damit die letzten Erfolgsaussichten geschwunden wären.[626] Moltkes Angst vor den russischen Rüstungen nahm zu jener Zeit panische Züge an.[627] Er erwartete den kommenden Krieg zwischen Germanen und Slawen fatalistisch und ohne große Begeisterung.[628] Die bedrängte Lage des Reiches sollte durch einen Präventivkrieg verbessert werden.[629] Parallel dazu wuchs die Frustration darüber, daß trotz sich bietender Gelegenheiten Deutschland niemals die Chance zur Expansion genutzt hatte.[630] Nachrichten von der Ostgrenze, die sich Anfang 1914 häuften, wurden seitens der deutschen Militärs vor Ort als Hinweise auf einen baldigen Krieg interpretiert.[631] Damit wird deutlich, daß die Kriegserwartung sich nicht nur auf die militärischen Führungsstellen beschränkte, sondern auch in Teilen des Offizierskorps verbreitet war. Als Konsequenz daraus setzten die Militärs mit ihren Präventivkriegsforderungen seit dem Jahresanfang 1914 die Reichsleitung, die diesem Gedanken ablehnend gegenüber stand, zunehmend unter Druck.[632]

---

[625] Mommsen: Großmachtstellung S. 228.
[626] Mommsen: Großmachtstellung S. 298.
[627] Granier S. 129.
[628] Bartlett S. 163.
[629] Mommsen: Großmachtstellung S. 298.
[630] Radkau S. 307.
[631] H. v. François: Der Grenzschutz im Osten im August 1914 und seine Reibungen. S. 345, in: Wissen und Wehr, 10. Jg. 1929, S. 341-356. François war damals Kommandierender General des I. A. K. in Königsberg. François ist allerdings der Meinung, derartige Meldungen seien von der militärischen Führung nicht ernst genommen worden. - Ebd. Das Quellenmaterial beweist jedoch, daß die Anschauung nicht ganz richtig ist.
[632] Mommsen: Krise S. 25.

In einer Besprechung mit Conrad äußerte Moltke am 12. Mai 1914 über einen Krieg, „daß jedes Zuwarten eine Verminderung unserer Chancen bedeute; mit Rußland könne man eine Konkurrenz in Bezug auf Massen nicht eingehen."[633] Über eine Besprechung des österreichischen und des deutschen Generalstabschefs schrieb Waldersee am 31. Mai 1914 an den deutschen Militärattaché in Wien Kageneck: „Sie sind sich beide darüber einig gewesen, daß zur Zeit noch die Dinge für uns günstig lägen, man solle also nicht zögern, im gegebenen Falle energisch aufzutreten und, wenn nötig, den Krieg zu beginnen. Von Jahr zu Jahr würden die Chancen schlechter."[634] Auslösendes Element ist dabei jedesmal die Angst vor Rußland. Im Frühsommer 1914 hatte sich bei Moltke die Überzeugung verfestigt, Rußland werde nach Beendigung seiner Rüstungen 1916 oder 1917 einen Krieg gegen Deutschland vom Zaun brechen; für ihn erschien es daher besser, in dieser Situation den Präventivkrieg zu riskieren.[635] Diese Befürchtungen kursierten auch in der Bevölkerung. Im Zuge der „Krieg in Sicht Krise" wuchs in weiten Kreise des deutschen Volkes die Angst vor Rußland; auch hier kam es zu Überlegungen, Rußland zu schlagen, solange dies noch möglich war.[636] Auch Wilhelm II. blieb davon nicht verschont. Im Frühsommer 1914 geriet er in den Bannkreis der Präventivkriegsideen der Militärs.[637]

Im Rahmen der innermilitärischen Diskussion wurde die sich stetig verschlechternde Lage des Reiches angesprochen. In einer an Moltke gerichteten „Denkschrift über Deutschlands militärische Lage Mai 1914" schrieb Waldersee: „Aus dieser Betrachtung ist zu entnehmen, daß Deutschland sich bei normalem Lauf der Dinge eines Angriffs in allernächster Zeit nicht zu gewärtigen hat, daß es aber andererseits nicht nur keinen Grund hat in irgend einer Lage einem Konflikt aus dem Weg zu gehen, vielmehr daß die Aussichten einen großen europäischen Krieg schnell und siegreich zu bestehen, heute noch sehr günstig für Deutschland liegen und ebenso für den Dreibund. Heute."[638] Folgerichtig informierte Moltke auch die Reichsleitung von seinen Überlegungen. Ende Mai oder Anfang Juni 1914 schlug Moltke in einem Gespräch mit Jagow vor, einen Präventivkrieg herbeizuführen.[639] In der Aufzeichnung Jagows hieß es: „Die Aus-

---

[633] Conrad, Bd. 3, S. 670. In der Vergangenheit hatte Moltke auf die Präventivkriegsforderungen Conrads immer negativ reagiert. - Kronenbitter: Bundesgenossen S. 159.

[634] Kronenbitter: Macht, Nr. 1, S. 525.

[635] Mommsen: Topos S. 216 f.

[636] Ebd., S. 213.

[637] Mommsen: Großmachtstellung S. 302; Fischer: Kaiser S. 279.

[638] Bl. 47, BA-MA W-10/50730.

[639] I. Geiss: Die Kriegsschuldfrage – Das Ende eines Tabus. S. 112, in: W. Laqueur, G. L. Mosse (Hg.): Kriegsausbruch 1914. München 1967, S. 101-127.

sichten in die Zukunft bedrückten ihn schwer. In 2-3 Jahren würde Rußland seine Rüstungen beendet haben. Die militärische Übermacht unserer Feinde wäre dann so groß, daß er nicht wüßte, wie wir ihrer Herr werden könnten. Jetzt wären wir ihnen noch einigermaßen gewachsen. Es bleibe seiner Ansicht nach nichts übrig, als einen Präventivkrieg zu führen, um den Gegner zu schlagen, so lange wir den Kampf noch einigermaßen bestehen könnten. Der Generalstabschef stellte mir demgemäß anheim, unsere Politik auf die baldige Herbeiführung eines Krieges einzustellen."[640] Aber gerade dort stieß er nicht unbedingt auf Gegenliebe. Das Drängen größerer Kreise des Militärs nach einem Präventivkrieg wurde in zivilen Kreisen diskutiert. So berichtete der bayerische Gesandte in Berlin am 4. Juni 1914 über ein entsprechendes Gespräch mit Bethmann. Der Reichskanzler sprach sich darin wegen der Befürchtung, dies würde einen Machtzuwachs der Sozialdemokraten bedeuten, gegen einen Krieg aus.[641] Auch anderen Orts rief die stete Betonung der Militärs von der Unvermeidbarkeit eines Krieges Widerspruch hervor. Der württembergische Gesandte in München, Moser, berichtete am 23. April 1914 über ein Gespräch mit dem bayerischen Ministerpräsidenten Graf Hertling. Bayern könne die geforderten Summen für den Ausbau der strategischen Bahnen nicht aufbringen. Hertling habe dies auch dem Reichskanzler mitgeteilt: „Er habe ferner dem Herrn von Bethmann-Hollweg gesagt, es gefalle ihm gar nicht, dass diese Sache jetzt auf Grund einer Denkschrift des grossen Generalstabes so plötzlich gemacht werden solle. Von dieser Seite aus stelle man es immer so dar, als ob der Krieg vor der Tür stehe. Er sei der festen Ansicht, dass eine solche Gefahr nicht vorhanden sei. Russland könne keinen Krieg anfangen, weil seine inneren Verhältnisse zu unsicher seien. Frankreich könne aber ohne Russland nicht vorgehen, auch wüssten die dortigen derzeitigen Machthaber nur zu gut, dass nach einem unglücklichen ebenso wie nach einem siegreichen Krieg andere Leute ans Ruder kämen."[642]

Zusammenfassend äußerte sich Moltke nach Kriegsausbruch. Lerchenfeld, der bayerische Gesandte in Berlin, berichtete am 5. August 1914 über Äußerungen Moltkes: „Er wisse auf das bestimmteste, dass zwischen Russland, Frankreich und England ein Angriffskrieg gegen Deutschland für das Jahr 1917 abgemacht war und vorbereitet wurde. Als Leiter der Machenschaften betrachtet Moltke Russland. Man könne es als ein Glück betrachten, dass durch den Mord in Serajewo [sic] die von den drei Mächten angelegte Mine schon in einem Zeitpunkt aufgeflogen sei, in dem Russland nicht fertig, und die französische Armee sich

---

[640] E. Hölzle (Hg.): Quellen zur Entstehung des Ersten Weltkrieges. Internationale Dokumente 1901-1914. Darmstadt 1978, Nr. 103, S. 243 f.
[641] Bayr. Dok., Nr. 1, S. 113.
[642] Bericht Nr. 194, HStAS E 50/05, Nr. 238.

in einem Übergangsstadium befinde. Gegen die drei vollkommen gerüsteten Staaten würde Deutschland einen schweren Stand gehabt haben."[643]

So sind die Jahre vor Ausbruch des Ersten Weltkrieges von dem Drängen der deutschen Militärs zu einem Krieg geprägt, solange dieser für Deutschland noch führbar sei. Die Lage des Reiches führte zu quälenden Zukunftsängsten.[644] Diese Ängste waren besonders unter den Militärs verbreitet.[645] Dieser Prozeß schaukelte sich wechselseitig hoch. Je mehr sich die Position des Reiches verschlechterte, um so mehr erschien den Radikalen ein Krieg als Ausweg aus der innen- und außenpolitischen Misere.[646]

So wurde das Drängen der Militärs von Krise zu Krise heftiger, um schließlich im Jahre 1914 einen Höhepunkt zu erreichen. Fest steht auch, daß sich die Reichsleitung in der Gestalt des Reichskanzlers dem Ansinnen widersetzt hat. Somit blieb vor 1914 jede sich bietende Gelegenheit ungenutzt. Der Präventivkrieg fand nicht statt.

Einer der Hauptbefürworter des Präventivkriegsgedankens in der Führung des Reiches war der Generalstabschef Moltke. Immer wieder kam er auf den unvermeidbaren Krieg zu sprechen. Allerdings läßt sich, wie schon Admiral v. Müller nach der Konferenz vom 8. Dezember 1912 festgestellt hat, festhalten, daß er seine Forderungen nie mit letztem Nachdruck vertreten hat. Weder trat er nach der Agadirkrise zurück, wie er es in einem Brief an seine Frau angekündigt hatte, falls kein Krieg kommen sollte;[647] noch forderte er gegenüber Kaiser und Reichskanzler ultimativ, den Krieg auszulösen. Dabei hat sicherlich eine Rolle gespielt, daß er, sowohl was die Kriegsdauer als auch was die Siegesaussichten Deutschlands betraf, sehr pessimistisch eingestellt war.[648] Gegenüber dem bayerischen General Krafft äußerte er 1913: „Sie wünschen sich einen Krieg? – Sie,

---

[643] Bayr. Dok., Nr. 83, S. 187.

[644] Steinberg: Kopenhagen S. 52 f.

[645] Kloster S. 57.

[646] Berghahn: Germany S. 53.

[647] Moltke hatte am 19.08.1911 geschrieben: „Wenn wir aus dieser Affäre wieder mit eingezogenem Schwanz herausschleichen, wenn wir uns nicht zu einer energischen Forderung aufraffen können, die wir bereit sind mit dem Schwert zu erzwingen, dann verzweifle ich an der Zukunft des Deutschen Reiches. Dann gehe ich. Vorher aber werde ich den Antrag stellen, die Armee abzuschaffen und uns unter das Protektorat Japans zu stellen, dann können wir ungestört Geld machen und versimpeln." – Meyer S. 283.

[648] Berghahn: Sarajewo S. 106 f.; zu Moltkes Ambivalenz gegenüber dem Krieg siehe auch Radkau S. 452.

daß wird aber eine verflucht schwere Sache werden!"[649] Wichtig bleibt festzuhalten: Molkte schwankte zwischen Angst vor einem Krieg und dem Willen, ihn herbeizuführen.

Zu den schwierigsten Fragen, die vor dem Ersten Weltkrieg an das Militär herantraten, zählte die Frage, wie sich der kommende Krieg gestalten würde. Würde er wie im Falle der deutschen Einigungskriege kurz sein und keine tieferen Spuren im Wirtschaftsleben der Völker hinterlassen? Oder würde er, wie der ältere Moltke in seinen berühmten Worten vor dem Reichstag sagte, ein „Volkskrieg" von „siebenjähriger" oder gar „dreißigjähriger" Dauer werden?[650] Einige Entwicklungen in den jüngsten Kriegen des 19. Jahrhunderts schienen eine solche Entwicklung anzudeuten.[651] Von der Beantwortung dieser Frage hing nicht zuletzt auch die Art der Kriegsvorbereitung ab. Ein kurzer Krieg ließ sich auf rein militärischem Gebiet planen, während eine längere Auseinandersetzung Maßnahmen auf Gebieten erforderten, die weitab vom militärischen Aufgabenbereich lagen.

Hierbei ist besonders an wirtschaftliche Fragen zu denken. Als ein Zeichen für die Zweifel an einer Wiederholbarkeit der Einigungskriege kann die Diskussion über die wirtschaftliche Vorbereitung für einen Krieg gelten. Sie schwebte in Deutschland seit 1905/06 im Raum.[652] Diese Diskussion sollte sich seit 1909/10 verstärkten.[653] Damals wurden hauptsächlich vier Themenkreise diskutiert: Sicherung der Rohstoffe, Sicherung der Arbeitskräfte, Ernährung von Armee und Bevölkerung und die finanzielle Kriegsvorbereitung.[654] Innerhalb der Reichsführung konnte über diese Fragen jedoch keine Einigkeit erreicht werden. Die Reichsleitung und das Kriegsministerium gingen weiterhin von einem kurzen Krieg aus, während seit 1906 der Generalstab und das RMA mit einem längeren rechneten. Folgerichtig drängten die beiden letzteren Institutionen zu wirtschaft-

---

[649] Th. v. Schäfer: Notizen zu einem Vortrag vor der Zentralstelle für Erforschung der Kriegsursachen: Generaloberst v. Molkte und der Kriegsausbruch, November 1926, BA-MA W-10/50731.
[650] B. Ulrich, J. Vogel, B. Ziemann (Hg.): Untertan in Uniform. Militär und Militarismus im Kaiserreich 1871-1914. Quellen und Dokumente. Frankfurt/M. 2001, Nr. 23 a, S. 190.
[651] Zur Entwicklung des modernen Krieges im 19. Jahrhundert siehe St. Förster: Vom Volkskrieg zum totalen Krieg? Der Amerikanische Bürgerkrieg 1861-1865, der Deutsch-Französische Krieg 1870/71 und die Anfänge moderner Kriegsführung. In: W. L. Bernecker, V. Dotterweich (Hg.): Deutschland in den internationalen Beziehungen des 19. und 20. Jahrhunderts. Festschrift für Josef Becker zum 65. Geburtstag. München 1996, S. 71-93.
[652] Fenske S. 868.
[653] Klein S. 125.
[654] Ebd., S. 125.

lichen Vorbereitungen.⁶⁵⁵ Dabei sollte nicht übersehen werden, daß einzelne Persönlichkeiten in den genannten Institutionen durchaus abweichende Ansichten äußern konnten.⁶⁵⁶ Tirpitz erwartete 1907 einen Krieg von 1 ½ Jahren Dauer, in dem Deutschland unter Nahrungsmittelmangel zu leiden hätte.⁶⁵⁷
Die sich verschärfende internationale Lage hatte auch erste Konsequenzen in der wirtschaftlichen Kriegsvorbereitung. 1911 wurde eine ständige Mobilmachungskommission zur Vorbereitung der wirtschaftlichen Kriegsführung gegründet. In ihr trafen alle beteiligten Ressorts Preußens und des Reiches zusammen.⁶⁵⁸ Der Kommission war ein Wirtschaftlicher Ausschuß als Sachverständigengremium beigeordnet.⁶⁵⁹ Parallel dazu wurde im Reichsamt des Innern ein Referat für wirtschaftliche Mobilmachung eingerichtet.⁶⁶⁰ Damit waren erste Schritte zu einer systematischen wirtschaftlichen Kriegsvorbereitung getroffen worden. Die Ergebnisse blieben jedoch bescheiden.

Der Erste Balkankrieg gab in Deutschland den Anstoß, sich näher mit der wirtschaftlichen Kriegsvorbereitung zu beschäftigen.⁶⁶¹ Die geänderte internationale Lage bildete die Veranlassung, Fragen dieses Themas in Spitzengesprächen zu behandeln.⁶⁶² Aus den Beratungen des Winters 1912/13 gingen nicht zuletzt wegen finanzieller Erwägungen keine Resultate hervor. Dabei forderten die Militärs, u. a. Speicher zur Lagerung von Getreide als Kriegsvorrat anzulegen, während die Zivilisten sich zurückhaltend verhielten. Mit dem Ende der politischen

---

⁶⁵⁵ Müller S. 404.

⁶⁵⁶ So General Wandel aus dem Kriegsministerium in seiner Denkschrift vom 29.11.1911: „Unsere Überlegenheit müssen wir nach wie vor suchen in dem besseren, inneren Gehalt unseres Heeres, der sowohl auf dem Gebiete der moralischen und körperlichen Tüchtigkeit, als auch auf dem der Ausbildung und Ausrüstung liegt, in der Vorzüglichkeit unserer Organisation und Mobilmachung und schließlich in der rechtzeitigen und nachhaltigen Ausnutzung des großen Bestandes an Wehrfähigen nach Ausbruch des Krieges, die uns ermöglicht, auch schwere Verluste und eine lange Kriegsdauer erfolgreich zu ertragen." - Berghahn, Deist: Rüstung, IX Nr. 2, S. 377. Auch auf der zivilen Seite war das Kriegsbild nicht immer einheitlich. Es überwog die Furcht vor den schrecklichen Folgen eines Krieges; aber wie bei den Militärs gab es kein einheitliches Bild. - Kießling S. 43 ff., 53.

⁶⁵⁷ Ferguson: Krieg S. 125.

⁶⁵⁸ Ebd., S. 71.

⁶⁵⁹ R. Zilch: Zur wirtschaftlichen Vorbereitung des deutschen Imperialismus auf den ersten Weltkrieg. Das Protokoll der Sitzung des „Wirtschaftlichen Ausschusses" bei der „Ständigen Kommission für Mobilmachungsangelegenheiten" vom Mai 1914. S. 207, in: Zeitschrift für Geschichtswissenschaft, Bd. 24 1976, S. 202-215.

⁶⁶⁰ W. Hubatsch: Entstehung und Entwicklung des Reichswirtschaftsministeriums 1880-1933. Berlin 1978, S. 17.

⁶⁶¹ Ebd., S. 16.

⁶⁶² Ebd., S. 16.

Spannungen ebbte auch das Interesse an der Beschäftigung mit wirtschaftlichen Fragen ab.[663]

Immer deutlicher wurde, daß die Kriegsvorbereitungen sich nicht auf das rein Militärische beschränken konnten. Das Kriegsministerium nahm Erhebungen bei der Rüstungsindustrie über die Einziehung von Arbeitern im Kriegsfall vor.[664] Damit war zum ersten Mal der Konflikt zwischen dem Weiterarbeiten der Industrie im Krieg mit dem damit verbundenen Bedarf an Arbeitskräften und dem gegenüber die Anforderungen der Militärs, die diese Arbeitskräfte als Soldaten benötigten, angesprochen. Diese Umfrage wurde noch durch eine ähnliche Befragung von ziviler Seite ergänzt. Beide Untersuchungen richteten sich nur an ausgewählte Unternehmen und waren somit nicht repräsentativ. Das Ergebnis dieser Erhebungen, das im Januar 1913 vorlag, lautete, daß die Industrie nicht befürchtete, im Kriegsfalle an Arbeitermangel zu leiden.[665] Da die ländliche ungleich höher als die städtische Bevölkerung an der Aufbringung der Soldaten beteiligt war, stellte sich das Problem des Arbeitermangels auf dem Lande, der durch Einziehung hervorgerufen werden würde. Dieses Problem wurde erstmals 1912 erörtert. Als Lösung wurde vorgeschlagen, die ausländischen Landarbeiter, meist Österreicher und Russen, nicht wie üblich über die Grenze zu schicken, sondern im Reich zu behalten.[666]

Die zentrale Figur bei der Planung eines künftigen Krieges war der Generalstabschef. Moltke mochte zwar ab und zu in seinen Einschätzungen schwanken und auch aus taktischen Gründen mal den kurzen Krieg befürworten, insgeheim rechnete er jedoch mit einem langen Krieg von ein bis zwei Jahren Dauer, vor allem seit 1912 wurde ihm diese Überzeugung zur Gewißheit.[667] Im Schreiben Moltkes an das Kriegsministerium vom 1. November 1912 über die Bestände an Artilleriemunition heißt es: „Wir müssen uns schon auf einen langwierigen Feldzug mit zahlreichen schweren, lang dauernden Kämpfen gefaßt machen, bis wir einen unserer Gegner niederzwingen; die Kraftanstrengung und der Kräfteverbrauch steigern sich, wenn wir auf verschiedenen Kriegsschauplätzen im Westen und Osten nacheinander siegen müssen und vorher mit Unterlegenheiten gegen eine Überlegenheit zu kämpfen haben."[668] Mit einem Schreiben vom 14. Januar 1913 an Heeringen erneuerte Moltke seine Forderung nach deutlicher

---

[663] Manuskript Tappen: Meine Kriegserinnerungen, o. J., S. 1 f., BA-MA W-10/50661.

[664] Reichsarchiv: Kriegsrüstung, Bd. 1, S. 341.

[665] Ebd., Bd. 1, S. 397 f.

[666] Ebd., Bd. 1, S. 407 f. Siehe dazu auch Denkschrift Staatssekretär des Innern über wirtschaftliche Kriegsvorbereitung, 28.08.1913, Schreiben Nr. S. IV. 130, BAK R 43 F/1268.

[667] Förster et al.: Generalstab S. 85.

[668] Ludendorff, Nr. 9, S. 14.

Vergrößerung des Heeres: „Den Krieg 70/71 begannen wir mit großer Überlegenheit und doch brauchten wir 6 Monate, um den Feind nieder zu werfen. Auch mit diesen 3 Armeekorps und den sich daraus entwickelnden Reserve- u.s.w. Formationen werden wir keine Überlegenheit besitzen."[669] Der Generalstabschef macht hier das Dilemma deutlich: schon bei zahlenmäßiger Überlegenheit habe sich der Krieg von 1870/71 über sechs Monate hingezogen; nun, da diese Überlegenheit nicht mehr vorhanden war, mußte mit einer längeren Dauer alleine für den Feldzug gegen Frankreich gerechnet werden. An diesen Feldzug würde sich dann möglicherweise ein weiterer gegen Rußland anschließen müssen. Mit diesen Erwartungen stand er im Offizierskorps nicht allein.[670] Gerade im Generalstab mehrten sich die Zweifel am Bild des kurzen Krieges.[671]

Zusammenfassend läßt sich sagen, daß in den Jahren ab 1900 ein neues Kriegsbild Konturen annahm. Dieses neue Kriegsbild ging von einem längeren Krieg mit größeren Beanspruchungen von Industrie und Bevölkerung aus, als man es traditionell erwartet hatte. Erstmals tauchte in jenen Jahren der Gedanke einer wirtschaftlichen Kriegsvorbereitung auf. Die wirtschaftliche Vorbereitung werde über Sieg oder Niederlage in einem künftigen Krieg entscheiden, so wurde 1914 in einem Artikel der „Preußischen Jahrbücher" festgestellt.[672] Dem stand gegenüber, daß die Vorbereitungen zur ökonomischen Mobilisierung unzureichend waren.[673] Seitens der Industrie wurden Forderungen nach einem wirtschaftlichen Generalstab laut.[674] Jedoch hatte dies bis 1914 zu keinem Erfolg geführt.[675] Hemmend wirkte sich dabei die Befürchtung der Bürokratie aus, in einem wirtschaftlichen Generalstab an Einfluß zu verlieren, während das Militär nicht bereit war, sich Zivilisten unterzuordnen.[676]

Das Wesen eines kommenden Krieges würde sich nicht nur in der Dauer und im Umfang von den bisherigen Kriegen unterscheiden, sondern auch ganz neue Wege der Methodik der Kriegsführung erfordern. Die Einführung neuer technischer Kriegsmittel, die Möglichkeit, diese schnell und in großer Zahl zu produzieren, sowie der Umfang der modernen Heere mußten auch auf dem Gebiet der Taktik Veränderungen hervorrufen. Welcher Art diese Veränderungen seien und

---

[669] Reichsarchiv: Kriegsrüstung, Anlagen, Nr. 55, S. 177.
[670] Ebd., S. 85.
[671] Messerschmidt: Preußens S. 75.
[672] C. Ballod: Deutsche Volksernährung im Kriege. S. 115, in: Preußische Jahrbücher, Bd. 157 1914, S. 101-117.
[673] Zilch: Vorbereitung S. 207; Farrar: Arrogance S. 140; Klein S. 123; Salewski S. 173 f.
[674] Zilch: Reichsbank S. 84.
[675] Ebd., S. 87.
[676] Zilch: Vorbereitung S. 203.

wie sich das Gefecht der Zukunft tatsächlich entwickeln würde, dies waren die Fragen, um die sich die taktische Diskussion in Deutschland vor dem Ersten Weltkrieg drehte.

Mit der Durchsetzung der Auftragstaktik wurde ein Grundelement eingeführt, welches die deutsche Gefechtsführung bis weit in den Krieg prägen sollte. Der deutsche Offizier war darauf eingestellt, Verantwortung an Untergebene zu delegieren; die einzelnen Kommandeure hatten große Freiheiten bei der Ausübung ihres Kommandos.[677] Von den Offizieren ausgehend hatte sich so eine flexible Kommandostruktur im ganzen deutschen Heer verbreitet.[678] Taktisch bedeutete dies, daß die höheren Führungsstäbe nur allgemeine Anweisungen gaben: „Die Folge davon war, daß eigentlich jede Division, sicherlich jedes Armeecorps seine eigne Taktik hatte."[679]

Die neuen Waffen und ihre Zerstörungskraft veränderten das gewohnte Bild eines Schlachtfeldes radikal. Nichts würde mehr so sein, wie man es jahrhundertelang gewohnt war. Sehr anschaulich beschrieb Schlieffen in seinem Aufsatz „Krieg in der Gegenwart" von 1909 die von ihm erwartete Leere des Schlachtfelds: „So groß aber auch die Schlachtfelder sein mögen, so wenig werden sie dem Auge bieten. Nichts ist auf der weiten Öde zu sehen. Wenn der Donner der Geschütze nicht das Ohr betäubte, so würde nur schwaches Feuerblitzen die Anwesenheit von Artillerie verraten. Man wüßte nicht, woher das rollende Infanteriefeuer käme, wenn nicht ab und zu bald hier, bald dort eine dünne Linie für einen Augenblick einen Sprung nach vorwärts machte, um ebenso rasch wieder zu verschwinden. Kein Reiter ist zu erblicken."[680]

Die deutsche Armee sah sich mit dem Dilemma konfrontiert, weiterhin erfolgreich angreifen zu müssen – allein der Schlieffenplan erforderte ja ein offensives Vorgehen – während demgegenüber die technische Entwicklung den Verteidiger bevorzugte: „Die gesteigerte Waffenwirkung kommt in erster Linie der Verteidigung zugute."[681] 1913 wurde auf die Unmöglichkeit eines massierten Durchbruchs angesichts der modernen Feuerkraft hingewiesen, allenfalls werde es zu kleineren lokalen Durchbrüchen kommen, die durch taktische Umfassung oder

---

[677] Van Crefeld: Command S. 144.

[678] Ebd., S. 169.

[679] Stabsoffizier [F. C. Endres]: Das alte Heer. III. Heer und Kaiser. S. 628, in: Weltbühne, 15. Jg. 1919, S. 625-630.

[680] Ulrich, Vogel, Ziemann, Nr. 23 c, S. 194.

[681] [O. Vorname] Deutelmoser: Die Überraschung als Mittel zum Siege. S. 170, in: Vierteljahreshefte für Truppenführung und Heereskunde, IX. Jg. 1912, S. 161-176.

einen Flügelangriff erreicht werden.[682] Der einzige Ausweg aus dem Dilemma wurde in einem unbedingten Willen zum Angriff gesehen, der die Entscheidung allen Widrigkeiten zum Trotz herbeiführen müsse: „Und doch scheinen das Anwachsen und die Ausgestaltung der Heere der Jetztzeit gerade dem Angriffsgedanken fast unüberwindliche Hindernisse in den Weg zu legen. Die Fortschritte in der Befestigungskunst und der Anfertigung von Waffen jeder Art, besonders der schweren weittragenden Geschütze legen die Neigung nahe, diese Kampfmittel in den Vordergrund zu stellen und das Heil in der Verteidigung starker Stellungen zu suchen. Dieser Gefahr ist auf das entschiedenste entgegenzutreten. Es muß gelingen, auch bei den jetzigen vorzüglich bewaffneten Heeresmassen den Angriffsgedanken wie in der Zeit unserer großen Erfolge hochzuhalten und zur Durchführung zu bringen, so schwierig es auch scheint."[683] Nicht die Negierung der Auswirkungen der modernen technischen Waffen führte zur Betonung des Angriffes und der Moral, sondern es verhielt sich genau umgekehrt: der Angriff war eine Antwort auf die Herausforderung der Technik. Daß die technischen Veränderungen der Defensive Vorteile brachten, wurde von den Militärs durchaus erkannt; trotzdem wurde weiterhin Wert auf die Offensive gelegt.[684] Dies ermöglichte es, durch den Rückgriff auf vertraute Begriffe – wie Moral, Angriffsgeist etc. – die Unsicherheiten, die aus der technischen Entwicklung erwuchsen, zu überwinden, den Krieg wieder führbar zu machen und die Autorität des Militärs gegenüber dem Techniker zu wahren.[685]

Auch die in diesem Zusammenhang so häufig beschworenen Faktoren Moral und Angriffsgeist vermochten keine eindeutigen Antworten zu liefern. So schrieb der Generalstab 1914: oberstes Gebot müsse sein, den taktischen Sieg da zu suchen, wo er sich bietet. Werde dies vernachlässigt, so vernachlässige man auch das im Kriegsfall ausschlaggebende moralische Element. Es sei aber auch eine Vernachlässigung der Moral, wenn man die Truppen über das zulässige Höchstmaß – etwa durch übergroße Marschleistungen – hinaus belaste.[686] Ein sächsisches Armeekorps mußte allerdings feststellen, daß in der Kriegsrealität die Moral nur schwierig aufrechtzuerhalten sei: „Die Kriegsgeschichte lehrt, dass Kriegsungeübte, die wir ja fast alle sind, zu Beginn eines Krieges infolge

---

[682] [O. Vorname] Wenninger: Über den Durchbruch als Entscheidungsform. S. 639, in: Vierteljahreshefte für Truppenführung und Heereskunde, X. Jg. 1913, S. 594-639.

[683] [O. Vorname] Frhr. v. Falckenhausen: Die Massen im Kriege. S. 9, in: Vierteljahreshefte für Truppenführung und Heereskunde, VIII. Jg. 1911, S. 1-18.

[684] Storz: Kriegsbild S. 16.

[685] Ebd., S. 17, 80, 307.

[686] Generalstab: Gesichtspunkte für die Anlage von Korps-Generalstabsreisen, Punkte 11, 12, SHStA Sächs. Kriegsarchiv (P) Nr. 21310; mit Schreiben Nr. 3964^{III}, 12.03.1914, an Sächs. Kriegsministerium übermittelt.

der seelischen Eindrücke des Schlachtfeldes einer pessimistischen Auffassung über die Ergebnisse des Kampfes zuneigen [...]. Deshalb ist es notwendig, dass mit allen Mitteln den Führern der Geist der Zähigkeit und der Offensive auch in ungünstigen Lagen anerzogen wird. [...] Bei allen taktischen Uebungen jeglicher Art in Theorie und Praxis muss deshalb jede Gelegenheit ergriffen werden, in dieser Beziehung Truppe und Führer zu üben."[687] Die Unsicherheiten spiegelten sich auch im Truppenalltag wieder. In einer Dienstanweisung für eine Reserveübung hieß es 1914: „Sämtliche Leute sind von der Ueberzeugung zu durchdringen [sic], dass nur im energischen, aber nicht übereilten Angriff die Entscheidung ruht."[688] Und so war das deutsche Angriffsverfahren, wie es 1913 beschrieben wurde, weit von der Realität entfernt: „Sobald dann die vordere Linie zum Sturm antreten soll, blasen alle Hornisten dauernd das Signal ‚Rasch Vorwärts', alle Tamboure schlagen, und alle Teile werfen sich mit größter Entschlossenheit auf den Feind. [...] Unmittelbar vor dem Feind ist das Gewehr zu fällen und unter ‚Hurra' in die Stellung einzubrechen."[689]

Die Frage der Taktik zeigt sehr deutlich, wie die moderne Entwicklung zu Unsicherheiten führte, von der die ganze Armee betroffen war. Denn jeder Offizier musste sich ja mit diesen Fragen auseinandersetzen. Abschließend seien noch ein paar kurze Worte zur Marine gesagt. Trotz aller technischen Veränderungen ergaben sich zwar vereinzelte Verbesserungen und Anpassungen in der Taktik, aber im großen und ganzen blieb sie im fraglichen Zeitraum relativ konstant. Tirpitzens Konzept konzentrierte sich auf die Entscheidungsschlacht. Was davor oder danach passierte, war von geringem Interesse.[690] Dies hatte zur Konsequenz, daß die Marine über keinerlei taktische Vorstellungen verfügte, wie denn nun der Kräfteausgleich, der eine erfolgreiche Seeschlacht gegen die Royal Navy erst möglich machen sollte, zu erreichen sei.[691]

Ein weiteres Problemfeld bestand in dem Einfluß, den die innenpolitische Entwicklung auf die Armee ausübte. Die Armee war die Armee des Monarchen bzw. der Bundesfürsten. Ihnen hatte jeder Soldat einen persönlichen Eid geschworen. Diese persönliche Beziehung definierte das Selbstverständnis der Offiziere und seine gesellschaftliche Stellung. Dieses Verhältnis und die Aus-

---

[687] D. K. O. Nr. 124 I geh., 02.05.1913, SHStA Sächs. Kriegsarchiv (P) Nr. 28205.
[688] Dienstanweisung XIX. A.K., 11.06.1914, SHStA Sächs. Kriegsarchiv (P) Nr. 26385.
[689] Neugebauer: Grundzüge, Bd. 2, M 563, S. 221.
[690] Berghahn: Ziele S. 68; es ist interessant angesichts der Debatte über die Rolle der Moral in der deutschen Armee zu sehen, daß es in der britischen Navy ebenfalls weite Kreise gab, die den Faktor Moral sehr stark betonten und der Admiralität vorwarfen, zu sehr auf die Technik zu setzen. - Padfield S. 144 f.
[691] Hubatsch: Marine S. 165, Anm. 14.

schaltung der Parlamente bei der Regelung der Armeeangelegenheiten machten die Streitkräfte zu einem Instrument in den Händen des Monarchen, das sich gerade gegen das Parlament einsetzen ließ. Bedroht wurde diese Stellung des Militärs von zwei Seiten. Da war zum einen der radikale Liberalismus, der die Streitkräfte der Kontrolle der Parlamente unterwerfen wollte, und zum anderen die Sozialdemokratie, der erklärte Feind der bürgerlichen Gesellschaftsordnung überhaupt.[692] Es war zwischen dem Staat und seinen Trägern sowie der Arbeiterschaft ein unüberbrückbarer politischer Gegensatz entstanden.[693] Verschärft wurde dieser Gegensatz durch die in den Jahren vor dem Ersten Weltkrieg zunehmenden sozialen Auseinandersetzungen.[694] In dieser Situation setze die Spitze des Staates ihre Hoffnung auf die Armee. Das Heer sollte ein Bollwerk gegen Parlamentarismus, radikalen Liberalismus und die Sozialdemokratie sein.[695] Die Bedrohung wurde dabei unterschiedlich wahrgenommen. Da der Liberalismus ohne massenhafte Unterstützung der Bevölkerung agierte, ist die Entwicklung von Ideen, wie ein Bürgerkrieg zu führen sei, eine Antwort auf den steigenden Einfluß der SPD.[696] In der Auseinandersetzung mit der SPD hatte die Armee zwei Rollen zu spielen; zum einen sollte sie als Schule der Nation die durch ihre Ausbildung gegangenen Rekruten gegen sozialdemokratische Einflüsse immunisieren, zum anderen sollte sie als Kampfmittel im Bürgerkrieg dienen.[697] Die Armee sollte also „einen Weltanschauungskampf mit militärischen Mitteln führen."[698] Es wurde allerdings recht bald deutlich, gerade den unmittelbar betroffenen Offizieren, daß die Armee mit dieser Aufgabe überfordert war. Dies führte zu einer Verlagerung auf den außermilitärischen Bereich und zu der Tendenz, dieses Problem im Militärdienst möglichst nicht zu berühren.[699]

---

[692] Über die Spannung zwischen Revolutionsrethorik und reformistischer Politik in der Vorkriegs-SPD siehe S. Haffner: Der Verrat. Deutschland 1918/19. Berlin 2000[4], S. 8 ff.

[693] H.-J. Bieber: Gewerkschaften in Krieg und Revolution. Arbeiterbewegung, Industrie, Staat und Militär in Deutschland 1914-1920. Bd. 1 Hamburg 1981, S. 69.

[694] J. Kocka: Klassengesellschaft im Krieg. Deutsche Sozialgeschichte 1914-1918. Göttingen 1978[2], S. 10 f.

[695] Förster: Militär S. 58.

[696] Messerschmidt: Preußens S. 68.

[697] Schulte: Armee S. 260. Auch wenn Schulte den inneren Einsatz überbewertet, bleibt doch die Tatsache bestehen, daß die Armee als ultima ratio gegen zivile Unruhen und eventuelle Revolutionsversuche dienen sollte. Daran ließen die Gesetzeslage – siehe E. R. Huber: Deutsche Verfassungsgeschichte seit 1789. Bd. 4 Stuttgart, Berlin, Köln, Mainz 1969, S. 596 ff.; Afflerbach: Falkenhayn S. 124, Anm. 53 – sowie die hin und wieder vorkommenden Einsätze bei Streiks etc. – siehe Schmidt-Richberg S. 115; Koch S. 151, 180 f. – keinen Zweifel.

[698] Hermann: Militärgeschichte S. 314.

[699] Koch S. 136 f.

In der Marine spielte diese Frage dagegen nur eine kleine Rolle. Einmal war sie kleiner und konnte damit leichter von Sozialdemokraten freigehalten werden. Des weiteren war sie zur Bekämpfung von Aufständen etc. nicht in der Lage. Die Bedrohung der gesellschaftlichen Stellung der Offiziere durch die gesellschaftliche Entwicklung war aber auch hier ein Problem, das die Marineoffiziere genauso wie ihre Kameraden an Land kritisch zur innenpolitischen Entwicklung Stellung nehmen ließ.

Bei der Beurteilung des Verhältnisses der Armee zur innenpolitischen Situation ist zu beachten, daß die Entwicklung nicht einheitlich verlief. So gab es in den Organisationen der Arbeiterschaft regionale Schwerpunkte.[700] Nicht zu übersehen war auch, daß z. B. die Gewerkschaften bei weitem nicht so revolutionär auftraten wie die SPD.[701] Es gab vor Ausbruch des Krieges eine Tendenz zur Integration der Arbeiterschaft in den Staat.[702] Innerhalb der Arbeiterpartei schienen sich Veränderungen hin zu einer gewissen Versöhnung mit dem Staat anzudeuten. Zu Kontakten zwischen dem Reichskanzler und der SPD-Führung kam es 1912 während der Balkankrise.[703] Bei der Verabschiedung der Heeresvorlage 1913 hatte die SPD erstmals zwar nicht der Vorlage selber, aber der Deckungsvorlage zugestimmt; ein Zeichen für die starke Krisenstimmung in Deutschland.[704] Ebenso ist dies ein Zeichen für eine gewisse Annäherung an den Staat. Diese äußerte sich u. a. innerhalb der SPD in Tendenzen, die durchaus bereit waren, gegen den äußeren Feind zu kämpfen in der Hoffnung, daß die Abwehr äußerer Feinde zu einer Zunahme innerer Freiheit führen würde.[705]

Parallel dazu wuchsen jedoch die innenpolitischen Spannungen. Das Deutsche Reich war seit Anfang der 1890er Jahre immer schwerer zu regieren. Die verschiedenen innenpolitischen Kräfte blockierten sich gegenseitig.[706] Die wachsenden sozialen Spannungen führten seit 1909 nach zehnjähriger Pause wieder

---

[700] Bieber, Bd. 1, S. 31.

[701] Kocka S. 55.

[702] Hardach S. 188.

[703] Mommsen: Großmachtstellung S. 251.

[704] H. Afflerbach: „Bis zum letzten Mann und letzten Groschen?" Die Wehrpflicht im Deutschen Reich und ihre Auswirkungen auf das militärische Führungsdenken im Ersten Weltkrieg. S. 74, in: R. G. Foerster (Hg.): Die Wehrpflicht. Entstehung, Erscheinungsform und politisch-militärische Wirkung. München 1994, S. 71-91.

[705] J. Rojahn: Arbeiterbewegung und Kriegsbegeisterung: Die deutsche Sozialdemokratie 1870-1914. S. 61, in: M. van der Linden, G. Mergner (Hg.): Kriegsbegeisterung und mentale Kriegsvorbereitung. Interdisziplinäre Studien. Berlin 1991, S. 57-71.

[706] Mommsen: Krise S. 13.

zum Einsatz von Truppen gegen protestierende und streikende Arbeiter.[707] Die Situation sollte ihren Kulminationspunkt mit den Reichstagswahlen von 1912 erreichen, die der SPD große Erfolge bescherte.

Wie bereits oben erwähnt sollte die Armee auf zweierlei Wegen die Sozialdemokratie bekämpfen: zum einen sollten die Soldaten durch die Erziehung innerhalb der Streitkräfte gegenüber sozialdemokratischen Ideen immunisiert werden, zum anderen sollte die bewaffnete Macht Unruhen oder Umstürze mit Waffengewalt verhindern oder niederschlagen. Vor allem mit dem Mittel der formalen Disziplin versuchte die Armee, die Soldaten gegen die SPD zu erziehen.[708] Der hierarchische Gehorsam sollte die bedrohte Stellung der Eliten festigen.[709] Des weiteren sollte durch das Verbot einer sozialdemokratischen Betätigung der Soldaten sowie durch den Versuch, entsprechende Literatur aus den Kasernen fernzuhalten ein Ausbreiten sozialdemokratischen Gedankengutes in der Armee verhindert werden.[710] In der Praxis vermochten diese Maßnahmen allerdings keine Immunisierung der Soldaten zu erreichen. Die sicherste Methode, die Armee von Sozialdemokraten freizuhalten, war, erst gar keinen ihrer Anhänger zum Wehrdienst heranzuziehen bzw. sie nicht zu Offizieren oder Reserveoffizieren zu ernennen. Dies erwies jedoch angesichts der stetigen Heeresvergrößerungen als schwierig. Der wachsende gesellschaftliche Einfluß der SPD gab zu Befürchtungen Anlaß, daß auch viele Reservisten zu den Anhängern der Partei zu zählen seien. Diese Entwicklungen drohten, die Einsatzfähigkeit der Armee im inneren und äußeren Konflikt zu verringern. Niemand wußte allerdings, inwieweit dies der Fall sein würde. Diese Frage wurde in der Kriegsstimmung des Herbsts/Winter 1912 akut. Im November 1912 startete das Preußische Kriegsministerium eine Umfrage bei den Armeekorps, um die Zuverlässigkeit der Armee zu überprüfen.[711] Zum Jahreswechsel 1912/13 erhielt das Kriegsministeri-

---

[707] D. Dreetz: Der Erlaß des preußischen Kriegsministers vom 8. Februar 1912 über die Verwendung der Armee zur Bekämpfung innerer Unruhen. S. 561, in: Militärgeschichte, Bd. 14 1975, S. 561-571.

[708] Höhn: Armee S. 148.

[709] Dülffer: Kriegserwartung S. 780.

[710] Zu Durchsuchungen nach sozialdemokratischer Literatur siehe Befehl Preuß. Kriegsministerium Nr. 672/13 geh. A. 1., 02./03.03.1913; Meldung Feldart.-Reg. 64, 07.04.1913, SHStA Sächs. Kriegsarchiv (P) Nr. 58352. Das Verbot an die Soldaten sich parteipolitisch zu betätigen wurde wiederholt ausgesprochen siehe Runderlaß Kriegsministerium 28.02.1907, Nr. 571/2. 07. C 3, GlAK Abtl. 456 EV. 74, Bund 20, 2 gen, Heft 2; Rundschreiben Preuß. Kriegsministerium Nr. 436/10. 07. C. 3., 20.10.1907, SHStA Sächs. Kriegsarchiv (D) Nr. 25002.

[711] Schulte: Krise S. 109 f.; Schulte: Kriegsausbruch S. 98. Der Novembertermin legt nahe, einen Zusammenhang mit den anderen Kriegsvorbereitungen zu sehen und macht einmal

um Antwort von den Generalkommandos auf seine Umfrage über die Zuverlässigkeit der Truppen.[712] Als Resultat konnte festgestellt werden, daß in den industrialisierten Gebieten mehr Sozialdemokraten vorhanden waren als auf dem Land, aber auch dort machte die SPD Fortschritte.[713] Die Zuverlässigkeit der Truppe sah man jedoch noch nicht gefährdet. Am 12. Dezember 1912 meldete das IV. Armeekorps in Magdeburg nach Berlin: „Wenn auch hiernach das Eindringen sozialdemokratischer Gesinnung in den Beurlaubtenstand des Heeres einen für die Manneszucht und die unbedingte Zuverlässigkeit der Truppe bedenklichen Grad noch nicht erreicht zu haben scheint, so muß doch erneut auf das außerordentliche Anwachsen der Sozialdemokratie und die damit verbundenen ernsten und stetig wachsenden Gefahren für Heer und Staat hingewiesen werden."[714] Ähnlich äußerte sich das Generalkommando des VI. Armeekorps, in seinem Korpsbereich sei jedoch zusätzlich mit Schwierigkeiten bei den dort lebenden Polen zu rechnen.[715]

Im Falle innerer Unruhen oder gar eines Revolutionsversuches sollte die Armee mit Waffengewalt den gesellschaftlichen status quo verteidigen, wie die einschlägigen Planungen belegen.[716] Einsätze bei Unruhen gab es von Zeit zu Zeit. Bei den letzten großen Streiks vor dem Krieg 1912 im Ruhrgebiet wurden Truppen eingesetzt, allerdings Einheiten, die nicht dort stationiert waren.[717] Hier konnte man also auf einschlägige Erfahrungen zurückgreifen. Die Abwehr eines Revolutionsversuches konnte dagegen nur theoretisch vorbereitet werden.

Zweifel an der Zuverlässigkeit der Soldaten waren aber nicht nur hinsichtlich der Sozialdemokraten vorhanden; auch den Angehörigen der nationalen Minderheiten im Deutschen Reich begegnete man mit Mißtrauen. Obwohl bereits

---

mehr deutlich, daß der Kriegsrat vom 8. Dezember nur Ausdruck eines schon vorher begonnenen Prozesses ist.

[712] Schulte: Armee S. 272 f.
[713] Schulte: Krise S. 109 f.; Schulte: Kriegsausbruch S. 98.
[714] Ebd., Nr. 18, S. 157 f.
[715] Ebd., Nr. 19, S. 158 f.
[716] Grundlage bildete dabei die Studie „Der Kampf in insurgierten Städten". – Schulte: Krise S. 96. Siehe auch die bei Ulrich, Vogel, Ziemann S. 163 ff. abgedruckten Dokumente. Eine endgültige Regelung folgte am 08.02.1912 mit einem Erlaß des Kriegsministers Heeringen „Betreffend Verwendung von Truppen zur Unterdrückung innerer Unruhen". – Gedruckt D. Dreetz: Der Erlaß des preußischen Kriegsministers vom 8. Februar 1912 über die Verwendung der Armee zur Bekämpfung innerer Unruhen. S. 563 ff., in: Militärgeschichte, Bd. 14 1975, S. 561-571. Allein die Tatsache, daß es bis 1912 dauerte einen derartigen Erlaß zu verfassen, zeigt, daß das Problem des inneren Einsatzes zwar bedacht wurde, aber nicht im Zentrum militärischer Überlegungen stand.
[717] Schmidt-Richberg S. 115.

Schulte darauf hingewiesen hatte,[718] sind die Minderheiten in der Forschung bisher eher stiefmütterlich behandelt worden.

Zusammenfassend kann die innenpolitische Lage im Deutschen Reich vor dem Ersten Weltkrieg als von Unsicherheiten geprägt charakterisiert werden. Wenn es auch Ansätze zu einer gewissen Mäßigung der SPD gab, kam es immer wieder zu Konflikten zwischen ihr und den staatstragenden Schichten. Das starke Anwachsen der Linkswähler stellte für jeden Offizier eine Bedrohung seiner gesellschaftlichen Stellung dar. Alle Versuche, die Soldaten politisch zu immunisieren, hatten sich als vergeblich erwiesen. Gleichzeitig mußte damit der Zweifel an der Verwendungsfähigkeit der Armee im Ernstfall wachsen. Dies galt sowohl für den inneren als auch für den äußeren Einsatz. Die in den Augen der Militärs wachsende Revolutionsgefahr verlangte entsprechende militärische Vorbereitungen. Aber ob man sich im Ernstfall auf die Truppe verlassen könne, war nicht vorhersehbar. Auch die Stellung der nationalen Minderheiten zu dem Staat, in dem sie lebten, und seiner Armee schien zweifelhaft. So war das Offizierskorps bei allen Schwankungen und positiven Entwicklungen von einem gewissen Mißtrauen gegenüber einem Teil der Soldaten erfüllt.

Seit 1900 befand sich das deutsche Militär in einer Phase des Umbruchs. Kennzeichnend für diese Epoche ist, daß die Umbrüche in einer großen Zahl in einem relativ kurzen Zeitraum zu verarbeiten waren. Sowohl inner- als auch außermilitärische Faktoren trugen dazu bei, diesen Zeitabschnitt zu einem Zeitalter der Unsicherheit zu machen. Diese Unsicherheit machte sich in der gesamten Armee und Marine bemerkbar. Nicht nur die Führungskreise, sondern das ganze Offizierskorps waren von ihr betroffen. Natürlich gab es dabei Unterschiede, sowohl zwischen den Teilstreitkräften als auch zwischen den einzelnen Gruppierungen innerhalb des Offizierskorps. Aber die Grundtendenz war allen gemeinsam. Als Ergebnis dieses Umbruchs boten die deutschen Streitkräfte ein zerklüftetes Bild: archaisch anmutende Relikte der Vergangenheit standen gleichberechtigt neben Erscheinungen der modernen Zeit.[719]

Diese Umbrüche mußten um so bedrohlicher werden, als die zentrale Kompetenz der Streitkräfte und damit die Legitimierung sowohl ihrer Existenz als auch ihrer gesellschaftlichen Stellung immer mehr gefährdet wurde; so stand die Armee unter dem Beweisdruck, einen erfolgreichen Krieg nach dem Muster der

---

[718] Schulte: Krise S. 90; einen Überblick über die verschiedenen Gruppen bietet W. Petter: 'Enemies' and 'Reich Enemies'. An Analysis of Threat Perceptions and Political Strategy in Imperial Germany, 1871-1914. S. 32 f., in: W. Deist (ed.): The German Military in the Age of total War. Leamington Spa 1985, S. 22-40. Zum Forschungsstand über die nationalen Minderheiten siehe Dülffer: Sackgassen S. 90 f.

[719] Eley: Army S. 99.

Einigungskriege führen zu können und die Marine hatte den Auftrag einzulösen, dem Deutschen Reich Weltgeltung zu verschaffen. In beiden Fällen drohte, diesen Anspruch nicht mehr erfüllen zu können. Bei der Marine wurde dies schon vor Ausbruch des Krieges deutlich: im Flottenwettrüsten war man Großbritannien unterlegen. Dagegen waren die zunehmenden Zweifel innerhalb der Armee, ob man einen Krieg noch erfolgreich führen könne, der Öffentlichkeit weitgehend unbekannt. Hier sollte sich das Problem erst im Verlaufe des Krieges enthüllen. In beiden Fällen sahen sich die militärischen Spezialisten mit dem Problem konfrontiert, daß sie die ihnen von der Gesellschaft gestellten Aufgaben nicht lösen konnten.

In beiden Fällen trug die technische Entwicklung eine gehörigen Teil dazu bei. Großbritannien hatte mit dem Übergang zum Dreadnoughtbau alle früheren Schlachtschiffe entwertet und die deutsche Marineplanung über den Haufen geworfen. Zu Lande zwangen die neuen Waffen zur Entwicklung neuer taktischer Anschauungen. Mangels Praxis konnten über Erfolg oder Mißerfolg der gefundenen Antworten nur spekuliert werden. Eines war jedoch klar – die neuen Waffen machten es ungleich schwieriger, einen Krieg erfolgreich zu führen. Sie erschwerten die Gefechtsführung ungemein. Denn nicht zuletzt vom Erfolg auf der taktischen Ebene hing der Gesamterfolg im Kriege ab.

Mit dem Zweifel am taktischen Erfolg stand das gesamte Kriegsbild auf dem Prüfstand. Das an den Einigungskriegen orientierte Idealbild des kurzen Krieges rückte in immer weitere Ferne. Die neue Taktik im Verbund mit der enormen Vergrößerung der Heere etablierten das Horrorbild eines langen und blutigen Ringens. Dabei erzeugte die Vermischung von der Verklärung der Kriege der Vergangenheit mit der blutigen Zukunftsvision eine ambivalente Einstellung zum Kriege.[720] Offen mußte auch bleiben, inwieweit moderne Staaten mit ihrem komplexen Wirtschaftsleben einer solchen langandauernden kriegerischen Belastung überhaupt gewachsen waren.

Die Zweifel, ob es gelingen würde, einen kurzen Krieg zu führen, erwuchsen nicht zuletzt aus der Einsicht, daß die eigenen Kriegspläne einen Erfolg nicht garantieren konnten. Immer klarer wurde den Planern der Marine, daß die Briten auf die enge Blockade verzichten würden. Ihr Konzept, den Feind mittels einer Entscheidungsschlacht zu besiegen, war damit hinfällig. Da man alle Hoffnungen auf diese eine Schlacht gesetzt hatte, kam es nicht mehr zur Entwicklung von realistischen Alternativen. Die Armee sah sich aus den verschiedensten Gründen gezwungen, ihren Feldzugsplan – den sogenannten Schlieffenplan – als einzige Möglichkeit der Kriegsführung zu betrachten. Sein Erfolg hing jedoch

---

[720] Radkau S. 453.

von der Möglichkeit eines schnellen Sieges im Westen und von der langsamen russischen Mobilisierung ab. Die taktische Entwicklung ließ ersteres unwahrscheinlich erscheinen; die russischen Rüstungen mit ihrem Ausbau der Eisenbahnen und der sich ständig verbessernden Organisation des russischen Heeres letzteres. Bei Vollendung der russischen Aufrüstung circa 1917 hätte der Plan seine Grundlage verloren. Es war also absehbar, wann dieser Plan nicht mehr funktionieren würde. Da dann die Situation eingetreten wäre, daß die Militärs gezwungen gewesen wären, einen Art Offenbarungseid zu leisten, war dies ein starkes Moment, einen Krieg vor diesem Zeitpunkt zu riskieren.

In beiden Waffengattungen gab es unterschiedliche Anschauungen über einen solchen Präventivkrieg. Die Marine wollte einen Krieg vermeiden, solange man sich in der Aufbauphase der Flotte befand. Erst nachdem ein gewisses Zahlenverhältnis, das der deutschen Seite Aussicht auf Erfolg bieten würde, zur Royal Navy erreicht worden wäre, könne man Krieg führen. Bis dahin sei das Risiko einer kriegerischen Verwicklung möglichst gering zu halten. Im Heer war man ganz anderer Ansicht. Die potentiellen Gegner würden von Tag zu Tag stärker, während Deutschlands Position sich laufend verschlechtere. Es lasse sich sogar der Zeitpunkt absehen, an dem Deutschland nicht mehr an die Führung eines erfolgreichen Krieges denken könne. Diesen Zeitpunkt würden die Gegner nur abwarten, um ihrerseits über das Reich herzufallen. In Verbindung mit der wachsenden Kriegserwartung, die einen Krieg als unvermeidbar erscheinen ließ, führte dies zu Überlegungen, das Unausweichliche zu einem günstigen Zeitpunkt zu beginnen. Daraus erwuchs die Forderung aus Kreisen der Armee, dem Gegner zuvorzukommen und unter für Deutschland passenden Verhältnissen einen Präventivkrieg zu führen. In regelmäßigen Abständen wurde diese Forderung seitens der Heeresleitung in den Jahren vor dem Ersten Weltkrieg erhoben. Ausgeführt wurde sie jedoch nie. Das lag zum einem am Widerstreben des Kaisers und der Reichsleitung, zum anderen daran, daß die führenden Offiziere nie versuchten, ihre Idee mit aller Macht zur Durchführung zu bringen. Die Haltung des Generalstabschefs Moltke kommentierte Admiral Müller in seinem Tagebuch: „Der Chef des gr. Generalstabes sagt: Krieg je eher je besser aber er zieht nicht die Konsequenz daraus, welche wäre, Rußland oder Frankreich oder beide vor ein Ultimatum zu stellen, das den Krieg mit dem Recht auf unserer Seite entfesselte."[721] Maßgeblich für die schwankende Haltung, die man gegenüber der Präventivkriegsidee an den Tag legte, war unter anderen die wachsende Erkenntnis, daß ein Krieg bereits jetzt nur noch schwer zu gewinnen sei. Diese Ansicht hatte sich zwar noch nicht allgemein durchgesetzt, aber schon soviel an

---

[721] Röhl: Schwelle, Nr. 4, S. 100.

Wahrscheinlichkeit gewonnen, um aus den wachsenden Zweifeln die Konsequenz zu ziehen und es besser nicht auf einen Versuch ankommen zu lassen. Dabei spielte auch eine Rolle, daß die allgemeine Entwicklung alte Sicherheiten erschüttert hatte. Die Zweifel an der Möglichkeit, einen erfolgreichen Krieg zu führen, waren begleitet von Schwierigkeiten auf anderen Gebieten. Insofern sind sie nicht isoliert zu betrachten. Viele Faktoren kamen zusammen, um innerhalb der deutschen Streitkräfte ein Klima der Unsicherheit zu erzeugen. Soziale Systeme zeigen die Tendenz, in Zeiten der Krise mit dem Althergebrachten weiter zu verfahren. Diese Tendenz läßt sich auch beim deutschen Militär nachweisen.[722] Insofern wurden die Jahre vor dem Ersten Weltkrieg von einer wachsenden Unsicherheit geprägt, die es dem deutschen Militär zunehmend erschwerte, einen eindeutigen Standpunkt einzunehmen. Ständig schwankte man zwischen dem Aufbruch in eine neue Zeit und dem Rückgriff auf vertraute Traditionen.

---

[722] Mergel S. 155 f.

IV Die Vorbereitung auf den Krieg: Deutsche Mobilmachungsplanung

IV.1 Die Entwicklung der Mobilmachungsplanungen 1900 bis 1914: Kriegsplan, Kriegsbild und Krisen

Bereits unmittelbar nach Ausspruch der Mobilmachung begann die Ausformung einer Legende. Der sächsische Militärbevollmächtigte Leuckart berichtete schon am 2. August 1914: „Wie ich im KM. erfuhr gehe die Mobilmachung ganz glatt vor sich ohne jede Nachfrage von militärischer Seite."[723] Als dann auch im weiteren Verlauf die Mobilmachung des deutschen Heeres und der Marine ohne größere Störungen vonstatten ging, wurde die perfekte und durchdachte Vorbereitung der Mobilmachung zu einem Topos, der von den verantwortlichen Militärs bei jeder Gelegenheit betont wurde. Diese Sicht der Dinge hat auch die Forschung entscheidend geprägt. Auch kritische Autoren zweifelten nicht an der sprichwörtlichen generalstabsmäßigen Vorbereitung der Mobilmachung – und schufen so das Bild einer logischen, systematischen Mobilmachungsplanung. Es gab zwar Hinweise, daß nicht alles so glatt verlief, aber diese Einzelstimmen wurden überhört.[724] Ein Grund, warum gerade die verantwortlichen Offiziere nach 1914 so stolz auf ihre Leistungen waren, mag darin liegen, daß sie vor 1914 von einem Erfolg keineswegs überzeugt waren. Ganz im Gegenteil befürchteten sie bei einer Mobilmachung den Ausbruch des Chaos.

Die Einführung der allgemeinen Wehrpflicht zu Beginn des 19. Jahrhunderts stellte den militärischen Planern eine große Anzahl von Soldaten zur Verfügung, die nach Ableistung ihrer Wehrpflicht wieder ins Zivilleben zurückgekehrt waren. Mit ihrer Wiedereinrufung zum Heer konnte die Armee beträchtlich verstärkt werden. Im Kriegsfall trat so neben den aktiven Soldaten der Reservist. Die Verstärkung der aktiven Armeen geschah dabei auf zweierlei Weise: zum einen wurden die aktiven Einheiten durch Reservisten verstärkt, zum anderen wurden nur aus Reservisten bestehende Einheiten jetzt neu aufgestellt. Dies bedingte aber, daß die Armeen vor Erreichung ihrer Einsatzbereitschaft eine Phase der Ausrüstung und Verstärkung durchmachten: die Mobilmachung. Dabei waren eine Vielzahl von Aufgaben zu lösen. Die Ausrüstung, wie Waffen, Bekleidung etc., der neueinberufenden Reservisten mußte bereits im Frieden gelagert

---

[723] Nr. 85/3594, SHStA Sächs. Militärbevollmächtigter Nr. 4222.
[724] So berichtet General Franke über teilweise chaotische Verhältnisse, Manuskript General Franke: Erinnerungen aus meiner Dienstzeit als Königl. Preussischer Feldzeugmeister 1913-1916, o. J., S. 7 f., BA-MA W-10/50636.

werden. Nun galt es, sie an der richtigen Stelle zur Ausgabe zu bringen. Gleichzeitig mußte die Verpflegung der veränderten Menge an Soldaten angepaßt werden. Für die Reservisten der Kavallerie, sowie zur Bespannung der Fahrzeuge galt es, geeignete Pferde zu beschaffen und sie zu ihrem Verwendungsort zu transportieren. In der Personalverwaltung kam es dauraf an, jeden Rerservisten nur einmal einzuplanen, darauf zu achten, daß alle Einheiten – egal ob solche der Reserve oder der aktiven Truppe – gleichmäßig stark wurden und die militärische Ausbildung der Reservisten zu berücksichtigen. Jemand, der seine aktive Dienstzeit bei der Infanterie verbracht hatte, würde bei der Kavallerie vollkommen fehl am Platze sein. Dementsprechend war schon vor Ausspruch der Mobilmachung der Verwendungsort und die Verwendungsart jedes einzelnen Reservisten festzulegen. Nicht zuletzt deshalb, weil ja davon wiederum alle Fragen der materiellen Ausrüstung abhingen. Rein schematisch gesehen wurden also während einer Mobilmachung die Reservisten einberufen, ausgerüstet und zu verschiedenen Einheiten formiert. Erst nachdem die große Anzahl von Reservisten in die Armee eingegliedert worden waren, konnten die Streitkräfte als kriegsfähig gelten. Nun konnte der Abtransport an die Einsatzorte der jeweiligen Einheiten beginnen. All dies konnte natürlich nicht bei Ausspruch einer Mobilmachung ad hoc improvisiert werden, sondern bedurfte bereits lange vorher Vorbereitungen und Planungen.

Alljährlich wiederholte sich so im Deutschen Reich bei Marine und Heer dieselbe Prozedur. Jedes Jahr wurden neue Mobilmachungsbestimmungen erlassen. Das Mobilmachungsjahr dauert vom 1. April bis zum 31. März des Folgejahres.[725] Dabei wurden jeweils im Herbst die Mobilmachungsbestimmungen für das folgende Mobilmachungsjahr erlassen.[726] Der Mobilmachungsplan mußte dann an die Gegebenheiten der Streitkräfte der Bundesstaaten angepaßt werden.[727] Diese Zusätze wurden zwischen den Bundesstaaten ausgetauscht.[728] Die Bundesstaaten erhielten ebenso den Mobilmachungsplan für die Marine.[729] Im Winter und im Frühjahr fanden in Berlin Konferenzen zur Regelung und

---

[725] D. V. E. Nr. 219: Mobilmachungsplan für das Deutsche Heer vom 9. Oktober 1913, § 16, 1, BA-MA PH 3/Pr. F 9114.

[726] Ebd. § 17, 1.

[727] Siehe dazu die sächsischen Zusätze zum Mobilmachungsplan für das deutsche Heer vom 9. Oktober 1913, BA-MA PH 3/Pr. F 9114.

[728] Die entsprechenden Begleitschreiben – ohne die Mobilmachungspläne für Bayern und Württemberg – finden sich in SHStA Sächs. Kriegsarchiv (P) Nr. 600, Nr. 602.

[729] Wie bei den anderen Bundesstaaten ohne Mobilmachungspläne, SHStA Sächs. Kriegsarchiv (P) Nr. 623.

Abschluß der Mobilmachungsvorarbeiten statt.[730] In der Mobilmachung selber wurden die deutschen Streitkräfte personell und materiell vom Friedensstand in den Kriegsstand gebracht, um anschließend an die Front transportiert zu werden.[731] Die Struktur des Deutschen Reiches brachte es dabei mit sich, daß bei einer Mobilmachung viele Reservisten aus den Ballungsgebieten zu ihren Einheiten befördert werden mußten und aus den ländlichen Gebieten war der Abtransport von Pferden vorzunehmen.[732] Problematisch war weiterhin, daß bei aller Sorgfalt in der Ausarbeitung die Mobilmachungspläne jedoch nie praktisch erprobt werden konnten.[733]

Dies war den Verantwortlichen wohl bewußt, so versuchte man, möglichst viele Offiziere mit der Bearbeitung der Mobilmachung vertraut zu machen. Durch ein Rotationssystem bei den Stellen, die für die Mobilmachung in erster Linie verantwortlich waren, wurde erreicht, daß von 1900 bis 1914 circa 3.000-4.000 Offiziere Einblick in den genauen Ablauf der Mobilmachung gewannen.[734] Dadurch verbreiteten sich die Kenntnisse über die Mobilmachung und ihre Planung in der ganzen Armee.

Für den Ablauf der Mobilmachung hielt man drei Voraussetzungen für wesentlich: einen Vorsprung bei der Operationsbereitschaft des deutschen Heeres gegenüber anderen Mächten zu gewinnen, einen möglichst wuchtigen Schlag im Westen zu führen und die absolute Geheimhaltung von den Vorbereitungen für

---

[730] H. v. Staabs: Aufmarsch nach zwei Fronten. Auf Grund der Operationspläne von 1871-1914. Berlin 1925, S. 34.

[731] Da im folgenden immer wieder militärische Fachbegriffe verwendet werden, hier ein paar Worte über das System der Wehrpflicht: zunächst die aktive Dienstzeit, dann Übertritt zur Reserve, danach Landwehr I. Aufgebot und zum Schluß Landwehr II. Aufgebot; zur Ersatzreserve gehörten all diejenigen, die aus welchen Gründen auch immer nicht zum Wehrdienst kamen, sie waren zur Teilnahme an Übungen verpflichtet, nach dem Ausscheiden kamen die Geübten zur Landwehr II. Aufgebot, die Ungeübten zum Landsturm I. Aufgebot; dem Landsturm gehörten alle diejenigen an, die weder dem Heer noch der Marine angehörten, das erste Aufgebot des Landsturms umfaßte die Leute vom 17. bis 29. Lebensjahr, das zweite die älteren. - Schmidt-Richberg S. 51 f. Der Landsturm konnte nur durch eine kaiserliche Verordnung einberufen werden; bei unmittelbarer Kriegsgefahr hatten die Kommandierenden Generale, Gouverneure und die Kommandanten der Festungen die Vollmacht, ihn innerhalb ihres Befehlsbereichs einzurufen. - Schmidt-Richberg S. 51. Siehe dazu auch den entsprechenden Abschnitt im Text. Ersatzreservisten zählten zum Beurlaubtenstand. - Schmidt-Richberg S. 51. Daneben gab es noch die Reserveoffiziere und die Soldaten und Unteroffiziere, die nicht mehr im aktiven Dienst standen. - Schmidt-Richberg S. 104 f.

[732] Rahne, Bd. 1, S. 118 f.

[733] A. J. P. Taylor: War by Time-Table. S. 122, in: Ch. Wrigley (ed.): A. J. P. Taylor. From the Boer War to the Cold War. Essays on Twentieth-Century Europe. London 1995, S. 116-181.

[734] Rahne, Bd. 1, S. 142.

Mobilmachung und Aufmarsch sowie der Operationspläne.[735] Alle diese Grundlagen sollten wesentlich zum Erfolg des Schlieffenplans beitragen. Insofern ist die Mobilmachungsplanung durch die Gesamtkriegsplanung stark beeinflußt worden. Ein großer Teil der Probleme, die sich bei der Vorbereitung einer Mobilmachung ergaben, ließen sich so nicht vermeiden.

In den 1890er Jahren vollzog sich die Mobilmachung in drei Phasen: die eigentliche Mobilmachung, der Transport per Eisenbahn an die Grenze und der Marsch zu den jeweiligen Einsatzräumen.[736]

Die wachsenden internationalen Spannungen machten deutlich, daß in den deutschen Streitkräften keine Organe zur Nachrichtengewinnung über den potentiellen Gegner vorhanden waren. Dieses Fehlen mußte angesichts der mit den sich häufenden politischen Krisen verbundenen militärischen Vorbereitungen als besonders schmerzhaft empfunden werden. Dieser Mangel wurde zunächst bei der Marine verspürt. 1903 wurden Nachrichtenoffiziere in den britischen Haupthäfen installiert.[737] Auch auf anderen Gebieten spielte die Marine eine Vorreiterrolle. Die ersten internationalen Spannungen machten zudem deutlich, daß die Planungen für die Mobilmachung geändert werden mußten. Es galt Vorstadien zu etablieren, die – ohne gleich zur krisenverschärfenden Mobilmachung zu greifen – Vorbereitungen und vor allem Sicherheit boten. So wurde am 22. Dezember 1906 von Kaiser Wilhelm II. für die Marine die Einführung der „Kleinen" und der „Großen Sicherung" befohlen.[738] Sicherlich spielte hierbei die Befürchtung, durch einen plötzlichen Überfall der Royal Navy bereits im Frieden ausgeschaltet zu werden, eine große Rolle.

Die Furcht vor einem plötzlichen Überfall oder Sabotageakten bezog sich nicht nur auf die Schiffe, sondern auch auf wichtige Bauten. Deshalb fand am 8. Februar 1907 im Reichsamt des Innern eine Konferenz über „Maßnahmen zur Sicherung des Kaiser-Wilhelm-Kanals in politisch gespannten Zeiten" statt.[739] Anwesend waren zahlreiche Vertreter von zivilen und militärischen Behör-

---

[735] Ebd., Bd. 1, S. 117.
[736] Bucholz S. 152.
[737] Herwig: Germany S. 72.
[738] Zusammenstellung der Erlasse wegen Einführung von Sicherungsmaßnahmen und der sonst in dieser Angelegenheit geführten Verhandlungen, S. 1, BA-MA RM 5/1780. Die Zusammenstellung ist undatiert; sie wurde als Anlage mit Schreiben RMA Nr. A IV a 2948 an Nordseestation vom 06.02.1911 versandt, ebd. Bearbeitungsvermerke und Ergänzungen zeigen, daß sie auch nach 1911 auf den neuesten Stand gehalten wurde.
[739] Sitzungsprotokoll, S. 1, BA-MA RM 5/1926.

den.[740] Zur Vorbereitung war eine Stoffsammlung mit den anstehenden Fragen aufgestellt worden.[741] In ihr wurden zwei Arten von Bedrohung unterschieden: zum einen ein Angriff vor Eröffnung des Kriegsbetriebes durch feindliche Kriegsschiffe und Truppenlandungen, zum anderen Sabotageakte an neuralgischen Punkten des Kanals. Besonderen Wert wurde auf die Frage nach Beginn und Beendigung der Schutzmaßnahmen gelegt, da offensichtlich Unklarheit über die Inkraftsetzung der Maßnahmen herrschte: „Erörterung des Begriffs politisch gespannter oder kritischer Zeiten."[742] In der Konferenz wurde einleitend darauf hingewiesen, daß man bereits seit längerer Zeit Überlegungen zum Schutze des Kanals vor Anschlägen in Zeiten politischer Spannungen angestellt habe, die allerdings in den bisherigen Verhandlungen zwischen dem Reichsamt des Innern, dem RMA und der Kanalverwaltung zu keinem Ergebnis geführt hätten; Zweck der Sitzung sei es, sich über mögliche Bedrohungen und deren Bekämpfung Gedanken zu machen.[743]

Der Vertreter des RMA erläuterte die von der Marine geplanten Sicherungsmaßnahmen: es gebe die „Kleine" und die „Große Sicherung". Im Fall der „Kleinen Sicherung" solle eine größere Sicherheit als gewöhnlich unter Vermeiden jeglichen Aufsehens erreicht werden. Im wesentlichen bestehe sie aus einer erhöhten Beaufsichtigung des Schiffsverkehrs, einer verstärkten Bewachung der Brücken und Schleusen des Kanals sowie des dort stattfindenden Betriebes.[744] „Die ‚Große Sicherung' solle bei möglichst geringem Aufsehen und Vermeidung jeder Kriegsdrohung Sicherheit gegen feindliche Unternehmungen bieten."[745] Sie bestehe im wesentlichen aus der Einschränkung oder Einstellung des Schiffsverkehrs bei Nacht, dem Löschen der Leuchtfeuer, die Besetzung der Küstenbefestigungen durch die Friedensgarnisonen und dem Bereithalten der Flotte zum sofortigen Inseegehen.[746] Die beiden Maßnahmen würden vom Kaiser mit Einvernehmen des Reichskanzlers befohlen. Die Initiative dazu liege bei der Marineverwaltung. Der Begriff „politisch gespannte Zeit" scheide aus.[747]

---

[740] Es waren erschienen: Vertreter des Reichsamt des Innern, des AA, des RMA, des Admiralstabes, des Reichsschatzamtes, des Kanalamtes, des Ministeriums für öffentliche Arbeiten, des Finanzministeriums, des Ministeriums für Handel und Gewerbe, vom preußischen Innenministerium, vom Kriegsministerium, des Generalstabes und des Generalkommandos des IX. A. K, ebd. S. 1 f.
[741] BA-MA RM 5/1926.
[742] Ebd.
[743] Sitzungsprotokoll, S. 3, BA-MA RM 5/1926.
[744] Ebd., S. 4.
[745] Ebd., S. 4.
[746] Ebd., S. 4.
[747] Ebd., S. 20.

Kennzeichnend für die fehlende Koordination innerhalb der Streitkräfte ist die Reaktion der Heeresvertreter auf diese Erläuterungen. Die Vertreter des Generalstabes und des Kriegsministeriums erklärten daraufhin übereinstimmend, daß ihnen von einer „Kleinen" und „Großen Sicherung" nichts bekannt sei; sie müßten daher eine Stellungnahme von seiten der Armee ablehnen.[748] In der Armee sollte es auch länger dauern, bis auf den Begriff der politischen Spannung verzichtet wurde.

Von seiten des Admiralstabes wurde betont, „daß der Kanal für die Marine von ungeheurem Werte sei und daß daher nach Möglichkeit alles geschehen müsse, was seine Betriebssicherheit in kritischer Zeit gewährleiste [...]".[749] Zur Sicherung des Kanals sei die Zivilverwaltung auf Mitteilungen der Marine angewiesen, ob eine der beiden Sicherungsstufen in Kraft getreten sei.[750] Nach Ansicht des AA's konnte eine Krise auch ohne direkte Beteiligung Deutschlands Auswirkungen haben: „Nach Ansicht des Herrn Vertreters des Auswärtigen Amts können für Deutschland sehr wohl politisch gespannte Zeiten, die eine Sicherung des Kanals als geboten erscheinen lassen, eintreten, auch wenn es nicht direkt am Kriege zwischen anderen Staaten beteiligt sei."[751]

Die Konferenz zeigte, daß die veränderte internationale Lage Unsicherheiten in der Kriegsvorbereitung hervorrief. Unklar war, wann eine politische Spannung eingetreten sei; der Armee waren die Sicherungsstufen der Marine unbekannt. Es bedurfte eines langen Klärungsprozesses, um hier zu einer halbwegs einheitlichen Handhabung zu kommen.

Die Furcht vor Sabotage und Überfällen war kein Privileg der Marine. Das Heer hatte ähnliche Befürchtungen und traf seinerseits Vorbereitungen. Um mehr Truppen möglichst frühzeitig vor allem für Sicherungsaufgaben zur Hand zu haben, benötigte man den Landsturm. Die Bestimmungen über das Aufgebot des Landsturms wurden 1909 geändert; nun konnten die nötigen Einberufungen im Gegensatz zu vorher bereits beim Mobilmachungsbefehl erfolgen.[752]

Einfluß auf die Mobilmachungsplanung übte nicht nur die internationale Lage aus. Auch Veränderungen bei den deutschen Operationsplänen führten zu neuen Elementen in der Mobilmachungsplanung. Die Idee eines Handstreiches auf Lüttich zwang zu einer Beschleunigung der Mobilmachung, denn wie es

---

[748] Ebd., S. 4 f. Im weiteren Verlauf der Konferenz wiederholte der Vertreter des Kriegsministeriums diese Aussage, ebd., S. 19.
[749] Ebd., S. 16.
[750] Ebd., S. 20.
[751] Ebd., S. 20.
[752] Reichsarchiv: Kriegsrüstung, Bd. 1, S. 115.

1908/09 in den Mobilmachungsvorarbeiten hieß: „Die Aussichten eines derartigen Angriffs wachsen, je überraschender er geführt wird, je weniger der Verteidiger also Zeit zur Mobilmachung der Besatzung und Armierung der Festung gefunden hat."[753] Diese Tendenz zur Beschleunigung der Mobilmachung sollte sich in den kommenden Jahren immer mehr spürbar machen.

Je häufiger die internationalen Krisen wurden und je mehr dabei in ihrem Verlauf die Kriegsgefahr wuchs, um so wichtiger wurden rechtzeitige Informationen über den Gegner. Das Bedürfnis nach Informationen über den Gegner hatte sich auch in der Armee bemerkbar gemacht. Dementsprechend wurde 1910 die Stellung eines Nachrichtenoffiziers geschaffen. Jedem Generalkommando wurde ein solcher Offizier zugeteilt.[754] Sie hatten auf geheimdienstlichem Wege Informationen aus dem Ausland zu beschaffen. Gleichzeitig wurden frühzeitige Vorbereitungen vermehrt eingeplant. Das Kriegsministerium hatte die Gründung eines Kollegiums zur Prüfung der Anträge des Militärs bei politischer Spannung beim Reichsamt des Innern angeregt. Dies sei bisher erst bei „drohender Kriegsgefahr" oder Mobilmachung geplant gewesen. Das Reichsamt des Innern orientierte am 28. September 1910 das RMA von diesem Vorschlag der Heeresverwaltung.[755] Diese stand aber bereits selbst in Verhandlungen mit der Armee.[756] Das Kollegium solle Fragen der Verkehrsbehinderungen mit dem Ausland und unvorhergesehene Probleme erörtern.[757] Mit einem Schreiben vom 10. Oktober 1910 forderte das RMA den Admiralstab auf, genauso wie der Generalstab einen Vertreter in das Kollegium zu entsenden.[758] Dieses Gremium wird danach in den Quellen nicht mehr erwähnt; was aus ihm wurde, muß daher offenbleiben. In der Julikrise ist es jedenfalls nicht in Erscheinung getreten.

Die wachsende internationale Spannung und die sich mit jeder Krise vergrößernde Kriegsgefahr führten weiter zu einem Wildwuchs in der Planung. Um auf eine sich verschärfende internationale Lage reagieren zu können, wurden eine Vielzahl von Fallmöglichkeiten mit jeweils eigenen Vorbereitungen geschaffen. Dabei war allen Beteiligten klar, daß angesichts der ohnehin komplizierten Mobilmachung eine möglichst einfache Planung anzustreben war. Alle Versuche in diese Richtung sollten vor 1914 jedoch nur zu Teilerfolgen führen. Das Kriegs-

---

[753] Zit. nach Bredt S. 53.

[754] R. v. Borries: Spionage im Westen vor dem Kriege. S. 80, in: P. v. Lettow Vorbeck (Hg.): Die Weltkriegsspionage. München 1931, S. 77-84.

[755] Schreiben Nr. C. B. 1111, BA-MA RM 5/1765.

[756] RMA A IV. 3042 an Admiralstab, 23.02.1910, ebd.

[757] Schreiben Kriegsministerium M. J. Nr. 1145/10. A. 1. an Reichsamt des Innern, 20.09.1910, ebd.

[758] Schreiben A IV a 2484, ebd.

ministerium drängte bereits 1911 auf eine Vereinheitlichung der Begriffe bei Armee und Marine und beschrieb das Dilemma: „Außerdem würde eine wesentliche Vereinfachung bei der Armee eintreten. Diese wäre namentlich für die Bezirkskommandos sehr erwünscht, die durch die jetzt geltenden Begriffe ‚Mobilmachung mit oder ohne Grenzschutz, drohende Kriegsgefahr, unmittelbare Kriegsgefahr, teilweise Mobilmachung, Mobilmachung der Marine allein, Große Sicherung' in einer Weise belastet sind, daß schwerwiegende Irrtümer bei Durchführung der betreffenden Maßregel möglich sein können."[759] In Verhandlungen zwischen Marine und Armee konnte dahingehend Einigkeit erzielt werden, daß in Zukunft nur noch die Begriffe „Sicherung" und „drohende Kriegsgefahr" verwendet würden.[760] Diese Änderungen traten am 1. April 1912 in Kraft.[761] Die „Sicherung" war dabei eine reine Marinemaßnahme, denn wie das RMA am 31. Oktober 1911 an das Kriegsministerium schrieb, bestünde die Notwendigkeit, spezielle Sicherungen für die Marine vorzusehen, da Lagen denkbar seien, in der für die Armee noch keine Gefahr bestehe, diese für die Flotte jedoch bereits vorhanden sei: „Dieser Fall wird leicht eintreten, da unsere Flotte und die gesamte schwimmende Verteidigung stets überraschenden Angriffen unserer voraussichtlichen Gegner ausgesetzt sein wird, und sich daher mit allen Mitteln hiergegen schützen muß."[762]

Auch innerhalb einer Teilstreitkraft führten die verschiedenen Formen zu Unklarheiten. Das RMA sah sich veranlaßt am 6. Februar 1911 festzustellen, daß es Schwierigkeiten gebe, die Grenzen zwischen „Kleiner" und „Großer Sicherung" zu ziehen. Dies müsse aber auf jeden Fall beachtet werden, da „bei der Anordnung einzelner Maßnahmen auch ihre voraussichtliche politische Tragweite besonders zu beachten ist."[763] Aus diesem Grunde übersende man eine Zusammenfassung der grundlegenden Erlasse.[764]

---

[759] Schreiben Kriegsministerium M. J. Nr. 378. 11. A. 1. an RMA, 31.03.1911, BA-MA RM 5/1780.

[760] Schreiben RMA A IV a 959 an Admiralstab, 25.04.1911; Schreiben Kriegsministerium M. J. Nr. 378. 11. A. 1. an RMA, 31.03.1911; RMA an Kriegsministerium April 1911, Abschrift zu A. IV. a. 959; Reichskanzler Rk. 2873 an Kriegsminister, 08.08.1811; Kriegsministerium M. J. Nr. 1223/11. A. 1. an RMA, 30.09.1911; RMA A. IV. 2587 an Kriegsministerium, 31.10.1911; RMA A IV a. 3089 an Admiralstab, 29.11.1911, alle ebd.

[761] RMA A IV a. 3089 an Admiralstab, 29.11.1911, ebd.

[762] Schreiben Nr. A IV. 2587, ebd.

[763] RMA A. IV. a. 2948 an Marinestation Nordsee, ebd.

[764] RMA Nr. A IV a 2948 an Marinestation Nordsee, ebd.; siehe Anm. 16.

Die „Kleine Sicherung" (bzw. „Sicherung") werde sich demnach hauptsächlich innerhalb der Marine durchführen lassen.[765] Sie solle unter Vermeidung von Aufsehen eine größere Sicherheit bieten.[766]

Die „Große Sicherung" (bzw. „drohende Kriegsgefahr") soll „bei möglichst geringen Aufsehen und bei Vermeidung jeder Kriegsdrohung, ausreichend Sicherheit gegen feindliche Unternehmungen bieten."[767]

Im einzelnen war für die Vorstadien einer Mobilmachung bei der Marine im Laufe der Jahre folgendes festgelegt worden. Wegen des möglichen außenpolitischen Aufsehens und den Eingriffen in die deutsche Wirtschaft könnten die Sicherungsmaßnahmen nur nach Vortrag des Staatssekretärs des RMA auf Befehl des Kaisers in Einvernehmen mit dem Reichskanzler in Gang gesetzt werden.[768]

Dabei könnten mit Rücksicht auf die politische Lage nur einzelne Maßnahmen angeordnet werden.[769] Schon im Frieden war mit den Zivilbehörden, insbesondere mit den deutschen Küstenstaaten, in Verbindung zu treten, um deren Genehmigung für einzelne Maßnahmen einzuholen, die ansonsten erst nach Verhängung des Kriegszustandes durchgeführt werden könnten.[770]

Um die Schiffahrt vor den Einschränkungen bei Sicherungsmaßnahmen zu warnen, sei eine Bekanntmachung erarbeitet worden; wegen der möglichen politischen Folgen sei deren Veröffentlichung jedoch nur mit Zustimmung des AA zulässig.[771] Aus politischen Rücksichten könne man nicht alle Markierungen einziehen; nur besonders gefährdete Feuerschiffe würden unter dem Vorwand der Reparaturen zurückgezogen werden.[772] Auf Befehl des Kaisers könnten bei „drohender Kriegsgefahr" Reservisten aus den den Marinegarnisonen zunächst gelegenen Bezirken eingezogen werden.[773] Die benötigten Kohlentransporte bei „drohender Kriegsgefahr" seien bereits mit der Armee abgesprochen.[774] Reede-

---

[765] Zusammenstellung der Erlasse wegen Einführung von Sicherungsmaßnahmen und der sonst in dieser Angelegenheit geführten Verhandlungen, S. 3, BA-MA RM 5/1780.
[766] Kleine Sicherung, BAB R 1501/112209.
[767] Zusammenstellung der Erlasse wegen Einführung von Sicherungsmaßnahmen und der sonst in dieser Angelegenheit geführten Verhandlungen, S. 3, BA-MA RM 5/1780; Große Sicherung, BAB R 1501/112209.
[768] Zusammenstellung der Erlasse wegen Einführung von Sicherungsmaßnahmen und der sonst in dieser Angelegenheit geführten Verhandlungen, S. 4, BA-MA RM 5/1780.
[769] Ebd., S. 5.
[770] Ebd., S. 5 f.
[771] Ebd., S. 7.
[772] Ebd., S. 9.
[773] Ebd., S. 11.
[774] Ebd., S. 11.

reien, die im Mobilmachungsfalle Hilfsschiffe etc. für die Marine zu stellen hätten, würden bei „drohender Kriegsgefahr" über die Entwicklung der politischen Lage informiert.[775] Ebenso würden die deutschen Hochseefischer gewarnt werden.[776]

Auffallend ist dabei das Bemühen, die Maßnahmen so zu gestalten, daß eine Verschärfung der politischen Lage vermieden wurde. Keinesfalls sind diese Planungen also ohne Rücksicht auf die Reichsleitung durchgeführt worden.

Der von der Marine übernommene Begriff der „drohenden Kriegsgefahr" war selber erst kurz vorher bei der Armee, nämlich im März 1911, eingeführt worden.[777] Mit ihm wurden erste Verstärkungen der Truppen möglich. Bis zum Frühjahr 1911 hatte der Bahn- und Grenzschutz einen Bestandteil der Mobilmachung gebildet; aus politischen Gründen wurde dann eine Einrichtung geschaffen, die die Aufstellung des Schutzes in Zeiten von Spannungen zur Sicherung der Grenze ohne Mobilmachung gewährleisten sollte; so wurde im März 1911 der „Zustand der drohenden Kriegsgefahr" eingeführt.[778] Der Grenzschutz hatte drei Aufgaben: Schutz der Mobilmachung der Grenztruppen, Schutz der Bahnlinien und des Heimatlandes sowie den Schutz des Aufmarsches der Masse des Heeres.[779] Am 31. März 1911 bestimmte nun ein Erlaß des Kriegsministeriums, daß bei „drohender Kriegsgefahr" Pferde angekauft und Reservisten, die allerdings im Korpsbezirk leben müßten und ihren Kriegstruppenteil leicht erreichen könnten, eingezogen werden könnten; den Umfang festzulegen obliege den Generalkommandos.[780]

So gab es dann für die Marine „Sicherung", für das Heer „politische Spannung", dann für beide „Drohende Kriegsgefahr" und „Mobilmachung"; in den Grenzgebieten war außerdem noch die „unmittelbare Kriegsgefahr" vorgesehen. Diese Stufen konnten, mußten aber nicht unbedingt aufeinander folgen.[781] Dies waren allerdings noch nicht alle Möglichkeiten der Vorstadien der Mobilmachung. 1911 wurden folgende Fälle der Mobilmachung und ihrer Vorstadien unterschieden: Mobilmachung mit oder ohne Grenzschutz, „drohende Kriegsgefahr"

---

[775] Ebd., S. 11.

[776] Ebd., S. 11.

[777] Th. v. Schäfer: Die deutsche Mobilmachung von 1914. S. 601, in: Berliner Monatshefte, 14. Jg. 1936, S. 597-639.

[778] Ebd., S. 600 f.

[779] François S. 342.

[780] Die deutschen militärischen Maßnahmen vor Anordnung der Mobilmachung. S. 1175 f., in: Berliner Monatshefte, 8. Jg. 1930, S. 1169-1179. Dort ist der Erlaß irrtümlich auf 1914 datiert.

[781] Schäfer: Mobilmachung S. 601.

von Osten oder Westen, „unmittelbare Kriegsgefahr", Mobilmachung der Marine alleine, wobei damit zu rechnen sein werde, daß in diesem Falle zumindestens eine Teilmobilmachung der Armee erfolgen werde; „Kleine" und „Große Sicherung" bei der Marine, diese sollten in Zukunft durch „drohende Kriegsgefahr" ersetzt werden. Zwar wäre nur eine Mobilmachungsart am einfachsten vorzubereiten, dies ließen aber die Verhältnisse Deutschlands nicht zu. Noch wurde mit der Möglichkeit eines Krieges nur nach einer Seite hin gerechnet: „Bei einem Kriege gegen zwei Seiten bedürfen wir eines Grenzschutzes gegen jede. Wird der Krieg nur gegen eine Macht geführt, so fällt der Grenzschutz nach der anderen Seite fort. Die politischen Verhältnisse sind hierfür entscheidend."[782] Für die Einberufungen bei „drohender Kriegsgefahr" wurde festgelegt: „Vorbedingung hierfür [Einziehung, d. Verf.] ist aber, daß diese Mannschaften noch Übungspflichtig [sic], im Korpsbereich ansässig sind und ihren Truppenteil, dem sie auch im Kriege angehören sollen, leicht erreichen können."[783] Auch die „unmittelbare Kriegsgefahr" wurde geregelt: „Bei ‚unmittelbarer Kriegsgefahr', d. h. wenn ein feindlicher Einfall unmittelbar bevorsteht oder erfolgte, ist den kommandierenden Generalen das Recht gegeben, den Landsturm einzuberufen. (M. Pl. § 6, 2) Vorkommendenfalls wird es sich um die Ausnutzung weniger Stunden handeln, die zwischen dem feindlichen Einbruch und dem Eintreffen des Mob-Befehls liegen."[784]

Die Abhängigkeit der Mobilmachungsplanungen von der internationalen Lage zeigte sich in der Agadirkrise. Sie führte zu einer erneuten Überprüfung der deutschen Mobilmachungsvorarbeiten.[785] Die Krisen machten deutlich, daß die einzelnen Maßnahmen durchaus die eigentliche Mobilmachung stören konnten. General Wandel schrieb am 30. August 1911 in sein Tagebuch: „Bis heute ist bei uns keine Gegenmaßregel getroffen. Wir glauben vielmehr, daß alle dergleichen als Drohung aufzufassenden Anordnungen nur den glatten Verlauf der Mobilmachung zu stören geeignet sind. Vor Überfällen hoffen wir auch so gesichert zu sein."[786] Damit verhielt sich die militärische Führung des Reiches ähnlich wie bereits in der Annexionskrise von 1909. Damals erfuhr der sächsische

---

[782] Preuß. Kriegsministerium M. J. Nr. 380/11. A. 1. an Württ. Kriegsministerium, 31.03.1911, HStAS M 1/4, Bü. 499. In der geänderten Kriegserwartung und nicht in irgendwelchen aggressiven Absichten lag wohl auch der Grund für den Wegfall des Ostaufmarsches.

[783] Ebd.

[784] Ebd.

[785] Schulte: Kriegsausbruch S. 94 f.

[786] Granier S. 137.

Gesandte, daß weder das Kriegsministerium noch der Generalstab irgendwelche Kriegsvorbereitungen getroffen haben.[787] Weiterhin war man bemüht, der Mobilmachung etwas von ihrer Kompliziertheit zu nehmen. Diese Überarbeitung mit den Versuchen, eine Vereinfachung zu erreichen, führten zu gewissen Ergebnissen. Der Reichskanzler erklärte sich bereit, alle geplanten Maßnahmen bei „drohender Kriegsgefahr" sofort in ihrer Gesamtheit zur Durchführung zu bringen. Dazu bedürfe die Anlage J zum Mobilmachungsplan, die den Verkehr im Mobilmachungsfalle regele, einer neuen Fassung.[788]

Das Problem der unterschiedlichen Interessen von militärischer und ziviler Führung des Reiches zeigt ein Briefwechsel zwischen dem Admiralstab und dem AA. In einem Brief vom 25. Dezember 1912 bat der Admiralstab um Benachrichtigung durch das AA, falls eine Krise drohe, die Kriegsgefahr herbeiführen könnte, da die Flotte jederzeit mit einem feindlichen Überraschungsangriff rechnen müsse.[789] In dem Antwortschreiben hieß es, daß in politischen Krisenzeiten militärische Maßnahmen nur zur Verschärfung der Situation beitrügen, außerdem könne die Politik auch nicht jede Situation so sicher beurteilen, daß ein plötzliches Auftauchen von Krisen ausgeschlossen sei.[790]

Das Jahr 1912 brachte einen weiteren Anstieg der Krisenstimmung. Kein Wunder, daß in diesem Jahr die Abteilung III b – die Nachrichtenabteilung – im Generalstab gegründet wurde.[791] Dabei gingen die Ergebnisse des Nachrichtendienstes an das Preußische Kriegsministerium, die Korps-Kommandeure und die Redaktion der Vierteljahreshefte zur eventuellen Veröffentlichung, um auf diese Weise das gesamte Heer informieren zu können.[792] Zunehmend wurde jetzt auch auf seiten der Armee mit plötzlichen Überfällen gerechnet. Man erhielt Kenntnis von einer russischen Anweisung, sofort mit dem Mobilmachungsbefehl die Feindseligkeiten gegen Deutschland zu eröffnen; diese Anordnung wurde im November 1912 zurückgenommen, auch dieses wurde in Berlin bekannt.[793] Dennoch blieb die Furcht vor plötzlichen Angriffen bestehen. Der Militärattaché

---

[787] Bericht sächs. Gesandtschaft Nr. 332, 19.03.1909, SHStA Sächs. Militärbevollmächtiger Nr. 1430.
[788] Preuß. Kriegsministerium M. J. Nr. 1496/11. A. 1. an Württ. Kriegsministerium, 20.10.1911, HStAS M 1/4, Bü. 499.
[789] GP, Bd. 29, Nr. 10671, S. 288 f.
[790] Zimmermann an Heeringen, 26.01.1912. - Ebd., Bd. 29, Nr. 10673, S. 291.
[791] G. Buchheit: Der deutsche Geheimdienst. Geschichte der militärischen Abwehr. München 1966, S. 19.
[792] Herwig: Germany S. 88.
[793] Kuhl: Lage S. 191.

in Paris berichtete am 11. November 1912 über Überlegungen in Frankreich, im Falle einer Krise, Deutschland ohne vorherige Kriegserklärung zu überfallen.[794] Es wurde mit einem Einbruch der Franzosen ins Oberelsaß nicht mehr wie bisher am 11. sondern schon am 2. Mobilmachungstag gerechnet.[795] Diese Nachrichten fanden ihren Niederschlag im militärischen Schriftgut. In einer Denkschrift vom 21. Dezember 1912 wies Moltke auf die Gefahr plötzlicher Einfälle in den Grenzprovinzen hin.[796] Und in einer weiteren Denkschrift zur militärpolitischen Lage Deutschlands und den sich daraus ergebenen Rüstungsforderungen vom 21. Dezember 1912 schrieb der Generalstabschef: „Wir haben mit Sicherheit im Osten, vielleicht auch im Westen auf einen Einfall sofort nach erklärter Mobilmachung zu rechnen. Ein solcher wird, wenn er nicht abgewehrt werden kann, unsere Mobilmachung durch Zerstörung von Eisenbahnen und Kunstbauten, die Armierung unserer Festungen und unseren Aufmarsch in empfindlicher Weise stören."[797] Entsprechend wurden auch die untergebenen Organe instruiert. Besonders wichtig sei bei einer politischen Spannung die Bewachung der Eisenbahnanlagen. Der Gegner habe die Absicht, den deutschen Eisenbahnverkehr zu stören, damit würde nicht bis zum Beginn der gegnerischen Mobilmachung gewartet werden: „Sie werden dies unternehmen, sobald sie zum Kriege endgültig entschlossen sind, und damit den Krieg überraschend einleiten wollen."[798] Auch bei der Marine war die Sabotagefurcht nicht geschwunden. Mit Schreiben vom 9. Mai 1912 wandte sich der Admiralstab an das RMA und erklärte, nach seinen Nachrichten sei bei einem Kriegsausbruch oder schon vorher mit Anschlägen der Briten gegen den Kaiser-Wilhelm-Kanal zu rechnen. Besonders die bei den Umbauarbeiten beschäftigten ausländischen Arbeiter müßten dringend strenger überwacht werden.[799]

Die Bestimmungen für „Sicherung" und „Drohende Kriegsgefahr" wurden bei der Flotte weiter ausgearbeitet. Vorgesehen war jetzt, bei „Sicherung" auf Urlaub befindliche Personen in wichtigen Positionen sofort zurückzurufen; Urlaub sollte nicht mehr erteilt werden.[800] Bei zunehmender politischer Spannung

---

[794] GP, Bd. 31, Nr. 11529, S. 414.

[795] XIV. A. K. Abt. I c Nr. 25 geh. an Preuß. Kriegsministerium, 26.01.1912, GlAK Abtl. 456 F 5/334.

[796] Berghahn, Deist: Rüstung, IX Nr. 10, S. 399.

[797] Ebd., S. 399.

[798] Eisenbahnabtl. d. Generalstabes II Nr. 301 g an alle Linienkommandanturen, 18.03.1912, BA-MA PH 3/721.

[799] Schreiben W. K. W. A. 1277 I, BA-MA RM 5/1926.

[800] Maßnahmen für „Sicherung" und „drohende Kriegsgefahr", 1912, Teil II, S. 16, BA-MA RM 5/1780.

könnten Reservisten einberufen werden.[801] Wichtige Bauten seien unauffällig zu bewachen; die Geschäftszimmer Tag und Nacht zu besetzen.[802] Die Nachrichtenkommissare seien zu entsenden.[803] Minensuch- und Torpedoboote sollten unauffällig die großen Flüsse bewachen.[804] Telegramme an die Auslandschiffe und Kiautschou sollten zur Beförderung an den Admiralstab gegeben werden.[805] Offiziere, die bei „drohender Kriegsgefahr" einberufen werden würden, seien mit der Aufforderung zu benachrichtigen, sich bereit zu halten.[806] Das Schiffsmaterial sei vorzubereiten; Schiffe, die für die Verlegung von Minensperren vorgesehen seien, sollten zum Ort ihrer Verwendung in See stechen.[807] Verstärkung der Landbefestigungen und Ausbau von Stellungen auf fiskalischem Boden sollte durchgeführt werden.[808] Die Werften würden die Reparaturen beschleunigen, Neu- und Umbauten der Werftanlagen sollten erfolgen. Sollten dadurch Mehrkosten entstehen, sei die Genehmigung des RMA einzuholen.[809] Bei der Hochseeflotte seien die Vorräte zu ergänzen, Reparaturen würden beschleunigt beendet, neue nur noch nach Genehmigung des Flottenchefs begonnen, die Schiffe lägen unter Dampf, die im Dienst befindlichen Torpedoboot-Halbflottillen träten zur Hochseeflotte.[810] Die zum Schutz der Nordseeinseln vorgesehenen Truppen der Armee würden bereitgestellt.[811]

Bei „drohender Kriegsgefahr" seien die Magazine bis zur äußersten im Frieden zulässigen Höhe zu füllen, die Aufnahme der Kriegsbestände sei vorzubereiten.[812] Lotsenkundige Einwohner würden überwacht.[813] Kohlelager seien einzurichten.[814] Zwei Petroleumprähme für U-Boote würden bereitgestellt.[815] Die Schleusen und Brücken des Kaiser-Wilhelm-Kanals sollten durch Kriminalbe-

---

[801] Ebd., Teil II, S. 16.
[802] Ebd., Teil II, S. 18.
[803] Ebd., Teil II, S. 20.
[804] Ebd., Teil II, S. 20.
[805] Ebd., Teil II, S. 22.
[806] Ebd., Teil II, S. 24.
[807] Ebd., Teil II, S. 30.
[808] Ebd., Teil II, S. 46.
[809] Ebd., Teil II, S. 52.
[810] Ebd., Anlage 2, S. 88.
[811] Ebd., Anlage 4, S. 100.
[812] Ebd., Teil II, S. 17.
[813] Ebd., Teil II, S. 21.
[814] Ebd., Teil II, S. 23.
[815] Ebd., Teil II, S. 39.

amte in Zivil bewacht werden.[816] Die Truppen der Armee, die zum Schutz der Nordseeinseln eingeplant seien, würden zu diesen übergesetzt.[817] Die Warnung der deutschen Hochseefischerei vor einem Kriege sei von allen beteiligten Ressorts vorbereitet worden.[818]

Anders gestaltete sich die Situation beim Heer. Einigkeit über die bei „drohender Kriegsgefahr" zu treffenden militärischen Maßnahmen war noch nicht erreicht worden.[819] Immerhin konnte darauf hingewiesen werden, daß aufgrund der Entwicklung der politischen Lage der letzten Jahre mit der „drohenden Kriegsgefahr" vor der Mobilmachung zu rechnen sei.[820] Unklarheiten bestanden hinsichtlich der zeitlichen Abfolge: „Von mehreren Seiten ist gefragt worden, mit welcher Frist zwischen dem Eintritt drohender Kriegsgefahr und dem Ausspruch der Mobilmachung gerechnet werden könne. Dies entzieht sich der Voraussicht."[821]

Auch bei der Durchführung der einzelnen Maßnahmen ergaben sich Fragen. Um die Truppen während der Rekrutenausbildung im Winter kriegsbereit zu machen, war für den Fall einer Krise die Einziehung von ausgebildeten Soldaten vorbereitet. Das Kriegsministerium sah sich genötigt, mit Erlaß vom 26. November 1912 darauf hinzuweisen, daß bei Winterverstärkungen nur die benötigte Anzahl von Offizieren eingezogen werden solle.[822]

Nach wie vor wurde versucht, eine möglichst einfache Planung zu erreichen. Ab dem 1. April 1912 brauchte die Einberufung von Reservisten für eine alleinige Mobilmachung der Marine nicht mehr vorbereitet zu werden.[823] Am 12. April 1912 beantragte der Kriegsminister beim Reichskanzler, in Zukunft nur noch eine Mobilmachung mit Grenzschutz durchführen zu dürfen. Das bisherige Verfahren – einmal eine Mobilmachung mit, das andere Mal ohne Grenzschutz vorzubereiten – bedeute eine Erschwerung der nötigen Vorarbeiten. Da der Umfang der Mobilmachungsvorarbeiten ohnehin von Jahr zu Jahr zunehme, sei eine

---

[816] Ebd., Anlage 3, S. 97.

[817] Ebd., Anlage 4, S. 101.

[818] RMA A. IV. a. 1331 an Reichsinnenamt, 10.05.1912; AA A. S. 790 J. Nr. 4969 an RMA, 15.05.1912; RMA H IV 179 an Reichsinnenamt, 19.12.1912, BAB R 1501/112211; Protokoll einer Konferenz zum Thema, ebd.

[819] Eisenbahnabtl. d. Generalstabes II Nr. 301 g an alle Linienkommandanturen, 18.03.1912, BA-MA PH 3/721.

[820] Ebd.

[821] Ebd.

[822] Maßnahmen S. 1177.

[823] Preuß. Kriegsministerium an Württ. Kriegsministerium, 31.03.1911, HStAS M 1/4, Bü. 499.

Vereinfachung dringend geboten.[824] Manchmal stellte sich allerdings heraus, daß die Vereinfachungsbestrebungen kontraproduktiv waren. Am 22. August 1912 kam es in Straßburg zu einer Chefkonferenz über die Frage des Schutzes der Rheinbrücken. Zunächst tagten die Militärs, im weiteren Verlauf wurden auch Zivilisten hinzugezogen. Der Vertreter des Kriegsministeriums erklärte, daß der Begriff politische Spannung nicht mehr verwendet werde. Es bleibe den kommandierenden Generalen jedoch unbenommen, zum Schutze ihres Korpsbereichs die erforderlichen Maßnahmen zu treffen. Dagegen wandten die Generalkommandos ein, aus einer von ihrer Seite initiierten Maßnahme könnten rasch unliebsame Folgen entstehen. Deshalb müsse das Kriegsministerium eine entsprechende Mitteilung herausgeben: „Der Vertreter des Kriegsministeriums stellte in Aussicht, dass die Zentralbehörden die Frage erwägen werden, ob eintretendenfalls den Generalkommandos unter gewissen Umständen direkte Anweisungen über auszuführende Schutzmaßnahmen vor Ausspruch der drohenden Kriegsgefahr zugestellt werden müssen."[825] In den Verhandlungen mit den Zivilisten wurde dann festgestellt, daß nach Wegfall der politischen Spannung Maßnahmen im Einzelfall zwischen Zivilisten und Militärs verhandelt werden müßten. Solange der Kaiser keine militärischen Schutzmaßnahmen anordne, seien die Zivilbehörden bis zum Ausspruch der „drohenden Kriegsgefahr" für die Sicherheit der Brücken verantwortlich.[826] Kennzeichnend für die Planungssituation war, daß hier die Zivilisten von Änderungen ebenso überrascht wurden wie 1907 die Armee von den Veränderungen bei der Marine. Die einzelnen Besprechungen reichten offensichtlich nicht aus, um eine einheitliche Planung zu gewährleisten. Ebenso wie bei der Marine wurde nun auch beim Heer der Begriff der politischen Spannung nicht mehr verwendet. Gleichzeitig wird hier ein Problem angesprochen, welches in der Julikrise 1914 noch eine Rolle spielen sollte: die Eigeninitiative lokaler Befehlshaber. Militärische Maßnahmen vor Ort konnten eine gespannte politische Lage verschärfen. Je unklarer die Planungslage war, um so wahrscheinlicher mußten solche Einzelaktionen werden. Dieses Problem wurde bis zum Juli 1914 nicht gelöst.

Weiterhin nicht unproblematisch blieben die Tendenzen zur Beschleunigung der Mobilmachung. So fragte die General-Inspektion des Militär-Verkehrswesens am 3. August 1912 an, ob die Bereithaltung einiger Fliegerabteilungen schon am

---

[824] Schreiben Kriegsminister 377/12. A. 1. an Reichskanzler, BAK R 43 F/1269/1. Dem Antrag ist später entsprochen worden, denn 1914 wurde nur eine Mobilmachung mit Grenzschutz vorbereitet.
[825] Rundschreiben Generalstabschef XIV. A. K. J Nr. 443 geh., militärische Konferenz, 24.12.1912, GlAK Abtl. 456 F 5/63.
[826] Rundschreiben Generalstabschef XIV. A. K. J Nr. 443 geh. [sic], Konferenz Militärs/Zivilisten, 24.12.1912, ebd.

ersten Mobilmachungstag denn unbedingt sein müsse, es würden dadurch Schwierigkeiten entstehen: „Die Mobilmachung wird durch diese Forderung sehr erschwert und es können dadurch Nachteile für die Leistungsfähigkeit der Abteilungen während der ersten Zeit entstehen."[827]

Die mit den internationalen Krisen immer deutlicher werdende Kriegsgefahr führte dazu, bereits im Frieden Vorbereitungen zu treffen. So wurden die Generalkommandos angewiesen, um einen raschen Rücktransport der vom Standort abwesenden Truppen zu erleichtern, sollten diese bei Beginn ihrer Abwesenheit samt den für ihren Rücktransport nötigen Maßnahmen den Linienkommandanturen gemeldet werden.[828]

Die politischen Krisen hatten noch eine andere Konsequenz: es wurde immer klarer, daß sie die Mobilmachungsplanungen erschwerten. Die Ansprüche des Militärs, sich möglichst früh auf den Krieg vorzubereiten, und die Ansprüche der Politik, militärische Maßnahmen zu vermeiden, die eine Spannung noch verschärfen könnten, standen sich gegenüber. Gleichzeitig schuf der nicht planbare Verlauf der Krisen das Problem, darauf mit ungeplanten Maßnahmen reagieren zu müssen.

Schwierigkeiten bei der Mobilmachung der Marine würden weniger bei den geplanten Maßnahmen entstehen als bei Entschlüssen, die plötzlich und unvorhergesehen getroffen werden müßten. Alle nur denkbaren Möglichkeiten seien deshalb bereits im Frieden weitestmöglich vorzubereiten; so lautete das Resümee einer Mobilmachungsübung des Admiralstabes am 19. April 1912.[829] In der Diskussion innerhalb des Admiralstabes über diese Übung wurde kritisiert, daß die Annahme zugrunde gelegen habe, das Kriegsnachrichtenwesen werde schon bei der Spannung einsetzen, obwohl erst später damit zu rechnen sei. Denn diese Maßnahme könne eventuell auffallen und damit die politische Lage verschärfen. Außerdem würden dadurch auf den Staat erhebliche finanzielle Belastungen zukommen.[830]

Bei der rein theoretischen Diskussion sollte es nicht bleiben. Die internationale Lage wurde immer gespannter. In Folge der Balkankrise vom Winter 1912 wurden die Mobilmachungsvorarbeiten überprüft und neu bearbeitet.[831] Im November 1912 fanden zwischen Generalstab und Kriegsministerium Verhandlungen

---

[827] Schreiben an Kriegsministerium. - Militärluftfahrt: Anlagebd., Nr. 70, S. 152.

[828] Eisenbahnabtl. d. Generalstabes II c Nr. 534 g an alle Generalkommandos, 28.05.1912, BA-MA PH 3/721.

[829] Ms-Übung des Admiralstabes 19. April 1912, BA-MA RM 5/3682.

[830] Umlauf Ms-Übung des Admiralstabes 19. April 1912, ebd.

[831] Schulte: Kriegsausbruch S. 101.

statt, wie den militärischen Vorbereitungen im Ausland deutscherseits zu begegnen war.[832] Auch aus der Truppe kamen wohl Forderungen, Kriegsvorbereitungen zu treffen. Am 26. November schrieb Wandel in sein Tagebuch: „Leider fangen unsere militärischen Kreise an, nervös zu werden und durch allerlei Anordnungen und Vorschläge den planmäßigen Verlauf unserer Mobilmachung, falls sie nötig werden sollte, zu gefährden."[833] Wie bereits 1911 sah sich also die militärische Spitze vor dem Problem, daß einerseits Maßnahmen gewünscht wurden, aber auf der anderen Seite dadurch das komplizierte System der Mobilmachung durcheinander zu geraten drohte. Hinter den Kulissen wurden durchaus die ersten konkreten Schritte eingeleitet. Am 14. Dezember 1912 berichtete Wenninger aus Berlin, daß man bei den inaktiven Generalen nach ihren Gesundheitszustand nachgefragt habe, um ihre Verwendung im Krieg zu überprüfen.[834] Auch die Truppe vor Ort begann, sich auf einen möglichen Krieg vorzubereiten. Am 17. Dezember berichtete der österreichische Botschafter aus Berlin: „Und wenn auch formell von Kriegsvorbereitungen in der deutschen Armee keine Rede ist, so sind doch, wie ich erfahre, Detailvorbereitungen, wie Beschlagen der Pferde u. s. w. besonders im östlichen Deutschland durchgeführt, und haben die Offiziere sich ziemlich allgemein mit den für einen Winterfeldzug nötigen Ausrüstungsartikeln versehen. Wenn diese Vorkehrungen zwar auch geheim gehalten werden so scheinen sie doch ins Publikum gesickert und haben nicht zum Wenigsten dazu beigetragen die bestehende Beunruhigung der Börse zu erhöhen."[835] Der Bericht zeigt, daß die Befürchtungen der Militärs vor einer Erregung von unliebsamer Aufmerksamkeit durchaus nicht unberechtigt waren.

Je größer die Kriegserwartung wurde, desto größer wurde auch die Furcht vor plötzlichen feindlichen Überfällen. Dabei wurde von der Überlegung ausgegangen, daß es nötig sei, den Aufmarsch des Gegners frühzeitig zu stören, um die Initiative zu erringen.[836] Gleichzeitig sahen sich die Militärs einem Anstieg der Spionagefälle in Deutschland gegenüber.[837] Diese Vorkommnisse im Frieden mußten die Erwartung ähnlicher Fälle bei einer Mobilmachung schüren, die sich dann nicht nur mit der reinen Spionage begnügen würden. Der Kriegsminister erklärte in einer Vorbesprechung zur Heeresvermehrung 1913, daß die Russen

---

[832] Reichsarchiv: Kriegsrüstung, Bd. 1, S. 163.
[833] Granier S. 141 f.
[834] Röhl: Schwelle, Nr. 21, S. 112.
[835] Ebd., Nr. 29, S. 122.
[836] H. v. Beseler: Krieg und modernes Verkehrswesen. S. 395, in Preußische Jahrbücher, Bd. 152 1913, S. 385-409.
[837] Zwehl: Falkenhayn S. 38.

ihre Mobilmachung enorm beschleunigt haben.[838] Dies sei besonders bedenklich, da Rußland in der Lage sei, seine Maßnahmen geheim zu halten.[839] In der geheimen Sitzung der Vertrauensleute des Reichstages erklärte der Minister auf eine entsprechende Frage des Abgeordneten Erzberger, daß mit einem plötzlicher Überfall durch die französische Armee schon vor Ausspruch der Mobilmachung zu rechnen sei.[840] Der Kriegsminister gab damit nur wieder, was in militärischen Kreisen allgemein angenommen wurde. So berichtete der Generalstab über die Lage in Rußland, daß man eine besondere Kriegsvorbereitungsperiode erstmals im Laufe der politischen Spannungen 1912/13 festgestellt habe.[841] An der Ostgrenze könne daher mit frühen russischen Tätigkeiten gerechnet werden, da dort in Zeiten politischer Spannung eine Kriegsvorbereitungsperiode einsetze, die eine Erhöhung der Kriegsbereitschaft bereits vor Erlaß des Mobilmachungsbefehls bedeute; bei der russischen Kavallerie könne eine geheime Teilmobilmachung durchgeführt werden, dies bedeute, daß sie schon bei Erklärung der Mobilmachung seitens Rußland die Grenze überschreiten könne.[842] Durch die Kriegsvorbereitungsperiode könne die russische Mobilmachung schon am ersten oder zweiten Mobilmachungstag beendet sein; auf Grund des Mangels an Bahnlinien werde der Aufmarsch allerdings längere Zeit in Anspruch nehmen.[843] Ähnliche Verhältnisse wurden an der Westgrenze vermutet. In den „Anweisungen für den Grenzschutz" hieß es: es sei mit dem Beginn der Feindseligkeiten schon vor der Kriegserklärung zu rechnen, rasche französische Vorstöße seien zu erwarten; außerdem würden „zahlreiche Luftfahrzeuge, teils mit Erkundungsaufgaben, teils aber auch mit Zerstörungsaufgaben erscheinen."[844] Diese Erwartungen wurden auch von der Truppe ausgedrückt; so schrieb das XVI. A. K.: „Das ist um so notwendiger, als wir nach den Erfahrungen der letzten Kriege nicht mehr mit Sicherheit damit zu rechnen haben, daß dem Beginn der Feindseligkeiten eine formelle Kriegserklärung [sic] vorausgeht. Wir müssen viel-

---

[838] Bericht Wenninger, 24.04.1913. – D. Groh: Die geheimen Sitzungen der Reichshaushaltskommission am 24. und 25. April 1913. S. 32, in: Internationale Korrespondenz zur Geschichte der deutschen Arbeiterbewegung 1971, S. 29-38.

[839] Bericht Wenninger, 24.04.1913. - Ebd, S. 32.

[840] Bericht württ. Militärbevollmächtigter, 25.04.1913. - Ebd., S. 37.

[841] Generalstab: Die wichtigsten Veränderungen im Heerwesen Russlands im Jahre 1913, BHStA Abtl. IV M Kr Nr. 992.

[842] I. A. K.: Vermutete erste russische Maßnahmen, Bahn- und Grenzschutzbestimmungen für Mob. Jahr 1914/15, BA-MA PH 6/I, 137.

[843] II. A. K.: Bahn- und Grenzschutzbestimmungen für Mob. Jahr 1914/15, Anlage 10: Der vermutete russische Aufmarsch, S. 2, BA-MA PH 6/I, 317.

[844] Allgemeine Anweisungen für den Grenzschutz im Bereich des XXI. A. K. Mob. Jahr 1913/14, Vom Gegner zu erwartende Maßnahmen, Punkte 1,2, Anlagen zum KTB 3. Inf.-Brig., 01.08.-31.12.1914, BHStA Abtl. IV 3. Inf.-Brig. (WK) Bund 1.

mehr für den nächsten Krieg, bei dem es sich um Sein oder Nichtsein handeln wird, darauf gefaßt sein, daß die erste überraschende Aktion selbst die Kriegserklärung sein wird."[845] Diese Auswertung der Erkenntnisse über die benachbarten Armeen zeigte, daß sich der Generalstab hier weniger von den tatsächlichen Nachrichten leiten ließ als von seiner Überzeugung, wie die Lage beim Gegner aussehe. Damit waren die Planungen mehr von der ideologischen Sicht der Welt als von der Realität geprägt.[846]

Um überraschende Angriffe zu verhindern, waren rechtzeitige Informationen notwendig. Der Kriegsnachrichtendienst der Marine sollte jetzt möglichst frühzeitig bei einer Spannung oder einem drohenden Krieg mit der Entsendung der Leiter einsetzen.[847]

Die Abwehr solcher Überfälle erforderte Vorbereitungen, die auch schon mal unkonventioneller Natur sein konnten. Mit einem überraschenden Überfall sei an der Grenze zu rechnen; dies erfordere für die Truppen in Metz und Diedenhofen ein leicht erkennbares Alarmsignal. Um das Signal wirklich unverwechselhaft zu gestalten, sei in beiden Städten das Spielen von Trompeten, Hörnern etc. in der Öffentlichkeit zu verbieten, forderte das XVI. A. K. im Herbst 1913.[848] Darin zeigt sich nun sehr deutlich die Furcht, unvorbereitet angegriffen zu werden.

Im Mobilmachungsplan für das Mobilmachungsjahr 1914/15, der im Oktober 1913 erlassen wurde, nahmen die Sicherungsmaßnahmen breiten Raum ein. Im einzelnen hieß es: jeder Kommandierende General ist in seinem Korpsbezirk für die Aufrechterhaltung der Ordnung verantwortlich; ferner hat er die Zerstörung „– auch aus feindlichen Luftfahrzeugen –" von wichtigen Bauten der Infrastruktur sowie von Betriebsmitteln für Kraft- und Luftfahrzeuge zu verhindern.[849] Die Generalkommandos hätten selbständig über eine eventuelle Beschlagnahme von Sprengstoffen zu entscheiden, um zu verhindern, daß sie in die

---

[845] Schreiben des XVI. A. K. 748 Mg. an Bezirkspräsidium Lothringen, 08.01.1914, BHStA Abtl. IV 3. Kav.-Brig. (F) Bund 1.
[846] Herwig: Germany S. 95.
[847] Aufgaben und Tätigkeit der Zentrale Stockholm, 1913, BA-MA RM 5/3683.
[848] Schreiben des XVI. A. K. I b Nr. 822 g an Bezirkspräsidium Lothringen, 16.10.1913, BHStA Abtl. IV 3. Kav.-Brig. (F) Bund 1. Da sich der Bezirkspräsident nicht rührte, leitete das Generalkommando am 19.12. das Schreiben an das XIV., XV. und XXI. A. K. weiter (Weiterleitungsschreiben Nr. I b 982 g) in der Hoffnung, durch ein gemeinsames Vorgehen der Grenzkorps mehr zu erreichen, ebd.
[849] D. V. E. Nr. 219. Mobilmachungsplan für das Deutsche Heer vom 9. Oktober 1913, § 20, 1, BA-MA PH 3/Pr. F 9114.

Hände des Gegner oder „staatsfeindlicher Personen" fallen.[850] In den Korpsbezirken an der Grenze sei selbständig mit den dafür vorgesehenen Maßnahmen zur Grenzsicherung zu beginnen. Die Zivilbehörden sollten ihrerseits zur Beobachtung beitragen; sie sollten aufgefordert werden, Nachrichten weiterzuleiten und die Ortsverbindungen zu schützen.[851] Die Kommandierenden Generale seien verpflichtet, die Grenzfestungen und die befestigten Küstenplätze, soweit deren Schutz nicht in den Aufgabenbereich der Marine falle, gegen Handstreiche zu sichern.[852] Zur Verstärkung der Sicherungstruppen waren vor allem Einheiten des Landsturms vorgesehen. Der Landsturm würde durch kaiserliche Verordnung aufgerufen; sollte der Fall eintreten, daß zum Einholen dieser Erlaubnis durch die unmittelbare Bedrohung keine Zeit mehr besteht, können ihn auch die einzelnen Militärbefehlshaber einberufen.[853] „In den Grenzbezirken oder beim Aufruf des Landsturms durch die kommandierenden Generale, die Gouverneure und Kommandanten von Festungen bei unmittelbarer Kriegsgefahr (§ 6, 2 sowie Art. 11, § 25 des Gesetzes, betreffend Änderungen der Wehrpflicht vom 11. Februar 1888) haben die kommandierenden Generale, oder die aufrufenden Militärbefehlshaber die erforderlichen Abweichungen anzuordnen."[854] Die „unmittelbare Kriegsgefahr" bedeutete also nur die Berechtigung für bestimmte Kommandierende Generale, in ihren Bezirken den Landsturm vorplanmäßig einzuberufen. Laut den Mobilmachungsvorschriften sollte er bei den Grenz- und Küstenkorps, sowie dem XVIII. A. K. und dem bayerischen II. A. K. gleichzeitig mit der Mobilmachung einberufen werden.[855] Bei den inneren Korps werde der Kaiser den Landsturm voraussichtlich erst nach Beendigung der Mobilmachung einberufen.[856] Der Aufruf des Landsturms sei zu veröffentlichen.[857] „Als erster Landsturmtag für die zunächst bedrohten oder zu sichernden Bezirke der unter I, 2 genannten Armeekorps ist der 1. Mobilmachungstag vorzusehen. Für die weniger bedrohten Teile dieser Armeekorpsbezirke wird etwa der 8. Mobilmachungstag in Aussicht zu nehmen sein. Für die inneren Armeekorpsbezirke (I, 3) ist der 15. Mobilmachungstag als erster Landsturmtag anzusetzen. Die zu

---

[850] Ebd., § 20, 1.
[851] Ebd., § 20, 2.
[852] Ebd., § 20, 3.
[853] Ebd., § 6, 2.
[854] Ebd., § 80.
[855] Ebd., Anlage H, I, 2. Die Grenz- und Küstenkorps waren 1914: I., II., V., VI., VIII., IX., X., XIV., XV., XVI., XVII., XX., XXI., Manuskript: Die deutsche Armee bei Kriegsausbruch, o. J., [um 1920], Bl. 11, BA-MA W-10/50891.
[856] D. V. E. Nr. 219: Mobilmachungsplan für das Deutsche Heer vom 9. Oktober 1913, Anlage H, I, 3, BA-MA PH 3/Pr. F 9114.
[857] Ebd., Anlage H, I, 4 u. 5.

Kriegsbesatzungen bestimmten Landsturmtruppen sind möglichst nicht später als zum 20. Mobilmachungstage bereitzustellen."[858]

Bereits in einem Schreiben an verschiedene Generalkommandos vom 28. November 1912 hatte das Kriegsministerium ausdrücklich daraufhin hingewiesen, daß die Einziehung des Landsturms bereits bei „drohender Kriegsgefahr" untersagt sei. Es sei nur im Kriegsfalle statthaft oder bei „unmittelbarer Kriegsgefahr", wobei letzteres für die angeschriebenen Korps nicht in Frage käme.[859] Der Landsturm sollte also zunächst nur zur Verstärkung von unmittelbar durch den Feind bedrohten Bereichen dienen.

Auch Zivilisten sollten zu Bewachungsaufgaben herangezogen werden. Der zivile Bahnschutz an weniger wichtigen Bahnstrecken habe bei „drohender Kriegsgefahr" einzusetzen, er sei zu bewaffnen und aus nicht mehr dienstpflichtigen Leuten der Feuerwehr, Kriegervereine etc. zu bilden.[860] Besondere Gefahr gehe von feindlichen Agenten aus: „Es muss allen Wachmannschaften wiederholt die grosse Wichtigkeit ihrer Aufgabe eingeprägt werden und jedermann muss wissen, dass selbst ein zu scharfes Einschreiten für ihn keinen Nachteil, der Sache der Landesverteidigung aber nur Vorteil bringen kann."[861] Deutlich wurde eine Tendenz, immer früher mit der Bewachung besonders wichtiger Objekte zu beginnen. Ab Erklärung des Kriegszustandes – sprich also „drohende Kriegsgefahr" siehe unten – sollten wichtige Gebäude vom Militär geschützt werden. In Zeiten politischer Spannung hat dieser Schutz durch die Zivilbehörden zu erfolgen; sehen sich diese dazu außer stande, müssen sie bei den Militärbehörden militärische Wachen beantragen.[862] Besondere Bewachung sei bei den Rheinbrücken und -fähren anzustreben; hier sollten Militär und Zivilisten Hand in Hand arbeiten.[863] Ab 1913 sollten die Sicherungsmaßnahmen für die Rheinbrücken nicht mehr erst bei der Mobilmachung, sondern schon bei Erklärung des Kriegszustandes erfolgen.[864]

Über die Maßnahmen bei „drohender Kriegsgefahr" wandte sich das Präsidium der Regierung von Oberbayern am 20. Mai 1913 an die unterstellten Behörden.

---

[858] Ebd., Anlage H, IV, 1.
[859] An Garde-, II., IV., VII., XI., XVIII. Korps.-Maßnahmen S. 1177.
[860] XIV. A. K.: Allgemeine Dienstanweisung für die Bahnbewachung im Mobilmachungsfall und bei drohender Kriegsgefahr, 1913, Abschnitt ziviler Bahnschutz, GlAK Abtl. 456 F 5/62.
[861] Ebd., Abschnitt D. Auch die zivilen Bahnwächter kämen so als Übertrager der Befürchtungen im militärischen Bereich auf die zivile Bevölkerung in Frage. Siehe auch Anm. 143.
[862] Mobilmachungs-Vereinbarung West, 1913, S. 23, BHStA Abtl. IV R 2548.
[863] Ebd., S. 37.
[864] Protokoll der Beratung betr. den Schutz der Rheinbrücken, 14.01.1913, GlAK Abtl. 456 F 5/63.

Als Zweck der Maßnahmen definierte man: Verhinderung der Spionage, Schutz wichtiger Bauten, Verhinderung der Pferde-, Kraftwagen-, Brieftauben- und Flugzeugausfuhr sowie der Verhinderung der Fahnenflucht dienstpflichtiger Deutscher. Auf den Widerspruch, den „Zustand der drohenden Kriegsgefahr" geheim zu halten, während die daraufhin in Gang gesetzten Maßnahmen nicht geheim zu halten seien, wurde in dem Schreiben hingewiesen. Als Ausweg empfahl man, den Begriff in den Amtsblättern zu verwenden, ihn jedoch nicht öffentlich verlautbaren zu lassen.[865]

Aus diesem Schreiben ist zu entnehmen, daß die Diskussion über die bei „drohender Kriegsgefahr" zu ergreifenden Maßnahmen zu einem gewissen Abschluß gekommen war. Die einschlägigen Vorschriften dazu waren in den Mobilmachungsbestimmungen für 1914/15 enthalten. Am 9. Oktober 1913 unterschrieb Wilhelm II. den Mobilmachungsplan 1914/15; wenige Tage später erließ das Preußische Kriegsministerium ergänzende Bestimmungen und Anlagen zu dem Plan.[866] Der „Zustand der drohenden Kriegsgefahr" sollte erklärt werden, wenn die politische Lage einen Kriegsausbruch wahrscheinlich erscheinen ließe.[867] Er sollte dazu dienen, die Mobilmachung vorzubereiten und dazu die Zeit der politischen Spannung auszunutzen. Dementsprechend durfte nichts unternommen werden, was eine Mobilmachung erschweren könnte.[868] Im Falle der „drohenden Kriegsgefahr" seien folgende Maßnahmen zu treffen: Schutz der wichtigsten Eisenbahnbauten in allen Korpsbezirken, Bekanntgabe des Merkblatts an die

---

[865] BHStA Abtl. IV Gen. Kdo. I. A.K. (WK) Bund 77. Dem Schreiben war als Anlage „Weisungen für die öffentliche Sicherheit und die Wahrung der Landesverteidigungsinteressen beim Zustand der drohenden Kriegsgefahr und im Mobilmachungsfalle" beigefügt. Darin hieß es unter Punkt 4: „Vielfach werden Versuche durch Zerstörung von Verkehrsanlagen und Spionageversuche von den gleichen Personen geplant sein. Es ist damit zu rechnen, daß sich vom feindlichen Staate gedungene Personen als Reisende, Händler usw. schon vor Kriegsausbruch im Lande aufhalten. Ihnen gewährt das Automobil für ihre Anschläge ein vortreffliches Hilfsmittel. Automobile können eine große Menge Sprengstoff zur Zerstörung eines bestimmten Kunstbaues mit sich führen, an den sie, von weit herkommend heranfahren um den Anschlag rasch durchzuführen. Als Motorradfahrer oder gewöhnliche Radfahrer sammeln solche Personen militärisch wichtige Nachrichten und verlassen das deutsche Reichsgebiet nach dem neutralen Ausland hin um von dort der feindlichen Heeresleitung die Nachrichten zuzusenden." - Ebd. Eine der Erklärungen für die Spionitis, die Deutschland im August 1914 heimsuchen sollte, findet sich sicherlich in der Übertragung der Sabotage- und Spionagebefürchtungen der Militärs durch solche Weisungen an die Zivilbehörden. Durch deren Beamten und die bei Bewachungsmaßnahmen eingesetzten Zivilpersonen – siehe dazu Anm. 139 – wäre auch eine Vermittlung an die Bevölkerung möglich.

[866] Rahne, Bd. 1, S. 177.

[867] I. A. K.: Mobilmachung und Mobilmachungsvorarbeiten, 1914, § 4, 1, BHStA Abtl. IV Gen. Kdo. I. A. K. (F) Bund 396.

[868] Ebd., § 4, 2.

Presse, Zurückberufung aller Urlauber bei den Truppen, Rückkehr der aus ihnen abwesenden Truppenteile in ihre Standorte, Einführung von Verkehrsbeschränkungen, die vorbereiteten Maßnahmen zum Schutz der Grenze seien durchzuführen, die Armeetruppen, die zum Schutz der Nordseeinseln bestimmt seien, würden mitsamt Gerät und Ausrüstung zu ihnen übersetzen. Zusätzlich zu diesen Maßnahmen würden in den Korpsbezirken an der Grenze noch sämtliche wichtige Bauten der Infrastruktur bewacht und die Rückführung der transportfähigen kranken Soldaten, deren Gesundung nicht sobald zu erwarten sei, in Gebiete im Reichsinnern durchgeführt.[869] Dem Generalstab sei die Rückkehr vom Standort abwesender Truppen bei „drohender Kriegsgefahr" unter genauer Stundenangabe zu melden.[870] Die Fahrtlisten ins Aufmarschgebiet würden erst im Bedarfsfall an die Truppen ergehen, um die nötigen Abschriften zu erstellen, hätten sich Offiziere bereits bei „drohender Kriegsgefahr" bereit zu halten, um zu diesem Zweck ins Generalkommando befohlen zu werden.[871] Ein flexibles Verfahren bei der Eisenbahnplanung war nötig, um die verschiedenen Transporte abwickeln zu können.[872] Aus diesem und aus Geheimhaltungsgründen wählte man ein solch kompliziertes Verfahren. Für den Fall von Bahnzerstörungen durch den Gegner war Vorsorge getroffen worden.[873] Mit der „drohenden Kriegsgefahr" wurden erste konkrete Vorbereitungen für einen Krieg getroffen. Die Feldzeugmeistereien waren angewiesen, die anliegenden Friedensbestellungen in Tag- und Nachtschichten zu erfüllen, die Mobilmachungsvorräte zu beschaffen, den Vorrat und Bedarf an Handfeuerwaffen zu ermitteln, die voraussichtliche Leistungsfähigkeit der Waffenproduktion unter den vorhandenen Einrichtungen sowie die vorhandenen Mengen an Munition festzustellen.[874] Die deutschen Luftschiffe waren in Königsberg, Posen, Köln, Trier, Baden-Oos, Allenstein, Thorn und Metz bereitzustellen.[875] Die „drohende Kriegsgefahr"

---

[869] D. V. E. Nr. 219: Mobilmachungsplan für das Deutsche Heer vom 9. Oktober 1913, § 20, 7, BA-MA PH 3/Pr. F 9114.

[870] XII. A. K.: Maßnahmen bei drohender Kriegsgefahr, 1914/15, Punkt 9, SHStA Sächs. Kriegsarchiv (P) Nr. 7591.

[871] Befehl XII. A. K. Nr. 530 I a M, 28.03.1914, SHStA Sächs. Kriegsarchiv (P) Nr. 49921.

[872] Reichsarchiv (Hg.): Der Weltkrieg 1914-1918. Das deutsche Feldeisenbahnwesen. Bd. 1 Berlin 1928, S. 17 f.

[873] Reichsarchiv: Weltkrieg, Bd. 1, S. 144.

[874] Auszug Abtl. A II aus Mobilmachungsterminkalender Bayr. Kriegsministerium 1914/15, Teil A, BHStA Abtl. IV M Kr Nr. 17120.

[875] Auszug aus besonderen Maßregeln bei Luftschiffer-Batl. für Mob. Jahr 1914/15, BA-MA PH 18/84.

diene der Vorbereitung der Mobilmachung, sei nicht deren Beginn.[876] Würden die zivilen Bürgermeister der Gemeinden von der Erklärung der „drohenden Kriegsgefahr" informiert, so sei ausdrücklich darauf hinzuweisen, daß dies noch nicht die Mobilmachung bedeute – Mißverständnisse müßten vermieden werden.[877] Bis in die unterste Ebene der Truppen reichten die Anordnungen. Die Truppenteile, die Pferde ankaufen müßten, überzeugten sich davon, ob diese vorhanden seien und bereiteten alles für den Kauf vor. Der Kauf selber erfolge erst nach der Mobilmachung.[878] Zur Erfüllung der Aufgaben könnten Reservisten einberufen werden.[879] Mannschaften und Pferde würden kriegsmäßig eingekleidet und ausgerüstet.[880] Die Mobilmachungsunterlagen sollten noch einmal überprüft werden.[881] Darüber hinausgehende Maßnahmen seien unzulässig.[882] Nach Ausspruch der „drohenden Kriegsgefahr" sollten die Geschäftszimmer Tag und Nacht besetzen werden.[883] Die Kommandeure, Adjutanten und Batteriechefs haben jederzeit erreichbar zu sein – falls möglich telephonisch.[884] Die Kommandos, die für Sicherungsaufgaben vorgesehen seien, haben drei Stunden nach Ausspruch der „drohenden Kriegsgefahr" abfahrbereit zu sein.[885] Die Soldaten sollten nach Ausspruch über die militärische Geheimhaltung belehrt werden.[886] Mit einem Schreiben vom 10. April 1913 wies das II. A. K. das 2. Pionier-Bataillon auf die Pflicht zur Geheimhaltungspflicht der Soldaten – auch in Privatbriefen – bei der Mobilmachung hin. Diese Anordnung sei den Truppen einmal jährlich bekannt zu geben und sei bei Ausspruch der „drohenden Kriegsgefahr" oder Mobilmachung gleichzeitig mit den Kriegsartikeln erneut bekannt zu machen.[887] Nach Anordnung des Zustandes sollten die Soldaten über die Be-

---

[876] Zusammenstellung Bestimmungen bei drohender Kriegsgefahr 5. Inf.-Div., Abschnitt I, 1, BHStA Abtl. IV 5. Inf.-Div. (F) Bund 10.
[877] Mobilmachungs-Vereinbarung West, 1913, S. 12, BHStA Abtl. IV R 2548.
[878] I. A. K.: Mobilmachung und Mobilmachungsvorarbeiten, 1914, § 4, 4 c, BHStA Abtl. IV Gen. Kdo. I. A. K. (F) Bund 396.
[879] Ebd., § 4, 4 d.
[880] Ebd., § 4, 4 e.
[881] Ebd., § 4, 4 l.
[882] Ebd., § 4, 4 m.
[883] Ebd., § 4, 9.
[884] Stab II./Feldart.-Reg. 48: Bestimmungen bei drohender Kriegsgefahr und Mobilmachung, 1914/15, A Punkt 1, SHStA Sächs. Kriegsarchiv (P) Nr. 55420.
[885] Mobilmachungsakten 3. Inf.-Div., S. 2, BHStA Abtl. IV 3. Inf.-Div. (F) Bund 17.
[886] Ebd., S. 5.
[887] Schreiben Nr. 6760, BHStA Abtl. IV 2. Pio.-Batl. (F) Bund 93.

kämpfung von Luftfahrzeugen und die Kennzeichen der deutschen Luftfahrzeuge belehrt werden.[888]

Bei den Bezirkskommandos sollte abwesendes Personal zurückgerufen werden.[889] Wie bereits erwähnt, sollten Reservisten zur Verstärkung eingezogen werden. Für die Einberufung von Reservisten bei „drohender Kriegsgefahr" wurde ab dem Mobilmachungsjahr 1913/14 verfügt, daß diese noch übungspflichtig, im jeweiligen Korpsbezirk ansässig und ihren Kriegstruppenteil leicht erreichen könnten. Die Einberufungsbefehle dürften erst nach Eingang der Meldung erfolgen – auf keinen Fall vorher. Die Einberufung hat für sofort zu erfolgen, allerdings könne in einzelnen Fällen eine 24 stündige Frist gewährt werden.[890] Als Tag der Einberufung galt dabei der Tag nach der Erklärung des Zustandes.[891] Nach Rahnes Hochrechnung betrug die Anzahl der einzuziehenden Reservisten für das gesamte deutsche Heer etwa 100.000 Mann. „Mit diesen ca. 100000 Mann gedachten die preußisch-deutschen Militaristen, das Friedensheer stillschweigend im Falle einer politischen Krise zu vermehren und sich dadurch für die eigentliche Mobilmachung entscheidenden Zeitgewinn zu verschaffen."[892] Rahne übersieht hierbei, daß es sich nur um eine temporäre Verstärkung handelte, da die benötigten Reservisten beim Ausbruch eines Krieges zu ihren Kriegseinheiten abgerückt wären. Die Einberufung von Reservisten für eine Verstärkung wiesen je nach Jahreszeit große Zahlenunterschiede auf.[893] Auch

---

[888] Mobilmachungsvorarbeiten, die bei drohender Kriegsgefahr zu erledigen sind, o. D., BHStA Abtl. IV 2. Pio.-Batl. (F) Bund 132.

[889] Maßnahmen, welche im Falle drohender Kriegsgefahr vom Bezirkskommando zu treffen sind, Mob. Jahr 1914/15, Nr. 4, GlAK Abtl. 456 F 5/52.

[890] Rundschreiben XII. A. K. 750 I a M, 25.06.1913, SHStA Sächs. Kriegsarchiv (P) Nr. 7590. Gedruckt: Rahne, Bd. 2, Anlage 1.

[891] Verfügung Gen. Kdo. Nr. 717 I a M geh., 01.04.1914, SHStA Sächs. Kriegsarchiv (P) Nr. 26625.

[892] Rahne, Bd. 2, S. 44, Anm. 92.

[893] So wurde im Sommer für das 5. Inf.-Reg. in Bamberg 38 Unteroffiziere und 311 Mannschaften als Verstärkung vorgesehen, während es im Winter um 41 Unteroffiziere und 187 Mannschaften wachsen sollte, II. A. K.: Verzeichnis der nach Ausrufung der drohenden Kriegsgefahr zu Übungen sofort einzuberufenden Uffz. u. Mannschaften, Mob. Jahr 1914/15, BHStA Abtl. IV Gen. Kdo. I. A. K. (WK) Bund 81. Insgesamt sollten folgende Truppenteile mit Unteroffizieren/Mannschaften im Sommer verstärkt werden: 4. Inf.-Reg Metz: 20/100, 5. Inf.-Reg. Bamberg: 38/311, 9. Inf.-Reg. Würzburg: 11/210, 17. Inf.-Reg. Germersheim: 27/310, 18. Inf.-Reg. Landau: 28/243, 22. Inf.-Reg. Zweibrücken: 29/296, 22. Inf.-Reg. Saargemünd: 7/80, 23. Inf.-Reg. Landau: 10/200, 23. Inf.-Reg. Germersheim: 5/101, 23. Inf.-Reg. Kaiserslautern:---, 1. Jäger-Batl. Aschaffenburg: 5/46, 1. Ulanen-Reg. Bamberg: 2/60, 3. Husaren-Reg. Dieuze: 9/72, 5. Husaren-Reg. Saargemünd: 1/66, 2. Feldart.-Reg. Würzburg: 10/86, 5. Feldart.-Reg. Landau: 22/117, 11. Feldart.-Reg. Würzburg: 5/34, 12. Feldart.-Reg. Landau: 14/68, 2. Fußart.-Reg. Metz: ---, 2. Pio.-Batl. Speyer: 21/101, 2. Train-Batl. Würz-

sollten nicht alle Truppen – zumindestens in Sachsen nicht – verstärkt werden.[894] Man dachte war u. a. an eine Verwendung der eingetroffenen Verstärkungen im Bahnschutz.[895] Auch sollten Kommandos zur Reparatur zerstörter Bahnstrecken und zur Unterdrückung innerer Unruhen vorbereitet werden.[896] Dieses Kommando sollte jederzeit und kurzfristig zur Verfügung stehen.[897] Zur Entlastung der Truppenteile seien vom Mobilmachungsjahr 1914/15 ab durch die Bezirks-Kommandos bei „drohender Kriegsgefahr" sofort nur garnisonsdienstfähige Unteroffiziere und Mannschaften einzuberufen.[898] Die für sofortige Einberufung vorgesehenen Reservisten würden ihre Einberufungsbescheide schon im Frieden erhalten; sie traten durch die Veröffentlichung der Mobilmachung in Kraft.[899] Reservisten, die bei Winterverstärkungen, „Drohende" und „Unmittelbarer Kriegsgefahr" sowie zu beschleunigter Mobilmachung einberufen wurden, erhielten den Gestellungsbefehl erst in diesem Fall persönlich zugestellt.[900]

Die Einziehung von Reservisten ließ wohl die Sorge entstehen, daß einige Truppenteile zuviel des Guten tun würden. Darum wurde ausdrücklich darauf hinge-

---

burg: 3/63; im Winter waren folgende Verstärkungen vorgesehen: 4. Inf.-Reg Metz: 20/100, 5. Inf.-Reg. Bamberg: 41/187, 9. Inf.-Reg. Würzburg: 11/210, 17. Inf.-Reg. Germersheim: 27/374, 18. Inf.-Reg. Landau: 28/243, 22. Inf.-Reg. Zweibrücken: 29/296, 22. Inf.-Reg. Saargemünd: 7/80, 23. Inf.-Reg. Landau: 6/95, 23. Inf.-Reg. Germersheim: ----, 23. Inf.-Reg. Kaiserslautern: 13/222, 2. Jäger-Batl. Aschaffenburg: 9/69, 1. Ulanen-Reg. Bamberg: 2/60, 3. Husaren-Reg. Dieuze: 8/70, 5. Husaren-Reg. Saargemünd: 1/65, 2. Feldart.-Reg. Würzburg: 12/84, 5. Feldart.-Reg. Landau: 23/204, 11. Feldart.-Reg. Würzburg: 6/39, 12. Feldart.-Reg. Landau: 13/63, 2. Fußart.-Reg. Metz: ---, 2. Pio.-Batl. Speyer: 22/102, 2. Train-Batl. Würzburg: 3/71, ebd.

[894] Es sollten bei Ausrufung „drohender Kriegsgefahr" folgende Truppen des XIX. A. K.'s Verstärkung durch Mannschaften der jüngsten Reservejahrgänge erhalten: Karab.-Reg., Ulanen-Reg. 19, MG-Abtl. 19, Inf.-Reg. 104, Inf.-Reg. 106, Inf.-Reg. 107, Inf.-Reg. 133, Inf.-Reg. 134, Inf.-Reg. 139, Inf.-Reg. 181, I., III. Batl. Inf.-Reg. 179, II. Batl. Inf.-Reg. 179, Pio.-Batl. 22. Die Reservisten sollten zur Verstärkung des Bahnschutzes dienen. Diese Regelung trat nachträglich für das Mobilmachungsjahr 1912/13 in Kraft, um auch danach gültig zu sein, Befehl Gen. Kdo. XIX. A. K. Nr. 377 I a M, 25.02.1913, SHStA Sächs. Kriegsarchiv (P) Nr. 28698.

[895] Garnisonskommando Wurzen Br. B. Nr. 236 M an I./Feldart.-Reg. 78, 07.05.1914, SHStA Sächs. Kriegsarchiv (P) Nr. 64951.

[896] Mobilmachungsbestimmungen für die Batterien Feldart.-Reg. 64, 1914/15, 1. Mob. Tag Punkt 5, SHStA Sächs. Kriegsarchiv (P) Nr. 57193.

[897] Mobilmachungsbestimmungen für 2. Battr. 5/Feldart.-Reg. 64, 1914/15, 1. Mob. Tag Punkt 6, SHStA Sächs. Kriegsarchiv (P) Nr. 58811.

[898] XII. A. K. Nr. 764 I a M an Bezirks-Kommandos, 26.06.1914, SHStA Sächs. Kriegsarchiv (P) Nr. 55416.

[899] Rahne, Bd. 1, S. 146.

[900] Ebd., Bd. 1, S. 148.

wiesen, daß bei „drohender Kriegsgefahr" nur die geplanten Ergänzungsmannschaften einzuberufen seien; weitere Einberufungen hätten zu unterbleiben und übende Reservisten, die nicht für das Regiment bestimmt seien, sollten entlassen werden.[901]

Die Maßnahmen zur Kriegsvorbereitung waren nicht nur auf das Militär beschränkt. Mit Ausspruch der „drohenden Kriegsgefahr" unterläge der Privatgüterverkehr nach Frankreich, Luxemburg, Belgien und Rußland gewissen Einschränkungen und würde auf einigen Bahnlinien ganz eingestellt.[902] Gleichzeitig mit dem Erlaß der „drohenden Kriegsgefahr" werde das Kriegsministerium bekannt geben, von welcher Seite sie drohe.[903]

Aber kaum hatte man ein Problem gelöst, war ein neues aufgetaucht. Bereits die oberbayerische Regierung hatte auf den Widerspruch hingewiesen, der darin lag, daß die „drohende Kriegsgefahr" geheimgehalten werden sollte, während sich die daraufhin zu treffenden Maßnahmen nicht geheimhalten ließen. Im Mobilmachungsplan war festgelegt worden: die Mitteilung der „drohenden Kriegsgefahr" erfolgt in „möglichst unauffälliger Form [...] ein Anschlag der Mitteilung (wie beim Mobilmachungsbefehl) darf nicht erfolgen."[904] Auch ihre Weiterleitung durch die Truppen hat sich unauffällig zu vollziehen.[905] Auch in anderen Bestimmungen wurde Wert auf die Geheimhaltung gelegt: „Der Zustand der ‚drohenden Kriegsgefahr' ist möglichst geheim zu halten. Die Mitteilung der drohenden Kriegsgefahr erfolgt geheim, die Weiterbeförderung hat gleichfalls möglichst unauffällig und vertraulich zu erfolgen."[906] Die Mobilmachungsunterlagen des Bayerischen Kriegsministeriums betonten die Geheimhaltung der Erklärung der „drohenden Kriegsgefahr".[907] Ergänzend dazu hieß es in der

---

[901] 2. Fußart.-Reg.: Maßnahmen bei a) Verstärkung des Heeres b) Drohender Kriegsgefahr c) Kriegsalarm, Mob. Jahr 1914/15, b 11, BHStA Abtl. IV 2. Fußart.-Reg. (WK) Bund 4.

[902] Mobilmachungsakten 3. Inf.-Div., S. 5, BHStA Abtl. IV 3. Inf.-Div. (F) Bund 17. Diese Maßnahme war zunächst per Schreiben des Generalstabes Nr. 1827 I vom 07.02.1913 angeordnet worden, allerdings erging am 20.03.1913 ein weiteres Schreiben Nr. I 687 g, in dem die Anweisung erteilt wurde, Vorarbeiten vorerst zu unterlassen, da noch Verhandlungen über eine einheitliche Regelung liefen, BA-MA PH 3/721.

[903] Zusammenstellung Bestimmungen bei drohender Kriegsgefahr 5. Inf.-Div., Abschnitt II, 1, BHStA Abtl. IV 5. Inf.-Div. (F) Bund 10.

[904] D. V. E. Nr. 219: Mobilmachungsplan für das Deutsche Heer vom 9. Oktober 1913, Anlage J, A § 2, 7, BA-MA PH 3/Pr. F 9114.

[905] Ebd., Anlage J, A § 2, 8.

[906] I. A. K.: Mobilmachung und Mobilmachungsvorarbeiten, 1914, § 4, 3, BHStA Abtl. IV Gen. Kdo. I. A. K. (F) Bund 396.

[907] Auszug aus Mobilmachungsterminkalender Bayr. Kriegsministerium 1914/15, Teil A, BHStA Abtl. IV M Kr Nr. 17595.

„Mobilmachungs-Vereinbarung West": „Der Begriff ‚Drohende Kriegsgefahr' muß aber aus militärischen und politischen Gründen streng geheim gehalten werden; er darf über die Stellen hinaus, die im Besitze der M. V. West sind, nicht bekannt werden. Bei den Vorbereitungen und bei der Ausführung der Maßnahmen darf daher der Begriff ‚Drohende Kriegsgefahr' überhaupt nicht erwähnt werden. Dafür ist stets zu sagen: ‚Maßnahmen, die bei der Erklärung des Kriegszustandes in Kraft treten.'"[908] Dieser Widerspruch wurde auch dadurch nicht gelöst, daß die Truppen angewiesen wurden, die betreffenden Maßnahmen in möglichst unauffälliger Form zu vollziehen.[909] Über das Problem der Geheimhaltung der „drohenden Kriegsgefahr" stellte das Preußische Kriegsministerium in einem Schreiben an den Militärbevollmächtigten Bayerns, Wenninger, vom 11. Januar 1913 fest, daß sich zwar die Maßnahmen nicht verheimlichen ließen, aber der Grund für ihre Auslösung sollte unbekannt bleiben, da die Geheimhaltung aus politischen Gründen angeordnet worden sei.[910] Erneute Versuche des Bayerischen Kriegsministeriums, den Widerspruch zu klären, führten zu keinem Ergebnis. In Preußen hoffe man wohl, daß die mit der „drohenden Kriegsgefahr" verbundenen Verkehrsbeschränkungen ein Bekanntwerden der Maßnahmen verhindere, so lautete das Resümee in München.[911] Dieser Widerspruch sollte trotz aller Bemühungen nicht aufgelöst werden und noch in der Julikrise Irritationen bei der Truppe auslösen.

Um den militärischen Behörden größere Vollmachten zu geben, wurde mit der Mobilmachung die Verhängung des Kriegszustandes verbunden. Die Militärbehörden übernahmen dadurch die vollziehende Gewalt. Damit hatte das Militär die Befugnisse, die Bewegungsfreiheit einzuschränken, kriegswichtige Güter zu beschlagnahmen, Lebensmittelverteilungen vorzunehmen, Stand- und Kriegsgerichte einzurichten sowie die Presse zu zensieren.[912] Laut Mobilmachungsplan für 1914/15 war die Verhängung des Kriegszustandes erst bei Erlaß des Mobilmachungsbefehls vorgesehen. In einer Fußnote wurde allerdings darauf hingewiesen, daß dies schon bei Eintritt der „drohenden Kriegsgefahr" erfolge.[913] Kritische Gebiete sollten von vornherein so behandelt werden. In Elsaß-Lothringen wurde sofort mit dem Eintritt „drohender Kriegsgefahr" der Kriegszustand erklärt. Dies zeigt erneut die chaotische Planung. Seit 1912 war man

---

[908] Mobilmachungs-Vereinbarung West, 1913, S. 18, BHStA Abtl. IV R 2548.
[909] Mobilmachungsakten 3. Inf.-Div., S. 1, BHStA Abtl. IV 3. Inf.-Div. (F) Bund 17.
[910] M. J. Nr. 1633/12. A. 1., BHStA Abtl. IV M Kr Nr. 1611.
[911] Aktennotiz Nr. 14601, 11.06.1913, ebd.
[912] Afflerbach: Falkenhayn S. 156.
[913] D. V. E. Nr. 219: Mobilmachungsplan für das Deutsche Heer vom 9. Oktober 1913, § 6, 3 b, BA-MA PH 3/Pr. F 9114.

sich über die sofortige Verhängung des Kriegszustandes im ganzen Reichsgebiet bei „drohender Kriegsgefahr" einig gewesen.[914] Dennoch wird dies 1914 nur in einer Fußnote erwähnt. Die Planungen für die Verhängung des Kriegszustandes im Falle innerer Unruhen sahen eine Anpassung der entsprechenden militärischen Maßnahmen vor.[915]

Dem „Zustand der drohenden Kriegsgefahr" sollte nach zwei Tagen die Mobilmachung folgen.[916] Obwohl es, wie es in den Quellen immer wieder heißt, keine Garantie für irgend einen zeitlichen Rahmen geben könne. Die Mobilmachung selber konnte als Teil- oder Gesamtmobilmachung befohlen werden: „Soll die Mobilmachung nur eine teilweise sein, so werden die Einschränkungen und Abweichungen ausdrücklich in dem Mobilmachungsbefehl, der dann in der Regel schriftlich erteilt wird, aufgeführt."[917] Ein Zeichen für die Kompliziertheit der Planungen sind die Einzelplanungen der Korps. Mit dem Mobilmachungsbefehl traten die „besonderen Maßregeln" der einzelnen Armeekorps in Kraft.[918] Außerdem sollten die verschiedenen militärischen Schulen und Ausbildungsstätten mit dem Erlaß des Mobilmachungsbefehls aufgelöst werden.[919]

Der Mobilmachungsplan 1914/15 brachte eine weitere Beschleunigung der Mobilmachung.[920] Dafür gab es zwei Gründe: zum einen die Sorge vor feindlichen Überfällen, zum anderen Operationen wie der Handstreich auf Lüttich, die möglichst schnell erfolgen mußten.

Mit den Befürchtungen vor einem überfallartigen Vorgehen des Gegners bei Kriegsausbruch stand die deutsche Armee in Europa übrigens nicht alleine da.[921] Es wurde allgemein vermutet, daß sich Mobilmachungsmaßnahmen geheimhalten ließen, und geheime Vorkehrungen wurden von jeder Seite getroffen.[922] Durch die besondere Lage des Reiches gewannen diese Überlegungen in Deutschland aber ein besonderes Gewicht. Ein großes Problem für den Eisen-

---

[914] Ch. Schudnagies: Der Kriegs- und Belagerungszustand im Deutschen Reich während des Ersten Weltkrieges. Eine Studie zur Entwicklung und Handhabung des deutschen Ausnahmezustandsrechts bis 1918. Frankfurt/M., Berlin, Bern, New York, Paris, Wien 1994, S. 62. Mehr dazu im Kapitel IV. 3 „Antinationale Elemente" und die Mobilmachung, S. 188 ff.
[915] Mobilmachungs-Vereinbarung West, 1913, S. 11, BHStA Abtl. IV R 2548.
[916] Afflerbach: Falkenhayn S. 156.
[917] D. V. E. Nr. 219: Mobilmachungsplan für das Deutsche Heer vom 9. Oktober 1913, § 7, 4, BA-MA PH 3/Pr. F 9114.
[918] Ebd. § 7, 2.
[919] Ebd. § 5, 1.
[920] Rahne, Bd. 1, S. 177.
[921] Storz: Kriegsbild S. 331.
[922] Van Evera: Cult S. 72.

bahnverkehr bildeten die Engpässe der Brücken über die Weichsel im Osten und über den Rhein im Westen; sie machten den deutschen Aufmarsch anfällig für Sabotage und Spionage.[923] Moltke drückte seine Befürchtungen in einem Brief an Delbrück aus: „Gerade die neueste Geschichte zeigt immer wieder eine überfallartige Einleitung der Kriege. Besonders die europäischen Großmächte werden angesichts der Kriegsbereitschaft ihrer Gegner gegebenenfalls bestrebt sein, durch politische und militärische Initiative einen Vorsprung in der Versammlung des eigenen Heeres zu gewinnen, den Krieg in das Land des Feindes zu tragen, diesen sofort vor unerwartete strategische Lagen zu stellen und der Entschlußfreiheit zu berauben."[924] Auf deutscher Seite wurde 1914 erwartet, daß die russische Kriegsbereitschaft kaum noch hinter der deutschen zurück stünde.[925] Die russischen Rüstungen hätten die Mobilmachung beschleunigt.[926] Es wurde mit einem frühzeitigen Angriff auf Ostpreußen durch die Russen gerechnet.[927] Moltke ging davon aus, daß die russische Armee schon im Frieden Kriegsstärke aufweise und somit jederzeit zu einem Überfall in der Lage sei.[928] Infolgedessen kursierten im Generalstab sogar Überlegungen, ob die Russen nicht in einigen Bereichen durch mehrere Maßnahmen einen Grad der Kriegsbereitschaft erreicht hätten, der über dem der Deutschen liege.[929] Die Aufmarschanweisungen für 1914 erklärten, daß die russischen Maßnahmen in der Kriegsvorbereitungsperiode nur für die Grenztruppen bekannt seien.[930] Aufgrund dieser Maßnahmen sei mit einem Grenzübertritt russischer Truppen bei Mobilmachung oder Kriegserklärung zu rechnen.[931] In einer Denkschrift an Staatssekretär Jagow vom 24. Februar 1914 warnte Moltke davor, daß die Russen durch ihre Kriegsvorbereitungsperiode die Grenztruppen bereits vor der Mobilmachung geheim so vorbereitet hätten, daß sie sofort marschbereit seien.[932] An der Westgrenze ging man deutscherseits von einer zeitgleichen Operationsbereitschaft der französischen und der deutschen Truppen aus.[933] Seitens des Generalstabes wurde allerdings vermutet, daß einzelne französische Truppen schon vorher

---

[923] Reichsarchiv: Weltkrieg, Bd. 1, S. 145; Reichsarchiv: Feldeisenbahnwesen, Bd. 1, S. 2.
[924] Vom 14.05.1914. - Reichsarchiv: Kriegsrüstung, Anlagen, B Nr. 85, S. 289.
[925] L. Beck: West- oder Ostoffensive? S. 155, in: H. Speidel (Hg.): Ludwig Beck. Studien. Stuttgart 1955, S. 139-191.
[926] Stone: Front S. 42 f.
[927] Reichsarchiv: Weltkrieg, Bd. 2, S. 17.
[928] Entwurf zur Denkschrift Moltkes v. Mai 1914. - Elze S. 164.
[929] Generalstab: Kriegsbereitschaft Rußlands, Februar 1914, HStAS M 33/1, Bü. 1.
[930] Aufmarschanweisung Oberkommando 8. Armee, 1914/15. - Elze S. 198 f.
[931] Ebd., S. 199.
[932] GP, Bd. 39, Nr. 15839, S. 36.
[933] Staabs S. 30 f.

einsatzbereit seien. In Frankreich gehe dem Ausbruch eines Krieges ein Zeitraum politischer Spannung voraus.[934] In dieser Zeit würden Maßnahmen zur Erhöhung der Kriegsbereitschaft durchgeführt, diese würden teils von einzelnen Truppen bzw. Behörden, teils von der Regierung angeordnet sein.[935] Diese Maßnahmen würden sehr schwer feststellbar sein; da die Initiative auch bei einzelnen Truppen läge, sei es nicht möglich, aus vereinzelt festgestellten Maßnahmen eine französische Mobilmachung abzuleiten.[936] Daneben gäbe es noch verschiedene Mobilmachungsgeschwindigkeiten für die verschiedenen Truppen.[937] Durch durchgeführte Maßnahmen in Zeiten politischer Spannung sei damit zu rechnen, daß die Grenzschutztruppen bereits bei Erlaß des Mobilmachungsbefehls in voller Kriegsstärke bereitstünden.[938]

Sabotage und überraschende Einfälle der Franzosen, so etwa ein Handstreich auf Metz, wurden vom Generalstab noch vor Kriegserklärung erwartet.[939] „Nach sicheren Nachrichten" seien französische Sabotageabsichten fest eingeplant; „nach unverbürgten Nachrichten" war mit frühzeitigen Überfällen der Franzosen auf das Reichsgebiet noch vor der Kriegserklärung zu rechnen.[940] Möglicherweise würden die Franzosen noch vor der Beendigung ihres Aufmarsches mit starker Kavallerie in Luxemburg oder Lothringen eindringen; auch sei ein Vorstoß in das Oberelsaß möglich.[941] Erfolge ein Eindringen der Kavallerie nach Lothringen, sei mit dem Nachrücken der Jäger-Bataillone, vielleicht auch anderer Truppen zu rechnen.[942] In den deutschen Dienstvorschriften wurde die ganze Bandbreite der vermuteten französischen Aktionen ausgebreitet. Mit französischen Luftangriffen gegen deutsche Luftschiffe, deren Hallen, Rheinbrücken, wichtige Bahnhöfe und andere wichtige Bauten sei zu rechnen.[943] Es würden

---

[934] Die französische Armee, 1914, S. 39, HStAS M 635/2, Bd. 135.
[935] Ebd., S. 40.
[936] Ebd., S. 41.
[937] Ebd., S. 43 f.
[938] Ebd., S. 43.
[939] Reichsarchiv: Weltkrieg, Bd. 1, S. 101.
[940] Anweisungen für die Deckung des Aufmarsches des deutschen Westheeres 1914/15, Punkt 1, BHStA Abtl. IV A. O. K. 6 Nr. 369; GlAK Abtl. 456 F 5/50.
[941] Vermutete erste Massnahmen der Franzosen, 1914-1915, A IV, 1, BHStA Abtl. IV Gen. Kdo. I. A. K. (WK) Bund 80.
[942] Ebd., B III, 2. Daneben hschr. Randbemerkung: „sehr wichtig!" Eine ähnliche Erwartung hinsichtlich des Vorgehens der Franzosen findet sich in der Ausarbeitung des Generalstabes: Aufmarsch und operative Absichten der Franzosen in einem zukünftigen deutsch-französischen Kriege, 1912, gültig bis 1914, S. 46 ff., BHStA Abtl. IV A. O. K. 6 Nr. 369.
[943] Vermutete erste Massnahmen der Franzosen, 1914-1915, A III, 1, BHStA Abtl. IV Gen. Kdo. I. A. K. (WK) Bund 80.

Agenten und Offizieren in Zivil in Kraftwagen zur Beobachtung auftreten.[944] Ebenso bereiteten sich die Franzosen auf Sabotageakte vor: „Es ist beabsichtigt, vor und während der Mobilmachung die deutschen Bahnen, Kunstbauten, Fernsprech- und Telegraphenleitungen im Aufmarschgebiet und an den wichtigsten Transportstrassen durch Agenten, Spione, Vertrauensleute aus der Bevölkerung des Reichslandes zu zerstören. Zu dem gleichen Zweck sollen Kraftwagen mit Sprengstoffen in grösserer Anzahl im französischen Grenzgebiet bereitstehen."[945]

Die Furcht vor Sabotage führte zum Drängen der Militärs auf Vorbereitungen schon im Frieden, die jedoch am Einspruch der Zivilbehörden scheiterten. Da die Befürchtung bestand, daß die feindlichen Agenten sich ihren Zerstörungsobjekten nicht nur zu Lande, sondern auch zu Wasser – namentlich den Brücken – näherten, schlug das Kriegsministerium 1913 bereits im Frieden die Überwachung ausländischer Binnenschiffer vor.[946] Das Reichsinnenamt habe sich schon im April des Jahres skeptisch gegenüber einer Friedensüberwachung geäußert.[947] Seine Auffassung wiederholte es gegenüber dem Kriegsministerium am 28. Februar 1914 und schlug statt der Überwachung im Frieden besondere Schutzmaßnahmen bei einer politischen Spannung vor.[948]

Analog zu den vermuteten gegnerischen Absichten bestanden auch auf deutscher Seite Planungen, Sabotageakte zu unternehmen. Im Westen waren für den Ernstfall Sabotageakte gegen Eisenbahnen etc. vorgesehen, während diese im Osten das Planungsstadium noch nicht überschritten hatten.[949]

Die Furcht vor einem überraschenden Kriegsausbruch führte auch zu Überlegungen auf anderen Gebieten. Am 30. April 1913 wandte sich der bayerische Kriegsminister an den vortragenden Adjutanten des Prinzregenten. Er wies in seinem Schreiben darauf hin, daß die Mobilmachungsplanungen von der Anwesenheit des Prinzregenten in München ausgingen: „Im Hinblick auf die bevorstehenden Reisen seiner Königlichen Hoheit und in Würdigung der derzeitigen politischen Lage erachte ich es für notwendig, Euerer Exzellenz das Nachstehende zur Kenntnis zu bringen unter dem Anheimstellen, Seiner Königlichen

---

[944] Ebd., A III, 3.

[945] Ebd., A IV, 2. Ähnlich auch die Ausarbeitung des Generalstabes: Aufmarsch und operative Absichten der Franzosen in einem zukünftigen deutsch-französischen Kriege, 1912, gültig bis 1914, S. 45, BHStA Abtl. IV A. O. K. 6 Nr. 369.

[946] Kriegsministerium 2426/13. A 1. an Reichskanzler, 02.06.1913, BAB R 1501/112264.

[947] Schreiben Reichsinnenamt M. f. H. u. G. II b 2682, 05.04.1913, ebd.

[948] Schreiben V. 3116, ebd.

[949] Trumpener S. 74 f.

Hoheit hierüber Vortrag zu erstatten."[950] Der Kriegsminister schlug vor, den Regenten die nötigen Erlasse bereits blanko unterzeichnen zu lassen, um im Ernstfall keine Zeit zu verlieren.[951] Ob dies nun so praktiziert wurde, läßt sich aus den Quellen nicht mehr entnehmen.

Ein weiterer Zwang zur Beschleunigung lag in dem handstreichartigen Vorgehen an der Grenze begründet. Nach Moltkes Ansicht war ein Handstreich auf Lüttich nur dann erfolgversprechend, wenn er erfolgte, bevor die Belgier Zeit hatten, die Festung kriegsmäßig auszubauen.[952] In der Denkschrift für den Angriff auf Lüttich von 1914 wurde nur ein teilweiser Ausbau der Zwischenräume vor dem Handstreich erwartet.[953] Um jede Zeitverzögerung zu vermeiden, waren die Wege der Angriffskolonnen bereits im Frieden erkundigt worden.[954] Insgesamt waren nach den Planungen am Lüttich-Unternehmen beteiligt: sieben Infanterie-Brigaden (11., 14., 27., 34., 38., 43.), drei Kavallerie-Divisionen (2., 4., 9.) sowie das in Aachen stationierte Infanterie-Regiment 25.[955] Um sich durch Zerstörungen der Eisenbahnen durch die Belgier nicht aufhalten zu lassen, hatte man bereits in Deutschland für neuralgische Punkte Umgehungsbahnen installiert, die dann im Ernstfall nur nach Belgien transportiert und dort aufgebaut werden mußten.[956]

Um die benötigten Truppen – sowohl zum Schutz als auch für die eigenen Angriffsplanungen – zur Verfügung zu haben, wurde vorgesehen, diese möglichst schnell an die Grenze zu bringen. Unterschieden wurde dabei zwischen beschleunigter Mobilmachung und sofortiger Marschbereitschaft; letztere erhielten keine Verstärkungen.[957] Bei der beschleunigten Mobilmachung sollten Infanterie-Brigaden schon am ersten Mobilmachungstag durch kurzfristig einberufene Reservisten, die im Standort wohnen mußten, verstärkt werden, um am Abend des ersten Mobilmachungstages bereits abtransportiert zu werden.[958] Nach dem 1914 gültigen Mobilmachungsplan sollten beschleunigt marschbereit sein: sechs Infanterie-Brigaden für Lüttich, die Truppen, die für die Besetzung Luxemburgs

---

[950] Schreiben Nr. 11421, BHStA Abtl. IV M Kr Nr. 1592.
[951] Ebd.
[952] Bredt S. 53 f.
[953] Zit. nach Generalstab: Handstreich S. 2.
[954] Bredt S. 54.
[955] Ebd., S. 120.
[956] H. Binder: Was wir als Kriegsberichterstatter nicht sagen durften! München 1919, S. 9 ff.
[957] Rahne, Bd. 2, S. 33, Anm. 24.
[958] Ebd., Bd. 1, S. 122.

vorgesehen waren, sowie sieben Infanterie-Brigaden und alle 11 Kavallerie-Divisionen zur Verstärkung des Grenzschutzes.[959]
Bei den vorzeitig marschbereiten Truppen und Stäben sollten bei „drohender Kriegsgefahr" durchgeführt werden: Ankauf von Pferden, Fahrzeugen und Ausrüstungsstücken; weiter wurde vorgesehen: alle nötigen Empfänge (Kriegskarten etc.) werden getätigt, die blanken Waffen werden geschliffen; das Lederzeug der berittenen Truppen wird geschwärzt und die zur sofortigen Einberufung vorgesehenen Soldaten haben einzurücken.[960] Am 15. Oktober 1913 informierte das XIX. A. K. in einem Rundschreiben über die Bestimmungen für beschleunigt ausrückende Truppen. Darin wird festgelegt, daß das Schleifen der blanken Waffen erst nach Eintreffen des Mobilmachungsbefehls erfolgen solle.[961] Die Waffen der sofort marschbereiten Truppen seien unmittelbar nach Eingang des Mobilmachungsbefehls zu schleifen, so lauteten die Mobilmachungsbestimmungen der General-Inspektion des Militär-Verkehrswesens.[962] Auf diesem Gebiet herrschte offensichtlich Einigkeit in den Vorschriften. Bei den normalen Truppen sollte die Prozedur später stattfinden, dies war eindeutig. Das Schleifen der blanken Waffen habe bei den Offizieren des Brigadestabs am 1. Mobilmachungstag, bei den Unteroffizieren und Mannschaften bis zum 3. Mobilmachungstag zu erfolgen.[963] Bis zum 3. Mobilmachungstage mußten auch die Waffen der Munitionskolonne geschliffen sein.[964] So lauteten die einschlägigen Bestimmungen der 3. Feldartillerie-Brigade. Bei den Pionieren sollten die blanken Waffen bis zum 5. Mobilmachungstag geschliffen werden, während die Schleifung der Äxte und Beile bereits bei „drohender Kriegsgefahr" beginnen sollte.[965]

---

[959] Schäfer: Mobilmachung S. 602.
[960] Zusammenstellung Bestimmungen bei drohender Kriegsgefahr 5. Inf.-Div., Abschnitt IV, BHStA Abtl. IV 5. Inf.-Div. (F) Bund 10.
[961] Schreiben Sekt. I a Nr. 1130 M, SHStA Sächs. Kriegsarchiv (P) Nr. 21363.
[962] Mobilmachungsinstruktion der General-Inspektion des Militärverkehrswesens, 1914/15, 13 f, GlAK Abtl. 456 F 5/479.
[963] Bestimmungen für die Mobilmachung des Stabes der 3. Feldart.-Brig. 24, 1914/15, SHStA Sächs. Kriegsarchiv (P) Nr. 64951.
[964] Bestimmungen für die Mobilmachung des Kommandeur Munitions-Kolonne 3. Feldart.-Brig. 24, 1914/15, SHStA Sächs. Kriegsarchiv (P) Nr. 64951. Gleiche Daten waren auch in den entsprechenden Bestimmungen – sowohl für den Stab als auch für den Kommandeur – der 2. Feldart.-Brig. 24 enthalten, SHStA Sächs. Kriegsarchiv (P) Nr. 65819. Die Waffen des Generalkommandos XIV. A. K. und des XIV. Res.-Korps wurden am 2. Mob. Tag geschliffen, Nachweis der zu schleifenden Waffen, GlAK Abtl. 456 F 5/180.
[965] Mobilmachungsvorarbeiten, die bei drohender Kriegsgefahr zu erledigen sind, o. D., BHStA Abtl. IV 2. Pio.-Batl. (F) Bund 132.

Die Beschleunigung der Einsatzbereitschaft machte sich selbst in den kleinsten Details bemerkbar. Die Mannschaften der vorzeitig marschbereiten Truppenteile des 11. Feldartillerie-Regiments hatten ihre Erkennungsmarken schon am Abmarschtage zu tragen.[966]

Eine Übersicht über die verschiedenen Termine, zu denen die Mobilmachung abgeschlossen sein sollte, bietet die Mobilmachungszeitübersichten 1914/15 für Bayern; die Bandbreite reicht von 3 bzw. 6 Stunden nach Eingang des Mobilmachungsbefehls bis zum 5. Mobilmachungstag.[967] Besonders an neuralgischen Punkten sollten die Truppen möglichst schnell einsatzbereit sein. Die als Sicherheitsbesatzungen von Metz vorgesehenen Truppen hatten 6 Stunden nach Ausspruch der „drohenden Kriegsgefahr" kriegsmäßig eingekleidet und mit scharfer Munition versehen abmarschbereit zu sein.[968] Dabei war den deutschen Planern bewußt, daß in den unterschiedlichen Tempi der Mobilmachung Schwierigkeiten liegen konnten. So wies das XIX. A. K. daraufhin, daß die Prüfung der Mobilmachungsvorarbeiten der Truppe um so wichtiger seien, da durch die Vielzahl der frühzeitig marschbereiten Truppenteile sich die Schwierigkeiten vervielfältigt hätten.[969]

Zunächst kam es darauf an, bereits im Frieden die Grenzen sowie bedrohte Objekte zu sichern. So sollte der Schutz der Bahnen von den aktiven Truppen übernommen werden. Sie sollten sobald wie möglich durch den Landsturm abgelöst werden.[970] Die aktiven Bahnschutztruppen seien in Friedensstärke ausgerückt und mußten ihre Mobilmachung im Dienst beenden.[971] Um den Bahnschutz vor allem zu Anfang effektiv zu gestalten, sollten auch Zivilbeamte wie z. B. die Zollbehörden beteiligt werden.[972]

---

[966] 11. Feldart.-Reg.: Anhaltspunkte für vorzeitig marschbereite Batterien für den 1. Mob. Tag, 12.06.1914, Abschnitt III, BHStA Abt. IV 11. Feldart.-Reg. (F) Bund 1. Die Anhaltspunkte machen sehr deutlich, mit welcher Genauigkeit im Detail die Mobilmachung vorbereitet wurde.

[967] BHStA Abt. IV M Kr Nr. 1616.

[968] Fußart.-Reg. 12, Verwendung des Regiments als Sicherheitsbesatzung, Punkt 3, SHStA Sächs. Kriegsarchiv (P) Nr. 31116.

[969] Befehl XIX. A. K. Nr. 15/76 m/13 I a, 07.01.1914, SHStA Sächs. Kriegsarchiv (P) Nr. 52930.

[970] François S. 342.

[971] Ebd., S. 346.

[972] Schreiben Finanzministerium S. J. Nr. 114, 03.02.1914, GlAK Abt. 456 F 5/58. Die Verhandlungen über die Beteiligung der Zivilbeamten und deren Bewaffnung sollten bis Kriegsausbruch allerdings keinen Abschluß finden, ebd.

Mit der Erklärung der „drohenden Kriegsgefahr" sei dann der Grenzschutz einzurichten.[973] Zunächst sollte er von den aktiven Truppen der Grenzgarnisonen gebildet werden.[974] Später war dann eine Unterstützung durch die am 1. oder 2. Mobilmachungstag eintreffenden vorausbeförderten gemischten Infanterie-Brigaden und die Einheiten der Heereskavallerie vorgesehen.[975] Die Grenzschutztruppen hätten die Zeit bis zum Kriegsausbruch zur Vorbereitung des Krieges zu nutzen, dabei seien die „personellen und materiellen Hilfsmittel des Grenzgebiets rücksichtslos auszunutzen."[976]

Jeder Grenzschutzkommandeur konnte frei entscheiden, wie er den Grenzschutz gestalten wollte; aus Berlin gab es nur allgemeine Anweisungen.[977] So hieß es in den Anweisungen des XVI. A. K., bei der Organisation des Grenzschutzes – besonders des Nachrichtendienstes – werde Wert auf selbständiges Handeln gelegt: „Es dürfen hiezu [sic] Befehle von höheren Stellen nicht abgewartet werden, sondern alle Teile müssen sich gegenseitig selbständig in die Hände arbeiten."[978] Dies führte wiederum zu Unsicherheiten in der Truppe, die sich vor allem im Osten äußerten. Moltke ging davon aus, daß eine aussichtsreiche Verteidigung im Osten nur möglich sei, wenn es gelänge, den Russen einige Schläge zu versetzen, bevor sie versammelt seien.[979] Da aber eine einheitliche Regelung dazu nicht ergangen war, führten die beiden im Osten für den Grenzschutz zuständigen Armeekorps ihre Aufgabe unterschiedlich aus. Das eine versuchte, die Aufgabe offensiv zu lösen, während das andere eine nachgebende Abwehr betrieb.[980] Obwohl der Generalstab von den unterschiedlichen Absichten wußte, wurde nichts unternommen, um ein koordiniertes Vorgehen zu erreichen.[981]

Wie sah nun vor diesem Hintergrund die deutsche Mobilmachungsplanung im Jahre 1914 aus? Wie in den Vorjahren versuchte die deutsche Militärplanung, in ihren Überlegungen eine allmählich wachsende internationale Spannung zu be-

---

[973] XXI. A. K.: Allgemeine Anweisungen für den Grenzschutz im Bereich des XXI. Armeekorps, Mob. Jahr 1914/15, BHStA Abtl. IV Gen. Kdo. I. A. K. (WK) Bund 80.
[974] Cron: Organisation S. 164.
[975] Aufmarschanweisung für das Oberkommando der 6. Armee, Mob. Jahr 1914/15, III 10, BHStA Abtl. IV A. O. K. 6 Nr. 369.
[976] Verhalten der Grenzschutztruppen vor Ausbruch des Krieges, o. D., GlAK Abtl. 456 F 5/477.
[977] François S. 342.
[978] XVI. A. K.: Besondere Maßregeln Mob. Jahr 1914/15, Abschnitt 5, BHStA Abtl. IV 2. Fußart.-Reg. (WK) Bund 4.
[979] Reichsarchiv: Weltkrieg, Bd. 2, S. 23.
[980] François S. 343.
[981] Ebd., S. 343. Diese Friktionen übersieht Salewski bei seiner Schilderung der Ereignisse im Osten nach Kriegsausbruch. - Salewski S. 126.

rücksichtigen. „Unter Umständen werde auch schon vorher [vor drohender Kriegsgefahr, d. Verf.] in Fällen einer politischen Spannung besondere Maßregeln ergriffen. Hierzu gehören die Verstärkungen der in den Reichslanden u. in der Pfalz stehenden Truppen sowie die Aufstellung des Stabes der Kav.-Div."[982] So lautete der Mobilmachungsterminkalender für das Bayerische Kriegsministerium für das Mobilmachungsjahr 1914/15.[983] In der gleichen Vorschrift hieß es weiter: „Die Mitteilung einer politischen Spannung, die Erklärung drohender Kriegsgefahr und der Ausspruch der Mobilmachung erfolgt auf Grund einer Benachrichtigung des K. Preuß. KM. möglichst gleichzeitig mit den übrigen Kontingenten."[984] Hier zeigten sich sehr deutlich die Unklarheiten, die selbst an höchster Stelle herrschten. Der Begriff „politische Spannung" war seit langem nicht mehr im militärischen Gebrauch; trotzdem wurde er weiterhin benutzt, und man erwartete sogar, daß das Preußische Kriegsministerium den Eintritt einer politischen Spannung zentral bekanntgeben würde. Das ganze Chaos wird deutlich, wenn man berücksichtigt, daß die Zusammenstellung der Kavallerie-Stäbe schon bei einer politischen Spannung erst im Frühjahr 1914 angeordnet worden war. Am 18. Februar 1914 schrieb das Preußische Kriegsministerium an sein bayerisches Äquivalent und informierte es darüber, daß man daran denke, in Zukunft die Kavalleriestäbe schon vor der Mobilmachung in Zeiten politischer Spannung zusammentreten zu lassen. Diese Maßnahme solle vor allem die Stabsarbeit erleichtern. Sie würde im Fall des Falles durch ein Telegramm des Kriegsministeriums in Gang gesetzt werden; erfolge sie nicht, so sei sie bei Eintritt der „drohenden Kriegsgefahr" ohne besondere Aufforderung zu vollziehen.[985] Der Wortlaut des entsprechenden Telegramms sollte lauten: „Kavalleriestäbe nach M. J. 579/14 A 1 formieren. K. M."[986] Also kein Wort von der politischen Spannung.

Ähnlich sah es auch bei der geplanten Verstärkung der Truppen in Elsaß-Lothringen aus. Gerade dieser Fall zeigte deutlich, welche Schwierigkeiten der deutschen Planung durch die Vorbereitung auf verschiedene Möglichkeiten erwuchsen. Bei allen vorgesehenen Maßnahmen war es nötig, die Truppen durch Einziehung von Reservisten zu verstärken. Zur Sicherstellung einer kampfkräftigen Truppe waren in der Zeit vom 1. Oktober 1914 bis 31. März 1915 die Ver-

---

[982] Mobilmachungsterminkalender Bayr. Kriegsministerium 1914/15, Vorbemerkungen Punkt 2, BHStA Abtl. IV M Kr Nr. 17595.
[983] Ebd., Vorbemerkungen Punkt 2.
[984] Ebd., Vorbemerkungen Punkt 4.
[985] M. J. Nr. 579/14. A. 1., BHStA Abtl. IV M Kr Nr. 1592. Auch Sachsen erhielt das Schreiben, SHStA Sächs. Kriegsarchiv (P) Nr. 21336; zur Aufstellung der Stäbe siehe auch Stahl S. 225.
[986] BHStA Abtl. IV M Kr Nr. 1592.

stärkung der Truppen an der Grenze in Zeiten politischer Spannung vorzubereiten, so ordneten es die Mobilmachungsbestimmungen für das Preußische Kriegsministerium an. Von diesen Verstärkungen wären im Westen betroffen gewesen: VIII., XV., XVI., XXI. Armeekorps und die 29. Division; im Osten waren das I., V., VI., XVII., XX. Armeekorps und die 4. Division eingeplant.[987] Es sei die Einziehung der Reservisten so zu handhaben, daß das bei Verstärkung einziehende Korps dasselbe sei, welches den Reservisten im Mobilmachungsfall einziehen würde.[988] Damit war gegenüber den Planungen vom Vorjahr eine Vereinfachung erreicht worden, da es jetzt nicht mehr nötig war, die bei einer Verstärkung eingezogenen Reservisten beim Kriegsausbruch an andere Truppenteilen zu senden. Erst jetzt macht auch Rahnes Kommentar – siehe oben – zu den Verstärkungen Sinn. Der Befehl zur Einberufung der Verstärkungen wird vom Kriegsministerium mit folgendem Telegramm ergehen: „Seine Majestät haben vorbereitete Verstärkungen befohlen. 1. Transporttag ...".[989] Ähnlich wie bei der Formierung der Kavallerie-Stäbe wird also die Verstärkung im Bedarfsfall einzeln per Telegramm angeordnet. Die entsprechenden Vorschriften des Bayerischen Kriegsministeriums lauteten ähnlich; hier war die Verstärkung der Truppen in der Pfalz und in Elsaß-Lothringen vorgesehen.[990]

Die vielen Zweifel, die dabei in der Truppe auftauchten, veranlaßten das Preußische Kriegsministerium am 14. März 1914, Grundsätzliches zur Einberufung von Reservisten bei den verschiedenen Fällen zu erläutern. Wichtig sei, daß nicht sicher sei, ob und wenn ja alle dieser Maßnahmen vor der Mobilmachung angeordnet werden: „Eine Zusage, daß die Vorstadien der Mobilmachung – Winterverstärkungen, drohende Kriegsgefahr – in jedem Fall angeordnet werden, kann nicht gegeben werden. Die politische Lage kann sich so schnell zuspitzen, daß ohne jede vorherige Sondermaßnahme die Mobilmachung befohlen werden muß. Die Vorarbeiten für die Winterverstärkungen und die drohende Kriegsgefahr müssen daher so getroffen werden, daß jede für sich allein durchführbar ist und daß die planmäßige Mobilmachung nicht gestört wird, wenn diese vorbereitenden Maßnahmen, oder eine von ihnen, nicht angeordnet werden."[991] Neben der Regelung von Detailfragen wurde festgestellt: „Die Winter-

---

[987] Preuß. Kriegsministerium: Mobilmachungsbestimmungen 1914/15, Abschnitt 39, BA-MA PH 2/106.
[988] Ebd., Abschnitt 40.
[989] Ebd., Abschnitt 46.
[990] Bayr. Kriegsministerium: Mobilmachungsbestimmungen 1914/15, Abschnitt III, 22, BHStA Abtl. IV Gen. Kdo. I. A. K. (WK) Bund 81.
[991] M. J. Nr. 845/14. A 1, BHStA Abtl. IV 2. Inf.-Div. (WK) Bund 7. Ein weiteres Exemplar dieses Schreibens findet sich HStAS M 1/4, Bü. 500. Rundschreiben Bayr. Kriegsministerium, 27.03.1914 mit Weiterleitung des Erlasses, BHStA Abtl. IV M Kr Nr. 685. Das bayr. I.

verstärkungen werden auch nach beendeter Rekrutenausbildung (Februar, März) – wenn die Lage es erforderlich macht – befohlen werden."[992] Aufgrund von Anfragen sei weiter darauf hinzuweisen, daß der Ankauf von Pferden bei Truppen mit beschleunigter Mobilmachung statthaft sei. Bei Erklärung der „drohenden Kriegsgefahr" dürfen alle Gruppierungen der Reserve außer dem Landsturm einberufen werden. Der Landsturm sei nur bei einem unmittelbar drohenden feindlichem Angriff aufzurufen.[993] Hieraus ergeben sich die verschiedenen Maßnahmen: Verstärkungen wurden nur einberufen im Falle der Winterverstärkung, die allerdings auch im Sommer befohlen werden konnte, und bei „drohender Kriegsgefahr"; wieder wird der Begriff politische Spannung nicht erwähnt. Der Landsturm sollte nur bei einem unmittelbar drohenden Überfall von den Einberufungen betroffen werden.

Bei der Frage der Verstärkung des Heeres machte sich – wie bei dem Begriff der politisch gespannten Zeiten – wiederum die unklare Sprache des wilhelminischen Heeres bemerkbar. Die Winterverstärkung sollte also auch im Sommer angeordnet werden – damit war natürlich der Begriff obsolet geworden. Kein Wunder, daß später nur noch von Verstärkung des Heeres gesprochen wurde. Ohne Kenntnis dieser Begriffsänderung muß jedoch Verwirrung entstehen. Diese Verwirrung wird sicherlich bereits die Zeitgenossen geplagt haben.

Die Frage der Einberufung von Reservisten machte auch in Bayern Schwierigkeiten; aus diesem Grunde gab das I. bayerische A. K. am 3. April 1914 seinen unterstellten Truppenteilen eine Zusammenstellung der einschlägigen Bestimmungen bekannt.[994] Die Probleme erstreckten sich auf „Fragen der Einberufungen bei ‚Verstärkung des Heeres' und bei ‚drohender Kriegsgefahr'"[995] Die Bestimmungen über die Verstärkung des Heeres von 1913/14 behalten ihre Gültigkeit auch im Winterhalbjahr 1914/15.[996] Zur Regelung der Einziehungen bei Verstärkung des Heeres im Winterhalbjahr 1913/14 waren von dem Armeekorps am 20. September 1913 die nötigen Regelungen getroffen worden. Es könnte „im Winterhalbjahr 1913/14 unter Umständen nötig werden, die in Elsaß-Lothringen stehenden K. B. Truppenteile vor Ausspruch einer Mobilmachung durch Einziehung von Reservisten gemäß § 63 des R. M. Gesetzes zu verstär-

---

A. K. Nr. 6109/ 24 I g reichte Auszüge aus dem Erlaß am 03.04.1914 an seine Truppen weiter, BHStA Abtl. IV 2. Inf.-Div. (WK) Bund 7.

[992] M. J. Nr. 845/14. A 1, ebd.

[993] Ebd.

[994] Schreiben Nr. 6109/ 24 I g, BHStA Abtl. IV 2. Inf.-Div. (WK) Bund 7.

[995] Ebd.

[996] Ebd.

ken."⁹⁹⁷ Die Reservisten seien nur zu den Truppenteilen einzurufen, zu denen sie auch im Mobilmachungsfall einrücken würden; außerdem gelte: „Die Mannschaften des im September beim 8. Inf. Regt. zur Entlassung kommenden Jahrganges sind mitheranzuziehen."⁹⁹⁸ Der Befehl zur Einberufung der Verstärkungen wird den Truppen durch ein vorher formuliertes Telegramm seitens des Generalkommandos bekanntgegeben werden, dessen Text lauten werde: „Vorbereitete Verstärkung Allerhöchst befohlen. 1. Transporttag ... Generalkommando."⁹⁹⁹ Des weiteren wurde befohlen: „Die Vorbereitungen sind geheim zu halten. Bei den Einberufungen ist – soweit möglich – ohne Erregung von Unruhe und Aufsehen zu verfahren."¹⁰⁰⁰ In einem weiteren Rundbrief vom selben Tag ging das Armeekorps auf die Frage der Einziehung von Offizieren bei Verstärkung ein.¹⁰⁰¹

Da nun allerdings immer wieder betont wurde, daß sich eine Abfolge der Maßnahmen im Ernstfall nicht garantieren lasse, galt es, Regelungen für die „drohende Kriegsgefahr" ohne vorherige Verstärkung zu treffen. In einem Rundschreiben vom 21. November 1913 gab das XXI. A. K. für das Mobilmachungsjahr 1914/15 die Regelungen für die Einziehung von Reservisten bei „drohender Kriegsgefahr", ohne daß der Befehl zur Verstärkung vorangegangen sei, bekannt, in diesem Fall sollten die im Korpsbereich ansässigen Reservisten gezogen werden, die auch bei Verstärkungen einberufen werden würden. Im Gegensatz zur Verstärkung werde man bei „drohender Kriegsgefahr" keine Reservisten von anderen Armeekorps erhalten. Es seien jedoch Anregungen beim Kriegsministerium in dieser Sache gemacht worden. Träte die „drohende Kriegsgefahr" ein, nachdem Verstärkung befohlen worden sei, würden die Truppen keine weiteren Ergänzungen erhalten.¹⁰⁰²

Ähnliche Regelungen galten auch in Sachsen. Die Bestimmungen für die Verstärkung der Grenzkorps im Winter 1914/15 wurden in die Mobilmachungsbestimmungen 1914/15 aufgenommen: „Die Mitteilung, daß die Verstärkung

---

[997] Schreiben Nr. 172 I g/18514, BHStA Abtl. IV 2. Inf.-Div. (WK) Bund 7. § 26 R. M. G. besagt, daß bei der Einziehung von Reservisten mit den jüngsten Jahrgängen zu beginnen sei, siehe Rundschreiben Preuß. Kriegsministerium M. J. Nr. 845/14. A. 1. vom 14.03.1914, ebd.
[998] Schreiben Nr. 172 I g/18514, ebd.
[999] Ebd.
[1000] Ebd.
[1001] Schreiben Nr. 172 I g/18514 a., 20.09.1913, BHStA Abtl. IV 2. Inf.-Div. (WK) Bund 7.
[1002] Schreiben Nr. 658 Mg., BHStA Abtl. IV 3. Kav.-Brig. (F) Bund 1.

durch Seine Majestät befohlen ist, wird gegebenenfalls an das Königliche Kriegsministerium gerichtet werden."[1003]

Neben dem passiven Schutz durch die Truppen war auch ein aktiver Schutz durch Aufklärung über den Gegners eingeplant. Dazu sollten im Falle einer politischen Spannung im Osten wie im Westen sogenannte Spannungsreisende zu Rundreisen in die gegnerischen Länder aufbrechen und nach ihrer Rückkehr die dort gemachten Beobachtungen melden.[1004] Bei den jeweiligen Generalkommandos in Münster, Metz, Saarbrücken, Karlsruhe, Straßburg, Königsberg, Allenstein, Danzig, Posen und Breslau gab es 1914 jeweils einen Nachrichtenoffizier.[1005] Sie hatten sich um die Reisenden und die allgemeine Nachrichtengewinnung über den Gegner zu kümmern. Im Kriegsfall wurden als Standorte des Nachrichtendienstes im Westen vorgesehen: Münster, Koblenz, Metz, Saarbrücken, Straßburg und Karlsruhe.[1006] Im Osten waren es Allenstein, Königsberg, Danzig, Posen und Breslau.[1007]

Das komplizierte Verhältnis zwischen den einzelnen Kontingenten fand seinen Niederschlag auch in der Mobilmachungsplanung. So sollte bayerische Kavallerie den Aufmarsch schützen helfen und zu diesem Zweck dem preußischen XXI. A. K. zur Verfügung stehen.[1008] Dazu bedürfte es aber der Genehmigung des Bayerischen Kriegsministeriums. Mit Schreiben vom 27. Dezember 1913 fragte das II. bayerische A. K. – interessanterweise also nicht das Preußische Kriegsministerium – bei seinem Kriegsministerium an, ob dagegen Bedenken bestünden. Man selber habe keine.[1009] Am 2. Januar 1914 genehmigte das Bayerische Kriegsministerium mit Schreiben an das II. A. K., daß bayerische Kavallerie dem XXI. A. K. bei „drohender Kriegsgefahr" zur Verfügung gestellt werde.[1010] Vorher waren Verhandlungen des Bayerischen Kriegsministeriums mit dem Großen Generalstab über die Frage der Bereitstellung der 3. Kavallerie-Brigade

---

[1003] Preuß. M. J. Nr. 5502/13. A. 1. an Sächs. Kriegsministerium, 08.11.1913. Mit Schreiben Nr. 514 I M vom 18.11.1913 teilte das sächsische Ministerium den preußischen Kollegen mit, daß entsprechende Befehle an die sächsischen Truppen in Elsaß-Lothringen ergangen seien, beide SHStA Sächs. Kriegsarchiv (P) Nr. 572.

[1004] Trumpener S. 65 f.

[1005] Ebd., S. 61.

[1006] Aufmarsch West, Anlage 20, Mob. Jahr 1914/15, BA-MA PH 3/250.

[1007] Aufmarsch Ost, Anlage 20, Mob. Jahr 1914/15, ebd.

[1008] Schreiben des Generalstabes Nr. 4584 an Bayr. Kriegsministerium, 04.11.1913, BHStA Abtl. IV M Kr Nr. 1612.

[1009] Nr. 24508, ebd.

[1010] Schreiben Nr. 34871/13., BHStA Abtl. IV M Kr Nr. 1592.

ergebnislos verlaufen.[1011] Schwierigkeiten machte auch die Frage der inaktiven Offiziere, die in andere Bundesstaaten verzogen waren; bei Einverständniserklärung der betreffenden Offiziere und des ursprünglichen Kriegsministeriums könnten diese in das Kontingent ihres neuen Wohnortes zum Dienst einberufen werden.[1012]

Mit der Mobilmachung begann die Umstellung des Heeres von dem Friedens- in den Kriegszustand. Bei Eintritt einer Mobilmachung seien die eventuell übenden Mannschaften des Beurlaubtenstandes sofort zu entlassen; nur solche, die in dem Ergänzungsbezirks des Truppenteils wohnten, dürften einbehalten werden.[1013] Um das Telegraphennetz zu schonen, wurde von Berlin aus die Zahl der geforderten Rückmeldungen und Berichte im Mobilmachungsfall rigoros eingeschränkt.[1014] Die Transportlisten für die während der ersten vier Mobilmachungstage zu fahrenden Transporte wurden bereits im Frieden den Generalkommandos zugestellt; die restlichen erst nach dem Mobilmachungsbefehl.[1015] Die stumpfen Seitenwaffen sollten geschliffen werden.[1016] Ab dem ersten Mobilmachungstag habe die Truppe mit der Führung der Kriegstagebücher zu beginnen.[1017] Vor dem Abtransport an die Grenze sollten die Truppen, falls dies möglich sei, noch Gefechts- und Schießübungen absolvieren.[1018]

Die Mobilmachung wurde schon im Frieden – soweit dies möglich war – geübt. Der Feldzeugmeister der Armee ließ „im Vorgefühl des Kommenden" 1913 und 1914 immer wieder die Mobilmachung unter erschwerten und unvorhergesehenen Bedingungen üben.[1019] Daneben waren bereits verschiedene Vorbereitungen getroffen worden. Die Vorräte an Steinkohle in Erlangen seien für den militärischen Bedarf und der Bedarf des Gas- und Wasserwerkes im Falle einer Mobil-

---

[1011] Bayr. Kriegsministerium Nr. 24031 an II. A. K., 05.11.1913, BHStA Abtl. IV M Kr Nr. 1612.

[1012] Rundschreiben Bayr. Kriegsministerium Nr. 15912, 10.06.1914, BHStA Abtl. IV 2. Inf.-Div. (WK) Bund 7; Preuß. Kriegsministerium M. J. Nr. 1942/14. A. 1. an Württ. Kriegsministerium, 29.05.1914, HStAS M 1/4, Bü. 500.

[1013] 4. Battr./3. Feldart.-Reg. 32, Auszug aus den Mobilmachungsvorarbeiten, 1914/15, SHStA Sächs. Kriegsarchiv (P) Nr. 53558.

[1014] Rahne, Bd. 1, S. 158.

[1015] Reichsarchiv: Feldeisenbahnwesen, Bd. 1, S. 20.

[1016] G. Ortenburg: Waffe und Waffengebrauch im Zeitalter der Millionenheere. Bonn 1992, S. 46.

[1017] I. A. K.: Mobilmachung und Mobilmachungsvorarbeiten, 1914, § 6, 3, BHStA Abtl. IV Gen. Kdo. I. A. K. (F) Bund 396.

[1018] Ebd., 1914, § 10, 9.

[1019] Manuskript General Franke: Erinnerungen aus meiner Dienstzeit als Königl. Preussischer Feldzeugmeister 1913-1916, o. J., S. 5, BA-MA W-10/50636.

machung ausreichend; trotzdem sei den Truppen empfohlen, verbrauchte Mengen rasch zu ergänzen und die Lager immer wohl gefüllt zu halten.[1020] Die Stellungen der Oberrheinbefestigung waren schon im Frieden erkundet worden.[1021]

Die Probleme, die sich aus der uneinheitlichen Vorbereitung ergaben, machten sich selbst in Details bemerkbar. Schwierigkeiten bei der Bearbeitung der Mobilmachung ergaben sich aus der Vielzahl von Bestimmungen für die Lagerung von Gerät, die sich teilweise auch noch widersprachen.[1022]

Übrigens war der oben erwähnte Einspruch gegen die frühzeitige Bereitstellung der Flugzeugabteilungen nutzlos gewesen. 1914 sollten fünf Fliegerabteilungen in den ersten Mobilmachungstagen bereit sein.[1023]

Eine Änderung zum Vorjahr erfuhren die Bestimmungen für 1914/15 über die Mitteilung, von welcher Seite die Gefahr drohe. Aus „politischen und völkerrechtlichen" Gründen sei es nicht angängig, eine Macht vor der Kriegserklärung oder Beginn der Feindseligkeiten öffentlich als feindlich zu erklären; die Bestimmungen für die Behandlung feindlicher Ausländer waren dahingehend geändert worden, daß die offizielle Bezeichnung der Feindmächte nun erst nach dem Mobilmachungsbefehl erfolge und nicht mehr bei „drohender Kriegsgefahr".[1024]

Nun hat man sich die Mobilmachungsplanung nicht so vorzustellen, daß mit dem Erlaß der einschlägigen Bestimmungen für das Mobilmachungsjahr die Angelegenheit beendet gewesen sei. In der Praxis gab es bis zum Erlaß der neuen Bestimmungen Diskussionen und Veränderungen. Bereits im März 1913 wurde die Ausrüstung eines Panzerzuges auf die „drohende Kriegsgefahr" vorverlegt.[1025] Und erst am 25. März 1914 wurden die Mobilmachungsbestimmungen des Infanterie-Regiments 134 dahingehend geändert, daß bei „drohender Kriegsgefahr" Ergänzungsmannschaften eintreffen würden.[1026] Ab 1. April 1914 waren die militärischen Reitinstitute in Soltau und Paderborn bei „drohender Kriegsgefahr" aufzulösen; ihr Personal und die Pferde würden abtransportiert

---

[1020] Garnisonsverwaltung Erlangen Nr. 39 an Garnisons-Ältesten, 10.01.1914, BHStA Abtl. IV 10. Feldart.-Reg. (WK) Bund 41.

[1021] Reichsarchiv: Weltkrieg, Bd. 1, S. 76.

[1022] Manuskript General Franke: Erinnerungen aus meiner Dienstzeit als Königl. Preussischer Feldzeugmeister 1913-1916, o. J., S. 6, BA-MA W-10/50636.

[1023] Reichsarchiv: Weltkrieg, Bd. 1, S. 127.

[1024] Rundschreiben Präsidium Regierung Oberbayern, 19.03.1914, BHStA Abtl. IV Gen. Kdo. I. A. K. (WK) Bund 76.

[1025] Kriegsministerium 737. 13 geh. A 7 an Inspektion d. militärischen Verkehrswesens, 29.03.1913, BA-MA PH/9/V, 174.

[1026] Befehl Inf.-Reg. 134 Nr. 326 M, SHStA Sächs. Kriegsarchiv (P) Nr. 26625.

werden – dieser Abtransport erfolge allerdings nicht bei Verstärkung der Grenzkorps in Zeiten politischer Spannung.[1027] Die Auflösung bereits bei „drohender Kriegsgefahr" betraf auch die Kriegsakademie, die militärtechnische Akademie und die Militär-Turnanstalt.[1028] Auch in Sachsen galt: ab dem 1. April 1914 hat die Rückkehr der zur Militär-Reitanstalt Dresden kommandierten Offiziere, Mannschaften und Pferde nicht erst bei der Mobilmachung, sondern schon bei der „drohenden Kriegsgefahr" zu erfolgen.[1029] Am 29. Juni 1914 wandte sich das XXI. A. K. an das bayerische I. A. K. und schlug vor, die Reserveoffiziere in Zukunft bei „drohender Kriegsgefahr" sofort einzuberufen.[1030]

Grundlegend für alle Vorarbeiten war 1914 eine Bestimmung, die auch noch im Zweiten. Weltkrieg angewandt werden sollte: „Keine Stelle darf mehr erfahren als sie für die von ihr zu erstellenden Vorarbeiten unbedingt wissen muß."[1031] Damit wurde zwar die Geheimhaltung gefördert, auf der anderen Seite wurde es den einzelnen Offizieren jedoch erschwert, den Überblick zu behalten und im Sinne der Auftragstaktik selbständig Entschlüsse fassen zu können.

Wie bereits erwähnt, wurden zwischen den verschiedenen Stellen zur Vorbereitung Konferenzen abgehalten. Im Zeichen einer immer komplizierter werdenden Mobilmachung und der sich immer deutlicher abzeichnenden Kriegsgefahr wurde nun auch der Kreis der beteiligten Stellen erweitert. Mit einem Schreiben vom 13. Dezember 1913 gab das Preußische Kriegsministerium bekannt, daß es seit längerem usus sei, einmal im Jahr eine Konferenz mit Vertretern der Grenzkorps, des Kriegsministeriums und des Generalstabes abzuhalten. In Zukunft solle eine solche Veranstaltung auch für die Korps des Reichsinnern stattfinden. Dabei sei die Teilnahme von Vertretern der Bundesstaaten sehr erwünscht. Die erste dieser Konferenzen solle Ende Januar 1914 in Frankfurt/M. stattfinden.[1032]

[1027] Preuß. Kriegsministerium M. J. Nr. 6326/13. A. 1. an Württ. Kriegsministerium, 08.01.1914, HStAS M 1/4, Bü. 502.

[1028] Preuß. Kriegsministerium M. J. Nr. 6326/13. A. 1. II. Ang. an Württ. Kriegsministerium, 22.01.1914, ebd.

[1029] Sächs. Kriegsministerium Nr. 77 I A M geh., 31.01.1914, SHStA Sächs. Kriegsarchiv (P) Nr. 28698.

[1030] Abt. I a Nr. 511 M g., BHStA Abtl. IV 2. Inf.-Div. (WK) Bund 7.

[1031] I. A. K.: Mobilmachung und Mobilmachungsvorarbeiten, 1914, § 9, BHStA Abtl. IV Gen. Kdo. I. A. K. (F) Bund 396.

[1032] Nr. 6094/13 A 1., BHStA Abtl. IV M Kr 1592. Das Bayr. Kriegsministerium war mit dem Vorschlag der Preußen einverstanden, Aktennotiz zu Nr. 34471, 24.12.1913, ebd. In dem Akt findet sich auch die sich an die Konferenz anschließende Diskussion innerhalb des Bayerischen Kriegsministeriums über ihre Ergebnisse. Die entsprechenden sächsischen Akten finden sich unter SHStA Sächs. Kriegsarchiv (P) Nr. 21363. Für Württemberg unter HStAS M 1/4, Bü. 502. Das Protokoll findet sich nach den sächsischen Akten gedruckt in: W. Knoll, H.

Die im Rahmen dieser Konferenz diskutierten Fragen geben ein gutes Bild von dem Klärungsbedarf, der in der Truppe zu einzelnen Fragen der Mobilmachung herrschte. Darüber hinaus stellt sie die einzige derartige Konferenz dar, von der ein Protokoll überliefert ist.[1033] Zur Vorbereitung der Konferenz wurde am 14. Januar 1914 ein Fragenkatalog erstellt. Vom X. A. K. wurde auf Vereinfachung der Mobilmachung gedrängt: „Die bei ‚Sicherung', ‚drohender und unmittelbarer Kriegsgefahr', ‚politischer Spannung' und ‚Mobilmachung' zu ergreifenden verschiedenartigen Maßnahmen erschweren die Vorarbeiten und die Uebersicht."[1034] Außerdem würde die stets zunehmende Beschleunigung der Mobilmachung Schwierigkeiten verursachen. In der Konferenz antwortete das Preußische Kriegsministerium darauf, daß die Frage der Vereinfachung überlegenswert sei. Der Begriff „politische Spannung" würde bald wegfallen.[1035] Und dies, obwohl der Begriff bereits 1912 abgeschafft werden sollte. Trotzdem geisterte er immer noch durch die Köpfe der beteiligten Personen. Weiterhin nahm das Ministerium auch Stellung zu dem alten Problem der Geheimhaltung der „drohenden Kriegsgefahr"; es sei unmöglich, darauf zu verzichten: „Die Korps sollen sich aber dadurch nicht die Hände binden lassen. (z. B. Pferde ankaufen.)"[1036] Der Generalstab erklärte, er würde die Schwierigkeiten, die die zunehmende Beschleunigung der Mobilmachung biete, anerkennen und sagte zu, in Zukunft weitere Beschleunigungen zu vermeiden.[1037] Zur Frage der Sicherungsmaßnahmen wurde erklärt, daß die Organisation des rechtsrheinischen Bahnschutzes unter den betroffenen Armeekorps unmittelbar zu regeln sei.[1038] Zur Frage des allgemeinen Bahnschutzes wurde weiterhin erklärt, daß zur Zeit ein Entwurf bei den verbündeten Regierungen vorliege, nach dem der Bahnschutz bei „drohender Kriegsgefahr" von den Eisenbahnverwaltungen durchgeführt werden solle; trotzdem könnte es nötig sein, den Bahnschutz durch das Militär vornehmen zu lassen.[1039] Auch die Frage der Behandlung der Presse wurde angesprochen.[1040]

Rahne: Bedeutung und Aufgaben der Konferenz der Generalstabschefs der Armeekorps in Frankfurt a. M. am 21. Januar 1914. S. 58-63, in: Militärgeschichte, Bd. 25 1986, S. 55-63. Aus der Vorgeschichte ergibt sich, daß nicht wie dort, S. 55, angenommen, alle A. K.'s beteiligt waren, sondern nur die des Reichsinnern.

[1033] Knoll, Rahne S. 56.

[1034] Abschnitt 1, BHStA Abtl. IV M Kr Nr. 1592.

[1035] Ebd., Abschnitt 1.

[1036] Protokoll der Chefkonferenz in Frankfurt/M. am 21. Januar 1914, Abschnitt 1, BHStA Abtl. IV M Kr Nr. 1592.

[1037] Ebd., Abschnitt 1.

[1038] Ebd., Abschnitt 3.

[1039] Ebd., Abschnitt 3.

[1040] Siehe Kapitel IV. 3 „Antinationale Elemente" und die Mobilmachung, S. 193 f.

Hatte die Truppe einzelne Fragen und Probleme, so waren die Besorgnisse in der Führung eher grundsätzlicher Natur. Die verschiedenen Vorformen der Mobilmachung drohten deren glatte Durchführung zu gefährden. Am 6. Mai 1914 berichtete der bayerische Militärbevollmächtigte Wenninger über die Mobilmachungsarbeiten aus Berlin: „In den letzten Jahren hatten sich die Vorstellungen der Kommandierenden Generale der Grenzkorps gehäuft, daß ein strategischer Überfall oder Kavallerie-Einbruch ihre Bereitmachung ernstlich stören würde."[1041] Als Aushilfe sei von ihnen empfohlen worden, ihre Korps schon im Frieden auf Kriegsstärke zu bringen. Dies sei jedoch nicht geschehen: „So entstanden die Aushilfen: ‚Verstärkungen in gespannten politischen Lagen' und ‚Maßnahmen bei drohender Kriegsgefahr', die beide besondere Friedensvorbereitungen erheischten, – Vorkehrungen, die neben jenen der eigentlichen Mobilmachung einhergehen."[1042] Dies könne im Falle einer Mobilmachung große Probleme bereiten: „An die Stelle der bisherigen Klarheit und Übersichtlichkeit der Mobilmachungsvorarbeiten ist seitdem Kompliziertheit getreten und die Gefahr der Verwirrung, die besonders bedenklich ist, wo im Mobilmachungsfall neue Männer an leitenden Stellen stehen. Solche Bedenken wurden in letzter Zeit häufig geäußert; nach einem Meinungsausdruck des Chefs der Eisenbahn-Abteilung würde die Mobilmachung geradezu ‚gelähmt' sein, wenn ihr Maßnahmen aus Anlaß ‚politischer Spannung' oder ‚drohender Kriegsgefahr' zeitlich unmittelbar vorangegangen sind. – Der Generalstab ist der Ansicht, daß der gegenwärtige Zustand ein unhaltbarer ist und daß ein Weg zur Abhilfe gefunden werden muß."[1043] Im Bayerischen Kriegsministerium wurde auf diesen Bericht hin nur festgestellt, daß in der Tat die Kompliziertheit der Mobilmachung ein Problem darstelle; dies sei allerdings nichts Neues und in der Vergangenheit schon öfter festgestellt worden.[1044] Unter der Hand werde jetzt vorbereitet – so Wenninger in seinem Bericht – als Abhilfe den Forderungen der Generale nach Einführung der Kriegsstärke bei den Grenzkorps schon im Frieden zu entsprechen.[1045] Dies sollte bis zum Kriegsausbruch dann allerdings nicht mehr erfolgen.

Die oben skizzierten Verhältnisse bei der Mobilmachungsplanung haben nicht nur die Zeitgenossen verwirrt – auch die Forschung ist der Unübersichtlichkeit der Dinge zum Opfer gefallen. Rahne nennt neben der Winterverstärkung zur Zeit der Rekrutenausbildung folgende Stadien: „politische Spannung", „Dro-

---

[1041] Bericht Nr. 1838, BHStA Abtl. IV M Kr Nr. 1592.

[1042] Ebd.

[1043] Ebd.

[1044] Hschr. Randbemerkung Abtl. A I 1 auf dem Bericht, BHStA Abtl. IV M Kr Nr. 1592.

[1045] Bericht Nr. 1838, ebd.

hende Kriegsgefahr" und „Unmittelbare Kriegsgefahr".[1046] Diese Maßnahmen konnten einzeln oder aufeinander folgend angeordnet werden. Die „politische Spannung" sollte geheimgehalten werden, während die „drohende Kriegsgefahr" oder „unmittelbare Kriegsgefahr" so früh wie möglich angeordnet, aber so spät wie möglich veröffentlicht werden sollten. Die dabei notwendige Einziehung von Reservisten sollte aus Geheimhaltungsgründen mit Übungen erklärt werden.[1047] Daneben existierte für die Marine noch die „Kleine" und „Große Sicherung", die der „Drohenden Kriegsgefahr" beim Heer entsprachen.[1048] Wie bereits gezeigt wurde, sind die Begriffe „Kleine" und „Große Sicherung" bereits 1911 ausgeschieden und durch „Sicherung" bzw. „drohende Kriegsgefahr" ersetzt worden. Außerdem plante man noch 1914, die „drohende Kriegsgefahr" geheimzuhalten. Bucholz folgt Rahne, geht jedoch in der Systematisierung über ihn hinaus. Er ist dabei wohl dem Vorurteil des systematisch planenden und arbeitenden Deutschen aufgesessen. So schrieb er, es seien verschiedene Stadien der Einberufung von Reservisten vorgesehen worden: „Winterverstärkung", „politische Spannung", „drohende Kriegsgefahr", „unmittelbare Kriegsgefahr" und „beschleunigte Marschbereitschaft".[1049] Für jedes Stadium waren spezielle Vorbereitungen getroffen worden; ihnen war gemeinsam, daß die Reserviseneinziehungen ohne Veröffentlichung erfolgten.[1050] Hierbei übersieht Bucholz, daß der Begriff „politische Spannung" 1914 in den Vorschriften keine Rolle mehr spielte. Die Truppen wären im Winter und im Sommer gleichermaßen bei Eintritt einer Krise verstärkt worden, auch wenn es zwischen beiden Jahreszeiten zahlenmäßige Unterschiede gab. Insofern war die Einziehung von Reservisten bei „politischer Spannung" und bei „Winterverstärkung" ein und dasselbe. „Unmittelbare Kriegsgefahr" betraf nur den Landsturm und auch nur bei den Grenzkorps. Die Einberufungen bei „beschleunigter Marschbereitschaft" waren in den Vorbereitungen für die „drohende Kriegsgefahr" bzw. Mobilmachung enthalten und zwar in dem Sinne, daß sie automatisch mit Erlaß des betreffenden Befehls durchgeführt wurden und nicht etwa einzeln befohlen werden konnten. An anderer Stelle geht Bucholz detaillierter auf die verschiedenen Stadien ein. Um die großen Unklarheiten zu illustrieren, sei hier ein längerer Abschnitt aus seinem Buch „Prussian War Planning" zitiert: „There were seven

---

[1046] Rahne, Bd. 1, S. 122.

[1047] Ebd., Bd. 1, S. 123.

[1048] Ebd., Bd. 2, S. 33, Anm. 26.

[1049] „winter troop increase, political tension, imminent danger of war, immediate danger of war, and rapid deployment" - Bucholz S. 298. Bucholz nennt keine Belege für seine Einteilung, aus dem Kontext ist zu folgern, daß er Rahne rezipiert. Auch fehlt eine deutsche Übersetzung für die genannten Begriffe.

[1050] Ebd., S. 298.

stages in the mobilization for war. Stage one was a precautionary warning period called `state of security`, which alerted the army to unexpected and ominous new intelligence. [...] Stage two was a second preliminary warning period called `political tension`, in which commanders took certain preliminary steps toward beginning to build up their forces to war strength. Leaves were cancelled, maneuver plans were halted, staffs of reserve cavalry corps and divisions[1051] were called up. Stage three was `imminent threat of war.` Whereas the first two stages were classified secret, stage three was made public. Here commanders put the other half of the measures begun in stage two into effect. This was very significant for eleven of the twenty-five corps: the six east front and five west front corps called up the Landsturm. This meant that large number of troops, regular and reserve, were freed to join the war-mobilized army as their places were taken by the Landsturm. Reserves assigned to maneuver duty but not then on maneuvers could also be called up in stage three. Finally, state of siege law went into effect. [...] The army leadership emphasized that corps should not take any action in stage three that tied their hands, for example, purchasing horses. Stage four was `war mobilization`; active, reserve, and Landwehr troops reported to their military units, horse and automobile purchase plans went into effect, and twenty-one brigades moved to the borders."[1052]

Bucholz suggeriert die planmäßige Steigerung der Vorbereitungen von Stufe zu Stufe. Dazu ist mit Rahne festzustellen, daß jede Maßnahme unmittelbar einzeln angeordnet werden konnte – also konnte es zwar ein Fortschreiten von Stufe zu Stufe geben, mußte aber nicht. Der Begriff „security" existierte beim Heer nicht; es gab zwar bei der Marine die „Sicherheit", davon waren allerdings nur die an der Küste stationierten Truppen der Armee betroffen. Ähnlich sieht es mit Bucholz nächstem Stadium aus: der „politischen Spannung". Der Begriff selber wurde 1914 nicht mehr verwendet. Man hatte allerdings für den Fall einer Krise – eben im Falle einer politischen Spannung – verschiedene Maßnahmen vorbereitet, die einzeln befohlen werden konnten. Die entsprechenden Telegramme

---

[1051] Es gab allerdings weder Reserve-Kavallerie-Korps noch Reserve-Divisonen der Kavallerie. Die Kavallerie-Korps (auch diese Bezeichnung ist nicht ganz richtig, siehe H. Cron: Geschichte des deutschen Heeres im Weltkriege 1914-1918. Bonn 1937, S. 93; Matuschka S. 229) bestanden aus neugebildten Divisionen der aktiven Truppen. - Cron: Geschichte S. 106. Die überzähligen aktiven Truppen traten als Divisionskavallerie zu den Infanterie-Divisionen. - Matuschka S. 167. Die Reservetruppen der Kavallerie fungierten ebenfalls als Divisionskavallerie bei den Infanterie- bzw. Reserve-Infanterie-Divisionen. - Ebd., S. 238 f.

[1052] Die verbleibenden drei Stadien waren der Eisenbahntransport zur Grenze, die Konzentrierung im Grenzraum und der Vormarsch. - Bucholz S. 301 f. Auch hier fehlt jeder Beleg und jede Übersetzung. Herwig übernimmt diese Einteilung. - Herwig: World War S. 56 f. Bucholz Aussagen zitierend bemerkt er: „German mobilization has been brilliantly analysed by Bucholz [...]." - Ebd., S. 73, Anm. 60.

des Kriegsministeriums hätten die Durchführung der konkreten Maßnahme befohlen, wie sich aus den oben zitierten Wortlauten ergibt. Anders sah es bei „drohender Kriegsgefahr" oder der Mobilmachung aus; hier wurde nur der Befehl „drohende Kriegsgefahr" oder Mobilmachung gegeben, woraufhin die vorbereiteten Einzelmaßnahmen automatisch und ohne besonderen Befehl von der Truppe durchgeführt wurden. Dementsprechend wurde der Eintritt einer „politischen Spannung" auch nicht zentral bekanntgegeben. Desweiteren wurde der Landsturm, wie in den vorangegangenen Jahren auch, erst bei Eintritt der Mobilmachung eingezogen. Bucholz' Aussagen enthalten also eine Reihe von Fehlern, die letzten Endes darauf zurückzuführen sind, daß er der chaotischen Planung mit ihren Widersprüchlichkeiten und Verästelungen zum Opfer fiel.

Die deutsche Armee hat die Anforderungen der Zeit an die Mobilmachung verstanden und erfolgreich umgesetzt, so urteilt selbst ein Kritiker wie Rahne.[1053] Auf der anderen Seite gibt die Mobilmachungsplanung des Heeres vor dem Ersten Weltkrieg ein Beispiel für die strukturellen Schwächen des wilhelminischen Reiches ab. Es gab in Deutschland kaum Möglichkeiten, komplexe politisch-militärische Verfahrensweisen zu entwickeln; alle Instanzen arbeiteten aneinander vorbei.[1054] So machte die innere Struktur des Reiches eine geordnete Kriegsvorbereitung fast unmöglich.[1055] Durch den Wildwuchs der Planungen mit ihren Bemühungen, auf jede Bedrohung eine Antwort zu finden, und getrieben vor einer tiefen Angst vor dem Gegner, war zum Schluß ein Zustand erreicht worden, der in den militärischen Führungskreisen Zweifel aufkommen ließ, ob die Mobilmachung sich überhaupt durchführen ließe. Dabei bewirkte vor allem die Furcht vor Überfällen des Gegners und seiner Spionage- und Sabotageaktionen die ausufernden Planungen. Diese Angst sollte sich dann 1914 auch bemerkbar machen: „Wenn etwas den planmässigen Gang von Mobilmachung und Aufmarsch erschwerte, so waren die es in jenen Tagen überall umherschwirrenden wilden Gerüchte."[1056]

[1053] Rahne, Bd. 1, S. 159.

[1054] R. O'Neill: Deutschland und die Anwendung militärischer Gewalt im 20. Jahrhundert. S. 133, in: E. W. Hansen, G. Schreiber, B. Wegner (Hg.): Politischer Wandel, organisierte Gewalt und nationale Sicherheit. Beiträge zur neueren Geschichte Deutschlands und Frankreichs. Festschrift für Klaus-Jürgen Müller. München 1995, S. 131-142.

[1055] C. Liebmann: Die Entwicklung der Frage eines einheitlichen Oberbefehls im Weltkriege. S. 3, in: Wissen und Wehr, 8. Jg. 1927, S. 1-36.

[1056] Manuskript: Die deutsche Armee bei Kriegsausbruch, o. J., [um 1920], Bl. 12, BA-MA W-10/50891. Zu den Gerüchten siehe auch die Kapitel über die Julikrise; demnächst wird eine Arbeit von Herrn Florian Altenhöner erscheinen, die sich speziell mit den Gerüchten nach Kriegsausbruch in Deutschland und Großbritannien beschäftigt.

Als Ausweg schien sich eine Vereinfachung der Durchführung im Ernstfall anzubieten, aber ob die Bedrohungslage dies zulassen würde, konnte vorher kein Mensch wissen. Da auch der kleinste Truppenteil seine Mobilmachung vorzubereiten hatte, war fast das gesamte Offizierskorps von den Problemen der Planung betroffen. Schließlich mußte der Offizier vor Ort seine Vorbereitungen treffen und in der Lage sein, die von oben erteilten Befehle sinnvoll umzusetzen. Die vielen Rückfragen, der Klärungsbedarf, wie er sich auf der Konferenz in Frankfurt/M. zeigte, all dies belegt, daß man dort sehr viele Fragen hatte, die nur teilweise von den übergeordneten Instanzen beantwortet werden konnten. Angesichts dieser Unsicherheiten ist es verständlich, daß man nach dem Krieg sehr stolz auf den reibungslosen Ablauf der Mobilmachung war.

Die Marine hatte es da recht einfach. Ihre Truppen waren mehr oder weniger bereits im Frieden kampffähig; ein Kriegsplan, der plötzliche Überfälle erforderte, lag nicht vor und im Vergleich zum Heer war die Überführung in die Kriegsstärke schon allein durch die kleineren Zahlen der betroffenen Soldaten bei der Flotte einfacher. Vergleichsweise stärker als bei der Armee war bei der Marine jedoch die Furcht vor feindlichen Überfällen, da ihre Schiffe nun einmal auf Häfen etc. angewiesen waren und die Ausschaltung der Schiffe auch eine Ausschaltung der Marine insgesamt bedeutete. Auch die Tatsache, daß Schiffe der Flotte auf allen Weltmeeren vertreten waren, zwang zu besonderen Vorbereitungen.

In den Planungen für das Mobilmachungsjahr 1914/15 spiegelten sich diese Probleme wider. Die Weltmeere waren in Bezirke unterteilt, von denen jeder einem Versorgungsoffizier unterstand, der für die Bedürfnisse der deutschen Kriegsschiffe zu sorgen hatte.[1057] Günstige und verborgene Ausrüstungsplätze für die Kreuzerkriegsführung in ausländischen Gewässern waren im Frieden bereits erkundigt worden.[1058] In Ostafrika war die Kohlezufuhr für einen Kreuzerkrieg vorbereitet worden.[1059] Ähnliche Maßnahmen sollten im Atlantik von den Stationen Nordamerika, Westinidien, Brasilien, La Plata und Westafrika durchgeführt werden; ebenso war dort die Bereitstellungen von Begleitschiffen vorbereitet worden.[1060]

Um vor einem Überfall geschützt zu sein, konzentrierte sich die Mobilmachung der Marine zunächst auf die Hochseeflotte und die aktiven Torpedobootverbände, da diese Verbände bei eventuellen sofortigen Kampfhandlungen die Haupt-

---

[1057] B. Tuchmann: August 1914. Frankfurt/M. 1996, S. 157.
[1058] Marine-Archiv: Kreuzerkrieg, Bd. 1, S. 19 f.
[1059] Ebd., Bd. 2, S. 123.
[1060] Ebd., Bd. 2, S. 221 f.

last zu tragen hätten.[1061] Alle weiteren Schiffe sollten, nach zwei Ausrüstungsgruppen (die Hochseeflotte bildet die erste Ausrüstungsgruppe) unterschieden, mobilgemacht werden.[1062]

Ähnlich wie beim Heer wurde auch bei der Flotte betont, daß nicht in jedem Fall die Sicherungsmaßnahmen vor einer Mobilmachung befohlen werden könnten.[1063]

Es erschien fraglich, ob der Transport der benötigten Brennstoffe gesichert sei, wenn die Eisenbahn bereits mit Transporten für das Heer ausgelastet sei. Dementsprechend sollte der Kohlenabfuhrplan der Marine bei einer politischen Spannung eventuell vor Eintritt der „drohenden Kriegsgefahr" – zu der er eigentlich vorgesehen war – ganz oder teilweise in Kraft gesetzt werden. Die Anweisung an die Kohlelieferanten ergingen in diesem Falle durch das RMA.[1064] Die Kohlenzufuhr bei einer politischen Spannung war im Frühjahr 1913 noch nicht gesichert gewesen.[1065] Dies zeigt, daß auch hier die Planungen ständig im Fluß waren.

Die Furcht vor Überfällen hatte zur Beibehaltung der „Sicherung" geführt. Für diesen Bereich ergaben sich 1914 im Vergleich zu den Vorjahren keine wesentlichen Änderungen. Dies bedeutete jedoch nicht, daß sich in Details Veränderungen ergeben konnten. Am 7. April 1914 schrieb die Marinestation Nordsee an verschiedene Stellen und teilte ihnen mit, daß es „bis auf Widerruf" bei der Entsendung eines Torpedobootes der Hafenflotille der Jade im Falle der „Sicherung" zur Überwachung des Schiffsverkehrs um Helgoland bleibe.[1066]

Die Kriegsgliederung der Flotte sollte dann vom Kaiser bei „drohender Kriegsgefahr" oder Mobilmachung befohlen werden.[1067]

Eine Vermehrung der Anzahl der Schiffe trat vor allem durch die Indienststellung von Hilfsschiffen ein. Sie zeigen gleichzeitig, daß der Bedarf einer modernen Flotte an Brennstoffen, Reparaturmöglichkeiten etc. auch der Marine eine kompliziertere Mobilmachung aufzwang. Im Rahmen der Marinemobilmachung

---

[1061] Marine: Mobilmachungsbestimmungen für das Mobilmachungsjahr 1914/15, S. 7, BA-MA RM 5/1785.
[1062] Ebd., S. 8.
[1063] Schreiben RMA A IV a 423 an Marinestation Ostsee, 31.03.1910; Zusammenstellung der Erlasse wegen Einführung von Sicherungsmaßnahmen und der sonst in dieser Angelegenheit geführten Verhandlungen, S. 3, beide BA-MA RM 5/1780.
[1064] RMA A IV a 3081 an Marinestation Ostsee, 15.11.1913, BA-MA PH 3/819.
[1065] RMA A IV. 1546/13. an Marinestation Ostsee, 29.05.1913, BA-MA RM 5/1844.
[1066] Schreiben B Nr. M. 2500, BA-MA RM 5/1785.
[1067] Marine: Befehlsverhältnisse im Kriege, ebd.

waren 1914/15 an Hilfsschiffen zur Verfügung vorgesehen worden: auf der Elbe 18 Kohlendampfer mit circa 36.000 t Kohle, drei Munitionsschiffe, ein Heizöldampfer für Cuxhaven, drei Pumpendampfer, ein Werkstattschiff, auf der Ems ein Heizöldampfer für Emden, außerdem an der Westküste Schleswig-Holsteins ein Heizöl-, drei Depotdampfer für Lister Tief und ein Heizöl-, ein Depotdampfer für Norder Hever sowie ein Depotdampfer für Norder Aue.[1068] Drei Schiffe waren zur Versorgung der U-Boote vorgesehen.[1069] Von den Kohlendampfern sollten vier den Torpedobooten dienen.

Neben diesen Schiffen für logistische Aufgaben waren noch Hilfsschiffe für Kampfaufgaben vorgesehen. Sechs Handelsdampfer waren planmäßig zum Umbau zu Hilfsstreuminendampfern vorgesehen.[1070] Davon jeweils drei für die Ost- und Nordsee.[1071] Zwei davon, „Königin Luise" und „Kaiser", waren derart vorbereitet, daß sie binnen 12 Stunden nach Beginn der Ausrüstung auslaufen konnten.[1072]

15 Dampfer waren für das Aufstellen von Geschützen vorbereitet, um als Hilfskreuzer Verwendung zu finden.[1073] Ihre Umwandlung sollte entweder in der Heimat oder auf hoher See geschehen, dazu sollten zum Krieg nicht taugliche Kanonenboote dienen bzw. durch Geschützabgabe von Schulschiffen und Kleinen Kreuzern, die sich im Ausland aufhielten, diese Schiffe ausgerüstet werden.[1074] Die Ausrüstung für die in der Heimat auszurüstenden Hilfskreuzer, die als Hilfskreuzer A-D bezeichnet wurden, lag in Cuxhaven und Geestemünde bereit.[1075] Diese Schiffe sollten die zu erwartende Blockade durch den Gegner durchbrechen, bevor diese richtig in Kraft trat.[1076]

Desweiteren sollten 1914 bei einer Mobilmachung der Bau von 48 zusätzlichen Torpedobooten bei den Werften bestellt werden.[1077]

[1068] Marine: Mobilmachungsbestimmungen für das Mobilmachungsjahr 1914/15, S. 40, BA-MA RM 5/1785. Bei der tatsächlichen Mobilmachung 1914 sind allerdings mehr Schiffe als geplant in Dienst gestellt worden siehe Marine-Archiv: Überwasserstreitkräfte S. 244 ff.
[1069] Ebd., S. 244 f.
[1070] Ebd., S. 113.
[1071] Marine-Archiv: Nordsee, Bd. 1, S. 64.
[1072] Marine-Archiv: Überwasserstreitkräfte S. 114.
[1073] Ebd., S. 142.
[1074] Ebd., S. 143.
[1075] Marine-Archiv: Kreuzerkrieg, Bd. 1, S. 15.
[1076] Marine-Archiv: Überwasserstreitkräfte S. 143.
[1077] Ebd., S. 49.

Bei der Marine war also eine Mobilmachung wesentlich einfacher durchzuführen. Mehrere Faktoren wirkten jedoch auf eine Beschleunigung der Maßnahmen hin: die Benachrichtigung der Auslandsschiffe mußte möglichst frühzeitig erfolgen, um ihnen vom Gegner unbelästigt das Aufsuchen ihrer geheimen Ausrüstungsorte zu ermöglichen. Sollten die in der Heimat auszurüstenden Hilfskreuzer die Blockade des Gegners vor ihrem eigentlichen Inkrafttreten durchbrechen, war ihre möglichst frühe Umrüstung unabdingbar.

Schwierigkeiten ergaben sich auch 1914 aus der Notwendigkeit, Marine, Heer und zivile Behörden miteinander zu koordinieren. Symptomatisch für die mangelnde Koordination zwischen den beiden Teilstreitkräften untereinander und beider zusammen gegenüber den Zivilbehörden sind die Vorgänge, die sich um die Verproviantierung der Streitkräfte im Mobilmachungsfall in der Provinz Schleswig-Holstein ereigneten. Der Vorsitzende der Landwirtschaftskammer dieser Provinz sah sich deswegen veranlaßt, am 31. Januar 1914 an Bethmann-Hollweg zu schreiben und auf die Zustände aufmerksam zu machen: „Es handelt sich darum, daß die Armee- und die Marineverwaltung offenbar über die Verproviantierung innerhalb der Provinz Schleswig-Holstein im Mobilmachungsfalle in gar keiner Fühlung miteinander stehen [...], und daß, wie ich den Eindruck habe, auch die Zivilverwaltung (das Oberpräsidium) nicht oder doch nicht genügend orientiert zu sein scheint."[1078] Er habe sich seit Jahren bemüht, in Verhandlungen mit der Armee, in diesem Falle der Intendantur des IX. Armeekorps, zu treten. Dies sei von seiten der Militärs nur mit Desinteresse beantwortet worden. Die Marine hingegen sei mit eigenen Vorschlägen an ihn herangetreten, und die daraufhin eingeleiteten Verhandlungen haben rasch zum Vertragsabschluß über die Belieferung mit Vieh geführt. Über Korn und Fourage werde noch verhandelt. Plötzlich sei die Heeresintendantur auf die Frage der Belieferung der Armee zurückgekommen. Dieses habe man mit Rücksicht auf die bereits erfolgte Bindung an die Marine nur ablehnen können. Mehrere Besprechungen, zu denen neben allen beteiligten Parteien auch das Oberpräsidium hinzugezogen wurde, hätten zu keinem Ergebnis geführt. Er teile dieses dem Reichskanzler mit und stelle ihm das weitere Verfahren anheim.[1079] Symptomatisch scheinen diese Vorgänge insofern zu sein, da sie mit der Frage der Verpflegung ein Problem berühren, welches schon immer bestand und insofern nicht etwa durch die Industrialisierung geschaffen wurde. Mit anderen Worten,

---

[1078] BAB R 1501/106110.
[1079] Ebd. Dem Brief ist ein Aktenauszug der Landwirtschaftskammer: Differenzen zwischen der Marine-Intendantur in Wilhelmshaven und der Militär-Intendantur des IX. Armeekorps in Altona, beigefügt. Aus ihm ergeben sich weitere Details. Im der Reichskanzlei wurde der Vorgang laut Aktennotizen von Unterstaatssekretär Wahnschaffe weiter bearbeitet. Leider läßt sich über das Ergebnis nichts aussagen.

die beteiligten militärischen Stellen kannten das Problem und hatten auch schon einige Erfahrung, wie man mit ihm umzugehen habe. Trotzdem fand keinerlei Koordination statt. Versuche von ziviler Seite wurden zunächst nicht ernst genommen. Beide Teilstreitkräfte operierten unabhängig von einander; erst als die Armee feststellen mußte, daß die Marine bereits eigene Verträge abgeschlossen hatte, die das Interessengebiet des Heeres berührten, wurde versucht, einen gemeinsamen Weg zu finden. Es fehlte ein übergeordnetes Organ, welches die Planungen beider Teilstreitkräfte miteinander koordinierte. Selbst bei einer so wichtigen Frage wie der der Ernährung arbeiteten Marine und Heer parallel. Erst als sich aus dieser Arbeitsweise Konflikte ergaben, kam es zu Verhandlungen, die sich dann jedoch schwierig gestalteten. Ein weiteres Beispiel für den chaotischen Gang, den die Mobilmachungsplanungen im wilhelminischen Deutschland bisweilen annahmen.

IV. 2 Die Technik und ihr Einfluß auf die Mobilmachung

Die zunehmende Technisierung der Armee führte auch zu Konsequenzen in der Mobilmachungsplanung. Hiervon war die Armee in weit größerem Ausmaß betroffen als die Marine. Besonders deutlich wird der Einfluß der technischen Entwicklung auf dem Gebiet des Flugwesens. Diese neue Waffe mußte in das bestehende System integriert werden. Mit seiner Entwicklung traten neue Bedrohungen auf, die eine Antwort verlangten.

So wurden seit circa 1910 Überlegungen angestellt, wie die Rheinbrücken gegen Luftangriffe zu schützen seien.[1080] Im Anbetracht der Abhängigkeit des deutschen Aufmarsches von diesen Brücken ein wahrhaft fundamentales Problem, auch wenn zu dieser Zeit die Entwicklung noch keine zielgenauen Angriffe auf einzelne Objekte erlaubte. Das worst-case-Denken der deutschen Militärs eilte hier der tatsächlichen Entwicklung voraus.

Mit der Einführung neuer Waffen wuchs die Bedeutung von deren Produktionsstätten; zumal wenn es wie beim Flugwesen nur wenige Fabriken gab. 1911 wurde dementsprechend die militärische Sicherung des Aviatik-Werkes im Elsaß im Falle der Mobilmachung verfügt.[1081] Die Sicherung der Produktionsstätten reichte allerdings nicht aus. Zu ihrer sinnvollen Bedienung bedurfte es gut ausgebildeten technischen Personals. Damit wurde ein Problem berührt, welches die deutschen Militärs in den kommenden Jahren immer wieder beschäftigen sollte. Einschlägige Regelungen wurden in einem Befehl des Kriegsministeri-

---

[1080] GlAK Abtl. 456 F 5/51. Der ganze Akt befaßt sich mit diesem Schutz.
[1081] Verfügung Kriegsministerium, 23.09.1911. - Militärluftfahrt: Anlagebd., Nr. 64, S. 137.

ums vom 23. September 1911 getroffen. Demnach sollten die nichtdienstpflichtigen Zivilflieger und Monteure von der General-Inspektion der Verkehrstruppen vertraglich zur Mitarbeit verpflichtet werden.[1082] Um den weiteren Betrieb der Anlagen zu gewährleisten, könnten einzelne Personen vom Waffendienst befreit werden, hierbei sei in erster Linie an die leitenden Ingenieure gedacht; dies müsse von den Fabriken beantragt werden.[1083]

Aus diesem Befehl wird auch deutlich, daß die neuen Waffen einer entsprechenden Logistik bedurften. Es wurde angeordnet, daß die für die Flugzeugabteilungen bestimmten Feldhallen von den aufstellenden Generalkommandos auszuheben seien; die im Besitz der Heeresverwaltung befindliche mobile Feldhalle werde am ersten Mobilmachungstag nach Köln gesandt werden.[1084] Der Bedarf an Betriebsstoffen stellte neue Anforderungen an die Organisation; so wurde verfügt: „Der Bedarf an Benzin für die ersten 20 Mobilmachungstage ist für den Rest des laufenden Mobilmachungsjahres den Beständen der Gouvernements Köln und Metz zu entnehmen. Für Trier, Saarburg und Neu-Breisach wird die General-Inspektion noch Benzin in Fässern sowie für alle Abteilungen Öl und Putzwolle überweisen und als Mobilmachungstransport anmelden. Eine Abteilung von 6 Flugzeugen bedarf täglich 540 kg Benzin und 60 kg Öl."[1085] Diese Zahlen machen deutlich, welche Aufgaben mit der Einführung neuer Waffen auf die Mobilmachungsplanung zukamen.

Mit der zunehmenden Verbesserung der Luftfahrzeuge stieg auch die von ihnen ausgehende Bedrohung. In dem Bericht über das Kaisermanöver 1912 wurden die großen Chancen von Luftangriffen mit Bomben hervorgehoben.[1086] Auch im Ausland wurde die Möglichkeit von Luftangriffen diskutiert. In der französischen Öffentlichkeit besprach man die Möglichkeit von eigenen Bombenangriffen in den ersten Tagen der Mobilmachung. Als Ziele wurden Luftschiffhäfen, Magazine, Bahnhofsanlagen und große Eisenbahnbrücken genannt. Durch gezielte Bombenwürfe wolle man Eisenbahnzüge zum Entgleisen bringen und so den Transport des Gegners stören. Letzteres werde ein Hauptziel der Luftangriffe sein.[1087] Die Diskussion über mögliche Zeppelinangriffe auf London rief in Großbritannien beinahe eine Hysterie hervor. Viele deutsche Militärs müssen sich gefragt haben, was im Anbetracht der Wirkung einer nur verbalen Gefahr

---

[1082] Ebd., Nr. 64, S. 136.
[1083] Ebd., Nr. 64, S. 137.
[1084] Ebd., Nr. 64, S. 137.
[1085] Ebd., Nr. 64, S. 138.
[1086] Kennett S. 43.
[1087] Die Entwicklung der Militärluftfahrt in Frankreich vom Januar 1911 bis Mai 1912. S. 483, in: Vierteljahreshefte für Truppenführung und Heereskunde, IX. Jg. 1912, S. 460-488.

passieren würde, wenn einmal tatsächlich ein Zeppelin über London auftauchen sollte.[1088] Andererseits waren natürlich ähnliche Reaktionen der eigenen Bevölkerung zu erwarten. Die deutsche Planung trug der zunehmenden Bedrohung aus der Luft Rechnung. Wichtige Bauten wurden im Falle der Mobilmachung gegen solche Attacken gesichert, obwohl man nicht mit Zerstörung der Anlagen, sondern nur mit einer Behinderung des Betriebes durch Luftangriffe rechnete.[1089] Diese Sicht der Dinge ist im Anbetracht der technischen Entwicklung als realistisch zu bezeichnen. Die entsprechenden deutschen Vorschriften trugen dem Rechnung. Laut Dienstvorschrift von 1913 sollten die Luftschiffe die strategische Aufklärung und Bombardierungen übernehmen, da Flugzeuge hierfür nicht geeignet erschienen.[1090]

Im Februar 1913 fand erstmals ein Lehrgang zur Ausbildung des Personals an den Ballonabwehrkanonen statt, um diese im Mobilmachungsfall einsetzen zu können.[1091] Damit verfügte man über ein Mittel, Luftangriffen zu begegnen. Um der Schwierigkeit der Betriebsstoffzufuhr Herr zu werden, wurde im Etatjahr 1913 die Anlage von Tanklagern, wie sie in Metz und Döberitz bereits bestanden, für jede mobile Fliegerabteilung angeregt.[1092]

Die militärische Verwendung ziviler Innovationen wie der Automobile konnte sich auch bedrohlich auswirken. Die Eisenbahnabteilung des Generalstabes unterstrich, daß es nötig sei, besondere Aufmerksamkeit auf den Schutz der Eisenbahnanlagen gegen Sabotageakte zu legen: „Automobile erleichtern die Aufgabe der Agenten und erschweren die Bewachung, weil der Anschlag von Mehreren ausgeführt werden kann, die schnell wieder verschwinden, um an anderer Stelle nochmals den Versuch zu machen."[1093]

Daß im Kriegsfall leistungsfähige Fabriken für Spezialwaffen von großer Bedeutung seien, betonte Moltke in einem Schreiben an das Kriegsministerium vom 6. November 1912: „Ausnahmsweise werden die wichtigsten Arbeiter in den für die Heeresverwaltung liefernden Luftschiff-Fabriken vom Waffendienst zurückgestellt werden müssen. Wir werden leistungsfähige Privatfabriken haben müssen."[1094]

[1088] Kennett S. 45.

[1089] Eisenbahnabtl. d. Generalstabes II Nr. 301 g an alle Linienkommandanturen, 18.03.1912, BA-MA PH 3/721.

[1090] Kennett S. 46.

[1091] Kriegsministerium Nr. 213/13. A. 4. an XIV. A. K., 10.02.1913, GlAK Abtl. 456 F 5/272.

[1092] Militärluftfahrt S. 153.

[1093] Eisenbahnabtl. d. Generalstabes II Nr. 301 g an alle Linienkommandanturen, 18.03.1912, BA-MA PH 3/721.

[1094] Ludendorff, Nr. 18, S. 36.

Die Aufrechterhaltung der Produktion auch in Zeiten zunehmender Spannung und Furcht vor feindlichen Überfällen führten zu der Planung von Evakuierungsmaßnahmen der Betriebe im Grenzbereich. So sollten die Bestände der genannten Flugzeugfabrik Aviatik im Elsaß im Mobilmachungsfalle sofort ins Reichsinnere und zwar nach Freiburg verlegt werden. Diese Verlegung könne durch einen Einfall französischer Truppen oder durch die lokale Bevölkerung verhindert werden. Gegen letzteres sei die Fabrik mit einer militärischen Wache zu versehen. Diese könne auch bei Verhängung des Kriegszustandes im Falle der „drohenden Kriegsgefahr" aufziehen; allerdings sei fraglich, ob der Eintritt der „drohenden Kriegsgefahr" rechtzeitig erkannt werden könne. Ein zu früher Abtransport würde hingegen große Kosten verursachen „und lediglich zu einer Panik in dem ohnehin schon unruhigen Oberelsaß führen."[1095] Diese Überlegungen waren in die Dienstanweisungen des militärischen Schutzkommandos mitaufzunehmen.[1096] Man war jedoch zuversichtlich, bei allen Störungen in Freiburg einen provisorischen Betrieb durch vom Waffendienst zurückgestellte Arbeiter aufrechterhalten zu können.[1097]

Mußte man auf der einen Seite Spezialisten zur Aufrechterhaltung der Produktion vom Waffendienst befreien, so hatte das Militär ebenso ein Interesse daran, im Zivilleben erworbene Qualifikationen sinnvoll zu nutzen. Die Unteroffiziere und Mannschaften des Beurlaubtenstandes der Fliegertruppe sollten bei einer Mobilmachung wieder bei dieser Verwendung finden; Piloten, die ihre Fähigkeiten im zivilen Leben erworben hatten, konnten nun auch bei der Fliegertruppe eingestellt werden, und Rekruten, die als Piloten ausgebildet waren, waren zu dieser Truppe einzuberufen; so wurde es für das Mobilmachungsjahr 1913/14 festgelegt.[1098] Zivilflieger, deren militärische Flugprüfung noch nicht erfolgt sei, sollten am 3. Mobilmachungstag von der Truppe oder den Bezirkskommandos zur Ersatz-Flieger-Abteilung nach Döberitz beordert werden, so wurde 1914 befohlen.[1099] Dies bedeute eine nicht unbeträchtliche Erschwerung der Personalverwaltung, da nun nicht nur die militärische Ausbildung – die sich ja seit dem Wehrdienst nicht änderte – sondern auch die zivile Ausbildung, sei es nun vor oder nach dem Wehrdienst, berücksichtigt werden mußte.

[1095] Sicherungsmaßnahmen für die Flugzeugfabrik Aviatik A.G. Mühlhausen O/Els., Herbst 1913, GlAK Abtl. 456 F 5/57.

[1096] Verfügung XIV. A. K. I a Nr. 1566 Mob., 21.10.1913, GlAK Abtl. 456 F 5/57.

[1097] General-Inspektion des Militärverkehrswesens Sekt. I a Nr. 62 M/14. an XIV. A. K., 22.01.1914, ebd.

[1098] Militärluftfahrt S. 165.

[1099] Befehl G. K. O. Nr. 582 I a M geh. an 23. Inf.-Div., 04.04.1914, SHStA Sächs. Kriegsarchiv (P) Nr. 44552.

Dies galt auch für alte Technologien. Angehörige des Beurlaubtenstandes, deren Wohnungen in der Nähe von Festungen lagen, waren als Freiballonführer ausgebildet worden und sollten in den Festungen bei einer Mobilmachung Verwendung finden.[1100] Daneben sollten dort Ballonführer verwendet werden, die vom Deutschen Luftfahrer-Verband zur Verfügung gestellt wurden.[1101]

Die zunehmende Industrialisierung des Reiches, der erhöhte Bedarf technischer Spezialisten und das Beharren auf die Eigenständigkeit führten im Falle Bayerns zu Problemen. Am 25. Juli 1912 wandte sich das Bayerische Kriegsministerium an die zivilen Behörden, um darauf hinzuweisen, daß in den vergangenen Jahren durch die Bevölkerungsbewegungen in Bayern immer weniger Mannschaften des Beurlaubtenstandes zur Verfügung stehen würden: „Eine große Zahl von Mannschaften des Beurlaubtenstandes verläßt eben alljährlich Bayern, um günstigere Arbeitsverhältnisse in den umliegenden Ländern zu suchen."[1102] Dies gelte besonders für Leute aus technischen Berufen. Wenn die Entwicklung so weiter gehe, werde man in Zukunft, um die Stärke der bayerischen Armee aufrechterhalten zu können, Aushilfe aus Preußen beantragen müssen. Da eine Verbesserung der bayerischen Verhältnisse nicht zu erwarten sei, bliebe als einziger Ausweg, die Zahl der Unabkömmlichen zu begrenzen.[1103]

Überhaupt machte die zunehmende Technisierung eine engere Kooperation mit zivilen Stellen notwendig. Bei der Mobilmachung des Nachrichtenwesens war man auf Mithilfe der Post angewiesen.[1104] Auch die Einziehung von Fahrzeugen und Kraftwagen bedurfte mehr als jemals zuvor der Zusammenarbeit mit den Zivilbehörden.[1105] Es enstanden Mischformen zwischen militärischer und ziviler Ebene. In der Mobilmachung 1914 wurden zehn an Privatfabriken angelehnte, aber unter militärischer Aufsicht stehende Privatfliegerschulen gegründet.[1106]

Immer schwieriger wurde es, den Konflikt zu lösen, einerseits möglichst viele Soldaten zum Waffendienst zu rekrutieren und andererseits den Bedarf an Fachkräften auf den verschiedenen Ebenen zu decken. Dem Anspruch auf Fachkräfte

---

[1100] Militärluftfahrt S. 22.

[1101] Ebd., S. 22.

[1102] Schreiben Nr. 21040, BHStA Abtl. IV M Kr Nr. 1592.

[1103] Ebd.

[1104] [O. Vorname] Schniewindt: Die Nachrichtenverbindungen zwischen den Kommandobehörden während des Bewegungskrieges 1914. S. 133 f., in: Wissen und Wehr, 10. Jg. 1929, S. 129-152.

[1105] Rahne, Bd. 1, S. 150.

[1106] Neumann S. 62.

entsprechend wurde darauf geachtet, diese Arbeiter nicht einzuziehen.[1107] Am 4. März 1914 wandte sich das bayerische I. A. K. in einem Rundbrief an die unterstellten Truppenteile. Es gab in dem Schreiben einen Erlaß des Kriegsministeriums vom 12. März 1913 bekannt. In ihm ging es um das Personal der Flugzeugfabriken Otto und Deutschland sowie der Kraftwagenfabrik Rathgeber-Moosbach und der Fahrzeugfabrik Ansbach im Mobilmachungsfall. Da von diesen Fabriken der Nachschub an Flugzeugen und Kraftwagen während eines Krieges abhinge, sei es nicht nur erwünscht, ihre Leistungsfähigkeit zu erhalten, sondern diese müsse noch erhöht werden. Deshalb sei das Personal zum Dienst in einschlägigen Truppenteilen einzuziehen, die den Fabriken zugeordnet seien.[1108] Dem gegenüber stand der Wunsch der Militärs, alle dienstpflichtigen Soldaten zum Waffendienst heranzuziehen. Dieses Problem wurde auch deshalb so gravierend, da man ja längst nicht alle Wehrpflichtigen ausbildete und es darum schwieriger fiel, auf einzelne Ausgebildete zu verzichten. Dieses Problem wurde auch auf der bereits erwähnten Konferenz in Frankfurt angesprochen. Vom I. bayerischen und vom XIII. württembergischen A. K. wurde auf die Schwierigkeiten der zunehmenden Unabkömmlichkeitserklärungen z. B. bei den technischen Hilfsarbeitern bei der Post oder Angestellten von Betrieben hingewiesen, die wie Kraftwagenfabriken und Zeppelinwerft für die Armee arbeiteten.[1109] In der Konferenz konnte das Kriegsministerium nur feststellen, daß dieses allgemein als Problem empfunden werde; als einzige Abhilfe könne die Behörde jedoch nur stärkere Kontrollen der Unabkömmlichkeitserklärungen empfehlen.[1110] Das bayerische I. A. K. regte ebenfalls an, die Abgabe von Mannschaften an die technischen Institute der Armee im Mobilmachungsfall zu begrenzen.[1111]

Im Anbetracht der Forderungen der Truppe war die militärische Führung daher bestrebt, die Zahl der Zurückstellungen zu begrenzen. Versuche der General-Inspektion des Militär-Verkehrswesens, die Zurückstellung aller Arbeiter der Flugzeug produzierenden Industrie zu erreichen, scheiterte damit am Widerspruch von Kriegsministerium und Generalstab, die dies nur in Ausnahmefällen zulassen wollten.[1112] Und dies, obwohl die Inspektion gute Argumente vorbrin-

---

[1107] Rahne, Bd. 1, S. 138 f.; E. Kehr: Die Rüstungsindustrie S. 191, in: H.-U. Wehler (Hg.): Eckart Kehr. Das Primat der Innenpolitik. Gesammelte Aufsätze zur preußisch-deutschen Sozialgeschichte im 19. und 20. Jahrhundert. Berlin 1965, S. 184-197.

[1108] Schreiben Nr. 847 c M, BHStA Abtl. IV 2. Inf.-Div. (WK) Bund 7.

[1109] Fragekatalog zur Konferenz in Frankfurt/M., 14.01.1914, Abschnitt 5, BHStA Abtl. IV M Kr Nr. 1592.

[1110] Protokoll der Chefkonferenz in Frankfurt/M. am 21. Januar 1914, Abschnitt 5, ebd.

[1111] Fragekatalog zur Konferenz in Frankfurt/M., 14.01.1914, Abschnitt 10, ebd.

[1112] Militärluftfahrt S. 184 f.

gen konnte. Sie mußte im Frühjahr 1914 melden, daß die Feldfliegerabteilungen im Falle einer Mobilmachung nur bedingt einsatzfähig seien, da die Fabriken trotz aller Bemühungen mit der Lieferung von Flugzeugen nicht nach kämen.[1113]
Die Bemühungen, wichtige Objekte vor Luftangriffen zu schützen, wurden weiter betrieben. In den Vorschriften wurde betont: „Französicherseits wird beabsichtigt, den deutschen Aufmarsch durch Sprengung der Brücken durch Agenten und von Luftfahrzeugen aus, durch Bewerfen von Bahnanlagen und von Eisenbahnzügen, namentlich in Fahrt über die Rheinbrücken, zu stören. Die vorgesehenen Bahnschutz- usw. Truppen und die etwa für vorstehenden Zweck noch für erforderlich gehaltenen Verstärkungen sind anzuweisen, auf feindliche Flieger und jedes feindliche Luftschiff zu schießen."[1114] Um die Unterscheidung zwischen eigenen und feindlichen Luftfahrzeugen treffen zu können, habe man sich besondere Kennzeichen ausgedacht. Diese werden den Truppen im Mobilmachungsfall bekanntgegeben werden.[1115]

Mit der Entwicklung der mobilen Flugabwehrgeschütze trat eine Aufspaltung der Verwendung ein. Die neuen Kraftwagenflugabwehrgeschütze wurden einzelnen Armeekorps zugeteilt, ihr Munitionsvorrat betrug 1.000 Schuß pro Geschütz. Die pferdebespannten Flugabwehrgeschütze mit einem Vorrat von 2.000 Schuß für zwei Geschütze sollten in der ortsfesten Flugabwehr Verwendung finden.[1116] Deren Aufstellung sollte „im Frieden festgelegt und, soweit es die örtlichen Verhältnisse gestatten, vorbereitet sein."[1117] Neben dem Schutz durch Bewaffnung war bereits bei „drohender Kriegsgefahr" die Aufstellung von Beobachtungsposten vorgesehen.[1118]

Zum Schutze der Rheinbrücke Mannheim und der Luftschiffanlagen Friedrichshafen wurden den Feldartillerie-Regimentern 14 und 76 je zwei Ballonabwehrkanonen zur Verfügung gestellt. Das Geschütz für Mannheim und seine Munition sollten zwei Stunden nach Bekanntgabe der „drohenden Kriegsgefahr" auf dem Bahnhof Karlsruhe zum Eisenbahntransport verladen werden, Munition und Geschütz für Friedrichshafen auf dem Bahnhof Freiburg vier Stunden nach

---

[1113] Ebd., S. 182.
[1114] Besondere Maßregeln 1914/15. Auszug für das II. Armeekorps. Abschnitt 1, BHStA Abtl. IV M Kr 1612. Dieser Abschnitt findet sich auch in: Königlich Bayerische Armee, Besondere Maßregeln für 1914/15, ebd.
[1115] Mobilmachungsakten 3. Inf.-Div., S. 6, BHStA Abtl. IV 3. Inf.-Div. (F) Bund 17.
[1116] Neumann S. 276.
[1117] Rundschreiben Kriegsministerium, 25.2.1914. - Militärluftfahrt: Anlagebd., Nr. 177, S. 254.
[1118] Mobilmachungsakten 3. Inf.-Div., S. 3, BHStA Abtl. IV 3. Inf.-Div. (F) Bund 17.

Eingang.[1119] Letzterer Transport erfolge auf Anforderung des Württembergischen Kriegsministeriums schon bei politischer Spannung.[1120] Die dazu nötigen Verhandlungen seien unmittelbar zwischen dem XIV. A. K. und dem Württembergischen Kriegsministerium zu führen.[1121] Diese Vorverlegung von Maßnahmen ist allgemein zu beobachten. So wurden 1913 angeordnet, die Schutzmaßnahmen nicht mehr erst bei der Mobilmachung, sondern schon bei „drohender Kriegsgefahr" durchzuführen.[1122] Mit einem Schreiben vom 16. Februar 1914 wurde dann mitgeteilt, daß die Geschütze für Friedrichshafen nicht mehr dem Feldartillerie-Regiment 76 zugehen würden, da sie dem Württembergischen Kriegsministerium zur Verfügung gestellt worden seien.[1123]

Nachdem die Zeppelinanlagen durch die Ballonabwehrkanonen geschützt seien und die Luftschifferkompanien zur infanteristischen Verteidigung bereitstünden, würden dort keine M.G.'s mehr benötigt; diese seien nun zur Verteidigung der Brücken zu verwenden.[1124] Diese Anordnung zeigt die nicht abgeschlossene Entwicklung der Vorbereitungen für die Mobilmachung deutlich. Auch hier war vieles noch im Fluß.

In einem Rundschreiben vom 25. Februar 1914 wurden Vorschläge für das Personal gemacht: „Erwünscht ist es, daß zuverlässige Angehörige der Landwehr II oder des Landsturmes, die in der Nähe der zu sichernden Gegenstände wohnen, von vornherein zur Bewachung und zu besonderen Dienstvorrichtungen – Bedienung der Maschinengewehre, der Scheinwerfer, der Fernsprecher – verwendet und durch freiwillige Friedensübungen hierzu herangebildet werden. Auch inaktive Offiziere können hier mit Vorteil verwendet werden."[1125] Auch dieses mußte die Personalverwaltung durch den damit verbundenen Mehraufwand weiter erschweren.

[1119] Auszug aus den besonderen Massregeln für das Mobilmachungsjahr 1913/14, auch gültig 1914/15, GlAK Abtl. 456 F 5/58.

[1120] Dieser Absatz wurde nachträglich hinzugefügt, Schreiben Preuß. Kriegsministerium M. J. Nr. 2916/13 A. 1. an Württ. Kriegsministerium, 07.07.1913, HStAS M 1/4, Bü. 499. Ein weiteres Beispiel für die mißverständliche Verwendung des Begriffs der politischen Spannung in der Mobilmachungsplanung.

[1121] Schreiben Preuß. Kriegsministerium Nr. 1210/13 g. A 4. an XIV. A. K., 05.06.1913, ein gleiches Schreiben erging an das Württ. Kriegsministerium, GlAK Abtl. 456 F 5/272.

[1122] Niederschrift über das Ergebnis der Beratung vom 13. Januar 1913 betr. den Schutz der Rheinbrücken im Mobilmachungsfall, GlAK Abtl. 456 F 5/63. In der Quelle wird die Tarnbezeichnung „sobald der Kriegszustand erklärt ist" verwendet, ebd.

[1123] Preuß. Kriegsministerium Nr. 211/14. G. A 4. an XIV. A. K., GlAK Abtl. 456 F 5/272.

[1124] XIII. A. K. Abt. I a Nr. 1081 M 14/15 an Württ. Kriegsministerium, 07.06.1914, HStAS M 1/4, Bü. 500.

[1125] Militärluftfahrt: Anlagebd., Nr. 177, S. 257.

Kurz sei noch auf zwei weitere Probleme im Zusammenhang mit der Mobilmachungsplanung hingewiesen. Zwar versuchte man zur Beschleunigung der Mobilmachung, das benötigte Material in den Kasernen zu lagern und außerdem die Zahl der Depots zu vermehren.[1126] Dennoch wurde bei den Mobilmachungstransporten mit der Eisenbahn viel Zeit und Energie auf die Vorbereitung von Armierungstransporten für die Festungen, auf die Kohlen- und Heizölversorgung der Marine, auf die Betriebsstoffzufuhr für die Verkehrstruppen, auf Lebensmitteltransporte für die Proviantämter und schließlich auf diverse Transporte für staatliche und private Betriebe der Rüstungsindustrie verwendet.[1127] Dies waren also zum Teil Transporte, die durch die zunehmende Technisierung bedingt waren.

Das Wachsen des Arbeitsaufwandes machte sich auch auf abgelegenen Gebieten bemerkbar. So stellte das Preußische Kriegsministerium auf der Frankfurter Konferenz die Freigabe der Automobile der Ärzte von der Aushebung im Mobilmachungsfalle zur Debatte.[1128] Man einigte sich darauf, diese Frage den einzelnen Generalkommandos zur Regelung zu überlassen.[1129]

Die Technisierung belastete so die Mobilmachungsplanung auf verschiedene Weise. Zum einen wuchs die Zahl der zu schützenden Objekte, die Zusammenarbeit mit den Zivilbehörden wurde ausgeweitet, neue Bedrohungen mußten eingearbeitet sowie Personal zur deren Abwehr ausgebildet werden. Die Berücksichtigung von technischen Qualifikationen erschwerte die Personalverwaltung. Am meisten bewegte die Militärs jedoch die Frage der Zurückstellung von der Einberufung. Hier wurde der betroffene Personenkreis durch die zunehmende Technisierung immer größer und zwar in einem Umfang, daß die Militärs angesichts der ohnehin knappen Stärke der ausgebildeten Kräfte nach Gegensteuerung riefen. Dies mußte allerdings im Mobilmachungsfall die Produktion der ebenfalls benötigten Waffen gefährden – ein Konflikt, der vor dem Krieg nicht gelöst wurde und auch im Kriege weiter bestehen sollte.

Weniger Probleme mit der Technik hatte die Marine. Zwar kam es auch hier zu Erschwerungen, so mußte mit der steigenden Anzahl von Schiffen mit Ölfeuerung zusätzlich der Brennstoff angeliefert werden. Aber da die Flotte ohnehin schon Kohlennachschub benötigte, war dieses Problem nicht so gravierend. Fabriken etc. befanden sich an Land und mußten vom Heer geschützt werden. Von

---

[1126] Rahne, Bd. 1, S. 159.

[1127] Reichsarchiv: Weltkrieg, Bd. 1, S. 141 f.; Reichsarchiv: Feldeisenbahnwesen, Bd. 1, S. 12 f.

[1128] Fragekatalog zur Konferenz in Frankfurt/M., 14.01.1914, Abschnitt 10, BHStA Abtl. IV M Kr Nr. 1592.

[1129] Protokoll der Chefkonferenz in Frankfurt/M. am 21. Januar 1914, Abschnitt 10, ebd.

den Zurückstellungen war die Flotte trotz ihres eigenen großen Bedarfes an technischen Spezialisten nicht so betroffen, da sie mehr Reservisten zur Verfügung hatte, als überhaupt benötigt wurden.[1130]

Vor diesem Hintergrund führte die zunehmende Technisierung nicht zu solchen Turbulenzen in der Mobilmachungsplanung wie beim Heer.

IV. 3 „Antinationale Elemente" und die Mobilmachung

Mit dem Anwachsen der sozialdemokratischen Bewegung und den steigenden innenpolitischen Spannungen verlangte die Sicherung der Mobilmachung vor Störungen durch innere Bewegungen erhöhte Aufmerksamkeit des Militärs. Dies führte nach 1900 zu einer intensiven Beschäftigung mit der Sicherung des Hinterlandes gegen sozialdemokratische Unruhen im Kriegsfall.[1131] Daneben herrschten Befürchtungen, daß die Arbeiter, falls es überhaupt gelingen könnte, sie zu den Fahnen zu ziehen, bei der ersten Gelegenheit zum Feind überlaufen würden.[1132]

Angefacht wurde diese Besorgnis auch durch Entwicklungen im Ausland. So schrieb am 2. November 1905 der preußische Kriegsminister an seinen bayerischen Kollegen und alle Generalkommandos. Thema seines Briefes war die Einberufung von Mannschaften des Beurlaubtenstandes im Mobilmachungsfall. Da der Einfluß „böswilliger Elemente" auf diese Personen in den letzten Jahren zugenommen habe, seien im Falle der Mobilmachung Ausschreitungen zu befürchten, wie sie in Rußland zu beobachten seien. Aber nicht nur dies könne Unruhen hervorrufen, sondern auch Mißstände während der Mobilmachung. Um dies zu vermeiden, seien Vorschläge zur Verhinderung derartiger Mißstände nach Berlin zu melden. Außerdem sollen die Korps über die Lage, was die Beeinflussung der Mannschaften angehe, in ihren Bezirken berichten.[1133] Von den bayerischen Korps antwortete zunächst das II. Armeekorps in Würzburg. Am 5. Dezember schrieb es, daß sich sozialdemokratische Unruhen nicht vorhersehen ließen und diese auch wohl nur schwer zu unterdrücken sein würden; in dieser Hinsicht seien besonders Kaiserslautern und Ludwigshafen gefährdet.[1134] Das I. A. K. in München antwortete am 6. Dezember: man halte die getroffenen Vor-

---

[1130] Güth S. 283.

[1131] Förster et al.: Generalstab S. 101.

[1132] B. Ulrich, B. Ziemann: Das soldatische Kriegserlebnis. S. 134, in: W. Kruse (Hg.): Eine Welt von Feinden. Der Große Krieg 1914-1918. Frankfurt/M. 1997, S. 127-157.

[1133] Schreiben M. J. Nr. 1004/05. A. 1., BHStA Abtl. IV M Kr Nr. 685.

[1134] BHStA Abtl. IV M Kr Nr. 685.

kehrungen für ausreichend; die meisten Mannschaften kämen nach wie vor vom Lande und seien damit ruhig, in den Städten genügten die dort vorhandenen Truppen. Bisherige Erfahrungen haben gezeigt, daß selbst in sozialdemokratischen Bezirken bei Kontrollversammlungen keine Störungen aufgetreten seien. Im übrigen: „Misstände und Unruhen vollends von der Bedeutung und Ausdehnung, wie kürzlich in Russland, dürften umsoweniger zu besorgen sein, als es sich bei einer künftigen deutschen Mobilmachung, wie kaum anders zu erwarten, um einen nationalen und populären Krieg handeln wird, wie 1870."[1135] Ebenfalls am 6. Dezember schrieb das III. A.K. aus Nürnberg. Es schloß die Möglichkeiten von Unruhen wie in Rußland aus. Allerdings könnte es zu einer Störung der Disziplin kommen. Diese werde allerdings nur in Industriegebieten wie Nürnberg, Fürth etc. einen politischen Charakter annehmen. Weitaus bedrohlicher für die Disziplin sei der Alkoholmißbrauch „in neuerer Zeit noch erleichtert durch den mehr und mehr um sich greifenden Gebrauchs des Flaschenbieres."[1136] Mit einigen Maßnahmen ließe sich auch der sozialdemokratische Einfluß bekämpfen: „Die Voraussetzung dazu ist allerdings, dass für eine Reihe von Jahren von einer weiteren quantitativen Ausdehnung der Armee im Interesse ihrer inneren Festigung abgesehen würde."[1137] Diese drei Antworten zeigen, daß die Einschätzung der Gefahr nicht einheitlich war. Sie hing nicht zuletzt von dem Grad der Verstädterung im Korpsbezirk ab. Das Land wurde nach wie vor als ruhig betrachtet. Zwar hegte man bezüglich der SPD Befürchtungen, diese sollten jedoch nicht überbewertet werden.

Von sozialdemokratischer Seite selber wurde jedoch eine Störung der Mobilmachung als unrealistisch verworfen, ohne jedoch spätere Konsequenzen auszuschließen: „Obwohl wir ganze Regimenter haben, die aus Sozialdemokraten gebildet sind, müßten diese mit dem Rest marschieren, sonst würden sie einfach von der Kavallerie niedergesäbelt oder von der Artillerie zusammengeschossen. Aber sollte der Krieg ein Angriffskrieg sein und Deutschland in der ersten Schlacht geschlagen werden, dann käme es zu einem allgemeinen Aufstand in

---

[1135] Ebd.

[1136] Ebd. Der Alkohol verursachte – wie der weitere Inhalt der Akte zeigt – in der Tat großes Kopfzerbrechen. Dementsprechend erließ das Feldart.-Reg. 68 im sächsischen Riesa am 31.07.1914 einen Befehl, der den Ausschank von Alkohol in den Kantinen untersagte, Befehlsbuch Feldart.-Reg. 68 Reg.-Stab, 31.07.-31.08.1914, SHStA Sächs. Kriegsarchiv (P) Nr. 60676. Und auf der Rückseite der 1914 den Reservisten ausgehändigten Kriegsbeorderung hieß es: „Wer betrunken oder unpünktlich eintrifft oder sich sonst Ungehörigkeiten zu Schulden kommen läßt, wird bestraft." Dementsprechend seien „geistige Getränke" untersagt, BHStA Abtl. IV M Kr Nr. 1592.

[1137] BHStA Abtl. IV M Kr Nr. 685.

allen größeren deutschen Städten."[1138] Es sollte allerdings noch einige Zeit dauern, bis sich diese Einschätzung zu den Militärs herumgesprochen hatte. Wichtig zur Unterdrückung innerer Unruhen erschien die rechtzeitige Verhängung des Kriegszustandes mit seinen rechtlichen Sonderregelungen. Dies bedeutete für 1914, daß bei Erklärung des Kriegszustandes die vollziehende Gewalt auf das Militär überging, Standgerichte gebildet und die Ersatz-Stellen ernannt würden, die nach Abrückung der aktiven Dienststellen ins Feld deren Aufgaben hinsichtlich der vollziehenden Gewalt übernehmen sollten.[1139] In Besprechungen 1911 und 1912 wurde einhellig der Überzeugung Ausdruck gegeben, man solle den Kriegszustand für sämtliche Korpsbezirke gleich bei Eintritt der „drohenden Kriegsgefahr" verhängen.[1140] Zu diesem Ergebnis kam auch eine Besprechung zwischen Vertretern ziviler und militärischer Behörden am 12. Februar 1912.[1141]

Als Konsequenz aus diesen Forderungen schlug das Kriegsministerium vor, den Kriegszustand bei „drohender Kriegsgefahr" nicht nur wie bisher in den Grenz- und Küstenbezirken, sondern gleich über das ganze Reich zu verhängen; es bat dazu um Meinungsäußerungen.[1142] Da offensichtlich keine nennenswerten Einwände erfolgten, wurde die Verhängung des Kriegszustandes für das ganze Reichsgebiet beschlossen.[1143] Diese Regelung setzten auch die Bundesstaaten um. Bereits bei „drohender Kriegsgefahr" sollte über ganz Bayern der Kriegszustand verhängt werden. In der Pfalz würde außerdem noch das Standrecht ausgesprochen.[1144] Damit übernahmen die lokalen Militärbefehlshaber, die unmittelbar dem Kaiser unterstanden, die vollziehende Gewalt und konnten weitgehend ohne äußere Einflüsse regieren.[1145]

Schon seit längerem war die Verhaftung sozialdemokratischer Führungspersönlichkeiten vorgesehen gewesen. Zu diesem Zweck hatte man Listen aufgestellt,

---

[1138] Angst an Grey, 4.10.1910, über Äußerungen Bebels. - Bley: Bebel, Nr. 2, S. 145 f.

[1139] Mobilmachungsterminkalender 3. Inf.-Div., 1914/15, BHStA Abtl. IV 3. Div. (F) Bund 17.

[1140] Klein S. 129.

[1141] Aufz. einer Besprechung zwischen Vertretern des Reichsinnenamtes, AA, Kriegsministerium und Generalstab, BAB R 901/29177.

[1142] Reichsamt d. Innern an badische Ministerien, 04.04.1912. - Deist: Militär Nr. 1, S. 3. Zumindestens Baden hatte keine Einwände, Rundschreiben Bad. Innenministerium, 02.04.1913. - Ebd., Nr. 2, S. 4.

[1143] Schudnaigies S. 62.

[1144] Rundschreiben Bayr. Ministerium d. Justiz, d. Inneren, Kriegsministerium, 27.02.1913, BHStA Abtl. IV Gen. Kdo. I. A.K. (WK) Bund 76.

[1145] R. Chickering: Das Deutsche Reich und der Erste Weltkrieg. München 2002, S. 46 f.

die ständig auf dem neuesten Stand gehalten wurden.[1146] Diese Planungen erfuhren eine Verschärfung dadurch, daß man die Verhaftungen zu einem möglichst frühen Zeitpunkt durchführen wollte.[1147] Im Laufe der Zeit machte sich aber ein Wandel bemerkbar. Die Annäherung der Sozialdemokratie an den Staat blieb nicht unbemerkt. Seit 1913 begann man allmählich, von sofortigen Verhaftungen abzusehen.[1148] Es sollte allerdings noch einige Zeit dauern, bis dieser Gesichtspunkt vollständig zum Durchbruch kam. Daneben gab es Verhaftungslisten auch für Mitglieder der nationalen Minderheiten. So wurden die Militärs in der Mobilmachungsvereinbarung West, die sich hauptsächlich auf die komplizierten Verhältnisse in Elsaß-Lothringen bezog, informiert, daß die Zivilbehörden Listen verdächtiger Personen führen würden, in die auch Beamte etc. aufzunehmen seien; diese Personen sollten bei Erklärung der „drohenden Kriegsgefahr" sofort verhaftet werden.[1149] Auch hier gilt, was bereits im Kapitel zur Innenpolitik und ihre Auswirkungen auf das Militär festgestellt wurde. Die Tatsache, daß eine Störung der Mobilmachung nicht nur von seiten der SPD, sondern auch von den nationalen Minderheiten erwartet wurde, wird in der Forschung weitgehend übersehen.

Daß die Einsatzfähigkeit und die Mobilmachung unter Störungen durch innere Unruhen und linker Agitation leiden konnte, diese Einschätzung bezogen die deutschen Militärs nicht nur auf die eigenen Streitkräfte. Mit großer Aufmerksamkeit wurden entsprechende Entwicklungen im Ausland verfolgt. Gedanken machte man sich auf deutscher Seite auch über den Wert der französischen Armee angesichts des in der Republik weitverbreiteten Antimilitarismus. So stellte man fest, daß dieser auch in der Armee verbreitet sei. Die Franzosen hegten jedoch die Hoffnung, daß im Falle einer Mobilmachung sich die patriotische Begeisterung auch bei Antimilitaristen zeigen werde; sollte dies nicht der Fall sein, so vertraue man auf die getroffenen Vorsichtsmaßnahmen.[1150] Angesichts der revolutionären Ereignisse 1905/06 war Rußland natürlich besonders betroffen. Hierzu wurde deutscherseits festgestellt, daß die revolutionäre Propaganda bei

---

[1146] Afflerbach: Falkenhayn S. 156.

[1147] J. Schellenberg: Die Herausbildung der Militärdiktatur in den ersten Jahren des Krieges. S. 29, in: F. Klein (Hg.): Politik im Krieg 1914-1918. Studien zur Politik der deutschen herrschenden Klassen im ersten Weltkrieg. Berlin 1964, S. 22-50.

[1148] W. Deist: Voraussetzungen innenpolitischen Handelns der Militärs im Ersten Weltkrieg, S. 124, in: W. Deist (Hg.): Militär, Staat und Gesellschaft. Studien zur preußisch-deutschen Militärgeschichte. München 1991, S. 103-153.

[1149] Mobilmachungs-Vereinbarung West, 1913, S. 25 f., BHStA Abtl. IV R 2548.

[1150] Ausarbeitung des Generalstabs über Bedeutung des Antimilitarismus in Frankreich, 20.01.1913, BAB R 1501/106109. Am 04.02.1913 übersandte Moltke Nr. 1374 II diese Ausarbeitung an den Staatssekretär des Innern Delbrück, ebd.

Armee und Flotte in Rußland einige Erfolge zu verzeichnen gehabt habe, aber die Masse der Soldaten sei nach wie vor dem Zaren treu und werde gehorchen.[1151] Eine Zuversicht, die sicherlich auch auf die deutschen Beobachter abfärbte.

Wie bereits erwähnt wurde in den Mobilmachungsplanungen Wert auf die Zusammenarbeit mit den Zivilbehörden gelegt. Sofort bei Eintreffen der Nachricht der „drohenden Kriegsgefahr" sollten die Zivilbehörden alle für die Erklärung des Kriegszustandes nötigen Maßnahmen treffen. Der Zeitvorsprung bis zur öffentlichen Bekanntgabe des Kriegszustandes sei auszunutzen.[1152] So war gewährleistet, daß die Unterdrückungsmaßnahmen für die betroffenen Bevölkerungsteile überraschend erfolgten.

Wie bereits bei den Verhaftungen angesprochen, spielten die nationalen Minderheiten auch eine Rolle in dem Bedrohungsszenario. Für die Reichslande wurde 1913 festgelegt: „Die Überwachung der Bevölkerung ist Sache der Zivilbehörden. Doch sind die Truppenbefehlshaber angewiesen, gegen jede sich zeigende Widersetzlichkeit unter der Bevölkerung sofort und ohne Rücksicht mit Waffengewalt einzuschreiten."[1153]

Am 25. Januar 1913 wandte sich das Generalkommando des XV. Armeekorps an das Kriegsministerium und übersandte einen Brief des Armeekorps vom 21. Januar an den Reichsstatthalter in Elsaß-Lothringen. Es versprach die Antwort des Reichsstatthalters ebenfalls zur Kenntnis des Ministeriums zu bringen.[1154] In diesem Schreiben vom 21. Januar beschwerte sich das Armeekorps über Agitation zugunsten Frankreichs und forderte den Reichsstatthalter auf, dagegen einzuschreiten. Besonders kritisch sei in der Beziehung das Wirken des Bürgermeisters von Colmar zu bewerten, da diese Stadt bei einer Mobilmachung eine wichtige Rolle spiele. Eine zur Zusammenarbeit mit den militärischen Behörden nicht bereite Stadtverwaltung könne die Mobilmachung erschweren. Auch könnten durch die Agitation unerfreuliche Zwischenfälle entstehen, welche es zu vermeiden gälte. Ein weiteres Risiko sehe man seitens des Generalkommandos in dem möglichen Verrat militärischer Geheimnisse.[1155] Da der Inhalt dieser

---

[1151] Generalstab: Mitteilungen über russische Taktik, 1913, BHStA Abtl. IV M Kr Nr. 998.

[1152] Mobilmachungs-Vereinbarung West, 1913, S. 18 f., BHStA Abtl. IV R 2548. Hier äußert sich wiederum das Problem der Geheimhaltung der „drohenden Kriegsgefahr". Denn die Verhängung des Kriegszustandes ließe sich nicht mehr verbergen. Siehe dazu Kapitel IV. 1 Die Entwicklung der Mobilmachungsplanungen 1900 bis 1914: Kriegsplan, Kriegsbild und Krisen, S. 150 f.

[1153] Mobilmachungs-Vereinbarung West, 1913, S. 25, BHStA Abtl. IV R 2548.

[1154] Schreiben Abt. I d. Nr. 122, BAB R 43/169.

[1155] Ebd.

Schreiben dem Kriegsministerium „für die Wahrung der Sicherheit des Reichs von Bedeutung" erschien, sandte es sie am 7. Februar an den Reichskanzler weiter.[1156] An diesen wandte sich auch der Reichsstatthalter in seinem Brief vom 28. Februar 1913, in dem der die Vorwürfe und Befürchtungen der Militärs als übertrieben zurückwies.[1157] Da die Zivilbehörden im Falle der Mobilmachung zunächst für die Aufrechterhaltung der Ordnung Sorge zu tragen hatten, mußte die unterschiedliche Beurteilung der Lage bei den Militärs Zweifel hervorrufen, ob sie dieser Aufgabe gerecht werden könnten.

Da man bemüht war, die unzuverlässigen nationalen Minderheiten fern ihrer Heimat – dies galt besonders für Elsaß-Lothringen – einzusetzen, ergaben sich zusätzliche Schwierigkeiten bei der Mobilmachung. Die Reservisten jener Gruppierungen mußten zu Einheiten fern ihrer Heimat transportiert werden, während umgekehrt aus anderen Teilen des Reiches die Ergänzungen für die heimatnahen Truppen herangeschafft werden mußten. Dies führte schon im Vorfeld der Mobilmachung zu zahlreichen zusätzlichen Eisenbahntransporten.[1158] Von dem erhöhten Aufwand an Planung ganz zu schweigen.

Die Möglichkeiten der Bevölkerung, eine Mobilmachung zu stören, waren vielfältig. In einem Rundschreiben definierte das bayerische I. A. K. 1913 die drohenden Gefahren und skizzierte Lösungsmöglichkeiten. Als Hauptbeeinträchtigungen einer Mobilmachung seien möglich: bandenmäßige oder sich häufig wiederholende Einzelanschläge gegen Verkehrseinrichtungen, Massendemonstrationen gegen den Krieg, öffentliche Aufforderungen in Wort oder Schrift zu Gehorsamsverweigerung oder sich dem Militärdienst zu entziehen und plan- oder bandenmäßige Spionage. In solchen Fällen sei über die betroffenen Bezirke das Standrecht zu verhängen.[1159] Auch bei den anderen Kontingenten war eine eventuelle Verschärfung vorgesehen. Der Kommandierende General des XIX. A. K. erklärte, sich zunächst mit der Verhängung des einfachen Kriegszustandes begnügen zu wollen; er behalte sich aber Verschärfungen für den ganzen Korpsbezirk oder einzelner Gebiete daraus vor.[1160] Dabei äußerte er seine Überzeugung, daß eine Verschärfung nicht nötig sein werde: „Ich bin der festen Überzeugung, daß es dem sachgemäß ruhigen Zusammenwirken der Garnisons-Kommandos mit den Zivilbehörden im Augenblick der Mobilmachung oder Erklärung drohender Kriegsgefahr gelingen wird, mit dem einfachen Kriegszu-

---

[1156] Schreiben Nr. 426/13. geh. A. 1., BAB R 43/169.

[1157] BAB R 43/169.

[1158] Rahne, Bd. 1, S. 118 f.

[1159] Rundschreiben I. A. K., 18.03.1913, BHStA Abtl. IV Gen. Kdo. I. A. K. (WK) Bund 76.

[1160] Rundschreiben XIX. A. K. Sekt. I a Nr. 252 M, 13.02.1913, SHStA Sächs. Kriegsarchiv (P) Nr. 26632.

stand auszukommen. Auf diese Weise ist die pünktliche Durchführung der Mobilmachung des Armee-Korps am besten gesichert."[1161] Äußerungen wie diese mahnen dazu, die Furcht der Militärs vor Störungen der Mobilmachung nicht zu überschätzen.

Wieder einmal wurde die ganze Angelegenheit durch die verschiedenen Kontingente verkompliziert. Der Kommandant der Festung Ulm hatte sich z. B. für die bayerischen Teile der Festung an bayerisches Recht zu halten; damit konnte er nicht selbständig das Standrecht erklären, sondern bedurfte hierzu der Genehmigung des Bayerischen Kriegsministeriums, wie man in einem Schriftwechsel zwischen den beteiligten Behörden festgestellte.[1162] Damit war die paradoxe Situation gegeben, daß der Kommandant in Teilen seiner Festung den Kriegszustand selbständig verschärfen konnte, während er für die bayerischen Teile erst um Genehmigung nachsuchen mußte.

Ebenso wie man zum Schutz der Mobilmachung vor äußeren Störungen spezielle Kommandos aufzustellen gedachte, war diese Einrichtung auch gegen innere Störungen vorgesehen. Um inneren Unruhen bei der Gestellung von Ergänzungsmannschaften zu unterdrücken, seien zur Verfügung der Bezirkskommandos Truppen bereitzuhalten. Deren Stärke müsse so bemessen sein, daß die Mobilmachung nicht gefährdet werde.[1163] So verfügte das XIX. A. K. 1913. Die Forderung, deren Stärke so zu bemessen, daß die Mobilmachung nicht gestört werde, sollte sich auch 1914 wiederholen.

Man befürchtete Störungen nicht nur durch große Demonstrationen oder ähnliches, sondern auch durch eher stille Kleinsabotage. So schrieb am 9. Oktober 1913 das II. A. K. an das 2. Pionier-Bataillon, dem Generalkommando sei bekannt geworden, daß im August ein als Sozialdemokrat bekannter Mann Äußerungen getan habe, dahingehend, daß die Sozialdemokraten, um die Mobilmachung zu verzögern, die gelagerten und schon verpaßten Kleidungs- und Ausrüstungsstücke untereinander vertauschen und die Namen der Mannschaften auf andere Stücke setzten wollen: „Bei allen Truppenteilen und Bezirkskommandos sind genaue Erhebungen anzustellen, ob derartige sozialdemokratische Versuche schon gemacht wurden und dem Generalkommando zum 10.11.13 hierüber Meldung vorzulegen. Die Angelegenheit ist auch weiterhin im Auge zu behalten und durch Anordnung von Nachprüfungen der Kriegsbestände diesen sozialde-

---

[1161] Ebd.

[1162] Bayr. Kriegsministerium an Kommandant Ulm, I. A. K., 30.04.1913; Bayr. Kriegsministerium Nr. 3522 an Preuß. Kriegsministerium, 11.02.1913, BHStA Abtl. IV Gen. Kdo. I. A. K. (WK) Bund 76.

[1163] Verfügung XIX. A. K. 590 I a M, 27.03.1913, SHStA Sächs. Kriegsarchiv (P) Nr. 65818.

mokratischen Umtrieben vorzubeugen."[1164] Das Pionierbataillon befahl daraufhin seinen Kompanien, halbjährlich eine solche Überprüfung durchzuführen und das Ergebnis zu melden.[1165]

Der Prozeß der gegenseitigen Annäherung von Staat und SPD – so rudimentär er auch war – sickerte langsam in die Vorbereitungen der Militärs für die Mobilmachung ein. Interessanterweise wurde diese Entwicklung von ziviler Seite ausgelöst. Am 10. Oktober 1913 wandte sich der Oberpräsident der Provinz Brandenburg an den preußischen Innenminister. Thema seines Briefes war die Behandlung der sozialdemokratischen Presse im Mobilmachungsfall. Nach den ihm zur Verfügung stehenden Nachrichten werde sich die Parteipresse in einem solchen Falle erst einmal ruhig verhalten. Es sei dann kontraproduktiv, durch eine scharfe Unterdrückung staatlicherseits die gesamte Partei in die Opposition zu drängen.[1166] Das Kriegsministerium wandte sich mit dieser Frage am 26. November 1913 an den Reichskanzler. Es schloß sich in dem Schreiben der Argumentation des Oberpräsidenten an. Das Ministerium verwies aber darauf, das viele Militärbefehlshaber im Reiche sofort mit scharfen Unterdrückungsmaßnahmen gegenüber der SPD beginnen wollten. Dies mache eine reichseinheitliche Behandlung der Angelegenheit nötig. Man bitte den Reichskanzler um Stellungnahme. Bis zur Findung einer einheitlichen Regelung habe man den für Brandenburg zuständigen Befehlshaber der Marken ersucht, zunächst einmal eine abwartende Stellung einzunehmen.[1167] Inzwischen hatte sich am 17. Dezember 1913 der Oberpräsident wieder zu Wort gemeldet. Er schrieb an das Innenministerium, daß laut einem Schreiben des Befehlshabers der Marken dieser von einer sofortigen Unterdrückung Abstand nehmen wolle.[1168] Dieses teilte auch das Innen- dem Kriegsministerium mit. Es begrüßte darüber hinaus die vorgeschlagene reichseinheitliche Regelung: „Zu diesem Zweck dürfte sich vielleicht die Wiederaufnahme der s. Zt. abgeschlossenen kommissarischen Beratungen empfehlen, über die ich dann wohl noch einer besonderen Mitteilung Euerer Exzellenz entgegen sehen darf."[1169] Da seitens des Reichskanzlers keine Reaktion erfolgt war, erinnerte das Kriegsministerium am 15. April 1914 an den Vorgang und fragte nach, ob überhaupt mit einer Stellungnahme gerechnet wer-

---

[1164] Schreiben Nr. 19359, BHStA Abtl. IV 2. Pio.-Batl. (F) Bund 93.
[1165] Notiz 2. Pio.-Batl. auf Schreiben, ebd.
[1166] Schreiben O. P. M. 385, BAB R 1501/112215/1.
[1167] Schreiben M. J. Nr. 5668/13. A. 1., ebd. Abschrift des Schreibens ging auch an das Preuß. Innenministerium.
[1168] Schreiben O. P. M. 434, ebd.
[1169] Schreiben V 3522, 25.12.1913, ebd.

den könne.[1170] Dies führte fast einen Monat später, am 13. Mai 1914, zu einer Antwort. Der Reichskanzler erklärte sich mit dem Versuch einer Regelung für das ganze Reich einverstanden und schlug vor, dazu innerhalb Preußens kommissarische Beratungen abzuhalten, deren Ergebnis dann dem Staatsministerium zur Beschlußfassung vorzulegen seien. Erst danach sehe sich der Reichskanzler in der Lage, Verbindung mit den Bundesstaaten aufzunehmen. Im Falle des Einverständnisses würde er zu den Beratungen einladen.[1171] Dies brachte nun Bewegung in die Sache. Das Reichsinnenamt erklärte sich am 28. Mai damit einverstanden und benannte seinen Vertreter.[1172] Ebenso verfuhr das Kriegsministerium am 20. Juni 1914.[1173] Das Kriegsministerium schlug dann am 27. Juni vor, den Themenkreis der Beratungen zu erweitern, deren Termin mittlerweile auf den 2. Juli 1914 festgelegt worden war. Da von einzelnen Generalkommandos „mit Erklärung des Kriegszustandes scharfe Maßregeln gegen polnische, dänische und französische Agitatoren in den Grenzgebieten beabsichtigt sind", würde es sich empfehlen, auch die Frage, wie diese zu behandeln sein, zu erörtern.[1174]

Noch während diese Verhandlungen liefen, begann sich der Trend zur Zurückhaltung auch bei der Truppe durchzusetzen. Auf der Frankfurter Konferenz vom 21. Januar 1914 wurde die Behandlung der Presse bei Erklärung des Kriegszustandes erörtert: „Das Preußische Kriegsministerium vertritt die Ansicht, daß es sich nicht empfiehlt, die sozialdemokratischen pp Zeitungen von vornherein zu verbieten; man soll erst abwarten, ob sie sich vaterlandsfeindlich stellen. Man müsse sie nicht gleich vor den Kopf stoßen und ins feindliche Lager treiben. – Grundsätzliche Bedenken gegen diesen Standpunkt werden nicht zur Sprache gebracht. –"[1175] Mit Schreiben vom 8. April 1914 an den Oberpräsidenten der Rheinprovinz wies das VIII. A. K. darauf hin, daß bei „Erklärung des Kriegszustandes" oder Mobilmachung unverzüglich und ohne besondere Aufforderung nach den vorbereiteten Listen Inländer und Ausländer, die der Spionage verdächtig seien, verhaftet werden müßten, auch ohne daß gegen sie Beweise vorliegen würden; dies gelte auch für solche Personen, bei denen Gefahr bestünde,

---

[1170] Schreiben M. J. 1402/14. A. 1., ebd. Dies allein zeigt schon, welchen geringen Stellenwert die Angelegenheit in den Augen des Reichskanzlers hatte.
[1171] Schreiben I M 508 14, ebd.
[1172] Schreiben V 1531, ebd.
[1173] Schreiben Kriegsministerium M. J. 2238/14. A. 1. an Reichsinnenamt, ebd.
[1174] Schreiben Kriegsministerium M. J. 2238/ 14. A. 1. II. an Reichsinnenamt, ebd. Mehr zu den Beratungen vom 02.07.1914 siehe Abschnitt V. 1. a Die Julikrise: 28. Juni bis 22. Juli, S. 199 f.
[1175] Protokoll der Chefkonferenz in Frankfurt/M. am 21. Januar 1914, Abschnitt 3, BHStA Abtl. IV M Kr Nr. 1592.

daß sie die Mobilmachung stören könnten.[1176] Anarchisten und Sozialdemokraten seien nicht mehr sofort zu verhaften, sondern zunächst nur zu beobachten und erst zu verhaften, falls diese Agitation betreiben sollten.[1177] Über die Frage der Behandlung der Sozialdemokratie im Mobilmachungsfall äußerte sich das Kriegsministerium in einem Schreiben vom 3. Mai 1914 an das IV. A. K. in Magdeburg, abschriftlich an die Kriegsministerien der Bundesstaaten. Über diese Frage werden noch Verhandlungen geführt. Es empfahl zunächst einmal, eine abwartende Haltung einzunehmen. Gehe man sofort scharf gegen ihre Führer und Presse vor, so bestehe die Gefahr, diese zu Märtyrern zu machen. Die gesetzlichen Bestimmungen wie das Gesetz über den Belagerungszustand erlaubten eine enge Überwachung. Sollten sich die Sozialdemokraten dann ins Unrecht setzen, könne man immer noch mit einzelnen Unterdrückungsmaßnahmen antworten. Erst wenn dieses sich als nutzlos erweise, sei an eine generelle Unterdrückung zu denken. In Berlin könne man allerdings keine Vorgaben machen: „Die Militärbefehlshaber sind in der Ausübung der vollziehenden Gewalt selbständig, müssen mithin nach der jeweiligen Lage ihre Entscheidungen treffen. Sie werden jedoch über die Maßregeln, die für die Gesamtheit des Staates wünschenswert erscheinen in Kenntnis gehalten werden."[1178] Im Gegensatz für den Fall innerer Unruhen fehlten den Militärbefehlshabern detaillierte Anweisungen und Pläne für die Ausübung der vollziehenden Gewalt.[1179]

Der Klärungsbedarf, der bei der Frage der Behandlung der nationalen Minderheiten bestand, unterstreicht die Bedeutung, die das Militär diesem Thema beimaß. Besondere Sorgen machten dem Kriegsministerium, wie es in einem Schreiben an den Reichskanzler vom 10. Februar 1914 darlegte, daß eine Konzentration der Rekruten aus Elsaß-Lothringen in dort stationierten Truppenteilen angesichts deren politischer Einstellung eine Gefahr für die Mobilmachung darstelle.[1180] Am 3. Januar 1914 beantragte das Kriegsministerium beim Reichskanzler eine verschärfte Überwachung des inländischen Postverkehrs im Falle der „drohenden Kriegsgefahr" oder Mobilmachung in Elsaß-Lothringen, Teilen von Baden und der Rheinprovinz. Es schloß sich damit dahingehenden Anträgen des XIV., XV., XVI. und XXI. Armeekorps an. Der Chef des Generalstabes

---

[1176] Deist: Militär, Nr. 76, S. 185. Da in den kommenden Maßnahmen immer von eventuellen Beeinträchtigungen der Mobilmachung die Rede ist, wird klar, daß die Bezeichnung „Erklärung des Kriegszustandes" sich nicht auf einen Aufstand bezieht, sondern hier als die empfohlene Tarnbezeichnung für den „Zustand der drohenden Kriegsgefahr" dient.

[1177] Deist: Militär, Nr. 76, S. 185 f.

[1178] Schreiben M. J. Nr. 1582/14 A 1, SHStA Sächs. Kriegsarchiv (P) Nr. 21395.

[1179] Deist: Voraussetzungen S. 125.

[1180] Nr. 100/14. G. A. 9., BAB R 43/169; dieses Schreiben findet sich auch BAK R 43 F/169.

hatte zu dem Antrag seine Zustimmung erteilt.[1181] Mit einem Schreiben vom 27. März stimmte der Reichskanzler dem Antrag zu und erließ eine entsprechende Verordnung.[1182]

Die gewisse Zurückhaltung bei der Handhabung der Unterdrückungsmaßnahmen verhinderte eine Vorbereitung auf alle Eventualitäten jedoch nicht. Vorräte von Brenn- und Betriebsstoffen etc. sollte die Armee bei einer Mobilmachung unabhängiger von Störversuchen seitens der SPD oder Arbeiterschaft machen.[1183] Nach wie vor standen auch Truppen zum Vorgehen gegen den inneren Feind bereit. Bei der Überprüfung der Mobilmachungsvorarbeiten sei besonderer Wert darauf zu legen, daß die Mobilmachung auch bei einer Abstellung aktiver Truppen zur Unterdrückung innerer Unruhen planmäßig weitergehen könne, so verfügte das XIX. A. K. im Januar 1914.[1184] Die dafür benötigten Personalabstellungen standen allerdings im Widerspruch zu den Anforderungen der restlichen Mobilmachung. So bemängelte das gleiche XIX. A. K. ebenfalls im Januar 1914 die Bereitstellung einer gemischten Infanterie-Brigade am ersten Mobilmachungstag, weil dies u. a. die Bekämpfung innerer Unruhen gefährden würde.[1185]

Um eine ruhige Mobilmachung zu gewährleisten, wurde versucht, die Soldaten schon im Vorfeld von einer Beteiligung an Störversuchen abzuhalten. Dazu wurden die Soldaten des Beurlaubtenstandes in den Kontrollversammlungen über das Einberufungsverfahren belehrt und die aus dem aktiven Dienst zu Entlassenden über die Bedeutung der Kriegsbeorderung unterrichtet.[1186] Damit standen ihnen die strafrechtlichen Konsequenzen eines solchen Verhaltens immer vor Augen.

Die Vorbereitung zur Unterdrückung innerer Unruhen im Fall einer Mobilmachung standen 1914 unter einem gewissen Zwiespalt. Nach wie vor stellte man sich auf diese Möglichkeit ein und traf entsprechende Vorbereitungen. Dem stand gegenüber, daß in zunehmendem Ausmaß Tendenzen zu spüren waren, es zunächst mit Kooperation sowohl der SPD als auch den nationalen Minderheiten gegenüber zu versuchen. Die zur Unterdrückung von inneren Unruhen nötigen Vorbereitungen erhöhten den Planungsaufwand und ließen sich mit anderen

---

[1181] Schreiben Nr. 6237/13. A 1, BAB R 1501/112407.
[1182] Schreiben C. B. 428.443, ebd.
[1183] Rahne, Bd. 1, S. 163.
[1184] Verfügung XIX. A. K. 15/76 m/13 I a, 07.01.1914, SHStA Sächs. Kriegsarchiv (P) Nr. 52930.
[1185] Fragekatalog zur Konferenz in Frankfurt/M., 14.01.1914, Abschnitt 1, BHStA Abtl. IV M Kr Nr. 1592.
[1186] Rahne, Bd. 1, S. 148.

Mobilmachungsarbeiten nur schwer vereinbaren. Denn immer wieder wurde betont, daß die eigentliche Mobilmachung unter den Unterdrückungsmaßnahmen nicht leiden dürfe. Damit wird auch die Grenze dieser Maßnahmen deutlich: ein ausgewachsener Revolutionsversuch ließe sich so nicht bekämpfen. Hier ging es vielmehr um die Beseitigung kleinerer – vor allem lokaler – Störungen.[1187] Korrespondierend dazu gab es zwar zentrale Regelungen für die Niederschlagung eines Aufstandes; die Regelung bei einer Mobilmachung war jedoch den lokalen Befehlshabern überlassen. Auch wenn es Tendenzen zur Vereinheitlichung gab, so sind diese bis zum Kriegsausbruch nicht mehr zum Durchbruch gekommen. Dies galt auch auf der Ebene der Bundesstaaten. Das Bayerische Kriegsministerium verwaltete den Kriegszustand zentral und hat während des Krieges gegen alle Einsprüche eine eigenständige Politik betrieben.[1188] Dies ließ im Ernstfall viel Freiraum für die einzelnen Befehlshaber.

Bis zum aktuellen Ausspruch der Mobilmachung mußte es vollkommen offen bleiben, ob die Vorbereitungen überhaupt benötigt wurden und ob sie ausreichten.

[1187] „Keinesfalls unvorbereitet stand das Militär 1914 vor der Aufgabe, bei Kriegsbeginn einen etwaigen Aufstandsversuch niederzuschlagen." - Schulte: Krise S. 122. Einem Aufstandsversuch ja, aber einer ausgewachsenen Revolution gegenüber wäre man machtlos gewesen. Auch bei diesen Planungen hatte schließlich der äußere Feind Vorrang.

[1188] Deist: Voraussetzungen S. 134.

V Die Julikrise

Immer wieder hatten in den Jahren nach 1900 Krisen die internationalen Beziehungen erschüttert. Immer war es jedoch gelungen, einen Krieg zu vermeiden. Im Juli 1914 sollte es jedoch nicht möglich sein, den Krieg länger aufzuhalten. Die verschiedenen Entwicklungen der Vorkriegsjahre ließen eine Situation entstehen, in der die Katastrophe unausweichlich wurde.

V. 1 Die Julikrise: Vom Attentat in Sarajevo zum österreichisch-serbischen Krieg

V. 1. a Die Julikrise: 28. Juni bis 22. Juli

Völlig unvorbereitet traf die Welt am 28. Juni die Nachricht von dem tödlichen Attentat auf den österreichischen Thronfolger Franz Ferdinand und seine Gemahlin in Sarajewo.[1189] Der deutsche Kaiser erhielt die Nachricht, während er an der Kieler Woche teilnahm. Sofort kehrte er nach Potsdam zurück.[1190] Der Staatssekretär im AA, Jagow, befand sich auf seiner Hochzeitsreise.[1191] Die deutschen Streitkräfte führten ihren normalen Sommerbetrieb durch. Der Generalstabschef hatte sich von der Teilnahme an der Nordlandreise des Kaisers dispensieren lassen und war im Begriff, sich zur Kur nach Karlsbad zu begeben.[1192] Vor seiner Abreise konferierte Moltke noch mit dem Kaiser. In der Besprechung kamen beide zu der Ansicht, daß die internationale Lage trotz des Attentats als ruhig zu betrachten sei.[1193] Die Abteilung III b des Generalstabs hatte am 20. Juni die untergeordneten Dienststellen über das Urlaubsprogramm des Sommers informiert.[1194] Danach war der Chef, Major Nicolai, vom 5. Juli bis zum 9. August 1914 beurlaubt.[1195] Der Sommerurlaub betraf natürlich nicht nur den Generalstab. Das I. Bataillon des Infanterie-Regiments 134 gab am 4. Juli die Urlaubsdaten der Offiziere bekannt und bestimmte für die Zeit der Abwesenheit

---

[1189] Zu den Attentätern, ihren Motiven, der Vorbereitung und Durchführung des Anschlags siehe W. Gutsche: Sarajevo 1914. Vom Attentat zum Weltkrieg. Berlin 1984, S. 17 ff., 36 ff.
[1190] Wegerer: Ausbruch, Bd. 1, S. 112.
[1191] Ebd., Bd. 1, S. 129.
[1192] Briefe Moltkes an seine Frau, 16., 18. u. 19.06. - Meyer S. 298 f.
[1193] H. Rall: Wilhelm II. Eine Biographie. Graz, Köln, Wien 1995, S. 307 f.
[1194] Rundschreiben III b, GlAK Abt. 456 F 5/182.
[1195] Ebd.

Stellvertreter.[1196] In der Marine waren ebenfalls viele der führenden Offiziere im Urlaub.[1197]

In den Residenzstädten fanden Trauerveranstaltungen statt, an denen die Offiziere zur Teilnahme befohlen wurden.[1198] Dennoch gingen Ausbildung und Dienst zunächst normal weiter. Bei der Munitionskolonne der I. Abteilung des 3. Feldartillerie-Regiments 32 fand seit dem 29. Juni eine Probemobilmachung statt.[1199] Gesucht wurde seitens der Inspektion der Luftschiffertruppen Personal, das auf den Luftschiffen die MG's bedienen sollte.[1200] Die Aufforderung, die Angelegenheit zu beschleunigen, steht wohl nicht im Zusammenhang mit den Ereignissen von Sarajewo.[1201]

Auch die Diskussionen um den Verlauf der Mobilmachung waren nicht abgeschlossen und wurden fortgeführt. So wurden am 1. Juli Anweisungen für den Bahnschutz im Bereich Saarburg für 1914/15 erteilt.[1202] Die lange in der Diskussion befindliche Frage, was im Falle der Erklärung des Kriegszustandes mit der Sozialdemokratie und den nationalen Minderheiten geschehen solle, war das

---

[1196] Befehlsbuch I. Batl. Inf.-Reg. 134, 26.06.-07.08.1914, SHStA Sächs. Kriegsarchiv (P) Nr. 27512.

[1197] Wegerer: Ausbruch, Bd. 1, S. 129 f.

[1198] So für Dresden, Kommandantur Befehl, 02.07.1914: „1.) Se. Maj. der König haben für die Seelenmesse, die zu Ehren Sr. Kaiserlichen u. Königlichen Hoheit des verewigten Erzherzog Franz Ferdinand Sonnabend, den 4. des Mts 11.0 vorm. in der kath. Hofkirche stattfindet, Paradeanzug befohlen. Se. Maj. der König wird beiwohnen. Es sind vorzugsweise österreichische Orden zu tragen.[...]" Befehlsbuch Feldart.-Reg. 48, 01.07.-31.12.1914, SHStA Sächs. Kriegsarchiv (P) Nr. 55154.

[1199] Bericht Major Bierey (beim Stab 3./Feldart-Reg. 32) über Probemobilmachung d. 1. Mun.-Kol. d. I. Abtl. 3. Feldart.-Reg. 32, o. O., o. D. (Anfang Juli, Probemobilmachung begann am 29.06.1914):„[...] 3.) Gegen den Ernstfall hatte zu unterbleiben: a) das Brennen und Neubeschlagung der Pferde, b) das Schleifen der Waffen, c) das Aufnähen der Tressen und sonstigen Abzeichen, d) das Schmieren der Geschirre, e) die Beschaffung der erst bei Eintritt einer Mobilmachung anzuschaffenden Gegenstände; [...] f) die Füllung des Pferdearzneikastens, der Achsschmier- und Seifenbüchsen usw., g) die Verwendung des Fernsprechgeräts, an dessen Stelle waren die entsprechenden Teile des Geräts einer Bttr. zu verwenden. [ ), d. Verf.] h) die Benutzung der Wäsche der Kriegsgarnitur (die im Mob.-Falle von jedem Manne ins Feld mitzunehmende Wäsche war abzugeben), i) das Beziehen der sichergestellten Quartiere, k) Ausgabe scharfer Revolvermunition. (An deren Stelle waren Exerzier- bzw. Platzpatronen auszugeben), l) die Ausgabe der Kriegskarten, m) das postfertige Verpacken der Zivilsachen der Reservisten. [...]", SHStA Sächs. Kriegsarchiv (P) Nr. 52930.

[1200] Inspektion d. Luftschiffertruppen an Luftschiffer-Batl. 4, 01.07.1914, BA-MA PH 18/70.

[1201] Ebd.

[1202] BHStA Abtl. IV Gen. Kdo. I. A. K. (WK) Bund 80.

Thema einer Konferenz am 2. Juli.[1203] Ziel der Besprechung, an der sowohl Vertreter der zivilen als auch der militärischen Führung des Reiches teilnahmen, war, reichsweit eine möglichst einheitliche Handhabung zu erreichen. Es wurde darin Einigkeit erreicht, den Militärbefehlshabern eine enge Kooperation mit den zivilen Stellen zu empfehlen und sie aufzufordern, nicht mit aller Strenge durchzugreifen. Gegenüber den Bemühungen um eine einheitliche Handlungsweise äußerte jedoch der Vertreter des Kriegsministeriums Skepsis; dies werde sich in der Praxis nicht durchführen lassen, jedem Befehlshaber müsse seine Handlungsfreiheit gelassen werden.[1204] Ebenfalls an jenem 2. Juli trat Tirpitz seinen Urlaub an, den er mit einer Kur in Tarasp zu verbringen gedachte.[1205]

Aber schon in dieser frühen Phase der Julikrise standen die möglichen Implikationen im Raum; der sozialdemokratische „Vorwärts" gebrauchte in seiner Besprechung der internationalen Situation das unheilvolle Wort „Weltkrieg".[1206] Bereits in der Meldung des semioffiziellen Nachrichtendienstes des Wolffschen Telegraphenbüros waren Verbindungen nach Serbien gezogen worden: „Es handelte sich zweifelsohne um Anschläge politischer Natur, die ihren Ursprung aus der in Bosnien betriebenen großserbischen Propaganda genommen haben."[1207] Während so nach außen der normale Dienst weiter lief, begannen hinter den Kulissen, die Dinge in Bewegung zu geraten.

In Wien hatte man vor dem Attentat eine friedliche Verbesserung der eigenen Position auf dem Balkan angestrebt. Eine solche Politik hätte erst nach längerer Zeit Resultate gezeigt. Die Ereignisse in Sarajewo versperrten nun den Weg dazu.[1208] In Teilen der österreichischen Führung war sofort klar, daß der Anlaß

[1203] Zu ihrer Vorgeschichte, die bis 1913 zurückreicht, siehe Abschnitt IV. 3 „Antinationale Elemente" und die Mobilmachung, S. 193 f. Siehe dazu auch Schellenberg S. 31. Diese Vorgeschichte verkennen Klein S. 238 f. und Mommsen: Großmachtstellung S. 307, die diese Konferenz nur auf die aktuellen Ereignisse zurückführen.

[1204] Schließend wurden die Referenten mit der Ausarbeitung der nötigen Schriftstücke – u. a. einer kaiserlicher Order – beauftragt, Protokoll, BAB R 1501/112215/1. In einem anderen Akt findet sich eine Zusammenstellung über die rechtliche Grundlage des Verfahrens, die Handhabung des Kriegszustandes 1870/71 und die Verhandlungen bis einschließlich dem 02.07.1914: Die Bekämpfung antinationaler Bewegungen im Mobilmachungsfalle, o. D., [Juli 1914], BAB R 43/2398.

[1205] Tirpitz: Erinnerungen S. 204.

[1206] „Jahrhundertsommer": Eine Serie zum Epochenende 1914, FAZ, 02.07.1994.

[1207] Amtliche Kriegsdepeschen. Nach den Berichten des Wolffschen Telegraphen-Bureaus. Bd. 1, Berlin 1915, Die Vorgeschichte des Krieges, S. 3.

[1208] Skřivan S. 380 f.

verlangte, von Serbien Rechenschaft zu fordern.[1209] Dies sollte notfalls auf kriegerischem Wege erfolgen.[1210] Dabei fiel dieser Entschluß unabhängig von deutscher Beinflussung.[1211]

Über die unterschiedlichen Einschätzungen der Möglichkeiten nach dem Attentat in Berlin informiert ein Bericht des sächsischen Gesandten Salza vom 2. Juli. Demnach würden im AA keine Kriegsbefürchtungen herrschen. Das Militär sehe die Sache allerdings anders: „Von militärischer Seite wird jetzt wieder gedrängt, dass wir es zum Kriege jetzt, wo Rußland noch unfertig, kommen lassen sollten, doch glaube ich nicht, dass Seine Majestät der Kaiser sich hierzu wird verleiten lassen."[1212] Damit meldeten sich die alten Präventivkriegsforderungen wieder zu Wort. Fraglich muß nur erscheinen, welche Militärs aus dem Heer, da die Marine solchen Vorstellungen ablehnend gegenüber stand, diese Forderung vertraten. Moltke befand sich zu dieser Zeit – wie erwähnt – zur Kur in Karlsbad; also kämen für eine solche Rolle nur seine Stellvertreter in Berlin oder der ebenfalls anwesende Kriegsminister Falkenhayn in Frage. Über die Ansicht des Generalstabes versuchte sich der sächsische Militärbevollmächtigte Leuckart am 3. Juli im Gespräch mit Waldersee zu informieren: „Was er [Waldersee, d. Verf.] sagte schien die Ansicht des Herrn Chefs des Generalstabes der Armee zu sein. Er äußerte sich dahin, daß wir von heute zu morgen in einen Krieg verwickelt werden könnten. Alles hänge davon ab, wie Russland sich zu der österreichisch-serbischen Angelegenheit stelle. Jedenfalls werden die Verhältnisse auch im Großen Generalstab eingehend verfolgt. Ich habe den Eindruck gewonnen, daß man es dort als ganz günstig ansieht, wenn es jetzt zu einem Kriege käme. Besser würden die Verhältnisse und Aussichten für uns nicht werden."[1213] Damit scheint der Ort des Präventivkriegsdrängens im Generalstab zu suchen zu sein, der ja auch in der Vergangenheit diese Forderung bereits artikuliert hatte.

Wie bereits erwähnt, hatte sich der Umbau des Kaiser-Wilhelm-Kanals, um ihn für Großkampfschiffe befahrbar zu machen, verzögert. Am 4. Juli konnte nun das Kanalamt dem Staatssekretär des Innern berichten, daß die Erweiterung im

---

[1209] M. Rauchensteiner: Entfesselung in Wien? Österreich-Ungarns Beitrag zum Ausbruch des Ersten Weltkrieges. S. 359, in: M. Gehler, R. F. Schmidt, H.-H. Brandt, R. Steininger (Hg.): Ungleiche Partner? Österreich und Deutschland in ihrer gegenseitigen Wahrnehmung. Historische Analysen und Vergleiche aus dem 19. und 20. Jahrhundert. Stuttgart 1996, S. 355-373.

[1210] Fischer: Griff S. 47 f.

[1211] Skřivan S. 386.

[1212] Parlamentarischer Untersuchungsausschuß, 1. Untersuchungsausschuß „Berichte der sächsischen und württembergischen Gesandtschaften in Berlin an ihre Regierungen zwischen dem 28. Juni und 5. August 1914", S. 6, HStAS M 1/ 2, Bd. 54.

[1213] Bericht Nr. 73/3472, SHStA Sächs. Militärbevollmächtigter Nr. 4222; zur Einschätzung Moltkes gegenüber der wachsenden Stärke Rußlands siehe Ropponen S. 268 f.

Prinzip vollendet sei, da es aber im Zuge der Bauarbeiten zu Erdrutschungen gekommen sei, wäre es besser, eine Erprobung noch zu verschieben.[1214] Damit sah sich die Marine vor ein Problem gestellt. Nur ein funktionierender Kanal ermöglichte die Verlegung der Flotte von der Ost- in die Nordsee und umgekehrt. Dies mag mit dazu beigetragen haben, daß sich die Flotte dem Drängen des Heeres nach einem Kriege gegenüber verschlossen zeigte. Auf der anderen Seite mag es aber auch zu einer besonderen Sensibilität hinsichtlich der Gefahren der internationalen Situation geführt haben.

Eine Klärung der noch offenen Situation brachte erst die Mission des österreichischen Gesandten Hoyos nach Berlin.[1215] Am 5. und 6. Juli ersuchte er im Auftrag Kaiser Franz Joseph von Deutschland Unterstützung für ein hartes Vorgehen gegenüber Serbien zu erreichen. Zum einen fühlte sich Österreich durch die serbische Agitation in Bosnien-Herzegowina beunruhigt, zum anderen vermutete es, daß die Attentäter Unterstützung durch serbische Regierungskreise erhalten hätten.[1216] Diese Vorschläge trug er Wilhelm II. das erstemal am 5. Juli um 13 Uhr vor.[1217] Sowohl der deutsche Kaiser als auch der Reichskanzler erklärten sich bereit, alle Forderungen Österreich-Ungarns an Serbien zu unterstützen.[1218] Bei allen Spekulationen über den Einfluß des Militärs auf diese Entscheidung sollte nicht übersehen werden, daß sie an diesen entscheidenden Beratungen nicht beteiligt waren.[1219] Der Kaiser empfing an jenem Tag die einzelnen Personen getrennt.[1220] Nur die Reichsleitung ergriff in dieser Situation die Initiative. Denn sie gab im Verbund mit dem Kaiser den Österreichern die Zusage, die k. u. k. Monarchie zu unterstützen. Es scheint auch vor der Hoyos-Mission keine Absprachen beider Seiten gegeben zu haben, so daß der Einfluß des Militärs wohl eher ein unterschwelliger war.[1221] Der Kaiser empfing um 17

[1214] Schreiben Nr. Kit 5859, BA-MA RM 5/1926.
[1215] Zum Hintergrund und Verlauf seiner Mission siehe Skřivan S. 383 ff.
[1216] Zur Kriegshoffnung weiter Kreise in Österreich siehe G. Kronenbitter: „Nur los lassen". Österreich-Ungarn und der Wille zum Krieg. In: J. Burkhardt, J. Becker, St. Förster, G. Kronenbitter: Lange und kurze Wege in den Ersten Weltkrieg. Vier Augsburger Beiträge zur Kriegsursachenforschung. München 1996, S. 159-189.
[1217] Wegerer: Ausbruch, Bd. 1, S. 131.
[1218] Zu ihrer Motivation siehe Chickering: Reich S. 22 f.
[1219] Ullrich: Grossmacht S. 250 f.
[1220] H. Sasse: Daten zum Kriegsausbruch. Deutschland. S. 708, in Berliner Monatshefte, 12. Jg. 1934, S. 707-721.
[1221] Ohne Belege zu nennen, nimmt Fischer an, daß Bethmann bei seinem Besuchen in Berlin direkt nach dem Attentat auch mit den Militärs gesprochen habe. – F. Fischer: Die Außenpolitik des kaiserlichen Deutschlands und der Ausbruch des Ersten Weltkrieges. S. 37, in: G. Schöllgen (Hg.): Flucht in den Krieg? Die Außenpolitik des kaiserlichen Deutschlands.

Uhr den Kriegsminister, seinen Generaladjutanten Plessen sowie den Chef des Militärkabinetts Lyncker und unterrichtete sie von den gefaßten Entschlüssen.[1222]

Daß die militärische Führung bei der Abgabe der Zusage an Österreich-Ungarn nicht gefragt worden war, zeigt auch der Informationsprozeß innerhalb des Militärs. So schrieb am 5. Juli Falkenhayn an Moltke und teilte ihm mit, daß Wilhelm II. ihn am Nachmittag jenes Tages orientiert habe. Ausdrücklich bemerkte der Kriegsminister, an den eigentlichen Beratungen nicht beteiligt gewesen zu sein. Desweiteren führte er aus: „Der Herr Reichskanzler, der auch in Potsdam war, scheint ebensowenig wie ich daran zu glauben, dass es der österreichischen Regierung mit ihrer immerhin gegen früher entschiedeneren Sprache Ernst ist. [...] Ew. Exz. Badeaufenthalt wird also kaum eine Abkürzung zu erfahren brauchen. Immerhin hielt ich es, obwohl ich keinen Auftrag dazu habe, für angezeigt, Sie über die Zuspitzung der Lage zu unterrichten, damit Überraschungen, die schliesslich immer einmal eintreten könnten, nicht ganz unvorbereitet kommen."[1223] In einer Nachkriegsaussage ergänzte Falkenhayn hierzu noch, daß der Kaiser ihn gefragt habe, ob das Heer kriegsbereit sei; dies habe er bejahen können. Im Anschluß daran habe er sich seinerseits bei Wilhelm II. erkundigt, ob militärische Vorbereitungen zu treffen sein – dies habe der Kaiser jedoch verneint.[1224] Bei dieser Gelegenheit waren ebenfalls der Chef des Militärkabinetts v. Lyncker und der Generaladjutant des Kaisers Plessen anwesend. Letzterer notierte in sein Tagebuch: „Bei uns herrscht die Ansicht, dass die Österreicher je früher je besser gegen Serbien losgehen und dass die Russen – obwohl Freunde Serbiens – doch nicht mitmachen."[1225] Neben dem Heer wurde auch die Marine durch den Kaiser unterrichtet. Die Unterredung fand noch am gleichen Tag in den Abendstunden statt.[1226] Hier war es der Chef der taktischen Abteilung des Admiralstabes Zenker, mit dem sich der Kaiser besprach. Wilhelm II. glaubte, ein Eingreifen Frankreichs und Rußland in den Konflikt sei unwahrscheinlich und hielt es nicht für nötig, den urlaubenden Admiralsstabschef zurückzurufen; die Flotte werde ihre Nordlandreise wie gewohnt antreten. Zenker meldete diese Vorgänge am folgenden Tag, also am 6. Juli, dem stellvertretenden Chef des

---

Darmstadt 1991, S. 25-67. Dies erscheint jedoch eher unwahrscheinlich, denn offensichtlich hatte keiner der Militärs vor den Besprechungen mit Wilhelm II. am 05. und 06.07. eine Ahnung von dem, was kommen würde.

[1222] Wegerer: Ausbruch, Bd. 1, S. 132.

[1223] Geiss: Julikrise, Bd. 1, Nr. 23 a, S. 86; Brief findet sich BA-MA MSg 101/154.

[1224] Schr. Mitteilung Falkenhayns an Parlamentarischen Untersuchungsausschuß, o. D. - Geiss: Julikrise, Bd. 1, Nr. 23 b, S. 87; dazu siehe auch Zwehl: Falkenhayn S. 55.

[1225] Tgb. Plessen, 05.07.1914. - Geiss: Julikrise, Bd. 1, Nr. 24 a, S. 87.

[1226] Wegerer: Ausbruch, Bd. 1, S. 133 f.

Admiralstabes, Behncke.[1227] Der Admiralstabschef Pohl hatte noch in Unkenntnis der Vorgänge in Berlin am 5. Juli zu der geplanten Nordlandreise der Flotte geäußert: „Nur wenn bis dann alles wieder ruhig ist. Es wäre äußerst bedenklich, sonst die Flotte von der Heimat loszulösen."[1228] Dieser Vorbehalt war also seitens des Kaisers bereits durchkreuzt worden. Er zeigt aber, daß die Marine sich besondere Sorgen um das Schicksal ihrer Einheiten machte. Der Reigen der Besprechungen nahm am nächsten Tage seinen Fortgang. Dabei ist es bezeichnend für die chaotische Struktur des wilhelminischen Reiches, daß weder gemeinsame Beratungen zwischen allen militärischen Stellen, noch eine Diskussion der Dinge zwischen Zivilisten und Militärs stattfanden. Am 6. Juli wurden nun auch der Generalstab und das RMA einzeln informiert.[1229] Wieder betonte der Kaiser, daß er eine kriegerische Verwicklung für unwahrscheinlich halte und militärische Vorbereitungen nicht zu treffen seien.[1230] Die abwesenden Chefs der Behörden wurden von ihren Vertretern in Kenntnis gesetzt. So schrieb Bertrab als Vertreter des Generalstabes an Moltke, der nach Falkenhayns aus eigener Initiative erfolgten Nachricht nun auch offiziell informiert wurde: „Euer Exzellenz melde ich auf Befehl Seiner Majestät des Kaisers gehorsamst Folgendes: Der österreichisch-ungarische Botschafter hat Seiner Majestät ein Promemoria seiner Regierung über die österreich-feindlichen Umtriebe auf dem Balkan im Zusammenhange mit dem jüngsten Attentat vorgelegt und hinzugefügt, der Kaiser von Österreich sei entschlossen, in Serbien einzurücken. Seine Majestät billigt im Einvernehmen mit dem Auswärtigen Amt und dem Kriegsministerium diesen Entschluss und hat sich bereiterklärt [sic], Österreich zu decken, falls Russland eingreifen sollte. Allerdings glaubt Seine Majestät nicht, dass Russland eingreifen werde; besonders in Anbetracht der Veranlassung werde sich der Kaiser von Russland auch schwerlich dazu entschließen können. Seine Majestät fasst daher die Sache zunächst als eine reine Balkan-Angelegenheit auf und gibt dieser Auffassung auch dadurch Ausdruck, dass er planmässig die Nordlandreise antritt."[1231] Neben dieser schriftlichen Unterrichtung wurde Moltke auch durch Tappen, den Chef der Operationsabteilung des Generalstabes, persönlich informiert. Ursprünglich hatte Betrab vorgehabt, diese selber zu unternehmen; er änderte jedoch nach einen Gespräch mit Tappen seine Meinung und ließ diesen zu

---

[1227] Schr. Mitteilung Zenkers an Parlamentarischen Untersuchungsausschuß, 08.11.1919. - Geiss: Julikrise, Bd. 1, Nr. 24 b, S. 88.

[1228] Zit. nach Marine-Archiv: Nordsee, Bd. 1, S. 5.

[1229] Sasse S. 708 f.; am Morgen Wegerer: Ausbruch, Bd. 1, S. 134.

[1230] Schr. Mitteilung Capelles, Bertrabs, Waldersees an Parlamentarischen Untersuchungsausschuß, 08.10.1919, 20.10.1919, 25.10.1919. - Geiss: Julikrise, Bd. 1, Nr. 32 a, b, c, S. 95 ff.

[1231] Ebd., Bd. 1, Nr. 33, S. 97 f.

Moltke fahren.[1232] Zu diesem Zweck reiste Tappen am 7. Juli nach Karlsbad.[1233] Auch der Unterstaatssekretär im RMA, Capelle, ließ Tirpitz umgehend durch den Chef der Zentralabteilung des RMA, Hopmann, informieren. Nach der Schilderung der außenpolitischen Verhältnisse, die sich nicht von den anderen, bereits zitierten Äußerungen unterschieden, kam er auf die Konsequenzen für die Marine zu sprechen: „Maßnahmen, die geeignet sind, politisches Aufsehen zu erregen oder besondere Kosten zu verursachen, sollen vorläufig vermieden werden."[1234] Es habe eine Konferenz mit den Direktoren der Departments des RMA stattgefunden, auf der beschlossen wurde, daß eine Reihe höherer Offiziere informiert werden sollte. Eine weitere Sitzung werde am nächsten Tag stattfinden, an der dann auch ein Vertreter des Admiralstabes teilnehmen werde.[1235] Tirpitz' Antwortschreiben läßt erkennen, daß er die Situation nicht allzu ernst beurteilte: „Irgend ein Rummel muß natürlich los sein, wenn ich im Sommer fort bin. Hoffentlich zerstreut sich das Gewitter oder wartet wenigstens noch ein paar Wochen. Die Kur scheint an mir Wunder zu bewirken."[1236] Der Kaiser übernahm es am Nachmittag des 6. Juli vor der Einschiffung zur Nordlandreise persönlich, den Stationschef Bachmann und den Flottenchef Ingenohl zu informieren. Dabei äußerte er die Erwartung, eine Klärung der Lage sei in etwa neun Tagen zu erwarten.[1237] Vorher hatte er in Berlin mit Bethmann Hollweg der österreichischen Regierung eine verbindliche Zusage der deutschen Unterstützung erteilt.[1238] Dabei betonte Wilhelm II., Österreich solle schnell gegen Serbien vorgehen.[1239] Motiviert war die deutsche Politik dabei von einer Reihe von Überlegungen. Zum einen war man sich der Verärgerung in Wien über die mangelnde deutsche Unterstützung der österreichischen Balkanpolitik bewußt.[1240] Es galt also, sich des letzten sicheren Bündnispartners zu versichern. Zum anderen war man von tiefer Sorge über das weitere Schicksal der Donaumonrachie erfüllt. Ein Zerfallen des Vielvölkerstaates schien durchaus im Bereich des Mögli-

---

[1232] Wegerer: Ausbruch, Bd. 1, S. 135.

[1233] Geiss: Julikrise, Bd. 1, Nr. 32 b, Anm. 1, S. 96; Reichsarchiv an Tappen, 06.05.1921, BA-MA N/56/2 (Nl. Tappen). In dem Schreiben geht es um eine von Bertrab verfertigte Aufz. seiner Besprechung mit dem Kaiser, die Tappen mit nach Karlsbad nahm und am 08.07. wieder zurückgab. Diese Aufzeichnung war aus den Akten verschwunden. Gasser vermutete also zu Recht, daß Moltke durch einen Emissär informiert wurde. - Gasser: Militärgeist S. 87.

[1234] Deist, Berghahn: Marine, Nr. 1, S. 45.

[1235] Ebd.; siehe auch Tirpitz: Erinnerungen S. 208 f.

[1236] Tirpitz an Hopmann, o. D. - Deist, Berghahn: Marine, Nr. 2, S. 46.

[1237] Tgb. Müller. - Görlitz: Kriegstagebücher S. 32.

[1238] Wegerer: Ausbruch, Bd. 1, S. 135 f.

[1239] Ebd., Bd. 1, S. 136.

[1240] Kießling S. 233, 313 f.

chen zu liegen. So sollte zum einen mit deutscher Unterstützung der gefährlichsten Bedrohung, nämlich dem Streben der Serben nach österreichischen Gebieten, ein Riegel vorgeschoben werden.[1241] Zum anderen hätte man mit einem entschiedenem Vorgehen gegenüber Serbien den Machtverfall der k. u. k. Monarchie stoppen können.[1242] So befürchtete die deutsche Reichsleitung, bei einer ausbleibenden Unterstützung würde Österreich entweder als Großmacht aufhören zu existieren oder sich neue Bündnispartner suchen.[1243] Bei dem Entschluß zur Unterstützung spielte weiterhin eine große Rolle, daß in Berlin ein friedliches Verhalten der anderen Mächte erwartet wurde.[1244]

In dem Bemühen, Normalität zu demonstrieren, wurde nicht nur von militärischen Maßnahmen abgeraten; darüber hinaus wurde auf Anraten des Reichskanzlers kein Mitglied der militärischen oder zivilen Führung des Reiches aus dem Urlaub zurückgerufen.[1245] Diejenigen, die wie Falkenhayn ihren Urlaub und der Kaiser seine alljährliche Nordlandreise noch vor sich hatten, traten diesen programmgemäß an.[1246]

In der Reichsleitung war man sich allerdings nicht sicher, ob Österreich-Ungarn tatsächlich harte Forderungen an Serbien stellen werde. In den ersten Tagen des Juli wurde daher wiederholt von Berlin Druck auf Wien ausgeübt, schnell und entscheidend zu handeln.[1247] Dabei zeigte sich das Dilemma der deutschen Außenpolitik: wollte man den Konflikt lokalisieren, war eine schnelle österreichische Reaktion vonnnöten; dem stand gegenüber, daß man auch bei dem Ausbleiben einer solchen nicht mehr hinter die einmal gemachte Zusage der Unterstützung zurückkonnte, ohne den Verlust des letzten sicheren Bündnispartners zu riskieren.[1248]

[1241] Ferguson: Krieg S. 193 f.
[1242] Ullrich: Grossmacht S. 256; ähnlich Fischer: Krieg S. 686 f.
[1243] Bridge S. 271.
[1244] Kießling S. 312.
[1245] Berghahn: Germany S. 190; Gutsche: Sarajevo S. 58 f.
[1246] In den Urlaub gingen Moltkes Stellvertreter Waldersee, der Generaladjutant Wilhelms II. Plessen, Kronprinz Wilhelm, Falkenhayn, der Staatssekretär im Reichsamt des Innern, Delbrück, sowie Admiralstabschef Pohl. - Ebd., S. 59.
[1247] Ebd., S. 81 f.; Wegerer: Ausbruch, Bd. 1, S. 165. Zu den Ereignissen in Wien und dem Zögern der Österreicher siehe Skřivan S. 385 ff.
[1248] Salewski S. 92. Auf derselben Seite betont Salewski, jedes Zuwarten hätte den Russen mehr Zeit zu militärischen Vorbereitungen geboten und somit das deutsche militärische Kalkül unterlaufen. Später beschreibt er die Übergabe des österreichischen Ultimatums am 23.07. an Serbien. - Ebd. S. 94 f. Nun wußte man in St. Petersburg bis zu diesem Zeitpunkt nicht, wie gefährlich die Entwicklung werden würde. Dementsprechend sind auch vor diesem Datum keinerlei militärischen Vorbereitungen getroffen worden. Erste Maßnahmen in diese

So waren also nach und nach die militärischen Spitzen des Reiches von der außenpolitischen Lage informiert worden. Irgendwelche Beratungen über den einzuschlagenden Kurs haben nicht stattgefunden. Die Militärs wurden nur von den Beschlüssen des Kaisers und seines Kanzlers in Kenntnis gesetzt. Wie im Vorfeld der Hoyos-Mission waren die Akteure nicht die Militärs. Ja mehr noch, es fiel kein Wort über das deutsche Drängen auf Österreich-Ungarn, energisch gegen Serbien vorzugehen.[1249] Ein direkter Einfluß des Militärs ist also auszuschließen.[1250] Bethmann Hollweg verfolgte seine politische Strategie unabhängig von den militärischen Überlegungen.[1251] Dies schließt natürlich nicht aus, daß es in den Monaten vor dem Attentat zu einer Übernahme der militärischen Einschätzung der internationalen Situation und eventueller Auswege, sprich ein Präventivkrieg, seitens der Reichsleitung gekommen ist.[1252] In der konkreten Situation handelte Bethmann Hollweg aber unabhängig vom militärischen Einfluß.

Noch am Abend des 6. Juli telegraphierte der Admiralstab an das Kreuzergeschwader in der Südsee, an das Mittelmeergeschwader und an das Schiff „Eber" in Kapstadt. Ihnen wurde das Eintreten einer politischen Spannung mitgeteilt und eine Klärung der Lage in acht bis zehn Tagen in Aussicht gestellt. Das Südseegeschwader sollte die weitere Entwicklung auf den zu den deutschen Kolonien gehörenden Inseln Truk oder Ponape abwarten.[1253] Ebenso wie der Kaiser rechnete also der Admiralstab mit einer raschen Klärung der Lage. Hier – wie auch im weiteren Verlauf der Julikrise – wurden die Auslandschiffe durch den Admiralstab auf dem laufenden gehalten. Gleichzeitig bildete die bereits erwähnte Konferenz im RMA zwischen Vertretern dieser Behörde und des Admiralstabes nur den Auftakt zu einer Reihe von Konferenzen, die sich bis zum 22.

Richtung wurden in Deutschland am 25.07. registriert, siehe Kapitel V. 1. b Die Julikrise: 23. bis 27. Juli, S. 245 f.

[1249] Afflerbach: Falkenhayn S. 149.

[1250] Genau gegenteiliger Ansicht Albertini, Bd. 2, S. 141; Fischer: Griff S. 48; Mommsen: Großmachtstellung S. 304.

[1251] G. Schmidt: Die Julikrise: Unvereinbare Ausgangslagen und innerstaatliche Zielkonflikte. S. 204, in: G. Schöllgen (Hg.): Flucht in den Krieg? Die Außenpolitik des kaiserlichen Deutschland. Darmstadt 1991, S. 186-229; A. Hillgruber: Die deutsche Politik in der Julikrise 1914. S. 90, in: A. Hillgruber: Die Zerstörung Europas. Beiträge zur Weltkriegsepoche 1914 bis 1945. Frankfurt/M., Berlin 1988, S. 83-102; für Tirpitz: Tirpitz: Erinnerungen S. 210.

[1252] A. Hillgruber: Deutschlands Rolle in der Vorgeschichte der beiden Weltkriege. Göttingen 1979², S. 50.

[1253] BA-MA RM 5/6334. Siehe auch Marine-Archiv: Nordsee, Bd. 1, S. 3 f.; Marine-Archiv: Kreuzerkrieg, Bd. 1, S. 62. „Eber" war im Begriff, seine Kessel reinigen zu lassen, Brieftgb. Abtl. B II d. Admiralstabes, 07.07.1914, BA-MA RM 5/223.

Juli hinziehen sollten.[1254] In ihnen wurden Maßnahmen zur Steigerung der materiellen Kriegsbereitschaft der Marine beraten. Ganz anders war die Situation beim Heer. Wenn auch die Akten der zentralen preußischen Behörden verlorengegangen sind, so zeigt doch die vorhandene Überlieferung, daß eventuelle vorbereitende Maßnahmen nur minimalen Umfang gehabt haben können und sich im wesentlichen wohl auf die Durcharbeitung und Überprüfung der Mobilmachungs- und Aufmarschunterlagen beschränkten. Bertrab hatte in seiner Funktion als Chef der Landesaufnahme, also als Verantwortlicher für das militärische Kartenwesen, sowieso mit Kriegsvorbereitungen nichts zu tun.[1255] Waldersee begab sich zwar mehrmals von seinem Urlaubsort nach Berlin.[1256] Schon Trumpener hat allerdings darauf hingewiesen, daß sich konkrete Änderungen in der Alltagsroutine des Generalstabes nicht nachweisen lassen.[1257] Walderssees Besuche hingen wohl eher damit zusammen, daß er als einziger im Generalstab den Kontakt zum AA aufrecht hielt.[1258] Außerdem stand er auch noch im regelmäßigen Kontakt mit Moltke.[1259] Waldersee selber gab in einem Privatbrief an Jagow vom 17. Juli einen Hinweis, daß es im Generalstab keine konkreten Anordnungen, sondern nur Überprüfungen der Vorarbeiten gegeben habe: „Ich bleibe hier [seinem Urlaubsort Ivenack, d. Verf.] sprungbereit; wir sind im Generalstabe fertig, einstweilen ist von uns ja nichts zu veranlassen."[1260] Da die Ausführung

---

[1254] Dazu später mehr.

[1255] Th. v. Schäfer: Generaloberst von Moltke in den Tagen vor der Mobilmachung und seine Einwirkung auf Österreich-Ungarn. S. 515, in: Kriegsschuldfrage, 4. Jg. 1926, S. 514-549.

[1256] Klein S. 222.

[1257] Trumpener S. 63 ff. Über das Fehlen militärischer Vorbereitungen siehe auch Farrar: Arrogance S. 177.

[1258] Groener: Lebenserinnerungen S. 141.

[1259] G. Graf Waldersee: Über die Beziehungen des deutschen zum österreichisch-ungarischen Generalstab vor dem Weltkriege. S. 134, in: Berliner Monatshefte, 8. Jg. 1930, S. 103-142.

[1260] DD, Bd. 1, Nr. 74, S. 95. Fischer schreibt diesen Brief als Beleg verwendend: „Am 18. Juli waren in Berlin in allen Ressorts bereits wichtige Vorbereitungen für den Mobilmachungsfall eingeleitet worden. Die Vorarbeiten im Großen Generalstab waren zu diesem Zeitpunkt bereits abgeschlossen." - Fischer: Krieg S. 698. Hierbei übersieht er, daß der Generalstab nur für den Aufmarsch und die folgenden Operationen verantwortlich war – nicht für die eigentliche Mobilmachung, die vom Kriegsministerium bearbeitet wurde. Die entsprechenden Vorbereitungen waren, wie jedes Jahr zu Beginn des neuen Mobilmachungsjahres, am 01.04. abgeschlossen. Insofern hatte der Generalstab tatsächlich nichts zu veranlassen. Die Diskussion um die Mobilmachung war allerdings noch lange nicht zu Ende, wie die weitere Entwicklung zeigen wird. Die Aufspaltung der Kompetenzen übersieht auch Fellner, wenn er davon ausgeht, die Befehle zum Einfall in Luxemburg, Belgien und Frankreich hätten mindestens zwei Wochen vor ihrer Ausführung ausgegeben werden müssen. - Fellner S. 20. Mal ganz abgesehen davon, daß diese Ansicht in den Quellen keine Bestätigung findet und auch der

und damit auch die Vorbereitung einer Mobilmachung in Händen des Kriegsministeriums lag, ist diese Einschätzung der Lage seitens des Generalstabes an sich keine Überraschung. Die weitere Entwicklung wird zeigen, daß auch das Kriegsministerium keinesfalls konkrete Maßnahmen eingeleitet hatte. Eine Anfrage seitens der Marine am 7. Juli im Kriegsministerium brachte folgendes Ergebnis: „Das Kriegsministerium veranlaßt keine Vorbereitungen, abgesehen davon, daß vielleicht an der Ostgrenze Befestigungsarbeiten unter der Firma von Pionierübungen begonnen werden, falls dies ohne Aufsehen möglich."[1261] Der Kreis der Mitwisser um die Brisanz der Lage war im Heer relativ klein. Anders als bei der Flotte lassen sich keine Belege dafür finden, daß untergeordnete Dienststellen von den oberen Militärbehörden über den Stand der Dinge informiert worden wären. Diesen blieben also nur ihre eigenen Beobachtungen, Gerüchte innerhalb des Offizierskorps und die Presse. Diese ließ in der Anfangsphase der Julikrise noch nichts von einem ernsten Konflikt vermuten.[1262] Auch wenn bereits jetzt eine Verbindung von den Mördern nach Serbien gezogen wurde.[1263] Damit wurde bereits der kommende Konflikt angedeutet. Die offiziöse „Norddeutsche Allgemeine Zeitung" schwieg – und sollte dieses Schweigen fast während der ganzen Krise aufrechterhalten.[1264] Deshalb wurde innerhalb des Heeres der normale Dienst fortgesetzt. Auch von Seiten der Generalkommandos kamen keine Bemühungen um Kriegsvorbereitungen. Wenn man von geheimen Kriegsvorbereitungen[1265] redet, so trifft dies in erster Linie auf die Marine zu, die sofort mit der Abhaltung von Konferenzen begann. So lassen sich also innerhalb des deutschen Militärs zwei verschiedene Verhaltensweisen feststellen: auf Seiten der Marine wird recht früh mit den Vorbereitungen begonnen, während das Heer sich noch abwartend verhält. Die weitere Entwicklung wird zeigen, daß dies nicht etwa daran liegt, daß das Heer bereits bestens vorbereitet gewesen wäre, sondern daß sich hier ein unterschiedliches Gefahren- und Bedrohungsbewußtsein äußerte.

Diese Zurückhaltung ist ein starkes Argument gegen die These, in der Julikrise 1914 seien nur die bereits im Winter 1912 gefaßten Entschlüsse umgesetzt worden. Denn wenn man wirklich von Anfang an fest mit einem Krieg rechnete und darüber hinaus eine kurze Spannungszeit von acht bis zehn Tagen einkalkulierte,

---

gesamten deutschen Planung für einen Kriegsausbruch, die ja Wert auf größte Schnelligkeit in unvorbereiteten Situationen legte, zuwiderläuft.

[1261] Schreiben Hopmanns an Tirpitz. - Berghahn, Deist: Marine, Nr. 3, S. 47.
[1262] Th. Goebel: Deutsche Pressestimmen in der Julikrise 1914. Stuttgart 1939, S. 20.
[1263] Ebd., S. 5 f., 7 f.
[1264] Ebd., S. 19, Anm. 3.
[1265] Mommsen: Großmachtstellung S. 307.

was hätte dann näher gelegen, als unmittelbar mit konkreten Vorbereitungen zu beginnen? Zunächst einmal erschien es jedoch beiden Teilstreitkräften als fraglich, ob es überhaupt zu einem Krieg kommen würde. In sämtlichen Gesprächen am 5. und 6. Juli wurde immer wieder der Überzeugung Ausdruck gegeben, Rußland werde nicht in den Konflikt eingreifen. Zwar gab es auch andere Stimmen.[1266] Aber die Mehrheit, sowohl der Zivilisten als auch der Militärs, glaubte nicht, daß ein Krieg auf der Tagesordnung stünde.[1267] Entscheidend für diese Einschätzung war die Ansicht, die Mächte der Entente seien zum jetzigen Zeitpunkt nicht kriegsbereit. So hieß es über Moltkes Einschätzung am 31. Juli: „Schon vor Monaten hat der Generalstabschef, Herr von Moltke, sich dahin ausgesprochen, daß der Zeitpunkt militärisch so günstig sei, wie er in absehbarer Zeit nicht wiederkehren kann. Die Gründe, die er anführt, sind: 1. Überlegenheit der deutschen Artillerie. Frankreich und Rußland besitzen keine Haubitzen und können daher keine Truppe in gedeckter Stellung mit Steilfeuer bekämpfen. 2. Überlegenheit des deutschen Infanteriegewehres. 3. Ganz ungenügende Ausbildung der französischen Truppe infolge zweijähriger Dienstzeit bei der Kavallerie und der gleichzeitigen Einberufung zweier Jahrgänge bei allen Waffengattungen infolge der Wiedereinführung der dreijährigen Dienstzeit, darunter muß die Ausbildung gelitten haben."[1268] Bei einer solchen Einschätzung der Situation mußte es fraglich erscheinen, ob die gegenüberliegende Seite einen Krieg zu so ungünstigen Konditionen beginnen würde. Unterstellt man weiterhin mit Moltke der Entente, nach dem Abschluß ihrer Rüstungen im Jahr 1916 oder 1917 die Absicht, über das Deutsche Reich herzufallen, so wäre ein Krieg 1914 einfach unklug. Dies mag bei der Einschätzung der Lage auch eine Rolle gespielt haben. Gerade die Unfertigkeit der Entente brachte Deutschland in eine günstige Lage: schreckten Rußland und Frankreich vor einem Krieg zurück, so konnte man einen diplomatischen Triumph erringen; kam es wider alle Erwartungen dennoch zum Krieg, so war dieser immer noch zu gewinnen – im Gegensatz zu später. Verstärkung erhielten diese Gedankengänge auch durch die Erwartung, Rußland würde einen

---

[1266] Schreiben des Wiener Militärattachés Kageneck an Moltke, 07.07.1914. - Kronenbitter: Macht, Nr. 4, S. 530 f. Auch bei den Zivilisten gab es einige, die einen Krieg erwarteten. - Fischer: Außenpolitik S. 39.
[1267] Massie S. 46; Afflerbach: Falkenhayn S. 150 ff.; Schmidt S. 201. Auf Seite der Zivilisten wurde diese Überzeugung durch die erfolgreichen Entspannungsversuche zwischen den Mächten in den vorangegangenen Jahren genährt. - Kießling S. 279, 286 f.
[1268] Schreiben Lerchenfelds an Hertling. - Deuerlein, Nr. 113, S. 322. Zur Einschätzung der Unfertigkeit Rußlands siehe Ropponen S. 269 ff. Zum mangelnden Kriegswillen Frankreichs siehe Kießling S. 294 ff.

Krieg innenpolitisch nicht durchstehen.[1269] Die Tatsache, daß das Zarenreich im Frühjahr 1914 wieder einmal von heftigen innenpolitischen Unruhen erschüttert wurde, ließen in deutschen Augen eine russische Kriegsbereitschaft unwahrscheinlich erscheinen.[1270] Diese Einschätzung ließ eine risikoreiche Politik als kalkulierbar erscheinen.[1271] Auf jeden Fall galt es, zunächst einmal abzuwarten: ob Österreichs Forderungen wirklich so radikal seien würden, ob Rußland Serbien beistehen würde und ob das Zarenreich bereit wäre, Serbien in uneingeschränkter Solidarität bis in den Krieg beizustehen. Während dieser Zeit gab es für das Militär nicht viel zu tun. Den weiteren Verlauf der Dinge konnte man getrost der Politik überlassen. Insofern ist es kein Wunder, daß die Militärs Bethmanns Drängen, im Urlaub zu verbleiben oder ihn anzutreten, bereitwillig nachgaben.[1272] War dies als Täuschungsmaßnahme gedacht, so waren zumindest Moltke und Falkenhayn sich dessen nicht bewußt.[1273] Damit wurde aber die weitere Ausgestaltung der Politik allein dem Reichskanzler überlassen.[1274] Nicht nur die preußischen Militärs gingen in Urlaub. Ebenfalls an jenem 7. Juli beantragte der württembergische Kriegsminister bei seinem König, einen 33-tägigen Urlaub in das Engadin antreten zu dürfen. Die Genehmigung wurde am folgenden Tag erteilt.[1275]

In Wien tagte am 7. Juli ein Ministerrat, um das weitere Vorgehen nach der Sicherstellung der deutschen Unterstützung zu beraten. Hierbei wandte sich der ungarische Ministerpräsident Tisza gegen einen Krieg auf dem Balkan.[1276] Die Überwindung dieses Einspruchs verzögerte eine österreichische Reaktion auf das Attentat.[1277] Das deutsche Kalkül hing aber von einer schnellen Reaktion ab.

[1269] Ropponen S. 172 f., 175; Kießling S. 290 ff.

[1270] W. Rutherford: The Tsar's War 1914-1917. The Story of the Imperial Russian Army in the First World War. Cambridge 1992², S. 4 f.

[1271] Hillgruber: Deutschlands S. 50.

[1272] Berghahn: Germany S. 190; Waldersee: Beziehungen S. 134 f.

[1273] Afflerbach: Falkenhayn S. 151; Taylor S. 149.

[1274] Berghahn: Germany S. 189; Epkenhans S. 404. Vollkommen abwegig ist die Annahme die Militärs hätten Bethmann eine Frist bis zum 23.07. gesetzt, die dann später bis zum 26.07. erweitert worden sei, bis dahin habe der Kanzler Zeit, sich um eine friedliche Lösung zu bemühen, danach würden sie eine gewaltsame anstreben. - Lowe S. 218. Denn zunächst einmal galt es, die Aktionen Österreichs abzuwarten, ohne die eine internationale Krise gar nicht entstehen konnte.

[1275] Eintrag 07.07.1914, Verzeichnis d. Vorträge v. 01.07.-31.07.1914 d. württ. Kriegsmin. beim König nebst Entscheidungen desselben, HStAS E 14 , Nr. 1679.

[1276] Fischer: Griff S. 52 f.

[1277] Fischer: Krieg S. 694 ff.

So drängte Berlin in Wien, in den folgenden Tagen endlich etwas zu unternehmen.[1278]

Von all dem drang natürlich nichts an die Öffentlichkeit. So lief in der Truppe zunächst einmal der normale Dienst weiter. Und dies bedeutete für das Heer, daß auch die Diskussion um die Mobilmachung anhielt. Am 7. Juli wandte sich das Preußische Kriegsministerium an die Kriegsministerien der anderen Kontingente; es übersandte einen Erlaß zur Regelung der Verwendung der zu einer Übung einberufenen Angehörigen des Beurlaubtenstandes im Falle einer Mobilmachung. Der Erlaß solle im kommenden Mobilmachungsjahr 1915/16 in die einschlägigen Bestimmungen übernommen werden, habe allerdings schon für das laufende Jahr Gültigkeit. Es sei mit diesem Erlaß die Ausräumung der vielen Zweifel in der Truppe angestrebt. Um dies zu erreichen, wurden Regelungen für den Fall der Verstärkung, der „drohenden Kriegsgefahr" und schließlich der Mobilmachung erlassen.[1279]

Ebenfalls an jenem Tage wurde Tirpitz von Hopmann brieflich über das Ergebnis einer ersten Konferenz zur Fragen der Kriegsvorbereitung innerhalb der Marine informiert. Demnach seien alle Schiffe der Hochseeflotte gefechtsbereit. Die vorgesehenen Reparaturen bei „Blücher" sollten begonnen werden, sie seien allerdings so zu gestalteten, daß die Einsatzbereitschaft rasch wiederhergestellt werden könne. Bei den Torpedobooten sollten zwei Flottillen ihre programmgemäßen Reparaturarbeiten hinauszögern, so daß alle sieben Flottillen gefechtsbereit seien. Die U-Boote, die sich noch in der Erprobungsphase befänden, hätten diese beschleunigt durchzuführen. Ebenfalls beschleunigt werden sollte die Indienststellung der neuen Schiffe, die im Juli oder August fertig würden. Insgeheim würden die Kohlen- und Ölbestände in Helgoland und Danzig auf den Kriegsbestand erhöht werden. Im Mittelmeer solle „Goeben" den österreichischen Kriegshafen Pola anlaufen und dort mit Überholungsarbeiten beginnen. „Bei allen Maßnahmen wird jedes Aufsehen erregende Moment nach Möglichkeit vermieden werden", so stellte Hopmann zusammenfassend fest.[1280] Weiterhin berichtete der Marineoffizier über die bereits erwähnte Anfrage im Kriegs-

---

[1278] Zu dem deutschen Drängen siehe ebd., S. 694 ff.; Fischer: Griff S. 53 ff.; Skřivan S. 387 f.

[1279] Preuß. Kriegsministerium Nr. M. J. 1882/14. A. 1. an Württ. Kriegsministerium, 07.07.1914, HStAS M 1 /4, Bü. 500; das bayerische Exemplar enthält auch die vorgesehenen bayerischen Änderungen, BHStA Abtl. IV M Kr Nr. 1583. Ohne auf Einzelheiten eingehen zu wollen, zeigen die vielen Sonderregelungen, daß auch nach diesem Erlaß das Verfahren nicht einfacher wurde.

[1280] Berghahn, Deist: Marine, Nr. 3, S. 47.

ministerium. Dabei stellte er fest, daß man dort mit einer längeren Dauer – nämlich drei Wochen – der Spannungsperiode rechnete.[1281]

Ob dies ausschlaggebend war oder ob der Marine noch andere Informationen vorlagen, läßt sich heute nicht mehr ermitteln; auf jeden Fall telegraphierte der Admiralstab am 8. Juli dem Südseegeschwader, daß die Spannungsperiode länger dauern werde als ursprünglich angenommen; es sei ein Krieg zwischen Österreich-Ungarn und Serbien im Bereich des Möglichen. Es werde über die weitere Entwicklung informiert.[1282] Da noch keine Anweisungen ergangen waren, trafen in Berlin Anfragen aus dem Mittelmeer und vom Schiff „Eber" ein, was in Anbetracht der Lage zu tun sei.[1283] Durch die Berichte des Militärattachés in Wien wurde auch das Heer auf eine längere Dauer der Spannungen vorbereitet.[1284] Damit hatte sich die ursprüngliche Einschätzung der Dauer der Krise verändert. Nun wurde klar, daß eine rasche Entwicklung nicht zu erwarten war. Am selben Tag trat der Kaiser seine Nordlandreise an, während der Kriegsminister Falkenhayn ebenfalls in Urlaub ging.[1285] Jagow kehrte von seiner Hochzeitsreise zurück und übernahm wieder die Geschäfte im AA.[1286]

Daß bei allen militärischen Überlegungen der Marine das Einverständnis der Reichsleitung gesucht wurde, sollte der 9. Juli zeigen. Der Admiralstab telegraphierte an Admiral Müller an Bord der kaiserlichen Yacht „Hohenzollern", im Einverständnis mit dem RMA und des AA solle unauffällig die Ausreise des Schiffes „Panther" nach Mexiko verzögert werden.[1287] Die Zustimmung des AA war von der Marine vorher in einem Gespräch mit Unterstaatssekretär Zimmermann eingeholt worden.[1288] Hatte schon zu Beginn der Krise die Vermeidung von Aufsehen Priorität genossen, so kam hier das Militär den Wünschen des Kanzlers entgegen. Dieser erklärte ebenfalls am 9. Juli Delbrück, das Wichtigste in der Situation sei es, jeden Anschein deutscher Kriegsvorbereitungen zu ver-

---

[1281] Ebd.

[1282] Tel. an „Scharnhorst", BA-MA RM 5/6334; siehe auch Marine-Archiv: Kreuzerkrieg, Bd. 1, S. 62.

[1283] Tel. an Admiralstab, politische Lage und Reise Mittelmeergeschwader, BA-MA RM 5/6334; Anfrage „Eber", Brieftgb. Abtl. B II d. Admiralstabes, 07.07.-01.08.1914, BA-MA RM 5/223.

[1284] Manuskript: Die deutsche Armee bei Kriegsausbruch, o. J., [um 1920], Bl. 167, BA-MA W-10/50891.

[1285] Zwehl: Falkenhayn S. 55.

[1286] Wegerer: Ausbruch, Bd. 1, S. 164.

[1287] BA-MA RM 5/6334.

[1288] Schreiben Hopmanns an Tirpitz, 09.07.1914. - Berghahn, Deist: Marine, Nr. 4, S. 48.

meiden.[1289] In der Besprechung mit Zimmermann hatte der Marineteilnehmer übrigens den Eindruck gewonnen, daß die Lage im AA nicht als sonderlich ernst betrachtet werde. Sollte es allerdings zum Krieg kommen – so Zimmermann – sei mit der Teilnahme Großbritanniens auf Seiten der Gegner zu rechnen. Außerdem habe der österreichische Kriegsminister nach Informationen der Diplomaten für die Mobilmachung seiner Truppen einen Zeitraum von 17 Tagen angesetzt.[1290]

Auch am 9. Juli griff Hopmann wieder zur Feder, um Tirpitz auf dem laufenden zu halten. Er berichtete, daß in einer Sitzung vom 8. Juli die brieflich übermittelten – siehe Hopmanns Schreiben vom 7. – Maßnahmen beraten wurden: „Ihrer unauffälligen Durchführung steht nichts im Wege."[1291] Als weitere Neuigkeit wurde berichtet, daß der Verkauf von U- und Torpedobooten, die auf deutschen Werften für Griechenland gebaut würden, vorläufig verzögert werde.[1292] Wie bereits erwähnt, war es noch keinesfalls sicher, daß der Kaiser-Wilhelm-Kanal auch für große Kriegsschiffe befahrbar sei. Um diese Frage zu klären, schrieb das RMA an den Staatssekretär des Innern und betonte, daß man den „allergrößten Wert darauf" lege „umgehend" eine Probedurchfahrt durchzuführen.[1293] Man bitte darum, dem Kanalamt die nötigen Anweisungen zu geben und wünsche sich eine Antwort bereits am 10. Juli.[1294]

Im Heer ging unterdessen die weitere Planung der Mobilmachung weiter. Das Bestreben zeigte Erfolg, die notwendigen Bewachungsaufgaben auf die zivilen Stellen zu übertragen. In Sachsen wurde der Schutz der Bahnen nur durch Bahnpersonal ausgeübt. Lediglich die Pfeiler der Eisenbahnbrücken über die Elbe sollten vom Stromamt bewacht werden.[1295]

Aber auch in anderen Ressorts ging die normale Arbeit mit ihren Vorbereitungen für eine mögliche Mobilmachung weiter. So konnte Hopmann am 10. Juli

---

[1289] C. v. Delbrück: Die wirtschaftliche Mobilmachung in Deutschland 1914. Hg. v. J. Delbrück. München 1924, S. 96.

[1290] Schreiben Hopmanns an Tirpitz, 09.07.1914. - Berghahn, Deist: Marine, Nr. 4, S. 48.

[1291] Ebd.; das archivalische Originaldokument trägt die Überschrift „Tagesmitteilung N° 4", der folgende Brief Hopmanns ist mit „Tagesmitteilung N° 5" gekennzeichnet, BA-MA N 253/100 (Nl. v. Tirpitz). Im Akt und damit bei Berghahn, Deist: Marine abgedruckt – die diese Überschrift nicht im Druck berücksichtigten – finden sich jedoch nur die drei Schreiben Hopmanns vom 06., 07. und 09.07., so daß also ein Brief Hopmanns nicht überliefert sein muß. Siehe dazu auch Berghahn, Deist: Marine, S. 37 f., Anm. 4.

[1292] Ebd., Nr. 4, S. 48.

[1293] Schreiben RMA A IV. 1751, 09.07.1914, RM 5/1926.

[1294] Ebd.

[1295] Sächs. Innenministerium Nr. 1539 an Sächs. Kriegsministerium, 09.07.1914, SHStA Sächs. Kriegsarchiv (P) Nr. 550.

Tirpitz über einen für den Herbst geplanten Gesetzentwurf „gegen Sabotage, Massenstreik und antimilitaristische Demonstrationen" berichten.[1296] Zur Vorbereitung seien kommissarische Beratungen vorgesehen; die Vertreter der Marine seien bereits benannt. Ansonsten hatte Hopmann nur mitzuteilen, daß die Situation offenbar entspannter sei, als manchmal angenommen werde. Als Nachtrag zu dem Gespräch im AA vom 8. Juli galt es noch zu berichten, daß die deutsche Presse Anweisung erhalten habe, nicht zum Krieg zu drängen, aber die Bevölkerung gegen Serbien einzunehmen.[1297] Wunschgemäß erhielt das RMA am 10. Juli Antwort auf sein Schreiben vom Vortage die Probedurchfahrt des Kaiser-Wilhelm-Kanals betreffend. Der Staatssekretär des Reichsinnenamtes teilte mit, daß einer Probedurchfahrt nichts im Wege stünde; zwecks Regelung der Einzelheiten möge die Marine sich direkt mit dem Kanalamt in Verbindung setzen.[1298]

Bethmann Hollweg unterbrach an diesem Tage seinen Urlaub, um mit Delbrück und Jagow zu konferieren.[1299] Konkrete Vorbereitungen wurden jedoch nicht verabredet.[1300]

Daß die Krise nicht so schnell eskalieren würde, konnte Moltke dem Schreiben des Militärattachés in Wien entnehmen. Am 10. Juli schrieb dieser, daß die Österreicher, bevor sie zu Entscheidungen drängen würden, das Ende der Erntezeit abwarten wollten; und dann sei noch mit einer 16-tägigen Mobilmachung zu rechnen.[1301]

Wie in jedem Jahr übersandten die preußischen Generalkommandos auch 1914 am 10. Juli eine Aufstellung aller im Mobilmachungsfall verfügbaren Wehrpflichtigen an das Kriegsministerium.[1302] Und das Feldartillerie-Regiment 48 regelte per Regimentsbefehl Einzelheiten für den Hin- und Rückmarsch zum Truppenübungsplatz Zeithain in der Zeit zwischen dem 11. und 31. Juli.[1303]

Auch weiterhin hielt die Marine ihre Auslandseinheiten über die politische Entwicklung auf dem laufenden. Am 11. Juli wurde den Schiffen in der Südsee te-

---

[1296] Berghahn, Deist: Marine, Nr. 5, S. 49. Im Original mit „Tagesmitteilung N° 5" überschrieben, BA-MA N 253/100 (Nl. v. Tirpitz).

[1297] Berghahn, Deist: Marine, Nr. 5, S. 49.

[1298] Schreiben Nr. III A 5211, RM 5/1926.

[1299] Gutsche: Aufstieg S. 118 f.; Fischer: Außenpolitik S. 41; Delbrück: Mobilmachung S. 96 f.

[1300] Ebd.

[1301] Kronenbitter: Macht, Nr. 5, S. 531 f.

[1302] Vorgeschichte: Montgelas S. 64 f. Aus Preußen reichte das Gardekorps die Verzeichnisse am 12.07. nach; die Verzeichnisse von Sachsen, Bayern u. Württemberg wurden am 18., 24. u. 27.07. durch die jeweiligen Kriegsministerien übersandt. - Ebd.

[1303] Befehlsbuch 1914, 2. Teil, Feldart.-Reg. 48, SHStA Sächs. Kriegsarchiv (P) Nr. 55865.

legraphiert, daß die Lage unverändert sei, es sei damit zu rechnen, daß Großbritannien im Kriegsfall auf der Seite der deutschen Gegner stehen würde.[1304] Das Schiff „Eber" erhielt die Erlaubnis zum Eindocken, da sich die politische Lage langsamer als erwartet entwickele.[1305] Obwohl die Lage also etwas ruhiger beurteilt wurde, gingen die Aktivitäten innerhalb der Marine weiter. Nach wie vor war ja die wichtige Frage der Befahrbarkeit des Kaiser-Wilhelm-Kanals ungeklärt. Das RMA drängte auf eine baldige Probedurchfahrt, auch wenn das dafür benötigte Schiff dadurch nicht an der Nordlandreise der Flotte teilnehmen könne.[1306] Ein weiteres Problem stellte die Versorgung der Marine mit den benötigten Versorgungsschiffen dar. Wie bereits berichtet, war der Vorstoß, eigene Kohlen- und Öldampfer anzuschaffen, gescheitert. Damit entfiel aber nicht die Notwendigkeit, sich diese Schiffe zu beschaffen. Wie wenig konkret jedoch die Vorbereitungen auf diesem Gebiet in Friedenszeiten waren, zeigt ein Schreiben des RMA an die Schiffsbesichtigungskommission vom 11. Juli. Darin wurde vorgeschlagen, sich nach den Kosten der Anmietung von Heizöldampfern zu erkundigen. Desweiteren bestand beim RMA Klärungsbedarf, durch welche „Friedensvorbereitungen" die Bereitstellung dieser Schiffe im Mobilmachungsfall beschleunigt werden könne und welche Kosten dies verursachen würde.[1307] Grundlegende Vorüberlegungen für den Fall einer politischen Krise waren also bei der Marine hinsichtlich der Beschaffung von Hilfsschiffen nicht getroffen worden. Wie jetzt hier, so wird auch später der Faktor Geld eine wichtige Rolle spielen. Einen Überblick über die Lage am 11. Juli bietet der im Marinekabinett tätige Ernst v. Weizsäcker: „In der Marine ist seit letzter Woche auch Kriegsnervosität. Man hat die nach Apia gehenden Panzerkreuzer des Kreuzergeschwaders etwas aufgehalten, schickt 40 Arbeiter ins Mittelmeer auf die ‚Goeben' für eilige Reparaturen, gibt in den nächsten Tagen den im Winter ausgearbeiteten Signacode des Dreibundes beschleunigt aus, hat die beschleunigte Indienststellung neuer und annähernd fertiger Schiffe vorbereitet und eine Ordre de Bataille aufgestellt, in der man mit einem neutralen England rechnet. Das letztere hat mich am meisten gewundert. Die Herren Admiralstäbler sitzen mit Überstunden auf ihren Büros, konferieren mit dem Ausw. Amt und kommen sich wie die Helden des Tages vor. Aus dem Generalstab hört man ähnliches.

[1304] BA-MA RM 5/6334; siehe auch Marine-Archiv: Kreuzerkrieg, Bd. 1, S. 63.
[1305] Brieftgb. Abtl. B II d. Admiralstabes, 07.07.-01.08.1914, BA-MA RM 5/223.
[1306] RMA A IV 1779 3. Ang. an Kommando Hochseeflotte, RMA A IV 1779 2. Ang. an Admiralstab, 11.07.1914, BA-MA RM 5/1926.
[1307] RMA A VI S. 127 gg., BA-MA 5/1844.

Mir persönlich ist vorläufig um meinen Urlaub noch nicht Angst ...".[1308] Also waren nicht alle Marineoffiziere von der Kriegsnervosität angesteckt.

Beim Heer wurde die Ungewißheit über die eventuellen österreichischen Maßnahmen unangenehm empfunden. In der politische Spitze sei nichts über die Forderungen an Serbien bekannt, schrieb Waldersee an Kageneck an jenem Tage. Besonders wichtig für den Generalstab waren die militärischen Maßnahmen Österreichs gegen Serbien. Der Militärattaché erhielt den Auftrag, sich umgehend bei dem Verbündeten über deren Absichten zu informieren.[1309] Waldersee selbst, der sich offensichtlich in Berlin aufhielt, wolle sich wieder auf sein Gut zurückziehen: „Ich gehe heute nach Ivenack zurück, es soll alles geschehen, um hier vollständige Ruhe an den Tag zu legen."[1310] Den gleichzeitig in Berlin anwesenden Reichskanzler hat Waldersee anscheinend nicht gesprochen. Dieser konferierte – wie bereits am Vortage – mit seinen zivilen Kollegen über innenpolitische Fragen.[1311]

Der Eindruck der Ruhe war aber nicht nur gespielt; mangels Information über die Aktivitäten hinter den Kulissen ging beim Heer die Alltagsroutine weiter. Innerhalb des Nachrichtendienstes wurden die zur Sommerzeit passenden Fragen der Urlaubsvertretung geregelt.[1312] Auch Reisen eines neuen Nachrichtenoffiziers zwecks dessen Einarbeitung wurden behandelt.[1313]

Am 12. Juli traf dann in Berlin ein Brief des deutschen Botschafters in Wien ein, der die deutsche Reichsleitung über den Inhalt des österreichischen Ultimatums an Serbien informierte, sowie Angaben über den geplanten Übergabetermin machte. Die Note sollte übergeben werden, wenn der französische Präsident seinen am 20. Juli beginnenden Staatsbesuch in St. Petersburg beendet habe. Den Serben werde man eine Frist von 48 Stunden zur Beantwortung setzen; im Falle einer nicht ausreichenden Antwort werde sofort die österreichische Mobilmachung folgen. Der Inhalt des Ultimatums stellte dann eine Reihe von Forderungen auf, die für Serbien nur schwer anzunehmen waren.[1314] Dies waren jedoch

---

[1308] Hill S. 147. Zu dem Operationsplan, der eine Neutralität Großbritanniens vorsah, siehe Kapitell V 1. b Die Julikrise: 23. bis 27. Juli, S. 242 f.
[1309] Kronenbitter: Macht, Nr. 6, S. 532 f.
[1310] Ebd., Nr. 6, S. 533.
[1311] Gutsche: Aufstieg S. 118 f.
[1312] Ka. 528 an III b, 11.07.1914, GlAK Abtl. 456 F 5/182.
[1313] Ka. 531 an ? [III b], 11.07.1914, ebd.
[1314] Klein S. 227 f.; Kern der österreichischen Forderungen war, daß der serbische König sich öffentlich von der großserbischen Agitation distanzieren solle und die Einsetzung eines Organs der österreichischen Regierung in Serbien, welches die praktische Umsetzung dieser Distanzierung überwachen sollte. - Ebd., S. 227.

nur vorläufige Entwürfe, in Wien war sich die österreichische Regierung nicht einig und diskutierte weiterhin die möglichen Forderungen. Erst am 19. Juli hatte man in Österreich den endgültigen Text des Ultimatums an Serbien fertiggestellt.[1315] Damit war der deutschen Reichsleitung bekannt, daß ein Krieg zwischen Österreich und Serbien sich nur schwer vermeiden lassen werde. Offen mußte lediglich die Stellungnahme der anderen europäischen Mächte bleiben. Ohne Kenntnis dieser Vorgänge ging der normale Dienst weiter. „Eber" meldete, daß das Schiff am 14. Juli mit den Reparaturarbeiten beginnen wolle.[1316] Die offiziöse „Norddeutsche Allgemeine Zeitung" beschäftigte sich an diesem Tag mit idyllischen Bildern von der Nordlandreise des Kaisers.[1317] Dennoch lag weiterhin die Frage eines Krieges in der Luft. So schrieb die „Vossische Zeitung": „Und muß selbst ein militärischer Druck auf Serbien notwendig zu einem Weltkrieg führen? Wir hoffen, es wird Frieden bleiben und diese Ueberzeugung bald durch die Erklärungen der Mächte Bestätigung finden. Bald, recht bald; denn nächst dem Krieg gibt es für die Völker keine schlimmere Heimsuchung als andauernde Unruhe und die wiederholte Frage, ob der Krieg in Sicht ist."[1318] Mochten solche Überlegungen auch durch die Köpfe mancher Offiziere des Heeres spuken, im Gegensatz zu seinen Kameraden auf den Auslandsschiffen der Marine wurden sie nicht über die Lage informiert und konnten somit selber nur spekulieren.

Die neuen Informationen aus Österreich veranlaßten Hopmann, sich am 13. Juli wieder an Tirpitz zu wenden. Der Kaiser habe entschieden, die Ausreise des „Panther" zu verzögern. Ferner habe Admiral Müller anfragen lassen, welche Schiffe sich zur Zeit für andere Staaten auf deutschen Werften im Bau befänden und wie es um die Abgabe von vier U-Booten an Griechenland stünde. Über letztere Frage habe Capelle mit Zimmermann verhandelt. Das AA sei der Ansicht, daß die Auslieferung verzögert werden solle. Erstere Frage werde Hopmann am 15. Juli beantworten. Bei dem Gespräch über die U-Boote wurde Capelle auch über den Inhalt des österreichischen Ultimatums informiert. Allerdings haben sowohl Capelle als auch Hopmann Zweifel an der Kraft Österreich-Ungarns, solche Forderungen auch durchzuhalten.[1319] In Anbetracht der noch entspannten Lage und in dem Bemühen, unnötiges Aufsehen zu vermeiden, ließ

[1315] Ullrich: Grossmacht S. 257.

[1316] Brieftgb. Abtl. B II d. Admiralstabes, 07.07.-01.08.1914, BA-MA RM 5/223.

[1317] Norddeutsche Allgemeine Zeitung, 12.07.1914. - „Jahrhundertsommer": Eine Serie zum Epochenende 1914, FAZ, 12.07.1994.

[1318] Vossische Zeitung, 12.07.1914. - Ebd.

[1319] Berghahn, Deist: Marine, Nr. 6, S. 49 ff.; „Tagesmitteilung N° 6", BA-MA N 253/100 (Nl. v. Tirpitz); Tirpitz: Erinnerungen S. 211 f.

Admiral v. Pohl beim Kaiser telegraphisch um die Erlaubnis bitten, die Flotte zu ihrer Nordlandreise auslaufen zu lassen.[1320] Für die Marine ergab sich aus dem Nachrichtenaustausch zwischen dem AA, dem General- und dem Admiralstab das Bild, daß die politische Leitung die Hoffnung hegte, einen Konflikt lokalisieren zu können.[1321] Dies mag zusammen mit der Gewißheit, daß die Krise erst in einiger Zeit akut werden könne, zu dem Entschluß beigetragen haben. Dieser Glaube an die Lokalisierbarkeit wurde jedoch von Tirpitz nicht geteilt. Aus seinem Urlaub schrieb er nach Berlin und empfahl, eine Verständigung mit Rußland zu suchen.[1322] Diese Ansicht brachte der Staatssekretär auch gegenüber Besuchern in seinem Kurort zum Ausdruck.[1323]

Um eine Koordinierung der Maßnahmen der Militärbefehlshaber bei der Handhabung des Kriegszustandes bemüht, wandte sich der Reichskanzler an den Kriegsminister mit der Bitte, die einschlägigen Anordnungen für den Kriegszustand der einzelnen Generalkommandos zu sammeln und sie der Reichskanzlei zur Verfügung zu stellen. Man wolle sie noch mit dem Reichsjustizamt durchsprechen.[1324] Nicht nur die Reichsleitung erhielt Informationen aus Wien. Kageneck konnte Moltke nun genaueres zum Termin der Übergabe der österreichischen Forderungen an Serbien mitteilen. Demnach sei man in Wien zu dem Entschluß gekommen, den 25. Juli zu wählen; weiteren und genaueren Bericht werde er in zwei Tagen, am 15. Juli geben können, da am 14. Juli in Wien ein Ministerrat zu diesen Fragen stattfinden werde.[1325] Weiterhin bestimmte die Alltagsroutine das Bild auf der unteren Ebene des Heeres. Beim Feldartillerie-Regiment 32 in Sachsen ging eine Übung zu Ende und es galt, die daran beteiligten Reservisten zu entlassen.[1326] Und beim 6. Chevaulegers-Regiment in Bayern wurden Interessenten für eine Ausbildung zum Flugzeugführer – in erster Linie Leute mit beruflichen Erfahrungen wie „Motormechaniker oder Kraftwagenführer" – aufgefordert, sich bis zum 15. Juli zu melden.[1327] Zwecks Übung

---

[1320] Marine-Archiv: Nordsee, Bd. 1, S. 5 f.
[1321] Ebd., Bd. 1, S. 6.
[1322] Tirpitz: Erinnerungen S. 212.
[1323] Ebd., S. 213.
[1324] Briefentwurf, 13.07.1914, abgeschickt 16.07., BAB R 1501/112215/1.
[1325] Kageneck an Moltke, 13.07.1914. - Geiss: Julikrise, Bd. 1, Nr. 84, S. 158 ff.
[1326] Abtl.-Befehl, 13.07.1914, Befehlsbuch Feldart.-Reg. 32, SHStA Sächs. Kriegsarchiv (P) Nr. 53090.
[1327] Reg.-Befehl, 13.07.1914, Reg.-Befehle 01.07.1914-23.12.1915, BHStA Abtl. IV 6. Chev.-Reg. (WK) Bund 15 a.

einer Mobilmachung wurde am 13. Juli beim Feldartillerie-Regiment 75 im sächsischen Wurzen eine Probemobilmachung durchgeführt.[1328]

Der 14. Juli brachte keine großen Veränderungen. Die Schiffe in der Südsee fragten in Berlin wegen ihrer Reiseroute an.[1329] Die Abteilung III b des Generalstabes übersandte dem Admiralstab einen Bericht eines Agenten über russische Rüstungsmaßnahmen.[1330] Diese Nachrichten mögen mit zu der Furcht vor den russischen Kriegsvorbereitungen beigetragen haben, in der konkreten Situation waren sie jedoch nichts als Routine. Die Vorschläge für die Einarbeitung eines Nachfolgers, die am 11. Juli seitens des Nachrichtenoffiziers Karlsruhe nach Berlin gegangen waren, wurden von III b gebilligt.[1331] Und schließlich ließ das XII. Armeekorps bekannt geben, daß das Sächsische Kriegsministerium in Fragen der Presseberichterstattung unmittelbar mit den ihm unterstellten Truppenteilen und Behörden verkehren könne, um „die Presse soweit möglich eingehender und schärfer zu kontrollieren, als bisher, um falschen sensationellen Nachrichten über Vorkommnisse in der Armee und Beleidigungen des Militärs entgegentreten zu können."[1332]

Die Meinungen, Frankreich werde sich wegen des Zustandes seiner Armee nicht an einem Konflikt beteiligen, erhielten am 14. Juli neue Nahrung. Denn an diesem Tag hielt der Berichterstatter der Kommission für Armee und Marine des französischen Senats dort eine Rede, die einen schlechten Zustand der französischen Streitkräfte zu belegen schien.[1333]

Der 15. Juli wirkte von außen betrachtet wie ein weiterer ruhiger Tag. Die Marine konnte von keiner Veränderungen der politischen Lage berichten.[1334] Die Schiffe in der Südsee stachen von Truk aus in Richtung Ponape in See.[1335] In Wien war die endgültige Entscheidung gefallen, mit den Forderungen an Serbien erst am 25. Juli an Belgrad heranzutreten. Die Note würde so gehalten sein, daß sie nicht angenommen werden könne, so wußte Kageneck Moltke zu berichten. Die österreichische Armee werde zunächst nur gegen Serbien mobilisieren; sollte Rußland eingreifen, werde man sich allerdings mit allen Kräften ge-

---

[1328] Rahne, Bd. 1, S. 152.

[1329] Tel. Kreuzer „Scharnhorst" in Yap, 14.07.1914, BA-MA RM 5/6337.

[1330] BA-MA RM 5/3683.

[1331] III b Nr. 4726 an Ka., GlAK Abtl. 456 F 5/182.

[1332] G. K. O. Nr. 168 geh. II b, SHStA Sächs. Kriegsarchiv (P) Nr. 57519.

[1333] G. Bach: Daten zum Kriegsausbruch. Frankreich. S. 521, in: Berliner Monatshefte, 12. Jg. 1934, S. 521-531.

[1334] Tel. Admiralstab an Kreuzer „Scharnhorst", BA-MA RM 5/6334; Admiralstab an „Eber", Brieftgb. Abtl. B II d. Admiralstabes, 07.07.-01.08.1914, BA-MA RM 5/223.

[1335] Marine-Archiv: Kreuzerkrieg, Bd. 1, S. 63.

gen diesen Gegner wenden.[1336] Mit der Entscheidung in Wien hatte das deutsche Heer erstmals sichere Angaben, ab wann eine Verschärfung der internationalen Lage zu erwarten war. Zählt man dazu die deutscherseits erwartete langsame österreichische Mobilmachung hinzu, so wird klar, warum dieses Datum keine Aktivitäten im Heer auslöste – bevor es zum Krieg käme, würde noch viel Zeit vergehen. Moltke kommentierte die Situation folgendermaßen: „Wenn die Demarche erst am 25. erfolgt, wird noch einiges Wasser die Donau hinabfließen, bis es zu weiterem kommt."[1337]

Bethmann Hollweg weilte am 15. Juli für einige Stunden in Berlin. Seine Besprechungen mit Delbrück, Jagow, dem Staatssekretär des Reichsschatzamtes sowie dem Präsidenten des Reichsbankdirektoriums scheinen die finanzielle Kriegsvorbereitung zum Thema gehabt zu haben.[1338] Wie bei seinen vorherigen Besuchen kam es offenbar zu keinerlei Kontakt mit der militärischen Führung. Am 15. fand außerdem noch eine weitere Sitzung über die Handhabung des Kriegszustandes statt; Thema war u. a. die für diesen Fall vorbereiteten Bekanntmachungen.[1339]

Wie an den vorangegangenen Tagen lief der Dienstbetrieb innerhalb der Armee ohne Störungen weiter. Den Abschluß einer Übung nutzend, beschloß das Feldartillerie-Regiment 32, ab dem 17. Juli seine Geschütze zu zerlegen und mit der vierteljährlichen Reinigung zu beginnen.[1340] An der Westgrenze wurde in Karlsruhe die Entsendung eines Agenten nach Berlin gemeldet, der unter Ausnutzung des französischen Nationalfeiertags sich in Belfort umsehen sollte. Dies sollte jedoch nicht der einzige Auftrag des Agenten sein: „Damit während meines Urlaubs keine unnötige Pause eintritt, erhielt er [der Agent, d. Verf.] Anweisung Anfang August eine 2. Reise nach Belfort zu machen."[1341] Da der entsendende Offizier in Urlaub ging, handelte es sich hierbei um einen reinen Routineauftrag, wie ihn auch andere Agenten vor dem Attentat von Sarajewo ausgeführt hatten.

Normaler Dienstbetrieb bedeutete auch, daß die Diskussion um eine zukünftige Mobilmachung weiterging. Das bayerische I. Armeekorps unterrichtete seine Truppen über ein Schreiben des preußischen XV. A. K. die Regelung der Einbe-

---

[1336] Kageneck an Moltke. - Geiss: Julikrise, Bd. 1, Nr. 102, S. 180 f.

[1337] Randbemerkung Moltkes zu Kagenecks Bericht, zit. nach Manuskript Die deutsche Armee bei Kriegsausbruch, o. J., [um 1920], Bl. 168, BA-MA W-10/50891.

[1338] Gutsche: Aufstieg S. 120.

[1339] Schreiben Kriegsministerium Nr. 3 g g Ai. an Staatssekretär Reichsinnenamt, 22.07.1914, BAB R 1501/112144.

[1340] Abtl.-Befehl, 15.07.1914, Befehlsbuch Feldart.-Reg. 32, SHStA Sächs. Kriegsarchiv (P) Nr. 53090.

[1341] Ka. U. an III b, 15.07.1914, GlAK Abtl. 456 F 5/182.

rufung von Offizieren des Beurlaubtenstandes dieses Korps bei Verstärkung oder „drohender Kriegsgefahr" betreffend.[1342] Und wie schon vorher kam es zu Unklarheiten. So wandte sich das XII. A. K. in Sachsen an das dortige Kriegsministerium mit der Bitte um Klärung des Zuständigkeitsbereichs des zivilen und militärischen Bahnschutzes. Bis zum Ausspruch der „drohenden Kriegsgefahr" sei dieser eine Angelegenheit der zivilen Behörden, um danach in die alleinigen Hände des Militärs überzugehen. Nun hätten in Sachsen die zivilen Behörden einen Bahnschutz auch bei „drohender Kriegsgefahr" vorbereitet, ohne das Militär zu berücksichtigen.[1343]

Im Anbetracht der Festlegung des Termins in Wien wirkt es schon fast ironisch, wenn am 15. Juli die „Frankfurter Zeitung" vor den negativen Folgen einer permanenten Krise auf das Wirtschaftsleben warnt.[1344]

Der 16. Juli stand weiterhin unter dem Eindruck des Wartens auf österreichische Aktionen. In Hopmanns Bericht an Tirpitz war zunächst von Informationen aus Pressekreisen die Rede, daß Österreich seine Forderungen an Serbien an diesem Tage stellen würde. Erst am Schluß seines Schreibens konnte er Tirpitz berichten, daß er soeben erfahren habe, daß Zimmermann gegenüber dem Admiralstab als Termin der Notenübergabe den 22. Juli angegeben habe. Die Übergabe der österreichischen Note solle auf jeden Fall nach der Abreise des französischen Präsidenten Poincarés aus Petersburg erfolgen, der sich dort zu einem Staatsbesuch aufhalte.[1345] Die Note werde sehr scharf ausfallen, aber: „Konsequenzen auf die allgemeine politische Lage Europas sind daraus noch nicht zu ziehen."[1346] Die unterschiedlichen Angaben, die also seitens der Reichsleitung und des deutschen Militärattachés in Wien zu dem Termin gemacht wurden, liegen wohl in der Unsicherheit über den Zeitpunkt der Abreise Poincarés begründet. Erst am 17. Juli sollte darüber Klarheit eintreten.[1347] Die von Zimmermann erhalten Informationen gab der Admiralstab sofort an die Schiffe in der Südsee weiter. Das Telegramm enthielt noch eine Information, die Hopmann Tirpitz verschwiegen hatte: vielleicht würde Großbritannien zunächst eine abwartende Haltung einnehmen.[1348] Offensichtlich war das Schiff „Magdeburg" früher informiert worden; hier wird als Zeitpunkt der Notenübergabe noch der 25. Juli

---

[1342] Rundschreiben Gen. Kdo. I. A. K. Nr. 1887, BHStA Abtl. IV 2. Inf.-Div. (WK) Bund 7.
[1343] Schreiben Gen. Kdo. XII. A. K. Nr. 912 I a geh., SHStA Sächs. Kriegsarchiv (P) Nr. 550.
[1344] „Jahrhundertsommer": Eine Serie zum Epochenende 1914, FAZ, 15.07.1994.
[1345] Berghahn, Deist: Marine, Nr. 7, S. 51 f.
[1346] Ebd., Nr. 7, S. 52; „Tagesmitteilung N⁰ 7", BA-MA RM 5/253/100 (Nl. v. Tirpitz).
[1347] Berghahn, Deist: Marine, S. 52, Anm. 88.
[1348] Tel. Nr. 13 an Kreuzer „Straßburg", BA-MA 5/2179.

genannt.[1349] Gleichzeitig wurde der Kaiser telegraphisch in Absprache mit dem AA und dem Reichs-Kolonialamt gebeten, das Verbleiben des Kreuzergeschwaders in Ponape bis zur Klärung der politischen Lage zu genehmigen.[1350] Die Nachrichtenabteilung des Admiralstabes traf nun Vorbereitungen für den Ernstfall. Sie wandte sich an zwei Agenten mit der Frage, ob sie bereit wären, im Laufe des Sommers wieder zu ihren Einsatzorten – nämlich Stockholm und Antwerpen – zu reisen, und bat um die Angabe eines passenden Termins seitens der Agenten.[1351] Auch der Nachrichtendienst des Heeres begann, sich langsam zu regen. Am 16. Juli wies Nicolais Stellvertreter – der Chef der Abteilung III b befand sich immer noch auf Urlaub – die Nachrichtenoffiziere der Armeekorps im Osten an, die Vorgänge mit erhöhter Aufmerksamkeit zu beobachten; zu besonderen Maßnahmen bestehe jedoch in der augenblicklichen Situation kein Grund.[1352]

Beim Heer tat sich auch am 16. Juli nichts. Der Garnisons-Älteste Passau informierte in einem Rundschreiben über eine weitere Maßnahme im Rahmen der Mobilmachungsplanungen: die Besichtigung der für eine eventuelle Mobilmachung erforderlichen Massenquartiere in Passau. Sie sollte zunächst im Zeitraum vom 20. bis 30. Juli stattfinden[1353]; in einem weiteren Schreiben vom gleichen Tag wurde der Termin dann auf den 25. Juli 8 Uhr morgens festgesetzt.[1354]

Weiterhin bemühte sich die Reichsleitung, dem Ausland ein friedliches Bild zu vermitteln. Mit Anweisung vom 16. Juli war zumindest die elsaß-lothringische Presse seitens der Reichskanzlei ersucht worden, sich jeder Polemik gegen Frankreich zu enthalten.[1355]

Immer deutlicher wurde, je weiter der Juli voranschritt, die gespaltene Erwartungshaltung der Reichsleitung. Auf der einen Seite wurde ein friedlicher Ausgang erwartet, während auf der anderen Seite Vorbereitungen für den Kriegsfall getroffen wurden. Im Gespräch mit dem sächsischen Gesandten Biedermann am 17. Juli gab Zimmermann der Hoffnung Ausdruck, den Konflikt lokalisieren zu können; man sei aber auch auf einen anderen Ausgang der Angelegenheit vorbe-

---

[1349] Brieftgb. Abtl. II d. Admiralstabes, 07.07.-01.08.1914, BA-MA RM 5/223.

[1350] Tel. Admiralstab an Admiral Müller, BA-MA RM 5/6334.

[1351] Für Stockholm Schreiben Nr. 2550 I an Elert, BA-MA RM 5/3683; für Antwerpen Schreiben an Wüttmann, BA-MA RM 5/3684.

[1352] Trumpener S. 64.

[1353] Rundschreiben Nr. 26 M, BHStA Abtl. IV 16. Inf.-Reg. (F) Bund 175/2.

[1354] Ebd.

[1355] Brief Staatssekretär im Ministerium für Elsaß-Lothringen an Reichskanzlei, 24.07.1914, BAB R 43/4 a.

reitet.[1356] Diese Zwiespältigkeit sollte sich am folgenden Tag noch deutlicher zeigen.

Hopmann wußte in seiner Meldung an Tirpitz nicht viel Neues mitzuteilen.[1357] Im Auftrag des Kaisers telegraphierte Müller an den Admiralstab und teilte die Genehmigung Wilhelms II. zu dem am 16. Juli vorgeschlagenen Abwarten des Kreuzergeschwaders in Ponape mit.[1358] „Eber" wurde seitens des Admiralstabes darüber informiert, daß eine Klärung der Lage erst Ende Juli zu erwarten sei.[1359]

Moltke schrieb am 17. an seine Frau und teilte ihr mit, daß vor dem 25. Juli nichts zu befürchten sei.[1360] Waldersee warnte in einem Brief an Jagow vor falschen Hoffnungen hinsichtlich der Schnelligkeit einer österreichischen militärischen Aktion: Teilmobilmachungen hätten ihre Tücken, im Falle eines Eingreifens Rußlands könne es schwierig werden, sich aus Serbien zu lösen und nicht zuletzt wisse niemand, ob sich die Serben nicht erst im Landesinnern zum Kampf stellen und damit eine Entscheidung verzögern würden.[1361] In einem weiteren Schreiben an Kageneck wiederholte Waldersee seine Befürchtungen, ein einseitiger Aufmarsch gegen Serbien könnte zu Schwierigkeiten führen, da Rußland nicht beiseite stehen werde. Gleichzeitig erschien es dem Generalstabsoffizier immer noch fraglich, ob es überhaupt zu größeren Schwierigkeiten kommen würde.[1362] Nichts zeigt deutlicher die mangelnde Kooperation, die nicht nur innerhalb Deutschlands, sondern auch im Verhältnis zu seinem Hauptverbündeten herrschte. Während im Falle eines Krieges Deutschland jeden österreichischen Soldaten zur Abwehr der Russen benötigte, um im Westen freie Hand zu haben, bereitete der Verbündete einen Krieg gegen Serbien vor. Darüber hinaus bestand für Österreich die Gefahr, damit einem russischen Eingreifen wehrlos gegenüber zu stehen. Es ist daher kein Wunder, daß Waldersee immer noch Zweifel hatte, ob die Suppe auch so heiß gegessen werden würde, wie sie gekocht worden war. Noch mußte mit allem gerechnet werden.

[1356] Bericht Nr. 1076, Parlamentarischer Untersuchungsausschuß, 1. Untersuchungsausschuß „Berichte der sächsischen und württembergischen Gesandtschaften in Berlin an ihre Regierungen zwischen dem 28. Juni und 5. August 1914", S. 11, HStAS M 1/ 2, Bd. 54.

[1357] Hopmann berichtet über ein österreichisch-bulgarisches Zusammenspiel und Fragen der Regierung der Ägäis-Inseln durch Griechenland. - Berghahn, Deist: Marine, Nr. 8, S. 52; „Tagesmitteilung N^O 8", BA-MA N 253/100 (Nl. v. Tirpitz).

[1358] BA-MA RM 5/6334.

[1359] Brieftgb. Abtl. B II d. Admiralstabes, 07.07.-01.08.1914, BA-MA RM 5/223.

[1360] Meyer S. 299. Moltke riet seiner Frau, sie könne deshalb ruhig noch nach Bayreuth reisen – mit der Geheimhaltung schien es der Generalstabschef anscheinend nicht so genau zu nehmen.

[1361] Darauf folgt der bereits oben zitierte Satz. - DD, Bd. 1, Nr. 74, S. 95.

[1362] Kronenbitter: Macht, Nr. 7, S. 533 f.

Ebenfalls am 17. Juli befahl die 10. Infanterie-Brigade dem Bezirkskommando Bayreuth, am 18. eine Probemobilmachung durchzuführen, die gewonnenen Erfahrungen und die Zeiten, die für die Erledigung einzelner Tätigkeiten benötigt wurden, sollten bis zum 22. Juli in einem Bericht zusammengefaßt werden.[1363]

Am 18. Juli kehrte Bethmann Hollweg wieder einmal nach Berlin zurück.[1364] Dort konferierte er mit den Spitzen verschiedener Behörden über eine eventuelle Mobilmachung.[1365] Die Aktivitäten des Reichskanzlers hingen sicherlich damit zusammen, daß nunmehr der Zeitpunkt und der genaue Inhalt der österreichischen Forderung an Serbien bekannt war. Damit war klar, daß es zumindest zu einem lokalen Krieg zwischen Serbien und Österreich-Ungarn kommen werde. Bethmann konzentrierte sich vor allem auf die Überprüfung bereits vorgesehener Maßnahmen. So schrieb der Reichskanzler an das Kriegsministerium und erbat die Entsendung eines Beauftragten, um die für die Mobilmachung bereits vorbereiteten Erlasse, Verordnungen und Bekanntmachungen etc. noch einmal einer Prüfung zu unterziehen.[1366] Besonders wichtig war für den Reichskanzler die für den Fall einer Mobilmachung vorgesehene Verhängung des Kriegsrechts über das gesamte Reichsgebiet und damit die Übernahme der vollziehenden Gewalt durch die Militärs. Die dafür vorbereiteten Maßnahmen zur Unterdrückung innerer Unruhen wie z. B. präventive Verhaftungen konnten ernste innenpolitische Probleme nachsichziehen. Es drohte die Gefahr, daß in einem Augenblick, in dem der Zusammenhalt der Nation enorm wichtig war, durch übereiltes Vorgehen einzelner Militärbefehlshaber der innere Frieden gestört werden würde. Wie bereits erwähnt, war auch von militärischer Seite der Bedarf einer Neuregelung der Handhabung des Kriegszustandes durchaus erkannt worden. Die letzte Sitzung zu dieser Frage hatte mit einem Vorschlag für eine kaiserliche

---

[1363] Schreiben Nr. 3074, BHStA Abtl. IV 10. Inf.-Brig. (F) Bund 17.

[1364] Gutsche: Aufstieg S. 121; Fischer: Außenpolitik S. 41.

[1365] Gutsche nennt – ohne Nennung eines Beleges – als Teilnehmer Falkenhayn, Jagow, Delbrück, Tirpitz, Drews als Unterstaatssekretär des Preußischen Innenministeriums und den Staatssekretär des Reichsjustizamtes. - Gutsche: Aufstieg S. 121. Von den genannten Personen befanden sich aber beide Militärs noch im Urlaub. Falkenhayn sollte am 24. nach Berlin zurückkehren und am 25. seine Arbeit wiederaufnehmen. - Afflerbach: Falkenhayn S. 153; Tirpitz kehrte ebenfalls am 25. zurück. - Berghahn, Deist: Marine S. 37. So haben diese beiden wohl nicht am 18.07. an Besprechungen in Berlin teilgenommen – möglich wäre nur ein Kurzaufenthalt der beiden in Berlin. Da aber Gutsche keinen Beleg nennt, bleibt seine Aussage auf der Ebene einer reinen Behauptung. Dies ist gerade bei einer solchen doch recht wichtigen Frage nur zu bedauern. Mangels Beweis erscheint es daher angebracht anzunehmen, daß Tirpitz und Falkenhayn sich am 18.07. nicht in Berlin aufhielten.

[1366] Schreiben Nr. I M 540, BAB R 1501/112144; auch mit zivilen Behörden wurde die Vorbereitungen diskutiert, siehe Schreiben Reichskanzlei Rk. 3393 an Staatssekretär d. Reichszollamts, 18.07.1914, BAK R 43 F/1269/1.

Verordnung dazu geendet, da ja die Militärbefehlshaber unmittelbar dem Monarchen unterstanden. Diese Verordnung war anscheinend noch nicht fertig gestellt, so daß sich in Anbetracht der nun akuten Kriegsgefahr eine erneute Verhandlung empfahl. Bethmann versuchte nun am 18. Juli in einem Brief an das Kriegsministerium zu erreichen, daß der Kreis der bei einer Mobilmachung unter Kriegszustand zu stellenden Gebiete möglichst klein gehalten werde.[1367] Desweiteren drängte er die Militärs zur Zurückhaltung gegenüber den nationalen Minderheiten und der SPD.[1368] Zu diesem Zweck lud er zu einer Sitzung aller beteiligten Ressorts ein.[1369] Der Termin der Konferenz sollte dann später von Delbrück auf den 24. Juli gelegt werden. Auf ziviler Ebene hatten die Kriegsvorbereitungen also begonnen.

Beim Militär lassen sich jedoch keine großen Veränderungen nachweisen. Mittlerweile hatte sich die Schiffsbesichtigungskommission – siehe 11. Juli – über die Anmietung von Öldampfern informiert. Unter der Tarnbezeichnung einer „Friedensübung" hatte man ein Angebot der Deutsch-Amerikanischen-Petroleum-Gesellschaft eingeholt, der einzigen Reederei, die dafür in Frage kam. Das Angebot der Gesellschaft datierte vom 15. Juli. Nun konnte man dem RMA die Resultate melden. Demnach müßte die Gesellschaft, um disponieren zu können, da von den Öldampfern ihr Betrieb abhänge und sie selber dann neue anmieten müsse, mindestens 14 Tage vorher einen endgültigen Auftrag erhalten. Eine Beschleunigung der Bereitstellung im Mobilmachungsfall könne ohne zusätzliche Kosten bei rechtzeitiger Verfügungstellung der Schiffe erfolgen.[1370] Da man sich bei der Schiffsbesichtigungskommission drei Tage Zeit ließ, bis man das Angebot der Gesellschaft an das RMA weiterleitete, scheint die Kommission die ganze Angelegenheit nicht als besonders eilig betrachtet zu haben.

Moltke war wohl immer noch nicht recht von der Möglichkeit eines großen Krieges überzeugt, denn am 18. Juli schrieb er an seine Frau, daß er sich auf ein Zusammensein im August freue.[1371] Kageneck berichtete dagegen aus Wien über die österreichischen militärischen Vorbereitungen. Demnach würden die Bahnlinien durch Gendarmen überwacht werden, am Tage der Ultimatumsübergabe würde dieser Schutz durch das Militär übernommen werden, und es würde dann „auch der besondere militärische Kundschafterdienst in Wirksamkeit ge-

---

[1367] Klein S. 239; Schellenberg S. 33.
[1368] Gutsche: Aufstieg S. 121; Mai S. 36.
[1369] Schreiben Nr. I M 544, 18.07.1914; das Schreiben selber hat sich im Akt nicht erhalten, Datum u. Nr. lassen sich jedoch den Antwortschreiben entnehmen, BAB R 1501/112215/1.
[1370] Schreiben Gg. B Nr. 373; Anlage Angebot Deutsch-Amerikanische-Petroleum-Gesellschaft, BA-MA RM 5/1844.
[1371] Meyer S. 298.

setzt."[1372] Dies bedeutete zum einen, daß Österreich in den militärischen Vorbereitungen Deutschland voraus war, zum anderen, daß Österreich logischerweise auf die dann doch gespannte internationale Lage mit verstärkter Tätigkeit seines Geheimdienstes reagieren würde. Inzwischen war in München der Erlaß des Preußischen Kriegsministeriums vom 7. Juli – siehe oben – über die Soldaten des Beurlaubtenstandes eingetroffen, die bei Eintritt einer Verstärkung, der „drohenden Kriegsgefahr" oder der Mobilmachung sich auf einer Übung befänden. Er wurde mit den nötigen Änderungen weitergereicht. Das Bayerische Kriegsministerium forderte die untergebenen Truppen auf, bis zum 1. August zu dem Erlaß eine Stellungnahme abzugeben.[1373] Auch dies erweckt nicht den Eindruck besonderer Eile. Mit den Vorbereitungen für eine Mobilmachung beschäftigte sich auch der Magistrat der Stadt Passau. Dort stand ja eine Besichtigung der Quartiere an. Nun teilte der Magistrat dem Garnisons-Ältesten mit, daß die vorgesehene Besichtigung der Mobilmachungsquartiere aufgrund der durch Urlaub zur Zeit schlechten Personalverhältnisse besser Anfang September oder Oktober stattfinden würde.[1374] Beim sächsischen Feldartillerie-Regiment 28 war man mit den eingereichten Mobilmachungsvorarbeiten nicht zufrieden und befahl eine Wiedervorlage am 21. Juli.[1375]

Daneben lief auch der normale Übungsbetrieb weiter. Die Kommandantur des Truppenübungsplatzes Königsbrück erließ am 18. Juli Befehle zur Regelung des Post- und Sprengwagendienstes auf dem Übungsplatz bis zum 11. August.[1376]

Der 19. Juli brachte auf militärischem Gebiet keine Neuigkeiten. Der Geschwaderchef der in Ponape versammelten deutschen Schiffe erteilte den Marineeinheiten im ostasiatischen Raum Befehle für das Verhalten in diesen Zeiten der politischen Spannung.[1377] Die Stimmung Moltkes hatte sich im Vergleich zum Vortag verschlechtert; nun schrieb er an seine Frau, daß er an ein ungestörtes Zusammensein im August nicht so recht glaube.[1378] In Österreich-Ungarn wurde an jenem Tag der endgültige Entschluß gefaßt, einen Krieg gegen Serbien zu

---

[1372] Militärbericht Nr. 43. - Geiss: Julikrise, Bd. 1, Nr. 137, S. 211.

[1373] Aktennotiz Bayr. Kriegsministerium, 18.07.1914; der Erlaß wurde dann am 20.07. an die Truppe weitergeleitet, BHStA Abtl. IV M Kr Nr. 1583. Dort auch Originalerlaß mit bayerischen Änderungen; der geänderte Erlaß mit Nr. 20056 findet sich BHStA Abtl. IV 2. Pio.-Batl. (F) Bund 132 u. 2. Inf.-Div. (WK) Bund 7.

[1374] Schreiben Nr. 7211, BHStA Abtl. IV 16. Inf.-Reg. (F) Bund 175/2.

[1375] Reg.-Befehl, 18.07.1914, Befehlsbuch 6. Battr./Feldart.-Reg. 28, SHStA Sächs. Kriegsarchiv (P) Nr. 51479.

[1376] Kommandantur Königsbrück Br. B. Nr. 985 I, Kommandantur-Befehle 4. Battr./Feldart.-Reg. 28, SHStA Sächs. Kriegsarchiv (P) Nr. 51291.

[1377] Marine-Archiv: Kreuzerkrieg, Bd. 1, S. 63.

[1378] Meyer S. 299.

führen.[1379] Wie bereits oben erwähnt, wurde an jenem Tag auch der endgültige Text des Ultimatums verfaßt. Das Osmanische Reich begann, Bündnisfühler zu den Mittelmächten auszustrecken.[1380] Motiviert wurde es dabei von den Bestrebungen, die für die Türkei ungünstigen Ergebnisse der Balkankriege zu revidieren.[1381] Erstmals nahm auch die offiziöse „Norddeutsche Allgemeine Zeitung" zu den Vorgängen auf dem Balkan Stellung. Der betreffende Artikel war von keinem geringeren als Jagow entworfen worden.[1382] In dem Artikel hieß es: „Jedenfalls läßt es das solidarische Interesse Europas, das bisher in der langen Balkankrisis in der Bewahrung des Friedens unter den Großmächten zur Geltung gekommen ist, erwünscht und geboten erscheinen, daß die Auseinandersetzungen, die zwischen Österreich-Ungarn und Serbien entstehen können, lokalisiert bleiben."[1383] Auch wenn der Öffentlichkeit der Inspirator dieses Artikels verborgen blieb, so war doch der halbamtliche Charakter dieser Zeitung die Gewähr dafür, daß das Wissen um mögliche Konsequenzen des Attentats von Sarajewo, das bisher nur einer Handvoll Männern in Berlin und Wien bekannt war, ins Bewußtsein der nationalen und internationalen Öffentlichkeit rückte. Die Julikrise trat damit in ein neues Stadium ein. Nunmehr konnte auch der einfachste Offizier merken, daß sich hinter den Kulissen gewisse Dinge taten, die auch auf sein Leben Auswirkungen haben konnten.

Über die Entwicklung der Lage wurde Tirpitz – wie üblich – durch Hopmann informiert. Dieser war am 20. Juli schon bei „Tagesmitteilung N⁰ 9" angekommen.[1384] Zunächst einmal teilte er dem Staatssekretär mit, daß die Flotte den Befehl erhalten habe, bis zum 25. Juli zusammenzubleiben. Das an sich vorgesehene gruppenweise Anlaufen norwegischer Häfen dürfe nur mit besonderer Genehmigung des Kaisers erfolgen. Über die internationale Lage habe Zimmermann gegenüber einem Vertreter des Admiralstabes den 23. Juli als Termin der Notenübergabe genannt; zur Beantwortung werde eine 48-stündige Frist eingeräumt werden. Der Inhalt der österreichischen Note werde so gehalten sein, daß Serbien sie unmöglich akzeptieren könne. Zimmermann habe weiter ausgeführt, die deutsche Diplomatie würde sich bemühen, den Konflikt zu lokalisieren.[1385]

[1379] Herwig: World War S. 17.

[1380] F. A. K. Yasamee: Ottoman Empire. S. 236, in: K. Wilson (ed.): Decisions for War 1914. New York 1995, S. 229-269.

[1381] Ebd., S. 236.

[1382] Goebel S. 45.

[1383] Norddeutsche Allgemeine Zeitung, 19.07.1914. - „Jahrhundertsommer": Eine Serie zum Epochenende 1914, FAZ, 19.07.1994.

[1384] BA-MA N 253/100 (Nl. v. Tirpitz).

[1385] Berghahn, Deist: Marine, Nr. 9, S. 52 f.

Mit bewaffneten Auseinandersetzungen sei aber auch nach Ablauf der Beantwortungsfrist nicht zu rechnen, vielmehr würden „zunächst allgemeine Verhandlungen beginnen, über deren Dauer und Verlauf noch nichts gesagt werden kann."[1386] In einem Gespräch mit Konteradmiral Behncke äußerte Jagow ebenfalls am 20. Juli die Hoffnung, einen großen Krieg vermeiden zu können. Im Gegensatz zu Behncke rechnete Jagow mit einer abwartenden Haltung Großbritanniens und stellte Überlegungen an, wie eventuell durch eine Besetzung der Niederlande Druck auf den Inselstaat ausgeübt werden könne.[1387] Behncke wies auf den Wunsch der Militärs hin, im Falle einer kriegerischen Entwicklung einen Vorsprung gegenüber den Gegnern zu haben. Jagow erklärte, er habe nichts gegen unauffällige militärische Maßnahmen einzuwenden. Bezeichnend für die Verhältnisse im wilhelminischen Deutschland ist es, daß Jagow sich zu Beginn des Gespräches nach den Gründen für den Zusammenhaltungsbefehl das Kaisers an die Flotte erkundigte, und Behncke bekennen mußte, dem Admiralstab seien die Gründe unbekannt.[1388] Als der noch im Urlaub befindliche Admiralstabschef von diesem Befehl erfuhr, erklärte er die Rückkehr der Flotte in die Ostsee für erforderlich, ohne diese Forderung jedoch mit Nachdruck zu vertreten.[1389] Was sich bereits in einigen Telegrammen an die Auslandschiffe gezeigt hatte, wurde in diesem Gespräch erneut bestätigt: es herrschte keine Klarheit über die zu erwartende Reaktion Großbritanniens. Wie bisher waren nur unauffällige Vorbereitungen für einen Kriegsfall von der Reichsleitung genehmigt worden.

In Anbetracht der harten österreichischen Forderungen war man sich in Berlin bewußt, daß die weitere Entwicklung der Dinge von der Haltung der russischen Regierung abhinge: „Wenn letzteres [Rußland, d. Verf.] überhaupt einen Krieg mit Österreich heraufbeschwören will, so ist ihm hierfür eine vorzügliche Gelegenheit geboten. [...] In hiesigen Kreisen, auch im Auswärtigen Amte, neigt man zu der Auffassung, daß Rußland ‚blufft' und daß es schon aus innerpolitischen Gründen es sich sehr reichlich überlegen wird, einen europäischen Krieg, dessen Ausgang zweifelhaft ist, zu verursachen."[1390] Nach wie vor zweifelte man an einem ernsthaften Eingreifen Rußlands.

[1386] Ebd., Nr. 9, S. 53.

[1387] Nach dem Krieg hat Jagow gegenüber Bethmann derartige Äußerungen abgestritten, Unveröffentlichtes Manuskript Bethmanns zu Tirpitz' Memoiren, o. J., BAK Kl. Erwerbungen Nr. 342-3 (Nl. Bethmann Hollweg).

[1388] Aufz. Behnckes. - Berghahn, Deist: Marine, Nr. 10, S. 53 f.; zu dem Gespräch siehe auch Marine-Archiv: Nordsee, Bd. 1, S. 7; der Admiralstab hatte am Nachmittag das AA von dem kaiserlichen Befehl zum Zusammenhalten der Flotte informiert. - DD, Bd. 1, Nr. 82, S. 99 f.; Tirpitz berichtete ebenfalls über die Unterredung. - Tirpitz: Erinnerungen S. 224.

[1389] Marine-Archiv: Nordsee, Bd. 1, S. 7.

[1390] Bericht Bad. Gesandtschaft. - Bach: Gesandtschaftsberichte, Nr. 5, S. 67.

Die im Mittelmeer kreuzende „Goeben" wurde telegraphisch über die unveränderte internationale Lage informiert. Auch der 23. Juli als Zeitpunkt der Notenübergabe wurde übermittelt.[1391] Damit gehörten die Auslandsschiffe zu den wenigen, die außerhalb der Führungsspitzen in Wien und Österreich über dieses Datum Bescheid wußten. Das in den südafrikanischen Gewässern weilende Schiff „Eber" erhielt neue Reisebefehle. Ab dem 24. August sollte es sich in Lüderitzbucht und damit in einer deutschen Kolonie aufhalten.[1392] Andere Schiffe, die die Reise zu den deutschen Kolonien angetreten hatten, wurden auf Veranlassung des RMA in Absprache mit dem Reichskolonialamt wieder in die Heimat befohlen.[1393] Immer noch ungeklärt war die Frage, ob der Kaiser-Wilhelm-Kanal nun für große Schiffe befahrbar sei. In dieser Sache teilte das Kommando der Hochseeflotte dem RMA mit, nach Rücksprache mit anderen Behörden könne das Schiff „Kaiserin" am 12. August eine Probedurchfahrt durchführen; dies zu einem früheren Zeitpunkt zu machen sei „mit Rücksicht auf den jetzigen Tiefgang des Schiffes nicht zulässig."[1394] Und der für Stockholm vorgesehene Agent Elert antwortete am 20. auf die Anfrage nach einer Agentenreise, dies sei ihm erst in der zweiten Augusthälfte möglich.[1395]

Wie an den vorangegangenen Tagen bestimmte auch am 20. Juli die Routine das Leben beim Heer. Groener, der sich in Süddeutschland aufhielt und in ständigem Briefwechsel mit Waldersee stand, hatte von diesem noch keinen Hinweis erhalten, nach Berlin zurückzukehren.[1396] Die Kommandantur des Truppenübungsplatzes Königsbrück gab die Belegung des Platzes mit übenden Truppen bis Anfang September bekannt.[1397] Das Feldartillerie-Regiment 64, dessen Übungen in Königsbrück vom 23. Juli bis zum 12. August dauern sollten, befahl Einzelheiten für die Durchführung des Marsches zum Truppenübungsplatz.[1398] Das Bezirkskommando Passau übersandte dem Garnisons-Ältesten eine Übersicht über die bei einer Mobilmachung vorgesehenen Quartiere.[1399] Der Garni-

---

[1391] Tel. Admiralstab an „Goeben", BA-MA RM 5/6334.
[1392] Admiralstabschef Nr. B 3618 I. an Staatssekretär Reichs-Kolonialamt, BAB R 1001/4008.
[1393] Bericht Bad. Gesandtschaft. - Bach: Gesandtschaftsberichte, Nr. 5, S. 69.
[1394] Tel. Gg. 1077 II, BA-MA RM 5/1926.
[1395] BA-MA RM 5/3683.
[1396] Entwurf Groeners zu seinen Memoiren, BA-MA N 46/58 (Nl. Groener).
[1397] Befehlsbuch I./Feldart.-Reg. 28, SHStA Sächs. Kriegsarchiv (P) Nr. 50369. Das Feldart.-Reg. 28 sollte vom 23.07.-12.08.1914 dort üben, ebd.
[1398] Befehlsbuch Feldart.-Reg. 64, SHStA Sächs. Kriegsarchiv (P) Nr. 58260.
[1399] Schreiben Nr. 435 M, BHStA Abtl. IV b. 16. Inf.-Reg. (F) Bund 175/2.

sons-Älteste wies aus dienstlichen Gründen den Wunsch des Magistrats zurück, die Besichtigung zu verschieben.[1400]

Laut Kageneck lagen in Österreich Nachrichten vor, die an der Bündnistreue Italiens Zweifel aufkommen ließen.[1401] Damit war ein Problem angeschnitten, welches der deutschen Reichsführung im weiteren Verlauf der Julikrise noch Kopfzerbrechen verursachen sollte. Im übrigen war am 20. Juli die Reederei HAPAG-Linie vor den anstehenden internationalen Turbulenzen durch Jagow auf Veranlassung Wilhelms II. gewarnt worden; die Linie verbot mehreren ihrer Schiffe den Auslauf nach Übersee und wies andere an, den nächsten deutschen Hafen anzusteuern.[1402] Delbrück legte den Termin für die Konferenz über die Einschränkung des Kriegszustandes und die Behandlung der nationalen Minderheiten sowie der SPD auf den 24. Juli.[1403]

Der 21. Juli brachte eine Klärung der Lage. Die österreichischen Forderungen waren in der deutschen Reichsleitung bekannt, ebenso der Zeitpunkt ihrer Übergabe, und man wußte auch, daß Österreich es zum Krieg mit Serbien kommen lassen werde. Der Chef des Militärkabinetts v. Lyncker, der mit dem Kaiser zusammen auf Nordlandfahrt war, schrieb an seine Frau, daß am 25. Juli eine Verschärfung der Lage zu erwarten sei.[1404] Der kleine Kreis der Eingeweihten sehe der weiteren Entwicklung mit Spannung entgegen.[1405] Im Auftrag des Kaisers schrieb Lyncker auch an Moltke und an Falkenhayn. Zwischen Österreich und Serbien könne es bald zum Krieg kommen, inwieweit Deutschland daran beteiligt sei, lasse sich noch nicht ersehen: „Immerhin meint Seine Majestät, sei es an der Zeit vorbereitende Maßnahmen für den Schutz der Eisenbahn-Anlagen in unseren östlichen und westlichen Aufmarschgebieten bereits jetzt ins Auge zu fassen."[1406] Die vorsichtige Formulierung zeigt das Zögern des Kaisers, militärische Maßnahmen anzuordnen und seien sie auch noch so defensiver Natur wie die Bewachung von Bahnanlagen. Dieser Brief ist ein weiterer Beleg für das Fehlen jeder militärischen Vorbereitung beim Heer bis zu diesem Tag. Nicht nur

---

[1400] BHStA Abtl. IV 16. Inf.-Reg. (F) Bund 175/2.

[1401] Schreiben an Waldersee. - Kronenbitter: Macht, Nr. 8, S. 534 ff.

[1402] L. Cecil: Albert Ballin. Wirtschaft und Politik im deutschen Kaiserreich 1888-1918. Hamburg 1969, S. 189.

[1403] Fischer: Krieg S. 699.

[1404] 1. Brief v. 21.07.1914, BA-MA MSg 1/3251. Mit dem 25.07. meint Lyncker wohl den Ablauf der Frist, die die Österreicher Serbien zur Beantwortung ihrer Forderungen einräumen würden.

[1405] 2. Brief v. 21.07.1914, ebd.

[1406] Lyncker an Moltke: „Der Kriegsminister hat gleichlautende Mitteilung erhalten.", BA-MA MSg 101/154.

der Kaiser schätzte die Lage nun als gespannt ein. Am 21. Juli schrieb Waldersee an Groener und forderte ihn auf, sich auf eine baldige Rückkehr nach Berlin einzustellen.[1407] Zunehmende Besorgnis drückte auch Moltke in einem Brief an seine Frau aus: „Nun soll also der Donnerstag [23. Juli, d. Verf.] die Entscheidung bringen! Ich fange allmählich an, etwas skeptisch in dieser Sache zu werden!"[1408]

Auch an diesem Tag verfaßte Hopmann wieder einen Bericht für Tirpitz.[1409] Er konnte berichten, daß Wilhelm II. befohlen hatte, den Verkauf von U-Booten an Griechenland zu verzögern. Ferner habe Capelle Anweisung erteilt, die Leute des zurückgekehrten Ostasientransportes für zunächst acht Tage nicht zur Disposition zu beurlauben und bei dem Berufspersonal nur eingeschränkten Urlaub zu erteilen. Das Schiff „Großer Kurfürst" habe die Abnahmefahrt erfolgreich beendet. Außerdem referierte Hopmann noch das Gespräch Behnckes mit dem AA vom Vortage. In den Stellungnahmen aus Kreisen der Reichsführung, welche Hopmann in seinem Bericht zitierte, wird deutlich, daß keinesfalls überall im AA und Militär ein Krieg zwischen den europäischen Großmächten erwartet wurde.[1410]

Die deutsche Flotte vor Norwegen hatte bis jetzt den routinemäßigen Dienst durchgeführt. Den Befehl vom Vortage zum Zusammenhalten der Flotte wurde nun seitens des Kommandos der Hochseeflotte an das II. Geschwader übermittelt.[1411]

Das Kriegsministerium beantwortete am 21. Juli das Schreiben der Reichskanzlei vom 18. Juli über die geplante Sitzung über die Behandlung der SPD und der nationalen Minderheiten bei einer Mobilmachung. Es würden Vertreter des Generalstabes und des Kriegsministeriums teilnehmen; wegen der Abwesenheit Falkenhayns könne man allerdings auf die Details des Schreibens nicht eingehen.[1412] Weite Teile der Armee hatten jedoch von der sich zuspitzenden Lage noch nichts mitbekommen. Das Feldartillerie-Regiment 64 regelte die Durchführung der Verlegung des Regimentsstabes auf den Truppenübungsplatz Königsbrück.[1413] Und der württembergische Kriegsminister hielt seinem König ei-

---

[1407] Entwurf Groeners zu seinen Memoiren, BA-MA N 46/58 (Nl. Groener).

[1408] Meyer S. 299.

[1409] Wie der Bericht vom 20.07. ebenfalls als „Tagesmitteilung N^O 9" bezeichnet, BA-MA RM 5/253/100 (Nl. v. Tirpitz).

[1410] Berghahn, Deist: Marine, Nr. 11, S. 54 ff.

[1411] Nr. Gg. 1101 A 1, BA-MA 5/5236.

[1412] Schreiben Nr. 1 gg. h., BAK R 43 F/1269/1.

[1413] Befehl Nr. 1526, Befehlsbuch Feldart.-Reg. 64, SHStA Sächs. Kriegsarchiv (P) Nr. 58260.

nen Vortrag über einen „Antrag auf Erteilung der Erlaubnis zur Anlegung von nichtwürttembergischen Auszeichnungen an Offiziere, Sanitätsoffiziere und Beamte."[1414]

Um den 21. begann sich die Dimension des Konfliktes in den Zeitungen abzuzeichnen, die Frage der Lokalisierung wurde diskutiert; besonders auf die entscheidende Rolle Rußlands wurde hingewiesen.[1415] Im „Berliner Tageblatt" erschien ein Artikel, der schon ziemlich genau den Inhalt des österreichischen Ultimatums an Serbien wiedergab.[1416] In der Presse wurde mehrheitlich eine Unterstützung Österreichs nötigenfalls um den Preis eines ernsten Konfliktes eingefordert, wenn auch der Glauben an einen Weltkrieg sich noch nicht äußerte.[1417]

Der 22. Juli brachte weitere Entwicklungen. Immer noch war die Frage offen, ob aus dem serbisch-österreichischen Konflikt nach Übergabe des Ultimatums ein Krieg der Großmächte erwachsen würde. Lyncker hielt dies jedenfalls für eher unwahrscheinlich.[1418] Auch der Admiralstab sah nur die Möglichkeit weiterer Verwicklungen.[1419]

Endlich erhielt auch der Admiralstab am Vormittag des 22. Juli offiziell Kenntnis von der kaiserlichen Order, die Flotte zusammenzuhalten.[1420] Über diesen Befehl und den sich daraus ergebenen Konflikt zwischen den militärischen und zivilen Behörden unterrichtete Hopmann u. a. Tirpitz. Demnach wolle der Reichskanzler den Kaiser überzeugen, die Flotte ihren Aufenthalt in den norwegischen Gewässern wie üblich ablaufen zu lassen. Denn eine Änderung der Routine würde den friedlichen Eindruck, den man im Ausland zu erwecken wünsche, sehr gefährden. Bethmann wolle nun die Bestätigung des Admiralstabes, daß mit einem normalen Verlauf der Norwegenreise keine militärischen Risiken verbunden seien. Da von militärischer Seite mit einem Kriegsausbruch und den daraus folgenden Konsequenzen gerechnet werde, könne man eine solche Bestätigung nicht abgeben. Im Gegenteil wolle der Admiralstab gegenüber dem AA erklären, daß ein Anlaufen der norwegischen Häfen nur möglich sei, wenn die Garantie seitens des AA gegeben werden könne, daß es innerhalb der nächsten fünf oder sechs Tage zu keinem Krieg mit England käme. Könne die

---

[1414] Der Antrag wurde am 22.07. genehmigt, Verzeichnis d. Vorträge v. 01.07.-31.07.1914 d. württ. Kriegsministers beim König nebst Entscheidung desselben, HStAS E 14, Nr. 1679.

[1415] Goebel S. 57.

[1416] Ebd., S. 53.

[1417] Ebd., S. 72.

[1418] Brief Lynckers an seine Frau, BA-MA MSg 1/3251.

[1419] Admiralstab an „Dresden", Brieftgb. Abtl. B II d. Admiralstabes, 07.07.-01.08.1914, BA-MA RM 5/223.

[1420] Tel. Admiral Müller an Admiralstab, 11 pm, BA-MA RM 5/6334.

Reichsleitung diese Garantie nicht abgeben, so sei mit einem sofortigen englischen Überfall auf die deutsche Flotte bei Kriegsausbruch zu rechnen; deshalb müsse die Flotte dann umgehend in die Heimat zurückbefohlen werden. Im übrigen habe ein Vertreter des Admiralstabes im AA erfolgreich gegen die Vorstellung, durch Besetzung der Niederlande Druck auf Großbritannien ausüben zu können, Einspruch erhoben.[1421] Die Erklärung des Admiralstabes bezüglich der Wahrscheinlichkeit eines Kriegs mit Großbritannien wurde dann am Nachmittag dieses Tages dem AA überreicht.[1422] Bei der Entgegennahme dieser Erklärung betonte Zimmermann, daß jedes Abweichen von der Routine die politische Lage verschärfen könne. Mit einem Überfall der Flotte durch britische Einheiten sei nach Ansicht des AA's nicht zu rechnen.[1423] Nachdem ihm diese Vorgänge zur Kenntnis gebracht wurden, bestand der Admiralsstabschef v. Pohl darauf, bei dem geringsten Anzeichen eines möglichen Überfalls, die Flotte zurückzurufen; diese Gefahr dürfe das Militär nicht aus den Augen verlieren.[1424] Damit waren zum ersten Mal in der Julikrise die verschiedenen Anschauungen der Militärs und der Zivilisten aufeinandergeprallt. Ausgelöst durch den ohne jede Beratung mit den Heimatbehörden erteilten Befehl Wilhelms II., die Flotte zusammenzuhalten, manifestierten sich die unterschiedlichen Anschauungen. Die Reichsleitung wollte um jeden Fall das friedliche Bild aufrechterhalten, welches Deutschland bisher gezeigt hatte. Dies war um so dringender, als ja außerhalb Berlins – und natürlich Wiens – niemand von der bevorstehenden Verschärfung der Lage, die die Übergabe der Forderungen an Serbien unausweichlich nach sich ziehen mußte, Bescheid wußte. In dieser Situation mußte jede deutsche militärische Vorbereitung vom Ausland als Eingeständnis gedeutet werden, mehr als der Rest der Welt zu wissen. Das ganze deutsche diplomatische Kalkül einer Lokalisierung des Konflikts wäre damit zusammengefallen. Bis zum 22. Juli hatte sich die Marine, wie die einschlägigen Befehle etc. belegen, auch daran gehalten, auffällige Maßnahmen zu vermeiden. Nun war jedoch ein neues Element hinzugetreten: niemand konnte das Tempo der weiteren Entwicklung nach der Übergabe der österreichischen Forderungen voraussagen. Im Unterschied zum Kaiser ging die Führung der Marine allerdings noch weiter; sie wollte gleich die Flotte zurückziehen. Die Sorge der Marineleitung, von einem Kriegsausbruch fern der Heimat überrascht zu werden, ist auch ohne die Furcht vor einem Überfall á la Kopenhagen durchaus begreiflich. So trafen hier zum ersten Mal in der Julikrise militärische und zivile Logik aufeinander. Noch be-

---

[1421] Berghahn, Deist: Marine, Nr. 12, S. 56 f.; „Tagesmitteilung N⁰ 10", BA-MA N 253/100 (Nl. v. Tirpitz).
[1422] DD, Bd. 1, Nr. 111, S. 120.
[1423] Marine-Archiv: Nordsee, Bd. 1, S. 8.
[1424] Ebd., Bd. 1, S. 8 f.

gnügte sich die militärische Seite mit einer Erklärung der Zivilisten, die die Verantwortung für die weitere Entwicklung ganz auf deren Schultern lud. Es sollte allerdings der Zeitpunkt kommen, an dem das Militär sich damit nicht mehr begnügte und selber in den Verlauf der Politik einzugreifen begann.

Noch immer schwebte auch die Frage der Probedurchfahrt eines Schiffes durch den Kaiser-Wilhelm-Kanal im Raum. Deshalb telegraphierte des RMA am 22. Juli an den Marinekomissar des Kanals: „Politische Lage nach neuesten Mitteilungen des Auswärtigen Amts keineswegs geklärt. Daher umgehende Probedurchfahrt Großlinienschiffe auch nach Ansicht des Chefs des Admiralstabes unbedingt erforderlich."[1425]

Die Frage der Verordnungen bei der Verhängung des Kriegszustandes war noch offen. Das Kriegsministerium teilte als Antwort auf dessen Schreiben vom 18. Juli dem Reichsinnenamt mit, daß Vertreter dieser Behörde als Kommissare an den Beratungen über die Mobilmachungsvorarbeiten teilnähmen. Die Vertreter stünden jederzeit zur Verfügung.[1426]

Damit endete der erste Abschnitt der Julikrise. Begonnen hatte alles mit dem Attentat von Sarajewo. Wie auch immer die Ziele der Reichsleitung waren, als sie am 5. und 6. Juli auf das österreichische Ersuchen um Hilfe eine positive Antwort gab, das Militär war nicht gefragt worden. Und es wurde auch nicht über Absichten informiert, die über eine unmittelbare Unterstützung Österreich-Ungarns hinausgingen. In jenen frühen Tagen hatte man sich nur nach der Kriegsfähigkeit der deutschen Streitkräfte erkundigt. Zunächst einmal herrschten in der militärischen Führungsspitze Zweifel, ob es wirklich zu ernsteren Verwicklungen kommen würde. Die Durchsetzungskraft der k. u. k. Monarchie wurde eher als gering bewertet. Dennoch begann die Marine sofort mit der Informierung ihrer Einheiten und gewissen Vorbereitungen für den möglichen Ernstfall. Hierbei mag eine Rolle gespielt haben, daß man allgemein mit einer kurzen Krise rechnete. Beim Heer lassen sich solche Aktivitäten nicht nachweisen. Immerhin hatte die politische Führung die Möglichkeit von unauffälligen Vorbereitungen eingeräumt. Solange die Situation noch nicht geklärt war, sah anscheinend das Heer jedoch keinen Grund, Schritte in diese Richtung zu unternehmen. Führende Offiziere beider Teilstreitkräfte befanden sich in Urlaub oder traten diesen erst an. Tappen log nicht, wenn er nach dem Kriege auf eine Anfrage antwortete: „Außer den planmäßigen jährlichen Mobilmachungs- und Aufmarsch-Vorarbeiten und Übungen haben meines Wissens vor der Überreichung des Ultimatums an Serbien keinerlei militärische Vorbereitungen und

---

[1425] Mit Schreiben RMA A IV 1895 dem Admiralstab mitgeteilt, BA-MA 5/1926.
[1426] Schreiben Nr. 3 g g Ai, BAB R 1501/112144.

Rüstungen stattgefunden."[1427] Für die Armee gab es nur die alltägliche Routine. Alle anderen Behauptungen lassen sich anhand der Quellen nicht belegen.[1428] Auch die oftmals als Beleg angeführten Konferenzen ziviler und militärischer Dienststellen haben eine Vorgeschichte, die bis weit in die Zeit vor der Julikrise zurückreicht. Wobei natürlich nicht auszuschließen ist, daß angesichts möglicher Verwicklungen das Tempo der Beratungen forciert wurde.

Auch nachdem in der Monatsmitte Klarheit über die Natur der österreichischen Forderungen und den Termin ihrer Übergabe herrschte, änderte sich zunächst nichts. Nun war auch klar, daß im Gegensatz zu den ursprünglichen Erwartungen die Krise länger dauern werde. Weiterhin wurden bei der Marine im Stillen einzelne Maßnahmen diskutiert, während das Heer nichts am Routinedienst änderte. Ein erster Konflikt zwischen den Interessen des Militärs und dem der Diplomaten brach über die auf der Nordlandreise befindliche Flotte aus. Der Befehl des Kaisers, nicht in die norwegischen Häfen einzulaufen, sowie das sich nähernde Übergabedatum der österreichischen Note veranlaßten die Marinespitze, auf eine frühzeitige Heimkehr der Flotte zu drängen. Demgegenüber bestand die Reichsleitung auf Beibehaltung der üblichen Routine. Damit hatte sich eine Konfliktstellung zwischen militärischen und zivilen Interessen ergeben, die sich im späteren Verlauf der Julikrise noch bemerkbar machen sollte.

Auffallend ist die Passivität, mit der man im Heer zunächst auf die Krise reagierte. Zweifelte man zunächst an der Möglichkeit ernsthafter Verwicklungen, so wurde doch recht bald klar, daß die Lage ernster wurde. Trotzdem trat bei der Armee keine Veränderung ein. Möglicherweise hatte das Schwanken zwischen dem Wunsch, einen Krieg auszulösen, solange er noch für Deutschland gewinnbar schien, und die Furcht, bereits jetzt einen solchen Krieg nicht mehr führen zu können, die Konsequenz, daß die Armeespitze passiv blieb und das Handeln der politischen Reichsleitung überließ. In einem Zeitalter, in dem nichts mehr sicher erschien, mochte das Abwarten der Entwicklung der beste Weg sein, Fehler zu vermeiden.

[1427] Schr. Anfrage v. 05.12.1919, Untersuchungsausschuß I d. Parl. Untersuchungsausschusses zum Kriege, BA-MA N/56/2 (Nl. Tappen). Ähnliche Antworten gaben Falkenhayn, Kreß von Kressenstein, Waldersee, Tiefchowitz. - Vorgeschichte: Montgelas S. 6.
[1428] So z. B. die Behauptung der Entente bereits am 21.07. sei mit der Einziehung einer Reihe von Reservistenjahrgängen mit der Mobilmachung begonnen worden. - Vorgeschichte, Montgelas S. 7. Oder allgemein, den ganzen Juli über seien unter dem Vorwand von Übungen bereits Reservisten eingezogen worden. - Montgelas: Nachtrag S. 1 f.

V. 1. b Die Julikrise: 23. bis 27. Juli

Der 23. Juli brachte mit der Überreichung des auf 48 Stunden befristeten österreichischen Ultimatums an Serbien am Abend eine weitere Entwicklung im Verlauf der Julikrise. Davor waren während des Vormittags auch einige der deutschen Bundesstaaten von der zu erwartenden Übergabe informiert worden.[1429] Nach der langen Zeit, die seit dem Attentat verstrichen war, wirkte das österreichische Ultimatum international wie ein Schock.[1430] Der Chef des Militärkabinetts, Lyncker, schrieb an seine Frau, daß der kleine Kreis der Eingeweihten die Entwicklung mit Spannung verfolge; alles werde von der Stellungnahme Rußlands abhängen.[1431] Diese Einschätzung wurde auch in Berlin im AA geteilt.[1432]

Der Kaiser, der sich offensichtlich Sorgen um die Sicherheit seiner Flotte in den norwegischen Gewässern machte, telegraphierte an den Admiralstab, ob nicht das Einlaufen in die norwegischen Häfen besser unterbleibe und statt dessen die sofortige Heimreise angeraten sei. Der Admiralstab solle darüber mit dem AA verhandeln.[1433] Im Antworttelegramm verwies der Admiralstab auf die Ansicht des AA, daß keine unmittelbare Gefahr bestünde, man könne ruhig einlaufen und dann bei weiterer Verschärfung der Lage den Aufenthalt abkürzen.[1434] Eventuell ging die Anfrage des Kaisers auf das Drängen des Flottenchefs zurück, der sich Sorgen um seine Schiffe machte.[1435] Wie dem auch sei, die Flotte lief auf jeden Fall trotz aller Bedenken in die norwegischen Häfen ein.[1436] Dies sollte zwei Tage später, am 25. Juli, erfolgen.[1437] In einer Randbemerkung zum Telegramm seines Stabes stellte Admiralstabschef Pohl fest, daß man sich seitens der Marine der Gefahr einer Verschärfung der politischen Lage durch eine Heimkehr der Flotte wohl bewußt sei. Man müsse die Haltung Großbritanniens genau

---

[1429] Tel. sächs. Gesandter Nr. 1655/A., ab Vorm. 10.30 Uhr, Parlamentarischer Untersuchungsausschuß, 1. Untersuchungsausschuß „Berichte der sächsischen und württembergischen Gesandtschaften in Berlin an ihre Regierungen zwischen dem 28. Juni und 5. August 1914", S. 14, HStAS M 1/2, Bund 54.

[1430] Rauchensteiner S. 365.

[1431] BA-MA MSg 1/3251.

[1432] Bericht Bad. Gesandtschaft. - Bach: Gesandtschaftsberichte, Nr. 10, S. 71.

[1433] BA-MA RM 5/6334. Siehe dazu auch Marine-Archiv: Nordsee, Bd. 1, S. 9.

[1434] BA-MA RM 5/6334. Ein ähnlich lautendes Tel. des AA war zu dem Zeitpunkt der Absendung des Tel. Wilhelms II. bereits nach Norwegen unterwegs. - Marine-Archiv: Nordsee, Bd. 1, S. 9. Siehe zum Tel. des Admiralstabes auch ebd., Bd. 1, S. 10.

[1435] Manuskript: Die deutsche Armee bei Kriegsausbruch, o. J., [um 1920], Bl. 151, BA-MA W-10/50891.

[1436] Ebd., Bl. 150 f.

[1437] Marine-Archiv: Nordsee, Bd. 1, S. 10.

beobachten und bei dem geringsten Anzeichen einer feindlichen Haltung die Flotte zurückrufen.[1438] Hier äußerte sich wieder der Interessenkonflikt zwischen Militärs und Zivilisten. Letztere wollten außergewöhnliche militärische Maßnahmen vermeiden, da sie wußten, daß diese die Krise anheizen könnten. Die Militärs hingegen drängten aus Sorge vor feindlichen Überfällen zu Sicherungsmaßnahmen, auch wenn ihnen deren krisenverschärfende Wirkung wohl bewußt war.

Ansonsten tat sich in der Marine einiges. Das RMA meldete dem Admiralstab, daß endlich die lang erwartete Probefahrt durch den Kaiser-Wilhelm-Kanal stattfinden könne. Sie sollte am 25. Juli beginnen: „Dahin wirken, daß Kanal so hoch angestaut wird als irgend angängig, damit Kaiserin [das Probeschiff, d. Verf.] nach Möglichkeit mit mindestens mobilmachungsmässigen Kohlenbestand Fahrt ausführen kann."[1439] Da die Österreicher den Serben eine Frist von 48 Stunden zur Beantwortung ihrer Forderungen eingeräumt hatten, würde die Marine also erst in dem Augenblick, wo die Krise wirklich gefährlich wurde, Klarheit über die Befahrbarkeit des Kanals erhalten. Bis dahin mußte sich diese offene Frage als Hemmschuh für die deutsche Marineplanung erweisen.

Die internen Diskussionen zur Kriegsvorbereitung der Flotte hatten wohl einen gewissen Abschluß gefunden, da man im Admiralstab ein Schriftstück über die Ergebnisse der Verhandlungen seiner Vertreter mit denen des RMA anfertigte. Dieses Schreiben sollte am 25. Juli abgesandt werden.[1440]

Die Nachrichtendienste beider Teilstreitkräfte trugen der internationalen Entwicklung Rechnung. Der Nachrichtendienst der Marine instruierte einen Fregattenkapitän Gercke, nach Portsmouth zu reisen und das Verhalten der englische Flotte zu überwachen. Er solle sobald wie möglich zurückkehren.[1441] Die Abteilung III b des Generalstabes erließ ergänzende Instruktionen zu ihrem Schreiben vom 16. Juli. Die Nachrichtenoffiziere wurden informiert, „dass vermehrte Aufmerksamkeit erforderlich ist und dass alle Nachrichten über Vorgänge in Russland in den nächsten Tagen hier besonders interessieren. Ihre schleu-

---

[1438] Zit. nach ebd., Bd. 1, S. 10.

[1439] Tel., BA-MA RM 5/1926.

[1440] BA-MA RM 5/1696. Das Absendedatum ergibt sich aus einer hschr. Notiz auf dem Schriftstück. Im Brieftgb. RMA ist das Schreiben allerdings unter dem 23.07. aufgeführt mit einer Notiz, daß es erst am 25.07. im Amt angelangt sei, ebd.

[1441] Aufz., BA-MA RM 5/3691. In einer undatierten Notiz auf der Rückseite findet sich die Abschrift eines Briefes an Gercke, der ihn auffordert in Portsmouth zu bleiben, ebd. Die Reise hatte den Zweck zu überprüfen, ob die britische Flotte nach ihren üblichen Manövern wieder auf den Friedensstand gebracht würde.

nige Weitergabe ist daher geboten."[1442] Damit trug der Nachrichtendienst der entscheidenden Rolle Rußlands für die zukünftige Entwicklung Rechnung.

Die Mobilmachungsabteilung des Kriegsministeriums erstellte am 23. Juli eine Liste derjenigen Maßnahmen auf, die im Falle politischer Spannung getroffen werden konnten.[1443] Die Liste führte auf: den Schutz der Bahnen durch zivile Beamte, militärische Bewachung der Tunnel und Strombrücken sowie des Kaiser-Wilhelm-Kanals, unauffällige Zurückberufung der beurlaubten Soldaten, Vorbereitungen zur Einziehung von Reservisten, Rückbeorderung der Truppen in ihre Standorte, Entsendung der Ballonabwehrkanonen an die Grenze, Klarmachung der Luftschiffe und Flugzeuge, Verstärkung der Besatzung von Borkum, Überführung von Gerät zu den Inseln Sylt und Pellworm, vorbereitende Armierungsarbeiten in den Festungen Posen, Graudenz, eventuell auch in Metz und Formierung der Kavalleriedivisionsstäbe.[1444] Nichts zeigt deutlicher die chaotische deutsche Mobilmachungsplanung. Offensichtlich hatte man so viele Einzelmaßnahmen für eine Zeit der politischen Spannung vorgesehen, daß man im Kriegsministerium den Überblick verloren hatte. Erst jetzt, als die politische Spannung eingetreten war, machte man sich konkrete Gedanken. Mit der Möglichkeit einer raschen Verschärfung der Lage wurde anscheinend seitens des Kriegsministeriums gerechnet. Deutlich wird der defensive Tenor der genannten Maßregeln. Sie dienten noch nicht der Kriegsvorbereitung, sondern strebten eine höhere Sicherheit an. Die Furcht vor feindlichen Überfällen, die sich in der Mobilmachungsplanung so deutlich gezeigt hatte, war also auch hierbei maßgebend. Die Angst vor solchen Überraschungsangriffen erfuhr eine Potenzierung durch die allgemeine Unsicherheit, die das deutsche Militär hegte. Noch waren ja von den potentiellen Gegnern keinerlei eigene Vorbereitungen für einen Krieg getroffen worden. Schließlich zog das Kriegsministerium mit diesen vorläufigen theoretischen Überlegungen mit der Marine gleich. Deren Konferenzen zwischen RMA und Admiralstab stellten für die Flotte das dar, was diese Liste des Kriegsministeriums für die Armee bedeutete.

Ansonsten ging der übliche Dienst weiter. Der Garnisons-Älteste Passau wollte mit der Begehung der Massenquartiere am 25. Juli um 8 Uhr Vormittags beginnen.[1445] Die bayerische 2. Infanterie-Division verfaßte die vorgesehenen Äuße-

---

[1442] Schreiben III b/4257, HStAS M 1/2, Bund 53. Siehe dazu auch Trumpener S. 64 f.
[1443] Vorgeschichte: Montgelas S. 7.
[1444] Ebd., Anlage 9, S. 65.
[1445] Schreiben Nr. 28 M an Bez.-Kdo. Passau, Magistrat Passau, BHStA Abtl. IV 16. Inf.-Reg. (F) Bund 175/2.

rungen zum Erlaß Nr. 20056 des Bayerischen Kriegsministeriums.[1446] Groener reiste am 23. Juli nach Nürnberg.[1447] Tappen kehrte währenddessen nach Berlin zurück.[1448] Auch Vizekanzler Delbrück und Waldersee trafen in der Reichshauptstadt ein.[1449]

In den Morgenstunden des 24. Juli brachte die deutsche Presse die Nachricht von der am Abend vorher erfolgten Übergabe des österreichischen Ultimatums.[1450] Konnte bisher nur über mögliche Folgen des Attentats von Sarajewo spekuliert werden, so war jetzt in den Augen der Weltöffentlichkeit klar, daß sich ernsthafte Konsequenzen aus der Affäre entwickeln konnten. Die „Norddeutsche Allgemeine Zeitung" beschränkte sich in der Nachricht über das Ultimatum auf die Wiedergabe eines Artikels des offiziösen „Wiener Fremdenblatts" – und gab damit auf gewisse Weise auch einen Kommentar der Reichsleitung zur internationalen Lage ab.[1451] Der Rest der deutschen Presse stand auch nach dem Ultimatum zu einer Unterstützung Österreichs.[1452] Das Wolffsche Telegraphenbüro gab eine Stellungnahme amtlicher russischer Quellen bekannt, nach denen die russische Regierung den Konflikt zwischen Serbien und Österreich verfolge, da in ihm „Rußland nicht indifferent bleiben kann."[1453] Nun mußte jedem Offizier auch in der Armee der Ernst der Lage klar sein.

Am 24. Juli fand auch die Sitzung zu den Mobilmachungsvorarbeiten statt, zu der am 18. eingeladen worden war. In der Konferenz versuchte der Vertreter der Reichskanzlei, eine Einschränkung der geplanten Verhängung des Kriegszustandes über das gesamte Reichsgebiet zu erreichen. Denn dies müsse zu Schädigungen durch die gravierenden Eingriffe in die Lebensverhältnisse der Bevölkerung führen. Außerdem müsse der Reichskanzler, da die Verhängung des Kriegszustandes seiner Gegenzeichnung bedürfe, gegenüber dem Reichstag für die Folgen eintreten und sei für die Maßnahmen der Militärbefehlshaber verantwortlich, ohne bei deren direkter Unterstellung unter den Kaiser diese beeinflussen zu können. Um aber seiner Rolle als Reichskanzler gerecht zu werden, bedürfe es der Einflußmöglichkeit auf militärische Maßnahmen. Dieser Vorstoß

[1446] Schreiben Nr. 213/4193 an Gen. Kdo. I. A. K., BHStA Abtl. IV 2. Inf.-Div. (WK) Bund 7. Zum Erlaß Nr. 20056 siehe oben.
[1447] Entwurf Memoiren Groener, BA-MA N 46/58 (Nl. Groener).
[1448] Manuskript Tappen, Blatt 007, BA-MA W-10/50661.
[1449] Fischer: Griff S. 62.
[1450] Tgb. Feldpostsekretär Ernst Kießkalt, 24.07.-02.08.1914, 24.07., BHStA Abtl. IV HS 2699.
[1451] Goebel S. 74 f.
[1452] Ebd., S. 97 f.
[1453] Kriegsdepeschen, Die Vorgeschichte des Krieges, S. 5.

wurde allerdings von den Militärs mit dem Hinweis abgeblockt, daß auf die sofortige Verhängung alle Planungen aufgebaut seien und eine Änderung nicht opportun erscheine im Angesicht einer möglichen baldigen Anwendung. Allerdings ließe sich über eine Veränderung der Planungen für das nächste Mobilmachungsjahr diskutieren. Mit der Ausarbeitung von Direktiven über ein einheitliches Vorgehen der Militärbefehlshaber anhand der Entwürfe des Reichsinnenamtes und des Kriegsministeriums wurde sodann eine Subkommission betraut.[1454] Nach den Angaben eines Teilnehmers der Konferenz – Delbrück – konnte als konkretes Resultat der Beratungen dahingehend Einigkeit erzielt werden, von der sofortigen Verhaftung führender Mitglieder der SPD und der nationalen Minderheiten, wie sie in den Planungen vorgesehen war, zunächst einmal Abstand zu nehmen.[1455] Offensichtlich besorgt von den möglichen negativen Konsequenzen eines militärischen Vorgehens à la Zabern versuchte der Reichskanzler, hier der Reichsleitung ein Mitspracherecht durch Einschränkungen bei der Verhängung des Kriegszustandes zu sichern. Auch wenn das Militär hierauf nicht einging, so war man immerhin bereit, den Militärbefehlshabern eine einheitliche Handhabung unter Berücksichtigung der Vorstellungen der zivilen Stellen zu empfehlen. Ein gewisses Mitspracherecht wurde also den Zivilisten eingeräumt.

Der zivile Sektor begann nun auch mit konkreten Kriegsvorbereitungen. Noch war allerdings nicht allen Stellen der Ernst der Lage klar. So bedurfte es am 24. Juli erst einer Intervention des Reichskanzlers, um das Reichsschatzamt zu bewegen, dem Reichsamt des Innern die für den vorgesehenen Getreideankauf im Ausland in Spannungszeiten benötigten Mittel zur Verfügung zu stellen.[1456] In

---

[1454] Sitzungsprotokoll, an der Sitzung nahmen Vertreter des Reichsinnenamtes, der Reichskanzlei, dem AA, dem RMA, des Admiralstabes, des Reichsjustizamtes, des Kriegsministeriums, des Generalstabes, des Preußischen Ministerium des Innern und des Justizministerium teil, BAB R 1501/112215/1. Zu der Konferenz siehe auch Klein S. 240; Schellenberg S. 33 f.

[1455] Delbrück: Mobilmachung S. 101. Delbrück erschien verspätet zu der Sitzung. - Ebd., S. 99. Dies mag der Grund sein, warum er in der namentlichen Anwesenheitsliste des Protokolls fehlt, BAB R 1501/112215/1.

[1456] Fenske S. 882; siehe dazu auch Delbrück: Mobilmachung S. 102. Nicht alles, was in jenen Tagen geschah und nach Kriegsvorbereitung aussah, war allerdings auch eine solche. So soll sich Bethmann laut Gutsche in Hohenfinow durch Aktenstudium auf eine Mobilmachung vorbereitet haben, so sei u. a. auch am 24. von ihm ein Akt „Geschäftsgang des Generalstabs der Armee mit dem Reichskanzler" durchgearbeitet worden. - Gutsche: Aufstieg S. 122. Dieses Studium steht aber wohl eher im Zusammenhang mit der Auseinandersetzung über den direkten Verkehr zwischen den beiden Behörden, die der Reichskanzler seit April 1914 mit dem Kriegsministerium ausfocht. Dabei ging es um die Frage eines Ausfuhrverbots für Pferde in Krisenzeiten; in dieser Frage hatte sich der Reichskanzler ohne Absprache mit dem Kriegsministerium direkt mit dem Generalstab verständigt. Dies hatte zu Protesten des Kriegsministeriums geführt, Schreiben Kriegsminister Nr. 2274/ A. 1. an Reichskanzler,

Berlin fiel auch die Entscheidung, auf das türkische Bündnisangebot positiv zu antworten.[1457] Damit hatte die Reichsleitung eine gewisse Verstärkung ihrer Position für den Fall eines europäischen Krieges erreicht.

In der Geschichtsschreibung über die Julikrise ist viel über die von der zivilen Reichsleitung gehegten Anschauungen über die eventuelle Haltung Großbritanniens diskutiert worden. Fritz Fischer und seine Schüler waren der Ansicht, das deutsche Kalkül in der Julikrise sei von der Neutralität des Inselreiches ausgegangen.[1458] Andere Historiker sahen diese Erwartung nicht; man habe in Berlin mit einem Eingreifen der Briten gerechnet.[1459] Diese Frage kann in der vorliegenden Arbeit nicht beantwortet werden. Aber es ergeben sich doch starke Hinweise auf das Hoffen auf eine zumindest anfängliche englische Neutralität, die allerdings Schwankungen unterworfen war. In dem Informationstelegramm des Admiralstabs an die Auslandschiffe hatte es noch am 11. Juli geheißen, daß Großbritannien auf der Seite der Gegner zu finden sein werde. Am 16. Juli wurde den Schiffen dann mitgeteilt, es sei mit einer abwartenden Haltung zu rechnen. Eine solche Anschauung wird wohl kaum allein aus dem Admiralstab stammen, so daß man dahinter wohl Informationen aus der Reichsleitung vermuten darf. Das stärkste Indiz für die Hoffnung auf die britische Neutralität findet sich jedoch in den Marineakten unter dem 24. Juli. An diesem Tag wurde eine „Denkschrift über einen O-Plan gegen Frankreich und Russland bei einem Krieg Dreibund [Deutschland, Österreich, Italien, d. Verf.] gegen Zweibund [Frankreich, Rußland, d. Verf.]" vorgelegt. Nur das Hoffen auf englische Neutralität vermag zu erklären, warum man sich mitten in einer Krise Gedanken über einen neuen Operationsplan machte. Einen Operationsplan, der sich nur auf die Kriegsführung gegenüber Frankreich und Rußland beschränkte und damit den Hauptgegner der deutschen Flotte – Großbritannien – unbeachtet ließ. So konnte dieser Plan an sich nur von der zivilen Hoffnung auf eine britische Neutralität inspiriert sein. Schon die Formulierungen am Anfang des Dokuments verraten, daß man in der Marine an die Aufgabe mit Unglauben und Widerwillen heran-

---

02.07.1914, mit Verweis auf die Vorgeschichte; Reichskanzler an Kriegsminister, 08.07.1914; Schreiben Kriegsminister Nr. 2445/14. K. M. an Reichskanzler, 20.07.1914, BAK 43 F/1269/1. In dieser Angelegenheit wurde dann auch am 24.07. ein abschließender Brief der Reichskanzlei konzipiert. In diesem Schreiben an Moltke teilte Bethmann leicht gereizt mit, daß eine weitere schriftliche Erörterung seinerseits unerwünscht sei. Moltke könne dem Kriegsminister die Sache mündlich auseinandersetzen. Falls der Kriegsminister das Verhalten Moltkes falsch fände, stünde ihm ja immer noch der Weg einer Beschwerde beim Kaiser offen, ebd.

[1457] Yasamee S. 236.

[1458] Ullrich: Thron S. 101.

[1459] Zu diesen gehörten Erdmann, Hillgruber, Zechlin. - Ebd., S. 102.

ging: „1. Bei einem Kriege Dreibund gegen Zweibund ist für die Operationen unserer Seestreitkräfte die Haltung Englands von ausschlaggebender Bedeutung. Tritt England sogleich bei Kriegsausbruch auf die Seite des Zweibundes, so können sich unsere Operationen auf dem westlichen Kriegsschauplatz einzig und allein nur gegen England richten. Verhält sich England dagegen zunächst abwartend, so werden sich die Operationsziele und Operationsgebiete je nach dem Grade der Zuverlässigkeit der englischen Neutralität verengen oder erweitern. 2. Die Möglichkeit eines Umschwunges der Haltung Englands ist stets im Auge zu behalten. Gerade auch ein für uns günstiger Verlauf des Landkrieges wird wahrscheinlich England zum Einschreiten veranlassen."[1460] Bei der Denkschrift handelt es sich beileibe nicht um die isolierten Überlegungen eines einzelnen Admirals, denn sie wurden – laut Randnotiz – am 30. Juli von Wilhelm II. nach einem Immediatvortrag genehmigt.[1461] Wie man nun in der Führung des Reiches auch immer über Großbritanniens Haltung dachte, die Marine war jedenfalls nun für den Fall der Neutralität vorbereitet.[1462]

Über die neueste Entwicklung wurde Tirpitz wie üblich durch Hopmann informiert. Der Admiral faßte dabei im wesentlichen die Ereignisse des vergangenen Tages zusammen: die Diskussion um das Einlaufen der Flotte in die norwegischen Häfen, die geplante Probedurchfahrt durch den Kaiser-Wilhelm-Kanal und die Beurteilung der Lage in der deutschen Presse.[1463] Da eine eventuelle Rückkehr Tirpitzens die Lage verschärfen würde, wurde dem RMA durch die Reichskanzlei davon abgeraten.[1464]

Der Marinenachrichtendienst ließ bei zwei weiteren Herren anfragen, ob sie bereit seien, von leider nicht genannten Orten zu berichten.[1465] Der Nachrichtendienst des Heeres instruierte seine Nachrichtenoffiziere im Westen, angesichts der politischen Lage Frankreichs Militär genauer zu überwachen.[1466]

Auch bei der Marine ließ der Diensttag wenig von einer internationalen Krise vermuten. Die 6. Torpedobootflotille mußte ebenfalls am 24. Juli dem Admiralstab melden, daß aufgrund der zu niedrigen Füllung des vertraglichen Kohlenlagers ein vollständiges Bekohlen seiner Boote nicht möglich gewesen sei. Dies werde erst nach einem Kohlentransport am 31. Juli erfolgen können, dann wolle

---

[1460] BA-MA RM 5/900; ein weiteres Exemplar vom 25.07. findet sich BA-MA RM 5/1630.
[1461] BA-MA RM 5/900.
[1462] Siehe dazu auch Marine-Archiv: Nordsee, Bd. 1, S. 19 f.
[1463] Berghahn, Deist: Marine, Nr. 13, S. 57 f.; „Tagesmitteilung N⁰ 11", BA-MA N 253/100 (Nl. v. Tirpitz).
[1464] Tirpitz: Erinnerungen S. 213.
[1465] BA-MA RM 5/3691.
[1466] Trumpener S. 65.

sie aber auch am 1. August auslaufen.[1467] Die Flotte erhielt Instruktionen vom Flottenflaggschiff über den Aufenthalt in Norwegen. Um 18.16 Uhr funkte das Schiff an die Flotte, daß das Bekohlen möglichst beschleunigt werden solle, dabei sei aber die Sonntagsruhe zu beachten. Desweiteren sollten sich die Schiffe bereit halten, um binnen 24 Stunden auslaufen zu können.[1468] Ein weiterer Funkspruch von 20 Uhr informierte die Flotte über einen kaiserlichen Befehl, demzufolge der Aufenthalt in Norwegen möglicherweise verkürzt würde.[1469]

Auch im Ausland begannen die Vorbereitungen der Marine. Am 24. kehrte „Königsberg" nach Daressalam zurück, um das Schiff kriegsfertig zu machen und die Mobilmachung der Ostafrikanischen Station vorzubereiten.[1470] Die „Dresden" informierte den Admiralstab über die geplante Reiseroute dieses Schiffes und der „Karlsruhe". Demnach sollte ersteres Schiff am 12. August in Wilhelmshaven eintreffen, letzteres am 28. Juli in Havanna sein; dort würden dann Befehle über die weitere Reise nach Mexiko erwartet.[1471] In Tsingtau traf der Kommandant der dort liegenden „Emden" nach dem Erhalt der Nachricht von dem österreichischen Ultimatum seine Maßnahmen zur Vorbereitung auf die Spannung.[1472]

Nicht überall war allerdings der Ernst der Lage schon deutlich geworden. Beim Feldartillerie-Regiment 32 wurde am 24. Juli verfügt, daß für die Unteroffiziere und Mannschaften der Stäbe die Beurlaubungen vor den Felddienstübungen im August zu beenden seien.[1473]

Am 25. Juli lief die 48-stündige Frist ab, die Österreich-Ungarn Serbien zur Beantwortung seiner Forderungen gestellt hatte. Sehr geschickt nahmen die Serben einen Großteil der Forderungen an und erklärten sich nur mit einigen Einzelheiten nicht einverstanden. In der deutschen Öffentlichkeit wurde das Nachgeben Serbiens in weiten Teilen am frühen Abend bekannt. Um 22 Uhr verbreitete sich dann die Nachricht, daß Österreich eine solche Antwort nicht als ausreichend betrachte.[1474] Den genauen Text der serbischen Antwort kannte man in Berlin allerdings noch nicht. In der Umgebung des Kaisers trafen Informationen ein,

---

[1467] BA-MA RM 5/1696.
[1468] BA-MA RM 5/5236.
[1469] Ebd.
[1470] Marine-Archiv: Kreuzerkrieg, Bd. 2, S. 124.
[1471] Ebd., Bd. 2, S. 230.
[1472] Ebd., Bd. 1, S. 63.
[1473] Abtl.-Befehl, Befehlsbuch Feldart.-Reg. 32, SHStA Sächs. Kriegsarchiv (P) Nr. 53090.
[1474] Tgb. Feldpostsekretär Ernst Kießkalt, 24.07.-02.08.1914, 25.07., BHStA Abtl. IV HS 2699.

die eine russische Unterstützung Serbiens nahelegten.[1475] Als dort die serbische Antwort bekannt wurde, war die Möglichkeit eines Krieges sehr nahe gerückt.[1476] Denn genau für den Fall eines Eingreifens Rußlands hatte man ja Österreich Anfang Juli seine Unterstützung zugesagt. Die nun öffentliche Kriegsgefahr führte zu den ersten Friedensdemonstrationen, die in der Regel von der SPD organisiert wurden.[1477] Aber auch patriotische Kundgebungen fanden statt.[1478] Die Spannung in der deutschen Öffentlichkeit war deutlich gestiegen.[1479]

Viele Mitglieder der militärischen und zivilen Führung des Reiches kehrten nach Berlin zurück.[1480] Bethmann Hollweg besprach sich sofort mit zivilen und militärischen Stellen.[1481] Über den Inhalt der Besprechungen wurde jedoch nichts genaues bekannt.[1482] Im Gespräch mit dem Chefredakteur des „Berliner Tageblatts", Wolff, äußerte sich Stumm, Dirigent der Politischen Abteilung des AA, und gab damit eine Einschätzung der Lage von ziviler Seite: „Vielleicht werde Rußland mobilisiren [sic] und dann werde es natürlich nötig sein, unsere Militärs zurückzuhalten."[1483] Es war den Zivilisten – zumindest einigen – also vollkommen klar, daß das Militär bei solchen Ereignissen nicht bereit sein werde, passiv zuzuschauen. Der Interessenkonflikt zwischen beiden Seiten wurde hier sehr deutlich umrissen: das Militär würde auf militärische Vorbereitungen des Auslandes mit eigenen Maßnahmen antworten wollen, während die Zivilisten genau dies vermeiden wollten. Stumm und mit ihm vielleicht die gesamte Reichsleitung glaubte zu diesem Zeitpunkt offenbar noch, dem Druck der Militärs erfolgreich begegnen zu können. Dem Generalstab lagen am 25. keine Berichte über militärische Vorbereitungen in Frankreich und England vor; aus

---

[1475] 1. Brief Lynckers an seine Frau, 25.07.1914, BA-MA MSg 1/3251.

[1476] 2. Brief Lynckers an seine Frau, 25.07.1914, ebd.

[1477] Bis zum 30.07. sollten an solchen Demonstrationen circa 500.000 Menschen teilnehmen. - Klein S. 265.

[1478] J. Verhey: The Spirit of 1914. Militarism, Myth, and Mobilization in Germany. Cambridge 2000, S. 27.

[1479] Ebd., S. 35.

[1480] So Falkenhayn, Moltke. - Fischer: Griff S. 62. Bethmann Hollweg. - Gutsche: Aufstieg S. 123.

[1481] Ebd., S. 123.

[1482] Tgb. Riezler, 25.07. - K. B. Erdmann (Hg.): Kurt Riezler. Tagebücher, Aufsätze, Dokumente. Göttingen 1972, S. 190 f.

[1483] Tgb. Wolff, 25.07. - B. Sösemann (Hg.): Theodor Wolff. Tagebücher 1914-1919. Der Erste Weltkrieg und die Entstehung der Weimarer Republik in Tagebüchern, Leitartikeln und Briefen des Chefredakteurs am „Berliner Tageblatt" und Mitbegründers der „Deutschen Demokratischen Partei". Bd. 1 Boppard 1984, Nr. 3, S. 64.

Rußland wurde von Kontroll- und Probemobilmachungen berichtet.[1484] Tatsächlich erging abends in Rußland der Befehl, die Truppen aus den Feldlagern in die Kasernen zurückzuführen.[1485] In Serbien wurde am Nachmittag die Mobilmachung angeordnet.[1486] Darauf folgte in den Abendstunden die Teilmobilmachung des österreichisch-ungarischen Heeres gegen Serbien.[1487]

In Wien erfuhr Kageneck von Conrad, welche Korps gegen Serbien mobilisiert werden, und telegraphierte noch in der Nacht darüber an Moltke. Der österreichische Generalstabschef wollte acht Korps gegen Serbien verwenden.[1488] Insgesamt umfaßte die österreichische Armee 16 Korps.[1489] Damit war also die Hälfte der Armee gegen Serbien gebunden. Das Eintreffen dieser Nachrichten mußte Moltke mit Besorgnis erfüllen. Seit 1909 bestand zwischen beiden Generalstäben die Übereinkunft, daß im Falle eines Kriegs Österreich-Ungarn die Masse seines Heeres gegen Rußland einsetzen würde.[1490] Nun erfuhr der Deutsche von österreichischen Planungen, den Schwerpunkt zunächst gegen Serbien zu setzen. Der Schlieffenplan konnte nur funktionieren, wenn die schwachen deutschen Kräfte im Osten tatkräftige österreichische Unterstützung erhielten. Damit drohte dieser Plan bereits zum Scheitern verurteilt zu sein, bevor sich überhaupt ein Soldat in Bewegung gesetzt hatte, geschweige denn ein Schuß gefallen war. Diese Entwicklung konnte die deutsche militärische Führung nicht einfach geschehen lassen.

Am 25. verfaßte Hopmann seinen 12. und letzten Tagesbericht an Tirpitz.[1491] Die Flotte sei in die norwegischen Häfen eingelaufen, sei aber zum sofortigen

---

[1484] Kuhl: Generalstab S. 117; Stengers sagt zwar richtig, daß keine der russischen Maßnahmen gleichbedeutend mit einer Mobilmachung waren – J. Stengers: The Safety of Ciphers and the Outbreak of the First World War. S. 31, in: C. Andrew, J. Noakes (ed.): Intelligence and International Relations 1900-1945. Exeter 1987, S. 29-49 – aber mit Rücksicht auf die Kriegsvorbereitungsperiode war eine Interpretation als quasi geheime Mobilmachung nicht so abwegig.

[1485] G. Frantz: Wie Rußland 1914 mobil machte. S. 292, in: Berliner Monatshefte, 14. Jg. 1936, S. 277-319.

[1486] G. Hanke: Daten zum Kriegsausbruch. Österreich und Serbien. S. 251, in: Berliner Monatshefte, 12. Jg. 1934, S. 241-252.

[1487] Ebd., S. 251.

[1488] KTB Kageneck. - Kronenbitter: Macht, Nr. 15, S. 546; die Zahl der Korps, ebd., Nr. 15, S. 546, Anm. 78; siehe dazu auch N. Stone: Die Mobilmachung der österreichisch-ungarischen Armee 1914. S. 71, in: Militärgeschichtliche Mitteilungen, Bd. 16 1974, S. 67-95.

[1489] Fiedler S. 88.

[1490] N. Stone: Moltke-Conrad: Relations between the Austro-Hungarian and German General Staffs, 1909-1914. S. 201 f., in: The Historical Journal, Vol. 9 1966, S. 201-228.

[1491] BA-MA N 253/100 (Nl. v. Tirpitz).

Antreten der Rückreise bereit. Zimmermann, der Unterstaatssekretär im AA, halte angesichts der politischen Lage eine Rückkehr der Flotte für nicht angebracht, und in der Reichskanzlei sei man durch Nachrichten, die Tirpitzens vorzeitige Rückreise nach Berlin meldeten, beunruhigt, da dies zur Verschärfung der Lage beitragen könne. Hopmann konnte die Zivilisten in diesem Punkt beruhigen; der Staatssekretär werde erst planmäßig zurückkommen. Früher als erwartet sei der Admiralstabschef v. Pohl wieder nach Berlin gekommen, programmgemäß gestern der Kriegsminister und morgen werde Moltke zurückerwartet. Im übrigen habe die Probedurchfahrt durch den Kaiser-Wilhelm-Kanal begonnen.[1492] Über den letzten Punkt konnte der Marinekommissar des Kanals noch am 25. detailliert berichten, daß die Durchfahrt mit Ausnahme kleinerer Schwierigkeiten problemlos verlaufen sei. Die Fahrt sei allerdings nur möglich gewesen, weil man den Kanal bereits am Vortage aufgestaut habe.[1493] Damit konnte die Marine nun endlich über die Gewißheit verfügen, daß einer Verlegung von größeren Flotteneinheiten von der Ost- in die Nordsee und umgekehrt möglich war. In Anbetracht der unsicheren Haltung Großbritanniens mußte ein für größere Kriegsschiffe nicht passierbarer Kanal ein großes Risiko für die deutsche Marine bedeuten. Das Inkaufnehmen dieses Risikos durch die Reichsleitung zeigt, daß in den Tagen der Julikrise die Flotte gegenüber dem Heer in die zweite Reihe zurückgetreten war.

Ebenfalls am 25. Juli erreichte das RMA ein Schreiben des Admiralstabes, welches über die zwischen Vertretern dieser beiden Behörden ausgehandelten Vorbereitungen berichtete. Die dort aufgezählten Maßnahmen lassen sich in fünf Bereiche gliedern: beschleunigte Indienststellung von Neubauten, außer Dienst gestellten oder in Reparatur etc. befindlichen Schiffen, Vorbereitung für die Stellung von Hilfsschiffen vom Fischkutter bis zum Flugzeugmutterschiff, Maßnahmen, die Schiffe schon vor Operationsbeginn richtig zu dislozieren, Sicherstellung der Versorgung zu Land und zur See durch Auffüllung der Vorräte, Bereitstellung entsprechender Schiffe und Bemühungen zur Förderung des Flugwesens der Marine. Der Grad der bereits getroffenen Vorbereitungen war unterschiedlich. So waren teilweise alle Maßnahmen zur Fertigstellung der Neubauten – unter ihnen „Graudenz", „König" und „Großer Kurfürst" – schon recht weit gediehen. Im Gegensatz dazu, waren bei vielen Hilfsschiffen überhaupt erst einmal Erhebungen anzustellen, wieviele Schiffe der von der Marine gewünschten Art die zivile Seefahrt überhaupt stellen konnte.[1494] So dienten diese

---

[1492] Berghahn, Deist: Marine, Nr. 14, S. 58.
[1493] Schreiben C. B. Nr. 251 an RMA, BA-MA RM 5/1926; siehe dazu auch Marine-Archiv: Nordsee, Bd. 1, S. 21.
[1494] BA-MA RM 5/1696.

Besprechungen zwischen den beiden Marinebehörden weniger der praktischen als der gedanklichen Kriegsvorbereitung. Sie zeigen, daß man innerhalb der Marine unmittelbar nach der Hoyos-Mission mit der Möglichkeit eines Krieges rechnete, ohne jedoch Gewißheit über sein Eintreffen zu haben, denn sonst hätte man sich wohl nicht auf die gedankliche Ebene beschränkt. Wie beim Heer stehen also bei der Marine am Anfang der Kriegsvorbereitungen eher Überlegungen, was denn zur Vorbereitung zu tun sei. Im Unterschied zur Armee hatte die Flotte damit allerdings wesentlich früher begonnen.

Noch vor Bekanntwerden der serbischen Antwort telegraphierte der Admiralstab an den in der Südsee weilenden Kreuzer „Scharnhorst" und gab Anweisung, die weitere Entwicklung in Ponape abzuwarten.[1495] „Karlsruhe" erhielt von der Heimat den Befehl, nach Mexiko zu reisen.[1496] Das Schiff „Geier" lief in Singapore ein und erfuhr dort von den Neuigkeiten. Der Kommandant beschloß, um Aufsehen zu vermeiden, nicht sofort wieder auszulaufen, aber das Schiff jederzeit dazu bereit zu halten.[1497] In Norwegen hatte Wilhelm II. der Flotte die Order zum Einlaufen in die Häfen erteilt.[1498] Um 14.48 Uhr funkte das Flottenflaggschiff den Befehl, alle Einheiten ohne Berücksichtigung der Sonntagsruhe auszurüsten und die Schiffe klar zum Auslaufen zu halten.[1499] Nachdem an Bord der kaiserlichen Yacht die Nachricht von der serbischen Mobilmachung eintraf, erteilte der Kaiser gegen 18 Uhr den Befehl zur Heimreise.[1500] Ursprünglich wollte Wilhelm II. eine Konzentration der Schiffe in der Ostsee anordnen, um rasch einen ersten Schlag gegen Rußland zu führen. Erst nachdem der Flottenchef, Ingenohl, auf die Gefahr eines britischen Eingreifens hinwies, gelang es, den Kaiser zu überreden, die Schiffe in ihre Heimathäfen zu entsenden.[1501] Das Flottenflaggschiff informierte die Flotte durch einen Funkspruch, der sowohl um 19.30 als auch um 20.15 Uhr gesendet wurde, und der die Flotte anwies, am Sonntag, also am 26. Juli, die Heimreise anzutreten. Dabei sollten das I. Geschwader und die Großen Kreuzer Wilhelmshaven anlaufen, während das II. und III. Geschwader sowie die Kleinen Kreuzer Kurs auf Kiel nehmen sollten.[1502] Der Befehl zur Heimreise erfolgte gegen mehrmaligen Protest des Reichskanzlers; dieser befürchtete, das Aufsehen, das damit verbunden war, könne zur Ver-

---

[1495] BA-MA RM 5/6334; siehe dazu auch Marine-Archiv: Kreuzerkrieg, Bd. 1, S. 63.
[1496] Ebd., Bd. 2, S. 230.
[1497] Ebd., Bd. 2, S. 333.
[1498] Marine-Archiv: Nordsee, Bd. 1, S. 10.
[1499] BA-MA RM 5/5236.
[1500] Marine-Archiv: Nordsee, Bd. 1, S. 11.
[1501] Ebd., Bd. 1, S. 11.
[1502] BA-MA RM 5/5236.

schärfung der Situation beitragen.[1503] Mit dem Entschluß zur Rückkehr hatten sich zum ersten Mal in der Julikrise militärische Überlegungen gegenüber dem diplomatischen Kalkül durchgesetzt. Das Bestreben der Zivilisten, Normalität zu demonstrieren, mußte in dem Augenblick scheitern, in dem mit sich zuspitzender Situation die militärischen Besorgnisse zunahmen. In einem Staat wie dem wilhelminischen Deutschland mit seinem militärischen Übergewicht gewannen zwangsläufig die militärischen Überlegungen die Oberhand in einem solchen Konflikt.[1504]

Der zunehmend gespannten internationalen Lage trug auch der Nachrichtendienst der Marine Rechnung. Am 25. Juli wurde ein Telegramm aufgesetzt, daß die Agenten in Helsingfors, Reval und Petersburg aufforderte, mit ihrer Tätigkeit zu beginnen. Die entsprechenden Telegramme sollten bis spätestens 5 Uhr morgens am 26. Berlin verlassen haben.[1505] Ein weiterer Agent wurde nach Petersburg entsandt.[1506] Außerdem gingen am 25. noch Schreiben an die Agenten Elert – siehe unter dem 26. Juli –, Müller in Libau mit der Nachfrage nach Kriegsvorbereitungen und an Burchard in Stockholm mit Instruktionen heraus. Es ging ein Brief des Agenten Boelker ein, der mitteilte, er sei noch eine Woche krank; und der Stockholmer Agent bestätigte den Eingang eines Eilbriefes, leider ohne seinen Inhalt zu nennen.[1507] Gleichzeitig versuchte man auch, Zivilisten in die Nachrichtengewinnung mit einzubeziehen. Man schrieb per Eilbrief an die Direktion der Hanseatischen Dampfschiffahrts-Gesellschaft und bat sie um Mitarbeit. Die Gesellschaft sollte ihre Kapitäne anweisen zu berichten, „ob in den angelaufenen russischen Häfen etwas aussergewöhnliches vorgeht, wie die Stimmung ist und wieviele Kriegsschiffe anwesend waren."[1508] Auch beim Heer wurden nun Maßnahmen ergriffen. Der Chef der Abteilung III b, Nicolai, kehrte aus dem Urlaub zurück und war offensichtlich unzufrieden mit den ergriffenen Maßnahmen seiner Stellvertreter. Er setzte sofort die für die „drohende Kriegsgefahr" vorgesehenen Maßnahmen in Kraft.[1509] Dementsprechend wies die Ab-

---

[1503] Marine-Archiv: Nordsee, Bd. 1, S. 10 ff.; Wegerer: Ausbruch, Bd. 1, S. 352 f., 358.

[1504] Militärische Logik dieser Art bestimmte nicht nur in Deutschland das Geschehen. In Frankreich erreichte Joffre am 31.07. und am 01.08. den Mobilmachungsbefehl, indem er darlegte, jede 24-stündige Verzögerung wurde pro Tag den Verlust von 15 bis 25 Kilometern französischen Territoriums bedeuten. - Keegan: Weltkrieg S. 106 f.

[1505] Sie wurden um 0.30 Uhr abgesandt, BA-MA RM 5/3652.

[1506] KTB Sektion A II d. Admiralstabes, BA-MA RM 5/197.

[1507] Brieftgb. Nachrichtenabtl. d. Admiralstabes, Kriegsperiode 1914 Östlicher Kriegsschauplatz, BA-MA RM 5/3685.

[1508] BA-MA RM 5/3685.

[1509] W. Nicolai: Geheime Mächte. Internationale Spionage und ihre Bekämpfung im Weltkrieg und heute. Leipzig 1923, S. 44.

teilung ihre Nachrichtenoffiziere angesichts der Kriegsgefahr an, zur Aufklärung der eventueller Kriegsvorbereitungen in Rußland und Frankreich reisende Agenten, die sogenannten Spannungsreisenden, zu entsenden. Dabei sei es besonders wichtig, auch über das Fehlen von Vorbereitungen zu berichten. Beim Einsatz des Personals solle eine möglicherweise lang andauernde Spannungsperiode berücksichtigt werden. Bei allen Vorgängen sei jedes Aufsehen und jede Beunruhigung zu vermeiden. Außerdem wurden im Urlaub befindliche Offiziere zurückberufen und ihnen in Aussicht gestellt, nach Abklingen der Spannungen den entgangenen Urlaub nachholen zu können.[1510] Schon Trumpener hat angenommen, daß sich hierin die Einschätzung der Lage in der militärischen Spitze des Reiches widerspiegele.[1511] Die Lage sei zwar ernst, aber ein Krieg stehe nicht mit Sicherheit und nicht unmittelbar in Aussicht. Immerhin erschien es angebracht, sich über eventuelle militärische Vorbereitungen der Nachbarn zu informieren. Die weitere Entwicklung wird zeigen, daß die Lage bei III b nicht als so ernst eingeschätzt wurde, wie man nach den eingeleiteten Maßnahmen vermuten könnte.

Aufgrund der Konferenz vom vergangenen Tage erließ das Preußische Kriegsministerium in einem Rundschreiben vom 25. Juli Hinweise an die Militärbefehlshaber zur Handhabung des Kriegszustandes. Darin wurde empfohlen, gegenüber der SPD und den nationalen Minderheiten sowie deren Presse zunächst ein abwartendes Verhalten an den Tag zu legen. Sollten diese sich nicht entsprechend verhalten, sei sofort scharf durchzugreifen. Desweiteren wurde geraten, Zurückhaltung bei der Einschränkung der Freiheit der Person – von Verhaftungen von Abgeordneten solle abgesehen werden, sie solle nur bei Straftaten erfolgen –, dem Vereins- und Versammlungsrecht sowie der Einsetzung von Kriegsgerichten zu üben.[1512] Ausdrücklich wurde jedoch zu Beginn festgestellt: „Die Entschlußfreiheit des dem Allerhöchsten Kriegsherrn allein verantwortlichen Militärbefehlshabers wird jedoch hierdurch nicht beeinträchtigt, falls örtliche Verhältnisse oder besondere Umstände andere Entschließungen nach pflichtmäßigem Ermessen erforderlich machen sollten."[1513] Damit ist das Dilemma all dieser Versuche aufgezeigt, gegenüber der SPD und den nationalen Minderheiten zu einem entspannten Verhältnis im Falle eines Krieges zu kommen; es konnte nur funktionieren, wenn sich die örtlichen Militärbefehlshaber

---

[1510] Schreiben III b 4323, HStAS M 1/ 2, Bü. 53; siehe dazu auch Trumpener S. 65 f.

[1511] Ebd., S. 66.

[1512] Deist: Militär, Nr. 77, S. 188 ff. Dort auch die Fundstelle für Bayern und Ausweis der bayerischen Änderungen; auch die Marinebehörden erhielten Exemplare, eins findet sich in den Akten der Marine, BA-MA RM 5/4515.

[1513] Deist: Militär, Nr. 77, S. 189.

aus eigener Ansicht an entsprechenden Bemühungen beteiligten. Sollten diese sich verweigern, wurde es schwierig. Zumindest die militärische Spitze hatte sich aber damit offiziell auf einen zurückhaltenden Kurs festgelegt.[1514] Irgendwann vor oder am 25. Juli hatte man sich auch beim XIII. A. K. Gedanken über mögliche Reaktionen auf diese Krisenzeiten gemacht. Es hatte befohlen, daß die zwei mit der Handhabung der Ballonabwehrkanonen vertrauten Offiziere eine ein bis zweitägige Reise nach Friedrichshafen unternehmen sollten, um sich mit dem Gelände für eine spätere Aufstellung der Kanonen vertraut zu machen. Am 25. antwortete nun das Feldartillerie-Regiment 49 und ersuchte um die Erlaubnis, einen weiteren Offizier, der sich ebenfalls mit diesen Geschützen auskenne, mit auf die Reise zu schicken.[1515]

Ansonsten ging jedoch beim Heer der normale Dienst weiter. In Bayern gab das 3. Infanterie-Regiment seine Stellungnahme zu dem Erlaß Nr. 20056 ab.[1516] Den ab 1. August in den Ernteurlaub gehenden Mannschaften wurden beim 7. Infanterie-Regiment die Züge angegeben, die sie bei der Heimfahrt zu nutzen hatten.[1517] Und beim II. Bataillon des 21. Infanterie-Regiments fand um 11 Uhr vormittags eine Besprechung der Kompaniechefs mit den Feldwebeln statt.[1518] Die 40. Feldartillerie-Brigade in Sachsen informierte ihre Truppen, daß sie demnächst Mobilmachungsvorarbeiten einfordern werde, die dann umgehend einzureichen seien.[1519] Der württembergische Kriegsminister hielt seinem König Vortrag über die Kommandierung von Offizieren zu Dienstleistungszwecken zum Fußartillerie-Regiment 13.[1520]

Am Abend traf in Metz beim XVI. A. K. die Nachricht von der Ablehnung der serbischen Antwort durch Österreich ein. Noch in der Nacht befahl der Kommandeur des Korps, General v. Mudra, die Verstärkung der Besatzungen der Festungswerke von Diedenhofen und Metz und ordnete die Überwachung der Straßen zwischen den Werken des Nachts durch Patrouillen an.[1521] Damit ergriff

---

[1514] Deist: Arbeiterschaft S. 178. Der Erlaß v. 25.07. wurde v. Generalstabschef am 13.08. bestätigt u. bekräftigt. - Ebd.

[1515] HStAS M 38, Bü. 3.

[1516] BHStA Abtl. IV 2. Inf.-Div. (WK) Bund 7.

[1517] Reg.-Befehl, Befehlsbuch 7. Inf.-Reg., BHStA Abtl. IV 7. Inf.-Reg. (F) Bund 18.

[1518] Batl.-Befehl, Befehlsbuch II./21. Inf.-Reg., 1914, BHStA Abtl. IV 21. Inf.-Reg. (F) Bund 4/2.

[1519] Schreiben Nr. 81 M, SHStA Sächs. Kriegsarchiv (P) Nr. 53172.

[1520] Verzeichnis d. Vorträge v. 01.07.-31.07.1914 d. württ. Kriegsministers beim König nebst Entscheidungen desselben, HStAS E 14, 1679.

[1521] Manuskript: I. Der deutsche Grenzschutz im Bereiche des XVI. Armeekorps, o. J., [um 1920], BA-MA W-10/50930; Reichsarchiv: Weltkrieg, Bd. 1, S. 101 f., Anm. 1.

ein Militärbefehlshaber vor Ort die Initiative. Daß dies in Metz und Diedenhofen geschah, ist kein Zufall. Der Raum beider Festungen bildetete die Nahtstelle zwischen beiden Flügeln des deutschen Heeres im Westen. Er bildete sozusagen das Scharnier, um das sich der rechte Flügel drehen sollte. Ein französischer Überfall, der ja in den Unterlagen immer wieder als zu erwarten dargestellt worden war, drohte somit an diesem Ort zu ernsten Konsequenzen für den gesamten Feldzugsplan im Westen zu führen. Denn die Verbindungsstellen zwischen zwei Armeen stellen immer einen Schwachpunkt dar; dies gilt erst recht für die Nahtstelle zweier Heeresflügel. Hierbei war Metz noch gefährdeter als Diedenhofen. Letztere Festung war im Gegensatz zur ersteren als Entladebahnhof für die Mobilmachung vorgesehen.[1522] Somit konnte dort mit einem schnellen Eintreffen von Verstärkungen gerechnet werden. Wohl als Ausgleich für das Fehlen schneller Verstärkungen war Metz die einzige Festung, in der aktive Truppen als Besatzung verblieben.[1523] Aus seiner lokalen Situation heraus ist das Handeln des Generals v. Mudra begreiflich. Die allgemeine Unsicherheit, die Furcht vor der unkalkulierbaren komplizierten Mobilmachung und die Befürchtung eines Überfalls mitten im Frieden spielten wohl mit hinein. Seine Initiative entsprang nicht aus aggressiven Absichten, sondern einem aus einem worst-case-Denken und Unsicherheiten gespeisten Sicherheitsbedürfnis.

Damit war ein neues Problem für das deutsche diplomatische Kalkül aufgetreten. Kurz nachdem es von oben durch den Befehl des Kaisers an die Flotte zur Rückkehr zum ersten Mal unterlaufen wurde, trat hier nun die Möglichkeit des Unterlaufens von unten ins Gesichtsfeld. Egal wie nun die Ziele der Reichsleitung in der Julikrise aussahen, es kam darauf an, jedes Aufsehen zu vermeiden. Wollte man einen Kontinentalkrieg entfesseln oder nur den Konflikt lokalisieren – in beiden Fällen mußten verfrühte militärische Maßnahmen sich negativ auswirken. Im ersten Fall drohte der Versuch, eine günstige Ausgangslage zu erreichen, zu scheitern, im zweiten Fall brachte dies eine ernste Möglichkeit einer Konflikterweiterung. Besonders heimtückisch mußte für die Reichsleitung die Tatsache sein, daß sich die Eigeninitiative vor Ort nicht kontrollieren ließ. Eine deutsche Reichsleitung, die – zu Recht – betonte, man habe keinerlei militärische Maßnahmen angeordnet, während im Lande einzelne Militärbefehlshaber eben diese anordneten, wurde unglaubwürdig. Da halfen dann auch keine Dementis oder Richtigstellungen mehr. Die Wahrheit, daß eben die deutsche Reichsleitung tatsächlich nichts befohlen hatte, fand keinen Glauben. Es mußte im Gegenteil der Eindruck entstehen, die Deutschen hätten etwas zu verbergen. Und in der Tat waren es wohl solche Maßnahmen, die in den entscheidenden

---

[1522] Reichsarchiv: Feldeisenbahnwesen, Bd. 1, Karte 3.
[1523] Rüdt v. Collenberg: Armee S. 117.

Stunden den Eindruck erweckten, das Reich bereite heimlich einen Krieg vor. Diese Meldungen über deutsche militärische Vorbereitungen hatten im Ausland erheblichen Einfluß.[1524] Daß es zu einer solchen Entwicklung überhaupt kommen konnte, lag nicht zuletzt im System begründet. Das Unverständnis der Politiker für militärische Angelegenheiten ist als ein zentrales Problem der Julikrise bezeichnet worden.[1525] Das fehlende Verständnis der deutschen Politiker gegenüber dem militärischen System ihres eigenen Landes wirkte sich hier verhängnisvoll aus. Denn Befehle konnte den Militärbefehlshabern nur der Kaiser erteilen, ein Monarch, der schon in normalen Zeiten überfordert war und damit in einer Krisenzeit erst recht. Ganz abgesehen davon, daß er auf seiner Yacht in Norwegen erst mal von den Vorgängen in Metz erfahren mußte. Da weder das Kriegsministerium noch der Generalstab es für nötig hielten, die Truppen, wie es die Flotte praktizierte, über die politische Entwicklung zu informieren, noch der Truppe Hinweise zur Handhabung der Situation zu geben, wie es z. B. am 25. Juli mit der Direktive für den Kriegszustand durchaus möglich war, war allerdings zu erwarten, daß ein Offizierskorps, welches im Sinne der Eigeninitiative und der Auftragstaktik erzogen worden war, selbständig Schritte einleiten würde. Diese Erziehung ist immer wieder als Positivum in der deutschen Armee

---

[1524] Zur Einschätzung der deutschen militärischen Vorbereitungen im Ausland siehe die veröffentlichten Dokumente. - Documents Diplomatiques Français (1871-1914). 3e Série Bd. 11 Paris 1936, Nr. 157 S. 130, Nr. 161 S. 133, Nr. 225 S. 187, Nr. 240 S. 203 f., Nr. 250 S. 211, Nr. 253 S. 212, Nr. 257 S. 214, Nr. 264 S. 218, Nr. 265 S. 218 f., Nr. 276 S. 225, Nr. 288 S. 236, Nr. 293 S. 243 f., Nr. 303 S. 258 f., Nr. 304 S. 259 ff., Nr. 308 S. 264, Nr. 309 S. 265, Nr. 315 S. 269 f., Nr. 317 S. 272, Nr. 327 S. 278, Nr. 338 S. 286, Nr. 361 S. 298 f.; G. P. Gooch, H. Temperley (ed.): British Documents on the Origins of the War 1898-1914. Vol. 11 London 1926, Nr. 313 S. 198, Nr. 315 S. 199, Randbemerkungen zu Nr. 337 S. 214, Nr. 338 S. 214 f., Nr. 339 S. 215, Nr. 353 S. 220 f., Nr. 401 S. 242, Nr. 403 S. 243; O. Hoetzsch (Hg.): Die internationalen Beziehungen im Zeitalter des Imperialismus. Dokumente aus den Archiven der Zarischen und der Provisorischen Regierung. Reihe I Bd. 5 Berlin 1934, Nr. 182 S. 140 f., Nr. 294 S. 203, Nr. 295 S. 203, Nr. 304 S. 207, Nr. 306 S. 208, Nr. 358 S. 231 f.; zu Nr. 358 siehe auch Wegerer: Ausbruch, Bd. 2, S. 128. Außerdem haben solche Meldungen eine Rolle beim Entschluß zur russischen Gesamtmobilmachung gespielt. - Frantz: Rußland S. 315. Zur deutschen Auseinandersetzung mit den britischen und teilweise auch französischen Meldungen siehe W. Foerster: Die deutschen Mobilmachungsvorbereitungen gegen Frankreich im Lichte der britischen amtlichen Dokumente. In: Kriegsschuldfrage, 5. Jg. 1927, S. 989-1000. Wie Foerster dort auf S. 990, versuchte auch die deutsche apologetische Geschichtsschreibung der Zwischenkriegszeit die inoffiziellen Vorbereitungen zu ignorieren und sich auf die offiziellen zu beschränken. Einen anderen Weg geht Montgelas, Vorgeschichte, in dem er Metz zwar zugibt, jedoch versucht, die Vorgänge zu marginalisieren. - Vorgeschichte: Montgelas S. 8 f. Auch Bethmann Hollweg sah sich gezwungen, in seinen Memoiren Deutschland gegen solche Vorwürfe zu verteidigen. - Bethmann Hollweg S. 123 f. Noch Ritter behauptete, derartige Meldungen seien unbegründet gewesen. - Ritter: Staatskunst, Bd. 2, S. 320.

[1525] Albertini, Bd. 2, S. 479.

beschrieben worden – dies mag für andere Umstände durchaus zutreffen –, in der konkreten Situation der Julikrise hatte sie jedoch gefährliche Konsequenzen. Der Drang zur Eigeninitiative wurde zudem noch durch die Angst vor feindlichen Überfällen gespeist, die in Zeiten allgemeiner Unsicherheit zu einem bestimmenden Moment geworden war. Denn wer sich schon im großen ganzen unsicher fühlte, mußte vor einer in seinen Augen konkreten Gefahr erst recht vorsichtig sein. Auf der anderen Seite verhinderte diese Unsicherheit, ganz besonders vor dem Hintergrund der Befürchtungen um den glatten Ablauf der Mobilmachung, daß seitens des Kriegsministeriums durch Anordnungen versucht wurde, die Entwicklung zu kanalisieren. Hier wartete man zunächst einmal ab.

Trotz der gespannten Lage hoffte die deutsche Politik, auch am 26. Juli den Konflikt lokalisieren zu können. Der Kaiser war zwar noch am Vormittag von einem Krieg überzeugt, im Verlaufe des Tages kam es bei ihm jedoch zu einem Stimmungsumschwung, der die Zukunft wieder friedlicher erscheinen ließ.[1526] Der württembergische Gesandte berichtete über ein Gespräch mit Stumm, man wolle jede Unruhe vermeiden: „Die deutsche Diplomatie hofft aber darauf, dass England nicht nur selbst friedlich gestimmt sei, sondern auch energische Schritte bei Russland zur Erhaltung des Weltfriedens tun werde. Die allgemeine Unfertigkeit in Russland und die in Frankreich aufgedeckten Schäden würden das Ihrige dazu beitragen, um die Russen und damit die Franzosen geneigter zu machen, die Angelegenheit nach Möglichkeit auf diplomatischem Wege zu erledigen."[1527] Hier machte sich der Einfluß der Rede Humberts über die Schwäche der französischen Armee vom 14. Juli bemerkbar. Auch der sächsische Gesandte wußte zu berichten, daß man nach wie vor in Berlin bemüht sei, jedes Aufsehen zu vermeiden.[1528] Aus diesem Grund würde man in Berlin dem sächsischen König eine Rückkehr noch nicht empfehlen.[1529] Motiviert von den Bemühungen, an dem österreichisch/serbischen Konflikt unbeteiligt zu erscheinen, wandte sich die Reichsleitung am frühen Nachmittag telegraphisch an die bayerische Regierung in München. Es würde „dringenst [sic]" ersucht, „jegliche Mitwirkung bayr. Behörden bei Zustellung oder Bekanntmachung österreichischer Mobilmachungsorder zu unterlassen, da solche [als, d. Verf.] Neutralitätsbruch erschie-

---

[1526] Brief Lynckers an seine Frau, BA-MA MSg 1/3251.

[1527] Bericht Nr. 1966, HStAS E 50/03, Nr. 211.

[1528] Bericht Nr. 1091, Parlamentarischer Untersuchungsausschuß, 1. Untersuchungsausschuß „Berichte der sächsischen und württembergischen Gesandtschaften in Berlin an ihre Regierungen zwischen dem 28. Juni und 5. August 1914", S. 17, HStAS M 1/2, Bund 54.

[1529] Tel. sächs. Geschäftsträger, SHStA Sächs. Militärbevollmächtigter Nr. 4222; dazu siehe auch die Anfrage aus Dresden. - Bach: Gesandtschaftsberichte, Nr. 12, S. 73. Ebenfalls an diesem Tag wurde dem bayerischen König empfohlen, eine Rundreise fortzusetzen. - Bayr. Dok., Nr. 28, S. 140.

ne."[1530] Mit der österreichischen Regierung habe man sich bereits dahingehend verständigt. Ganz so unbeteiligt war man allerdings nicht, denn „Strengste Geheimhaltung der Eisenbahnerleichterungen erforderlich."[1531] Was darunter zu verstehen ist, verraten die Quellen leider nicht. Deutlich wird nur, daß man hinter den Kulissen gewisse Absprachen mit Österreich-Ungarn getroffen hatte. Mit Rücksicht auf die politische Lage wandte sich Delbrück in einem Rundschreiben an die deutschen Bundesstaaten und forderte sie auf, für den Fall einer plötzlich anberaumten Sitzung des Bundesrates für ihre Vertretung dort Sorge zu tragen.[1532]

Der zurückgekehrte Generalstabschef Moltke informierte sich in einer Reihe von Gesprächen über die aktuelle Situation. Zunächst besprach er sich mit seinem Generalquartiermeister Waldersee. Dem folgten Unterredungen mit Bethmann und Jagow. Der Kanzler betonte, es komme darauf an, im Interesse der Lokalisierung in Deutschland ruhig zu bleiben. Moltke stimmte dem zu und wies daraufhin, daß es wichtig sei, Italien beim Dreibund zu halten.[1533]

In der Öffentlichkeit wurde zunehmend ein Krieg erwartet, es kam zu Demonstrationen und Kundgebungen.[1534] Im allgemeinen betonte die Presse Rußlands entscheidende Rolle bei der Entscheidung über Krieg und Frieden.[1535] Der „Vorwärts" rief in einem Artikel zum Frieden auf.[1536] Als Reaktion auf die Ereignisse kam es zu ersten Meldungen bei den Militärbehörden. So forderte ein Freiherr, wegen „der drohenden Kriegsgefahr" für ihn eine Verwendung beim Militär vorzusehen, er sei mit jeder Verwendung einverstanden, wobei das „Pferdeaushebungsgeschäft weniger erwünscht" sei.[1537]

Hinter den Kulissen wurden Vorbereitungen für alle Eventualitäten getroffen. Bethmann Hollweg beantragte beim Kaiser, ihm die Vorlage der vorbereiteten Gesetze und Verordnungen für den Mobilmachungsfall beim Bundesrat zu genehmigen.[1538] In einem Erlaß der Reichskanzlei wurde bekannt gegeben, daß bei Ausspruch der „drohenden Kriegsgefahr" das ganze Reichsgebiet unter den Kriegszustand falle und die vollziehende Gewalt auf die Militärbefehlshaber ü-

---

[1530] BHStA Abtl. IV M Kr Nr. 1765.
[1531] Ebd.
[1532] Bach: Gesandtschaftsberichte, Nr. 20, S. 77.
[1533] Wegerer: Ausbruch, Bd. 1, S. 355.
[1534] Tgb. Feldpostsekretär Ernst Kießkalt, 24.07.-02.08.1914, BHStA Abtl. IV HS 2699.
[1535] Goebel S.111.
[1536] „Jahrhundertsommer": Eine Serie zum Epochenende 1914, FAZ, 26.07.1994.
[1537] Schreiben an Ldw.-Insp., HStAS M 33/2, Nr. 1.
[1538] Schreiben Rk 3327 ge., BAB R 1501/112144; siehe dazu Klein S. 251 f.

bergehe.[1539] Damit wurde nochmals eine Maßnahme bestätigt, die bereits seit 1912 in den deutschen Mobilmachungsplanungen vorgesehen war. Aufgrund der Sitzung vom 25. Juli übersandte das Reichsamt des Innern dem Kriegsministerium je einen Musterentwurf für die Bekanntmachungen im Falle der Verhängung des einfachen oder des verschärften Belagerungszustandes.[1540] Sollte das Kriegsministerium mit den Formulierungen nicht einverstanden sein, so könnten seine Vertreter dieses mit dem zuständigen Referenten im Amt besprechen.[1541] Neben der repressiven Planung wurden am 26. Juli Verhandlungen zwischen Vertretern der Reichsregierung und der SPD geführt; die Regierung erklärte darin, sie wolle nicht gegen sozialdemokratische Versammlungen einschreiten, erwarte aber im Gegenzug die Einstellung der Kritik an der Regierung.[1542]

Die deutschen Planungen für den Ernstfall sahen als erste Maßnahme u. a. die Bewachung der Bahnen vor. Dementsprechend schrieb das Reichseisenbahnamt das Sächsische Finanzministerium an. Bei weiter zunehmender Spannung werde der Reichskanzler die Bewachung der Bahnen verfügen. Die dabei eingesetzten Beamten würden bewaffnet sein. In Preußen sollten sie die benötigten Gewehre und Munition aus den Artilleriedepots erhalten. Das Ministerium möge für Sachsen ähnliches veranlassen.[1543] Ähnliche Nachricht erhielt an diesem Tag auch die Direktion der sächsischen Bahnen. Darüber hinaus würden sie direkt vom Reichseisenbahnamt über den Eintritt der Bewachung informiert werden. Auf Verlangen der militärischen Linien-Kommandanturen müsse der Bahnschutz auch ohne eine solche Mitteilung in Kraft treten. Für die Bewaffnung werde das vorgesetzte Ministerium sorgen.[1544]

Groener erhielt in Nürnberg die Anweisung, an diesem Tag nach Berlin zurückzukehren, da auch Moltke wieder erwartet würde. Dort angekommen fanden aber weder Besprechungen mit zivilen Stellen noch innerhalb des Generalstabes statt.[1545] Abends telephonierte dann der Kriegsminister mit dem Generalstabschef, nach Ansicht des letzteren seien deutsche Vorbereitungen zu diesem Zeit-

---

[1539] Zustand drohender Kriegsgefahr. S. 45, in: Kriegsschuldfrage, 4. Jg. 1926, S. 43-45.

[1540] Belagerungs- und Kriegszustand sind ein und dasselbe: „Der Kaiser kann, wenn die öffentliche Sicherheit im Reichsgebiet bedroht ist, jeden Teil des Reichsgebiets mit Ausnahme von Bayern in Kriegszustand zu [sic] erklären. Die Wirkungen der Erklärung bemessen sich nach dem preußischen Gesetz über den Belagerungszustand." Die Bekämpfung antinationaler Bewegungen im Mobilmachungsfalle, o. D., [Juli 1914], BAB R 43/2398.

[1541] Schreiben I M 563, BAB R 1501/112215/1.

[1542] Klein S. 269.

[1543] Schreiben Nr. 790 S. II, SHStA Sächs. Kriegsarchiv (P) Nr. 23261.

[1544] Schreiben Reichseisenbahnamt an Sächs. Eisenbahn-Generaldirektion, ebd.

[1545] Entwurf Memoiren Groener, BA-MA N 46/58 (Nl. Groener).

punkt verfrüht.[1546] An seine Frau schrieb er: „Die Lage ist noch ziemlich ungeklärt. Die weitere Gestaltung der Dinge hängt lediglich von der Haltung Rußlands ab, unternimmt dies keinen feindlichen Akt gegen Österreich, so wird der Krieg lokalisiert bleiben. [...] Du wirst aber wohl am Dienstag [28. Juli, d. Verf.] zurückkommen. Bis dahin wird auch kaum eine größere Entscheidung gefallen sein."[1547] Trotzdem machte sich Moltke Gedanken um die Zukunft. An diesem 26. Juli entwarf er eine Note an Belgien, in der er den deutschen Durchmarsch begründete. Vorerst behielt er dieses Dokument allerdings noch für sich.[1548] Dem Eindruck Moltkes, noch Zeit zu haben, entsprach ein Brief Kagenecks vom 26. Juli. Dieser war in Wien zu der Überzeugung gekommen, die österreichische Armee brauche noch Zeit zur Vorbereitung; deshalb werde sich ein Krieg wohl verzögern.[1549] Auch anderswo wurden Vorbereitungen getroffen. Die Generalinspektion der Festungen und Pioniere ordnete Vorarbeiten zum Aufstauen der Flüsse Netze und Obra an der deutschen Ostgrenze an.[1550] Dabei wird es sich wohl um die Befestigungsarbeiten im Osten handeln, die Hopmann in seinem Tagesbericht an Tirpitz vom 7. Juli erwähnte.

Im deutschen Generalstab kam es zu Überlegungen über die Zukunft. Am 26. Juli wurde dort eine Berechnung erstellt, welche Streitkräfte Rußland gegen Österreich-Ungarn mobilisieren könne, die gleichzeitig gegenüber diesem Gegner ausreichten und doch keine Mobilmachung gegenüber dem Deutschen Reich darstellten. Man kam zu dem Ergebnis, die Mobilisierung der Militärbezirke Kiew, Odessa, Moskau, Kasan und die an Galizien grenzenden Teile des Militärbezirkes Warschau würden ausreichen, um gegen Österreich zu kämpfen.[1551] Mobilisierungsmaßnahmen, die diesen Rahmen sprengten, wären also automatisch gegen Deutschland gerichtet gewesen. Damit hatte man also eine Entschei-

---

[1546] Vollständiges Tgb. Falkenhayn, 26.07.-04.08.1914, BA-MA W-1050635.

[1547] Meyer S. 300.

[1548] Manuskript: Die deutsche Armee bei Kriegsausbruch, o. J., [um 1920], Bl. 179, BA-MA W-10/50891; Fischer: Krieg S. 702 u. Griff S. 66; Klein S. 251, gehen davon aus, daß Moltke den Entwurf noch am 26. an das AA geschickt habe, da der Eingangstempel im AA aber vom 29. stammt – DD, Bd. 2, Nr. 376, Anm. 1, S. 89 – erscheint ein späterer Sendungstermin wahrscheinlicher.

[1549] Kronenbitter: Macht, Nr. 10, S. 538; mit dieser Einschätzung lag der Militärattaché genau richtig, siehe Fellner S. 16.

[1550] Broschüre: Rußlands Mobilmachung für den Weltkrieg. Neue Urkunden zur Geschichte des Weltkrieges. Zusammengestellt u. herausgegeben auf Befehl d. Chefs d. Generalstabes d. Feldheeres, Berlin 1919, S. 13, BA-MA W-10/50891; Montgelas: Mobilmachung S. 4; der endgültige Befehl zur Durchführung der Aufstauungen erging am 2. August, Manuskript: Die deutsche Armee bei Kriegsausbruch, o. J., [um 1920], Bl. 9, BA-MA W-10/50891; Montgelas: Mobilmachung S. 4.

[1551] Schäfer: Mobilmachung S. 613.

dungsgrundlage zur Verfügung, ab wann russische Maßnahmen sich nur gegen Österreich oder auch gegen Deutschland richteten.

In Wien liefen erste Nachrichten über russische Mobilmachungsmaßnahmen ein.[1552] Auch in Deutschland mehrten sich die einlaufenden Nachrichten über russische Vorbereitungen.[1553] In der Tat trat in Rußland die am Vortage beschlossene Kriegsvorbereitungsperiode im europäischen Rußland mit Ausnahme des Kaukasus in Kraft.[1554] In Frankreich wurde vormittags beschlossen: Einstellung des Transportes von Truppen zu den Übungsplätzen, Urlaubssperre und Rückberufung aller beurlaubten Offiziere.[1555] In Großbritannien wurde das Zusammenhalten der Flotte nach Abschluß der Probemobilmachungen befohlen; der Entschluß wurde in den Montagmorgenzeitungen, also am 27. Juli, veröffentlicht.[1556] Eine Anheizung der Auseinandersetzungen zwischen den Nationalisten und den zu Großbritannien stehenden Kreisen in Irland erfolgte durch die Anlandung von Waffen für die Nationalisten, die in Hamburg verladen worden waren.[1557] Die dortige Krise und die Aufmerksamkeit, die diese von der Regierung in London verlangte, war einer der Gründe, welche die deutsche Reichsleitung hoffen ließ, Großbritannien werde in den Konflikt auf dem Kontinent zunächst nicht eingreifen.[1558] Ob man seitens der Reichsleitung solche Waffenlieferungen bewußt ermunterte, um Großbritanniens Aufmerksamkeit auf Irland zu konzentrieren, ist leider nicht klar.

Der Marinenachrichtendienst richtete am 26. Juli die Zentrale Stockholm ein. Die Agenten in Helsingfors, Libau, Reval und St. Petersburg wurden zu Meldungen aufgefordert.[1559] Angeschrieben wurden die bereits vor Ort befindlichen

---

[1552] Hanke: Daten S. 251.

[1553] „Auch die Agenten des Grossen Generalstabes melden von Massnahmen, die auf den Beginn der Mobilmachung in Russland schliessen lassen." Schreiben bayr. Geschäftsträger in Berlin. - Bayr. Dok., Nr. 29, S. 142; Tel. bayr. Gesandter Petersburg. - Bayr. Dok., Nr. 26, S. 140; Kuhl: Generalstab S. 118.

[1554] G. Frantz: Daten zum Kriegsausbruch. Rußland. S. 434 f., in: Berliner Monatshefte, 12. Jg. 1934, S. 430-440.

[1555] Bach: Daten S. 524.

[1556] H. Hallmann: Daten zum Kriegsausbruch. England. S. 618, in: Berliner Monatshefte, 12. Jg. 1934, S. 614-626.

[1557] K. Wolf: Sir Roger Casement und die deutsch-irischen Beziehungen. Berlin 1972, S. 16; Joll: War S. 72.

[1558] Siehe dazu W. Hürseler: Die irische Bürgerkriegsgefahr im Kalkül der deutschen Großbritannienpolitik in der Julikrise 1914. In: Militärgeschichtliche Mitteilungen, Bd. 32 1982, S. 35-45.

[1559] KTB Sektion A II d. Admiralstabes, BA-MA RM 5/197.

Agenten in Stockholm und Riga.[1560] Zur Errichtung der Zentrale Stockholm wurde der bereits bekannte Agent Elert in diese Stadt geschickt. Vorher erhielt er noch Instruktionen. Er solle den ortsanwesenden Agenten mitteilen, Leute auszusuchen, die als Lotsen oder Helfer in Frage kämen. Diese Personen dürften jedoch – auch nicht ansatzweise – zum jetzigen Zeitpunkt verständigt werden. Elert sollte Berlin noch am 26. in Richtung Stockholm verlassen. Verbindung mit den Agenten des Heeres könne nicht aufgenommen werden, „da Section III b nicht zu erreichen war."[1561] Trumpener hat bereits darauf hingewiesen, daß das Verhalten der Abteilung III b einen guten Hinweis für die Einschätzung der Lage innerhalb der militärischen Führungsspitze darstellte. Hier liegt nun ein deutliches Beispiel für die unterschiedliche Krisenauffassung beim Heer und der Marine vor. Während die Marine ihre Nachrichtenzentrale in Stockholm einrichtete, ist beim Heer – niemand zu erreichen. Herstellung einer ständigen Erreichbarkeit ist an sich eine der ersten Maßnahmen, die in Krisensituationen getroffen werden. Offensichtlich sah das Heer die Situation als noch nicht so ernst an wie die Marine. Das heißt aber nicht, daß III b am 26. Juli untätig war. Denn an jenem Tag erhielten die Nachrichtenoffiziere neue Anweisungen aus Berlin. Es habe sich zwar nichts an der Beurteilung der Lage geändert, es erscheine aber für den Fall, daß es zu Komplikationen im Westen komme, nötig, entsprechende Anweisungen zu erteilen. Erfordernisse des Nachrichtendienstes habe für die Nachrichtenoffiziere gegenüber anderen Tätigkeiten für ihre jeweiligen Generalkommandos Priorität.[1562] Eine solche Instruktion macht nur dann Sinn, wenn einige Nachrichtenoffiziere oder deren Vorgesetzte in Verkennung der Situation sich mit zweitrangigen Arbeiten beschäftigten. Ein weiteres Zeichen für ein durchaus unterschiedliches Krisenbewußtsein. Das Schreiben wies im weiteren auf die Einzelheiten des Nachrichtendienstes gegen Frankreich hin; so seien Anzeichen einer Spannung sofort zu melden. Für den Fall einer längeren Dauer der Krise sei die Zahl der reisender Agenten zu erhöhen. Das Schreiben schloß: „Die N. O. dürfen von jetzt ab bis auf weiteren Befehl ihren Standort nur auf kurze Zeit, jedenfalls nicht über Nacht verlassen."[1563] Die Nachrichtenoffiziere im Osten erhielten die Weisung, den Verbleib von gewissen russischen Truppen festzustellen, deren Aufenthalt auf Truppenübungsplätzen bekannt war. Damit sollte also überprüft werden, ob in Rußland bereits Truppen in ihre Standorte zurückbeordert würden. Die Berliner Zentrale sandte die ihr zur Verfügung ste-

---

[1560] Brieftgb. Nachrichtenabtl. d. Admiralstabes Kriegsperiode 1914 Östlicher Kriegsschauplatz, BA-MA RM 5/3685.

[1561] Aufz. v. A. w. N 2606 I, BA-MA RM 5/3685. Die Entsendung eines Agenten von III b nach Stockholm befand sich aber in Vorbereitung. - Trumpener S. 68.

[1562] Schreiben III b 5044, HStAS M 1/2, Bü. 53.

[1563] Ebd.

henden reisenden Agenten, die sogenannten Spannungsreisenden, aus.[1564] Als weitere Maßnahme wurde den Nachrichtenoffizieren von nun an mehr Geld für ihre Arbeit zur Verfügung gestellt.[1565] Mittlerweile war also auch bei III b eine kritischere Beurteilung der Situation gegenüber dem Zeitpunkt, als die Marine Kontakt wegen Stockholm suchte, eingetreten. Dies heißt jedoch nicht, daß man bei den Nachrichtendiensten beider Truppenteile zu den gleichen Maßnahmen griff.

Auch am 26. Juli dauerten die Auseinandersetzungen über die Heimreise der Flotte aus Norwegen an. Alle Versuche von ziviler Seite, eine Aufhebung des kaiserlichen Heimkehrbefehls zu erreichen, waren jedoch vergeblich.[1566] Der Admiralstab begann am 26. Juli damit, die Ergebnisse der Besprechungen, die er bis zum 22. mit dem RMA führte, in die Realität umzusetzen. Dazu stellte er dem RMA eine ganze Serie von Anträgen. Der Admiralstab beantragte „ohne Rücksicht auf die entstehenden Kosten", einen Vorratsdampfer für U-Boote in Danzig auszurüsten, bei Ausspruch der „Sicherung" werde noch ein weiterer verlangt werden.[1567] Desweiteren wurde die Beladung eines Munitionsschiffes im Mobilmachungsfall beantragt.[1568] Ein weiterer Antrag beschäftigte sich mit der Kohleversorgung der Torpedoboote. Da die vertraglichen Kohlelager für die 6. Flottille in Swinemünde erschöpft seien, solle das dortige Lager ohne Rücksicht auf die Kosten aufgefüllt werden, um Verzögerungen bei der Bekohlung der III. und VII. Flottille zu vermeiden, sei es besser, diese würden ihre Bestände – wiederum ohne Rücksicht auf eventuelle Kosten – sofort in Kiel ergänzen.[1569] Weiter sei noch die „beschleunigte Bereithaltung folgender Hilfsschiffe notwendig": jeweils einen Hilfsstreuminendampfer in Kiel und Hamburg, vier Blockschiffe in Swinemünde, Kohle- und Öldampfer in verschiedener Zahl und an verschiedenen Orten, zwei Fischdampfer für Swinemünde, 30 Dampfer als Begleitschiffe der Flotte und sämtliche planmäßigen Hilfsminenschiffdivisionen.[1570] Diese Aufstellung zeigt deutlich, inwieweit die Diskussionen vor dem 22. Juli nur der Vorbereitung dienten. Im Anbetracht der gespannten Lage sah nun der Admiralstab den Moment gekommen, die Umsetzung beim RMA zu

---

[1564] Trumpener S. 67.

[1565] Ebd. S. 68.

[1566] Marine-Archiv: Nordsee, Bd. 1, S.10 ff.; Herwig schreibt, Tirpitz habe am 26. schweren Herzens die Flotte zurückberufen.-Herwig: Fleet S. 144. Die Diskussion fand allerdings gänzlich ohne Beteiligung des Staatssekretärs statt, der immer noch nicht in Berlin war, der entsprechende Befehl kam vom Kaiser und stand zumindest seit dem 25. im Raum.

[1567] Schreiben Nr. A 1984 I, BA-MA 1696.

[1568] Schreiben Nr. A 1985 I, ebd.

[1569] Schreiben Nr. 1986 I, ebd.

[1570] Schreiben Nr. 1993 I, ebd.

beantragen. Das RMA als Verwaltungsorgan hatte vielleicht ganz andere Sorgen als der Admiralstab, der vom Schreibtisch weg ohne Rücksicht auf Finanzen etc. einfach fordern konnte. Besonders die häufige Betonung, eine Maßnahme ohne Rücksicht auf die Kosten zu betreiben, war an sich nur durchsetzbar, wenn auch das RMA fest mit einem Krieg rechnete und nicht befürchten mußte, nach Abklingen der Krise für die entstandenen Kosten haftbar gemacht zu werden.

Wie üblich wurden die Auslandsschiffe auch am 26. Juli vom Admiralstab mit Nachrichten über die internationale Lage versorgt. Dem Flottenkommando in Norwegen wurde telegraphiert, daß noch keine Nachrichten über die Haltung Englands vorlägen.[1571] Das III. Geschwader wies übrigens seine Einheiten an, die Tage der Rückfahrt für eine gründliche Durcharbeitung der Klarschiff- und Mobilmachungsvorschriften zu nutzen.[1572] Aber zurück zum Admiralstab. Dieser telegraphierte an den Kreuzer „Königsberg" eine neuen Bericht zur Lage; demnach hätten Österreich und Serbien die diplomatischen Beziehungen abgebrochen. Es könnten Spannungen zwischen Zweibund und Dreibund entstehen. Großbritannien werde eventuell eine abwartende Haltung einnehmen.[1573] Ähnliche Telegramme erhielten auch andere Schiffe.[1574] Die „Karlsruhe" beschloß, den Befehl, nach Mexiko zu gehen, zu ignorieren und in Havanna die weitere Entwicklung abzuwarten.[1575]

Wie erinnerlich befahl der Kommandeur des XVI. A. K. in der Nacht zum 26. Juli besondere Sicherungen für die Festungen Metz und Diedenhofen. Dies löste noch in der gleichen Nacht in Metz hektische Aktivitäten aus. Um 1.45 Uhr erging der Befehl des Gouvernements, die Westfront der Festung durch Fußartillerie zu verstärken. Eine Viertelstunde später, um 2 Uhr, kam dann ein weiterer Befehl, welcher die Einrichtung eines Tag- und Nachtdienstes auf den Geschäftszimmern anordnete.[1576] Also auch hier gehört das Sicherstellen der Erreichbarkeit zu einer der ersten Maßnahmen. Das Abrücken der Sicherheitsbesatzung des 2. Fußartillerie-Regiments erfolgte dann um 3 Uhr nachts. Die Besetzung der Stellungen wurde durch das Fehlen zahlreicher beurlaubter Soldaten erschwert. Nur der Adjutant verblieb in der Stadt, um die Verstärkung des Abschnitts zu organisieren und vorbereitende Maßnahmen für die „drohende

---

[1571] BA-MA RM 5/1696.
[1572] Kommando III. Geschwader, Nr. 2182 A 1, BA-MA RM 5/5236.
[1573] BA-MA RM 5/6334.
[1574] Brieftgb. Abtl. B II d. Admiralstabs, BA-MA RM 5/223; siehe dazu auch Marine-Archiv: Kreuzerkrieg, Bd. 1, S. 64; Bd. 2, S. 125, 333.
[1575] Ebd., Bd. 2, S. 230 f.
[1576] KTB Reg.-Stab 2. Fußart.-Reg., BHStA Abtl. IV 2. Fußart.-Reg. (Rgts.-Stab) (WK) Bund 1.

Kriegsgefahr" zu treffen.[1577] Nicht alle Truppen in Metz mußten noch in der Nacht ausrücken. Bei der 3. Batterie des sächsischen 12. Fußartillerie-Regiment traf der entsprechende Befehl erst um 15 Uhr ein.[1578] Drei Stunden später, gegen 18 Uhr, bezogen dann diese Sicherheitsbesatzungen ihre Stellungen.[1579] Dort wurde damit begonnen, diese kriegsfertig einzurichten. Erst danach kümmerte man sich um eine Unterkunft für die Soldaten.[1580] Zu den Sicherheitsbesatzungen gehörten nicht nur Einheiten der Fußartillerie, auch die bayerischen Infanterie-Regimenter 4 und 8 nahmen daran teil.[1581] Die Einzelheiten der Vorbereitungen regelte dann ein Befehl des Gouvernements Metz. Neben militärischen Einzelheiten wird die Rückberufung von Mannschaften untersagt, wobei das 2. Fußartillerie-Regiment bereits selbständig einige Offiziere zurückbeordert hatte. Wichtiger als diese Einzelheiten ist an sich der erste Punkt des Befehls: „I. Sämtl. bisher und im folgenden angeordneten Maßnahmen zielen lediglich auf eine gewisse Erhöhung der Bereitschaft ab. Die Erregung von Unruhe in Truppe u. Bevölkerung muß unter allen Umständen vermieden werden. Zusatz: Vor allem ist sämtlichen Untergebenen streng jegliche Unterhaltung oder Auskunfterteilung über die Maßnahmen zu verbieten."[1582] Also waren die Bestrebungen, jede Auffälligkeit zu vermeiden, auch in Metz bekannt. Das Kind war allerdings schon mit dem Ursprungsbefehl zur verstärkten Sicherung in den Brunnen gefallen; die neuen Regelungen konnten sich nur noch um Schadensbegrenzung bemühen. Auffällig ist ferner, daß betont wird, es ginge jetzt – und in Zukunft – nur um die Erhöhung der Bereitschaft. Hintergrund wird wohl sein, die Eigeninitiative der Truppenführer in gewissen Grenzen zu halten. Daß eine solche Sorge nicht unberechtigt war, zeigt die selbständige Rückberufung von Offizieren durch das 2. Fußartillerie-Regiment. Hierbei hatte sich nun das Problem mit der Eigeninitiative nach unten verlagert.

[1577] Ebd.

[1578] Battr. 1 u. 2 waren ebenfalls in der Nacht alarmiert worden, KTB 3. Battr. Fußart.-Reg. 12, 26.07.1914-10.08.1915, SHStA Sächs. Kriegsarchiv (P) Nr. 32429. Der Alamierungsbefehl des Regiments findet sich Batl. u. Reg. Befehlsbuch d. 7. Battr. Fußart.-Reg. 12, 1914, SHStA Sächs. Kriegsarchiv (P) Nr. 33036.

[1579] KTB 3. Battr. Fußart.-Reg. 12, 26.07.1914-10.08.1915, SHStA Sächs. Kriegsarchiv (P) Nr. 32429; KTB I. Batl. Fußart.-Reg. 12, 31.07.-31.10.1914, SHStA Sächs. Kriegsarchiv (P) Nr. 31107.

[1580] KTB 3. Battr. Fußart.-Reg. 12, 26.07.1914-10.08.1915, SHStA Sächs. Kriegsarchiv (P) Nr. 32429.

[1581] Bayr. Kriegsarchiv S. 6. Die beiden Reg. gehörten mit dem 2. Fußart.-Reg. auch zur Kriegsbesatzung der Festung. - Ebd., Beiheft 1, S. 14.

[1582] Anlagebd., KTB 2. Fußart.-Reg., 26.07.-10.08.1914, BHStA Abt. IV 2. Fußart.-Reg. (Rgts.-Stab) (WK) Bund 1.

Außerdem wurden die Truppen in Metz noch angewiesen, ihre Übungen in der Nähe der Kasernen abzuhalten und außer in besonderen Fällen keinen Urlaub mehr auszusprechen sowie die ständige Erreichbarkeit auf den Geschäftszimmern zu gewährleisten; alles solle möglichst unauffällig sein: „Falls Alarm befohlen wird, wird dieser ‚still' erfolgen."[1583]

Nicht nur in Metz wurden Vorbereitungen getroffen. Das XIII. A. K. genehmigte eine Erkundungsreise nach Friedrichshafen, um die besten Stellen zur Aufstellung der Ballonabwehrkanonen herauszufinden und forderte einen Bericht darüber an.[1584] Die Furcht vor feindlichen Luftangriffen ließ es geraten erscheinen, mit solchen Vorbereitungen früh zu beginnen. Allerdings wurde die an sich begründete Furcht durch die allgemeine Unsicherheit übersteigert.

Anderswo ging aber der normale Dienst weiter. Beim 32. Feldartillerie-Regiment wurde für den 27. Juli vormittags eine Offiziersversammlung einberufen.[1585]

Der folgende Tag, der 27. Juli, stand ganz im Zeichen einer wechselhaften Entwicklung. Auf der einen Seite deuteten alle Zeichen auf Krieg, während es auf der anderen Seite Hoffnungsschimmer gab. Die Menschen auf den Straßen waren nun von der hohen Wahrscheinlichkeit eines Kriegs überzeugt.[1586] Die Artikel in den Zeitungen spiegelten die besorgte Stimmung der Menschen wider.[1587] Auch hier schwankte die Zukunftserwartung zwischen Krieg und Frieden.[1588] Im allgemeinen ließ die Spannung in der deutschen Öffentlichkeit etwas nach, und die patriotischen Demonstrationen fanden deutlich weniger Teilnehmer als noch in den vorangegangenen Tagen.[1589] Von der österreichisch-serbischen Grenze wurden erste Gefechte gemeldet.[1590]

Die Nachrichten aus Rußland schienen eine Verhandlungsbereitschaft der dortigen Regierung anzudeuten.[1591] Dementsprechend wurde in Berlin die Lage posi-

---

[1583] Schreiben 2. Komp. Sekt. IV Nr. 173 Geh Pers an Luftschiffer-Batl. 4, BA-MA PH 18/84.

[1584] Schreiben Gen. Kdo. I a 1230 M. 14/15 an Feldart.-Reg. 49, HStAS M 38, Bü. 3.

[1585] Garnisons-Befehl, Befehlsbuch Feldart.-Reg. 32, SHStA Sächs. Kriegsarchiv (P) Nr. 53090.

[1586] Tgb. Feldpostsekretär Ernst Kießkalt, BHStA Abtl. IV HS 2699.

[1587] Tremenia; Vorwärts. - „Jahrhundertsommer": Eine Serie zum Epochenende 1914, FAZ, 27.07.1994.

[1588] Goebel S. 123 f.

[1589] Verhey: Spirit S. 45.

[1590] Kriegsdepeschen, Die Vorgeschichte des Krieges, S. 7.

[1591] Tel. Sächs. Gesandtschaft München, SHStA Sächs. Militärbevollmächtigter Nr. 4222. Tel. bayr. Geschäftsträger in Berlin, 13.45 Uhr. - Bayr. Dok., Nr. 34, S. 148.

tiv beurteilt.[1592] Eine schnelle Entscheidung wurde nicht erwartet. Moltke schrieb an seine Frau, die Sache werde sich wohl noch 14 Tage hinziehen.[1593] Sein Urteil wurde wohl auch dadurch bestimmt, daß man in Berlin schätzte, Österreich würde 14 bis 16 Tage für seine Mobilmachung benötigen.[1594] Diese ruhige Einschätzung der Lage sollte sich jedoch nicht den ganzen Tag über halten.

Frühzeitig kehrte der württembergische Kriegsminister aus dem Urlaub zurück.[1595] Ebenso traf nun auch Tirpitz wieder in Berlin ein.[1596] Der Staatssekretär kam aus eigener Initiative zurück, ohne dazu eine Aufforderung aus Berlin erhalten zu haben.[1597] Der Kaiser war seiner Flotte vorauseilend in Deutschland eingetroffen. Seine Absicht war, nach kurzem Aufenthalt in Berlin, weiter nach Schloß Wilhelmshöhe zu fahren, je nachdem wie ihm der Reichskanzler die Lage darstellte.[1598] Die Weiterreise nach Wilhelmshöhe unterblieb dann in Anbetracht der gespannten internationalen Lage. Damit war die Führungsspitze des Reiches nun wieder in der Hauptstadt versammelt. Bald nach seiner Ankunft nach 15 Uhr hielt Wilhelm II. eine Sitzung mit dem Reichskanzler, den Chefs des Admiral- und Generalstabes und den Kabinettchefs ab.[1599] Diese Sitzung war typisch für die chaotische Führungsstruktur des wilhelminischen Reiches: der Mann, dessen Behörde für die Mobilmachung verantwortlich war, der Kriegsminister, fehlte, mehr noch: „Ich wurde nicht hinzugezogen, erhalte auch keinerlei Nachricht offiziell. Erfahre unter der Hand, daß beschlossen ist, die Sache durchzustehen, koste es, was es wolle."[1600] Diese inoffizielle Mitteilung

---

[1592] Tel. Sächs. Geschäftsträger Berlin, SHStA Sächs. Militärbevollmächtigter Nr. 4222; siehe auch den Bericht Nr. 1094 der Sächs. Gesandtschaft. - Bach: Gesandtschaftsberichte, Nr. 27, S. 80 f.

[1593] Meyer S. 300.

[1594] Tucher an Hertling. - Geiss: Julikrise, Bd. 2, Nr. 514, S. 121.

[1595] „27. Juli Meldung des Kriegsministers über seine Rückkehr aus Urlaub.", Verzeichnis d. Vorträge v. 01.07-31.07.1914 d. württ. Kriegsministers beim König nebst Entscheidungen desselben, HStAS E 14, Nr. 1679, dem Minister war am 07.07. ein 33-tägiger Urlaub ab dem 10.07. genehmigt worden, ebd.

[1596] Epkenhans S. 404; Tirpitz: Erinnerungen S. 213 f.

[1597] Ebd., S. 213 f.

[1598] Brief Lynckers an seine Frau, 27.07. früh, BA-MA MSg 1/3251.

[1599] Wegerer: Ausbruch, Bd. 1, S. 364.

[1600] Vollständiges Tgb. Falkenhayn, BA-MA W-10/50635; zu den Besprechungen des Kaisers siehe auch Wegerer: Ausbruch, Bd. 1, S. 364 f. Afflerbach meint, der Kriegsminister sei über das Ergebnis nicht richtig informiert worden. Kaiser Wilhelm II. sei zu diesem Zeitpunkt friedlich gestimmt gewesen. Als Beleg führt er die Kommentare Wilhelms zur serbischen Antwort an. - Afflerbach: Falkenhayn S. 153. Nun erfuhr der Kaiser den genauen Text der serbischen Antwortnote erst am Morgen des 28.07. - Wegerer: Ausbruch, Bd. 1, S. 372. Inso-

muß der Kriegsminister als sehr ernst angesehen haben, denn er ordnete eine Reihe von Maßnahmen an. So veranlaßte Falkenhayn, daß alle Truppen, die sich zu Übungen noch auf Truppenübungsplätze begeben sollten, in ihren Garnisonen verblieben, außerdem sollte der Bahnschutz durch zivile Beamte durchgeführt werden, und schließlich wies er das Proviantamt Mannheim an, Weizen in größeren Mengen anzukaufen.[1601] Diese Anweisungen scheinen nicht nur durch die Konferenz motiviert worden zu sein, wie sich aus dem zeitlichen Ablauf der Eisenbahnbewachung – siehe unten – ergibt. Admiral v. Müller faßte die Stimmung dieses Tages in seinem Tagebuch zusammen: „Stimmung wird wesentlich milder. Es hat den Anschein, dass neutrale Tendenz Englands sehr abkühlend auf Rußland u. Frankreich wirkt. Andererseits ist Österreich erst am 12 Aug. mit Mobilm. fertig. Tendenz unserer Politik: Ruhige Haltung, Rußland sich ins Unrecht setzen lassen, dann aber Krieg nicht scheuen."[1602] Auf der einen Seite ist man also zum Krieg entschlossen, falls er käme; auf der anderen Seite hegte man immer noch Hoffnungen auf eine Lokalisierung des Konflikts zwischen Österreich und Serbien.

Zur Bahnbewachung durch zivile Beamte bedurfte der Kriegsminister allerdings noch der Genehmigung des Reichskanzlers. Die Beantragung des Bahnschutzes durch Beamte erfolgte noch am 27. Juli. Der Antrag werde im Einverständnis mit dem Generalstabschef gestellt. Zunächst solle sich der Schutz nur auf die Grenzgebiete, den Bereich der Eisenbahndirektion Berlin und wichtige Bauten erstrecken. Die Durchführung solle dann zwischen Eisenbahnamt und Generalstab geregelt werden. Dabei hatte es das Kriegsministerium sehr eilig. Der Überbringer des Antrages war angewiesen, auf die Antwort des Reichskanzlers zu warten.[1603] Schnell wurde in der Reichskanzlei die mündliche Zustimmung der beteiligten Behörden eingeholt.[1604] Nun konnte das Kriegsministerium und das Eisenbahnamt verständigt werden.[1605] Warum diese Eile? Seit dem 28. Juni bewegte sich das deutsche Heer mehr oder weniger in der Alltagsroutine, ohne daß eine Beschleunigung der Abläufe erkennbar wäre. Und nun konnte es auf einmal

---

fern ist nicht auszuschließen, daß er am 27. noch kriegerisch eingestellt war. Die Klagen über die abrupten Stimmungswechsel des Kaisers legen dies jedenfalls nahe.

[1601] Vollständiges Tgb. Falkenhayn, BA-MA W-10/50635.

[1602] Röhl: Admiral, S. 669, Anm. 96. Görlitz: Kriegstagebücher S. 35 f. bringt eine veränderte Version des Eintrages. Zu der Konferenz siehe auch den Bericht vom 28.07. des im Marinekabinetts tätigen Ernst v. Weizsäcker, der von Müller informiert wurde. - Hill S. 147.

[1603] Schreiben Kriegsministerium Nr. 10 g. g. A 1, BAK R 43 F/1268; Vorgeschichte: Montgelas S. 67 erklärt, ursprünglich habe der Generalstab beim Kriegsministerium die Bewachung der Bahnen beantragt.

[1604] Aktennotiz Reichskanzlei, BAK R 43 F/1268.

[1605] Schreiben an beide Behörden, ebd.

nicht schnell genug gehen. Auch der Entschluß in der Sitzung beim Kaiser konnte dabei keine große Rolle spielen, denn ein Zwang zu einer solchen Eile ließ sich daraus nicht ableiten. An sich kann es dafür nur eine Erklärung geben: die deutsche Führung sah die Nachrichten über militärische Maßnahmen im Ausland als so gefährlich an, daß jederzeit mit einem Überfall gerechnet werden mußte. Dieses hatte man ja in allen Friedensvorbereitungen immer wieder betont. Nun erwartete man anscheinend stündlich das Auftreten feindlicher Saboteure oder gar den Überfall durch ganze Truppenverbände. Nicht die einlaufenden Nachrichten stellten also das Problem dar, sondern die dadurch ausgelösten Befürchtungen in der deutschen Führung. Ein weiteres Mal wirkte die allgemeine Unsicherheit darauf hin, eine durchaus ernstzunehmende Gefahr ins Monströse zu vergrößern. Als weitere Maßnahme wurden die Linienkommandanturen angewiesen, „angesichts der politischen Lage" leere Waggons für plötzliche Transporte bereitzuhalten.[1606] Damit hatte man nun erste konkrete Vorbereitungen für eine Mobilmachung angeordnet. Denn die Waggons sollten wohl für den Transport von Truppen und Material dienen. Noch waren aber die Truppen selbst nicht betroffen.

Die Schnelligkeit bei der Inkraftsetzung des zivilen Bahnschutzes begann allmählich, an die Grenzen der Leistungsfähigkeit der normalen bürokratischen Prozeduren zu stoßen. Nach dem Schreiben des Reichseisenbahnamtes vom 26. über den zivilen Bahnschutz wandte sich das Sächsische Finanzministerium nun am 27. an das Dresdener Kriegsministerium. Es informierte über den Inhalt des ersteren Briefes und teilte mit, alles weitere solle in direkten Verhandlungen zwischen der Direktion der sächsischen Staatsbahnen und dem Ministerium geregelt werden.[1607] Dazu sollte jedoch keine Zeit mehr bleiben. Um 14.05 Uhr traf beim XIX. A. K. ein Telegramm der Linienkommandantur E ein, welches die Ankunft eines wichtigen Eilbriefes über den Bahnschutz in Zeiten politischer Spannung ankündigte.[1608] Dieser Eilbrief mit der Nr. 277 traf auch bald darauf ein. Er informierte das Generalkommando, daß bei Verschärfung der Lage mit dem zivilen Bahnschutz zu rechnen sei. Die zur Bewaffnung der Beamten nötigen Waffen seien Heeresbeständen zu entnehmen, wobei die Kosten zwischen der Militär- und der Eisenbahnverwaltung geteilt werden. Das Generalkommando möge doch bitte seine untergebenen Dienststellen anweisen, auf Antrag der

---

[1606] Schreiben Linienkommandatur E an Major v. Loeben, SHStA Sächs. Kriegsarchiv (P) Nr. 7602. Loeben, Offizier im Stab des XII. A. K., hatte sich, jedenfalls nach dem Inhalt des vorliegenden Dokuments, erkundigt, wie der vorzeitige Rücktransport von Truppen organisiert werden könne. Auch ein Zeichen für das zunehmende Spannungsbewußtsein auf der mittleren Führungsebene.

[1607] Schreiben Nr. 1866, SHStA Sächs. Kriegsarchiv (P) Nr. 23361.

[1608] SHStA Sächs. Kriegsarchiv (P) Nr. 23361.

Eisenbahnbehörden die Waffen auszuhändigen.[1609] Das Generalkommando kam dieser Bitte nach. In einem Schreiben an die Artilleriedepots Leipzig und Riesa sowie an die Garnisons-Kommandos von Chemnitz und Zwickau wurden die entsprechenden Anweisungen erteilt. Das Schreiben ging in Zwickau um 22.30 Uhr ein.[1610] Inzwischen hatte die Linienkommandatur um 22.05 Uhr ein weiteres Telegramm aufgegeben. Darin hieß es: „ausfuehrung der im schreiben nr 277 mitgeteilten maszmahmen [sic] ist heute abend von der eisenbahnabteilung befohlen worden".[1611] Damit ist zum einen klar, daß die Anweisung zum Bahnschutz in Berlin in den Abendstunden des 27. Juli erteilt wurde. Zum anderen zeigt sich die Tendenz, den schwerfälligen Weg durch die Instanzen durch Querkontakte auf der mittleren Ebene zu ersetzen. Denn die Linienkommandantur hielt sich nicht an den vorgeschriebenen Dienstweg, sondern wandte sich direkt an das Generalkommando. Dies Verfahren war zwar schneller, konnte aber auch zu Verwirrungen führen.

Der Schutz der Bahnen war die erste und zu diesem Zeitpunkt auch die einzige praktische Maßnahme, die getroffen wurde.[1612] Die theoretische Vorbereitung lief allerdings auf Hochtouren. In der oben erwähnten Sitzung oder um sie herum gab Wilhelm II. Bethmanns Antrag vom Vortage – betreffend die Vorlage von Gesetzen und Verordnungen im Mobilmachungsfall – im Bundesrat statt.[1613] Unter den Dingen, die dem Kaiser vorgelegt wurden, befanden sich auch die Vorbereitungen für die finanzielle Mobilmachung.[1614] Über einen weiteren Wunsch im Zusammenhang mit der Handhabung des Kriegszustandes wandte sich der Reichskanzler am 27. an das Kriegsministerium. Man habe anläßlich der Beratungen über die russischen Saisonarbeiter 1912 festgestellt, daß es sich dabei um 200.000 Personen handele. Deutscherseits habe man an diesem Personenkreis zweierlei Interessen; zum einen wolle man sie der russischen Armee entziehen, zum anderen könnten sie in Landwirtschaft und Industrie Lücken füllen, die durch Einberufung deutscher Arbeiter entstanden seien.[1615] Deshalb bitte der Reichskanzler in Absprache mit anderen zivilen Behörden das Kriegsministerium, den Militärbefehlshabern zu empfehlen, diese Gruppe nicht auszu-

---

[1609] Ebd.

[1610] Ebd.

[1611] Ebd.

[1612] Broschüre: Rußlands Mobilmachung für den Weltkrieg, S. 16, BA-MA W-10/50891; Turnstall S. 148.

[1613] BAB R 1501/112144.

[1614] Reichsarchiv: Kriegsrüstung, Bd. 1, S. 477.

[1615] Zu den Verhandlungen von 1912 siehe Abschnitt Kapitel III Das deutsche Militär in einem Zeitalter der Unsicherheit, S. 110.

weisen, sondern Ausweisungen auf Fälle, in denen das Verhalten der Arbeiter oder höhere Interessen der Kriegsführung dies begründeten, zu beschränken. Aus dem gleichen Grunde habe man in dem Entwurf einer Verordnung über die Paßpflicht einen Passus aufgenommen, welcher solchen Personen den Aufenthalt im Reich auch ohne Paß erlaube. Für eine Mitteilung seitens des Kriegsministeriums, was dieses unternommen habe, sei man dankbar.[1616]

Je wahrscheinlicher ein Krieg wurde, um so wichtiger wurde es, Ruhe in der Innenpolitik zu haben. Außerdem mußten alle Versuche scheitern, die Militärbefehlshaber zur Zurückhaltung gegenüber der SPD zu mahnen, wenn diese auf eine Mobilmachung mit Massendemonstrationen für den Frieden oder ähnlichem reagierte. Seitens der Regierung wurde deshalb intensiv versucht, die Sozialdemokraten im Sinne der Politik der Reichsleitung zu beeinflussen.[1617]

Am 27. Juli begann der Große Generalstab in Berlin mit der Herausgabe von Berichten über die militärische Lage in Europa. Der erste dieser Berichte umfaßte die eingegangenen Nachrichten bis 16 Uhr. Über Rußland gab es zu melden, daß dort offenbar die Kriegsvorbereitungsperiode eingesetzt habe, eventuell sei der Mobilmachungsbefehl für den Militärbezirk Warschau ergangen. Ansonsten brachte der Bericht nur noch Meldungen aus Serbien und Österreich.[1618] Derartige Berichte waren nichts Neues. Es hatte sie bereits in früheren Zeiten gegeben.[1619] Betrachtet man diese früheren Berichte, die sehr häufig nichts oder nur wenig über militärische Maßnahmen der Nachbarn zu berichten wußten, so wird klar, daß sie nicht durch Nachrichten über Rüstungen der Nachbarn motiviert wurden, sondern in politischen Krisenzeiten der Überwachung dieser Rüstungen dienten. Mit anderen Worten: zuerst kam die Krise, dann die Berichterstattung über militärische Vorbereitungen. Überträgt man dies nun auf die Julikrise und diesen ersten Bericht, heißt das nichts anderes, als daß die politische Situation – und eben nicht die militärische – viel ernster beurteilt wurde als vorher. Ein Zusammenhang mit der Konferenz beim Kaiser und deren Ergebnissen scheint nahezuliegen. Damit markieren diese Berichte eine neue Einschätzung der Lage durch den Generalstab. Die am Abend angeordnete Eisenbahnbewachung weist darauf hin, daß nun auch die militärische Situation als ernster betrachtet wurde.

Die komplizierten Verhältnisse im damaligen Deutschland lassen sich gerade an diesem Bericht deutlich aufzeigen. Dieser erste Bericht kursierte nur im Gene-

---

[1616] Schreiben I. M. 568, BAB R 1501/112361.
[1617] Tgb. Riezler. - Erdmann S. 193.
[1618] BA-MA PH 3/53.
[1619] So im Winter 1912, siehe Kapitel III Das deutsche Militär in einem Zeitalter der Unsicherheit, S. 66.

ralstab und dem Kriegsministerium.[1620] Als nun in München die fortlaufend numerierten Folgeberichte eintrafen, fiel dort natürlich das Fehlen der Nr. 1 auf. Von dem begrenzten Verteilerkreis war dort nichts bekannt. Dort vermutete man einen Verlust durch die Post.[1621] Letzten Endes traf die Nr. 1 dann doch in München ein und konnte am 31. Juli zusammen mit dem Bericht Nr. 3 vom Kriegsministerium an den bayerischen Generalstab übersandt werden.[1622] Es muß allerdings fraglich erscheinen, ob er zu jenem Zeitpunkt dem Generalstab noch von großem Nutzen war. Übrigens erhielt nicht nur Bayern diese Berichte, auch das AA erhielt Exemplare durch den Generalstab zugestellt.[1623]

Aber zurück zur Lage in Europa. Tatsächlich wurde am 27. Juli in Rußland die Kriegsvorbereitungsperiode auf die Militärbezirke Kaukasus, Turkestan, Omsk und Irkutsk ausgedehnt und in Kronstadt wurde mit der Legung von Minensperren begonnen.[1624] Frankreich faßte den Entschluß, den Großteil der in Nordafrika stationierten französischen Truppen ins Mutterland zu transportieren.[1625] Die belgische Armee wurde in Alarmbereitschaft gesetzt.[1626] Der deutsche Militärattaché in Rom meldete, daß Generalstabschef Cardona, Nachfolger des verstorbenen Pollio, die Verpflichtungen seines Vorgängers hinsichtlich Deutschlands anerkenne.[1627] Diese Nachricht mußte in Berlin sehr willkommen sein, da man dort von Zweifeln an der italienischen Bündnistreue geplagt wurde.[1628] Der Tod des dem Dreibund zugeneigten Pollio ließ die Frage aufkommen, wie denn sein Nachfolger zu den italienischen Verpflichtungen stünde.

Die gespannte Lage und die Furcht vor Spionage veranlaßten das Bayerische Kriegsministerium, einen Erlaß betreffend der Überwachung der Spionage nun in einer solchen Anzahl zur Verteilung zu bringen, daß er bis auf die Bataillons- oder Abteilungsebene den Truppen ausgehändigt werden konnte.[1629]

Nicht untätig war auch der deutsche Geheimdienst am 27. Juli. III b versandte wiederum Instruktionen an seine Nachrichtenoffiziere. Demnach seien Span-

---

[1620] Notiz auf Bericht Nr. 4, BA-MA PH 3/53.
[1621] Aktennotiz Abtl. A I 1 Nr. 21730, 30.07.1914, BHStA Abtl. IV M Kr Nr. 1765.
[1622] Schreiben Nr. 21968, ebd. Dort auch ein Exemplar des Bericht Nr. 1.
[1623] Beginnend mit Bericht Nr. 2 vom 28.07.1914. - DD, Bd. 2, Nr. 310 a, S. 29 ff.
[1624] Frantz: Daten S. 436.
[1625] Bach: Daten S. 525.
[1626] Stengers: Belgium S. 158.
[1627] Foerster: Militärkonvention S. 409; Manuskript: Die deutsche Armee bei Kriegsausbruch, o. J., [um 1920], Bl. 177, BA-MA W-10/50891.
[1628] Zu diesen Zweifeln siehe auch Abschnitt Kapitel III Das deutsche Militär in einem Zeitalter der Unsicherheit, S. 57, bes. FN 270.
[1629] Schreiben Nr. 21300, BHStA Abtl. IV 2. Feldart.-Brig. (F) Bund 27.

nungsmeldungen von normalen Meldungen getrennt per Eilbrief zu befördern. Besonders wichtig sei es, für eine richtige Datierung der gemachten Beobachtungen Sorge zu tragen, sowohl was den Tag als auch was die Zeitangaben anginge. Abschließend wurden die Offiziere noch ermahnt: „Die Spannung wird unsere Kräfte voraussichtlich wochenlang in Anspruch nehmen. Wir müssen daher bei aller Energie unserer Maßnahmen unsere Kräfte schonen und leistungsfähig halten. Unter ‚Kräften' verstehe ich: 1. Unsere persönliche Leistungsfähigkeit, 2. unsere Geldmittel, 3. die den Herren zur Verfügung stehenden Agenten."[1630] Dieses Schreiben atmet noch nicht den Geist der Dringlichkeit, der bei der Inkraftsetzung des zivilen Bahnschutzes herrschte. Da diese in den Abendstunden erfolgte, wurde der Brief wohl vorher abgefaßt und ging von einer entspannteren Beurteilung der Lage aus. Auf diese Instruktion hin wurde seitens des Nachrichtenoffiziers in Karlsruhe dafür Sorge getragen, daß bis zum 3. August sich jeweils ein Agent dauernd in Frankreich aufhielt.[1631] Angesichts der eintreffenden beunruhigenden Mitteilungen aus Rußland erteilte der Generalstab dem Militärattaché in St. Petersburg am Abend den Auftrag, die Situation fortlaufend zu beobachten und die Ergebnisse zu melden.[1632] Das dieses erst jetzt erfolgte, macht einmal mehr deutlich, daß die Situation vorher als nicht allzu ernst beurteilt wurde. Mittlerweile war es dem Nachrichtendienst der Marine gelungen, wegen der Agenten in Stockholm Verbindung mit III b herzustellen. Dort wurde mitgeteilt, man werde mit der Entsendung eines Heeresagenten noch etwas abwarten. Die Marine sagte daraufhin zu, die Adresse Elerts in Stockholm III b zu übermitteln.[1633] Wiederum war also die Marine dem Heer voraus. Es zeigt sich erneut die sehr verschiedene Reaktion beider Teilstreitkräfte auf die politische Krise im Juli 1914. Auch beim Nachrichtendienst machten sich die technischen Innovationen bemerkbar. Zwecks Informationsgewinnung über den westlichen Nachbarn erhielt die Funkstation Metz die Anweisung, den französischen Funkverkehr mit Rußland und den zwischen dem sich auf der Heimreise von einem Staatsbesuch in Rußland befindlichen Präsidenten und Paris abzuhören.[1634]

In der Marine wurde die Lage zwischenzeitlich als etwas entspannter betrachtet. So telegraphierte der Admiralstab an die Flotte: „Lage wird ruhig beurteilt. England will vermitteln. Es scheint, Frankreich scheut sich vor Krieg, Rußland

---

[1630] Schreiben III b 5106, HStAS M 1/2, Bü. 53; siehe dazu auch Trumpener S. 71.
[1631] Aktennotiz, HStAS M 1/2, Bü. 53.
[1632] Tel., ab 21.19 Uhr. - DD, Bd. 1, Nr. 267 a, S. 230 f.
[1633] Notiz v. 27.07. auf Aufz. v. A. w. N 2606 I, 26.07.1914, BA-MA RM 5/3685.
[1634] Keiger: France S. 123.

noch unentschieden."[1635] Angesichts der Beurteilung der politischen Lage am Nachmittag erklärte sich der Admiralstab am 27. bereit, auf die sofortige Bereithaltung eines Versorgungsschiffes für die U-Boote in Danzig ohne Rücksicht auf die entstehenden Kosten zu verzichten. Sollte sich die Situation aber wieder zuspitzen, müsse auf diese Forderung zurückgekommen werden.[1636] Diese Handlungsweise läßt an sich nur zwei Erklärungen zu: entweder am Abend des 27. Juli vollzog die deutsche Führung eine radikale Neubewertung der Situation oder die Marine betrachtete die Lage ganz anders als das Heer. Da aber gerade bei der Marine schon zu einer Zeit mit Kriegsvorbereitungen begonnen wurde, als bei der Armee noch alles ruhig war, erscheint ersteres wahrscheinlicher. Dies ist ein weiterer Hinweis für eine veränderte Lagebeurteilung in den Abendstunden. Ganz entspannt betrachtete man die Lage jedoch nicht. Auf Veranlassung des Admiralstabes begann die Funkstation Norddeich am 27. Juli den Zeitungsdienst nicht wie bisher üblich einmal, sondern zweimal täglich auszustrahlen. Dies war ein vorher mit der zivilen Schiffahrt vereinbartes Signal, daß die Lage gespannt und Vorsicht geboten sei.[1637]

Das RMA ließ an jenem Tage erkennen, daß es nicht bereit war, für vorbereitende Maßnahmen jeden Preis zu zahlen. Die am 18. Juli vorgeschlagene Anmietung eines Öldampfers habe wegen der hohen Kosten zu unterbleiben. Eventuell könne man im August mit einem dann in Wilhelmshaven erwarteten Dampfer dieser Art einen Versuch zur Versorgung der Torpedoboote auf hoher See durchführen.[1638] Dagegen konnte die Ostseestation erste Schritte zur Einrichtung der Versorgungsstelle Swinemünde melden; der vorgesehene Leiter war instruiert worden und für die benötigten Büros hatte man die entsprechenden Räumlichkeiten gefunden.[1639]

Beim Admiralstab ging ein Telegramm vom Vortage ein, welches die Heimkehr der Flotte aus Norwegen ankündigte.[1640] Die Kommandanten der Schiffe wurden durch den Flottenchef über die Gründe für die Abreise aus Norwegen informiert, im übrigen vollzog sich die Fahrt friedensmäßig.[1641] Die mit der Heimkehr der Flotte zusammenhängenden Vorgänge belegen, daß man nicht nur von der britischen Marine ein Kopenhagen befürchtete, sondern auch der russischen Marine

---

[1635] Zit. nach Marine-Archiv: Nordsee, Bd. 1, S. 13.
[1636] Schreiben Admiralstab Nr. 2000 I an RMA, BA-MA RM 5/1696.
[1637] Reichsamt d. Innern C. B. 886 14, Aufz. über die Besprechung betreffend die Benachrichtigung der dt. Handelsflotte bei droh. Kriegsgefahr, 29.07.1914, BAB R 1501/112211.
[1638] Schreiben A VI S. 146 g. geh. an Admiralstab, BA-MA RM 5/1844.
[1639] Schreiben St. O. 5776 A. an Admiralstab, BA-MA RM 5/1696.
[1640] Tel. „Rostock", ebd.
[1641] Marine-Archiv: Nordsee, Bd. 1, S. 16.

zutraute, ihre Lektion von Port Arthur gelernt zu haben.[1642] Um 13 Uhr informierte die Ostseestation telegraphisch den Admiralstab über den Befehl des Kaisers, den Rückweg der Flotte durch die westliche Ostsee zu sichern.[1643] Dieser Befehl wurde 19.30 Uhr auch der Flotte übermittelt.[1644] Noch am 27. erließ die Ostseestation die nötigen Befehle. Die Feindseligkeiten sollten nur bei einem offensichtlichen Angriff auf eigene Einheiten oder bei trotz Protestes fortgesetzten Legen von Minen in deutschen Hoheitsgewässern eröffnet werden. Ansonsten bestehe der Zweck der Unternehmung darin, zu beobachten und zu melden, nicht aber zu kämpfen.[1645] Der Befehl bemühte sich also, eine frühzeitige Eröffnung der Feindseligkeiten durch deutsche Schiffe zu vermeiden. Er zeigt aber auch das Ausmaß der Furcht vor feindlichen Überraschungsangriffen. Hier zeigen sich also bei Marine und Armee ähnliche Befürchtungen.

Auch an diesem Tag lag ein Schwerpunkt der Aktivitäten der deutschen Armee auf Metz. Mudra, Kommandierender General des XVI. A. K., meldete am 27. dem Kriegsministerium seine in der Nacht angeordneten Maßnahmen; eine Verstärkung der Festungen Diedenhofen und Metz erschiene ihm „mit Rücksicht auf die politische Lage" für angebracht: „Weitere Maßregeln habe ich vorläufig nicht für nötig gehalten, insbesondere habe ich von einer Zurückberufung der beurlaubten Offiziere und Mannschaften wegen des mit einer solchen Maßregel verbundenen Aufsehens noch abgesehen trotz der großen Anzahl Ernteurlauber beim K. bayerischen Kontingent, besonders da die Abteilung III b des Großen Generalstabes gestern morgen mitteilt, die Lage sei zuversichtlich."[1646] Der General begnügte sich damit, seine vor Ort getroffenen Maßregeln anzuzeigen und ersuchte um keinerlei Genehmigung durch das Kriegsministerium. Dies zeigt den Freiraum, den sich der Chef eines Armeekorps im wilhelminischen Deutschland erfreute. Wenn Mudra auch von Maßnahmen absieht, die öffentliches Aufsehen erregen könnten, so macht der Tenor seines Briefes doch klar, daß er bei einer Verschärfung der Situation jederzeit auch zu diesen Maßnahmen greifen werde.

Die Besetzung der Sicherheitsstellungen in Metz gestaltete sich also wegen der vielen Ernteurlauber schwierig. Um diesen Mangel im bayerischen Kontingent zu beheben, wandte sich das Festungsgouvernement an die bayerische 8. Infan-

---

[1642] Die Japaner hatten den russisch/japanischen Krieg durch einen vor der Kriegserklärung erfolgten Überfall auf die russische Flotte in Port Arthur eröffnet.
[1643] BA-MA RM 5/1696.
[1644] Funkspruch Norddeich an „Friedrich der Große", BA-MA RM 5/5236.
[1645] Ostseestation Nr. O 5781, BA-MA RM 5/1696; siehe dazu auch Marine-Archiv: Nordsee, Bd. 1, S. 16 f. u. Marine-Archiv: Ostsee, Bd. 1, S. 15.
[1646] Vorgeschichte: Montgelas, Anlage 14, S. 67.

terie-Brigade, der die Infanterie-Regimenter 4 und 8 unterstellt waren: „Das Gouvernement ersucht die Brigade, auf dem Dienstwege zu beantragen, dass durch Einziehung der beurlaubten Mannschaften Abhilfe geschaffen wird. Eine Verstärkung der beiden Regimenter, die die beiden wichtigsten Abschnitte der Festung zu besetzen haben, ist nicht nur erwünscht, sondern erforderlich."[1647] So nahm das Ersuchen nun seinen Lauf durch die Institutionen. Die 8. Infanterie-Brigade reichte es an die 4. Division weiter, allerdings mit dem Zusatz, daß die Frage durch selbständige Rückberufung der Urlauber vor Ort bereits erledigt sei; außerdem hätte der Ernteurlaub am 9. August bei beiden Regimentern enden sollen. Die 4. Division reichte das nun gegenstandslos gewordene Schriftstück am 28. Juli an das bayerische II. A. K. weiter. Von dort wurde es dann nach München zum Bayerischen Kriegsministerium geschickt, wo es noch am gleichen Tag eintraf. Dort konnte man es nur noch als erledigt betrachten und zu den Akten legen.[1648] Wie bereits bei den sächsischen Eisenbahnen, zeigt sich hier erneut die Schwäche des offiziellen Dienstweges. Er dauerte für die rasch aufeinander folgenden Ereignisse einfach zu lange. Die Struktur des Staates und der Armee erlaubten es aber, solche Hindernisse durch Eigeninitiative und Umgehen der zentralen Instanzen zu überwinden. Damit drohte allerdings eine Entwicklung einzusetzen, in der die Führungsorgane jede Kontrolle über ihre Untergebenen verloren.

In Metz wurden währenddessen weitere Vorbereitungen getroffen. Die in den Stellungen befindlichen Teile der Truppe verbrachten den Tag damit, diese kriegsbereit zu machen.[1649] Unter anderen wurden bereits Bettungen für die Kanonen gebaut und die Ballonabwehr-Batterien schußfertig gemacht.[1650] In diesem Zusammenhang erließ das Gouvernement Metz einen Befehl, der deutschen Fliegern das Überfliegen der Festung untersagte, da diese Batterien die Anweisung hätten, jedes Flugzeug zu beschießen: „Dieser Zustand wird andauern, bis die politische Lage über die Haltung Frankreichs im Laufe der nächsten Tage geklärt sein wird."[1651] Dieser Befehl wird wohl erst am Abend erteilt worden sein, da er von schußfertigen Batterien und von einer baldigen Klärung der Lage ausgeht. Auf jeden Fall brachten die Abendstunden in Metz eine weitere Verschärfung der Sicherungsmaßnahmen. 18.30 Uhr erging durch das XVI. A. K.

[1647] BHStA Abtl. IV M Kr Nr. 1715.
[1648] Notizen auf Schreiben Gouvernement Metz, ebd.
[1649] KTB 3. Battr. Fußart.-Reg. 12, 26.07.1914-10.08.1915, SHStA Sächs. Kriegsarchiv (P) Nr. 32429.
[1650] KTB Reg. Stab 2. Fußart.-Reg., BHStA Abtl. IV 2. Fußart.-Reg. (Rgts.-Stab) (WK) Bund 1.
[1651] Schreiben Nr. 471 geh. an Flieger-Batl. 4, BA-MA PH/19, 110.

der Befehl, alle Beurlaubten sofort zurückzurufen.[1652] Dieser Befehl zur Rückberufung betraf jedoch nur die bayerischen Einheiten in Metz.[1653] Die Waffen und Posten seien mit scharfer Munition zu versehen, so verfügte das Festungsgouvernement.[1654] Genau wie in Berlin trat also auch in Metz am Abend des 27. Juli eine Verschärfung der Situation ein. Feuerbefehl auf Flugzeuge, Rückberufung aller bayerischen Urlauber und Ausgabe von scharfer Munition deuten darauf hin, daß diese Entschlüsse aus Angst vor einem französischen Überfall gefaßt wurden. Im Gegensatz zur Anweisung der Abteilung III b an die Nachrichtenoffiziere wird mit einer baldigen Klärung der Lage gerechnet. Die Zeichen stehen also auf Krieg. Der Ausbau der Stellungen und die Rückberufung der Urlauber sind zudem Maßnahmen, welche sich kaum geheim halten lassen. Über sie hatten aber die Instanzen vor Ort entschieden. Die Gefahr einer unkontrollierten Entwicklung wurde immer deutlicher.

Die Krise begann immer weitere Kreise zu ziehen. Der bayerische König sagte eine Rundreise ab.[1655] Bei einigen Truppen wurde befohlen, den Urlaub einzuschränken.[1656] Besprechungen der Mobilmachungsvorarbeiten und Prüfung der Archive fanden statt.[1657] Der Übergang vom Frieden zur Krise zeigte sich besonders deutlich beim bayerischen 19. Infanterie-Regiment. Dort standen die designierten stellvertretenden Kompaniechefs ihren Kommandeuren, deren Vertretung sie ab dem 28. Juli übernehmen sollten, zur Einweisung, besonders über Mobilmachungsangelegenheiten, zur Verfügung. Außerdem sollte ein besonderer Befehl über die Beurlaubungen abgewartet werden.[1658] Dieser Befehl erlaubte dann den Antritt des bereits genehmigten Urlaubs.[1659] Man schwankte also zwischen dem normalen Dienstbetrieb und ersten Vorbereitungsmaßnahmen hin und her.

Die Tage vom 23. bis zum 27. Juli brachten weitere Schritte in Richtung Krieg. Mit dem österreichischen Ultimatum, der serbischen Antwort und der darauf

---

[1652] KTB Reg. Stab 2. Fußart.-Reg., BHStA Abtl. IV 2. Fußart.-Reg. (Rgts.-Stab) (WK) Bund 1.

[1653] Montgelas: Mobilmachung S. 4.

[1654] 2. Komp. Sekt. I Nr. 178 pers an Luftschiffer-Batl. 4, BA-MA PH 18/84; zusammen mit dem Rückrufungsbefehl ging diese Anweisung dort um 20 Uhr ein, ebd.

[1655] Garnisons-Befehl, Befehlsbuch 5. Inf.-Reg., BHStA Abtl. IV 5. Inf.-Reg. (F) Bund 19; Befehlsbuch 3. Esk., 01.04.-30.07.1914, BHStA Abtl. IV 1. Ulanen-Reg. (F) Bund 20.

[1656] Garnisons-Befehl, Befehlsbuch I. Batl. Inf.-Reg. 134, 26.06.-07.8.1914, SHStA Sächs. Kriegsarchiv (P) Nr. 27512.

[1657] Abtl.-Befehl, Befehlsbuch Feldart.-Reg. 32, SHStA Sächs. Kriegsarchiv (P) Nr. 53090.

[1658] Reg.-Befehl, Regimentsbefehlsbuch 1914, BHStA Abtl. IV 19. Inf.-Reg. (F) Bund 296.

[1659] Reg.-Befehl, ebd.

folgenden Erklärung der k. u. k. Monarchie, diese Antwort als nicht ausreichend zu betrachten, wurde nun ein Balkankrieg schwer vermeidbar. Trotzdem beurteilte man die Situation in Berlin zunächst als entspannt. Fraglich war, ob sich dieser Konflikt über ganz Europa ausweiten würde. Das deutsche Militär hielt sich in dieser Zeit weiterhin zurück. Erst langsam kehrten die Spitzen der militärischen Behörden nach Berlin zurück. Mit Tirpitz trat der letzte Spitzenmilitär erst am 27. Juli seinen Dienst in der Hauptstadt wieder an. Obwohl sie über die Entwicklung der Dinge informiert wurden, nahmen die Militärs jedoch keinen Einfluß auf die Entscheidungsfindung. Am Nachmittag des 27. Juli fand dann eine Sitzung beim Kaiser statt, in der endgültig die Entscheidung fiel, die Angelegenheit auch bei Eintreten eines europäischen Krieges durchzufechten. In den Stunden nach dieser Sitzung und am Abend revidierte die deutsche Führung ihre Ansichten: die internationale Lage wurde, wohl mit Rücksicht auf die gemeldeten militärischen Maßnahmen des Auslands, als ernster betrachtet. Dies und der auf der Konferenz beim Kaiser gefaßte Beschluß führten zu ersten Konsequenzen in der Bahnbewachung durch Zivilbeamte und anderen noch eher unauffälligen Maßnahmen. In Zusammenhang mit den aus den Nachbarländern eingehenden Nachrichten war damit die Bahn der sich steigernden Vorbereitungen betreten. Denn die Furcht vor Überfällen ließen jede derartige Nachricht zur Veranlassung für deutsche Maßnahmen werden. So bestand theoretisch die Möglichkeit, daß die aus Furcht getroffenen deutschen Maßnahmen und die Reaktionen der potentiellen Gegner darauf sich langsam gegenseitig aufschaukelten, soweit, bis als einziger Ausweg nur noch der Krieg blieb. Diese Befürchtungen der deutschen Militärs wurden nicht zuletzt durch das allgemeine Klima der Unsicherheit verstärkt. Manche Forscher meinen, daß in der Reichsleitung seit dem 26. Juli der Krieg als unvermeidbar betrachtet wurde.[1660] Militärisch wurden zunächst noch keine Maßnahmen getroffen. Die dementsprechenden Aussagen deutscher Militärs nach dem Krieg, man habe vor dem Ultimatum an Serbien keinerlei militärischen Vorbereitungen getroffen, entsprachen also den Tatsachen.[1661] Es läßt sich zu diesem Zeitpunkt auch kein Einwirken der Militärs auf die politische Reichsleitung hin zu einem Krieg nachweisen.[1662] Nur die Konferenz am 27. könnte als Beleg dafür dienen. Deren Inhalt ist uns nur aus Falkenhayns Tagebuch bekannt, und der Kriegsminister gehörte nicht einmal zu den Teilnehmern, so daß alles weitere Spekulation bleibt. Sicher werden allerdings in jener Sitzung beim Kaiser die Argumente der Militärs eine Rolle ge-

---

[1660] Farrar: Arrogance S. 173; Ullrich: Thron S. 120; Schmidt: Julikrise S. 207.
[1661] Schr. Aussage Falkenhayn zu Parl. Untersuchungsausschuß. - Geiss: Julikrise, Nr. 23 b, S. 87; gleiche Antwort Tappens auf die Anfrage, Notiz auf Schreiben Untersuchungsausschuß I d. Parl. Untersuchungsausschusses zum Kriege, 05.12.1919, BA-MA N/56/2 (Nl. Tappen).
[1662] Dies behaupten: Berghahn: Germany S. 202; Herwig: World War S. 26.

spielt haben. Ob man allerdings seitens der Zivilisten zu diesem Zeitpunkt fest mit einem Krieg rechnete, muß offen bleiben. Dem stehen die Quellen gegenüber, die immer noch die Hoffnung ausdrücken, den Konflikt zwischen Österreich und Serbien auf den Balkan begrenzen zu können. Fest steht allerdings, daß in jener Konferenz die Reichsführung den Beschluß faßte, Österreich auch um den Preis eines Kriegs zwischen den europäischen Großmächten zu unterstützen. Dieser Entschluß sollte jedoch nicht überbewertet werden. In dem weiteren Verlauf der Julikrise wird sich zeigen, daß bei einigen Mitgliedern der Reichsspitze hierbei durchaus Schwankungen auftraten.

Bei der Marine begann man in Abhängigkeit von der Lage, Vorbereitungen zu treffen, die langsam von einer eher theoretischen Diskussion hin zu praktischen Befehlen gingen. Dabei wurde jedoch immer noch das Gebot der Unauffälligkeit beachtet. Die vorzeitige Heimreise der Flotte war die erste Maßnahme, welche dagegen verstieß. Trotz aller Versuche der Reichsleitung ließ sich der Kaiser nicht davon abbringen. Dabei spielte nicht nur die Furcht vor einem Überfall durch die britische Flotte eine Rolle, sondern auch Befürchtungen hinsichtlich der russischen Flotte. Die Idee, die Flotte in der Ostsee gegen Rußland zu konzentrieren, mußte Wilhelm II. ausgeredet werden. Zusammen mit dem Befehl zur Überwachung des Heimweges der Schiffe aus Norwegen zeigt sich, daß für den Kaiser zu diesem Zeitpunkt das Zarenreich und nicht Großbritannien der zukünftige Gegner war. Den Aktivitäten des Marinenachrichtendienstes, denen lange nichts gleichwertiges beim Heer gegenüberstand, gingen auch in dieser Zeit weiter. Langsam begann auch die Abteilung III b, ihren Dienst der Krise anzupassen.

Ansonsten war – wie vorher bei der Armee – wenig von der sich anbahnenden Krise zu spüren. Bei der Truppe lief der normale Dienst weiter. Aus der Zentrale in Berlin kamen in dem ganzen Zeitraum keine Anweisungen oder Informationen über die Entwicklung der politischen Lage, wenn überhaupt, wurden nur die militärischen Informationen weitergegeben. Als dann am 27. abends mit der zivilen Bahnbewachung eine Maßnahme ergriffen wurde, mit der das Militär nur am Rande zu tun hatte, nämlich die Ausrüstung der Zivilisten mit Waffen und Munition, zeigte sich die Schwerfälligkeit der offiziellen Dienstwege. Statt dessen war der unmittelbare Kontakt zwischen einzelnen Behörden schneller. Bei einer zunehmend hektischeren Entwicklung der Krise wurde damit eine Entwicklung eingeleitet, welche diesen vertikalen Verbindungen zunehmende Bedeutung verschaffen mußte. Mit der Bahnbewachung war eine erste Maßnahme aus der Liste des Kriegsministeriums für politisch gespannte Zeiten vom 23. Juli realisiert worden. Ein deutliches Zeichen dafür, daß man im Militär der Meinung war, in einer Spannung zu leben. Schon vor der Bahnbewachung hatte ein lokaler Befehlshaber in Metz aus eigener Initiative seine Truppen alarmiert.

Diese Maßnahme wurde – den Spielraum des wilhelminischen Militärsystems nutzend – aus Furcht vor einem plötzlichen französischen Überfall getroffen. Geheimhalten ließ sie sich allerdings nicht. Mangels Information und Instruktion aus der Zentrale war zu befürchten, daß auch andere Befehlshaber dem Metzer Beispiel folgen würden. Es drohte eine Entwicklung, in der sich durch die Initiative der lokalen Befehlshaber die Krise fortwährend verschärfte, ohne daß Berlin darauf Einfluß nehmen konnte. Angesichts der Furcht vor Überfällen, der allgemeinen Unsicherheit und des Fehlens von Informationen aus der Zentrale war eine derartige Entwicklung fast zu erwarten.

Die erstmalige Auswertung der Truppenakten ermöglicht so, einen Aspekt der Julikrise zu betonen, der in der Forschung bisher unbekannt war.

V. 1. c Die Julikrise: 28. Juli

Der 28. Juli brachte mit der österreichischen Kriegserklärung an Serbien gegen Mittag den Ausbruch des Balkankrieges.[1663] Offiziell erreichte diese Nachricht Berlin am frühen Abend.[1664] Nun stellte sich die Frage, ob dieser Krieg auch auf das restliche Europa übergreifen würde. Dies wurde angesichts der allerorts vorgenommenen militärischen Vorbereitungen immer wahrscheinlicher. Um 17 Uhr erhielt die britische Flotte Anweisung, sich in den Kriegshafen Scapa Flow zu begeben.[1665] Die belgischen Truppen kehrten in ihre Standorte zurück.[1666] Der Kommandant von Lüttich begann, die Festung in den Kriegszustand zu überführen.[1667] Sollte dies in Berlin bekannt werden, so mußten die Alarmglocken schrillen, ging man doch in der Denkschrift des Generalstabs für den Handstreich davon aus, daß in den ersten Mobilmachungstagen die Festung nur bedingt abwehrbereit sei; besonders der Ausbau der Zwischenräume zwischen den eigentlichen Festungswerken könne bis dahin nur teilweise erfolgt sein.[1668] Vorbereitungen vor der eigentlichen belgischen Mobilmachung drohten somit, den ganzen Plan des Handstreichs zu gefährden.

Die deutsche Öffentlichkeit erwartete gespannt die weitere Entwicklung der Dinge, die Besorgnis steigerte sich.[1669] Trotz aller Spannung überwog in der

---

[1663] Hanke: Daten S. 252.
[1664] Wegerer: Ausbruch, Bd. 1, S. 383.
[1665] Hallmann: Daten S. 619.
[1666] E. Kabisch: Mobilmachung und Aufmarsch Belgiens 1914. S. 435, in: Berliner Monatshefte, 14. Jg. 1936, S. 427-449.
[1667] Ebd., S. 437.
[1668] Zit. nach Generalstab S. 1 f.
[1669] Verhey: Spirit S. 46.

Presse immer noch die Hoffnung auf eine friedliche Lösung.[1670] Die Friedensdemonstrationen der SPD gingen weiter und erreichten große Teilnehmerzahlen.[1671]

In Berlin herrschte zunächst äußere Ruhe, die von Aktivitäten abgelöst wurde und dann zu Entschlüssen führte. So berichtete der württembergische Gesandte zunächst, es seien keinerlei Maßnahmen getroffen worden außer der Bahnbewachung durch Zivilbeamte.[1672] Sein bayerische Kollege konstatierte eine gewisse Ratlosigkeit, was den weiteren Verlauf der Dinge anging: „Bisher bin ich hier noch niemand begegnet, der eine bestimmte Ansicht über die weitere Entwicklung der Dinge geäussert hätte."[1673] Der sächsische Militärbevollmächtigte war jedoch über militärische Aktivitäten hinter den Kulissen informiert: „Im K. M. sowie im Gr. Gen-Stab ist eine fieberhafte Tätigkeit bemerkbar. Die beurlaubten Offiziere dieser Behörden sind nach Berlin zurückgekehrt. Nachtdienst ist eingerichtet. Zwischen Gr. Gen.-Stab und Auswärtigen Amt findet fortgesetzter Verkehr statt [...]. Auf einem der Korridore des Generalstabsgebäudes sind Betten für bereitgestellte Ordonnanzen aufgeschlagen."[1674] Über die Einschätzung der politischen Lage schrieb er: „Ohne Zweifel ist die Lage sehr ernst. Man ist zwar der Meinung, daß Frankreich den Krieg nicht will – da es noch nicht fertig –, ob es aber Rußland zurückzuhalten vermag, erscheint fraglich."[1675] Hierzu bemerkte der bayerische Generalstabschef, daß man deutscherseits den russischen Mobilmachungsvorbereitungen nicht mehr lange tatenlos zusehen könne.[1676] Der Reichskanzler ließ am 28. Juli die Regierungen der anderen deutschen Staaten über die Entwicklung informieren. Man bemühe sich, den Konflikt zu lokalisieren; falls aber Rußland eingreife, werde man auf österreichischer Seite in den Krieg eintreten.[1677] Damit gab der Reichskanzler das Ergebnis der Konferenz beim Kaiser vom 27. Juli weiter. Weiterhin war man bemüht, im Reich Ruhe zu bewahren. Bethmann Hollweg setzte auch am 28. seine Verhandlungen mit der SPD fort.[1678] Gegen Mittag besprach er sich mit deren Reichstagsabgeordnetem

---

[1670] Goebel S. 136 ff.

[1671] Klein S. 263.

[1672] Bericht Nr. 1979, HStAS E 50/03, Nr. 211.

[1673] Bericht 406. - Bayr. Dok., Nr. 40, S. 154.

[1674] Bericht Nr. 74/3508, Parlamentarischer Untersuchungsausschuß, 1. Untersuchungsausschuß „Berichte der sächsischen und württembergischen Gesandtschaften in Berlin an ihre Regierungen zwischen dem 28. Juni und 5. August 1914", S. 55 f., HStAS M 1/2, Bund 54.

[1675] Ebd., S. 56.

[1676] KTB Krafft v. Dellmensingen, BHStA Abtl. IV Nl. Krafft v. Dellmensingen Nr. 145; eine Abschrift des KTB's findet sich auch BA-MA W-10/50642.

[1677] Bericht württ. Gesandter in Berlin, HStAS E 50/03, Nr. 211.

[1678] Klein S. 270 f.

Südekum. Es gelang dem Kanzler, durch den Abgeordneten die Parteiführung von seiner friedlichen Politik zu überzeugen. Noch am gleichen Tage erhielt Bethmann hierüber eine schriftliche Bestätigung, die darüber hinaus zusagte, auf Störungen des öffentlichen Lebens wie Streiks etc. zu verzichten.[1679] Bei Wilhelm II. hatte sich ein Stimmungsumschwung zu einer friedlichen Ansicht hin ereignet, so Falkenhayn in seinem Tagebuch: „Im übrigen ist Stimmung S. M. völlig umgeschlagen. Er hält wirre Reden, aus denen nur klar hervorgeht, daß er den Krieg jetzt nicht mehr will und entschlossen ist, um diesen Preis selbst Österreich sitzen zu lassen. Ich mache ihn darauf aufmerksam, daß er die Angelegenheiten nicht mehr in der Hand hat."[1680] In einem Schreiben an das AA, über das auch Moltke informiert war, äußerte sich Wilhelm II. zu der serbischen Antwort und erklärte, nun würde es ausreichen, wenn Österreich nur ein Faustpfand besetzen würde. Der Kaiser dachte dabei an die Hauptstadt Belgrad.[1681] Ein deutliches Zeichen für die Schwankungen des Kaisers, der nun auf einmal vor dem sich immer deutlicher abzeichnenden Krieg zurückschreckte. Falkenhayns Kommentar zu den Stimmungen des Kaisers ließ sich auch auf die Diplomaten übertragen. Denn hier wird ebenso das Dilemma der politischen Reichsleitung deutlich: nach Ansicht der Militärs war die Situation soweit gediehen, daß die Entscheidung über Krieg und Frieden nicht mehr im Belieben der Politik stand. Die militärische Logik begann, ihren Einfluß geltend zu machen und ihren Preis zu fordern, der den Gestaltungsbereich der Diplomatie auf die Schaffung günstiger Voraussetzungen für einen Krieg reduzierte.

Ohne daß es den Verantwortlichen in Berlin bewußt war, wäre eine Besetzung Belgrads für die Österreicher nur schwer durchzuführen gewesen. Nach deren militärischer Planung sollte der Hauptangriff aus Bosnien und Herzegowina erfolgen. Belgrad hätte so nur nach einem vollständigen Sieg über Serbien besetzt werden können.[1682] Die militärischen Planungen in der Donaumornachie standen so einer friedlichen Lösung im Wege.

Im Verlauf des 28. Juli prallten die Militärs und Zivilisten aufeinander. Den Nachrichten über die russischen Vorbereitungen ließen die Militärs im Gegenzug Forderungen nach deutschen Vorbereitungen folgen. Aufgrund der bis 16 Uhr eingelaufenen Nachrichten schätzte der Generalstab die Situation in seinem 2. Bericht so ein: „Rußland scheinbar teilweise Mobilmachung. [...] Immerhin sicher, daß Rußland auch an der deutschen Grenze gewisse militärische Maßnahmen trifft, die als Vorbereitung für einen Krieg aufgefaßt werden müssen.

[1679] Gutsche: Sarajevo S. 123 f.
[1680] Vollständiges Tgb. Falkenhayn, BA-MA W-10/50635.
[1681] DD, Bd. 2, Nr. 293, S. 16 f.; siehe auch Wegerer: Ausbruch, Bd. 1, S. 375 f.
[1682] Rauchensteiner S. 365.

Wahrscheinlich Ausspruch seiner ‚Kriegsvorbereitungsperiode' für das ganze Reich ausgesprochen."[1683] Einen ersten Antrag Falkenhayns beim Reichskanzler, die aus den Standorten abwesenden Truppen zurückzubefehlen, lehnte dieser ab. Erst ein weiterer Vorstoß des Kriegsministers in Gegenwart des Kaisers führte zur Genehmigung dieser Maßnahme.[1684] Falkenhayns erster Versuch fand bereits am Morgen statt, die entscheidende Unterredung mit dem Kaiser war erst am Mittag.[1685] Dennoch sollte es – siehe unten – noch bis zum Abend dauern, bis das Kriegsministerium die entsprechenden Anweisungen an die Truppe weitergab. Wie bei der Zurückberufung der Flotte aus Norwegen setzten sich die militärischen Sicherheitsbedürfnisse gegenüber den zivilen Bestrebungen durch, jede Aufmerksamkeit zu vermeiden, um die Krise nicht zu verschärfen. Die Reichsleitung mag viel in ihr Kalkül einbezogen haben, daß aber die Militärs in gewissen Situationen eigene Ansichten artikulierten und diese auch durchzusetzen vermochten, kam in ihren Überlegungen anscheinend nicht vor. Es fehlte an einer durchdachten Strategie zur Bewältigung der Krise.[1686] In diesem Zusammenhang, allerdings für die Zivilisten weniger problematisch, wurde auch die Bewachung der großen Funkstationen in Nauen, Norddeich und Eilvese durch zivile Kräfte angeordnet.[1687]

Immerhin, noch gelang es den Zivilisten, den Militärs Einschränkungen aufzuerlegen. So wurden nicht alle Truppen in ihre Standorte zurückbeordert, sondern nur diejenigen, die im Falle einer Mobilmachung sofort oder beschleunigt marschbereit zu sein hatten. Allerdings wurde die Zurückberufung der übrigen Truppen bereits für den kommenden Tag angekündigt. Das teilweise Eingehen der Militärs auf die Wünsche der Zivilisten mag damit zusammenhängen, daß man deutscherseits die russischen Vorbereitungen zwar als ernsthaft, aber noch nicht als gefährlich ansah. Jedenfalls telegraphierte Bethmann am Nachmittag um 15.20 Uhr der deutschen Botschaft in Wien, im Einverständnis mit Molkte halte er es noch für zu früh, bei der russischen Regierung massiv auf das Einstellen der Vorbereitungen zu drängen. Allerdings könne man Petersburg bereits ruhig auf mögliche deutsche Konsequenzen hinweisen.[1688] Auch von sich aus war man beim Heer noch bereit, Zurückhaltung zu üben. Ein Vorschlag, alle Urlauber zur Truppe zu befehlen, fand keine Billigung im Kriegsministerium, da

---

[1683] DD, Bd. 2, Nr. 310 a, S. 30 f.; zur Nachrichtenlage siehe auch Trumpener S. 72.
[1684] Vollständiges Tgb. Falkenhayn, BA-MA W-10/50635; siehe Wegerer: Ausbruch, Bd. 1, S. 379.
[1685] Schäfer: Mobilmachung S. 618.
[1686] Mai S. 54.
[1687] Vorgeschichte: Montgelas, Anlage 18, S. 68.
[1688] Geiss: Julikrise, Bd. 2, Nr. 579, S. 188.

man dort Aufsehen vermeiden wollte: „Nötige Maßnahmen in dieser Richtung sollen den Generalkdos. bzw. Regimentern überlassen bleiben."[1689] Dies ist sehr aufschlußreich. Zum einen zeigt es, daß im Kriegsministerium Anträge und Vorschläge einliefen, über die sich aufgrund des Verlustes der Akten dieser Behörde leider nichts mehr sagen läßt. Dieser wichtige Teilbereich der Reaktion der deutschen Armee auf die Julikrise kann somit nicht mehr rekonstruiert werden. Es läßt sich nur noch ermitteln, was das Preußische Kriegsministerium dann offiziell genehmigt hat. Zum anderen zeigt dieser Passus, daß im Kriegsministerium mit der Eigeninitiative der lokalen Befehlshaber gerechnet wurde, denn offiziell wurde die zitierte Aufforderung nicht weiter vermittelt, sie taucht jedenfalls in den Quellen nicht auf. Die Spitzen der Armee in Berlin konnten also in der Hoffnung, daß die einzelnen Befehlshaber vor Ort selbständig das Nötige anordnen würden, den Zivilisten ruhig Zugeständnisse machen. Leider läßt sich aus den Quellen nicht mehr ermitteln, ob entsprechende Signale inoffiziell z. B. im Gespräch von Offizier zu Offizier von Berlin ausgesandt wurden – möglich wäre es aber. Auf jeden Fall begann das Militär am 28. Juli im Konflikt mit der Reichsleitung, auf deutsche Maßnahmen zu drängen, und konnte sich damit durchsetzen. Dies sollte in den kommenden Tagen noch häufiger der Fall sein. Diese Konflikte und das Gefühl der fehlerhaften Handhabung der Krise durch die Diplomaten führten bei den Militärs zu einem allmählichen Vertrauensverlust in die Reichsleitung. So drängte bereits am Morgen des 28. Juli Marinekabinettschef Müller gegenüber Tirpitz zu personellen Veränderungen im AA.[1690]

Da die deutsche Ostgrenze zum preußisches Gebiet gehörte, sind auch die Akten über eventuelle Vorbereitungen dort mit den anderen preußischen Akten im Zweiten Weltkrieg verlorengegangen. Es scheint aber auch dort zu einzelnen Maßnahmen gekommen zu sein. In einem Bericht an Tirpitz über die Lage in der Presse hieß es: „Es sickern auch gewisse Vorbereitungen unserer Armee im Osten durch. Bekannt ist auch die Versendung zweier demontierter Zeppeline nach Posen. In der Presse wird aber über alle diese Maßnahmen nichts erscheinen."[1691] Nach dem Krieg wurde behauptet, die Verlegung sei „kurz vor Ausspruch der drohenden Kriegsgefahr" geschehen.[1692] Die Vorbereitungen für die deutschen Luftstreitkräfte erforderten gerade in jenen Tagen Aufmerksamkeit.

[1689] Bericht sächs. Militärbevollmächtigter Nr. 76/3510, 19.30 Uhr, Parlamentarischer Untersuchungsausschuß, 1. Untersuchungsausschuß „Berichte der sächsischen und württembergischen Gesandtschaften in Berlin an ihre Regierungen zwischen dem 28. Juni und 5. August 1914", S. 58, HStAS M 1/2, Bund 54.

[1690] Tirpitz: Erinnerungen S. 237.

[1691] Bericht Nr. 2 von N.[achrichtenbüro; gegründet zur Überwachung und Beeinflussung der Presse im Sinne der Marine], BA-MA N 253/100 (Nl. v. Tirpitz).

[1692] Neumann S. 362.

Angesichts des drohenden Krieges erwies es sich als notwendig, alle bisher unterlassen Vorbereitungen für den Einsatz nun zu treffen. Für die vom Staat subventionierten Luftschiffe der DELAG, die im Mobilmachungsfall den Streitkräften zur Verfügung standen, war man sich in Berlin nicht sicher, ob das zur Bedienung der MG's nötige Personal in der Besatzung enthalten sei. Sollte dies nicht der Fall sein, sollten die entsprechenden Luftschiffertruppen sich bei der Infanterie an ihrem Standort freiwillige Unteroffiziere für diese Aufgabe suchen. Das Kriegsministerium habe einer solchen Aktion bereits mündlich seine Zustimmung erteilt.[1693] Aussagen, wie sie in der apologetischen Literatur der Nachkriegszeit auftauchen, am 28. Juli habe man in Deutschland rein gar nichts getan, sind also falsch.[1694]

Die Verhandlungen zwischen den einzelnen Behörden über die Handhabung des Kriegszustandes waren noch zu keinem Ergebnis gekommen. Im Kriegsministerium hatte man Bedenken gegen den vorgeschlagenen Wortlaut der Bekanntgabe des Kriegszustandes, die vom Reichsamt des Innern am 26. Juli übersandt worden war. Deshalb schlug das Ministerium dem Reichsamt eine gemeinsame Beratung darüber vor.[1695]

Die am Vortage angeordnete Bahnbewachung durch zivile Kräfte beschäftigte immer noch die Gemüter. Der Präsident des Reichseisenbahnamtes konnte am 28. dem Reichskanzler berichten, daß die zuständigen Zivilbehörden von dem Auftrag in Kenntnis gesetzt worden seien.[1696] Nachdem bereits vor Ort die ersten Maßnahmen eingeleitet worden waren, informierte das Preußische Kriegsministerium die Truppe und die anderen Kriegsministerien offiziell von der Anordnung und der Rolle, welche das Militär dabei zu spielen habe.[1697] Andere Behörden wiederum agierten ohne Kenntnis der inzwischen befohlenen Durchführung. So schrieb das Bayerische Staatsministerium in einem Rundbrief vom 28. Juli noch von der Durchführung bei zunehmender politischer Spannung und erließ für diesen Fall Anweisungen.[1698] Andernorts – nämlich in Sachsen – konnte

---

[1693] Inspektion d. Luftschiffertruppen Nr. 50214 an Luftschiffer-Batl. 4 für „Victoria Luise"; laut Notiz auf dem Schreiben standen die Luftschiffer am 30.07. mit dem Inf.-Reg. 81 wegen der Sache in Verbindung, BA-MA PH 18/70; an Luftschiffer-Batl. 2 für „Sachsen", BA-MA PH 18/40.

[1694] So z. B. die Broschüre: Rußlands Mobilmachung für den Weltkrieg, S. 19, BA-MA W-10/50930.

[1695] Schreiben Nr. 11 gg A 1, BAB R 1501/112215/1; das Reichsamt d. Innern war einverstanden und legte den Termin für die Beratung auf den 30. Juli, ebd.

[1696] Schreiben Nr. 813 S., BAK R 43 F/1268.

[1697] Rundschreiben Nr. 10 g. g. A 1, SHStA Sächs. Kriegsarchiv (P) Nr. 23361; HStAS M 33/2, Nr. 1.

[1698] Schreiben Nr. 7/Bm 17, BHStA Abtl. IV Gen. Kdo. III. A. K. (WK) Bund 7.

bereits der Eingang der Anordnung bestätigt werden.[1699] Dort hatte das zuständige Generalkommando am 28. die Bewaffnung des Bahnschutzes angeordnet.[1700] Die Durchführung wurde durch eine plötzliche Veränderung in der Bewaffnung der Beamten nicht gerade erleichtert.[1701] Auch in Württemberg machte die plötzliche Entwicklung Schwierigkeiten. Hatte man am 27. zwischen der Linienkommandantur W und dem XIII. A. K. noch mündlich über die eventuelle Durchführung der Bewachung verhandelt, so erhielt das Generalkommando nun ein Schreiben der Linienkommandatur, daß dort gestern Abend seitens der Eisenbahnabteilung des Generalstabes der Auftrag zur Umsetzung eingegangen sei. Die nötigen Anweisungen seinen noch in der Nacht ergangen.[1702] Diese neue Entwicklung veranlaßte das XIII. A. K., sich wiederum an das Württembergische Kriegsministerium zu wenden und dort um Hilfe zu bitten: „Nach Mitteilung der Linien-Kdtur. W sind Massnahmen des Herrn Reichskanzlers zur Verstärkung der eisenbahndienstlichen Überwachung der Bahnen schon im Gange. Die Eisenbahn-Abteilung des Gr. Gen.-Stabs hat die Linien-Kdtur. angewiesen, die Unterstützung dieser Bewachung durch die örtlichen Sicherheitsorgane bei den Civilbehörden durch Vermittlung des Gen.-Kdos. herbeizuführen. Es wird zweckmässig sein, die Schritte hierzu in ganz unauffälliger Weise sofort zu tun. Das Gen.-Kdo. bittet daher sehr ergebenst, das Kgl. Ministerium des Innern zu benachrichtigen und zu ersuchen, an die genannten Oberämter und das Kdo. des Landjägerkorps Hinweise – möglichst getrennte – in die beantragte Richtung zu erlassen."[1703] Während man die Anordnung in Berlin überstürzt getroffen hatte, den zivilen Bahnschutz durchzuführen, traten vor Ort Probleme auf, die einer raschen Durchführung im Wege standen. Zu viele Behörden waren involviert und durch das verschiedene Informationstempo mußte es zu Friktionen kommen. Kein Wunder, daß die Versuchung aufkam, diese Angelegenheiten inoffiziell durch direkte Ansprache zu lösen.

Beim Nachrichtendienst wurden nun ernsthafte Vorbereitungen für den Kriegsfall getroffen. III b wies die Nachrichtenoffiziere auf eine Reihe von Agenten hin, deren „Kriegsinstruktion völlig sicher und klar sein" sollte.[1704] Darüber hinaus bereitete man selber vor, was man dem Gegner immer unterstellt hatte. Die Nachrichtenoffiziere wurden nämlich angewiesen, für den Fall einer kurz bevor-

---

[1699] Schreiben Garnisonskommando Zwickau, SHStA Sächs. Kriegsarchiv (P) Nr. 23361.
[1700] Schreiben Gen. Kdo. XIX. A. K. an Art.-Depot Leipzig, Garnisonskommando Zwickau, ebd.
[1701] Linienkommandantur E Nr. 283 an Gen. Kdo. XIX. A. K., ebd.
[1702] Schreiben Nr. 52, HStAS M 33/2, Nr. 1.
[1703] HStAS M 33/2, Nr. 1.
[1704] Schreiben III b 5166, HStAS M 1/2, Bü. 53.

stehenden Mobilmachung der Franzosen die Entsendung von Saboteuren – den sogenannten U.-Agenten – vorzubereiten. Bei Vermeidung jeglichen Aufsehens sollen die bisherigen U.-Agenten nur befragt werden, ob sie weiterhin ihren Auftrag zu erfüllen gedächten. Auch die Gewinnung weiterer Saboteure sei anzustreben. Der Befehl zu ihrer Entsendung werde dann telegraphisch erfolgen. Viel Zutrauen hatte man in die geplanten Sabotageaktionen aber wohl nicht: „Im Ernstfall kommt es darauf an, dass die bereitgehaltene Munition ihren Weg nach Frankreich findet – damit wenigstens an einzelnen Stellen ein Erfolg erzielt wird."[1705] Da in Saarbrücken nicht genug Sprengmittel zur Ausführung der Sabotageakte vorhanden war, mußten die für Saarbrücken vorgesehenen Sabotagemissionen von Straßburg aus ausgeführt werden.[1706] Ein deutliches Zeichen für den Stimmungsumschwung innerhalb der militärischen Spitze. Bis vor kurzem wurde noch mit einer längeren Dauer der Spannungen gerechnet, nun sollten die Sabotagemissionen vorbereitet werden. Die Anweisung, Sabotageaktionen vorzubereiten, zeigt sehr deutlich, wie ernst die Situation mittlerweile eingeschätzt wurde. Nebenbei gesagt, ist das Fehlen von Sprengstoffen in Saarbrücken ein weiteres Argument gegen einen auf den Winter 1912 zurückdatierten Kriegsentschluß. Denn wenn der Nachrichtendienst gewußt hätte, daß im Sommer 1914 ein Krieg ausbrechen würde, hätte er wohl die nötigen Vorbereitungen getroffen.

Auch der Marinenachrichtendienst war weiterhin tätig. Der nach Portsmouth entsandte Agent Gercke kündigte telegraphisch seine Rückkehr nach Deutschland an.[1707] Freuen konnte sich der Marinenachrichtendienst über die Zusage der Hanseatischen Dampfschiffahrts-Gesellschaft, der geäußerten Bitte nach Beobachtung der Ereignisse in russischen Häfen durch ihre Kapitäne zu entsprechen.[1708] Die Agenten der Marine in Stockholm wurden angewiesen, ihre Agenten zu Erkundungen nach Rußland zu schicken.[1709] Reibungslos sollte es aber auch hier nicht zugehen. Der Marineattaché London schrieb am 28. Juli an den Admiralstab, um darauf hinzuweisen, daß das deutsche Nachrichtenwesen in Großbritannien nicht funktionieren könne. Einen Agent habe er entlassen müssen, welcher gleichzeitig für den Generalstab gearbeitet habe und seinen Verpflichtungen gegenüber der Marine nicht nachgekommen sei, einen Ersatz habe er bisher noch nicht finden können, er werde es aber ohne viel Hoffnung auf Er-

---

[1705] Schreiben III b 5168, ebd.; siehe dazu auch Trumpener S. 74.

[1706] Ebd., S. 75.

[1707] BA-MA RM 5/3691.

[1708] BA-MA RM 5/3685.

[1709] Brieftgb. Nachrichtenabtl. d. Admiralstabes, Kriegsperiode 1914 Östlicher Kriegsschauplatz, ebd.

folg weiterhin versuchen.[1710] Dieser resignierte Brief zeigt das vollkommene Fehlen einer durchdachten Vorbereitung seitens der deutschen Marine, geheimdienstliche Informationen über ihren voraussichtlichen Hauptgegner Großbritannien zu gewinnen.[1711]

Währenddessen war die Marine auch anderweitig mit den Vorbereitungen für den Krieg beschäftigt. Weiterhin hielt der Admiralstab die Auslandsschiffe auf dem laufenden. So ging am 28. Juli zunächst ein Telegramm an die „Straßburg" ab, in dem die Lage als ruhig beschrieben wurde.[1712] Im Verlauf des Tages wurde die Situation jedoch ernster beurteilt. Ein weiteres Telegramm konstatierte Spannungen zwischen Dreibund und Zweibund sowie die noch abwartende Haltung Großbritanniens.[1713] Das Schiff „Eber" erhielt Anweisung, unter Vorschützung eines unauffälligen Grundes, Kapstadt zu verlassen und nach Lüderitzbucht zu gehen.[1714] Damit war der Befehl vom 20. Juli, bis zum 24. August in Kapstadt zu bleiben, aufgehoben.[1715] Ebenso erhielt die „Hertha" Anweisung, unter Vermeidung von Aufsehen nach Wilhelmshaven zu reisen.[1716] Auch auf anderen Gebieten wurde der drohende Krieg vorbereitet. Die Marinebehörden standen in Kontakt mit der Hamburg-Amerika-Linie, um sich deren Hilfe im Fall der Mobilmachung zu sichern.[1717]

Mittlerweile hatte sich die deutsche Flotte auf ihrem Weg von Norwegen soweit den deutschen Gewässern genähert, daß eine Bewachung der Ostsee nicht mehr notwendig erschien. Um „unerwünschtes Aufsehen zu vermeiden", beantragte deshalb der Chef des Admiralstabes die Aufhebung der Bewachung beim Kaiser und erhielt dessen Genehmigung.[1718] Die Aufhebung wurde rasch den beteiligten Behörden und Schiffen mitgeteilt.[1719] Anstelle dieser Maßnahme trat eine unauf-

---

[1710] Schreiben B Nr. 676, BA-MA RM 5/3691.

[1711] Kein Wunder, daß das deutsche Spionagenetz in Großbritannien bereits am 4. August 1914 zerschlagen wurde. - N. P. Hiley: The Failure of British Counter-Espionage against Germany, 1907-1914. S. 858, in: The Historical Journal, Vol. 28 1985, S. 835-862. Aber die Briten machten es auch nicht viel besser. - N. P. Hiley: The Failure of British Espionage against Germany, 1907-1914. S. 884, in: The Historical Journal, Vol. 26 1983, S. 867-889.

[1712] Tel. Admiralstab an „Straßburg", BA-MA RM 5/6334.

[1713] Gleichlautende Telegramme gingen an „Eber", „Dresden", „Karlsruhe", Brieftgb. Abtl. B II d. Admiralstabes, BA-MA RM 5/223.

[1714] Ebd.

[1715] Zu dem Befehl vom 20.07. siehe Kapitel V. 1. a Die Julikrise: 28. Juni bis 22. Juli, S. 230.

[1716] Tel. Admiralstab an Stationskommando Wilhelmshaven, BA-MA RM 5/6334.

[1717] Schreiben Hamburg-Amerika-Linie an Admiralstab, BA-MA RM 5/2253.

[1718] Schreiben Admiralstabschef an Wilhelm II., BA-MA RM 5/1696; laut Notiz auf dem Dokument erteilte der Kaiser seine Genehmigung, ebd.

[1719] Tel. Stationskommando Ostsee St. O. 5845 A 2. Ang., BA-MA RM 5/5236.

fällige Überwachung der Kieler Bucht. Außerdem sollten nach Einlaufen der Flotte die Topedobootsabwehrbatterien der Hafenverteidigung in der Ostsee – ebenfalls unauffällig – in Bereitschaft versetzt werden.[1720] Damit war, noch bevor irgendwelche offizielle Mobilmachungsvorbereitungen wie „Sicherheit" oder „drohende Kriegsgefahr" angeordnet wurden, ein höheres Maß an Sicherheit in der Ostsee gegeben.

Auch bei der Marine erwiesen sich die bürokratischen Wege manchmal als zu lang für die sich überstürzenden Ereignisse. Der Admiralstab hatte sich am 26. Juli an das RMA gewandt und auf die unbefriedigende Versorgungslage bei den Torpedobooten hingewiesen. Das RMA antwortete nun am 28. und teilte mit, die III. und VI. Torpedobootflotille hätten noch am 26. Befehl erhalten, zur Ergänzung ihrer Vorräte sofort beschleunigt nach Kiel zu laufen. Die Flotte, die Torpedoinspektion sowie die Werft Kiel seien dahingehend informiert worden. Das Schreiben trägt einen Eingangsstempel des Admiralstabes mit dem Datum des 31. Julis.[1721] Wie bei der Armee mußte es sich auch bei der Marine als zweifelhaft erweisen, ob mit solchen langsamen Verfahrensweisen sich eine Krise mit plötzlichen Änderungen der Lage erfolgreich durchstehen ließ. Im Zweifel verhinderten solche langen Dienstwege, daß es überhaupt zu irgendwelchen Maßnahmen kam.

Der Nachschub an Betriebsstoff machte dem Admiralstab auch weiterhin Sorgen. Es fehle bei den im Mobilmachungsfall bereitzustellenden Kohlendampfern eine Ladung an Turbinenöl. Sollte dieses Öl bereits unter dem Posten Maschinenöl in den Ladelisten dieser Schiffe geführt werden, so bitte man das RMA um Nachricht. Sei dies nicht der Fall, so müßte ein Teil des Maschinenöls durch Turbinenöl ersetzt werden.[1722] Wenige Tage vor Ausspruch der Mobilmachung waren also wichtige Fragen innerhalb der Marineführung nicht geklärt. Auch hier war man also weit entfernt von jener Perfektion, die nach dem Krieg von Seiten der deutschen Militärs für ihre Mobilmachungsplanung beansprucht wurde.

Bei den Marinetruppen begannen nun ebenfalls Vorbereitungen auf den immer drohender werdenden Krieg. Das I. Geschwader der Hochseeflotte wies seine Schiffe an, die vorhandenen Sanitätsmaterialien auf Friedensetat aufzufüllen; so teilte es dem Sanitätsamt der Nordseestation mit.[1723] Damit war eine Auffüllung

---

[1720] Schreiben Stationskommando Ostsee St. O. 5847 A an Admiralstab, BA-MA RM 5/1696; siehe dazu auch Marine-Archiv: Nordsee, Bd. 1, S. 17.
[1721] Schreiben Nr. A I e. 7705 2. Ang., BA-MA RM 5/1696.
[1722] Schreiben A w. A. 2038 an RMA, BA-MA RM 5/1842.
[1723] Kommando I. Geschwader Nr. 2899 an Sanitätsamt d. Nordseestation, BA-MA RM 5/5236.

der Bestände angeordnet, ohne sie gleich auf die Bestände des Kriegsetats zu bringen. Dies war aber nur ein Teil der Maßnahmen, die den Schiffen des I. Geschwaders befohlen wurde. Am 29. sollte kriegsmäßig Kohle übernommen werden, anschließend war ein ebensolches Kesselreinigen angesetzt. Beurlaubte sollten unauffällig so zurückberufen werden, daß sie zum 1. August eintreffen konnten. Weitere Beurlaubungen seien nur innerhalb der Garnison zulässig. Ohne Genehmigung des Geschwaderkommandeurs dürften keine Reparaturen, die zu ihrer Durchführung mehr als 24 Stunden Zeit erfordern, in Angriff genommen werden. Proviant, Material und Sanitätsmittel seien auf Friedensetat zu ergänzen. Da im Mobilmachungsfall mit längeren Aufenthalten auf See zu rechnen sei, müßten die Schiffe entsprechend vorbereitet werden. Dabei sollte bei aller Klarheit zum Gefecht die Wohnlichkeit möglichst erhalten bleiben. Abschließend wurde bemerkt: „Die Offiziere und Mannschaften sind eingehend darüber zu belehren, daß über keine Vorbereitung irgend etwas in die Öffentlichkeit kommen darf, besonders darf in Briefen nichts erwähnt werden."[1724] Damit hatte auch bei der Marine ein lokaler Befehlshaber die Initiative ergriffen. Ihm lag besonders daran, die getroffenen Maßnahmen geheim zu halten. Dies konnte bei der Flotte noch eher gelingen als bei der Armee, da ein Großteil an Bord passierte und dort naturgemäß nur Angehörige der Besatzung Zutritt hatten. Die Zurückberufung der Urlauber konnte angesichts ihrer vergleichsweisen geringen Zahl auch eher verschwiegen werden. Insofern waren die möglichen Auswirken nicht so dramatisch wie beim Heer. Es zeigt sich, daß auch im Offizierskorps der Marine nun ein Krieg für sehr wahrscheinlich gehalten wurde.

Die Auslandsschiffe waren ebenfalls nicht untätig. In Havanna begann „Karlsruhe" nach seinem Eintreffen mit Kriegsvorbereitungen.[1725] Ebenso verfuhr „Geier" in Singapore.[1726]

Bei den Truppen des Heeres verging der 28. Juli ebenfalls nicht ereignislos. Die in Metz befohlene Zurückberufung der Urlauber am Vortag hatte in der Nacht zu Chaos in den Telegrafenämtern geführt. Tausende anderer Telegramme blieben auf Grund der Bearbeitung der Einberufungsnachrichten liegen.[1727] In Metz selber erging in den Morgenstunden des 28. Juli der Befehl, die Vorbereitung der Feuerstellungen müsse bis zum 29. um 9 Uhr morgens beendet sein.[1728] Von

---

[1724] Kommando I. Geschwader B Nr. Gg. 412 A. 1., ebd.
[1725] Marine-Archiv: Kreuzerkrieg, Bd. 2, S. 231.
[1726] Ebd., Bd. 2, S. 334.
[1727] Tgb. Feldpostsekretär Ernst Kießkalt, 24.07.-02.08.1914, BHStA Abtl. IV HS 2699.
[1728] Batl.-Befehl, Bataillons- u. Regimentsbefehlsbuch 7. Battr. Fußart.-Reg. 12, SHStA Sächs. Kriegsarchiv (P) Nr. 33036.

nun ab wurden nachts die durch die Festung führenden Straßen gesperrt.[1729] Ansonsten verbrachten die Truppen in Metz ihre Zeit mit Alarmübungen, normalem militärischen Dienst und dem Unterricht über ihre künftigen Aufgaben.[1730] Die Initiative der einzelnen Truppenführer sorgte weiterhin für einen langsamen Steigerungsgrad der Bereitschaft der Truppen. Eine eventuelle Mobilmachung solle vorbereitet werden, soweit dies ohne Aufmerksamkeit zu erregen möglich sei, so wurden die Truppen des 2. Fußartillerie-Regiments instruiert.[1731] Von einer anderen Einheit wurde beantragt, die Handwaffen schon jetzt schleifen zu lassen, um später schneller marschbereit zu sein. Diesem Antrag wurde seitens des Generalkommandos des XVI. A. K.'s stattgegeben.[1732] Ein Beispiel dafür, daß Maßnahmen auch auf der untersten militärischen Ebene zumindest initiiert werden konnten. In der Mobilmachungsplanung war das Schleifen der Waffen erst nach Eingang des Mobilmachungsbefehls vorgesehen. Da sich diese Maßnahme aber schnell und unauffällig durchführen ließ, bot es sich geradezu an, sie vorzuziehen; angesichts der komplizierten Mobilmachung könnte man diese schneller abschließen oder es stünde dann nach Erlaß des Mobilmachungsbefehls mehr Zeit für andere Aktivitäten zur Verfügung. Derartige Überlegungen führten in die unmittelbare Ausführung von Aufgaben, die eigentlich zur Mobilmachung gehörten.

Wie gespannt die Atmosphäre an der Grenze zu Frankreich war und wie leicht aus Gerüchten dann militärische Maßnahmen ergriffen werden konnten, zeigt ein Vorfall beim 3. Chevaulegers-Regiment. Dort wurde um 1 Uhr nachts am 28. Juli eine Patrouille entsandt, um eine Brücke zu schützen. „Gerüchteweise" hätten die Franzosen bereits die Grenze überschritten – was sich dann als unzutreffend herausstellen sollte –, dies löste die Entsendung der Patrouille aus.[1733] Auch außerhalb Metz hatte man an der Grenze zu Frankreich bei den Truppen Tag- und Nachtdienste eingeführt und damit die ständige Erreichbarkeit der Truppen gewährleistet. So schrieb der Soldat Albert Mayer am 31. Juli aus Mühlhausen/Els. nach Hause: „Von 9 Uhr abends bis 6 Uhr morgens muß ich

---

[1729] Manuskript: I. Der deutsche Grenzschutz im Bereiche des XVI. Armeekorps, o. J., [um 1920], BA-MA W-10/50930.

[1730] KTB 3. Battr. Fußart.-Reg. 12, 26.07.1914-10.08.1915, SHStA Sächs. Kriegsarchiv (P) Nr. 32429; KTB Reg.-Stab 2. Fußart.-Reg., BHStA Abtl. IV 2. Fußart.-Reg. (Rgts.-Stab) (WK) Bund 1.

[1731] Reg.-Befehl Nr. 1, Anlagebd. z. KTB 2. Fußart.-Reg., ebd.

[1732] Schreiben Gen. Kdo. XVI. A. K. Sekt. I a Nr. 1229 M an 2. Komp. Luftschiffer-Batl. 4, BA-MA PH 18/79.

[1733] KTB 4. Esk. 3. Chev.-Reg., 28.07.-06.08.1914, BHStA Abtl. IV 3. Chev.-Reg. (WK) Bund 32.

nun hier sitzen. Es ist die vierte Nacht, in der ich das gleichmässige Klappern des Telegraphen, das langweilige Klingeln des Telephons höre."[1734]

In Württemberg wurde dem König seitens des Kriegsministers Bericht über ein Chiffre-Telegramm des Preußischen Kriegsministeriums erstattet.[1735] Hierbei kann es sich nur um den Befehl gehandelt haben, einen Teil der Truppen in die Standorte zurückzuverlegen. Nachdem am Vortage der bayerische König eine Rundreise abgesagt hatte, verzichtete nun am 28. der sächsische Kriegsminister auf einen Inspektionsbesuch.[1736] Der sächsische König hatte sich entschlossen, erst am 31. Juli in seine Hauptstadt zurückzukehren.[1737]

In der Truppe gingen die Vorbereitungen ebenfalls weiter. Einige Truppenteile riefen ihre Urlauber zurück.[1738] Das XIII. Armeekorps verhandelte mit den Eisenbahndienststellen über den eventuellen Rücktransport seiner Truppen von den Truppenübungsplätzen.[1739] Diese Verhandlungen zeigten, daß innerhalb der mittleren Führungsebene der Ablauf im Falle einer Krise wohl bekannt war. Dies erlaubte es, die notwendigen Formalitäten schon vor Eingang eines entsprechenden Befehls zu regeln. Darüber hinaus waren sich die Offiziere bei ihren eigenen Maßnahmen immer des Gesamtrahmens bewußt. So wurde auch, wenn ohne Befehl von oben gehandelt wurde, ein Chaos vermieden. Schwierigkeiten mußten nur dann auftauchen, wenn die Führung durch unvorhergesehene Anordnungen den Ablauf durcheinander brachte.

In den Abendstunden des 28. Juli verließen die Telegramme Berlin, in denen die Zurückbeförderung einiger Truppen in ihre Standorte angeordnet wurde. Die

---

[1734] R. Hoffmann (Hg.): Der deutsche Soldat. Briefe aus dem Weltkrieg. Vermächtnis. München 1937, S. 10. Mayer sollte am 2. August fallen und war der erste deutsche Gefallene des Weltkrieges.

[1735] Verzeichnis d. Vorträge v. 01.07.-31.07.1914 d. württ. Kriegsministers beim König nebst Entscheidung desselben, HStAS E 14, Nr. 1679.

[1736] Reg.-Befehl, Befehlsbuch Feldart.-Reg. 48, 01.07.-31.12.1914, SHStA Sächs. Kriegsarchiv (P) Nr. 55154.

[1737] Tel. nach Dresden, SHStA Sächs. Militärbevollmächtiger Nr. 4222.

[1738] Schäfer: Mobilmachung S. 619; Hinweise auf Zurückberufung der Urlauber am 28. finden sich in Mobil-Registrande 134. Inf.-Reg., SHStA Sächs. Kriegsarchiv (P) Nr. 27682; KTB d. Bayr. Inf.-Leib-Reg., BHStA Abtl. IV Inf.-Leib-Reg. (WK) Bund 60; auf Befehl d. III. A. K. für 11. Inf.-Brig, Schreiben 11. Inf.-Brig. Nr. 47 IV an III. A. K., 29.07.1914, BHStA Abtl. IV Gen. Kdo. III. A. K. (WK) Bund 7; Eintrag im KTB Stab mit 3., 4. Esk., 28.07.-31.12.1915, BHStA Abtl. IV 8. Chev.-Reg. (WK) Bund 1 Akt 3; hierbei scheint es sich jedoch um einen Irrtum zu handeln, da diese Maßnahme um 15 Uhr auf Befehl d. I. A. K. erfolgt sein soll; ein weiteres KTB verzeichnet diesen Befehl allerdings erst am 29., KTB 2. Feldart.-Brig., 30.07.1914-31.03.1915, BHStA Abtl. IV 2. Feldart.-Brig./Arko 2 (WK) Bund 1 Akt 1.

[1739] Major Loeben Nr. 965 I a M geh. an Linienkommandatur U, SHStA Sächs. Kriegsarchiv (P) Nr. 7602.

Telegramme wurden in Berlin um 20.25 Uhr aufgegeben und trugen folgenden Wortlaut: „Kriegsministerium hat vom Standort abwesende Truppenteile, die im Mobilmachungsfall sofort oder beschleunigt marschbereit sind, in die Standorte zurückbeordert, ersucht um gleiche Massnahme. Rückbeförderung der übrigen ausgerückten Truppen wird morgen angeordnet."[1740] Empfänger dieser Anweisung waren die drei Kriegsministerien der Bundesstaaten sowie das I., II., IV., V., VIII., XIV., XV., XX. und XXI. Armeekorps.[1741] Damit wurden von dieser Maßnahme nicht alle Armeekorps informiert. Die Gründe für die im Kriegsministerium getroffene Auswahl sind leider unbekannt. An sich wäre es naheliegend gewesen, die Grenz- und Küstenkorps zu informieren. Aber mit dem IV. A. K. in Magdeburg erhielt auch ein Korps den Befehl zur Zurückberufung, welches mitten im Land lag. Ein solches Verfahren mußte jedoch zu Nervosität bei den Korps führen, die diese Anweisung nicht erhielten, und außerdem noch die Gerüchtebildung animieren. Im Württembergischen Kriegsministerium wurde dieses Telegramm dann um 22.45 Uhr an das XIII. A. K. weitergeleitet.[1742] Bei einigen Truppen traf die Anweisung so noch am 28. ein.[1743] In Sachsen wurde die Information zunächst telephonisch weitergegeben, um danach um 23.30 Uhr eine schriftliche Mitteilung folgen zu lassen.[1744] Nur Bayern machte bei der Weitervermittlung eine Ausnahme. Dort blieb das Telegramm zunächst einmal liegen. Erst in den Vormittagsstunden des nächsten Tages, des 29. Juli, wurde es weitergeleitet mit dem Zusatz, auch die Ernteurlauber miteinzuberufen.[1745] Der Zusatz könnte dadurch motiviert worden sein, daß man in Bayern mit dem sehr baldigen Eintreffen eines entsprechenden Befehls aus Berlin rechnete. Entsprechende Informationen könnten inoffiziell nach München gelangt sein.

Eine fortschreitende Krise bedeutete noch nicht, daß alle anderen Aktivitäten innerhalb des Militärs zum Erliegen kamen. Der gewöhnliche Soldat und mit ihm die meisten seiner Vorgesetzten führten ihren Dienst wie immer durch. Bei der 6. Batterie des Feldartillerie-Regiments 28 waren Materialien über die französische Armee und polnisch-russische Notwörterbücher eingegangen, die nun käuflich zu erwerben waren.[1746] Auf dem Truppenübungsplatz Zeithain ging ei-

---

[1740] HStAS M 33/2, Nr. 1.

[1741] Vorgeschichte: Montgelas, Anlage 17, S. 68.

[1742] HStAS M 33/2, Nr. 1.

[1743] KTB Stab 4. Bad. Inf.-Reg. Nr. 112, 28.07.1914-31.12.1915, GlAK Abtl. 456 EV., Bund 6, Heft 13.

[1744] Sächs. Kriegsministerium Nr. 380 I M an XIX. A. K., SHStA Sächs. Kriegsarchiv (P) Nr. 23361.

[1745] Aktennotiz Nr. 21612, BHStA Abtl. IV M Kr Nr. 1715.

[1746] Reg.-Befehl, Befehlsbuch 6. Battr./Feldart.-Reg. 28, SHStA Sächs. Kriegsarchiv (P) Nr. 51479.

ne Reserveübung zu Ende und machte die Regelung des Verbleibs der aktiven Soldaten, die an ihr beteiligt waren, notwendig. Ein Teil sollte in ihre Standorte zurückkehren, ein anderer Teil das Eintreffen ihrer Einheiten auf dem Übungsplatz dort abwarten.[1747] Ebenfalls in Zeithain übte das Feldartillerie-Regiment 48. Dort wurden am 28. Befehle zur Organisation der Rückreise am 31. Juli erlassen.[1748] Bei einer anderen Artillerieeinheit wurden die Lagen für eine am 29. abzuhaltende Übung ausgehändigt.[1749] Dies sind drei Bespiele dafür, daß es beim deutschen Heer keine systematischen Kriegsvorbereitungen gegeben hat, wie man sie an sich hätte erwarten können, wenn seit 1912 festgestanden hätte, einen Krieg im Sommer 1914 zu führen. Es wäre ein leichtes gewesen, die Übungen so zu legen, daß der gefährliche Zeitraum von ihnen freiblieb. Mit ihrer Abhaltung schuf man sich nur organisatorische Probleme im Falle eines Kriegsausbruchs. Nach dem 28. Juni hätte man solche Übungen auch unauffällig stornieren können. Daß dies nicht geschah, zeigt die sich erst allmählich entwickelnde Bedrohungslage.

Auch in der Zivilbevölkerung dachte noch nicht jeder an einen Krieg. Die Mitglieder des Freiwilligen Automobilkorps in Bayern wandten sich am 28. Juli an das Kriegsministerium in München. Sie ließen anfragen, ob sie wie die Offiziere des Beurlaubtenstandes Zeiss-Feldstecher zu ermäßigten Preisen beziehen könnten.[1750]

Der 28. Juli markiert einen weiteren Schritt auf dem Weg zum Krieg. Österreich-Ungarn erklärte Serbien den Krieg. Im Verlaufe des Tages wurde klar, daß alle bisherigen Lokalisierungebemühungen gescheitert waren.[1751] Erstmals wurde beim Heer von zentralen Stellen die Forderung nach Durchführung vorbereitender Maßnahmen erhoben. Dazu trugen die Nachrichten über militärische Rüstungen Rußlands und die damit verbundene steigende Kriegsgewißheit bei. Die Reichsleitung versuchte zwar, die Durchführung deutscher Maßnahmen zu verhindern, konnte sich aber gegen eine Koalition aus Kaiser und Militärs nicht durchsetzen. Seit der Ablehnung der serbischen Antwort auf das Ultimatum durch Österreich drohten russische Mobilmachungsvorarbeiten, die ihrerseits

---

[1747] Reg.-Befehl, Befehlsbuch 3. Komp. 1. Res.-Inf.-Reg. XIX. A. K., 13.07.-28.07.1914, SHStA Sächs. Kriegsarchiv (P) Nr. 26396.

[1748] Abtl.-Befehl, Befehlsbuch Juli 1914 Feldart.-Reg. 48, SHStA Sächs. Kriegsarchiv (P) Nr. 56097.

[1749] Abtl.-Befehl, Befehlsbuch 1914 6. Battr. 5. Feldart.-Reg. 64, SHStA Sächs. Kriegsarchiv (P) Nr. 59247.

[1750] Schreiben an Kriegsministerium, BHStA Abtl. IV M Kr Nr. 13528; wurde am 01.08. vom Ministerium gebilligt, ebd.

[1751] Fröhlich S. 138.

deutsche Gegenreaktion auslösen würden; da nur für Deutschland Mobilmachung gleich Kriegseröffnung war, ging davon die größte Gefahr aus.[1752] Genau diese Situation zeichnete sich nun ab. Immer mehr wurde die Diplomatie den militärischen Bedürfnissen untergeordnet.[1753] Dies bedeutete zunehmend, eine günstige Ausgangslage für den Kriegsausbruch zu erreichen.[1754] Dabei ging auf seiten des Heeres die Initiative noch vom Kriegsminister Falkenhayn aus. Moltke hielt sich auffallend zurück.[1755] Noch hatte das Militär allerdings nach den zur Verfügung stehenden Quellen nicht den Rubikon überschritten und selbst die Auslösung des Krieges gefordert. Der entsprechende Prozeß hatte erst begonnen und der 28. Juli markiert einen wichtigen Meilenstein auf seinem Weg.

Bei der Marine gingen die Diskussionen der Vortage um Mobilmachungsvorbereitungen weiter. Dabei beschränkte sich der größte Teil auf theoretische Erörterungen auf dem Papier. Unauffällige Sicherheitsmaßnahmen wurden jedoch eingeleitet. Bei der Truppe wurden erstmals auch in den Heimathäfen Konsequenzen aus der gespannten Situation gezogen.

Beim Heer gingen die aus eigener Initiative angeordneten Mobilmachungsvorbereitungen weiter. Diese Initiative war in Berlin anscheinend fest einkalkuliert. Da es keine zentralen Anweisungen dazu gab, bedeutete dies, daß einige Truppen sich auf einen kommenden Krieg einstellten, während andere noch im tiefsten Frieden lebten. Die Unsicherheit führte so zu zwei vollkommen verschiedenen Verhaltensweisen. Dabei wird eine Rolle gespielt haben, daß gerade bei den Truppen an der Grenze die durch die Mobilmachungsdiskussionen geschürte Furcht vor feindlichen Überfällen sich durch die allgemeine Unsicherheit ins Unermeßliche gesteigert hatte.

V. 2 Die Julikrise: Vom Balkan- zum Weltkrieg

Mit der österreichischen Kriegserklärung an Serbien war der Krieg auf dem Balkan zur Realität geworden. Die weitere Entwicklung würde zeigen, ob sich der Krieg noch ausweiten und zu einem allgemeinen Konflikt werden würde.

[1752] Turnstall S. 146.
[1753] Lowe S. 219.
[1754] Hertz-Eichenrode S. 197; Ullrich: Grossmacht S. 258 f.; Ullrich: Thron S. 120.
[1755] Siehe dazu auch Afflerbach: Falkenhayn S. 154 f.

V. 2. a Die Julikrise: 29. Juli

Die militärischen Vorbereitungen in Europa gingen am 29. Juli unvermindert weiter. In Rußland hatten die Ostsee- und die Schwarzmeerflotte den Mobilmachungsbefehl gültig ab Mitternacht 29./30. Juli erhalten.[1756] Ebenso wurde gegen Mitternacht die Teilmobilmachung der Militärbezirke Odessa, Kiew, Moskau und Kasan befohlen.[1757] Laut Meldung des Wolffschen Telegraphenbüros waren in diesen Bezirken 16 A. K.'s stationiert. Durch die Mobilmachung würde sich die Zahl der dortigen Armeekorps auf 32 verdoppeln.[1758] Das belgische Heer wurden auf einen verstärkten Friedensstand gebracht.[1759] Beim deutschen Generalstab wurden im dritten Bericht folgende Meldungen bis 16 Uhr registriert: in Belgien würden zusätzlich zu der Verstärkung auch die Festungen armiert und wichtige Bauten zur Sprengung vorbereitet, in Frankreich seien Schutz der Bahnen und der Grenze angeordnet, es gebe erste Anzeichen für eine Mobilmachung der britischen Flotte. Über Rußland wurde berichtet: „Der militärische Grenz- und Bahnschutz scheint im ganzen Grenzgebiet durchgeführt. Der Ausspruch der Mobilmachung im Militärbezirk Wilna und Warschau immer noch nicht bestätigt. Reservisten noch nicht in größerer Zahl einberufen."[1760] Gegen Abend trafen dann Nachrichten ein, die die russische Mobilmachung in den Militärbezirken Moskau, Kasan, Odessa und Kiew bestätigten.[1761] Nach der Aufstellung, die der deutsche Generalstab am 26. Juli erstellt hatte, waren dies genau die Militärbezirke, deren Mobilisierung gegen Österreich ausreichen würde.[1762] Jede weitere Mobilmachung eines Bezirks müsse nach dieser Aufstellung als gegen Deutschland gerichtet betrachtet werden. Bei den Meldungen aus dem Ausland mußten vor allem die Nachrichten aus Belgien für diejenigen im Heer, die über den Handstreich auf Lüttich informiert waren, alarmierend wirken. Immer wieder hatte man in der Fachliteratur vor dem Krieg auf die Schwierigkeit hingewiesen, eine vorbereitete Festung im Handstreich zu nehmen. Das Unternehmen gegen Lüttich, welches sowieso schon unter einem großen Zeitdruck stand, wurde mit den nun anlaufenden belgischen Vorbereitungen nicht einfacher. Sorgen dieser Art konnte man vor dem Krieg angesichts der kleinen Zahl der Mitwisser nicht artikulieren. Und nach dem Krieg war es erst recht inopportun. Deshalb ist

---

[1756] Frantz: Daten S. 437.
[1757] Ebd., S. 438.
[1758] Kriegsdepeschen, Die Vorgeschichte des Krieges, S. 12.
[1759] Kabisch S. 435.
[1760] DD, Bd. 2, Nr. 372, S. 83 ff.
[1761] Vollständiges Tgb. Falkenhayn, BA-MA W-10/50635; zur deutschen Reaktion auf diese Nachrichten siehe unten.
[1762] Zu der Aufstellung siehe Kapitel V. 1. b Die Julikrise: 23. bis 27. Juli, S. 257 f.

in den Quellen immer nur von Vorbereitungen in Frankreich und Rußland die Rede. Aber man kann wohl davon ausgehen, daß auch die Entwicklung in Belgien mit aufmerksamen Augen verfolgt wurde. Einen Lichtblick gab es zumindestens. Moltke erhielt einen auf den 27. datierten Brief seines italienischen Kollegen Cardona, der seine Bereitschaft zur weiteren Zusammenarbeit bekräftigte.[1763] Damit hatte der deutsche Generalstabschef schriftlich, was er bisher nur aus den Berichten des römischen Militärattachés wußte: daß Cardona ebenso wie sein Vorgänger Pollio zum Bündnis mit Deutschland stehen würde. Mit dem österreichischen Bundesgenossen trat der deutsche Generalstab in engere Fühlung. Am 29. wurden Verbindungsoffiziere ausgetauscht und eine direkte Telephonverbindung zwischen beiden Behörden hergestellt.[1764] Bisher hatte man in Deutschland nur recht dürftige Informationen von dem österreichischen Bundesgenossen erhalten.[1765] Nun bestand die Möglichkeit, wenigstens auf dem militärischen Sektor direkten Kontakt zu schaffen und damit auch einen gewissen Einfluß ausüben zu können.

Die Öffentlichkeit glaubte zumindestens teilweise wegen der scheinbaren Ruhe, es ließe sich eine friedliche Lösung des Konfliktes erkennen.[1766] Diese Erwartung wurde durch eine entsprechende Berichterstattung in der Presse bestärkt.[1767] Dabei mag sicherlich auch die Beeinflussung von offizieller Seite eine Rolle gespielt haben.[1768] Aber auch ernstere Töne fanden sich in den Zeitungen. Teilweise wurde von einer bevorstehenden russischen Mobilmachung berichtet.[1769] Die von der SPD organisierten Friedensdemonstrationen erreichten reichsweit ihren Höhepunkt.[1770]

In Deutschland gingen die Konflikte zwischen den Zivilisten und der Heeresführung weiter und sollten an diesem Tag einen ersten Höhepunkt erleben. Über die Entwicklung in Berlin bis zum Mittag wurden die sächsische und die württembergische Regierung durch die Berichte ihrer Vertreter in der Reichshauptstadt informiert. Dem sächsischen Militärbevollmächtigten war mitgeteilt worden, daß zusätzlich zu den Maßnahmen des vergangenen Tages noch die Bewachung

---

[1763] Foerster: Militärkonvention S. 409.
[1764] Schäfer: Moltke S. 522.
[1765] S. R. Williamson, Jr.: Vienna and July 1914: The Origins of the Great War once more. S. 25, in: S. R. Williamson, Jr., P. Pastor (ed.): Essays on World War I: Origins and Prisoners of War. New York 1983, S. 9-36.
[1766] Tgb. Feldpostsekretär Ernst Kießkalt, 24.07.-02.08.1914, BHStA Abtl. IV HS 2699.
[1767] Goebel S. 148 f.
[1768] Ebd., S. 149.
[1769] Verhey: Spirit S. 19.
[1770] Gutsche: Sarajevo S. 117.

aller Luftschiffhallen, auch der zivilen, durch militärische Kräfte angeordnet worden sei. Auf die Frage des Militärbevollmächtigten, ob nun auch verstärkter Betrieb in den militärischen Betrieben, Konservenfabriken u. ä., sowie Urlaubssperre und Rückberufung der Urlauber befohlen worden sei, erhielt er eine verneinende Antwort. Aufgrund der langsamen österreichischen Mobilmachung solle auch eine deutsche Mobilmachung möglichst lange herausgezögert werden.[1771] Ähnliches berichtete auch der württembergische Militärbevollmächtigte: Urlaubsbeschränkungen seien noch keine ergangen; entsprechende Bestimmungen seien jedoch in Arbeit. In Zukunft werde er sich jeweils um 10.30 und 18 Uhr im Preußischen Kriegsministerium über den Stand der Dinge informieren. Zusammenfassend schrieb der Militärbevollmächtigte: „Jedenfalls ist noch keine Maßnahme getroffen, die als solche wegen ‚politischer Spannung' aufzufassen ist."[1772] Auch wenn solche Vorbereitungen bis jetzt noch nicht getroffen worden waren, dann war es doch nur eine Frage der Zeit, bis sie erfolgen sollten. Die zweimalige Information pro Tag im Preußischen Kriegsministerium betraf nicht nur den württembergischen Militärbevollmächtigten, sondern zur gleichen Zeit wurden auch seine Kollegen aus Sachsen und Bayern mit ihm im Ministerium empfangen, um dort das Neueste zu erfahren.[1773] Gegenüber den Militärbevollmächtigten betonte Moltke, daß die Lage angesichts der unfertigen Rüstungen Frankreichs und Rußlands günstig sei; diese Gelegenheit zum Krieg gelte es zu nutzen.[1774]

Der sächsische Gesandte hingegen empfand die Situation sowohl in zivilen als auch militärischen Kreisen im Gegensatz zum Vortage als entspannter.[1775] Damit gab er einen weit verbreiteten Eindruck wieder.[1776] Dennoch wurde auf dem zivilen Sektor durch vermehrte Getreideankäufe Vorsorge für die Ernährung von Berlin, den Industriezentren und des Aufmarschgebiets getroffen.[1777] Auf Nach-

---

[1771] Bericht Nr. 77/3515, 13 Uhr, Parlamentarischer Untersuchungsausschuß, 1. Untersuchungsausschuß „Berichte der sächsischen und württembergischen Gesandtschaften in Berlin an ihre Regierungen zwischen dem 28. Juni und 5. August 1914", S. 59 f., HStAS M 1/2, Bund 54.

[1772] Bericht Nr. 2529 g, 13 Uhr, HStAS M 1/2, Bund 54.

[1773] Bayr. Militärbevollmächtigter Bericht Nr. 1, BHStA Abtl. IV M Kr Nr. 1765; ein weiteres Exemplar findet sich BHStA Abtl. IV M Kr Nr. 1829/1; bei Schulte: Dokumente nicht abgedruckt.

[1774] Wegerer: Ausbruch, Bd. 2, S. 73.

[1775] Bericht Nr. 1098, Parlamentarischer Untersuchungsausschuß, 1. Untersuchungsausschuß „Berichte der sächsischen und württembergischen Gesandtschaften in Berlin an ihre Regierungen zwischen dem 28. Juni und 5. August 1914", S. 21, HStAS M 1/2, Bund 54.

[1776] Mitteilung Nr. 3 d. N. d. RMA an Tirpitz, BA-MA N 253/100 (Nl. v. Tirpitz).

[1777] Bericht Bad. Gesandtschaft Nr. 9. - Bach: Gesandtschaftsberichte, Nr. 36, S. 90 f.

richten, die eine Einleitung der französischen Mobilmachung befürchten ließen, wurden Moltke und Falkenhayn am Vormittag bei Wilhelm II. vorstellig; sie verlangten die Erklärung des „Zustandes der drohenden Kriegsgefahr". Dies unterblieb jedoch auf Einspruch des Reichskanzlers.[1778] Im Verlauf des Tages sollten sich die Gegensätze zwischen der Heeresleitung und den Zivilisten dann allerdings weiter zuspitzen. Gegen Mittag äußerten Angehörige des Kriegsministeriums gegenüber Vertretern der deutschen Presse, ein Krieg sei nun unvermeidbar.[1779] Zu diesem Zeitpunkt wurde die Nachricht der russischen Teilmobilmachung in Berlin bekannt.[1780] Nun bekam Bethmann Hollweg doch Angst vor der eigenen Courage. Vergeblich versuchte er, in Wien eine konziliante Haltung zu erreichen.[1781] Der Reichskanzler bedrängte den Bundesgenossen, eine diplomatische Lösung der Angelegenheit anzustreben. In Wien hatte man dafür jedoch kein Verständnis; zumal bis dahin die Deutschen immer zu einer kriegerischen Lösung geraten hatten.[1782] Damit wird deutlich, daß Österreich in der Julikrise nicht nur eine passive Rolle spielte.[1783] Wohl im Zusammenhang mit den Nachrichten aus Rußland wurde vom Kriegsministerium in Berlin die Rückkehr aller Truppen in ihre Standorte angeordnet.[1784] Am Nachmittag fand eine Sitzung beim Kaiser mit dem Reichskanzler und dem Kriegsminister statt, die allerdings keine neuen Entscheidungen brachte.[1785] Die Besprechung begann um 16.40 Uhr.[1786] Dabei war es Moltke, der sich im Gegensatz zu Falkenhayn dem Reichskanzler anschloß und gegen eine weitere Ausdehnung der Maßnahmen aussprach.[1787] Es wurde jedoch einvernehmlich die militärische Bewachung der Eisenbahnen beschlossen.[1788] Über die unterschiedlichen Anschauungen in

---

[1778] Wegerer: Ausbruch, Bd. 2, S. 73.

[1779] Mitteilung Nr. 4 d. N. d. RMA an Tirpitz, BA-MA N 253/100 (Nl. v. Tirpitz).

[1780] Mommsen: Großmachtstellung S. 314.

[1781] Fischer: Außenpolitik S. 46; Ullrich: Grossmacht S. 259; Afflerbach: Falkenhayn S. 153; Hillgruber: Riezlers S. 349; Hillgruber: Deutschlands S. 53; Mommsen: Großmachtstellung S. 315; Wegerer: Ausbruch, Bd. 2, S. 88 ff.

[1782] Ullrich: Grossmacht S. 259.

[1783] Williamson S. 10, 30.

[1784] Wegerer: Ausbruch, Bd. 2, S. 86.

[1785] Sächs. Militärbevollmächtigter Bericht Nr. 78/3516, 20.30 Uhr, Parlamentarischer Untersuchungsausschuß, 1. Untersuchungsausschuß „Berichte der sächsischen und württembergischen Gesandtschaften in Berlin an ihre Regierungen zwischen dem 28. Juni und 5. August 1914", S. 61, HStAS M 1/2, Bund 54; zu der Sitzung siehe auch Wegerer: Ausbruch, Bd. 2, S. 79 f.

[1786] Flügeladjutantenjournal zit. nach A. v. Wegerer: Der angebliche „Kronrat" vom 29. Juli 1914. S. 10, in: Kriegsschuldfrage, 1. Jg. 1923, S. 8-12.

[1787] Vollständiges Tgb. Falkenhayn, BA-MA W-10/50635.

[1788] Wegerer: Ausbruch, Bd. 2, S. 80.

Berlin hieß es nun: „Zweifelsfrei steht fest, daß der Herr Chef des Generalstabes für den Krieg ist, während der Herr Reichskanzler zurückhält. G. Ob. v. Moltke soll gesagt haben, daß wir es nie wieder so günstig treffen würden wie jetzt, wo weder Frankreich noch Rußland mit dem Ausbau ihrer Heeresorganisation fertig sind. Dabei müsse doch auch die – trotz aller Friedensbeteuerung – erwiesenermaßen in großem Umfange stattfindenden Mobilisierungen in Rußland zu Bedenken Anlaß geben und können von uns auf die Dauer nicht unbeachtet bleiben."[1789] Dieser Bericht des sächsischen Militärbevollmächtigten von 20.30 Uhr übersieht, daß Molkte zwar für einen Krieg eintrat, Falkenhayns Forderungen beim Kanzler jedoch am Nachmittag nicht unterstützt hatte. Dazu konnte sich der Generalstabschef noch nicht durchringen. Ein Hinweis darauf, diese Berichte und ihre Aussagen kritisch zu hinterfragen. Ansonsten wird hier die Grundproblematik nachgezeichnet: die Gelegenheit ist günstig und Rußland scheint sich auf einen Krieg vorzubereiten. Irgendwann müßte man sowieso auf die russischen Maßnahmen reagieren, also dann lieber gleich die Gunst der Stunde ausnutzen und den Krieg herbeiführen. Demgegenüber stand Bethmanns Bemühen, die Russen zuerst mobilmachen zu lassen, um im Aus- und vor allen im Inland nicht als der Schuldige darzustehen.[1790] In der Tat sprach Moltke am 29. beim Kaiser und Reichskanzler die deutsche Mobilmachung bzw. der Verkündung der „drohenden Kriegsgefahr" an. Dies wurde jedoch von den beiden abgelehnt.[1791] Wilhelm II. wollte den Krieg nicht, stand aber damit in seiner militärischen Umgebung allein.[1792] Noch konnte sich Bethmann auf ihn verlassen. Eine weitere Besprechung des Kanzlers mit den Militärs fand dann gegen 21 Uhr statt.[1793] Falkenhayn schrieb dazu: „Abends Besprechung beim Reichskanzler mit Moltke und Jagow über die Frage ob die von Rußland für die Militärbezirke Moskau, Kasan, Odessa, Kiew ausgesprochene Mobilisierung für uns ein Anlaß sei auch zu mobilisieren. Sie wird gegen leises, sehr leises Widerstreben Moltkes vom Reichskanzler verneint [...]."[1794] Moltkes schwacher Widerstand mag damit zusammenhängen, daß seine eigene Behörde in der Aufstellung vom 26. Juli über eventuelle russische Maßnahmen gegen Österreich oder

---

[1789] Sächs. Militärbevollmächtigter Bericht Nr. 78/3516, 20.30 Uhr, Parlamentarischer Untersuchungsausschuß, 1. Untersuchungsausschuß „Berichte der sächsischen und württembergischen Gesandtschaften in Berlin an ihre Regierungen zwischen dem 28. Juni und 5. August 1914", S. 61., HStAS M 1/2, Bund 54.

[1790] Farrar: Arrogance S. 173.

[1791] Mitteilung v. Haeften, Anlage z. Schreiben d. Zentralstelle für d. Erforschung der Kriegsursachen an Tappen, 09.06.1923, BA-MA N/56/2 (Nl. Tappen).

[1792] Hull S. 265.

[1793] Wegerer: Ausbruch, Bd. 2, S. 81 f.

[1794] Vollständiges Tgb. Falkenhayn, BA-MA W-10/50635.

Deutschland, die Maßregeln, die Rußland bis zum 29. Juli getroffen hatte, als nur gegen Österreich ausreichend eingeschätzt hatte. Daß in der Armee die Gedankengänge längst weiter in Richtung Mobilmachung gingen, zeigt ein weiterer Passus aus dem Bericht des sächsischen Militärbevollmächtigten: „Es hieß daher heute auch, daß wahrscheinlich morgen die Zurückberufung der Urlauber angeordnet würde. G. M. Wild v. Hohenborn meinte, ‚wir gleiten langsam aber sicher in eine Mobilmachung.'"[1795] Schon zum zweiten Male wurde also eine Maßnahme für den kommenden Tag angekündigt. Am 28. war es die Zurückberufung aller Truppen, nun ist es die Zurückbeorderung der beurlaubten Soldaten. Die Armeeführung ist sich also offensichtlich über die zu ergreifenden Schritte und ihren ungefähren Ablauf im klaren. Ist es der Reichsleitung gelungen, eine Maßnahme heute zu verhindern – dann kommt sie eben morgen. In der Tat befand man sich schon auf einer Straße, an deren Ende notwendigerweise die Mobilmachung stehen mußte. Taktisch konnte das Militär den Zivilisten Zugeständnisse machen, da diese an der großen Richtung ja doch nichts änderten. Wild v. Hohenborn könnte sich auch auf das Zusammenspiel von Anordnungen von oben und der Initiative von unten beziehen. Denn bis jetzt waren Teile der Truppe der Führung bei der Durchführung von Maßnahmen voraus, so daß jede weitere von oben angeordnete Vorbereitung wohl automatisch darüber hinaus gehende Befehle in der Truppe zur Folge hätte. Es ist ein Zeichen für die sich beschleunigende Entwicklung, daß der Befehl, die Urlauber zurückzurufen, noch am 29. Juli ergehen sollte. Denn noch am Abend wurde dann die Rückkehr aller beurlaubten Soldaten zur Truppe befohlen. Außerdem wurde die Verstärkung der Besatzung der Insel Borkum angeordnet und die Festungen sollten mit dem Ausbau der Stellungen auf fiskalischem Gelände beginnen.[1796] Letzteres wurde allerdings erst am 31. Juli der Truppe bekanntgegeben.[1797] In einem um 23 Uhr aufgesetzten Schreiben wies der württembergische Gesandte Varnbüler auf die Einschätzung der Situation durch Lerchenfeld hin: „Der Reichskanzler glaube zwar noch an die Möglichkeit einer friedlichen Lösung. Allein die Zügel rutschen doch zu merklich schon aus den Händen der Diplomatie in die der Kriegsdepartements hinüber."[1798] Falkenhayn sah die Sache so: „Wenn wir ent-

---

[1795] Sächs. Militärbevollmächtigter Bericht Nr. 78/3516, 20.30 Uhr, Parlamentarischer Untersuchungsausschuß, 1. Untersuchungsausschuß „Berichte der sächsischen und württembergischen Gesandtschaften in Berlin an ihre Regierungen zwischen dem 28. Juni und 5. August 1914", S. 61, HStAS M 1/2, Bund 54.
[1796] Wegerer: Ausbruch, Bd. 2, S. 86.
[1797] Siehe Kapitel V. 2. c Die Julikrise: 31. Juli, S. 371.
[1798] Parlamentarischer Untersuchungsausschuß, 1. Untersuchungsausschuß „Berichte der sächsischen und württembergischen Gesandtschaften in Berlin an ihre Regierungen zwischen dem 28. Juni und 5. August 1914", S. 61, HStAS M 1/2, Bund 54.

schlossen gehandelt hätten, würden wir entsprechend meinem Antrag heute früh die drohende Kriegsgefahr verhängt haben. Jetzt kommt es auf ein paar Stunden auch nicht mehr an."[1799] Ihm war also klar, daß es auf kurz oder lang zu der von ihm geforderten Maßnahme kommen würde, obwohl er einen früheren Termin vorgezogen hätte. Denn sein Antrag bedeutete ja nichts anderes, als schon bald den Krieg zu beginnen. Dieses war, wie Falkenhayn in seinem Tagebuch einräumt, nicht durch militärische Notwendigkeiten bedingt.[1800] Das heißt also, Falkenhayn wollte am 29. den Krieg. Bethmann Hollweg hatte durch die Ablehnung Zeit gewonnen, entweder eine friedliche Lösung zu versuchen oder eine günstige Ausgangslage für einen Krieg zu schaffen.[1801]

Mit anderen Augen gesehen wurden anscheinend Differenzen innerhalb der Armeespitze sichtbar. Der bayerische Militärbevollmächtigte notierte: „Der Kriegsminister, unterstützt vom Generalstabschef, wünscht dringend militärische Maßnahmen, die der ‚gespannten politischen Lage' und der immerhin ‚drohenden Kriegsgefahr' entsprechen würden. Der Chef des Generalstabes will noch weiter gehen; er setzt seinen ganzen Einfluß darein, daß die günstige Lage zum Losschlagen ausgenutzt werden solle; er weist darauf hin, daß Frankreich geradezu in militärischer Verlegenheit sich befinde, daß Rußland militärisch sich nichts weniger als sicher fühle; dazu die günstige Jahreszeit, die Ernte größtenteils geborgen, die Jahresausbildung vollendet."[1802] Es treten einem also praktisch „zwei" Moltkes gegenüber: der eine drängt zur Auslösung eines Krieges und geht damit über die Forderungen Falkenhayns hinaus; der andere ist dem Kriegsminister nicht gerade ein Beistand, wenn dieser Maßnahmen fordert, die mit ziemlicher Sicherheit den Krieg zur Folge haben. Daß Moltke einen Präventivkrieg wünschte und auch die Gelegenheit für günstig hielt, hatte er wiederholt bereits vor dem Attentat von Sarajewo geäußert. Insofern besteht kein Anlaß, an Berichten über vergleichbare Gedankengänge jetzt zu zweifeln. Ebensowenig kann man allerdings den Aufzeichnungen Falkenhayns mißtrauen, der immerhin Augenzeuge der Vorgänge war, die er beschrieb. So bleibt nichts anderes übrig, als diesen Widerspruch als gegeben hinzunehmen. Letztlich handelte Moltke genauso, wie er bereits im Dezember 1912 gehandelt hatte. Er schlägt zwar vor, einen Krieg auszulösen, tut dann aber nichts, um dieses Ziel

---

[1799] Vollständiges Tgb. Falkenhayn, BA-MA W-10/50635.

[1800] „Das ist aber bisher nicht der Fall; denn es ist anzunehmen, daß unsere Mobilmachung, auch wenn sie 2 bis 3 Tage später als die russ. und österr. erfolgt, immer noch schneller verläuft als diese.", ebd.; dies mag für den Kriegsminister, dessen Aufgaben nach der Mobilmachung beendet waren, zutreffen; für Moltke, dessen Aufmarschplanung durch plötzliche Überfälle erheblich gestört werden konnten, mußte die Sache anders aussehen.

[1801] So argumentierte Bethmann während der Sitzung beim Kaiser, ebd.

[1802] Schulte: Dokumente, Nr. 1, S. 137.

auch zu erreichen. Alle Kriegsbereitschaft und alle Kriegserwartung reichen offenbar nicht aus, um diese Haltung zu überwinden. Letzten Endes werden sich die Gründe für das Schwanken Moltkes nur in seiner individuellen Persönlichkeit finden lassen. Hier liegt ein Beispiel vor, wie eine Einzelperson mit ihren Widersprüchlichkeiten Einfluß auf die Gestaltung der Geschichte genommen hat.

Seine Überlegungen zur Lage unterbreitete der Generalstabschef dem Kanzler Bethmann Hollweg in einer Denkschrift „Zur Beurteilung der politischen Lage". Darin argumentierte er, daß aufgrund der russischen Ankündigung, bei einem österreichischen Einfall in Serbien seine Streitkräfte gegen die k. u. k. Monarchie mobil zu machen, ein Krieg unvermeidbar sei. Denn dieser russischen Maßnahme würde unweigerlich die österreichische Gesamtmobilmachung folgen, der sich auch Deutschland anschließen würde. Woraufhin das Zarenreich ebenfalls seine Streitkräfte komplett mobilisieren würde und gegenüber Frankreich auf die vorangegangenen deutschen Maßnahmen verweisen würde: „So werden und müssen sich die Dinge entwickeln, wenn nicht, fast möchte man sagen, ein Wunder geschieht, um noch in letzter Stunde einen Krieg zu verhindern, der die Kultur fast des gesamten Europas auf Jahrzehnte hinaus vernichten wird."[1803] Deutschland wolle diesen Krieg nicht, könne sich aber andererseits nicht aus ihm heraushalten.[1804] Daraus seien folgende Schlußfolgerungen zu ziehen: „Für die eintretendenfalls von uns beabsichtigten militärischen Maßnahmen ist es von größter Wichtigkeit, möglichst bald Klarheit darüber zu erhalten, ob Rußland und Frankreich gewillt sind, es auf einen Krieg mit Deutschland ankommen zu lassen. Je weiter die Vorbereitungen unserer Nachbarn fortschreiten, um so schneller werden sie ihre Mobilmachung beendigen können. Die militärische Lage wird dadurch für uns von Tag zu Tag ungünstiger und kann, wenn unsere voraussichtlichen Gegner sich weiter in aller Ruhe vorbereiten, zu verhängnisvollen Folgen für uns führen."[1805] Der konziliante und argumentative Ton der Denkschrift kann nicht darüber hinwegtäuschen, daß hier der Reichsleitung eine Art von Ultimatum überreicht wurde: entweder die Krise werde liquidiert, oder es werden die Weichen auf Krieg gestellt. Ein Vorgehen wie bisher brächte für Deutschland nur politische und militärische Nachteile mit sich. Bei dieser Auffassung spielte die echte Befürchtung vor den Vorbereitungen der

---

[1803] DD, Bd. 2, Nr. 349, S. 61. Die Denkschrift hatte Moltke am Vortage verfaßt und sie gleich dem Kaiser überstellt. Bethmann Hollweg erhielt sie erst am 29. - Wegerer: Ausbruch, Bd. 2, S. 71; Schäfer: Tagen S. 516.

[1804] DD, Bd. 2, Nr. 349, S. 61 f.

[1805] Ebd., Bd. 2, Nr. 349, S. 62.

Nachbarn eine große Rolle.[1806] Wie bereits erwähnt war Moltke – noch – nicht bereit, diesen starken Worten Taten folgen zu lassen. Dabei standen ihm vielleicht auch die in seiner Denkschrift erwähnten negativen Folgen einseitiger deutscher Maßnahmen vor Augen. Hier standen die deutschen Militärs zwischen dem Bewußtsein der Krisenverschärfung durch eigene Maßnahmen und der Furcht vor den Vorbereitungen der militärischen Gegner.[1807] Den deutschen Militärs ist unterstellt worden, sie hätten korrekte Informationen über den Gegner zur Verfügung gehabt, diese jedoch immer aus dem Blickwinkel der drohenden Gefahr betrachtet.[1808] Dies trifft bei Moltkes Denkschrift sicherlich nicht zu. Ihm reichte es zu wissen, daß die militärischen Vorbereitungen der Gegner diesen einen Vorteil verschafften. Nun läge es an der Politik, schnell die hinter den Maßnahmen stehende Gesinnung zu erkunden. Ob die Maßnahmen nun aggressiv oder eher defensiv motiviert waren, spielte für Moltke keine Rolle.

Auch wenn Großbritannien in der Denkschrift nicht erwähnt wird, drängten die Militärs Bethmann, auch die britische Position zu ermitteln.[1809] Dies versuchte der Kanzler in einem Gespräch mit dem britischen Botschafter noch am Abend.[1810] Die britische Antwort fiel aber negativ aus, so daß von nun an klar war, daß ein Kontinentalkrieg auch ein Weltkrieg werden würde.

Bezeichnenderweise war bei der Besprechung beim Kaiser, an der Falkenhayn seinen Vorstoß unternahm, kein Vertreter der Marine anwesend.[1811] Die Flottenoffiziere waren um 19.15 Uhr in einer separaten Besprechung bei Wilhelm II. in Potsdam gewesen.[1812] Dies war das erste Mal, daß auch Tirpitz an einer solchen Besprechung teilnahm.[1813] Irgendwelche Maßnahmen wurden nicht diskutiert, der Kaiser informierte nur über den Stand der Verhandlungen, wobei er sich ärgerlich über die dauernden österreichischen Verzögerungen zeigte.[1814] Nur am Rande unterhielten sich Tirpitz und Pohl über den Verbleib des III. Geschwaders

---

[1806] Trumpener S. 74.

[1807] Afflerbach: Falkenhayn S. 157.

[1808] Herwig: Germany S. 88 ff.

[1809] K. H. Jarausch: The Enigmatic Chancellor. Bethmann Hollweg and the Hubris of Imperial Germany. New Haven, London 1973, S. 169.

[1810] Fischer: Außenpolitik S. 45.

[1811] Tirpitz: Ohnmachtspolitik S. 4.

[1812] Flügeladjutantenjournal zit. nach Wegerer: „Kronrat" S. 10.

[1813] Tirpitz: Ohnmachtspolitik S. 2; siehe auch Tirpitz: Erinnerungen S. 237 f.

[1814] Aufz. Tirpitz. - Tirpitz: Ohnmachtspolitik S. 2 ff.; siehe auch Wegerer: Ausbruch, Bd. 2, S. 80 f.

in Kiel, wobei Pohl für dessen Verbleib eintrat.[1815] Dies ist ein bezeichnender Vorgang. Bis zu seiner Rückkehr nach Berlin am 27. war Tirpitz nicht am Entscheidungsfindungsprozeß beteiligt gewesen.[1816] Nun wurde er lediglich über den Stand der Dinge informiert. Mit dem Umschwenken von der Welt- zur Kontinentalpolitik und dem Scheitern des Tirpitz-Plans hatte die Flotte an Bedeutung verloren. Die Entscheidung über Krieg und Frieden wurde jetzt ohne ihre Beteiligung diskutiert. Nichts macht diesen Bedeutungsverlust deutlicher als die Diskussionen innerhalb der Reichsführung in der Julikrise.

Eine weitere Angelegenheit, welche die Marine betraf, war die Warnung der zivilen Schiffahrt vor einer drohenden Kriegsgefahr. Wie erinnerlich war die Schiffahrt bereits am 27. über das Eintreten einer politischen Spannung informiert worden. In einer nun anberaumten Sitzung zwischen Vertretern verschiedener Zivilbehörden und des RMA wurden die bereits zwischen den verschiedenen Stellen getroffenen Vereinbarungen über die Warnung der deutschen Handelsflotte besprochen und für ausreichend befunden, so daß sich kein weiterer Handlungsbedarf ergab.[1817]

Hatte man bei der Marine im Verlaufe des Tages noch beruhigende Telegramme ausgesandt, so sollte sich dies am Abend ändern. Dem Kreuzergeschwader war noch telegraphiert worden: „England will vermitteln, Frankreich scheut den Krieg, Rußland noch unentschieden."[1818] Im Gegensatz dazu wurde um 19.10 Uhr die Situation als sehr ernst betrachtet. Rußland treffe Maßnahmen gegen Österreich, England verhalte sich immer noch abwartend und Frankreich sei „kriegslustig", so wurde die Hochseeflotte informiert.[1819]

Die Beobachtung der Ostsee beschäftigte weiterhin die Flotte. Der Admiralstab wies die entsprechenden Streitkräfte mit Genehmigung Wilhelms II. an, die dafür erforderlichen Kräfte bereitzuhalten.[1820] Dies und eventuelle Vorbereitungen führten jedoch zu Diskussionen in Kiel. Dort fand am 29. Juli eine Besprechung zwischen dem Chef der Hochseeflotte und dem Kommandanten der Ostseestati-

---

[1815] Aufz. Tirpitz, BA-MA N 253/100 (Nl. v. Tirpitz). Dieser Teil der Aufz. ist in Tirpitz: Ohnmachtspolitik S. 2 ff. nicht gedruckt.

[1816] Epkenhans S. 404.

[1817] Reichsamt d. Innern C. B. 886 14, Aufz. über d. Besprechung betreffend Benachrichtigung d. dt. Handelsflotte bei drohender Kriegsgefahr, BAB R 1501/112211.

[1818] Zit. nach Marine-Archiv: Kreuzerkrieg, Bd. 1, S. 65.

[1819] Nordseestation an I. Geschwader, BA-MA RM 5/5236; Tel. Admiralstab an Flotte, neben einigen anderen Unterschieden heißt es im offiziellen Werk dort auch „Frankreich noch nicht kriegslustig".-Marine-Archiv. Nordsee, Bd. 1, S. 21. Die Anweisung erhält also in der Veröffentlichung einen ganz anderen Sinn.

[1820] Schreiben an Marine in Kiel, BA-MA RM 5/1696.

on statt. In dieser Sitzung forderte der Flottenchef eine Bewachung der Ostsee durch Kräfte der Station, bis seitens des Kaisers die „Sicherung" befohlen werde. Der Stationskommandeur erwiderte, man habe bereits die Bewachung der Kieler Bucht übernommen, zu mehr reichten die vorhandenen Kräfte nicht aus. Die Flotte war jedoch nicht bereit, ihre Einheiten zur Verfügung zu stellen, um sie für die „Sicherung" zu schonen. Weiterhin verlangte der Flottenchef die Durchführung einer Reihe von Maßnahmen: Zurückberufung der auf Kursen befindlichen Soldaten, sofortige Indienststellung aller außer Dienst stehenden Flottillen, sofortige Kriegsbereitschaft der „Nautilus", Ausrüstung der Schul- und Versuchskreuzer sowohl personell als auch materiell, so daß sie bereits am 1. Mobilmachungstag verwendungsbereit seien und letztlich sofortiges Aufstauen des Kaiser-Wilhelm-Kanals. Das Stationskommando erwiderte darauf nur, alle diese Maßnahmen seien Maßregeln, die Teil der „Sicherung" seien, oder gingen sogar darüber hinaus und könnten somit nicht vor Ort angeordnet werden. Man habe allerdings schon die Besatzungen der Kreuzer „München" und „Magdeburg" aufgefüllt. Über die Besprechung schrieb das Stationskommando nun an den Admiralstab und bat um Genehmigung der vorgeschlagenen Maßnahmen bzw. um die nachträgliche Genehmigung der Mannschaftsergänzung der beiden Kreuzern.[1821] Im Admiralstab wurde bis auf die Anstauung des Kanals alles befürwortet; bei den Kreuzern wurde festgestellt, daß sich die Verfahrensweise mit den Anordnungen des Kaisers decke.[1822] Das bedeutete natürlich noch keine unmittelbare Durchführung der Maßnahmen – hierfür war erst noch das RMA und nicht zuletzt der Kaiser zu hören. Wie beim Heer waren auch bei der Marine also ein Teil der Einheitsführer mit der von offizieller Seite genehmigten Vorbereitungen unzufrieden. Ebenso wurden bereits Anordnungen getroffen, ohne Anweisung von oben einzuholen. Im Unterschied zum Heer waren aber die Gestaltungsmöglichkeiten der einzelnen Offiziere in dieser Hinsicht beschränkt. Denn viele der Vorschläge ließen sich nicht alleine durchführen. Auch in der Marine wurde der Druck von unten durch Anträge und eigenständige Initiative immer größer. Davon konnte die Leitung nicht unbetroffen sein. Offen war nun die Frage, mit welchen Kräften eine Sicherung der Ostsee durchgeführt werden sollte. Um 22.30 Uhr wurden dann die Einheiten der Marine in Kiel informiert, daß der Kaiser eine Mithilfe der Flotte bei der Bewachung genehmigt habe.[1823] Somit konnte die Ostseestation noch am 29. die Aufstellung der Sicherheitskräfte nach Berlin melden.[1824] Damit hatte sich die Bewachung

---

[1821] Schreiben St. O. 5884 A, ebd.
[1822] Notizen auf Dokument, ebd.
[1823] Tel. Admiralstab, ebd.
[1824] Schreiben St. O. 5917 A an Admiralstab, ebd.

der Kieler Bucht auf die Ostsee ausgedehnt. Angesichts der Furcht vor einem feindlichen Überfall ist es nur verständlich, daß man bemüht war, die Sicherungslinien möglichst weit nach vorne zu verschieben. Um dies durchführen zu können, benötigte man allerdings Einheiten der Flotte. Und damit tauchte schon ein neues Problem auf. Tirpitz war sehr dagegen, Einheiten der Flotte in der Ostsee zu belassen: „Euer Exzellenz beehre ich mich mitzuteilen, daß ich mit Rücksicht auf den noch zweifelhaften Zustand des Kaiser-Wilhelm-Kanals das Verbleiben des III. Geschwaders in Kiel nicht für richtig erachte und das Passieren des Kanals für die Schiffe dieses Geschwaders für nicht ungefährlich halte."[1825] Damit ging der Streit um die Dislozierung der Flotte in eine neue Runde. Ursprünglich hatte ja Wilhelm II. alle Einheiten gegen Rußland in der Ostsee konzentrieren wollen. Quasi als Kompromiß hatte der Flottenchef erreicht, daß die Schiffe von Norwegen aus in ihre Heimathäfen gingen. Auch Pohl, der Admiralstabschef, trat für den Verbleib zumindest eines Geschwaders in Kiel ein. Nun trat Tirpitz auf und forderte die vorgesehene Konzentration der gesamten Flotte in der Nordsee gegen Großbritannien. Diese Meinungsverschiedenheiten mußten noch zu Diskussionen führen. Im übrigen ist die Tatsache, daß Tirpitz selbst am 29. Juli noch Zweifel an der Befahrbarkeit des Kaiser-Wilhelm-Kanals hatte, ein Hinweis darauf, daß dessen Zustand bei den Beschlüssen zu Beginn der Julikrise keine Rolle gespielt hat.

Als weitere Vorbereitung befahl Kaiser Wilhelm II. am 29. Juli die beschleunigte Indienststellung der Schiffe „König", „Großer Kurfürst" und „Graudenz".[1826] Die Ost- und Nordseestation wurden noch am gleichen Tag von dieser Anweisung in Kenntnis gesetzt.[1827] Diese beschleunigte Indienststellung gehörte mit zu den Themen, die seit Beginn der Julikrise zwischen Vertretern des RMA und des Admiralstabes diskutiert wurden. Daß jetzt erst ihre Umsetzung erfolgte, zeigt, wie sehr diese Diskussionen theoretischer Natur waren. Es wirft aber auch ein Licht auf die Bereitschaft der Marine, sich rechtzeitig auf einen Krieg einzustellen und die nötigen Vorarbeiten in Angriff zu nehmen. Dies konnte jedoch den Charakter der Improvisation nicht überwinden, der einigen Maßnahmen anhaftete.

Ansonsten ordnete der Festungskommandant von Wilhelmshaven am 29. eine verstärkte Bewachung und Sperrung einzelner Zugänge auf dem Land an.[1828] Und das I. Geschwader schränkte seine Vorbereitungen vom Vortage insofern

---

[1825] Schreiben Tirpitz an Admiralstabschef, ebd.
[1826] BA-MA RM 5/1696.
[1827] Tel. Admiralstab an RMA über Anweisung für „Graudenz" an Ostseestation; für „König" u. „Großer Kurfürst" an Nordseestation, ebd.
[1828] Rundschreiben M. 1415, BA-MA RM 5/5236.

ein, als jetzt Benzin nur noch bis zum halben Bestand übernommen werden und die Rückrufung von Urlaubern sich nur auf wirklich dringende Fälle beschränken sollte. Letzteres gelte allerdings nur bei unveränderter Lage.[1829]

Was die Schiffe in Übersee anging, so verließ die „Geier" Singapore, um nach Yap zu gehen. Auf der Fahrt wurde die Gefechtsbereitschaft des Schiffes hergestellt.[1830] In Tsingtau waren mittlerweile fast alle dort für den Kriegsfall vorgesehenen Einheiten eingetroffen.[1831]

Da angesichts der politischen Situation jederzeit mit Anordnungen zu militärischen Vorbereitung gerechnet werden mußte, ergab sich die Notwendigkeit weiterer Klarstellungen. Das Bayerische Kriegsministerium gab die Regelungen für die Einberufung der Landwehr bei Verstärkung des Heeres bekannt. Grundlage dafür war ein Schreiben des Preußischen Kriegsministeriums.[1832] Es galt Zweifel zu klären, ob bei Verstärkung des Heeres neben Mannschaften der Reserve auch solche der Landwehr einberufen werden dürften. Dies stelle kein Problem bei gleichzeitigem Ausspruch der Verstärkung und Verhängung des Kriegszustandes dar. Werde aber eine Verstärkung ohne Kriegszustand befohlen, so sei die Einziehung von Soldaten der Landwehr nicht generell vorgesehen, könne aber von einzelnen Befehlshabern nach Bedarf durchaus verfügt werden. Dabei sei allerdings zu beachten, daß der Einsatz dieser Leute dann einigen rechtlichen Beschränkungen unterliege.[1833] Dieses Schreiben belegt, daß immer noch Zweifel bei der Handhabung der einzelnen Maßnahmen in der Truppe bestanden. Im Ernstfall war man gut beraten, die Mobilmachung möglichst einfach zu gestalten. Da mußten die verschiedenen Stadien der deutschen Vorbereitung auf einen Krieg mit ihren jeweiligen Sonderregelungen nur verwirrend wirken.

In politisch gespannten Zeiten gewinnt die Geheimhaltung eine zunehmende Bedeutung. Dies gilt ganz besonders für die bei militärischen Projekten beschäftigten Personen. Dementsprechend schrieb das Preußische Kriegsministerium: „Es liegt Veranlassung vor darauf hinzuweisen, daß allen im Festungsbauwesen beschäftigten Zivilpersonen das Gesetz gegen den Verrat militärischer Geheimnisse vom 2. Juni 1914 bei ihrer erstmaligen Einstellung in ihrer Mutter-

---

[1829] Kommando I. Geschwader Ergänzung zu Nr. Gg. 412 A. 1., ebd.
[1830] Marine-Archiv: Kreuzerkrieg, Bd. 2, S. 334 f.
[1831] Ebd., Bd. 1, S. 65.
[1832] Preuß. Kriegsministerium Nr. M . J. 2187/14. A 1, BHStA Abtl. IV M Kr Nr. 685.
[1833] Schreiben Bayr. Kriegsministerium Nr. 20054, BHStA Abtl. IV 16. Inf.-Reg. (F) Bund 175/2.

sprache bekannt gemacht werden muß."[1834] Nach dieser Anweisung ist dann auch in Zukunft verfahren worden.[1835]

Bei der Armee beschäftigte man sich immer noch mit dem zivilen Bahnschutz. Das Sächsische Kriegsministerium übermittelte nun am 29. Juli dem XIX. A. K. das entsprechende Schreiben des Preußischen Kriegsministeriums vom 28. Juli mit der Anweisung, so zu verfahren, wenn dies nicht bereits geschehen sei.[1836] Das Generalkommando gab die entsprechenden Anweisungen dann telephonisch weiter.[1837] Hierbei kann es sich nur noch um Präzisierungen handeln – für alles andere kam diese Information nun wirklich zu spät. In Württemberg waren die notwendigen Vorkehrungen am 29. getroffen worden.[1838] Um die Beamten in dem Gebrauch der Waffen zu unterweisen, erhielten die Bahnbehörden im Bereich des I. A. K. in München Truppenteile zugewiesen, von denen die benötigten Unteroffiziere direkt angefordert werden konnten. Diesen Instrukteure sollten zweckmäßiger Weise Exerzierpatronen mitgegeben werden.[1839] Nicht überall verlief die Aufstellung reibungslos. Das XIV. A. K. mußte am 29. Juli die Korpsintendantur zur Beschleunigung der Ausrüstung der zivilen Kräfte drängen.[1840] Beim 7. Infanterie-Regiment sollte am 29. Juli um 8 Uhr ein Kommando zur Verpackung der benötigten Waffen gestellt werden.[1841] Also auch nicht gerade ein Beispiel für besondere Schnelligkeit. Beim Bezirkskommando Borna dachte man schon einen Schritt weiter auch an den Bahnschutz durch militärische Kräfte: man habe eine Reihe von Offizieren und Unteroffizieren, die sich zu einer solchen Verwendung bereit erklärt hätten, nun wolle man in Anbetracht der politischen Lage die nötige Änderung in den Mobilmachungsbestimmungen dieser Leute schon jetzt beantragen und sie so bald wie möglich zu einer ein- bis fünftägigen Übung einzuziehen.[1842] Der Bahnschutz zeigt sehr deutlich, wie die rasante Entwicklung der Krise manche Maßnahme vor ihrer eigentlichen Durchführung obsolet machte. Denn am Abend des 29. Juli sollte bereits angeordnet

---

[1834] Schreiben Nr. 13334/14 g. A. 6. an General-Inspektion d. Ingenieurs-, Pionierkorps u. d. Festungen, SHStA Sächs. Kriegsarchiv (D) Nr. 25274.

[1835] Liste v. Arbeitern, die unterschriftlich Kenntnis d. Gesetztes bestätigen, 06.08.1914, ebd.

[1836] Schreiben Nr. 384 I M., SHStA Sächs. Kriegsarchiv (P) Nr. 23361.

[1837] Notizen auf Dokument, ebd.

[1838] Notiz Württ. Kriegsministerium auf Schreiben Preuß. Kriegsministerium Nr. 10. G. g. A. 1, HStAS M 33/2, Nr. 1; KTB Gen. Kdo. XIII. A. K., 28.07-31.10.1914, HStAS M 410, Bund 12 Band 24.

[1839] Rundschreiben I. A. K. Nr. 18402/71 I g, BHStA Abtl. IV 1. Inf.-Brig. (F) Bund 19.

[1840] Schreiben Abtl. I a Nr. 1579 Mob., GlAK Abtl. 456 F5/58.

[1841] Batl.-Befehl, Befehlsbuch 7. Inf.-Reg., BHStA Abtl. IV b. 7. Inf.-Reg. (F) Bund 18.

[1842] Schreiben Nr. 534 M an Garnisonskommando Borna, SHStA Sächs. Kriegsarchiv (P) Nr. 21363.

werden, die Bahnen und wichtige Bauten durch aktive Truppen zu schützen. Die ersten Befehle zur Durchführung des militärischen Bahnschutzes wurden im Bereich des XIV. A. K. noch in der Nacht vom 29. zum 30. Juli erteilt.[1843] In der Festung Thorn war der Bahnschutz bereits im Verlauf des Tages in Kraft getreten.[1844] Damit hatte der Festungskommandant aus eigener Initiative der offiziellen Entwicklung vorgegriffen.

Wie erwähnt wurde vom Kriegsministerium die Rückrufung der Truppen in ihre Standorte angeordnet. In Berlin erging der Befehl zur Zurückbeförderung aller Truppen erst um 13 Uhr.[1845] Ein entsprechendes Telegramm wurde am frühen Nachmittag abgesandt.[1846] In Württemberg wurde diese Anordnung um 16.40 weitergereicht und um 18 Uhr kam die Vollzugsmeldung durch die Truppe.[1847] Um keine Mängel in der Ausbildung eintreten zu lassen, sollten die anstehenden Übungen – darunter auch Gefechtsschießen – in der Nähe der Standorte durchgeführt werden. Wegen der vielleicht notwendigen Entschädigungen blieb die Auswahl der Plätze dabei den Garnisons-Ältesten überlassen.[1848] Dem Befehl zur Rückkehr aller Truppen folgte 22.40 Uhr die Rückberufung aller Urlauber.[1849] Das entsprechende Telegramm verließ Berlin nur 5 Minuten später.[1850] Gegen 23.30 kam dann der Befehl, den Bahnschutz durch aktive Truppen durchführen zu lassen. Zum gleichen Zeitpunkt wurde angeordnet, Befestigungsarbeiten auf Gelände, welches sich im Staatsbesitz befand, zu beginnen.[1851] Diese Anweisung ging an die Festungen Königsberg, Posen, Metz, Diedenhofen, Straßburg, Neubreisach, Marienburg, Thorn, Graudenz und Boyen.[1852] Wie bereits oben erwähnt, sollte es bis zum 31. Juli dauern, bis der Durchführungsbe-

---

[1843] Korpsbefehl, GlAK Abtl. 456 EV 11, Bund 3, Heft 1.

[1844] Manuskript Hptm. Mossdorf: Grenz- , Bahn-, Küstenschutz im Bereich des XVII. Armeekorps, beendet 24.06.1919, BA-MA W-10/50931.

[1845] Broschüre: Rußlands Mobilmachung für den Weltkrieg, S. 24, BA-MA W-10/50891.

[1846] Tel. Preuß. Kriegsministerium Nr. 3896 I an Sächs. Kriegsministerium, ab 15.40, dort ein: 30.07., 7.35 Uhr, SHStA Sächs. Kriegsarchiv (P) Nr. 23361; Tel. an Württ. Kriegsministerium, ab 14.15, HStAS M 33/2, Nr. 1; Aktennotiz Bayr. Kriegsministerium Nr. 21742 über Tel. Preuß. Kriegsministerium, ab 14.15, ein 16.45 Uhr, BHStA Abtl. IV M Kr Nr. 1715.

[1847] Notizen Württ. Kriegsministerium auf Tel. an Württ. Kriegsministerium, HStAS M 33/2, Nr. 1.

[1848] Rundschreiben Preuß. Kriegsministerium Nr. 1402/7. 14 A 1, GlAK Abtl. 456 F 5/182.

[1849] Broschüre: Rußlands Mobilmachung für den Weltkrieg, S. 24, BA-MA W-10/50891.

[1850] Tel. Preuß. Kriegsministerium an Württ. Kriegsministerium, ab 23.45, an 30.07., 7.00 Uhr, HStAS M 33/2, Nr. 1.

[1851] Broschüre: Rußlands Mobilmachung für den Weltkrieg, S. 24, BA-MA W-10/50891.

[1852] Vorgeschichte: Montgelas, Anlage 20, S. 69.

fehl erteilt wurde. Die Besatzung der Insel Borkum wurde verstärkt.[1853] Die dafür benötigten Truppen wurden vom X. A. K. gestellt; Generalstab und RMA wurden erst am Vormittag des 30. Juli durch das Kriegsministerium darüber informiert.[1854] Daneben wurde noch die Bewachung der Luftschiffanlagen und die Überführung des Luftschiffes Z IX nach Dresden angeordnet.[1855] Die Ausfuhr von Kriegsmaterial nach Serbien und Rußland wurde unterbunden.[1856] Die wachsende Kriegsgefahr veranlaßte Moltke, den Entwurf seiner Note an Belgien an das AA zu übersenden.[1857] Sie wurde sofort der Botschaft in Brüssel zugestellt mit der Anweisung, sie nur nach besonderer Aufforderung aus Berlin der belgischen Regierung zu überreichen.[1858] Mangels Vorbereitung innerhalb des AA sah man sich dort gezwungen, den Entwurf des Generalstabschefs zu übernehmen.[1859] Auch ansonsten war der Generalstab nicht untätig. Da der Bearbeiter für die Festung Lüttich im Urlaub nicht erreichbar war, wurde für ihn ein Vertreter ernannt. Dieser – Major Scherlaus – begab sich noch am 29. Juli nach Aachen. Von dort aus reiste er tagtäglich über die Grenze nach Lüttich und berichtete allabendlich über die Tätigkeiten der Belgier.[1860] Die Eisenbahn-Abteilung des Generalstabs in Berlin beantragte die Einberufung des Mobilmachungsadjutanten der bayerischen Linienkommandantur K II zu einer Übung per Telegramm von 14 Uhr.[1861] Am Vormittag ordnete das Württembergische Kriegsministerium die Bewachung des Zeppelinwerkes in Friedrichshafen an.[1862] Dies geschah wohl im Zusammenhang mit der entsprechenden Anordnung des Preußischen Kriegsministeriums. Das Kriegsministerium in München richtete einen Tag- und Nachtdienst ein, der auch an Sonn- und Feiertagen aufrechtzuerhalten war.[1863] In Württemberg richtete die Post in allen Truppenstand-

---

[1853] Manuskript: Die deutsche Armee bei Kriegsausbruch, o. J., [um 1920], Bl. 5, BA-MA W-10/50891.
[1854] Vorgeschichte: Montgelas, Anlage 20, S. 69.
[1855] Ebd., Anlage 20, S. 69.
[1856] Ebd., Anlage 20, S. 69.
[1857] Manuskript: Die deutsche Armee bei Kriegsausbruch, o. J., [um 1920], Bl. 194, BA-MA W-10/50891.
[1858] Albertini Bd. 2, S. 303; Fischer: Krieg S. 730.
[1859] Bredt S. 115.
[1860] Briefe Scherlaus` ans Reichsarchiv, 17. u. 19.10.1920, BA-MA W-10/50951.
[1861] Tel. an Gen. Kdo. III. A. K., BHStA Abtl. IV Gen. Kdo. III. A. K. (WK) Bund 7.
[1862] Tel. an Luftschiffer-Batl. 4, BA-MA PH 18/70.
[1863] Internes Rundschreiben Bayr. Kriegsministerium, BHStA Abtl. IV M Kr Nr. 902.

orten einen ständigen Nachtdienst ein. Telegramme aus dem Ausland wurden durch Postbeamte auf ihren Inhalt überprüft.[1864]

Mit dem 29. Juli begann Bayern, eine Vorreiterrolle bei der Anordnung von Maßnahmen zu übernehmen. Bereits am Vortage scheinen gewisse Anordnungen ergangen zu sein. Die 11. Infanterie-Brigade in Ingolstadt berichtete dem III. A. K., welche Maßnahmen man auf dessen Anweisung vom 28. Juli ergriffen habe. Man habe alle beurlaubten Soldaten einberufen, die bei einer Rückberufung länger als vier Stunden zu fahren hätten. Dadurch hätten die Einheiten der Brigade nun die Hälfte ihrer aktiven Stärke erreicht. Die örtliche Presse sei ersucht worden, darüber nicht zu berichten. Die 6. Division sei ebenfalls informiert worden.[1865] Offensichtlich handelte es sich bei der Anweisung vom 28. Juli nicht um die Rückberufung aller Urlauber, sondern eher um eine Warnung, für diesen Fall sich bereits vorzubereiten. Da das Telegramm zur Rückberufung der beschleunigt mobilzumachenden Truppen vom Vortage in München zu lange liegen geblieben war, gingen die Telegramme an die bayerischen Truppen erst am 29. heraus. Selbständig wurde die Anweisung angefügt, auch die Ernteurlauber zurückzurufen.[1866] Ob dieser eigenmächtigen Erweiterung der Ursprungsorder unsicher geworden, bat man den bayerischen Militärbevollmächtigten, sich nach dieser Maßnahme in Berlin zu erkunden. Sein Antworttelegramm ging um 13.50 Uhr in München ein und besagte, das Preußische Kriegsministerium habe die Ernteurlauber noch nicht zurückgerufen.[1867] Man hatte wohl erwartet, daß in der Zeit, in der das ursprüngliche Telegramm in München liegengeblieben war, eine entsprechende Anweisung in Berlin getroffen wurde. Eine entsprechende Information konnte man wohl durch einen Telephonanruf nach Berlin erhalten haben. Im Münchener Kriegsministerium kommentierte man nun die Entscheidung, die Ernteurlauber zurückzurufen dahingehend, daß in Bayern insofern andere Verhältnisse vorlägen, als es hier wesentlich mehr Ernteurlauber als in Preußen gäbe.[1868]

Nun war man den Preußen bei der Anordnung von Maßnahmen voraus. Noch bevor die Antwort des Militärbevollmächtigten eintraf, hatte man im Bayerischen Kriegsministerium einen weiteren Schritt eingeleitet. Dort interpretierte man den Passus im Telegramm des Preußischen Kriegsministeriums vom 28.

[1864] Schreiben Württ. Kriegsministerium Nr. 2131/14 A an XIII. A. K., 30.07.1914, HStAS M 33/2 Nr. 1.

[1865] Schreiben Nr. 47 IV, 29.07.1914, BHStA Abtl. IV Gen. Kdo. III. A. K. (WK) Bund 7.

[1866] Aktennotiz Bayr. Kriegsministerium Nr. 21612, BHStA Abtl. IV M Kr Nr. 1715.

[1867] Aktennotiz Bayr. Kriegsministerium Nr. 21689, ebd.; Tel. gedruckt DD, Bd. 4, Anhang IV a, Nr. 1, S. 153.

[1868] Aktennotiz Bayr. Kriegsministerium Nr. 21689, BHStA Abtl. IV M Kr Nr. 1715.

Juli, der davon sprach, die restlichen Truppen morgen in ihre Standorte zurückzurufen so, daß keine weitere Aufforderung dazu ergehen werde und die konkrete Anordnung in der Hand des Bayerischen Kriegsministeriums läge. Demzufolge wurde die Rückkehr aller Truppen befohlen.[1869] So ergab es sich, daß um 11.20 ein Telegramm abging, das die Zurückberufung der Truppen mit beschleunigter Mobilmachung und der Ernteurlauber anordnete.[1870] Dem folgte um 12 Uhr ein weiteres Telegramm, welches alle Truppen zurück in die Standorte befahl.[1871] Beide Telegramme trafen kurz nacheinander bei der Truppe ein und wurden auf verschiedenen Wegen weitergeleitet.[1872] Damit war man den Preußen wiederum voraus. Denn dort erging der vergleichbare Befehl erst um 13 Uhr. Das Telegramm mit den entsprechenden Anweisungen traf um 16.45 aus Berlin im Bayerischen Kriegsministerium ein.[1873] Da die grundlegende Anordnung der Zurückberufung bereits – telegraphisch und telephonisch – erteilt worden war, übernahm man nur den Schlußpassus, der ein weiteres Ausrücken der Truppen zu Übungen untersagte. Dies wurde in München dahingehend abgeändert, daß den Truppen nur erlaubt wurde, sich soweit von den Standorten zu entfernen, daß ein eventueller Mobilmachungsbefehl sie jederzeit erreichen könne. Diese Ergänzung wurde der Truppe in den Abendstunden bekanntgegeben.[1874] Die Anordnung wurde als „Ergänzung der telegraphischen und telephonischen Mitteilungen von heute" deklariert; als weitere Ergänzung wurde noch die Besetzung der Fernsprecher bei Tag und Nacht verfügt.[1875]

Die beiden Telegramme über die Rückberufungsbefehle des Bayerischen Kriegsministeriums lösten eine Welle von Folgeereignissen aus. Das 17. Infanterie-Regiment berichtete vormittags seiner Brigade telephonisch, daß man seitens des Regiments die Ernteurlauber zurückberufen habe, da die Kommandantur Germersheim Brückenschutz angefordert habe.[1876] Bereits um 11 Uhr waren die Truppen auf dem Übungsgelände Grafenwöhr durch das III. A. K. gewarnt worden, daß die Schießübungen zu beenden seien und sich die Einheiten zum Rücktransport in die Standorte bereit halten sollten. Die „drohende Kriegsge-

---

[1869] Aktennotiz Bayr. Kriegsministerium Nr. 21693, ebd.

[1870] Tel. Bayr. Kriegsministerium an III. A. K., BHStA Abtl. IV Gen. Kdo. III. A. K. (WK) Bund 7.

[1871] Tel. Bayr. Kriegsministerium an III. A. K., ebd.

[1872] KTB III. A. K., 29.07.-31.12.1914, BHStA Abtl. IV Gen. Kdo. III. A. K. (WK) Bund 1.

[1873] Aktennotiz Bayr. Kriegsministerium Nr. 21742, BHStA Abtl. IV M Kr Nr. 1715.

[1874] Ebd.

[1875] Rundschreiben Bayr. Kriegsministerium Nr. 21742, BHStA Abtl. IV Gen. Kdo. III. A. K. (WK) Bund 7.

[1876] KTB 6. Inf.-Brig., BHStA Abtl. IV 6. Inf.-Brig. (WK) Bund 1.

fahr" sei damit nicht gegeben, wurde seitens des Generalkommandos besonders betont.[1877] Die Warnung wurde innerhalb der Truppe weitergereicht.[1878] Aus dieser Warnung die richtigen Schlußfolgerungen ziehend, bereitete die Kommandantur des Platzes einen Befehl vor, der die Einzelheiten einer Auflösung der Schießkurse regelte. Noch bevor er verteilt werden konnte, traf der mündliche Auflösungsbescheid ein, so daß die sich daraus ergebenen Änderungen noch eingearbeitet werden konnten.[1879] Um 12 Uhr wies das I. A. K. die Bezirkskommandos an, zwischen dem 29. Juli und dem 15. August keine Soldaten des Beurlaubtenstandes zu Übungen bei diesem Armeekorps einzuberufen.[1880] Die 4. Infanterie-Division erhielt um 12.15 seitens des II. A. K. sowohl telephonisch als auch telegraphisch die Anweisung, alle Mannschaften und Offiziere der Truppe aus dem Urlaub zurückzurufen. Für Offiziere der Divisons- und Brigadestäbe erscheine eine solche Maßnahme noch nicht geboten.[1881] Der abwesende Kommandeur wurde telephonisch über diese Maßnahme informiert, hielt es aber nicht für nötig, zum Dienst zurückzukehren.[1882] Im Bereich des III. A. K. telephonierte die 5. Division um 12.30 Uhr mit dem 21. Infanterie-Regiment und übermittelte die Anweisung, alle beurlaubten Soldaten zurückzurufen, die Übungsformationen aufzulösen und ausgerückte Truppen in ihre Standorte zurückzubefördern, dabei sollten die übenden Soldaten des Beurlaubtenstandes bei der Truppe verbleiben.[1883] Die Truppen auf dem Truppenübungsplatz Hammelburg erhielten um 13 Uhr telephonisch die Anweisung, ab dem Nachmittag Übungen außerhalb der Lager zu unterlassen und die ausgerückten Einheiten in ihre Standorte zurückzutransportieren.[1884] Das 3. Feldartillerie-Regiment tele-

---

[1877] KTB 2. Feldart.-Brig., 30.07.1914-31.03.1915, BHStA Abtl. IV 2. Feldart.-Brig./Arko 2 (WK) Bund 1 Akt 1.

[1878] Mitgeteilt als Befehl des Reg., KTB 3. Fahr. Battr. 4. Feldart.-Reg., BHStA Abtl. IV HS 2914.

[1879] Befehl Truppenübungsplatz Grafenwöhr Nr. 7 g, BHStA Abtl. IV 3. Feldart.-Reg. (WK) Bund 1.

[1880] Tel. an III. A. K., BHStA Abtl. IV Gen. Kdo. III. A. K. (WK) Bund 7.

[1881] KTB 4. Inf.-Div., 29.07.-18.10.1914, BHStA Abtl. IV 4. Inf.-Div. (WK) Bund 1; Graf M. Montgelas: Aus einem Kriegstagebuch. S. 910, in: Berliner Monatshefte, X. Jg. 1932, S. 909-912.

[1882] Ebd., S. 910; der Kommandeur war Montgelas.

[1883] Div.-Befehl, Befehlsbuch II./21. Inf.-Reg., 1914, BHStA Abtl. IV 21. Inf.-Reg. (F) Bund 4/2; das KTB d. Stabes d. 21. Inf.-Reg. verzeichnet um 12.30 Uhr nur den telephonischen Befehl alle Urlauber zurückzurufen, KTB Stab 21. Inf.-Reg., 29.07.-12.10.1914, BHStA Abtl. IV 21. Inf.-Reg. (WK) Bund 1.

[1884] Der Befehl zum Abtransport erfolgte gegen 16 Uhr, KTB 3. Feldart.-Brig., 29.07.-24.10.1914, BHStA Abtl. IV 3. Feldart.-Brig./Arko 3 (WK) Bund 1 Akt 1.

graphierte um 14 Uhr dem III. A. K., der Schießlehrkurs sei aufgelöst.[1885] In den Nachmittagsstunden trafen die verschiedenen Befehle bei den Truppen ein. Um 15 Uhr erhielten einige Einheiten des I. A. K. die Order, die Urlauber zurückzurufen.[1886] Der entsprechende Befehl dürfte den Wortlaut gehabt haben: „Alle Beurlaubten sind sofort zurückzurufen. Niemand verläßt den Standort. Rückkehr ausgerückter Truppen regelt das Generalkommando."[1887] Dagegen traf im Bereich des II. A. K. die Anordnungen die Ernteurlauber betreffend teilweise erst gegen 16 Uhr ein.[1888] Der Garnisons-Älteste Bamberg übermittelte den telegraphischen Befehl des Generalkommandos, dabei handelte es sich um das II. A. K., alle Urlauber zurückzurufen, um 20.30 Uhr an das 5. Infanterie-Regiment zur Weitervermittlung an alle Truppen des Standortes.[1889] Bei der ebenfalls zum II. A. K. gehörenden 6. Infanterie-Brigade erhielt der Brigadeadjutant um 23.30 in seiner Wohnung Kenntnis von der Heimholung aller Urlauber sowie der Aufstellung des Bahnschutzes.[1890] Die 3. Division erließ um 23.15 Uhr den Befehl, den militärischen Bahnschutz einzurichten. Daraufhin wurden beim 22. Infanterie-Regiment noch in der Nacht die nötigen Vorbereitungen getroffen.[1891] Gleichzeitig mit dem Bahnschutztelegramm trafen zwei Telegramme des II. A. K. ein; das eine mit der Anweisung, alle Urlauber zurückzurufen, das andere betraf die Entlassung zur Zeit übender Offiziere und Offiziersaspiranten des Beurlaubtenstandes.[1892] Die 6. Division, die zum III. A. K. gehörte, erteilte folgende Anweisungen um 21.10 Uhr: Rückrufung aller Urlauber, Auflösung der Übungsformationen, Rückkehr der Truppen in ihre Standorte und die übenden Offiziere und Offiziersaspiranten verbleiben bei den Truppen.[1893] Das betreffende Generalkommando erließ noch einen ausführlicheren Befehl. Zusätzlich zu den bereits von der 6. Division genannten Anordnungen wurde befohlen: diejenigen Soldaten, die zum Kavallerie-Ausbildungskurs einberufen seien, kehren zu ih-

---

[1885] BHStA Abtl. IV Gen. Kdo. III. A. K. (WK) Bund 7.
[1886] KTB 2. Feldart.-Brig., 30.07.1914-31.03.1915, BHStA Abtl. IV 2. Feldart.-Brig./Arko 2 (WK) Bund 1, Akt 1; irrtümlich unter dem 28.07. ebenfalls um 15 Uhr, KTB Stab mit 3., 4. Esk. 28.07.1914-31.12.1915, BHStA Abtl. IV 8. Chev.-Reg. (WK) Bund 1, Akt 3.
[1887] Befehl I. A. K., BHStA Abtl. IV M Kr Nr. 1715; weiteres Exemplar 1. Inf.-Brig. (F) Bund 19; 1. Kav.-Brig. (WK) Bund 14, Akt 6, alle BHStA Abtl. IV.
[1888] 15.50 Uhr, KTB 9. Inf.-Reg. 29.07.1914-24.06.1915, 9. Inf.-Reg. (WK) Bund 1; 16 Uhr, KTB Stab I. Abtl. 11. Feldart.-Reg., 30.07.1914-31.01.1915, 11. Feldart.-Reg. (WK) Bund 37, Akt 1; alle BHStA Abtl. IV.
[1889] BHStA Abtl. IV 4. Kav.-Brig. (WK) Bund 8.
[1890] KTB 6. Inf.-Brig., BHStA Abtl. IV 6. Inf.-Brig. (WK) Bund 1.
[1891] KTB Stab 22. Inf.-Reg., BHStA Abtl. IV 22. Inf.-Reg. (WK) Bund 1.
[1892] Ebd.
[1893] Tel. an 12. Inf.-Brig., BHStA Abtl. IV 12. Inf.-Brig. (WK) Bund 13.

rem Truppenteil zurück; außerdem sei Vorsorge zu treffen, daß Offiziere, die im Mobilmachungsfall zu einer anderen Truppe müssen, diese dann rechtzeitig erreichen könnten.[1894] Fraglich ist angesichts der vielen verschiedenen Zeitangaben, wann der Befehl zur Rückkehr aller Urlauber erteilt wurde. Nimmt man die frühesten Zeitangaben als Grundlage, so ist er am Mittag kurz nach der Anordnung, alle Truppen in die Standorte zurückzubefördern, ergangen. Fraglich ist nur der Zeitpunkt des Befehls, keinesfalls aber die Tatsache, daß er seitens des Bayerischen Kriegsministeriums vor der entsprechenden Weisung aus Berlin erteilt wurde; denn als am 30. Juli um 2.10 Uhr morgens das entsprechende Telegramm aus Berlin in München eintraf, notierte man dort, es sei nichts zu veranlassen, da man die Rückberufung der Urlauber bereits am 29. ausgesprochen habe.[1895] Somit war man auch diesmal in Bayern wieder schneller als in Preußen.

Mit der Rückberufung der Urlauber hatte sich das bayerische Repertoire an Maßnahmen noch nicht erschöpft. Beim II. A. K. erging um 18.30 Uhr die Anweisung, die jetzt übenden Offiziere und Offiziersaspiranten des Beurlaubtenstandes in die Heimat zu entlassen sowie solche Personen nicht mehr zu Übungen einzuziehen.[1896] Um 21 Uhr ging vom selben Generalkommando ein gleichlautendes Telegramm an das 5. Chevaulegers-Regiment.[1897] Da die Anordnungen am 29. Juli rasch aufeinander folgten und so leicht der Überblick verloren gehen konnte, gab das I. A. K. in einem Rundschreiben noch einmal einen Überblick und regelte nähere Einzelheiten. Es seien die Urlauber zurückgerufen worden, Übungen des Beurlaubtenstandes im Bereich des I. A. K. fänden vorläufig nicht mehr statt, die Truppenteile verblieben von nun an in ihren Standorten, Beurlaubungen von Soldaten seien nur noch in besonderen Ausnahmefällen statthaft, alle zur Zeit übenden Angehörigen des Beurlaubtenstandes seien zu entlassen, die Schießlehrkurse der Feld- und Fußartillerie seien aufgelöst und Ausbildungskurse für Angehörige des Beurlaubtenstandes fänden nicht mehr statt. Zweck aller Maßnahmen sei es: „normale Verhältnisse für eine etwaige Mobilmachung zu schaffen. Besonders betont wird, daß der Zustand der drohenden Kriegsgefahr (Mob.-Anl. § 5 Ziff. 9) erst dann eintritt, wenn dies

---

[1894] Rundschreiben III. A. K. Nr. 15420, BHStA Abtl. IV Gen. Kdo. III. A. K. (WK) Bund 7; weiteres Exemplar BHStA Abtl. IV 12. Inf.-Brig. (WK) Bund 13.
[1895] Aktennotiz Bayr. Kriegsministerium, BHStA Abtl. IV M Kr Nr. 1715; das Tel. war um 23 Uhr in Berlin abgegangen, ebd.
[1896] KTB 9. Inf.-Reg. 29.07.1914-24.06.1915, BHStA Abtl. IV 9. Inf.-Reg. (WK) Bund 1.
[1897] Es sollte am 30.07., 12.50 Uhr eingehen, BHStA Abtl. IV 5. Chev.-Reg. (WK) Bund 3 a.

nach Mob. Pl. § 6 Ziff. 1 Abs. 2 besonders und ausdrücklich mitgeteilt wird."[1898] Beim III. A. K. ging im Verlaufe des 29. Juli eine Verfügung über die Bewachung der Eisenbahnen aus Berlin ein.[1899] Oben wurden bereits zwei Fälle im Bereich des II. A. K.'s genannt, bei denen der militärische Bahnschutz um 23 Uhr befohlen wurde. Der Bahnschutz stand dann bei einigen Einheiten sehr schnell. Beim 23. Infanterie-Regiment waren die Kommandos bereits drei Stunden nach Eingang abtransportiert.[1900] Also auch hier wurde diese Maßnahme in Bayern angeordnet, bevor sie in Berlin befohlen wurde. Um eine Mobilmachung auch personell vorbereiten zu können, bat das Bayerische Kriegsministerium in Anbetracht der „politischen Lage" um sofortige Mitteilung derjenigen Offiziere, die zwar eine Kriegseinteilung hätten, zur Zeit aber nicht dienstfähig seien.[1901]

Ein anderes Problem, welches eng mit den getroffenen Maßnahmen zusammenhing, beschäftigte das III. A. K. Eine Maßnahme wie die Rückberufung der Urlauber konnte der Öffentlichkeit nicht verborgen bleiben. Um die Berichterstattung darüber einzudämmen, entwarf man im Generalkommando einen Brief an die zivilen Behörden, den man allerdings nicht abschickte. In dem Entwurf wurde betont, aus der Einleitung militärischer Maßnahmen könnten keinerlei weiterreichende Schlüsse gezogen werden. Es hätten zudem bisher nur einzelne Einheiten ihre Urlauber zurückberufen. Um eine Beunruhigung der Bevölkerung und falsche Nachrichten in der ausländischen Presse zu vermeiden, sollten die zivilen Behörden doch die Presse bitten, entweder gar nichts zu berichten oder sich jeglicher Spekulation zu enthalten.[1902] Auch in Bayern war man also bemüht, bei den getroffenen Maßnahmen möglichst unauffällig zu verfahren.

Nun sollte man nicht glauben, an diesem Tag ging es nur um den möglichen Krieg. Im Befehlsbereich des XIX. A. K.'s z. B. wurde am 29. Juli zu Übungszwecken für 14 Dienststellen eine Probemobilmachung angeordnet.[1903] Damit wurde der normale Dienst fortgesetzt. Trotz der angespannten Lage machte der bayerische Generalstabschef einen längeren Ausflug und war damit den ganzen

---

[1898] Rundschreiben Nr. 2167 M, BHStA Abtl. IV 1. Inf.-Brig. (F) Bund 19; weitere Exemplare in M Kr Nr. 1715; Gen. Kdo. III. A. K. (WK) Bund 7; 1. Kav.-Brig. (WK) Bund 14, Akt 6; 1. Inf.-Brig. (F) Bund 19; alle BHStA Abtl. IV.

[1899] KTB III. A. K., 29.07.-31.12.1914, BHStA Abtl. IV Gen. Kdo. III. A. K. (WK) Bund 1.

[1900] KTB Stab 23. Inf.-Reg., BHStA Abtl. IV 23. Inf.-Reg. (WK) Bund 1, Akt 1.

[1901] Rundschreiben Nr. 21753, BHStA Abtl. IV 6. Inf.-Reg. (F) Bund 140; weiteres Exemplar BHStA Abtl. IV 1. Kav.-Brig. (WK) Bund 14, Akt 6.

[1902] Briefentwurf, Notiz am Kopf: „Nicht ausgelaufen!", BHStA Abtl. IV Gen. Kdo. III. A. K. (WK) Bund 7.

[1903] Rahne, Bd. 1, S. 152.

Tag für den Stab nicht erreichbar.[1904] Das bayerische II. und III. A. K. hatten nun endlich Zeit gefunden, ihrem Kriegsministerium auf dessen Schreiben vom 18. Juli über die Soldaten des Beurlaubtenstandes bei einer Mobilmachung zu antworten. Das III. A. K. äußerte ganz geschäftsmäßig eine Reihe von Vorschlägen.[1905] Ebenso verfuhr das II., welches sich aber nicht verkneifen konnte, am Schluß zu bemerken: „Das Generalkommando hält den gegenwärtigen Zeitpunkt für nicht geeignet zur Einführung irgend welcher Neuerungen im Mob. Verfahren."[1906]

Der Ablauf dieses Tages in Bayern ist sehr aufschlußreich. Es läßt sich feststellen, daß die Tendenz bestand, vor dem eigentlichen Befehl zu einer Maßnahme bereits eine Art von Warnung herauszugeben. Die vielen Hinweise auf telephonische und telegraphische Mitteilungen legen ein Verfahren nahe, bei dem zuerst ein Befehl fernmündlich weitergegeben wurde, um ihn dann später offiziell schriftlich zuzustellen. Ein solches Verfahren hatte natürlich seine Schwachstellen. Befehle konnten falsch verstanden werden; durch die unterschiedlichen Eingänge konnte Verwirrung entstehen, zumal an einem Tag wie dem 29., wo sich die Anordnungen überstürzten. Desweiteren konnte es durch das Nebeneinander von Einheiten, welche bereits informiert waren, und anderen, nichtinformierten, Truppen zur Gerüchtebildung kommen. Dies scheint am 29. in Bayern nicht der Fall gewesen zu sein, aber die Gefahr war vorhanden. Wie die vereinzelten Äußerungen über die Presse zeigen, war man sich der Gefahr eines negativen Eindrucks in der nationalen und internationalen Öffentlichkeit, den die getroffenen Maßnahmen hervorrufen könnten, wohl bewußt. Die Hinweise, die „drohende Kriegsgefahr" sei nicht gegeben bzw. alle Anordnungen dienten nur der Schaffung einer guten Ausgangslage für eine eventuelle Mobilmachung, zeigen außerdem, daß das Risiko erkannt wurde, durch Gerüchte, falsch verstandene Befehle oder Eigeninitiative übereifriger Kommandeure eine unkontrollierbare Kettenreaktion hervorzurufen. Man sah wohl keine Möglichkeit, dieses Risiko ganz zu vermeiden. Daß solche Irrtümer vorkamen, zeigt das Kriegstagebuch des bayerischen 1. Ulanen-Regiments. Dort steht unter dem 29. Juli: „Abends 8 Uhr: Ausspruch drohender Kriegsgefahr."[1907] Und im Osten erhielt der kommandierende General des I. A. K. sogar ein Telegramm mit dem Inhalt:

[1904] KTB Krafft v. Dellmensingen, 29.07.1914, BHStA Abtl. IV Nl. Krafft v. Dellmensingen Nr. 145.
[1905] Schreiben Nr. 14786, BHStA Abtl. IV M Kr Nr. 1583.
[1906] Schreiben Nr. 15486, ebd.
[1907] Sinnvollerweise heißt es weiter: „30. Juli 1. Tag drohender Kriegsgefahr. 31. Juli 2. Tag drohender Kriegsgefahr.", KTB 1 Ulanen-Reg., 29.07.1914-15.08.1917, BHStA Abtl. IV 1. Ulanen-Reg. (WK) Nr. [sic] 1.

„Drohende Kriegsgefahr".[1908] Leider schweigen die Quellen über den weiteren Verlauf beim I. A. K.

Die Hauptfrage jedoch ist die, warum Bayern am 29. Juli auf einmal die Initiative an sich riß und Befehle erteilte, bevor die entsprechenden Anweisungen in Berlin beschlossen worden und in München eingetroffen waren. Die wahrscheinlichste Erklärung ist die, daß man in München wußte, welche Anordnungen kommen würden, und daß man ebenfalls den ungefähren Zeitpunkt ihrer Anordnung kannte. Dann mag man aus einem Bündel von Motiven – Abkürzung der langwierigen Instanzenwege, bayerische Eigenständigkeit oder sogar aufgrund inoffizieller Ermunterung aus dem Preußischen Kriegsministerium – die Befehle einfach erteilt haben, ohne die weitere Entwicklung abzuwarten. Und dabei konnten weder Kaiser noch Reichskanzler dazwischenreden. In Berlin gelang es Bethmann Hollweg immer noch, mit Hilfe Wilhelms II., Verzögerungen bei der Durchführung militärischer Vorbereitungen zu erreichen. In Bayern gelang dies nicht. Bethmann Hollwegs Bestrebungen, die Krise zu kontrollieren, hätten vielleicht in einem anderen Staat Erfolg gehabt – im Deutschen Reich mit seiner bundesstaatlichen Struktur konnte es einfach nicht funktionieren. Außer Appellen stand dem Reichskanzler kein Mittel zur Verfügung, um eventuelle Aktivitäten in den Bundesstaaten einzudämmen: „Dabei ergebe sich die Schwierigkeit, dass alles vermieden werden müsse, was im Ausland den Anschein erwecken könnte, als ob Deutschland zum Krieg dränge. Diesen Gesichtspunkt sollten auch die Bundesstaaten bei ihren Massnahmen nicht aus dem Auge verlieren, solange über Krieg und Frieden nicht entschieden sei."[1909] So berichtete der bayerische Gesandte aus Berlin. Aber hinter einem solchen Appell fehlte die Macht zur Durchsetzung.

Neben diesen Vorbereitungsmaßnahmen wurde auch innerhalb der Truppe weiterhin alles Mögliche in Richtung auf eine Mobilmachung unternommen. Da die Truppen von den Truppenübungsplätzen in ihre Standorte zurückbefohlen wurden, mußte geregelt werden, was mit dem auf den Übungsplätzen verbleibenden Personal zu geschehen hatte. Auf dem Platz Münsingen sollte es z. B. nach Erledigung der notwendigsten Arbeiten zu seinen Einheiten zurückkehren.[1910] In Stuttgart beim XIII. A. K. wurde ebenfalls der politischen Entwicklung Rechnung getragen. Auf den Geschäftszimmern sei ein Tag- und Nachtdienst einzurichten, und Beurlaubungen seien nicht mehr statthaft, so verfügte das General-

---

[1908] François S. 345.

[1909] Lerchenfeld an Hertling. - Geiss: Julikrise, Bd. 2, Nr. 701, S. 295.

[1910] Schreiben XIII. A. K. Abtl. I a Nr. 281 Geh. an Kommandantur Münsingen, HStAS M 33/2, Nr. 1; das XVI. A. K. hatte die Frage auch geregelt, Rundschreiben Sekt. I a Nr. 1232 M, BA-MA PH 18/79.

kommando.[1911] Das Bekleidungsamt des Korps, die Korpsintendantur sowie das Gouvernement Stuttgart erhielten ebenfalls diesen Befehl, allerdings mit dem Zusatz versehen, wichtige Soldaten und Beamte aus dem Urlaub zurückzurufen.[1912] Das XIV. A. K. war besonders mit der Vorbereitung von Bewachungen beschäftigt. So erhielt das unterstellte 114. Infanterie-Regiment genaue Instruktionen, wie eine Bewachung bei „drohender Kriegsgefahr" in Konstanz zu organisieren sei.[1913] Das 113. Infanterie-Regiment erhielt vom selben Armeekorps hingegen andere Anweisungen für seinen Auftrag bei Lörrach. Die dortigen Bewachungsaufgaben könnten seitens des Generalkommandos auch vor Eintritt der „drohenden Kriegsgefahr" befohlen werden. Dies würde durch ein Telegramm mit dem Wortlaut: „Übung bei Lorrach [sic] genehmigt" angezeigt werden.[1914] Dementsprechend sollte das ganze auch nur als Übung bezeichnet werden, denn es gelte, jede Aufregung oder Beunruhigung zu vermeiden.[1915] Ähnliche Anweisung erhielt das Leib-Grenadier-Regiment 110 bezüglich der zwei Ballonabwehrkanonen für Mannheim. Auch hier wird auf eine mögliche Umsetzung vor Eintritt der „drohenden Kriegsgefahr" hingewiesen, auch hier sei das dann als Übung zu bezeichnen, und wiederum wird Wert auf eine unauffällige Durchführung gelegt.[1916] Während das XIV. A. K. eine mögliche Verlegung der Ballonabwehrkanonen vor Eintritt der „drohenden Kriegsgefahr" nur ankündigte, hatte das XIII. A. K. bereits gehandelt. Die dortigen zwei Ballonabwehrkanonen wurden am 29. Juli nach Friedrichshafen befohlen, um dort die Zeppelinwerke zu schützen.[1917] Dem Luftschiffer-Bataillon 4 wurde seitens der Inspektion der Luftschiffertruppen mitgeteilt, daß die Waffen und die Munition für Z VII abgeschickt worden seien, sie seien nach Eintreffen sofort einzubauen.[1918]

Ein besonderer Schwerpunkt bei den Vorbereitungen war wie am Vortag die deutsch/französische Grenze. Die 58. Infanterie-Brigade meldete der 29. Division vom Truppenübungsplatz Heuberg die Daten der Rückkehr ihrer Teile nach Mühlhausen; danach würden die letzten Teile am 30. um 6.40 Uhr wieder im

---

[1911] Gen. Kdo. XIII. A. K. an Korpsarzt, HStAS M 33/2, Nr. 1.

[1912] HStAS M 33/2, Nr. 1.

[1913] Schreiben I a Nr. 364, Anlagen z. KTB 29. Inf.-Div., 29.07.-08.08.1914, GlAK Abtl. 456 EV. 12, Bund 21, Heft 2.

[1914] Schreiben I a Nr. 364 [sic], ebd.

[1915] Schreiben I a Nr. 364 [sic], ebd.

[1916] Schreiben XIV. A. K., GlAK Abtl. 456 F 5/272.

[1917] KTB Gen. Kdo. XIII. (K. W.) A. K., 28.07.-31.10.1914, HStAS M 410, Bund 12, Band 24.

[1918] Schreiben Nr. 145 geh., BA-MA PH 18/70. Heimathafen von Z VII war Baden-Oos.

Standort sein.[1919] Frisch im Elsaß, eingetroffen fühlte sich der Kommandeur der Brigade von den über die Grenze dringenden Nachrichten bedroht. Von der Division verlangte er deshalb, die Kavallerie in die Grenzschutzstellungen einrücken zu lassen.[1920] Er selbst ordnete für seine Truppen um 20.05 Uhr die Besetzung einiger Punkte an der Grenze an.[1921] Ähnliche Nachrichten über die Vorgänge jenseits der Grenze sorgten auch bei anderen Truppen für Beunruhigung. Das XVI. A. K. hatte bereits von sich aus das Ausrücken des Bahnschutzes angeordnet und beantragte nun das Aufziehen des Grenzschutzes in Berlin.[1922] Das 3. Chevaulegers-Regiment entsandte Patrouillen an die Grenze und führte befehlsgemäß die Maßnahmen bei politischer Spannung durch.[1923] Die angesprochenen Maßnahmen waren bereits am 25. Juli vom Garnisons-Kommando Dieuze bekanntgegeben worden. Sie enthielten Bewachung und Patrouillen mit scharfer Munition sowie für Unteroffiziere und Mannschaften das Verbot, die Kaserne zu verlassen, während Offiziere nur jederzeit erreichbar zu sein brauchten.[1924] Um 9 Uhr erhielt das Luftschiffer-Bataillon 4 aus Metz die Anweisung, die beurlaubten Offiziere und Angehörige des technischen Personals sofort zurückzurufen.[1925] Nachmittags fand in Metz eine Besatzungsübung der West- und Südfront statt.[1926] Das bayerische 8. Infanterie-Regiment hatte in der Festung Metz seinen Abschnitt bezogen. Um 16 Uhr war die Abschnittsbefehlsstelle eingerichtet. Abends erfolgte dann ein Befehl, die Waffen des Regiments zu schleifen.[1927] Um 17.30 Uhr hatte auch das 4. Infanterie-Regiment seinen Ab-

---

[1919] Tel., Anlagen z. KTB 29. Inf.-Div., 29.07.-08.08.1914, GlAK Abtl. 456 EV. 12, Bund 21, Heft 2.

[1920] Tel. 58. Inf.-Brig. an 29. Div., ab 20.46, an 21.15 Uhr, ebd.; dieses Ansinnen wurde am folgenden Tag vom Generalkommando abgelehnt, ebd.; der Vorgang wird auch erwähnt im Manuskript: Die deutsche Armee bei Kriegsausbruch, o. J., [um 1920], Bl. 112, BA-MA W-10/50891; beide Einheiten gehörten zum XIV. A. K.

[1921] Antwort auf Befehl 29. Div., über die getroffenen Sicherheitsmaßnahmen zu berichten, 30.07.1914, Anlagen z. KTB 58. Inf.-Brig., 31.07.-01.08.1914, GlAK Abtl. 456 EV. 24, Bund 7, Heft 1.

[1922] Vorgeschichte: Montgelas, Anlage 26, S. 70.

[1923] KTB Stab 3. Chev.-Reg., 29.07.1914-22.07.1918, BHStA Abtl. IV 3. Chev.-Reg. (WK) Bund 1, Akt 1.

[1924] Der Befehl zur Durchführung der Maßnahmen wurde übrigens mündlich erteilt, KTB Stab 3. Chev.-Reg., 29.07.-28.10.1914, BHStA Abtl. IV 3. Chev.-Reg. (WK) Bund 1, Akt 2.

[1925] Tel., BA-MA PH 18/79.

[1926] Manuskript: I. Der deutsche Grenzschutz im Bereiche des XVI. Armeekorps, o. J., [um 1920], BA-MA W-10/50930.

[1927] „1. Tag im Abschnitt", KTB 8. Inf.-Reg., BHStA Abtl. IV 8. Inf.-Reg. (Rgts.-Stab) (WK) Bund 1.

schnitt besetzt.[1928] Vermutlich hing es mit dem Ausbau der Stellungen auf staatlichen Boden zusammen, daß die Armierungspapiere beim 12. Fußartillerie-Regiment abgeholt werden konnten.[1929] In derselben Einheit marschierten die Mannschaften am 29. Juli nach Metz, um dort mit der Kriegsgarnitur eingekleidet zu werden.[1930] Bei den Kollegen des 2. Fußartillerie-Regiment aus Bayern wurde am 29. Juli „mit allen für den Zustand d. Kr. vorgesehenen Maßnahmen einleitend begonnen".[1931]

Innerhalb anderer Einheiten gingen die Vorbereitungen ebenfalls weiter. Die Seitengewehre des 22. Infanterie-Regiments waren am 29. Juli um 1 Uhr bereits fertig geschliffen.[1932] Die Linienkommandatur E gab ihre 24-stündige telephonische Erreichbarkeit bekannt.[1933] Wo Einheiten nicht von selber auf diese Idee kamen, mußte die Erreichbarkeit eben befohlen werden.[1934] Dies konnte schon etwas skurrile Formen annehmen. So lautete ein Garnisons-Befehl des Feldartillerie-Regiments 32, daß von nun an nachts jeweils ein Radfahrer – mit Rad – zum Garnisonskommando abzukommandieren sei. Außerdem habe auf allen Geschäftszimmern zu jeder Tages- und Nachtzeit ein Soldat, der die Wohnung des betreffenden Adjutanten kenne, anwesend zu sein. Die Adjutanten ihrerseits hätten für ständige Erreichbarkeit zu sorgen, auch auf „Spaziergängen".[1935] Beim sächsischen Infanterie-Regiment 134 wurde der bewilligte Urlaub mit dem Eintreffen der Soldaten in der Garnison für hinfällig erklärt.[1936] Wie zu erwarten, wurde auch der Befehl bekanntgegeben, die Urlauber zurückzurufen.[1937] Ebenfalls zu erwarten war, daß in solchen Zeiten die Wachen verstärkt wurden, wie auch das Verbot für Offiziere, den Garnisonsbereich zu verlassen, Beschränkung

---

[1928] Schreiben Götz, 02.06.1922, BHStA Abtl. IV 8. Inf.-Reg. (Rgts.-Stab) (WK) Bund 1.

[1929] Reg.-Befehl, Bataillons- u. Regimentsbefehlsbuch d. 7. Battr. Fußart.-Reg. 12, SHStA Sächs. Kriegsarchiv (P) Nr. 33036.

[1930] KTB 3. Battr. Fußart.-Reg. 12, 26.07.1914-10.08.1915, SHStA Sächs. Kriegsarchiv (P) Nr. 32429.

[1931] KTB Reg.-Stab 2. Fußart.-Reg., BHStA Abtl. IV 2. Fußart.-Reg. (Rgts.-Stab) (WK) Bund 1.

[1932] KTB Stab 22. Inf.-Reg., BHStA Abtl. IV 22. Inf.-Reg. (WK) Bund 1.

[1933] Rundschreiben Br. B. Nr. 1124, SHStA Sächs. Kriegsarchiv (P) Nr. 57185.

[1934] Kommandantur-Befehl, Regimentsbefehle Fußart.-Reg. 19, SHStA Sächs. Kriegsarchiv (P) Nr. 21363; Garnisons-Befehl, Befehlsbuch Feldart.-Reg. 64, SHStA Sächs. Kriegsarchiv (P) Nr. 58260.

[1935] Befehlsbuch Feldart.-Reg. 32, SHStA Sächs. Kriegsarchiv (P) Nr. 53090.

[1936] Reg.-Befehl, Befehlsbuch I. Batl. Inf.-Reg. 134, 26.06.-07.08.1914, SHStA Sächs. Kriegsarchiv (P) Nr. 27512.

[1937] Komp.-Befehl, Befehlsbuch 3. Komp. 10. Inf.-Reg. 134, 01.07.-08.08., SHStA Sächs. Kriegsarchiv (P) Nr. 29459.

der Beurlaubungen bei den Soldaten auf Ausnahmefälle und das Abhalten von Übungen nur auf den Übungsplätzen der Garnison.[1938] Auch die Verhängung einer Urlaubssperre kann nicht überraschen.[1939] Dabei konnte man ja immer noch flexibel verfahren. Leutnant Falck wurde zwar seitens des Luftschiffer-Bataillons 2 untersagt, wegen der politischen Lage ins Ausland zu reisen, ansonsten sei sein Urlaub genehmigt – er müsse nur sicherstellen, binnen 48 Stunden zurückkommen zu können.[1940] Die Ausrüstung der Offiziere mit feldgrauen Uniformstücken wurde beim Feldartillerie-Regiment 64 durchgeführt.[1941] Dies muß nicht unbedingt ein Resultat der politischen Krise sein, aber möglich wäre es andererseits auch. Kriegsvorbereitungen mußten nicht immer spektakulär sein: „Die Woilage[1942] der Kriegsgarnit. sind baldmöglichst, unbedingt aber vor dem Auflegen auf die Pferde, durch Ausschütteln und Ausklopfen von dem enthaltenden Naphtalin zu befreien."[1943] Auch die Soldaten mußten auf den Ernstfall vorbereitet werden. Diesem Umstand trug das bereits erwähnte Infanterie-Regiment 134 Rechnung. Der Dienstplan des 29. Juli sah so den Unterricht über die Mobilmachung, „letztweilige Verfügung", Feldpost und das Packen des Tornisters vor.[1944] Das 112. Infanterie-Regiment bereitete sich nach der Rückkehr in den Standort nur allgemein auf die Mobilmachung vor.[1945] Mit deren Eintritt in naher Zukunft wurde also gerechnet.

Am 29. Juli wurde ein weiterer Schritt in Richtung Krieg getan. Es wurde klar, daß das deutsche diplomatische Kalkül gescheitert war.[1946] Bethmanns Rechnung ging deshalb nicht auf, da Frankreich an der Seite Rußlands stand und England sich beiden Mächten annäherte.[1947] Alle europäischen Mächte wollten eine diplomatische Niederlage auch um den Preis eines Kriegs vermeiden.[1948]

[1938] Garnisons-Befehl, Befehlsbuch Feldart.-Reg. 64, SHStA Sächs. Kriegsarchiv (P) Nr. 58260.

[1939] Registrande Inf.-Reg. 134, SHStA Sächs. Kriegsarchiv (P) Nr. 26843.

[1940] Schreiben Luftschiffer-Batl. 2 an Falck, BA-MA PH 18/40.

[1941] Reg.-Befehl, Befehlsbuch Feldart.-Reg. 64, SHStA Sächs. Kriegsarchiv (P) Nr. 58260.

[1942] Woilach bedeutet Pferdedecke. - Deutsches Wörterbuch v. J. u. W. Grimm. Bearb. R. Hildebrand. Neudruck Erstausgabe 1873. München 1984, Bd. 30, Sp. 1236.

[1943] Abtl.-Befehl, Befehlsbuch Feldart.-Reg. 64, SHStA Sächs. Kriegsarchiv (P) Nr. 58260.

[1944] Komp.-Befehl, Befehlsbuch 5. Komp. Inf.-Reg. 134, 24.06.-08.08.1914, SHStA Sächs. Kriegsarchiv (P) Nr. 29746.

[1945] KTB Stab Inf.-Reg. 112, 28.07.1914-31.12.1915, GlAK Abtl. 456 EV. 142, Bund 6, Heft 13.

[1946] Berghahn: Germany S. 187.

[1947] P. H. S. Hatton: The First World War. Britain and Germany in 1914. The July Crisis and War Aims. S. 142, in: Past and Present, Vol. 36 1967, S. 138-143.

[1948] Herrmann: Arming S. 219 f.

Ausgangsüberlegung der deutschen Politik war gewesen, daß man eine aggressive Politik betreiben könne, weil noch die Chance bestünde, einen Krieg zu gewinnen.[1949] Nun, da die Zeichen auf Krieg deuteten, versuchte der Reichskanzler noch einmal, in Wien mäßigend zu wirken und damit die Wogen zu glätten. Aber es war zu spät. Die Reichsleitung sah sich in ihrem eigenen Kalkül gefangen.[1950] Die militärischen Vorbereitungen der Nachbarn ließen Falkenhayn zum Krieg drängen. Moltke, der sich rhetorisch dieser Forderung angeschlossen hatte, unterstützte sie in Gegenwart des Kaisers und des Kanzlers nicht. So gelang es Bethmann noch einmal, eine Verzögerung zu erreichen. Aber es wurde deutlich, daß die Argumente der Militärs mehr an Gewicht gewannen.[1951] Die rasch aufeinanderfolgenden Nachrichten über die Vorbereitungen der Nachbarn führten zu einer Entwicklung, die zu schnell für die Politik war, als Konsequenz begannen die Militärs, den Kurs zu bestimmen.[1952] Der Zwang militärstrategischer Überlegungen begann, sich bemerkbar zu machen.

Die Julikrise an sich hätte mit den Instrumenten des europäischen Konzerts gelöst werden können; es waren die militärischen Aspekte, die sie unkontrollierbar machten.[1953] Wie gezeigt wurde, war das Militär zu Beginn der Julikrise bei der Ausarbeitung der Strategie nicht gefragt worden. Es hatte sich danach auch lange zurückgehalten. Fesser behauptete, die Militärs ließen in der gesamten Julikrise der Diplomatie nur eingeschränkten Spielraum.[1954] Diese Aussage ist nicht zutreffend. Im Gegenteil, zunächst konnte sich die Politik vollkommen unabhängig bewegen. Erst als das Scheitern der Diplomatie deutlich wurde und die Zeichen auf Krieg standen, griff das Militär ein. Es bildete somit nur das logische Resultat aus dem Scheitern des deutschen Kalküls.[1955] Bethmann versuchte nun, die Militärs von der Durchführung einzelner Maßnahmen abzuhalten. Dabei hatte er weder die Struktur des Reiches noch der Armee berücksichtigt. Weder den Bundesstaaten noch einzelnen Befehlshabern konnte er Anweisungen geben. Deren Eigeninitiative konnte sich ungestört auswirken. In Zusammenhang mit der Julikrise ist häufig bemerkt worden, sie zeige die Wichtigkeit ziviler Kontrolle über die Militärs.[1956] Nun, Kontrolle gab es keine und es scheint

---

[1949] Van Evera S. 79.
[1950] Mommsen: Großmachtstellung S. 319.
[1951] Hillgruber: Politik S. 96 f.
[1952] Joll: Ursprünge S. 37.
[1953] Schulin: Urkatastrophe S. 6; anderer Ansicht ist Trachtenberg S. 87.
[1954] Fesser S. 322.
[1955] Farrar: Arrogance S. 180 f.
[1956] Ullrich: Thron S. 132 f.; Ritter: Weltkrieg S. 23.

fast, es sei besser gewesen, wenn irgend eine Leitung – sei es auch von militärischer Seite – seit Beginn der Krise vorhanden gewesen wäre.

Die ersten ernsthaften militärischen Vorbereitungen wurden in Deutschland am 29. Juli getroffen.[1957] Dies betraf die Ebene der militärischen Leitung von Flotte und Heer, bei der Armee die Bundesheere, insbesondere Bayern, und nicht zuletzt einzelne Maßnahmen örtlicher Kommandeure. Nimmt man all dies zusammen wird klar, was Wild v. Hohenborn meinte, als er von einem langsamen Übergleiten in die Mobilmachung sprach. Es wird auch deutlich, wie sich aus den wenigen erhaltenen Anträgen zur Anordnung einzelner Mobilmachungsmaßnahmen und den durchgeführten Maßnahmen ergibt, daß sich die Führung ihrerseits einem Druck aus der Truppe gegenüber sah, etwas zu unternehmen. Wenn sich auch auf Grund der gerade für diesen Bereich sehr spärlichen Quellenlage Art und Umfang dieses Drucks nicht beschreiben lassen, kann es doch an seinem Vorhandensein keinen Zweifel geben. Die Führung in Berlin saß also zwischen zwei Stühlen; auf der einen Seite die Reichsleitung, die militärische Vorbereitungen zu verhindern suchte, und auf der anderen Seite die eigene Truppe, deren Bestreben eben zu solchen Vorbereitungen hinging. Es wird somit deutlich, daß nicht nur in Berliner militärischen Kreisen nun ein Krieg für kurz bevorstehend gehalten wurde, sondern daß dieses Bewußtsein im Militär weit verbreitet war.

Diese Bestrebungen der Truppe werden in Anbetracht des langsamen Informationsflusses innerhalb der Armee in gewisser Weise sogar verständlich. Es dauerte mehrere Stunden, bis ein Befehl offiziell vor Ort angekommen war. Um so wichtiger wurde die Tendenz, Maßnahmen frühzeitig anzuordnen bzw. durch den direkten fernmündlichen Verkehr den Informationsschluß zu beschleunigen. Die darin liegenden Risiken wurden auch innerhalb der Truppe erkannt; man sah jedoch keine praktische Alternative. Trotzdem bemühte man sich durch zusammenfassende Befehle und Betonung, daß die „drohende Kriegsgefahr" noch nicht gegeben sei, lokale Initiativen zu bändigen. Ebenso wurde durch ständige Betonung, wie wichtig das Vermeiden von Aufsehen sei, und durch Beeinflussung der Presse versucht, die durch die angeordneten Vorbereitungen hervorgerufene Aufmerksamkeit in Grenzen zu halten. Ein Versuch, der von vornherein zum Scheitern verurteilt war.

Die Maßnahmen, welche in Berlin befohlen wurden, bewegten sich noch im Rahmen dessen, was für eine politische Spannung vorgesehen war. Einzelne Einheiten, besonders im Grenzgebiet zu Frankreich, gingen aber bereits darüber hinaus. Hier wurden bereits Tätigkeiten, wie z. B. das Schleifen der Waffen,

---

[1957] Turnstall S. 151.

durchgeführt, die eigentlich erst nach ausgesprochener Mobilmachung erfolgen sollten. Dies erfolgte allerdings nicht, um geheim einen Krieg vorzubereiten, sondern aus Furcht vor plötzlichen feindlichen Überfällen. Eine Furcht, welche durch die allgemeine Unsicherheit der Vorkriegsjahre noch genährt worden war. In der konkreten Situation machte diese Angst die Truppe besonders anfällig für allerlei Gerüchte über angebliche französische Aktionen. Die daraufhin durchgeführten deutschen Gegenmaßregeln drohten eine Entwicklung einzuleiten, die sich letzten Endes von Berlin aus nicht kontrollieren ließ.

In der Darstellung des 29. Juli sind sie bis jetzt noch nicht erwähnt worden: die Einheiten, in denen der Dienst weiter ging, als sei nichts geschehen. Es gab sie, und sie waren nicht einmal selten. Ihre Existenz macht deutlich: in der Struktur der wilhelminischen Armee hing es nicht zuletzt von der Persönlichkeit eines Kommandeurs ab, wie er auf die Krise reagierte. Es gab genug Kommandeure, die nur auf die offiziellen Anweisungen warteten, ohne selbst etwas zu unternehmen. Dem standen die Offiziere gegenüber, die eigene Maßnahmen anordneten. Durch die direkte Unterstellung beider Arten von Kommandeuren unter den Kaiser und die damit verbundene fehlende Koordination war es möglich, daß in der deutschen Armee sich in den Zeiten der Julikrise die unterschiedlichsten Reaktionen äußerten.

V. 2. b Die Julikrise: 30. Juli

Der 30. Juli brachte Europa wieder einen Tag näher an den Krieg. Nachdem alle Lokalisierungsversuche der deutschen Diplomaten gescheitert waren, erschien ein großer Krieg als einziger Ausweg.[1958] In der deutschen Öffentlichkeit wurde zunehmend mit einem Krieg gerechnet. Der Ernst der Situation war fast allen bewußt.[1959] Die ersten Nachrichten über russische Mobilmachungsmaßnahmen brachten am Morgen viele Menschen auf die Straße, die nun auf die Verkündung der deutschen Mobilmachung warteten.[1960] Auch in eher linken, regierungskritischen Kreisen bewirkten die Nachrichten aus Rußland einen Stimmungsumschwung, der einen Krieg nun als unvermeidbar betrachtete.[1961] Neben Manifestationen patriotischer Gesinnung äußerte sich auch die Angst vor einem Krieg.[1962] Die „Norddeutsche Allgemeine Zeitung" beschränkte sich weiterhin

---

[1958] Berghahn: Germany S. 187.
[1959] Tgb. Feldpostsekretär Ernst Kießkalt, 24.07.-02.08.1914, BHStA Abtl. IV HS 2699.
[1960] Verhey: Spirit S. 46.
[1961] Farrar: Arrogance S. 175.
[1962] Verhey: Spirit S. 47.

auf eine bloße Registrierung der Ereignisse.[1963] In der restlichen Presse verdrängte das Wort Krieg den Begriff der Krise.[1964] An der in den Zeitungen deutlich werdenden Kriegsstimmung hatte sicherlich auch die offiziöse Beeinflussung ihren Anteil.[1965] Der Parteivorstand der SPD erließ einen Aufruf, der sie nicht politisch festlegte.[1966] Dies wird wohl eine der Früchte der informellen Kontakte mit der Reichsleitung gewesen sein. Trotzdem traute man den Militärs, die bei einer Mobilmachung die vollziehende Gewalt übernehmen würden, seitens der SPD nicht über den Weg. Am 30. Juli wurde die Parteikasse in die Schweiz in Sicherheit gebracht.[1967]

In Frankreich wurde der Grenzschutz aufgestellt, jedoch ohne Benutzung der Eisenbahn und Einziehung von Reservisten.[1968] Gegen 19 Uhr wurde die russische Generalmobilmachung befohlen.[1969]

Dem deutschen Generalstab lagen aus ganz Europa Meldungen über militärische Vorbereitungen vor. Im einzelnen waren bis 16 Uhr eingegangen: in Belgien werden die Forts von Lüttich mit Munition versehen, in Frankreich und Großbritannien werden weitere Vorbereitungen getroffen, ebenso in Rußland; auf Grund der dort veranlaßten Vorbereitungen sei mit einem schnelleren Verlauf der Mobilmachung zu rechnen.[1970] In einer Berechnung vom Tage schätzte der Generalstab, daß die gegen Deutschland aufmarschierenden russischen Armeen schon am 16. Mobilmachungstage operationsbereit sein könnten.[1971]

In Berlin gingen den ganzen Tag über die Konflikte zwischen der Reichsleitung und den militärischen Spitzen über den weiteren Verlauf der Krise sowie die Anordnung von militärischen Vorbereitungen weiter. Außenpolitisch wurden die hektischen Aktivitäten fortgesetzt. Vor allem die britische Regierung bemühte sich, durch Vermittlungsversuche das kommende Unheil noch zu verhindern.[1972] Bethmann Hollweg versuchte, Wien zu einer etwas gemäßigteren Gangart zu bewegen, indem er darauf hinwies, daß Deutschland sich nicht von seinem Bundesgenossen in jedem Fall zu einen Krieg zwingen ließe und deshalb auf eine

---

[1963] Goebel S. 153.
[1964] Ebd., S. 166.
[1965] Ebd., S. 167.
[1966] H. Höhn: Sozialismus und Heer. Bd. 3 Bad Homburg 1969, S. 633.
[1967] Bieber, Bd. 1, S. 76.
[1968] Bach: Daten S. 526.
[1969] Vorgeschichte: Montgelas S. 12.
[1970] Bericht Nr. 4 d. Generalstabes. - DD, Bd. 2, Nr. 431 a, S. 143 ff.
[1971] Reichsarchiv: Weltkrieg, Bd. 2, S. 50.
[1972] Dazu siehe Fischer: Krieg S. 712 ff.

zumindest formelle Berücksichtigung der britischen und anderer Vermittlungsvorschläge dringen müsse.[1973] Noch in der Nacht trafen die Telegramme mit dem Inhalt, in Preußen sei die Rückberufung der Urlauber angeordnet worden, bei den Bundesstaaten ein.[1974] Ungefähr zur gleichen Zeit verbreitete sich die Nachricht von der Anordnung des militärischen Bahnschutzes, die auch als Befehl, wichtige Kunstbauten militärisch zu sichern, weitergegeben wurde.[1975] In der Truppe wurde offensichtlich zwischen beiden Sachverhalten nicht differenziert. In Sachsen traf des Telegramm aus Berlin über die Zurückberufung der Urlauber erst um 7.35 Uhr ein und wurde seitens des Sächsischen Kriegsministeriums weitergeleitet.[1976] Die darauf erlassenen Befehle wurden dann im weiteren Verlauf auch der Truppe zugestellt.[1977] Obwohl in Bayern der Befehl zur Rückberufung aller Urlauber bereits am 29. Juli ergangen war, verzögerte sich das Eintreffen des schriftlichen Befehls bei einigen Einheiten bis in die Abendstunden des folgenden Tages.[1978]

Bis um 10 Uhr war in Berlin nichts Neues bekanntgeworden.[1979] Etwa um diese Zeit empfing Moltke den am Vortage eingetroffenen österreichischen Verbin-

---

[1973] Dazu siehe ebd. S., 712 f.

[1974] In Bayern um 2.10 Uhr; da München diese Maßnahme bereits am Vortage angeordnet hatte, sah man dort keinen Grund für weitere Veranlassungen, Aktennotiz Bayr. Kriegsministerium, BHStA Abtl. IV M Kr Nr. 1715; in Sachsen erhielt das XIX. A. K. um 3.35 den Befehl vom Dresdener Kriegsministerium, SHStA Sächs. Kriegsarchiv (P) Nr. 23361; in Württemberg ging das Tel. um 7 Uhr ein, HStAS M 33/2, Nr. 1.

[1975] Bei der 29. Div. traf der Befehl zum Schutz der Kunstbauten um 3.15 ein und wurde um 3.40 Uhr an die unterstellten Truppen weitergeleitet, Anlagen z. KTB 29. Div., 29.07.- 08.08.1914, GlAK Abtl. 456 EV. 12, Bund 21, Heft 2; aus dem Text der Befehle wird häufig nicht klar, ob es sich nun um die Bewachung von Bauten oder um den militärischen Schutz von Bahnbauten, also der militärische Bahnschutz, handelt. Wie sich weiter unten zeigen wird, lautete der ursprüngliche Befehl d. Preuß. Kriegsministeriums, nur wichtige Kunstbauten der Bahn militärisch zu sichern; in der Truppe wurde dies aber häufig synonym für den gesamten militärischen Bahnschutz verwendet. Offenbar war dieser Unterschied nicht bekannt – oder er wurde nicht beachtet.

[1976] Aktennotiz Sächs. Kriegsministerium, SHStA Sächs. Kriegsarchiv (P) Nr. 23361. Der Befehl kam trotzdem noch am 30.07. bei der Truppe an, Reg.-Befehl, Befehlsbuch Feldart.- Reg. 12, SHStA Sächs. Kriegsarchiv (P) Nr. 45501.

[1977] Befehl z. Rückberufung d. Urlauber noch nachts, KTB III. Batl. 4. Bad. Inf.-Reg. Nr. 112, 28.07.1914-31.12.1915, GlAK Abtl. 456 EV. 142, Bund 6, Heft 21; bei d. 29. Div. 3.50 Uhr, Anlagen z. KTB 29. Div., 29.07.-08.08.1914, GlAK Abtl. 456 EV. 12, Bund 21, Heft 2; um 7.45 Uhr beim XIII. A. K. telephonisch vom Kriegsministerium daraufhin weitergegeben, HStAS M 33/2 Nr. 1.

[1978] Am Abend d. 30.07. durch Tel. II. A. K., KTB Stab 2. Ulanen-Reg., 30.07.1914- 01.04.1915, BHStA Abtl. IV 2. Ulanen-Reg. (WK) Bund 1.

[1979] Wenningers Bericht Nr. 2, BHStA Abtl. IV M Kr Nr. 1765; Auszug gedruckt Schulte: Dokumente Nr. 3, S. 138.

dungsoffizier Fleischmann. Ihm gegenüber führte der Generalstabschef aus, daß es darauf ankomme, abzuwarten, bis sich Rußland ins Unrecht setze.[1980] Ein entsprechendes Telegramm sandte der Österreicher nach Wien.[1981] Der Text war ihm von Moltke diktiert worden.[1982] Damit wirkte der Generalstabschef ganz im Sinne Bethmanns auf die Österreicher ein: keine übereilten Schritte, sondern auf russische Maßnahmen reagieren. Gleichzeitig konnte diese Aktion geneigt sein, die österreichischen Zweifel an der deutschen Bündnistreue, die durch das plötzliche abwartende Verhalten der Reichsregierung hervorgerufen wurden, zu zerstreuen.[1983] Offenbar kamen die beiden noch ein zweites Mal zusammen, denn um 13.15 Uhr sandte Fleischmann ein weiteres Telegramm nach Wien, in dem er Moltkes Wunsch übermittelte, angesichts der russischen Maßnahmen – der russische Botschafter hatte kurz davor die deutsche Regierung offiziell über die ausgesprochene Mobilmachung der Militärbezirke Kiew, Odessa, Moskau und Kasan in Kenntnis gesetzt – über die dortigen Entschlüsse informiert zu werden.[1984] Damit bewegten sich die Russen immer noch in einem Rahmen, den der deutsche Generalstab selber am 26. Juli als nur gegen Österreich gerichtet bezeichnet hatte.[1985] Im Verlauf des Vormittags kam es zu einer Besprechung in der Reichskanzlei, an der u. a. Delbrück, Tirpitz und Falkenhayn teilnahmen. Das Thema der Versammlung war ein eventueller Ausspruch der „drohenden Kriegsgefahr". Tirpitz und Delbrück stellten dabei fest, so berichtete Delbrück, daß jeder für seinen Geschäftsbereich, im Falle Delbrücks bedeutete dies den Kaiser-Wilhelm-Kanal, schon die Anordnungen für die „drohende Kriegsgefahr" getroffen habe, ohne dies zu veröffentlichen. Man entschloß sich, allgemein so zu verfahren, also Vorbereitungen zu treffen und dies geheim zu halten.[1986] Hier wird Delbrück wohl etwas mißverstanden haben – siehe Tirpitz' spätere Ausführungen vor dem Preußischen Staatsministerium. Auf jeden Fall erreichte das Militär in dieser Besprechung wohl das Placet für weitere unauffällige Vorbereitungen. Die führenden Militärs wußten ganz genau, daß deutsche Vorbereitungen die Krise verschärfen würden, aber sie sahen sich durch die militärischen Maßnahmen in Frankreich und Rußland veranlaßt, ihrerseits Vorkehrungen zu treffen.[1987] Dabei ging es weniger um die Befürchtung, ins Hin-

---

[1980] Aufz. Fleischmanns zit. nach Schäfer: Tagen S. 522 f.; Wegerer: Ausbruch, Bd. 2, S. 107 f.
[1981] Conrad, Bd. 4, S. 152.
[1982] Schreiben d. Reichsarchivs an Montgelas, 20.04.1926, Bl. 46, BA-MA W-10/50729.
[1983] Kronenbitter: Bundesgenossen S. 143, 164; Wegerer: Ausbruch, Bd. 2, S. 103.
[1984] Zit. nach Schäfer: Tagen S. 524.
[1985] Siehe dazu Kapitel V. 1. b Die Julikrise: 23. bis 27. Juli, S. 257 f.
[1986] Delbrück: Mobilmachung S. 107.
[1987] Afflerbach: Falkenhayn S. 157.

tertreffen zu geraten, als um die Angst vor überraschenden Einfällen der Gegner. Erst um 11.45 Uhr informierte das Kriegsministerium den Generalstab und das RMA über die am 29. Juli veranlaßten Maßnahmen.[1988] Über die Lage in der Reichshauptstadt gegen Mittag schrieb der sächsische Militärbevollmächtigte an seine Regierung. Er berichtete über die Maßnahmen, die in Preußen in der Nacht angeordnet worden waren; die militärischen Vorbereitungen der Gegner seien noch geringfügig, aber es werde nicht ausbleiben, daß man deutscherseits auf sie reagiere. Im übrigen habe man im AA sichere Nachrichten über einen sofortigen Kriegseintritt Großbritanniens auf Seiten der Gegner.[1989] In Wien werde ein deutscher Vermittlungsversuch unternommen, bis zum Eintreffen einer Antwort sei der Ausspruch der „drohenden Kriegsgefahr" aufgehoben, so eine andere Quelle.[1990] Diese Frist werde auch vom Reichskanzler als allerletzte Chance angesehen, den Frieden zu bewahren.[1991] Gegen Mittag fand dann eine Sitzung des Preußischen Staatsrats statt.[1992] Der Verlauf dieser Sitzung macht deutlich, wie weit die Reichsleitung mittlerweile auf einen Krieg eingestellt war. Dabei wurde nämlich von Bethmann als wichtigstes Ziel genannt, abzuwarten, bis Rußland sich schuldig mache. Danach gab der Reichskanzler einen Überblick über die außenpolitische Lage, in dem er u. a. einräumte, es bestehe keinerlei Hoffnung, Italien beim Bündnis zu halten. Ansonsten

---

[1988] Vorgeschichte: Montgelas, Anlage 20, S. 69; zu den Maßnahmen siehe Kapitel V. 2. a Die Julikrise: 29. Juli, S. 298, 307 f.

[1989] Bericht Nr. 79/3532, 12.30 Uhr, SHStA Sächs. Militärbevollmächtigter Nr. 4222.

[1990] Tel. Varnbülers an Weizsäcker, 13.15 Uhr, HStAS E 74, Nr. 164; Tel. Wenningers, 17,30 Uhr. - DD, Bd. 4, Anhang IV a, Nr. 3, S. 155; Bericht Nr. 1099 d. sächs. Gesandten, Parlamentarischer Untersuchungsausschuß, 1. Untersuchungsausschuß „Berichte der sächsischen und württembergischen Gesandtschaften in Berlin an ihre Regierungen zwischen dem 28. Juni und 5. August 1914", S. 25 ff., HStAS M 1/2, Bund 54.

[1991] Bericht Wenningers. - Schulte: Dokumente, Nr. 4, S. 139. Bericht Nr. 3, BHStA Abtl. IV M Kr Nr. 1765; Bericht Varnbüler Nr. 1991, HStAS E 50/03, Nr. 211.

[1992] Sich auf Albertini stützend datiert Geiss den Sitzungsbeginn auf 17 Uhr. - Geiss: Julikrise, Bd. 2, Nr. 784, S. 371, Anm. 1. Laut Tirpitz habe diese Sitzung „gegen Mittag" stattgefunden. - Tirpitz: Ohnmachtpolitik S. 5. Tirpitz verwechselt sie wohl mit der Besprechung beim Kaiser, die Wenningers Bericht Nr. 3 erwähnt; denn in diesem Bericht wußte Wenninger noch nichts vom Ausspruch der „Sicherung", den er erst in seinem 4. Bericht meldete. Andererseits berichtet Tirpitz, daß unmittelbar nach der Sitzung der Kaiser um 13.45 Uhr die „Sicherung" genehmigt habe. - Tirpitz: Ohnmachtpolitik S. 5. Laut Sitzungsprotokoll verließen Bethmann, Falkenhayn und Tirpitz die Sitzung vor ihrem Ende. - Sitzungsprotokoll, Geiss: Julikrise, Bd. 2, Nr. 784, S. 374. Sie könnten sich nach einer kurzen Besprechung also direkt zu Wilhelm II. begeben haben; dazu würde auch passen, daß der auf der Sitzung nicht anwesende Moltke erst zu der Besprechung beim Kanzler hinzustieß. So scheint ein Beginn um die Mittagszeit tatsächlich eher in den Ablauf zu passen. So sieht es auch Afflerbach: Falkenhayn S. 158.

bestimmten Kriegsvorbereitungen die Sitzung.[1993] Bethmann selber erklärte, „es sei die Direktion verloren und der Stein ins Rollen geraten."[1994] Der Kaiser sei einverstanden mit einem Abwarten auf die österreichische Antwort auf den deutschen Vermittlungsversuch. Denn in Deutschland würde auf die „drohende Kriegsgefahr" die Mobilmachung folgen und dies bedeute sofortigen Krieg. Im Reich sei die Stimmung gut, auch von seiten der SPD sei nichts zu befürchten. Tirpitz forderte dann den Ausspruch der „Sicherung" für die Marine. Er könne zwar eine Reihe von Maßnahmen selber anordnen, dies würde jedoch nicht so vollständig wie eine offizielle Aussprache wirken. Den Widerspruch Bethmanns gelang es, erst zu überwinden, als sowohl Tirpitz als auch Falkenhayn betonten, die „Sicherung" würde keinerlei Einziehung von Reservisten enthalten und auch nicht veröffentlicht werden. Umgestimmt erteilte nun der Reichskanzler Tirpitz die Genehmigung, bei Wilhelm II. einen entsprechenden Antrag zu stellen.[1995] Mit dem Abwarten russischer Maßnahmen und damit die Last der Verantwortung auf das Zarenreich zu schieben, hatte die Reichsleitung eine Formel gefunden, die es ermöglichte, das deutsche Volk geschlossen in den Krieg zu führen.[1996] Trotz allen Drängen zum Krieg konnte sich auch Moltke dieser Argumentation nicht verschließen.[1997] In einer weiteren Sitzung, diesmal beim Kanzler gegen 13 Uhr, wurde die zukünftige Entwicklung besprochen. An ihr nahmen Tirpitz und Falkenhayn teil. Moltke war nicht geladen worden, wurde aber vom Kriegsministerium auf Grund einer Vereinbarung informiert und konnte somit erscheinen.[1998] Verlauf und Ergebnis der Besprechung sind leider nicht überliefert worden.[1999] Man kann jedoch vermuten, daß es um weitere militäri-

---

[1993] Sitzungsprotokoll. - Geiss: Julikrise, Bd. 2, Nr. 784, S. 371 ff.

[1994] Ebd., S. 373.

[1995] Ebd., S. 373 f.; ein Exemplar findet sich BA-MA N 253/439 (Nl. v. Tirpitz); Afflerbach spricht von einem Versuch Tirpitz' und Falkenhayns, vor dem Staatsministerium den Ausspruch der „drohenden Kriegsgefahr" zu verhandeln, dies habe Bethmann jedoch zu verhindern gewußt. Afflerbach stützt sich dabei auf ein Sitzungsprotokoll aus dem BAK. - Afflerbach: Falkenhayn, S. 158 u. Anm. 52, ebd. Dies läßt sich weder dem gedruckten noch dem Protokoll im Nl. v. Tirpitz entnehmen; zu der Sitzung siehe auch Tirpitzens Schilderung in Tirpitz: Ohnmachtspolitik S. 5.

[1996] Deist: Armee S. 107; Farrar: Arrogance S. 175.

[1997] Berghahn: Germany S. 207.

[1998] Bericht Wenningers. - Schulte: Dokumente, Nr. 4, S. 139. Dort allerdings ein Druckfehler, die Sitzung wird dort auf „11 Uhr Mittags" datiert; im Original allerdings auf „1 Uhr Mittags", Bericht Nr. 3, BHStA Abtl. IV M Kr Nr. 1765; siehe auch den Abdruck in DD, Bd. 4, Anhang IV a, Nr. 5, S. 157.

[1999] Afflerbach schreibt über den Verlauf dieser Besprechung: „In der erregten Debatte verlangte Falkenhayn die Anordnung des ‚Zustandes drohender Kriegsgefahr' und bezeichnete es als ‚allmählich unerträglich, daß wir einerseits von den Beschlüssen der Österreicher und andererseits uns davon abhängig machen, was Rußland tut, obgleich dessen Land hermetisch

sche Vorbereitungen ging.[2000] In dem Drängen auf deutsche Maßnahmen stand Wilhelm II. ganz auf seiten der Militärs, so berichtete der bayerische Militärbevollmächtigte.[2001] Da Tirpitz davon spricht, daß der Kaiser um 13.45 Uhr seine Zustimmung zum Ausspruch der „Sicherung" gab, scheinen die Resultate der Besprechung beim Kanzler sofort im Anschluß auch dem Kaiser vorgetragen worden zu sein. Dafür spricht auch, daß Wenninger berichten konnte, der Kaiser stehe ganz auf seiten der Militärs. Man kann weiterhin vermuten, daß neben der „Sicherung" für die Marine dabei eine Reihe von anderen Entscheidungen gefällt wurden. Zunächst einmal konnte sich der Kaiser in der Sitzung mit einem Vorschlag nicht durchsetzen, den er bereits am Vormittag gemacht hatte. Er hatte die Verstärkung der Grenzkorps angeregt und die damit verbundene Einziehung von Reservisten befehlen wollen.[2002] Angeordnet wurde allerdings die militärische Bewachung der Funkstationen Nauen, Norddeich und Eilvese, desweiteren die der Zentralstation der Überseetelegraphenlinien in Emden.[2003] Es gibt keinerlei Hinweis, daß diese Entscheidungen um die Mittagszeit fielen, aber es würde gut in den Kontext passen. Der Befehl, der für die Marine die „Sicherung" anordnete, war jedenfalls am Nachmittag bei den Truppen eingetroffen.[2004]

Unmittelbar nach dem Treffen bei Wilhelm II. ließ Moltke im Generalstabsgebäude den österreichischen Militärattaché Bienerth zu sich kommen. Wie dieser berichtete, schien Moltke sehr erregt zu sein.[2005] Er erklärte, er würde die Lage als sehr kritisch beurteilen, wenn Österreich-Ungarn nicht sofort gegen Rußland

---

abgeschlossen ist, und wir gar nichts davon erfahren'. Die Berater des Reichskanzlers hofften – so Falkenhayn – auf ein Wunder; Demarchen seien allerdings genug im Gange, aber daß sie wirken würden, glaube er kaum." Als Nachweis zitiert Afflerbach Falkenhayns Tgb. - Afflerbach: Falkenhayn S. 158 u. Anm. 53 ebd.; der Eintrag lautet jedoch: „Endlose Besprechungen. Der Reichskanzler und seine Leute (Jagow-Zimmermann) hoffen augenscheinlich immer noch auf ein Wunder. ‚Demarchen' sind allerdings genug im Gang, aber daß sie wirken werden, glaube ich kaum. Es wird allmählich unerträglich, daß wir einerseits von den Beschlüssen der Österr. [sic] und andererseits uns davon abhängig machen, was Rußland tut, obgleich dessen Land hermetisch abgeschlossen ist, und wir gar nichts davon erfahren. Am späten Abend [...]", BA-MA W-10/50635. Falkenhayn faßt hier also nur die Ereignisse des Tages allgemein, zusammen ohne auf eine einzelne Besprechung näher einzugehen; ganz abgesehen davon, daß die „drohende Kriegsgefahr" nirgendwo erwähnt wird.

[2000] Wegerer: Ausbruch, Bd. 2, S. 114.
[2001] Bericht Wenningers. - Schulte: Dokumente, Nr. 4, S. 139.
[2002] Vorgeschichte: Montgelas, Anlage 23, S. 70.
[2003] Ebd., Anlage 24, S. 70.
[2004] Marine-Archiv: Nordsee, Bd. 1, S. 22; d. Reichsarchiv läßt d. Befehl zur „Sicherung" am Abend ergehen. - Reichsarchiv: Weltkrieg, Bd. 1, S. 37.
[2005] Aufz. Bienerths zit. nach Schäfer: Tagen S. 525.

mobilisiere. Gegenüber Italien seien Kompensationsangebote zu machen, um den Staat im Bündnis zu halten. Der von Großbritannien erneut eingebrachte Vermittlungsversuch sei zurückzuweisen: „Für Österreich-Ungarn zur Erhaltung Durchhalten des europäischen Krieges letztes Mittel. Deutschland geht unbedingt mit."[2006] Bienerth telegraphierte darüber noch am Nachmittag nach Wien; das Telegramm traf dort abends ein.[2007] Angesichts der Vermittlungsbemühungen der deutschen Diplomaten löste dieses Telegramm, als Conrad es am 31. Juli in Wien vorlegte, Verwunderung aus. Berchtold, der österreichische Außenminister, sah sich gezwungen zu fragen: „Wer regiert: Moltke oder Bethmann?"[2008] Über dieses Telegramm ist viel diskutiert worden – vielleicht zuviel. Denn auswirken konnte es sich nicht mehr: als es in Wien eintraf, hatte auch Bethmann – auch wenn die Österreicher dies nicht wußten – Anweisung gegeben, in Wien nicht mehr auf Vermittlung zu drängen.[2009] Nicht zutreffend erscheint jedenfalls die Vermutung, Moltke habe mit der Aufforderung an Österreich bezweckt, noch vor der russischen Mobilmachung in Deutschland mobilzumachen und dies als Folge der österreichischen Mobilisierung darstellen zu können.[2010] Denn der Generalstabschef wiederholte seine Forderung nach der österreichischen Mobilmachung am Abend, als ihm die Tatsache der russischen Mobilmachung bereits bekannt war.[2011] Dies war wohl eher ein Versuch, die Österreicher zu einer Schwerpunktbildung gegen Rußland zu animieren.[2012] Nur dies macht eine Wiederholung am Abend sinnvoll. Angesichts der ihm bis dato vorliegenden Nachrichten mußte Moltke tatsächlich fürchten, daß sein Kollege Conrad seine Truppen hauptsächlich gegen Serbien zu verwenden gedachte.[2013] Es bleibt allerdings ein erstaunlicher Vorgang, daß der Generalstabschef die offizielle Außenpolitik seines Landes derartig unterläuft. Hierbei hilft auch nicht der Hinweis darauf, daß es sich nur um den Rat eines Militärs an seinen Kollegen gehandelt habe.[2014] Das Verhalten des Generalstabschefs ist nur erklärlich,

---

[2006] Tel. Bienerths zit. nach Conrad, Bd. 4, S. 152.
[2007] Th. v. Schäfer: Notizen z. Vortrag vor Zentralstelle für Erforschung d. Kriegsursachen: Generaloberst v. Moltke u. d. Kriegsausbruch, Nov. 1926, Bl. 23, BA-MA W-10/50731.
[2008] Conrad, Bd. 4, S. 153.
[2009] Anderer Ansicht B. E. Schmitt: The Origins of the First World War. London 1958, S. 22.
[2010] Albertini, Bd. 3, S. 26; B. W. Liddel Hart: History of the First World War. London 1979⁴, S. 48.
[2011] Dies spricht auch dagegen, daß es sich bei dem Tel. vom Mittag um ein Mißverständnis handelt, wie Ritter vermutet. - Ritter: Staatskunst, Bd. 2, S. 322.
[2012] Turner S. 215.
[2013] Siehe Kapitel V. 1. b Die Julikrise: 23. bis 27. Juli, S. 246.

wenn Moltke nun den Krieg auf jeden Fall wollte. Der Generalstabschef scheint dabei von den neuesten Meldungen über die russischen und – was häufig übersehen wird – belgischen Vorbereitungen beeinflußt worden zu sein.[2015] Damit übernahm Moltke eine Rolle, die ihn zum Hauptakteur bei der Forderung nach deutschen Maßnahmen machte.[2016]

Wie angespannt die Situation war, sollte ein weiterer Vorfall zeigen. Der Berliner „Lokalanzeiger" meldete gegen 14 Uhr den Ausspruch der deutschen Mobilmachung. Fischer spricht die vorsichtige Vermutung aus, diese Meldung könne seitens der deutschen militärischen Reichsführung lanciert worden sein, um eine russische Generalmobilmachung zu provozieren.[2017] Dagegen spricht, daß dies nicht die einzige Falschmeldung vom Tage war, siehe unten. Es scheint sich somit nur um einen Ausdruck der gespannten Erwartung in der Öffentlichkeit zu handeln. Um 17 Uhr warnte dann das Kriegsministerium telegraphisch, daß die Meldungen über eine ausgesprochene deutsche Mobilmachung unzutreffend seien.[2018] Dort hegte man wohl die Befürchtung, einzelne Truppenteile könnten diese Meldung für bare Münze nehmen und dementsprechend handeln; angesichts der Tendenz, selbständig zu entscheiden und das langsame offizielle Informationssystem zu umgehen, kein ganz grundloser Verdacht.

Gegen Abend wurde immer noch eine Antwort auf das deutsche Vermittlungsangebot aus Wien erwartet. V. Leuckart, der sächsische Militärbevollmächtigte, berichtete, im Bundesrat werde am 31. eine Sitzung über den Erlaß diverser Exportverbote stattfinden. Von einigen Zeitungen würde die Nachricht verbreitet, Deutschland habe Rußland ultimativ aufgefordert, seine Stellung zu erklären, was jedoch unzutreffend sei.[2019] Die Anweisung für die Marine über das Inkrafttreten der „Sicherung" wurde ebenfalls am Abend vermeldet.[2020] Gegen 21 Uhr sandte Bethmann ein Telegramm nach Wien, welches den deutschen Botschafter anwies, bei der österreichischen Regierung noch einmal zur Mäßigung

---

[2014] So meint Kuhl, der Sache ihre Bedeutung nehmen zu können. - H. v. Kuhl: Der Telegrammwechsel zwischen Moltke und Conrad von Hötzendorf am 30. und 31. Juli 1914. S. 47, in: Kriegsschuldfrage, 2. Jg. 1924, S. 43-47.

[2015] Trumpener S. 79 f.

[2016] Ritter: Anteil S. 87 f.

[2017] Fischer: Krieg S. 714.

[2018] Vorgeschichte: Montgelas, Anlage 25, S. 70.

[2019] Bericht v. Leuckart Nr. 80/3548, SHStA Sächs. Militärbevollmächtigter Nr. 4222. Das angebliche deutsche Ultimatum an Rußland wurde auch von Kießkalt in seinem Tagebuch im Zusammenhang mit dem tatsächlichen Ultimatum vom 31.07. erwähnt, Tgb. Feldpostsekretär Ernst Kießkalt, 24.07.-02.08.1914, Eintrag 31.07., BHStA Abtl. IV HS 2699.

[2020] Reichsarchiv: Weltkrieg, Bd. 1, S. 37; Bericht Wenningers. - Schulte: Dokumente, Nr. 5, S. 139; Bericht Nr. 4, BHStA Abtl. IV M Kr Nr. 1765.

zu drängen, denn wenn man dort weiter stur bleibe, sei „es kaum mehr möglich, Rußland die Schuld an der ausbrechenden europäischen Konflagration zuzuschieben."[2021] Der Reichskanzler – seinerseits unter dem Druck der deutschen Militärs stehend – kann nur noch mit dem Erreichen einer günstigen Ausgangslage für einen Krieg argumentieren. Der Abend sollte aber noch weitere Entwicklungen bringen. Die ersten Meldungen über eine russische Generalmobilmachung liefen gegen 23 Uhr in Berlin ein.[2022] Damit war das Bethmannsche Lokalisierungskalkül endgültig gescheitert. Die Argumente der Militärs mußten somit ein stärkeres Gewicht erhalten.[2023] Erneut trafen daraufhin der Reichskanzler, Moltke und Falkenhayn zusammen. In der Besprechung kam es zu heftigen Zusammenstößen zwischen Bethmann und dem Generalstabschef über die Frage, wer die Verantwortung für einen Krieg zu tragen habe. Schließlich gelang es den Militärs durchzusetzen, daß spätestens bis zum 31. Juli mittags die Entscheidung über die Ausrufung der „drohenden Kriegsgefahr" fallen müsse. Dabei sprach sich Moltke sehr deutlich für einen Krieg „sans phrase" aus; dies veranlaßte Falkenhayn zu dem Kommentar: „Seine Stimmungswechsel sind kaum oder gar nicht zu erklären."[2024] Auch Bethmann Hollweg war die kriegeri-

---

[2021] Geiss: Julikrise, Bd. 2, Nr. 793, S. 380.

[2022] Fischer: Krieg S. 716; im Gegensatz dazu meint Trumpener, der Zeitpunkt, zu dem die deutsche Führung von der russischen Generalmobilmachung erfahren habe, sei ungeklärt. - Trumpener S. 80. Fischers Vermutung paßt aber in den Ablauf, so daß sie hier akzeptiert wird.

[2023] Hillgruber: Politik S. 96.

[2024] Vollständiges Tgb. Falkenhayn, BA-MA W-10/50635; Fischer läßt an diesem Abend zwei Sitzungen des Reichskanzlers mit den Militärs stattfinden, die erste gegen 21 Uhr, in der der Entschluß gefaßt wurde, die „drohende Kriegsgefahr" am 31. Mittags zu verkünden – dies also noch vor Eintreffen der Nachrichten über die russische Mobilmachung – dann eine zweite gegen 23 Uhr, in der u. a. der Entschluß gefaßt worden sei, ein Ultimatum an Rußland wegen dessen Mobilmachungsmaßnahmen zu stellen und die Ausrufung der „drohenden Kriegsgefahr" beizubehalten. - Fischer: Krieg S. 716 f. Dabei nennt er für die erste Besprechung keine Quelle, um sich bei der zweiten auf Zwehl zu berufen. - Ebd. Dazu ist erstens anzumerken, daß Zwehl nur eine Besprechung erwähnt; zweitens, daß nicht der Entschluß gefaßt wurde, die „drohende Kriegsgefahr" zu verkünden, sondern nur eine Entscheidung über die Verkündung bis spätestens am 31. mittags herbeizuführen und drittens, daß von einem Ultimatum an Rußland in der Quelle überhaupt nicht die Rede ist, genausowenig wie von einer Bestätigung der „drohenden Kriegsgefahr". Was Fischer nicht wissen konnte, da ihm Falkenhayns Original-Tgb. nicht vorlag, sondern nur Zwehls Zusammenfassung und der erwähnt es nicht – siehe Geiss: Julikrise, Bd. 2, Nr. 801, S. 386 – ist, daß die eine Besprechung laut Falkenhayn am „späten Abend" stattfand, dies würde auch eher für 23 als für 21 Uhr sprechen, vollständiges Tgb. Falkenhayn, BA-MA W-10/50635. Eine andere Möglichkeit bevorzugt Wegerer, indem er die Sitzung um 21 Uhr beginnen läßt und sie eben länger dauern ließ. - Wegerer: Ausbruch, Bd. 2, S. 120. Dies wäre auch eine Möglichkeit; dagegen spricht allerdings wohl das Tgb. Falkenhayns.

sche Stimmung Moltkes aufgefallen. Demnach wollte der Generalstabschef nicht nur die sofortige Mobilmachung, sondern gleich den Kriegsbeginn.[2025] Die Entwicklung verlief zu schnell für das diplomatische Procedere, militärische Erwägungen gewannen nun die Oberhand.[2026] Die russische Mobilmachung drohte den Zeitplan des Schlieffenplans durcheinander zu bringen; dies hatte bei Moltke zu der Forderung nach sofortiger eigener Mobilmachung geführt.[2027] Im Gespräch mit seinem Adjutanten äußerte Moltke dann auch nach diesen Verhandlungen, die Entscheidung über eine Mobilmachung werde am 31. fallen.[2028] Damit wird die Tragweite der Entscheidung dieser Nacht deutlich. Sollte am 31. Juli die „drohende Kriegsgefahr" ausgesprochen oder positiv darüber entschieden werden, war damit auch gleichzeitig der Entschluß für eine baldige deutsche Mobilmachung gefallen. Vielleicht hatte Moltke die Hoffnung auch immer noch nicht aufgegeben, anstelle der „drohenden Kriegsgefahr" direkt die Mobilmachung ausrufen zu können.

Bethmann wies um 23.20 den deutschen Botschafter in Wien an, seinen Auftrag von 21 Uhr doch nicht auszuführen.[2029] Dies konnte er nun ruhigen Gewissens tun, da mit dem Eingang der Meldung über die erfolgte russische Mobilmachung Deutschland bloß als der Reagierende erschien. Moltke betrieb auch weiterhin seine parallele Außenpolitik. Noch in der Nacht telegraphierte er an Conrad: „Russische Mobilisierung durchhalten; Österreich-Ungarn muß erhalten bleiben, gleich gegen Rußland mobilisieren, Deutschland wird mobilisieren. Italien durch Kompensationen zur Bundespflicht zwingen."[2030] Im wesentlichen also nur eine Wiederholung der Äußerungen gegenüber Bienerth vom Nachmittage bis auf den jetzt überflüssig gewordenen Passus über die Ablehnung der britischen Vermittlung. Das Drängen auf eine sofortige österreichische Mobilmachung ge-

---

[2025] Fischer: Krieg S. 717.
[2026] Joll: Ursprünge S. 37.
[2027] Wallach: Dogma S. 200.
[2028] Mitteilung v. Haeften, Anlage z. Brief d. Zentralstelle für d. Erforschung d. Kriegsursachen an Tappen, 09.06.1913, BA-MA N/56/2 (Nl. Tappen).
[2029] DD, Bd. 2, Nr. 450, S. 158.
[2030] Conrad, Bd. 4, S. 152; die Suche nach dem Original dieses Tel., die nach dem Kriege angestellt wurde, brachte das Ergebnis, daß sich in den deutschen Unterlagen dazu nichts fand, Schreiben v. Haeften v. Reichsarchiv an Montgelas, 20.04.1926, BA-MA W-10/50729. Wegerer läßt das Tel. am 31.07. vormittags abgehen, nachdem Moltke sichere Nachrichten in dem Telephongespräch mit Hell – siehe V. 2. c Die Julikrise: 31. Juli, S. 369 f. – über die russische Mobilmachung erhalten hatte. - Wegerer: Ausbruch, Bd. 2, S. 125. Angesichts der Wiederholung des Inhaltes von Moltkes Äußerungen am Nachmittag erscheint eine Absendung noch in der Nacht allerdings logischer.

gen Rußland hatte sicherlich auch den Hintergrund, Wien von einem Alleingang gegen Serbien abzuhalten.

Moltkes wechselnde Stimmungen sind nicht nur Falkenhayn aufgefallen. Admiral v. Müller notierte nach dem Krieg: „Mit so großen Zweifeln an der Kraft des Deutschen Reiches, aber auch an seiner eigenen Kraft, Moltke dem Ausbruch des Weltkrieges entgegensah, mit so ausgesprochenem Willen zur Tat trat er schließlich in ihn ein. Das ging so weit, daß er im letzten Moment direkt fürchtete, es würde nicht zum Kriege, auf den er sich schon ganz eingestellt hatte, kommen."[2031] Und es ist in der Tat schwer verständlich, wie dieser eher pessimistisch eingestellte Mann, der noch in den Vortagen im Gegensatz zu Falkenhayn zurückhaltend agierte, sich auf einmal massiv für den Krieg – und zwar für einen sofortigen Krieg – einsetzte. Sicherlich spielte dabei die Erleichterung eine Rolle, daß das schier endlose Warten auf den unvermeidbaren Krieg nun endlich sein Ende gefunden hatte, wie dies für breite Kreise der wilhelminischen Gesellschaft galt.[2032] Andererseits war nun eine Situation entstanden, die auf der einen Seite günstig war und auf der anderen Seite durch die zunehmenden Rüstungen der Nachbarländer Moltke praktisch die Entscheidung abnahm. Er, der den Krieg zwar mehrmals gefordert, aber nie konkrete Schritte durchgesetzt hatte, sah sich nun in der Lage, durch die Entwicklung der Dinge quasi zum Krieg gezwungen zu werden. Wenn Falkenhayn in seinem Tagebuch notierte, daß es zu Auseinandersetzungen zwischen dem Kanzler und dem Generalstabschef über die Verantwortung für einen Krieg gekommen sei, so ist das vielleicht ein Hinweis auf Moltkes Einstellung: nicht er sondern andere hatten die Situation geschaffen, in der ein Krieg anscheinend unvermeidbar schien. Jetzt, da andere ihm die Verantwortung abgenommen hatten, konnte er auf den Krieg bestehen und war dann auch nicht mehr bereit, von diesem Ziel abzuweichen.

In der gespannten Lage wurde der Nachrichtendienst immer wichtiger. Die Erkundungen in Lüttich wurden fortgesetzt.[2033] In Karlsruhe kam das XIV. A. K. auf eine Angelegenheit zurück, die man zwei Jahren zuvor schon einmal angesprochen, aber dann nicht weiter verfolgt hatte. Es ging dabei um die Stellung von Leuten, die bereit seien, im Mobilmachungsfall anstelle des normalen Militärdienstes als Agenten zu arbeiten. Als Einstellungsgrundlage waren Wagemut, Gewandtheit, Zuverlässigkeit und perfekte Kenntnisse des Französischen erwünscht. Im Ernstfall würden sie kurz vor der Mobilmachung auf das Bezirkskommando Freiburg bestellt werden. Es sollten drei geeignete Personen ermittelt

---

[2031] Görlitz: Aufzeichnungen S. 187. Müller führte diesen Stimmungsumschwung auf den Einfluß von Moltkes Frau zurück, ebd.

[2032] Radkau S. 447.

[2033] Briefe Major Scherlaus an Reichsarchiv, 17.10. u. 19.10.1920, BA-MA W-10/50951.

und dem Nachrichtenoffizier gemeldet werden. Außerdem sei es erwünscht, den jetzigen Aufenthaltsort von zwei potentiellen Agenten zu erfahren, die sich bereits vor zwei Jahren für eine solche Aufgabe bereit erklärt hatten, die man aber zwischenzeitlich aus den Augen verloren habe. Wie üblich hieß es dann: „Bitte, bei den Nachfragen jede Beunruhigung der Bevölkerung, die auch ganz unnötig ist, zu vermeiden."[2034] An der französischen Grenze entfaltete der Nachrichtendienst besondere Tätigkeit. In einem Tagesbefehl der Festung Metz wurden die Truppen darauf hingewiesen, daß es vorkommen könne, daß im Dienste des deutschen Nachrichtendienstes stehende französischsprachige Personen beiderlei Geschlechts sich den Vorposten nähern und Durchlaß verlangen würden. Solche Leute seien sofort dem nächsten Offizier vorzuführen, der sie wiederum unter Begleitung auf dem schnellsten Wege zum Gouvernement bringen müsse.[2035] Der Marinenachrichtendienst erweiterte seine Tätigkeiten. Laut Verfügung des Chefs des Admiralstabes wurde das Kriegsnachrichtenwesen gegenüber Großbritannien, Frankreich und Rußland in Betrieb genommen.[2036] Im Zusammenhang damit erhielten zwei Offiziere den Auftrag, den Schiffsverkehr in Großbritannien sowohl in London als auch in Schottland zu beobachten.[2037] Ein weiterer Offizier sollte sich ausschließlich um den Aufenthaltsort der I. Schlachtflotte kümmern und dazu ausgedehnte Reisen auf der Insel unternehmen.[2038] Ebenfalls am 30. Juli begann Deutschland, die politische Opposition gegen das Zarenreich in Polen und im Kaukasus zu unterstützen.[2039]

Wie üblich informierte der Admiralstab auch am 30. Juli die Auslandsschiffe über die Entwicklung der politischen Lage. Um 13.30 Uhr erhielten sie die Nachricht, daß Krieg zwischen Österreich-Ungarn und Serbien ausgebrochen sei; außerdem bestünden politische Spannungen zwischen dem Dreibund und Großbritannien, Frankreich und Rußland.[2040] Damit wurde zum ersten Mal quasi marineoffiziell Großbritannien zu den Gegnern gezählt. Noch an diesem Tage hatte es innerhalb der Marine Stimmen gegeben, die ein Eingreifen des Inselrei-

---

[2034] Gen. Kdo. XIV. A. K. Nr. 603 an Oberwachtmeister der Gendarmerie, GlAK Abtl. 456 F 5/182; dabei war nicht an die Verwendung von Gendarmen selber gedacht, sondern man wollte ihre genauen Kenntnisse der Bevölkerung zur Findung von geeigneten Persönlichkeiten ausnutzen.

[2035] Befehlsbuch 8. Inf.-Reg., 30.07.-30.09.1914, BHStA Abtl. IV 8. Inf.-Reg. (WK) Bund 17.

[2036] Verfügung N 2662 II, BA-MA RM 5/3652.

[2037] Tel., ein dritter Agent wurde mit einem nicht genannten Sonderauftrag entsandt, ebd.

[2038] Aufz. Entsendung v. Kaptlt. Kaiser nach Großbritannien, BA-MA RM 5/3691.

[2039] Fischer: Griff S. 79; zu diesen deutschen Versuchen siehe auch Farrar: Policy S. 21 f.

[2040] Tel. Admiralstab, BA-MA RM 5/6334; siehe auch Brieftgb. Abtl. B II d. Admiralstabes, BA-MA RM 5/223; siehe dazu auch Marine-Archiv: Nordsee, Bd. 1, S. 22; Marine-Archiv: Kreuzerkrieg, Bd. 2, S. 231.

ches für unwahrscheinlich hielten.[2041] Diese Meinungen sollten auch in Zukunft noch eine Rolle spielen. Um 15.30 Uhr ging dann ein Telegramm an die „Scharnhorst" heraus, in dem mitgeteilt wurde, es bestünden Zweifel an der Bündnistreue Italiens, außerdem seien Mobilmachungsarbeiten zu beginnen.[2042] Über die Warnung der Handelsschiffahrt, die am 30. Juli erfolgte, siehe unten, wurde ebenfalls berichtet.[2043] An die „Straßburg" wurde zunächst die Nachricht gesandt, der englische Kanal sei noch passierbar.[2044] Später wurde dann korrigiert, die Lage sei Ernst und die Heimreise sei „nördlich um England" anzutreten.[2045]

Tirpitz hatte an einem der vorangegangenen Tage einen für die Verhältnisse im wilhelminischen Deutschland bemerkenswerten Vorstoß unternommen. Irgendwann am 28. oder 29. hatte er den Chef des Marinekabinetts Müller gebeten, bei Wilhelm II. vorzutragen, daß die Marine einer einheitlichen Führung bedürfe, die das RMA und den Admiralstab umfasse. Nach den Verhältnissen innerhalb der Flotte gäbe es nur eine Person, welche diese Position ausfüllen könne – natürlich Tirpitz selber.[2046] Da das RMA als Teil der Reichsverwaltung parlamentarischer Kontrolle unterlag, hätte eine Umsetzung dieser Idee eine Parlamentarisierung der Marine und damit einen Einbruch in die vom Kaiser eifersüchtig gehütete Sphäre seiner Kommandogewalt bedeutet. Dieser Vorstoß mußte scheitern.[2047] Wilhelm II. tat, was nicht anders zu erwarten war: er lehnte ab. Als Zugeständnis wurde Admiralstabschef Pohl angewiesen, „in dieser sehr ernsten Zeit" vor jedem Vortrag beim Kaiser mit Tirpitz Rücksprache zu halten und dann im Vortrag selber auf eventuelle Meinungsverschiedenheiten aufmerksam zu machen.[2048] Um den Eindruck einer Düpierung bei Pohl vorzubeugen, hieß es in der Order beschwichtigend: „Seine Majestät wollen, daß Euere Exzellenz [Pohl, d. Verf.] das nicht als ein Mißtrauen auffassen, sondern nur als den Ausdruck des durch den Ernst der Lage gegebenen Bedürfnisses Seiner Majestät,

---

[2041] Epkenhans S. 406.
[2042] Tel. Admiralstab, BA-MA RM 5/6334.
[2043] Brieftgb. Abtl. B II d. Admiralstabes, BA-MA RM 5/223.
[2044] Ebd.
[2045] Ebd.
[2046] Notiz Tirpitz' auf Verfügung Müllers an Pohl, BA-MA N 253/431 (Nl. v. Tirpitz).
[2047] Interessant ist, daß Tirpitz ihn dennoch unternommen hat. Triumphierte hier persönliches Machtstreben über alle gesellschaftlich-politischen Überlegungen? Oder waren diese von Tirpitz nur genutzt worden, um seinem Traum einer großen deutschen Flotte näher zu kommen? Oder glaubte der Staatssekretär, das Risiko eines Mitspracherechts für das Parlament in Anbetracht des nahenden Krieges tragen zu können? Auf jeden Fall erscheint Tirpitz hier nicht als der kühle Rechner, als der er häufig dargestellt wird.
[2048] Verfügung Müllers an Pohl, BA-MA N 253/431 (Nl. v. Tirpitz).

möglichsten Nutzen aus dem bewährten Urteil eines auf allen Gebieten des Marinewesens erfahrenen langjährigen Beraters zu ziehen."[2049] Natürlich können auch diese tröstenden Worte die Tatsache nicht verdecken, daß der Admiralstab wiederum einen Teil seines Einflusses an das RMA abtreten mußte. Nunmehr war ein eigenständiger Vortrag Pohls beim Kaiser unmöglich geworden. Aber trotzdem redete die Marine noch mit zwei Zungen – ein einheitlicher Oberbefehl kam, wie nicht anders zu erwarten war, nicht zu Stande.

Vollkommen überraschend für die Marine erfolgte am 30. Juli die Regelung des Oberbefehls für den Ostseekriegsschauplatz. Diese Stelle hatte es vorher nicht gegeben, sie wurde nun durch Wilhelm II. geschaffen. Zum ersten Oberbefehlshaber ernannte er seinen Bruder, Prinz Heinrich von Preußen. Diese überraschende Maßnahme sorgte bei der Truppe für einige Verwirrung.[2050]

Innerhalb der Marine wurden die Weichen auf Krieg gestellt. Am 30. Juli wurde eine Reihe von Kriegsbefehlen ausgegeben, dies waren: die Operationsbefehle für Nord- und Ostsee, Befehle für das Verhalten gegenüber Neutralen sowie Grundzüge zum Verhalten gegenüber britischen Truppentransporten.[2051] Nach dem Operationsbefehl für die Nordsee bestand zunächst die Aufgabe, die britische Flotte zu schwächen; der Handelskrieg werde nach Prisenordnung geführt werden, die für den Handelskrieg in entfernteren Gewässern vorgesehenen Schiffe seien möglichst frühzeitig auf ihre Reise zu schicken.[2052] Für die Ostsee wurde verfügt, daß es Hauptaufgabe der Seestreitkräfte sei, russische Offensiven abzuwehren, die Kieler Bucht gegen britische und russische Streitkräfte zu sichern und den feindlichen Handel in der Ostsee zu schädigen; dabei sei nach Prisenordnung zu verfahren. Sofort nach Kriegsausbruch seien Minenunternehmen gegen die Küste Rußlands anzusetzen. Sollte es die Kriegslage erlauben, würden für eine deutsche Offensive gegen das Zarenreich Teile der Hochseeflotte zur Verfügung stehen.[2053] Außerdem wurde die Verwendung der Flaggoffiziere bekannt gegeben.[2054] Wie bereits erwähnt erging am 30. Juli für die Marine der Befehl der „Sicherung". Der Befehl wies noch daraufhin, daß von den geplanten Maßnahmen die Einziehung der Feuerschiffs Nordeney unter dem Vorwand einer Reparatur nicht ausgeführt werden solle. Dagegen solle alles ü-

---

[2049] Ebd.

[2050] Marine-Archiv: Ostsee, Bd. 1, S. 16 f.

[2051] Handakten d. Dezernats A IV für den Krieg gegen England – Allerhöchstes Hauptquartier, Eingangsbuch, BA-MA RM 5/1676; der nächste Eingang erfolgte erst am 08.08.1914, ebd. Zu d. Befehlen siehe auch Weniger S. 51.

[2052] Neugebauer, Bd. 2, Nr. M 584 a, S. 241; Marine-Archiv: Nordsee, Bd. 1, S. 54.

[2053] Ebd., Bd. 1, Anlage 11, S. 257; siehe auch Marine-Archiv: Ostsee, Bd. 1, S.29.

[2054] Tel. Marinekabinett an Admiralstab, BA- MA RM 5/1777.

beretatmäßiges und auf Lehrgänge kommandiertes Personal ohne Schließung der Schulen direkt an ihre Kriegsstellen überwiesen werden.[2055] Die „Sicherung" bedeutete eine erhöhte Bereitschaft; sie diente vor allem zum Schutz vor feindlichen Überfällen. Reservisten wurden noch keine einberufen. Die ausgegebenen Verwendungszwecke der Flaggoffiziere traten, soweit die „Sicherung" dies bedingte, in Kraft.[2056] Teile der Armee waren ebenfalls betroffen. Dort bedeutete der Ausspruch der „Sicherung" die Bereitstellung von Truppen zum Schutz der Inseln Borkum, Pellworm und Sylt einschließlich deren Ausrüstung etc.[2057] Stärkemäßig bedeutete dies 5 ½ Infanterie-Bataillone, eine Pionierkompanie und ein Fußartillerie-Bataillon.[2058] Wie am 29., so wurde auch am 30. Juli die Bewachung in der Ostsee fortgesetzt. Das Kommando der Hochseeflotte erließ die dafür nötigen Befehle.[2059] Zusätzlich erhielt die Flotte nun den Auftrag, auch die Deutsche Bucht „unauffällig" zu beobachten.[2060]

Durch den Admiralstab erhielt die Handelsschiffahrt die Warnung vor einem drohenden Kriegsausbruch.[2061] Noch in der Besprechung zu diesem Thema am 29. Juli war von einer solchen Warnung frühestens bei Ausspruch der „drohenden Kriegsgefahr" die Rede gewesen.[2062] Daß diese Warnung schon jetzt erfolgte, ist ein Zeichen dafür, wie ernst die Marineleitung die Lage einschätzte. Trotz aller Vorbesprechungen ergaben sich Probleme bei der vorzeitigen Indienststellung von „Graudenz", „König" und „Großer Kurfürst". Die „Graudenz" sei für eine friedensmäßige Indienststellung noch nicht bereit. In Anbetracht der Umstände sollten deshalb die einschlägigen Vorschriften unter Mitarbeit aller beteiligten Stellen nicht wortwörtlich, sondern sinngemäß Anwendung finden. Auch bei der Stellung des benötigten Arbeits- und Besatzungspersonals sei die Mithilfe aller Stellen erforderlich, sah sich das RMA gezwungen festzu-

---

[2055] Ostseestation St. O. 6. A. S. an S. M. S. „Hamburg" u. „Vulkan", BA-MA RM 5/5236; in anderen Versionen des Befehls hieß es zu letzten Punkten nur Teil II lfd. Nr. 150 (Nordeney) nicht ausführen, Teil II lfd. 53 (Personal) ausführen, RMA Nr. A IV 2045 an Admiralstab, BA-MA RM 5/4515; Kommando Hochseeflotte an II. Geschw., BA-MA RM 5/5236.

[2056] Tel. Marinekabinett an Admiralstab, BA- MA RM 5/1777.

[2057] Manuskript: Die deutsche Armee bei Kriegsausbruch, o. J., [um 1920], Bl. 206, BA-MA W-10/50891.

[2058] Foerster: Mobilmachungsvorbereitungen S. 990.

[2059] Schreiben Gg. O. B. Nr. A . 1. an Führer d. Torpedobootstreitkräfte, BA-MA RM 5/5236.

[2060] Marinestation Nordsee an I. Geschwader, eingegangen 31.07.1914, 20.45 Uhr, ebd.

[2061] Reichswehrministerium, Chef d. Marineleitung Nr. U 1430 an Reichswirtschaftsministerium, 28.12.1922, BAB R 1501/112211.

[2062] Reichsamt d. Innern C. B. 886 14, Aufz. über Besprechung betreffend Benachrichtigung d. dt. Handelsflotte bei drohender Kriegsgefahr, ebd.

stellen.[2063] Ähnlich lagen die Verhältnisse bei den anderen beiden Schiffen. Allerdings sei bei der „König" eine Fertigstellung vor dem 10. August ausgeschlossen; trotzdem solle alles mögliche versucht werden, um eine Beschleunigung zu erreichen.[2064] Die Ostseestation erhielt die Anweisung, das Personal der Yachten „Hohenzollern" und „Grille" auf ein Wachkommando zu reduzieren.[2065] Diese Maßnahme diente zur Vorbereitung der Außerdienststellung beider Schiffe im Fall der Mobilmachung. Die freiwerdenden Matrosen sollten möglichst schnell ihrer eigentlichen Kriegsverwendung zugeführt werden.[2066] Dies erklärt wohl, warum diese Maßnahme bereits jetzt angeordnet wurde.

Im RMA war mittlerweile das Ersuchen des Admiralstabes über die Ausrüstung der Hilfsschiffe vom 26. Juli geprüft worden. Nun konnte dem Admiralstab mitgeteilt werden, daß die betreffenden Dienststellen in diesem Sinne unterrichtet wurden. Allerdings gebe es eine Reihe von Einschränkungen; deren wichtigste sei die aus politischen und finanziellen Gründen notwendige Genehmigung des Reichskanzlers, die über das RMA einzuholen sei, falls tatsächlich Hilfsschiffe vor „drohender Kriegsgefahr" oder Mobilmachung bereitgestellt werden sollten. Kleinere Schwierigkeiten gebe es bei dem vorgeschlagenen Einbau einer Funkstation in den Hilfsstreuminendampfer A für die Ostsee, da dies seine Fertigstellung um einen Tag verzögern würde. Ein zweiter Versorgungsdampfer für Torpedoboote in Swinemünde könnte nicht mit Torpedobootskohle beladen werden, sondern es stünde nur ein Gemisch aus Anthrazit und Steinkohle zur Verfügung. Bei der Ausrüstung der U-Bootvorratsschiffe könne der Admiralstab noch Vorschläge unterbreiten. Größere Schwierigkeiten gebe es bei anderen Punkten. Die Bereitstellung der Hilfsminensuchdivision der Ostsee und in Wilhelmshaven vor Ausspruch der „drohenden Kriegsgefahr" oder der Mobilmachung sei schwierig, da die betreffenden Schiffe von ihren Reedereien im Friedensbetrieb kaum entbehrt werden könnten. Die Stellung von zwei außerplanmäßigen Tankdampfern mit 8000 t Heizöl in einem Nordseehafen scheitere an der Schwierigkeit, „im Frieden" in Deutschland Heizöl zu besorgen. Als einzige Quelle stünden die Marineheizöllager zur Verfügung, die wolle man aber für einen solchen Zweck nicht angreifen. Auch die Stellung von 30 Schiffsdampfern für Beobachtungszwecke bei der Flotte sei fast unmöglich, da alle voraussichtlich in deutschen Häfen befindlichen Schiffe dieser Art im Fall der Mobilma-

---

[2063] Rundschreiben RMA Nr. A I e. 7832, BA-MA RM 5/1696; zu der Indienststellung siehe auch Marine-Archiv: Überwasserstreitkräfte S. 40.
[2064] Rundschreiben RMA Nr. A I e. 7801, BA-MA RM 5/1696.
[2065] Tel. Admiralstab an Ostseestation, ebd.
[2066] RMA: Mobilmachungsbestimmungen für das Mobilmachungsjahr 1914/15, S. 45, Anm. 1, BA-MA RM 5/1785.

chung bereits eingeplant seien und vor Kriegsausbruch kein militärisches Personal zur ihrer Bemannung verfügbar sei. Nach Abschluß einer Mobilmachung und wenn dann noch genügend Ausrüstungsgegenstände vorhanden seien, könne man diesem Gedanken noch einmal nahetreten. Im übrigen stehe alles unter dem Vorbehalt des Personalmangels. Für Maßnahmen vor Ausspruch der „drohenden Kriegsgefahr" oder der Mobilmachung stünden nämlich noch keine Reservisten zur Verfügung, so daß auf aktive Soldaten zurückgegriffen werden müsse. Da „im jetzigen Stadium" eine Änderung der Personalplanung im Mobilmachungsfall nicht angängig sei, könne man also nur solche Schiffe so früh verwenden, die nach momentaner Planung sowieso mit aktiven Besatzungen versehen seien, alle anderen Schiffe könnten erst nach der Einberufung von Reservisten berücksichtigt werden.[2067] Einige der vorgeschlagenen Hilfsschiffe fanden allerdings die Zustimmung des RMA, dabei ist auffallend, daß es sich fast ausschließlich um Schiffe handelt, welche schon in der Planung vorgesehen waren.[2068] Diese Hilfsschiffe und die frühzeitige Fertigstellung der oben genannten anderen Schiffe bildeten einen Hauptteil der bis zum 22. Juli zwischen Vertretern des Admiralstabes und des RMA besprochenen Maßnahmen. Einmal mehr wird dadurch deutlich, daß diese Besprechungen nicht der konkreten Kriegsvorbereitung, sondern eher der Verfassung eines Wunschzettels dienten. Auffallen muß, daß die anwesenden Vertreter des RMA nicht schon bereits während dieser Besprechungen auf vorhandene Einwände hinwiesen. War das nun Ungeschick oder hat Tirpitz nach seiner Rückkehr nach Berlin eine ihm zu weit gehende Initiative seiner Untergebenen torpediert? Dies läßt sich nicht mehr nachweisen. Aber mit diesem Schreiben des RMA war ein Großteil der Vorschläge aus den Besprechungen vom Tisch. Was davon blieb, war die im Vergleich zur Armee frühzeitige Kalkulation mit der Möglichkeit eines Krieges.

Nicht nur auf diesem Gebiet setzte sich das RMA mit Forderungen des Admiralstabs auseinander. Auch den Wunsch des Admiralstabes vom 28. Juli, den Kohledampfern Turbinenöl mitzugeben, hatte man zwischenzeitlich im RMA untersucht. Man habe den Kaiserlichen Werften in Kiel und Wilhelmshaven Anweisung erteilt, diesen Wunsch zu erfüllen, indem ein Teil der bereits an Bord befindlichen Ladung anderer Öle gegen Turbinenöl ausgetauscht werde.[2069]

[2067] Schreiben Nr. A VI S. 158 gg., BA-MA RM 5/1696.

[2068] Dies waren die Blockschiffe in Swinemünde, der planmäßige Versorgungsdampfer für Torpedoboote auf der Elbe, ein planmäßiges Kohlen- u. Treibölschiff in Kiel, einer der planmäßigen Lloyddampfer auf der Elbe, zwei planmäßige Hilfsschiffdampfer für Swinemünde, ebd.

[2069] Schreiben B. VII d. 5346 an Admiralstab, BA-MA RM 5/1842.

Zur leichteren Vorbereitung stellte das Kommando der Hochseeflotte seinen Einheiten frei, ob sie über den eigentlichen Etat hinaus Gefechtsmunition an Bord nehmen wollten. Im bejahenden Falle sei die gewünschte Anzahl von Granaten pro Geschütz und das Kaliber zu melden.[2070] Ansonsten verbrachten die Schiffe in Wilhelmshaven den Tag damit, alles Überflüssige von Bord zu schaffen.[2071] Entsprechend des Angebots des Kommandos der Hochseeflotte wurde zusätzliche Gefechtsmunition aufgenommen.[2072] Der Mannschaftsbestand wurde auf Mobilmachungsstärke gebracht. Vor allem wurden hauptsächlich zusätzliche Heizer an Bord genommen.[2073] Da es sich dabei nicht um Spezialisten handelte, konnte man dies wohl tun, ohne auf die Einberufung von Reservisten zurückgreifen zu müssen. Über die Dislokation der Flotte wurde um 22.10 Uhr verfügt, daß das II. Geschwader zunächst in Kiel verbleibe. Ebenso stehe der Kreuzer „Magdeburg" vorläufig dem Befehlshaber der Ostsee in Danzig zur Verfügung.[2074]

Der Kommandant der „Karlsruhe" entschloß sich auf Grund der Nachrichten aus der Heimat, nachdem er Havanna verlassen hatte sich auf See in der Nähe dieses Hafens aufzuhalten, um seinen Standort zu verschleiern.[2075] Auf einer Besprechung der ostasiatischen Station wurden die einzelnen Maßnahmen zur Vorbereitung und Durchführung der Mobilmachung diskutiert und die entsprechenden Befehle erlassen.[2076]

Bei der Armee hieß es für die Truppe am 30. Juli, sich um die Ausführung der befohlenen Bewachungsaufgaben zu kümmern. Dies nahm einen Großteil ihrer Zeit in Anspruch. Durch die verschiedenen Informationswege trafen entsprechende Anweisungen schon recht früh bei der Truppe ein. Beim bayerischen 22. Infanterie-Regiment standen so die Bahnschutzkommandos um 1.30 Uhr abmarschbereit. Bevor sie nun die Reise zu ihren Einsatzorten antraten, wurden die Soldaten noch über die Kennzeichen der deutschen Flieger und Luftschiffe sowie über die Pflicht zur Geheimhaltung in Gesprächen und Briefen belehrt: „Der Regt. Kdr. ermahnte in einer Ansprache die Bahnschutzmannschaften an ihre hohe Pflicht und an den Vorzug als erste des Regts. zum Schutze des Vaterlan-

---

[2070] Rundschreiben G 3483 A 2; laut Notiz auf der Quelle wurde dies tatsächlich von einigen Einheiten gewünscht, BA-MA RM 5/5236.

[2071] Marine-Archiv: Nordsee, Bd. 1, S. 30; sie setzten also den Befehl v. 28.07. um.

[2072] Ebd., Bd. 1, S. 30.

[2073] Ebd., Bd. 1, S. 30.

[2074] Tel. Admiralstab an Ostseestation, zur Kenntnis an II. Geschwader, BA-MA RM 5/5236.

[2075] Marine-Archiv: Kreuzerkrieg, Bd. 2, S. 231.

[2076] Ebd., Bd. 1, S. 59.

des ausrücken zu dürfen."[2077] Im Verlaufe des 30. Juli traten dann beim Regiment auf einmal Zweifel auf, denn ein militärischer Bahnschutz vor „drohender Kriegsgefahr" war in den Planungen eigentlich nicht vorgesehen. Eine Rückfrage bei der 3. Division, der das 22. Infanterie-Regiment unterstand, ergab, daß die Division den Befehl zum militärischen Bahnschutz selbständig gegeben habe. Inzwischen sei dies aber vom zuständigen II. A. K. genehmigt worden. Im übrigen ließ die Division wissen: „Der Zustand der drohenden Kriegsgefahr sei noch nicht ausgesprochen. Das Regt. könne daher veranlassen, was es verantworten könne."[2078] Nach dieser wenig hilfreichen Auskunft einigte sich das Regiment in Absprache mit den Zivilbehörden auf gewisse Elemente, die planmäßig vorgesehen waren, wie z. B. das Anlegen von Autosperren, zu verzichten.[2079] Diese Antwort zeigt, daß man bei der Division Angst vor der eigenen Courage hatte, und deshalb nur zu gern den schwarzen Peter an das Regiment weitergab. Der improvisierte Charakter dieser Maßnahme wird besonders deutlich. Beim 18. Infanterie-Regiment erfolgte das Ausrücken um 3 Uhr.[2080] Trotz des bereits am Vortage ergangenen Befehls, alle Urlauber zurückzurufen, wurden beim II. Bataillon des 17. Infanterie-Regiment erst jetzt um 10.45 Uhr die zum Bahnschutz eingeteilten Soldaten aus ihrem Urlaub in die Kasernen beordert.[2081] Bis dann die Rückberufung aller Urlauber erfolgte, war es 22 Uhr geworden.[2082] Erst um 0.55 am 31. Juli traf seitens des Regiments der Befehl für den militärischen Bahnschutz beim II. Bataillon ein. [2083] Und dies, obwohl bereits am 30. um 0.45 Uhr die entsprechenden Befehle beim Regiment eingetroffen waren.[2084] Dies lag wohl daran, daß der Kommandeur des Regiments und sein Adjutant erst am Abend des 30. aus dem Urlaub zurückkehrten. [2085] Das Fehlen dieser Persönlichkeiten machte sich offenbar negativ bemerkbar. Im Badischen gab es ähnliche Zeitabläufe. Das XIV. A. K. wurde um 0.15 Uhr von der Linienkommandantur Mainz über den militärischen Bahnschutz informiert und gab nun seinerseits entsprechende Anweisungen wei-

---

[2077] KTB Stab 22. Inf.-Reg., 01.08.-19.12.1914, BHStA Abtl. IV 22. Inf.-Reg. (WK) Bund 1.
[2078] Ebd.
[2079] Ebd.
[2080] KTB 6. Inf.-Brig., BHStA Abtl. IV 6. Inf.-Brig. (WK) Bund 1.
[2081] KTB II. Batl. 17. Inf.-Reg., 31.07.1914-31.10.1915, BHStA Abtl. IV 17. Inf.-Reg. (WK) Bund 10.
[2082] Ebd.
[2083] Ebd.
[2084] KTB Stab 17. Inf.-Reg., 30.07.1914-22.11.1915, BHStA Abtl. IV 17. Inf.-Reg. (WK) Bund 1.
[2085] Ebd.

ter.[2086] Auch dort zog sich bei einigen Einheiten der Abmarsch bis in den Vormittag hin.[2087] Der Bezug der Stellungen durch einzelne Einheiten dauerte dann bis in den Nachmittag.[2088] Das XIII. A. K. in Württemberg erhielt die Anweisung zum Bahnschutz um 13.45 Uhr.[2089] Das XIV. A. K. ordnete dann um 21.15 Uhr an, daß die untergebenen Truppenteile ihre bezogenen Stellungen, Truppenteile und Stärken der einzelnen Kommandos zu melden hätten.[2090] Das Garnisonskommando Borna meldete auf das Schreiben vom 29. Juli diejenigen Offiziere und Unteroffiziere, deren Verwendung im Bahnbewachungsdienst im Mobilmachungsfall vorsehen war. Die betreffenden Personen hätten ihr Einverständnis bereits erklärt.[2091]

Neben dem militärischen lief der zivile Bahnschutz weiter. Im Bereich des XIV. A. K. war es, wie bereits erwähnt, zu Schwierigkeiten bei der Ausrüstung der Beamten gekommen. Die Korpsintendantur konnte nun vermelden, daß das Bekleidungsamt Anweisung erhalten hatte, die benötigten Armbinden beschleunigt herzustellen.[2092] Das XIX. A. K. wies das Artilleriedepot Riesa darauf hin, daß zur Bewaffnung der Beamten nach Anweisung des Kriegsministeriums Karabiner mit je zehn Patronen ausgegeben werden sollten. Im Falle einer anderen Ausgabe habe ein Umtausch stattzufinden.[2093] Wie bereits am Vortage das I. A. K., so nannte nun auch das bayerische II. A. K. den Bahnbehörden Truppenteile,

---

[2086] Aktennotiz XIV. A. K., GlAK Abtl. 456 EV. 11, Bund 3, Heft 1; Abmarsch um 4.15 Uhr, Meldung 1. Bad. Leib-Gren.-Reg. Nr. 109 an 28. Div.; Meldung 110. Reg., der Bahnschutz stehe seit 6 Uhr, GlAK Abtl. 456 EV. 11, Bund 3, Heft 1.

[2087] Abmarsch um 8.57 u. 10.14 Uhr vom Hauptbahnhof Freiburg, KTB 1. Batl. Inf.-Reg. 113, 30.07.1914-21.06.1915, GlAK Abtl. 456 EV. 142, Bund 7, Heft 8; die 4./113 konnte um 10.55 Uhr der 29. Div. die Einnahme ihrer Stellungen melden, Tel. an 29. Div., Anlagen z. KTB 29. Inf.-Div., 29.07.-08.08.1914, GlAK Abtl. 456 EV. 12, Bund 21, Heft 2.

[2088] Tel. 110. Reg. an 28. Div., 17.14 Uhr, GlAK Abtl. 456 EV. 11, Bund 3, Heft 1.

[2089] KTB XIII. A. K., HStAS M 410, Bund 12, Band 24.

[2090] Gen. Kdo. XIV. A. K. I a Nr. 1677 M, Anlagen z. KTB 29. Inf.-Div., 29.07.-08.08.1914, GlAK Abtl. 456 EV. 12, Bund 21, Heft 2; seitens d. 29. Div. wurde der Befehl prompt weitergegeben, Anlagen z. KTB 58. Inf.-Brig., 31.07.-01.08.1914, GlAK Abtl. 456 EV. 24, Bund 7, Heft 1; mit Schreiben Abtl. I Nr. 127 g an 57. Inf.-Brig., Anlagen z. KTB 29. Inf.-Div., 29.07.-08.08.1914, GlAK Abtl. 456 EV. 12, Bund 21, Heft 2; den gleichen Befehl erhielt die zum selben A. K. gehörende 28. Div., Schreiben wie bei 29. Div.; auch hier erfolgte eine sofortige Weitergabe, Schreiben 28. Div. Abtl. I Nr. 882 M an Leib.-Gren.-Reg. 109; die 28. Div. forderte dabei Meldungen über Brücken und Kunstbauten an, irritiert antwortete d. Leib.-Gren.-Reg., man bewache eine Rheinbrücke, zur Sicherung weiterer Kunstbauten sei noch kein Befehl eingegangen, alle GlAK Abtl. 456 EV. 11, Bund 3, Heft 1.

[2091] Notiz Nr. 277 I M, 30.07.1914, auf Schreiben Bezirkskommando Borna Nr. 534 M, 29.07.1914, SHStA Sächs. Kriegsarchiv (P) Nr. 21363.

[2092] Schreiben Nr. 472/7. III. M. an XIV. A. K., GlAK Abtl. 456 F 5/58.

[2093] Schreiben Sekt. I a Nr. 317, SHStA Sächs. Kriegsarchiv (P) Nr. 23361.

die geeignete Unteroffiziere stellen würden, falls eine Unterweisung der Beamten an den Waffen notwendig sei.[2094] Beim bayerischen 7. Infanterie-Regiment wurden noch an diesem und am kommenden Tag Kommandos zur Verpackung der für den zivilen Bahnschutz benötigten Waffen und Munition zusammengestellt.[2095]

Die militärische Bewachung der wichtigen Brücken ging nicht ohne Friktionen ab. So hatte das XIV. A. K. auch die Sperrung solcher Bauwerke für den Fußgängerverkehr verfügt. Diese Maßnahme schuf jedoch in Mannheim Probleme, da Tausende von Arbeitern, die in Mannheim wohnten und in Ludwigshafen arbeiteten oder umgekehrt, auf eine Brücke zur Erreichung ihrer Arbeitsplätze angewiesen waren. Eine Sperrung dieses Verkehrs sei erst bei Ausspruch der „drohenden Kriegsgefahr" möglich, bis dahin werde man die Arbeiter in geschlossenen Gruppen unter militärischer Bewachung die Brücke passieren lassen.[2096] Da am folgenden Tag die „drohende Kriegsgefahr" ausgesprochen wurde, erübrigten sich weitere Erörterungen. Es zeigt sich aber, daß durch die selbständige Anweisung des Generalkommandos, die Brücke auch für den Fußgängerverkehr zu sperren, eine Situation geschaffen wurde, die die ausführenden Organe vor große Probleme stellte. Über die Konsequenzen solcher Anweisungen hatte man sich angesichts der Furcht vor Anschlägen wohl keine Gedanken gemacht.

Neben dem Schutz der Brücken wurde auch die Bewachung anderer wichtiger Bauten oder Anlagen durchgeführt. Das II. bayerische A. K. erhielt direkt aus Berlin die Anweisung, die Kunstbauten der Pfalz militärisch zu sichern.[2097] Zusätzlich erhielten alle bayerischen Generalkommandos noch einen Befehl ihres Kriegsministeriums, wichtige militärische Anlagen besonders zu sichern.[2098] Um 14.35 Uhr befahl das XIII. A. K. telegraphisch der Linienkommandantur W, die Ballonabwehrkanonen von Ulm nach Friedrichshafen zu befördern.[2099] Da laut Kriegstagebuch desselben A. K.'s die Entsendung schon am 29. erfolgt war, kann es sich dabei nur um den Entschluß gehandelt haben, die Verlegung nach Friedrichshafen nun durchzuführen. Das Kriegstagebuch wird sich hier wohl mißverständlich ausgedrückt haben; gemeint war wohl, daß man am 29. Juli den

---

[2094] Rundschreiben Nr. 21 I/16172, BHStA Abtl. IV 3. Inf.-Div. (F) Bund 15.
[2095] Batl.-Befehl, Befehlsbuch 7. Inf.-Reg., BHStA Abtl. IV 7. Inf.-Reg. (F) Bund 18.
[2096] Schreiben Standortkommando Mannheim an 28. Div., GlAK Abtl. 456 EV. 11, Bund 3, Heft 1.
[2097] Tel. Wenningers, 17,30 Uhr. - DD, Bd. 4, Anhang IV a, Nr. 3, S. 155.
[2098] Schreiben Nr. 21862, BHStA Abtl. IV Gen. Kdo. III. A. K. (WK) Bund 7; an Bayr. Generalstab, Briefbuch Bayr. Generalstab, BHStA Abtl. IV Generalstab Nr. 53.
[2099] HStAS M 33/2 Nr. 1.

Entschluß der Entsendung gefaßt hatte. Die Linienkommandantur berichtete, daß der Transport um 20.58 abgehen und um 22.31 Uhr in Friedrichshafen ankommen werde.[2100] Zwischenzeitlich hatte das Württembergische Kriegsministerium an das XIII. A. K. geschrieben und eben jene Verlegung angeordnet. Wegen der entstehenden Kosten würde noch eine spätere Verfügung ergehen. Beim Generalkommando notierte man lakonisch am Rande: „War schon veranlasst."[2101] Dieser Vorgang ist in mehrerer Hinsicht interessant. Zum einen liegt hier wieder einmal ein Fall von Eigeninitiative vor. Zum anderen wird hier deutlich, daß man sich bei dieser Eigeninitiative nicht von eventuellen Problemen der Finanzierung hindern ließ. Eventuell hatte man sich vorher mündlich im Kriegsministerium bei dem zuständigen Offizier erkundigt, ob Schwierigkeiten daraus entstehen könnten. Das wäre dann ein weiterer Beleg für die Wichtigkeit informeller Kommunikationswege innerhalb des deutschen Militärs in der Julikrise. Desweiteren wird hieraus und aus dem folgenden deutlich, daß bei der Truppe die politische Spannung schon als gegeben angesehen wurde und wie groß die Befürchtungen hinsichtlich der Gefahr durch feindliche Luftangriffe war. Denn die Entsendung dieser Kanonen war nach der Mobilmachungsplanung bei Eintritt einer politischen Spannung vorgesehen.[2102] Eine telephonische Anweisung der Linienkommandantur F befahl nämlich dem Feldartillerie-Regiment 14, zwei der Ballonabwehrkanonen nach Mannheim zu senden, die Anweisung erging um 18.36, das Eintreffen der Kanonen an ihren Bestimmungsort wurde gegen 21 Uhr erwartet.[2103] Diese Maßnahme zeigt einmal mehr die große Furcht des deutschen Militärs vor unangenehmen Überraschungen durch den Gegner. Auf diesem Gebiet hatte die technische Entwicklung zur Steigerung derartiger Befürchtungen beigetragen.

Bei all diesen Vorbereitungen waren auch die Zivilbehörden involviert. Das Bezirksamt Neumark wies die Regierung der Oberpfalz auf die schwierige Situation bei den Cahücit-Werken hin. Diese Sprengstoffabrik verdiene in Anbetracht der getroffenen Maßnahmen besondere Aufmerksamkeit, denn der Inhaber sei gebürtiger Franzose, welcher anscheinend noch immer die französische Staatsangehörigkeit besäße. Um die Sprengstoffvorräte zu sichern, benötige man militärische Wachen, die alsbald nach Verkündigung der „drohenden Kriegsgefahr" einzurücken hätten, da die zivilen Kräfte hierfür nicht ausreichen würden. Auch werde es sich empfehlen, sich besonderer Maßnahmen gegenüber dem

---

[2100] Ebd.

[2101] Schreiben Nr. 308 14 geh. W, ebd.

[2102] Siehe dazu Kapitel IV. 2 Die Technik und ihr Einfluß auf die Mobilmachung, S. 183 f.

[2103] Dem Gen. Kdo. habe man direkt gemeldet, Feldart.-Reg. 14 Nr. T 134 geh. an 28. Div., 19.50 Uhr, GlAK Abtl. 456, EV. 11, Bund 3, Heft 1.

Inhaber zu bedienen. Von ziviler Seite sei bereits eine unauffällige Überwachung angeordnet worden.[2104] Ein weiteres Feld, auf dem die Militärs die Mithilfe ziviler Instanzen benötigten, war die Ausübung der Zensur nach Eintritt der Mobilmachung. Auf Grund einer Weisung des Staatsministeriums des Königlichen Hauses übermittelte die Regierung von Mittelfranken dem III. A. K. eine Liste von Zivilpersonen, die im Mobilmachungsfall der Zensurstelle Nürnberg beitreten sollten. Bis auf entgegenlautende Anordnung habe man aber von einer Verständigung dieser Leute „im Frieden" abgesehen.[2105]

Im Bereich der deutsch/französischen Grenze hatte in der Nacht zum 30. Juli die 58. Infanterie-Brigade vom Generalkommando einen verschärften Schutz der Grenze durch Vorschieben der Kavallerie gefordert. Der 58. Brigade teilte das zuständige XIV. A. K. am Vormittag mit, daß die Nachrichten aus Frankreich noch nicht auf die Einziehung von Reservisten, sondern nur auf Grenzbeobachtung hinweisen würden. Insofern sei ein Vorschieben der Kavallerie noch nicht angebracht.[2106] So blieb es beim einfachen Schutz der wichtigsten Bauten, die Truppen der 57. und 58. Infanterie-Brigade bezogen dazu ihre Stellungen.[2107] Anders beurteilte man die Lage beim XV. A. K. Dort wurden Radfahr- und Kavalleriepatrouillen in der Stärke von je einem Offizier und zehn Soldaten auf Nachrichten über einen drohenden französischen Einfall hin ausgesandt. Sie sollten im Bereich von Schirmeck bis Münster die wichtigsten über die Vogesen führenden Straßen überwachen. Bei der Ausführung ihres Auftrages hatten sie die Anweisung, sich der Grenze nur bis auf fünf Kilometern zu nähern.[2108] Beim XVI. A. K. hatte man auf Grund der Nachrichten über französische Vorbereitungen – wie berichtet – noch am 29. Juli in Berlin schriftlich den Antrag auf Ausrücken des gesamten Bahn- und Grenzschutzes gestellt. Ob aus der Hauptstadt keine Reaktion erfolgte oder ob man die Angelegenheit beschleunigen wollte, ist unklar; auf jeden Fall wiederholte das Generalkommando nun diesen Antrag um 16.07 Uhr in telegraphischer Form: „Bahnschutz heute morgen angeordnet. Beabsichtige morgen, 31., gesamten Grenzschutz ausrücken zu lassen.

[2104] Schreiben Nr. 6120, BHStA Abtl. IV Gen. Kdo. III. A. K. (WK) Bund 7.

[2105] Schreiben Nr. 1051, ebd.

[2106] Tel. 58. Inf.-Brig. an 29. Div., Anlagen z. KTB 29. Inf.-Div., 29.07.-08.08.1914, GlAK Abtl. 456 EV. 12, Bund 21, Heft 2.

[2107] Schreiben 57. Inf.-Brig., 31.07.1914; Schreiben 58. Inf.-Brig. 01.08.1914, beide Schreiben waren Antworten auf einen Brief der 29. Div. v. 31.07. mit dem Inhalt, über den Schutz der Kunstbauten zu berichten, Anlagen z. KTB 29. Inf.-Div., 29.07.-08.08.1914, GlAK Abtl. 456 EV. 12, Bund 21, Heft 2.

[2108] Manuskript: Die deutsche Armee bei Kriegsausbruch, o. J., [um 1920], Bl. 112, BA-MA W-10/50891.

Nehme an, daß Mehrkosten dort gebilligt werden."[2109] Dies führte nun zu einer Reaktion des Kriegsministeriums. Gegen 18 Uhr wurde dem XVI. A. K. mitgeteilt: „Dort beabsichtigte Aufstellung des gesamten Grenzschutzes nur im Rahmen der allgemeinen politischen Lage mit Allerhöchster Genehmigung zulässig. Da letztere noch nicht erfolgt ist, wird dringend abgeraten. Militärischer Bahnschutz ist bisher nur für Kunstbauten angeordnet."[2110] Nach dem Eintreffen dieses Bescheides in Metz hielt der Kommandeur des XVI. A. K. mit den Offizieren der untergebenen Truppenteile eine Besprechung ab. Neben Verpflegungsproblemen wurde auch das Nichtausrücken des Grenzschutzes am 31. besprochen. Betont wurde, daß es unbedingt gelte, Grenzverletzungen zu vermeiden. Offensichtlich hatte man auch in Metz die Gefahr der Eigeninitiative erkannt; es wurde appelliert: „Die Lage ist ernst und erfordert Ruhe und Besonnenheit."[2111] Das Ausbleiben des Grenzschutzes wurde der Truppe auch durch das Gouvernement bekanntgegeben. Der Bahnschutz bleibe bestehen. Unter allen Umständen sei französischer Kraftwagenverkehr zu unterbinden.[2112] Bei der Sperrung der Straßen erfolge Unterstützung durch die Gendarmerie.[2113] Damit wurde auch bei Ausbleiben des Grenzschutzes für eine erhöhte Sicherheit im Grenzgebiet Sorge getragen.

Die nicht zu Sicherheitsdiensten eingesetzten Teile der Besatzungen von Metz und Diedenhofen wurden zum Ausbau der Stellungen auf fiskalischem Boden eingesetzt.[2114] Am späten Nachmittag verfügte das Gouvernement Metz, von nun an die Wasserstellen wie im Mobilmachungsfall zu sichern.[2115] Man fürchtete wohl Anschläge zu dem Zweck, die Wasserversorgung zu vergiften. Hier liegt wohl die Ursache für Gerüchte von Wasservergiftungen, die bald nach

---

[2109] Vorgeschichte: Montgelas, Anlage 26, S. 71.

[2110] Ebd., Anlage 26, S. 71; letzter Satz belegt also die Beschränkung des militärischen Bahnschutzes, ohne daß dies in der Truppe anscheinend bekannt war oder berücksichtigt wurde, siehe oben. Zu dem Vorgang siehe auch Manuskript: Die deutsche Armee bei Kriegsausbruch, o. J., [um 1920], Bl. 6, BA-MA W-10/50891.

[2111] Gen. Kdo. XVI. A. K. an 2. Fußart.-Reg., Anlagebd. z. KTB 2. Fußart.-Reg., 30.07.-01.09.1914, BHStA Abtl. IV 2. Fußart.-Reg. (Rgts.-Stab) (WK) Bund 1.

[2112] Rundschreiben I a 450 Mg., BA-MA PH 18/79; hier liegt ein deutliches Beispiel vor, daß die Einschränkung des Bahnschutzes auf Kunstbauten entweder nicht beachtet wurde oder diese Unterscheidung gar nicht bekannt war.

[2113] Rundschreiben 487 geh., ebd.

[2114] Manuskript: I. Der Grenzschutz im Bereiche des XVI. A. K., o. J., [um 1920], BA-MA W-10/50930.

[2115] Weitergabe um 18.30 Uhr, KTB 8. Inf.-Reg., BHStA Abtl. IV 8. Inf.-Reg. (Rgts.-Stab) (WK) Bund 1.

Kriegsausbruch die Runde machten.[2116] Gerade Metz war davon betroffen.[2117] Mit zwei Tagesbefehlen wurden die Details der Vorbereitung in Metz geregelt. Demnach sollten alle Friedenskommandos bis auf die Kriegsschule und die Garnisonsschlachterei aufgelöst werden. Den Fliegern sei es am 31. Juli erlaubt, den ganzen Tag lang längs der Grenze zu fliegen.[2118] In einem weiteren Tagesbefehl wurde u. a. darauf hingewiesen, daß die Eisernen Portionen auf keinen Fall verzehrt werden dürften. Die aus der Militärbücherei ausgeliehenen Bücher seien zurückzugeben. Es fände von nun an zweimal täglich Befehlsempfang beim Gouvernement statt. Die Truppen hätten täglich bis 22 Uhr über die Lage zu berichten; außerdem sei bei den Vorposten mit dem Auftreten deutscher Agenten zu rechnen.[2119] Die Truppen des XVI. A. K. begannen mit Mobilmachungsvorarbeiten wie dem Schleifen der Waffen.[2120] Das 8. Infanterie-Regiment zog sich, nachdem seine Stellungen vom Dragoner-Regiment 13 übernommen wurden, in den frühen Morgenstunden in die Stadt Metz zurück. Dort erfolgte die kriegsmäßige Einkleidung und Ausrüstung.[2121] Das 3. Chevaulegers-Regiment ließ am 30. seine Säbel schleifen.[2122] Außerdem wurden die Soldaten in der Handhabung der scharfen Waffen ausgebildet.[2123] Von den Franzosen hatte man auch bei Patrouillen nichts Auffälliges bemerkt.[2124] Gegen 14 Uhr erfolgte bei einer anderen Kavallerieeinheit, dem 5. Chevaulegers-Regiment, eine Probemobilmachung.[2125] Das 12. Fußartillerie-Regiment beschäftigte sich, von gelegentlichen Alarmen unterbrochen, mit dem Ausbau der Stellungen und dem Fertigmachen der Mu-

---

[2116] Gerüchte über französische Ärzte, welche sich zu diesem Zweck Cholerabazillen bedienten, wurden nach Kriegsausbruch auch durch die Presseabtl. des Generalstabs verbreitet. - Binder S. 6 ff.

[2117] Tel. Wenninger, 03.08.1914: „Brunnen- und Mehlvergiftung Metz, Straßburg falsches Gerücht" - DD, Bd. 4, Anhang IV a, Nr. 13, S. 162.

[2118] Tagesbefehl, Befehlsbuch 8. Inf.-Reg., 30.07.-30.09.1914, BHStA Abtl. IV 8. Inf.-Reg. (WK) Bund 17.

[2119] Tagesbefehl, ebd.

[2120] Manuskript: I. Der Grenzschutz im Bereiche des XVI. A.K., o. J., [um 1920], BA-MA W-10/50930.

[2121] KTB 8. Inf.-Reg., BHStA Abtl. IV 8. Inf.-Reg. (Rgts.-Stab) (WK) Bund 1; Antwort Götz, 02.06.1922, ebd.

[2122] Reg.-Befehl, Regs.- usw. Befehle 30.07.-30.12.1914, BHStA Abtl. IV 3. Chev.-Reg. (WK) Bund 12 a.

[2123] KTB Stab 3. Chev.-Reg., 29.07.-28.10.1914, BHStA Abtl. IV 3. Chev.-Reg. (WK) Bund 1, Akt 2.

[2124] KTB 4. Esk. 3. Chev.-Reg., 28.07.-06.08.1914, BHStA Abtl. IV 3. Chev.-Reg. (WK) Bund 32.

[2125] KTB 1. Esk. 5. Chev.-Reg., 30.07.-04.11.1914, BHStA Abtl. IV 5. Chev.-Reg. (WK) Bund 19; das Reg. war im Bereich d. XXI. A. K.'s stationiert.

nition.[2126] Bei einem Bataillon des Regiments wurden ebenfalls die Waffen geschliffen. Besprechungen über die Mobilmachung und Belehrungen über die Lieferung und Ausgabe der Augmentations-Bekleidungsstücke wurden für alle involvierten Dienstgrade angesetzt. Das Bataillon sollte am Morgen des 31. Juli kriegsmäßig eingekleidet antreten, Erkennungsmarken, Schützenpfeifen und Revolver etc. seien dazu auszugeben, die Tornister haben fertig gepackt zu sein, scharfe Munition solle mitgeführt werden, sei aber noch nicht an die einzelnen Soldaten zu verteilen.[2127] Um im Luftschiffhafen Metz einen ordentlichen Wetterdienst versehen zu können, wurde gebeten, den dazu abkommandierten Einjährigfreiwilligen bei einer Mobilmachung in Metz zu belassen.[2128] In Straßburg erhielt das dort stationierte Infanterie-Regiment 126 um 17.30 Uhr von seinem Generalkommando den Befehl, daß die zur sofortigen Marschbereitschaft bestimmten Truppen ihre Kriegsausrüstung zu empfangen haben.[2129] Gegen Ende des Tages machte wieder einmal die 58. Infanterie-Brigade von sich reden. Sie meldete, ein „Spezialkommissar" der Franzosen habe einem ihm bekannten deutschen Bahnbeamten erklärt, „dass es nach ihren Instruktionen vielleicht heute Abend losginge."[2130] Auf diese Meldung hin befahl die Division um Mitternacht, sofort die Grenzschutztruppen probemobil zu machen. Eine entsprechende Benachrichtigung ging an das XIV. A. K. in Karlsruhe.[2131] Hier liegt ein sehr schönes Beispiel für die Mechanismen vor, die teilweise in der Julikrise am Werk waren. Ein lokaler Kommandeur voller Angst vor einem plötzlichen Überfall meldet ein Gerücht nach oben; dort wird dann das Gerücht zum Anlaß genommen, eine Maßnahme zu befehlen, die wiederum dann auf der Gegenseite den Eindruck hervorruft, Deutschland würde zum Krieg rüsten und so französische Maßnahmen provozieren. Damit hatte sich dann der Teufelskreis geschlossen. Nur das Einschreiten übergeordneter Dienststellen konnte dieser Entwicklung etwas von ihrer Dynamik nehmen; aufzuhalten war sie bereits nicht mehr, wie die Ereignisse des 30. Juli an der französischen Grenze gezeigt haben. Der 30. Juli zeigt, wie nervös die Stimmung im deutsch/französischem Grenzgebiet bereits geworden war. Es gab zwar Versuche, die nach Sicherungsmaßnahmen

---

[2126] KTB 3. Battr. Fußart.-Reg. 12, 26.07.1914-10.08.1915, SHStA Sächs. Kriegsarchiv (P) Nr. 32429.

[2127] Batl.-Befehl, Batl.- u. Reg.-Befehlsbuch 7. Battr. Fußart.-Reg. 12, SHStA Sächs. Kriegsarchiv (P) Nr. 33036.

[2128] 4. Komp. Nr. 108 Mob. 14/15 an Luftschiffer-Batl. 4, BA-MA PH 18/79.

[2129] KTB II. Batl. Inf.-Reg. 126, 31.07.-10.09.1914, HStAS M 411, Bund 124, Band 1139; das Reg. unterstand dem XV. A. K.

[2130] Entwurf Befehl 29. Div. u. Meldung an XIV. A. K., Anlagen z. KTB 29. Inf.-Div., 29.07.-08.08.1914, GlAK Abtl. 456 EV. 12, Bund 21, Heft 2.

[2131] Ebd.

drängenden unteren Dienststellen zu beruhigen, aber da ihre Vorgesetzten in den Armeekorps selber bereits von der Stimmung angesteckt waren, konnten diese Versuche nur teilweise erfolgreich sein. In der Nacht zum 31. Juli ließ das XV. A. K. in Straßburg Teile des Grenzschutzes ausrücken, um Sicherheit vor einem französischen Überfall zu schaffen.[2132]

Auch die Truppen, die nicht im Gebiet der deutschen Westgrenze stationiert waren, beteiligten sich am 30. Juli an den Vorbereitungen. Einige Grenzkorps begannen mit der Aufstellung des Grenzschutzes, wie eine nach dem Krieg vom Generalstab veröffentlichte Broschüre ausweist.[2133] Dies betraf jedoch nur die deutsche Ostgrenze, wie andere Nachkriegsangaben belegen.[2134] Sicher nachweisen läßt sich dies jedoch nur für das XX. A. K. in Allenstein.[2135] Ein Beispiel dafür, daß man in der apologetischen Literatur der Nachkriegszeit etwas zugab, was man wahrscheinlich gar nicht getan hatte. Diese Tatsache wurde also deutscherseits nach Ende des Krieges öffentlich zugegeben. Um so verwunderlicher erscheint es, daß sich in den Akten des Kriegsministeriums dazu nichts fand.[2136] Eine Anfrage dürfte, wie die Vorgänge im Westen beim XVI. A. K. zeigen, sicherlich erfolgt sein. Denn die zusätzlichen Kosten, die eine solche Maßnahme verursachte, konnte ja nur das Ministerium genehmigen. Wahrscheinlich hat man es hier wieder mit einer inoffiziellen Kontaktaufnahme zu tun, die fernmündlich oder ähnlich ablief, ohne daß darüber irgendwelche Aufzeichnungen geführt wurden. Es wäre allerdings auch möglich, daß im Vertrauen auf eine rückwärtige Begleichung der Kosten solche Maßnahmen ohne Rückfrage in Berlin angeordnet wurden. Die Truppen des Allensteiner Generalkommandos hatten übrigens den Befehl erhalten, bei der Ausübung des Grenzschutzes jede Provokation zu vermeiden.[2137]

[2132] Schäfer: Mobilmachung S. 629; dies wurde noch am 30.07. abends in der Presse veröffentlicht und dabei erklärt, es würde sich lediglich um eine seit längerem geplante große Übung handeln, so daß die Bevölkerung keinen Anlaß zur Beunruhigung habe. - Ebd., S. 629, Anm. 12.

[2133] Broschüre: Rußlands Mobilmachung für den Weltkrieg, S. 30, BA-MA W-10/50891.

[2134] Vorgeschichte: Montgelas S. 11; Schäfer: Mobilmachung S. 629; dort ist die Rede von den Korps östlich der Weichsel; der Fluß floß durch das Gebiet des XVII. A. K., östlich davon befanden sich nur noch die Bereiche des XX. und I. A. K.

[2135] Manuskript: Die deutsche Armee bei Kriegsausbruch, o. J., [um 1920], Bl. 9, 140, BA-MA W-10/50891; planmäßig stellten im Osten folgende A. K.'s den Grenzschutz auf: I., II., V. u. VI., Bl. 140, ebd.; damit bleibt für eine frühere Aufstellung neben dem XX. nur das XVII. A. K. in Danzig u. auch hier ist ein frühzeitiges Ausrücken unwahrscheinlich, siehe unten.

[2136] Vorgeschichte: Montgelas S. 11.

[2137] Manuskript: Die deutsche Armee bei Kriegsausbruch, o. J., [um 1920], Bl. 9, BA-MA W-10/50891.

Laut der bereits zitierten Broschüre wurde ebenfalls am 30. Juli der Beginn der Armierungsarbeiten in den Grenzfestungen angeordnet.[2138] Auch dies war eine Maßnahme, die sich auf die Festungen im Osten beschränkte und der eigenen Initiative der Generalinspektion des Ingenieur- und Pionierkorps und der Festungen entsprang.[2139] Im Bereich des XVII. A. K.'s befahl die Kommandantur, die Festung Danzig zu sichern.[2140] Am Vormittag erhielt die Feste Boyen vom XX. A. K. den Befehl: „Lage verschärft, Feste Boyen sofort armieren."[2141] Die Fußartillerie empfing sofort ihre Ausrüstung und begann dann, unter Mithilfe der Infanterie ihre Stellungen auszubauen. Dies konnte noch am 30. Juli beendet werden. Auch die Ausgabe der Geräte ging ohne Störungen vor sich. Ganz anders sah es bei durch die Armierungsplanungen vorgesehenen Anfertigung der Munition aus. Dort warf dieser Befehl alle mühselig erstellten Vorarbeiten und Terminkalender über den Haufen. Denn da die Mobilmachung noch nicht ausgesprochen war, fehlten die für diese Aufgabe vorgesehenen zivilen Arbeiter und die Feuerwerker des Beurlaubtenstandes, die erst nach Ausspruch der Mobilmachung zur Verfügung gestellt würden bzw. einberufen worden wären. Erschwerend kam hinzu, daß durch die Aufstellung des Grenzschutzes ein Teil der zivilen Arbeiter zu diesem Zweck eingezogen wurden. Somit mußte die Munition von zumeist weiblichen Arbeitskräften fertiggestellt werden. Man konnte ihnen nur zwei Feuerwerker als militärische Unterstützung bieten – alle anderen waren zu anderen Verwendungen kommandiert worden. Da nun eine Reihe von körperlich sehr anstrengenden Tätigkeiten von den Frauen nicht getan werden konnten, mußten die beiden Feuerwerker „entgegen allen Vorschriften" auch hier mit Hand anlegen. Trotz aller Widrigkeiten gelang es, bis zum Abend jeder Batterie 100 Schuß zur Verfügung zu stellen.[2142] So hatte der Befehl des XX. A. K. – motiviert durch ein übersteigertes Sicherheitsbedürfnis – kontraproduktiv gewirkt. Anstelle mehr Sicherheit zu schaffen, sorgte das folgende Chaos eher für ein Absinken. Alle wohlvorbereiteten Planungen mußten sich als nutzlos erweisen, wenn sich die Truppen nicht daran hielten. Dies konnte sogar wie hier

---

[2138] Broschüre: Rußlands Mobilmachung für den Weltkrieg, S. 30, BA-MA W-10/50891.

[2139] Manuskript: Die deutsche Armee bei Kriegsausbruch, o. J., [um 1920], Bl. 9, BA-MA W-10/50891.

[2140] Manuskript Hptm. Mossdorf: Grenz-, Bahn-, Küstenschutz im Bereich des XVII. Armeekorps, beendet 24.06.1919, S. 168, BA-MA W-10/50931; dieses Manuskript weiß nichts von einem frühzeitigen Grenzschutz, so daß dieser wohl nur im Bereich des XX. A. K. stattfand; allerdings hatte die im Korpsbereich liegende Festung Thorn schon am 29.07. den Bahnschutz in Kraft gesetzt, ebd., S. 10; solche Meldungen wie und aus Danzig mögen leicht zu falschen Interpretationen Anlaß gegeben haben.

[2141] Zit. nach Manuskript Hptm. Algen[?]: Die Belagerung der Feste Boyen und des Waffenplatzes Lötzen 1914-1915, o. J., [um 1920], Bl. 104, BA-MA W-10/50636.

[2142] Ebd., Bl. 104.

den eigentlichen Auftrag gefährden. Die Truppe konnte solche Fehlleistungen von oben zwar durch Improvisation auffangen, aber es entstanden doch unnötige Reibungen. Wäre es tatsächlich zu einem russischen Überfall gekommen, hätten sich diese sehr negativ auswirken können. Dieser Vorfall macht auch deutlich, wieweit die Selbstständigkeit der einzelnen Generalkommandos reichte. Direkt dem Kaiser unterstellt, konnten sie sogar Befehle erlassen, die auf der einen Seite im Ausland Aufsehen erregten und auf der anderen Seite grob in das Gefüge der Mobilmachungsplanung eingriffen. Jedes Bemühen, dies zu kontrollieren, mußte angesichts der Struktur der Armee zum Scheitern verurteilt sein.

Der bayerische Generalstabschef Krafft v. Dellmensingen kehrte am 30. Juli nach München zurück. Dort traf er den Chef des sächsischen XIII. A. K. und unterhielt sich mit ihm über die Lage. Dieser berichtete, im Norden sei alles friedlich. Im bayerischen Generalstab sei alles vorbereitet, so konnte der Bayer erwidern.[2143] Über die deutschen Versuche, auf Österreich vermittelnd einzuwirken, notierte der Generalstabschef: „Das wäre das größte Unglück. Wir würden jeden Kredit (als Bundesgenosse) verlieren."[2144] Es gehört schon zu den merkwürdigsten Szenen der Julikrise, zumindest was das Militär anbelangt, wie sich in München ein Generalstabschef, der gerade von einem längeren Ausflug zurückkehrt, sich mit dem reisenden Chef eines Generalkommandos aus Sachsen über die friedliche Lage austauscht – und dies einen Tag vor Ausspruch der „drohenden Kriegsgefahr". Wie so viele seiner Kameraden wünschte sich auch der bayerische Generalstabschef zu diesem Zeitpunkt den Krieg.

Auch Bayern war an den immer weiter voranschreitenden Vorbereitungen beteiligt. Um 9.30 Uhr traf der Befehl des III. A. K.'s beim 9. Infanterie-Regiment ein, die zur Zeit übenden Mannschaften des Beurlaubtenstandes in die Heimat zu entlassen.[2145] Das bereits am 29. Juli um 21 Uhr aufgesetzte Telegramm des II. A. K.'s mit dem Inhalt, sämtliche Offiziere und Offiziersaspiranten, welche am 29. und 30. einzurücken hätten, nach Hause zu schicken, wurde nun am 30. Juli um 12.05 aufgenommen und traf 12.50 Uhr beim 5. Chevaulegers-Regiment ein.[2146] In einem Telegramm an alle bayerischen Generalkommandos wurden diese seitens des Kriegsministeriums in München aufgefordert, Meldung zu erstatten, wann alle ihre Truppen in die Standorte zurückgekehrt seien.[2147] Die

---

[2143] KTB Krafft v. Dellmensingen, BHStA Abtl. IV Nl. Krafft v. Dellmensingen Nr. 145.
[2144] Ebd.
[2145] KTB 9. Inf.-Reg., 29.07.1914-24.06.1915, BHStA Abtl . IV 9. Inf.-Reg. (WK) Bund 1.
[2146] BHStA Abtl. IV 5. Chev.-Reg. (WK) Bund 3 a.
[2147] BHStA Abtl. IV M Kr Nr. 1715; das ans I. A. K. gerichtete Tel. ging um 16.05 ab, ebd.; das ans III. A. K. um 16.35 Uhr, Tel. Bayr. Kriegsministerium, BHStA Abtl. IV Gen. Kdo. III. A. K. (WK) Bund 7.

Truppen des III. A. K. waren in den frühen Abendstunden wieder vollständig in ihren Garnisonen versammelt.[2148] Dementsprechend erging die Meldung an das Kriegsministerium um 19.35 Uhr.[2149] Seitens des II. A. K.'s erfolgte sie um 19.55 Uhr.[2150] Um die Bereitschaft auch nach der Rückkehr der Truppen in ihre Standorte aufrecht zu erhalten, erließ das III. A. K. einen Befehl, der eine Entfernung aus dem Standort nur soweit erlaubte, als daß ein Mobilmachungsbefehl die Truppen immer noch sofort erreichen könnte; darüber hinaus seien die Telephone Tag und Nacht zu besetzen.[2151] Wie am Vortage das I. so sah sich am 30. Juli das III. A. K. veranlaßt, in einem Rundschreiben einen Überblick über die bereits erlassenen Maßnahmen und über die weitere Entwicklung zu bieten. Auch hier wird wohl die Furcht vor Mißverständnissen und Eigeninitiative der Auslöser gewesen sein. Ebenfalls wurde betont, daß die „drohende Kriegsgefahr" erst dann einträte, wenn sie ausdrücklich und besonders befohlen werde. Anders als bei den beiden restlichen bayerischen A. K.'s wurde die Frage die Behandlung der Soldaten des Beurlaubtenstandes gehandhabt. Alle Unteroffiziere und Mannschaften dieser Gruppe seien sofort in die Heimat zu entlassen. Neueinberufungen von Offizieren und Offiziersaspiranten des Beurlaubtenstandes fänden ab dem 1. August nicht mehr statt. Abweichend davon waren bei den beiden anderen Generalkommandos auch die letztgenannte Gruppe entlassen worden.[2152] Die Behandlung der Soldaten des Beurlaubtenstandes beim III. A. K. hatte schon zu Anfragen geführt. Das Bezirkskommando II in München war sich nicht im klaren darüber, ob – wie bei den anderen bayerischen A. K.'s – auch die Einberufung von Offizieren und Offiziersaspiranten bis zum 15. August unterbleiben solle. Man bitte um telegraphische Klarstellung, einstweilen habe man einfach so verfahren.[2153] Das Generalkommando sah sich genötigt, die diese Angelegenheit betreffenden Anordnungen für seinen Bereich nun allen bayerischen Bezirkskommandos zugänglich zu machen.[2154] Das III. A. K. selber hatte auch ein Informationsdefizit. Man wandte sich an die 1. Feldartillerie-Brigade, um herauszubekommen, was diese Stelle bei der Auflösung der Schießlehrkurse den Truppenteilen und übenden Offizieren des Beurlaubten-

---

[2148] KTB III. A. K., BHStA Abtl. IV Gen. Kdo. III. A. K. (WK) Bund 1.

[2149] Tel. III. A. K., BHStA Abtl. IV M Kr Nr. 1715.

[2150] Tel. II. A. K., ebd.; das in München ansässige I. A. K. wird wohl telephonisch oder per Boten gemeldet haben, so daß sich hierzu nichts in den Akten findet.

[2151] Rundschreiben Nr. 42 I g, BHStA Abtl. IV Gen. Kdo. III. A. K. (WK) Bund 7; ein weiteres Exemplar in BHStA Abtl. IV 12. Inf.-Brig. (WK) Bund 13.

[2152] Rundschreiben Nr. 15529, BHStA Abtl. IV Gen. Kdo. III. A. K. (WK) Bund 7; ein weiteres Exemplar in BHStA Abtl. IV 12. Inf.-Brig. (WK) Bund 13.

[2153] Schreiben Nr. 297 g, BHStA Abtl. IV Gen. Kdo. III. A. K. (WK) Bund 7.

[2154] Notiz auf Dok., ebd.

standes des Generalkommandos befohlen habe.[2155] Die unterschiedlichen Maßregeln, die in Anbetracht der politischen Lage getroffen wurden, ohne daß alle involvierten Stellen informiert worden wären, ließen Friktionen entstehen. Im übrigen rief das III. A. K. der Aufforderung der Eisenbahnabteilung des Großen Generalstabes vom Vortage entsprechend den Mobilmachungsadjutanten der Linienkommandantur K II in Nürnberg zu einer Übung ein.[2156] Eine Präzisierung seiner Anordnungen die Übungen des Beurlaubtenstandes betreffend, erließ das I. A. K. am 30. Juli; man habe die Einziehung der Soldaten des Beurlaubtenstandes im Zeitraum zwischen dem 29. Juli und dem 15. August generell untersagt. Eine Ausnahme wolle man nun gestatten: Soldaten des Beurlaubtenstandes, die zu Übungen bei Truppen ihres Wohnortes eingeteilt seien, könnten ruhig einberufen werden. Alle anderen Einberufungen seien nach wie vor untersagt.[2157] Und schließlich erließ das II. A. K. um 19.30 Uhr den Befehl, daß bei allen Truppen die Geschäftszimmer auch nachts von Offizieren zu besetzen seien.[2158]

Eine Maßnahme, die man bereits am 29. in Bayern angeordnet hatte, wurde jetzt auch bei den übrigen Bundesstaaten durchgeführt. Die Truppen hatten zu melden, welche Offiziere zur Zeit ihre Kriegsverwendung nicht antreten könnten.[2159] In Sachsen wurde diese Anweisung dahingehend erweitert, daß dies in Zukunft automatisch bei Krisen oder bei einer plötzlich ausgesprochenen Mobilmachung zu erfolgen habe.[2160] Bei der Beschränkung auf die Gegenwart beließ man es in Württemberg.[2161] Nicht immer bedurfte es auch der Nachfrage. Ein Oberst, der seine Kriegsverwendung krankheitshalber nicht antreten konnte, schrieb am 30. Juli eigenständig an das XIII. A. K. um dort diese Mitteilung zu machen; an sich müsse er dies erst beim Bekanntwerden der Mobilmachung tun: „Angesichts der politischen Lage dürfte es aber dem Königl. Generalkommando vielleicht schon jetzt erwünscht sein, von dieser Sachlage Kenntnis zu erhal-

---

[2155] Schreiben Nr. 15457, ebd.

[2156] Rundschreiben Nr. 15458, ebd.

[2157] Rundschreiben Nr. 18637, BHStA Abtl. IV 2. Feldart.-Brig. (F) Bund 27.

[2158] KTB 4. Inf.-Div., 29.07.-18.10.1914, BHStA Abtl. IV 4. Inf.-Div. (WK) Bund 1; der Befehl wurde seitens der Div. sofort per Telephon weitergegeben, KTB 7. Inf.-Brig., 30.07.-12.09.1914, BHStA Abtl. IV 7. Inf.-Brig. (WK) Bund 1; zu dem Befehl siehe auch Montgelas: Kriegstagebuch S. 910.

[2159] Der Befehl erreichte teilweise erst am 30.07. die Truppe, II. A. K. Nr. 16221 an 6. Inf.-Reg., BHStA Abtl. IV 6. Inf.-Reg. (F) Bund 140.

[2160] Rundschreiben Gen. Kdo. XII. A. K. Nr. 998 II a M, SHStA Sächs. Kriegsarchiv (P) Nr. 35973.

[2161] Kriegsministerium an XIII. A. K., Schreiben XIII. A. K. I a 1254 M 14/15, HStAS M 33/2 Nr. 1.

ten."[2162] Mit einer Personalfrage beschäftigte sich auch die Inspektion der Luftschiffertruppen. Sie informierte über das „technische Unterpersonal" für die Luftschiffe. Im Fall der Mobilmachung sollten die für fertige Schiffe vorgesehenen Soldaten sofort zu dem Standort ihres Schiffes abgehen; die Besatzungen der noch nicht fertiggestellten Schiffe verblieben derweil in ihren Garnisonen.[2163]

Das XIX. A. K. in Leipzig wies daraufhin, daß die Rückberufung in die Standorte sich nicht auf die zu Probedienstleistungen kommandierte Unteroffiziere erstrecke; etwaige Anfragen seien dementsprechend zu beantworten.[2164] In Sachsen wurde außerdem verstärkt Pferdefutter eingekauft. Zu diesem Zweck haben die Truppen dem Kriegsministerium jeden entbehrlichen zur Lagerung von Hafer geeigneten Platz zu melden, um die Ankäufe auch lagern zu können. Die Truppen selber haben ihre eigenen Speicherplätze voll aufzufüllen, so wurde angeordnet.[2165] Die Kommandantur Dresden wies daraufhin, daß die Geschäftszimmer nun auch nachts telephonisch erreichbar sein müßten.[2166] In einem Rundschreiben erließ das XIII. A. K. in Stuttgart Richtlinien für den Dienstbetrieb. Es sei nur noch bisher nicht ausgeführte Ausbildung zu beenden, wobei jederzeit eine Rückkehr in die Kasernen gewährleistet werden müsse. Größere Probemobilmachungen seien untersagt, im übrigen seien die Mobilmachungsunterlagen zu überprüfen und Mobilmachungstätigkeiten zu üben.[2167] Im Bereich dieses Generalkommandos wurden abends auch die Werke der Festung Ulm bewacht.[2168] Der Großherzog von Baden erhielt seitens des XIV. A. K.'s in Karlsruhe einen Überblick über die bisher getroffenen Maßnahmen. Demnach seien die Truppen in ihre Standorte zurückgekehrt, alle Urlauber zurückberufen, die wichtigsten Kunstbauten der Eisenbahn nun auch militärisch gesichert und zur Erleichterung einer Mobilmachung wurden an den Übungen der Soldaten des Beurlaubtenstandes und der Sanitätseinheiten einige „Modifikationen" veranlaßt.[2169] In Karlsruhe wurde der Befehl dieses Generalkommandos bekannt

---

[2162] Schreiben Oberst z. D. v. Magirus, ebd.

[2163] Rundschreiben Abtl. 1 b M Nr. 148 14/15, BA-MA PH 18/79.

[2164] Rundschreiben Nr. 8335 II b, Befehlsbuch 3. Komp. Inf.-Reg. 134, 01.07.-08.08.1914, SHStA Sächs. Kriegsarchiv (P) Nr. 29459.

[2165] Rundschreiben XII. A. K. Nr. 985 IV, SHStA Sächs. Kriegsarchiv (P) Nr. 49921.

[2166] Kommandantur-Befehl, Befehlsbuch Feldart.-Reg. 12, SHStA Sächs. Kriegsarchiv (P) Nr. 45501.

[2167] HStAS M 33/2 Nr. 1.

[2168] KTB Res.-Fußart.-Reg. 24 (Reg.-Stab), 31.07.-30.11.1914, GlAK Abtl. 456 EV. 143, Bund 24, Heft 1.

[2169] Schreiben Abt. I a Nr. Mob. 1688, GlAK Abtl. 59 Nr. 226. Leider fehlt jeder Hinweis auf die Art der „Modifikationen".

gegeben, die Urlauber zurückzurufen und die Geschäftszimmer Tag und Nacht zu besetzen.[2170] Eben jenes XIV. A. K. verschickte am 30. Juli ein bezeichnendes Rundschreiben: „Das Genkdo. setzt voraus, daß bei den im Mob. Fall beschleunigt ausrückenden Truppen mit den in der Kaserne vorhandenen Mitteln das Schleifen der Waffen, ohne Aufsehen zu erregen, bereits veranlaßt ist."[2171] Zunächst einmal wird also immer noch großen Wert auf die Vermeidung von Aufsehen gelegt. Zum anderen stellt dieses Schreiben nichts anderes als ein Wink mit dem Zaunpfahl an diejenigen Kommandeure der angesprochenen Truppenteile dar, die die Waffen bisher noch nicht haben schleifen lassen. Man rechnete also mit einer gewissen Eigeninitiative dieser Leute. Das Problem bei solchen selbständigen Handlungen war, daß man zwar mit ihnen rechnen, sie allerdings nicht sicher einplanen konnte. Daher nun diese kleine Erinnerung. Sie macht klar, mit welcher Sicherheit Eigeninitiative vorausgesetzt wurde. Vor diesem Hintergrund wird es verständlich, warum die militärische Spitze in Berlin den Forderungen der Zivilisten nach Vermeidung von Maßnahmen nachgeben konnte. In der Truppe würde ja doch das Notwendige getan werden. Natürlich läßt sich eine solche Erwartungshaltung in den Quellen nur äußerst selten nachweisen, hier liegt eines jener raren Beispiele vor. Man kann allerdings vermuten, daß die diesem Schreiben zugrundeliegende Geisteshaltung weiter verbreitet war.

Die zunehmende Krise machte sich immer mehr in der Truppe bemerkbar. Das bayerische 5. Infanterie-Regiment stellte fest: „Die politische Lage verschärft sich, so daß der Ausspruch drohender Kriegsgefahr zu erwarten steht."[2172] Dementsprechend steigerten sich die Aktivitäten und der Verkehr über Mobilmachungsangelegenheiten. Ganz allgemein konstatierte das 19. Infanterie-Regiment, daß in Anbetracht der Lage alle Vorkehrungen getroffen seien, um „einen allmählichen Übergang" der Friedensverhältnisse zu denen des Kriegs zu gewährleisten.[2173] Ähnlich traf der Stab der 2. Feldartillerie-Brigade alle Vorbereitungen für die „drohende Kriegsgefahr", auch wenn diese noch nicht ausgesprochen sei.[2174] Genauso verfuhr man bei der I. Abteilung des 11. Feldartillerie-

---

[2170] Rundschreiben Garnisonskommando Karlsruhe Nr. 1068, GlAK Abtl. 456 EV. 11, Bund 3, Heft 1.

[2171] Schreiben I a Nr. 1686, Anlagen z. KTB 29. Inf.-Div., 29.07.-08.08.1914, GlAK Abtl. 456 EV. 12, Bund 21, Heft 2; vom Garnisonskommando Freiburg Nr. 292 M noch am gleichen Tag weitergegeben, ebd.

[2172] KTB II. Batl. 5. Inf.-Reg., 30.07.1914-31.10.1915, BHStA Abtl. IV 5. Inf.-Reg. (WK) Bund 29.

[2173] KTB 19. Inf.-Reg., 02.08.-31.12.1914, BHStA Abtl. IV 19. Inf.-Reg. (WK) Bund 1.

[2174] KTB 2. Feldart.-Brig., 30.07.1914-31.03.1915, BHStA Abtl. IV 2. Feldart.-Brig./Arko 2 (WK) Bund 1, Akt 1.

Regiments.[2175] Auch ohne daß es eines besonderen Befehls bedurft hätte, begann also bei einigen Einheiten schon die Vorbereitung auf die kommenden Ereignisse. Hier wird besonders deutlich, was Wild v. Hohenborn mit seinem Hineingleiten in die Mobilmachung meinte: die Truppe traf selbständig Vorkehrungen, die quasi wie von selbst in der Mobilmachung münden mußten und dies ohne Ermunterung von oben. Man darf allerdings nicht übersehen, daß es neben diesen noch andere Einheiten gab, bei denen gar nichts in der Hinsicht geschah. Eine allgemeine Handhabe zum Verhalten „in der augenblicklich gespannten politischen Lage" bot die bayerische 6. Division ihren Truppen.[2176] Demnach sollte die Zeit genutzt werden um – soweit es die Friedensverhältnisse zuließen – die Mobilmachung vorzubereiten. Dies bedeute vor allem eine genaue Überprüfung der Mobilmachungspapiere und eine eingehende Einweisung der Soldaten, die in der Mobilmachung eine besondere Aufgabe übernehmen würden. Die Verträge über Mobilmachungslieferungen von ziviler Seite seien noch einmal zu überprüfen. Hierbei sei besonderes Augenmerk darauf zu legen, ob die zivilen Vertragspartner momentan in der Lage seien, ihre Lieferungen auch zu tätigen. Die Einkleidung der Soldaten in die Kriegsgarnitur müsse vorbereitet werden; dies gelte besonders für das Schuhwerk. Die Offiziere sollen ihre persönliche Kriegsausrüstung ergänzen, „soweit solche im Frieden bereitzuhalten ist".[2177]

Auch wenn die Befehle scheinbar eindeutig waren, gab es doch immer wieder Bedarf nach detaillierteren Instruktionen. So fragte das Dragoner-Regiment 26 um 8 Uhr telephonisch beim XIII. A. K. an, was mit der Ausbildungseskadron zu geschehen habe. Die Antwort lautete, daß alle Truppen, also auch die Ausbildungseinheiten bis auf weiteres in den Standorten zu verbleiben hätten.[2178] Dies ist eines der wenigen Beispiele, in denen sich in den Akten Notizen über Telephongespräche finden. Zumeist lassen sie sich nur in nachträglichen Einträgen in den Kriegstagebüchern oder ähnlichen nachweisen. Anfragen wie diese wird es in jenen Tagen viele gegeben haben, da das Verfahren der Mobilmachung schon kompliziert genug war und durch das ganz und gar unprogrammäßige Verhalten in der Julikrise nicht gerade einfacher wurde.

Diese Unsicherheiten führten immer wieder zum Erlaß von Detailregelungen in der Truppe. Das Feldartillerie-Regiment 78 bestimmte, daß die aus dem Urlaub zurückgerufenen Offiziere für den Rest ihres Urlaubs dienstfrei hätten, aber je-

---

[2175] KTB Stab I. Abtl. 11. Feldart.-Reg., 30.07.1914-31.01.1915, BHStA Abtl. IV 11. Feldart.-Reg. (WK) Bund 37, Akt 1.
[2176] Rundschreiben Nr. 6096, BHStA Abtl. IV 12. Inf.-Brig. (WK) Bund 13.
[2177] Ebd.
[2178] Aktennotiz, HStAS M 33/2 Nr. 1.

derzeit erreichbar sein sollten.[2179] Um erst gar keine Unklarheiten entstehen zu lassen, erließ das Feldartillerie-Regiment 48 schon jetzt Regelungen für die Einteilung der am ersten Mobilmachungstag eintreffenden nur garnisonsdiensttauglichen Verstärkungen. Sie sollten für Transportkommandos, Empfangsgeschäfte etc. eingeteilt werden.[2180] Das Luftschiffer-Bataillon 4 konnte der Inspektion der Luftschiffertruppen mitteilen, daß man wegen der Bedienung der MG's des Schiffes „Victoria-Luise" mit dem Infanterie-Regiment 81 Verbindung aufgenommen habe.[2181] Sorgen ganz anderer Art machte sich ein Artilleriedepot. Es verwies auf das korrekte Verfahren, das bei der Ausgabe der Mobilmachungsbestände zu beachten sei. Würden die Regularien nicht eingehalten, so könne keine Ausgabe stattfinden.[2182] Das Fußartillerie-Regiment 19, an die das Schreiben gerichtet war, wies daraufhin seine Truppen an, zu überprüfen, ob ihre Mobilmachungsvorarbeiten mit den vom Artilleriedepot genannten Regeln übereinstimmten.[2183]

Zur Vorbereitung der Mobilmachung fanden nun allerorts Besprechungen und Einweisungen statt. Beim 6. Chevaulegers-Regiment wurden die Wachtmeister anhand der Mobilmachungsterminkalender instruiert.[2184] Das Fußartillerie-Regiment 3 berief ein Treffen der Offiziere auf den 31. Juli 11.30 Uhr ein.[2185] Eine halbe Stunde früher, um 11 Uhr, sollte das gleiche beim 1. Fußartillerie-Regiment über die Bühne gehen.[2186] Den ganzen Tag über hielt das bayerische 5. Infanterie-Regiment Besprechungen über die Mobilmachung ab.[2187] Beim I. Bataillon des Infanterie-Regiments 134 in Sachsen wurde durch die Kompaniechefs eine Belehrung der bei der Mobilmachung mit besonderen Aufgaben

---

[2179] Reg.-Befehl, Befehlsbuch II. Abtl. Feldart.-Reg. 78, SHStA Sächs. Kriegsarchiv (P) Nr. 65914.

[2180] Rundschreiben Nr. 280 IV M, SHStA Sächs. Kriegsarchiv (P) Nr. 55416.

[2181] Notiz, 30.07.1914, auf Schreiben Inspektion d. Luftschiffertruppen Nr. 50214 geh., 28.07.1914, BA-MA PH 18/70.

[2182] Schreiben Nr. 665 geh. an Fußart.-Reg. 19, SHStA Sächs. Kriegsarchiv (P) Nr. 36996.

[2183] Notiz auf Schreiben, ebd.

[2184] Reg.-Befehl, Reg.-Befehle, 01.07.1914-23.12.1915, BHStA Abtl. IV 6. Chev.-Reg. (WK) Bund 15 a.

[2185] Reg.-Befehl, Reg.-Befehlsbuch 6./Fußart.-Reg. 3, 02.01.-01.08.1914, BHStA Abtl. IV 3. Fußart.-Reg. (F) Bund 1.

[2186] Batl.-Befehl, Kommandantur-, Regts.-, Batl.-Befehlsbuch I. Batl., 07.05.-02.08.1914, BHStA Abtl. IV 1. Fußart.-Reg. (F) Bund 73.

[2187] KTB III. Batl. 5. Inf.-Reg., 30.07.1914-13.06.1916, BHStA Abtl. IV 5. Inf.-Reg. (WK) Bund 31.

betrauten Unteroffiziere und Mannschaften vorgenommen.[2188] Daneben sollte am 31. Juli um 10.30 Uhr eine Offiziersbesprechung stattfinden.[2189] Die 5. Kompanie des Regiments führte am 30. Juli einen Unterricht über die Mobilmachung und ihre Kommandos durch. Außerdem erhielten die Soldaten eine Einweisung über das Packen der Tornister. Nicht zuletzt mußten die Mobilmachungskommandos antreten und wurden inspiziert.[2190] Eine Offiziersversammlung mit den Mobilmachungsunterlagen sollte am 31. beim Feldartillerie-Regiment 32 stattfinden.[2191] Auch beim Feldartillerie-Regiment 64 wurde eine Versammlung der Offiziere auf den kommenden Tag gelegt.[2192] Bei der selben Einheit wurde angeregt, eine Belehrung über die Erkennungsmarken und ihre Verwendung möglichst bald durchzuführen. Schon am 30. Juli nachmittags wurden die zur Führung der Kriegs- und Pferdestammrollen eingeteilten Unteroffiziere über ihre Aufgabe instruiert.[2193] Die Feldintendantur der bayerischen 4. Division besprach die Mobilmachungspapiere mit ihren Beamten.[2194] Zur Vorbereitung des Personals wurde innerhalb des 21. Infanterie-Regiments eine Gesundheitsüberprüfung der Soldaten angeordnet.[2195]

Aber auch die materielle Kriegsvorbereitung kam am 30. Juli nicht zu kurz. Da wurden die Erkennungsmarken geändert, wobei die Offiziere und Offiziersstellvertreter für diese Änderungen selber sorgen mußten, und diese wurden darauf hingewiesen, daß sie die ausgegebenen feldgrauen Uniformen nur im Mobilmachungsfall, nicht im Friedensdienst tragen dürften.[2196] Das Beschlagen der Pferde werde ab dem 31. Juli beim Feldartillerie-Regiment 64 durchgeführt wer-

---

[2188] Batl.-Befehl, SHStA Sächs. Kriegsarchiv (P) Nr. 27703; Geheimordre Buch 4. Komp. Inf.-Reg. 134, SHStA Sächs. Kriegsarchiv (P) Nr. 29665.

[2189] Batl.-Befehl, Befehlsbuch I. Batl. Inf.-Reg. 134, 26.06.-07.08.1914, SHStA Sächs. Kriegsarchiv (P) Nr. 27512.

[2190] Komp.-Befehl: Dienstplan 30.07.1914, Befehlsbuch 5. Komp. Inf.-Reg. 134, 24.06.-08.08.1914, SHStA Sächs. Kriegsarchiv (P) Nr. 29746.

[2191] Reg.-Befehl, Befehlsbuch Feldart.-Reg. 32, SHStA Sächs. Kriegsarchiv (P) Nr. 53090.

[2192] Reg.-Befehl, Befehlsbuch 1914 6. Battr. Feldart.-Reg. 64, SHStA Sächs. Kriegsarchiv (P) Nr. 59247.

[2193] Abtl.-Befehl, Befehlsbuch 3. Battr. Feldart.-Reg. 64, SHStA Sächs. Kriegsarchiv (P) Nr. 58920; ein weiteres Exemplar Befehlsbuch 1. Ers.-Battr. Feldart.-Reg. 64, SHStA Sächs. Kriegsarchiv (P) Nr. 60012.

[2194] KTB Feldintendantur 4. Inf.-Div., 30.07.-31.12.1914, BHStA Abtl. IV 4. Inf.-Div. (WK) Feldintendantur Bund 1.

[2195] Batl.-Befehl, Befehlsbuch II./Inf.-Reg. 21, BHStA Abtl. IV 21. Inf.-Reg. (F) Bund 4/2.

[2196] Reg.-Befehl, Befehlsbuch 1914 6. Battr. Feldart.-Reg. 64, SHStA Sächs. Kriegsarchiv (P) Nr. 59247; ein weiteres Exemplar Befehlsbuch 1. Ers.-Battr. Feldart.-Reg. 64, SHStA Sächs. Kriegsarchiv (P) Nr. 60012.

den.[2197] Wenn auch auf den ersten Blick nicht erkennbar, so gehörte auch die Rückgabe von Vorschriften und Büchern zu den Mobilmachungsvorbereitungen. Der Divisionsarzt der bayerischen 4. Division erledigte dieses Geschäft am 30. Juli und gab die Vorschriften entsprechend seinen Mobilmachungsinstruktionen ab.[2198]

Neben diesen konkreten Vorbereitungen spielte am 30. Juli auch die allgemeine Einstellung auf die Krise und eine eventuelle Mobilmachung eine Rolle. Offenbar ist gleichzeitig mit der Erfindung des Diensttelephons auch das Problem der von dort geführten Privatgespräche in die Welt gekommen. Das bayerische 1. Fußartillerie-Regiment sah sich jedenfalls veranlaßt, wohl um die Leitungen frei zu bekommen, zu befehlen: „Die Benützung des Fernsprechers zu außerdienstlichen Telephongesprächen ist bis auf Weiteres strengstens verboten."[2199]

Auch am 30. Juli drehte sich nicht alles in der deutschen Armee um die gespannte Lage und die daraus zu ziehenden Konsequenzen. Der württembergische König ließ sich durch den Kriegsminister Vortrag halten über den Antrag auf Bewilligung einer Zulage für einen Leutnant, ebenso stand ein Antrag auf Pensionierung eines Militärbeamten auf der Tagesordnung und die Manöverkarten des XIII. A. K. wurden vorgelegt.[2200] Der normale Dienstbetrieb lief nebenher weiter. Beim Feldartillerie-Regiment 64 in Sachsen fand so an jenem Tag ein Übungsschießen statt.[2201] Ein Ruhetag wurde beim bayerischen 6. Infanterie-Regiment eingelegt.[2202] Das 9. Infanterie-Regiment fand am 30. nur das Eintreffen der zurückgerufenen beurlaubten Soldaten bemerkenswert.[2203]

Zusammenfassend läßt sich über den 30. Juli sagen, daß die Vorbereitungen innerhalb Deutschlands hinsichtlich eines kommenden Krieges weitergingen. Der Tag brachte in seinem Verlauf weitere Auseinandersetzungen zwischen den Zivilisten und den Militärs, die schließlich am Abend zu dem Entschluß führten,

---

[2197] Abtl.-Befehl, Befehlsbuch 3. Battr. Feldart.-Reg. 64, SHStA Sächs. Kriegsarchiv (P) Nr. 58920; ein weiteres Exemplar Befehlsbuch 1. Ers.-Battr. Feldart.-Reg. 64, SHStA Sächs. Kriegsarchiv (P) Nr. 60012.

[2198] KTB Div.-Arzt, 30.07.-01.12.1914, BHStA Abtl. IV 4. Inf.-Div. (WK) Bund 103.

[2199] Reg.-Befehl, Reg.-Befehlsbuch, 03.01.-30.07.1914, BHStA Abtl. IV 1. Fußart.-Reg. (F) Bund 4.

[2200] Verzeichnis d. Vorträge v. 01.07.-31.07.1914 d. württ. Kriegsministers beim König nebst Entscheidung desselben, HStAS E 14, Nr. 1679.

[2201] Abtl.-Befehl, Befehlsbuch 3. Battr. Feldart.-Reg. 64, SHStA Sächs. Kriegsarchiv (P) Nr. 58920.

[2202] KTB I. Batl. 6. Inf.-Reg., 29.07.-31.12.1914, BHStA Abtl. IV 6. Inf.-Reg. (WK) Bund 18.

[2203] KTB II. Batl. 9. Inf.-Reg., 30.07.1914-30.06.1915, BHStA Abtl. IV 9. Inf.-Reg. (WK) Bund 33.

am Mittag des 31. über den Ausspruch der „drohenden Kriegsgefahr" zu entscheiden. Am Nachmittag begann Bethmann gegenüber Moltke nachzugeben; dieser Prozeß war am Abend vollendet.[2204] Dabei zeigte sich die Abhängigkeit der Reichsleitung von den Nachrichten aus dem Ausland. Die russische Generalmobilmachung löste den Mechanismus der Mobilmachungen aus.[2205] Nun war das deutsche Lokalisierungsprojekt gescheitert. Durch Popularisierung und Militarisierung der Außenpolitik war den Diplomaten der Rückweg abgeschnitten.[2206] Denn ein Rückzug hätte angesichts der Stimmung in Teilen der Öffentlichkeit zumindest zu innenpolitischen Problemen geführt. Damit gab es als einzigen Ausweg nur noch den Krieg. Dessen Anfang drohte allerdings durch die bereits angelaufene russische Mobilmachung sich für Deutschland ungünstig zu gestalten. Hier sollte man auch berücksichtigen, daß die deutschen Überlegungen durch das mögliche Abspringen Italiens bereits einen empfindlichen Dämpfer erlitten hatten.[2207] Nun drohte auch noch das Konzept des Schlieffenplans zu scheitern, das unterschiedliche Tempo zwischen der französischen und der russischen Mobilmachung auszunutzen, um zuerst den Gegner im Westen zu schlagen, so lange der im Osten noch nicht bereit war. Da materialmäßig zwischen den europäischen Armeen kaum ein Unterschied bestand, kam es darauf an, durch die bessere organisatorische Leistungsfähigkeit Vorteile zu erzielen.[2208] Dies hoffte die deutsche Armee durch eine schnellere Mobilmachung zu erreichen. Dies konnte aber nur funktionieren, wenn im In- und Ausland möglichst spät mit militärischen Vorbereitungen begonnen wurde. Daneben gab es allerdings noch einen Faktor, der in der Forschung häufig übersehen wurde; nämlich die Angst vor plötzlichen Überfällen durch einen bereits partiell gerüsteten Gegner. Wie die Maßnahmen der Truppen an den Grenzen zeigten, überwog diese Befürchtung dort. Aber auch in Berlin wird dies eine Rolle gespielt haben. In allen Mobilmachungspapieren hatte man davor gewarnt, daß die potentiellen Gegner solche Blitzangriffe geplant hätten. Dementsprechend lag der deutschen Einschätzung der Maßnahmen im feindlichen Ausland nicht deren tatsächliche Tragweite zugrunde, sondern die Mutmaßungen, die die deutsche Führung in sie interpretierte.[2209] Die beiden Faktoren, Furcht vor einem Scheitern des Schlieffen'schen Konzeptes und vor einem Überfall im Osten und im Westen, gingen Hand in Hand. Insofern hätte auch eine flexiblere deutsche Planung für den

---

[2204] Albertini, Bd. 3, S. 2.
[2205] Hildebrand: Julikrise S. 491; Ferguson: Krieg S. 204.
[2206] Hildebrand: Julikrise S. 496.
[2207] Zur Rolle Italiens in den Überlegungen gerade der Militärs siehe Palumbo S. 369.
[2208] Fiedler S. 274 f.
[2209] Herwig: Germany S. 88 ff.

Krieg keine Änderung im Ablauf der Julikrise bewirkt.[2210] Aussagen, man hätte seitens der deutschen Armee die russische Mobilmachung nicht gefürchtet, verkennen den Anteil der Befürchtung feindlicher Überfälle.[2211] Diese Befürchtungen, sowohl die Angst vor dem Scheitern des Schlieffenplans als auch die Sorge um feindliche Überraschungsangriffe wurden durch das allgemeine Klima der Unsicherheit noch gesteigert. Konsequenterweise drängten die Militärs also auf Vorbereitungen deutscherseits. Dem stand der Reichskanzler gegenüber, der aus außen- und innenpolitischen Erwägungen abwarten wollte, bis sich Rußland durch seine Rüstungen unzweifelhaft ins Unrecht gesetzt hatte. Das Nichtwissen über den Kriegsplanungsprozeß spielte in der Julikrise eine verhängnisvolle Rolle.[2212] Dies bedeutete im deutschen Fall konkret, daß sich die Reichsleitung kein Bild vom dem Bedrohungsgefühl der Militärs gemacht hatte. Die generelle Linie war ihnen zwar bekannt, aber das Detail, nämlich die Furcht vor plötzlichen Überfällen, war der Reichsleitung nicht bewußt und wurde somit nicht in das Kalkül einbezogen. Hier hätte es eines Koordinationsorganes bedurft, das fehlte aber. Mehr noch die Struktur der Handlungsabläufe, ausgerichtet an den Verhaltensweisen des 19. Jahrhunderts, erwiesen sich für eine Krise, die mit dem technischen Mitteln des 20. Jahrhunderts ausgetragen wurde, unzureichend.[2213] Dies zeigt am besten das Beispiel des Kaisers. Er saß in Potsdam und hatte nur schlechte Verbindungen nach Berlin. Jede Nachricht erhielt er verspätet, teilweise um Stunden verspätet.[2214] Das Resultat war ein verzweifeltes Hinterherrennen hinter der immer schneller werdenden Entwicklung, wobei sich einzelne Organe des Reiches verselbständigten.

An der Spitze des Drängens nach deutschen Vorbereitungen stand dabei der Oberste Kriegsherr, der Kaiser selbst. Im Gegensatz zu den Vortagen hatte auch er nun einen kriegerischen Standpunkt eingenommen. Dies wird vor allem dem Einfluß seiner militärischen Umgebung zu verdanken sein.[2215] Er forderte noch am Vormittag, den Befehl zu Verstärkung der Grenzkorps zu geben. Diese kaiserliche Idee vermochte sich aber nicht durchzusetzen. Hierbei wird wohl auch eine Rolle gespielt haben, daß man sich in der deutschen militärischen Spitze gar nicht sicher war, ob eine Mobilmachung mit ihren vielen Vorstufen zur Sicherung nicht in einem heillosen Chaos enden würde. Dies wird häufig überse-

---

[2210] Die berechtigte Frage, ob die starre deutsche Kriegsplanung tatsächlich die Auswirkungen hatte, die ihr traditionell zugeschrieben werden, stellt Trachtenberg S. 62.
[2211] Der Meinung sind Ferguson: Krieg S. 195; Ritter: Anteil S. 89.
[2212] Bucholz S. 275.
[2213] Ebd., S. 310.
[2214] Taylor S. 160.
[2215] Hull S. 265.

hen, wenn das Drängen nach einer Mobilmachung kommentiert wird. Nur die einfachste Form schien einen halbwegs reibungslosen Ablauf zu ermöglichen, deshalb also gleich der Ausspruch der Mobilmachung ohne „drohende Kriegsgefahr" etc. Die Idee einer Verstärkung war damit vom Tisch und sollte durch den Ausspruch der „drohenden Kriegsgefahr" am 31. Juli dann auch überflüssig werden.[2216] Einige andere Sicherungsmaßnahmen wurden jedoch in Kraft gesetzt: einige Maßregeln beim Heer und für die Marine wurde „Sicherung" befohlen. Es ist behauptet worden, die in am 30. Juli Deutschland ergriffenen Maßnahmen bedeuteten den Beginn der Mobilmachung.[2217] Nun trifft dies insofern zu, als die Einzelmaßnahmen eine spätere Mobilmachung erleichterten. Betrachtet man die Natur der Maßregeln allerdings näher, so zeigt sich, daß sie ihrer Art nach eindeutig defensiv und auf Sicherheit ausgerichtet waren. Bei dem Drängen der Militärs übernahm Moltke an jenem Tag die Führungsrolle; er forderte gleich den Krieg. Dementsprechende Telegramme ließ er nach Wien schicken. Die fehlende Kontrolle des Militärs durch die Reichsleitung machte sich hier – besonders am Abend – bemerkbar.[2218] Darüber ist in der Forschung schon ausführlich diskutiert worden. Allgemein wird die angebliche fehlende Kontrolle und die Führung der Militärs beklagt.[2219] Um die Vorgänge am Abend des 30. Juli allerdings richtig würdigen zu können, muß man die deutsche Diskussion um die Mobilmachungsplanung berücksichtigen. Wie bereits erwähnt bestand die große Befürchtung, bei den komplizierten Vorphasen der Mobilmachung ein Chaos auszulösen. Desweiteren war es kein Problem, die Mobilmachung ohne irgend ein Vorstadium auszulösen – ja in Anbetracht der Furcht vor einer komplizierten Mobilmachung hätte dies aus militärischer Sicht das Optimum bedeutet. Dennoch gelang es Bethmann, eine sofortige Mobilmachung zu verhindern und sogar zu erreichen, daß am 31. Juli nur über den Ausspruch der „drohenden Kriegsgefahr" beschlossen wurde. Zwar wußten die Militärs, daß der „drohenden Kriegsgefahr" alsbald die Mobilmachung folgen würde, aber zunächst einmal wurde eine Mobilmachung abgewehrt. Damit hatte der Reichskanzler Zeit gewonnen. Wie er diese Zeit zu nutzen gedachte, ob er vielleicht die russischen Maßnahmen abwarten wollte oder noch auf eine Lösung in letzter Sekunde hoffte, muß offenbleiben. Die Diskussion innerhalb der Führung

---

[2216] Dies zeigt deutlich, daß es ein Phasenmodell bei der deutschen Mobilmachung nicht gegeben hat.
[2217] So Klein S. 259.
[2218] Ritter: Weltkrieg S. 23.
[2219] Fesser S. 322; Kruse: Ursachen S. 24.

läßt sich nicht auf ein simples „It was now or never"[2220] reduzieren. Bethmanns Erfolg, die Militärs zu einem solchen Kompromiß zu zwingen, zeigt, daß er das Ruder trotz allen Drucks noch nicht aus der Hand gegeben hatte. Auch am 30. Juli galt, daß Bethmann in der Julikrise der Mann war, der die Entscheidungen fällte und dies trotz seiner Behinderung durch die erschwerte Position des Kanzlers in der Reichsverfassung und die komplizierte Struktur des wilhelminischen Reiches.[2221] Gerade dies führte ja zu den Reibungen zwischen ihm und den Militärs.

Die Marineleitung war wiederum von den wichtigsten Entscheidungen ausgeschlossen worden. Sie mochte nun gegen den Krieg sein, da die Flotte noch nicht fertig gerüstet war.[2222] Das Problem war nur, daß ihre Stimme kein Gehör fand. Die Diskussion, die die Marine zu Beginn der Julikrise geführt hatte, war am 30. Juli zu einem Abschluß gekommen. Es zeigte sich, daß diese Überlegungen eher theoretischer Natur gewesen waren. In der Truppe fanden eigene Vorbereitungen statt.

Beim Heer weiteten sich die Vorbereitungen auf den verschiedenen Ebenen aus. An der Grenze führte die Furcht vor Überfällen in einigen Fällen zur vorzeitigen Aufstellung des Grenzschutzes und zu besonderen Maßnahmen, um die Bereitschaft der Truppe anzuheben. Dabei muß offenbleiben, inwieweit diese Maßregeln inoffiziell mit dem Preußischen Kriegsministerium abgesprochen waren. Möglich ist dies aber durchaus; mehr sogar, es ist durchaus wahrscheinlich. Dies würde allerdings bedeuten, daß man der Reichsleitung zusagte, nichts Auffälliges zu unternehmen und gleichzeitig den unterstellten Truppen sein Placet gab. Dies muß nicht einmal mit Wissen Falkenhayns geschehen sein; eine Kontaktaufnahme der Truppe direkt mit dem zuständigen Mann im Ministerium ist durchaus denkbar. Fraglich muß auch erscheinen, inwieweit man in Berlin mit der Eigeninitaitive der Offiziere vor Ort gerechnet hat. Auch dies ist durchaus wahrscheinlich, wie einige der oben beschriebenen Vorfälle nahelegen. Naturgemäß läßt sich dazu heute nichts mehr aussagen. Immerhin können solche Maßnahmen einen Hinweis auf das Vorhandensein eines gewissen Drucks geben, der von unten aus auf Berlin ausgeübt wurde, endlich tätig zu werden.

Desweiteren zeigte der 30. Juli die Probleme, welche sich aus der improvisierten und unplanmäßigen Anordnung von Einzelmaßnahmen ergaben. Bei der Truppe,

---

[2220] M. Kitchen: Hindenburg, Ludendorff and the Crisis of German Society, 1916-1918. S. 24, in: T. Travers, C. Archer (ed.): Men at War. Politics, Technology and Innovation in the Twentieth Century. Chicago 1982, S. 21-49.

[2221] Hillgruber: Riezlers S. 335.

[2222] Für Tirpitz siehe Berghahn, Deist: Marine S. 38; Herwig: Fleet S. 143 f.; allgemein Armee für den Krieg, Marine für den Frieden. - Herwig: Admirals S. 211.

die diese Anweisungen auszuführen hatte, schuf dies Unklarheiten und teilweise sogar schwere Friktionen im Handlungsablauf. Immer wieder mußten Rückfragen gestellt werden. Von einem Ablauf wie ein Uhrwerk, wie nach dem Krieg häufig behauptet wurde, findet sich keine Spur. Die Handlungsweise der Truppe wird nur verständlich, wenn man ihre Ängste vor dem Hintergrund der allgemeinen Unsicherheit betrachtet, in der diese Offiziere lebten. Diese Unsicherheit ließ die Befürchtung vor Überfällen etc. ins Monströse wachsen und führte zu hektischen Versuchen, die Lage durch eigene Maßnahmen unter Kontrolle zu bringen. Dies führte allerdings nicht zu einer besseren Kontrolle, sondern steigerte die Ängste noch, da jede deutsche Maßnahme ihrerseits Reaktionen bei den feindlichen Nachbarn auslösen mußte. Die Entwicklung drohte sowohl innerhalb des Militärs als auch gegenüber den Zivilisten und dem Ausland außer Kontrolle zu geraten. Dies macht allerdings verständlich, warum die militärische Spitze in Berlin auf den Ausspruch der „drohenden Kriegsgefahr" oder der Mobilmachung drängte. Nur bei einer Rückkehr zu einem planmäßigen Verfahren ließ sich ein Chaos vermeiden.

Entsprechend der Wahrnehmung der Krise in der Öffentlichkeit nahm das Ausmaß der Mobilmachungsvorbereitungen auch auf unterster Ebene der Armee immer mehr zu. Auch hier entwickelte sich aus einer Eigeninitiative ein Drang zu weitergehenden Schritten. Denn irgendwann war das Repetoire erschöpft, welches auf dieser Ebene zur Verfügung stand. Dies wird dazu beigetragen haben, auch auf die mittlere Ebene einen Druck entstehen zu lassen. Denn auch an diese wurden Forderungen nach Maßnahmen herangetragen. So entwickelte sich quer durch die ganze Armee eine Eigendynamik. Um diese Entwicklung abfangen zu können, hätte es allerdings eines anderen Staats- und damit Militäraufbaus bedurft. Unter den gegebenen Umständen blieb nichts anderes übrig, als durch eine Initiative von oben der von unten die Spitze zu nehmen. Mit anderen Worten, das Drängen der Berliner Militärspitze ist nicht nur mit Kriegslust zu erklären oder mit der Befürchtung vor den Rüstungen des Auslandes. Dies spielte natürlich alles eine Rolle, aber genauso spielte die Angst eine Rolle, durch wilde Improvisationen, die man nicht stoppen wollte oder konnte, die Kontrolle über die Armee zu verlieren.

Daneben existierten durchaus Offiziere, die den normalen Dienstbetrieb weiterführten. So paradox es sich anhört, mag vielleicht bei den einen die allgemeine Unsicherheit zu hektischen Maßnahmen und bei den anderen zu fatalistischen Abwarten und Dienst nach Vorschrift geführt haben. Während der eine Angst hatte, bei der Vorbereitung Fehler zu machen, fürchtete der andere gerade durch das Ausbleiben von Vorbereitungen, sich fehlerhaft zu verhalten. Die allgemeine Unsicherheit vermag vielleicht die unterschiedlichen Verhaltensmuster innerhalb des deutschen Militärs in der Julikrise zu erklären.

V. 2. c Die Julikrise: 31. Juli

Der 31. Juli sollte mit der Entscheidung über den Ausspruch der „drohenden Kriegsgefahr" gegen Mittag für Deutschland die Entscheidung bringen. Sollte der Entschluß positiv ausfallen, wäre es nur noch eine Frage der Zeit bis zur deutschen Mobilmachung und damit auch bis zum Kriegsbeginn.

Die Spannung in der deutschen Öffentlichkeit steigerte sich, wie dem Tagebuch eines Postangestellten zu entnehmen ist: „Heute Vormittag noch immer keine Mobilmachung! Lange kann es nicht mehr dauern. Die Lage drängt gebieterisch zur Entscheidung. Die Qual des Warten wird zu einer Folter."[2223] Viele Menschen gingen nicht zur Arbeit, sondern erwarteten die neuesten Nachrichten. Aus der gleichen Motivation heraus begab sich ein Teil der Landbevölkerung in die Städte.[2224] Die Zeichen der Angst vor der Zukunft, die sich u. a. in dem Abheben der Bankguthaben äußerten, mehrten sich.[2225] Die Presse war zum großen Teil kriegerisch gestimmt.[2226] Gegen Abend brachten die Zeitungen die Nachricht, Deutschland habe ein Ultimatum an Frankreich und Rußland gestellt.[2227] In der Bevölkerung wurde die weitere Entwicklung mit Spannung erwartet. Nach Ausspruch der „drohenden Kriegsgefahr" und der damit verbundenen Übernahme der vollziehenden Gewalt durch das Militär stellte die SPD die Organisation von Friedensdemonstrationen und -versammlungen weitgehend ein.[2228] Im Militär begann man, an einigen Orten Konsequenzen aus der politischen Entwicklung zu ziehen. Von diesem Tag datiert das letzte Schreiben, welches für die Vorprüfungskämpfe zur nächsten Olympiade Anordnungen traf.[2229]

In Europa waren die anderen Mächte nicht untätig. Früh morgens wurde der Befehl für die russische Gesamtmobilmachung in Europa und Asien bekannt gegeben.[2230] Der französische Grenzschutz durfte nun auch Eisenbahnen benutzen und Reservisten einziehen; um 17.40 Uhr erfolgt dann der Befehl zur uneingeschränkten Aufstellung des Grenzschutzes.[2231] In Belgien wurde die Mobilmachung um 20 Uhr angeordnet; der 1. August war als erster Mobilmachungstag

---

[2223] Tgb. Feldpostsekretär Ernst Kießkalt, 24.07.-02.08.1914, BHStA Abtl. IV HS 2699.
[2224] Verhey: Spirit S. 58.
[2225] Ebd., S. 50.
[2226] Goebel S. 177.
[2227] Tgb. Feldpostsekretär Ernst Kießkalt, 24.07.-02.08.1914, BHStA Abtl. IV HS 2699.
[2228] Bieber, Bd. 1, S. 74.
[2229] II. Batl./Inf.-Reg. 134 Meldungen, Allg. Kommandoangelegenheiten, 1914, SHStA Sächs. Kriegsarchiv (P) Nr. 28154.
[2230] Frantz: Daten S. 439.
[2231] Bach: Daten S. 527.

bestimmt worden.[2232] Schon vorher, gegen Mittag, hatte Österreich-Ungarn die Generalmobilmachung verkündet.[2233]

Wie auch an den vorangegangenen Tagen faßte der Generalstab die Nachrichten, die ihm bis 16 Uhr zugegangen waren, in einem Bericht zusammen – mittlerweile der fünfte: in Österreich verlaufe die Mobilmachung normal. Die Armierung der Festung Lüttich sowie die Vorbereitung von Sprengungen wichtiger Tunnel und Brücken schritten in Belgien voran. Die Franzosen würden den Transport ihrer Truppen aus Nordafrika nach Europa vorbereiten. Ansonsten seien dort nur Maßnahmen zur Sicherung der Grenze eingeleitet. Auch in Großbritannien gebe es weitere Vorbereitungen. Die Russen hätten die Mobilmachung auch in den Militärbezirken an der Grenze zu Deutschland angeordnet. Die Grenzwachen seien mobilmachungsmäßig zusammengezogen.[2234] Ansonsten sei festzuhalten: „Russische Kavalleriedivisionen können, da ‚Kriegsvorbereitungsperiode' mehrere Tage gedauert, schon einbruchsbereit sein."[2235] Die belgischen Vorarbeiten mußten dem Generalstab in doppelter Hinsicht schwer im Magen liegen: zum einen verminderte jeder Ausbau die Chancen des Handstreichs auf Lüttich, zum anderen drohte der deutsche Durchmarsch und damit der gesamte Schlieffenplan durch die Sprengung wichtiger Verkehrsbauten gefährdet zu werden. Zum ersten Mal wird in dem Abschnitt über Rußland auch offiziell die Furcht vor einem plötzlichen Überfall artikuliert. Ein solcher Angriff konnte ebenfalls schwerwiegende Konsequenzen haben. Die Erwähnung in dem Bericht beweist das Vorhandensein dieser Befürchtung nicht nur bei der Truppe, die ja schon durch ihre Maßnahmen ihre Sorge ausgedrückt hatte, sondern auch bei der Militärführung. In einem Rundschreiben informierte der Generalstab am 31. Juli über seine Einschätzung der französischen Armee. Die Äußerungen des Senators Humberts vor der Kammer lassen große Mängel bei der französischen Armee erkennen, vor allem scheine es so zu sein, „dass die schwere Artillerie, die Belagerungsartillerie und die Festungsartillerie der Franzosen in noch weit höherem Grade minderwertig und der deutschen Artillerie unterlegen sind als bisher angenommen."[2236] Nachrichten wie diese mögen zunächst dazu beigetragen haben, nicht an ein Eingreifen Frankreichs in die Krise zu glauben und später die Hoffnung zu nähren, den nahenden Krieg gewinnen zu können.

[2232] Kabisch S. 437.
[2233] Stone: Mobilmachung S. 79.
[2234] DD, Bd. 3, Nr. 524, S. 28 ff.
[2235] Ebd., Bd. 3, Nr. 524, S. 30.
[2236] BHStA Abtl. IV M Kr Nr. 992; Humbert hatte seine Enthüllungen am 14.07. getätigt, siehe Kapitel V. 1. a Die Julikrise: 28. Juni bis 22. Juli, S. 220 f.

Moltke befand sich in der Nacht in sehr aufgeregter Stimmung. Gegenüber seinem Adjutanten äußerte er: „Dieser Krieg wird zu einem Weltkriege auswachsen, in den auch England eingreifen wird. Nur wenige können sich eine Vorstellung über den Umfang, die Dauer und das Ende dieses Krieges machen. Wie das alles enden soll, ahnt heute niemand ..."[2237]. Wieder tritt hier der zweifelnde, den Krieg für unvermeidbar haltende, aber an einen Sieg nicht recht glaubende Moltke auf. Derselbe Mensch hatte am 30. Juli die sofortige Auslösung des Kriegs verlangt. Es ist daher nicht verwunderlich, daß es den Historikern schwer gefallen ist, zu einem Urteil über Moltke zu gelangen, der beides war: kriegslüstern und kriegsfürchtend. Dies wird nur verständlich vor dem Hintergrund der alle Bereiche umfassenden Unsicherheit auf dem militärischen Gebiet. Moltke wußte, daß er an einer Aufgabe arbeitete, welche im Prinzip nicht zu lösen war.[2238] Dies zuzugeben, hätte allerdings den Offenbarungseid für ihn in seiner Funktion als Generalstabschef bedeutet, und das vor dem Hintergrund der sowie schon in der Armee vorhandenen Zweifeln an seiner Eignung für diese Position.[2239] Darüber hinaus hätte das Zugeständnis, daß das Heer die Erwartung des Staates und der Öffentlichkeit nicht erfüllen konnte, auch bedeutet, eine Bankrotterklärung für die gesamte deutsche Armee abzugeben. Wenn Afflerbach verlangt, Moltke hätte mit dem Eingeständnis der eigenen Schwäche die Zivilisten zu Bemühungen um einen politischen Ausgleich drängen müssen,[2240] so verkennt er, daß dies für den Generalstabschef den beruflichen Untergang bedeutet hätte. Deshalb dieses verwirrende Schwanken. Trotz aller Zweifel sah der Generalstabschef keinen anderen Ausweg, als den Sprung ins kalte Wasser zu wagen.[2241] Und dies bedeutete nunmal Krieg. Daß dabei auch Momente des persönlichen Charakters eine Rolle spielten, belegt das Beispiel Falkenhayn, der in der Julikrise einen wesentlich ruhigeren Eindruck machte. Aber er trug auch nicht die Verantwortung, den kommenden Krieg siegreich führen zu müssen. In dem Gefühl der Unvermeidbarkeit des Kriegs beauftragte Moltke seinen Adjutanten, ihm Entwürfe für einen Aufruf des Kaisers an das deutsche Volk und einen für einen Aufruf an die Streitkräfte vorzulegen.[2242]

[2237] Aufz. Haeften, 02.08.1914, zit. nach Schäfer: Tagen S. 534.

[2238] H. H. Borgert: Grundzüge der Landkriegsführung von Schlieffen bis Guderian. S. 494, in: Militärgeschichtliches Forschungsamt (Hg.): Handbuch zur deutschen Militärgeschichte 1648-1939. Abschnitt IX Bd. 6 Herrsching 1983, S. 427-584.

[2239] J. Heisterkamp: Hellmuth von Moltke – eine Lebensskizze. S. 32, in: Th. Meyer (Hg.): Hellmuth von Moltke 1848-1916. Dokumente zu seinem Leben und Wirken. Bd. 1 Basel 1993, S. 25-43; Wallach: Dogma S. 100 f.; Geiss: Reich S. 51; Hull S. 232 f.

[2240] Afflerbach: Planung S. 283.

[2241] Berghahn: Sarajewo S. 99.

[2242] Wegerer: Ausbruch, Bd. 2, S. 122.

Die ersten Nachrichten über die russische Mobilmachung waren bereits am 30. Juli gegen 23 Uhr in Berlin eingetroffen. Damit drohte sich der Zeitraum einzuengen, der für einen deutschen Sieg im Westen zur Verfügung stand.[2243] Diese Aussicht mußte vom deutschen Militär Handlungen verlangen. Es fehlte allerdings immer noch eine offizielle Bestätigung. Um diese zu erlangen und sich über die Lage im Grenzgebiet zu informieren, telephonierte Moltke gegen 7 Uhr mit General Hell, dem Generalstabschef des XX. A. K. in Allenstein. Denn von dort waren mehrere Meldungen über die russische Mobilmachung zum Generalstab gelangt.[2244] Moltke wollte vor allem wissen, ob Hell den Eindruck habe, daß Rußland mobil mache. Als Hell antwortete, die russischen Maßnahmen ließen keine andere Interpretation zu, und außerdem seien die Mobilmachungsbefehle öffentlich angeschlagen, erwiderte Moltke: ‚‚‚Warum haben Sie sich einen solchen Befehl noch nicht verschafft?' General Hell: ‚Es geschieht alles, um ihn zu bekommen, aber die Absperrung der Grenze hat es bisher noch nicht gelingen lassen.' General Moltke: ‚Solch einen roten Zettel müssen sie mir verschaffen; ich muß Gewißheit haben, ob tatsächlich gegen uns mobil gemacht wird. Früher kann ich keinen Mobilmachungsbefehl erwirken.'"[2245] Als Hell Moltke um 9 Uhr ein weiteres Mal zu sprechen suchte, erhielt er die Auskunft, dieser sei in einer Besprechung beim Kaiser.[2246] Diese Auskunft war unzutreffend; in Wirklichkeit war Moltke in einer Besprechung mit Bethmann. Dort trug der Generalstabschef, der auf Grund seines Gespräches mit Hell sehr nervös war, den Inhalt seines Telephonats mit Allenstein sowie andere gleichlautende Meldungen vor. Immer noch gab es keine offizielle Bestätigung der Nachrichten über die Mobilmachung in Rußland. So kam es auch jetzt nicht zum Ausspruch der „drohenden Kriegsgefahr". Die Besprechung endete mit dem Beschluß: sobald jedoch Sicherheit über die Meldungen aus dem Zarenreich herrsche, solle diese ausgesprochen werden.[2247] Den ganzen Vormittag über drängte Molkte angesichts der Mobilmachung in Rußland zu deutschen Gegenmaßnahmen. Bethmann übernahm für die weitere Verzögerung aus politischen Gründen die Verantwortung.[2248] Die Nachricht von der russischen Mobilmachung war das Eingeständnis des Scheiterns der Politik Bethmanns. Damit gewannen die Präventiv-

---

[2243] Stone: Front S. 42 f.

[2244] H. Höhne: Der Krieg im Dunkeln. Die deutsche und russische Spionage. Augsburg 1998, S. 135; Wegerer: Ausbruch, Bd. 2, S. 124 f.

[2245] Aufz. Hells, Norddeutsche Allgemeine Zeitung, 12.09.1918, BA-MA W-10/50891; siehe auch Schäfer: Tagen S. 535.

[2246] Aufz. Hells, Norddeutsche Allgemeine Zeitung, 12.09.1918, BA-MA W-10/50891.

[2247] Vollständiges Tgb. Falkenhayn, BA-MA W-10/50635.

[2248] Unveröffentlichtes Manuskript Bethmann Hollwegs zu Tirpitz Memoiren, o. J., BAK KL. Erwerbungen Nr. 342-3 (Nl. Bethmann Hollweg).

kriegsideen des Generalstabs auch bei den Zivilisten an Überzeugungskraft.[2249] Dies bedeutete jedoch nicht, daß die Zivilisten komplett ausgeschaltet waren. Der nahende Krieg wurde auch in den militärischen Behörden berücksichtigt. Im Generalstab wurden alle Vorbereitungen für eine Mobilmachung noch einmal geprüft und Friedensarbeiten schleunigst beendet.[2250]

Gegen 8 Uhr war mittlerweile im Generalstab ein Telegramm Conrads eingetroffen, in dem der österreichische Generalstabschef die österreichische Mobilmachung für diesen Tag ankündigte und daß mit Kriegshandlungen gegenüber Serbien begonnen werde. Dies schien Moltkes Besorgnis über die österreichischen Kriegsdispositionen zu bestätigen. Er beauftragte den k. u. k. Verbindungsoffizier Fleischmann, bei Conrad auf die Verwendung der Masse des österreichischen Heeres gegen Rußland zu drängen. Angesichts der Wichtigkeit der Angelegenheit entschloß sich Fleischmann, nicht nur zu telegraphieren, sondern auch nach Wien zu reisen.[2251]

Als eine Maßnahme, die bei politischer Spannung durchgeführt werden sollte, war das Aufstellen der Stäbe der Kavallerie vorgesehen. Dies hatte seinen Grund in dem Fehlen dieser Einrichtung in Friedenszeiten. Jetzt, am 31. Juli, hielt man die Situation für gekommen, diese Planung in die Tat umzusetzen. Gegen 10.30 Uhr wurde ein entsprechendes Telegramm mit dem Wortlaut „kavalleriestaebe nach m j 579/14 a 1 formieren" aufgegeben.[2252] Damit ist Stahls Frage beantwortet, ob die Kavalleriestäbe vor Eintritt der „drohenden Kriegsgefahr" zusammengestellt wurden.[2253] Der Text der Telegramme belegt erneut, daß es für die politische Spannung kein vorher vorbereitetes Bündel von Maßnahmen gab, welches mit einem einzigen Telegramm in Kraft gesetzt wurde, sondern statt dessen die Planung einer Reihe von Einzelmaßnahmen vorsah, die auch einzeln befohlen wurden. Bisher war diese Maßnahme wohl unterblieben, weil die zu diesen Stäben gehörenden Verbände erst mit der Mobilmachung aufgestellt wurden, die ja bis dato noch nicht feststand. Erst der Entschluß, spätestens am Mittag des 31. Juli über die Ausrufung der „drohenden Kriegsgefahr" zu entscheiden, ließ eine zeitliche Planung zu, denn sollte die Kriegsgefahr tatsächlich

---

[2249] Hillgruber: Politik S. 96.

[2250] Manuskript v. Nida: Der Sturm auf Lüttich! Nach eigenen Erlebnissen, 1920, S. 1, BA-MA W-10/50951; Manuskript Tappen: Meine Kriegserinnerungen, o. J., Bl. 008, BA-MA W-10/50661.

[2251] Wegerer: Ausbruch, Bd. 2, S. 126.

[2252] Tel. an Bayr. Kriegsministerium, 10.35 Uhr, BHStA Abtl. IV M Kr Nr. 1715; an Württ. Kriegsministerium, 10.34 Uhr, HStAS M 33/2 Nr. 1; das Württ. Ministerium reichte das Tel. noch am 31.07. an XIII. A. K. weiter, dort wurde vermerkt: „Es ist nichts daraufhin zu veranlassen.", Notiz auf Tel., HStAS M 33/2 Nr. 1.

[2253] Stahl S. 225 f., Anm. 225.

folgen, wäre die Mobilmachung in ein oder zwei Tagen zu erwarten. Dann benötigte man auch die Kavallerie-Stäbe. So stand auch noch genügend Zeit für deren Mitglieder zum Kennenlernen und Einarbeiten etc. zur Verfügung. Wohl auch in Zusammenhang mit der nahenden Kriegsgefahr steht die Anordnung, die Militärreitschule und die Kriegstelegraphenschule aufzulösen.[2254] Laut der ursprünglichen Planung sollte diese Auflösung erst bei „drohender Kriegsgefahr" erfolgen. Hier wurde also durch Anweisung von oben die bisherige Planung abgeändert. Ein Verfahren, welches die Gefahr beinhaltete, den ruhigen Ablauf durcheinander zu bringen. Die Inspektion des Ingenieur- und Pionierkorps verfügte nach Rücksprache mit dem Kriegsministerium und dem Generalstab Maßnahmen für eine Reihe von Festungen im Osten und im Westen. Sie sollten das Material für ihre Armierung beschaffen.[2255] Bei einer Reihe von Festungen seien die Armierungsarbeiten in den Werken durch die Truppe oder zivile Unternehmer durchzuführen.[2256] Bei all diesen Festungen sei der Ausbau der Zwischenstellungen durchzuführen, soweit sie sich auf fiskalischem Boden befänden. Die geplanten Anstauungen von Flüssen etc. an der deutschen Ostgrenze seien teils bereits vorbereitet, teils haben die nötigen Maßnahmen noch zu erfolgen. Alle entstehenden Kosten seien „vorläufig vorschußweise zu bezahlen."[2257] Letzteres ist sehr interessant. Es ist zu vermuten, daß bei den bisher angeordneten Maßnahmen, die Kosten verursachten, ebenso verfahren worden ist. Dies bedeutet aber, daß das an sich für die Bewilligung solcher Ausgaben zuständige Kriegsministerium, wenigstens nicht offiziell, um Erlaubnis nachgefragt zu werden brauchte und zwar in der Hoffnung, daß bei einer Mobilmachung die Bezahlung schon irgendwie erfolgen würde; dies um so mehr, wenn man inoffiziell bei dem zuständigen Sachbearbeiter etc. die Genehmigung doch eingeholt hatte. Das Ausrücken des Grenzschutzes beim XX. A. K. mag ein Beispiel für ein solches Vorgehen sein.

Irgendwann im Verlaufe des Vormittags verließ ein Rundschreiben das Preußische Kriegsministerium. In ihm wurden die Generalkommandos ersucht, bei Er-

---

[2254] Tel. Wenninger. - DD Bd. 4, Anhang IV a Nr. 7, S. 158; Tel. wurde um 12.45 Uhr von München aus weitergeleitet, Aktennotiz Bayr. Kriegsministerium Nr. 22089, BHStA Abtl. IV M Kr Nr. 1715.

[2255] Gültig für Festungen Königsberg, Glogau, Posen, Breslau, Brückenköpfe am Oberrhein, Neubreisach, Feste Kaiser Wilhelm II., Straßburg – dort nur die Breuschstellung, Metz, Diedenhofen, Marienburg, Graudenz, Kulm, Thorn, Feste Boyen u. Masurische Seenkette, Rundschreiben Preuß. Kriegsministerium Nr. 1708 14 g. A 6, GlAK Abtl. 456 F 1/676; weiteres Exemplar d. Schreibens, BHStA Abtl. IV A. O. K. 6 Nr. 369.

[2256] In Königsberg, Posen, Neubreisach, Metz, Diedenhofen, Marienburg, Graudenz, Kulm, Thorn u. Masurische Seenkette, GlAK Abtl. 456 F 1/676.

[2257] Ebd.

klärung des Kriegszustandes nicht gleich alle im Reich befindlichen russischen Arbeiter auszuweisen, da ihr Verbleib in Deutschland durchaus erwünscht sei. Ihre Überwachung sei gewährleistet, und man habe die Paßpflicht, die an sich bei der Mobilmachung angeordnet werde, für diesen Personenkreis aufgehoben.[2258] Mit diesem Schreiben kam das Kriegsministerium einer am 27. Juli geäußerten Bitte des Reichskanzlers nach. Schließlich befahl Wilhelm II. seinen Söhnen, einen kommenden Krieg in der jetzigen Dienststellung mitzumachen.[2259]

Die gespannte Lage ließ so mache krude Idee in den Köpfen der Beteiligten reifen. So wurde ein Vertreter des Admiralstabs am Morgen des 31. Juli im AA im Beisein von Jagow gefragt, ob die deutsche Flotte bereit sei, einen Überfall auf die britische Marine durchzuführen. Bei diesem Gespräch gewann der Marinevertreter den Eindruck, im AA rechne man fest mit dem Krieg. Gegen Mittag sollte Tirpitz denselben Eindruck gewinnen.[2260]

Um 11.20 Uhr konnte das Bayerische Kriegsministerium seinem preußischen Pendant telegraphieren und die Meldung der Rückkehr aller Truppen der bayerischen Armee in ihre Standorte machen.[2261] Die Bestätigung der Nachrichten über die russische Mobilmachung brachte dann ein um 11.40 eingehendes Telegramm der deutschen Botschaft in St. Petersburg.[2262]

In einem Schreiben von 12 Uhr mittags informierte Wilhelm II. Tirpitz über die Lage. Abschriften gingen auch an Moltke und Falkenhayn. Demnach sah der Kaiser die Schlüsselrolle in Großbritannien und hoffte, durch britische Vermittlung doch noch Verhandlungen zwischen Wien und Petersburg zustande zu bringen.[2263] Wilhelm II., der am 30. Juli ganz auf seiten der Militärs in ihrem

---

[2258] Rundschreiben M. J. Nr. 2751/14 A. 1., SHStA Sächs. Kriegsarchiv (P) Nr. 7602; diese Schreiben leitete d. XII. A. K. am 02.08.1914 an das Sächs. Innenministerium mit der Bitte weiter, entsprechendes zu veranlassen, Notiz auf Schreiben, ebd.

[2259] Bericht württ. Militärbevollmächtigter Nr. 2560, Parlamentarischer Untersuchungsausschuß, 1. Untersuchungsausschuß „Berichte der sächsischen und württembergischen Gesandtschaften in Berlin an ihre Regierungen zwischen dem 28. Juni und 5. August 1914", S. 61, HStAS M 1/2 Bund 54.

[2260] Aufz. Tirpitz über Besprechung mit Bethmann, 16.30 Uhr. - Tirpitz: Ohnmachtspolitik S. 10; ein Exemplar d. Aufz. findet sich auch BA-MA N 253/100 (Nl. v. Tirpitz); siehe auch Tirpitz: Erinnerungen S. 238 f.

[2261] BHStA Abtl. IV M Kr Nr. 1715.

[2262] DD, Bd. 2, Nr. 473, S. 177. Manuskript: Die deutsche Armee bei Kriegsausbruch, o. J., [um 1920], Bl. 10, BA-MA W-10/50891; KTB f. d. Osten Sektion II A d. Admiralstabs, BA-MA RM 5/198.

[2263] Tirpitz: Ohnmachtspolitik S. 8 ff.; ein Exemplar auch in BA-MA N 253/100 (Nl. v. Tirpitz).

Drängen nach deutschen Maßnahmen stand, hatte sich also wieder einem friedlichen Standpunkt angenähert. Über die Ereignisse bis 13 Uhr berichtete v. Leuckart seiner Regierung: die Militär-Reitinstitute und die Kriegstelegraphenschule hätten den Befehl zur Auflösung erhalten. Der Bundesrat habe eine Reihe von Ausfuhrverboten gebilligt, die noch am 31. Juli im Reichsgesetzblatt veröffentlicht würden. Der Reichskanzler habe sich gleichzeitig die Ermächtigung zu weiteren Ausfuhrverboten für Gegenstände des Kriegsbedarfs und solcher Materialien, die zu ihrer Herstellung nötig sein, geben lassen. Zur Stunde fände eine Besprechung beim Kaiser statt. Entscheidungen seien bisher noch keine getroffen worden: „Der Zustand der Ungewißheit wird überall als unerträglich empfunden."[2264] Die Erweiterung der Ausfuhrverbote ging auf das Kriegsministerium zurück, welches in einem Schreiben nach der Sitzung des Bundesrats an den Reichskanzler dies gefordert hatte.[2265] Deshalb konnte auch nur eine Ermächtigung eingeholt werden und nicht einfach diese Erweiterung an die vorher geplanten Ausfuhrverbote angehängt werden.[2266] In der politischen Reichsleitung gab es anscheinend noch Hoffnung auf eine friedliche Lösung in letzter Sekunde; der Generalstab drängte aber zu einer Entscheidung.[2267] Aber auch die Zivilisten waren nicht bereit, den Frieden zu erhalten, wenn dies für Deutschland nur unter dem Preis einer diplomatischen Niederlage erfolgen könne.[2268] Im Sinne der zu erwartenden Entscheidung versuchte Moltke weiterhin, die Österreicher zu beeinflussen. Er sprach im Verlauf des Vormittags mit dem österreichischen Militärattaché und forderte ihn auf, Wien mitzuteilen, daß er einen Krieg mit Frankreich und Rußland für kurz bevorstehend halte; gegen Serbien sollten bloß

[2264] Bericht Nr. 81/3546, SHStA Sächs. Militärbevollmächtigter Nr. 4222.
[2265] Schreiben Nr. 45 14 g. g. A 1, BAB R 1501/112144.
[2266] Die am 31.07. erlassenen Verordnungen waren: Nr. 4414 Verbot d. Ausfuhr von Tieren u. tierischen Erzeugnissen.-Reichsgesetzblatt 1914, Nr. 46, S. 259. Nr. 4415 Verbot d. Ausfuhr v. Verpflegungs-, Streu-, Futtermitteln. - Ebd., Nr. 46, S. 260. Nr. 4416 Ausfuhrverbot für Kraftfahrzeuge u. Öle. - Ebd., Nr. 46, S. 260 f. Nr. 4418 Einführung d. vorübergehenden Paßpflicht. - Ebd., Nr. 47, S. 264 f. Ab hier beginnen wohl die Verordnungen, zu denen Bethmann sich die Ermächtigung eingeholt hatte: Nr. 4419 Verbot d. Aus- u. Durchfuhr v. Waffen, Munition u. Kriegsartikeln, sowie zu deren Herstellung benötigter Artikel. - Ebd., Nr. 47, S. 265 f. Nr. 4420 Verbot d. Aus- u. Durchfuhr v. Eisenbahnmaterial, Telegraphen- u. Fernsprechgerät, Luftschiffergerät aller Art. - Ebd., Nr. 47, S. 266 f. Nr. 4420 Verbot d. Aus- u. Durchfuhr v. Rohstoffen, welche zur Produktion v. Kriegsartikeln benötigt werden. - Ebd., Nr. 47, S. 267 f. Nr. 4422 Verbot d. Aus- u. Durchfuhr v. Sanitätsmaterial. - Ebd., Nr. 47, S. 268. Verbot Aus- u. Durchfuhr v. Tauben. - Ebd., Nr. 47, S. 269. Nr. 4424 Verordnung üb. Verwendung v. Tauben z. Beförderung v. Nachrichten. - Ebd., Nr. 47, S. 269 f.
[2267] Tel. Varnbülers an Weizsäcker, 13.05 Uhr, HStAS E 74 Nr. 164; siehe auch Tel. Bad. Gesandtschaft, ab 12.15 Uhr. - Bach: Gesandtschaftsberichte, Nr. 56, S. 115.
[2268] Farrar: Arrogance S. 164; Herrmann: Arming S. 219.

nicht zu starke Kräfte verwendet werden.[2269] Im Verlauf des Tages wiederholte der deutsche Generalstabschef seine diesbezügliche Meinung gegenüber dem österreichischen Verbindungsoffizier.[2270] Wieder wurde Moltke von der Sorge geplagt, im Osten nicht über die nötige österreichische Rückendeckung verfügen zu können, da dessen Truppen gegen Serbien konzentriert werden könnten. Am Abend wurde Rom davon informiert, daß ein deutscher Offizier zwecks Erörterung der Lage mit dem neuen italienischen Generalstabschef nach Italien reisen werde.[2271] Dies hatte Moltke den Zivilisten abgerungen.[2272]

Mittags trafen sich Moltke und Falkenhayn wiederum bei Bethmann Hollweg. Immer noch fehlte jede Bestätigung einer russischen Mobilmachung. Noch während dieses Gespräches wurde das oben erwähnte Telegramm der Petersburger Botschaft hereingereicht. Nun war die Sache klar. Sofort wurde vom Kaiser telephonisch der Ausspruch der „drohenden Kriegsgefahr" erbeten. An Frankreich und Rußland solle ein Ultimatum zur Klärung ihrer Haltung gestellt werden.[2273] Um 13 Uhr war somit die Entscheidung gefallen – in Deutschland wurde der Zustand der „drohenden Kriegsgefahr" erklärt.[2274] Die Maßnahme wurde gegenüber der Öffentlichkeit als Reaktion auf russische Rüstungen dargestellt, wie die Meldung des Wolffschen Telegraphenbüros betonte: „Aus Petersburg ist heute die Nachricht des deutschen Botschafters eingetroffen, daß die allgemeine Mobilmachung der russischen Armee und Flotte befohlen worden ist. Darauf hat Seine Majestät der Kaiser den Zustand der drohenden Kriegsgefahr befohlen."[2275] Das entsprechende Telegramm des Preußischen Kriegsministeriums verließ Berlin um 13.30 Uhr.[2276] Von nun an machte es sich auf seinen Weg durch die Truppe. Dies bedeutete neben den bereits vorher befohlenen Maß-

---

[2269] Stone: Mobilmachung S. 85.

[2270] Ebd., S. 87.

[2271] Fischer: Krieg S. 722.

[2272] Waldersee: Deutschlands S. 662 f.

[2273] Vollständiges Tgb. Falkenhayn, BA-MA W-10/50635; Wegerer: Ausbruch, Bd. 2, S. 129 f.; eine andere Darstellung der Ereignisse gibt Wenninger, nach ihm fand die entscheidende Besprechung bei Wilhelm II. statt und Falkenhayn habe den Ausspruch der „drohenden Kriegsgefahr" dem Kaiser „abgerungen", Tgb. Wenninger. - Schulte: Dokumente, Nr. 6, S. 140. Hier ist der Bericht des Augenzeugen Falkenhayn vorzuziehen.

[2274] Broschüre: Rußlands Mobilmachung für den Weltkrieg, S. 39, BA-MA W-10/50891; Reichsarchiv: Weltkrieg, Bd. 1, S. 33.

[2275] Kriegsdepeschen, Die Vorgeschichte des Krieges, S. 12.

[2276] 13.35 Uhr Tel. Preuß. Kriegsministerium an XVI. A. K., Manuskript: I. Der deutsche Grenzschutz im Bereiche des XVI. A. K., o. J., [um 1920], BA-MA W-10/50930; Tel. Preuß. Kriegsministerium an Bayr. Kriegsministerium, ab 13.46 Uhr, BHStA Abtl. IV M Kr Nr. 1715.

nahmen wie dem militärischen Bahnschutz das Inkrafttreten des militärischen Schutzes der Küsten und Grenzen, die Erklärung des Kriegszustandes, mit dem die Militärs die vollziehende Gewalt übernahmen und eine Reihe von Rechten der Bürger eingeschränkt wurden, sowie Überwachung des grenzübergreifenden Personen- und Postverkehrs, und endlich Einstellung des Telephonverkehrs und des nicht amtlichen Funkverkehrs mit dem Ausland; ebenso wurde der private Güterverkehr auf den Eisenbahnen der Grenzgebiete beendet und schließlich erhielt die Presse Anweisung, über Nachrichten militärischen Belanges zu schweigen.[2277] Die Presse erhielt ein Merkblatt, welches ihnen bei der Einhaltung der Zensurbestimmungen helfen sollte. Neben einer Reihe von militärischen Dingen, über die am besten gar nicht berichtet werden sollte, ließ sich der Tenor dahingehend zusammenfassen, daß die Presse ohne Genehmigung der zuständigen Militärbefehlshaber nichts veröffentlichen solle.[2278] Durch Einberufungen von Reservisten wurde die Stärke der deutschen Armee auf circa 900.000 Mann erhöht.[2279] Diese Einberufungen sind dann in der apologetischen Literatur der Zwischenkriegszeit teilweise geleugnet worden.[2280] Die Grenzen wurden durch die ihnen am nächsten stehenden Truppen gesichert; dies waren im Westen acht und im Osten zehn Divisionen.[2281] Aus Ostpreußen wurden die Remontedepots ins Landesinnere verbracht.[2282] Diese und andere Transporte erforderten besondere Vorbereitungen der Eisenbahnen.[2283] Außerdem wurden auch die finanziellen Verhältnisse allmählich auf Krieg umgestellt.[2284] Dies bedeutete u. a., daß die Reichsbank seit dem 31. Juli ihre Banknoten nicht mehr gegen Gold einlöste.[2285] Mit dem Ausspruch der „drohenden Kriegsgefahr" war die Verhängung des Kriegszustandes über das Reich verbunden, mit Ausnahme

---

[2277] Manuskript: Die deutsche Armee bei Kriegsausbruch, o. J., [um 1920], Bl. 10, BA-MA W-10/50891; zur Presse siehe auch D. Fischer: Die Münchener Zensurstelle während des Ersten Weltkrieges. Alfons Falkner von Sonnenburg als Pressereferent im Bayerischen Kriegsministerium in den Jahren 1914 bis 1918/19. München 1973, S. 20.

[2278] Zit. nach ebd., S. 255 ff.

[2279] Rahne Bd. 1, S. 179 f., Bd. 2, S. 55 f., Anm. 165; diese Zahl setzt sich aus 100.000 eingezogenen Reservisten - ebd., Bd. 2, S. 43 f., Anm. 92 - und der Stärke des Friedensheeres von rund 800.000 Mann zusammen. – C. Jany: Die Königlich Peußische Armee und das deutsche Reichsheer 1807-1914. Berlin 1933, S. 326.

[2280] Reichsarchiv: Weltkrieg, Bd. 1, S. 102.

[2281] Montgelas: Mobilmachung S. 5.

[2282] Reichsarchiv: Weltkrieg, Bd. 1, S. 148.

[2283] Reichsarchiv: Feldeisenbahnwesen, Bd. 1, S. 19.

[2284] Reichsarchiv: Kriegsrüstung, Bd. 1, S. 477.

[2285] M. Zeidler: Die deutsche Kriegsfinanzierung 1914 bis 1918 und ihre Folgen. S. 421, in: W. Michalka (Hg.): Der Erste Weltkrieg. Wirkung. Wahrnehmung. Analyse. München, Zürich 1994, S. 415-434.

von Bayern, welches dies selbständig verfügte. Eine Verordnung darüber wurde im Reichsgesetzblatt veröffentlicht.[2286] Damit übernahmen die Militärbefehlshaber die vollziehende Gewalt.[2287] Dies bedeutete, daß die lokalen Militärbefehlshaber von nun an unabhängig von der zivilen Verwaltung und von den Volksvertretungen regieren konnten. Sie unterstanden dabei allein dem Kaiser.[2288] Als Folge daraus wurde um 16 Uhr in Berlin öffentlich der Belagerungszustand bekanntgegeben.[2289] Die „drohende Kriegsgefahr" galt auch für die Marine. Dort wurde ebenfalls um 13 Uhr der Aufmarsch der in den Mobilmachungsplanungen gegen Großbritannien vorgesehenen Kräfte in der Nordsee befohlen.[2290] Erst jetzt wurden das Flottenflaggschiff, das III. Geschwader der Hochseeflotte sowie die 1. U-Bootsflottille durch den Kaiser-Wilhelm-Kanal in die Nordsee verlegt. Das II. Geschwader der Hochseeflotte folgte am Nachmittag.[2291] Der Küstenschutz wurde teilweise noch als Fortsetzung der Sicherungsmaßnahmen aufgestellt.[2292] Dies bedeutete u. a., daß am 31. Juli die Ausrüstung der Schiffe der Küstenschutzdivision der Ostsee begann.[2293] Gleichzeitig traten die Kriegsgliederung und die Befehlsverhältnisse für den Kriegsfall in Kraft. Verstärkte Maßregeln zum Schutz vor feindlichen Überfällen wurden durchgeführt, soweit diese nicht geeignet waren, im Ausland als Kriegsdrohung verstanden zu werden.[2294] Die Schwierigkeit für die Marineführung bestand gerade darin, die Sicherheit vor feindlichen Überfällen zu gewährleisten und trotzdem im Ausland keinen kriegerischen Eindruck hervorzurufen.[2295]

Allgemein wurde der Ausspruch der „drohenden Kriegsgefahr" als ein Zeichen für die Unvermeidbarkeit eines Krieges gewertet.[2296] Der bayerische Militärbevollmächtigte Wenninger traf kurz nach erfolgten Ausspruch im Kriegsministerium ein. Über die Erlebnisse dort notierte er: „Überall strahlende Gesichter, – Händeschütteln auf den Gängen; man gratuliert sich, daß man über den Graben

---

[2286] Nr. 4417, Reichsgesetzblatt 1914, Nr. 47, S. 263.
[2287] Dazu siehe Schudnagies S. 130 f.
[2288] D. Welch: Germany, Propaganda and Total War, 1914-1918. The Sins of Omission. New Brunswick 2000, S. 14, 20 f.
[2289] Verhey: Spirit S. 60.
[2290] Marine-Archiv: Nordsee, Bd. 1, S. 24; Wegerer: Ausbruch, Bd. 2, S. 131.
[2291] Marine-Archiv: Nordsee, Bd. 1, S. 24.
[2292] Ebd., Bd. 1, S. 36.
[2293] Marine-Archiv: Ostsee, Bd. 1, S. 16.
[2294] Manuskript: Die deutsche Armee bei Kriegsausbruch, o. J., [um 1920], Bl. 151, BA-MA W-10/50891; zur Kriegsgliederung siehe auch Marine-Archiv: Nordsee, Bd. 1, S. 26.
[2295] Ebd., Bd. 1, S. 25.
[2296] Bericht Varnbülers, HStAS E 74 Nr. 164.

ist. Gerüchte von dem Ultimatum auch an Frankreich – einer meint, ob dies denn nötig sei, sich auch Frankreich aufzupacken, das sich doch wie ein Karnickel drücke; General v. Wild meint: ‚Nun, wir möchten die Brüder doch auch dabei haben.'"[2297] Die lang anhaltende Spannung entlud sich in Szenen voller Freude. Das Abwarten auf den unvermeidbaren Krieg hatte endlich ein Ende. Die langen Jahre der Unsicherheit waren vorüber. Der angeblichen Einkreisung, der man bisher tatenlos zusehen mußte, konnte endlich mit militärischen Mitteln begegnet werden. So mag manch einer der Offiziere gedacht haben. Wenn die oben geäußerte Vermutung über inoffizielle Ermunterungen zu Maßnahmen aus dem Kriegsministerium zutreffen, dann hatten einige der Herren, die sich da gegenseitig beglückwünschten, das Ihrige zu diesem Resultat beigetragen. Auch im Generalstab wird die Nachricht nach einer kurzen Ansprache Moltkes mit einem „stahlharten Hurra auf den obersten Kriegsherrn" aufgenommen.[2298]

Moltke und Falkenhayn begaben sich nach dem Erlaß des Befehls der „drohenden Kriegsgefahr" zum Kaiser. Nach einer Ansprache Wilhelms II., in der Rußland die ganze Schuld „zugeschoben" wurde, verlas Molkte einen Aufruf an das deutsche Volk und einen an die Armee; Bethmann übernahm den Aufruf an das Volk, war aber gleichzeitig erbost über die Einmischung der Militärs in seine Geschäfte und geriet darüber in Streit mit dem Kaiser.[2299] Dieser Vorgang illustriert die tiefen Verwerfungen, welche sich mittlerweile zwischen den Zivilisten und den Militärs ergeben hatten. Denn die Abfassung eines Aufrufes an die Zivilbevölkerung ist sicherlich ureigenste Aufgabe der zivilen Führungsorgane. Seitens des Generalstabs traute man den Zivilisten wohl nicht mehr zu, auch diese ureigenen Aufgaben erfolgreich bewältigen zu können. Dabei mag das bisherige Verhalten Bethmanns und seiner Mitarbeiter in der Julikrise eine Rolle gespielt haben: zunächst die Unterstützung Österreichs, dann das Abwarten der Vermittlungsversuche und nicht zuletzt der ständige Kampf gegen deutsche militärische Maßnahmen. All dies hatte wohl in den Augen der führenden Militärs das Vertrauen in ihre zivilen Kollegen restlos erschüttert. Zu Bethmann ist noch anzumerken, daß er – ebenfalls herbeigerufen – verspätet erschien und von Wilhelm II. die Erlaubnis erbat und erhielt, zwei ultimative Anfragen an Frankreich und Rußland bezüglich deren Haltung zu richten.[2300]

[2297] Tgb. Wenninger. - Schulte: Dokumente, Nr. 6, S. 140.

[2298] Manuskript v. Nida: Der Sturm auf Lüttich! Nach eigenen Erlebnissen, 1920, S. 1 f., BA-MA W-10/50951.

[2299] Vollständiges Tgb. Falkenhayn, BA-MA W-10/50635; zu der Besprechung siehe auch Tirpitz: Erinnerungen S. 239.

[2300] Tgb. Lyncker. - Geiss: Julikrise, Bd. 2, Nr. 889, S. 463. Nach Wegerer erbat Bethmann die Erlaubnis in einer Einzelaudienz um 15 Uhr beim Kaiser. - Wegerer: Ausbruch, Bd. 2, S. 136. Hier ist das Tgb. vorzuziehen.

Um 15.30 gingen Telegramme nach Paris und Petersburg, in denen die deutsche Regierung ultimativ eine Klärung dieser Frage von beiden Regierungen verlangte. Rußland wurde aufgefordert, innerhalb von zwölf Stunden jede kriegerische Maßnahme gegen Deutschland und Österreich zu unterlassen und darüber eine Erklärung abzugeben; sollte dies nicht erfolgen, würde Deutschland mobilisieren.[2301] Frankreich wurde aufgefordert, binnen 18 Stunden zu erklären, ob es in einem deutsch-russischen Kriege neutral zu bleiben gedenke. Als geheimen Zusatz enthielt das Telegramm die Anweisung, falls – was in Berlin nicht erwartet wurde – die französische Regierung die Neutralität ihres Landes erklären würde, dann und nur dann, als Pfand die Herausgabe der Festungen Toul und Verdun für die Kriegsdauer von den Franzosen zu fordern.[2302] Diese Klausel war auf Anraten des Generalstabs dem Telegramm hinzugefügt worden.[2303] Damit hatten Zivilisten und Militärs ihre Ziele erreicht. Die wichtige Tatsache einer vorherigen russischen Mobilmachung war erfüllt. Mit den beiden Ultimaten konnten die Militärs zufrieden sein, da nun der Krieg unvermeidbar war. Sollte Frankreich wider Erwarten doch einlenken wollen, so würde ihm die Forderung nach der Übergabe der beiden Festungen dies schon verleiden. Die nach militärischer Ansicht so günstige Gelegenheit würde nicht ungenutzt verstreichen.

Noch vor dem Abgang der beiden Ultimaten wurde um 13.45 Uhr von der Reichsregierung nach Wien telegraphiert: „Nach der russischen Gesamtmobilmachung haben wir drohende Kriegsgefahr verfügt, derselben wird voraussichtlich binnen 48 Stunden Mobilmachung folgen. Diese bedeutet unvermeidlich Krieg. Wir erwarten von Oesterreich sofortige tätige Teilnahme am Krieg gegen Rußland."[2304] Hier ging es wohl weniger darum, die Beteiligung Österreichs am Krieg gegen Rußland zu sichern, denn diese wäre durch den bereits laufenden österreichisch-serbischen Krieg ohnehin zustande gekommen, als vielmehr nun auch von ziviler Seite bei dem Bündnispartner eine eindeutige militärische Schwerpunktbildung gegen das Zarenreich zu erreichen und es damit von einem alleinigen Vorgehen gegen Serbien abzuhalten. Dieses Telegramm zeigt deutlich, wieweit inzwischen militärische Überlegungen auch den Gang der Diplomatie bestimmten. Auch von militärischer Seite wurde nach Wien telegraphiert und zu einem Vorgehen gegen Rußland gedrängt.[2305]

Wohl im Zusammenhang mit dem Ausspruch der „drohenden Kriegsgefahr" wurde dem X. A. K. in Hannover für sich und die unterstellten Truppen die

---

[2301] Geiss: Julikrise, Bd. 2, Nr. 892, S. 465.
[2302] Ebd., Bd. 2, Nr. 893, S. 465 f.
[2303] Wegerer: Ausbruch, Bd. 2, S. 133.
[2304] DD, Bd. 2, Nr. 479, S. 183.
[2305] Ritter: Staatskunst, Bd. 2, S. 325.

Denkschrift des Generalstabs über den Handstreich auf Lüttich zugeschickt.[2306] Die Geheimhaltung war so streng gehandhabt worden, daß sogar viele Offiziere, deren Truppen am Handstreich beteiligt werden sollten, von dem Unternehmen nichts wußten.[2307] Die wahre Bedeutung der geplanten Aktion gegen Lüttich ging Bethmann Hollweg erst jetzt auf.[2308] Damit wird wieder einmal deutlich, daß die zivilen Entscheidungsträger über wichtige Aspekte der militärischen Planung nicht ausreichend informiert waren.[2309]

Bethmann Hollweg und Tirpitz trafen um 16.30 Uhr aufeinander. Nachdem man kurz die Vorgänge im AA vom Morgen gestreift hatte, schlug der Staatssekretär des RMA vor, man solle doch versuchen, mit Rußland zu einer Einigung zu kommen. Die Antwort des Reichskanzlers lautete, dies habe man ja versucht, aber die Antwort sei die russische Mobilmachung gewesen. Nun müsse Deutschland seinerseits Maßnahmen ergreifen, um nicht in einen Rückstand zu geraten.[2310] In dem Bewußtsein, daß seine Flotte noch nicht kriegsbereit sei, versuchte Tirpitz hier noch einmal einer friedlichen Lösung das Wort zu reden. Zu spät! Seine Kameraden vom Heer konnten auf die russische Mobilmachung verweisen. Bethmanns Antwort zeigt, daß auch der Reichskanzler sich mittlerweile die Argumentation der Spitzen der Armee zu eigen gemacht hatte. Der Staatssekretär des RMA hatte mitsamt seiner Flotte in der Reichsführung zuviel Gewicht verloren, um die Entwicklung noch beeinflussen zu können.

Einen weiteren Bericht mit einer anderen Darstellung der Situation gab der sächsische Militärbevollmächtigte um 21 Uhr. Demnach seien die Ultimaten an Frankreich und Rußland hauptsächlich dadurch motiviert gewesen, um gegenüber Italien als Angegriffener dazustehen und somit die Bündnistreue dieses Landes zu erreichen. Von der Ablehnung beider Ultimaten werde in Berlin ausgegangen. Dann solle sofort die deutsche Mobilmachung befohlen werden, und zwar so rechtzeitig, daß der Sonntag, der 2. August, noch der erste Mobilmachungstag sei. Im übrigen hätten führende Sozialdemokraten Bethmann versichert, ihre Partei werde sich so verhalten, wie es die Umstände von allen Deutschen verlangen würden.[2311] Ähnlich lautete ein telephonischer Bericht der bayerischen Gesandtschaft in Berlin: „Mobilisierung spätestens Samstag, den 1. August um Mitternacht. Preussischer Generalstab sieht Krieg mit Frankreich mit

---

[2306] Generalstab S. 1.

[2307] Ebd., S. 65.

[2308] Joll: Ursprünge S. 140; Bethmann habe überhaupt erst am 31.07. von dem Handstreich erfahren. - Turner S. 213.

[2309] Bucholz S. 274 f.

[2310] Aufz. Tirpitz. - Tirpitz: Ohnmachtspolitik S. 10 f.

[2311] Bericht Nr. 82/3560, SHStA Sächs. Militärbevollmächtigter Nr. 4222.

grosser Zuversicht entgegen, rechnet damit, Frankreich in 4 Wochen niederwerfen zu können; im französischen Heer kein guter Geist, wenig Steilfeuergeschütze und schlechtes Gewehr."[2312] Angesichts des sicheren Krieges wurden alle vorherigen Zweifel unterdrückt und die Hoffnung auf die Schwäche der französischen Armee ersetzte eine realistische Betrachtung der Dinge. Der Termin der Mobilmachung spätestens um Mitternacht des 1. August wurde auch von Wenninger nach München übermittelt.[2313] Entscheidend für die Festsetzung des 1. Mobilmachungstags würde dabei der Zeitpunkt des Erlasses des Mobilmachungsbefehls sein. Laut den Bestimmungen konnte der Tag des Erlasses des Mobilmachungsbefehls als 1. Mobilmachungstag bezeichnet werden, wenn es möglich war, den Generalkommandos den Befehl bis 8 Uhr morgens zuzustellen. Sollte dies nicht möglich sein, werde der auf den Erlaß des Befehls folgende Tag der 1. Mobilmachungstag sein.[2314] Mit anderen Worten, mit dem Termin um Mitternacht des 1. August war auf jeden Fall sichergestellt, daß der 2. August 1. Mobilmachungstag werden würde. Mit der Fristsetzung der Ultimaten an Paris und Petersburg war also ein Zeitplan verbunden, welcher den Eintritt der Mobilmachung noch am 1. August vorsah. Da man in Berlin sicher mit der Ablehnung rechnete, heißt dies nichts anderes, als daß die Zivilisten von nun an jede Hoffnung auf Frieden aufgegeben hatten. Bethmann hatte nun die Konsequenzen aus dem Risiko, welches er zu Beginn der Julikrise eingegangen war, zu tragen.[2315] Die Militärs diktierten das Geschehen, wenigstens teilweise. Das Drängen auf die sofortige Mobilmachung wurde im Generalstab als nicht durchsetzbar bezeichnet, da nach Auskunft der Diplomaten erst das Ergebnis der beiden Ultimaten an Frankreich und Rußland abgewartet werden müßte.[2316] Sicher, alle Einwirkungsmöglichkeiten der Zivilisten ausgeschlossen zu haben, war sich auch Falkenhayn nicht: „Abends noch einmal Rücksprache mit Reichskanzler, um ihm die militärischen Nachteile einer Verzögerung der Mobilmachung erneut und dringlich klar zu machen."[2317] Immer noch befürchtete der Kriegsminister eine Verzögerung der Mobilmachung durch Manöver der Zivilisten.

Wie schon die sächsische Gesandtschaft berichtete, hatten führende Sozialdemokraten Bethmann signalisiert, daß von ihrer Partei keine Störungen oder Un-

---

[2312] Bayr. Dok., rechte Sp., S. 14 f.
[2313] Bericht Nr. 2678. - DD, Bd. 4, Anhang IV a, Nr. 8, S. 158.
[2314] D. V. E. 219: Mobilmachungsplan für das Deutsche Heer vom 9. Oktober 1913, § 16, 6, BA-MA PH 3 Pr. F 9114.
[2315] Jarausch: Chancellor S.173.
[2316] Aktenvermerke Kriegsministerium. - Vorgeschichte: Montgelas, Anlage 29, S. 71 f.
[2317] Vollständiges Tgb. Falkenhayn, BA-MA W-10/50635; bei Afflerbach irrtümlich „erneut und eindringlich klar zu machen". - Afflerbach: Falkenhayn S. 162.

ruhen zu erwarten seien. Das Preußische Kriegsministerium schickte noch um 20 Uhr ein entsprechendes Telegramm an die Militärbefehlshaber ab: „Nach sicherer Mitteilung hat die Sozialdemokratische Partei die feste Absicht, sich so zu verhalten, wie es für jeden Deutschen unter den gegenwärtigen Verhältnissen sich geziemt. Ich halte es für meine Pflicht, dieses zur Kenntnis zu bringen, damit die Militärbefehlshaber bei ihren Maßnahmen darauf Rücksicht nehmen."[2318] Damit wurden die Maßnahmen annulliert, die gegenüber der SPD bei Verhängung des Kriegszustandes geplant gewesen waren.[2319] Neben der SPD verhandelten auch die Gewerkschaften mit der Reichsleitung. Sie sandten vor der Mobilmachung Vertreter ins Reichsamt des Innern, um sich vor Eingriffen durch die Regierung im Kriegsfall zu schützen.[2320] Auch die Gewerkschaften würden also von dem gemäßigten Kurs der Militärs profitieren. Das Telegramm wirkte hier noch mal als Bestätigung des Rundschreibens des Kriegsministeriums vom 25. Juli. Mit dem Abwarten der russischen Mobilmachung war es der Reichsleitung gelungen, Verhältnisse zu schaffen, die es allen Teilen der Bevölkerung erlaubte, sich hinter die Regierung zu stellen.[2321]

Wilhelm II. begab sich am frühen Abend in den Generalstab und besprach dort die Maßnahmen, die zu veranlassen seien, wenn Paris und Petersburg die deutsche Anfrage zu ihrer Haltung negativ beantworten würden.[2322] Am späten Abend kam es dann zu einer weiteren Sitzung beim Reichskanzler. An ihr nahm von den Militärs Molkte, nicht aber Kriegsminister Falkenhayn teil.[2323] Thema der Besprechung waren die Kriegserklärungen an Frankreich und Rußland. Vor allem der Generalstabschef drängte zu einer sofortigen Kriegserklärung an des Zarenreich. Hierfür nannte er militärische Gründe. Der Reichskanzler ließ sich von den Argumenten des Militärs überzeugen und gab die Formulierung entsprechender Noten in Auftrag.[2324] Die Kriegserklärung sollte um 17 Uhr in St. Petersburg übergeben werden, da Moltke erklärt hatte, dies sei der letzte Zeitpunkt, zu dem der dann notwendige deutsche Mobilmachungsbefehl noch am gleichen Tage im ganzen Reich verbreitet werden könnte.[2325] Hier wird sehr

---

[2318] Vorgeschichte: Montgelas, Anlage 30, S. 72; in Bayern um 21. Uhr registriert. - Deist: Militär, Nr. 78, S. 193, Anm. 7.

[2319] Höhn: Sozialismus, Bd. 3, S. 639 f.; auf seiten der SPD war die Zustimmung zu einer regierungsfreundlichen Politik allerdings nicht einhellig, wie eine gemeinsame Sitzung der Vorstände von Partei und Fraktion am Abend des 31.07. belegt. - Klein S. 281.

[2320] Höhn: Sozialismus, Bd. 3, S. 633.

[2321] Deist: Armee S. 107.

[2322] Wegerer: Ausbruch, Bd. 2, S. 139.

[2323] Ritter: Staatskunst, Bd. 2, S. 333.

[2324] Ebd., S. 333 f.; Klein S. 280 f.

[2325] Wegerer: Ausbruch, Bd. 2, S. 142.

deutlich, wie militärische Erwägungen bereits den Gang der Diplomatie bestimmten.

Sah die bündnispolitische Situation vor allem im Hinblick auf Italien nicht rosig aus, so gab es für die deutsche Reichsleitung auch Lichtblicke. Bethmann Hollweg konnte am 31. Juli den deutschen Botschafter in der Türkei ermächtigen, einen Bündnisvertrag zwischen beiden Ländern so bald wie möglich zu unterschreiben.[2326]

Der bayerische Militärbevollmächtigte Wenninger ließ München wissen, daß ihm das Preußische Kriegsministerium einen Boten für die Nacht angekündigt habe.[2327] Was dieser Bote zu verkünden hatte, läßt sich heute leider nicht mehr feststellen. Ein Beispiel mehr für das Vorhandensein von Kommunikationswegen, die sich mangels quellenmäßiger Überlieferung heute nicht mehr nachvollziehen lassen.

Der Nachrichtendienst betrieb am 31. Juli den Ausbau seiner in den Vortagen begonnenen Arbeit. Lüttich wurde wiederum von deutschen Offizieren bereist.[2328] Ansonsten konzentrierte sich ein Hauptteil der Energie darauf, endlich den Nachweis für die russische Mobilmachung zu erbringen. Dies gelang im Verlauf des 31. Juli.[2329] Ein Exemplar der russischen Mobilmachungsplakate gelangte durch einen Agenten in die Hände des deutschen Nachrichtendienstes.[2330] Gegen Mittag traf eine entsprechende Mitteilung in Berlin ein.[2331] Auswirkungen hatte dies aber keine mehr, denn das erwähnte Telegramm aus St. Petersburg war dort bereits bekannt.[2332] Der Nachrichtendienst der Marine entsandte eine Reihe von Agenten zur Nachrichtengewinnung ins Ausland.[2333]

Bei der Marine ging es am 31. Juli zunächst einmal darum, die am Vortag befohlene „Sicherung" durchzuführen. In einem Rundschreiben informierte die Festungskommandantur Wilhelmshaven über die durch den Befehl zur „Siche-

---

[2326] J. L. Wallach: Anatomie einer Militärhilfe. Die preußisch-deutschen Militärmissionen in der Türkei 1835-1919. Düsseldorf 1976, S. 151.

[2327] Aktennotiz Bayr. Kriegsministerium Nr. 22182 über Tel. Wenninger, ab 23.15, an 01.08. 4.40 Uhr, BHStA Abtl. IV M Kr Nr. 1715.

[2328] Briefe Major Scherlaus an Reichsarchiv, 17.10. u. 19.10.1920, BA-MA W-10/50951.

[2329] Geyr v. Schweppenburg S. 152; Schäfer: Tagen S. 535; Buchheit S. 22.

[2330] Ebd., S. 22.

[2331] Trumpener S. 82 f.

[2332] Ebd., S. 83.

[2333] Nach Antwerpen, Sheerness-Gatham, Skagen, Gothenburg, Grosser Belt, Helsingborg, Portsmouth, Rotterdam, Ostende, London-Themse, Edinburgh, am 01.08. sollten noch zwei Agenten nach Schweden und Südfrankreich folgen, Aufz. Entsendung der in Deutschland ansässigen B. E. am 31.07. u. 01.08.1914, BA-MA RM 5/3652.

rung" ausgelösten Maßnahmen. In erster Linie ging es um die Überwachung der Seegebiete und Flußmündungen.[2334] Die Durchführung der „Sicherung" schlug sich auch ansonsten in den Akten nieder.[2335] Seit Mitternacht wurde die Deutsche Bucht von zwei Kleinen Kreuzern und einer Torpedobootflotille überwacht.[2336] Gegen Mittag traf als Verstärkung ein Schlachtkreuzer ein.[2337] Das Kommando der Hochseeflotte ordnete an, die Munition der II. Chargierung für das II. Geschwader und der „Köln" vorläufig in Kiel zu belassen; über die auf die anderen Schiffe verbrachte Munition der II. Chargierung seien genaue Ladelisten anzulegen.[2338] Dieser Befehl war auch Bestandteil einer grundlegenden Anweisung des Kommandos des II. Geschwaders. Zunächst wurde darin die Ernennung des Prinzen Heinrich zum Oberbefehlshaber über die Ostsee bekannt gegeben. Zur Dislozierung hieß es, daß II. Geschwader werde vorerst in Kiel verbleiben. Die politische Lage scheine sich zu verschärfen. Deshalb sei die Herstellung der Kriegsbereitschaft mit allen Mitteln zu beschleunigen. Auf das Signal „Bereitschaft X Stunden" müssen die Schiffe bereit sein, nach Ablauf der genannten Stundenzahl in See stechen zu können.[2339] Die für den 31. Juli geplante Minensuchübung falle aus. Die Munition der II. Chargierung bleibe im Munitionsdepot Dietrichsort. Außerdem sei es von nun an untersagt, Soldaten Urlaub zu gewähren, der sie aus dem Standort entfernen würde.[2340]

Wie bereits erwähnt erging um 13 Uhr der Befehl zum planmäßigen Aufmarsch der Marine gegen Großbritannien. Diese Anordnung war noch vor dem Eintritt der „drohenden Kriegsgefahr" getroffen worden. Denn beim Admiralstab wurde die Meldung über den Ausspruch der „drohenden Kriegsgefahr" offiziell um 13.20 Uhr verzeichnet.[2341] Um 14.05 Uhr warnte der Admiralstab in einem Telegramm die Nordseestation: „Krieg bevorstehend."[2342] Die Diskrepanz zwi-

---

[2334] BA-MA RM 5/5236.

[2335] Schreiben RMA A IV Nr. 2153 an Admiralstab über Bestätigung d. Einrichtung d. Versorgungsstelle Swinemünde; Küstenbezirksamt Neufahrwasser I. G. B. Nr. 28 an Admiralstab über erfolgte Vorbereitung d. Kriegsbezeichnung u. d. Bereitstellung d. Fahrzeuge, beide BA-MA RM 5/1696.

[2336] Marine-Archiv: Nordsee, Bd. 1, S. 27.

[2337] Ebd., Bd. 1, S. 27.

[2338] Schreiben GG 1174 A 2 an Munitionsdepot Dietrichsdorf, BA-MA RM 5/5236.

[2339] Rundschreiben Gg. B. N. 398 A 1, ebd.; zu dem genauen Zeitpunkt, wann nach Eintritt der Bereitschaft das Auslaufen erfolgen sollte, gab es dann später noch eine nähere Erläuterung, Rundschreiben zu Gg. B. N. 398 A 1, ebd.

[2340] Rundschreiben Gg. B. N. 398 A 1, ebd.

[2341] KTB Sektion A II d. Admiralstabs, Inhaltsverzeichnis KTB I, BA-MA RM 5/197; die Benachrichtigung erfolgte durch Tirpitz, Schreiben A IV Nr. 2110, BA-MA RM 5/5236.

[2342] Ebd.

schen diesem Telegramm und dem bereits früher erfolgten Ausspruch der „drohenden Kriegsgefahr" erklärt sich vielleicht dadurch, daß man im Admiralstab den Zeitpunkt der Absendung und nicht den des Eingangs des Befehls über die „drohende Kriegsgefahr" beim Admiralstab registriert hatte. Dafür spräche auch der erst am Nachmittag erfolgte Einlauf der „drohenden Kriegsgefahr" bei der Flotte. In der Truppe verstand man das Telegramm über den bevorstehenden Krieg auf jeden Fall als Hinweis auf die „drohende Kriegsgefahr", und die dafür vorgesehenen Maßnahmen wurden getroffen.[2343] Eine Warnung vor dem drohenden Krieg erging auch an die Handelsschiffahrt.[2344] Erst nach 17 Uhr traf die Meldung über den erfolgten Ausspruch der „drohenden Kriegsgefahr" beim Flottenflaggschiff ein.[2345] Ermunterung von oben und Eigeninitiative von unten gingen Hand in Hand. Das Telegramm des Admiralstabes löste so die „drohende Kriegsgefahr" noch vor ihrer offiziellen Verkündigung aus. Nimmt man an, der Admiralstab habe selber noch nichts von dem erfolgten Ausspruch gewußt, so ist dennoch Raum für die Folgerung, ihm hätten zumindest Informationen vorgelegen, die einen solchen Befehl um die Mittagszeit wahrscheinlich machten. Als Informant stand dabei nach Lage der Dinge nur Tirpitz zur Verfügung. Da der Staatssekretär bei der entscheidenden Beratung am Abend des 30. Juli wohl nicht anwesend war, wird ihn wiederum einer der Beteiligten aufgeklärt haben. Informelle Kommunikation gab es also auf allen Ebenen der militärischen Hierarchie. Ein solches Telegramm seitens der eher kriegsunwilligen Flotte sollte deutlich machen, daß nicht hinter jeder in der Julikrise angeordneten Vorbereitungen der Wille zum Krieg stand, sondern manchmal nur die Sorge um der internationalen Lage – mag diese Sorge vor allem was die Möglichkeit feindlicher Überfälle angeht, in einigen Punkten auch unberechtigt gewesen sein.

Die „drohende Kriegsgefahr" veranlaßte den Admiralstab beim RMA, die Indienststellung von 15 zusätzlichen Hilfsschiffen außer den planmäßig vorgesehenen zu beantragen. Darüber hinaus sollten die Hilfsstreuminendampfer für die Ost- und Nordsee bereits jetzt ausgerüstet werden.[2346] Die Schiffsbesichtigungskommission teilte dem Admiralstab mit, als Hilfsstreuminendampfer für die Nordsee seien die Dampfer „Kaiser" und „Königin Luise" ausgewählt worden.[2347] Der Admiralstab sorgte für die Weiterverbreitung der Nachricht über

---

[2343] Marine-Archiv: Nordsee, Bd. 1, S. 24 f.
[2344] Reichswehrministerium, Chef d. Marineleitung Nr. U 1430 an Reichswirtschaftsministerium, 28.12.1922, BAB R 1501/112211.
[2345] Marine-Archiv: Nordsee, Bd. 1, S. 25.
[2346] Aktennotiz Admiralstab, BA-MA RM 5/4358.
[2347] Tel., ebd.

das Inkrafttreten der „drohenden Kriegsgefahr" im Ausland.[2348] Die Auslandsschiffe wurden durch ein Telegramm mit dem Wortlaut „Drohende Kriegsgefahr gegen Frankreich, Rußland. Bundesgenosse Österreich voraussichtlich Italien" informiert.[2349] Großbritannien fehlte also bei der Aufzählung der potentiellen Gegner. Und offensichtlich hegte man trotz Bethmanns Erklärungen in der Sitzung des Preußischen Staatsministeriums am 30. Juli immer noch die Hoffnung, sich der italienischen Bündnistreue sichern zu können. Abweichend von den anderen Auslandsschiffen erhielt „Dresden" die Anweisung, nicht nach Deutschland zurückzukehren, sondern sich an der Führung des Kreuzerkrieges zu beteiligen.[2350]

Gegen 18 Uhr ordnete der Admiralstab die beschleunigte Verlegung der „Magdeburg" und „Augsburg", letztere mit Minen ausgerüstet, nach Danzig an. Sie sollten sich dort für ein Unternehmen gegen Libau bereithalten.[2351] Das I. Geschwader erhielt um 20.45 Uhr abschriftlich das Telegramm vom Vortage über die unauffällige Beobachtung der Nordsee durch die Marinestation der Nordsee überstellt.[2352] Die Beobachtung war aber schon seit Mitternacht im Gang. Damit wäre diese Weitergabe eigentlich obsolet geworden. Die zuständige Stelle hatte bereits dementsprechend gehandelt. Der Kommandeur des I. Geschwaders meldete, er habe seinen Großen Kreuzern die Anordnung gegeben, Dampf aufzumachen, damit sie auf Befehl sofort auslaufen könnten. Die Bewachung der Deutschen Bucht könne er mit den vorhandenen Kräften allerdings nicht durchführen, deshalb sei umgehend die Aktivierung der IV. Torpedobootflottille aus der Reserve vonnöten.[2353] Die IV. Torpedobootflotille sei seit 18 Uhr einsatzbereit, so wurde augenblicklich geantwortet.[2354]

In Übersee wurden die der politischen Lage entsprechenden Maßnahmen getroffen. Die Nachschuborganisation für den Atlantik wurde aktiviert.[2355] Tsingtau machte sich bereit und verschiffte Kohle für das Kreuzergeschwader.[2356] Die Etappe Japan führte ebenso Vorbereitungen durch wie die in China.[2357] In der

---

[2348] Brieftgb. Abtl. B II d. Admiralstabs, BA-MA RM 5/223.

[2349] Ebd.

[2350] Ebd.

[2351] KTB Sektion A II d. Admiralstabs, Inhaltsverzeichnis KTB I, BA-MA RM 5/197.

[2352] Notiz auf Tel., BA-MA RM 5/5236.

[2353] Schreiben v. Lans an Nordseestation, ebd.

[2354] Schreiben Nordseestation Nr. 7267, ebd.; zu der Flottille siehe auch Marine-Archiv: Nordsee, Bd. 1, S. 28.

[2355] Marine-Archiv: Kreuzerkrieg, Bd. 2, S. 232.

[2356] Ebd., Bd. 1, S. 89 ff.

[2357] Ebd., Bd. 1, S. 101, 105.

Heimat und den Auslandsstationen begannen die Kohlelieferungen für die Flotte.[2358]

Die Ausführung der bereits in den vorangegangenen Tagen befohlenen Maßnahmen lief am 31. Juli in der Armee weiter. Das bayerische Infanterie-Regiment 17 erließ – über die Verspätung wurde bereits am 30. Juli berichtet – um 0.55 Uhr die Anweisung, den militärischen Bahnschutz ausrücken zu lassen. Die entsprechenden Kommandos waren dann um 3.30 Uhr abmarschbereit.[2359] Neue Objekte wurden in die Bewachung aufgenommen.[2360] Ein Kommando zum Verladen der für den Bahnschutz benötigten Waffen stellte das 7. Infanterie-Regiment auf.[2361] Die Festungskommandantur Ingolstadt erhielt erst am 31. Juli vormittags telephonisch durch das III. A. K. den Befehl, wichtige Militäranlagen besonders zu bewachen. Dies sollte ab dem Nachmittag nach den Anträgen der betroffenen Truppenteile durchgeführt werden.[2362] Das zum selben Generalkommando gehörende 21. Infanterie-Regiment erhielt diese Anweisung ebenfalls erst jetzt und handelte entsprechend.[2363] In einem Rundschreiben gab das Regierungspräsidium Oberfranken den Ämtern im Bereich des III. A. K. einen Überblick über die bisher auf dem zivilen Sektor angeordneten Bahnschutzmaßnahmen. Die angesprochenen Ämter wurden angewiesen, den Bahnschutz unter möglichster Geheimhaltung unauffällig weiter auszubauen.[2364] In Sachsen hatten sich Fragen beim XII. A. K. ergeben, wie sich der Bahnschutz durch zivile Beamte mit den Bestimmungen der „drohenden Kriegsgefahr" vertrage. Eine entsprechende Anfrage war am 15. Juli, wie dort bereits erwähnt, an das Dresdener Kriegsministerium gerichtet worden. Nun fand das Kriegsministerium Zeit zu einer Antwort. Mit der Erklärung der „drohenden Kriegsgefahr" gehe die alleinige Verantwortung für den Schutz der Bahnen auf den Kommandierenden General über. Der zivile Bahnschutz könne ihn bei seiner Aufgabe unterstützen; damit sei er aber nicht von seiner Aufgabe entbunden, auch seinerseits die benötigten militärischen Maßnahmen anzuordnen.[2365] Nachdem der militärische

---

[2358] Sie sollten in den kommenden Tagen andauern, Admiralstab, Aufstellung über Kohlelieferungen der Auslandsstationen, 13.08.1914, BA-MA RM 5/6257.

[2359] KTB II. Batl. 17. Inf.-Reg., 31.07.1914-31.10.1915, BHStA Abtl. IV 17. Inf.-Reg. (WK) Bund 10.

[2360] Entsendung v. Kommandos z. Schutz zweier Eisenbahnbrücken, KTB Stab 21. Inf.-Reg., 29.07-12.10.1914, BHStA Abtl. IV 21. Inf.-Reg. (WK) Bund 1.

[2361] Batl.-Befehl, Befehlsbuch 7. Inf.-Reg., BHStA Abtl. IV 7. Inf.-Reg. (F) Bund 18.

[2362] Schreiben Festungskommandantur Nr. 477 I an Gen. Kdo. III. A. K., BHStA Abtl. IV Gen. Kdo. III. A. K. (WK) Bund 7.

[2363] KTB Stab 21. Inf.-Reg., 29.07-12.10.1914, BHStA Abtl. IV 21. Inf.-Reg. (WK) Bund 1.

[2364] BHStA Abtl. IV Gen. Kdo. III. A. K. (WK) Bund 7.

[2365] Schreiben Nr. 360 I. M., SHStA Sächs. Kriegsarchiv (P) Nr. 550.

Bahnschutz bereits durchgeführt wurde, kam diese Erläuterung an sich ein bißchen zu spät. Die langsamen bürokratischen Wege waren dem Tempo der Entwicklung nicht mehr gewachsen. Immer noch kamen neue Aufgaben auf den Bahnschutz zu. Das 134. Infanterie-Regiment befahl um 23.25 Uhr seinem I. Bataillon, sofort fünf Mann zur Bewachung einer Bahnwasserleitung beim Bahnsicherungskommando Netzschkau abzustellen.[2366] Zur Ausstattung des Bahnschutzes lieferte das Regiment auf Anforderung des Bezirkskommandos Plauen am 31. Juli Waffen aus.[2367] Der Befehl vom Vortage, nur die wichtigsten Bauten der Eisenbahn militärisch zu sichern, war von einer Reihe von Einheiten befolgt worden. Nach Ausspruch der „drohenden Kriegsgefahr" trat nun der vollständige militärische Bahnschutz bei diesen Truppenteilen in Kraft.[2368] Dies betraf auch den Grenzschutz, der im Osten nun planmäßig beim I., II., V. und VI. A. K. seine Stellungen bezog.[2369] Am Schutz von Bauten und Bahnen war auch der frisch formierte Landsturm beteiligt.[2370] Der Landsturm war in einigen Bereichen, wie noch zu zeigen sein wird, bereits jetzt aufgestellt worden, während er laut Planung eigentlich erst nach Verkündung der Mobilmachung zu den Fahnen gerufen werden sollte. Über die Durchführung des Bahnschutzes durch Zivilschutzwächter, die ja in den Planungen neben den Beamten und dem Militär vorgesehen waren, berichtete das bayerische III. A. K. in seinem Kriegstagebuch. Die dabei gemachten Erfahrungen standen im Gegensatz zur Welle der patriotischen Begeisterung und der Suche nach Spionen, die so häufig mit dem Ende der Julikrise und dem Anfang des Kriegs verknüpft werden. Offensichtlich ließ ein derartiges Engagement bei langweiliger Alltagsroutine rasch nach: „Die

---

[2366] Reg.-Befehl, Befehlsbuch I. Batl. Inf.-Reg. 134, 26.06.-07.08.1914, SHStA Sächs. Kriegsarchiv (P) Nr. 27512; weiteres Exemplar Befehlsbuch 2. Komp. Inf.-Reg. 134, 31.07.1914-28.02.1915, SHStA Sächs. Kriegsarchiv (P) Nr. 29282.

[2367] Registrande Inf.-Reg. 134, SHStA Sächs. Kriegsarchiv (P) Nr. 26843.

[2368] Beim Inf.-Reg. 121 wurden Brücken bewacht, KTB I. Batl. Inf.-Reg. 121, 31.07.-10.09.1914, HStAS M 411 Bund 35, Band 386; Absendung der Bahnschutzkommandos beim Inf.-Reg. 125, KTB II. Batl. Inf.-Reg. 125, 31.07.-10.09.1914, HStAS M 411, Bund 103, Band 1007; abends Übersendung v. Vorschriften an Bahnschutzkommandos, KTB Stab 26. Kav.-Brig. (im Verband d. 7. Kav.-Div.), 31.07.1914-28.02.1915, HStAS M 412 Bund 1, Band 1; Entsendung v. Kommandos z. Bewachung v. Brücken, KTB III. Batl. 5. Inf.-Reg., 30.07.1914-13.06.1916, BHStA Abtl. IV 5. Inf.-Reg. (WK) Bund 31; Ausrücken d. Brückensicherungen, Reg.-Befehl Nr. 325 M g., Befehlsbuch Feldart.-Reg. 68 Reg.-Stab, 31.07.-31.08.1914, SHStA Sächs. Kriegsarchiv (P) Nr. 60676.

[2369] Manuskript: Die deutsche Armee bei Kriegsausbruch, o. J., [um 1920], Bl. 140, BA-MA W-10/50891; zum I. A. K. siehe François S. 345.

[2370] KTB Lst.-Inf.-Batl. Offenburg 1 (XIV/6), 31.07.1914-05.02.1915, GlAK Abtl. 456 EV. 142, Bund 24, Heft 4.

Leute wurden nach kurzer Zeit überdrüssig, von verschiedenen Stellen trafen Meldungen ein, daß die Leute wegliefen."[2371]

Wie bereits berichtet hatte im Bereich der deutsch/französischen Grenze das XVI. A. K. in Berlin vergeblich das Ausrücken des Grenzschutzes beantragt. Mit einem Rundschreiben des Gouvernements der Festung Metz wurde dies den Truppen bekannt gegeben: der Grenzschutz werde am 31. nicht eingenommen, nur Festungswerke und Bahnschutz bleiben besetzt, Sperren für den Kraftwagenverkehr seien anzulegen.[2372]

Die 29. Division erließ noch in der Nacht – wie bereits berichtet – den Befehl die für den Grenzschutz vorgesehenen Truppen probemobil zu machen.[2373] In Ergänzung dazu gab die 58. Infanterie-Brigade um 7 Uhr die Anweisung, die Truppen nach Beendigung der Probemobilmachung in diesem Zustand zu belassen. Da die Mannschaften dadurch mit der Kriegsuniform eingekleidet waren, sollte ihnen der Friedensanzug zum „Ausgehen in die Stadt" belassen werden.[2374] Seitens der 58. Infanterie-Brigade wurde der Division gemeldet, daß die Teile des 113. Infanterie-Regiments, die probemobil gemacht hatten, problemlos in diesem Zustand verbleiben könnten.[2375] Um eventuellen Mißverständnissen vorzubeugen, telegraphierte die 29. Division dann um 8.32 Uhr, daß im Anschluß an die Probemobilmachungen keine Übungsmärsche stattfinden sollten.[2376] Die Division meldete schließlich die Probemobilmachung beim 113. Infanterie-Regiment dem Generalkommando.[2377] Mit der angeordneten Probemobilmachung wurde erreicht, daß die Truppen, soweit das ihnen möglich war, schon mobil gemacht hatten, bevor irgend ein Befehl aus Berlin dazu ergangen

---

[2371] KTB III. A. K., BHStA Abtl. IV Gen. Kdo. III. A. K. (WK) Bund 1.

[2372] Rundschreiben I a 450 Mg., ein 0.30 Uhr, KTB 8. Inf.-Reg., BHStA Abtl. IV 8. Inf.-Reg. (Rgts.-Stab) (WK) Bund 1.

[2373] Tel., ab 0.40, ein 1.45 Uhr, Anlagen z. KTB 58. Inf.-Brig., 31.07.18.08.1914, GlAK Abtl. 456 EV. 24, Bund 7, Heft 1; um 1.50 Uhr, KTB Drag.-Reg. 22, 31.07.1914-31.05.1916, GlAK Abtl. 456 EV. 77, Bund 39, Heft 1; beim Inf.-Reg. 112, KTB Stab Inf.-Reg. 112, 28.07.1914-31.12.1915, GlAK Abtl. 456 EV. 142, Bund 6, Heft 13; für Inf.-Reg. 113, Schreiben 29. Div. Abtl. I Nr. 130 g an XIV. A. K., Anlagen z. KTB 29. Inf.-Div., 29.07.-08.08.1914, GlAK Abtl. 456 EV. 12, Bund 21, Heft 2.

[2374] Brig.-Befehl, Anlagen z. KTB 58. Inf.-Brig., 31.07.18.08.1914, GlAK Abtl. 456 EV. 24, Bund 7, Heft 1.

[2375] Schreiben Nr. 149 M. Geh., Anlagen z. KTB 29. Inf.-Div., 29.07.-08.08.1914, GlAK Abtl. 456 EV. 12, Bund 21, Heft 2.

[2376] Ein 9.30 Uhr, Anlagen z. KTB 58. Inf.-Brig., 31.07.18.08.1914, GlAK Abtl. 456 EV. 24, Bund 7, Heft 1.

[2377] Schreiben Abtl. I Nr. 130 g an XIV. A.K., Anlagen z. KTB 29. Inf.-Div., 29.07.-08.08.1914, GlAK Abtl. 456 EV. 12, Bund 21, Heft 2; die Probemobilmachungen bei den anderen Truppen hatte man wohl schon gemeldet.

war. Der Vorteil dieses Verfahrens lag ja gerade in der Möglichkeit, dies auch ohne Anweisung von oben tun zu können. Das 3. Chevaulegers-Regiment erhielt um 3 Uhr morgens durch den Garnisons-Ältesten den Befehl, sich zum Ausrücken bereit zu halten.[2378] Bei dem in Dieuze stationierten Regiment ging um 11 Uhr dann eine Meldung der zum XXI. A. K. gehörenden 42. Division ein; demnach stehe die Verkündung der „drohenden Kriegsgefahr" unmittelbar bevor.[2379] Als Folge ordnete das Regiment an, daß die Offiziere ihre Vorbereitungen zu beschleunigen und nach ihrer Vollendung sich abmarschbereit in der Kaserne einzufinden hätten; Ausgang für Unteroffiziere und Mannschaften sei nur noch mit Genehmigung des Regiments und mit Passierschein möglich. Der Krümperbetrieb werde eingestellt, die dazu verwendeten Pferde stünden anderen Aufgaben zur Verfügung.[2380] Das informelle Kommunikationssystem innerhalb der Armee funktionierte. Ob die 42. Division nur Gerüchte weitergab oder ob ihr Informationen aus Berlin vorlagen, ist dabei unerheblich. Die Truppe war auf jeden Fall auf das Kommende vorbereitet. Das XV. A. K. hatte am 30. Juli angeordnet, die sofort marschbereiten Truppen kriegsmäßig auszurüsten. Dies war beim II. Bataillon des Infanterie-Regiments 126 um 10 Uhr mit Ausnahme der Fahrzeuge der Fall.[2381] Wohl noch vor Ausspruch der „drohenden Kriegsgefahr" gab das XIV. A. K. die im Anbetracht der politischen Lage zu treffenden Maßregeln bekannt: es seien alle Vorbereitungen für die Mobilmachung zu treffen, die sich ohne die Verursachung von Kosten und der Erregung von Aufsehen durchführen lassen. Dazu gehöre namentlich das Schleifen der Waffen innerhalb der Kasernen; damit wurde der Befehl desselben Generalkommandos vom Vortage, der dies nur für die vorzeitig marschbereiten Teile angeordnet hatte, erweitert. Desweiteren sollte durchgeführt werden: Überprüfung der Ausstattung von Pferden und Fahrzeugen, Unterweisung der Pferdeaushebungskommandos, Tragen der Kriegsfußbekleidung und Bekanntgabe der Kriegsartikel und sonstiger Kriegsbestimmungen an die Soldaten, besonders an diejenigen, die sofort zu irgendeinem Kommando abgehen würden „und ähnliches".[2382] Das Tragen des Kriegsschuhwerks wurde wohl deshalb befohlen, um die negativen Folgen für

---

[2378] KTB Stab 3. Chev.-Reg., 29.07.-28.10.1914, BHStA Abtl. IV 3. Chev.-Reg. (WK) Bund 1, Akt 2.

[2379] Ebd.; Reg.-Befehl, BHStA Abtl. IV 3. Chev.-Reg. (WK) Bund 2 a, Akt 1.

[2380] KTB Stab 3. Chev.-Reg., 29.07.-28.10.1914, BHStA Abtl. IV 3. Chev.-Reg. (WK) Bund 1, Akt 2; Reg.-Befehl, BHStA Abtl. IV 3. Chev.-Reg. (WK) Bund 2 a, Akt 1; Krümperpferde waren Pferde, welche aus den an sich auszumusternden Pferden zu den verschiedensten Zwecken über den Etat hinaus bei der Truppe behalten wurden. - Deutsches Wörterbuch v. J. u. W. Grimm, Bd. 11, Sp. 2469.

[2381] KTB II. Batl. Inf.-Reg. 126, 31.07.-10.09.1914, HStAS M 411, Bund 124, Band 1139.

[2382] Rundschreiben XIV. A. K. I a Nr. 1728 M, GlAK Abtl. 456 EV. 11, Bund 3, Heft 1.

die Marschfähigkeit, welche unweigerlich durch neues Schuhwerk hervorgerufen werden, zu vermeiden. Der Passus über die Unterrichtung der sofort zu einem Kommando tretenden Soldaten weist daraufhin, daß dieser Befehl noch vor Eintritt der „drohenden Kriegsgefahr" erging. Denn nach Ausspruch der „drohenden Kriegsgefahr" hätte man wohl keine Zeit für einen solchen Unterricht gehabt. Der Schlußpassus des Schreibens ist hinsichtlich der späteren Legende von der wie ein Uhrwerk ablaufenden Mobilmachung interessant. Es wurde seitens des Generalkommandos festgestellt, daß die Vorbemerkungen zu den Mobilmachungsinstruktionen zu wenig beachtet würden: „Es wird viel zu viel angefragt, viel zu wenig selbständig gehandelt. Der Gebrauch des Telegraphen und Fernsprechers muß auf das unbedingt nötigste Maß beschränkt werden."[2383] Gleiche Sorgen führten beim bayerischen II. A. K. zu einem ähnlichen Befehl. Demnach hätten sich in den letzten 24 Stunden viele Truppenteile mit Anfragen direkt an das Generalkommando gewandt, die bei größerem selbständigen Handeln oder bei Nachfrage der direkt vorgesetzten Stelle auch so hätten beantwortet werden können; das folgende gelte auch für die Divisions- und Garnisons-Kommandos: „Mit Rücksicht auf den Dienstbetrieb beim Gen.-Kdo. u. auf den in der gespannten Lage ohnehin stark belasteten Telegraph muß es allen Truppen zur Pflicht gemacht werden, nur in ganz dringenden Fällen sich unmittelbar an das Gen.-Kdo. zu wenden."[2384] Am 1. August sollte auch das Gouvernement der Festung Metz sich dementsprechend äußern.[2385] Übersehen wird bei Anweisungen dieser Art freilich, daß zu einem nicht unerheblichen Teil die Verwirrung durch die außerplanmäßigen Befehle aus Berlin und seitens der mittleren Führung erst hervorgerufen wurde. Das Problem der Eigeninitiative ist eben ihr Mangel an Planbarkeit. Insofern zeigt das Schreiben, welche Bedeutung dieser Eigeninitiative beigemessen wurde, wenn ihr Mangel beklagt wird. Neben dem Kommandeur, der ohne langes Zögern handelte, stand eben ein anderer, welcher bei jeder Gelegenheit Rückversicherung von oben brauchte und schließlich noch ein Dritter, der gar nichts tat. Ebenso macht dieser Befehl erneut deutlich, daß sich ein guter Teil der Diskussion innerhalb der Truppe nicht quellenmäßig belegen läßt. Nur bei solchen Gelegenheiten läßt sich die Art und der Umfang erahnen. Denn die Mahnung, den Gebrauch der Telephone und Telegraphen einzuschränken, bedeutet ja nichts anderes, als daß diese Diskussion die Kommunikationswege zu verstopfen drohte. So war also schon vor der eigentlichen Mo-

---

[2383] Ebd.
[2384] Standorts-Befehl, 01.08.1914, mit Weitergabe d. Korpsbefehls vom 31.07., BHStA Abtl. IV 23. Inf.-Reg. (WK) Bund 17.
[2385] Gouv.-Befehl, 01.08.1914, Befehlsbuch Inf.-Reg. 8, 30.07.-30.09.1914, BHStA Abtl. IV 8. Inf.-Reg. (WK) Bund 17; siehe auch Kapitel V. 2. d Die Julikrise: 1. August, S. 441.

bilmachung von einer ruhigen, planmäßigen und durchdachten Vorbereitung wenig zu spüren.

Am frühen Nachmittag traf nun im deutsch/französischem Grenzgebiet der Ausspruch der „drohenden Kriegsgefahr" ein.[2386] Die Vorbereitungen beim bayerischen 2. Fußartillerie-Regiment waren zu diesem Zeitpunkt schon soweit gediegen, daß fast alle Maßnahmen der „drohenden Kriegsgefahr" bereits erledigt waren. Um keinen Leerlauf eintreten zu lassen, begann man mit den Maßnahmen, die planmäßig erst am 1. Mobilmachungstag erfolgen sollten.[2387] Bei anderen Einheiten rückten erst jetzt die Sicherheitsbesatzungen aus.[2388] Nun trat auch ganz offiziell der Grenzschutz in Kraft.[2389] Die Kavallerie ließ Patrouillen ausrü-

---

[2386] 13.35 Uhr Tel. Preuß. Kriegsministerium an XVI. A. K., Manuskript: I. Der deutsche Grenzschutz im Bereiche des XVI. A. K., o. J., [um 1920], BA-MA W-10/50930; doch schon um 13.30 Uhr verzeichnet das Metzer Infanterie-Regiment 8 diese Nachricht, KTB 8. Inf.-Reg., BHStA Abtl. IV 8. Inf.-Reg. (Rgts.-Stab) (WK) Bund 1, 14.30 Uhr, KTB I. Batl. Fußart.-Reg. 12, 31.07.-31.10.1914, SHStA Sächs. Kriegsarchiv (P) Nr. 31107; bei d. 8. Battr. d. Reg. jedoch schon um 15.30 durch d. Gouvernement, KTB 8. Battr. Fußart.-Reg. 12, 31.07.1914-18.01.1915, SHStA Sächs. Kriegsarchiv (P) Nr. 33185; um 16 Uhr sogar erst bei d. 5. Battr, KTB 5. Battr. Fußart.-Reg. 12, 31.07.1914-31.12.1916, SHStA Sächs. Kriegsarchiv (P) Nr. 32744; ebenfalls um 16 Uhr bei 6. Battr., KTB 6. Battr. Fußart.-Reg. 12, 31.07.-17.11.1914, SHStA Sächs. Kriegsarchiv (P) Nr. 32880; 15.20 Uhr durch d. Gouvernement, KTB Reg.-Stab 2. Fußart.-Reg., BHStA Abtl. IV 2. Fußart.-Reg. (Rgts.-Stab) (WK) Bund 1; Tel. XXI. A. K. an 5. Chev.-Reg., ab 15.15, an 16.10 Uhr, BHStA Abtl. IV 5. Chev.-Reg. (WK) Bund 3 a; ebenfalls ans 5. Chev.-Reg. richtete d. II. A. K. ein entsprechendes Tel., eingegangen 23.30 Uhr, BHStA Abtl. IV 5. Chev.-Reg. (WK) Bund 3 a; um 15.50 Uhr, KTB Drag.-Reg. 22, 31.07.1914-31.05.1916, GlAK Abtl. 456 EV. 77, Bund 39, Heft 1; beim Inf.-Reg. 113 um 15.30 Uhr, KTB Inf.-Reg. 113, 31.07.1914-30.06.1916, GlAK Abtl. 456 EV. 142, Bund 7, Heft 1; beim I. Batl. d. Reg.'s um 16 Uhr, KTB I. Batl. Inf.-Reg. 113, 30.07.1914-21.06.1915, GlAK Abtl. 456 EV. 142, Bund 7, Heft 8; Garnisonskommando Freiburg an 29. Div., ein 16.30 Uhr, Anlagen z. KTB 29. Inf.-Div., 29.07.-08.08.1914, GlAK Abtl. 456 EV. 12, Bund 21, Heft 2; 16.30 Erklärung d. Kriegszustandes, KTB 4. Esk. 3. Chev.-Reg., 28.07.-06.08.1914, BHStA Abtl. IV 3. Chev.-Reg. (WK) Bund 32.

[2387] KTB Reg.-Stab 2. Fußart.-Reg., BHStA Abtl. IV 2. Fußart.-Reg. (Rgts.-Stab) (WK) Bund 1.

[2388] KTB 5. Battr. Fußart.-Reg. 12, 31.07.1914-31.12.1916, SHStA Sächs. Kriegsarchiv (P) Nr. 32744; KTB 8. Battr. Fußart.-Reg. 12, 31.07.1914-18.01.1915, SHStA Sächs. Kriegsarchiv (P) Nr. 33185.

[2389] KTB 4. Esk. 3. Chev.-Reg., 28.07.-06.08.1914, BHStA Abtl. IV 3. Chev.-Reg. (WK) Bund 32; gleichzeitig mit der „drohenden Kriegsgefahr" traf Befehl z. Einnahme d. Grenzschutzstellungen ein, KTB Drag.-Reg. 22, 31.07.1914-31.05.1916, GlAK Abtl. 456 EV. 77, Bund 39, Heft 1; für die Details d. Grenzschutzes an d. dt./franz. Grenze siehe Manuskript: Die deutsche Armee bei Kriegsausbruch, o. J., [um 1920], Bl. 95, 112 f., 123, BA-MA W-10/50891; für bayr. Truppen.-Bayr. Kriegsarchiv S. 6.

cken.[2390] Die vorgesehenen Stellungen wurden bezogen.[2391] Dies betraf auch den Bahnschutz.[2392] Den Vorkriegsinstruktionen entsprechend waren die bewachten Objekte zu sichern, die Annäherung von Autos mit Sprengladungen an Bord zu verhindern, den Personenverkehr zu kontrollieren und Verdächtige zu durchsuchen bzw. festzunehmen.[2393] Um 17.30 Uhr hatte das I. Bataillon des bayerischen 4. Infanterie-Regiments seine Stellungen an der Grenze bezogen. Nach Aussagen der zu diesem Regiment eingezogenen Reservisten sei auch in Frankreich mit der Mobilmachung zu rechnen.[2394] Das Infanterie-Regiment 112 sandte die Kommandos zur Beschlagnahme von Benzin, Autos, Fahrrädern und Pferden aus.[2395] Zur Regelung der Frage, wie nun nach der Verkündigung der „drohenden Kriegsgefahr" zu verfahren sei, erließ das 3. Chevaulegers-Regiment einen Befehl. Zu allererst wurde der Truppe die Bedeutung der Stunde bewußt gemacht: „Ich erwarte von jedem Angehörigen des Regts. die vollste Hingabe u. strengste Pflichterfüllung. Auf uns, die wir die Ehre haben, an der Grenze zu stehen, und als Allererste in Tätigkeit zu treten, sind in diesem Augenblick die Augen der ganzen Welt gerichtet."[2396] Durchaus für die Augen der Welt war die nächste Anordnung gedacht: „Jeder Inhaber einer Dienststelle ist dafür verantwortlich, daß in seinem Befehlsbereiche nichts vorkommt, was vom Auslande als Bruch der Neutralität angesehen werden könnte, auch keine Demonstrationen."[2397] Daß diese Warnungen nicht unberechtigt waren, zeigen die Grenzverletzungen, die deutsche Truppen schon am 31. Juli begingen.[2398] Weiterhin hieß

[2390] KTB Drag.-Reg. 22, 31.07.1914-31.05.1916, GlAK Abtl. 456 EV. 77, Bund 39, Heft 1; KTB 1. Esk. 5. Chev.-Reg., 30.07.-04.11.1914, BHStA Abtl. IV 5. Chev.-Reg. (WK) Bund 19.

[2391] KTB Stab 3. Chev.-Reg., 29.07.-28.10.1914, BHStA Abtl. IV 3. Chev.-Reg. (WK) Bund 1, Akt 1; KTB 4. Esk. 3. Chev.-Reg., 28.07.-06.08.1914, BHStA Abtl. IV 3. Chev.-Reg. (WK) Bund 32; KTB II. Batl. Inf.-Reg. 126, 31.07.-10.09.1914, HStA M 411 Bund 124, Band 1139; KTB I. Batl. Inf.-Reg. 113, 30.07.1914-21.06.1915, GlAK Abtl. 456 EV. 142, Bund 7, Heft 8.

[2392] Am Abend Abfahrt der Bahnschutzkommandos, KTB II. Batl. Inf.-Reg. 126, 31.07.-10.09.1914, HStAS M 411, Bund 124, Band 1139; Aufziehen der Bahnschutzkommandos, KTB III. Batl. Inf.-Reg. 112, 28.07.1914-31.12.1915, GlAK Abtl. 456 EV. 142, Bund 6, Heft 21.

[2393] KTB I. Batl. Inf.-Reg. 113, 30.07.1914-21.06.1915, GlAK Abtl. 456 EV. 142, Bund 7, Heft 8.

[2394] KTB I. Batl. 4. Inf.-Reg., BHStA Abtl. IV 4. Inf.-Reg. (WK) Bund 9.

[2395] KTB III. Batl. Inf.-Reg. 112, 28.07.1914-31.12.1915, GlAK Abtl. 456 EV. 142, Bund 6, Heft 21.

[2396] Reg.-Befehl, Regts. usw. Befehle, 30.07.-30.12.1914, BHStA Abtl. IV 3. Chev.-Reg. (WK) Bund 12 a.

[2397] Ebd.

[2398] Reichsarchiv: Weltkrieg, Bd. 1, S. 104, bes. Anm. 2.

es in dem Befehl, der Grenzschutz sei nun im vollen Umfange aufzustellen, das Regiment habe sofort eine Probemobilmachung durchzuführen, Munition, Verpflegung und Sanitätsausrüstung seien auszugeben, am 1. August träfen Ergänzungsmannschaften ein; die Eskadrons hätten umgehend zu melden, wieviele dieser Leute von ihnen beritten gemacht werden könnten. Die freihändig anzukaufenden Pferde könnten ab dem 2. August besorgt werden. Ansonsten gab es noch einige Kleinigkeiten über Meldepflichten, Abkommandierungen etc. zu regeln.[2399] Wie bereits bei der 29. Division wird eine Probemobilmachung genutzt, um den Bereitschaftsgrad zu steigern. Während das XIII. A. K. am Vortage sich gegen Probemobilmachungen in der zugespitzten Situation ausgesprochen hatte, sahen anderen Truppenteile darin ein angemessenes Mittel. Nun war das XIII. A. K. auch nur für einen Grenzabschnitt zur neutralen Schweiz hin zuständig; dies mag zu der unterschiedlichen Beurteilung mit beigetragen haben. Bei der Durchführung der Maßnahmen für die „drohende Kriegsgefahr" hatte es sich im Bereich der 8. Batterie des Fußartillerie-Regiments 12 als besonders hemmend erwiesen, daß bei der Übergabe der Geschütze streng nach bürokratischen Vorschriften verfahren wurde. Im übrigen wurden die Soldaten am 31. Juli feldgrau eingekleidet.[2400] Weiterhin wurden vom Regiment noch verschiedene andere Vorbereitungen verordnet.[2401] In ihren Anmerkungen über die Mobilmachung beschwerte sich auch die 5. Batterie über die Schwierigkeiten bei der Ausgabe der Ergänzungsstücke. Außerdem hätten bei der Bekleidung für die eintreffenden Reservisten etc. „abnorme" Größen gefehlt.[2402] Die 3. Batterie führte am 31. Juli normalen Bewachungsdienst durch, daneben wurde die Munition fertig gemacht.[2403]

Der Bahn- und Grenzschutz stehe ordnungsgemäß und die Werke von Metz und Diedenhofen seien feuerbereit, so meldete das XVI. A. K. um 20.30 Uhr dem

---

[2399] Reg.-Befehl, Regts. usw. Befehle, 30.07.-30.12.1914, BHStA Abtl. IV 3. Chev.-Reg. (WK) Bund 12 a.

[2400] KTB 8. Battr. Fußart.-Reg. 12, 31.07.1914-18.01.1915, SHStA Sächs. Kriegsarchiv (P) Nr. 33185.

[2401] Beurlaubungen nur durch Reg.-Kommandeur, Ausgabe der Sanitätsausrüstung, Abkommandierung von Soldaten zur Hilfsleistung in der Schmiede, Reg.-Befehl; Regelung der Einkleidung durch Battr., Nachtrag z. Reg.-Befehl; Empfang der Armierungspapiere für Abschnitt VI und Feste v. d. Goltz, alle Batl- u. Reg.-Befehlsbuch 7. Battr. Fußart.-Reg. 12, 1914, SHStA Sächs. Kriegsarchiv (P) Nr. 33036.

[2402] KTB 5. Battr. Fußart.-Reg. 12, 31.07.1914-31.12.1916, SHStA Sächs. Kriegsarchiv (P) Nr. 32744.

[2403] KTB 3. Battr. Fußart.-Reg. 12, 26.07.1914-10.08.1915, SHStA Sächs. Kriegsarchiv (P) Nr. 32429.

Generalstab.[2404] Letzteres war wohl ein bißchen voreilig. Denn die 8. Batterie des Fußartillerie-Regiments 12, die in Metz stationiert war, konnte erst um 23 Uhr die Schußbereitschaft ihrer Stellungen melden.[2405] Auf bedrohliche Nachrichten von jenseits der Grenze verfügte das XVI. A. K. die Bereitstellung der Korpsreserve in Metzer Kasernen.[2406]

Nicht in allen Bereichen waren die vergangenen Tage zu Vorbereitungen genutzt worden. Der Feldzeugmeister der Preußischen Armee wurde von dem Eintritt der „drohenden Kriegsgefahr" auf einer Inspektionsreise in Ostpreußen überrascht. Er kehrte sofort nach Berlin zurück und konnte Falkenhayn melden, daß im Bereich der Feldzeugmeisterei alles bereit sei.[2407] Ein Beleg dafür, daß auch am 31. Juli die Umstellung auf Verhältnisse, die dem Ernst der Situation angepaßt gewesen wären, nicht überall stattgefunden hatte. Denn die Mobilmachung und ihre Vorstufen stellten höchste Anforderungen an das Nachschubwesen, für das der Feldzeugmeister ja verantwortlich war. Neben der Vorbereitung auf den Krieg fanden sich eben auch solche Fälle, in denen ein verantwortlicher Offizier ungerührt seine Inspektionsreise fortsetzte.

Aber dieses Verhalten war nicht allgemein verbreitet. Um aufgetretene Zweifel zu klären, wies die Inspektion der Luftschiffertruppen darauf hin, daß die überwiesene Munition nur zur Verwendung im Falle der Mobilmachung gedacht sei. Diese könne auch von den Luftschiffen aus verschossen werden; die restliche Munition diene lediglich zu Übungszwecken und sei eben nicht vom Bord der Schiffe aus zu verwenden.[2408]

Die Vorbereitungen für den Handstreich auf Lüttich gingen hinter den Kulissen weiter. Der Chef des Stabes des VII. A. K. rief um 12.30 Uhr bei dem Offizier v. Massow an und erteilte die Anweisung, sich zur vorzeitigen Abreise bereitzuhalten. Gegen 16 Uhr trafen dann weitere Instruktionen ein: Massow habe mit dem nächsten Zug nach Köln zu fahren und dort das Kommando über die 27. Infanterie-Brigade zu übernehmen. Als er um 23 Uhr bei der Brigade eintraf und dem nichts ahnenden Kommandeur seine Ablösung bekannt gab, konnte der

---

[2404] 13.35 Uhr Tel. Preuß. Kriegsministerium an XVI. A. K., Manuskript: I. Der deutsche Grenzschutz im Bereiche des XVI. A. K., o. J., [um 1920], BA-MA W-10/50930.

[2405] KTB 8. Battr. Fußart.-Reg. 12, 31.07.1914-18.01.1915, SHStA Sächs. Kriegsarchiv (P) Nr. 33185.

[2406] 13.35 Uhr Tel. Preuß. Kriegsministerium an XVI. A. K., Manuskript: I. Der deutsche Grenzschutz im Bereiche des XVI. A. K., o. J., [um 1920], BA-MA W-10/50930, Manuskript: Die deutsche Armee bei Kriegsausbruch, o. J., [um 1920], Bl. 95, BA-MA W-10/50891.

[2407] Manuskript General Franke: Erinnerungen aus meiner Dienstzeit als Königl. Preussischer Feldzeugmeister 1913 bis 1916, o. J., Bl. 07 f., BA-MA W-10/50636.

[2408] Schreiben Nr. 540 14 geh. an Luftschiffer-Batl. 4, BA-MA PH 18/70.

nunmehrige ehemalige Kommandeur seine Verärgerung über die plötzliche Ablösung nicht verhehlen.[2409]

Der bayerische Generalstabschef Krafft v. Dellmensingen erhielt aus Berlin telegraphische Informationen zu seiner Kriegsverwendung. Im Gegensatz zu der ursprünglichen Planung werde er nicht bei der 5. Armee verwendet, sondern komme als Generalstabschef zur 6. Armee, die vom bayerischen Kronprinzen Rupprecht befehligt werde sollte.[2410] Der schwierigen Frage der Behandlung der Abgeordneten des Reichstags wandte das Bayerische Kriegsministerium seine Aufmerksamkeit zu: „Bei den Vorbereitungen für eine etwaige Mobilmachung ist das Bedürfnis hervorgetreten, Vorsorge zu treffen, dass die Mitglieder des Reichstags für die dem Reichstag im Kriegsfalle obliegenden Geschäfte zur Verfügung stehen."[2411] Demnach seien Mitglieder des Reichstags, welche sich als solche ausweisen könnten, bei einer Mobilmachung „für die Dauer der Einberufung des Reichstags von Kriegsdiensten unverzüglich" zu befreien.[2412] Um die Beschlußfähigkeit des Parlaments zu erhalten, sollten Abgeordnete zu ihrer Reise nach Berlin auch Militärtransporte benutzen dürfen.[2413] Die Regelung dieser Fragen konnte aber nun wirklich keine Überraschung sein. Hier ging es ja nicht um irgendwelche Immunitätsrechte, die bei den Militärs eventuell juristische Kenntnisse verlangt hätten, sondern um Erfordernisse des politischen Alltags. Es zeigt, wie fern die Armee innerlich dem teilweise parlamentarischen Staatsaufbau gegenüber stand, daß man diese Dinge bisher einfach vergessen hatte. Es zeigt aber auch die Lücken in einer Mobilmachungsplanung, die im Gegensatz zu späteren Behauptungen eben nicht bis in die letzte Kleinigkeit ausgefeilt war.

Immer mehr Maßnahmen wurden mit Verschärfung der Krise angeordnet. Zusätzlich zu den oben erwähnten Anweisungen verfügte das Bayerische Kriegsministerium noch, die Fahnenjunker, die an sich erst zum 1. Oktober einzurücken hätten, bereits jetzt einzuberufen.[2414] Telephonisch wurde von der Feldzeugmeisterei eine Bestandsübersicht von Artilleriegeräten und Munition für bestimmte Einheiten angefordert.[2415] Reichlich verspätet erhielt der Bayerische Generalstab die Berichte Nr. 1 und 3 des Großen Generalstabs.[2416] Da der erste

---

[2409] Manuskript v. Massow: Schilderung der Ereignisse und Eindrücke beim Vorgehen der 27. Inf. Brig. zum Handstreich auf Lüttich, 1920, S. 1, BA-MA W-10/50951.

[2410] KTB Krafft v. Dellmensingen, BHStA Abtl. IV Nl. Krafft v. Dellmensingen Nr. 145.

[2411] Rundschreiben Nr. 21952, BHStA Abtl. IV M Kr Nr. 685.

[2412] Ebd.

[2413] Ebd.

[2414] Rundschreiben Nr. 22027, BHStA Abtl. IV 1. Kav.-Brig. (WK) Bund 14, Akt 6.

[2415] Aktennotiz Bayr. Kriegsministerium, BHStA Abtl. IV M Kr Nr. 17120.

[2416] Begleitschreiben Bayr. Kriegsministerium Nr. 21968, BHStA Abtl. IV M Kr Nr. 1765.

Bericht vom 27. und der dritte vom 29. Juli stammte, konnten sie nun höchstens noch dokumentarischen Wert haben.

Im Verlauf des Vormittags ging bei der 4. Division der Befehl des II. A. K.'s ein, die Soldaten des Beurlaubtenstandes zu entlassen, weitere Übungen dieser Gruppe fänden bis zum 15. August nicht mehr statt, Ausbildungskurse seien aufgehoben.[2417] Dem gleichen Generalkommando ging um 13.15 Uhr die Anweisung des Bayerischen Kriegsministeriums zu, das Gerät des Truppenübungsplatzes Hammelburg nach Würzburg zu befördern.[2418] Auch das I. A. K. teilte seinen Truppen mit, Einberufungen von Soldaten des Beurlaubtenstandes zu Übungen haben nicht stattzufinden.[2419] Telephonisch gab das Generalkommando durch, die Offiziere und Offiziersaspiranten des Beurlaubtenstandes an ihre Wohnorte zu entlassen; diejenigen des III. A. K. jedoch zu ihren Regimentern. Übungen fänden nicht mehr statt.[2420] Die an sich zum 1. August zu einer Übung beim 1. Ulanen-Regiment einrückenden Reservisten bleiben zu Hause, so entschied das Generalkommando.[2421] Gleiches wurde auch für die beim Proviantamt Würzburg am 1. August erwarteten Reservisten verfügt.[2422] Dem II. Bataillon des Fußartillerie-Regiments 1 wurde durch das I. A. K. die Anzahl der bei „drohender Kriegsgefahr" einzuziehenden Unteroffiziere und Mannschaften des Beurlaubtenstandes mitgeteilt. Diese Angabe erwies sich als nötig, da man nicht die für den Sommer eingeplante Anzahl einziehen wollte, sondern die Zahlen der Winterplanung zu Grunde legte.[2423] Quasi in letzter Minute erfolgte also eine Planungsänderung. Solche Eingriffe mußten die Unsicherheit bei der Truppe wachsen lassen.

Mündlich erfolgte die Durchgabe des Ausspruches der „drohenden Kriegsgefahr" in Bayern durch das Kriegsministerium in München um 14 Uhr. Diese Nachricht wurde daraufhin seitens des III. A. K. ebenfalls mündlich weitergegeben. Die schriftliche bzw. telegraphische Weitervermittlung erfolgte dann,

---

[2417] KTB 4. Inf.-Div., 29.07.-18.10.1914, BHStA Abtl. IV 4. Inf.-Div. (WK) Bund 1.

[2418] Tel., BHStA Abtl. IV M Kr Nr. 13461; um 16.45 Uhr vom Generalkommando an 4. Div. weitergeleitet, KTB 4. Inf.-Div., 29.07.-18.10.1914, BHStA Abtl. IV 4. Inf.-Div. (WK) Bund 1; und um 16.50 Uhr an I. Abtl. Feldart.-Reg. 11, welches mit der Durchführung beauftragt war, KTB Stab I. Abtl. Feldart.-Reg. 11, 30.07.1914-31.01.1915, BHStA Abtl. IV 11. Feldart.-Reg. (WK) Bund 37, Akt 1.

[2419] Journal 1914, BHStA Abtl. IV 1. Schweres-Reiter-Reg. (F) Bund 121.

[2420] Reg.-Befehl, Reg.-Stab Reg.-Befehlsbuch, 02.02.-03.08.1914, BHStA Abtl. IV 1. Ulanen-Reg. (F) Bund 20.

[2421] 3. Esk. Befehlsbuch, 01.04.-30. [sic] 07.1914, ebd.

[2422] KTB 7. Inf.-Brig., 30.07.-12.09.1914, BHStA Abtl. IV 7. Inf.-Brig. (WK) Bund 1.

[2423] Batl.-Befehl, Batl.-Befehlsbuch II. Batl. Fußart.-Reg. 1, 20.09.1913-31.07.1914, BHStA Abtl. IV 1. Fußart.-Reg. (F) Bund 113.

nachdem das entsprechende Telegramm aus München um 16 Uhr eingetroffen war. Bereits eine halbe Stunde vor Eingang der telephonischen Mitteilung war in Nürnberg, dem Standort des Generalkommandos, die Tatsache bekannt, daß in Berlin die „drohende Kriegsgefahr" ausgesprochen sei und darüber bereits Extraausgaben der Zeitungen erschienen seien. Dieses Vorgehen in aller Öffentlichkeit entsprach nicht den ursprünglichen Planungen: „Ob eine Geheimhaltung beabsichtigt war, entzieht sich der Kenntnis. Vom Gen. Kdo. wurden die Anordnungen, wie im Frieden vorbereitet, weitergegeben, wonach der Ausspruch der drohenden Kriegsgefahr geheim zu halten war."[2424] Ohne Rücksprache mit den Kommandeuren vor Ort hatte man in Berlin in einem wichtigen Punkt die Mobilmachungsplanungen abgeändert. Daß ein solches Vorgehen in der Truppe zu Unsicherheiten führen mußte, ist offensichtlich. Beim I. A. K. in München lag die Benachrichtigung um 15.20 Uhr vor.[2425] Krafft v. Dellmensingen, der bayerische Generalstabschef, vermerkte in seinem Tagebuch den Ausspruch für 16 Uhr.[2426] Der Mechanismus wird deutlich: zunächst erfolgte ein mündliches Warnungskommando, dem dann später die offizielle Bestätigung folgte. Ob nun hinter der Vorankündigung gesichertes Wissen oder nur die Vermutung über Art und Zeitpunkt der zu treffenden Maßregel steckten, konnten die Truppen vor Ort nicht entscheiden. Sie waren dabei ganz von den Informationen von oben abhängig.

Ein Telegramm aus München brachte dann um 16.55 Uhr weitere Anweisungen: auf Grund der „drohenden Kriegsgefahr" sei der Kriegszustand über Bayern und in der Pfalz das Standrecht verhängt worden.[2427] Dem war ein Telegramm des Reichskanzlers vorausgegangen, welches die Verhängung des Kriegszustandes für das übrige Reichsgebiet mitteilte.[2428] Daraufhin war beim König der Erlaß für das Königreich Bayern beantragt und bewilligt worden.[2429] Das Eintreffen des entsprechenden Telegramms wurde beim III. A. K. schon um 17 Uhr registriert.[2430] Beide Anordnungen wurden auch dem Bayerischen Generalstab über-

---

[2424] KTB III. A. K., BHStA Abtl. IV Gen. Kdo. III. A. K. (WK) Bund 1.

[2425] Dort als „30.20" geschrieben, KTB I. A. K., BHStA Abtl. IV Gen. Kdo. I. A. K. (WK) Bund 1 a; in anderer Version d. KTB`s korrekt „3.20", KTB I. A. K., 31.07.1914-28.02.1915, BHStA Abtl. IV Gen. Kdo. I. A. K. (WK) Bund 1.

[2426] KTB Krafft v. Dellmensingen, BHStA Abtl. IV Nl. Krafft v. Dellmensingen Nr. 145.

[2427] Tel. Bayr. Kriegsministerium an III. A. K., BHStA Abtl. IV Gen. Kdo. III. A. K. (WK) Bund 7; laut KTB I. A. K. bereits um 15.55 Uhr, KTB I. A. K., 31.07.1914-28.02.1915, BHStA Abtl. IV Gen. Kdo. I. A. K. (WK) Bund 1.

[2428] BHStA Abtl. IV M Kr Nr. 1715.

[2429] Erlaß d. Königs, ebd.

[2430] KTB III. A. K., BHStA Abtl. IV Gen. Kdo. III. A. K. (WK) Bund 1.

mittelt.[2431] Beim III. A. K. ging im Verlaufe des Abends noch ein Telegramm des Kriegsministeriums über den Erlaß von Ausfuhrverboten durch den Bundesrat ein.[2432] Die Bezirkskommandos im Bereich des III. A. K. griffen zu einer ungewöhnlichen Maßnahme: bereits für die „drohende Kriegsgefahr" riefen sie „irrtümlich" alle Reservisten ein, also auch solche, die erst für eine Mobilmachung vorgeplant waren. Dieses unplanmäßige Eintreffen der Reservisten wurde beim 2. Jäger-Bataillon mit Überraschung registriert.[2433] Da hier nicht von einem vereinzelten Bezirkskommando die Rede ist, kann von einem Irrtum keine Rede sein. Entweder war die Planung im Bereich des III. A. K.'s von vornherein auf die Einberufung aller Reservisten ausgelegt oder sie hatten vom Generalkommando eine Anweisung darüber erhalten. Letzteres erscheint wahrscheinlicher, da bei einer entsprechenden Friedensplanung das 2. Jäger-Bataillon, auch wenn es zum II. A. K. gehörte, sicherlich darüber informiert gewesen wäre. Ein weiteres Beispiel dafür, wie Eigeninitiative einzelner Kommandeure in den vorgeplanten Ablauf eingreift. Gleichzeitig wurde damit die ursprünglich vorgesehene Entwicklung beschleunigt. Akte wie diese schufen sowohl nach unten als auch noch oben ein Element der Unsicherheit.

Die mit der „drohenden Kriegsgefahr" und der Verhängung des Kriegszustandes verbunden Veränderungen gingen nicht immer reibungslos vonstatten. Mit der Übernahme der vollziehenden Gewalt kamen neue Aufgaben auf das Militär zu. So wimmelte das Gebäude des Generalkommandos des III. A. K.'s in den ersten Tagen von Zivilisten, einschließlich Ausländern, die sich Ausweiskarten besorgen wollten. Die Belastung durch diese Aufgabe wurde negativ vermerkt, aber auch, daß sich diese Personen zur Ausstellung an sämtlichen Geschäftszimmern vorbei bewegen mußten.[2434] Eine weitere Beobachtung sollte sich später nach ausgesprochener Mobilmachung noch verstärken: die Zivilbehörden waren der Ansicht, durch den Übergang der vollziehenden Gewalt an die Militärs von jeder Verantwortung enthoben worden zu sein. Der dadurch entstehende zusätzliche Schriftverkehr mit den Regionalbehörden etc., die sich nun unmittelbar an das Generalkommando wandten, wirkte sich als große Belastung für die Arbeit des Generalkommandos aus.[2435]

[2431] Brieftgb. Bayr. Generalstab, BHStA Abtl. IV Generalstab Nr. 53.
[2432] KTB III. A. K., BHStA Abtl. IV Gen. Kdo. III. A. K. (WK) Bund 1.
[2433] KTB 2. Jäger-Batl., 31.07.-31.12.1914, BHStA Abtl. IV 2. Jäger-Batl. (WK) Bund 10; dieser Vorfall wird im offiziellen bayerischen Geschichtswerk verschwiegen. - Bayr. Kriegsarchiv S. 6.
[2434] KTB III. A. K., BHStA Abtl. IV Gen. Kdo. III. A. K. (WK) Bund 1.
[2435] Ebd., Eintrag 04.08.

Daß die offiziellen Informationswege nicht immer die schnellsten waren, bewies am 31. Juli das Bayerische Kriegsministerium. Bereits am Vormittag war man aus Berlin aufgefordert worden, die Kavallerie-Stäbe zu formieren. Um 20 Uhr ging nun ein Telegramm aus München an die Generalkommandos und die Inspektion der Kavallerie ab, welches diesen Befehl weitergab.[2436] Mittlerweile war auch der Befehl zur „drohenden Kriegsgefahr" ergangen. Hatte man in München nach dem Vorpreschen am 29. Juli Angst vor der eigenen Courage bekommen? Auf jeden Fall mußte durch eine solche Weitergabepolitik die Absicht der Berliner Stellen, die Maßnahme frühzeitig durchzuführen, konterkarrikiert werden. Man kann allerdings vermuten, daß die beteiligten Stellen schon vor Abgang des Telegramms telephonisch informiert wurden. Anscheinend wäre ohne die rechtzeitige Einführung des Telephons bei der deutschen Armee in der Julikrise ein Chaos ausgebrochen. Wie dem auch sei, noch am 31. Juli konnte die Inspektion der Kavallerie die Rückmeldung über die erfolgte Aufstellung der Kavallerie-Stäbe erstatten.[2437]

In Sachsen teilte das Dresdener Kriegsministerium die Verhängung des Kriegszustandes um 16.50 Uhr mit.[2438] Erst danach erfolgte um 20.06 Uhr die Mitteilung über den Ausspruch der „drohenden Kriegsgefahr".[2439] Ein Kommandeur, der diese offizielle Benachrichtigung abgewartet hätte, wäre hoffnungslos ins Hintertreffen geraten. Der langsame und wie beispielsweise hier manchmal konfuse Dienstweg machte die Verständigung auf direktem Wege geradezu zur Notwendigkeit. Das württembergische XIII. A. K. erhielt die Nachricht schon um 13.45 Uhr.[2440]

Die Stimmung in der Truppe war durch die stetig wachsende Spannung gekennzeichnet. Die Lage am 31. Juli wird in einem Kriegstagebuch beschrieben: „Bei der zugespitzten politischen Lage herrscht eine trübe Stimmung und drückende Spannung: Man erwartet heute den Mobilmachungsbefehl. [...] In der Stadt herrscht ungeheurer Verkehr und größte Spannung."[2441] Von einer Begeisterung für den kommenden Krieg ist in diesen Worten wenig zu spüren. Daß es neben der Kriegsbegeisterung auch Angst und Verzweiflung in der Zivilbevöl-

---

[2436] BHStA Abtl. IV M Kr Nr. 1715; weiteres Exemplar BHStA Abtl. IV Inspektion d. Kav. (F) Bund 19.
[2437] BHStA Abtl. IV M Kr Nr. 1715.
[2438] Tel. an XIX. A. K., SHStA Sächs. Kriegsarchiv (P) Nr. 23361.
[2439] Tel. an XIX. A. K., ebd.
[2440] KTB XIII. A. K., 28.07.-31.10.1914, HStAS M 410, Bund 12, Band 24.
[2441] KTB 6. Battr. Feldart.-Reg. 1, 31.07.1914-01.01.1915, BHStA Abtl. IV 1. Feldart.-Reg. (WK) Bund 49.

kerung gegeben habe, ist bereits häufiger festgestellt worden.[2442] Solche Gefühle scheinen sich aber auch in der Truppe verbreitet zu haben.

Der Tag stand ansonsten für die Einheiten der Armee unter dem Eindruck der zunehmenden Vorbereitung auf einen Krieg. Für die Truppen der bayerischen 4. Division erging die Anweisung, wie schon am Vortag auf den Geschäftszimmern einen Nachtdienst einzurichten.[2443] Das Bewußtsein der kommenden „drohenden Kriegsgefahr" diktierte eine Anfrage des Bezirkskommandos Wurzen an das Feldartillerie-Regiment 78. Es würden die Leute für die Zustellung der Einberufungsbefehle für die „drohende Kriegsgefahr" im Bereich Wurzen und Umgebung fehlen. Insofern bitte man das Regiment im Falle des Ausspruchs um die Stellung von vier ortskundigen Reitern. Ihre Aufgabe würde ungefähr zwei Stunden dauern. Sofort nach Eingang der „drohenden Kriegsgefahr" sollten sich die Boten dann beim Bezirkskommando melden. Der Anzug sei beliebig: „Da Auffälligkeit zu vermeiden ist, dürfte der Helm nicht angebracht sein."[2444] Das Regiment sagte noch am gleichen Tag zu, die Boten zu stellen.[2445] Der Garnisons-Älteste Bamberg übersandte die Instruktionen für diejenigen Soldaten, welche das Merkblatt für die Presse an die Zeitungen zuzustellen hatten, den Truppen.[2446] In Bayreuth erließ das 6. Chevaulegers-Regiment einen Regimentsbefehl, nach dem am 1. August um 11 Uhr eine Offiziersversammlung abzuhalten sei. Auch alle Sanitäts- und Veterinäroffiziere hätten teilzunehmen. Ab morgen könnten die Eskadrons mit dem Mobilmachungszaumzeugen ausrücken.[2447]

Die Nachricht vom Ausspruch der „drohenden Kriegsgefahr" und später über die Verhängung des Kriegszustandes begann, ihren langen Weg durch die deutsche Armee zu machen.

[2442] W. Kruse: Die Kriegsbegeisterung im Deutschen Reich zu Beginn des Ersten Weltkrieges. Entstehungszusammenhänge, Grenzen und ideologische Strukturen. S. 78, in: M. van der Linden, G. Mergner (Hg.): Kriegsbegeisterung und mentale Kriegsvorbereitung. Interdisziplinäre Studien. Berlin 1991, S. 73-87; W. Kruse: Kriegsbegeisterung? Zur Massenstimmung bei Kriegsbeginn. S. 159 f., in: W. Kruse (Hg.): Eine Welt von Feinden. Der Große Krieg 1914-1918. Frankfurt/M. 1997, S. 159-166.

[2443] KTB Inf.-Brig. 7, 30.07.-12.09.1914, BHStA Abtl. IV 7. Inf.-Brig. (WK) Bund 1.

[2444] Schreiben Nr. 1469 M, SHStA Sächs. Kriegsarchiv (P) Nr. 65397.

[2445] Schreiben Feldart.-Reg. 78 an Bez.-Kdo. Wurzen, ebd.

[2446] BHStA Abtl. IV 4. Kav.-Brig. (WK) Bund 8.

[2447] Reg.-Befehle Chev.-Reg. 6, 01.07.1914-23.12.1915, BHStA Abtl. IV 6. Chev.-Reg. (WK) Bund 15 a.

Im Bereich des Berliner Gardekorps traf der Ausspruch der „drohenden Kriegsgefahr" um 14.30 Uhr auf dem Flugplatz Döberitz ein.[2448] Das dort stationierte Flieger-Bataillon 1 erhielt sie allerdings erst um 16.30 Uhr.[2449]

In Sachsen traf die Nachricht vom XII. A. K. in Dresden um 15 Uhr ein.[2450] Im Bereich des Leipziger XIX. A. K. wurde sie um 17.30 dem Feldartillerie-Regiment 68 zugestellt.[2451] Eine Mitteilung darüber traf um 17.35 Uhr durch das Garnisonskommando Riesa beim Regiment ein.[2452] Um 18 Uhr gab das Regiment schließlich die Verhängung des Kriegszustandes bekannt.[2453]

Wesentlich früher erfolgte die Benachrichtigung beim württembergischen XIII. A. K. Das Telegramm des Generalkommandos erreicht das 19. Ulanen-Regiment gegen Mittag.[2454] Bei der 26. Kavallerie-Brigade in Cannstatt wurde der Ausspruch der „drohenden Kriegsgefahr" um 14 Uhr bekannt.[2455] Um 15 Uhr erhielt das I. Bataillon des Infanterie-Regiments 121 von der Neuigkeit durch öffentliche Anschläge Kenntnis.[2456] Dienstlich wurde das Bataillon dagegen erst um 15.30 Uhr informiert.[2457]

Auch das badische XIV. A. K. war recht frühzeitig ins Bild gesetzt worden. Die Nachricht von dem Ausspruch der „drohenden Kriegsgefahr" erreichte die unterstehende 55. Infanterie-Brigade um 14.15 Uhr.[2458] Eine Viertelstunde später, um 15 Uhr, ging sie beim Reserve-Fußartillerie-Regiment 24 ein.[2459] Um 15.30

[2448] Tel., BA-MA PH 19/70.

[2449] Batl.-Befehl, ebd.

[2450] Schreiben Nr. 1014 an 19. Fußart.-Reg., SHStA Sächs. Kriegsarchiv (P) Nr. 35973.

[2451] Reg.-Befehl Nr. 325 M g., Befehlsbuch Feldart.-Reg. 68 Reg.-Stab, 31.07.-31.08.1914, SHStA Sächs. Kriegsarchiv (P) Nr. 60676.

[2452] Schreiben Nr. 37 IV geh., Befehlsbuch Feldart.-Reg. 68 Reg.-Stab, 31.07.-31.08.1914, ebd.

[2453] Befehl Feldart.-Reg. 68 Nr. 327 M, Befehlsbuch Feldart.-Reg. 68 Reg.-Stab, 31.07-31.08.1914, ebd.

[2454] KTB Ulanen-Reg. 19, 31.07.1914-31.03.1915, HStAS M 412, Bund 12, Band 72.

[2455] KTB Stab 26. Kav.-Brig. (im Verbande d. 7. Kav.-Div.), 31.07.1914-28.02.1915, HStAS M 412, Bund 1, Band 1.

[2456] KTB I. Batl. Inf.-Reg. 121, 31.07.-10.09.1914, HStAS M 411, Bund 35, Band 386.

[2457] Ebd.

[2458] KTB 55. Inf.-Brig., 31.07.-24.11.1914, GlAK Abtl. 456 EV. 20, Bund 9, Heft 1.

[2459] KTB Res.-Fußart.-Reg. 24 (Reg.-Stab), 31.07.-30.11.1914, GlAK Abtl. 456 EV. 143, Bund 24, Heft 1.

dann bei den Infanterie-Regimentern 113 und 114.[2460] Zu diesem Zeitpunkt wurde auch die Verhängung des Kriegszustandes bekannt gegeben.[2461]

Das XVII. A. K. in Danzig erhielt die Anweisung über die „drohende Kriegsgefahr" am Nachmittag.[2462]

Am kompliziersten gestalteten sich die Übermittlungsverhältnisse im Königreich Bayern. Die Truppen des bayerischen I. A. K. erhielten die „drohende Kriegsgefahr" zuerst um 15.30 Uhr übermittelt.[2463] Um 16 Uhr traf die Nachricht beim 1. Feldartillerie-Regiment ein.[2464] Zur gleichen Zeit beim 4. Feldartillerie-Regiment.[2465] Die diesem Regiment übergeordnete 2. Feldartillerie-Brigade vermerkte den Eingang des Telegramms des Generalkommandos über die „drohende Kriegsgefahr" und den Kriegszustand um 17 Uhr.[2466] Und um 20.30 vermerkte die 1. Division den Eingang der „drohenden Kriegsgefahr" durch das I. A. K.[2467] Die Division hatte aber dem ihr unterstehenden Leib-Infanterie-Regiment die Erklärung der „drohenden Kriegsgefahr" und die Verhängung des Kriegszustandes bereits um 16.30 Uhr übermittelt.[2468] Um 17 Uhr trafen beide Anweisungen beim 8. Chevaulegers-Regiment ein.[2469]

[2460] KTB Inf.-Reg. 113, 31.07.1914-30.06.1916, GlAK Abtl. 456 EV. 142, Bund 7, Heft 1; KTB II. Batl. Inf.-Reg. 114, 31.07.1914-30.06.1916, GlAK Abtl. 456 EV. 142, Bund 8, Heft 11.

[2461] Um „1/2 4 Uhr", KTB I. Lst.-Inf.-Batl. Stockach (XIV/10), 31.07.1914-22.06.1915, GlAK Abtl. 456 EV. 142, Bund 25, Heft 18.

[2462] Manuskript Hptm. Mossdorf: Grenz-, Bahn-, Küstenschutz im Bereich des XVII. Armeekorps, beendet 24.06.1919, S. 10, BA-MA W-10/50931.

[2463] KTB II. Batl. Fußart.-Reg. 1, 31.07.-31.12.1914, BHStA Abtl. IV Fußart.-Reg. 1 (WK) Bund 78.

[2464] KTB 6. Battr. Feldart.-Reg. 1, 31.07.1914-01.01.1915, BHStA Abtl. IV 1. Feldart.-Reg. (WK) Bund 49.

[2465] KTB 3. Fahr. Battr. Feldart.-Reg. 4, BHStA Abtl. IV HS 2914.

[2466] KTB Feldart.-Brig. 2, 30.07.1914-31.03.1915, BHStA Abtl. IV 2. Feldart.-Brig./Arko 2 (WK) Bund 1, Akt 1.

[2467] I. A. K. Nr. 18800, BHStA Abtl. IV 1. Kav.-Brig. (WK) Bund 14, Akt 6; die Mitteilung selber – ohne Eingangsvermerk – die auch gleichzeitig die Verhängung des Kriegszustandes bekannt gab, findet sich BHStA Abtl. IV 1. Inf.-Div. (WK) Bund 5 Teil 2.

[2468] KTB Stab Leib-Inf.-Reg., 31.07.1914-24.05.1915, BHStA Abtl. IV Leib-Inf.-Reg. (WK) Bund 1.

[2469] KTB Stab mit 3., 4. Esk., 28.07.1914-31.12.1915, BHStA Abtl. IV 8. Chev.-Reg. (WK) Bund 1, Akt 3.

Ähnlich weitgespannt war der Zeitrahmen beim II. A. K. Bei der 4. Infanterie-Division wurde der Befehl des Generalkommandos um 16.45 Uhr bekannt.[2470] Ebenfalls zu diesem Zeitpunkt beim II. Bataillon des Infanterie-Regiments 17.[2471] Der Eingang der Benachrichtigung über die Verhängung des Kriegszustandes erfolgte bei der 4. Division um 17.35 Uhr, dieser Befehl wurde sofort an die unterstellten Truppen weitergeleitet.[2472] Das Proviantamt und die Feldintendantur der Division erhielten den Ausspruch der „drohenden Kriegsgefahr" um 17.37 Uhr mitgeteilt.[2473] Die 3. Infanterie-Division erhielt die Anweisung um 17.30.[2474] Einige Teile jedoch erst um 20 Uhr.[2475] Dementsprechend ist es kein Wunder, wenn der von dieser Division weitergegebene Befehl erst um 22.50 Uhr beim 22. Infanterie-Regiment eintraf.[2476] Um 17 Uhr traf er dagegen beim 9. Infanterie-Regiment ein.[2477] Von der Verhängung des Kriegszustandes erfuhr das Regiment um 17.35 Uhr.[2478] Durch mündliche Weisung der 4. Division erreichte er um 17.30 Uhr die 7. Infanterie-Brigade.[2479] Zu diesem Zeitpunkt wurde er auch dem I. Bataillon des 23. Infanterie-Regiments bekannt.[2480] Um 17.45 Uhr wurde die Anweisung der I. Abteilung des Feldartillerie-Regiments 11 erteilt.[2481] Die II. Abteilung des Regiments erhielt die Erklärung der „drohenden

---

[2470] KTB Div.-Arzt 4. Inf.-Div., 30.07.-01.12.1914, BHStA Abtl. IV 4. Inf.-Div. (WK) Bund 103.

[2471] KTB II. Batl. Inf.-Reg. 17, 31.07.1914-31.10.1915, BHStA Abtl. IV 17. Inf.-Reg. (WK) Bund 10.

[2472] KTB 4. Inf.-Div., 29.07.-18.10.1914, BHStA Abtl. IV 4. Inf.-Div. (WK) Bund 1; siehe auch Montgelas: Kriegstagebuch S. 911.

[2473] KTB Proviantamt 4. Inf.-Div., 31.07.1914-31.10.1915, BHStA Abtl. IV 4. Inf.-Div. (WK) Div.-Proviantamt Bund 14; KTB Feldintendantur 4. Inf.-Div., 30.07.-31.07.1914, BHStA Abtl. IV 4. Inf.-Div. (WK) Feldintendantur Bund 1.

[2474] KTB Proviantamt 3. Inf.-Div., 31.07.1914-30.07.1915, BHStA Abtl. IV 3. Inf.-Div. (WK) Proviantamt Bund 22; KTB Feldintendantur 3. Inf.-Div., 31.07.1914-30.11.1915, BHStA Abtl. IV 3. Inf.-Div. (WK) Feldintendantur Bund 1.

[2475] KTB Div.-Arzt, 02.08.-09.12.1914, BHStA Abtl. IV 3. Inf.-Div. (WK) Bund 117.

[2476] KTB Stab Inf.-Reg. 22, 01.08.-19.12.1914, BHStA Abtl. IV 22. Inf.-Reg. (WK) Bund 1.

[2477] KTB 9. Inf.-Reg., 31.07.1914-31.05.1915, BHStA Abtl. IV 10. [sic] Inf.-Reg. (WK) Bund 7; nach einer anderen Version d. KTB`s um 17.35 Uhr, KTB 9. Inf.-Reg., 29.07.1914-24.06.1915, BHStA Abtl. IV 9. Inf.-Reg. (WK) Bund 1.

[2478] KTB II. Batl. Inf.-Reg. 9, 30.07.1914-30.06.1915, BHStA Abtl. IV 9. Inf.-Reg. (WK) Bund 33.

[2479] KTB 7. Inf.-Brig., 30.07.-12.09.1914, BHStA Abtl. IV 7. Inf.-Brig. (WK) Bund 1.

[2480] KTB I. Batl. Inf.-Reg. 23, 01.08.-31.12.1914, BHStA Abtl. IV 23. Inf.-Reg. (WK) Bund 20; KTB d. Reg.`s verzeichnet d. Eingang erst um 18.15 Uhr, KTB Inf.-Reg. 23, 01.08.-26.09.1914, BHStA Abtl. IV 23. Inf.-Reg. (WK) Bund 1, Akt 1.

Kriegsgefahr" um 19.15 Uhr.[2482] Das Telegramm des II. A. K.'s, welches über die „drohende Kriegsgefahr" informierte, ging bei der 4. Kavallerie-Brigade um 19.20 Uhr ein.[2483] Das 2. Ulanen-Regiment wurde um 19.30 vom III. A. K. und um 20.30 Uhr vom II. A. K., dem es eigentlich unterstand, informiert.[2484] Die telegraphische Anweisung lief beim 2. Jäger-Bataillon um 19.30 Uhr ein.[2485] 19.40 war dann das 5. Infanterie-Regiment mit seinen Bataillonen I und III an der Reihe.[2486] Das II. Bataillon erhielt den Befehl jedoch erst um 21.45 Uhr.[2487]

Die Verhältnisse im III. A. K. waren ähnlich kompliziert. Der Eingang der Nachricht über den Ausspruch der „drohenden Kriegsgefahr" erfolgte um 16 Uhr beim 8. Feldartillerie-Regiment.[2488] Telephonisch traf sie ebenfalls um 16 Uhr bei der 10. Infanterie-Brigade ein.[2489] Der offizielle Eingang wurde um 16.25 registriert.[2490] Das Telegramm der 5. Infanterie-Division ging bei der 10. Infanterie-Brigade um 17.25 Uhr ein.[2491] Zwischen 16 und 17 Uhr erfolgte die Bekanntgabe des telephonischen Befehls des Generalkommandos.[2492] Die Garnison Nürnberg erhielt den Befehl um 16.15 durch die 5. Division.[2493] Die 11. Infanterie-Brigade informierte den Garnisons-Ältesten Eichstätt um 17 Uhr.[2494] Sie selber verzeichnete den Eingang um 17.15.[2495] Den Eingang des Telegramms

---

[2481] KTB Stab I. Abtl. Feldart.-Reg. 11, 30.07.1914-31.01.1915, BHStA Abtl. IV 11. Feldart.-Reg. (WK) Bund 37, Akt 1.

[2482] KTB Stab II. Abtl. Feldart.-Reg. 11, 30.07.-31.10.1914, BHStA Abtl. IV 11. Feldart.-Reg. (WK) Bund 72, Akt 1.

[2483] BHStA Abtl. IV 4. Kav.-Brig. (WK) Bund 8.

[2484] KTB Stab Ulanen-Reg. 2, 30.07.1914-01.04.1915, BHStA Abtl. IV 2. Ulanen-Reg. (WK) Bund 1.

[2485] KTB Jäger-Batl. 2, 31.07.-31.12.1914, BHStA Abtl. IV 2. Jäger-Batl. (WK) Bund 10.

[2486] KTB I. Batl. Inf.-Reg. 5, 31.07.1914-31.03.1916, BHStA Abtl. IV 5. Inf.-Reg. (WK) Bund 31; KTB III. Batl. Inf.-Reg. 5, 30.07.1914-13.06.1916, ebd.

[2487] KTB II. Batl. Inf.-Reg. 5, 30.07.1914-31.10.1915, BHStA Abtl. IV 5. Inf.-Reg. (WK) Bund 29.

[2488] KTB Stab 8. Feldart.-Reg., 01.08.-31.12.1914, BHStA Abtl. IV 8. Feldart.-Reg. (WK) Bund 1, Akt 1.

[2489] KTB Inf.-Brig. 10, BHStA Abtl. IV 10. Inf.-Brig. (WK) Bund 1.

[2490] Schreiben Inf.-Brig. 10 Nr. 3281, BHStA Abtl. IV Gen. Kdo. III. A. K. (WK) Bund 7.

[2491] KTB Inf.-Brig. 10, BHStA Abtl. IV 10. Inf.-Brig. (WK) Bund 1.

[2492] KTB II. Batl. Inf.-Reg. 13, 01.08.-27.10.1914, BHStA Abtl. IV 13. Inf.-Reg. (WK) Bund 3.

[2493] Schreiben Garnisonskommando Nürnberg Nr. 1967/15 g an III. A. K., BHStA Abtl. IV Gen. Kdo. III. A. K. (WK) Bund 7.

[2494] Schreiben Garnisons-Ältester Eichstätt Nr. 308 an III. A. K., ebd.

[2495] KTB Inf.-Brig. 11, BHStA Abtl. IV 11. Inf.-Brig. (WK) Bund 1.

des Generalkommandos wurde in Eichstätt um 18.45 registriert.[2496] Das I. Bataillon des 6. Infanterie-Regiment mußte bis um 18 Uhr warten, bis die Bekanntgabe der „drohenden Kriegsgefahr" bei ihr eintraf.[2497] Zu diesem Zeitpunkt lief bei der 5. Kavallerie-Brigade bereits die Information über die Verhängung des Kriegszustandes ein.[2498] Dem 3. Feldartillerie-Regiment auf dem Truppenübungsplatz Grafenwöhr eröffnete der Regimentskommandeur 18.20 Uhr die Neuigkeit.[2499] In Erlangen konnte der Garnisons-Älteste dem III. A. K. bestätigen, das Telegramm um 18.55 Uhr erhalten zu haben.[2500] Ebenfalls konnte das Bezirkskommando Bayreuth den Eingang bestätigen.[2501] Auch der Garnisons-Älteste in Bayreuth empfing die Nachricht um 18.55 Uhr.[2502] Sein Kollege in Sulzbach hingegen konnte das Eintreffen erst für 19.10 Uhr melden.[2503] In Regensburg ging das Telegramm um 20 Uhr ein.[2504]

Diese auf den ersten Blick recht langweilige Aufzählung vermag zweierlei aufzuzeigen: zum einen, daß trotz aller Vorbereitungen und Planungen die Vermittlung einer wichtigen Meldung chaotisch verlief. Einige Einheiten wurden mehrmals von verschiedenen Stellen informiert, bei einer anderen Einheit wurde die „drohende Kriegsgefahr" bereits plakatiert, während man militärischerseits noch nichts von ihr wußte, und andere Einheiten mußten bis in die Nacht warten, bis sie den Befehl erhielten. Also handelte es sich keineswegs um die später so gerühmte perfekte Planung. Hierbei mögen Faktoren wie Überlastung der Telegraphenämter durchaus eine wichtige Rolle gespielt haben. Solche Erscheinungen waren jedoch zu erwarten und hätten in der Planung berücksichtigt werden müssen.[2505] Zum zweiten und mit dem Ersteren eng zusammenhängend zeigt sich die schiere Notwendigkeit für die Truppe vor Ort, sich auf inoffiziellen Wegen zu informieren. Angesichts der langsamen offiziellen Kommunikationswege war nur so ein einigermaßen gleicher Informationsstand bei allen Truppen zu erreichen. Wer dies nicht tat, mußte mit Nachteilen rechnen. Da die

---

[2496] Schreiben Garnisons-Ältester Eichstätt Nr. 309 an III. A. K., BHStA Abtl. IV Gen. Kdo. III. A. K. (WK) Bund 7.
[2497] KTB I. Batl. Inf.-Reg. 6, 29.07.-31.12.1914, BHStA Abtl. IV 6. Inf.-Reg. (WK) Bund 18.
[2498] KTB Kav.-Brig. 5, 01.08.1914-17.05.1915, BHStA Abtl. IV 5. Kav.-Brig. (WK) Bund 1.
[2499] KTB Feldart.-Reg. 3, 30.07.-17.08.1914, BHStA Abtl. IV 3. Feldart.-Reg. (WK) Bund 64.
[2500] Schreiben Garnisons-Ältester Erlangen Nr. 4 g an III. A. K., BHStA Abtl. IV Gen. Kdo. III. A. K. (WK) Bund 7.
[2501] Schreiben Bezirkskommando Bayreuth Nr. 446 III an III. A. K., ebd.
[2502] Schreiben Garnisons-Ältester Bayreuth Nr. 1780 an III. A. K., ebd.
[2503] Schreiben Garnisons-Ältester Sulzbach Nr. 347 an III. A. K., ebd.
[2504] Schreiben Bezirkskommando Regensburg Nr. 47 II an III. A. K., ebd.
[2505] Mangelnde Planung der Nachrichtenverbindung sollten sich auch später noch zeigen. - Schiewindt S. 133 f.

Mitteilung über den Ausspruch der „drohenden Kriegsgefahr" bei der 4. Kavallerie-Brigade erst abends eintraf und andere Informationsquellen fehlten, konnte man dort nur notieren, daß man von den bei „drohender Kriegsgefahr" durchzuführenden Geschäften „noch soviel als möglich" erledigt habe.[2506] Die Tatsache, daß man in vielen Fällen erst zum Telephonhörer griff, um dann erst ein offizielles Telegramm zu schicken, zeigt, daß diese Problematik durchaus erkannt wurde. Damit stieg aber die Gefahr der Verbreitung von unkontrollierten Gerüchten und die Überreaktion von lokalen Kommandeuren.

Die Mitteilung, die den Ausspruch der „drohenden Kriegsgefahr" bekannt gab, führte zu den unterschiedlichsten Aktivitäten. Der Flugplatz Döberitz erhielt die Anweisung, die Mobilmachung vorzubereiten und die Geschäftszimmer dauernd zu besetzen.[2507] Das dortige Flieger-Bataillon 1 erließ einen mündlichen Befehl in diesem Sinne.[2508] Das Luftschiffer-Bataillon 5 warnte die Fliegerstation Posen vor der Annäherung ihrer Flieger an Luftschiffe oder Luftschiffhallen. Laut Anweisung werde bei jeder solcher Annäherung sofort das Feuer eröffnet.[2509]

Beim I. Bataillon des Infanterie-Regiments 121 wurden Bahnwachen ausgesandt, die Bewachung der Garnison neu geregelt, alle beurlaubten Unteroffiziere und Mannschaften zurückgerufen und die Fuhrleute wurden auf die verabredete Gestellung von Fuhrwerken aufmerksam gemacht.[2510] Falls es sich bei dem Passus über die Zurückberufung der beurlaubten Soldaten nicht um einen Irrtum handeln sollte, würde dies entweder bedeuten, daß die frühere dahingehende Anweisung noch nicht zu dem Bataillon durchgedrungen war hatte oder daß sie einfach gar nicht weiter gegeben worden war.

Besonders schnell in ihren Vorbereitungen war die I. Abteilung des württembergischen Feldartillerie-Regiment 76. Ein Teil der beschleunigt mobilzumachenden Truppen der Abteilung hatte bereits am 30. mit Vorbereitungen der Arbeiten begonnen, so daß die Mobilmachung am Abend des 31. Juli beendet war.[2511] Beim Stab der 55. Infanterie-Brigade wurden die Angehörigen eingekleidet und

---

[2506] KTB Kav.-Brig. 4, 30.07.1914-31.07.1916, BHStA Abtl. IV 4. Kav.-Brig. (WK) Bund 1; im KTB irrtümlich unter 30.07. vermerkt; beim unterstehenden 2. Ulanen-Reg. gelang es trotz des späten Eingangs, alle Geschäfte noch in der Nacht zu erledigen; dort war man wohl besser vorbereitet, KTB Stab Ulanen-Reg. 2, 30.07.1914-01.04.1915, BHStA Abtl. IV 2. Ulanen-Reg. (WK) Bund 1.
[2507] Tel., BA-MA PH 19/70.
[2508] Batl.-Befehl, ebd.
[2509] Schreiben J Nr. 168/14 geh., ebd.
[2510] KTB I. Batl. Inf.-Reg. 121, 31.07.-10.09.1914, HStAS M 411, Bund 35, Band 386.
[2511] KTB I. Abtl. Feldart.-Reg. 76, 02.08.-30.11.1914, GlAK Abtl. 456 EV. 143, Bund 5, Heft 15.

ihre Waffen geschliffen.[2512] Der Landsturm in Offenburg erlebte das Eintreffen der ersten Soldaten ab 16.30 Uhr. Er besetzte noch am 31. Juli die Schutzstellungen bei einigen Brücken und an Bahnlinien.[2513] Die ersten eingezogenen Soldaten trafen um 18.30 Uhr in Stockach ein.[2514] In Mannheim begann die Aufstellung eines Landsturm-Infanterie-Bataillons zu drei Kompanien.[2515] In Lörrach konnte der Landsturm fünf Kompanien aufbieten.[2516] Die Aufstellung des Landsturms muß vom Kommandierenden General des XIV. A. K.'s aus eigener Rechtsbefugnis angeordnet worden sein, denn die entsprechende kaiserliche Verordnung, auch für dieses Generalkommando, erging erst am 1. August.[2517] Der General hatte ja das Recht, bei unmittelbarer Kriegsgefahr dieses selbständig zu verfügen.[2518] Ein Beispiel mehr, wie unterschiedlich die Reaktionen auf die Krise waren. Das Phasenmodell, welches von einigen Historikern für die Vorphasen der deutschen Mobilmachung konstruiert wurde, traf eben nicht zu.

Mit dem Eintritt der „drohenden Kriegsgefahr" wurden bei der bayerischen 4. Infanterie-Division vormittägliche Besprechungen der Referenten befohlen.[2519] Beim Proviantamt der Division begann man mit dem Packen der Mobilmachungsaktenkästen durch die Intendantur.[2520] Neben dieser Tätigkeit belehrte die Intendantur ihre Angehörigen über die Geheimhaltung und bemühte sich, die Friedensgeschäfte zu einem Abschluß zu bringen.[2521] Die Garnison Bamberg wies ihre Offiziere darauf hin, daß diese beim Ankauf von Pferden eine Bescheinigung auszustellen hätten, in der zu erklären sei, daß der Offizier das

---

[2512] KTB Inf.-Brig. 55, 31.07.-24.11.1914, GlAK Abtl. 456 EV. 20, Bund 9, Heft 1.
[2513] KTB Lst.-Inf.-Batl. Offenburg 1 (XIV/6), 31.07.1914-05.02.1915, GlAK Abtl. 456 EV. 142, Bund 24, Heft 4.
[2514] Um „1/2 7 Uhr", KTB Lst.-Inf.-Batl. Stockach 1 (XIV/10), 31.07.1914-22.06.1915, GlAK Abtl. 456 EV. 142, Bund 25, Heft 18.
[2515] KTB Lst.-Inf.-Batl. Mannheim 1 (XIV/11), 31.07.1914-28.02.1915, GlAK Abtl. 456 EV. 142, Bund 25, Heft 16.
[2516] KTB Lst.-Inf.-Batl. Lörrach 1 (XIV/8), 31.07.1914-25.05.1915, GlAK Abtl. 456 EV. 142, Bund 25, Heft 34.
[2517] Nr. 4426 Verordnung betreffend Aufruf d. Landsturms, 01.08.1914.-Reichsgesetzblatt 1914, Nr. 49, S. 273.
[2518] Schmidt-Richberg S. 51.
[2519] KTB Div.-Arzt 4. Inf.-Div., 30.07.-01.12.1914, BHStA Abtl. IV 4. Inf.-Div. (WK) Bund 103.
[2520] KTB Proviantamt 4. Inf.-Div., 31.07.1914-31.10.1915, BHStA Abtl. IV 4. Inf.-Div. (WK) Div.-Proviantamt Bund 14.
[2521] KTB Feldintendantur 4. Inf.-Div., 30.07.-31.12.1914, BHStA Abtl. IV b. 4. Inf.-Div. (WK) Feldintendantur Bund 1.

Pferd für die Mobilmachung benötige und selbst beschafft habe.[2522] Der Standort Nürnberg gab seinen Truppen die Anweisung, alle Unteroffiziere und Mannschaften des Beurlaubtenstandes, die zur Zeit eine Übung ableisten würden, zu entlassen; die Offiziere des Beurlaubtenstandes seien ab dem 1. August bis auf weiteres zu beurlauben. Sie müßten aber gewährleisten, jederzeit telegraphisch erreichbar zu sein.[2523] Seitens des Gouvernements von Germersheim wurden alle an Festungs-MG's und an Festungsscheinwerfern ausgebildeten Soldaten eingezogen.[2524] Weit verbreitet war die Abkommandierung von Soldaten, um den Militärbäckereien bei ihrer Arbeit zu helfen.[2525]

Sobald die Nachricht der „drohenden Kriegsgefahr" durch die 5. Infanterie-Division beim 6. Chevaulegers-Regiment eingetroffen war, wurde eine Ergänzung zum bereits oben zitierten Regiments-Befehl erlassen. Zunächst einmal wurde die „drohende Kriegsgefahr" bekannt gegeben. Deshalb seien alle zur Vorbereitung der Mobilmachung notwendigen Arbeiten zu beginnen. Die Eskadrons haben in ihren Räumlichkeiten Platz für je 25 einrückende Verstärkungsmannschaften zu schaffen. Alle Mannschaften seien mit der Feldgarnitur zu bekleiden. Die Reitausbildung der einrückenden Verstärkungen habe am 2. August zu beginnen. Am 1. August haben die Eskadrons das Lagergerät zu empfangen. Ebenfalls ab diesem Tag seien die Remonten E mit dem Reiten mit Lanze vertraut zu machen. Sofort seien die Zug-Geschirre und die Kriegsfahrzeuge fertig zu machen. Die Wache habe die ankommenden Ersatzmannschaften zur Verteilung auf das Geschäftszimmer des Regiments zu verweisen. Dispositionsurlauber seien zurückzurufen. Alle Offiziere seien noch einmal darauf hinzuweisen, daß die Bereithaltung ihrer Feldausrüstung in ihre Verantwortlichkeit falle. Am 1. August habe die 3. Eskadron einen stadtkundigen Radfahrer zum Regiment abzukommandieren. Alle ausgegebenen Dienstvorschriften seien an das Regiment zurückzugeben.[2526] An diesen detaillierten Anweisungen wird deutlich, daß sich die nach der „drohenden Kriegsgefahr" getroffenen Maßregeln bis

---

[2522] Garnisons-Befehl, Befehlsbuch Inf.-Reg. 5, 2. Exemplar, BHStA Abtl. IV 5. Inf.-Reg. (F) Bund 19.

[2523] Standorts-Befehl, Befehlsbuch Inf.-Reg. 14, 02.01.-05.08.1914, BHStA Abtl. IV 14. Inf.-Reg. (F) Bund 24.

[2524] KTB II. Batl. Inf.-Reg. 17, 31.07.1914-31.10.1915, BHStA Abtl. IV 17. Inf.-Reg. (WK) Bund 10.

[2525] Standorts-Befehl Nürnberg, Befehlsbuch Inf.-Reg. 14, 02.01.-05.08.1914, BHStA Abtl. IV 14. Inf.-Reg. (F) Bund 24; Kommandantur-Befehl Ingolstadt, Befehlsbuch MG-Komp. Inf.-Reg. 10, 07.10.1913-31.07.1914, BHStA Abtl. IV 10. Inf.-Reg. (F) Bund 12; Batl.-Befehl Inf.-Reg. 7 in Bayreuth, Befehlsbuch Inf.-Reg. 7, BHStA Abtl. IV 7. Inf.-Reg. (F) Bund 18.

[2526] Reg.-Befehle Chev.-Reg. 6, 01.07.1914-23.12.1915, BHStA Abtl. IV 6. Chev.-Reg. (WK) Bund 15 a.

nach Erlaß des Mobilmachungsbefehls am 1. August hinziehen würden. Die 10. Infanterie-Brigade verpflichtete ihr Personal zu absolutem Stillschweigen.[2527] Die Maßnahmen beim III. Bataillon des Infanterie-Regiments 5 erstreckten sich auf das Bereitlegen der Kriegsbekleidung, ärztliche Untersuchung aller Unteroffiziere und Mannschaften sowie auf das Schleifen der Waffen.[2528] Das 6. Infanterie-Regiment verfügte eine Verstärkung der Wachen.[2529] Beim 7. Infanterie-Regiment wurde die sofortige Rückkehr aller abkommandierten Unteroffiziere angeordnet.[2530] Eine für den 1. August angesetzte Übung wurde abgesagt; statt dessen sollte um 6 Uhr morgens eine Besprechung aller Offiziere stattfinden. Die Kompaniechefs hatten in die Kasernen zurückzukehren.[2531] Das 10. Infanterie-Regiment wies seine Einheiten an, sich bei den Übungen nicht mehr als eine Stunde Weges von den Kasernen zu entfernen. Nachturlaub sei nur noch mit Genehmigung des Regimentskommandeurs statthaft. Am 1. August könnten Ausrüstungsgegenstände empfangen und wieder abgegeben werden.[2532] Ein weiterer Befehl gab dann weiterführende Bestimmungen bekannt. Um 18 Uhr sei eine Besprechung der führenden Offiziere im Regimentsgeschäftszimmer. Alle für Kommandos vorgesehenen Offiziere seien über ihre Aufgaben eingehend zu unterrichten. Die Überweisungspapiere würden ergänzt. Die Bekleidung der abkommandierten Mannschaften sei bei ihren Kompanien bereitzustellen; für die restlichen Soldaten gelte, die Stiefel der Kriegsgarnitur von nun an zu tragen. Die Fahrzeuge seien zu beladen. Die vertraglich sichergestellten Ausrüstungsgegenstände seien anzukaufen. Die Bataillone sollten sich um die Füllung der Pferdearzneikästen kümmern. Ein Termin zur Abschätzung und anschließendem Ankauf von Fahrrädern wurde festgesetzt und schließlich sei mit dem Schleifen der Waffen zu beginnen.[2533] Beim 19. Infanterie-Regiment in Erlangen wurden die einzelnen Verfügungen in einem Sammelbefehl zusammengefaßt. Demnach dürften sich die Truppen nur soweit aus den Standorten entfernen, daß sie ein Mobilmachungsbefehl jederzeit erreichen könne. Die Telephone seien Tag und Nacht zu besetzen. Im Zimmer des Kommandeurs halte sich bei Nacht der Adjutant auf. Übende Offiziere und Offiziersaspiranten setzen ihre Übungen fort, bis ihr Ende ausdrücklich befohlen werde. Die restlichen Soldaten

---

[2527] KTB Inf.-Brig. 10, BHStA Abtl. IV 10. Inf.-Brig. (WK) Bund 1.
[2528] KTB III. Batl. Inf.-Reg. 5, 30.07.1914-13.06.1916, BHStA Abtl. IV 5. Inf.-Reg. (WK) Bund 31.
[2529] KTB Inf.-Reg. 6, 29.07-25.11.1914, BHStA Abtl. IV 6. Inf.-Reg. (WK) Bund 1.
[2530] Batl.-Befehl, Befehlsbuch Inf.-Reg. 7, BHStA Abtl. IV 7. Inf.-Reg. (F) Bund 18.
[2531] Batl.-Befehl, ebd.
[2532] Reg.-Befehl, Befehlsbuch MG-Komp. Inf.-Reg. 10, 07.10.1913-31.07.1914, BHStA Abtl. IV 10. Inf.-Reg. (F) Bund 12.
[2533] Reg.-Befehl, BHStA Abtl. IV 10. Inf.-Reg. (WK) Bund 7.

des Beurlaubtenstandes seien – wie bereits angeordnet – zu entlassen. Beurlaubungen in die Umgebung des Standortes, bei denen eine rasche Rückkehr garantiert sei, können die Bataillonskommandeure nach eigenem Ermessen genehmigen. Nur das Regiment sei berechtigt, die Erlaubnis zu Urlaub in weit entfernte Orte auszusprechen.[2534] Die Anweisung, die Telephone ständig zu besetzen, führte beim I. Bataillon des Regiments zu einem zusätzlichen Befehl: die zum Telephondienst eingeteilten Mannschaften – von denen gefordert wurde, es dürften „nur ganz gewandte Mannschaften" sein – seien in ihre Aufgabe gründlich einzuweisen.[2535] Das III. Bataillon setzte für den 1. August eine Besprechung der Unteroffiziere mit besonderen Aufgaben in der Mobilmachung an.[2536] Grundlegendes zur Vorbereitung wurde von dem II. Bataillon des Infanterie-Regiments 21 festgelegt. Die Behandlung der Einjährig-Freiwilligen wurde geregelt, ein Verbot von Beurlaubungen erlassen und die materielle und personelle Verstärkung der Werkstätten angeordnet.[2537] Bei der 5. Kompanie des Regiments wurden anläßlich des Ausspruchs der „drohenden Kriegsgefahr" „gleich die meisten für den 1. Mob. Tag angesetzten Arbeiten erledigt."[2538] Ganz im Zeichen der Vorbereitungen stand die Befehlsgebung des Fußartillerie-Regiments 3. Zur Erledigung der anfallenden Arbeiten wurden Soldaten zum Artilleriedepot abkommandiert.[2539] Alle Dienstgrade sollten am 1. August über ihre Aufgaben belehrt werden.[2540] Die Bewachung wichtiger Punkte, die Verpackung und Versendung von Gerät wurden geregelt und die Batterien angewiesen, ihre Fahrzeuge zu reinigen, zu ölen und soweit dies möglich sei, kriegsmäßig zu beladen.[2541] Außerdem wurden die Mitglieder der Pferdeaushebungskommission sowie eine Reihe von Offizieren des Beurlaubtenstandes einberufen.[2542] Neben den Vorarbeiten für die Mobilmachung verfügte das 8. Feldartillerie-Regiment die Einberufung der Ergänzungsmannschaften für die vorzeitig marschbereiten Teile, der Verpflegungsoffiziere und der Mitglieder der Pferde-

---

[2534] Reg.-Befehl, BHStA Abtl. IV 19. Inf.-Reg. (F) Bund 366/1.
[2535] Batl.-Befehl, ebd.
[2536] Batl.-Befehl, Batl.-Befehle III. Batl. Inf.-Reg. 19, BHStA Abtl. IV 19. Inf.-Reg. (F) Bund 307/4.
[2537] Batl.-Befehl, Befehlsbuch II./Inf.-Reg. 21, BHStA Abtl. IV 21. Inf.-Reg. (F) Bund 4/2.
[2538] KTB 5. Komp. Inf.-Reg. 21, 01.08.1914-06.04.1916, BHStA Abtl. IV 21. Inf.-Reg. (WK) Bund 22.
[2539] Reg.-Befehl, Reg.-Befehlsbuch 6./Fußart.-Reg. 3, 02.01.-01.08.1914, BHStA Abtl. IV 3. Fußart.-Reg. (F) Bund 1.
[2540] Batl.-Befehl, ebd.
[2541] Batl.-Befehl, ebd.
[2542] KTB Feldart.-Reg. 3, 30.07.-17.08.1914, BHStA Abtl. IV 3. Feldart.-Reg. (WK) Bund 64.

aushebungskommission.[2543] Das I. Bataillon des Fußartillerie-Regiments 1 genehmigte am 31. Juli die von den Batterien vorgelegten Urlaubsverzeichnisse. Im Falle einer Einberufung sollten die Soldaten mit dem nächsten Zug zurückkehren. Das Eintreffen der noch fehlenden Chefs der 1. und 4. Batterie sei dem Bataillonskommandeur in seiner Wohnung zu melden.[2544] Während man anderswo bemüht ist, Beurlaubungen einzuschränken oder gar ganz zu untersagen, scheinen solche Gedanken den Chef des Bataillons nicht zu plagen. Das II. Bataillon desselben Regiments teilte die Auflösung des Schlosser-Lehrkurses mit, die dazu abkommandierten Soldaten gingen zurück zu ihren Truppen. Die eigene Schmiede sei für die Aufgaben der kommenden Tage vorzubereiten.[2545] Außerdem verfügte das Bataillon noch die Abkommandierung von Soldaten zur Vorbereitung der Munition am 1. August sowie die Rückgabe der vom Regiment empfangenen Dienstbücher.[2546] Um ebenfalls am 1. August das Schleifen der Waffen vornehmen zu können, wurde die Verstärkung der Waffenmeisterei für diesen Tag befohlen.[2547] Schließlich veranstaltete das II. Bataillon des Fußartillerie-Regiments 1 am Abend eine Offiziersversammlung, um die nun zu treffenden Maßnahmen zu besprechen.[2548] Bei der 6. Batterie des Feldartillerie-Regiments 1 wurden die Pferde beschlagen und die Kriegsausrüstung verpaßt; anläßlich eines Appells am Abend wurde die Wirkung der Kriegsgesetze erläutert.[2549] Mit dem Schleifen der Säbel, der Übernahme von Bekleidung und Ausrüstung und der Ausgabe der Mobilmachungsterminkalender beschäftigte sich die II. Abteilung des Feldartillerie-Regiments 11.[2550] Die Waffen des Stabes der 5. Kavallerie-Brigade wurden schon am 31. Juli geschliffen.[2551] Die Brigade entsandte um 18.50 Uhr einen Offizier nach Kempten, der die Aufgabe hatte, die zunächst für eine Übung von 56 Tagen einberufenen Reservisten des dortigen

---

[2543] KTB Stab Feldart.-Reg. 8, 01.08.-31.12.1914, BHStA Abtl. IV 8. Feldart.-Reg. (WK) Bund 1, Akt 1.

[2544] Batl.-Befehl, Kommandantur-, Regts.-, Batls.-Befehlsbuch I. Batl. Fußart.-Reg. 1, 07.05.-02.08.1914, BHStA Abtl. IV 1. Fußart.-Reg. (F) Bund 73.

[2545] Batl.-Befehl, Batl.-Befehlsbuch II. Batl. Fußart.-Reg. 1, 20.09.1913-31.07.1914, BHStA Abtl. IV 1. Fußart.-Reg. (F) Bund 113.

[2546] Batl.-Befehl, ebd.

[2547] Batl.-Befehl, ebd.

[2548] KTB II. Batl. Fußart.-Reg. 1, 31.07.-31.12.1914, BHStA Abtl. IV Fußart.-Reg. 1 (WK) Bund 78.

[2549] KTB 6. Battr. Feldart.-Reg. 1, 31.07.1914-01.01.1915, BHStA Abtl. IV 1. Feldart.-Reg. (WK) Bund 49.

[2550] KTB Stab II. Abtl. Feldart.-Reg. 11, 30.07.-31.10.1914, BHStA Abtl. IV 11. Feldart.-Reg. (WK) Bund 72, Akt 1.

[2551] Empfangsbescheinigung über d. Waffen zum Schleifen, BHStA Abtl. IV 5. Kav.-Brig. (F) Bund 19.

Bezirkskommandos abzuholen.[2552] Ebenfalls am Abend – um 18 Uhr – erfolgte die Ausgabe der Kriegskarten für das 9. Infanterie-Regiment. Bei eben diesem Regiment begann die Ausrüstung der Fahrzeuge um 18.30 Uhr, zum gleichen Zeitpunkt wurden die Seitengewehre in die Waffenmeisterei verbracht. Zur Durchführung der Schleifarbeiten erhielt die Waffenmeisterei Soldaten zur Verstärkung zugeteilt.[2553] Das II. Bataillon des Regiments verzeichnete darüber hinaus die ärztliche Untersuchung der Soldaten sowie die Entlassung der eingerückten Reserveoffiziere.[2554] Ähnlich wie bei anderen Einheiten verliefen die Vorarbeiten beim Artilleriedepot Germersheim. Dort wurden Waffen samt Munition für den Brücken- und Bahnschutz ausgegeben. Die Telephone und Geschäftszimmer wurden Tag und Nacht besetzt. Das Personal wurde über die Wahrung des Dienstgeheimnisses und über die kommenden Aufgaben belehrt.[2555]

Das sächsische Feldartillerie-Regiment 68 wies seine Soldaten auf die Pflicht zur Verschwiegenheit über militärische Angelegenheiten hin und forderte sie auf, „über ungewöhnliche Beobachtungen in der Bevölkerung sofort Meldung zu machen und ev. erhaltene Flugblätter sofort abzugeben."[2556] Offensichtlich sollten irgendwelche im Sinne der Militärführung negative Auswirkungen – etwa durch die Sozialdemokratie – schon im Ansatz erstickt werden. Dasselbe Regiment wies nach Eingang der Verhängung des Kriegszustandes seine Unteroffiziere und Soldaten darauf hin, daß von nun an alle Vergehen nach den Kriegsgesetzen geahndet würden.[2557] Auf diesen Punkt wies auch das für das Feldartillerie-Regiment 28 zuständige Garnisonskommando in Bautzen in einem um 18 Uhr erteilten Befehl hin; darüber hinaus hätten die Truppen je einen Radfahrer zu stellen, der sich ständig im Garnisonskommando aufzuhalten habe. In allen Büros sei von nun ab mit dem Eingang von Befehlen auch bei Nacht zu rechnen. Das Postamt sei gebeten worden, zur Erledigung der Dienstgeschäfte

---

[2552] KTB Kav.-Brig. 5, 01.08.1914-17.05.1915, BHStA Abtl. IV 5. Kav.-Brig. (WK) Bund 1.
[2553] KTB Inf.-Reg. 9, 31.07.1914-31.05.1915, BHStA Abtl. IV 10. [sic] Inf.-Reg. (WK) Bund 7.
[2554] KTB II. Batl. Inf.-Reg. 9, BHStA Abtl. IV 30.07.1914-30.06.1915, BHStA Abtl. IV 9. Inf.-Reg. (WK) Bund 33.
[2555] Schreiben Art.-Depot Germersheim an Bayr. Feldzeugmeisterei, Meldung über d. Fortgang d. Mobilmachung, 08.08.1914, BHStA Abtl. IV M Kr Nr. 13542.
[2556] Schreiben Nr. 325 M, Befehlsbuch Feldart.-Reg. 68 Reg.-Stab, 31.07.-31.08.1914, SHStA Sächs. Kriegsarchiv (P) Nr. 60676.
[2557] Schreiben Nr. 327 M, Befehlsbuch Feldart.-Reg. 68 Reg.-Stab, 31.07.-31.08.1914, ebd.

einen Nachtdienst einzurichten.[2558] Ein gleichartiges Ersuchen richtete das Garnisonskommando Pirna in einem Brief an das dortige Postamt.[2559] In dem Antwortschreiben, welches noch am 31. Juli erfolgte, wies die Post darauf hin, daß ein Nachtdienst bereits angeordnet sei.[2560] Das Garnisonskommando in Pirna wandte sich dann in einem Schreiben an die dortige Amtshauptmannschaft und informierte diese über die Übernahme der vollziehenden Gewalt durch das Militär. Die Zivilbehörde wurde ersucht, „jede Erscheinung dem Garnison-Kommando sofort mitzuteilen, die den Ausbruch von Unruhen befürchten läßt."[2561] Einen ähnlichen Brief erhielt auch der Stadtrat von Pirna.[2562] Die Truppen der Garnison Pirna wurden auf das Inkrafttreten der Kriegsgesetze hingewiesen.[2563] Mit den Konsequenzen des Kriegszustandes beschäftigte sich die Garnison des Fußartillerie-Regiments 19. Auch hier wurde auf das nun geltende Kriegsrecht hingewiesen. Die Wachen in den Kasernen etc. seien zu verstärken und Munitionsbestände von den Schießplätzen zu entfernen. Verhaftete Zivilisten seien im Festungsgefängnis festzusetzen; das zuständige Personal habe die dazu nötigen Vorbereitungen zu treffen.[2564] Das Garnisonskommando Wurzen verhängte ab 20 Uhr abends eine Ausgangssperre für die Truppen.[2565] Mit den Einzelheiten, die sich aus der Verhängung des Kriegszustandes ergaben, beschäftigte sich ein weiterer Befehl der Wurzener Garnison: die Wachen an militärischen und öffentlichen Gebäuden seien zu verstärken. Es seien besondere Truppen für die Verwendung inner- und außerhalb der Garnison bereitzuhalten. Diese Truppen dürften nur noch innerhalb der Kaserne üben. Die Soldaten seien über die Bestimmungen, den Gebrauch der Waffen betreffend, sowie ihr Verhalten bei Kriegszustand zu belehren. Darüber hinaus seien die für den Gebrauch außerhalb der Garnison bestimmten Truppen über den Kampf in Städten zu unterrichten. Alle Urlauber seien zurückzurufen. Weitere Beurlaubungen bedürften der besonderen Genehmigung des Garnisons-Ältesten. Wo nötig, sei der

---

[2558] Garnisons-Befehl, Befehlsbuch 3. Battr. Feldart.-Reg. 28, SHStA Sächs. Kriegsarchiv (P) Nr. 51228; weiteres Exemplar Befehlsbuch 4. Battr. Feldart.-Reg. 28, SHStA Sächs. Kriegsarchiv (P) Nr. 51287.

[2559] SHStA Sächs. Kriegsarchiv (P) Nr. 57530.

[2560] Ebd.

[2561] Ebd.

[2562] Ebd.

[2563] Garnisons-Befehl, Befehlsbuch 3. Battr. Feldart.-Reg. 64, SHStA Sächs. Kriegsarchiv (P) Nr. 58920.

[2564] Garnisons-Befehl, Reg.-Befehle Fußart.-Reg. 19, 1914, SHStA Sächs. Kriegsarchiv (P) Nr. 36143.

[2565] Garnisons-Befehl, Befehlsbuch II. Abtl. Feldart.-Reg. 78, 1914, SHStA Sächs. Kriegsarchiv (P) Nr. 65914.

Munitionsvorrat zu ergänzen. Außerdem müßten Bestandsübersichten über die vorhandenen Konserven angefertigt werden. Übungen seien nur noch im Bereich der Garnison erlaubt. Die Befehlshaber und Ordonnanzen seien nur zu zweit und mit geladener Waffe zu entsenden. Sie seien besonders über die rechtlichen Regelungen für den Waffengebrauch zu unterrichten. Alle Telephone seien ständig zu besetzen. Schließlich seien zwei Offiziere zu Zensurzwecken und andere Offiziere zur Bildung des Standgerichts abzukommandieren.[2566]

Alle diese Befehle zeigen, daß man sich in Sachsen offenbar besonders vor Unruhen durch Zivilisten bei einer Mobilmachung fürchtete. Hier zeigt sich deutlich der Unterschied zwischen den verschiedenen Bundesstaaten. Während man hier in Sachsen den Truppen detaillierte Instruktionen zur Abwehr von Störungen der Mobilmachung durch zivile Kräfte mit auf den Weg gab und sie durch Anweisungen, wie die Aufforderung, erhaltene Flugblätter sofort abzuliefern, zu immunisieren versuchte, fehlen ähnliche Instruktionen in Bayern vollständig. Hier macht sich wohl der unterschiedliche Grad der Industrialisierung bemerkbar.

Die Aktivitäten in Sachsen gingen aber weit über das oben beschriebene hinaus. Das Feldartillerie-Regiment 64 konnte die erfolgte Änderung der Erkennungsmarken melden.[2567] Bei diesem Regiment erfolgte am 31. Juli auch die Einteilung derjenigen Soldaten, welche während der Mobilmachung spezielle Funktionen zu übernehmen hatten.[2568] Die Offiziere des Feldartillerie-Regiments 78 wurden angewiesen, ihr Gepäck für den Mobilmachungsfall sowie ihre Pferdeausrüstung, soweit sie dies nicht schon erledigt hatten, bis zum „morgen", also bis zum 1. August zu packen.[2569] In einer weiteren Anweisung wurde dann näheres geregelt. Die Fahrzeuge seien fertig zu packen; ebenso die Aktenkästen. Der Hufbeschlag aller Pferde müsse in Ordnung gebracht werden. Den Soldaten und Pferden der I. Abteilung sei die Bekleidung bzw. Beschirrung anzuprobieren und mit Namensschildern versehen zu lagern. Die Beschirrung für den am ersten Mobilmachungstag ausrückenden Teil der II. Abteilung sei auf den Stallböden zu lagern. Ebendiese Abteilung solle die Geschoßkörbe der am ersten Mobilmachungstag abgehenden Geschütze zum Nebenartilleriedepot bringen. Im Falle der Mobilmachung werde die Munition für die II. von der I. Abteilung empfangen. Falls dies noch nicht erfolgt sei, müßten die verheirateten Unteroffiziere der

---

[2566] Garnisons-Befehl, ebd.
[2567] Meldung I. u. II. Abtl. an Feldart.-Reg. 64, SHStA Sächs. Kriegsarchiv (P) Nr. 57185.
[2568] Abtl.-Befehl, Befehlsbuch 3. Battr. Feldart.-Reg. 64, SHStA Sächs. Kriegsarchiv (P) Nr. 58920.
[2569] Befehl Nr. 306 M. Feldart.-Reg. 78, SHStA Sächs. Kriegsarchiv (P) Nr. 64951; weiteres Exemplar SHStA Sächs. Kriegsarchiv (P) Nr. 65819.

II. Abteilung über die Familienzahlungen informiert werden.[2570] In einem weiteren Befehl verfügte das Regiment, daß nunmehr alle Soldaten mit Ausnahme der Verheirateten, die in der Stadt untergebracht seien, nunmehr in der Kaserne zu verbleiben hätten. Außerdem sei sofort mit dem Schleifen der Waffen zu beginnen.[2571] Die II. Abteilung des Regiments gab die Anweisung über das Schleifen der Waffen umgehend weiter.[2572] Außerdem setzte sie für den Abend eine Besprechung der zum Stab eingeteilten Soldaten an.[2573] Aufgrund der „drohenden Kriegsgefahr" erließ das Infanterie-Regiment 134 einen Befehl zur Regelung der Angelegenheit. Dabei lag der Schwerpunkt auf der Einkleidung der Soldaten mit der Kriegsgarnitur. Diese sei schon jetzt anzuprobieren und dann mit Namenszetteln zu versehen. Eine Ausgabe erfolge allerdings noch nicht. Besondere Sorgfalt sei auf das Anprobieren des Schuhwerks zu verwenden. Dieses sei nach Eingang des Mobilmachungsbefehls „sofort auszugeben und unausgesetzt zu tragen."[2574] Außerdem seien die Soldaten im Packen der Tornister und über die Unterbringung der Munition zu unterrichten. Darüber hinaus gelte: „Allen beteiligten Stellen wird zur Pflicht gemacht, soweit wie möglich Vorbereitungen für die Mobilmachung zu treffen."[2575] Die Verhängung des Kriegszustandes veranlaßte dann eine weitere Äußerung des Regiments. Da die Weitergabe von Befehlen auf jeden Fall erfolgen müsse, seien die Geschäftszimmer nachts „ständig durch einen ausrichtsamen Mann zu besetzen."[2576] Alle außerhalb der Kaserne wohnenden Soldaten müssen jederzeit erreichbar sein; die Bataillone und Kompanien haben Fahrräder bereitzustellen.[2577] Zwei Ordonnanzen wurden in das

---

[2570] Reg.-Befehl, Befehlsbuch II. Abtl. Feldart.-Reg. 78, 1914, SHStA Sächs. Kriegsarchiv (P) Nr. 65914.

[2571] Reg.-Befehl, ebd.

[2572] Abtl.-Befehl II. Abtl., SHStA Sächs. Kriegsarchiv (P) Nr. 65819.

[2573] Abtl.-Befehl, Befehlsbuch II. Abtl. Feldart.-Reg. 78, 1914, SHStA Sächs. Kriegsarchiv (P) Nr. 65914.

[2574] Reg.-Befehl, Befehlsbuch 3. Komp. Inf.-Reg. 134, 01.07.-08.08.1914, SHStA Sächs. Kriegsarchiv (P) Nr. 29459; weitere Exemplare d. Befehls in Geheimordre-Buch 4. Komp. Inf.-Reg. 134, SHStA Sächs. Kriegsarchiv (P) Nr. 29665 u. Befehlsbuch 5. Komp. Inf.-Reg. 134, 24.06.-08.08.1914, SHStA Sächs. Kriegsarchiv (P) Nr. 29746.

[2575] Reg.-Befehl, Befehlsbuch 3. Komp. Inf.-Reg. 134, 01.07.-08.08.1914, SHStA Sächs. Kriegsarchiv (P) Nr. 29459.

[2576] Reg.-Befehl, Befehlsbuch I. Batl. Inf.-Reg. 134, 26.06.-07.08.1914, SHStA Sächs. Kriegsarchiv (P) Nr. 27512; weitere Exemplare Befehlsbuch 5. Komp. Inf.-Reg. 134, 24.06.-08.08.1914, SHStA Sächs. Kriegsarchiv (P) Nr. 29746 u. Befehlsbuch 2. Komp. Inf.-Reg. 134, 31.07.1914-28.02.1915, SHStA Sächs. Kriegsarchiv (P) Nr. 29282.

[2577] Reg.-Befehl, Befehlsbuch I. Batl. Inf.-Reg. 134, 26.06.-07.08.1914, SHStA Sächs. Kriegsarchiv (P) Nr. 27512.

Geschäftszimmer des Bataillons, dem die 5. Kompanie angehörte, befohlen.[2578] Um das Verhalten unter kriegsmäßigen Verhältnissen zu üben, befahl das Feldartillerie-Regiment 28 am 1. August, eine Feldübung abzuhalten. Bis zu diesem Datum seien auch die Beförderungsvorschläge für die Einjährig-Freiwilligen einzureichen. Aufgrund des vorzeitigen Abbruchs der Schießübungen müsse dabei ein besonders strenger Maßstab angelegt werden. Daneben galt es noch, die Ausgabe der Bekleidung für die Offiziere zu regeln. Dabei mutet es in Anbetracht der politischen Lage schon etwas skurril an, wenn den Einjährig-Freiwilligen für die Herbstübungen des Jahres 1914 feldgraue Uniform gegen eine Abnutzungsgebühr zur Verfügung gestellt wurde.[2579] Der Ausschank von alkoholischen Getränken in den Kantinen wurde durch das Feldartillerie-Regiment 68 untersagt.[2580]

Mit der Regelung für die eintreffenden Ergänzungsmannschaften beschäftigten sich die Feldartillerie-Regimenter 12 und 68.[2581] Dieses Thema beschäftigte auch das Feldartillerie-Regiment 28.[2582]

Einfach nur „alle Maßnahmen gemäß der Mobilmachungsvorarbeiten" wurden beim Infanterie-Regiment 113 getroffen.[2583] Ähnlich knapp lauten die Nachrichten über die I. Abteilung des Feldartillerie-Regiments 11.[2584] Das I. Bataillon des 5. Infanterie-Regiments hatte ebensowenig mehr zu melden.[2585]

Bei der Betrachtung all dieser Anordnungen fallen verschiedene Dinge auf. Zum einen war man in Sachsen wohl besonders ängstlich, was die Möglichkeiten ziviler Unruhen im Falle der Mobilmachung anging. Hier ist es besonders schade,

---

[2578] Batl.-Befehl, Befehlsbuch 5. Komp. Inf.-Reg. 134, 24.06.-08.08.1914, SHStA Sächs. Kriegsarchiv (P) Nr. 29746.

[2579] Reg.-Befehl, Befehlsbuch 3. Battr. Feldart.-Reg. 28, SHStA Sächs. Kriegsarchiv (P) Nr. 51228; weiteres Exemplar Befehlsbuch I./Feldart.-Reg. 28, SHStA Sächs. Kriegsarchiv (P) Nr. 50369.

[2580] Befehl Nr. 328 M Befehlsbuch Feldart.-Reg. 68 Reg.-Stab, SHStA Sächs. Kriegsarchiv (P) Nr. 60676.

[2581] Reg.-Befehl, Befehlsbuch 5. Battr. Feldart.-Reg. 12, SHStA Sächs. Kriegsarchiv (P) Nr. 47227; Befehl Nr. 328 M, Befehlsbuch Feldart.-Reg. 68 Reg.-Stab, SHStA Sächs. Kriegsarchiv (P) Nr. 60676.

[2582] Reg.-Befehl, Befehlsbuch 6. Battr. Feldart.-Reg. 28, SHStA Sächs. Kriegsarchiv (P) Nr. 51479; weitere Exemplare Befehlsbuch I./Feldart.-Reg. 28, SHStA Sächs. Kriegsarchiv (P) Nr. 50369; Befehlsbuch 3. Battr. Feldart.-Reg. 28, SHStA Sächs. Kriegsarchiv (P) Nr. 51228.

[2583] KTB Inf.-Reg. 113, 31.07.1914-30.06.1916, GlAK Abtl. 456 EV. 142, Bund 7, Heft 1.

[2584] KTB Stab I. Abtl. Feldart.-Reg. 11, 30.07.1914-31.01.1915, BHStA Abtl. IV 11. Feldart.-Reg. (WK) Bund 37, Akt 1.

[2585] KTB I. Batl. Inf.-Reg. 5, 31.07.1914-31.03.1916, BHStA Abtl. IV 5. Inf.-Reg. (WK) Bund 24.

daß die entsprechenden Akten des preußischen Kontingents verloren gegangen sind. Denn es wäre sehr interessant zu wissen, ob diese Befürchtungen auch in Preußen geteilt wurden. Das in einem Fall bezeugte Verbot des Ausschanks alkoholischer Getränke verweist auf den zweiten potentiellen Störenfried für den glatten Ablauf der Mobilmachung. Desweiteren springt die Verschiedenartigkeit der getroffenen Maßnahmen ins Auge. Dies scheint zum einen mit dem Zeitpunkt des Eingangs der Mitteilung über die „drohende Kriegsgefahr", zum anderen mit den bereits erledigten Geschäften zusammenzuhängen. So fällt auf, daß einige Einheiten Dinge in Angriff nahmen, die bei anderen längst erledigt waren. Wiederum andere sind mit ihren Vorbereitungen so weit, daß es für „drohende Kriegsgefahr" nichts mehr zu erledigen gibt und gleich mit den Vorbereitungen für den 1. Mobilmachungstag begonnen wird. Unterschiedliche Anordnungen von oben und unterschiedliche Grade der Eigeninitiative von unten haben so ein zerklüftetes Bild entstehen lassen. Jetzt bestand nun für die Militärs die Möglichkeit, durch das vorgeschriebene Procedere bei der „drohenden Kriegsgefahr" einen einheitlichen Stand zu erreichen, auf den dann im nächsten Schritt – der Mobilmachung – aufgebaut werden konnte. Auch dieser Gedanke mag in Berlin eine Rolle gespielt haben, als die Militärspitze den Zivilisten einen Aufschub des Ausspruches der Mobilmachung zugestand. Wieder einmal zeigte sich die Langsamkeit der offiziellen Kommunikationswege. In einigen Fällen war über Zeitung bzw. Anschläge die Verkündung der „drohenden Kriegsgefahr" der Öffentlichkeit bereits bekannt, während das Militär noch nicht informiert war.

Noch bevor der Krieg ausgebrochen war, forderte er seine ersten Opfer. Für einen Waffenmeister des 1. Infanterie-Regiments war die Aufregung durch die „drohende Kriegsgefahr" zuviel, so daß er infolge eines Schlags verstarb.[2586] Der Angst vor Spionen und Anschlägen fiel ein Mann in Dietrichsdorf zum Opfer, von der Wache des dortigen Munitionsdepots wurde er als Spion erschossen.[2587] Die allmählich in Gang kommende Spionitis führte zu den ersten Anzeigen aus der Bevölkerung.[2588]

[2586] KTB Stab Inf.-Reg. 1, 31.07.1914-25.11.1915, BHStA Abtl. IV 1. Inf.-Reg. (WK) Bund 1.

[2587] Tagesmitteilung Munitionsdepot Dietrichsdorf, BA-MA RM 5/4515.

[2588] Wegen einer verdächtigen Postkarte aus St. Petersburg, Schreiben Gendarmerie-Hauptstation Landau Nr. 1302 an Bezirksamt Landau, BHStA Abtl. IV Gen. Kdo. III. A. K. (WK) Bund 7.

Der württembergische König beschäftigte sich mit der Erlaubnis, für seine Offiziere nichtwürttembergische Auszeichnungen anzulegen.[2589] Trotz des drohenden Krieges wurden auch solche Themen behandelt. Genauso wie hier lief der normale militärische Alltagsdienst auch anderswo weiter. Die Inspektion des Ingenieur-Korps und die bayerische Fußartillerie-Brigade kamen der Aufforderung zur Meinungsäußerung zu den mit dem Rundschreiben Nr. 20056 vom Bayerischen Kriegsministerium dargelegten Regelungen für die Verwendung zu einer Übung einberufener Soldaten des Beurlaubtenstandes nach.[2590] Die dabei gemachten Vorschläge sollten nach Lage der Dinge allerdings nie in die Realität umgesetzt werden.

Mit dem Ausspruch der „drohenden Kriegsgefahr" am 31. Juli waren die Uhren für den Countdown zum Krieg gestellt. Für die Militärs galt es, den Vorsprung der Rüstungen im Ausland und hier besonders in Rußland und in Belgien nicht zu groß werden zu lassen. Die Militärs reagierten auf die russische Mobilmachung mit höchster Nervosität, da sie nur noch den uhrwerkhaft ablaufenden Mechanismus der Mobilmachungen vor Augen hatten.[2591] Militärischerseits bestand die Befürchtung, die Mobilmachung eines Gegners, die man nicht unmittelbar mit einer eigenen beantworte, werde sicher zur Niederlage.[2592] Mit Beginn der Mobilmachungen wurde so jede Hoffnung auf einen Ausgleich in letzter Sekunde zerstört.[2593] Jetzt rächte es sich, daß man keine Krisenstrategie entwickelt hatte.[2594] Nun wurde die Forderung der Militärs nach einem Krieg ein logisches Resultat aus dem Scheitern des zivilen Kalküls.[2595] Und mit der sich abzeichnenden deutschen Mobilmachung war der Krieg unvermeidbar. Denn der Handstreich auf Lüttich verlieh der deutschen Mobilmachungsplanung im Gegensatz zu der der anderen Mächte einen Zwang zum schnellen Handeln.[2596] Die Zivilisten hatten darauf bestanden, zunächst die russische Mobilmachung abzuwarten. Dann gelang es ihnen, eine weitere Verzögerung durch die Ultimaten an Paris und St. Petersburg durchzusetzen. Dabei ist die an Frankreich gerichtete Forderung nach der Übergabe von Toul und Verdun als ein Beleg für den unbedingten

---

[2589] Verzeichnis d. Vorträge v. 01.07.-31.07.1914 d. württ. Kriegsministers beim König nebst Entscheidungen desselben, HStAS E 14 Nr. 1679.

[2590] Schreiben Inspektion d. Ingenieurkorps Nr. 8930 an Bayr. Kriegsministerium; Schreiben Bayr. Fußart.-Brig. Nr. 3337 an Kriegsministerium, BHStA Abtl. IV M Kr Nr. 1583.

[2591] Fiedler S. 274.

[2592] Van Evera S. 72.

[2593] Ritter: Staatskunst, Bd. 2, S. 329.

[2594] Mai S. 54.

[2595] Farrar: Arrogance S. 180 f.

[2596] Geiss: Reich S. 48; Taylor S. 127; van Evera S. 93.

Kriegswillen des Generalstabs gewertet worden.[2597] Dabei wird freilich übersehen, daß es die Grundidee des Schlieffenplans war, einen Zweifrontenkrieg als Einfrontenkrieg zu führen. Damit lag es nur in der militärischen Logik, ein späteres Eingreifen Frankreichs in einen deutsch-russischen Krieg durch solche Pfänder unmöglich zu machen.

Haffner schrieb über die deutsche Politik in der Julikrise: „Bis zum heutigen Tage bleibt es unerklärlich und unverständlich, daß darüber zwischen Reichskanzler und Generalstabschef nie gesprochen worden ist; daß der Reichskanzler eine Politik betrieb – und zwar in einer Angelegenheit, bei der es um Krieg und Frieden, Leben und Tod ging – von der er eigentlich wissen mußte, daß der Generalstabschef sie ihm in der Hand zerbrechen würde; und daß der Generalstabschef ihn gewähren ließ, obwohl er wußte, daß angesichts seines Kriegsplans die politische Rechnung des Reichskanzlers nie aufgehen konnte."[2598] Dieser Gedankengang ist sicherlich richtig – im wilhelminischen Deutschland waren jedoch die Voraussetzungen für eine koordinierte Politik nicht gegeben. Zum einen hätte es dazu einer Koordination der verschiedenen Teile der Reichsleitung durch den Kaiser bedurft, die nicht stattfand. Zum anderen scheint eine Mischung aus Ressortdenken, Konkurrenzgefühl und Unwissenheit ein solches Gespräch verhindert zu haben. Zunächst einmal begann Bethmann Hollweg die Julikrise mit einer Politik, die nicht mit den Militärs abgesprochen war, denn außer einer allgemeinen Rückfrage hinsichtlich ihrer Bereitschaft war die Armee außen vor gelassen worden. Das Verbleiben der führenden Militärs im Urlaub verhinderte dann eine eingehende Diskussion der Sache. Dann war die Situation schon soweit eskaliert, daß den Zivilisten langsam aber sicher die Gegenargumente gegen die Forderungen der Militärs ausgingen. Mangels Einsicht in die Mobilmachungsplanung des eigenen Landes konnte Bethmann Hollweg gar nicht wissen, auf welch gefährliches Spiel er sich einließ. Seitens der Militärs war aber auch kein Versuch unternommen worden, ihn aufzuklären. Hier wirkte sich vielleicht Moltkes Überzeugung aus, Anfang und Ende eines Kriegs seien Sache der Politik, nur in der Zwischenzeit haben die militärischen Vorstellungen sich ohne Rücksicht auf die Politik zu entwickeln.[2599] So fühlte er sich wohl einfach nicht zuständig, den Reichskanzler über die militärische Perspektive in all ihren Konsequenzen aufzuklären. Dazu kam noch, daß er ja selber innerlich zerrissen war und deshalb lieber anderen die Entscheidung überließ.

[2597] Albertini, Bd. 3, S. 45.

[2598] S. Haffner: Die sieben Todsünden des Deutschen Reiches im Ersten Weltkrieg. Bergisch Gladbach 1981, S. 36 f.

[2599] Görlitz S. 196.

Die Erfahrung, daß die eskalierende Situation jede Hoffnung auf eine friedliche Lösung zerschlagen hatte, machte an diesem Tag auch Tirpitz. Auch er konnte erst in das Geschehen eingreifen, als es zu spät war. Seine Versuche, jetzt noch beim Reichskanzler zu einer friedlichen Lösung zu raten, mußten scheitern. Tirpitz erlebte einen Bethmann, der schon ganz unter dem Einfluß der Heeresführung und ihrer Argumente stand. Das Gespräch der beiden läßt sich mit der Formel zusammenfassen, die Bethmann selber am Vortage gebraucht hatte: der Stein war ins Rollen geraten. Die Marine war im Gegensatz zum Heer an der Entscheidungsfindung nicht beteiligt. Bis zu Tirpitzens Gespräch mit Bethmann hatte eine Diskussion der politischen Lage fast immer nur mit der Heeresführung stattgefunden. Nichts zeigt deutlicher den Bedeutungsverlust, den die Marine hinnehmen mußte, seitdem klar war, daß der Tirpitzplan gescheitert war.

Der Verlauf der Julikrise hatte immer wieder zu Spannungen zwischen der Führung der Armee und den Zivilisten geführt. Bis zum 31. Juli war es dabei immer nur um die Anordnung militärischer Maßnahmen gegangen. Dies und der allgemeine Eindruck, den das Taktieren der Diplomaten bei den Militärs hinterließ, hatten zu einem Vertrauensverlust in die Reichsleitung geführt. Nun begannen die Militärs, auch auf Gebiete überzugreifen, die auch im wilhelminischen Deutschland ureigene Domäne der Zivilisten waren. Hatte dies bereits mit Moltkes paralleler Außenpolitik zu Wien begonnen, so fand dies mit der Abfassung eines Aufrufs an das Volk seine innenpolitische Fortsetzung.

Innenpolitisch hatte sich das Abwarten der russischen Mobilmachung bezahlt gemacht. Am 31. Juli erhielt Bethmann Hollweg von führenden Sozialdemokraten die Zusicherung, ihre Partei würde nicht gegen den Krieg agieren. Ein entsprechendes Telegramm des Kriegsministeriums bestätigte noch einmal die Marschroute, die bereits in dem Rundschreiben vom 25. Juli festgesetzt worden war. Nur fehlte hier ein Wort zu den nationalen Minderheiten, um die es in dem Schreiben ja auch gegangen war. Die Zurückhaltung ihnen gegenüber mußte den Militärbefehlshabern als nicht so dringend erscheinen. Mit der „drohenden Kriegsgefahr" übernahmen die Militärs die vollziehende Gewalt im Reich. Besonders die daraufhin in Sachsen angeordneten Maßnahmen zeigen, wie groß die Befürchtungen vor zivilen Unruhen etc. doch waren. Ob die empfohlene Zurückhaltung von den lokalen Befehlshabern auch praktiziert werden würde, mußte erst die Zukunft zeigen.

Die Verbreitung der Mitteilung über den Ausspruch der „drohenden Kriegsgefahr" zeigte die Überlastung der offiziellen Kommunikationswege. Es dauerte bis in die Nachtstunden, bis die Nachricht auch zur letzten Einheit vorgedrungen war. Die inoffizielle Kommunikation gewann in einem solchen Augenblick erhöhte Bedeutung. Nur sie konnte die Schwäche des offiziellen Nachrichtenwesens auffangen. Diese Schwäche mußte aber zu der Neigung führen, auf Gerüchte zu hören und aus eigener Initiative Maßnahmen zu ergreifen.

Die Nervosität, die mittlerweile die Truppen ergriffen hatte, zeigten wieder einmal die Vorfälle im deutsch-französischem Grenzgebiet. Kaum war der Grenzschutz angeordnet, kam es schon zu Verletzungen der Grenze durch deutsche Truppen. Aus eigner Machtbefugnis stellte der Kommandierende General des XIV. A. K.'s den Landsturm auf. Jede auch noch so unverifizierte Nachricht über französische Absichten führte sofort zu dem Verlangen nach deutschen Reaktionen.

Die von den Truppen ergriffenen Maßnahmen gingen auch am 31. Juli weiter. Nach Ausspruch der „drohenden Kriegsgefahr" zeigte sich nun die Konsequenz der uneinheitlichen Vorbereitungen der letzten Tage – bei einigen Einheiten war bereits alles erledigt, so daß man schon die nächste Stufe in Angriff nehmen konnte, während andere Einheiten jetzt erst daran gingen, Maßnahmen zu ergreifen. Hier hatte die Mischung von unterschiedlichen Befehlen der Vorgesetzten und Eigeninitiative zu einem höchst unterschiedlichen Bild geführt. Die „drohende Kriegsgefahr" bot nun die Gelegenheit, wieder ein einheitliches Level zu erreichen.

Mit der „drohenden Kriegsgefahr" hatte die Eskalation der Julikrise ein Niveau erreicht, welches in den vorangegangenen Krisen immer vermieden werden konnte. An dieser Stelle ist es angebracht, sich der Frage zu stellen, welche Gründe es für diese unterschiedliche Entwicklung gab. In der Spitze der Armee hatte sich in den Jahren vor der Julikrise zunehmend der Eindruck verfestigt, ein europäischer Krieg sei unvermeidbar. War der Krieg nicht zu vermeiden, so bot es sich an, ihn zu einem Zeitpunkt zu führen, wo er überhaupt noch führbar war. Spätestens 1916/17 wäre dies wegen der Rüstungen der potentiellen Gegner nicht mehr möglich gewesen. Diese Überlegung führte dazu, alle Zweifel, die man bereits jetzt an einem erfolgreichen Krieg hegte, zurückzustellen. Auch die Einwände der Marine wurden überhört. Fatalistische Kriegserwartung und gedämpfter Optimismus verbanden sich so in der Julikrise zu einem explosiven Gemisch.

In der Truppe wurde die Kriegserwartung weitgehend geteilt. Die zunehmende Unsicherheit der Jahre vor 1914 hatte zu einer nervösen Atmosphäre geführt. Die Furcht vor plötzlichen Überfällen war durch die Mobilmachungsplanungen und -vorschriften geschürt worden. All dies führte in der Julikrise zu einer fatalen Entwicklung. In Eigenregie durchgeführte Maßnahmen verschärften die Krise und setzten gleichzeitig die Spitze der Armee unter Druck. Die Julikrise gewann so eine Eigendynamik. Entscheidend war dabei der Zeitfaktor. Während die vergangenen Krisen teilweise über Monate andauerten, konzentrierten sich in der Julikrise die Ereignisse auf die vier Tage vom 28. bis zum 31. Juli. Es fehlte einfach an Zeit, in aller Ruhe nachzudenken und die Wogen zu glätten. Wieder einmal machte sich als einer der grundlegenden Faktoren die Struktur des wilhelminischen Reiches bemerkbar. Die Freiräume, die der einzelne Truppenführer genoß, ermöglichten ihm erst, aus eigener Initiative heraus Maßnahmen zu ergreifen. Desweiteren mußte jeder Versuch einer Koordination oder eines Krisenmanagements an dieser Struktur scheitern. All dies gab der Julikrise ihre Brisanz, die dann schließlich zum Krieg führte.

V. 2. d Die Julikrise: 1. August

Der 1. August war der Tag, der nach der deutschen Zeitplanung den Ausspruch der Mobilmachung bringen sollte. Dies bedeutete gleichzeitig den Ausbruch des Kriegs, der wegen des Handstreichs auf Lüttich nicht mehr lange auf sich warten lassen würde. Sollte noch eine Möglichkeit zur Einigung bestehen, so mußte sie an diesem Tag erfolgen.

Seit dem Ausspruch der „drohenden Kriegsgefahr" war die deutsche Öffentlichkeit über die Möglichkeit eines Krieges im Bilde. Mit Spannung wurden die neuesten Nachrichten erwartet. Gerüchte, wie der Krieg sei bereits erklärt, machten die Runde. Szenen patriotischer Begeisterung waren in Cafés etc. zu sehen.[2600] In Berlin zeigte sich ein ähnliches Bild: „Auf den Straßen herrschte große Begeisterung, das Publikum zeigte eine sehr würdige Haltung."[2601] Es erscheint wichtig, darauf hinzuweisen, daß diese Freude über den Krieg nicht überall in Deutschland und nicht von allen Gesellschaftsschichten gleichermaßen geteilt wurde.[2602] Man sollte die Kriegsbegeisterung jedoch auch nicht unterschätzen.[2603] Durch den kommenden Krieg konnten innere Aggressionen und Feindbilder auf den äußeren Gegner projiziert und damit die Möglichkeit einer Identifikation mit der eigenen Nation geschaffen werden.[2604] Die Verführungskraft dieser positiven und negativen Identifikation war so groß, daß ihr sogar

---

[2600] Tgb. Feldpostsekretär Ernst Kießkalt, 24.07.-02.08.1914, BHStA Abtl. IV HS 2699.

[2601] Ergänzungsbericht sächs. Militärbevollmächtigter zu Bericht Nr. 83/3571, SHStA Sächs. Militärbevollmächtigter Nr. 4222.

[2602] Allgemein über Grenzen der Kriegsbegeisterung. - Kruse: Kriegsbegeisterung S. 78. Für Arbeiterschaft, ländliche Gebiete und nationale Minderheiten. - Kruse: Massenstimmung S. 164. Für die Arbeiterschaft. - Rojahn S. 70.

[2603] Kruse: Kriegsbegeisterung S. 82; dazu siehe auch Deist: Armee S. 96 f.; Chickering: Reich S. 24 ff.

[2604] W. Kruse: Krieg und nationale Identität: Die Ideologisierung des Krieges. S. 169, in: W. Kruse (Hg.): Eine Welt von Feinden. Der Große Krieg 1914-1918. Frankfurt/M. 1997, S. 167-176.

Angehörige des linken Flügels der SPD unterlagen.[2605] Dies resultierte aus der Hoffnung, den Kampf um die äußere mit dem um die innere Freiheit, wie er seitens der Sozialdemokraten verstanden wurde, zu verbinden.[2606] Zum ersten Mal konnten sich nun Angehörige und Anhänger der SPD als gleichberechtigte Teilnehmer an einer gemeinsamen Bewegung der Nation beteiligen.[2607] Die Öffentlichkeit wurde über die Haltung der SPD jenseits der Begeisterung einiger ihrer Mitglieder über einen im „Vorwärts" veröffentlichten Aufruf des Parteivorstandes informiert, der zu Ruhe und Besonnenheit aufrief.[2608] Damit wurde offiziell bestätigt, daß von seiten der Partei keine Störungen der sich abzeichnenden Mobilmachung zu befürchten war. Aber auch am gegenüberliegenden Rand der politischen Landschaft auf der Seite der Rechten verstummte angesichts der Kriegseuphorie die Kritik an Kaiser und Kanzler.[2609]

Die Verschärfung der Situation führte wiederum auch im Ausland zu Maßnahmen. Um 15.33 Uhr erfolgte die Absendung des Telegramms zur französischen Mobilmachung vom Haupttelegraphenamt in Paris.[2610] Die belgische Mobilmachung wurde ebenfalls angeordnet.[2611] In Großbritannien wurde der Beschluß gefaßt, die Flotte mobil zu machen.[2612] Zur Sicherung ihrer Neutralität mobilisierte die Schweiz ihre Armee.[2613]

Die deutschen Diplomaten versuchten, in ganz Europa Verbündete zu gewinnen. Um die Grundlage für entsprechende Verhandlungen mit Schweden zu haben, fragte man die Militärs, welche Hilfeleistung im Fall eines Kriegs erwünscht wären. Die Armee antwortete, man würde eine sofortige Mobilmachung von Heer und Flotte, sowie den Vormarsch einer Division nach Finnland begrüßen.[2614] Die Marine wünschte sich bei einer wohlwollenden Neutralität eine Zusammenarbeit mit dem schwedischen Admiralstab, besonders an der Benutzung

---

[2605] Mai S. 21.

[2606] Rojahn S. 61.

[2607] Ebd., S. 67.

[2608] Vorwärts, 01.08.1914. - „Jahrhundertsommer": Eine Serie zum Epochenende 1914, FAZ, 01.08.1994.

[2609] Thoß: Rechte S. 34.

[2610] Bach: Daten S. 529.

[2611] Tel. Botschaft Brüssel. - DD, Bd. 3, Nr. 565, S. 62. Ein 01.08. Nachm., sofort Generalstab, Kriegsministerium, Admiralstab und RMA mitgeteilt. - Ebd., Anm. 2.

[2612] Hallmann: Daten S. 623.

[2613] Schreiben Schw. Gesandtschaft an AA. - DD, Bd. 3, Nr. 589, S. 78.

[2614] Schreiben Generalstab, Sektion III b, an Jagow. - Geiss: Julikrise, Bd. 2, Nr. 1015 a, S. 571; Absicht war es dabei wohl eher, den Abtransport russischer Truppen aus Finnland zu verhindern als das Land zu besetzten, dafür dürfte eine Division nicht ausgereicht haben.

seiner Nachrichtenmittel bestehe Interesse. Ebenso werde man die gelegentliche Benutzung von Stützpunkten und Ankerplätzen, sowie die Duldung der Tätigkeit des deutschen Geheimdienstes begrüßen. Sollte Schweden auf deutscher Seite in den Krieg eintreten, so könnte die schwedische Marine durch Offensivstöße den Mangel an deutschen Streitkräften in der Ostsee ausgleichen helfen. Besonders wertvoll wäre auch eine Bewachung der Ostseezugänge. Und schließlich seien bei einem deutschen Vorgehen gegen Rußland Stützpunkte und Reparaturmöglichkeiten an der Küste Schwedens wünschenswert.[2615] Die geheimen Verhandlungen zwischen Deutschland und der Türkei kamen zum Abschluß, nachdem man sich auch über die letzten Details des Bündnisvertrages einig geworden war.[2616]

Zum sechsten Male faßte der Generalstab die bis 16 Uhr eingegangenen Meldungen aus dem Ausland zusammen: überall ließen sich die Anzeichen der internationalen Krise erblicken, die Schweiz und die Niederlande machten mobil, Dänemark und Norwegen verstärkten ihre Streitkräfte durch Einziehung von Reservisten. In Frankreich seien die Grenzschutzstellungen bezogen worden. Die britischen Vorbereitungen liefen weiter. Die russischen Truppen würden sich versammeln.[2617] Dem Bayerischen Kriegsministerium übersandte der Generalstab einen Bericht über „Kriegsformation und Mobilmachung der Französischen Armee". Die veraltete Aufstellung von 1909 sei zu vernichten.[2618] Wieder wird deutlich, daß bis in die letzten Friedenstage auch auf höchster Ebene noch Routinearbeiten durchgeführt wurden. Die neue Aufstellung mochte in der augenblicklichen Situation ja sehr nützlich sein, aber daß sie einen Bericht von 1909 ablöste, zeigt, daß es sich hier um keine besondere Reaktion auf die internationale Krise handelte.

Die Vorbereitungen für den sich immer deutlicher abzeichnenden Krieg betrafen auch das Verhältnis innerhalb der verschiedenen Bundesstaaten. Der sächsische Militärbevollmächtigte v. Leuckart wies daraufhin, daß sein bayerischer Kollege im Kriegsfall zum Stab des Kriegsministers träte. Dies sei weder für ihn noch für den Vertreter Württembergs vorgesehen. Der preußische Kriegsminister, dem sie zugeordnet seien, werde sich sicher ins kaiserliche Hauptquartier begeben. Dies bedeutete, daß Sachsen und Württemberg dort ohne militärische Vertretung wären. Deshalb erscheine es sinnvoll, einen Antrag beim Kriegsministerium zu stellen, die bayerische Regelung auch für Sachsen gelten zu lassen. Einen Antrag in diesem Sinne würde auch das Württembergische Kriegsministeri-

---

[2615] Schreiben Pohl an Jagow. - Ebd., Bd. 2, Nr. 1015 b, S. 572.
[2616] Yasamee S. 237.
[2617] DD, Bd. 3, Nr. 609, S. 92 ff.
[2618] BHStA Abtl. IV M Kr Nr. 992.

um für seinen Vertreter stellen.[2619] In Dresden entschied man sich, ebenfalls einen solchen Antrag zu stellen.[2620]

Bei seinem morgendlichen Ausritt im Tiergarten wurde Wilhelm II. von Moltke über die neuesten Entwicklungen informiert. Besonders die Nachrichten über die russischen militärischen Vorbereitungen dürften dabei besprochen worden sein.[2621] Anschließend trafen sich Moltke und Bethmann zu einem Gespräch über militärische Maßnahmen und über Moltkes Ritt mit dem Kaiser.[2622] Um 10 Uhr erbat dann Bethmann von Wilhelm II. die Erlaubnis, eine negative Antwort auf die Anfragen an Paris und St. Petersburg mit der deutschen Kriegserklärung zu beantworten. Sie wurde vom Kaiser erteilt.[2623]

Gegen Mittag berichtete Wenninger aus Berlin, die Russen haben auf das deutsche Ultimatum ausweichend geantwortet, Frankreich um eine Fristverlängerung bis 13 Uhr ersucht.[2624] Zu dieser Zeit fand eine Sitzung des Bundesrats statt. Sie begann um 12 Uhr.[2625] Bethmann Hollweg gab zunächst einen Abriß der Julikrise aus seiner Sicht. Danach stellte er fest, daß Deutschland den militärischen Vorbereitungen der Nachbarn ohne schwerwiegende Konsequenzen für die eigene Kriegsführung und die Gefährdung von deutschem Gebiet an der Ost- und Westgrenze nicht mehr länger tatenlos zusehen könne. Deshalb habe man die Ultimaten an Frankreich und Rußland gestellt. Die Beantwortungsfrist für erstere laufe um 13, für letztere um 12 Uhr aus. Wegen der Überlastung der Nach-

---

[2619] Bericht Nr. 83/3571, SHStA Sächs. Militärbevollmächtigter Nr. 4222.

[2620] Notizen auf Bericht Nr. 83/3571, ebd.

[2621] Wegerer: Ausbruch, Bd. 2, S. 180.

[2622] Ebd., Bd. 2, S. 180.

[2623] Ebd., Bd. 2, S. 180 f.

[2624] Bericht Nr. 6. - DD, Bd. 4, Anhang IV a, Nr. 9 S. 159; BHStA Abtl. IV M Kr Nr. 1765; Wenninger registrierte hier eine Verärgerung über die Fristverlängerung im Kriegsministerium, da es dadurch unmöglich werde, den 1. August als 1. Mobilmachungstag zu bezeichnen. - Ebd. Ebenso in seinem Tgb., Tgb. Wenninger. - Schulte: Dokumente, Nr. 9, S. 141. Da die bereits zitierten Mobilmachungsbestimmungen festlegten, daß der Tag des Erlasses der Mobilmachung nur dann auch erster Mobilmachungstag sein könne, wenn es möglich sei, den Befehl den Gen. Kdos. bis „8 Uhr früh" zuzustellen, D. V. E. 219: Mobilmachungsplan für das Deutsche Heer vom 9. Oktober 1913, § 16, 6, BA-MA PH 3 Pr. F 9114, scheint es sich hier um einen Irrtum Wenningers zu handeln. Denn die Beantwortungsfrist beider Ultimaten lief auch ohne Fristverlängerung nach 8 Uhr aus. Damit war nach dem Mobilmachungsplan der 1. August als 1. Mobilmachungstag von vornherein ausgeschlossen. Eventuell bestanden vielleicht Überlegungen im Kriegsministerium, sich nicht an diese Planung zu halten. Auf jeden Fall ein Hinweis darauf, daß man die verschiedenen Berichte aus Berlin nicht überbewerten sollte.

[2625] Laut Protokoll begann die Sitzung um 12 Uhr, Protokoll. - Geiss: Julikrise, Bd. 2, Nr. 984, S. 545.

richtenverbindungen wolle man allerdings noch auf eine russische Antwort warten, obwohl der Termin an sich verstrichen sei. Für den Fall einer negativen Beantwortung durch diese beiden Länder erbat der Reichskanzler die Genehmigung des Bundesrats, die er auch erhielt, dann beiden Ländern den Krieg erklären zu können.[2626] Die Außenpolitik vollzog damit den Abschluß einer jahrelangen Entwicklung, die ihr am Ende keine andere Wahl mehr ließ, als sich der militärischen Logik zu beugen.[2627]

Über den Zeitpunkt des Beginns der Sitzung des Bundesrats herrscht Unklarheit in der Forschung. Einige Historiker meinen, sie habe um 13 Uhr angefangen.[2628] Allerdings ließe dieser Termin Bethmanns Ausführungen über die Ultimaten während der Sitzung als unsinnig erscheinen. Denn der Kanzler führte aus: „In dem Ultimatum an Russland haben wir eine sehr kurze Frist gesetzt [...]. Die Antwort ist heute um 12 Uhr mittags fällig gewesen. [...] Die französische Antwort ist um 1 Uhr nachmittags fällig."[2629] Der 12-Uhr-Termin Rußlands ist also bereits verstrichen, während die Beantwortungsfrist Frankreichs, welche um 13 Uhr auslief, noch nicht beendet war. Dies paßt also zu einem Sitzungsbeginn gegen 12 Uhr. Sollte der Bundesrat um 13 Uhr zusammengetreten sein, wären beide Ultimaten bereits abgelaufen gewesen. Aus diesem Grunde wird hier der Termin auf 12 Uhr gelegt.

Kurz nach der Sitzung um 12.52 Uhr ging dann ein Telegramm an die deutsche Botschaft in St. Petersburg mit dem Text der Kriegserklärung ab, der nach einer ungenügenden oder ausbleibenden Anwort der russischen Regierung um 17 Uhr überreicht werden sollte.[2630] Da der Bundesrat um 12 Uhr zusammentrat, ist also verfassungsgemäß vor Absendung der Kriegserklärung seine Zustimmung eingeholt worden. Nach der Sitzung wandte sich Tirpitz mit der Frage an Bethmann, ob es denn unbedingt notwendig sei, die Kriegserklärung an Rußland mit der deutschen Mobilmachung zusammenfallen zu lassen. Der Kanzler erwiderte hierauf, da die Armee sofort mit Patrouillen etc. die russische Grenze überschreiten wolle, ließe sich dies nicht vermeiden.[2631]

In seinem Tagebuch notierte Wenninger, daß im Kriegsministerium der Mobilmachungsbefehl mit großer Ungeduld erwartet werde: „na, wie ich sehe, hat sich

---

[2626] Protokoll. - Geiss: Julikrise, Bd. 2, Nr. 984, S. 545 ff.; siehe auch Bericht Sächs. Gesandtschaft Nr. 1110. - Bach: Gesandtschaftsberichte, Nr. 74, S. 129.

[2627] Mai S. 64.

[2628] Wegerer: Ausbruch, Bd. 2, S. 181, 183; Klein S. 282; Gutsche: Sarajevo S. 142. Auch Ritter geht von dem späteren Zeitpunkt der Sitzung aus. - Ritter: Staatskunst, Bd. 2, S. 334.

[2629] Protokoll. - Geiss: Julikrise, Bd. 2, Nr. 984, S. 548.

[2630] Geiss: Julikrise, Bd. 2, Nr. 985, S. 549.

[2631] Aufz. Tirpitz. - Tirpitz: Ohnmachtspolitik S. 16; siehe auch Tirpitz: Erinnerungen S. 240.

der Kommandierende General selbst geholfen. Reservisten mit ihren Köfferchen eilen durch die Straßen, stürmisch begrüßt. Die Truppe macht mobil, ohne Mobilisierungsbefehl. Der Reichskanzler kann es mit eigenen Augen sehen."[2632] Sollte es sich dabei nicht um Reservisten handeln, die als Verstärkung bei „drohender Kriegsgefahr" einberufen wurden, läge hier ein Fall von Eigeninitiative wie beim bayerischen III. A. K. vor.[2633] Damit wird einmal mehr deutlich, wie militärische Maßnahmen die Situation verschärfen konnten. Denn was unter den Augen des Reichskanzlers geschah, blieb natürlich auch den in Berlin anwesenden Ausländern nicht verborgen.

Da bis 16 Uhr noch keine Antwort auf das Ultimatum an Rußland vorlag, begab sich Falkenhayn zum Reichskanzler, um den Mobilmachungsbefehl zu beantragen. Nach längerem Zögern stimmte Bethmann zu. Sofort wurde nach Tirpitz und Moltke telephoniert. Inzwischen meldete sich der Kaiser von sich aus und forderte Falkenhayn auf, mit dem Befehl zur Mobilmachung zu ihm zu kommen.[2634] Um 16.30 Uhr versammelten sich im Schloß Wilhelm II., Bethmann Hollweg, Moltke, Falkenhayn und Tirpitz. Da immer noch keine Antwort aus Rußland eingetroffen war, unterzeichnete der Kaiser den Mobilmachungsbefehl. Wieder stellte Tirpitz seine Frage, ob denn die Kriegserklärung an Rußland unbedingt notwendig sei. Moltke bestand auf sofortigem Vorgehen, mußte aber auf Nachfragen von Tirpitz einräumen, daß die Armee nicht vorhabe, sofort die Grenze zu überschreiten; dies sei erst in einigen Tagen vorgesehen. Tirpitzens Einwände, es sei doch besser, um den Ruf des Angreifers nicht auf sich zu nehmen, mit der Kriegserklärung noch zu warten, verhallten ungehört. Jagow informierte nun die Versammlung, es sei eine wichtige Depesche aus London eingetroffen, deren Dechiffrierung man noch abwarten solle. Trotz der Einwände Moltkes stimmte der Kaiser dem zu. Ohne die Dechiffrierung abzuwarten, verließen Moltke und Falkenhayn das Schloß.[2635] Der Kriegsminister begab sich in sein Ministerium und verkündete dort den Mobilmachungsbefehl. Im Anschluß daran hielt er eine kurze Rede. Die Nachricht wurde mit Begeisterung aufgenommen.[2636]

[2632] Tgb. Wenninger. - Schulte: Dokumente, Nr. 9, S. 141; der Kommandierende General ist laut Schulte der Kommandeur des Gardekorps, Frhr. v. Plettenberg. - Ebd. S. 183, Anm. 148.

[2633] Zu dem Verhalten der Bezirkskommandos beim III. A. K. siehe Kapitel V. 2. c Die Julikrise: 31. Juli, S. 398.

[2634] Vollständiges Tgb. Falkenhayn, BA-MA W-10/50635.

[2635] Aufz. Tirpitz. - Tirpitz: Ohnmachtspolitik S. 16; siehe auch Tirpitz: Erinnerungen S. 241 f.

[2636] Afflerbach: Falkenhayn S. 163.

Auf dem Rückweg vom Schloß zum Generalstab erhielt Moltke den Befehl, sofort umzukehren. Wieder im Schloß, traf er dort auf Wilhelm II., Bethmann Hollweg, Falkenhayn sowie noch einige andere Personen.[2637] Molkte wurde eröffnet, in dem Telegramm aus London sichere die britische Regierung zu, für eine neutrale Haltung Frankreichs zu bürgen, wenn Deutschland seinerseits keine feindseligen Handlungen gegenüber seinem westlichen Nachbarn vornähme.[2638] Eine weitere Depesche enthielt dann das Angebot Londons, selber neutral zu bleiben.[2639] Wilhelm II. wollte nun mit der gesamten Armee im Osten aufmarschieren und den Krieg gegen Rußland allein führen.[2640] Dies traf bei Moltke auf Widerspruch: „Ich erwiderte Sr. Majestät, daß das unmöglich sei. Der Aufmarsch eines Millionenheeres lasse sich nicht improvisieren, es sei das Ergebnis einer vollen, mühsamen Jahresarbeit und könne, einmal festgelegt, nicht geändert werden. Wenn Se. Majestät darauf bestehen, das gesamte Heer nach dem Osten zu führen, so würden dieselben kein schlagfertiges Heer, sondern einen wüsten Haufen ungeordneter bewaffneter Menschen ohne Verpflegung haben."[2641] Über diese Frage entbrannte eine erbittert geführte Diskussion. Moltke erklärte, keine Verantwortung für den Verlauf des Kriegs übernehmen zu können, wenn nicht im Westen aufmarschiert werde.[2642] Darin wurde er „etwas, wenn auch schwach" von Falkenhayn unterstützt.[2643] Bethmann Hollweg erwiderte darauf, er könne die politische Verantwortung nicht übernehmen, falls das britische Angebot nicht berücksichtigt werde.[2644] Als Kompromiß einigte man sich darauf, den Aufmarsch wie geplant verlaufen zu lassen, da, wie Moltke erklärte, es nach Abschluß der Aufmarschbewegung kein Problem sei, beliebig viele Teile des Heeres in den Osten zu verlegen. Der Text einer entsprechenden Depesche nach London wurde entworfen. Weiterer Streit entstand dann über die Besetzung Luxemburgs, die der Kaiser verschieben wollte. Auch hier war Moltke dazu nicht bereit. Schließlich brach Wilhelm II. die Diskussion ab und wies

---

[2637] Moltke: Betrachtungen und Erinnerungen, Nov. 1914. - Meyer, Bd. 1, S. 398.
[2638] Tgb. Lyncker. - Geiss: Julikrise, Bd. 2, Nr. 1000 b, S. 556.
[2639] Tgb. Müller. - Görlitz: Kriegstagebücher, S. 39.
[2640] Moltke: Betrachtungen und Erinnerungen, Nov. 1914. - Meyer, Bd. 1, S. 398.
[2641] Ebd., S. 398.
[2642] Tgb. Müller. - Görlitz: Kriegstagebücher, S. 39.
[2643] Aufz. Tirpitz. - Tirpitz: Ohnmachtspolitik S. 17; Jagow meinte sich zu erinnern, daß Falkenhayn auf Seiten der Zivilisten gestanden habe. - Afflerbach: Falkenhayn S. 165, Anm. 78. Moltke selber beklagte sich im November 1914 „voll Bitterkeit über das Verhalten des Generals v. Falkenhayn, der bei der Szene im Schloß zugegen gewesen sei und anstatt ihn gegen das unsinnige Vorhaben des Kaisers zu unterstützen, stillgeschwiegen habe." Aufz. v. Haeften, o. J. - Meyer, Bd. 1, S. 404.
[2644] Aufz. Tirpitz. - Tirpitz: Ohnmachtspolitik S. 17.

seinen Adjutanten an, eine entsprechende Nachricht an die mit der Besetzung betrauten 16. Division in Trier zu schicken.[2645] Ein Augenzeuge notierte: „Zu allgemeinem Erstaunen erklärte Moltke, dass der Aufmarsch nach Westen nicht mehr aufzuhalten und dass trotz allem Frankreich mit Krieg überzogen werden müsste. Hierüber entspann sich nun eine äusserst lebhafte und dramatische Diskussion, Moltke, sehr erregt, mit bebenden Lippen, beharrte auf seinem Standpunkt; vergeblich redeten der Kanzler und der Kaiser und gelegentlich alle anderen auf ihn ein; bis Falkenhayn ihn beiseite nahm und zwischen beiden in einer Ecke des Sternensaals eine ruhige Aussprache stattfand."[2646] Falkenhayn berichtete darüber: „Er [Moltke, d. Verf.] behauptet völlig gebrochen zu sein, weil diese Entscheidung des Kaisers ihm zeigt, daß dieser immer noch auf Frieden hofft. Ich tröste Moltke. Seine Idee über die Gedanken S. M. teile ich, kann aber darin nichts für Moltke Verletzendes finden, wenn auch einige seiner Anordnungen zeitweise zurückgehalten werden, und den Kaiser ehrt das menschliche Denken nur. Freilich glaube ich nicht einen Augenblick daran, daß das Telegramm irgend etwas an dem ungeheuren Drama, das um 5 Uhr begonnen hat, ändern wird."[2647] Nach diesen Zusammenstößen wandte sich Tirpitz an Wilhelm II. und erklärte ihm seine Unterstützung; der Kaiser habe gar nicht anders handeln können.[2648] Wieder im Generalstab weigerte sich Moltke, eine Bestätigung des Befehls zu unterschreiben – Tappen mußte dies für ihn tun. Der Befehl kam dann für einige Truppenteile zu spät. Um 19 Uhr seien deutsche Truppen des 69. Regiments in Autos auf luxemburgisches Territorium vorgedrungen, die dann von anderen Soldaten, die ebenfalls motorisiert waren, mit der Erklärung, es handele sich um einen Irrtum, zurückgerufen worden seien, so beschwerte sich die luxemburgische Regierung beim deutschen Botschafter.[2649] Um 23 Uhr wurde der Generalstabschef erneut zum Kaiser befohlen. Dieser teilte ihm mit, nach neuesten Nachrichten aus der britischen Hauptstadt sei das Angebot Großbritanniens durch ein Mißverständnis seitens des deutschen Botschafters entstanden. Nun könne Moltke machen, was er wolle. Sofort erging der Befehl nach Trier, Luxemburg planmäßig zu besetzen.[2650] Über die Auswirkung dieser Ereignisse

---

[2645] Moltke: Betrachtungen und Erinnerungen, Nov. 1914. - Meyer, Bd. 1, S. 398 ff.
[2646] Tgb. Lyncker. - Geiss: Julikrise, Bd. 2, Nr. 1000 b, S. 557.
[2647] Vollständiges Tgb. Falkenhayn, BA-MA W-10/50635; bei Afflerbach irrtümlich: „Er behauptet, völlig [...] ihm zeige, daß dieser immer noch auf Frieden hofft. [...] Seine Idee über die Gedanken Seiner Majestät teile ich, [...] Freilich glaube ich keinen Augenblick daran, [...]." - Afflerbach: Falkenhayn S. 165 f.
[2648] Aufz. Tirpitz. - Tirpitz: Ohnmachtspolitik S. 18.
[2649] Tel. Dt. Gesandtschaft Brüssel. - DD, Bd. 3, Nr. 619, S. 101. Ab 02.08. 0.10, an 3.57 Uhr, wurde den militärischen Behörden mitgeteilt. - Ebd., Anm. 2.

auf ihn schrieb Moltke später: „Ich habe die Eindrücke dieses Erlebnisses nicht überwinden können, es war etwas in mir zerstört, das nicht wieder aufzubauen war, Zuversicht und Vertrauen waren erschüttert."[2651]

Im Tagebuch Falkenhayns findet sich vor diesen Ereignissen ein verwirrender Eintrag: „Bewege Moltke mit mir zu Jagow zu gehen, um die törichte vorzeitige Kriegserklärung an Rußland zu verhindern. Antwort: zu spät."[2652] Dies ist der erste Eintrag unter dem 1. August, danach wird berichtet, daß er sich mittags wegen der ausbleibenden russischen Antwort alleine zum Reichskanzler begab, um den Mobilmachungsbefehl zu erwirken. Worauf sich dann die oben geschilderten Vorgänge anschlossen.[2653] Ob der Streit über die Kriegserklärungen tatsächlich am 1. August stattfand, kann mit sehr starken Gründen bezweifelt werden. Der Eintrag im Tagebuch Falkenhayns ist mit blasserer Tinte in den eigentlichen Eintrag für den 1. August eingefügt worden. Im Reichsarchiv gab es Dokumente, die darauf hinwiesen, daß dieser Vorgang tatsächlich auf den 2. August fiel, so wurde nach dem Krieg recherchiert. Darunter befand sich auch ein Brief Falkenhayns an Bethmann Hollweg vom Juni 1919.[2654] Diese Mitteilung wurde von Bethmann selber unterstützt.[2655] Afflerbach und mit ihm viele andere bevorzugen aus chronologischen Gründen die Datierung auf den 1. August.[2656] Aber auch dies ist nicht ganz so einfach. Denn wenn Jagows Antwort, es sei bereits zu spät, nicht eine bewußte Fehlinformation war, so kann der Gang der beiden Militärs zu ihm nur zu einem Zeitpunkt stattgefunden haben, an dem ein

---

[2650] Moltke: Betrachtungen und Erinnerungen, Nov. 1914. - Meyer, Bd. 1, S. 398 ff. Zu der Entstehung des Mißverständnisses in London siehe Young H. S.: The Misunderstanding of August 1, 1914. In: Journal of Modern History, Vol. 48 1976, S. 644-665.

[2651] Moltke: Betrachtungen und Erinnerungen, Nov. 1914. - Meyer, Bd. 1, S. 401.

[2652] Vollständiges Tgb. Falkenhayn, BA-MA W-10/50635; bei Afflerbach irrtümlich zitiert: „Antwort ist: zu spät." - Afflerbach: Falkenhayn S. 162, Anm. 67.

[2653] Vollständiges Tgb. Falkenhayn, BA-MA W-10/50635.

[2654] Schreiben Wegerer an Jagow, 06.06.1927, BAB N 2131/1 (Nl. v. Jagow).

[2655] „Um daraus möglicher Weise entstehenden Fragen vorzubeugen, hat mir Herr von Falkenhayn auf Grund eigener Aufzeichnungen mitgeteilt, er habe von der Absicht, unsererseits Kriegserklärungen ergehen zu lassen, erst in den frühen Morgenstunden des 2. August erfahren und habe danach sofort in Gemeinschaft mit General von Moltke, der sich leicht habe überzeugen lassen, bei mir den Aufschub der nach seiner Ansicht nicht praktischen Uebereichung der Erklärungen beantragt." Bethmann selber konnte sich an die Vorgänge im Detail nicht mehr erinnern. Unveröffentlichtes Manuskript Bethmann Hollwegs zu Tirpitz Memoiren, o. J., BAK Kl. Erwerbungen Nr. 342-3 (Nl. Bethmann Hollweg).; näheres dazu, wie die Fundstelle des Schreibens Falkenhayns. - Afflerbach: Falkenhayn S. 162, Anm. 67.

[2656] Ebd., S. 162, Anm. 67; der gleichen Meinung ist Wegerer. - Wegerer: Ausbruch, Bd. 2, S. 182, besonders die Anm. ebd.

Widerruftelegramm die Botschaft in St. Petersburg nicht mehr erreicht hätte.[2657] Die Depesche mit der Kriegserklärung verließ Berlin um 12.52 Uhr.[2658] Gegen 16 Uhr begab sich Falkenhayn dann alleine zum Reichskanzler. Der Botschafter in St. Petersburg war instruiert worden, spätestens um 17 Uhr die Kriegserklärung zu übergeben. Nimmt man diese Zeitangaben zusammen, so muß das Gespräch mit Jagow eher in Richtung 16 Uhr als früher erfolgt sein. Dann wird es aber mit dem Ablauf schwierig: Falkenhayn und Moltke bei Jagow, sie trennen sich, Falkenhayn begibt sich wegen der Mobilmachung alleine zum Reichskanzler und Moltke wird schließlich hinzutelephoniert. In den Beratungen spricht nur Tirpitz die Kriegserklärung an Rußland an und muß sich von Moltke sagen lassen, es müsse sofort vorgegangen werden. Warum sprang die Heeresleitung nicht auf Tirpitz fahrenden Zug? Warum mußte auf der anderen Seite Falkenhayn Moltke am 2. August bewegen, gegen die Kriegserklärung an Rußland zu protestieren, wenn diese bereits in den Nachmittagsbesprechungen des 1. August erwähnt worden war? Eine eindeutige Klärung wird sich schwer finden lassen. Wegen des engen zeitlichen Rahmens und dem Verhalten der Heeresleitung auf der Konferenz erscheint es am wahrscheinlichsten, daß der Protest irgendwann nach der Sitzung erfolgte. Am besten würde die Besprechung beim Reichskanzler in der Nacht passen, über die noch zu berichten sein wird. Dort ergeben sich allerdings inhaltliche Probleme. Denn zum einen waren dort nicht nur Jagow, sondern auch Bethmann Hollweg und andere anwesend; zum anderen ging es dort um die Fragen, ob man sich bereits mit Rußland im Krieg befinde und wann die Kriegserklärung an Frankreich erfolgen solle.[2659] Es erscheint am klügsten, die Frage nach dem Termin des Einspruchs der beiden Militärs gegen die Kriegserklärungen einfach offen zu lassen.

Zwei Dinge bleiben noch zu klären: warum reagierte Moltke so emotional auf das Ansinnen, den Aufmarsch in den Osten zu verlagern und den Einmarsch in Luxemburg zu stoppen? Damit verbunden ist die Frage, ob seine Auskunft, eine Aufmarschverlegung sei technisch nicht machbar, plausibel war. Die emotionale Reaktion des Generalstabschefs hing zum einen sicherlich mit der Tatsache zusammen, daß der Kaiser mit den Zivilisten ihm auf einmal in seine Planungen hereinredete.[2660] In Anbetracht der Furcht vor der komplizierten Mobilmachung und vor feindlichen Überfällen, die den Aufmarsch beeinträchtigen könnten, war

---

[2657] Von einer bewußten Täuschung Jagows spricht Klein S. 282.

[2658] Damit entfällt Afflerbachs Einordnung des Gesprächs zwischen Jagow und den Militärs „am Vormittag". - Afflerbach: Falkenhayn S. 162.

[2659] Aufz. Tirpitz über Nachtsitzung beginnen 2.30, diktiert 3.50 Uhr. - Tirpitz: Ohnmachtspolitik S. 20.

[2660] Aufz. v. Haeften, o. J. - Meyer, Bd. 1, S. 404. Besonders Wilhelm II. betonend. - Wallach: Dogma S. 99; Deist: Kriegsherr S. 29 f.

ein solch rüder Eingriff in die Planungen abzulehnen; hatte man doch gerade versucht, das Element der Unsicherheit durch eine immer aufwendiger werdende Planung auszuschalten. Eine größere Rolle wird gespielt haben, daß Moltke, nachdem er selber seine inneren Zweifel überwunden hatte und auf den Krieg bestand, ihn jetzt auch auf jeden Fall wollte. Seine Äußerung gegenüber Falkenhayn, der Kaiser würde wohl noch immer auf Frieden hoffen, zeigt seine Befürchtung, von dieser Seite vielleicht doch noch in letzter Sekunde einen Strich durch die Rechnung gemacht zu bekommen. Moltkes Wille zum Krieg, ja sein Herbeisehnen, findet Ausdruck in einem Ausruf, den Admiral v. Müller während der Gespräche am Nachmittag notierte: „Jetzt fehlt nur noch, daß auch Rußland abschnappt."[2661] Die Aussicht, den nach solchen inneren Kämpfen erreichten eigenen Kriegswunsch nicht umsetzen zu können, stürzte Molkte in einen emotionale Krise. Die Mischung aus Angst vor dem Krieg und der Hoffnung, ihn zum jetzigen Zeitpunkt noch gewinnen zu können, bestimmten die Pole des Denkens des Generalstabschef. Dieses Hin- und Hergerissensein zwischen einander diametral entgegengesetzen Effekten verursacht nunmal eine tiefe emotionale Reaktion.[2662] Dieses Schwanken wird nur vor dem Hintergrund der sich auf alle militärischen Gebiete erstreckenden Unsicherheit verständlich. Auch hier war Falkenhayn wieder der Ruhigere von beiden, der mit nüchternem Blick für die Tatsache nicht daran zweifelte, daß der Krieg nunmehr nicht mehr zu vermeiden sei. Eng damit hängt auch die Frage zusammen, ob Moltkes Auskunft an Wilhelm II., eine Verlagerung des Aufmarsches sei technisch nicht machbar, zutreffend war. Groener als Chef der Eisenbahnabteilung war überzeugt, einen Wechsel des Aufmarsches vom Westen in den Osten durchführen zu können.[2663] Spätere Historiker teilen diese Meinung.[2664] Fest steht, daß nach dem Schlieffenplan eine Verlegung des Heeres von dem Westen in den Osten nach dem Sieg über Frankreich vorgesehen war. Daß es gewisse Vorbereitungen für diesen Fall gab, dafür spricht, daß man schon vor dem Ablauf des Aufmarsches begann, im Westen eine Reserve von leeren Waggons anzulegen, die für acht Armeekorps gereicht hätten. Neben der Verlagerung von Verstärkungen war sie für die Verlegung von Truppen an die Ostfront gedacht.[2665] Entweder gab es dafür schon Vorbereitungen oder man hoffte, dies improvisieren zu kön-

---

[2661] Tgb. Müller. - Görlitz: Kriegstagebücher, S. 39.

[2662] Radkau S. 459.

[2663] Groener: Lebenserinnerungen S. 145 f.

[2664] Geyr v. Schweppenburg S. 152; Mai: Ende S. 27 f.; ohne Quellenangabe gibt Tuchmann an, Moltke habe sechs Monate nach Kriegsausbruch selbst eingeräumt, eine Verlagerung des Aufmarsches wäre möglich gewesen. - Tuchmann S. 89. Als Generalstabsoffizier besonders qualifiziert für ein Urteil. - Staabs S. 52 ff.

[2665] Ebd., S. 44.

nen; in beiden Fällen hätte Moltke dem Kaiser ehrlicherweise antworten müssen, dies könne er nur nach Rücksprache mit seinen Spezialisten entscheiden. Aber genau das tat Moltke ja nicht – er antwortete sofort und spontan, dies sei unmöglich. Er wollte eben jede Verzögerung vermeiden und jede Hoffnung auf einen Ausgleich in letzter Sekunde schon im Keim ersticken. Der Aufmarsch mußte einfach im Westen erfolgen, weil nur dann eine Chance zum sofortigen Krieg bestand. Moltkes Weigerung, auf die Forderung des Kaisers nach der Aufmarschverlagerung einzugehen, und Wilhelms II. Verzicht, darauf zu bestehen, markiert einen entscheidenden Punkt in dem Bemühen, den Kaiser aus den militärischen Entschlüssen herauszuhalten.[2666] Diese Ausschaltung des Kaisers sollte darin gipfeln, daß er sich im Krieg allen von Hindenburg und Ludendorff erhobenen Forderungen beugen mußte, die zudem noch die größere Popularität auf ihrer Seite hatten.[2667]

Der Mobilmachungsbefehl leitete die Überführung der deutschen Streitkräfte in den Kriegsstand ein. Dies bedeutete die Mobilmachung von acht Armeeoberkommandos, 26 Armeekorps, 13 Reservekorps und einer Reservedivision, einem Landwehrkorps, elf Kavallerie-Divisionen, mehrerer Ersatzdivisionen, einer gemischten Ersatz-Brigade und 24 1/2 gemischte Landwehr-Brigaden. Die 26 Armeekorps bestanden aus den im Frieden bestehenden 25 Korps und dem jetzt gebildeten Garde-Reserve-Korps, welches als aktives gezählt wurde.[2668] Um die benötigte Personalstärke zu erreichen, wurden 2.400.000 Reservisten eingezogen.[2669] Der Bestand an Pferden wurde von circa 100.000 auf ungefähr 715.000 vermehrt.[2670] Ein aktives Korps in Kriegsstärke hatte 41.000 Soldaten, 14.000 Pferde und 2.400 Wagen und Geschütze; zu seinem Transport ins Aufmarschgebiet wurden 106 Eisenbahnzüge benötigt.[2671] Zusätzlich zu den regulären Reservedivisionen wurden nun auf Befehl aus dem Generalstab sieben Ersatzdivisionen aufgestellt.[2672] Die Ausrüstung dieser Verbände bereitete größte Schwierigkeiten, da dafür nichts vorbereitet worden war. Dies lag daran, daß das für diese Vorsorge zuständige Kriegsministerium über diese Aufstellungen nichts wußte. In Gesprächen vor der Mobilmachung hatte es ausdrücklich sei-

---

[2666] Kitchen S. 38.

[2667] Ebd., S. 25.

[2668] Rüdt v. Collenberg: Armee S. 115. Mit leicht anderen Zahlenangaben. - Jany: Armee S. 336 f.; Schmidt-Richberg S. 56 f.; Cron: Geschichte S. 87; Herrmann: Militärgeschichte S. 275.

[2669] Fiedler S. 65.

[2670] Bucholz S. 162.

[2671] Ortenburg S. 211; das Reichsarchiv benennt 140 Züge. - Reichsarchiv: Weltkrieg, Bd. 1, S. 144.

[2672] Montgelas: Mobilmachung S. 6.

tens des Generalstabs geheißen, diese Verbände nicht aufstellen zu wollen.[2673] Die Erscheinung, daß auf einmal Änderungen in der bisherigen Planung vorgenommen wurden, war also auch an der militärischen Spitze zu finden. Die Festungen wurden nun offiziell in gefechtsfähigen Zustand versetzt.[2674]

Die Marine bestellte 48 Torpedoboote.[2675] An sich sollte nun mit der Ausrüstung der eingeplanten Hilfskreuzer begonnen werden, von denen befanden sich aber nur zwei in deutschen Häfen, wozu noch ein Ersatzschiff kam.[2676] Man verzichtete dann auf den Umbau bei vielen dieser Schiffe, so daß letzten Endes nur „Kaiser Wilhelm der Große" tatsächlich zum Hilfskreuzer umgebaut wurde.[2677] Von den Schiffen in ausländischen Gewässern konnten nur drei zu Hilfskreuzern umgebaut werden; bei den anderen gelang dies nicht, da diese auf Routen fuhren, die sie nicht an die vorher festgelegen Umrüstungspunkte heranführten.[2678] Es war eben vor Ausspruch der Mobilmachung dem freien Willen der Reedereien überlassen, wohin sie ihre Schiffe schickten. Dafür wurden aber zahlreiche Hilfsschiffe in Dienst gestellt.[2679] Die Hilfsstreuminendampfer wurden ausgerüstet.[2680] Aus Fischdampfern wurden sowohl in der Nord- als auch der Ostsee Hilfsminensucheinheiten gebildet.[2681] Die Auslandsstationen sorgten, soweit dies noch nicht geschehen war, für den Nachschub der deutschen Schiffe und versuchten, sichere Nachrichtenverbindungen mit der Heimat herzustellen.[2682]

Mit der Mobilmachung wurde für die Grenzkorps die kaiserliche Verfügung zum Aufruf des Landsturms erlassen.[2683] Darunter auch für das XIV. A. K., welches diese Maßnahme ja bereits am 31. Juli verfügt hatte. Außerdem wurde noch

---

[2673] Schreiben v. d. Bergh, Mobilmachungsreferent im Preuß. Kriegsministerium an Reichsarchiv, Bl. 03 f., 10.01.1917, BA-MA W-10/50629; während das Kriegsministerium nicht informiert wurde, hatte der Generalstab sich an das Militärkabinett wegen der in diesen Einheiten zu besetzten Offiziersstellen gewandt, ebd.; siehe dazu auch Reichsarchiv: Kriegsrüstung, Bd. 1, S. 215 f.

[2674] Cron: Organisation S. 160.

[2675] Marine-Archiv: Überwasserstreitkräfte S. 49.

[2676] Ebd., S. 145.

[2677] Ebd., S. 146.

[2678] „Kronprinzessin Wilhelm", „Prinz Eitel Friedrich", „Yorck". - Ebd., S. 147.

[2679] Ebd., S. 245 ff.

[2680] Ebd., S. 113 ff.

[2681] Ebd., S. 117 ff.

[2682] Marine-Archiv: Kreuzerkrieg, Bd. 2, S. 123 ff., 221 ff.

[2683] Es handelte sich um das I., II., V., VI., VIII., IX., X., XIV., XV., XVI., XVII., XVIII., XX., XXI. A. K.-Reichsgesetzblatt 1914, Nr. 4426, Nr. 49, S. 273. Dazu kam noch das II. bayerische A. K., Manuskript: Die deutsche Armee bei Kriegsausbruch, o. J., [um 1920], Bl. 11, BA-MA W-10/50891; siehe auch Reichsarchiv: Weltkrieg, Bd. 1, S. 103.

eine Verordnung über die Eisenbahnen, die in der in der Nähe des Kriegsschauplatzes lägen, veröffentlicht. Bei diesen Bahnen hatte das Militär besondere Rechte. Kurzerhand wurden alle deutschen Eisenbahnen zu solchen erklärt.[2684] Die finanzielle Mobilmachung verlief parallel zur militärischen. Der Kriegsschatz im Juliusturm und die greifbaren Bargeldbestände des Staats wurden der Reichsbank zur Erhöhung ihres Metallbestandes übergeben. Der Finanzbedarf der Mobilmachung selber wurde durch kurzfristige Kredite der Reichsbank gedeckt.[2685]

Mit der Mobilmachung übernahm der Kaiser den Oberbefehl über alle deutschen Truppen. Damit fand die bisherige bundesstaatliche Gliederung teilweise ihr Ende. Wilhelm II. bestimmte nun, daß ab dem 1. Mobilmachungstag seine Befehle durch den Generalstabschef der Truppe zuzugehen haben; das Bayerische Kriegsministerium werde jedoch von allen Anordnungen Kenntnis erhalten.[2686]

Nach dem Erlaß des Mobilmachungsbefehls schrieb der bayerische Militärbevollmächtigte wieder nach München. Es werde alles versucht, Italien doch noch beim Bündnis zu halten. Es halte sich das Gerücht, daß Rußland um eine Fristverlängerung nachgesucht habe. Die deutsche Kriegserklärung sei dem Botschafter in St. Petersburg übermittelt worden. Die Übergabe erfolge nach einer unbefriedigenden russischen Antwort auf das Ultimatum.[2687]

Um 19.10 Uhr wurde dann die deutsche Kriegserklärung an Rußland übergeben.[2688] Dennoch war nicht überall am Abend die Hoffnung auf Frieden verschwunden: „Wie mir GM. Wild v. Hohenborn sagte, hält er nach Lage der Verhältnisse es nicht für ausgeschlossen, daß es doch nicht zum Kriege kommt, da Rußland sich besinnen wird, wenn Frankreich nicht mit mache. Diese Ansicht hört man auch in diplomatischen Kreisen. Man sagt, daß Frankreich u. England den Krieg nicht wollten."[2689] Diese Mitteilung mahnt dazu, die Stringenz im Denken der deutschen Führung in der Julikrise nicht zu überschätzen. Gegen alle Wahrscheinlichkeit gab es immer noch Leute, die die Hoffnung noch nicht aufgegeben hatten. Der Glaube an eine Kriegsunlust im Westen muß sehr stark gewesen sein, wenn er auch nach dem Ausspruch der deutschen Mobilmachung

---

[2684] Reichsgesetzblatt 1914, Nr. 4427, Nr. 49, S. 274.
[2685] Reichsarchiv: Kriegsrüstung, Bd. 1, S. 478.
[2686] Schreiben Preuß. Kriegsministerium M. J. Nr. 91/14. A 1 an Bayr. Kriegsministerium, BHStA Abtl. IV A. O. K. 6 Nr. 369.
[2687] Bericht Wenninger. - Schulte: Dokumente, Nr. 7, S. 140. Bericht Nr. 7. - DD, Bd. 4, Anhang IV a, Nr. 10, S. 159 f.; BHStA Abtl. IV M Kr Nr. 1765.
[2688] Kuhl: Generalstab S. 119.
[2689] Ergänzungsbericht Sächs. Militärbevollmächtigter zu Bericht Nr. 83/3571, SHStA Sächs. Militärbevollmächtigter Nr. 4222.

noch trägt. Dies erlaubt den Rückschluß, daß zu Beginn der Julikrise tatsächlich mit einem Eingreifen anderer Mächte nicht gerechnet wurde.

Wie an den vorangegangenen Tagen war auch am 1. August der Nachrichtendienst tätig. Das Heer klärte gegen Lüttich auf.[2690] Der Marinenachrichtendienst entsandte aus Deutschland Agenten nach Schweden und Südfrankreich.[2691] Die bereits im Osten vor Ort befindlichen Agenten erhielten neue Instruktionen.[2692]

In der Marine wurden zunächst die Vorbereitungen für den Krieg fortgesetzt. Wie an den Vortagen wurde die See überwacht.[2693] Der frisch ernannte Oberbefehlshaber der Ostsee, Prinz Heinrich, teilte in einem ersten Tagesbefehl seine Ernennung mit.[2694] Aus Wilhelmshaven wurde per Fernspruch um 15.12 Uhr gemeldet, der Hilfsstreuminendampfer A sei fertig. Von der Besatzung war der Erste Offizier noch nicht eingetroffen.[2695] Im Verlaufe des Tages warnte das RMA den Admiralstab, die Mobilmachung sei am Nachmittag zu erwarten; mit einer bald darauf folgenden Erklärung, Deutschland befinde sich im Krieg mit Frankreich und Rußland, sei zu rechnen. Wegen Großbritannien sei noch nichts entschieden.[2696] Also wieder eine Vorwarnung wie am 31. Juli vor der „drohenden Kriegsgefahr". Solche Hinweise halfen der Truppe, sich auf das Kommende vorzubereiten und den manchmal etwas langsamen offiziellen Nachrichtenweg zu verkürzen. Im Unterschied zur Warnung vor dem baldigen Eintritt der „drohenden Kriegsgefahr" am Vortag findet sich aber am 1. August kein Hinweis auf eine auf dieses Telegramm erfolgte Maßnahme. Dies mag allerdings auch einfach an der Überlieferung liegen. Um 18 Uhr trafen die aus der Ostsee in die Nordsee verlegten Schiffe aus Kiel in Wilhelmshaven ein.[2697] In Cuxhaven wurde mit der Ausrüstung des Hilfsminenstreudampfers „Königin Luise" begonnen.[2698] Im RMA ging der Mobilmachungsbefehl um 18.20 Uhr ein.[2699] Der Admiralstab gab den Befehl zur Mobilmachung an die Schiffe im Ausland so-

---

[2690] Briefe Major Scherlaus an Reichsarchiv, 17. u. 19.10.1920, BA-MA W-10/50951.

[2691] Aufz. Entsendung der in Deutschland ansässigen B. E. am 31.07. und 01.08.1914, BA-MA RM 5/3652.

[2692] Brieftgb. Nachrichtenabtl. d. Admiralstabs Kriegsperiode 1914 Östlicher Kriegsschauplatz, BA-MA RM 5/3685.

[2693] Marine-Archiv: Nordsee, Bd. 1, S. 29.

[2694] KTB f. d. Osten Sektion II A d. Admiralstabs, BA-MA RM 5/198.

[2695] BA-MA RM 5/4358.

[2696] Tel., BA-MA RM 5/4515.

[2697] Marine-Archiv: Nordsee, Bd. 1, S. 25; zu der Verlegung siehe Kapitel V. 2. c Die Julikrise: 31. Juli, S. 376.

[2698] Marine-Archiv: Nordsee, Bd. 1, S. 65.

[2699] Tirpitz: Ohnmachtspolitik S. 17, Anm. 3.

wie die Auslandsstationen weiter. Die Station New York wurde angewiesen, mit dem Programm zur Kohlebeschaffung zu beginnen.[2700] Um 19.30 Uhr bestätigte der Flottenchef den Eingang eines Befehls, Bewegungen der Schiffe, „die zu unbeabsichtigten Feindseligkeiten gegen englische Schiffe führen könnten, unter allen Umständen" zu vermeiden.[2701] Kurz darauf traf der Mobilmachungsbefehl bei der Flotte ein.[2702] Zusammen mit dem Mobilmachungsbefehl war für die Einheiten in der Ostsee die Anordnung erteilt worden, zunächst ein abwartendes Verhalten an den Tag zu legen.[2703] Als erstes Unternehmen für die Ostsee war ein Vorstoß gegen Libau geplant. Der Operationsbefehl dafür erging am 1. August. Demnach sollte vor Libau eine Minensperre gelegt und die Stadt anschließend beschossen werden. Auf dem Hin- und Rückweg sei stärkeren russischen Einheiten auszuweichen, schwächere seien anzugreifen. Nach dem Unternehmen sei Aufklärung befohlen, solange die Brennstoffvorräte reichten. Wichtig sei dabei zu erkunden, ob die Russen offensiv vorgehen wollen und gegen welchen Abschnitt der deutschen Küste sich eine eventuelle Offensive richte.[2704] Der Kommandant des Kreuzers „Magdeburg" erhielt Anweisung, sich mit seinem Schiff an dem geplanten Unternehmen gegen Libau zu beteiligen.[2705] Die Auslandsstationen begannen, nachdem ihnen der Befehl zur Mobilmachung bekanntgeworden war, mit ihren Nachschubtätigkeiten.[2706] Damit hatte der Krieg die Weltmeere erreicht.

Neben der bereits zuvor angeordneten Bewachung von Bahnen und Kunstbauten kam am 31. Juli mit der „drohenden Kriegsgefahr" noch der Grenz- und Küstenschutz hinzu. Die komplette Bewachung der Grenze trat erst mit dem Mobilmachungsbefehl in Kraft. Jetzt erst erhielten die einzelnen Generalkommandos die finanziellen Mittel zum Ausbau der Grenzsperren vom Kriegsministerium überwiesen.[2707] Zunächst aber galt es, die Aktivitäten des Vortages zum Schutz der Grenzen fortzusetzen. Auch bei der Durchführung dieser Aufgaben kam es zu

---

[2700] Brieftgb. Abtl. B II d. Admiralstabs, BA-MA RM 5/223.

[2701] Fernspruch aus Wilhelmshaven, BA-MA RM 5/4515; Manuskript: Die deutsche Armee bei Kriegsausbruch, o. J., [um 1920], Bl. 151, BA-MA W-10/50891; siehe auch Marine-Archiv: Nordsee, Bd. 1, S. 25.

[2702] Manuskript: Die deutsche Armee bei Kriegsausbruch, o. J., [um 1920], Bl. 151 f., BA-MA W-10/50891.

[2703] Marine-Archiv: Ostsee, Bd. 1, S. 30 f.

[2704] Zit. nach ebd., Bd. 1, S. 32.

[2705] Ebd., Bd. 1, S. 32.

[2706] Marine-Archiv: Kreuzerkrieg, Bd. 1, S. 91, 102, 110; Bd. 2, S. 233, 227, 335.

[2707] Vorgeschichte: Montgelas, Anlage 32, S. 72. Jedermanns Wünsche konnten dabei nicht befriedigt werden, das XVI. A. K. erhielt viel weniger Geld als es beantragt hatte mit dem Hinweis, die Grenzsperren eben sparsamer auszubauen. - Ebd., S. 72 f.

Friktionen. Das Hauptzollamt Waldsassen fragte um 8 Uhr beim Generalkommando des III. A. K. an, ob die zur Überprüfung der Personen im Eisenbahnverkehr in Waldsassen und Schirnding errichteten Kontrollstationen, die man seinerzeit auf Anweisung eingerichtet habe, noch bestehen bleiben sollten, da sie in der Bekanntmachung über den Übergang der vollziehenden Gewalt an die Militärbefehlshaber nicht genannt würden.[2708] Das Generalkommando telegraphierte zurück, es sei wie vorgesehen zu verfahren und die Bekanntmachung entsprechend zu ändern.[2709] Erste Teile der I. Abteilung des Feldartillerie-Regiments 76 wurden in den frühen Morgenstunden aus Freiburg abtransportiert, um die Grenzschutzstellungen bei Mühlhausen zu besetzen.[2710] Es dauerte dann bis in die Abendstunden, bis auch der Rest des Regiments folgte.[2711] Im Verlaufe des Morgens verließen die ersten Transporte des 1. Landsturm-Infanterie-Regiments Stockach diesen Ort, um zu ihren Einsatzorten zu gelangen.[2712] Beim Landsturm-Bataillon Mannheim begann das Ausrücken in die Sicherungsgebiete um 17 Uhr.[2713] Auch der Landsturm in Lörrach konnte schon am 1. August seine Bewachungsaufgaben übernehmen.[2714] Zwar begann der Landsturm in Offenburg, die Sicherungskommandos um 19.45 Uhr abzutransportieren, es mußte aber negativ bemerkt werden, daß „eine grosse Anzahl" der einberufenen Männer noch fehle.[2715] Die 11. Infanterie-Brigade in Ingolstadt erhielt gegen Mittag von ihrem General Instruktionen wegen des Verhaltens im Bahnschutz. Nach dem Eingang der Mobilmachung wurden die Anweisungen für den Grenzschutz im Bereich des XVI. A. K., wo die Brigade nach ihrem Abtransport zur Grenze eingesetzt werden sollte, geöffnet und für die Regimenter vervielfältigt.[2716] Um

---

[2708] Tel., BHStA Abtl. IV Gen. Kdo. III. A. K. (WK) Bund 7.

[2709] Notiz auf Tel., ebd.

[2710] I. Abtl. um 4.30 Uhr, KTB Stab Feldart.-Reg. 76, 31.07.-12.08.1914, GlAK Abtl. 456 EV. 143, Bund 5, Heft 1; nach dem KTB der I. Abtl. waren dies nur Teile und sie fuhren um 3.50 Uhr ab; der Rest d. Abteilung sei um 21.40 Uhr abtransportiert worden, KTB I. Abtl. Feldart.-Reg. 76, 02.08.-30.11.1914, GlAK Abtl. 456 EV. 143, Bund 5, Heft 15.

[2711] Um 21.40 Uhr, KTB Stab Feldart.-Reg. 76, 31.07.-12.08.1914, GlAK Abtl. 456 EV. 143, Bund 5, Heft 1; KTB I. Abtl. Feldart.-Reg. 76, 02.08.-30.11.1914, GlAK Abtl. 456 EV. 143, Bund 5, Heft 15.

[2712] KTB Lst.-Inf.-Batl. Stockach 1 (XIV/10), 31.07.1914-22.06.1915, GlAK Abtl. 456 EV. 142, Bund 25, Heft 18.

[2713] KTB Lst.-Inf.-Batl. Mannheim 1 (XIV/11), 31.07.1914-28.02.1915, GlAK Abtl. 456 EV. 142, Bund 25, Heft 16.

[2714] KTB Lst.-Inf.-Batl. Lörrach 1 (XIV/8), 31.07.1914-25.05.1915, GlAK Abtl. 456 EV. 142, Bund 25, Heft 34.

[2715] KTB Lst.-Inf.-Batl. Offenburg 1 (XIV/6), 31.07.1914-05.02.1915, GlAK Abtl. 456 EV. 142, Bund 24, Heft 4.

[2716] KTB Inf.-Brig. 11, BHStA Abtl. IV 11. Inf.-Brig. (WK) Bund 1.

23 Uhr erhielt die II. Abteilung/Feldartillerie-Regiment 11 seitens der 7. Infanterie-Brigade den Hinweis, daß der Grenzschutz weiter nach vorn verlegt werde. Der Abmarsch erfolge am 2. August 3 Uhr.[2717] Das Infanterie-Regiment 134 wurde angewiesen, die Bahnwachen zu verstärken.[2718]

Wie am Vortage, so hielten auch am 1. August die Aktivitäten an der Grenze zu Frankreich an. Per Telegramm meldete die 58. Infanterie-Brigade aus Mühlhausen die Einnahme ihrer Grenzschutzstellungen.[2719] Beim 8. Infanterie-Regiment hatte das I. Bataillon am Abend Sicherungsstellungen in der Festung Metz und an Bahnlinien bezogen. Der Adjutant des Regiments und seine Kollegen aus den Bataillonen hielten sich in Anbetracht des zu erwartenden Mobilmachungsbefehls den ganzen Tag über in der Stadt Metz auf.[2720] Die Kompanien des I. Bataillons/Infanterie-Regiment 113 richteten sich in ihren Grenzstellungen ein; diese und die angelegten Sperren wurden ausgebaut. Der Stab beschäftigte sich mit dem Ausbau der Nachrichtenverbindungen zu den einzelnen Posten.[2721] Die Truppen des Fußartillerie-Regiments 12 verbrachten den Tag in der Festung Metz. Dessen I. Bataillon diente am 1. August als Alarmeinteilung zu einer Befestigung. Nach Erlaß des Mobilmachungsbefehls wurden die Munition ausgegeben und die Kriegsgesetze verkündet.[2722] Das II. Bataillon arbeitete weiter in seinen Stellungen.[2723] Ähnliche Arbeiten verrichtete die 8. Batterie des 12. Fußartillerie-Regiments. Nach Eingang des Mobilmachungsbefehls wurde mit dem Einzug der Friedensuniformen begonnen.[2724] Bei der 6. Batterie standen hauptsächlich Befestigungsarbeiten auf dem Dienstplan.[2725] Die 3. Batterie des Regiments führte die vorgeschriebenen Sicherungsaufgaben durch, machte die Muni-

---

[2717] KTB Stab II. Abtl. Feldart.-Reg. 11, 30.07.-31.10.1914, BHStA Abtl. IV 11. Feldart.-Reg. (WK) Bund 72, Akt 1.

[2718] Befehlsbuch I. Batl. Inf.-Reg. 134, 26.06.-07.08.1914, SHStA Sächs. Kriegsarchiv (P) Nr. 27512.

[2719] Tel. an 29. Div., ab 8.30, an 9.55 Uhr, Anlagen z. KTB 29. Inf.-Div., 29.07.-08.08.1914, GlAK Abtl. 456 EV. 12, Bund 21, Heft 2.

[2720] KTB I. Batl. Inf.-Reg. 8, 01.08.1914-05.03.1915, BHStA Abtl. IV 8. Inf.-Reg. (WK) Bund 6.

[2721] KTB I. Batl. Inf.-Reg. 113, 30.07.1914-21.06.1915, GlAK Abtl. 456 EV. 142, Bund 7, Heft 8.

[2722] KTB I. Batl. Fußart.-Reg. 12, 31.07.-31.10.1914, SHStA Sächs. Kriegsarchiv (P) Nr. 31107.

[2723] KTB II. Batl. Fußart.-Reg. 12, 01.08.1914-31.12.1916, SHStA Sächs. Kriegsarchiv (P) Nr. 31331.

[2724] KTB 8. Battr. Fußart.-Reg. 12, 31.07.1914-18.01.1915, SHStA Sächs. Kriegsarchiv (P) Nr. 33185.

[2725] KTB 6. Battr. Fußart.-Reg. 12, 31.07.-17.11.1914, SHStA Sächs. Kriegsarchiv (P) Nr. 32880.

tion fertig und bereitete sich auch sonst vor. An diesen Aktivitäten änderte auch der Eingang des Mobilmachungsbefehls nichts.[2726] Ebenfalls mit dem Ausbau der Stellungen war die 4. Eskadron des 3. Chevaulegers-Regiment beschäftigt. Hier bediente man sich der Hilfe von Zivilisten, um einen Schützengraben auszuheben. Ausdrücklich wurde im Kriegstagebuch festgehalten, daß weder bei dieser noch bei anderen Gelegenheiten es irgendwelche Schwierigkeiten gab oder gar Feindseligkeit bei den Bewohnern festgestellt werden konnte.[2727] Die 1. Eskadron des Chevaulegers-Regiment 5 begann um 22 Uhr mit der Aussendung von Patrouillen, die der Straßensicherung und der Verhaftung verdächtiger Personen dienten.[2728] Die Festung Diedenhofen wurde durch den Stab der 45. Kavallerie-Brigade, das Jäger-Regiment zu Pferd 13 und die MG-Abteilung 6 verstärkt.[2729] In der Nacht wurde nach einem Telephongespräch mit Moltke seitens des XVI. A. K. befohlen, jede Grenzüberschreitung und jede Feindseligkeit deutscherseits zu vermeiden, da sich Frankreich noch nicht im Krieg mit dem Reich befände.[2730] Da es schon am Vortag zu Grenzverletzungen durch deutsche Truppen gekommen war, erwies sich ein solcher Befehl als bitter nötig.[2731] Bei der Führung liefen allerdings auch zahlreiche Meldungen über Grenzüberschreitungen durch die Franzosen ein.[2732]

Der Grenzschutz beim XIV. A. K. konnte mit Tagesanbruch des 1. August als aufgezogen betrachtet werden.[2733] Das XVI. A. K. regelte nach Eingang des Mobilmachungsbefehls Einzelheiten in einem Korpsbefehl. Demnach war festgestellt worden, daß sich die Lieferanten für die Truppe jetzt häufig weigerten, ihre vertraglichen Verpflichtungen zu Lebensmittellieferungen zu erfüllen. Die Truppe habe aber weiterhin ihren Küchenbedarf bei diesen Lieferanten zu decken. Eine Ausnahme bildeten Fleisch- und Gemüsekonserven, mit denen aber

---

[2726] KTB 3. Battr. Fußart.-Reg. 12, 26.07.1914-10.08.1915, SHStA Sächs. Kriegsarchiv (P) Nr. 32429.

[2727] KTB 4. Esk. Chev.-Reg. 3, 28.07.-06.08.1914, BHStA Abtl. IV 3. Chev.-Reg. (WK) Bund 32.

[2728] KTB 1. Esk. Chev.-Reg. 5, 30.07-04.11.1914, BHStA Abtl. IV 5. Chev.-Reg. (WK) Bund 19.

[2729] Manuskript: Die deutsche Armee bei Kriegsausbruch, o. J., [um 1920], Bl. 95, BA-MA W-10/50891.

[2730] Ebd., Bl. 95.

[2731] Ebd., Bl. 95.

[2732] So von der 39. Inf.-Div., Jäger-Batl. 14, Inf.-Reg. 142, dort wurde um Anweisung gebeten, wie man sich im Wiederholungsfalle zu verhalten habe. - Graf M. Montgelas: Grenzverletzungen vor Kriegsausbruch 1914. S. 977 f., in: Kriegsschuldfrage, 5. Jg. 1927, S. 977-982.

[2733] Manuskript: Die deutsche Armee bei Kriegsausbruch, o. J., [um 1920], Bl. 123, BA-MA W-10/50891.

jetzt sparsam umzugehen sei. Die Versendung solcher Konserven an andere Standorte unterbleibe bis auf weiteres. Der stellvertretende Vorstand des Einquartierungsamts werde am 3. Mobilmachungstag eintreffen. Die Familien der Offiziere und Unteroffiziere und die Arbeiter der Fortifikation, des Proviantamts und der Garnisonsverwaltung haben am dem 4. Mobilmachungstag, dies sei der 5. August, die Festung mit den bereits bekanntgegebenen Zügen zu verlassen. Pro Person sei höchstens 100 kg Gepäck erlaubt. Einzelheiten würden noch bekanntgegeben. Bis zum Eintreffen des Polizeimeisters versehe seine Stelle der Polizeipräsident. Die Panzertürme der Festen seien durch Posten zu sichern. Schließlich könnten beim Artilleriedepot ältere Geschoßtransportkörbe empfangen werden, die anstelle von Sandsäcken im Stellungsbau verwendet werden sollten.[2734] Zur Vorbereitung und Regelung weiterer Einzelheiten erließ das Gouvernement der Festung Metz einen Befehl. General v. Oven sei neuer Chef des Gouvernements. Über die von zivilen Stellen ausgeliehenen Pferde und Fahrzeuge sei dem Gouvernement Meldung zu erstatten. Das zivile Personal der Fernsprechkompanie sei durch eine Armbinde gekennzeichnet. Dieses Personal sei von den Stellen zu verpflegen, denen sie hauptsächlich dienten. Diese Leute seien nicht in der Lage, Telegramme auszutragen; die Truppe habe das Notwendige selber zu verantworten. Weiter wurden in dem Befehl die Mitglieder des außerordentlichen Gerichts bekanntgegeben. Die Ausgabe von Ausweisen, welche zum Verkehr innerhalb der Fortlinie berechtigten, wurde ebenso geregelt wie die Abholung von Ergänzungsmannschaften am Bahnhof. In dem Befehl wurde auch auf die Belastung der Nachrichtenverbindungen hingewiesen: „Das Nachrichtennetz wird vielfach durch unwichtige Telegramme u. Fernsprüche belastet. Solche sind zu vermeiden."[2735] Wieder zeigt sich, daß die Planung der deutschen Mobilmachung nicht so perfekt war, wie man später behauptet hat. Unklarheiten, welche teilweise durch die Planung selber und teilweise durch den Ablauf der Ereignisse bzw. plötzliche Änderungen hervorgerufen wurden, führten immer wieder zu Nachfragen aus der Truppe. Aber schon in diesen Tage versuchte das deutsche Militär, den gegenteiligen Eindruck zu erwecken: „Wie ich im KM. erfuhr, gehe die Mobilmachung ganz glatt von sich ohne jede Nachfrage von militärischer Seite."[2736] Falkenhayn führte in den ersten Augusttagen

---

[2734] Korps-Befehl XVI. A. K., Befehlsbuch Inf.-Reg. 8, 30.07.-30.09.1914, BHStA Abtl. IV 8. Inf.-Reg. (WK) Bund 17.

[2735] Gouv.-Befehl, ebd.

[2736] Bericht Sächs. Militärbevollmächtigter Nr. 85/3594, 02.08.1914, SHStA Sächs. Militärbevollmächtigter Nr. 4222. „Die Mobilmachung rollte mit der Regelmäßigkeit eines guten Uhrwerks ab. Schon die erste Zusammenkunft mit allen Abteilungschefs des Kriegsministeriums stellte dies fest." - Zwehl: Falkenhayn S. 61.

Besuchern demonstrativ seinen leeren Schreibtisch vor.[2737] Diese Geste machte zwar Eindruck, hatte aber mit der Realität in der Truppe nicht viel zu tun. Richtig ist allerdings, daß die meisten dieser Fragen vor Ort geklärt wurden und damit der Kriegsminister mit ihnen nicht belästigt wurde, zumal man auch im Vorfeld dafür gesorgt hatte, die Rückmeldungen nach Berlin stark einzuschränken.[2738] Es ist irreführend, von den Verhältnissen in Berlin Rückschlüsse auf die Verhältnisse vor Ort zu ziehen. Damit kein falscher Eindruck entsteht: natürlich hat die deutsche Mobilmachung 1914 funktioniert. Aber sie war eben nicht jenes präzise Uhrwerk, als welches sie nachher beschrieben wurde. Teilweise wurden die Probleme durch die militärischen Vorbereitungen erst produziert. So mußte z. B. ein Offizier der 6. Feldartillerie-Brigade beantragen, ihm ein Reitpferd aus Militärbeständen zu überlassen, da er sich angesichts der hohen Preise, die zur Zeit auf Grund der gestiegenen militärischen Nachfrage für Pferde gefordert würden, dies nicht selber leisten könne.[2739] Dieser Bitte schloß sich ein Offizier der 6. Division an, an die das Schreiben ursprünglich gerichtet war, und die es nun dem Generalkommando des III. A. K. übersandte.[2740] So waren also mit einem Pferd alle Militärbehörden bis zum Generalkommando befaßt, welches einen Bestand von mehreren tausend Pferden hatte. Kein Wunder, daß die höheren Stellen sich über die Flut der Anfragen beklagten.

Aber zurück zum Geschehen an der deutsch-französischen Grenze. Die nervöse Atmosphäre führte immer wieder zu falschem Alarm. Auf die Meldung, die Franzosen hätten die Grenze überschritten, zogen sich die Einheiten des Dragoner-Regiments 22 im Bereich des XIV. A. K.'s zunächst zurück. Sobald klar war, daß von einem französischen Grenzübertritt keine Rede sein könne, rückten sie wieder in ihre alten Stellungen ein. Auf Befehl der 29. Division wurde dann Nahaufklärung an der Grenze durch Patrouillen geritten. Dabei kam es dann zu kleineren Plänkeleien mit den Franzosen.[2741] Um 22.30 Uhr wurde beim 3. Chevaulegers-Regiment eine Alarmeinheit aufgestellt und an die Grenze verschoben, nachdem das 6./Infanterie-Regiment 113 die Annäherung einer französischen Kolonne gemeldet hatte. Schnell stellte sich heraus, daß es sich dabei um eine Falschmeldung handelte und um 23.20 Uhr wurden die vorher erteilten

---

[2737] Afflerbach: Falkenhayn S. 172.
[2738] Rahne, Bd. 1, S. 158.
[2739] Schreiben Feldart.-Brig. 6 Nr. 3525 an 6. Inf.-Div., BHStA Abtl. IV Gen Kdo. III. A. K. (WK) Bund 7.
[2740] Notiz auf Schreiben Feldart.-Brig. 6 Nr. 3525 an 6. Inf.-Div.; beiden Anträgen wurde entsprochen, Notiz zu Dokument, ebd.
[2741] KTB Drag.-Reg. 22, 31.07.1914-31.05.1916, GlAK Abtl. 456 EV. 77, Bund 39, Heft 1.

Anweisungen widerrufen.[2742] Kleine Meldungen konnten dabei auch eine große Wirkung entfalten. Auf die Meldung einer Person, übrigens bayerischer Staatsangehörigkeit, an die den Bericht weiterleitende Gendarmerie Lüdelingen, er habe am 30. Juli in einem französischen Grenzort größere Truppenverbände gesehen, wurden am 1. August die Grenzschutztruppen zurückgezogen und die Festung Diedenhofen alarmiert. Für den Verursacher dieser Nachricht hatte die Geschichte ein übles Nachspiel. Er wurde am 17. August wegen dieser Falschmeldung vom Kriegsgericht Straßburg zu zehn Jahren Gefängnis verurteilt.[2743]

Ganz unterschiedlich waren die Zeiten, zu denen im deutsch-französischen Grenzgebiet der Mobilmachungsbefehl bekannt wurde. Er traf beim 3. Chevaulegers-Regiment um 18 Uhr ein.[2744] Das 5. Chevaulegers-Regiment in Saargemünd erhielt den Befehl ebenfalls um 18 Uhr.[2745] Die 3. Division in Landau gab dann telegraphisch um 19.40 Uhr den Mobilmachungsbefehl an das Regiment weiter.[2746] Ein weiteres Mal traf die Anordnung zur Mobilmachung dort per Telegramm vom XXI. A. K. um 20.44 Uhr ein.[2747] Und zum vierten Mal telegraphierte das II. A. K. aus Würzburg.[2748] Das I. Bataillon des Infanterie-Regiments 113 behauptete, ihn um 16 Uhr erhalten zu haben.[2749] Das Kriegstagebuch des Regiments verzeichnete den Eingang allerdings um 19.30 Uhr.[2750] Bei dem Fußartillerie-Regiment 12, genauer gesagt seiner 3. Batterie, konnte der Eingang um 18 Uhr vermerkt werden.[2751] Der 4. Batterie wurde er um 18 Uhr bekanntgegeben.[2752] Die 5. Batterie verzeichnete den Eingang für 18.50 Uhr.[2753] Ebenfalls zu

---

[2742] KTB Stab Chev.-Reg. 3, 29.07.-28.10.1914, BHStA Abtl. IV 3. Chev.-Reg. (WK) Bund 1, Akt 2.

[2743] Druckschrift, Chef d. stellv. Generalstabs. d. Armee (Hg.): Zusammenstellung der im Inlande in der Zeit vom 1.8.1914 bis 31.7.1917 gerichtlich rechtskräftig ausgesprochenen Verurteilungen wegen Landes- und Kriegsverrat sowie gegen Verbrechen oder Vergehen gegen die Spionagegesetze von 1893 und 1914. Berlin 1918, S. 18, BHStA Abtl. IV Stellv. Gen. Kdo. I. A. K. Nr. 1337.

[2744] KTB Stab Chev.-Reg. 3, 29.07.-28.10.1914, BHStA Abtl. IV 3. Chev.-Reg. (WK) Bund 1, Akt 2.

[2745] KTB 1. Esk. Chev.-Reg. 5, 30.07.-04.11.1914, BHStA Abtl. IV 5. Chev.-Reg. (WK) Bund 19.

[2746] Tel., BHStA Abtl. IV 5. Chev.-Reg. (WK) Bund 3 a.

[2747] Tel., ab 18.30 Uhr, ebd.

[2748] Tel. II. A. K. an Chev.-Reg. 5, ab 19.30, an 23.10 Uhr, ebd.

[2749] KTB I. Batl. Inf.-Reg. 113, 30.07.1914-21.06.1915, GlAK Abtl. 456 EV. 142, Bund 7, Heft 8.

[2750] KTB Inf.-Reg. 113, 31.07.1914-30.06.1916, GlAK Abtl. 456 EV. 142, Bund 7, Heft 1.

[2751] KTB 3. Battr. Fußart.-Reg. 12, 26.07.1914-10.08.1915, SHStA Sächs. Kriegsarchiv (P) Nr. 32429.

[2752] KTB I. Batl. Fußart.-Reg. 12, 31.07.-31.10.1914, Sächs. Kriegsarchiv (P) Nr. 31107.

443

diesem Zeitpunkt traf der Mobilmachungsbefehl bei der 8. Batterie ein.[2754] Das I. Bataillon erhielt ihn dagegen erst um 19 Uhr.[2755] Das Eintreffen wurde vom Infanterie-Regiment 8 um 18.30 Uhr notiert.[2756] Auch dessen I. Bataillon verzeichnete den selben Zeitpunkt.[2757] 18.40 Uhr war schließlich das 22. Dragoner-Regiment an der Reihe.[2758] Das 2. Fußartillerie-Regiment erhielt den Mobilmachungsbefehl um 18.55.[2759]

Zunächst hatte sich am 1. August an den Tätigkeiten der Truppen nicht viel geändert. Nach wie vor standen Sicherungstätigkeiten im Vordergrund. Ebenso wenig neu war die große Nervosität, die nach jedem Gerücht sofort zu Maßnahmen führte. Diese Nervosität war durch die Mobilmachungsvorbereitungen im Frieden mit ihren ständigen Warnungen vor feindlichen Überfällen, Sabotageakten und Luftangriffen etc. richtiggehend gezüchtet worden. Diese Befürchtungen hatten durch das Zeitalter der Unsicherheit sowieso schon eine große Bedeutung erlangt. Nimmt man dazu die ungewisse Lage – überall wird gerüstet, aber noch ist kein Krieg erklärt –, die ohnehin eine nervöse Grundstimmung schuf, dann ist es leicht erklärlich, daß sich die Befürchtungen zur Hysterie auswuchsen.

In der Truppe galt es zunächst einmal, die durch die „drohende Kriegsgefahr" notwendig gewordenen Arbeiten fortzusetzen. Das Telegramm des Preußischen Kriegsministeriums über die Haltung der Sozialdemokraten war immer noch nicht bei den Generalkommandos eingegangen. Dies geschah in den ersten Stunden der Nacht. Das sächsische XIX. A. K. erhielt es um 1 Uhr und reichte es chiffriert weiter.[2760] Das bayerische III. A. K. empfing die Depesche um 2.25 Uhr.[2761] Dieselbe Nachricht erhielt es chiffriert um 4.15 Uhr vom Kriegsministerium aus München.[2762] Erst jetzt erfolgte die Weitergabe an die zivilen Behör-

---

[2753] KTB 5. Battr. Fußart.-Reg. 12, 31.07.1914-31.12.1916, SHStA Sächs. Kriegsarchiv (P) Nr. 32744.

[2754] KTB 8. Battr. Fußart.-Reg. 12, 31.07.1914-18.01.1915, SHStA Sächs. Kriegsarchiv (P) Nr. 33185.

[2755] KTB I. Batl. Fußart.-Reg. 12, 31.07.-31.10.1914, Sächs. Kriegsarchiv (P) Nr. 31107.

[2756] KTB Inf.-Reg. 8, BHStA Abtl. IV 8. Inf.-Reg. (Rgts.-Stab) (WK) Bund 1.

[2757] KTB I. Batl. Inf.-Reg. 8, 01.08.1914-05.03.1915, BHStA Abtl. IV 8. Inf.-Reg. (WK) Bund 6.

[2758] KTB Drag.-Reg. 22, 31.07.1914-31.05.1916, GlAK Abtl. 456 EV. 77, Bund 39, Heft 1.

[2759] KTB Stab Fußart.-Reg. 2, BHStA Abtl. IV 2. Fußart.-Reg. (Rgts.-Stab) (WK) Bund 1.

[2760] Notiz XIX. A. K. Sektion I a Nr. 340, SHStA Sächs. Kriegsarchiv (P) Nr. 23361.

[2761] Hschr. Notizen III. A. K., BHStA Abtl. IV Gen. Kdo. III. A. K. (WK) Bund 7.

[2762] Tel., ab in München 2.35 Uhr, ebd.

den.²⁷⁶³ Über die vom Bundesrat erlassenen Ausfuhrverbote informierte das Bayerische Kriegsministerium das Generalkommando um 10.50 Uhr.²⁷⁶⁴ Die bayerischen Armeekorps erhielten die Anweisung, für die Führer der Radfahrkompanien des 2. Jäger-Bataillons Kraftwagen mit Fahrern aus dem jeweiligen Korpsbezirk auszuheben. Grund für diese Anweisung war ein Telephonanruf des Militärbevollmächtigten aus Berlin.²⁷⁶⁵ Die inoffizielle Kommunikation funktionierte auch auf dieser Ebene. Wenn wegen einer solchen Kleinigkeit extra der Militärbevollmächtigte aus Berlin anrief, belegt dies nur, daß die Planung in vielen Fällen nicht so detailliert war, wie später behauptet wurde. Erst jetzt war das Bayerische Kriegsministerium in der Lage, seine Version des Schreibens des Preußischen Kriegsministeriums vom 25. Juli über die Handhabung des Kriegszustandes an die Truppen zu verschicken. Dem Schreiben war der Text einer Proklamation beigefügt worden, die bei Erklärung des Kriegszustandes verkündet werden sollte.²⁷⁶⁶ Da bereits am 31. Juli der Kriegszustand verhängt worden war, erschien der Text der Proklamation dem III. A. K. nicht mehr als angemessen. Statt dessen wurde ein neuer Text entworfen, in dem die Bevölkerung ermahnt wurde, sich durch Gerüchte nicht beunruhigen zu lassen.²⁷⁶⁷ Die Gefahr, die von den unkontrollierten Gerüchten ausging, war also bereits recht früh in Bayern erkannt worden. Es stellt sich die Frage, warum man in Bayern mit der

---

²⁷⁶³ Notizen auf Tel., ebd.; KTB III. A. K., BHStA Abtl. IV Gen. Kdo. III. A. K. (WK) Bund 1.

²⁷⁶⁴ Tel., BHStA Abtl. IV Gen. Kdo. III. A. K. (WK) Bund 7; es handelte sich dabei um die Ausfuhrverbote, für die Bethmann nur die Ermächtigung eingeholt hatte, siehe Kapitel V. 2. c Die Julikrise: 31. Juli, S. 373.

²⁷⁶⁵ Aktennotiz Nr. 22453 Bayr. Kriegsministerium, BHStA Abtl. IV M Kr Nr. 1715.

²⁷⁶⁶ Rundschreiben Nr. 21427, BHStA Abtl. IV Gen. Kdo. III. A. K. (WK) Bund 7; die Proklamation sollte folgenden Wortlaut haben: „Seine Majestät der König hat das Landesgebiet in Kriegszustand erklärt. Für diese Maßregel sind lediglich Gründe der raschen und gleichmäßigen Durchführung der Mobilmachung maßgebend und nicht etwa die Besorgnis, daß die Bevölkerung die vaterländische Haltung werde vermissen lassen. Die Schnelligkeit und Sicherheit unseres Aufmarsches erfordert einheitliche und zielbewußte Leitung der gesamten vollziehenden Gewalt. Wenn durch die Erklärung des Kriegszustandes die Gesetze verschärft werden, so wird dadurch niemand, der das Gesetz beachtet und den Anordnungen der Behörden Folge leistet, in seinem Tun und Wirken beschränkt. Ich vertraue, daß die gesamte Bevölkerung alle Militär- und Zivilbehörden freudig und rückhaltlos unterstützen und uns damit die Erfüllung unserer hohen vaterländischen Pflichten erleichtert wird. Dann wird auch der alte Waffenruhm des Heeres (oder Armeekorps) aufrechterhalten und es vor den Augen unserers [sic] Königs und den Blicken der Nation in Ehren bestehen." Ebd. Proklamationen wie diese wurden am 01.08. viele erlassen, vgl. Deist: Militär Nr. 3 a, S. 7 f.; Nr. 3 b, S. 8 f.; Nr. 3 c, S. 9. Zur Proklamation des bayerischen Königs vom 04.08. siehe Kriegsdepeschen, Nach dem Ausbruch des Krieges, S. 27 f.

²⁷⁶⁷ Notizen III. A. K. auf Rundschreiben Nr. 21427, BHStA Abtl. IV Gen. Kdo. III. A. K. (WK) Bund 7; der Text der neuen Proklamation findet sich nicht in der Akten.

Weitergabe des ursprünglichen Schreibens solange gewartet hatte. Denn in München hatte man von dem ursprünglichen Schreiben vom 25. Juli rechtzeitig Kenntnis erhalten.[2768] Hatte es tatsächlich so lange gedauert, bis im Bayerischen Kriegsministerium die in einigen Punkten abweichende Version entwickelt wurde? Oder hatte man in München in Unkenntnis der diesem Schreiben vorangehenden Verhandlungen zwischen der Reichsregierung und der SPD in Berlin gehandelt? Möglich wäre, daß man deshalb die gemäßigten Tendenzen des Schreibens für zu weitgehend hielt und erst als man durch das Telegramm über die ruhige Haltung der SPD Gewißheit über die innenpolitische Lage erhielt, sich dazu entschloß, die eigene Version zu verschicken. Die Frage kann leider nicht geklärt werden. Fest steht aber, daß nirgendwo berichtet wird, in Bayern hätte abweichend vom restlichen Reich nach der Verhängung des Kriegszustandes eine Verhaftungs- bzw. Verbotswelle politisch unzuverlässiger Personen oder Publikationen entsprechend der ursprünglichen Planung stattgefunden. Demnach waren auch die bayerischen Befehlshaber über die beabsichtigten Einschränkungen inoffiziell informiert worden. Hätten sie sich auf ihr Kriegsministerium verlassen, hätte dies zu unübersehbaren innenpolitischen Konsequenzen mindestens für Bayern, wenn nicht für ganz Deutschland geführt. Auch auf diesem Gebiet erwies sich der kleine Dienstweg als unverzichtbar.

In der Feste Boyen wurden unter den geschilderten Bedingungen die Vorbereitungen fortgesetzt.[2769] Bis zum Eingang des Mobilmachungsbefehls war es gelungen, für jede Batterie 300 Schuß Munition herzustellen.[2770] Das bayerische III. A. K. erfuhr um 12.05 Uhr durch einen Anruf des „Fränkischen Kuriers" über den Eingang eines Wolffschen Telegramms, welches die Ultimaten an Rußland und Frankreich zum Thema hatte.[2771] Es erscheint schwer vorstellbar, daß die Zeitungsleute dies von sich aus getan haben. Die Aufforderung dazu dürfte eher von seiten des Generalkommandos ausgegangen sein, das sich man-

---

[2768] Deist: Militär, Nr. 77, S. 188, Anm. 1.

[2769] Siehe Kapitel V. 2. b Die Julikrise: 30. Juli, S. 351 f.

[2770] Manuskript Hptm. Algen[?]: Die Belagerung der Feste Boyen und des Waffenplatzes Lötzen 1914-1915, o. J., [um 1920], Bl. 105, BA-MA W-10/50636.

[2771] Hschr. Notizen III. A. K., BHStA Abtl. IV Gen. Kdo. III. A. K. (WK) Bund 7. Die Meldung datierte vom 31. Juli und lautete: „Nachdem die auf einen Wunsch des Zaren selbst unternommene Vermittlungsarbeit von der russischen Regierung durch allgemeine Mobilmachung der russischen Armee und Marine gestört worden ist, hat die Regierung Seiner Majestät des Kaisers heute in St. Petersburg wissen lassen, daß die deutsche Mobilmachung in Aussicht steht, falls Rußland nicht binnen zwölf Stunden seine Kriegsvorbereitungen einstellt und hierüber eine bestimmte Erklärung abgibt. Gleichzeitig ist an die französische Regierung eine Anfrage über ihre Haltung im Fall eines deutsch-russischen Krieges gerichtet worden." - Kriegsdepeschen, Die Vorgeschichte des Krieges, S. 12. Zur Rolle des Wolffschen Telegraphenbüros im Krieg siehe Welch S. 22, 28.

gels militärinterner Information über die politische Lage auf diesem Wege Einblick in die internationale Entwicklung verschaffen wollte. Die Gewißheit der kommenden Mobilmachung veranlaßte das I. A. K. zu Vorbereitungen ganz eigener Art. Zunächst einmal wandte sich seine Aufmerksamkeit dem Bürobetrieb im Mobilmachungsfall zu. Bei Eingang des Mobilmachungsbefehls seien alle anliegenden Vorgänge in drei Gruppen zu unterteilen. Die erste Gruppe umfasse alles, was noch vor dem Abmarsch ins Feld zu erledigen sei, im Falle besonderer Wichtigkeit könne hierfür ein verkürzter Dienstweg angewandt werden.[2772] Das Bemühen, den schwerfälligen bürokratischen Verwaltungsweg zu straffen, ist unverkennbar. In die zweite Gruppe sollen alle Vorgänge eingeordnet werden, die von den in der Heimat verbleibenden Stellen und Behörden bearbeitet werden können. Die dritte Gruppe umfasse all das, was bis zum Ende des Kriegs mit seiner Erledigung warten könne. Die Schriftstücke der letzten beiden Gruppen seien den zu Hause bleibenden Stellen zu übergeben, welche sie ihrerseits nochmals zu überprüfen haben, insbesondere die der dritten Gruppe unter dem Aspekt, ob diese wirklich bis zum Ende des Kriegs warten könnten.[2773] Desweiteren wandte sich das Generalkommando an die Zivilbehörden und bat darum, den Geschäften zu erlauben, auch am 2. August, einem Sonntag, vormittags „auszerhalb kirchenzeit" zu öffnen, damit die bei der Mobilmachung einberufenen Leute ihre Einkäufe noch erledigen könnten; falls der Mobilmachungsbefehl eingingen, könnten sie auch nachmittags offen bleiben. Das Einverständnis des II. A. K. wurde bei der Veranlassung vorausgesetzt.[2774] Dies wird wohl deshalb notwendig gewesen sein, da man sich auch an Zivilbehörden außerhalb des Korpsbezirks gewandt hatte. Mit einem um 16.20 Uhr abgehenden Telegramm an die Regierungen von Mittelfranken, Oberfranken, Oberpfalz, Oberbayern und Niederbayern schloß sich das III. dem Anliegen des I. A. K.'s an.[2775] Auch wenn der genaue Termin der Mobilmachung noch nicht bekannt war, gingen beide Generalkommandos doch davon aus, den entsprechenden Befehl innerhalb der nächsten 48 Stunden in den Händen zu halten.

Der Arzt der 4. Infanterie-Division verpackte weiterhin die Dienstvorschriften, um sie ins Feld mitnehmen zu können. Außerdem ging am 1. August der Befehl der Division ein, mit dem Führen eines Kriegstagebuchs, welches am 30. Juli

---

[2772] Rundschreiben I. A. K. Nr. 2281 M, BHStA Abtl. IV 1. Kav.-Brig. (WK) Bund 16; weiteres Exemplar BHStA Abtl. IV Gen. Kdo. III. A. K. (WK) Bund 7.
[2773] Rundschreiben I. A. K. Nr. 2281 M, BHStA Abtl. IV 1. Kav.-Brig. (WK) Bund 16.
[2774] Tel. an III. A. K., ab 13.40 Uhr, BHStA Abtl. IV Gen. Kdo. III. A. K. (WK) Bund 7; das Tel. ist an das II. A. K. in Nürnberg adressiert, findet sich aber in den Akten des III. A. K. Da das Tel. auf einem Formular des Telegraphenamtes Nürnberg geschrieben ist, liegt eine Weitergabe durch das II. A. K. nahe.
[2775] Tel., ebd.

beginnen sollte, anzufangen.[2776] An sich sollte mit der Anlage der Kriegstagebücher mit Eingang des Mobilmachungsbefehls begonnen werden.[2777] Wieder einmal ein Beispiel, wie Maßnahmen vor ihrem planmäßigen Termin angeordnet wurden. Zugleich auch ein Beleg, daß die Division nun sicher mit einem Krieg rechnete. Die Feldintendantur derselben Division verpackte die Akten, die entweder mit ins Feld zu nehmen oder anderen Dienststellen zu übergeben waren.[2778] „Um falschen Auffassungen vorzubeugen" gab das Gouvernement der Festung Neu-Ulm bekannt, daß bis jetzt nicht daran gedacht sei, Familienangehörige der Soldaten aus der Festung zu evakuieren, sollte dies dennoch notwendig werden, würden die Militärbehörden dazu Sonderzüge zur Verfügung stellen.[2779] Die Kommandantur der Festung ordnete an, die Maßnahmen, die in der Nacht vom 31. Juli zum 1. August getroffen worden waren, in der kommenden Nacht nicht zu wiederholen. Seitens der Kirche sei mitgeteilt worden, daß den katholischen Soldaten in den Pfarrkirchen am 2. und 3. August ab 5 Uhr Gelegenheit zum Empfang der Sakramente geboten werde. Die regelmäßigen Militärgottesdienste würden nur im Falle der Mobilmachung ausfallen.[2780] Desweiteren ordnete die Kommandantur noch an, daß von nun an bei jeder Stelle, welche einen Mobilmachungskalender führe, ständig ein Offizier oder Beamter, der Zugriff auf diese Papiere habe, auf dem Geschäftszimmer anwesend sein müßte.[2781] Die Garnison in Bamberg befahl die Abordnung von Soldaten zu den Bäckern, um „den Brotbedarf während der Mobilmachungsperiode sicherzustellen", das Proviantamt Bamberg werde sich melden, wenn diese Soldaten nicht mehr benötigt würden.[2782] Der Standort Landau gab bekannt, daß ab sofort der vor dem Geschäftszimmer der 3. Infanterie-Division stehende Nachtposten auch tagsüber aufziehen würde.[2783] Die Proklamation anläßlich der Übernahme der vollziehenden Gewalt durch das Militär, die der Kommandierende General erlassen habe,

---

[2776] KTB Div.-Arzt 4. Inf.-Div., 30.07.-01.12.1914, BHStA Abtl. IV 4. Inf.-Div. (WK) Bund 103.

[2777] Erlaß Preuß. Kriegsministerium, 18.06.1896, SHStA Sächs. Kriegsarchiv (P) Nr. 28698; der Erlaß war 1914 noch gültig.

[2778] KTB Feldintendantur 4. Inf.-Div., 30.07.-31.12.1914, BHStA Abtl. IV 4. Inf.-Div. (WK) Feldintendantur Bund 1.

[2779] Gouv.-Befehl, Kommandantur-, Reg.-, Batl.-Befehlsbuch I. Batl. Fußart.-Reg. 1, 07.05.-02.08.1914, BHStA Abtl. IV 1. Fußart.-Reg. (F) Bund 73.

[2780] Kommandantur-Befehl, Kommandatur-Befehlsbuch, 02.10.1913-01.08.1914, BHStA Abtl. IV 1. Fußart.-Reg. (F) Bund 6/1.

[2781] Kommandantur-Befehl, ebd.

[2782] Garnisons-Befehl, BHStA Abtl. IV 4. Kav.-Brig. (WK) Bund 8.

[2783] Standorts-Befehl, BHStA Abtl. IV 23. Inf.-Reg. (WK) Bund 17.

sei allen Soldaten bekanntzumachen, so verfügte der Standort Erlangen.[2784] Da Erlangen zum Bereich des III. A. K. gehörte, ist also doch noch die oben erwähnte veränderte Proklamation veröffentlicht worden.

In den Einheiten selbst stand der Tag zunächst ganz im Zeichen der Erledigung der Geschäfte für die „drohende Kriegsgefahr". Dies bedeutete für die Truppen in Bayern die Erledigung umfangreicher Geschäfte. Die 10. Infanterie-Brigade führte zwei Besprechungen mit den Zivilbehörden durch, um die gegenseitigen Befugnisse nach Ausspruch des Kriegszustandes zu klären.[2785] Die Kommandeure der 1. Infanterie-Brigade fanden sich um 12 Uhr zu einer Besprechung über den Fortschritt der Vorbereitungsarbeiten bei dem Brigadegeneral ein. Sie konnten ihm melden, daß alles bisher planmäßig verliefe; der General versah sie dann mit weiteren Anweisungen über abzuhaltende Übungen und das Verhalten während des Bahnschutzes.[2786] Die 7. Infanterie-Brigade erteilte dem 2. Feldartillerie-Regiment um 7.15 Uhr den Befehl, die planmäßig erst am 1. Mobilmachungstag abzugebende Reitausrüstung bereits jetzt zu übersenden. Der Eingang wurde bei der Brigade um 11 Uhr notiert.[2787] Der Standort Bayreuth gab bekannt, daß der Schießplatz ab dem 2. August nachmittags dem 6. Chevaulegers-Regiment zur Verfügung stünde. Zur Erledigung von anfallenden Schreibarbeiten seien von jedem Regiment zwei Sanitätsunteroffiziere oder -gefreite an das Lazarett zu stellen. Zur Aufrechterhaltung der Sicherheit wurde bestimmt: „Täglich hält das 7. I. R. einen Zug Inf. (1 Offz., 5 Gruppen) u. einen Zug M. G. in Bereitschaft. Belehrung über das Einschreiten der bewaffneten Macht – Militärhoheit – hat zu erfolgen. Pro Gewehr 2 Ladestreifen, scharfe Patronen. Anforderung durch den Garn.-Aelt."[2788] Diese Truppen konnten nur zur Sicherung vor inneren Unruhen gedacht sein. Damit läßt sich auch für Bayern nachweisen, daß solche Überlegungen existierten. Sie erreichten in der Praxis allerdings nicht das Ausmaß, welches sie in Sachsen annahmen. Besonders interessant gestalteten sich die Vorbereitungen beim 6. Chevaulegers-Regiment. Dort wurde im Verlauf des Vormittags ein Regimentsbefehl erlassen, der sich zunächst noch ganz normal mit allgemeinen Maßnahmen beschäftigte. Mit dem Schleifen der Handwaffen könne begonnen werden, über die ärztliche Untersuchung und Impfung werde noch näheres angeordnet. Ab dem 2. August nachmittags stehe der

---

[2784] Standorts-Befehl, Reg.-Befehlsbuch 1914 Inf.-Reg. 19, BHStA Abtl. IV 19. Inf.-Reg. (F) Bund 296; Text sei Erlanger Tageblatt Nr. 178 zu entnehmen, ebd.

[2785] Um 9.40 bis 11 und ab 16 Uhr, KTB Inf.-Brig. 10, BHStA Abtl. IV 10. Inf.-Reg. (WK) Bund 1.

[2786] KTB Inf.-Brig. 11, BHStA Abtl. IV 11. Inf.-Brig. (WK) Bund 1.

[2787] KTB Inf.-Brig. 7, 30.07.-12.09.1914, BHStA Abtl. IV 7. Inf.-Brig. (WK) Bund 1.

[2788] Standorts-Befehl, Reg.-Befehle Chev.-Reg. 6, 01.07.1914-23.12.1915, BHStA Abtl. IV 6. Chev.-Reg. (WK) Bund 15 a.

Schießplatz für Schießübungen der Reservisten zu Verfügung. Die Kommission zur Abschätzung der Pferde der Offiziere trete heute, also am 1. August, um 14 Uhr zusammen.[2789] Damit ist klar, wie sich auch später bei dem Nachtrag über die ärztliche Untersuchung zeigen wird, daß dieser Befehl lange vor Ausspruch der Mobilmachung erlassen wurde. Denn dieser erfolgte um 17 Uhr in Berlin. Weiter besagte der Befehl: die Remise bei der Regimentskammer sei zwecks Lagerung von Lebensmitteln freizuräumen. Alle Reservisten, die noch nicht auf den bayerischen König vereidigt seien, sollten sofort namentlich dem Regiment gemeldet werden. Nun kommen die interessanten Passagen. Sämtliche Vorgänge für einige Stellen des Regiments und bei der Abgabe von Gerät seien nach den Mobilmachungskalendern durchzuführen.[2790] Bei den einschlägigen Mobilmachungsvorschriften sei „überall statt: 1. 2. bezw. 3. Mob. Tag zu setzen: 1. 2. bezw. 3. Aug."[2791] Man begann also bereits teilweise mit den eigentlich erst nach Erlaß des Mobilmachungsbefehls vorgesehenen Maßnahmen und damit alles seine Ordnung hatte, wurden die betreffenden Schriftstücke in diesem Sinne geändert. Sollte allerdings jemand diese Dokumente ohne Kenntnis dieses Regimentsbefehls lesen, so stünde er vor einem Rätsel. Ansonsten ordnete das Regiment noch an, daß die Abgabe der Feldmunition am 2. August morgens beginnen würde und die Soldaten in die Kriegsgarnitur einzukleiden seien, die Unteroffizierstressen seien umgehend anzunähen.[2792] Etwas später erging dann ein I. Nachtrag zu dem Regimentsbefehl. Er ordnete die Abkommandierung von Soldaten zum Proviantamt, die Verteilung der Ersatzpferde sowie Sonderaufträge einzelner Leute zur Küche und zu Schreibarbeiten im Krankenstall an. Außerdem gab er den Beginn der ärztlichen Untersuchung am selben Tag bekannt, für die aktiven Soldaten sollte sie um 15 Uhr beginnen, um 17 Uhr waren dann die Reservisten an der Reihe, die gleichzeitig auch geimpft wurden, ab 17.45 würden dann alle Offiziere und Beamten geimpft werden und zusätzlich diejeni-

---

[2789] Reg.-Befehl, ebd.

[2790] Im Wortlaut: „10.) Sämtliche für den Mobilmachungsfall für den Stab, die 2. 3. 4. u. 5. Esk., sowie die Kass. Verw. vorgesehenen Empfänge sind nach den einschlägigen Term.-Kalendern auszuführen. Ebenso die in den Dienstanweisungen - Mob. Term. Kal. des Rgts. XI Ziff. 1 für den H. Maj. b. St., Ziff. 2 für den H. Rgts.-Arzt, Ziff. 3 für den H. Rgts.-Vetr. Ziff. 4 für den H. Verpfl.-Offz., Ziff. 6 für den Rgts.-Quartiermeister vorgesehenen Empfänge bzw. Abgaben. Die Dienstanweisungen können von den betreffenden Herren auf dem Rgts.-Gesch.-Zimmer eingesehen werden. 11.) Abgabe der Kriegswaffen, Ferngläser, Fahrräder, des Reinigungsmaterials usw. sowie schleifen [sic] der Waffen wird nach Mob. Term. Kal. XI, 5 – Dienstanweisung für den Waffenoffz. – ausgeführt. (Siehe auch Esks.-Term-Kal.-Abstellungsliste). Letzterer erholt [sic] sich der Waffenoffz. auf dem Rgts.-Gesch.-Zimm. und veranlasst das Weitere." Ebd.

[2791] Ebd.

[2792] Ebd.

gen Soldaten, welche seit vier Jahren nicht mehr geimpft worden waren.[2793] Diese Zeitangaben belegen erneut, daß der obige Regimentsbefehl vor dem in Berlin um 17 Uhr erteilten Befehl zur Mobilmachung ergangen ist. In einem zweiten Nachtrag wurde dann die Erteilung von Nachturlaub an Soldaten – abgesehen von diejenigen mit einer ständigen Erlaubnis – untersagt und für den 2. August 11 Uhr ein Rapport angesetzt.[2794]

Das 1. Ulanen-Regiment in Bamberg regelte wie das Chevaulegers-Regiment 6 die zu erledigenden Arbeiten in einem längeren Regimentsbefehl. Demnach finde um 9.15 Uhr beim Adjutanten eine Versammlung mit eingehender Instruktion statt; ferner sei das Eintreffen der Reservisten vorzubereiten, bestimmte Posten seien durch Abkommandierung zu verstärken. Einzelheiten zur Beschaffung und Verteilung der Pferde wurden geregelt. Die Musikinstrumente und die Einrichtung des Musikzimmers seien zu verpacken und auf die Regimentskammer zu schaffen. Das Schleifen der Säbel habe um 10 Uhr zu beginnen. Unteroffizieren und Mannschaften sei das Verlassen der Kaserne nur noch mit Genehmigung ihres Eskadronschefs erlaubt. Der Ausschank von alkoholischen Getränken in den Kantinen sei auf ein „Mindestmaß zu beschränken", die Eskadrons sollen ihre Soldaten hinsichtlich des Alkohols belehren und auch überwachen.[2795] Den Ausschank alkoholischer Getränke wie in Sachsen am 31. Juli ganz zu verbieten, dies traute sich wohl der Kommandeur des 1. Ulanen-Regiments in Bayern nicht. Mit einem Nachtrag zum Regimentsbefehl ordnete dasselbe Regiment an, daß mit der ärztlichen Untersuchung der Mannschaften am 2. August um 5.30 Uhr begonnen werden solle. Dabei waren für jede Eskadron 15 Minuten vorgesehen.[2796] Das 9. Infanterie-Regiment meldete ab 10 Uhr das Eintreffen der Pferde für den freihändigen Einkauf. Im Verlaufe des Tages trafen als Verstärkung 18 Unteroffiziere und 184 Mannschaften des Beurlaubtenstandes ein. Sie waren zu einer 56-tägigen Übung einberufen worden.[2797] Circa anderthalb Stunden vor Eingang des Mobilmachungsbefehls meldeten die Regimenter der I. Abteilung/Feldartillerie-Regiment 11 um 18 Uhr die Erledigung aller Geschäfte der „drohenden Kriegsgefahr". Außerdem habe man

---

[2793] Nachtrag I z. Reg.-Befehl, 01.08.1914, Reg.-Befehle Chev.-Reg. 6, 01.07.1914-23.12.1915, BHStA Abtl. IV 6. Chev.-Reg. (WK) Bund 15 a; anscheinend verzichtete man bei den Offizieren und Beamten auf eine Impfung, so daß sie jetzt erst durchgeführt wurde, während die Unteroffiziere und Mannschaften geimpft wurden, weshalb man die Impfkandidaten auf die Leute ohne Impfschutz seit vier Jahren einschränken konnte.

[2794] Nachtrag II z. Reg.-Befehl, 01.08.1914, ebd.

[2795] Reg.-Befehl, Reg.-Stab, Reg.-Befehlsbuch, 02.02.-03.08.1914, BHStA Abtl. IV 1. Ulanen-Reg. (F) Bund 20.

[2796] Nachtrag z. Reg.-Befehl, ebd.

[2797] KTB Inf.-Reg. 9., 29.07.1914-24.06.1915, BHStA Abtl. IV 9. Inf.-Reg. (WK) Bund 1.

bereits eine Reihe der planmäßig sofort nach Eingang des Mobilmachungsbefehls zu erledigenden Dinge durchgeführt.[2798] Bei der 3. Fahrenden Batterie des Feldartillerie-Regiments 4 wurden die Geschirre und Uniformen sowie andere Ausrüstungsgegenstände ausgegeben. Die Pferde und Fahrzeuge wurden ausgerüstet, diese Tätigkeit war gegen Abend abgeschlossen.[2799] Beim II. Bataillon/Infanterie-Regiment 9 waren gegen Mittag alle Arbeiten, die für die „drohende Kriegsgefahr" und sofort nach Erlaß der Mobilmachung vorgesehen waren, mit Ausnahme der Pferdeverteilung erledigt.[2800] Beim II. Bataillon des Infanterie-Regiments 17 wurde das Eintreffen der Übungsmannschaften verzeichnet.[2801] Das gleiche meldete das 2. Ulanen-Regiment.[2802] Das 3. Feldartillerie-Regiment konnte alle Vorbereitungen, die vor dem Ausspruch der Mobilmachung zu erledigen waren, in aller Ruhe ausführen.[2803] Auch die Soldaten des 8. Feldartillerie-Regiments nutzten den 1. August zu weiteren Vorbereitungen. Dessen II. Abteilung führte alle vorgesehenen Empfänge von Ausrüstungsgegenständen durch, die Fahrzeuge wurden ausgerüstet und die blanken Waffen geschliffen. Die im Verlaufe des Vormittags eintreffenden Ergänzungsmannschaften wurden sofort eingekleidet.[2804] Das II. Bataillon/Infanterie-Regiment 5 registrierte das Eintreffen der freihändig angekauften Pferde und von Mannschaften, die als Arbeitshilfen dienten. Die Unteroffiziere und Mannschaften wurden ärztlich untersucht. Desweiteren konnte mit dem Schleifen der Waffen begonnen werden.[2805] Das II. Bataillon des 7. Infanterie-Regiments hatte die Zeit der „drohenden Kriegsgefahr" genutzt, um auch die Arbeiten bis einschließlich des 1. Mobilmachungstags durchzuführen bzw. vorzubereiten.[2806] Ein Bataillon des Regiments befahl, die Verpflegungsfahrzeuge zu beladen. Dazu habe die Küchenverwaltung zu melden, welche Mengen an Reis, Kaffee, Salz, Backsalz,

---

[2798] KTB Stab I. Abtl. Feldart.-Reg. 11, 30.07.1914-31.01.1915, BHStA Abtl. IV 11. Feldart.-Reg. (WK) Bund 37, Akt 1.
[2799] KTB 3. Fahr. Battr. Feldart.-Reg. 4, BHStA Abtl. IV HS 2914.
[2800] KTB II. Batl. Inf.-Reg. 9, 30.07.1914-30.06.1915, BHStA Abtl. IV 9. Inf.-Reg. (WK) Bund 33.
[2801] KTB II. Batl. Inf.-Reg. 17, 31.07.1914-31.10.1915, BHStA Abtl. IV 17. Inf.-Reg. (WK) Bund 10.
[2802] KTB Stab Ulanen-Reg. 2, 30.07.1914-01.04.1915, BHStA Abtl. IV 2. Ulanen-Reg. (WK) Bund 1.
[2803] KTB Feldart.-Reg. 3, 30.07.-17.08.1914, BHStA Abtl. IV 3. Feldart-Reg. (WK) Bund 64.
[2804] KTB Feldart.-Reg. 8, 01.08.-31.12.1914, BHStA Abtl. IV 8. Feldart.-Reg. (WK) Bund 1, Akt 1.
[2805] KTB II. Batl. Inf.-Reg. 5, 30.07.1914-31.10.1915, BHStA Abtl. IV 5. Inf.-Reg. (WK) Bund 29.
[2806] KTB II. Batl. Inf.-Reg. 7, 01.08.-17.09.1914, BHStA Abtl. IV 7. Inf.-Reg. (WK) Bund 19.

Tee und Zucker sie liefern könne, der Rest müsse auf dem Markt eingekauft werden.[2807] Das Regiment verfügte die Entlassung sämtlicher Soldaten des Beurlaubtenstandes.[2808] Das 14. Infanterie-Regiment regelte die Verteilung der vom Artilleriedepot Fürth empfangenen Waffen. Außerdem wurden die Bataillone aufgefordert, ihre Ausrückstärken und ihren Bedarf an verschiedenen Ausrüstungsgegenständen zu melden.[2809] Das Fußartillerie-Regiment 3 ordnete eine verschärfte Bewachung der Geräteschuppen des Regiments an und teilte mit, es stünden den Offizieren Karten über Frankreich zur Verfügung.[2810] Das 1. Fußartillerie-Regiment befahl die Ausrüstung der als Hilfspersonal für die Pferdemusterungskommission eingeteilten Unteroffiziere. Sie sollten ihre Akten und das Material am 2. August um 6 Uhr empfangen. Soweit noch nicht geschehen, seien die Soldaten über das Kriegsrecht zu belehren. Den eintreffenden Verstärkungen sei dies ebenfalls bekanntzugeben.[2811] Dessen I. Bataillon gab bekannt, daß die Kantine künftig bis 24 Uhr geöffnet habe. Die Batterien haben dafür zu sorgen, daß die Soldaten die Stiefel der Kriegsgarnitur solange trügen, bis diese paßten.[2812] Ansonsten ordnete das Bataillon noch die Rückgabe aller von der Bücherverwaltung ausgeliehenen Bücher sowie die Vorbereitung des Materials wie der Optiken, der Geschütze, der Bekleidung und der Zeltbahnen an.[2813] Nachdem den ganzen Tag über die einberufenen Soldaten eingetroffen waren, hatte die 4. Eskadron des 1. Schweren-Reiter-Regiments um 19 Uhr ihre „mobile Stärke" erreicht.[2814] Die 6. Batterie des Feldartillerie-Regiments 1 organisierte das Vorbereiten der Fahrzeuge, Verpassen der Kleidung und Beschlagen der Pferde sowie das Schleifen der Waffen. Auf der Kanzlei machte sich der gestiegene Arbeitsaufwand bemerkbar, es herrschte regster Betrieb.[2815] Die 5. Kompanie/Infanterie-Regiment 21 nutzte die Gelegenheit der Verkündung der „drohenden Kriegsgefahr", um gleich die meisten der für den 1. Mobilmachungstag vorgesehenen Geschäfte mit zu erledigen. Die Bekleidungs- und Aus-

---

[2807] Batl.-Befehl, Befehlsbuch Inf.-Reg. 7, BHStA Abtl. IV 7. Inf.-Reg. (F) Bund 18.

[2808] Batl.-Befehl, ebd.

[2809] Befehlsbuch Inf.-Reg. 14, 02.01-05.08.1914, BHStA Abtl. IV 14. Inf.-Reg. (F) Bund 24.

[2810] Reg.-Befehl, Reg.-Befehlsbuch 6/Fußart.-Reg. 3, 02.01.-01.08.1914, BHStA Abtl. IV 3. Fußart.-Reg. (F) Bund 1.

[2811] Reg.-Befehl, Kommandantur-, Reg.-, Batl.-Befehlsbuch I. Batl. Fußart.-Reg. 1, 07.05.-02.08.1914, BHStA Abtl. IV 1. Fußart.-Reg. (F) Bund 73.

[2812] Batl.-Befehl Nr. 205, ebd.

[2813] Batl.-Befehl, ebd.

[2814] KTB 4. Esk. Schweres-Reiter-Reg. 1, 02.08.-03.02.1915, BHStA Abtl. IV 1. Schweres-Reiter-Reg. (WK) Bund 1.

[2815] KTB 6. Battr. Feldart.-Reg. 1, 31.07.1914-01.01.1915, BHStA Abtl. IV 1. Feldart.-Reg. (WK) Bund 49.

rüstungsgegenstände wurden ausgegeben, die Bekanntgabe der Dienstanweisungen erfolgte und den Soldaten wurde Unterricht über die Mobilmachung erteilt.[2816] Als der Mobilmachungsbefehl beim 2. Jäger-Bataillon eintraf, waren alle Arbeiten für die „drohende Kriegsgefahr" erledigt.[2817] Das 23. Infanterie-Regiment hatte durchgeführt: Absendung der Ausrüstung für die Zivilschutzwächter, Transport des III. Bataillons des Regiments samt seiner Friedenskammerbestände vom Lager Lechfeld nach Landau, Eintreffen der zu einer 56-tägigen Übung einberufenen Reservisten, Einkleidung und Ausrüstung der aktiven Soldaten, außerdem waren die im Mobilmachungsfall zu beschaffenden Ausrüstungsgegenstände in Auftrag gegeben worden, die Dienststempel und -siegel wurden vorbereitet, die Soldbücher wurden ausgegeben und mit den ersten Eintragungen versehen, die Abschätzung der Offizierspferde des Friedensbestandes und Beschlagen aller bereits vorhandenen Pferde wurden ebenfalls erledigt.[2818] Besonders umfangreiche Tätigkeiten führte das Artilleriedepot Germersheim durch. Man habe vier MG's und vier 10-cm-Kanonen für den Brückenschutz ausgegeben. Die Kanonen seien samt ihrer Munition von einem Kommando der Fußartillerie aus Ulm abgeholt worden. Es seien 9.900 kg einer speziellen Pulversorte angeschafft worden. An Truppenübungsplätze ausgeliehenes Gerät sei wieder im Depot eingetroffen. Die Arbeitszeit wurde verlängert, sämtliche Räume, in denen Munition und Geräte lagerten, wurden durch Posten bei Tag und Nacht streng bewacht. Anschaffungen wurden nur nach Bedarf und ohne Rücksicht auf die Kosten getätigt. Im übrigen habe man viele Arbeiten schon während der „drohenden Kriegsgefahr" erledigt, so daß nach Eingang des Mobilmachungsbefehls nicht mehr viel zu tun sei.[2819]

Ebenso wie für die bayerischen galt auch für die württembergischen Truppen zunächst einmal die Geschäfte zur „drohenden Kriegsgefahr" zu bearbeiten. Die 27. Infanterie-Division ließ neben anderen Arbeiten die bereits im Frieden vorhandenen Offizierspferde untersuchen und die Feldregistratur einrichten.[2820] Der Stab der 26. Kavallerie-Brigade verbrachte einen recht ruhigen Tag. Um 9.30 Uhr übernahm man zwei Pferde für den Brigadepackwagen und ließ die Offizierspferde abschätzen. Den Stabspackwagen konnte man um 10 Uhr überneh-

---

[2816] KTB 5. Komp. Inf.-Reg. 21, 01.08.1914-06.04.1916, BHStA Abtl. IV 21. Inf.-Reg. (WK) Bund 22.

[2817] KTB Jäger-Batl. 2, 31.07.-31.12.1914, BHStA Abtl. IV 2. Jäger-Batl. (WK) Bund 10.

[2818] KTB Stab Inf.-Reg. 23, 01.08.-26.09.1914, BHStA Abtl. IV 23. Inf.-Reg. (WK) Bund 1, Akt 1.

[2819] Schreiben Art.-Depot Germersheim an Bayr. Feldzeugmeisterei, Meldung über Fortgang d. Mobilmachung, 08.08.1914, BHStA Abtl. IV M Kr Nr. 13542.

[2820] KTB Inf.-Div. 27, 02.08.-05.09.1914, HStAS M 410, Bund 73, Band 227.

men, um dann gegen 16 Uhr im Hof der Dragonerkaserne zu Cannstatt anzutreten.[2821]

Die Einheiten des sächsischen Kontingents führten ihre am 31. Juli begonnenen Vorbereitungen weiter. Das Infanterie-Regiment 134 ordnete an, die am 1. August eintreffenden Reservisten noch mit der Friedensgarnitur auszurüsten. Die Anprobe der Kriegsgarnitur sei jedoch sofort durchzuführen.[2822] Den Mannschaften des Beurlaubtenstandes seien beim Waffendepot ab 16.30 Uhr ihre Bewaffnung auszuhändigen.[2823] Die Kommandantur des Fußartillerie-Regiments 19 bestimmte ferner, daß die Wachen ab dem 2. August mittags mit scharfer Munition auszurüsten seien.[2824] Das Feldartillerie-Regiment 68 kommandierte Soldaten zur Unterstützung des Waffenmeisters ab.[2825] Außerdem wurden die Einzelheiten der Unterbringung und Beköstigung etc. der eintreffenden Verstärkungen geregelt.[2826] Die Garnison des Regiments untersagte es, den Mannschaften Nachturlaub zu erteilen; ab sofort finde täglich eine Offiziersbesprechung beim Kommandeur statt und als Parole sollten nur noch die von der Garnison ausgegebenen Worte verwendet werden.[2827] Die Verwendung der Verstärkungen durch nur garnisonsdienstfähige Soldaten, die auf Grund der „drohenden Kriegsgefahr" eintrafen, regelte auch das Feldartillerie-Regiment 28. Sollte der Mobilmachungsbefehl ergehen, seien diese Leute den Ersatz-Batterien zuzuteilen.[2828] Die 1. Batterie des Regiments befahl außerdem, die blanken Waffen zu sammeln und die Geschütze und Wagen vorzubereiten.[2829] Die Verstärkung der Wachen und deren Ausrüstung mit scharfer Munition ordnete das Feldartillerie-

---

[2821] KTB Stab Kav.-Brig. 26 (im Verband d. 7. Kav.-Div.), 31.07.1914-28.02.1915, HStAS M 412, Bund 1, Band 1.

[2822] Reg.-Befehl, Befehlsbuch I. Batl. Inf.-Reg. 134, 26.06.-07.08.1914, SHStA Sächs. Kriegsarchiv (P) Nr. 27512.

[2823] Reg.-Befehl, ebd.

[2824] Kommandantur-Befehl, Reg.-Befehle Fußartillerie-Reg. 19, 1914, SHStA Sächs. Kriegsarchiv (P) Nr. 36143.

[2825] Abtl.-Befehl, Befehlsbuch 1. Ers.-Battr. Feldart.-Reg. 64, 1914, SHStA Sächs. Kriegsarchiv (P) Nr. 60012.

[2826] Reg.-Befehl, Befehlsbuch 6. Battr. Feldart.-Reg. 64, 1914, SHStA Sächs. Kriegsarchiv (P) Nr. 59048; weiteres Exemplar Befehlsbuch 3. Battr. Feldart.-Reg. 64, 1914, SHStA Sächs. Kriegsarchiv (P) Nr. 58920.

[2827] Garnisons-Befehl, ebd.

[2828] Feldart.-Reg. 28 Br. B. Nr. 2564 I, Befehlsbuch 3. Battr. Feldart.-Reg. 28, 1914, SHStA Sächs. Kriegsarchiv (P) Nr. 51228.

[2829] Battr.-Befehl, Befehlsbuch 1. Battr. Feldart.-Reg. 28, 1914, SHStA Sächs. Kriegsarchiv (P) Nr. 51039.

Regiment 32 an.[2830] Die Verwendung der eingetroffenen Verstärkungen sowohl der nur garnisonsdienstfähigen als auch der felddiensttauglichen regelte die 3. Batterie des Feldartillerie-Regiments 48. Die Kenntnisse der Verstärkungen, die mit ins Feld sollten, im Fahren und an den Geschützen seien gründlich aufzufrischen. Im übrigen seien Beurlaubungen und auch Nachturlaub untersagt. Es sei jedoch anzustreben, jedem Unteroffizier und Soldaten nach Ausspruch der Mobilmachung einen halben Tag zur Regelung der familiären Verhältnisse freizugeben.[2831] Die Batterien der II. Abteilung des 64. Feldartillerie-Regiments meldeten das erfolgte Eintreffen der Verstärkungen.[2832]

Der Ausspruch der „drohenden Kriegsgefahr" löste bei den Einheiten der verschiedenen Kontingente die unterschiedlichsten Maßnahmen aus. Deutlich wurde, wie groß trotz aller zentraler Planung die örtlichen Unterschiede waren. Während einige Einheiten sich auf die Durchführung der Routinearbeiten beschränkten, hatten andere bereits alle Arbeiten für die „drohende Kriegsgefahr" erledigt und begannen nun mit den eigentlichen Mobilmachungsmaßnahmen, die erst nach Eingang des Mobilmachungsbefehls erfolgen sollten. Wieder gab es Kommandeure, die sich auf das Befohlene begrenzten, während andere darüber hinaus gingen. Es gab kein einheitliches Reaktionsbild innerhalb der deutschen Armee. Auch hier mag man das unterschiedliche Tempo durch die allgemeine Unsicherheit erklären.

Der Erlaß des Mobilmachungsbefehls durch den Kaiser erfolgte um 17 Uhr.[2833] Um 18 Uhr war der Mobilmachungsbefehl im Generalstab bekannt.[2834] Wie man sich die inoffizielle Weitergabe so mancher Meldung vorstellen kann, zeigen die Ereignisse um die Vermittlung des Mobilmachungsbefehls nach München. Wenninger schrieb gerade Berichte als um 17.30 Uhr der bayerische Gesandte

---

[2830] Reg.-Befehl, Befehlsbuch Feldart.-Reg. 32, SHStA Sächs. Kriegsarchiv (P) Nr. 53090.

[2831] 3. Battr. Feldart.-Reg. 48 R. K. O. 3523 I, SHStA Sächs. Kriegsarchiv (P) Nr. 55941.

[2832] Meldung 4. u. 5. Battr., SHStA Sächs. Kriegsarchiv (P) Nr. 58240.

[2833] Broschüre: Rußlands Mobilmachung für den Weltkrieg, S. 39, BA-MA W-10/50891; ebenfalls um 17 Uhr, Vollständiges Tgb. Falkenhayn, BA-MA W-10/50635; Ausspruch d. Mobilmachung um 17.30 Uhr, Manuskript: Die deutsche Armee bei Kriegsausbruch, o. J., [um 1920], Bl. 11, BA-MA W-10/50891; ebenfalls zu diesem Zeitpunkt Ergänzungsbericht v. Leuckart zu Bericht Nr. 83/3571, SHStA Sächs. Militärbevollmächtigter Nr. 4222; im Kriegsministerium sei der unterzeichnete Befehl um 17.35 Uhr angekommen. - DD, Bd. 3, Nr. 554, S. 56, Anm. 4. Da einige Stellen, so das Bayr. Kriegsministerium und das XIX. A. K., das Tel. aus Berlin um 18 Uhr oder wenig danach empfingen, scheint der früheste Zeitpunkt der wahrscheinlichste; dies würde sich auch mit den Angaben der DD decken. Zu den Umständen, unter denen der Befehl erging, siehe oben.

[2834] Manuskript v. Nida: Der Sturm auf Lüttich! Nach eigenen Erlebnissen, 1920, S. 2, BA-MA W-10/50951.

mit einem Zeitungskorrespondeten eintraf und ihm mitteilte, daß ihnen vor dem Kriegsministerium ein Offizier aus einem Auto heraus zugerufen habe, die Mobilmachung sei befohlen. Wenninger schickte sofort einen Bürobeamten dem Boten entgegen, der eventuell den Befehl übermitteln würde, und ließ sich ein Telephongespräch mit dem Kriegsministerium in München vermitteln: „Der Gesandte meint: ‚Wenn aber die Verbindung früher kommt?' Ich sagte nichts. Es vergehen 5 endlose Minuten. Noch kein Bote und kein Rat Gottes. ‚Bäh' kracht jetzt der Apparat, – München ist da. ‚Hier Oberst Köberle' ich gebe meinem Herzen einen hörbaren Ruck: ‚Bitte Köberle, schreiben: Mobilmachung befohlen, erster Mobilmachungstag 2. August!' – Es ist geschehen. Atemlos lehne ich mich zurück. Ich habe eine schwere Verantwortung übernommen. Vier [sic] Korps mobilgemacht. Wenn es nun ein Mißverständnis war, was Röder [der Zeitungskorrespondent, d. Verf.] gehört hat? Ich sage; ‚lieber Röder, nehmen Sie es mir nicht übel, ich muß Gewißheit haben.' Im Hausgang stoße ich auf meinen Beamten, er hat das Kuvert – ich reiße es auf – es stimmt – Gott sei Dank."[2835] Ähnliche Übermittlungen mögen zu dem Vorpreschen Bayerns am 29. Juli geführt haben. Mit dem Unterschied, daß die spätere Bestätigung dann ausblieb.[2836]

Nach dem Erlaß in Berlin begann der Mobilmachungsbefehl seinen Weg durch die Truppe. In Berlin wurde er um 17.30 Uhr öffentlich bekanntgegeben.[2837] Im Osten traf er beim I. A. K. um 18.15 Uhr ein.[2838] Bei der zum VII. A. K. gehörenden 27. Infanterie-Brigade, die sich an den Handstreich auf Lüttich beteiligen sollte, ging der Mobilmachungsbefehl um 21.30 Uhr ein.[2839]

Den Eingang des Befehls aus Berlin und seine darauf folgende umgehende Weitergabe verzeichnete das Kriegstagebuch des württembergischen XIII. A. K. um 18.06 Uhr.[2840] Bereits um 17 Uhr notierte das Kriegstagebuch der 27. Division sein Eintreffen.[2841] Diese Uhrzeit stellt sicherlich einen Irrtum dar, aber daß der Befehl dort recht früh eingegangen ist, wird nicht zu bezweifeln sein. Die 26. Kavallerie-Brigade erhielt ihn um 18 Uhr.[2842] Im Bereich des I. Batail-

---

[2835] Tgb. Wenninger. - Schulte: Dokumente, Nr. 9, S. 141.

[2836] Siehe Kapitel V. 2. a Die Julikrise: 29. Juli, S. 309 f.

[2837] Verhey: Spirit S. 65.

[2838] François S. 345.

[2839] Manuskript v. Massow: Schilderung der Ereignisse und Eindrücke beim Vorgehen der 27. Inf. Brig. zum Handstreich auf Lüttich, 1920, S. 1, BA-MA W-10/50951.

[2840] KTB XIII. A. K., 28.07.-31.10.1914, HStAS M 410, Bund 12, Band 24.

[2841] KTB Inf.-Div. 27, 02.08.-05.09.1914, HStAS M 410, Bund 73, Band 227.

[2842] KTB Stab Kav.-Brig. 26 (im Verbande d. 7. Kav.-Div.), 31.07.1914-28.02.1915, HStAS M 412, Bund 1, Band 1.

lons/Infanterie-Regiment 121 wurde um 18 Uhr vor dem Rathaus die Mobilmachung verkündet, während beim Bataillon durch das Regiment erst um 19.30 Uhr die Nachricht einging.[2843]

Die 55. Infanterie-Brigade des badischen Kontingents erhielt den Mobilmachungsbefehl um 17.15.[2844] Das III. Bataillon des Infanterie-Regiments 112 will ihn um 17 Uhr erhalten haben.[2845] Zur gleichen Zeit soll er beim II. Bataillon des Infanterie-Regiments 114 eingetroffen sein.[2846] Beim Reserve-Fußartillerie-Regiment 24 ging der Mobilmachungsbefehl um 18.50 Uhr ein.[2847] Das Garnisonskommando Freiburg informierte die 29. Division um 19 Uhr.[2848] Das Infanterie-Regiment 113 empfing den Befehl um 19.30 Uhr.[2849]

Beim sächsischen XIX. A. K. ging das Telegramm aus Berlin um 18.07 Uhr ein.[2850] Das I. Bataillon des Fußartillerie-Regiments 19 erhielt den Befehl um 18.50 Uhr.[2851] Zehn Minuten später wurde er an dessen 1. Batterie weitergereicht.[2852] Das XII. A. K. telegraphierte dem Stab der 19. Fußartillerie-Brigade um 20 Uhr.[2853]

Das Bayerische Kriegsministerium erhielt ein Telegramm mit der Meldung aus Berlin um 18 Uhr. Die preußischen Kollegen baten darin auch um die Übermittlung des 1. bayerischen Mobilmachungstages.[2854] In München wurden sofort die erforderlichen Maßnahmen ergriffen.[2855] Per Telegramm wurde dem Preußi-

---

[2843] KTB I. Batl. Inf.-Reg. 121, 31.07.-10.09.1914, HStAS M 411, Bund 35, Band 386.

[2844] KTB 55. Inf.-Brig., 31.07.-24.11.1914, GlAK Abtl. 456 EV 20, Bund 9, Heft 1.

[2845] KTB III. Batl. Inf.-Reg. 112, 28.07.1914-31.12.1915, GlAK Abtl. 456 EV. 142, Bund 6, Heft 21.

[2846] KTB II. Batl. Inf.-Reg. 114, 31.07.1914-30.06.1916, GlAK Abtl. 456 EV. 142, Bund 8, Heft 11.

[2847] KTB Res.-Fußart.-Reg. 24 (Reg.-Stab), 31.07.-30.11.1914, GlAK Abtl. 456 EV. 143, Bund 24, Heft 1.

[2848] Schreiben, Anlagen z. KTB 29. Inf.-Div., 29.07.-08.08.1914, GlAK Abtl. 456 Ev. 12, Bund 21, Heft 2.

[2849] KTB Inf.-Reg. 113, 31.07.1914-30.06.1916, GlAK Abtl. 456 EV. 142, Bund 7, Heft 1.

[2850] SHStA Sächs. Kriegsarchiv (P) Nr. 23361.

[2851] KTB I. Batl. Fußart.-Reg. 19, 01.08.1914-31.12.1916, SHStA Sächs. Kriegsarchiv (P) Nr. 36403.

[2852] KTB 1. Battr. I. Batl. Fußart.-Reg. 12, 01.08.1914-26.02.1918, SHStA Sächs. Kriegsarchiv (P) Nr. 37628.

[2853] Tel., SHStA Sächs. Kriegsarchiv (P) Nr. 35973.

[2854] Tel. Preuß. Kriegsministerium, BHStA Abtl. IV M Kr Nr. 1715; Eingang der Mobilmachungsordre um 18 Uhr, KTB Krafft v. Dellmensingen, BHStA Abtl. IV Nl. Krafft v. Dellmensingen Nr. 145.

[2855] Notiz auf Tel. Preuß. Kriegsministerium, BHStA Abtl. IV M Kr Nr. 1715.

schen Kriegsministerium mitgeteilt, daß auch in Bayern der 2. August der 1. Mobilmachungstag sei.[2856] An den König wurde eine Eingabe gerichtet, die Mobilmachung für Bayern auszusprechen und gleichzeitig den Aufruf des Landsturms im Bereich des II. A. K. zu befehlen.[2857] In den Akten findet sich nur die entsprechende königliche Verordnung für den Landsturm.[2858] Bei der Post traf der Mobilmachungsbefehl für Bayern um 20.06 Uhr ein.[2859] Fast zeitgleich mit dem Mobilmachungsbefehl ging um 18.42 Uhr ein weiteres Telegramm aus Berlin ein, in dem die Mobilmachung derjenigen Ersatzformationen angeordnet wurde, die laut Planung zu einer mobilen Verwendung vorgesehen waren.[2860]

Der Mobilmachungsbefehl traf beim I. A. K. um 19.15 Uhr zusammen mit der Anweisung, die mobilen Ersatzbrigaden aufzustellen ein.[2861] Die Intendantur des Korps erfuhr von der Neuigkeit um 19.45 Uhr.[2862] Zu diesem Zeitpunkt wurde der Eingang auch beim II. Bataillon des Fußartillerie-Regiments 1 verzeichnet.[2863] Der Stab des Infanterie-Regiments 1 erfuhr von der Nachricht um 20 Uhr.[2864] Es dauerte dann noch bis 20.45 Uhr, bis auch das I. Bataillon des Regiments die Mitteilung erhielt.[2865] Die 1. Infanterie-Division teilte ihn um 20 Uhr der 2. Infanterie-Brigade mit.[2866] Die zum I. A. K. gehörende 4. Infanterie-Brigade erhielt den Befehl um 21.30, nachdem man bereits inoffiziell drei Stunden vorher von ihm erfahren hatte.[2867] Das II. Bataillon/Infanterie-Regiment 2

[2856] Entwurf Tel., ebd.

[2857] BHStA Abtl. IV M Kr Nr. 1715.

[2858] Ebd.

[2859] Tgb. Feldpostsekretär Ernst Kießkalt, 24.07.-02.08.1914, BHStA Abtl. IV HS 2699.

[2860] Bayr. Kriegsministerium Aktennotiz Nr. 22414 über Tel. aus Berlin, ab 18.20 Uhr, BHStA Abtl. IV M Kr Nr. 1715.

[2861] KTB I. A. K., 31.07.1914-28.02.1915, BHStA Abtl. IV Gen. Kdo. I. A. K. (WK) Bund 1.

[2862] KTB Feld-Intendantur I. A. K., 01.08.-31.12.1914, BHStA Abtl. IV Gen. Kdo. I. A. K. (WK) Feld-Intendantur Bund 1.

[2863] KTB II. Batl. Fußart.-Reg. 1, 31.07.-31.12.1914, BHStA Abtl. IV 1. Fußart.-Reg. (WK) Bund 78.

[2864] KTB Stab Inf.-Reg. 1, 31.07.1914-25.11.1915, BHStA Abtl. IV 1. Inf.-Reg. (WK) Bund 1.

[2865] KTB I. Batl. Inf.-Reg. 1, 01.08.1914-31.08.1916, BHStA Abtl. IV 1. Inf.-Reg. (WK) Bund 32.

[2866] KTB Inf.-Brig. 2, 01.08.-31.12.1914, BHStA Abtl. IV b. 2. Inf.-Brig. (WK) Bund 1; die 1. Inf.-Div. war vorher durch Tel. Nr. 2500 M informiert worden, leider ohne Zeitangabe, BHStA Abtl. IV 1. Inf.-Div. (WK) Bund 5 Teil 2.

[2867] KTB Inf.-Brig. 4, BHStA Abtl. IV 4. Inf.-Brig. (WK) Bund 1.

erhielt die Nachricht um 20.45 Uhr.[2868] Beim Feldartillerie-Regiment 4 ging der Mobilmachungsbefehl um 21 Uhr ein.[2869] Um 21.12 traf er dann bei der 3. Infanterie-Brigade ein.[2870] Beim 8. Chevaulegers-Regiment wurde sein Eintreffen um 22 Uhr registriert.[2871]

Das bayerische II. A. K. wurde um 17.55 Uhr vom Generalstab in Berlin angerufen und über den Ausspruch der Mobilmachung informiert. Nach telephonischer Rücksprache mit dem Kriegsministerium in München erging dann auch von dort aus um 19.20 Uhr der Mobilmachungsbefehl.[2872] Durch die 3. Infanterie-Division wurde die Anweisung um 17.30 Uhr an des 23. Infanterie-Regiment zunächst telephonisch und dann später auch schriftlich übermittelt.[2873] Der endgültige Bescheid traf beim I. Bataillon um 19 Uhr ein.[2874] Auf die gleiche Weise unterrichtete die Division die 3. Feldartillerie-Brigade.[2875] Ihren eigenen Dienststellen teilte die 3. Division die Nachricht um 19.30 mit.[2876] Offiziell registrierte die 3. Division den Eingang um 20 Uhr.[2877] Die 4. Kavallerie-Brigade meldete den Eingang des Telegramms des II. A. K. um 18.30 Uhr.[2878] Tatsächlich ging das Telegramm erst um 19.55 Uhr ein.[2879] Von ihr weitergegeben empfing das 1.

[2868] KTB Stab II. Batl. Inf.-Reg. 2, 01.08.1914-31.12.1915, BHStA Abtl. IV 2. Inf.-Reg. (WK) Bund 27.

[2869] KTB 3. Fahr. Battr. Feldart.-Reg. 4, BHStA Abtl. IV HS 2914.

[2870] KTB Inf.-Brig. 3, 01.08.-31.12.1914, BHStA Abtl IV 3. Inf.-Reg. (WK) Bund 1; laut dem Friedenstgb. um 21.15 Uhr, Friedenstgb. Inf.-Brig. 3, 1909-1914, BHStA Abtl. IV 3. Inf.-Brig. (F) Bund 42; ebenfalls zu dieser Zeit bei 8. Komp., KTB 8. Komp. Inf.-Brig. 3, 01.08.1914-29.06.1916, BHStA Abtl. IV 3. Inf.-Brig. (WK) Bund 19.

[2871] KTB Stab mit 3., 4. Esk. Chev.-Reg. 8, 28.07.1914-31.12.1915, BHStA Abtl. IV 8. Chev.-Reg. (WK) Bund 1, Akt 3.

[2872] KTB II. A. K., 01.08.-31.12.1914, BHStA Abtl. Gen. Kdo. II. A. K. (WK) Bund 1.

[2873] KTB Stab Inf.-Reg. 23, 01.08.-26.09.1914, BHStA Abtl. IV 23. Inf.-Reg. (WK) Bund 1, Akt 1.

[2874] KTB I. Batl. Inf.-Reg. 23, 01.08.-31.12.1914, BHStA Abtl. IV 23. Inf.-Reg. (WK) Bund 20.

[2875] Dort wurde 18 Uhr als Eingangstermin genannt, KTB Feldart.-Brig. 3, 29.07.-24.10.1914, BHStA Abtl. IV 3. Feldart.-Brig./Arko 3 (WK) Bund 1 Akt 1.

[2876] KTB Proviantamt 3. Inf.-Div., 31.07.1914-30.07.1915, BHStA Abtl. IV 3. Inf.-Div. (WK) Proviantamt Bund 22; KTB Feldintendantur 3. Inf.-Div., 31.07.1914-30.11.1915, BHStA Abtl. IV 3. Inf.-Div. (WK) Feldintendantur Bund 1; der Arzt der Div. erhielt d. Befehle erst um 20 Uhr, KTB Div.-Arzt, 01.08.1914-28.02.1915, BHStA Abtl. IV 3. Inf.-Div. (WK) Bund 126.

[2877] KTB Inf.-Div. 3, 01.08.-31.12.1914, BHStA Abtl. IV 3. Inf.-Div. (WK) Bund 2.

[2878] KTB Kav.-Brig. 4, 30.07.1914-31.07.1916, BHStA Abtl. IV 4. Kav.-Brig. (WK) Bund 1.

[2879] Tel. II. A. K. an 4. Kav.-Brig., an 19,55 Uhr, BHStA Abtl. IV 4. Kav.-Brig. (WK) Bund 8.

Ulanen-Regiment um 19 Uhr den Befehl.[2880] Vom Generalkommando ging die Neuigkeit um 19.35 Uhr bei der 4. Division ein.[2881] Um 19.30 übermittelte die 4. Division dem 9. Infanterie-Regiment die Neuigkeit.[2882] Dessen II. Bataillon hatte ihn bereits um 19.11 erhalten.[2883] Von der 4. Division erfuhr die 7. Infanterie-Brigade mündlich um 19.30 Uhr von der Mobilmachung.[2884] Die Ämter der 4. Division erhielten den Mobilmachungsbefehl um 19.30.[2885] Schon um 17 Uhr will ihn die 3. Batterie des 11. Feldartillerie-Regiments empfangen haben.[2886] Die I. Abteilung des Regiments wurde allerdings erst um 19.35 informiert.[2887] Die II. Abteilung um 19.45 Uhr.[2888] Der Adjutant des 22. Infanterie-Regiments erfuhr privat von dem lokalen Postdirektor um 19 Uhr, daß der Mobilmachungsbefehl ergangen sei, durch die Infanterie-Brigade 5 traf er offiziell um 19.30 ein.[2889] Die Brigade selber hatte ihn um 19.15 erhalten.[2890] Bei der 6. Brigade lief der Befehl um 19.15 Uhr ein.[2891] Das 17. Infanterie-Regiment in Landau erhielt den Mobilmachungsbefehl gleich dreimal zugestellt. Zunächst übermittelte ihn um 19.25 Uhr die 6. Infanterie-Brigade. Fünf Minuten später folgte dann die entsprechende Information der 3. Division. Und wieder zehn Minuten später, also um 19.40 Uhr, traf die Anweisung zur Mobilmachung vom Gouvernement ein.[2892] Bei seinem II. Bataillon wurde der Eingang um 19.35 registriert.[2893] Um

---

[2880] KTB Ulanen-Reg. 1, 29.07.1914-15.08.1917, BHStA Abtl. IV 1. Ulanen-Reg. (WK) Nr. [sic] 1.

[2881] KTB Inf.-Div. 4, 29.07.-18.10.1914, BHStA Abtl. IV 4. Inf.-Div. (WK) Bund 1; Montgelas: Kriegstagebuch S. 911.

[2882] KTB Inf.-Reg. 9, 29.07.1914-24.06.1915, BHStA Abtl. IV 9. Inf.-Reg. (WK) Bund 1.

[2883] KTB II. Batl. Inf.-Reg. 9, 30.07.1914-30.06.1915, BHStA Abtl. IV 9. Inf.-Reg. (WK) Bund 33.

[2884] KTB Inf.-Brig. 7, 30.07.-12.09.1914, BHStA Abtl. IV 7. Inf.-Brig. (WK) Bund 1.

[2885] KTB Div.-Proviantamt 4. Inf.-Div., 31.07.1914-31.10.1915, BHStA Abtl. IV 4. Inf.-Div. (WK) Div.-Proviantamt Bund 14; KTB Feldintendantur 4. Inf.-Div., 30.07.-31.12.1914, BHStA Abtl. IV 4. Inf.-Div. (WK) Feldintendantur Bund 1; schr. beim Div.-Arzt um 20 Uhr, KTB Div.-Arzt, 30.07.-01.12.1914, BHStA Abtl. IV 4. Inf.-Div. (WK) Bund 103.

[2886] KTB 3. Battr. Feldart.-Reg. 11, 30.07.1914-02.06.1916, BHStA Abtl. IV 11. Feldart.-Reg. (WK) Bund 58.

[2887] KTB Stab I. Abtl. Feldart.-Reg. 11, 30.07.1914-31.01.1915, BHStA Abtl. IV 11. Feldart.-Reg. (WK) Bund 37, Akt 1.

[2888] KTB Stab II. Abtl. Feldart.-Reg. 11, 30.07.-31.10.1914, BHStA Abtl. IV 11. Feldart.-Reg. (WK) Bund 72, Akt 1.

[2889] KTB Stab Inf.-Reg. 22, 01.08.-19.12.1914, BHStA Abtl. IV 22. Inf.-Reg. (WK) Bund 1.

[2890] KTB Inf.-Brig. 5, 31.07.1914-11.01.1915, BHStA Abtl. IV 5. Inf.-Brig. (WK) Bund 1.

[2891] KTB Inf.-Brig. 6, BHStA Abtl. IV 6. Inf.-Brig. (WK) Bund 1.

[2892] KTB Stab Inf.-Reg. 17, 30.07.1914-22.11.1915, BHStA Abtl. IV 17. Inf.-Reg. (WK) Bund 1.

20 Uhr traf das Telegramm des Generalkommandos bei dem 2. Ulanen-Regiment ein.[2894] Über die ausgesprochene Mobilmachung informierte das 11. Infanterie-Regiment um 20.30 Uhr sein III. Bataillon.[2895] In Bamberg beim 5. Infanterie-Regiment verzeichnete man die Nachricht um 21 Uhr.[2896]
Über den Erlaß des Mobilmachungsbefehls wurde das bayerische III. A. K. direkt aus Berlin durch einen Anruf aus dem Generalstab um 18 Uhr informiert. Den unterstellten Truppen wurde daraufhin ein vorläufiger Mobilmachungsbefehl bekanntgemacht. Um 19.30 kam dann wieder per Telephon die Bestätigung der Mobilmachung aus dem Münchner Kriegsministerium. Die Truppen erhielten den endgültigen Befehl. Das Telegramm des Kriegsministeriums traf um 20.30 Uhr ein: „Gerüchte und Extrablätter über die in Berlin ausgesprochene Mobilmachung eilten wiederum der dienstlichen Übermittlung voraus."[2897] Mit dem „wiederum" waren die gleichen Erscheinungen wie bei der Zustellung der „drohenden Kriegsgefahr" gemeint. Die dem III. A. K. unterstehende 10. Infanterie-Brigade erhielt um 18.55 Uhr ein Telegramm der 5. Kavallerie-Brigade mit dem Inhalt, daß in etwa einer Stunde der Mobilmachungsbefehl zu erwarten sei. Diese Nachricht wurde seitens der Brigade sofort weitergegeben. Nun, es dauerte jedoch länger als eine Stunde bis zum Eintreffen des Befehls, das um 21.40 erfolgte. Auch dies wurde weitervermittelt. In der Stadt war zu diesem Zeitpunkt der Erlaß des Mobilmachungsbefehls schon seit circa drei Stunden bekannt.[2898] Die 11. Infanterie-Brigade erhielt den vorläufigen Befehl um 18.10, den endgültigen dann um 20 Uhr.[2899] Den vorläufigen Befehl erhielt das 13. Infanterie-Regiment um 18.20, um 20.30 Uhr folgte dann der endgültige Bescheid.[2900] In Eichstätt bei der 9. Kompanie/Infanterie-Regiment 13 traf der Mobilmachungs-

---

[2893] KTB II. Batl. Inf.-Reg. 17, 31.07.1914-31.10.1915, BHStA Abtl. IV 17. Inf.-Reg. (WK) Bund 10.

[2894] KTB Stab Ulanen-Reg. 2, 30.07.1914-01.04.1915, BHStA Abtl. IV 2. Ulanen-Reg. (WK) Bund 1.

[2895] KTB III. Batl. Inf.-Reg. 11, 01.08.1914-30.09.1915, BHStA Abtl. IV 11. Inf.-Reg. (WK) Bund 27.

[2896] Reg.-Befehl, Befehlsbuch 5. Inf.-Reg., 2. Exemplar, BHStA Abtl. IV 5. Inf.-Reg. (F) Bund 19; KTB I. Batl. Inf.-Reg. 5, 31.07.1914-31.03.1916, BHStA Abtl. IV 5. Inf.-Reg. (WK) Bund 24; KTB II. Batl. Inf.-Reg. 5, 30.07.1914-31.10.1915, BHStA Abtl. IV 5. Inf.-Reg. (WK) Bund 29; KTB III. Batl. Inf.-Reg. 5, 30.07.1914-13.06.1916, BHStA Abtl. IV 5. Inf.-Reg. (WK) Bund 31.

[2897] KTB III. A. K., BHStA Abtl. IV Gen. Kdo. III. A. K. (WK) Bund 1.

[2898] KTB Inf.-Brig. 10, BHStA Abtl. IV 10. Inf.-Brig. (WK) Bund 1.

[2899] KTB Inf.-Brig. 11, BHStA Abtl. IV 11. Inf.-Brig. (WK) Bund 1.

[2900] KTB II. Batl. Inf.-Reg. 13, 01.08.-27.10.1914, BHStA Abtl. IV 13. Inf.-Reg. (WK) Bund 3.

befehl um 19 Uhr ein.[2901] Telephonisch traf der vorläufige Befehl beim 21. Infanterie-Regiment um 18.10 Uhr ein.[2902] Das 7. Chevaulegers-Regiment wurde um 18.30 Uhr von dem Bezirkskommando Deggendorf über die zu erwartende Mobilmachung informiert, mit der Ausführung der einschlägigen Arbeiten könne schon begonnen werden. Erst später traf dann der offizielle Befehl ein.[2903] Um 19 Uhr erreichte er auch die 5. Kavallerie-Brigade in Nürnberg.[2904] Nach Eintreffen des Mobilmachungsbefehls um 20.05 Uhr wurde er in Grafenwöhr durch den Regimentskommandeur den versammelten Offizieren des Feldartillerie-Regiments 3 verlesen.[2905] Ein ähnliches Procedere vollzog sich beim 8. Feldartillerie-Regiment. Dort war der Befehl, durch die 6. Feldartillerie-Brigade übermittelt, um 20.15 eingetroffen.[2906] Ihrer Intendantur gab die 5. Division die Nachricht um 20.55 Uhr bekannt.[2907] Das 19. Infanterie-Regiment erhielt um 21 Uhr Bescheid.[2908] Das 6. Infanterie-Regiment erhielt vom Generalkommando telegraphisch um 21.45 die Anweisung zur Mobilmachung. Bereits um 19 Uhr war diese Tatsache von der Redaktion der „Amberger Volkszeitung" bekanntgegeben worden.[2909] 22 Uhr erhielt das II. Bataillon des 7. Infanterie-Regiments Kenntnis von der Mobilmachung.[2910] Um 22.10 Uhr wurde auch das III. Bataillon des Regiments informiert.[2911]

Am 1. August wiederholte sich das Schauspiel, welches sich schon bei der Verbreitung des Befehls über den Ausspruch der „drohenden Kriegsgefahr" gezeigt hatte. Eine gewisse Verbesserung läßt sich allerdings verzeichnen: am 31.

[2901] KTB 9. Komp. Inf.-Reg. 13, 01.08.-27.10.1914, BHStA Abtl. IV 13. Inf.-Reg. (WK) Bund 6.

[2902] KTB Stab Inf.-Reg. 21, 29.07.-12.10.1914, BHStA Abtl. IV 21. Inf.-Reg. (WK) Bund 1.

[2903] KTB Stab Chev.-Reg. 7, 01.08.-31.12.1914, BHStA Abtl. IV 7. Chev.-Reg. (WK) Bund 1.

[2904] KTB Kav.-Brig. 5, 01.08.1914-17.05.1915, BHStA Abtl. IV 5. Kav.-Brig. (WK) Bund 1.

[2905] KTB Feldart.-Reg. 3, 30.07.-17.08.1914, BHStA Abtl. IV 3. Feldart.-Reg. (WK) Bund 64.

[2906] KTB Stab Feldart.-Reg. 8, 01.08.-31.12.1914, BHStA Abtl. IV 8. Feldart.-Reg. (WK) Bund 1, Akt 1.

[2907] KTB Feld-Intendantur 5. Inf.-Div., 02.08.1914-30.06.1916, BHStA Abtl. IV 5. Inf.-Div. (WK) Feld-Intendantur Bund 1.

[2908] KTB Inf.-Reg. 19, 02.08.1914 [sic]-31.12.1914, BHStA Abtl. IV 19. Inf.-Reg. (WK) Bund 1; KTB 1. Komp. Inf.-Reg. 19, 01.08.1914-31.12.1915, BHStA Abtl. IV 19. Inf.-Reg. (WK) Bund 10.

[2909] KTB I. Batl. Inf.-Reg. 6, 29.07.-31.12.1914, BHStA Abtl. IV 6. Inf.-Reg. (WK) Bund 18; Bekanntgabe durch Amberger Volkszeitung zwei Stunden früher, KTB Inf.-Reg. 6, 29.07-25.11.1914, BHStA Abtl. IV 6. Inf.-Reg. (WK) Bund 1.

[2910] KTB II. Batl. Inf.-Reg. 7, 01.08.-17.09.1914, BHStA Abtl. IV 7. Inf.-Reg. (WK) Bund 19.

[2911] KTB III. Batl. Inf.-Reg. 7, 01.08.-15.09.1914, BHStA Abtl. IV 7. Inf.-Brig. (WK) Bund 22.

dauerte es vom Mittag bis in die Nacht, bis der Befehl auch die letzte Einheit erreicht hatte, am 1. August brauchte man zwar auch bis in die Nacht, aber der Ursprungsbefehl erging in Berlin am späten Nachmittag, so daß man also jetzt ein bißchen schneller mit der Verbreitung des Mobilmachungsbefehls war. Wiederum zeigten sich große Zeitunterschiede im Eingang bei den Einheiten. Die Versuche, durch telephonische Mitteilung zunächst von Berlin nach Bayern und dann bei der Weitergabe in Bayern das Verfahren zu beschleunigen, mögen auf Grund der negativen Erfahrungen des Vortags gemacht worden sein. Da die Meldung aus Berlin aber vom formell gar nicht zuständigen Generalstab erstattet wurde, lag es auch im Bereich des Möglichen, daß die Initiative ohne solche Hintergedanken durchgeführt wurde. Wie dem auch sei, hier zeigt sich wieder einmal die wichtige Rolle der inoffiziellen Kommunikation in der Julikrise. Nur sie vermochte unter Umgehung aller bürokratischen Hemmnisse wie der Kompetenzen der Bundesstaaten eine schnelle Information zu gewährleisten. Das Beispiel der 27. Infanterie-Brigade belegt, daß Verzögerungen allerdings auch innerhalb des preußischen Kontingents auftraten. Daß dieses inoffizielle Verfahren seine Risiken barg, darauf ist bereits hingewiesen worden. Angesichts der Wichtigkeit der Angelegenheit fand die telephonische Verbindung diesmal den Weg in die Akten. In vielen anderen Fällen wird dies nicht der Fall gewesen sein, so daß dieser Vorgang den sprichwörtlichen Gipfel des Eisbergs darstellt, dessen eigentlicher Umfang verborgen bleibt.

Der Eingang des Mobilmachungsbefehls führte dann zu weiteren Aktivitäten. Der im Generalstab tätige v. Nida, dessen Aufgabe es war, einer der Angriffskolonnen auf Lüttich als Wegführer zu dienen, bestieg sofort, nachdem er gegen 18 Uhr von der Mobilmachung erfahren und sich im Generalstab die benötigten Unterlagen hatte aushändigen lassen, den Zug nach Aachen.[2912] Endlich konnte in der Feste Boyen die Munitionierung der Artillerie, der Ausbau der Stellungen und alle sonstigen Kriegsvorbereitungen planmäßig durchgeführt werden.[2913] Die Durchführung des Küstenschutzes erforderte beim XVII. A. K. die Niederreißung der Badeeinrichtungen in Heubude, Weichselmünde, Westerplatte und Brösen; die Seesperre wurde ausgelegt.[2914] Wieder mehr auf kriegerischen Wegen bewegte sich das I. A. K. als es am 1. August die Kriegseinteilung der Offiziere bekanntgab.[2915]

[2912] Manuskript v. Nida: Der Sturm auf Lüttich! Nach eigenen Erlebnissen, 1920, S. 2 f., BA-MA W-10/50951.

[2913] Manuskript Hptm. Algen[?]: Die Belagerung der Feste Boyen und des Waffenplatzes Lötzen 1914-1915, o. J., [um 1920], Bl. 105, BA-MA W-10/50636.

[2914] Manuskript Hptm. Mossdorf: Grenz-, Bahn-, Küstenschutz im Bereich des XVII. Armeekorps, beendet 24.06.1919, S. 168 f., BA-MA W-10/50931.

[2915] Rundschreiben I. A. K. Nr. 2348 M, BHStA Abt. IV 1. Kav.-Brig. (WK) Bund 14, Akt 6.

Die 27. Infanterie-Brigade gab eine Geheimanweisung, wohl für den Handstreich auf Lüttich, an die Infanterie-Regimenter 16 und 53 sowie an das Pionier-Bataillon 7 aus.[2916]

Beim Infanterie-Regiment 112 trafen die Reservisten und Ergänzungsmannschaften nun ein.[2917]

Die 26. Kavallerie-Brigade empfing um 23 Uhr ihre Fahrtlisten in das Aufmarschgebiet.[2918] Das I. Bataillon/Infanterie-Regiment 121 begann am Abend mit der Einkleidung.[2919]

Die 1. Batterie des I. Bataillons/Fußartillerie-Regiment 19 konnte den ruhigen Verlauf der Mobilmachung notieren.[2920] Das Infanterie-Regiment 134 informierte eine Reihe von Firmen, daß infolge des Ausspruches der Mobilmachung die mit ihnen geschlossenen Mobilmachungslieferverträge in Kraft träten.[2921]

Die 4. Infanterie-Brigade befand, daß die Vorbereitungen der „drohenden Kriegsgefahr" die Durchführung der Arbeiten der Mobilmachung sehr erleichtert haben. Am 2. August um 2.15 Uhr traf die Stellenbesetzung ein; bei der Brigade verblieben die Kommandeure bis zu den Regimentern herab auf ihren Posten.[2922] Bei der 11. Infanterie-Brigade wurde um 23.20 Uhr eine Besprechung über den weiteren Verlauf der Mobilmachung abgehalten.[2923] Bis 19 Uhr waren bei der 5. Kavallerie-Brigade so viele Reservisten eingetroffen, daß die Kriegsstärke erreicht war.[2924] Die 6. Infanterie-Brigade hatte eine Reihe von Punkten zu bemängeln: die getrennte Lagerung der Waffen und ihres Zubehörs habe zu Schwierigkeiten geführt, Kommandos für Stäbe, Festungen etc. sollten einer Kompanie aufgetragen werden, Reserveoffiziere im Stabsdienst sollten ihre Pferde selber stellen, da die Versorgung mit Mobilmachungspferden sich als zu kompliziert erwiesen habe. Am 2. August um 4.30 Uhr verließ die Brigade ihren

---

[2916] Manuskript v. Massow: Schilderung der Ereignisse und Eindrücken beim Vorgehen der 27. Inf. Brig. zum Handstreich auf Lüttich, 1920, S. 1, BA-MA W-10/50951.

[2917] KTB III. Batl. Inf.-Reg. 112, 28.07.1914-31.12.1915, GlAK Abtl. 456 EV. 142, Bund 6, Heft 21.

[2918] KTB Stab Kav.-Brig. 26 (im Verbande d. 7. Kav.-Div.), 31.07.1914-28.02.1915, HStAS M 412, Bund 1, Band 1.

[2919] KTB I. Batl. Inf.-Reg. 121, 31.07.-10.09.1914, HStAS M 411, Bund 35, Band 386.

[2920] KTB 1. Battr. I. Batl. Fußart.-Reg. 19, 01.08.1914-26.02.1918, SHStA Sächs. Kriegsarchiv (P) Nr. 37628.

[2921] Mobilmachungsbriefbuch Reg.-Stab Inf.-Reg. 134, 1912-1914, SHStA Sächs. Kriegsarchiv (P) Nr. 26605.

[2922] KTB Inf.-Brig. 4, BHStA Abtl. IV 4. Inf.-Brig. (WK) Bund 1.

[2923] KTB Inf.-Brig. 11, BHStA Abtl. IV 11. Inf.-Brig. (WK) Bund 1.

[2924] KTB Kav.-Brig. 5, 01.08.1914-17.05.1915, BHStA Abtl. IV 5. Kav.-Brig. (WK) Bund 1.

Standort Landau, um ins Aufmarschgebiet abzureisen.[2925] Die 2. Feldartillerie-Brigade empfahl, die schon im Frieden vorrätig lagernden Mobilmachungsgegenstände öfter auf ihre Vollständigkeit hin zu überprüfen, da diese häufig nicht gegeben sei. Z. B. seien beim 4. Regiment die Briefstempel nicht vorhanden gewesen, die 2. Reitausrüstung für die Offiziere habe das Artilleriedepot nicht bereitgestellt, sie mußte aus den Friedensbeständen der 1. Batterie ersetzt und nach dem Kochgerät der Offiziere „mußte längere Zeit gesucht werden."[2926]

Da die I. Abteilung des 11. Feldartillerie-Regiments bereits die meisten Geschäfte, die unmittelbar nach dem Mobilmachungsbefehl erfolgen sollten, erledigt hatte, blieb am 1. August nach Eingang des Befehls nicht mehr viel zu tun übrig.[2927] Das 7. Chevaulegers-Regiment erließ nach Eingang des Mobilmachungsbefehls einen Regimentsbefehl, der zunächst einmal die Tatsache der Mobilmachung bekannt gab und dann die Einzelheiten regelte. Das Geschäftszimmer des Regiments werde bis um Abmarsch Tag und Nacht geöffnet sein. Jeden Tag um 19 Uhr finde dort eine Befehlsausgabe für die Offiziere statt. Alle in den Mobilmachungskalendern vorgesehenen Maßnahmen seien durchzuführen. Ab dem 3. Mobilmachungstag seien zwei Ordonnanzen für das Regiment und die Kassenverwaltung zu stellen, dazu abkommandierte Soldaten sollten zuverlässig, ortskundig und Radfahrer sein. Der Krümperschuppen sei zur Unterbringung von Pferden freizuräumen. Offiziere, die ihre Pferde freihändig ankaufen würden, hätten darüber eine Bescheinigung auszustellen, aus der Farbe, Abzeichen, Alter und Geschlecht des Pferdes ersichtlich sein sollten. Offiziere und Unteroffiziere, welche ihre Mobilmachungsverwendung bei Formationen des Regiments hätten, sollten sofort an ihre neuen Dienststellen treten. Die Telegraphen- und Gerichtsoffiziere wurden bekanntgegeben. Der Stab sei der 4. Eskadron zugeteilt und die Einjährig-Freiwilligen seien mit in die Verpflegung aufzunehmen.[2928] Die 9. Kompanie des Infanterie-Regiments 13 gab, nachdem der Befehl eingegangen war, die Soldbücher, die Erkennungsmarken und die Verbandspäckchen aus.[2929]

Die eingetroffenen Verstärkungen, die nur garnisonsdiensttauglich waren, wurden vom I. Bataillon des Fußartillerie-Regiments 19 zu Hilfsarbeiten wie Auf-

---

[2925] KTB Inf.-Brig. 6, BHStA Abtl. IV 6. Inf.-Brig. (WK) Bund 1.
[2926] KTB Feldart.-Brig. 2, 30.07.1914-31.03.1915, BHStA Abtl. IV 2. Feldart.-Brig./Arko 2 (WK) Bund 1, Akt 1.
[2927] KTB Stab I. Abtl. Feldart.-Reg. 11, 30.07.1914-31.01.1915, BHStA Abtl. IV 11. Feldart.-Reg. (WK) Bund 37, Akt 1.
[2928] Reg.-Befehl, BHStA Abtl. IV 7. Chev.-Reg. (WK) Bund 1.
[2929] KTB 9. Komp. Inf.-Reg. 13, 01.08.-27.10. 1914, BHStA Abtl. IV 13. Inf.-Reg. (WK) Bund 6.

räumen der Kammern und Schmieren der Achsen der Kriegsfahrzeuge eingesetzt.[2930] Das Fußartillerie-Regiment 1 notierte bei ihrem II. Bataillon das Eintreffen von Ergänzungsmannschaften aus dem Beurlaubtenstand sowie Abstellungen aus Neu-Ulm zur Auffüllung der Reserveformationen.[2931] Das II. Bataillon/2. Infanterie-Regiment erhielt den Mobilmachungsbefehl um 20.41 Uhr. Die daraufhin sofort auszuführenden Maßnahmen wurden so rasch erledigt, daß um 23 Uhr alles, was für die „drohende Kriegsgefahr" und für sofort nach Eingang des Mobilmachungsbefehls eingeplant worden war, als durchgeführt gemeldet werden konnte. Hier ging man also nicht nahtlos zu den für den 1. Mobilmachungstag vorgesehenen Arbeiten über. Deshalb konnte man dem Regiment von 1.30 bis 4.30 Uhr Nachtruhe befehlen.[2932] Ebenfalls sehr rasch mit der Durchführung war das I. Bataillon des Infanterie-Regiments 1. Dort konnten die sofort angeordneten Maßregeln bis auf das Schleifen der Seitengewehre noch am 1. August erledigt werden.[2933] Die beim III. Bataillon des 5. Infanterie-Regiments ausgeführten Arbeiten umfaßten das Empfangen und Verteilen der Pferde, den Transport von Munition und Verpflegung sowie die Abgabe der Reiterausrüstungen.[2934] Dieses Regiment forderte seine Bataillone auf, bis zum 2. August 11 Uhr zu melden, wie die Mobilmachung voranschreite und wann sie beendet sei.[2935] Die Arbeiten, welche unmittelbar nach Eingang des Mobilmachungsbefehls durchgeführt werden mußten, erledigte die 1. Kompanie/Infanterie-Regiment 19 unverzüglich.[2936] Das 23. Infanterie-Regiment hatte die Arbeiten, die sofort nach Eingang des Befehls angeordnet wurden, bereits während der „drohenden Kriegsgefahr" erledigt.[2937]

Mit der Mobilmachung kamen auf das Militär viele neue Aufgaben zu. Zur Kontrolle der Post wurden nach der Mobilmachungsplanung Überwachungs-

---

[2930] KTB I. Batl. Fußart.-Reg. 19, 01.08.1914-31.12.1916, SHStA Sächs. Kriegsarchiv (P) Nr. 36403.

[2931] KTB II. Batl. Fußart.-Reg. 1, 31.07.-31.12.1914, BHStA Abtl. IV 1. Fußart.-Reg. (WK) Bund 78.

[2932] KTB Stab II./Inf.-Reg. 2, 01.08.1914-31.12.1915, BHStA Abtl. IV 2. Inf.-Reg. (WK) Bund 27.

[2933] KTB I./Inf.-Reg. 1, 01.08.1914-31.08.1916, BHStA Abtl. IV 1. Inf.-Reg. (WK) Bund 32.

[2934] KTB III. Batl. Inf.-Reg. 5, 30.07.1914-31.10.1915, BHStA Abtl. IV 5. Inf.-Reg. (WK) Bund 31.

[2935] Reg.-Befehl, Befehlsbuch Inf.-Reg. 5, 2. Exemplar, BHStA Abtl. IV 5. Inf.-Reg. (F) Bund 19.

[2936] KTB 1. Komp. Inf.-Reg. 19, 01.08.1914-31.12.1915, BHStA Abtl. IV 19. Inf.-Reg. (WK) Bund 10.

[2937] KTB Stab 23. Inf.-Reg., 01.08.-26.09.1914, BHStA Abtl. IV 23. Inf.-Reg. (WK) Bund 1, Akt 1.

stellen gebildet, deren Personal teils von den Militärs, teils von ausgesuchten Zivilisten gestellt wurde. In Anbetracht des vorangegangenen Schriftwechsels über die Kontrollstelle Nürnberg und den zu erwartenden Mobilmachungsbefehl informierte das III. A. K. die Zivilbehörden, daß die ausgesuchten Zivilisten direkt durch die Stadtverwaltungen über den Antritt ihrer Tätigkeit verständigt werden würden. Sie seien sofort zu einer Besprechung über ihre Aufgaben einzuladen.[2938] Andere Aufgaben hingen mit der Übernahme der vollziehenden Gewalt durch das Militär bei der „drohenden Kriegsgefahr" zusammen. Auch dabei war nicht alles im Vorfeld geregelt worden. So fragte der Polizeidirektor Leipzig beim XIX. A. K. an, ob er in Zukunft ohne Nachfrage Handlungen, welche geeignet seien, die Ruhe und Ordnung zu stören, untersagen dürfe. Selbstverständlich werde bei einer wichtigen Gelegenheit der Kontakt zum Generalkommando gesucht werden. Gleichzeitig beantragte der Polizist, ihm die Erlaubnis zu gewähren, eine für den 2. August geplante sozialdemokratische Frauenversammlung gegen den Krieg zu verbieten.[2939] Das III. A. K. in Bayern unterrichtete die zivilen Behörden über die erlassenen Anweisungen für den Aufenthalt von Privatpersonen. Demnach hätten die Quartiergeber, seien es gewerbliche oder nicht gewerbliche, diese Personen binnen vier Stunden bei den Polizeibehörden anzumelden. Für Privatpersonen, die in der Nacht einträfen, habe die Meldung bis 7 Uhr zu erfolgen.[2940]

Wie bereits erwähnt, bereiteten die Sprengstoffvorräte der Cahücit-Werke den zivilen Behörden Sorge. Das III. A. K. teilte nun den Behörden der Oberpfalz und Regensburgs mit, dem Bezirksamt Neumark sei Anweisung erteilt worden, die Fabrik zu schließen und die Bestände an Sprengmitteln zu beschlagnahmen.[2941] Gleichzeitig ergingen seitens des Generalkommandos Befehle an die 5. Division, die 9. Infanterie-Brigade und das Infanterie-Regiment 14: es seien Truppen zur Sicherstellung und zum Abtransport der Sprengstoffvorräte der Cahücit-Werke zu stellen, der Betrieb in der Fabrik werde eingestellt. Alle Maßnahmen seien mit dem Bezirksamt Neumark abzusprechen.[2942]

Als ein besonderes Phänomen der Kriegsbegeisterung wird immer wieder die zahlreichen freiwilligen Meldungen zum Kriegsdienst nach Beginn des Krieges

---

[2938] Schreiben Nr. 15672 an Regierung Mittelfranken, BHStA Abtl. IV Gen. Kdo. III. A. K. (WK) Bund 7.
[2939] Schreiben Nr. D R. II. 1167, SHStA Sächs. Kriegsarchiv (P) Nr. 23361.
[2940] Rundschreiben Nr. 15769, BHStA Abtl. IV Gen. Kdo. III. A. K. (WK) Bund 7; ähnliche Maßnahmen zur Kontrolle der Zivilbevölkerung für Berlin und Brandenburg, 31.07.1914. - Deist: Innenpolitik Nr. 3 a, S. 8; Nr. 3 b, S. 9.
[2941] Schreiben III. A. K., BHStA Abtl. IV Gen. Kdo. III. A. K. (WK) Bund 7.
[2942] Schreiben III. A. K., ebd.

genannt. Die Meldungen von Freiwilligen begannen aber schon vor der Mobilmachung. So ließ ein Offizier telegraphisch anfragen, wer seine Mobilmachungsbeorderung bestimmen werde.[2943] Eine telephonische Nachfrage ergab, daß der Offizier zwar nicht felddiensttauglich sei, er aber dennoch eine Verwendung wünsche.[2944]

Die Stunden vor Eingang des Mobilmachungsbefehls wurden vielfach als quälendes Warten empfunden. Noch immer gab es Zweifel, ob es denn überhaupt zum Krieg kommen würde.[2945] Im Kriegstagebuch des 19. Infanterie-Regiment hieß es über den Abend, daß er „den längst erwarteten, und ersehnten Mob. Befehl brachte, der dem Schwanken der Meinungen und der drückenden Ungewißheit ein Ende machen sollte."[2946] Als Erlösung von dieser Spannung wurde der Mobilmachungsbefehl teilweise recht lebhaft von der Truppe begrüßt. So beim 8. Feldartillerie-Regiment: „Bei allen Angehörigen des Regiments war kein Zweifel, daß der Ausspruch der drohenden Kriegsgefahr ein Vorbote der Mobilmachung war. Alles arbeitete mit größtem Eifer und wartete gespannt und sehnsüchtig auf den Mobilmachungsbefehl. [...] Der Mobilmachungsbefehl wurde überall freudig begrüßt [...]."[2947] Nachdem der Regimentsadjutant im Hof der Kaserne das Signal „Leibregiment vorwärts" blasen ließ und anschließend die Mobilmachung bekanntgab, herrschte eine „große Begeisterung" bei den Soldaten des Leib-Infanterie-Regiments.[2948] Auch das 3. Feldartillerie-Regiment registrierte eine begeisterte Stimmung.[2949] Ähnliche Erscheinungen waren auch beim 2. Schweren-Reiter-Regiment zu beobachten.[2950] Große Begeisterung bei den Soldaten und der Bevölkerung wurde beim 6. Infanterie-Regiment in Amberg festgestellt.[2951] Die Erlanger Studentenschaft veranstaltete eine patriotische Kundgebung, zu der sie das Offizierskorps einlud. Das 19. Infanterie-Regiment

---

[2943] Tel. an Chev.-Reg. 1, 12 Uhr, ebd.

[2944] Notiz auf Tel., ebd.

[2945] O. v. Moser: Feldzugsaufzeichnungen als Brigade-, Divisionskommandeur und als kommandierender General 1914-1918. Stuttgart 1920, S. 1.

[2946] KTB Inf.-Reg. 19, 02.08.-31.12.1914, BHStA Abtl. IV 19. Inf.-Reg. (WK) Bund 1.

[2947] KTB Stab Feldart.-Reg. 8, 01.08.-31.12.1914, BHStA Abtl. IV 8. Feldart.-Reg. (WK) Bund 1, Akt 1.

[2948] KTB Stab Leib-Inf.-Reg., 31.07.1914-24.05.1915, BHStA Abtl. IV Leib-Inf.-Reg. (WK) Bund 1.

[2949] KTB Feldart.-Reg. 3, 30.07.-17.08.1914, BHStA Abtl. IV 3. Feldart.-Reg. (WK) Bund 64.

[2950] KTB 5. Esk. Schweres-Reiter-Reg. 2, BHStA Abtl. IV 2. Schweres-Reiter-Reg. (WK) Bund 29.

[2951] KTB Inf.-Reg. 6, 29.07.-25.11.1914, BHStA Abtl. IV 6. Inf.-Reg. (WK) Bund 1.

empfahl seinen Offizieren, an dieser Veranstaltung teilzunehmen.[2952] Damit fügt sich auch die militärische quellenmäßige Überlieferung in das Bild der in Deutschland weitverbreiteten Kriegsbegeisterung.

In Ansprachen und Tagesbefehlen wurde die Truppe auf den Krieg vorbereitet. Im Bayerischen Generalstab forderte sein Chef die Offiziere auf, überall den Gedanken zu verbreiten, Deutschland müsse siegen.[2953] Der Tagesbefehl des 3. Feldartillerie-Regiments schloß mit den Worten: „Der Mobilmachungsbefehl ist ergangen. Deutschland tritt treu seinem Wort an die Seite seines Bundesgenossen, um endlich abzurechnen mit den Neidern, die ihm eine friedliche Entwicklung nicht gönnen wollen. [...] In diesem festen Vertrauen treten wir in die Mobilmachung ein, mögen wird [sic] bei der Demobilmachung stolz den wohlverdienten Siegeslorbeer um unsere Kanonen legen können!"[2954] Die diesem Regiment übergeordnete 6. Feldartillerie-Brigade nutzte ebenfalls die Gelegenheit für einen Tagesbefehl: „Kameraden! Die Stunde der Entscheidung hat geschlagen! An Euch ist es, zu zeigen, daß Ihr würdig seid Eurer Väter, die vor 44 Jahren mit ihrem Blute das deutsche Vaterland geschaffen haben, das Ihr, die Söhne und Enkel, jetzt erhalten sollt. [...] Ich bin überzeugt, daß Ihr alle Eure letzte Kraft dafür einsetzen werdet, den alten Ruhm unserer Waffe aufs neue zu beleben und erwarte, daß die 6. Fda. Brigade, wo immer sie auftritt den Feind vernichtet."[2955]

Die gespannte Stimmung schlug sich in den allenthalben wuchernden Gerüchten nieder. Diese Gerüchte forderten mehrere Todesopfer und wirkten sich teilweise lähmend auf den Ablauf der Mobilmachung aus.[2956] Das III. A. K. notierte in seinem Kriegstagebuch: „Zahlreiche Gerüchte, telephon. Nachrichten usw. über ‚feindliche Flieger' und ‚Bombenwerfen'. Festgestellt konnte in keinem Fall etwas werden."[2957] In der Truppe führten die Falschmeldungen zu Alarmen. Auf die Nachricht der Annäherung verdächtiger Autos, die ohne Licht fuhren, wurde so am Abend des 1. August das Feldartillerie-Regiment 3 alarmiert. Es wurde die betreffende Straße gesperrt und mit scharfer Munition ausgestattete Patrouillen ausgesandt. Die fraglichen Autos konnten gestellt werden und erwiesen

---

[2952] Reg.-Befehl, Reg.-Befehlsbuch Inf.-Reg. 19, 1914, BHStA Abtl. IV 19. Inf.-Reg. (F) Bund 296.

[2953] KTB Krafft v. Dellmensingen, BHStA Abtl. IV Nl. Krafft v. Dellmensingen Nr. 145.

[2954] Reg.-Befehl, BHStA Abtl. IV 3. Feldart.-Reg. (WK) Bund 1.

[2955] Tagesbefehl, ebd.

[2956] Manuskript: Die deutsche Armee bei Kriegsausbruch, o. J., [um 1920], Bl. 12, BA-MA W-10/50891.

[2957] KTB III. A. K., BHStA Abtl. IV Gen. Kdo. III. A. K. (WK) Bund 1.

sich als harmlos.[2958] Gerüchte über feindliche Truppenkonzentrationen und Vormarschbewegungen kursierten auch in Aachen.[2959]

Auch der 1. August forderte wieder seine menschlichen Opfer. Beim 22. Infanterie-Regiment waren in der Nach zum 2. August gleich zwei zu beklagen. Ein im Bahnschutz verwendeter Soldat wurde bei der Absuchung des Geländes versehentlich von einem Kameraden angeschossen und erlag später seinen Verletzungen. Ein weiterer Soldat, der später ebenfalls seinen Verletzungen erlag, „fiel anscheinend schlaftrunken" aus dem zweiten Stockwerk seiner Kaserne.[2960]

Der 1. August brachte mit der deutschen Mobilmachung den endgültigen Schritt in Richtung Krieg. Die in den Tagen vorher ausgebrochenen Konflikte zwischen der zivilen und militärischen Reichsspitze kulminierten in den Vorgängen um die Entwürfe der Aufrufe an das deutsche Volk. Hierbei kam es zu ersten Übergriffen der Militärs auf rein ziviles Gebiet. Hatte sich auch die Diplomatie schließlich der militärischen Logik gebeugt, so hieß dies nicht, daß sich die Militärs vor weiteren Eingriffen der Zivilisten sicher wähnten. Immer noch wurden die zivilen Instanzen von ihnen als eigenständig handelnde Akteure wahrgenommen. Die Beziehung zwischen beiden Seiten der Reichsführung war aber bereits zerrüttet.

Besonders Moltke war in den Stunden vor dem Erlaß des Mobilmachungsbefehls nicht mehr bereit, sich noch auf ein Abweichen von der Planung einzulassen. Der Krieg sollte kommen und zwar so schnell wie möglich. Hierbei spielten weniger militärische Sachzwänge eine Rolle als die mentale Disposition des Generalstabschefs, der nun vollständig auf den Krieg fixiert war.

In der Truppe wurde das Warten auf die Mobilmachung vielfach als quälend empfunden. Hier wirkte das Eintreffen des entsprechenden Befehls fast wie eine Erlösung und führte dann zu großer Begeisterung, die sich auch in der Bevölkerung finden ließ. Ähnlich wie bereits bei der Übermittlung des Befehls zur „drohenden Kriegsgefahr" dauerte es auch am 1. August ziemlich lange, bis auch die letzte Einheit von der Mobilmachung informiert worden war. Häufig wird in den Aufzeichnungen der Militärs beklagt, daß die zivilen Behörden oder Zeitungen etc. früher als sie im Bilde gewesen seien. Die Vorgänge in Bayern, wo der Befehl zuerst telephonisch aus dem Generalstab eintraf, zeigen erneut die Bedeutung solcher Kommunikationswege innerhalb des Militärs in der Julikrise.

[2958] KTB Feldart.-Reg. 3, 30.07.-17.08.1914, BHStA Abtl. IV 3. Feldart.-Reg. (WK) Bund 64.
[2959] Manuskript v. Nida: Der Sturm auf Lüttich! Nach eigenen Erlebnissen, 1920, S. 3 f., BA-MA W-10/50951.
[2960] KTB Stab 22. Inf.-Reg., 01.08.-19.12.1914, BHStA Abtl. IV 22. Inf.-Reg. (WK) Bund 1.

Wie auch bei der „drohenden Kriegsgefahr" erfolgte auch die Bearbeitung der Mobilmachungsgeschäfte in unterschiedlichem Tempo. Dies war natürlich abhängig von der regionalen Lage, die besonders exponierte Stellung an der Grenze forderte geradezu zur Geschwindigkeit auf. Ein weiterer bestimmender Faktor war der vorgesehene Zeitpunkt zum Abtransport ins Aufmarschgebiet. Je früher dieser angesetzt war, um so schneller mußte die Mobilmachung beendet sein. Truppen, die ihre Mobilmachung schneller beendigen sollten, tendierten auch dazu, schneller zu arbeiten. Aber das ganz unterschiedliche Verhalten bei der Kavallerie zeigt, daß dies nicht die einzigen Faktoren waren. Denn die Kavallerie wurde ja mit all ihren elf Divisionen neben sieben Infanterie-Brigaden zur Verstärkung der Truppen an der Grenze und zum zusätzlichen Schutz des Aufmarschgebiets aus dem Reichsinnern am Abend des 1. Mobilmachungstags an die Grenze befördert.[2961] Trotzdem lassen sich die unterschiedlichen Zeiten, zu denen etwas angeordnet wurde, feststellen. Hierbei war wohl der entsprechende führende Offizier der jeweiligen Einheiten ausschlaggebend. Welche unterschiedlichen Bilder sich dabei entwickeln konnten, läßt sich sehr gut am Beispiel des Schleifens der Waffen zeigen. Dabei handelte es sich um eine Maßnahme, die sich recht unauffällig durchführen ließ und zu der fast überall die Mittel bei der Truppe selber vorhanden waren. Im Fall des XIV. A. K. wurde dies am 30. Juli für die vorzeitig marschbereiten Truppen empfohlen. Einen Tag später wurde dieser Befehl dann auf alle Einheiten ausgedehnt. Hier hatte also ein Generalkommando die Initiative übernommen und das Schleifen einheitlich für seine Truppen angeordnet. Beim bayerischen II. Bataillon des Fußartillerie-Regiments 1, also bei einem Truppenteil, der nicht zu denjenigen mit einer beschleunigten Mobilmachung gehörte, wurde am 31. Juli angeordnet, das Schleifen am 1. August vornehmen zu lassen. Mit dem 1. Ulanen-Regiment erteilte eine vorzeitig marschbereite Einheit die Anweisung zum Schleifen am 1. August, sie solle noch am selben Tag durchgeführt werden. Der Mangel an Sicherheit in der Planung, die Sorge, sich bei der Mobilmachung zu verspäten, und die Furcht vor feindlichen Überfällen motivierte eine frühzeitige Erledigung der Maßnahmen. Auf der anderen Seite konnten dieselben Befürchtungen dazu führen, daß man sich genau nach der Planung richtete.

Wie im Vorfeld der Mobilmachung kam es schon bei Beginn ihrer Durchführung zu Friktionen, die mehrfach dazu führten, daß die Truppe auf die Beschränkungen des Nachrichtennetzes hingewiesen werden mußte. Konnten sie den glatten Verlauf der Mobilmachung im ganzen gesehen nicht gefährden, zeigen sie doch ein anderes Bild als das der wie ein Uhrwerk ablaufenden deutschen Mobilmachung.

[2961] Schäfer: Mobilmachung S. 602.

Nach Ausspruch des Mobilmachungsbefehls begannen Gerüchte, üppig zu wuchern. Wie bereits vorher im Bereich der deutschen Grenze zu Frankreich führte dies nun auch im Landesinnern zu Maßnahmen der militärischen Behörden. Wenn man auch Nachrichten über einzelne Flugzeuge etc. rasch falsizifieren konnte, wurde nach wie vor auf jedes Gerücht über französische Grenzüberschreitungen fast reflexhaft reagiert. Jahrelang hatte man vor dem Krieg die Furcht vor feindlichen Überfällen verbreitet – nun erntete man die Früchte.

V. 2. e Die Julikrise: Ausklang

Der 2. August stand ganz im Zeichen der nun mit aller Kraft anlaufenden Mobilmachung. Die ersten Vorzeichen von dem, was später der Burgfrieden genannt wurde, zeigten sich: Vertreter der Gewerkschaften und der Regierung einigten sich auf ein Abkommen, in dem sich die Gewerkschaften verpflichteten, den Krieg zu unterstützen, während im Gegenzug die Regierung versicherte, Repressalien gegen die gewerkschaftliche Organisation zu unterlassen. Darüber hinaus erreichten die Gewerkschaften, von der Regierung als Vermittlung zu den Arbeitern anerkannt zu werden.[2962] Ebenfalls am 2. August fand die entscheidende Sitzung bei der SPD statt. Dort wurde der Beschluß gefaßt, die Regierung zu unterstützen.[2963] Maßgeblich beeinflußt wurde die Beschlußfassung durch das vorangegangene Abkommen mit den Gewerkschaften.[2964] Angesichts der langen Vorgeschichte wurde diese Lage in der Reichsleitung wohl kaum als „unerhörte Überraschung" betrachtet.[2965] In der Presse spiegelte sich die Begeisterung, die in Teilen der Bevölkerung herrschte, wider.[2966] Die ersten Truppen aus dem Innern des Reiches wurden an die Grenze transportiert. In Berlin wurde nur noch über den Zeitpunkt der Übergabe der Kriegserklärungen gestritten. Öffentlichkeit und Reichsleitung stimmten in der Ansicht überein, daß der Krieg nun vor der Tür stehe. In der Bündnispolitik konnte mit der Unterzeichnung des deutsch-türkischen Bündnisvertrags ein Erfolg verzeichnet werden.[2967] Der Vertrag versprach gegenseitige Waffenhilfe gegen Rußland.[2968]

Ob der Streit zwischen den Militärs und den Zivilisten über die Kriegserklärungen tatsächlich am 1. August entbrannte, ist fraglich. Fest steht jedoch, daß er

---

[2962] Höhn: Sozialismus, Bd. 3, S. 633 f.
[2963] Ebd., Bd. 3, S. 633.
[2964] Mai S. 40.
[2965] Davon geht Höhn: Sozialismus, Bd. 3, S. 640, aus.
[2966] Goebel S. 184.
[2967] Wallach: Anatomie S. 157 f.; Yasamee S. 237.
[2968] Wallach: Anatomie S. 157 f.

am 2. August seine volle Schärfe erreichte. In einer Nachtsitzung, die von ungefähr 2.30 bis 5.30 Uhr dauerte, wurde zwischen der zivilen und der militärischen Reichsspitze über diese Frage diskutiert.[2969] Zunächst einmal ging es darum, ob man sich eigentlich mit Rußland im Krieg befinde. Man hatte wohl aus St. Petersburg noch keine Nachricht erhalten, ob die deutschen Kriegserklärung den Russen bereits übergeben worden sei. Zum anderen wurde über den Zeitpunkt der Kriegserklärung an Frankreich gestritten. Tirpitz setzte sich entschieden für eine Verzögerung dieser Maßnahme ein. Den Abgesandten des Heeres erschien eine formelle Kriegserklärung eher überflüssig: „Kriegsminister kam, war etwas brüsk gegen den Kanzler, der Krieg sei ja nun da und die Frage der Kriegserklärung an Frankreich sei gleichgültig. Moltke kam und sagte, das sei einerlei, der Krieg sei ja da."[2970] Ein Hinweis Bethmanns auf das Völkerrecht führte zu einem heftigen Zusammenstoß zwischen ihm und Moltke. Beide sahen sich gezwungen, sich für ihren Ton zu entschuldigen. Immerhin konnte der Generalstabschef mit der Mitteilung, russische Truppen hätten die Feindseligkeiten eröffnet, die erste Frage der Besprechung klären. In schroffer Form wies Moltke dann Versuche zurück, den Durchmarsch durch Belgien zu streichen. Erbittert notierte Tirpitz, die Armee würde sich zu Gunsten der Landkriegsführung „rücksichtslos" über alle anderen Erwägungen und Einwendungen hinwegsetzen.[2971] Die Reichsleitung machte auf die Militärs bei dieser Sitzung einen denkbar schlechten Eindruck, wie Tirpitz berichtete: „Allgemeiner Eindruck: gänzliche Kopflosigkeit der politischen Leitung. Dem Reichskanzler sind die Zügel gänzlich aus den Händen geglitten. Durchmarsch durch Belgien ihm offenbar nicht vorher bekannt, versuchte den abzuwenden. [...] Es stellte sich heraus, daß Österreich nicht gefragt war, ob es mit uns gegen Rußland kämpfen wollte, das müßte schleunigst nachgeholt werden, Tschirschky Auftrag erhalten. Ebenso hat Italien keine Nachricht von unserer Kriegserklärung gegen Rußland bekommen. Politische Leitung offenbar in erheblicher Deroute. Beim Herausgehen Molkte und Kriegsminister und ich entsetzt über diese Deroute. Moltke meinte, er müsse jetzt die politische Leitung in die Hand nehmen ..."[2972]. Dabei waren ein Teil der Vorwürfe, die Tirpitz hier erhob, unberechtigt. Der Reichskanzler kannte den Plan, durch Belgien zu marschieren, bloß hatte er anscheinend die ganze Logik der deutschen Kriegsplanung nicht begriffen, die diesen Durchmarsch unverzichtbar machte. Auch war Wien bereits aufgefordert wor-

---

[2969] Zu der Sitzung siehe auch Wegerer: Ausbruch, Bd. 2, S. 196 f.
[2970] Aufz. Tirpitz. - Tirpitz: Ohnmachtspolitik S. 20. Das verspätete Erscheinen der Heeresspitzen könnte ein Hinweis darauf sein, daß die in Falkenhayns Tgb. beschriebene Szene ("bewege Moltke") vorher statt fand.
[2971] Aufz. Tirpitz. - Tirpitz: Ohnmachtspolitik S. 21.
[2972] Ebd., S. 21; zu der Besprechung siehe auch Tirpitz: Erinnerungen S. 242 f.

den, sich am Krieg gegen Rußland zu beteiligen.[2973] Aber man hatte wohl aus Wien darauf noch keine Antwort erhalten. Das Vertrauensverhältnis zwischen den beiden Teilen der Reichsführung, welches schon seit längerem einem Erosionsprozeß ausgesetzt war, erreichte seinen Tiefpunkt. Beim Militär verfestigte sich der Eindruck, angesichts der aus ihrer Sicht blamablen Leistung der Zivilisten nun selber zum Handeln berufen zu sein. Über das Ergebnis dieser Besprechung informierte Bethmann den Kaiser mit einem Schreiben, welches diesem in den frühen Morgenstunden übergeben wurde.[2974] Hinsichtlich Rußlands sei durch die Aktivitäten der russischen Truppen faktisch der Krieg da. Der Generalstab und das Kriegsministerium haben erklärt, daß aus militärischen Gründen eine Kriegserklärung an Frankreich heute, also am 2. August, nicht notwendig sei. Deshalb habe man beschlossen, mit diesem Schritt noch zu warten in der Hoffnung, die Franzosen würden von sich aus aktiv werden.[2975]

Wie erwähnt erschien es den Militärs geboten, auch auf außenpolitischem Gebiet aktiv zu werden. Dies tat Moltke auch prompt, indem er dem AA einen weltpolitischen Maßnahmenkatalog übersandte.[2976] Für die Türkei forderte Moltke eine baldige Veröffentlichung des Bündnisvertrags und sobald wie möglich eine türkische Kriegserklärung an Rußland. Das britische Weltreich solle durch Aufstände in Indien, Ägypten und Südafrika unterminiert werden. Sollte Großbritannien zu einer neutralen Haltung, unter der Voraussetzung, daß Deutschland nach einem Sieg Frankreich maßvoll behandele, bereit sein, könne man diese Versicherung ohne Probleme geben. Das deutsche Kriegsziel sei nicht, Frankreich zu zertrümmern, sondern es zu schlagen. Schweden sei zur Mithilfe beim Krieg gegen Rußland aufzufordern. Gelinge dies, seien ähnliche Anfragen auch an Dänemark und Norwegen zu richten. Die dänische Neutralität würde deutscherseits respektiert werden, solange Maßnahmen der Gegner dem nicht entgegenstünden. Auf dem Balkan müsse in Absprache mit Österreich für klare Verhältnisse gesorgt werden. Die zukünftige Haltung Rumäniens und Bulgariens sei zu ermitteln. Die Antwort der belgischen Regierung auf die Note ü-

---

[2973] Tel., ab 13.45 Uhr, 31.07.1914. - DD, Bd. 2, Nr. 479, S. 183. Siehe auch Kapitel V. 2. c Die Julikrise: 31. Juli, S. 378.

[2974] Um 9 Uhr vom Kaiser aus ans RMA weitergegeben. - DD, Bd. 3, Nr. 629, S. 106, Anm. 2.

[2975] Ebd., Bd. 3, Nr. 629, S. 106.

[2976] Im AA am Nachmittag eimgegangen. - Ebd., Bd. 3, Nr. 662, S. 124, Anm. 2. Jedoch führte Moltke in der Besprechung bei Wilhelm II. um 10 Uhr aus: „Er hätte ein Kommuniqué an den Reichskanzler übersandt, worin er unsere augenblickliche Stellungnahme gegenüber jedem der Staaten präzisiert hätte [...]." Aufz. Tirpitz. - Tirpitz: Ohnmachtspolitik S. 22. Also ist Moltkes Memorandum schon am Vormittag verfaßt und zumindest an den Reichskanzler abgegangen.

ber den Durchmarsch müsse spätestens bis zum 3. August 14 Uhr im Generalstab bekannt sein. Deshalb sei Belgien für eine Antwort nur zwölf Stunden Zeit zu geben. Italien sei sofort zur Klärung seiner Haltung aufzufordern. Sollte es sich entschließen, auf deutscher Seite am Krieg teilzunehmen, so wäre es nicht nötig, die Entsendung aller vereinbarten Truppen nach Deutschland zu verlangen, ein kleines symbolisches Kontingent würde vollkommen ausreichen. Die Frage der Kriegserklärung an Rußland sei durch die russischerseits eröffneten Kampfhandlungen belanglos geworden. Die Frage der Kriegserklärung an Frankreich müsse unabhängig von dem geplanten Durchmarsch durch Belgien betrachtet werden. Es sei damit zu rechnen, daß bei einer Verzögerung der deutschen Kriegserklärung die französische Regierung, durch die Volksstimmung unter Druck gesetzt, militärische Unternehmungen gegen Deutschland anordnen würde, auch ohne seinerseits den Krieg zu erklären. Deshalb sei es sinnvoll, eine deutsche Kriegserklärung hinauszuzögern. Japan sei zur Teilnahme am Krieg gegen Rußland aufzufordern. Eventuelle japanische territoriale Forderungen könnten deutscherseits bedenkenlos gebilligt werden. Schließlich sei Persien zu bedeuten, die günstige Gelegenheit zur Abschüttelung der russischen Vorherrschaft zu nutzen.[2977] Dieser globale Rundblick macht deutlich, daß der Erste Weltkrieg – bevor er eigentlich begann – bereits ein wahrer Weltkrieg war. Verbündete wurden auf globaler Ebene gesucht. Die neue Dimensionen, die mit diesem Konflikt eröffnet wurden, zeigen sich bereits jetzt an den Überlegungen, Aufstände und Unruhen hervorzurufen. Die Vorstellung, solche Ereignisse würden in einem künftigen europäischen Krieg eine Rolle spielen, war zwar weit verbreitet.[2978] Moltke aber gab den bisherigen Vorstellungen eine neue Richtung.[2979] Er löste die traditionelle Kriegsvorstellung durch einen Krieg ab, der im Falle Großbritanniens das Empire und im Falle Rußlands den Bestand des bisherigen Staats von innen heraus unterminieren wollte. Ziel war nicht mehr die gegnerische Armee, sondern der ganze Staat. Schon hier finden sich also bereits Vorläufer dessen, was später als totaler Krieg bezeichnet werden sollte. Molkte hatte immer die Unabhängigkeit der Strategie im Krieg von der Politik vertreten.[2980] Nun ging er darüber hinaus. Aus der in seinen Augen wenig glücklichen Handhabung der Krise durch die politische Leitung zog er den Schluß, daß ohne seine Hilfe die Diplomaten nie ein solch revolutionäres Konzept entwickeln würden. Ironischerweise ging dieses Konzept ausgerechnet vom konservativen

---

[2977] Moltke an AA. - DD, Bd. 3, Nr. 662, S. 124 ff.
[2978] Dülffer: Kriegserwartung S. 795.
[2979] Nur im Hinblick auf Großbritannien Wallach: Dogma S. 140.
[2980] Görlitz S. 196.

wilhelminischen Deutschland aus.[2981] Dasselbe Deutschland war ja offiziell nur beteiligt, um das Habsburgerreich vor den Folgen revolutionärer Umtriebe zu schützen.

In einer Besprechung beim Kaiser um 10 Uhr ging es immer noch um die Frage der Kriegserklärung an Frankreich.[2982] Die Armeeführung betrachtete nach wie vor die Sache nur als Formalie; Tirpitz war dafür, die Erklärung zu verschieben, und Bethmann bestand auf seiner Ansicht, den Krieg möglichst bald zu erklären, da er dies als Voraussetzung für ein Ultimatum an Belgien benötige. Ohne daß man zu einem Ergebnis gekommen war, verließ der Reichskanzler die Konferenz.[2983] Kaum war der Kanzler fort, beschwerte sich Moltke bei Wilhelm II. über die Zivilisten, man habe keinerlei Vorbereitungen für die augenblickliche Lage getroffen. Dabei enthüllte der Generalstabschef seine wahren Befürchtungen: „Man wolle absolut nicht glauben, daß eine so ungeheure Lawine, wie die jetzt rollende, nicht mehr zu stoppen sei, sondern glaube, daß Noten noch etwas machen könnten."[2984] Immer noch spukte in seinem Kopf die Idee herum, in letzter Minute könnte jemand den nun ersehnten Krieg doch noch verhindern. Tirpitz pflichtete Moltkes Kritik an der Reichsleitung bei und forderte Wilhelm II. auf, Jagow zu ersetzen. Dies wurde vom Kaiser jedoch mit dem Hinweis auf die Unmöglichkeit einer personellen Veränderungen in der augenblicklichen Lage abgelehnt.[2985]

Wie schon im Falle Belgiens entwarf Moltke auch eine Note an die luxemburgische Regierung, die den deutschen Einmarsch motivieren sollte.[2986] Im Gegensatz zu der Note an Belgien hatte sich diesmal das AA eigene Gedanken gemacht und bereits ein Telegramm abgeschickt.[2987]

Im Verlauf des Nachmittags berichtete der sächsische Militärbevollmächtigte v. Leuckart aus Berlin: Rußland habe auf die deutsche Anfrage bezüglich seiner Haltung nicht geantwortet, dafür hätten in der Nacht russische Truppen die deutsche Grenze überschritten. Der deutsche Botschafter habe Anweisung, St. Petersburg zu verlassen und seinem russischen Kollegen in Berlin seien die Pässe zugestellt worden. Frankreich habe zwar ausweichend auf das deutsche Ultimatum reagiert, noch sei aber der Krieg nicht erklärt worden. Man hoffe, Paris

---

[2981] Farrar: Policy S. 21.

[2982] Zu der Sitzung siehe auch Wegerer: Ausbruch, Bd. 2, S. 317 f.

[2983] Aufz. Tirpitz. - Tirpitz: Ohnmachtspolitik S. 21.

[2984] Ebd., S. 22.

[2985] Ebd., S. 22; zu der Konferenz siehe auch Tirpitz: Erinnerungen S. 243 ff.

[2986] DD, Bd. 3, Nr. 639, S. 110.

[2987] Ebd., Bd. 3, Nr. 639, S. 110, Anm. 1; Tel AA. - Ebd., Bd. 3, Nr. 640, S. 111.

würde diesen Schritt, durch die in der Nacht erfolgte Besetzung Luxemburgs angeregt, von sich aus tun, „auch wegen der dann fälligen Unterstützung seitens Italiens, das jetzt erklärt hat neutral bleiben zu wollen."[2988] Sein bayerischer Kollege berichtete, daß dem russischen Botschafter um 13 Uhr die Pässe zugeschickt worden seien. Hinter den Kulissen dauere der Streit zwischen den Zivilisten und den Militärs über die Kriegserklärung an Frankreich an. Die Diplomaten würden wie schon bei der Kriegserklärung an Rußland immer wieder für Verzögerung sorgen: „Das K. M. war darüber sehr verdrossen, denn von allen G. K. kamen Anfragen, wer denn nun als Feind zu betrachten sei."[2989] Klärend habe da die Nachricht des bayerischen III. A. K.'s über Bombenabwürfe eines französischen Fliegers bei Nürnberg gewirkt: „Nun erklärten K. M. und G. St., ohne noch einen diplomatischen Akt abzuwarten, Frankreich als Feind."[2990] Nun habe die Politik gegenüber Frankreich zu schweigen, nur über Großbritannien dauern die Diskussionen an. Das Inselreich habe erklärt, neutral bleiben zu wollen, falls Deutschland die Neutralität der Niederlande und Belgiens respektieren würde. Moltke beharre aber darauf, sich rein von militärischen Erwägungen bei der Feldzugsplanung leiten zu lassen.[2991] Ergänzend berichtete der bayerische Gesandte Lerchenfeld, daß ab dem 3. August die Aufklärung des französischen Aufmarsches durch Ballons und Flieger beginne.[2992] Dies war – wie sich später herausstellte – eine Fehlinformation.[2993] Die politische Lage sei allerdings besorgniserregend: „Man kann heute sagen, daß bei dem bevorstehenden Krieg Deutschland und Oesterreich der ganzen Welt gegenüberstehen werde. Trotzdem ist die Stimmung der hiesigen militärischen Kreise eine absolut zuversichtliche."[2994]

Die Kriegsvorbereitungen in Berlin liefen ungeachtet solcher Diskussionen weiter. Um 8 Uhr trafen beim bayerischen III. A. K. zwei Generalstabsoffiziere aus Berlin ein. Sie überbrachten die Aufmarschanweisung sowie die Fahrt- und Marschtafeln.[2995] Die Firma Krupp erhielt die Anweisung, die 42-cm-Mörser

---

[2988] Bericht Nr. 85/3594, SHStA Sächs. Militärbevollmächtigter Nr. 4222.
[2989] Bericht Wenninger Nr. 9, Schreiben Nr. 2720, BHStA Abtl. IV M Kr Nr. 1765; bei Schulte: Dokumente Nr. 10, S. 142 heißt es: „[...] denn von allen G[eneral] K[ommandos] Anfragen, [...]". Ergänzungen bei Schulte.
[2990] Bericht Wenninger Nr. 9, Schreiben Nr. 2720, BHStA Abtl. IV M Kr Nr. 1765.
[2991] Ebd.
[2992] Lerchenfeld an Hertling. - Deuerlein, Bd. 1, Nr. 115, S. 325.
[2993] Tel. Wenninger, ab 15.10 Uhr. - DD, Bd. 4, Anhang IV a, Nr. 13, S. 162.
[2994] Lerchenfeld an Hertling. - Deuerlein, Bd. 1, Nr. 115, S. 324.
[2995] KTB III. A. K., BHStA Abtl. IV Gen. Kdo. III. A. K. (WK) Bund 1.

beschleunigt fertigzustellen.[2996] Ein Offizier des Generalstabs wurde nach Brüssel entsandt, um dort die offizielle deutsche Begründung für den Durchmarsch, man komme einem französischen Einmarsch zuvor, glaubhaft zu machen. Diese Mission ist kaum überraschend gescheitert.[2997] Der Verkehr nach Rußland und Frankreich wurde nach der Mobilmachungsplanung Einschränkungen unterworfen und stärker überwacht.[2998] In Bayern wurde die gleiche Maßnahme angeordnet, dort mit der zusätzlichen Anweisung versehen, diese Mitteilung geheim zu halten.[2999]

Falkenhayn notierte in seinem Tagebuch, die russischen Truppen hätten an mehreren Stellen die Grenze überschritten; im Westen hätte man vielerorts französische Flieger gesichtet, einer sei sogar abgeschossen worden. Das Ultimatum an Belgien über den Durchmarsch wurde um 20 Uhr abgegeben.[3000] Damit war nun der Zeitplan für die kommenden Tage festgelegt. Moltkes Empfehlungen folgend hatte man den Belgiern zwölf Stunden für eine Antwort eingeräumt. Nach Ablauf dieser Frist hatte der Generalstabschef freie Hand.

Auf nachrichtendienstlichem Gebiet erfolgte auf Grund der ausgesprochenen Mobilmachung am 2. August keine Reise nach Lüttich mehr.[3001] Versuche in Antwerpen, Schleppdampfer aufzutreiben, scheiterten am Mangel dieser Fahrzeuge.[3002] Ebenso mußte ein Agent bei der Anwerbung von Lotsen Fehlanzeige melden.[3003]

Bei der Marine hatte eine Besprechung zwischen Tirpitz und Jagow in der Nacht ergeben, daß die abwartende Haltung zumindest in der Ostsee aufgegeben werden könne. Die dort stationierten Einheiten erhielten daraufhin um 7.57 Uhr den Befehl zum aktiven Vorgehen.[3004] Die Auslandsschiffe wurden seitens des Admiralstabs am Nachmittag über die Eröffnung der Feindseligkeiten gegen Rußland informiert. Damit verbunden war eine Warnung, daß die britische Royal

---

[2996] Tuchmann S. 179.

[2997] Bredt S. 113.

[2998] Schreiben Kriegsministerium Nr. 90/14 A 1. an Reichskanzlei, BAB R 43/2398.

[2999] Schreiben Bayr. Kriegsministerium Nr. 22678 an IV. Armee-Inspektion, BHStA Abtl. IV A. O. K. Nr. 369.

[3000] Vollständiges Tgb. Falkenhayn, BA-MA W-10/50635; siehe auch Gutsche: Sarajevo S. 146. Entsprechende Meldungen über französische Luftfahrzeuge brachte auch das Wolffsche Telegraphenbüro. - Kriegsdepeschen, Nach dem Ausbruch des Krieges, S. 16.

[3001] Schreiben Scherlaus an Reichsarchiv, 19.10.1920, BA-MA W-10/50951.

[3002] Tel. 11 aus Antwerpen an Admiralstab, BA-MA RM 5/3691.

[3003] Brieftgb. Nachrichtenabtl. d. Admiralstabs 1914 Östlicher Kriegsschauplatz, BA-MA RM 5/3685.

[3004] Marine-Archiv: Ostsee, Bd. 1, S. 31.

Navy möglicherweise eine feindliche Haltung einnehmen werde.[3005] Die ersten Hilfsschiffe waren fertig ausgerüstet und konnten ihren Dienst antreten.[3006] Die Bewachung der Emsmündung war der Küstenverteidigung übertragen worden.[3007] Die Kreuzer „Augsburg" und „Magdeburg" liefen zu dem Unternehmen gegen Libau aus.[3008] Nach wie vor waren Maßnahmen untersagt, die als gegen Großbritannien gerichtet interpretiert werden oder britische Schiffe provozieren konnten.[3009]

Im Gebiet der deutschen Grenze zu Frankreich wurde die Mobilmachung von der ständigen Furcht vor französischen Überfällen überschattet. Von den verschiedensten Stellen gingen Meldungen über französische Grenzverletzungen ein.[3010] Auch deutsche Patrouillen überschritten die Grenze.[3011] Daß es dabei nicht immer um kriegerische Absichten gehen mußte, sondern auch einfaches Verirren die Ursache sein konnte, zeigt eine Patrouille, welche anscheinend sogar schweizerisches Territorium betreten hatte.[3012] Bei diesen Grenzverletzungen kam es zu den ersten Gefallenen auf deutscher Seite.[3013] Nachdem schon am Vortag Probleme mit der Verpflegung aufgetaucht waren, erließ das Gouvernement Metz nun deswegen extra einen Befehl, der die Einzelheiten für die kommenden Tage regelte.[3014] In einem Tagesbefehl gab das Gouvernement u. a. bekannt, daß französische Flugzeuge sehr wahrscheinlich eine blau-weiß-rote Kokarde an den unteren Tragflächen führen würden.[3015] Das 8. Infanterie-Regiment empfahl seinen Truppen, beim Auftreten von Versorgungsschwierigkeiten Wagen zu requirieren und den Bedarf beim Proviantamt abzuholen.[3016] Den Bataillonen des Regiments wurden je 50 Fragebögen zur Befragung französischer De-

---

[3005] Marine-Archiv: Kreuzerkrieg, Bd. 2, S. 233 f.

[3006] Marine-Archiv: Überwasserstreitkräfte S. 245; Marine-Archiv: Ostsee, Bd. 1, S. 41.

[3007] Marine-Archiv: Nordsee, Bd. 1, S. 36.

[3008] Potter S. 401.

[3009] Marine-Archiv: Nordsee, Bd. 1, S. 25 ff.

[3010] Montgelas: Grenzverletzungen S. 978 ff.; derartige Meldungen – auch über russische Grenzverletzungen – wurden veröffentlicht, siehe Kriegsdepeschen, Nach dem Ausbruch des Krieges, S. 17.

[3011] Reichsarchiv: Weltkrieg, Bd. 1, S. 105.

[3012] Ebd., Bd. 1, S. 105, Anm. 2.

[3013] Ebd., Bd. 1, S. 105, Anm. 2; an diesem Tag fiel mit dem in Mühlhausen stationierten Albert Mayer der offiziell erste Kriegstote. - Hoffmann S. 10.

[3014] Gouvernement Metz I a /IV a Nr. 1409/576 M. laut hschr. Notiz in der Nacht vom 01./02.08.1914 ausgegeben, Befehlsbuch Inf.-Reg. 8, 30.07-30.09.1914, BHStA Abtl. IV 8. Inf.-Reg. (WK) Bund 17.

[3015] Tagesbefehl Gouvernement Metz, ebd.

[3016] Reg.-Befehl, ebd.

serteure ausgehändigt, diese seien mit entsprechender Anweisung versehen an die Kompanien weiterzuverteilen.³⁰¹⁷ Für die bisher im Grenzschutz eingesetzten Einheiten bedeutete die Mobilmachung zunächst auch eine Entlastung. Das 3. Chevaulegers-Regiment erhielt um 9 Uhr die Mitteilung des XXI. A. K.'s, daß es am 3. und 4. August durch das Dragoner-Regiment 7 abgelöst werden würde. Gleichzeitig untersagte das Generalkommando jede Grenzverletzung und forderte auf, Grenzüberschreitungen durch die Franzosen sofort zu melden.³⁰¹⁸ Das XXI. A. K. gab damit eine Anweisung der Obersten Heeresleitung weiter, welche allen Grenzkorps im Westen zugegangen war.³⁰¹⁹ Die ersten Einheiten trafen schon im Verlauf des 1. August im Grenzgebiet ein. In Dieuze kamen um 11 Uhr das Ulanen-Regiment 7 und der Stab des 7. Dragoner-Regiments an. Der Tag endete für die Angehörigen des 3. Chevaulegers-Regiment mit einem Tagesbefehl der 3. Kavallerie-Brigade: „Nachdem durch die angeordnete Mobilmachung die Regter. aus dem Brigadeverband scheiden, wünsche ich allen Angehörigen für die nächste Zukunft alles Gute. Sollte Sr. [sic] Majestät uns zum Kampfe gegen den Erbfeind rufen, so weiss ich, dass die zwei schönen Regter. getreu ihrer alten Tradition alles tun werden, nun auch jetzt wieder den Ruhm an ihre Standarten zu heften."³⁰²⁰

Die Mobilmachung bedeutete für einige Einheiten den raschen Abtransport ins Grenzgebiet. Die für den Handstreich auf Lüttich vorgesehene 27. Infanterie-Brigade setzte die Mobilmachungsarbeiten planmäßig fort.³⁰²¹ Von der ebenfalls an dem Unternehmen beteiligten 14. Infanterie-Brigade traf der Stab am Abend des 1. August in Aachen ein.³⁰²² General v. Emmich, der den Handstreich kommandieren sollte, verließ Hannover mit einem kleinem Stab.³⁰²³ Ludendorff wurde Emmich zugeteilt.³⁰²⁴

In Württemberg wurden um 12 Uhr die Truppen des Leib-Dragoner-Regiments 20 im Hof der Kaserne vom Großherzog verabschiedet, die Einheiten des Dra-

---

[3017] Reg.-Befehl, ebd.

[3018] KTB Stab Chev.-Reg. 3, 29.07.-28.10.1914, BHStA Abtl. IV 3. Chev.-Reg. (WK) Bund 1, Akt 2.

[3019] Manuskript: Die deutsche Armee bei Kriegsausbruch, o. J., [um 1920], Bl. 95, 108, BA-MA W-10/50891.

[3020] KTB Stab Chev.-Reg. 3, 29.07.-28.10.1914, BHStA Abtl. IV 3. Chev.-Reg. (WK) Bund 1, Akt 2.

[3021] Manuskript v. Massow: Schilderung der Ereignisse und Eindrücke beim Vorgehen der 27. Inf. Brig. zum Handstreich auf Lüttich, 1920, S. 1, BA-MA W-10/50951.

[3022] Manuskript v. Nida: Der Sturm auf Lüttich! Nach eigenen Erlebnissen, 1920, S. 4, BA-MA W-10/50951.

[3023] Generalstab S. 4.

[3024] Tuchmann S. 180.

goner-Regiments 21 verabschiedete der Großherzog und seine Gemahlin um 17.15 Uhr ebenfalls auf dem Kasernenhof.[3025] Das Feldartillerie-Regiment 76 konnte bei einem Teil der beschleunigt mobilzumachenden Truppen der I. Abteilung die Vollendung der Arbeiten bereits am 31. Juli notieren. Diese Teile wurden am 1. August um 3.50 Uhr von Freiburg nach Mühlhausen befördert. Im Verlaufe des 1. August wurde der Rest der betreffenden Truppen fertig und konnte ebenfalls Freiburg verlassen. In Mühlhausen trafen sie um 0.15 Uhr am 2. August ein.[3026] Die 53. Infanterie-Brigade verließ ihre Standorte gegen 21 Uhr.[3027]

Die frisch gebildete bayerische Kavallerie-Division erließ Befehle zum Verhalten der zuerst im Aufmarschgebiet eintreffenden Teile ihrer Truppen.[3028] Der 1. Kavallerie-Brigade wurden durch die Division drei Exemplare der Druckschrift „Kriegsformation und Mobilmachung der französischen Armee", die auch für die unterstellten Regimenter gedacht waren, übergeben, sowie ein Exemplar mit einem Auszug der Anweisungen für die bayerische Kavallerie-Division und ein Exemplar des Titels „Kennzeichen der deutschen Luftschiffe und Flieger".[3029] Die Truppen der 3. Infanterie-Brigade konnten am Nachmittag eine reibungslose Vollendung der Mobilmachung melden. Beginnend um 21.42 Uhr verließen sie Augsburg.[3030] Bei der 7. Infanterie-Brigade empfing man um 1 Uhr die Fahrt- und Marschtafeln vom II. A. K. Um 17 Uhr gab es dann eine Besprechung des Kommandeurs mit den Teileinheitsführern über die Aufgaben der Brigade in den nächsten Tagen. Entsprechend der erhaltenen Marschbefehle wurde die Brigade ab 22 Uhr zur Grenze abtransportiert.[3031] Beim 9. Infanterie-Regiment trafen am 2. August die Ergänzungsmannschaften und -pferde ein. Die vorzeitig marschbereiten Teile des Regiments wurden um 17.30 Uhr vom Kommandeur mit einer Ansprache im Kasernenhof verabschiedet. Die ersten Transporte mit Truppen des Regiments verließen dann Würzburg um 20.48 Uhr.[3032] Die Mobilmachung des I. Bataillon/Infanterie-Regiment 5 war um 18 Uhr beendet. Noch in der Friedensstärke verlegte das Bataillon um 21 Uhr in das Aufmarsch-

---

[3025] Notiz Generaladjutantur, GlAK Abtl. 59/429.
[3026] KTB I. Abtl. Feldart.-Reg. 76, 02.08.-30.11.1914, GlAK Abtl. 456 EV. 143, Bund 5, Heft 15.
[3027] Moser S. 1.
[3028] KTB Bayr. Kav.-Div., 02.08.1914-30.04.1915, BHStA Abtl. IV Kav.-Div. (WK) Bund 1.
[3029] Schreiben Bayr. Kav.-Div, BHStA Abtl. IV 1. Kav.-Brig. (WK) Bund 14, Akt 1.
[3030] KTB Inf.-Brig. 3, 01.08.-31.12.1914, BHStA Abtl. IV 3. Inf.-Brig. (WK) Bund 1.
[3031] KTB Inf.-Brig. 7, 30.07.-12.09.1914, BHStA Abtl. IV 7. Inf.-Brig. (WK) Bund 1.
[3032] KTB Inf.-Reg. 9, 29.07.1914-24.06.1915, BHStA Abtl. IV 9. Inf.-Reg. (WK) Bund 1.

gebiet.[3033] Es folgten um 22.20 die MG-Kompanie, der Regimentsstab und das II. Bataillon. Das Schlußlicht bildende III. Bataillon wurde um 0 Uhr abbefördert.[3034] Noch etwas Zeit mit der Verlegung hatte das 1. Ulanen-Regiment. Die ursprünglich für den 2. August vorgesehene Impfung der Reservisten und derjenigen aktiven Soldaten, die in den letzten vier Jahren nicht geimpft worden waren, wurde auf den 3. August verschoben. Am selben Tag würde vormittags eine Vorführung der Offizierspferde stattfinden. Im Aufmarschgebiet träten unmittelbar nach dem Ausladen einige Soldaten zum Stab. Wohl um den Soldaten die Regelung ihrer häuslichen Verhältnisse zu ermöglichen, wurde eine generelle Heiratserlaubnis erteilt.[3035] In einem Nachtrag wurde dann der Kantinenverwaltung befohlen, nach Anweisung des Regimentsartzes zur Auffüllung des Sanitätswagens Schokolade, Zucker usw. zu beschaffen.[3036] Die ersten freihändig angekauften Mobilmachungspferde trafen bei der 4. Eskadron des 1. Schweren-Reiter-Regiments gegen Mittag ein.[3037] Dabei gestaltete sich die Pferdebeschaffung bei dem Regiment als schwierig. Der freihändige Ankauf zog sich in die Länge, planmäßig sollten die ersten Mobilmachungspferde in der Nacht vom 1. auf den 2. August eintreffen. Zu dieser Zeit kamen aber nur sieben Pferde an, so daß sich im Verlauf des 2. August eine Stauung von Tieren entwickelte und die Tätigkeit der Musterungskommission sehr schwierig verlief.[3038] Dieses Regiment setzte die übergeordneten Dienststellen über die am 3. August geplante Verabschiedung mit einer Ansprache und einer Huldigung an den König in Kenntnis: „S. K. H. Prinz Leopold von Bayern werden anwesend sein."[3039] Der Abmarsch an die Grenze würde dann am 4. August vormittags beginnen.[3040] Beim 6. Chevaulegers-Regiment wurden die am 1. August erteilten Befehle widerrufen. Von nun an seien nur noch die Mobilmachungskalender für die Durchführung der Mobilmachung maßgeblich. Außerdem wurden weitere Einzelheiten zur Bewachung der Kasernen, zur Pferdebeschaffung und zu Fragen des Perso-

---

[3033] KTB I. Batl. Inf.-Reg. 5, 31.07.1914-31.03.1916, BHStA Abtl. IV 5. Inf.-Reg. (WK) Bund 24.

[3034] KTB III. Batl. Inf.-Reg. 5, 30.07.1914-13.06.1916, BHStA Abtl. IV 5. Inf.-Reg. (WK) Bund 31.

[3035] Reg.-Befehl, Reg.-Stab Ulanen-Reg. 1, Reg.-Befehlsbuch, 02.02.-03.08.1914, BHStA Abtl. IV 1. Ulanen-Reg. (F) Bund 20.

[3036] Nachtrag zum Reg.-Befehl, ebd.

[3037] KTB 4. Esk. Schweres-Reiter-Reg. 1, 02.08.1914-03.02.1915, BHStA Abtl. IV 1. Schweres-Reiter-Reg. (WK) Bund 1.

[3038] KTB Schweres-Reiter-Reg. 1, 02.08.-13.11.1914, ebd.

[3039] Rundschreiben 1. Schweres-Reiter-Reg. Nr. 792 M, BHStA Abtl. IV 1. Kav.-Brig. (WK) Bund 14, Akt 1.

[3040] Ebd.

nals bekanntgegeben.[3041] In einem Nachtrag wurden Fragen der Verpflegung behandelt, und es wurde Anweisung erteilt, den Fernsprechwagen zu packen. Außerdem wurden Beförderungen und Erlaubnisse zur Heirat ausgesprochen.[3042] Die Abfahrtszeiten des Regiments wurden ebenfalls noch am 2. August veröffentlicht.[3043]

Anderen Einheiten stand für ihre Mobilmachung mehr Zeit zur Verfügung. Bei den Einheiten des sächsischen 19. Fußartillerie-Regiment wurde am Vormittag mit dem Schleifen der Handwaffen begonnen. Die Soldaten wurden in die Kriegsgarnitur eingekleidet und alle Dienstvorschriften zur Aufbewahrung abgegeben.[3044]

Die II. Abteilung des Feldartillerie-Regiments 78 in Sachsen hatte ihre Mobilmachung am Abend des 2. August beendet.[3045] Das Einkleiden der Soldaten in die Kriegsgarnitur sollte beim Infanterie-Regiment 134 so beschleunigt werden, daß es am Abend des 2. August beendet sei.[3046] Mit dem Schleifen der Waffen wurde beim Feldartillerie-Regiment 28 begonnen.[3047]

Beim III. A. K. in Bayern traf um 7 Uhr ein Offizier des Kriegsministeriums aus München ein, der die Stellenbesetzung und Kriegsgliederung überbrachte. Wie bereits erwähnt, folgten um 8 Uhr dann zwei Offiziere des Generalstabs aus Berlin mit den Aufmarschanweisungen und den Fahrt- und Marschtafeln. Bis um 21 Uhr zog es sich hin, bis das Generalkommando all diese Anweisungen bearbeitet hatte.[3048] Die unterstellten Truppen wurden durch die 1. Infanterie-Division darüber informiert, daß nach einer Verfügung des Generalkommandos des I. A. K. die Entscheidung, welche der laufenden Geschäfte weiterverfolgt werden sollten, in der Truppe selber läge.[3049] Das gleiche Generalkommando

---

[3041] Reg.-Befehl, Reg.-Befehle Chev.-Reg. 6, 01.07.1914-23.12.1915, BHStA Abtl. IV 6. Chev.-Reg. (WK) Bund 15 a.

[3042] I. Nachtrag zum Reg.-Befehl, ebd.

[3043] II. Nachtrag zum Reg.-Befehl, ebd.

[3044] KTB 1. Battr. I. Batl. Fußart.-Reg. 19, 01.08.1914-26.02.1918, SHStA Sächs. Kriegsarchiv (P) Nr. 37628.

[3045] Tel. Feldart.-Reg. 78 an XIX. A. K., ein 21.35 Uhr, SHStA Sächs. Kriegsarchiv (P) Nr. 23397.

[3046] Befehlsbuch 5. Komp. Inf.-Reg. 134, 24.06.-08.08.1914, SHStA Sächs. Kriegsarchiv (P) Nr. 29746.

[3047] Abtl.-Befehl, Befehlsbuch 4. Battr. Feldart.-Reg. 28, SHStA Sächs. Kriegsarchiv (P) Nr. 51287.

[3048] KTB III. A. K., BHStA Abtl. IV Gen. Kdo. III. A. K. (WK) Bund 1.

[3049] Rundschreiben 1. Inf.-Div. Nr. 12, BHStA Abtl. IV 1. Kav.-Brig. (WK) Bund 14, Akt 1; die Div. gab damit eine Verfügung des Gen. Kdos. Nr. 2281, 01.08.1914, weiter, dazu siehe V. 2. d Die Julikrise: 1. August, S. 447.

informierte die 1. und 2. Infanterie-Division über die angeordnete Mobilmachung der zu mobilen Verwendung bestimmten Ersatzformationen.[3050] Um 4.55 Uhr überbrachte ein Offizier des Generalstabs der 4. Infanterie-Division die Kriegsgliederung, die Stellenbesetzung und die Beförderung der Fähnriche zu Offizieren.[3051] Der Arzt der Division übergab die vorgeschriebenen Dienstvorschriften der Division.[3052] Sein Kollege bei der 3. Infanterie-Division übergab die im Frieden ausgeführten Geschäfte und kümmerte sich um die Besorgung der persönlichen Ausrüstung.[3053] Der Standort Bayreuth forderte die Meldung der aktiven Soldaten, welche an den Telegraphen ausgebildet seien. Außerdem wies er seine Truppen darauf hin, daß jegliche Veröffentlichung über militärische Belange strengstens verboten sei: „Es wird den Angehörigen des Standortes zur strengen Pflicht gemacht auch in Privatbriefen die gebotene Zurückhaltung zu beobachten."[3054] Das 1. Feldartillerie-Regiment mußte bis zur endgültigen Durchführung der Mobilmachung durch alle Einheiten bis zum 8. Mobilmachungstag warten. Dementsprechend standen am 1. August nur das Einkleiden der Soldaten in Feldgrau und die Arbeit der Pferdeaushebungskommission auf dem Programm.[3055] Die 1. Kompanie des Infanterie-Regiments 19 übernahm am 1. Mobilmachungstag die Kriegsgarnitur.[3056] Das Regiment wies ausdrücklich darauf hin, daß bereits jetzt die Kriegsartikel Gültigkeit besäßen.[3057] Ebenfalls betulich ging es beim II. Bataillon/Infanterie-Regiment 2 zu.[3058] Das 2. Fußartillerie-Regiment konnte nur vermerken, daß viele Tätigkeiten bereits während der „drohenden Kriegsgefahr" ausgeführt worden seien.[3059] Mit etwas mehr Aktivitäten war da schon der Tag der 5. Kompanie des 21. Infanterie-Regiments ausgefüllt. Nach dem Wecken wurde die Abgabe der Bekleidungs- und Ausrüs-

---

[3050] Schreiben I. A. K. Nr. 2457 M, BHStA Abtl. IV 1. Kav.-Brig. (WK) Bund 14, Akt 1.
[3051] Montgelas: Kriegstagebuch S. 911.
[3052] KTB Div.-Arzt Inf.-Div. 4, 30.07.-01.12.1914, BHStA Abtl. IV 4. Inf.-Div. (WK) Bund 103.
[3053] KTB Div.-Arzt Inf.-Div. 3, 02.08.-09.12.1914, BHStA Abtl. IV 3. Inf.-Div. (WK) Bund 117.
[3054] Standorts-Befehl, Reg.-Befehle Chev.-Reg. 6, 01.07.1914-23.12.1915, BHStA Abtl. IV 6. Chev.-Reg. (WK) Bund 15 a.
[3055] KTB 6. Battr. Feldart.-Reg. 1, 31.07.1914-01.01.1915, BHStA Abtl. IV 1. Feldart.-Reg. (WK) Bund 49.
[3056] KTB 1. Komp. Inf.-Reg. 19, 01.08.1914-31.12.1915, BHStA Abtl. IV 19. Inf.-Reg. (WK) Bund 10.
[3057] Reg.-Befehl, Reg.-Befehlsbuch Inf.-Reg. 19, 1914, BHStA Abtl. IV 19. Inf.-Reg. (F) Bund 296.
[3058] KTB Stab II./Inf.-Reg. 2, 01.08.1914-31.12.1915, BHStA Abtl. IV 2. Inf.-Reg. (WK) Bund 27.
[3059] Aufstellung Tätigkeiten, 02.08.1914, BHStA Abtl. IV 2. Fußart.-Reg. (WK) Bund 4.

tungsgegenstände beendigt. Danach wurden die Ergänzungsmannschaften ausgerüstet. Gleichzeitig fand eine Waffenmeisterprüfung statt. Um 10.30 Uhr war dann Appell im feldmarschmäßigen Anzug. Die aktiven Teile erhielten ihre Verbandspäckchen. Um 17 Uhr wurden dann die Erkennungsmarken, Sold- und Gebetbücher ausgegeben.[3060] Bei der MG-Kompanie des Regiments wurden am Vormittag die Seitengewehre zur Waffenmeisterei geschafft. Die Mannschaften erhielten ihre Kriegsgarnitur. Am Nachmittag wurde die Kriegsmunition für die MG's aufgegurtet, die geschärften Seitengewehre wieder von der Waffenmeisterei abgeholt und an die Soldaten verteilt. Die Kriegsgeschirre wurden den Pferden verpaßt.[3061] In Eichstätt fuhren um 7 Uhr die versetzten Mannschaften ab. Den Soldaten wurden dann um 9 Uhr die Kriegsartikel verlesen. Um 15 Uhr gab es dann einen Löhungsappell, und um 16 Uhr trafen die Mobilmachungspferde ein. Ein Appell um 18 Uhr mit Ansprachen des Bataillonskommandeurs, des Bürgermeisters von Eichstätt und des Bischofs beendete dann den Tag.[3062] Das I. Bataillon des 23. Infanterie-Regiments konnte alle geforderten Arbeiten pünktlich durchführen. Das bereits bei „drohender Kriegsgefahr" begonnene Schleifen der Waffen wurde am 2. August gegen Mittag beendet.[3063] Das 23. Infanterie-Regiment mußte das Fehlen der Gelder für die Ausrüstung beklagen. Sie trafen nicht wie geplant ein und konnten erst am 2. Mobilmachungstag empfangen werden.[3064]

Nicht alle am 2. August ergriffenen Maßnahmen trugen einen rein militärischen Charakter. Das Rundschreiben des Preußischen Kriegsministeriums zur Behandlung der russischen Saisonarbeiter vom 31. Juli wurde nun durch das XII. A. K. dem Sächsischen Innenministerium mit der Bitte zugestellt, alles Weitere zu veranlassen.[3065]

Wie auch am Vortag so wucherten am 2. August die Gerüchte. Die zahlreichen Gerüchte über feindliche Flieger, die teilweise sogar Bomben abgeworfen haben

---

[3060] KTB 5. Komp. Inf.-Reg. 21, 01.08.1914-06.04.1916, BHStA Abtl. IV 21. Inf.-Reg. (WK) Bund 22.

[3061] KTB MG-Komp. Inf.-Reg. 21, 02.08.1914-01.07.1916, ebd.

[3062] KTB 9. Komp. Inf.-Reg. 13, 01.08.-27.10.1914, BHStA Abtl. IV 13. Inf.-Reg. (WK) Bund 6.

[3063] KTB I. Batl. Inf.-Reg. 23., 01.08.-31.12.1914, BHStA Abtl. IV 23. Inf.-Reg. (WK) Bund 20.

[3064] KTB Stab Inf.-Reg. 23, 01.08.-26.09.1914, BHStA Abtl. IV 23. Inf.-Reg. (WK) Bund 1, Akt 1.

[3065] Notiz auf Rundschreiben Preuß. Kriegsministerium M. J. Nr. 2751/14. A. 1., 31.07.1914, SHStA Sächs. Kriegsarchiv (P) Nr. 7602.

sollten, veranlaßten die 10. Infanterie-Brigade in Bayreuth, Maßnahmen zum Schutz vor solchen Angriffen anzuordnen.[3066]

Die große Begeisterung, die Teile der Öffentlichkeit bei der Nachricht der Mobilmachung ergriffen hatte, schlug sich in der freiwilligen Meldung zahlreicher Männer zum Militärdienst nieder. Die Kriegsfreiwilligen waren der sichtbarste Ausdruck der Kriegsbereitschaft: „In ihnen verkörperte sich der Krieg als nationales und gemeinschaftliches Projekt."[3067] Beim 2. Ulanen-Regiment meldeten sich zahlreiche Nichtmilitärdienstpflichtige als Kriegsfreiwillige. Sie wurden an die in der Heimat verbleibende und mit dem personellen Nachschub betraute Ersatz-Eskadron verwiesen.[3068] Teilweise meldeten sich mehr Leute als die Militärverwaltung bearbeiten konnte.[3069] Der Andrang von Freiwilligen beim sächsischen Fußartillerie-Regiment 19 war so groß, daß viele wieder weggeschickt werden mußten.[3070]

Aber auch das Gegenteil war zu beobachten. Das bayerische III. A. K. notierte in seinem Tagebuch: „Einlauf zahlreicher mündlicher u. schriftlicher Gesuche um Zurückstellung vom Waffendienste, von Staatsbehörden, industriellen Unternehmungen mit militärischen Lieferungen usw. Offenbar im Frieden nicht gründlich vorbereitet."[3071] Die Problematik, die sich in der Planung vor dem Krieg deutlich gezeigt hatte, äußerte sich auch hier. Angesichts der geringen Zahl an ausgebildeten Reservisten glaubte die Armee, auf keinen Mann verzichten zu können. Aber die Erfordernisse der modernen Gesellschaft und der Industrie für die Rüstungsproduktion verlangten in zunehmendem Ausmaß die Zurückstellung unverzichtbarer Kräfte. Da die Diskussion vor dem Krieg zu keinem Ergebnis gekommen war, mußte jetzt ad hoc entschieden werden.

Zusammenfassend kann festgestellt werden: der 2. August brachte für die Truppe im wesentlichen die Umsetzung des Mobilmachungsbefehls vom Vortag. Auch hier gab es nun wieder unterschiedliche Geschwindigkeiten, die angesichts der Mobilmachungsplanung mit ihren festen Terminen, zu denen man spätestens fertig sein mußte, keine so große Rolle mehr spielten. Es zeigte sich wieder, daß die Planung nicht so perfekt war, wie sie nach dem Krieg dargestellt wurde. Auch bei der Marine gingen die Mobilmachungsarbeiten weiter. Mit dem Aus-

---

[3066] KTB Inf.-Brig. 10, BHStA Abtl. IV 10. Inf.-Brig. (WK) Bund 1.

[3067] Ulrich, Ziemann S. 128.

[3068] KTB Stab Ulanen-Reg. 2, 30.07.1914-01.04.1915, BHStA Abtl. IV 2. Ulanen-Reg. (WK) Bund 1.

[3069] Deist: Armee S. 96.

[3070] KTB I. Batl. Fußart.-Reg. 19, 01.08.1914-31.12.1916, SHStA Sächs. Kriegsarchiv (P) Nr. 36403.

[3071] KTB III. A. K., BHStA Abtl. IV Gen. Kdo. III. A. K. (WK) Bund 1.

laufen der Schiffe zu dem Libau-Unternehmen hatte für sie parallel dazu der Krieg bereits begonnen.

In der Reichsführung erreichten die Auseinandersetzungen zwischen den Militärs und den Zivilisten einen Höhepunkt. Aus taktischen politischen – und eben nicht militärischen – Gründen wollten die Militärs die Kriegserklärungen hinauszögern. Unbegreiflich erschien ihnen, daß die Zivilisten diese politischen Gesichtspunkte anscheinend nicht sahen. Dies waren dieselben Militärs, die sich – zumindest von der Seite des Heeres – bei ihren Planungen von politischen Überlegungen nie hatten leiten lassen.[3072] Aus Sicht der Militärs ging schon die Verzögerung der Mobilmachung auf das Schuldkonto der Zivilisten.[3073] Als sich dann noch scheinbar ein vollkommener Mangel an Vorbereitung für den Krieg herausstellte, war das Vertrauensverhältnis zwischen beiden Teilen der Reichsspitze endgültig zerstört. Beim Kaiser erhoben die Militärs schwere Vorwürfe gegen Bethmann Hollweg und seine Mitarbeiter. Ein Prozeß, welcher seit mehreren Tagen lief, hatte damit seinem Kulminationspunkt erreicht. Das Mißtrauen gegenüber der Politik sollte die Militärs nicht wieder verlassen und sich im Verlauf des Krieges noch öfter bemerkbar machen bis hin zu dem Versuch, die Politik selbst in die Hand zu nehmen. Soweit ging Moltke jetzt noch nicht, aber da die Diplomaten anscheinend Anleitungen bedurften, überreichte er sie ihnen in Form der Denkschrift über die diplomatische Kriegsführung, wie denn nun zu verfahren sei. Diese Handlungsweise aus dem unter den Bedingungen des Krieges veränderten Verhältnisses von Politik und Militär erklären zu wollen, greift zu kurz.[3074] Hauptmotiv war der Eindruck des Versagens, der auf militärischer Seite von der Reichsleitung entstanden war. Angesichts der eigenen Unsicherheit verlangten die Militärs von den Zivilisten die Herstellung einer gewissen Sicherheit und konnten deren Mangel nun nicht verwinden.

Am folgenden Tag, dem 3. August, gingen in Europa die Kriegsvorbereitungen weiter. In Großbritannien wurde der Entschluß gefaßt, das Heer mobilzumachen.[3075] Italien erklärte offiziell seine Neutralität.[3076] Damit war ein wichtiger Partner aus dem Bündnis mit Österreich und Deutschland ausgeschieden. Ob-

---

[3072] Trachtenberg S. 62; Snyder: Relations S. 126.

[3073] Noch im kaiserlichen Hauptquartier äußerte sich Wenninger zu Bethmann „man habe mir in militärischen Kreisen die Hinausziehung unserer Mobilmachung zum schweren Vorwurf gemacht, [...]", Bethmann an Kuhl, 27.04.1920.-August 1914. Ein aufschlußreicher Briefwechsel. Reichskanzler von Bethmann Hollweg über die deutschen Kriegserklärungen. S. 672, in: Berliner Monatshefte, 17. Jg. 1939, S. 663-673.

[3074] So Farrar: Policy S. 20.

[3075] Hallmann: Daten S. 624.

[3076] Foerster: Militärkonvention S. 416; Wegerer: Ausbruch, Bd. 2, S. 369 f.

wohl sich das Verhalten Italiens lange vorher angekündigt hatte, war man in der Reichsspitze immer noch der Hoffnung, auf italienische Waffenhilfe zählen zu können, wie dies ja auch Moltke in seiner Denkschrift zur diplomatischen Kriegsführung noch einkalkuliert hatte.

Auch am 3. August wurde noch versucht, ein Eingreifen Großbritanniens in den Krieg zu verhindern. Die deutsche Regierung unterbreitete der britischen ein Angebot, die deutsche Flotte aus dem Kanal und von der französischen Nordküste fernzuhalten, falls Großbritannien neutral bleibe.[3077] Falkenhayn hatte im Gegensatz dazu keinen Zweifel daran, daß die Briten auf der Seite der Gegner zu finden sein werden.[3078]

Die Frist, die der belgischen Regierung in dem deutschen Ultimatum gesetzt wurde, lief am 3. August um 7 Uhr aus. Pünktlich zu dieser Zeit wurde die ablehnende Antwort übergeben und von Brüssel aus sofort mit dem Auto nach Aachen gebracht.[3079] Am Nachmittag informierte Moltke das AA, daß den Belgiern am 4. August um 6 Uhr mitgeteilt werden müsse, daß man sich zur Abwehr einer französischen „Bedrohung" gezwungen sehe, in Belgien einzumarschieren. Dies sei deshalb nötig, da die deutschen Truppen an jenem Morgen die belgische Grenze überschreiten werden: „Eine Kriegserklärung halte ich nicht für erwünscht, weil ich noch immer darauf rechne, mit Belgien zu einer Verständigung zu kommen, wenn der belgischen Regierung der Ernst der Lage klar wird."[3080] Wiederum gab der Generalstabschef den Diplomaten im AA Anweisungen, was sie zu tun hätten. Diese Erklärung wurde dann allerdings von den Militärs nicht mehr abgewartet. Am Nachmittag erhielt der Oberbefehlshaber des Lütticher Handstreichs, General v. Emmich, den Befehl aus Berlin: „Belgien ist Deutschlands Feind. Seine Majestät befehlen, daß belgisches Gebiet betreten werden kann."[3081] Unabhängig davon hatte Moltke bereits die Anweisung erteilt, mit dem Handstreich am Morgen des 4. Augusts zu beginnen.[3082] Die gespannte Atmosphäre schlug sich in vielen Gerüchten nieder. Noch am 2. August waren die angeblichen Bombenabwürfe französischer Flieger bei Nürnberg als Beweis für die Eröffnung der Feindseligkeiten seitens Frankreichs genommen worden. In der Regel hielten diese Gerüchte einer näheren Prüfung nicht stand. Die Gerüchte über Brunnen- und Mehlvergiftungen aus Straßburg und Metz seien e-

---

[3077] Manuskript: Die deutsche Armee bei Kriegsausbruch, o. J., [um 1920], Bl. 152, BA-MA W-10/50891; siehe auch Wegerer: Ausbruch, Bd. 2, S. 360 f.
[3078] Vollständiges Tgb. Falkenhayn, BA-MA W-10/50635.
[3079] Bredt S. 117.
[3080] Schreiben Moltkes an AA. - DD, Bd. 4, Nr. 788, S. 35.
[3081] Zit. nach Generalstab S. 5.
[3082] Bredt S. 120; Generalstab S. 5.

benso falsch wie die Meldung über den Bombenabwurf bei Nürnberg, telegraphierte der bayerische Militärbevollmächtigte aus Berlin.[3083] Abends faßte er zusammen: bisher habe die deutsche Taktik darin bestanden, möglichst viele Meldungen über russische und französische Grenzverletzungen zu sammeln, ohne diese zu erwidern. Dies werde sich nun ändern, da man Frankreich um 18 Uhr den Krieg erklärt habe.[3084] In der Tat wurde die deutsche Kriegserklärung in Paris um 18 Uhr übergeben.[3085]

Bei der Marine waren sich einige Offiziere in ihren Wünschen mit der Reichsleitung einig. Immer noch hofften einige Offiziere des Admiralstabs, Großbritannien werde doch noch neutral bleiben.[3086] Ansonsten gingen bei der Marine die Mobilmachungsarbeiten weiter. Der Hilfsstreuminendampfer „Königin Luise" ankerte auf Wilhelmshaven Reede.[3087] In der Ostsee wurde der Minendampfer „Prinz Adalbert" fertig ausgerüstet.[3088] Die bereits in den gemeinsamen Beratungen zwischen RMA und Admiralstab von letzterem aufgestellte Forderung, Flugzeugmutterschiffe außerplanmäßig in Dienst zu stellen, wurde am 3. August erfüllt. Zu diesem Zweck wurden nun zwei Dampfer von der Marine angemietet.[3089] Bevor sie aber ihrem Verwendungszweck zugeführt werden konnten, waren noch umfangreiche Umbauten nötig.[3090] Dies führte dazu, daß die Schiffe erst am 19. bzw. 23. August einsatzbereit waren.[3091] Die Auslandsschiffe der Marine wurden informiert, daß die Feindseligkeiten gegen Rußland eröffnet seien, der Krieg mit Frankreich sei sicher, die Feindseligkeiten würden wahrscheinlich am 3. August eröffnet werden, Großbritannien werde sich feindlich verhalten und Italien bleibe neutral.[3092] Die Hoffnung der Admiralstabsoffiziere auf eine britische Neutralität schlug sich also nicht in der Nachrichtenpolitik wieder. Die Flotte in den Heimatgewässern wurde jedoch um 21 Uhr vom Admiralstab instruiert, Handlungen zu unterlassen, die Großbritannien als feindlich

---

[3083] DD, Bd. 4, Anhang IV a, Nr. 13, S. 162; auch die Sächs. Gesandtschaft wurde über die Falschmeldungen der Vergiftungen informiert, Aktennotiz. - Bach: Gesandtschaftsberichte, Nr. 92, S. 143.

[3084] Ebd., Bd. 4, Anhang IV a, Nr. 14, S. 163.

[3085] Geiss: Julikrise, Bd. 2, Nr. 1110, S. 659 f.

[3086] Epkenhans S. 407.

[3087] Marine-Archiv: Nordsee, Bd. 1, S. 65.

[3088] Marine-Archiv: Ostsee, Bd. 1, S. 41.

[3089] Marine-Archiv: Überwasserstreitkräfte S. 224.

[3090] Ebd., S. 225.

[3091] Ebd., S. 226.

[3092] Marine-Archiv: Kreuzerkrieg, Bd. 1, S. 67; Bd. 2, S. 336.

betrachten könne, da immer noch mit einer Neutralität zu rechnen sei.[3093] Die zunehmende Nervosität und die brodelnden Gerüchte verschonten auch die Marine nicht. In Wilhelmshaven und Umgebung wurden Flugzeuge gemeldet und einige Marineeinheiten eröffneten am 3. August sogar das Feuer auf nicht vorhandene Flugzeuge.[3094]

Beim Heer gingen zunächst die Mobilmachungsaktivitäten weiter. In der Nacht vom 2. zum 3. August wurden bei der württembergischen 53. Infanterie-Brigade durch den Kommandeur die Geheimunterlagen geöffnet. Der Stab studierte sie und bereitete sich auf die der Brigade zukommenden Aufgaben vor. Am Abend des 3. August hatte die Brigade ihre Grenzschutzstellungen eingenommen.[3095]

Am 3. August um 1.30 Uhr wurde der Stab der 27. Infanterie-Brigade an die Grenze transportiert.[3096] Die Brigade sollte am Handstreich auf Lüttich teilnehmen. Der Stab der ebenfalls an dem Unternehmen beteiligten 14. Infanterie-Brigade verbrachte den Tag damit, sich auf seine Aufgabe vorzubereiten.[3097] Auch andere beteiligten Einheiten erhielten ihre geheimen Unterlagen und bereiteten sich vor.[3098] Der designierte Oberbefehlshaber des Unternehmens, General v. Emmich, traf am Vormittag in Aachen ein, dort meldeten sich die zur Führung der Truppen bestimmten Offiziere und Ludendorff bei ihm.[3099]

Die Nervosität im Bereich der deutsch-französischen Grenze hielt an. Das 3. Chevaulegers-Regiment konnte das Eintreffen von Ergänzungsmannschaften verzeichnen. Um 9 Uhr ging ein Befehl des XXI. A. K. ein: „Überschreiten der franz. Grenze Aufklärungsorganen freigestellt. Grenzschutz auf deutschem Gebiet stehen lassen."[3100] Auf das Eintreffen der Nachricht des Vormarsches französischer Truppen wurde angeordnet, das Regiment zu versammeln. Offenbar erwies sich die Meldung als falsch, denn der Grenzschutzkommandeur widerrief die Anordnung und befahl statt desssen dem Regiment, die normalen Grenzschutzstellungen einzunehmen. Im Laufe des Nachmittags wurden von der 2. Eskadron drei Patrouillen ausgesandt. Eine dieser Patrouillen hatte Feindberüh-

---

[3093] Wegerer: Ausbruch, Bd. 2, S. 369.

[3094] Marine-Archiv: Nordsee, Bd. 1, S. 37.

[3095] Moser S. 1 f.

[3096] Manuskript v. Massow: Schilderung der Ereignisse und Eindrücke beim Vorgehen der 27. Inf. Brig. zum Handstreich auf Lüttich, 1920, S. 1, BA-MA W-10/50951.

[3097] Manuskript v. Nida: Der Sturm auf Lüttich! Nach eigenen Erlebnissen, 1920, S. 4, BA-MA W-10/50951.

[3098] Briefe Major Scherlaus an Reichsarchiv, 17. u. 19.10.1920, BA-MA W-10/50951.

[3099] Generalstab S. 4.

[3100] KTB Stab Chev.-Reg. 3, 29.07.-28.10.1914, BHStA Abtl. IV 3. Chev.-Reg. (WK) Bund 1, Akt 2.

rung, bei der drei Mann fielen.[3101] Die Nachrichten über angebliche französische Grenzverletzungen häuften sich.[3102]

Das sächsische 21. Ulanen-Regiment beendete im Verlauf des Vormittags seine Mobilmachung.[3103]

Das III. A. K. in Bayern erhielt vom Kriegsministerium eine vorläufige Mitteilung über die Aufstellung des Landsturms. Die Information wurde sofort an die Truppen weitergegeben.[3104] Wieder gab es das vertraute Muster, daß dem eigentlichen Befehl eine Vorankündigung vorangeht, wie dies in den vergangenen Tagen schon häufiger der Fall gewesen war. Die 7. Infanterie-Brigade hatte um 21.45 Uhr den Endpunkt ihrer Reise in Nördlingen/Elsaß erreicht.[3105] Nachdem die 5. Kavallerie-Brigade um 22 Uhr mit dem Verladen begonnen hatte, mußte sie über zwei Stunden auf dem Hauptbahnhof Nürnberg warten, weil es an passenden Waggons fehlte.[3106] Den vorgesetzten Truppenteilen konnte die 4. Kavallerie-Brigade am Nachmittag den Abschluß ihrer Mobilmachung mitteilen. Der Stab fuhr um 23 Uhr ab.[3107] Das 1. Ulanen-Regiment, welches zur Brigade gehörte, beendete seine Mobilmachung und begann den Abtransport ins Aufmarschgebiet.[3108] Das ebenfalls der Brigade angehörende 2. Ulanen-Regiment hatte seine volle Stärke erreicht und konnte dem II. A. K. sowie der Brigade die vollendete Mobilmachung bis 17.30 Uhr melden. Leicht war die Durchführung der Mobilmachung dort nicht gewesen. Die Zahl der freihändig angekauften Pferde erwies sich als zu niedrig, von den sichergestellten Pferden waren viele unbrauchbar, weshalb man auf die am 3. August eintreffenden Ergänzungspferde anderer Truppen zurückgreifen mußte.[3109] In Landau gestaltete sich die Ausgabe der Bekleidung als recht kompliziert. Im Gegensatz dazu ging beim dort stationierten 23. Infanterie-Regiment die Ablösung des Bahnschutzes der akti-

---

[3101] Ebd.

[3102] Telephonische Mitteilungen Generalstab an AA, 13.45 Uhr, u. ohne Zeitangabe. - DD, Bd. IV, Nr. 739, S. 3. u. ebd., Nr. 793, S. 38. Montgelas: Grenzverletzungen S. 980.

[3103] Tel. an XIX. A. K., ein 12 Uhr, SHStA Sächs. Kriegsarchiv (P) Nr. 23379.

[3104] KTB III. A. K., BHStA Abtl. IV Gen. Kdo. III. A. K. (WK) Bund 1.

[3105] KTB Inf.-Brig. 7, 30.07.-12.09.1914, BHStA Abtl. IV 7. Inf.-Brig. (WK) Bund 1.

[3106] KTB Kav.-Brig. 5, 01.08.1914-17.05.1915, BHStA Abtl. IV 5. Kav.-Brig. (WK) Bund 1.

[3107] KTB Kav.-Brig. 4, 30.07.1914-31.07.1916, BHStA Abtl. IV 4. Kav.-Brig. (WK) Bund 1.

[3108] KTB Ulanen-Reg. 1, 29.07.1914-15.08.1917, BHStA Abtl. IV 1. Ulanen-Reg. (WK) Nr. [sic] 1.

[3109] KTB Stab Ulanen-Reg. 2, 30.07.1914-01.04.1915, BHStA Abtl. IV 2. Ulanen-Reg. (WK) Bund 1.

ven Truppen durch den Landsturm reibungslos vonstatten.[3110] Das 6. Chevaulegers-Regiment erteilte weitere Heiratsgenehmigungen.[3111]

Der folgende Tag brachte neue Entwicklungen. Das Preußische Kriegsministerium verfügte am 4. August, daß die verstärkten Verkehrsbeschränkungen nun auch gegenüber Großbritannien gelten sollten.[3112] Das XVII. A. K. erhielt aus Berlin die Anweisung, aus deutschen Häfen auslaufende britische Schiffe festzuhalten.[3113] Bethmann Hollweg erklärte in einer Reichstagssitzung um 15 Uhr die deutsche Haltung gegenüber Belgien.[3114] In der gleichen Sitzung wurde mit der Bewilligung der Kriegskredite auch durch die Stimmen der sozialdemokratischen Fraktion deutlich, daß sich die SPD an die Seite der Regierung stellte. Diese Billigung durch die SPD bewies die Richtigkeit der zurückhaltenden Politik der Militärs.[3115] Am Nachmittag erschien der britische Botschafter Goschen und forderte die deutsche Regierung auf, den Einfall in Belgien zu beenden. Dies wurde jedoch abgelehnt. Daraufhin entfernte sich der Botschafter, um jedoch nach einer kurzen Zeit gegen 17 Uhr wieder zu erscheinen und mitzuteilen, daß dies den Krieg mit Großbritannien bedeute; an sich laute sein Auftrag aus London, dies erst um 0 Uhr zu übermitteln, aber da ja doch nichts mehr zu ändern sei, tue er es schon jetzt.[3116] Falkenhayn kommentierte: „Ein sehr anständiger Schritt von ihm, so können wir wenigstens die Nachricht an die Küsten und die Schiffe gelangen lassen."[3117] Damit befand sich das Deutsche Reich ab Mitternacht im Krieg mit Großbritannien. Moltke übermittelte dem AA wieder einmal Handlungsanweisungen. Diesmal wies er an, in Italien für eine Einfuhr von Lebensmitteln nach Deutschland zu sorgen. In London solle erklärt werden, daß man mit dem Einmarsch in Belgien keinerlei Gelüste auf dessen Territorium verbinde, sondern dies durch den französischen Operationsplan gezwungenermaßen tue.[3118] Die „Vossische Zeitung" meldete das Vordringen französischer

---

[3110] KTB Stab Inf.-Reg. 23, 01.08.-26.09.1914, BHStA Abtl. IV 23. Inf.-Reg. (WK) Bund 1, Akt 1.

[3111] Reg.-Befehl, Reg.-Befehle Chev.-Reg. 6, 01.07.1914-23.12.1915, BHStA Abtl. IV 6. Chev.-Reg. (WK) Bund 15 a.

[3112] Tel., BHStA Abtl. IV A. O. K. 6 Nr. 369.

[3113] Manuskript Hptm. Mossdorf: Grenz-, Bahn-, Küstenschutz im Bereich des XVII. Armeekorps, beendet 24.06.1919, S. 169, BA-MA W-10/50931.

[3114] Lerchenfelds Bericht Nr. 431, 05.08.1914. - Bayr. Dok., Nr. 82, S. 186; zu der Rede des Kaisers anläßlich der Eröffnung des Reichstages und Bethmanns Ansprache im Reichstag siehe Kriegsdepeschen, Nach dem Ausbruch des Krieges, S. 18 ff.

[3115] Deist: Arbeiterschaft S. 178.

[3116] Vollständiges Tgb. Falkenhayn, BA-MA W-10/50635.

[3117] Ebd.

[3118] Schreiben Moltke an Jagow. - Geiss: Julikrise, Bd. 2, Nr. 1140, S. 678 f.

Truppen in Belgien, Grenzverletzungen ohne Kriegserklärung gegenüber Deutschland und Bombenangriffe durch französische Flieger.[3119]

Die Mitteilung über den kommenden Kriegszustand mit Großbritannien traf um 19.30 Uhr bei der Marine ein.[3120] Zu diesem Zeitpunkt waren bei der deutschen Flotte noch keine Reserverbände einsatzbereit.[3121] Ebenfalls um 19.30 Uhr erteilte die Flottenleitung dem Hilfsstreuminendampfer „Königin Luise" und dem Hilfskreuzer „Kaiser Wilhelm der Grosse" den Befehl zum Auslaufen.[3122] Der Hilfsstreuminendampfer lief nach der Emsmündung aus.[3123] In der Ostsee wurde mit der „Deutschland" ein weiterer Minendampfer fertig.[3124]

Beim Heer überschritten die Truppen, die zu dem Handstreich auf Lüttich eingeteilt waren, die belgische Grenze.[3125] Ihr Vorgehen war dabei vom ersten Augenblick an durch äußerste Brutalität gekennzeichnet. Vorbereitete Proklamationen wurden angeschlagen, die für Widerstand Repressalien anordneten; u. a. war auch die Verhängung von Kollektivstrafen vorgesehen.[3126] Das Verhalten der deutschen Truppe zeigte, daß sie gewillt war, dieser Proklamation Taten folgen zu lassen. Ab dem ersten Tag erschossen sie Geiseln und brannten Dörfer nieder.[3127] Bis auf wenige Ausnahmen handelte es sich dabei nicht um Aktionen in der Hitze des Gefechts oder als Antwort auf belgische Maßnahmen. Das harte Vorgehen zielte vielmehr darauf ab, die Belgier einzuschüchtern und damit von Anfang an die Verluste sowohl an Zeit als auch an Truppen gering zu halten.[3128] In den Angriffsanweisungen für den Handstreich auf Lüttich wurde dieser Gedanke betont: „Jede Kolonne, die keinen Widerstand findet oder ihn bricht, geht

---

[3119] Vossische Zeitung. - „Jahrhundertsommer": Eine Serie zum Epochenende 1914, FAZ, 04.08.1994.

[3120] Manuskript: Die deutsche Armee bei Kriegsausbruch, o. J., [um 1920], Bl. 152, BA-MA W-10/50891; Marine-Archiv: Nordsee, Bd. 1, S. 40.

[3121] Manuskript: Die deutsche Armee bei Kriegsausbruch, o. J., [um 1920], Bl. 152, BA-MA W-10/50891; Eintreten der Einsatzbereitschaft, ebd., Bl. 152 ff.

[3122] Marine-Archiv: Nordsee, Bd. 1, S. 65.

[3123] Ebd., Bd. 1, S. 65.

[3124] Marine-Archiv: Ostsee, Bd. 1, S. 41.

[3125] Briefe Major Scherlaus an Reichsarchiv, 17. u. 19.10.1920; Manuskript v. Nida: Der Sturm auf Lüttich! Nach eigenen Erlebnissen, 1920, S. 4, alle BA-MA W-10/50951.

[3126] Tuchmann S. 242 f.

[3127] Ebd., S. 184 f.

[3128] Ebd., S. 242; entsprechende Legitimation wurde in der juristischen Diskussion vor dem Krieg entwickelt siehe E. Stenzel: Die Kriegsführung des deutschen Imperialismus und das Völkerrecht. Zur Planung und Vorbereitung des deutschen Imperialismus auf die barbarische Kriegsführung im Ersten und Zweiten Weltkrieg, dargestellt an den vorherrschenden Ansichten zu den Gesetzen und Gebräuchen des Landkriegs. Berlin 1973, S. 33, 35, 44 f.

ohne Rücksicht vorwärts bis zur Stadt. Jeder Widerstand wird mit dem Bajonett zurückgeworfen, die Gewehre sind nicht geladen. In der Erkenntnis, daß der Verteidiger höchstens in einem Abschnitt erheblichen Widerstand leisten kann, sind alle Aufenthalte zu vermeiden. Vorsichtiges Vorgehen würde zeitraubend und nur für den Verteidiger von Vorteil sein."[3129]

Im Aufmarschraum der 3. Armee trafen die 48. und 64. Infanterie-Brigade vorausbefördert ein.[3130]

Beim bayerischen III. A. K. traf der endgültige Befehl zur Aufstellung des Landsturms ein. Mit ihm sollte am 15. Mobilmachungstag begonnen werden. Lästig wirkte sich für das Generalkommando die Notwendigkeit aus, Bezugsscheine für Benzin ausstellen zu müssen, da alle Vorräte beschlagnahmt worden waren.[3131] Das 2. Ulanen-Regiment wurde ins Aufmarschgebiet abtransportiert.[3132] An der Grenze angekommen, bezog die 7. Infanterie-Brigade sofort ihre Stellungen und begann, diese durch Ausheben von Schützengräben zu verstärken.[3133]

Die Furcht vor Spionen machte sich weiterhin bemerkbar. In Kronach wurde ein verdächtiger Russe verhaftet. Umgehend wurden die Militärbehörden informiert.[3134] Vorfälle wie diese bestimmten das III. A. K., in seinem Kriegstagebuch das Fehlen einer zentralen Polizeistelle zur Spionageabwehr, die sich mit der Überwachung von Ausländern und verdächtigen Personen beschäftige, zu beklagen.[3135] Damit griff das Generalkommando Forderungen auf, die seitens des Generalstabs bereits vor der Julikrise erhoben worden waren.[3136]

Auch am 4. August brodelte die Gerüchteküche. Das II. A. K. notierte: „Zahlreiche Meldungen, telefon. Mittlg. über angebl. Fahrt feindl. Autos mit franz. Gold, die nach Rußland durchzukommen trachten. Nachricht aus Thüringen zuerst aufgekommen. Durch Extrablätter verbreitet. Festgestellt konnte wiederum nichts werden."[3137] Da die Veröffentlichung in Zeitungen der Genehmigung der

---

[3129] Zit. nach Generalstab S. 3.

[3130] Manuskript: Die deutsche Armee bei Kriegsausbruch, o. J., [um 1920], Bl. 89, BA-MA W-10/50891.

[3131] KTB III. A. K., BHStA Abtl. IV Gen. Kdo. III. A. K. (WK) Bund 1.

[3132] KTB Stab Ulanen-Reg. 2, 30.07.1914-01.04.1915, BHStA Abtl. IV 2. Ulanen-Reg. (WK) Bund 1.

[3133] KTB Inf.-Brig. 7, 30.07.-12.09.1914, BHStA Abtl. IV 7. Inf.-Brig. (WK) Bund 1.

[3134] Aufz. über telephonische Meldung Bezirksamt Kronach, 11.30 Uhr, BHStA Abtl. IV Gen. Kdo. III. A. K. (WK) Bund 7.

[3135] KTB III. A. K., BHStA Abtl. IV Gen. Kdo. III. A. K. (WK) Bund 1.

[3136] Görlitz S. 210.

[3137] KTB III. A. K., BHStA Abtl. IV Gen. Kdo. III. A. K. (WK) Bund 1.

militärischen Behörden bedurfte, trugen diese also eine erhebliche Mitschuld an dem Aufkommen der Gerüchte. Aber was sollten die Behörden vor Ort tun, wenn sich sogar die Presseabteilung des Generalstabs an der Verbreitung dieser Gerüchte beteiligte?[3138] Auch beim 8. Chevaulegers-Regiment in Dillingen gab es ähnliches zu berichten: „Von den umliegenden Gemeinden wurden am 3., 4. u. 5. Mob. Tag Luftschiffe und Flieger auch französische Autos dauernd gemeldet; es kamen sogar schriftl. Mitteilungen wie auch mündliche, die die Anwesenheit solcher Luftfahrzeuge als ganz bestimmt angaben und mit eigenen Augen gesehen haben wollten. Das Regiment entsandte Patrouillen aus, stellte Posten an die Ortsausgänge auf, konnte aber selbst durch diese nur negative Nachrichten erhalten. Die Gemeinden klagen über geringe Sicherheit ihrer Ortschaften und erboten sich, diesen zu verstärken, was vom Regiment begrüßt wurde."[3139] Die Gefahr, die durch die Gerüchte für einzelne Offiziere und den Ablauf der Mobilmachung erwuchsen, veranlaßten die Militärbehörden, zu Gegenmaßnahmen zu greifen. Die Kommandantur des Feldartillerie-Regiments 48 in Sachsen wies ihre Truppen an, alle Posten und Wachen „eingehend" über folgendes zu belehren: „Das 1.) alle bisher verbreiteten Gerüchte wegen Durchfahrt von Autos unrichtig sind und das vor allen Dingen alle Offz. und mit Militärpers. besetzte Autos völlig ungehindert allenthalben passieren müssen. 2.) Das eine Annäherung von feindl. Fliegern zunächst kaum zu erwarten steht. 3.) Das ein dem Z.[eppelin, d. Verf.] Luftkreuzer, welcher z. Zt. in Kaditz sich befindet und Flugübungen abhält, ähnliche Fahrzeuge auf feindlicher Seite nicht existieren und auch nicht zu erwarten sind."[3140]

Seine Erwartungen in der Julikrise faßte Moltke am 5. August zusammen: „Er [Moltke, d. Verf.] wisse auf das bestimmteste, dass zwischen Russland, Frankreich und England ein Angriffskrieg gegen Deutschland für das Jahr 1917 abgemacht war und vorbereitet wurde. Als Leiter der Machenschaft betrachtet Moltke Russland. Man könne es als ein Glück betrachten, dass durch den Mord in Serajewo [sic] die von den drei Mächten angelegte Mine schon in einem Zeitpunkt aufgeflogen sei, in dem Russland nicht fertig, und die französische Armee sich in einem Übergangsstadium befinde. Gegen die drei vollkommen gerüsteten Staaten würde Deutschland einen schweren Stand gehabt haben."[3141] Am 5. August kam Moltke auf seine Vorschläge zur Anzettelung von weltweiten Revolu-

---

[3138] Dies behauptet jedenfalls Binder S. 6 ff.
[3139] KTB Stab mit 3., 4. Esk. Chev.-Reg. 8, 28.07.1914-31.12.1915, BHStA Abtl. IV 8. Chev.-Reg. (WK) Bund 1, Akt 3.
[3140] Kommandantur-Befehl, 07.08.1914, Befehlsbuch Feldart.-Reg. 48 1914 2. Teil, SHStA Sächs. Kriegsarchiv (P) Nr. 55865.
[3141] Schreiben Lerchenfelds an Hertling. - Bayr. Dok., Nr. 83, S. 187.

tionen und auf die Suche nach Verbündeten zurück. Er schlug vor, man solle den USA die Übernahme von Kanada versprechen, falls sie in den Krieg gegen Großbritannien eintreten würden. Außerdem sei die „Insurrektion Polens" eingeleitet. Nach wie vor sei es wichtig, Aufstände und Unruhen in Indien, Ägypten und dem Kaukasus anzuzetteln: „Durch den Vertrag mit der Türkei wird das Auswärtige Amt in der Lage sein, diesen Gedanken zu verwirklichen und den Fanatismus des Islam zu erregen."[3142] Nun brauchten die Diplomaten nur noch die praktischen Hinweise Moltkes in die Tat umzusetzen. Die Frage einer Erhebung in Polen hatte den Generalstab schon früher beschäftigt. Man hatte einen Spezialisten mit der Abfassung einer Denkschrift beauftragt, die dieser den Militärs am 5. August vorlegte.[3143] Um die Erhebung in Polen zu fördern, warf das in Posen stationierte Luftschiff nach Kriegsbeginn entsprechende Flugblätter ab.[3144]

Als erstes verwendungsfähige Schiff außerhalb der aktiven Flotte lief der zum Hilfskreuzer umgebaute Dampfer „Kaiser Wilhelm der Grosse" am 5. August aus.[3145] Ebenfalls in der Nacht zum 5. August lief der Hilfsstreuminendampfer „Königin Louise" aus, der Minen vor der Themse legte und dabei versenkt wurde.[3146] Das U-Bootvorratsschiff „Mannheim" wurde fertiggestellt.[3147] Im Ausland wurden ebenfalls einige Hilfsschiffe ausgerüstet.[3148] Das Auslaufen der Hilfsschiffe war durch das Warten auf die Kriegserklärung Großbritanniens verzögert worden. Der Admiralstab fügte sich dabei einer Forderung der Reichsleitung.[3149]

In der Armee waren die Mobilmachungsarbeiten weitgehend beendet worden. Beim bayerischen III. A. K. vollzog sich nun der allmähliche Übergang der Geschäfte an die in der Heimat verbleibenden Teile.[3150] Die kommenden Aufgaben

---

[3142] Schreiben Moltke an AA. - DD, Bd. 4, Nr. 876, S. 87 f. Siehe auch Wallach: Dogma S. 140.

[3143] H. Lemke: Georg Chinow und die deutsche Polenpolitik 1914-1916. S. 136, in: F. Klein (Hg.): Politik im Krieg 1914-1918. Studien zur Politik der deutschen herrschenden Klassen im ersten Weltkrieg. Berlin 1964, S. 134-167.

[3144] Reichsarchiv: Weltkrieg, Bd. 2, S. 48.

[3145] Manuskript: Die deutsche Armee bei Kriegsausbruch, o. J., [um 1920], Bl. 152, BA-MA W-10/50891.

[3146] Marine-Archiv: Nordsee, Bd. 1, Karte 8.

[3147] Marine-Archiv: Überwasserstreitkräfte S. 245.

[3148] Ebd., S. 147.

[3149] Ebd., S. 146.

[3150] KTB III. A. K., BHStA Abtl. IV Gen. Kdo. III. A. K. (WK) Bund 1.

wurden bei der 5. Infanterie-Brigade besprochen.[3151] Die Mobilmachung der Ergänzung der II. Abteilung des sächsischen Feldartillerie-Regiments 78 wurde für beendet erklärt.[3152]

Am 6. August wurden die verstärkten Verkehrsbeschränkungen auf Belgien ausgedehnt.[3153]

Immer noch waren nicht alle Hilfsschiffe der Marine ausgerüstet. Noch am 18. August mußte die Hochseeflotte auf die Fertigstellung einiger Einheiten warten.[3154] Die deutschen U-Boote liefen zu einem Unternehmen gegen die britische Flotte aus.[3155]

An diesem Tag setzte die Aufmarschbewegung des gesamten deutschen Feldheeres ein.[3156] In der Nacht um 2.45 Uhr führte Z VI den ersten Zeppelinangriff des Krieges durch, indem es Bomben über Lüttich abwarf.[3157]

Mit dem Handstreich auf Lüttich und den verschiedenen Unternehmungen der Marine hatte der Erste Weltkrieg tatsächlich begonnen. Sobald das deutsche Heer seinen Aufmarsch beendet hatte, begann dann die Tragödie, der in den kommenden vier Jahren Millionen von Menschen zum Opfer fallen sollten.

In dieser Übergangsphase vom Frieden zum Krieg erreichten die Konflikte zwischen den Militärs und den Zivilisten ihren Höhepunkt. Das Vertrauensverhältnis war nachhaltig zerrüttet. In zunehmendem Maße wurden den Politikern durch die Militärs Vorschriften zur Durchführung der Politik gemacht. Wie im folgenden Kapitel zu zeigen sein wird, bedeutete dies jedoch nicht die Abdankung der Reichsleitung. Noch hatte diese genügend Kräfte, sich zu wehren.

Die Mobilmachungsplanung bedingte, daß zu einem festgesetzten Termin alle Truppen kriegsbereit waren. Der Eigeninitiative einzelner Kommandeure zur Anordnung von Maßnahmen wurden dadurch nun Grenzen gesetzt. Trotz aller Vorbereitung und Planung kam es nach wie vor zu Friktionen, die dem später gehegten Bild, wonach die Mobilmachung präzise und reibungslos abgelaufen sei, widersprechen.

[3151] KTB Inf.-Brig. 5, 31.07.1914-11.01.1915, BHStA Abtl. IV 5. Inf.-Brig. (WK) Bund 1.

[3152] Tel. Reg. an XIX. A. K., ein 19.45 Uhr, SHStA Sächs. Kriegsarchiv (P) Nr. 23379.

[3153] Schreiben Preuß. Kriegsministerium Nr. 3118/14 A 1 an Reichskanzlei, BAB R 43/2398; mit Rundschreiben des Bayr. Kriegsministeriums Nr. 23827, 07.08.1914, auch in Bayern bekanntgegeben, BHStA Abtl. IV A. O. K. 6 Nr. 369.

[3154] Anlage zum Kriegstagesbefehl d. Hochseeflotte, Kommando d. Hochseeflotte Nr. G. 3805 A. 3., 18.08.1914, BA-MA RM 5/5237.

[3155] Marine-Archiv: Nordsee, Bd. 1, S. 72 ff. u. Karte 9.

[3156] Reichsarchiv: Feldeisenbahnwesen, Bd. 1, S. 35.

[3157] Neumann S. 347.

Die große Unsicherheit, die vor dem Kriege herrschte im Verbund mit den Vorschriften, die aus ihrem Geist entstanden und noch dazu beitrugen, diese zu vergrößern, führten zu zahllosen Gerüchten. Dabei war es den Militärs gelungen, auch die Zivilbevölkerung damit zu infizieren. Erschwerend kam noch die spannungsgeladene Atmosphäre in der Julikrise mit dem Warten auf den Krieg etc. hinzu. Dadurch entstand eine Atmosphäre, in der sich die Befürchtungen vor Spionen und feindlichen Angriffen bis zur Hysterie steigerten.

VI Exkurs: Der Konflikt über die Verhaftungen in Schleswig Holstein

Wie sich bereits in den Vorkriegsberatungen angekündigt hatte, wurde angesichts der Annäherung der SPD an den Staat für den Augenblick von einer repressiven Linie durch die Militärbehörden Abstand genommen. Staat und Öffentlichkeit verpflichteten sich zu dem sogenannten Burgfrieden, die inneren Konflikte sollten für die Dauer des Krieges ruhen. Dabei zeigte das Versprechen aller Parteien an den Kaiser, den inneren Frieden zu wahren, sehr deutlich den obrigkeitsstaatlichen Charakter des Burgfriedens.[3158] Vor dem Krieg waren es vor allem die Zivilbehörden, die die maßgeblichen Verhandlungen führten. Mit Eintritt des Kriegszustandes übernahmen nun die Militärbefehlshaber in ihren Befehlsbereichen die vollziehende Gewalt. Diese unterstanden unmittelbar dem Kaiser, so daß die Einflußmöglichkeiten sowohl der zivilen als auch der militärischen Behörden begrenzt waren. Die Auswirkungen dieser Unterordnungsverhältnisse kommentierte der bayerische Militärbevollmächtigte Wenninger am 31. Juli „mit den Worten: ‚es ist eben Zabern im ganzen Reich!'"[3159] Aber gerade Vorfälle wie die in Zabern zu vermeiden, mußte das Hauptanliegen der Reichsleitung in den ersten Tagen des Krieges sein. Mit der direkten Unterstellung unter den Kaiser stand jedoch einer einheitlichen Leitung ein schier unüberwindliches Hindernis im Wege. Denn in Anbetracht der vielen Militärbefehlshaber und seiner sonstigen Aufgaben wurde der Kaiser mit der Wahrnehmung dieser Rolle überfordert. Die Handhabung des Belagerungszustands spiegelte die administrative Dezentralisierung des Reiches in Friedenszeiten wider. Es war den Verantwortlichen wohl bewußt, daß aus der bestehenden Situation heraus eine einheitliche Handhabung nicht gewährleistet werden konnte und fast zwangsläufig Konflikte zwischen zivilen und militärischen Behörden entstehen mußten. Aber jeder Änderungsversuch hätte an der kaiserlichen Kommandogewalt gerüttelt und war so nicht durchsetzbar.[3160] Als weiteres Problem mußte sich die rechtliche Handhabung erweisen. In der Juristerei wurde in Literatur und Rechtsprechung zu Kriegsbeginn die Ausnahmegesetzgebung extensiv ausgelegt. Die Sorge um die Schlagkraft der bewaffneten Macht stand dabei im Vordergrund.[3161] Auch war die Sorge, daß dem innenpolitischen Frieden doch

---

[3158] W. Kruse: Nationale Einheit und politisches System. S. 56, in: W. Kruse (Hg.): Eine Welt von Feinden. Der Große Krieg 1914-1918. Frankfurt/M. 1997, S. 56-72.

[3159] Tgb. Wenninger, 30./31.07.1914. - Schulte: Dokumente, Nr. 6, S. 140.

[3160] G. D. Feldman: Army Industry and Labour in Germany 1914-1918. Providence, Oxford 1992, S. 33.

[3161] Schudnagies S. 127.

nicht so recht zu trauen sei, der Hauptgrund für die Beibehaltung des Kriegszustands nach beendeter Mobilmachung, trotz der Proteste der SPD, die auf eine Abschaffung drängte.[3162]

Einstweilen wurde seitens der Zivilbehörden alles versucht, um die günstige Stimmung im Lande weiterhin aufrechtzuerhalten. Nach der Reichstagssitzung vom 4. August, in der mit den Stimmen der SPD die für die Kriegsführung nötigen Kredite gebilligt wurden, war der Reichstag vertagt worden. Der Kaiser ordnete an, daß bis zur nächsten Zusammenkunft des Parlaments die Abgeordneten ihre Immunität behielten. Deshalb ersuchte das Reichsamt des Innern am 5. August das Kriegsministerium, die Befehlshaber darauf hinzuweisen, daß eine Verhaftung von Parlamentariern verfassungswidrig sei: „Es muß das Bemühen der Militär- und Zivilbehörden sein, den vaterländischen Geist, der sich jetzt erfreulicherweise in den bisher vielfach antinational aufgetretenen Parteien betätigt hat, während der ganzen Dauer des Krieges zu stärken und die Umwandlung nach Tunlichkeit und mit der durch die Lage gebotenen weitherzigen Auffassung zu fördern."[3163] Das stellvertretende Generalkommando des VII. A. K.'s in Münster, unter dessen Zuständigkeit mit dem Ruhrgebiet eine besonders neuralgische Zone fiel, erklärte sich damit im Prinzip einverstanden, machte aber den Vorbehalt, daß es trotz der Immunität der Abgeordneten zur Verhaftung schreiten würde, wenn diese „Anordnungen vereiteln [...] und Maßregeln, die zur Aufrechterhaltung der Ruhe, Sicherheit und Ordnung der Provinz erforderlich sind, gefährden wollen [...]".[3164] Diese Einschränkung zeigt, daß man nicht bereit war, um jeden Preis der Vorgabe der Zivilisten zu folgen. Einstweilen wurde aber auch militäroffiziell der zurückhaltende Kurs weiter gefahren. In einem Erlaß vom 13. August bekräftigte der Generalstabschef das zurückhaltende Vorgehen gegenüber den Sozialdemokraten.[3165] Darin hieß es: „Die geschlossene Stimmung der Parteien und die bisher einmütige Haltung der Presse für den Krieg ist für die oberste Heeresleitung von großer Bedeutung. Sie schafft den Geist der Hingabe und Geschlossenheit für Deutschlands große Aufgabe."[3166] Auch das Kriegsministerium war bemüht, den Wünschen der Zivilisten entgegenzukommen. So kritisierte das Innenministerium von Preußen die Praxis des IV. A. K. in Magdeburg, welches am 30. Juli die Garnisons-Ältesten und Bezirkskommandos ermächtigt hatte, die in § 5 des Gesetzes über den Belagerungszustand

---

[3162] Ebd., S. 63.
[3163] Schreiben Reichsamt d. Innern an Kriegsministerium. - Deist: Militär, Nr. 78, S. 192.
[3164] Schreiben stellv. Gen. Kdo. VII. A. K. an Reichsamt d. Innern. - Ebd., Nr. 80, S. 195.
[3165] Deist: Arbeiterschaft S. 178.
[3166] Runderlaß Chef d. Generalstabs d. Feldheeres. - Deist: Militär, Nr. 79, S. 193.

vorgesehenen Verschärfungen selbständig anzuordnen.[3167] Nachdem diese Praxis dem Preußischen Kriegsministerium zur Kenntnis gelangt war, erhob es Einspruch gegen solche Praktiken.[3168] All dies konnte aber nur den Charakter von Empfehlungen tragen, da bei der unmittelbaren Unterstellung der Militärbefehlshaber unter den Kaiser jede bindende Anweisung nur über ihn laufen konnte.

Neben diesen kurz umrissenen Problemen bestand noch die Frage der nationalen Minderheiten. Sie wurde ebenso wie die Frage der SPD in den Vorkriegsverhandlungen thematisiert. Ebenso wie gegenüber den Sozialdemokraten wurde auch hier zu einem vorsichtigen Vorgehen geraten. In der Forschung lag das Interesse bisher fast ausschließlich auf der Sozialdemokratie. Um auf die Rolle der nationalen Minderheiten im Burgfrieden hinzuweisen und einen Fall von Konflikten zwischen Zivil- und Militärbehörden zu beschreiben, folgt nun dieser kleine Exkurs.

Daß aus der Sicht der deutschen Militärs die nationalen Minderheiten ein besonderes Problem darstellten, hatten in der Vorkriegszeit die Vorgänge von Zabern gezeigt. Vorfälle wie dieser belegten, daß auch nach 40-jähriger Zugehörigkeit zu Deutschland zur dortigen Bevölkerung noch kein Verhältnis gefunden worden war. Dort machte sich daher das gespaltene Verhältnis der Bevölkerung zum Deutschen Reich nach Kriegsausbruch sofort bemerkbar. Angesehene Persönlichkeiten flüchteten nach Frankreich, Tausende entzogen sich dem Militärdienst und im Oberelsaß wurden die einmarschierenden französischen Truppen freundlich begrüßt.[3169]

Die Handhabung der nationalen Minderheiten war für die Reichsleitung auch deshalb so schwierig, weil hier kein zentraler Ansprechpartner zur Verfügung stand. Dementsprechend kam in der Julikrise aus Berlin nur jenes Telegramm, daß die zuverlässige Haltung der Sozialdemokraten bestätigte. Vorkommnisse im Osten belegen, daß die Beschränkung auf die SPD in dem Telegramm sich negativ auswirkte. Vor der „drohenden Kriegsgefahr" hatten sich in der Provinz Westpreußen die Generalkommandos des II., XVII. und des XX. A. K.'s mit den

---

[3167] Schreiben V. 3235 an Reichskanzlei, 04.09.1914, BAB R 1501/112215/1; § 5 d. Gesetzes über den Belagerungszustand räumte den Militärbefehlshabern das Recht ein, die persönliche Freiheit, Unverletzlichkeit der Wohnung durch Haussuchungen und Beschlagnahme einzuschränken und Kriegsgerichte zur Aburteilung von Zivilisten bei gewissen Vergehen einzusetzen, Aufz. Die Bekämpfung antinationaler Bewegungen im Mobilmachungsfalle, BAB R 43/2398.

[3168] Schreiben Nr. 3299/14 g. A 1., 17.09.1914, BAB R 1501/112215/1.

[3169] K.-H. Janßen: Macht und Verblendung. Kriegszielpolitik der deutschen Bundesstaaten 1914/18. Göttingen, Berlin, Frankfurt/M., Zürich 1963, S. 32.

Zivilbehörden zusammengesetzt und folgende Richtlinien ausgearbeitet: „weder sozialdemokratische und anarchistische noch polnische Führer sind sofort zu verhaften. Es ist eine abwartende Stellung einzunehmen. Die in den Listen Verzeichneten sind scharf zu überwachen."[3170] Trotzdem kam es nach Verhängung des Kriegszustandes durch die Militärbehörden und auf deren eigene Initiative zu Verboten polnischer Zeitungen und zu Verhaftungen polnischer Führer und Geistlicher. Diese Maßnahmen wurden aber bald wieder zurückgenommen, die Zeitungen durften wieder erscheinen und die Verhafteten wurden freigelassen.[3171] Wenn sich die Repressionsmaßnahmen der Militärs nur gegen die Polen richteten und die Sozialdemokraten davon ausgenommen wurden, so wird dies auf die oben beschriebenen Umstände zurückzuführen sein.

Ähnlich verhielt sich die Situation in Schleswig-Holstein, nur daß sich hier das Problem nicht so leicht lösen ließ und sich zu einem veritablen Konflikt zwischen dem Militärbefehlshaber des IX. A. K. in Altona und den Zivilbehörden in Berlin entwickelte. Dabei agierte das Militär durchaus mit Unterstützung der lokalen Zivilbehörden.

Auch hier war es – ausgelöst durch das Schreiben des Preußischen Kriegsministeriums vom 25. Juli – zu einem Befehl des Kommandierenden Generals gekommen, der ein abwartendes Vorgehen gegenüber der Sozialdemokratie und den nationalen Minderheiten empfahl. Das Schreiben des Kriegsministeriums war auch allen zivilen Behörden zugegangen. Dennoch wurde in den nordschleswigschen Kreisen bei Verhängung des Kriegszustandes eine Anzahl von Dänen verhaftet und dänische Zeitungen verboten. Die Initiative sei dabei wohl von den Landräten ausgegangen, die Durchführung haben die lokalen Militärbefehlshaber übernommen, so stellte das Preußische Innenministerium fest. Dies sei erfolgt, bevor auf irgendeine rechtskräftige Weise die solchen Maßnahmen entgegenstehenden Artikel der Verfassung außer Kraft gesetzt wurden.[3172] Auch hier waren also nur Angehörige der nationalen Minderheiten von der Repression betroffen. Die Rolle der Landräte zeigt, daß eine Reduzierung des Konflikts nach dem Schema hie Zivilisten, hie Militärs zu kurz greift. Gleichzeitig wird deutlich, daß angesichts der Struktur des Reiches auch offensichtliche Rechtsbrüche ohne weiteres begangen werden konnten. Ein Rechtsschutz für die Betroffenen existierte nicht.

[3170] Schreiben Oberpräsident Provinz Westpreußen O. P. I. Nr. 536 geh. an Innenministerium, 03.09.1914, BAB R 1501/112215/1.

[3171] Ebd.

[3172] Bericht Preuß. Innenministerium, Anlage zu Schreiben Nr. IV c. 3002 II. Ang., 26.08.1914, BAB R 43/2449 a.

Das Preußische Innenministerium berichtete weiter: im weiteren Verlauf der Entwicklung sei ein Teil der Verhafteten bald wieder auf freien Fuß gesetzt worden, nur um daraufhin ein zweites Mal verhaftet zu werden. Die Zeitungen seien verboten worden, obwohl sie durchaus zufriedenstellende Artikel gebracht hätten. Nachdem die Verhaftungen in der Presse publiziert worden waren, wies das Preußische Innenministerium per Erlaß vom 3. August „ausdrücklich" daraufhin, „daß Präventiv-Verhaftungen oder Zeitungsverbote im allgemeinen den Intentionen der obersten Reichs- und Staatsleitung nicht entsprächen, daß vielmehr entsprechende Maßnahmen erst ergriffen werden sollten, wenn die betreffenden Personen oder Zeitungen sich nach erfolgtem Kriegsausbruche antinational oder hetzerisch betätigten."[3173] Dieser Erlaß stieß bei dem Oberpräsidenten v. Bülow jedoch auf taube Ohren. Nicht nur, daß er sich nicht veranlaßt sah, selber gegen die Verhaftungen tätig zu werden, nein er stellte sich auch vor die vorgenommenen Maßnahmen. In einem Bericht nach Berlin vom 6. August wies er darauf hin, daß die Landräte im Besitze der einschlägigen Schreiben seien, und er im übrigen „‚es vermeiden wolle, sie durch Berichterforderungen zu stören.'"[3174] Weiterhin sei er als Oberpräsident der Ansicht, nach der Kriegserklärung Großbritanniens sei die Frage weiterer Verhaftungen von Dänen noch offen. Zu den Zeitungsverboten äußerte sich der Oberpräsident auch. Er habe dem Generalkommando empfohlen, die betreffenden Artikel der Verfassung außer Kraft zu setzen, damit in den nordschleswigschen Kreisen eine Zensur und ein Verbot von Zeitungen ausgeübt werden könne. Wie sich dann später herausstellte, handelte es sich bei dem erwähnten Generalkommando nicht um das zuständige in Altona, sondern um das des in Schleswig gebildeten Reserve-Korps, welches mit der Angelegenheit nichts zu tun hatte. Dieser Bericht traf am 10. August in Berlin ein und wirkte dort alarmierend. Umgehend wurde am folgenden Tag ein Kommissar des Innenministeriums nach Altona entsandt, um die Situation zu klären. Dem Kommissar gelang es, den herbei zitierten Regierungspräsidenten von Schleswig sowie einen Vertreter des Oberpräsidiums von der Notwendigkeit der Aufhebung der getroffenen Maßnahmen zu überzeugen. Als sich diese drei Beamten mit dem Kommandierenden General v. Röhl in Altona trafen, um in diesem Sinne auf ihn einzuwirken, zeigte sich, daß der Oberpräsident nicht allein war. V. Röhl weigerte sich kategorisch, irgendeine Maßnahme aufzuheben.[3175] Damit war die Sendung des Emissärs gescheitert, Berlin mußte wieder eingreifen. Das Innenministerium beriet die Angelegenheit mit dem Kriegsministerium, dem General- und dem Admiralstab. Als Ergebnis dieser

---

[3173] Ebd.
[3174] Ebd.
[3175] Ebd.

Besprechungen sandte es dem Oberpräsideten v. Bülow am 15. August folgendes Telegramm: „Ich befehle, daß sämtliche von den Zivilbehörden angeordneten Präventivverhaftungen und Präventivverbote gegen dänisch gesinnte Personen und Zeitungen aufgehoben werden. [...] Bei den Militärbefehlshabern ist dahin zu wirken, daß sie bezüglich der von ihnen ausgegangenen Verhaftungen und Verbote in gleicher Weise verfahren. Der Kommandierende General in Altona ist vom Kriegsminister ersucht, in allen inneren politischen Angelegenheiten nur in enger Fühlung mit den Zivilbehörden vorzugehen. Der Chef des Generalstabes der Armee teilte mir mit, daß er vom Standpunkt der Obersten Heeresleitung Wert darauf legt, daß der große nationale Zug, der durch unser Volk geht, nicht durch einseitige Maßnahmen beeinträchtigt wird, und befürwortet deshalb auch seinerseits die Freilassung der verhafteten Nordschleswiger."[3176] Also wurde auf den Kommandierenden General von seiten des Kriegsministeriums Druck ausgeübt, sich den Berliner Forderungen zu beugen. Dabei handelte es sich angesichts der Rechtslage nur um eine unverbindliche Empfehlung, der sich der General ohne Probleme entziehen konnte.

Um den Druck auf den renitenten Oberpräsidenten weiter zu erhöhen, erteilte ihm Berlin in einem weiteren Telegramm die Anweisung, zur engeren Verbindung mit dem Generalkommando seinen dienstlichen Wohnsitz nach Altona zu verlegen. Außerdem habe er eng mit dem in Berlin instruierten Landrat Pahlke aus Itzehoe zusammenzuarbeiten. Von all diesem zeigte sich v. Bülow unbeeindruckt. Auf einer Versammlung der Landräte am 14. August wiederholte er seine alte Auffassung. Ja mehr noch, am 17. August ließ er dem General v. Röhl mitteilen, daß er im Gegensatz zu der in Berlin herrschenden Anschauung seine Maßnahmen unterstütze.[3177]

Zwischenzeitlich machte das stellvertretende Generalkommando des IX. A. K. für die Verhaftungen auch militärische Gründe geltend. Dieser Einwand veranlaßte das Innenministerium, sich an den Admiralstab zu wenden. Aus innen- wie außenpolitischen Gründen sei eine Entlassung der verhafteten Schleswiger erwünscht: „Unter den bisher Verhafteten befindet sich auch eine Anzahl von schiffahrts- und fahrwasserkundigen Personen. Es sind Zweifel entstanden, ob gegen die Freilassung auch dieser nicht Bedenken bestehen. Den Admiralstab der Marine darf ich um eine baldgeneigte Äußerung hierüber bitten, gegebenenfalls auch darüber, welche Maßnahmen an die Stelle der Verhaftung zu treten hätten."[3178] Ganz unberechtigt war der Verweis auf die Kenntnisse eines Teils der betroffenen Personen nicht. Hatte doch auch die deutsche Marine für die

---

[3176] Ebd.
[3177] Ebd.
[3178] Schreiben Preuß. Innenministerium an Admiralstab, BA-MA RM 5/4515.

Schiffahrt in den jeweiligen Gewässern schon im Frieden die Anwerbung von finnischen und schwedischen Lotsen für den Kriegsfall vorbereitet.[3179] Das Generalkommando war selber nicht untätig geblieben. Es ersuchte das RMA, seine Haltung zu dieser Frage darzulegen.[3180] Das Amt antwortete, daß für diese Frage die Stationskommandos der Ost- und der Nordsee zuständig seien. Diese seien allerdings ersucht worden, sich für eine Freilassung einzusetzen.[3181] Ein entsprechendes Telegramm wurde durch das RMA an die beiden Stationskommandos gesandt. Darin hieß es, daß auch der Admiralstab für eine Freilassung eintrete.[3182] Über seine Entscheidung informierte das Stationskommando der Ostsee die beteiligten Stellen am 20. August. Wie bereits im September 1913 dargelegt worden sei, würden die unveränderlichen Verhältnisse in den Ostseefahrgewässern eine Verhaftung von schiffahrtskundigen Personen überflüssig machen. Durch das Befahren im Frieden stünden den feindlichen Marinen genügend als Lotsen geeignete Personen zur Verfügung. Eine Überwachung der politisch unzuverlässigen schiffahrtskundigen Personen in Schleswig sei jedoch angebracht.[3183] Der Verweis auf Darlegungen vom September 1913 belegt, daß die entsprechenden Fragen bereits lange vor dem Krieg ein Thema waren und daß die Berufung des IX. A. K.'s auf die schiffahrtskundlichen Kenntnisse eines Teils der Verhafteten jeder Grundlage entbehrten. Leider hat sich die entsprechende Antwort des Stationskommandos der Nordsee nicht erhalten.

Trotz aller Widerstände konnte sich der Oberpräsident den Befehlen aus der Zentrale jedoch nicht entziehen. Seine Verhandlungen mit den Militärs mußten jedoch angesichts seines Verhaltens, da er in den Gesprächen die Anweisungen seiner Vorgesetzten hintertrieb, zu keinem für das Innenministerium befriedigenden Ergebnis kommen.[3184] Auch ein am Abend des 19. August abgeschicktes Telegramm des Innenministeriums an Bülow, welches ihn aufforderte, endlich den Forderungen aus Berlin zu entsprechen, konnte daran nichts ändern.[3185] General v. Röhl beharrte auf seiner Haltung: „General lehnt ab, Präventivverhaftungen ohne weiteres aufzuheben. Behält sich Prüfung jedes Einzelfalles vor.

[3179] Verwendung von finnischen und schwedischen Lotsen auf dem Ostseekriegsschauplatz, 30.01.1913, BA-MA RM 5/1646.

[3180] Tel. RMA an Nord-, Ostseestation, o. D., [19.08.1914], BA-MA RM 5/4515.

[3181] Tel. RMA an Stellv. Gen. Kdo. IX. A. K., o. D., [19.08.1914], ebd.

[3182] Tel. RMA an Nord-, Ostseestation, o. D., [19.08.1914], ebd.

[3183] Tel. Nr. 4406 A an RMA, abschr. an Admiralstab, stellv. Gen. Kdo. IX. A. K., ebd. „Auf Telegramm vom 19. ds. Mts."; deshalb die Einordnung des oben zitierten datenlosen Tel. auf diesen Tag.

[3184] Bericht Preuß. Innenministerium, Anlage zu Schreiben Nr. IV c. 3002 II. Ang., 26.08.1914, BAB R 43/2449 a.

[3185] Tel. Preuß. Innenministerium an Bethmann Hollweg, 20.08.1914, 0.30 Uhr, ebd.

General lehnt ab, die nicht lediglich präventiven Verhaftungen grundsätzlich in jedem Fall zur strafgerichtlichen Untersuchung zu bringen. General lehnt ab, von allgemeiner Unterdrückung reichsdänischer Zeitungen abzusehen. General lehnt ab, bei dänischen Inlandszeitungen deutsche Sprache zuzulassen. General wünscht Herbeiführung Allerhöchster Entscheidung."[3186] Durch das Verhalten Bülows konnte sich Röhl, als er sich in einem Telegramm vom 20. August an das Große Hauptquartier wandte, darauf berufen, daß er in Übereinstimmung mit der Spitze der zivilen Verwaltung der Provinz handele. Dem Innenministerium erschien nun eine Ablösung v. Bülows als der einzige Weg, um die verfahrene Angelegenheit doch noch zu einem günstigen Abschluß zu bringen.[3187]

Mit der Anrufung Wilhelms II. durch den Kommandierenden General und die Erkenntnis auf ziviler Ebene, daß Oberpräsident v. Bülow sich hartnäckig der Ausführung seiner Anweisungen verweigerte, konnte nun nur noch die höchste Reichsspitze eine Entscheidung herbeiführen. Dementsprechend wandte sich das Innenministerium in einem Telegramm, welches auch vom Staatssekretär im Reichsamt des Innern Delbrück unterstützt wurde, an den Reichskanzler: „Ich beabsichtige, Oberpräsident von Bülow durch Staatsminister von Moltke vertretungsweise zu ersetzen. Im Einvernehmen mit Exzellenz Delbrück bitte Euere Exzellenz um Zustimmung hierzu und um Einholung Allerhöchster Genehmigung sowie um Ansuchen an Seine Majestät, daß Abberufung des stellvertretenden kommandierenden Generals von Röhl und des Kommandeurs der 18. Reserve-Division in Flensburg, Generals der Infanterie Gronen erfolgt, welcher von Röhl maßgeblich beeinflußt. Anderen Weg halte pflichtgemäß jetzt nicht mehr für gangbar."[3188] Damit hatten die Behörden in Berlin den bisherigen Verhandlungskurs aufgegeben und setzten von nun an auf Konfrontation. Eine inzwischen ergangene Anweisung des Kaisers war offenbar so unbestimmt gehalten, daß sich v. Röhl immer noch einer entsprechenden Behandlung der Frage verweigerte. Auch scheint Bethmann Hollweg sich im kaiserlichen Hauptquartier den Wünschen aus Berlin zunächst noch verschlossen zu haben. All dies veranlaßte ein weiteres Telegramm an den Kanzler: „Die Unterzeichneten bitten Euere Exzellenz nochmals dringend, bei Seiner Majestät eine Deklaration seines Befehls an den Kommandierenden General in Altona dahin zu erwirken, daß alle Präventiv-Verhaftungen und Zeitungsverbote [...] sofort aufzuheben sind."[3189]

[3186] Tel. Oberpräsident v. Bülow an Preuß. Innenministerium, 20.08.1914, ebd.

[3187] Bericht Preuß. Innenministerium, Anlage zu Schreiben Nr. IV c. 3002 II. Ang., 26.08.1914, ebd.

[3188] Tel. Preuß. Innenministerium an Bethmann Hollweg, 20.08.1914, 0.30 Uhr, ebd.

[3189] Tel. an Reichskanzler, 20.08.1914, 22 Uhr, BAB R 43/2449 a; unterzeichnet war das Tel. von Delbrück, Loebell, Preuß. Innenminister, und Zimmermann, Vizepräsident d. Staatsministeriums.

Die Angelegenheit dulde keinen Aufschub, da sich bereits einige Reichstagsabgeordnete sowie die Presse in Dänemark mit ihr zu beschäftigen begännen. Angesichts der Wichtigkeit der dänischen Lebensmittellieferung für das Reich sei jede Mißstimmung im Verhältnis zu diesem Staat zu vermeiden: „Wenn die daraus entstehenden Konsequenzen hingenommen werden müssen, weil gegen die Unfähigkeit eines Oberpräsidenten und den Eigensinn eines Generals nicht anzukommen ist, so halten wir es wenigstens für unsere Pflicht, ehrerbietigst darauf hinzuweisen, daß wir die Verantwortung dafür nicht tragen können. Durch die verfassungswidrigen Verhaftungen und Zeitungsverbote sind aber auch in unserer Provinz Zustände herbeigeführt, die kein Minister vor dem Lande und seinem Parlament vertreten kann. Die Schuld trifft in erster Linie den Oberpräsidenten, der den Anordnungen seines Ministers mit passiver Resistenz begegnet und um dessen schleunige Beseitigung auch ich, der unterzeichnete Vizepräsident des Staatsministeriums nochmals dringend bitte."[3190] Mit dem Hinweis auf die Verantwortung, welche sie nicht übernehmen könnten, hatten die Initiatoren dieses Schreibens den Druck auf den Reichskanzler erhöht. Denn dies bedeutete ja nichts anderes, als bei unveränderter Lage zurückzutreten.

Diese Drohung erzielte endlich einen Erfolg. Zwar wurde der renitente Bülow nicht abgelöst, aber Staatsminister v. Moltke wurde als Sonderemissär nach Altona entsandt. Offenbar war auch von militärischer Seite der Kommandierende General auf die negativen Folgen seines Handels hingewiesen worden. Denn es gelang Moltke ziemlich rasch, die Verhandlungen mit ihm zu einem befriedigenden Ergebnis zu bringen. Beide Seiten einigten sich darauf, die Fälle der Verhaftungen einzeln zu prüfen. In Haft sollten nur diejenigen Personen verbleiben, gegen die strafrechtliche Verdachtsmomente bestünden. Die Zeitungen der dänischen Minderheit dürften wieder erscheinen, und auch die Einfuhr von Presseorganen aus Dänemark würde das Militär nicht mehr behindern. Angesichts dieses zufriedenstellenden Ergebnisses hielt Moltke seine Anwesenheit in Altona nicht mehr für nötig.[3191] Am 28. August konnte dann Bethmann Hollweg im Großen Hauptquartier ein abschließender Bericht über die Vorgänge erstattet werden.[3192]

Durch stetig sich steigerndem Druck war es den preußischen Zentralbehörden in Berlin gelungen, den Widerstand sowohl der zivilen als auch der militärischen Lokalbehörden in Schleswig Holstein zu überwinden. Diese Vorgänge belegen

---

[3190] Ebd.

[3191] Bericht Moltke, 25.08.1914, Abschrift zu Schreiben Preuß. Innenministerium Nr. IV c. 3002 II. Ang. an Stellv. d. Reichskanzlers, BAB R 43/2449 a.

[3192] Schreiben Preuß. Innenministerium Nr. IV c. 3002 II. Ang. an Stellv. d. Reichskanzlers, 02.09.1914, ebd.

zum einen die Labilität der Position der Zivilverwaltung gegenüber der der Militärbefehlshaber. Erst das Eingreifen der Reichsleitung konnte eine Lösung herbeiführen. Die Reichsleitung konnte allerdings erst durch Rücktrittsdrohungen zum Handeln veranlaßt werden. Dem steht gegenüber, daß letztendlich die Angelegenheit im Sinne der zivilen Verwaltung in Berlin geregelt wurde. Auch gegenüber renitenten Militärbefehlshabern konnte sich die zivile Seite durchsetzen. Im Zeichen des Burgfriedens wurde so eine tragbare Lösung erreicht.

Die Zusammenarbeit der zivilen und militärischen Organe vor Ort gegen die Forderungen aus Berlin zeigt, daß sich die Verhältnisse nicht einfach als eine Polarisierung zwischen Militärs und Zivilisten beschreiben lassen. Angesichts des erfolgreichen Vorgehens der Berliner Behörden wird auch deutlich, daß von einer „Herausbildung der Militärdiktatur"[3193] keine Rede sein kann. Zwar befand sich der lokale Befehlshaber in einer starken Position – trotzdem sah er sich gezwungen nachzugeben. Der Weg zu den Verhältnissen, wie sie unter Hindenburg und Ludendorff in Deutschland herrschten, war noch lang.[3194] Und wie die Vorgänge in Schleswig zeigten, mit mehr Windungen versehen als manchmal angenommen wurde.

[3193] So Schellenbergs Aufsatztitel.

[3194] Zum Einfluß des Militärs in der Schlußphase des Ersten Weltkrieges siehe Salewski S. 242.

VII Zusammenfassung:
Die deutschen Streitkräfte auf dem Weg in den Krieg

Das 20. Jahrhundert brachte für das Deutsche Reich mannigfaltige Entwicklungen. Davon blieb auch der militärische Bereich nicht ausgespart. Eine Vielzahl von Neuerungen waren zu bearbeiten. Gerade das deutsche Militär war von diesen Veränderungen besonders betroffen. Dieser abrupte Wandel mit all seinen Nuancen führte dazu, die Jahre vor dem Ersten Weltkrieg für die deutschen Streitkräfte zu einer Zeit der Unsicherheit zu machen.

Diese Unsicherheit machte sich in der Julikrise sowohl direkt als auch indirekt bemerkbar. Direkt hatte sie sich in der Problematik der komplexen Mobilmachungsplanung gezeigt, die Zweifel hatten entstehen lassen, ob eine Mobilmachung überhaupt noch reibungslos durchzuführen sei. Darüber hinaus führten die Unsicherheiten in der Planung zu abrupten Änderungen von oben, denen seitens der Truppe Nachfragen und Unklarheiten entgegengesetzt waren. All dies mußte sich in einer Situation, die eine Mobilmachung immer wahrscheinlicher werden ließ, auswirken. Indirekt machte sich die allgemeine Unsicherheit nicht so deutlich bemerkbar. Hier bildete sie den Hintergrund, vor dem sich die Handlungen des deutschen Militärs in der Julikrise vollzogen. Dies läßt sich nur selten unmittelbar nachweisen; es hilft allerdings, diesen Faktor zu berücksichtigen, um das uneinheitliche Bild der deutschen Militärs in der Julikrise zu erklären.

Die Zukunft wurde von den deutschen Militärs düster betrachtet. Außenpolitisch erschien die Lage immer schlechter zu werden. Die deutschen Bündnispartner sprangen ab und waren militärisch nicht sehr zuverlässig. Das gegnerische Bündnis zwischen Frankreich und Rußland wurde immer enger. Gleichzeitig schien sich Großbritannien Deutschlands Gegnern anzunähern. Als im Frühjahr 1914 Meldungen über Verhandlungen zwischen dem Zaren- und dem Inselreich über eine Marinekonvention Berlin erreichten, ließ dies die Befürchtung über die Briten zur Gewißheit werden. Der mit den Mächterivalitäten verbundene Rüstungswettlauf drohte, für das Deutsche Reich zudem verloren zu gehen. All dies gipfelte in der Befürchtung, Deutschlands Gegner würden nach Beendigung ihrer Rüstungen 1916 oder 1917 einen Krieg gegen das Reich vom Zaun brechen. Die deutschen Militärs hatten schon mehrmals vorgeschlagen, diesem Krieg deutscherseits präventiv durch einen eigenen Krieg zu begegnen, solange das Kräfteverhältnis einen deutschen Sieg noch zulasse. Dieses Präventivkriegsdrängen hatte im Frühjahr 1914 einen Höhepunkt erreicht.

In dieser international angespannten Lage kam es am 28. Juni 1914 zur Ermordung des österreichischen Thronfolgers Franz Ferdinand und seiner Gemahlin durch serbische Nationalisten in Sarajewo. Dieses Attentat nahm Österreich zum Anlaß, energisch gegen Serbien vorzugehen. Ebenso wie in Deutschland, ging man auch in Österreich von einer sich zunehmend verschlechternden Situation aus und erblickte nun eine letzte Gelegenheit zum aktiven Handeln.[3195] Um ein Eingreifen des mit Serbien verbündeten Rußlands zu verhindern, war die Hilfe des deutschen Bündnispartners vonnöten. Wien entsandte deshalb Anfang Juli Hoyos als Sondergesandten nach Berlin, um sich der deutschen Hilfe zu versichern. Wilhelm II. und Kanzler Bethmann Hollweg gaben diese Zusage am 5. und 6. Juli gerne. Die Militärs wurden nur gefragt, ob die deutsche Armee kriegsbereit sei, ansonsten wurden sie an der Entscheidungsfindung in jenen schicksalhaften Julitagen nicht beteiligt. Sie wurden nur über den Stand der Dinge informiert. In der Forschung herrscht nach wie vor keine Einigkeit darüber, was Bethmanns außenpolitisches Konzept bei der Zusicherung der deutschen Hilfe an Österreich war; die jüngere Forschung hält es zunehmend für fraglich, ob ein solches Konzept überhaupt existierte.[3196] Fest steht aber nach den Quellen, daß der Kaiser und führende Militärs der Ansicht waren, daß Frankreich und Rußland angesichts ihrer unfertigen Rüstungen einen Krieg zum jetzigen Zeitpunkt vermeiden wollten. Damit ließe sich ein Krieg zwischen Österreich und Serbien begrenzen. Bei den Militärs herrschten zusätzlich noch Zweifel, ob die Österreicher ihren kraftvollen Worten auch Taten folgen lassen würden. All dies trug dazu bei, daß man militärischerseits die Situation als nicht sonderlich ernst betrachtete.

Seitens des Reichskanzlers wurde Wert darauf gelegt, dem Ausland eine Atmosphäre völliger Ruhe darzubieten. Während in Wien über die österreichischen Forderungen diskutiert wurde, ging in Deutschland die normale Sommerroutine weiter. Militärs wie Moltke oder Tirpitz, die sich im Urlaub befanden, blieben auch dort. Sie wurden allerdings durch Berlin über die Entwicklung informiert. Andere wie der Kriegsminister Falkenhayn traten ihren Urlaub planmäßig an. Wilhelm II. schiffte sich zu seiner alljährlichen Nordlandreise ein, dabei begleitete ihn die deutsche Hochseeflotte.

Militärische Vorbereitungen wurden durch die Armee nicht ergriffen, obwohl die Reichsleitung prinzipiell keine Einwände gegen solche Maßnahmen erhoben hatte. Sie verlangten als einzige Einschränkung, daß alle Maßnahmen unauffälliger Natur seien. Beim Heer passierte daraufhin nichts, der normale Dienst ging

---

[3195] Van Evera S. 84.

[3196] J. Burkhardt: Kriegsgrund Geschichte? 1870, 1813, 1756 – historische Argumente und Orientierungen bei Ausbruch des Ersten Weltkrieges. S. 11 f., in: J. Burkhardt, J. Becker, St. Förster, G. Kronenbitter: Lange und kurze Wege in den Ersten Weltkrieg. Vier Augsburger Beiträge zur Kriegsursachenforschung. München 1996, S. 9-87.

weiter. Diese Alltagsroutine ist besonders auffällig beim Nachrichtendienst des Heeres. In der Marine begannen sofort am 6. Juli Konferenzen, die sich mit der Kriegsvorbereitung beschäftigten. Die Erörterungen blieben jedoch auf theoretischem Level, ohne zu praktischen Maßnahmen zu führen. Behauptungen, die Marine „was mobilised in secret"[3197], übertreiben die Bedeutung der deutschen Maßnahmen. Ein weiterer Unterschied zur Armee bestand in der Informationspolitik der Marine. Beginnend mit dem 6. Juli wurde die Truppe, besonders die Auslandschiffe, fortlaufend über die internationale Lage informiert. Beim Heer läßt sich ähnliches nicht nachweisen.

Diese ruhige Routine ging weiter, während in Wien die Vorbereitungen für die österreichischen Forderungen liefen. Über diese Diskussionen in Österreich wurde die deutsche Regierung ständig durch ihre Vertreter informiert. Gegenüber dem Ausland ließ man darüber allerdings nichts verlauten und sollte auch später auf dem Standpunkt beharren, man habe in Berlin von den österreichischen Forderungen wie die anderen Mächte erst durch ihre Veröffentlichung erfahren. Erste Änderungen am normalen Alltag ergaben sich, als in Berlin bekannt wurde, daß die Österreicher ihre Forderungen in Form eines Ultimatums am 23. Juli überreichen würden. Eine Verschärfung der internationalen Lage befürchtend, erteilte Wilhelm II. den Flotteneinheiten vor Norwegen den Befehl, nicht wie üblich getrennt einzelne norwegische Häfen anzulaufen, sondern zusammenzubleiben. Dieser Befehl stieß auf heftigste Proteste in der Reichsleitung. Diese ungewöhnliche Maßnahme konnte jetzt, während nach außen nichts Ungewöhnliches passiert war, die anderen europäischen Mächte alarmieren, daß sich hinter den Kulissen etwas zusammenbraute. Darüber hinaus würde es später dann ein Beleg für das frühzeitige Wissen Berlins um die österreichischen Forderungen darstellen. Nach heftigen Diskussionen setzten sich die Zivilisten gegenüber dem Kaiser und den ihn unterstützenden Admiralstab durch – die Flotte lief in Norwegen ein. Hierbei war zum ersten Mal in der Julikrise der Konflikt zwischen Militärs und Zivilisten ausgebrochen. Um für alle Eventualitäten bereit zu sein, wollte die Flotte ein Einlaufen in Norwegen verhindern. Dieser militärischen Maßnahme stand allerdings das diplomatische Kalkül gegenüber, welches absolute Ruhe und Alltagsroutine verlangte. Noch konnten die Zivilisten sich durchsetzen, aber mit wachsender Krisenstimmung und bei zunehmenden militärischen Vorbereitungen der Nachbarn sollte das Drängen der Militärs zu deutschen Maßnahmen an Gewicht gewinnen, bis es zuletzt praktisch keine Alternativen zu deutschen Vorbereitungen mehr gab.

Diese frühe Phase der Julikrise macht deutlich, daß im Juli 1914 keine Beschlüsse zum Krieg, die bereits im Winter 1912 gefaßt worden waren, umgesetzt

---

[3197] Padfield S. 319.

wurden. Denn das Angebot der Zivilisten, unauffällige Maßnahmen zu ergreifen, wurde seitens der Militärs nicht wahrgenommen, wie man es doch erwarten würde, wenn von Anfang an klar gewesen wäre, daß es auf einen europäischen Krieg hinauslaufen würde. Gerade das passive Verhalten Moltkes macht dies deutlich. Wie Strachan dazu zutreffend schrieb: „To see all this as bluff – as a cover for a deep-laid plan for a preventive war aigainst France and Russia – is to let conspiracy theories run riot."[3198]

Am 23. Juli überreichte dann Österreich-Ungarn der serbischen Regierung ein auf 48 Stunden befristetes Ultimatum. Belgrad antwortete am 25. Juli, nachdem es von Rußland die Zusage der Unterstützung erhalten hatte. Diese Antwort wurde von den Österreichern jedoch als nicht ausreichend erklärt und die Mobilmachung gegen Serbien befohlen. Hatte man in den Berliner militärischen Kreisen anfänglich Zweifel gehabt, ob Österreich überhaupt etwas gegen Serbien unternehmen würde, so waren nun Zivilisten wie Militärs davon überzeugt, auf Grund der unvollkommenen gerüsteten Armeen Rußlands und Frankreichs den Konflikt auf den Balkan lokalisieren zu können. Sollte es jedoch zu einem europäischen Krieg kommen, so wurde in der deutschen Reichsführung wenigstens teilweise mit einer britischen Neutralität gerechnet. Die Überreichung des österreichischen Ultimatums machte ganz Europa deutlich, wie ernst die politische Lage war. Dieses Bewußtsein führte zu den ersten militärischen Maßnahmen der Nachbarn des Deutschen Reiches.

Dem standen zunächst auf deutscher Seite keine eigenen Maßnahmen gegenüber. Weiterhin liefen die üblichen Diskussionen über eine Mobilmachung. Die Unsicherheiten in der Mobilmachungsplanung machten sich bereits am 23. Juli bemerkbar. An diesem Tag erstellte die Mobilmachungsabteilung des Preußischen Kriegsministeriums eine Liste mit denjenigen Maßnahmen, die im Falle einer politischen Spannung zu treffen seien. Offenbar fehlte also in Berlin der Überblick über die für solche Fälle vorgesehenen Maßregeln. Die Nachrichtendienste von Marine und Armee begannen, ihre Aufklärungsarbeiten zu verstärken. Die Konferenzen innerhalb der Marine über die Vorbereitungen für eine Krise fanden ihren Abschluß.

Am 25. Juli ordnete Wilhelm II. in Anbetracht der gespannten politischen Lage die Rückkehr der Flotte aus Norwegen an. Diesmal protestierten die Zivilisten vergeblich gegen die kaiserliche Anordnung. Aus Furcht vor einem feindlichen Überfall erhielten die in der Heimat verbliebenen Einheiten der Flotte am 27. Juli den Auftrag, den Heimweg der Flotte durch die Ostsee zu überwachen; die zivile Schiffahrt wurde informiert, daß eine politische Spannung eingetreten sei.

[3198] Strachan S. 237.

Ebenfalls an jenem Tag begannen erste Vorbereitungen durch Eigeninitiative innerhalb der Truppe. Besonders auffällig waren diese Maßnahmen im Bereich der deutsch-französischen Grenze. Die Besatzung der Werke der dortigen Festungen Metz und Diedenhofen wurden verstärkt und die Wachsamkeit erhöht. Bei der Anordnung dieser Maßnahmen wirkten verschiedene Faktoren zusammen. Die Furcht vor Sabotage und feindlichen Überfällen war durch sämtliche Mobilmachungsplanungen geweckt worden. Die allgemeine Unsicherheit vergrößerte diese Angst noch. Dies mußte sich in einem neuralgischen Punkt, wie ihn der Raum Metz/Diedenhofen darstellte, besonders äußern.

Hiermit wird nun ein anderes Problem der Reichsleitung deutlich. Mochte man auch in Berlin den militärischen Zentralbehörden von der Einleitung militärischer Maßnahmen erfolgreich abraten – auf die direkt dem Kaiser unterstehenden Militärbefehlshaber vor Ort hatten weder diese, noch die Zivilisten Einfluß. Hier wirkte sich die Struktur des wilhelminischen Reiches krisenverschärfend aus. Inwieweit diese lokale Eigeninitiative in Berlin einkalkuliert oder sogar ermutigt wurde, muß leider aus Mangel an Quellen offen bleiben. Neben dieser Eigeninitiative wurde auch seitens der lokalen Befehlshaber von der Zentrale in Berlin die Anordnungen von Maßnahmen verlangt. Auch wenn sich auf Grund des Verlustes der preußischen Akten nichts Genaueres dazu angeben läßt, so kann man doch davon ausgehen, daß sich dieser Druck mit wachsender politischer Spannung steigerte. Den Berliner Militärstellen standen also auf der einen Seite die Zivilisten gegenüber, die Maßnahmen verhindern wollten, und mußten andererseits aus den eigenen Reihen dem Druck zur Anordnung von Maßregeln begegnen. Da sich die bisherige Forschung immer nur mit der Führung des Militärs beschäftigte, ist dieser Aspekt bisher übersehen worden.

Die sich immer weiter verschärfende Lage führte zu der Rückkehr vieler Militärs nach Berlin. Am 27. Juli beantragte das Kriegsministerium, wichtige Eisenbahnen und Bauten durch zivile Beamte besonders bewachen zu lassen. Veranlaßt sah sich Falkenhayn dazu durch eine Konferenz beim Kaiser, in der am gleichen Tag beschlossen worden war, den Konflikt auch um den Preis eines europäischen Krieges durchzustehen. Kennzeichnend für den verworrenen Entscheidungsfindungsprozeß war, daß der Kriegsminister zu dieser Besprechung nicht hinzugezogen wurde. Ebenfalls am 27. Juli begann der Generalstab mit Herausgabe von Berichten über die militärischen Vorbereitungen der Nachbarmächte.

Der Befehl zum Bahnschutz durch zivile Kräfte sollte ein anderes Problem der Deutschen in der Julikrise aufzeigen. Die langsamen bürokratischen Strukturen erwiesen sich der rasch verschärfenden Lage nicht gewachsen. Der Befehl hatte die Truppen noch nicht erreicht, als er durch den Befehl zum Bahnschutz durch militärische Kräfte ergänzt wurde. Immer wieder sollte sich im weiteren Verlauf eine ähnliche Entwicklung zeigen. Inoffizielle Kommunikationswege gewannen so für die Truppe eine erhöhte Bedeutung, um die von oben angeordneten Maßnahmen auch rechtzeitig ausführen zu können.

Der 28. Juli brachte mit der österreichischen Kriegserklärung an Serbien eine weitere Verschärfung der Lage. Es wurde deutlich, daß Rußland Serbien in gewissem Maße unterstützen würde – wie weit man dabei in St. Petersburg bereit sein würde zu gehen, darüber herrschte Unklarheit in Berlin. Langsam aber sicher begann die Diplomatie, die bis dahin innegehabte Initiative an die Militärs zu verlieren. Dieser Prozeß sollte jedoch niemals zu einem reinen Übergewicht der Militärs führen.

Immerhin gelang es den deutschen Militärs angesichts der militärischen Vorbereitungen der Nachbarn, eigene Maßnahmen durchzusetzen. Ein Teil der Truppen wurde von den Truppenübungsplätzen in ihre Standorte zurückbeordert. Darüber hinaus gehend wurden in Bayern die im Ernteurlaub befindliche Soldaten zur ihrer Truppe zurückbefohlen. Einzelne unauffällige Maßnahmen, wie z. B. die Verlegung von Luftschiffen in den Osten, wurden ebenfalls durchgeführt.

Die Marine überwachte weiterhin die Ostsee. Die Diskussionen über eventuelle Vorbereitungen dauerte an.

Wie bereits am Vortage kam es auch am 28. Juli zu Vorbereitungen durch die Eigeninitiative innerhalb der Armee. Neu war, daß auch einige Befehlshaber der Marine ihrerseits Maßregeln anordneten.

Auch am 29. Juli gingen die militärischen Rüstungen im Ausland weiter. Es wurde klar, daß Großbritannien auf seiten Frankreichs und Rußlands in den Konflikt eingreifen würde, damit war Bethmann Hollwegs diplomatisches Kalkül endgültig gescheitert. Über die weitere Entwicklung kam es zu Auseinandersetzungen innerhalb der Reichsführung: die Militärs wollten Maßnahmen, während die Zivilisten dies zu verhindern suchten. Falkenhayn ging sogar soweit, die sofortige Auslösung eines Krieges zu verlangen. Hierin wurde er jedoch nicht von Moltke, der auf der theoretischen Ebene durchaus für den Krieg war, unterstützt. Den Zivilisten gelang es, diese Forderung abzubiegen. Noch hatte die Reichsleitung die Oberhand. Angesichts der Vorbereitungen im Ausland mußte sie allerdings Kompromisse eingehen und auch eigene Vorbereitungen gestatten. Daß also in der Spätphase die Julikrise geprägt wurde durch den großen politischen Einfluß der deutschen Militärs „als klassisches Wesenselement des Militarismus"[3199], wie Kruse annimmt, ist nur bedingt richtig. Sicher gewan-

---

[3199] Kruse: Ursachen S. 24.

nen die Militärs mit ihren Argumenten an Boden, aber der Reichsleitung gelang es immer noch, eigene Vorstellungen zu verwirklichen. Es war allerdings abzusehen, wann die Militärs angesichts der Rüstungen im Ausland die Oberhand gewinnen würden. Dies wird besonders deutlich an Moltkes Denkschrift zur politischen Lage, die er am 29. Juli dem Reichskanzler überreichte. In dieser Denkschrift forderte er auf, möglichst bald Klarheit über die weitere Entwicklung zu schaffen: sei Krieg unvermeidbar, so müßten deutscherseits Vorbereitungen getroffen werden.

Als Folge der ausländischen Rüstungen wurden in Deutschland Maßnahmen angeordnet, wie z. B. die militärische Bewachung von Bahnen und Bauten, der Rücktransport aller Truppen in die Standorte und die Rückberufung aller beurlaubten Soldaten. Bayern ordnete einen Teil dieser Maßnahmen aus eigener Initiative an, bevor diese für das restliche Reich befohlen wurden. Hier wird eine weitere Schwäche des Kalküls der Diplomaten deutlich. Sollte nach außen hin Ruhe demonstriert werden, so mußte sich das ganze Reich daran halten. Gegenüber solch selbständigen Bundesstaaten wie Bayern verfügte die Reichsleitung in Berlin allerdings nur über Appelle, um ihre Ansichten durchzusetzen. Neben den einzelnen Militärbefehlshabern war dies der zweite Schwachpunkt, der es unmöglich machte, militärische Vorbereitungen gänzlich zu verhindern.

Diese Militärbefehlshaber ergriffen auch am 29. Juli die Initiative und ordneten Maßnahmen an. Wieder läßt sich ein Schwerpunkt an der deutsch-französischen Grenze feststellen.

Wie am Vortage, so überwachte die Marine auch am 29. Juli die Ostsee. Aus der Truppe wurden Rufe nach Vorbereitungen laut, die jedoch von den vorgesetzten Dienststellen zurückgewiesen wurden. Die beschleunigte Indienststellung im Bau befindlicher Schiffe sowie einige andere Maßnahmen wurden jedoch angeordnet. Auch die Truppe traf selbständig Vorbereitungen.

Auch am 30. Juli gingen die Konflikte zwischen den Militärs und den Zivilisten weiter. Zunehmend gerieten dabei die Zivilisten in die Defensive. Moltke forderte die Österreicher auf, den Krieg unbedingt durchzustehen, und unterlief damit Bethmanns Bemühungen, mäßigend auf Österreich einzuwirken. Überhaupt übernahm der Generalstabschef an diesem Tag die Rolle des zu einem Krieg Drängenden. Nachdem er seine Zweifel, die er über einen für Deutschland günstigen Verlauf hegte, überwunden hatte, sollte jetzt nichts mehr dem Krieg entgegentreten. Diese Wechsel in Moltkes Anschauungen lassen sich wohl nur mit seiner persönlichen Psychologie erklären. Dies könnte als Beleg dafür genommen werden, daß die handelnden Personen keine reinen Marionetten der sie tragenden Interessen und sozialen Schichten waren.

Angesichts der gespannten Lage fiel um Mittag die Entscheidung, für die Marine die „Sicherung" auszusprechen. Damit traten eine Reihe von Sicherungsmaßnahmen in Kraft. Als gegen 23 Uhr in Berlin bekannt wurde, daß in Rußland die Generalmobilmachung ausgesprochen worden war, wurde in einer Konferenz beim Kanzler Einigkeit darin erzielt, gegen Mittag des 31. Juli über den Ausspruch der „drohenden Kriegsgefahr" zu entscheiden. Da dieser binnen kurzem die Mobilmachung – und damit nach der deutschen Planung der Krieg – folgen würde, war also ein Ablauf festgelegt worden, der unweigerlich in einen Krieg münden mußte.

Bei der Marine wurden die Maßnahmen zur „Sicherung" durchgeführt. Weiterhin führten Flotteneinheiten die Überwachung der Ostsee durch. Es ergingen die Operationsbefehle für den Krieg. Ein Vorstoß Tirpitzens, einen einheitlichen Oberbefehl für die Marine zu schaffen, wurde abgelehnt. Die Handelsschiffahrt erhielt eine Warnung vor dem drohenden Krieg. Der Admiralstab forderte vom RMA die Durchführung einer Reihe von Maßnahmen, die hauptsächlich die Ausrüstung von Hilfsschiffen betrafen. Das RMA lehnte diese Vorschläge weitgehend ab. Dies zeigt die eher theoretische Natur der Konferenzen zwischen Vertretern beider Behörden zu Beginn der Julikrise.

Bei der Armee ist auch am 30. Juli wieder die Eigeninitiative einzelner Kommandeure zu bemerken. Die übersteigerte Furcht vor feindlichen Überfällen führte wieder an der deutsch-französischen Grenze zur Anordnung von Maßnahmen. Diese deutschen Vorbereitungen in einem Gebiet, welches leicht vom Ausland aus zu überblicken war, mußten dort als Herausforderung zu eigenen Maßnahmen verstanden werden. Diese französischen Vorbereitungen ließen ihrerseits nun auf deutscher Seite die Furcht vor Überfällen wachsen. So entwickelte sich ein Teufelskreis, aus dem erst ein Krieg einen Ausweg bieten konnte.

Aber auch innerhalb des Reiches wurden von einzelnen Kommandeuren Vorbereitungen getroffen. Da nicht alle Befehlshaber sich an diesen Maßnahmen beteiligten, entstand so daß Bild einer Armee, dies sehr unterschiedliche Bereitschaftsgrade aufwies. Langsam nahmen die Vorbereitungen ein solches Ausmaß an, daß bei einem weiteren Verlauf der Entwicklung eine unkontrollierbare Situation durch einzelne Maßregeln vor Ort entstehen konnte. Die Ausrufung der „drohenden Kriegsgefahr" ermöglichte einen gleichen Bereitschaftsgrad bei allen Einheiten und die Zurückgewinnung der Initiative durch die Zentrale. Auch dies wird ein Aspekt gewesen sein, warum die Militärs in Berlin zu dem Ausspruch drängten.

Zugleich machen die unterschiedlichen Befehle und Anordnungen bzw. deren Fehlen deutlich, daß die Unsicherheit der Vorkriegsjahre zu zwei völlig entgegengesetzten Verhaltensweisen führte: einzelne Kommandeure verfielen in hektische Aktivitäten, während andere passiv auf Befehle von oben warteten. Hier machte sich wohl die Persönlichkeit der einzelnen Militärbefehlshaber unmittelbar bemerkbar.

Der 31. Juli brachte weitere Konflikte zwischen den Militärs und den Zivilisten. Moltke wollte um jeden Preis den Krieg und versuchte, den Ausspruch der „drohenden Kriegsgefahr" zu erreichen. Tirpitz versuchte, den Frieden in letzter Sekunde zu retten, mußte aber erkennen, daß es dazu zu spät war. Die Kameraden vom Heer hatten sich mit ihrer Argumentation durchgesetzt. Die Marine hatte zu sehr an Bedeutung verloren, um die Entwicklung jetzt noch beeinflussen zu können.

Als Folge der politischen Spannung ergingen einige Befehle, die einige Maßnahmen wie die Zusammenstellung der Kavallerie-Stäbe und die Auflösung der Militärschulen vorsahen. Letzteres war eigentlich erst für die „drohende Kriegsgefahr" vorgesehen.

Erst als sich sicher bestätigt hatte, daß in Rußland die Generalmobilmachung ausgesprochen worden war, gab Bethmann dem Drängen Moltkes nach – gegen Mittag wurde die „drohende Kriegsgefahr" ausgesprochen. Gleichzeitig wurden Frankreich und Rußland ultimativ aufgefordert, ihre Position zu erklären.

In der Marine gab es wie am Vortage Fälle von Eigeninitiative. Bereits vor dem Ausspruch der „drohenden Kriegsgefahr" wurden die Einheiten vor dem bevorstehenden Krieg gewarnt. Sie konnten somit die entsprechenden Maßnahmen einleiten, ohne auf den tatsächlichen Erlaß warten zu müssen. Wieder einmal zeigte sich, daß die Marine ein besonderes Krisenbewußtsein besaß, welches sie veranlaßte, gegebenenfalls frühzeitige Schritte einzuleiten. Ebenso zeigt sich die besondere Informationspolitik der Marine: die Einheiten wurden von offizieller Seite über die zu erwartende Entwicklung auf dem laufenden gehalten.

Beim Heer gingen zunächst die individuellen Vorbereitungen weiter. Hierbei zeichnete sich wiederum besonders der deutsch-französische Grenzraum aus. Nervosität und Gerüchte führten dort zu vielen Fehlalarmen bei der Truppe. Viele Einheiten hatten bereits aus eigener Initiative alle Maßnahmen durchgeführt, die an sich erst für die „drohende Kriegsgefahr" vorgesehen waren. Nun bot sich für die Heeresführung die Möglichkeit, innerhalb der Truppe ein einheitliches Niveau der Vorbereitungen zu erreichen. Dieser Befehl erreichte die Truppen vor Ort nur sehr langsam und auf verschlungenen Wegen. Ohne die Möglichkeit der informellen Kommunikation wäre eine gleichmäßige Vorbereitung nicht gesichert gewesen. Mit dieser Abhängigkeit von inoffiziellen Nachrichten stieg die Gefahr der Gerüchtebildung und der Fehlalarme.

In der Truppe löste der Befehl zur „drohenden Kriegsgefahr" an einigen Orten Verwirrung aus. Dazu trug die sehr komplexe Planung für die „drohende Kriegsgefahr" bei, die sich stetig im Fluß befindliche Diskussion über die Mobilmachung und ihre Vorstadien sowie die plötzlichen Planänderungen von oben, wie z. B. der Entschluß, die „drohende Kriegsgefahr" zu veröffentlichen. Die vielen Anfragen aus der Truppe, ausgelöst durch diese Verwirrung, drohten, die militärischen Kommunikationswege zu verstopfen. Das Bild von der perfekten Planung und der reibungslosen Durchführung der Mobilmachung, welches nach dem Krieg gepflegt wurde, erweist sich somit als Legende.

Der 1. August brachte einen Abschluß in die Verhandlungen, die die Reichsleitung mit der SPD in den vergangenen Tagen geführt hatte. Die SPD erklärte sich bereit, die Regierung in dem kommenden Krieg zu unterstützen. Die Spannungen zwischen den Militärs und den Zivilisten gingen auch an diesem Tage weiter. Als die Zeit für das Ultimatum an Rußland verstrichen war, ohne daß eine Antwort eingegangen war, erhielt die Petersburger Botschaft die Anweisung, um 17 Uhr dem Zarenreich den Krieg zu erklären. Diese rasche Kriegserklärung stieß zumal bei Tirpitz auf Kritik. Als dann ein Telegramm der Londoner Botschaft anscheinend die Neutralität Großbritanniens anbot, falls Deutschland Frankreich nicht in den Krieg mit einbeziehen würde, verlangten Wilhelm II. und die Zivilisten die Verlagerung des Aufmarsches von dem Westen in den Osten. Moltke weigerte sich rundheraus. Sein ganzes Konzept für den Krieg drohte damit vereitelt zu werden. Außerdem schien ihm das Verhalten des Kaisers zu zeigen, daß dieser noch immer hoffte, den Frieden zu erhalten. Nachdem sich das angebliche Angebot als Mißverständnis herausgestellt hatte, konnte der Generalstabschef wie geplant verfahren.

Wie auch an den Vortagen kam es im Grenzgebiet zu Frankreich zu Gerüchten. Die sich steigernde Nervosität äußerte sich wieder in Fehlalarmen. Diese Nervosität und die Gerüchtebildung umfaßte nun aber auch das ganze Reich. Speziell nach Ausspruch der Mobilmachung wurden überall Spione, Saboteure, feindliche Autos und Luftschiffe gesehen. Die Angst vor solchen Mitteln des Feindes nahm immer mehr hysterische Züge an.

In der Truppe wurde die „drohende Kriegsgefahr" umgesetzt. Hierbei ergaben sich wieder unterschiedliche Tempi: während einige Einheiten sich auf das Geplante beschränkten, erledigten andere noch zusätzliche Aufgaben, die an sich erst nach ausgesprochener Mobilmachung durchgeführt werden sollten. Das „Hineingleiten" in die Mobilmachung, von der Wild v. Hohenborn gesprochen hat, wird dabei besonders deutlich. Auch hier lag es an dem einzelnen Kommandeur, wie weit er ging. Wie bereits bei der „drohenden Kriegsgefahr" erfolgte die offizielle Zustellung des Mobilmachungsbefehls zu sehr unterschiedlichen Zeiten und für einige Einheiten erst recht spät. In Bayern griff man als Abhilfe zu dem Mittel, den Befehl vorher telephonisch anzukündigen. Die Notwendigkeit solch informeller Kommunikation zeigt sich sehr deutlich. Wiederum kam es zu Anfragen aus der Truppe, die aus Unklarheiten erwuchsen.

Bei der Marine kam es ebenfalls zu Friktionen bei der Durchführung der Mobilmachung. Insgesamt verlief die Entwicklung jedoch ruhiger als beim Heer.

Nach dem 1. August trat auch Großbritannien auf seiten der Gegner Deutschlands. Es steigerten sich die Konflikte zwischen den Zivilisten und den Militärs in Berlin. Beide Seiten stritten über den rechten Zeitpunkt der Kriegserklärungen an die Gegner. Die Zivilisten wollten diese sofort, während die Militärs eher für ein Abwarten waren. Das gegenseitige Mißtrauen erreichte einen Höhepunkt. Offensichtlich den Diplomaten mißtrauend, überreichte Moltke eine Denkschrift, in der er ein Konzept zur außenpolitischen Kriegsführung entwickelte. Er schlug vor, überall in den Reichen der Feindmächte Unruhen und Revolutionen anzuzetteln. Schon diese Denkschrift machte klar, daß dieser Krieg eine vollkommen neue Dimension annehmen würde – alle Mittel sollten eingesetzt werden, um dem Gegner zu schaden. Bereits hier wird angedacht, was 1917 in Rußland so erfolgreich funktionieren sollte, die Ausnutzung innerer Unruhen bei den Gegnern zugunsten der eigenen Kriegsführung.

Trotz aller Friktionen gelang es sowohl dem Heer als auch der Marine, ihre jeweilige Streitkraft erfolgreich mobil zu machen. Die in Kreisen der Armee vorher gehegte Befürchtung, angesichts der komplexen Planung nur ein Chaos zu verursachen, erwies sich als unbegründet. Dennoch ist in Anbetracht der vielen Friktionen das Bild der reibungslos uhrwerksmäßig ablaufenden Mobilmachung eine nachträglich konstruierte Legende.

Eine weitere Befürchtung hatte sich ebensowenig bewahrheitet: die SPD unterstützte den Staat in der Kriegsführung. Dies hatte sich bereits einige Zeit vor der Julikrise abgezeichnet; dementsprechend waren die Militärbefehlhaber, die nach Ausspruch der „drohenden Kriegsgefahr" die vollziehende Gewalt übernahmen, instruiert worden, hinsichtlich der SPD zunächst von Unterdrückungsmaßnahmen abzusehen. Dieser Ratschlag – denn mehr als ein Ratschlag konnte es angesichts der direkten Unterstellung der Militärbefehlhaber unter den Kaiser nicht sein – wurde auch in der Julikrise wiederholt. Bei dieser Wiederholung blieb jedoch die Behandlung der zweiten mit Mißtrauen beobachteten Bevölkerungsgruppe, die der nationalen Minderheiten, unerwähnt. Dies führte zu zahlreichen Problemen durch übertriebene Maßnahmen gegenüber Angehörigen der nationalen Minderheiten und ihrer Presse durch einzelne Militärbefehlhaber. In der Regel genügte der Einspruch der Berliner Zentrale, um eine Mäßigung zu erreichen. Schwieriger gestalteten sich die Verhältnisse in Schleswig-Holstein. Dort waren in Zusammenarbeit von zivilen und militärischen Behörden zahlreiche Dänen verhaftet sowie die dänischen Zeitungen verboten worden. Einsprüche des Preußischen Innenministeriums verhallten ungehört. Auch die Einschaltung des Kriegsministeriums und des Generalstabs sowie einiger Marinebehörden, vermochte die lokale Koalition aus Zivilisten und Militärs nicht umzustimmen. Erst als sich der Reichskanzler und der Kaiser mit der Angelegenheit befaßten und das Preußische Innenministerium die Ablösung der zivilen und militärischen Spitzen vor Ort verlangte, kam Bewegung in die Sache. Einem von Berlin entsandten Sonderemissär gelang es, einen Kompromiß auszuhandeln.

Die Struktur des wilhelminischen Reiches erlaubte es den lokalen Behörden, die Anweisungen und Ratschläge aus Berlin lange zu ignorieren. Es bedurfte schon die Einschaltung höchster Instanzen, um den Widerstand vor Ort zu brechen. Aber es gelang den Berliner zivilen Stellen letztendlich doch, ihre Vorstellungen umzusetzen. Im Zeichen des innenpolitischen Burgfriedens hatte ein forsches Durchgreifen á la Zabern keine Chance mehr.

Als Fazit läßt sich festhalten, daß die höhere militärische Führung in der Julikrise zunächst abwartend agierte. Erst als die Lage immer gespannter wurde, schaltete sie sich ein, um dann allerdings auf den Krieg zu drängen. Auch wenn ihre Argumente immer größere Überzeugungskraft erlangten und ihr Mißtrauen in die Reichsleitung stieg, gelang es jedoch nicht, diese völlig auszuschalten. Es gab also auf der militärischen Seite kein Konzept, welches von Beginn der Julikrise an bis zum Kriegsausbruch konsequent durchgehalten wurde. Vielmehr schwankten die Meinungen und Absichten je nach Stand der internationalen Entwicklung.

Immer wieder drängten die Militärs zum frühzeitigen Ausspruch der „drohenden Kriegsgefahr" und der Mobilmachung. Dies wurde nicht nur durch Kriegswillen motiviert. Der Druck von unten nach Maßnahmen, das Bestreben, die ausufernde Eigeninitiative zu begrenzen und zu kontrollieren und die Unsicherheit über die Mobilmachungsplanung, die durch solche irregulären Entwicklungen gefährdet schien, schufen einen militärinstitutionellen Rahmen, der bei den Spitzen der Armee die Forderung nach einem raschen Übergang zur planmäßigen Mobilmachung – also der „drohenden Kriegsgefahr" oder dem Mobilmachungsbefehl – laut werden ließ. Dieser Aspekt ist in der Forschung bisher zu wenig berücksichtigt worden. Ein weiteres Problem in diesem Zusammenhang stellen die Bundesstaaten dar. Hier kam es aus den verschiedensten Gründen zur Eigeninitiative, die sich nur schwer von Berlin aus kontrollieren ließ. Angesichts der allgemein einfacheren Mobilmachung der Marine fehlten dort solche Bestrebungen.

Bei den Offizieren der mittleren und unteren Ebene der Hierarchie des Heeres herrschten andere Verhältnisse. Ohne Informationen von oben über die Entwicklung der politischen Lage wurden sie in der Julikrise praktisch allein gelassen. Als einzige Informationsquelle konnten ihnen die Berichte des Nachrichtendienstes dienen, die mit ihrem Schwerpunkt auf den Rüstungen der Nachbarn nicht geeignet waren, beruhigend zu wirken. Die allgemeine Unsicherheit vermischte sich so in der Julikrise mit einer speziellen Unsicherheit über die weitere Entwicklung der Dinge. Diese spezielle Unsicherheit wurde wiederum durch die in der Julikrise zu Tage tretenden Notwendigkeit der inoffiziellen Kommunikation mit ihrer großen Gefahr der Gerüchtebildung verstärkt. Dies führte zu völlig unterschiedlichen Verhaltensweisen: während einige Kommandeure sich darauf beschränkten, die Direktiven der Zentrale auszuführen, ergriffen andere die Initiative und ordneten ihrerseits Maßnahmen an. Da es angesichts der Struktur des wilhelminischen Heeres keinerlei Möglichkeit gab, solche Eigeninitiative vor Ort zu verhindern, konnten sich die lokalen Offiziere hier ohne Einmischung betätigen. In der angespannten Lage mußten solche Maßnahmen, falls sie im Ausland bemerkt werden würden, unweigerlich zu Antworten der potentiellen Gegner führen. Diese wiederum steigerten dann die deutsche Unsicherheit – ein Teufelskreis entstand. Für die Führung in Berlin drohte die Entwicklung durch die Eigeninitiative unkontrollierbar zu werden, sie mußte diesem Treiben allerdings machtlos zusehen.

Obwohl es auch in der Marine Fälle von Eigeninitiative gab, erreichten sie nicht das Ausmaß, die sie beim Heer annahmen. Dies lag zum einen an der gründlichen Information über die Entwicklung der politischen Lage durch die Führung, zum anderen an den gänzlich anders gearteten Verhältnissen bei der Flotte. Die weitgehende Abhängigkeit von den Schiffen, das Gebundensein an eine Infrastruktur in den Häfen und die nur schwer von einzelnen Kommandeuren erfüllbaren Bedürfnisse der Mobilmachung verhinderten dies.

Wenn sie in der vorliegenden Arbeit auch immer nur kurz erwähnt wurde, läßt die Beschäftigung mit dem Militär in der Julikrise doch einige Aussagen über die Motive und Handlungen der Reichsleitung zu. Will man nicht an ein großangelegtes Täuschungsmanöver glauben, so ging die Reichsleitung am 5. und 6. Juli davon aus, das Kriegsrisiko tragen zu können, weil ein Eingreifen Frankreichs und Rußlands unwahrscheinlich erschien. Nachdem sich dies als Irrtum herausgestellt hatte, versuchte man in letzter Sekunde durch Einwirken zur Mäßigung auf Österreich, den Frieden zu retten. Dies scheiterte jedoch nicht zuletzt an dem Bündnispartner in Wien und den eigenen Militärs. Parallel dazu war man bestrebt, eine möglichst günstige innen- wie außenpolitische Lage für den kommenden Krieg zu schaffen. Dies konnte man gegenüber den Militärs besser durchsetzen. In der Innenpolitik wurde zur Mäßigung geraten, und es gelang den

Zivilisten, die Anordnung von Maßnahmen immer wieder zu verzögern. Diese Parallelität der Handlungen – Kriegsvorbereitungen auf der einen, Versuche, den Frieden zu bewahren, auf der anderen Seite – läßt die deutsche Politik in der Julikrise so wechselhaft erscheinen.

VIII Abkürzungsverzeichnis

AA	Auswärtiges Amt
Abs.	Absatz
abschr.	abschriftlich
Abtl.	Abteilung
Abtl.-Befehl	Abteilungs-Befehl
a. D.	außer Dienst
A. K.	Armeekorps
Allg.	Allgemeine
angebl.	Angebliche
Anm.	Anmerkung
Anlagebd.	Anlageband
Arko	Artilleriekommandeur
Art.	Artikel
Art.-Depot	Artillerie-Depot
Aufz.	Aufzeichnung
Aug.	August
Ausw. Amt	Auswärtiges Amt
BAB	Bundesarchiv Berlin
BA-MA	Bundesarchiv-Militärarchiv Freiburg
Bad.	Badisch
Bad. Leib-Gren.-Reg.	Badisches Leib-Grenadier-Regiment
Batl.	Bataillon
Batl.-Befehl	Bataillons-Befehl
Batl.-Befehlsbuch	Bataillons-Befehlsbuch
Battr.	Batterie/Batterien
bay.	Bayerisch
Bayr.	Bayerisch

Bayr. Dok.	Bayerische Dokumente zum Kriegsausbruch und zum Versailler Schuldspruch. Hg. v. P. Dirr. München, Berlin 1922
BAK	Bundesarchiv Koblenz
B. A. K.	Ballon-Abwehr-Kanonen
Bd.	Band
Bde.	Bände
B. E.	Agenten der Marine
Bearb.	Bearbeiter
bes.	besonders
betr.	betreff
Bez.-Kdo.	Bezirks-Kommando
Bezw.	beziehungsweise
BHStA Abtl. IV	Bayerisches Hauptstaatsarchiv München Abteilung IV Kriegsarchiv
Bl.	Blatt
Brieftgb.	Brieftagebuch
Brig.-Befehl	Brigade-Befehl
Bttr.	Batterie
Bü.	Büschel
Bzw.	beziehungsweise
C	Celsius
Chev.-Reg.	Chevaulegers-Regiment
Cm	Zentimeter
d.	der, die, das, des
DD	Die deutschen Dokumente zum Kriegsausbruch 1914. Neue, durchgesehene und vermehrte Ausgabe. Hg. v. M. Graf Montgelas, W. Schücking. Bd. 1-4. Berlin 1927

Delag	Deutsche Luftschiffahrt - Aktiengesellschaft
Dez.	Dezember
d. h.	das heißt
Div.	Division
Div.-Arzt	Divisions-Arzt
Div.-Befehl	Divisions-Befehl
Div.-Proviantamt	Divisions-Proviantamt
d. J.	dieses Jahres
d. Kr.	drohende Kriegsgefahr
Drag.-Reg.	Dragoner-Regiment
Droh. Kriegsgefahr	drohende Kriegsgefahr
ds. Mts.	dieses Monats
dt.	deutsch
ebd.	ebenda
Ed.	Editor
Eisenbahnabtl.	Eisenbahnabteilung
Els.	Elsaß
Engl.	englisch
Ers.-Battr.	Ersatz-Batterie
Esk.	Eskadron
Esks.-Term.-Kal.	Eskadrons-Terminkalender
et al.	et alii
etc.	et cetera
ev.	eventuell
Ew. Exz.	Eurer Exzellenz
Exz.	Exzellenz
f.	folgend
ff.	folgende

Fahr. Battr.	fahrende Batterie
FAZ	Frankfurter Allgemeine Zeitung
Fda.	Feldartillerie
feindl.	feindlich
Feldart.-Abtl.	Feldartillerie-Abteilung
Feldart.-Brig.	Feldartillerie-Brigade
Feldart.-Reg.	Feldartillerie-Regiment
Frankfurt a. M.	Frankfurt am Main
Frankfurt/M.	Frankfurt/Main
franz.	französisch
Frhr.	Freiherr
Fußart.	Fußartillerie
Fußart.-Brig.	Fußartillerie-Brigade
Fußart.-Reg.	Fußartillerie-Regiment
Garde-Kav.-Div.	Garde-Kavallerie-Division
Garn.-Aelt.	Garnisons-Ältester
Gen.	Generaloberst
Genkdo.	Generalkommando
Generalkdos.	Generalkommandos
Gen. Kdo.	General-Kommando
Gen.-Kdo.	General-Kommando
Gen.-Kdos.	General-Kommandos
G. K.	Generalkommando
GlAK	Generallandesarchiv Karlsruhe
GM.	Generalmajor
G. M.	Generalmajor
G. Ob.	Generaloberst
Gouv.-Befehl	Gouvernements-Befehl

GP	Die Große Politik der europäischen Kabinette 1871-1914. Hg. v. J. Leprius, A. Mendelssohn-Bartoldy, F. Thimme. Bd. 29 Berlin 1927, Bd. 31 Berlin 1926, Bd. 33 Berlin 1926, Bd. 39 Berlin 1926
gr.	großer
Gr. Gen-Stab	Großer Generalstab
G. St.	Generalstab
H.	Herrn
Hg.	Herausgeber
Hptm.	Hauptmann
hschr.	handschriftlich
HStAS	Hauptstaatsarchiv Stuttgart
Husaren-Reg.	Husaren-Regiment
Inf.	Infanterie
Inf.-Brig.	Infanterie-Brigade
Inf. Brig.	Infanterie-Brigade
Inf.-Div.	Infanterie-Division
Inf.-Leib-Reg.	Infanterie-Leib-Regiment
Inf.-Reg.	Infanterie-Regiment
I. R.	Infanterie-Regiment
Jäger-Batl.	Jäger-Bataillon
Jg.	Jahrgang
K.	Königlich
K. B.	Königlich Bayerisch
Kaptlt.	Kapitänleutnant
Karab.-Reg.	Karabiner-Regiment
Kass. Verw.	Kassenverwaltung
kath.	katholisch

Kav.-Brig.	Kavallerie-Brigade
Kav.-Div.	Kavallerie-Division
Kav. Div.	Kavallerie-Division
Kav.-Reg.	Kavallerie-Regiment
Kdo.	Kommando
Kg	Kilogramm
Kgl.	Königlich
Kl.	Kleine
K. M.	Kriegsministerium
KM.	Kriegsministerium
Königl.	Königlich
Komp.	Kompanie
Komp.-Befehl	Kompanie-Befehl
Kriegsgarnit.	Kriegsgarnitur
Kriegsmin.	Kriegsminister
KTB	Kriegstagebuch
k. u. k.	kaiserlich und königlich
Leib-Inf.-Reg.	Leib-Infanterie-Regiment
lfd. Nr.	laufende Nummer
Linien-Kdtur.	Linien-Kommandantur
Ldw.-Insp.	Landwehr-Inspektion
Maj. b. St.	Major beim Stab
Mass.	Massachusetts
MG	Maschinengewehr
M. G.	Maschinengewehr
MG-Abtl.	Maschinengewehr-Abteilung
MG-Komp.	Maschinengewehr-Kompanie
MG-Kompanie	Maschinengewehr-Kompanie
Militärpers.	Militärpersonen

Mittlg.	Mitteilungen
Mob.	Mobilmachung
Mob.-Anl.	Mobilmachungsanlage
Mob-Befehl	Mobilmachungs-Befehl
Mob. Befehl	Mobilmachungsbefehl
Mob.Fall	Mobilmachungsfall
Mob.-Falle	Mobilmachungs-Falle
Mob. Jahr	Mobilmachungs-Jahr
Mob. Pl.	Mobilmachungsplan
Mob. Tag	Mobilmachungs-Tag
Mob. Term. Kal.	Mobilmachungsterminkalender
Mob. Verfahren	Mobilmachungsverfahren
Mobilm.	Mobilmachung
M. Pl.	Mobilmachungs-Plan
Ms-Übung	Mobilmachungs-Übung
Mts.	Monats
Mun.-Kol.	Munitions-Kolonne
M. V. West	Mobilmachungs-Vereinbarung West
N.	Nachrichtenbüro des RMA
Nachrichtenabtl.	Nachrichtenabteilung
Nl.	Nachlaß
N. O.	Nachrichtenoffizier
Nov.	November
Nr.	Nummer
o.	Ohne
o. D.	Ohne Datum
O/Els.	Ober-Elsaß
Offz.	Offizier
o. J.	Ohne Jahr

o. O.	Ohne Ort
O-Plan	Operations-Plan
Österr.	Österreichisch/Österreicher
Parl.	Parlamentarisch
Pio.-Batl.	Pionier-Bataillon
PKW	Personenkraftwagen
Pm	Post meridiem
Pp	Perpetuum
Presseabtl.	Presseabteilung
Preuß.	Preußisch
Reg.	Regiment
Reg.-Befehl	Regiments-Befehl
Reg.-Kommandeur	Regiments-Kommandeur
Reg.-Stab	Regiments-Stab
Regt.	Regiment
Regter.	Regimenter
Regt. Kdr.	Regiments-Kommandeur
Regts.	Regiments
Res.-Fußart.-Reg.	Reserve-Fußartillerie-Regiment
Res.-Inf.-Reg.	Reserve-Infanterie-Regiment
Res.-Korps	Reserve-Korps
Rgts.	Regiments
Rgts.-Arzt	Regiments-Arzt
Rgts.-Gesch.-Zimmer	Regiments-Geschäfts-Zimmer
Rgts.-Quartiermeister	Regiments-Quartiermeister
Rgts.-Stab	Regiments-Stab
Rgts.-Vetr.	Regiments-Veterinär
RMA	Reichsmarineamt
R. M. G.	Reichs-Militär-Gesetz

R. M. Gesetz	Reichs-Militär-Gesetz
russ.	russisch
S.	Seite
Sächs.	Sächsisch
sämtl.	sämtliche
schr.	schriftlich
schriftl.	schriftlich
schw.	schweizer
Schweres-Reiter-Reg.	Schweres-Reiter-Regiment
Se. Maj.	Seine Majestät
Se. Majestät	Seine Majestät
Sr. Majestät	Seiner Majestät
SHStA	Sächsisches Hauptstaaatsarchiv Dresden
S. K. H.	Seine Königliche Hoheit
S. M.	Seine Majestät
S. M. S.	Seiner Majestät Schiff
Sp.	Spalte
SPD	Sozialdemokratische Partei Deutschlands
Sr.	Seiner
St.	Sankt
Staatssekr.	Staatssekretär
Stellv.	Stellvertretenden/Stellvertreter
s. Zt.	Seiner Zeit
T	Tonnen
Tel.	Telegramm
telefon.	Telefonisch
telephon.	Telephonisch

Tgb.	Tagebuch
Train-Batl.	Train-Bataillon
u.	und
u. a.	unter anderem
u. ä.	und ähnliches
U.-Agenten	Sabotageagenten des Heeres
Uffz.	Unteroffizier
Ulanen-Reg.	Ulanen-Regiment
USA	Vereinigte Staaten von Amerika
u. s. w.	und so weiter
Usw.	und so weiter
v.	von
Verf.	Verfasser
Verpfl.-Offz.	Verpflegungs-Offizier
Vgl.	vergleiche
Vol.	Volume
Vorm.	Vormittags
Waffenoffz.	Waffenoffizier
Württ.	Württembergisch
z.	zum
z. B.	zum Beispiel
z. D.	zur Disposition
Ziff.	Ziffer
zit. nach	zitiert nach
z. Z.	zur Zeit
z. Zt.	zur Zeit

IX Quellen- und Literaturverzeichnis

IX. 1 Quellenverzeichnis

IX. 1. a Gedruckte Quellen

Amtliche Kriegsdepeschen. Nach den Berichten des Wolffschen Telegraphen-Bureaus. Bd. 1 Berlin 1915

August 1914. Ein aufschlußreicher Briefwechsel. Reichskanzler von Bethmann Hollweg über die deutschen Kriegserklärungen. In: Berliner Monatshefte, 17. Jg. 1939, S. 663-673

Bach A.: Deutsche Gesandschaftsberichte zum Kriegsausbruch 1914. Berichte und Telegramme der badischen, sächsischen und württembergischen Gesandtschaften in Berlin aus dem Juli und August 1914. Berlin 1937

Bayerische Dokumente zum Kriegsausbruch und zum Versailler Schuldspruch. Hg. v. P. Dirr. München, Berlin 1922

Berghahn V. R., Deist W.: Kaiserliche Marine und Kriegsausbruch 1914. Neue Dokumente zur Julikrise. In: Militärgeschichtliche Mitteilungen, Bd. 7 1970, S. 37-58

Berghahn V. R., Deist W. (Hg.): Rüstung im Zeichen der wilhelminischen Weltpolitik. Grundlegende Dokumente 1890-1914. Düsseldorf 1988

Bethmann Hollweg Th. v.: Betrachtungen zum Weltkriege. Hg. v. J. Dülffer. Essen 1989

Bley H.: Bebel und die Strategie der Kriegsverhütung 1904-1913. Eine Studie über Bebels Geheimkontakte mit der britischen Regierung und Edition der Dokumente. Göttingen 1975

Conrad v. Hötzendorf F.: Aus meiner Dienstzeit 1906-1918. Bde. 3, 4 Wien, Leipzig, München 1922/1923

Deist W. (Hg.): Militär und Innenpolitik im Weltkrieg 1914-1918. Bd. 1 Düsseldorf 1970

Delbrück C. v.: Die wirtschaftliche Mobilmachung in Deutschland 1914. Hg. v. J. Delbrück. München 1924

Deuerlein E. (Hg.): Briefwechsel Hertling-Lerchenfeld 1912-1917. Dienstliche Privatkorrespondenz zwischen dem bayerischen Ministerpräsidenten Georg Graf von Hertling und dem bayerischen Gesandten in Berlin Hugo Graf von und zu Lerchenfeld. Bd. 1 Boppard 1973

Documents Diplomatiques Français (1871-1914). 3e Série Bd. 11 Paris 1936

Die deutschen Dokumente zum Kriegsausbruch 1914. Neue, durchgesehene und vermehrte Ausgabe. Hg. v. M. Graf Montgelas, W. Schücking. Bd. 1-4 Berlin 1927

Dreetz D.: Der Erlaß des preußischen Kriegsministers vom 8. Februar 1912 über die Verwendung der Armee zur Bekämpfung innerer Unruhen. In: Militärgeschichte, Bd. 14 1975, S. 561-571

Erdmann K. B. (Hg.): Kurt Riezler. Tagebücher, Aufsätze, Dokumente. Göttingen 1972

Geiss I. (Hg): Julikrise und Kriegsausbruch 1914. Eine Dokumentensammlung. 2 Bde. Hannover 1963/1964

Gooch G. P., Temperley H. (ed.): British Documents on the Origins of the War 1898-1914. Vol. 11 London 1926

Görlitz W. (Hg.): Regierte der Kaiser? Kriegstagebücher, Aufzeichnungen und Briefe des Chefs des Marine-Kabinetts Admiral Georg Alexander von Müller 1914-1918. Göttingen, Berlin, Frankfurt 1959²

Görlitz W. (Hg.): Der Kaiser .... Aufzeichnungen des Chefs des Marinekabinetts Admiral Georg Alexander von Müller über die Ära Wilhelm II. Göttingen, Berlin, Frankfurt 1965

Granier G.: Deutsche Rüstungspolitik vor dem Ersten Weltkrieg. General Franz Wandels Tagebuchaufzeichnungen aus dem preußischen Kriegsministerium. In: Militärgeschichtliche Mitteilungen, Bd. 38 1985, S. 123-162

Groener W.: Lebenserinnerungen. Jugend Generalstab Weltkrieg. Hg. v. F. Frhr. v. Hiller v. Guetringen. Göttingen 1957

Groh D.: Die geheimen Sitzungen der Reichshaushaltskommission am 24. und 25. April 1913. In: Internationale Korrespondenz zur Geschichte der deutschen Arbeiterbewegung 1971, S. 29-38

Die Große Politik der europäischen Kabinette 1871-1914. Hg. v. J. Leprius, A. Mendelssohn-Bartoldy, F. Thimme. Bd. 29 Berlin 1927, Bd. 31 Berlin 1926, Bd. 33 Berlin 1926, Bd. 39 Berlin 1926

Hill L. E. (Hg.): Die Weizsäcker-Papiere 1900-1932. Frankfurt/M. 1982

Hoetzsch O. (Hg.): Die internationalen Beziehungen im Zeitalter des Imperialismus. Dokumente aus den Archiven der Zarischen und der Provisorischen Regierung. Reihe I Bd. 5 Berlin 1934

Hoffmann R. (Hg.): Der deutsche Soldat. Briefe aus dem Weltkrieg. Vermächtnis. München 1937

Kronenbitter G.: Die Macht der Illusionen. Julikrise und Kriegsausbruch 1914 aus der Sicht des deutschen Militärattachés in Wien. In: Militärgeschichtliche Mitteilungen, Bd. 57 1998, S. 519-550

Lichnowsky K. M. Fürst v.: Meine Londoner Mission 1912-1914 und Eingabe an das preußische Herrenhaus. Berlin 1919

Ludendorff E. (Hg.): Urkunden der Obersten Heeresleitung über ihre Tätigkeit 1916-1918. Berlin 1920

Die deutschen militärischen Maßnahmen vor Anordnung der Mobilmachung. In: Berliner Monatshefte, 8. Jg. 1930, S. 1169-1179

Meyer Th. (Hg.): Hellmuth von Moltke 1848-1916. Dokumente zu seinem Leben und Wirken. Bd. 1 Basel 1993³

Militärgeschichtliches Forschungsamt (Hg.): Die Militärluftfahrt bis zum Beginn des Weltkrieges 1914. Anlagebd. Frankfurt/M. 1966²

Montgelas Graf M.: Grenzverletzungen vor Kriegsausbruch 1914. In: Kriegsschuldfrage, 5. Jg. 1927, S. 977-982

Moser O. v.: Feldzugsaufzeichnungen als Brigade-, Divisionskommandeur und als kommandierender General 1914-1918. Stuttgart 1920

Neugebauer K.-V. (Hg.): Grundzüge der deutschen Militärgeschichte. Bd. 2 Freiburg 1993

Reichsarchiv (Hg.): Der Weltkrieg 1914-1918. Kriegsrüstung und Kriegswirtschaft. Anlagen zum ersten Band. Berlin 1930

Reichsgesetzblatt 1914

Röhl J. C. G.: An der Schwelle zum Weltkrieg. Eine Dokumentation über den „Kriegsrat" vom 8. Dezember 1912. In: Militärgeschichtliche Mitteilungen, Bd. 21 1977, S. 77-134

Schulte B. F.: Neue Dokumente zu Kriegsausbruch und Kriegsverlauf 1914. In: Militärgeschichtliche Mitteilungen, Bd. 25 1979, S. 123-185

Schulte B. F.: Vor dem Kriegsausbruch 1914. Deutschland, die Türkei und der Balkan. Düsseldorf 1980

Sösemann B. (Hg.): Theodor Wolff. Tagebücher 1914-1919. Der Erste Weltkrieg und die Entstehung der Weimarer Republik in Tagebüchern, Leitartikeln und Briefen des Chefredakteurs am „Berliner Tageblatt" und Mitbegründers der „Deutschen Demokratischen Partei". Bd. 1 Boppard 1984

Tirpitz A. v.: Erinnerungen. Leipzig 1919

Tirpitz A. v.: Deutsche Ohnmachtspolitik im Weltkriege. Hamburg, Berlin 1926

Ulrich B., Ziemann B.: Krieg im Frieden. Die umkämpfte Erinnerung an den Ersten Weltkrieg. Quellen und Dokumente. Frankfurt/M. 1997

Ulrich B., Vogel J., Ziemann B. (Hg.): Untertan in Uniform. Militär und Militarismus im Kaiserreich 1871-1914. Quellen und Dokumente. Frankfurt/M. 2001

Wegerer A. v.: Der angebliche „Kronrat" vom 29. Juli 1914. In: Kriegsschuldfrage, 1. Jg. 1923, S. 8-12

Zustand drohender Kriegsgefahr. In: Kriegsschuldfrage, 4. Jg. 1926, S. 43-45

IX. 1. b Ungedruckte Quellen

Bundesarchiv Berlin

N 2131/1 (Nl. v. Jagow); R 43/4 a; R 43/169; R 43/2398; R 43/2449 a; R 901/29177; R 1001/4008; R 1501/106109; R 1501/112144; R 1501/112209; R 1501/112211; R 1501/112215/1; R 1501/112407; R 1501/112264; R 1501/112361; R 1501/118522

Bundesarchiv Koblenz

R 43 F/169; R 43 F/1268; R 43 F/1269/1; Kl. Erwerbungen Nr. 342-3 (Nl. Bethmann Hollweg)

Bundesarchiv-Militärarchiv Freiburg

MSg 1/3251; MSg 101/154; N 46/58 (Nl. Groener); N/56/2 (Nl. Tappen); N 253/25 a (Nl. v. Tirpitz); N 253/25 b (Nl. v. Tirpitz); N 253/100 (Nl. v. Tirpitz); N 253/431 (Nl. v. Tirpitz); N 253/439 (Nl. v. Tirpitz); PH 2/106; PH 3/250; PH 3/721; PH 3/819; PH 3/Pr. F 9114; PH 6/I, 137; PH 6/I, 317; PH/9/V, 174; PH 18/40; PH 18/70; PH 18/79; PH 18/84; PH 19/70; PH/19, 110; RM 5/197; RM 5/198; RM 5/223; RM 5/900; RM 5/1630; RM 5/1646; RM 5/1676; RM 5/1696; RM 5/1765; RM 5/1777; RM 5/1780; RM 5/1785; RM 5/1842; RM 5/1844; RM 5/1926; RM 5/2179; RM 5/2253; RM 5/3652; RM 5/3683; RM 5/3684; RM 5/3685; RM 5/3691; RM 5/4358; RM 5/4515; RM 5/5236; RM 5/5237; RM 5/6257; RM 5/6334; RM 5/6337; W-10/50211; W-10/50629; W-10/50635; W-10/50636; W-10/50642; W-10/50661; W-10/50729; W-10/50731; W-10/50891; W-10/50930; W-10/50931; W-10/50951

Generallandesarchiv Karlsruhe

Abtl. 59 Nr. 226; Abtl. 59/429; Abtl. 456 EV. 11, Bund 3; Abtl. 456 EV. 12, Bund 21; Abtl. 456 EV. 20, Bund 9; Abtl. 456 EV. 24, Bund 7; Abt. 456 EV. 74, Bund 20, 2 gen; Abtl. 456 EV. 74, Bund 20, 2 b gen; Abtl. 456 EV. 77, Bund 39; Abtl. 456 EV. 142, Bund 6; Abtl. 456 EV. 142, Bund 7; Abtl. 456 EV. 142, Bund 8; Abtl. 456 EV. 142, Bund 24; Abtl. 456 EV. 142, Bund 25; Abtl. 456 EV. 143, Bund 5; Abtl. 456 EV. 143, Bund 24; Abtl. 456 F 1/676; Abtl. 456 F 5/50; Abtl. 456 F 5/51; Abtl. 456 F 5/52; Abtl. 456 F 5/57; Abtl. 456 F 5/58; Abtl. 456 F 5/62 ; Abtl. 456 F 5/63; Abtl. 456 F 5/180; Abtl. 456 F 5/182; Abtl. 456 F 5/272; Abtl. 456 F 5/334; Abtl. 456 F 5/477; Abtl. 456 F 5/479

Sächsisches Hauptstaatsarchiv Dresden

Sächs. Kriegsarchiv (D) Nr. 25002; Sächs. Kriegsarchiv (P) Nr. 550; Sächs. Kriegsarchiv (P) Nr. 572; Sächs. Kriegsarchiv (P) Nr. 600; Sächs. Kriegsarchiv (P) Nr. 601; Sächs. Kriegsarchiv (P) Nr. 602; Sächs. Kriegsarchiv (P) Nr. 623; Sächs. Kriegsarchiv (P) Nr. 7590; Sächs. Kriegsarchiv (P) Nr. 7591; Sächs. Kriegsarchiv (P) Nr. 7602; Sächs. Kriegsarchiv (P) Nr. 21310; Sächs. Kriegsarchiv (P) Nr. 21336; Sächs. Kriegsarchiv (P) Nr. 21363; Sächs. Kriegsarchiv (P) Nr. 21395; Sächs. Kriegsarchiv (P) Nr. 23261; Sächs. Kriegsarchiv (P) Nr. 23361; Sächs. Kriegsarchiv (P) Nr. 23379; Sächs. Kriegsarchiv (P) Nr. 23397; Sächs. Kriegsarchiv (P) Nr. 26385; Sächs. Kriegsarchiv (P) Nr. 26396; Sächs. Kriegsarchiv (P) Nr. 26605; Sächs. Kriegsarchiv (P) Nr. 26625; Sächs. Kriegsarchiv (P) Nr. 26632; Sächs. Kriegsarchiv (P) Nr. 26843; Sächs. Kriegsarchiv (P) Nr. 27512; Sächs. Kriegsarchiv (P) Nr. 27682; Sächs. Kriegsarchiv (P) Nr. 27703; Sächs. Kriegsarchiv (P) Nr. 28154; Sächs. Kriegsarchiv (P) Nr. 28698; Sächs. Kriegsarchiv (P) Nr. 29282; Sächs. Kriegsarchiv (P) Nr. 29459; Sächs. Kriegsarchiv (P) Nr. 29665; Sächs. Kriegsarchiv (P) Nr. 29746; Sächs. Kriegsarchiv (P) Nr. 31107; Sächs. Kriegsarchiv (P) Nr. 31116; Sächs. Kriegsarchiv (P) Nr. 31331; Sächs. Kriegsarchiv (P) Nr. 32429; Sächs. Kriegsarchiv (P) Nr. 32744; Sächs. Kriegsarchiv (P) Nr. 32880; Sächs. Kriegsarchiv (P) Nr. 33036; Sächs. Kriegsarchiv (P) Nr. 33185; Sächs. Kriegsarchiv (P) Nr. 35973; Sächs. Kriegsarchiv (P) Nr. 36143; Sächs. Kriegsarchiv (P) Nr. 36403; Sächs. Kriegsarchiv (P) Nr. 36996; Sächs. Kriegsarchiv (P) Nr. 37628; Sächs. Kriegsarchiv (P) Nr. 44552; Sächs. Kriegsarchiv (P) Nr. 45501; Sächs. Kriegsarchiv (P) Nr. 47227; Sächs. Kriegsarchiv (P) Nr. 49921; Sächs. Kriegsarchiv (P) Nr. 50369; Sächs. Kriegsarchiv (P) Nr. 51039; Sächs. Kriegsarchiv (P) Nr. 51228; Sächs. Kriegsarchiv (P) Nr. 51287; Sächs. Kriegsarchiv (P) Nr. 51291; Sächs. Kriegsarchiv (P) Nr. 51479; Sächs. Kriegsarchiv (P) Nr. 52930; Sächs. Kriegsarchiv (P) Nr. 53090; Sächs. Kriegsarchiv (P) Nr. 53172; Sächs. Kriegsarchiv (P) Nr. 53558; Sächs. Kriegsarchiv (P) Nr. 55154; Sächs. Kriegsarchiv (P) Nr. 55416; Sächs. Kriegsarchiv (P) Nr. 55420; Sächs. Kriegsarchiv (P) Nr. 55154; Sächs. Kriegsarchiv (P) Nr. 55865; Sächs. Kriegsarchiv (P) Nr. 55941; Sächs. Kriegsarchiv (P) Nr. 56097; Sächs. Kriegsarchiv (P) Nr. 57185; Sächs. Kriegsarchiv (P) Nr. 57193; Sächs. Kriegsarchiv (P) Nr. 57519; Sächs. Kriegsarchiv (P) Nr. 57530; Sächs. Kriegsarchiv (P) Nr. 58240; Sächs. Kriegsarchiv (P) Nr. 58260; Sächs. Kriegsarchiv (P) Nr. 58352; Sächs. Kriegsarchiv (P) Nr. 58811; Sächs. Kriegsarchiv (P) Nr. 58920; Sächs. Kriegsarchiv (P) Nr. 59048; Sächs. Kriegsarchiv (P) Nr. 59247; Sächs. Kriegsarchiv (P) Nr. 60012; Sächs. Kriegsarchiv (P) Nr. 60676; Sächs. Kriegsarchiv (P) Nr. 65397; Sächs. Kriegsarchiv (P) Nr. 64951; Sächs. Kriegsarchiv (P) Nr. 65818; Sächs. Kriegsarchiv (P) Nr. 65819; Sächs. Kriegsarchiv (P) Nr. 65914; Sächs. Militärbevollmächtigter Nr. 1430;

Sächs. Militärbevollmächtigter Nr. 1432; Sächs. Militärbevollmächtigter Nr. 1433; Sächs. Militärbevollmächtigter Nr. 4222

Bayerisches Hauptstaatsarchiv München Abtl. IV Kriegsarchiv
2. Jäger-Batl. (WK) Bund 10; 2. Pio.-Batl. (F) Bund 93; 2. Pio.-Batl. (F) Bund 132; Leib-Inf.-Reg. (WK) Bund 1; Leib-Inf.-Reg. (WK) Bund 60; 1. Inf.-Reg. (WK) Bund 1; 1. Inf.-Reg. (WK) Bund 32; 2. Inf.-Reg. (WK) Bund 27; 3. Inf.-Reg. (WK) Bund 1; 4. Inf.-Reg. (WK) Bund 9; 5. Inf.-Reg. (F) Bund 19; 5. Inf.-Reg. (WK) Bund 24; 5. Inf.-Reg. (WK) Bund 29; 5. Inf.-Reg. (WK) Bund 31; 6. Inf.-Reg. (F) Bund 140; 6. Inf.-Reg. (WK) Bund 1; 6. Inf.-Reg. (WK) Bund 18; 7. Inf.-Reg. (F) Bund 18; 7. Inf.-Reg. (WK) Bund 19; 8. Inf.-Reg. (F) Bund 139; 8. Inf.-Reg. (Rgts.-Stab) (WK) Bund 1; 8. Inf.-Reg. (WK) Bund 6; 8. Inf.-Reg. (WK) Bund 17; 9. Inf.-Reg. (WK) Bund 1; 9. Inf.-Reg. (WK) Bund 33; 10. Inf.-Reg. (WK) Bund 1; 10. Inf.-Reg. (WK) Bund 7; 11. Inf.-Reg. (WK) Bund 27; 13. Inf.-Reg. (WK) Bund 3; 13. Inf.-Reg. (WK) Bund 6; 14. Inf.-Reg. (F) Bund 24; 16. Inf.-Reg. (F) Bund 175/2; 17. Inf.-Reg. (WK) Bund 1; 17. Inf.-Reg. (WK) Bund 10; 19. Inf.-Reg. (F) Bund 296; 19. Inf.-Reg. (F) Bund 307/4; 19. Inf.-Reg. (F) Bund 366/1; 19. Inf.-Reg. (WK) Bund 1; 19. Inf.-Reg. (WK) Bund 10; 21. Inf.-Reg. (F) Bund 4/2; 21. Inf.-Reg. (WK) Bund 1; 21. Inf.-Reg. (WK) Bund 22; 22. Inf.-Reg. (WK) Bund 1; 23. Inf.-Reg. (WK) Bund 1; 23. Inf.-Reg. (WK) Bund 17; 23. Inf.-Reg. (WK) Bund 20; 3. Chev.-Reg. (WK) Bund 1; 3. Chev.-Reg. (WK) Bund 2 a; 3. Chev.-Reg. (WK) Bund 12 a; 3. Chev.-Reg. (WK) Bund 32; 5. Chev.-Reg. (WK) Bund 3 a; 5. Chev.-Reg. (WK) Bund 19; 6. Chev.-Reg. (WK) Bund 15 a; 7. Chev.-Reg. (WK) Bund 1; 8. Chev.-Reg. (WK) Bund 1; 1. Schweres-Reiter-Reg. (F) Bund 121; 1. Schweres-Reiter-Reg. (WK) Bund 1; 2. Schweres-Reiter-Reg. (WK) Bund 29; 1. Ulanen-Reg. (F) Bund 20; 1. Ulanen-Reg. (WK) Nr. [sic] 1; 2. Ulanen-Reg. (WK) Bund 1; 1. Feldart.-Reg. (WK) Bund 49; 3. Feldart.-Reg. (WK) Bund 1; 3. Feldart.-Reg. (WK) Bund 64; 7. Feldart.-Reg. (WK) Bund 58; 7. Feldart.-Reg. (WK) Bund 72; 8. Feldart.-Reg. (WK) Bund 1; 10. Feldart.-Reg. (WK) Bund 41; 11. Feldart.-Reg. (F) Bund 1; 11. Feldart.-Reg. (WK) Bund 37; 11. Feldart.-Reg. (WK) Bund 58; 11. Feldart.-Reg. (WK) Bund 72; 1. Fußart.-Reg. (F) Bund 4; 1. Fußart.-Reg. (F) Bund 6/1; 1. Fußart.-Reg. (F) Bund 73; 1. Fußart.-Reg. (F) Bund 113; 1. Fußart.-Reg. (WK) Bund 78; 2. Fußart.-Reg. (Rgts.-Stab) (WK) Bund 1; 2. Fußart.-Reg. (WK) Bund 4; 3. Fußart.-Reg. (F) Bund 1; 1. Inf.-Brig. (F) Bund 19; 2. Inf.-Brig. (WK) Bund 1; 3. Inf.-Brig. (F) Bund 42; 3. Inf.-Brig. (WK) Bund 1; 3. Inf.-Brig. (WK) Bund 19; 4. Inf.-Brig. (WK) Bund 1; 5. Inf.-Brig. (WK) Bund 1; 6. Inf.-Brig. (WK) Bund 1; 7. Inf.-Brig. (WK) Bund 1; 7. Inf.-Brig. (WK) Bund 22; 10. Inf.-Brig. (F) Bund 17; 10. Inf.-Brig. (WK) Bund 1; 11. Inf.-Brig.

(WK) Bund 1; 12. Inf.-Brig. (WK) Bund 13; 1. Kav.-Brig. (WK) Bund 14; 1. Kav.-Brig. (WK) Bund 16; 3. Kav.-Brig. (F) Bund 1; 4. Kav.-Brig. (WK) Bund 1; 4. Kav.-Brig. (WK) Bund 8; 5. Kav.-Brig. (F) Bund 19; 5. Kav.-Brig. (WK) Bund 1; 2. Feldart.-Brig. (F) Bund 27; 2. Feldart.-Brig./Arko 2 (WK) Bund 1; 3. Feldart.-Brig./Arko 3 (WK) Bund 1; 1. Inf.-Div. (WK) Bund 5 Teil 2; 2. Inf.-Div. (WK) Bund 7; 3. Inf.-Div. (F) Bund 15; 3. Inf.-Div. (F) Bund 17; 3. Inf.-Div. (WK) Bund 2; 3. Inf.-Div. (WK) Bund 117; 3. Inf.-Div. (WK) Bund 126; 3. Inf.-Div. (WK) Feldintendantur Bund 1; 3. Inf.-Div. (WK) Proviantamt Bund 22; 4. Inf.-Div. (WK) Bund 1; 4. Inf.-Div. (WK) Bund 103; 4. Inf.-Div. (WK) Div.-Proviantamt Bund 14; 4. Inf.-Div. (WK) Feldintendantur Bund 1; 5. Inf.-Div. (F) Bund 10; 5. Inf.-Div. (WK) Feld-Intendantur Bund 1; Kav.-Div. (WK) Bund 1; Gen. Kdo. I. A. K. (F) Bund 396; Gen. Kdo. I. A. K. (WK) Bund 1; Gen. Kdo. I. A. K. (WK) Bund 1 a; Gen. Kdo. I. A. K. (WK) Bund 76; Gen. Kdo. I. A. K. (WK) Bund 77; Gen. Kdo. I. A. K. (WK) Bund 80; Gen. Kdo. I. A. K. (WK) Bund 81; Gen. Kdo. I. A. K. (WK) Feld-Intendantur Bund 1; Stellv. Gen. Kdo. I. A. K. Nr. 1337; Gen. Kdo. II. A. K. (F) Bund 164; Gen. Kdo. II. A. K. (WK) Bund 1; Gen. Kdo. III. A. K. (WK) Bund 1; Gen. Kdo. III. A. K. (WK) Bund 7; A. O. K. 6 Nr. 369; Inspektion d. Kav. (F) Bund 19; Generalstab Nr. 53; M Kr Nr. 685; M Kr Nr. 984; M Kr Nr. 992; M Kr Nr. 998; M Kr Nr. 1583; M Kr Nr. 1592; M Kr Nr. 1611; M Kr Nr. 1612; M Kr Nr. 1616; M Kr Nr. 1711; M Kr Nr. 1715; M Kr Nr. 1765; M Kr Nr. 13461; M Kr Nr. 13528; M Kr Nr. 13542; M Kr Nr. 17120; M Kr Nr. 17595; Nl. Krafft v. Dellmensingen Nr. 145; HS 1121; HS 2699; HS 2914; R 2548

Hauptstaatsarchiv Stuttgart

E 14, Nr. 1679; E 50/03, Nr. 208; E 50/03, Nr. 211; E 50/05, Nr. 238; E 74, Nr. 164; M 1/2, Bü. 53; M 1/2, Bund 54; M 1/4, Bü. 499; M 1/4, Bü. 500; M 1/4, Bü. 502; M 33/1, Bü. 1; M 33/2, Nr. 1; M 38, Bü. 3; M 410, Bund 12, Band 24; M 410, Bund 73, Band 227; M 411, Bund 35, Band 386; M 411, Bund 103, Band 1007; M 411, Bund 124, Band 1139; M 412, Bund 1, Band 1; M 412, Bund 12, Band 72; M 635/2, Bd. 135

IX. 2 Literaturverzeichnis

IX. 2. a Wörterbücher

Deutsches Wörterbuch v. J. u. W. Grimm. Bearb. R. Hildebrand. Neudruck Erstausgabe 1873. München 1984

IX. 2. b Zeitgenössische Literatur

Ballod C.: Deutsche Volksernährung im Kriege. In: Preußische Jahrbücher, Bd. 157 1914, S. 101-117

Beseler H. v.: Krieg und modernes Verkehrswesen. In: Preußische Jahrbücher, Bd. 152 1913, S. 385-409

Daniels E.: Politische Korrespondenz. Enver als Serashier. – Eine französische Stimme über den Zukunftskrieg. – Innere Verhältnisse in Frankreich und dem Vereinigten Königreich. In: Preußische Jahrbücher, Bd. 155 1914, S. 382-398

Daniels E.: Politische Korrespondenz. Marokko und Tripolis. – Der kanadische Gegenseitigkeitsvertrag. – Die Ermordung Stolypins. – Die Krone und die Liberalen beim Kampf um die englische Vetobill. – Belgische Rüstungen und französische Operationspläne. – Die Dekrete über die Reorganisation des französischen Oberkommandos. – Tripolis und Aegypten. In: Preußische Jahrbücher, Bd. 146 1911, S. 175-191

Delbrück H.: Zabern und kein Ende. In: Preußische Jahrbücher, Bd. 155 1914, S. 398-402

Deutelmoser [o. Vorname]: Die Überraschung als Mittel zum Siege. In: Vierteljahreshefte für Truppenführung und Heereskunde, IX. Jg. 1912, S. 161-176

Die Entwicklung der Militärluftfahrt in Frankreich vom Januar 1911 bis Mai 1912. In: Vierteljahreshefte für Truppenführung und Heereskunde, IX. Jg. 1912, S. 460-488

Falkenhausen Frhr. v. [o. Vorname]: Die Massen im Kriege. In: Vierteljahreshefte für Truppenführung und Heereskunde, VIII. Jg. 1911, S. 1-18

Frankfurter Zeitung, 15.07.1914. In: „Jahrhundertsommer": Eine Serie zum Epochenende 1914, FAZ, 15.07.1994

Norddeutsche Allgemeine Zeitung, 12.07.1914. In: „Jahrhundertsommer": Eine Serie zum Epochenende 1914, FAZ, 12.07.1994

Norddeutsche Allgemeine Zeitung, 19.07.1914. In: „Jahrhundertsommer": Eine Serie zum Epochenende 1914, FAZ, 19.07.1994

Tremenia, 27.07.1914. In: „Jahrhundertsommer": Eine Serie zum Epochenende 1914, FAZ, 27.07.1994

V. Löbells Jahresberichte über das Heer- und Kriegswesen, XXXVI. Jg. 1909

V. Löbells Jahresberichte über das Heer- und Kriegswesen, XXXIX. Jg. 1912

Vorwärts, 02.07.1914. In: „Jahrhundertsommer": Eine Serie zum Epochenende 1914, FAZ, 02.07.1994

Vorwärts, 26.07.1914. In: „Jahrhundertsommer": Eine Serie zum Epochenende 1914, FAZ, 26.07.1994

Vorwärts, 27.07.1914. In: „Jahrhundertsommer": Eine Serie zum Epochenende 1914, FAZ, 27.07.1994

Vorwärts, 01.08.1914. In: „Jahrhundertsommer": Eine Serie zum Epochenende 1914, FAZ, 01.08.1994

Vossische Zeitung, 12.07.1914. In: „Jahrhundertsommer": Eine Serie zum Epochenende 1914, FAZ, 12.07.1994

Vossische Zeitung, 04.08.1914. In: „Jahrhundertsommer": Eine Serie zum Epochenende 1914, FAZ, 04.08.1994

Wenninger [o. Vorname]: Über den Durchbruch als Entscheidungsform. In: Vierteljahreshefte für Truppenführung und Heereskunde, X. Jg. 1913, S. 594-639

IX. 2. c Literatur

Afflerbach H.: Falkenhayn. Politisches Denken und Handeln im Kaiserreich. München 1996[2]

Afflerbach H.: „Bis zum letzten Mann und letztem Groschen?" Die Wehrpflicht im Deutschen Reich und ihre Auswirkungen auf das militärische Führungsdenken im Ersten Weltkrieg. In: Foerster R. G. (Hg.): Die Wehrpflicht. Entstehung, Erscheinungsform und politisch-militärische Wirkung. München 1994, S. 71-91

Afflerbach H.: Die militärische Planung des Deutschen Reiches im Ersten Weltkrieg. In: Michalka W. (Hg.): Der Erste Weltkrieg. Wirkung. Wahrnehmung. Analyse. München, Zürich 1994, S. 280-319

Alberti A.: General Falkenhayn. Die Beziehungen zwischen den Generalstabschefs des Dreibundes. Berlin 1927

Albertini L.: The Origins of the War of 1914. 3 Bde. London, New York, Toronto 1952-1957

Audoin-Rouzeau St.: Von den Kriegsursachen zur Kriegskultur. Neue Forschungstendenzen zum Ersten Weltkrieg in Frankreich. In: Neue Politische Literatur, Bd. 39 1994, S. 203-217

Bach G.: Daten zum Kriegsausbruch. Frankreich. In: Berliner Monatshefte, 12. Jg. 1934, S. 521-531

Bald D.: Der deutsche Generalstab 1859-1939. Reform und Restauration in Ausbildung und Bildung. München 1977

Bald D.: Zum Kriegsbild der militärischen Führung im Kaiserreich. In: Dülffer J., Holl K. (Hg.): Bereit zum Krieg. Kriegsmentalität im wilhelminischen Deutschland 1890-1914. Beiträge zur historischen Friedensforschung. Göttingen 1986, S. 146-160

Bald D.: Der deutsche Offizier. Sozial- und Bildungsgeschichte des deutschen Offizierskorps im 20. Jahrhundert. München 1982

Bald D.: Sozialgeschichte der Rekrutierung des deutschen Offizierskorps von der Reichsgründung bis zur Gegenwart. In: Bundesministerium der Verteidigung (Hg.): Schriftenreihe Innere Führung. Heft 29 München 1977, S. 15-49

Bartlett C. J.: Peace, War and the European Powers, 1814-1914. Basingstoke, London 1996

Bayerisches Kriegsarchiv (Hg.): Die Bayern im Großen Kriege 1914-1918. München 1923^2

Beck L.: Besaß Deutschland 1914 einen Kriegsplan? In: Speidel H. (Hg.): Ludwig Beck. Studien. Stuttgart 1955, S. 87-113

Beck L.: West- oder Ostoffensive? In: Speidel H. (Hg.): Ludwig Beck. Studien. Stuttgart 1955, S. 139-191

Berghahn V. R.: Die Fischerkontroverse – 15 Jahre danach. In: Geschichte und Gesellschaft, Bd. 6 1980, S. 403-419

Berghahn V. R.: Des Kaisers Flotte und die Revolutionierung des Mächtesystems vor 1914. In: Röhl J. C. G. (Hg.): Der Ort Kaiser Wilhelms II. in der deutschen Geschichte. München 1991, S. 173-188

Berghahn V. R.: Germany and the Approach of War in 1914. London, Basingstoke 1973

Berghahn V. R.: Militär, industrialisierte Kriegsführung und Nationalismus. In: Neue Politische Literatur, Bd. 26 1981, S. 20-41

Berghahn V. R.: Militarismus. Die Geschichte einer internationalen Debatte. Hamburg, Leamington Spa, New York 1986

Berghahn V. R.: Rüstung und Machtpolitik. Zur Anatomie des „Kalten Krieges" vor 1914. Düsseldorf 1973

Berghahn V. R.: Sarajewo, 28. Juni 1914. Der Untergang des alten Europa. München 1997

Berghahn V. R.: Der Tirpitz-Plan. Genesis und Verfall einer innenpolitischen Krisenstrategie unter Wilhelm II. Düsseldorf 1971

Berghahn V. R.: Zu den Zielen des deutschen Flottenbaus unter Wilhelm II. In: Historische Zeitschrift, Bd. 210 1970, S. 34-100

Bieber H.-J.: Gewerkschaften in Krieg und Revolution. Arbeiterbewegung, Industrie, Staat und Militär in Deutschland 1914-1920. Bd. 1 Hamburg 1981

Binder H.: Was wir als Kriegsberichterstatter nicht sagen durften! München 1919

Borgert H. H.: Grundzüge der Landkriegsführung von Schlieffen bis Guderian. In: Militärgeschichtliches Forschungsamt (Hg.): Handbuch zur deutschen Militärgeschichte 1648-1939. Abschnitt IX Bd. 6 Herrsching 1983, S. 427-584

Borries R. v.: Spionage im Westen vor dem Kriege. In: Lettow Vorbeck P. v. (Hg.): Die Weltkriegsspionage. München 1931, S. 77-84

Bosworth R. J. B.: Italy and the Approach of the First World War. London 1983

Bredt J. V.: Die belgische Neutralität und der Schlieffensche Feldzugsplan. Berlin 1929

Buchardt L.: Friedenswirtschaft und Kriegsvorsorge. Deutschlands wirtschaftliche Rüstungsbestrebungen vor 1914. Boppard 1968

Buchheit G.: Der deutsche Geheimdienst. Geschichte der militärischen Abwehr. München 1966

Bucholz A.: Moltke, Schlieffen and Prussian War Planning. New York, Oxford 1991

Burkhardt J.: Kriegsgrund Geschichte? 1870, 1813, 1756 – historische Argumente und Orientierungen bei Ausbruch des Ersten Weltkrieges. In: Burkhardt J., Becker J., Förster St., Kronenbitter G.: Lange und kurze Wege in den Ersten Weltkrieg. Vier Augsburger Beiträge zur Kriegsursachenforschung. München 1996, S. 9-87

Cecil L.: Albert Ballin. Wirtschaft und Politik im deutschen Kaiserreich 1888-1918. Hamburg 1969

Chickering R.: Militärgeschichte als Totalgeschichte im Zeitalter des totalen Krieges. In: Kühne Th., Ziemann B. (Hg.): Was ist Militärgeschichte? Paderborn, München, Wien, Zürich 2000, S. 301-312

Chickering R.: Das Deutsche Reich und der Erste Weltkrieg. München 2002

Chickering R.: Der „Deutsche Wehrverein" und die Reformen der deutschen Armee 1912-1914. In: Militärgeschichtliche Mitteilungen, Bd. 25 1979, S. 7-33

Coetzee M. S.: The German Army League. Popular Nationalism in Wilhelmine Germany. New York, Oxford 1990

Cole T. F.: German-Decision-Making on the Eve of the First World War: The Records of the Swiss Embassy in Berlin. In: Röhl J. C. G. (Hg.): Der Ort Kaiser Wilhelms II. in der deutschen Geschichte. München 1991, S. 53-70

Cornwall M.: Serbia. In: Wilson K. (ed.): Decisions for War 1914. New York 1995, S. 55-97

Craig G. A.: The Politics of the Prussian Army 1640-1945. London, Oxford, New York 1964^2

Cron H.: Geschichte des deutschen Heeres im Weltkriege 1914-1918. Berlin 1937

Cron H.: Die Organisation des deutschen Heeres im Weltkiege. Berlin 1923

Dann O.: Nation und Nationalismus in Deutschland 1770-1990. München 1993

Deist W.: Armee und Arbeiterschaft 1905-1918. In: Militärgeschichtliches Forschungsamt (Hg.): Militärgeschichte. Probleme-Thesen-Wege. Stuttgart 1982, S. 171-190 (überarbeitete Version eines Aufsatzes in: Francia. Forschungen zur westeuropäischen Geschichte. Bd. 2 München 1975, S. 458-481)

Deist W.: Die Armee des autoritären Nationalstaates im totalen Krieg. In: Hansen E. W., Schreiber G., Wegner B. (Hg.): Politischer Wandel, organisierte Gewalt und nationale Sicherheit. Beiträge zur neueren Geschichte Deutschlands und Frankreich. Festschrift für Klaus-Jürgen Müller. München 1995, S. 95-108

Deist W.: Die Armee in Staat und Gesellschaft 1890-1914. In: Deist W.: Militär, Staat und Gesellschaft. Studien zur preußisch-deutschen Militärgeschichte. München 1991, S. 19-43 (zuerst erschienen in: Stürmer M. (Hg.): Das kaiserliche Deutschland. Politik und Gesellschaft 1870-1918. Düsseldorf 1970, S. 312-339)

Deist W.: Bemerkungen zur Entwicklung der Militärgeschichte in Deutschland. In: Kühne Th., Ziemann B. (Hg.): Was ist Militärgeschichte? Paderborn, München, Wien, Zürich 2000, S. 315-322

Deist W.: Flottenpolitik und Flottenpropaganda. Das Nachrichtenbüro des Reichsmarineamts 1897-1914. Stuttgart 1976

Deist W.: Zur Geschichte des preussischen Offizierskorps 1888-1918. In: Hofmann H. H., Militärgeschichtliches Forschungsamt (Hg.): Das deutsche Offizierskorps 1860-1960. Boppard/Rhein 1980, S. 39-57

Deist W.: Kaiser Wilhelm II. in the Context of his military and naval entourage. In: Röhl J. C. G., Sombart N. (ed.): Kaiser Wilhelm II. New Interpretations. The Corfu Papers. Cambridge 1982, S. 169-192

Deist W.: Kaiser Wilhelm II. als oberster Kriegsherr. In: Röhl J. C. G. (Hg.): Der Ort Kaiser Wilhelms II. in der deutschen Geschichte. München 1991, S. 25-42.

Deist W.: Voraussetzungen innenpolitischen Handelns der Militärs im Ersten Weltkrieg. In: Deist W. (Hg.): Militär, Staat und Gesellschaft. Studien zur preußisch-deutschen Militärgeschichte. München 1991, S. 103-153

Doerry M.: Übergangsmenschen. Die Mentalität der Wilhelminer und die Krise des Kaiserreichs. Weinheim, München 1986

Droz J.: Les Causes de la Première Guerre mondiale. Essai d'histiographie. Paris 1973

Dülffer J.: Kriegserwartung und Kriegsbild in Deutschland vor 1914. In: Michalka W. (Hg.): Der Erste Weltkrieg. Wirkung. Wahrnehmung. Analyse. München, Zürich 1994, S. 778-799

Dülffer J.: Militärgeschichte und politische Geschichte. In: Kühne Th., Ziemann B. (Hg.): Was ist Militärgeschichte? Paderborn, München, Wien, Zürich 2000, S. 127-139

Dülffer J.: Sackgassen, Wendeschleifen und Durchgangsstraßen. – Zum deutschen Kaiserreich. In: Michalka W. (Hg.): Die deutsche Frage in der Weltpolitik. Neue Politische Literatur, Beihefte 3 Stuttgart 1986, S. 83-103

Dupuy T. N.: A Genius for War. The German Army and General Staff, 1807-1945. Falls Church 1997[8]

Eley G.: Army, State and Civil Society: Revisiting the Problem of German Militarism. In: Eley G.: From Unification to Nazism. Reinterpreting the German Past. Boston, London, Sydney 1986, S. 85-109

Eley G.: Sammlungspolitik, Social Imperialism and the Navy Law of 1898. In: Eley G.: From Unification to Nazism. Reinterpreting the German Past. Boston, London, Sydney 1986, S. 110-53

Eley G.: From Unification to Nazism. Reinterpreting the German Past. Boston, London, Sydney 1986

Ellis J.: The Social History of the Machine Gun. Baltimore 1986[2]

Ellis L. M.: Army, State and Politics in the Grand Duchy of Baden, 1866-1920. Baltimor 1986

Elze W.: Tanneberg. Das deutsche Heer von 1914. Seine Grundzüge und deren Auswirkungen im Sieg an der Ostfront. Breslau 1928

Encke J.: Mit dem Körper eine Bresche schlagen. Im Staub der Militärarchive tummelt sich der gedrillte Geist. In Potsdam widmete sich eine Tagung der inneren Mobilmachung von Weltkriegsteilnehmern. In: FAZ, 22.03.01

Endres F. C.: Soziologische Struktur und ihr entsprechende Ideologien des deutschen Offizierskorps vor dem Weltkriege. In: Archiv für Sozialwissenschaft und Sozialpolitik, Bd. 58 1927, S. 282-319

Epkenhans M.: Die wilhelminische Flottenrüstung 1908-1914. Weltmachtstreben, industrieller Fortschritt, soziale Integration. München 1991

Erdmann K. D., Zechlin E.: Krieg oder Frieden. Europa 1914. Kiel 1985

Evans R. J.: Fakten und Fiktionen. Über die Grundlagen historischer Erkenntnis. Frankfurt/M., New York 1999

Farrar L. L.: Arrogance and Anxiety. The Ambivalence of German Power, 1848-1914. Iowa City 1981

Farrar L. L.: The Short-War Illusion. German Policy, Strategy & Domestic Affairs August-December 1914. Oxford 1973

Farrar L. L.: The Short War Illusion. The Syndrome of German Stragegy August-December, 1914. In: Militärgeschichtliche Mitteilungen, Bd. 12 1972, S. 39-52

Feldman G. D.: Army Industry and Labour in Germany 1914-1918. Providence, Oxford 1992

Fellner F.: Austria-Hungary. In: Wilson K. (ed.): Decisions for War 1914. New York 1995

Fenske H.: Die Verwaltung im Ersten Weltkrieg. In: Jeserich K. H. G., Pohl H., Unruh G.-Chr. v. (Hg.): Deutsche Verwaltungsgeschichte. Bd. 3 Stuttgart 1984, S. 866-908

Ferguson N.: Germany and the Origins of the First World War: New Perspektives. In: The Historical Journal, Vol. 35, 1992, S. 725-752

Ferguson N.: Der falsche Krieg. Der Erste Weltkrieg und das 20. Jahrhundert. Stuttgart 1999

Fesser G.: Bernhard v. Bülow und der Ausbruch des Ersten Weltkrieges. In: Militärgeschichtliche Mitteilungen, Bd. 51 1992, S. 317-324

Fiedler S.: Kriegswesen und Kriegsführung im Zeitalter der Millionenheere. Bonn 1993

Fischer D.: Die Münchener Zensurstelle während des Ersten Weltkrieges. Alfons Falkner von Sonnenburg als Pressereferent im Bayerischen Kriegsministerium in den Jahren 1914 bis 1918/19. München 1973

Fischer F.: Die Außenpolitik des kaiserlichen Deutschland und der Ausbruch des Ersten Weltkrieges. In: Schöllgen G. (Hg.): Flucht in den Krieg? Die Außenpolitik des kaiserlichen Deutschland. Darmstadt 1991, S. 25-67

Fischer F.: Griff nach der Weltmacht. Die Kriegszielpolitik des kaiserlichen Deutschland 1914/18. Düsseldorf 2002^4

Fischer F.: Kaiser Wilhelm II. und die Gestaltung der deutschen Politik vor 1914. In: Röhl J. C. G. (Hg.): Der Ort Kaiser Wilhelms II. in der deutschen Geschichte. München 1991, S. 259-284

Fischer F.: Krieg der Illusionen. Die deutsche Politik von 1911-1914. Düsseldorf 1998^3

Fischer F.: Twenty-Five Years Later: Looking back at the ‚Fischer-Controversy' and its Consequences. In: Central European History, Vol. XXI 1988, S. 207-223

Fischer J.: Das württembergische Offizierskorps 1866-1918. In: Hofmann H. H., Militärgeschichtliches Forschungsamt (Hg.): Das deutsche Offizierskorps 1860-1960. Boppard/Rhein 1980, S. 99-138

Förster G., Helmert H., Otto H., Schnitter H.: Der preußisch-deutsche Generalstab 1640-1965. Zu seiner politischen Rolle in der Geschichte. Berlin 1966

Förster St.: Der deutsche Generalstab und die Illusion des kurzen Kriegs. Metakritik eines Mythos. In: Militärgeschichtliche Mitteilungen, Bd. 54 1995, S. 61-95

Förster St.: „Vom Kriege". Überlegungen zu einer modernen Militärgeschichte. In: Kühne Th., Ziemann B. (Hg.): Was ist Militärgeschichte? Paderborn, München, Wien, Zürich 2000, S. 265-281

Förster St.: Militär und staatsbürgerliche Partizipation. Die allgemeine Wehrpflicht im Deutschen Kaiserreich 1871-1914. In: Foerster R. G. (Hg.): Die Wehrpflicht. Entstehung, Erscheinungsform und politisch-militärische Wirkung. München 1994, S. 55-71

Förster St.: Der deutsche Militarismus im Zeitalter des totalen Krieges. In: Neue Politische Literatur, Bd. 27 1982, S. 133-146

Förster St.: Der doppelte Militarismus. Die deutsche Heeresrüstungspolitik zwischen Status-Quo-Sicherung und Aggression 1890-1913. Stuttgart 1985

Förster St.: Rüstungspolitik als Objekt politischer Gruppeninteressen. Die Heeresvorlage von 1904/05. In: Dülffer J. (Hg.): Parlamentarische und öffentliche Kontrolle von Rüstung in Deutschland 1700-1970. Beiträge zur historischen Friedensforschung. Düsseldorf 1992, S. 79-95

Förster St.: Vom Volkskrieg zum totalen Krieg? Der Amerikanische Bürgerkrieg 1861-1865, der Deutsch-Französische Krieg 1870/71 und die Anfänge moderner Kriegführung. In: Bernecker W. L., Dotterweich V. (Hg.): Deutschland in den internationalen Beziehungen des 19. und 20. Jahrhunderts. Festschrift für Josef Becker zum 65. Geburtstag. München 1996, S. 71-93

Foerster W.: Aus der Gedankenwerkstatt des Deutschen Generalstabes. Berlin 1931

Foerster W.: Die deutsch-italienische Militärkonvention. In: Kriegsschuldfrage, 5. Jg. 1927, S. 395-416

Foerster W.: Die deutschen Mobilmachungsvorbereitungen gegen Frankreich im Lichte der britischen amtlichen Dokumente. In: Kriegsschuldfrage, 5. Jg. 1927, S. 989-1000

François H. v.: Der Grenzschutz im Osten im August 1914 und seine Reibungen. In: Wissen und Wehr, 10. Jg. 1929, S. 341-356

Forstmeier F.: Sinn und Wert des kriegsgeschichtlichen Unterrichts. „Innerer Nutzen" oder „Applikatorische Methode"? In: Militärgeschichtliches Forschungsamt (Hg.): Militärgeschichte. Probleme-Thesen-Wege. Stuttgart 1982, S. 33-37

Frantz G.: Daten zum Kriegsausbruch. Rußland. In: Berliner Monatshefte, 12. Jg. 1934, S. 430-440

Frantz G.: Wie Rußland 1914 mobil machte. In: Berliner Monatshefte, 14. Jg. 1936, S. 277-319

Frauenholz E. v.: Geschichte des Königlich Bayerischen Heeres von 1867-1914. München 1931

Freytag-Loringhoven Frhr. H. v.: Heerführung im Weltkriege. Vergleichende Studien. 2 Bde. Berlin 1920/1921

Fritsch-Seerhausen Frhr. Th. v.: Das sächsische Offizierskorps 1867-1918. In: Hofmann H. H., Militärgeschichtliches Forschungsamt (Hg.): Das deutsche Offizierskorps 1860-1960. Boppard/Rhein 1980, S. 59-73

Fröhlich M.: Imperialismus. Deutsche Kolonial- und Weltpolitik 1880-1914. München 1994

Fuchs A.: Vor 80 Jahren. Beginn des Ersten Weltkrieges. Eine pfälzisch-bayerische Chronik. In: Stimme der Pfalz, 45. Jg. 1994, S. 3-8

Funck M.: Militär, Krieg und Gesellschaft. Soldaten und militärische Eliten in der Sozialgeschichte. In: Kühne Th., Ziemann B. (Hg.): Was ist Militärgeschichte? Paderborn, München, Wien, Zürich 2000, S. 157-174

Gasser A.: Deutschlands Entschluß zum Präventivkrieg 1913/14. In: Sieber M. (Hg.): Discordia Concors. Festgabe für Edgar Bonjour zu seinem siebzigsten Geburtstag am 21. August 1968. Bd. 1 Basel 1968, S. 171-225

Gasser A.: Der deutsche Hegemonialkrieg von 1914. In: Geiss I., Wendt B. J. (Hg.): Deutschland in der Weltpolitik des 19. und 20. Jahrhunderts. Festschrift für F. Fischer. Düsseldorf 1973, S. 307-339

Gasser A.: Preussischer Militärgeist und Kriegsentfesselung 1914. Eigendynamik einer Machtpsychose: von der Inkubation 1866/71 und Virulenz seit 1895 zum Durchbruch 1914/18 und Paroxysmus 1933/45. In: Gasser A.: Ausgewählte historische Schriften 1933-1983. Basel, Frankfurt/M. 1983, S. 83-133

Geiss I.: Deutschland und Österreich-Ungarn beim Kriegsausbruch 1914. Eine Machthistorische Analyse. In: Gehler M., Schmidt R. F., Brandt H.-H., Steininger R. (Hg.): Ungleiche Partner? Österreich und Deutschland in ihrer gegenseitigen Wahrnehmung. Historische Analysen und Vergleiche aus dem 19. und 20. Jahrhundert. Stuttgart 1996, S. 375-395

Geiss I.: Juli 1914: Kritischer Kommentar zu den Krisenstudien. In: Gantzel K. J., Kress G., Rittberger V. (Hg.): Konflikt-Eskalation-Krise. Sozialwissenschaftliche Studien zum Ausbruch des Ersten Weltkrieges. Düsseldorf 1972, S. 357-365

Geiss I.: Die Kriegsschuldfrage – Das Ende eines Tabus. In: Laqueur W., Mosse G. L. (Hg.): Kriegsausbruch 1914. München 1967, S. 101-127

Geiss I.: Die manipulierte Kriegsschuldfrage. In: Militärgeschichtliche Mitteilungen, Bd. 34 1983, S. 31-60

Geiss I.: Das deutsche Reich und der Erste Weltkrieg. München, Zürich 1985

Geiss I.: Der lange Weg in die Katastrophe. Die Vorgeschichte des Ersten Weltkrieges 1815-1914. München 1990²

Geiss I.: „Weltpolitik": Die deutsche Version des Imperialismus. In: Schöllgen G. (Hg.): Flucht in den Krieg? Die Außenpolitik des kaiserlichen Deutschland. Darmstadt 1991, S. 148-169

Gemzell C.-A.: Organization, Conflict and Innovation. A Study of German Naval Strategic Planning, 1888-1940. Lund 1973

Generalstab des Heeres. 7. (Kriegswissenschaftliche) Abteilung (Hg.): Der Handstreich gegen Lüttich vom 3. bis 7. August 1914. Berlin 1939

Geyer M.: Die Geschichte des deutschen Militärs von 1860 bis 1945. Ein Bericht über die Forschungslage (1945-1975). In: Wehler H.-U. (Hg.): Die moderne deutsche Geschichte in der internationalen Forschung 1945-1975. Göttingen 1978, S. 256-286

Geyer M.: Deutsche Rüstungspolitik 1860-1980. Frankfurt/M. 1984

Geyr v. Schweppenburg L. Frhr.: Der Kriegsausbruch 1914 und der deutsche Generalstab. In: Wehrwissenschaftliche Rundschau, 13. Jg. 1963, S. 150-163

Goebel Th.: Deutsche Pressestimmen in der Julikrise 1914. Stuttgart 1939

Görlitz W.: Der deutsche Generalstab. Geschichte und Gestalt 1657-1945. Frankfurt/M. 1950

Gordon M. R.: Domestic Conflict and the Origins of the First World War: The British and the German Cases. In: Journal of Modern History, Vol. 46 1974, S. 191-226

Groener W.: Der Feldherr wider Willen. Berlin 1931³

Groener W.: Das Testament des Grafen Schlieffen. Berlin 1927

Groh D.: „Je eher, desto besser!" Innenpolitische Faktoren für die Präventivkriegsbereitschaft des Deutschen Reiches 1913/14. In: Politische Vierteljahresschrift, XIII. Jg. 1972, S. 501-521

Gudmundsson B. I.: Stormtrooop Tactics. Innovation in the German Army, 1914-1918. Westport, London 1995²

Güth R.: Die Organisation der deutschen Marine in Krieg und Frieden 1913-1933. In: Militärgeschichtliches Forschungsamt (Hg.): Handbuch zur deutschen Militärgeschichte 1648-1939. Bd. 5 Abschnitt VIII Herrsching 1983, S. 263-336

Gutsche W.: Aufstieg und Fall eines kaiserlichen Reichskanzlers. Theobald von Bethmann Hollweg. Ein politisches Lebensbild. Berlin 1973

Gutsche W.: Zur Entfesselung des ersten Weltkrieges. Aktuelle Probleme der Forschung. In: Zeitschrift für Geschichtswissenschaft, Bd. 33 1985, S. 779-793

Gutsche W., Otto H.: Der Erste Weltkrieg in der DDR-Geschichtswissenschaft. In: Rohwer J. (Hg.): Neue Forschungen zum Ersten Weltkrieg. Koblenz 1985, S. 91-103

Gutsche W.: Sarajevo 1914. Vom Attentat zum Weltkrieg. Berlin 1984

Gutsche W.: Serbien in den Mitteleuropaplänen des deutschen Imperialismus am Vorabend des ersten Weltkrieges. In: Zeitschrift für Geschichtswissenschaft, Bd. 23 1975, S. 35-48

Gutsche W.: Außenpolitische Ziele, Rüstungspolitik und Kriegsdisposition der deutschen Reichsleitung vor 1914. In: Zeitschrift für Geschichtswissenschaft, Bd. 36 1988, S. 963-977

Haffner S.: Die sieben Todsünden des Deutschen Reiches im Ersten Weltkrieg. Bergisch Gladbach 1981

Haffner S.: Der Verrat. Deutschland 1918/19. Berlin 2000⁴

Hale O. J.: The Great Illusion 1900-1914. New York, London 1971

Hallgarten G. W. F.: Das Wettrüsten. Seine Geschichte bis zur Gegenwart. Frankfurt/M. 1967

Hallmann H.: Daten zum Kriegsausbruch. England. In: Berliner Monatshefte, 12. Jg. 1934, S. 614-626

Hanke G.: Daten zum Kriegsausbruch. Österreich und Serbien. In: Berliner Monatshefte, 12. Jg. 1934, S. 241-252

Hardach G.: Der Erste Weltkrieg 1914-1918. München 1973

Hatton P. H. S.: The First World War. Britain and Germany in 1914. The July Crisis and War Aims. In: Past and Present, Vol. 36 1967, S. 138-143

Heidegger H.: Kann Kriegsgeschichtsunterricht heute noch einen praktischen Nutzen haben? In: Militärgeschichtliches Forschungsamt (Hg.): Militärgeschichte. Probleme-Thesen-Wege. Stuttgart 1982, S. 26-33

Heinemann U.: Kriegsschuld 1914. Nach wie vor ein publizistischer Dauerbrenner. In: Michalka W. (Hg.): Die deutsche Frage in der Weltpolitik. Neue Politische Literatur, Beihefte 3 Stuttgart 1986, S. 127-135

Heinemann U.: Die verdrängte Niederlage. Politische Öffentlichkeit und Kriegsschuldfrage in der Weimarer Republik. Göttingen 1983

Heisterkamp J.: Hellmuth von Moltke – eine Lebensskizze. In: Meyer Th. (Hg.): Hellmuth von Moltke 1848-1916. Dokumente zu seinem Leben und Wirken. Bd. 1 Basel 1993, S. 25-43

Henig R.: Die Vorgeschichte des Ersten Weltkrieges. Mainz 1995

Hermann C. H.: Deutsche Militärgeschichte. Eine Einführung. Frankfurt/M. 1966

Herrmann D. G.: The Arming of Europe and the Making of the First World War. Princeton 1997²

Hertz-Eichenrode D.: Deutsche Geschichte 1890-1918. Das Kaiserreich in der wilhelminischen Zeit. Stuttgart, Berlin, Köln 1996

Herwig H. H.: Admirals versus Generals: The War Aims of the Imperial German Navy, 1914-1918. In: Central European History, Vol. V 1972, S. 208-233

Herwig H. H.: Disjointed Allies: Coalition Warfare in Berlin and Vienna, 1914. In: The Journal of Military History, Vol. 54 1990, S. 265-280

Herwig H. H.: Imperial Germany. In: May E. (ed.): Knowing One's Enemies. Intelligence Assesement before the two World Wars. Princeton 1984, S. 62-97

Herwig H. H.: „Luxury" Fleet: The Imperial German Navy 1888-1918. London, Boston, Sydney 1980

Herwig H. H.: Strategic Uncertainities of a Nation-Sate: Prussia-Germany, 1871-1918. In: Murray W., Knox M., Bernstein A. (ed.): The Making of Strategy. Rulers, States, and War. Cambridge 1997, S. 242-278

Herwig H. H.: The First World War. Germany and Austria-Hungary 1914-1918. London, New York, Sydney, Auckland 1997

Hildebrand K.: Imperialismus, Wettrüsten und Kriegsausbruch 1914 (II). In: Neue Politische Literatur, Bd. 20 1975, S. 339-364

Hildebrand K.: Julikrise 1914: Das europäische Sicherheitsdilemma. Betrachtungen über den Ausbruch des Ersten Weltkrieges. In: Geschichte in Wissenschaft und Unterricht, 36. Jg. 1985, S. 469-502

Hiley N. P.: The Failure of British Counter-Espionage against Germany, 1907-1914. In: The Historical Journal, Vol. 28 1985, S. 835-862

Hiley N. P.: The Failure of British Espionage against Germany, 1907-1914. In: The Historical Journal, Vol. 26 1983, S. 867-889

Hillgruber A.: Deutschlands Rolle in der Vorgeschichte der beiden Weltkriege. Göttingen 1979^2

Hillgruber A.: Großmachtpolitik und Weltmachtstreben Deutschlands. In: Hillgruber A., Dülffer J. (Hg.): Ploetz. Geschichte der Weltkriege. Mächte, Ereignisse und Entwicklungen 1900-1945. Freiburg, Würzburg 1981, S. 153-163

Hillgruber A.: Der historische Ort des Ersten Weltkrieges. In: Hillgruber A.: Die Zerstörung Europas. Beiträge zur Weltkriegsepoche 1914 bis 1945. Frankfurt/M., Berlin 1988, S. 83-102

Hillgruber A.: Die deutsche Politik in der Julikrise 1914. In: Hillgruber A.: Die Zerstörung Europas. Beiträge zur Weltkriegsepoche 1914 bis 1945. Frankfurt/M., Berlin 1988, S. 83-102

Hillgruber A.: Riezlers Theorie des kalkulierten Risikos und Bethmann Hollwegs politische Konzeption in der Julikrise 1914. In: Historische Zeitschrift, Bd. 202 1966, S. 333-351

Hinsley F: H.: The Origins of the First World War. In: Wilson K. (ed.): Decisions for War 1914. New York 1995, S. 1-9

Höbelt L.: Schlieffen, Beck, Piontek und das Ende der gemeinsamen deutsch-österreichisch-ungarischen Aufmarschpläne im Osten. In: Militärgeschichtliche Mitteilungen, Bd. 36 1984, S. 7-31

Höhn R.: Die Armee als Erziehungsschule der Nation. Das Ende einer Idee. Bad Homburg 1963

Höhn H.: Sozialismus und Heer. Bd. 3 Bad Homburg 1969

Höhne H.: Der Krieg im Dunkeln. Die deutsche und russische Spionage. Augsburg 1998

Hölzle E.: Die Selbstentmachtung Europas. Das Experiment des Friedens vor und im Ersten Weltkrieg. Göttingen, Frankfurt/M., Zürich 1975

Holsti O. R.: Crisis. Escalation. War. Montreal, London 1972

Hubatsch W.: Der Admiralstab und die obersten Marinebehörden in Deutschland 1848-1945. Frankfurt/M. 1958

Hubatsch W.: Die Ära Tirpitz. Studien zur deutschen Marinepolitik 1890-1918. Göttingen, Berlin, Frankfurt/M. 1955

Hubatsch W.: Entstehung und Entwicklung des Reichswirtschaftsministeriums 1880-1933. Berlin 1978

Hubatsch W.: Kaiserliche Marine. Aufgaben und Leistungen. München 1975

Hubatsch W.: Kapitel VI. § 5: Die Verwaltung des Militärwesens 1867-1918. In: Jeserich K. H. G., Pohl H., Unruh G.-Chr. v. (Hg.): Deutsche Verwaltungsgeschichte. Bd. 3 Stuttgart 1984, S. 310-332

Huber E. R.: Heer und Staat in der deutschen Geschichte. Hamburg 1938

Huber E. R.: Deutsche Verfassungsgeschichte seit 1789. Bd. 4 Stuttgart, Berlin, Köln, Mainz 1969

Hürseler W.: Die irische Bürgerkriegsgefahr im Kalkül der deutschen Großbritannienpolitik in der Julikrise 1914. In: Militärgeschichtliche Mitteilungen, Bd. 32 1982, S. 35-45

Hull I. V.: The Entourage of Kaiser Wilhelm II., 1888-1918. Cambridge, USA 1982

Jäger W.: Historische Forschung und politische Kultur in Deutschland. Die Debatte 1914-1980 über den Ausbruch des Ersten Weltkrieges. Göttingen 1984

Jäschke G.: „Schlieffenplan" und „Marneschlacht". In: Bradley D., Marwedel U. (Hg.): Militärgeschichte, Militärwissenschaft und Konfliktforschung. Festschrift Werner Hahlweg. Osnabrück 1977, S. 185-199

Janßen K.-H.: Macht und Verblendung. Kriegszielpolitik der deutschen Bundesstaaten 1914/18. Göttingen, Berlin, Frankfurt/M., Zürich 1963

Jany C.: Die Königlich Preußische Armee und das Deutsche Reichsheer 1807-1914. Berlin 1933

Jarausch K. H.: The Enigmatic Chancellor. Bethmann Hollweg and the Hubris of Imperial Germany. New Haven, London 1973

Jarausch K. H.: World Power or tragic Fate? The Kriegsschuldfrage as historiographical Neurosis. In: Central European History, Vol. V 1972, S. 72-92

Joll J.: War Guilt: A Continuing Controversy. In: Kluke P., Alter P. (Hg.): Aspekte der deutsch-britischen Beziehungen im Laufe der Jahrhunderte. Stuttgart 1978, S. 60-80

Joll J.: Die Ursprünge des Ersten Weltkrieges. München 1988

Justrow W.: Die dicke Bertha und der Krieg. Berlin 1935

Jux A.: Der Kriegsschrecken des Frühjahrs 1914 in der europäischen Presse. Berlin 1929

Kabisch E.: Mobilmachung und Aufmarsch Belgiens 1914. In: Berliner Monatshefte, 14. Jg. 1936, S. 427-449

Kahn D.: Hitler's Spies. German Military Intelligence in World War II. London, Sydney, Auckland, Toronto 1978

Kaufhold-Roll H.: Der deutsche Panzerbau im Ersten Weltkrieg. Hamburg 1991

Kaufmann St.: Technisiertes Militär. Methodische Überlegungen zu einem symbiotischen Verhältnis. In: Kühne Th., Ziemann B. (Hg.): Was ist Militärgeschichte? Paderborn, München, Wien, Zürich 2000, S. 195-209

Keegan J.: Die Kultur des Krieges. Hamburg 1997

Keegan J: Der Erste Weltkrieg. Eine europäische Tragödie. Hamburg 2000

Kehr E.: Zur Genesis des Königlich Preußischen Reserveoffiziers. In: Wehler H.-U. (Hg.): Eckart Kehr. Das Primat der Innenpolitik. Gesammelte Aufsätze zur preußisch-deutschen Sozialgeschichte im 19. und 20. Jahrhundert. Berlin 1965, S. 53-63

Kehr E.: Soziale und finanzielle Grundlagen der Tirpitzschen Flottenpropaganda. In: Wehler H.-U. (Hg.): Eckart Kehr. Das Primat der Innenpolitik. Gesammelte Aufsätze zur preußisch-deutschen Sozialgeschichte im 19. und 20. Jahrhundert. Berlin 1965, S. 130-148

Kehr E.: Klassenkämpfe und Rüstungspolitik im kaiserlichen Deutschland. In: Wehler H.-U. (Hg.): Eckart Kehr. Das Primat der Innenpolitik. Gesammelte Aufsätze zur preußisch-deutschen Sozialgeschichte im 19. und 20. Jahrhundert. Berlin 1965, S. 87-110

Kehr E.: Die Rüstungsindustrie. In: Wehler H.-U. (Hg.): Eckart Kehr. Das Primat der Innenpolitik. Gesammelte Aufsätze zur preußisch-deutschen Sozialgeschichte im 19. und 20. Jahrhundert. Berlin 1965, S. 184-197

Keiger J. F. V.: France. In: Wilson K. (ed.): Decisions for War 1914. New York 1995, S. 121-151

Keiger J. F. V.: France and the Origins of the First World War. New York 1983

Kennan G.: The Fateful Alliance: France, Russia and the Coming of the First World War. New York 1984

Kennedy P. M.: The Development of German naval Operations Plans against England, 1896-1914. In: The English Historical Review, Vol. LXXXIX 1974, S. 48-76

Kennedy P.: The Kaiser and German Weltpolitik: Reflections on Wilhelm II. Place in the Making of German Foreign Policy. In: Röhl J. C. G., Sombart N. (ed.): Kaiser Wilhelm II. New Interpretations. The Corfu Papers. Cambridge 1982, S. 143-168

Kennedy P. M.: Tirpitz, England and the Second Navy Law of 1900: A Strategical Critique. In: Militärgeschichtliche Mitteilungen, Bd. 8 1970, S. 33-57

Kennedy P. M.: The First World War and the International Power System. In: Miller St. E. (ed.): Military Strategy and the Origins of the First World War. Princeton 1985. S. 7-41

Kennett L.: The First Air War 1914-1918. New York, Toronto, Oxford, Singapore, Sydney 1999

Kießling F.: Gegen den „großen Krieg"? Entspannung in den internationalen Beziehungen 1911-1914. München 2002

Kipp J.: `Over there`: World War I in recent American Military Historiography. An Overview. In: Rohwer J. (Hg.): Neue Forschungen zum Ersten Weltkrieg. Koblenz 1985, S. 383-406

Kitchen M.: Hindenburg, Ludendorff and the Crisis of German Society, 1916-1918. In: Travers T., Archer C. (ed.): Men at War. Politics, Technology and Innovation in the Twentieth Century. Chicago 1982, S. 21-49

Kloster W.: Der deutsche Generalstab und der Präventivkriegsgedanke. Stuttgart 1932

Knoll W., Rahne H.: Bedeutung und Aufgaben der Konferenz der Generalstabschefs der Armeekorps in Frankfurt a. M. am 21. Januar 1914. In: Militärgeschichte, Bd. 25 1986, S. 55-63

Koch H. W.: Die deutschen Armeen im 19. und 20. Jahrhundert. Starnberger See 1999

Kocka J.: Klassengesellschaft im Krieg. Deutsche Sozialgeschichte 1914-1918. Göttingen 1978[2]

Kröger M.: Kolonialerwerb als Niederlage. Die zweite Marokkokrise 1911. In: Dülffer J., Kröger M., Wippich R.-H. (Hg.): Vermiedene Kriege. Deeskalation von Konflikten der Großmächte zwischen Krimkrieg und Erstem Weltkrieg 1865-1914. München 1997, S. 615-639

Kröger M.: Letzter Konflikt vor der Katastrophe. Die Liman-von-Sanders-Krise 1913/14. In: Dülffer J., Kröger M., Wippich R.-H. (Hg.): Vermiedene Kriege. Deeskalation von Konflikten der Großmächte zwischen Krimkrieg und Erstem Weltkrieg 1865-1914. München 1997, S. 657-671

Kröger M.: Ein gerade noch berechenbares Risiko. Die bosnische Annexionskrise 1908/09. In: Dülffer J., Kröger M., Wippich R.-H. (Hg.): Vermiedene Kriege. Deeskalation von Konflikten der Großmächte zwischen Krimkrieg und Erstem Weltkrieg 1865-1914. München 1997, S. 603-614

Kröger M.: Kein serbischer Zugang zur Adria. Britisch-deutscher Friedenskurs im Jahr 1912. In: Dülffer J., Kröger M., Wippich R.-H. (Hg.): Vermiedene Kriege. Deeskalation von Konflikten der Großmächte zwischen Krimkrieg und Erstem Weltkrieg 1865-1914. München 1997, S. 641-655

Kronenbitter G.: Bundesgenossen? Zur militärischen Kooperation zwischen Berlin und Wien 1912 bis 1914. In: Bernecker W. L., Dotterweich V. (Hg.): Deutschland in den internationalen Beziehungen des 19. und 20. Jahrhunderts. Festschrift für Josef Becker zum 65. Geburtstag. München 1996, S. 143-169

Kronenbitter G.: „Nur los lassen". Österreich-Ungarn und der Wille zum Krieg. In: Burkhardt J., Becker J., Förster St., Kronenbitter G.: Lange und kurze Wege in den Ersten Weltkrieg. Vier Augsburger Beiträge zur Kriegsursachenforschung. München 1996, S. 159-189

Krumeich G.: Vergleichende Aspekte der „Kriegsschulddebatte" nach dem Ersten Weltkrieg. In: Michalka W. (Hg.): Der Erste Weltkrieg. Wirkung. Wahrnehmung. Analyse. München, Zürich 1994, S. 913-923

Krumeich G.: Sine ira et studio? Ansichten einer wissenschaftlichen Kriegsgeschichte. In: Kühne Th., Ziemann B. (Hg.): Was ist Militärgeschichte? Paderborn, München, Wien, Zürich 2000, S. 91-102

Krumeich G.: Kriegsalltag vor Ort. Regionalgeschichtliche Neuerscheinungen zum Ersten Weltkrieg in Deutschland. In: Neue Politische Literatur, Bd. 34 1994, S. 187-202

Kruse W.: Nationale Einheit und politisches System. In: Kruse W. (Hg.): Eine Welt von Feinden. Der Große Krieg 1914-1918. Frankfurt/M. 1997, S. 56-72

Kruse W.: Krieg und nationale Identität: Die Ideologisierung des Krieges. In: Kruse W. (Hg.): Eine Welt von Feinden. Der Große Krieg 1914-1918. Frankfurt/M. 1997, S. 167-176

Kruse W.: Kriegsbegeisterung? Zur Massenstimmung bei Kriegsbeginn. In: Kruse W. (Hg.): Eine Welt von Feinden. Der Große Krieg 1914-1918. Frankfurt/M. 1997, S. 159-166

Kruse W.: Die Kriegsbegeisterung im Deutschen Reich zu Beginn des Ersten Weltkrieges. Entstehungszusammenhänge, Grenzen und ideologische Strukturen. In: Van der Linden M., Mergner G. (Hg.): Kriegsbegeisterung und mentale Kriegsvorbereitung. Interdisziplinäre Studien. Berlin 1991, S. 73-87

Kruse W.: Ursachen und Auslösung des Krieges. In: Kruse W. (Hg.): Eine Welt von Feinden. Der Große Krieg 1914-1918. Frankfurt/M. 1997, S. 11-25

Klein F. (Autorenkollektiv unter Leitung v.): Deutschland im ersten Weltkrieg. Bd. 1 Berlin 1970[2]

Kühne Th., Ziemann B.: Militärgeschichte in der Erweiterung. Konjunkturen, Interpretationen, Konzepte. In: Kühne Th., Ziemann B. (Hg.): Was ist Militärgeschichte? Paderborn, München, Wien, Zürich 2000, S. 9-46

Kuhl H. v.: Der deutsche Generalstab in Vorbereitung und Durchführung des Weltkrieges. Berlin 1920[2]

Kuhl H. v.: Der Telegrammwechsel zwischen Moltke und Conrad von Hötzendorf am 30. und 31. Juli 1914. In: Kriegsschuldfrage, 2. Jg. 1924, S. 43-47

Kutz M.: Realitätsflucht und Aggression im deutschen Militär. Baden-Baden 1990

Lambi I. N.: The Navy and German Power Politics, 1862-1914. Boston, London, Sydney 1984

Langewiesche D.: Kampf um Marktmacht und Gebetsmühlen der Theorie. Einige Bemerkungen zu den Debatten um eine neue Militärgeschichte. In: Kühne Th., Ziemann B. (Hg.): Was ist Militärgeschichte? Paderborn, München, Wien, Zürich 2000, S. 323-327

Lemke H.: Georg Chinow und die deutsche Polenpolitik 1914-1916. In: Klein F. (Hg.): Politik im Krieg 1914-1918. Studien zur Politik der deutschen herrschenden Klassen im ersten Weltkrieg. Berlin 1964, S. 134-167

Liddel Hart B. W.: History of the First World War. London 1979[4]

Liebmann C.: Die Entwicklung der Frage eines einheitlichen Oberbefehls im Weltkriege. In: Wissen und Wehr, 8. Jg. 1927, S. 1-36

Lieven D. C. B.: Russia and the Origins of the First World War. London 1983

Linnenkohl H.: Vom Einzelschuß zur Feuerwalze. Der Wettlauf zwischen Technik und Taktik im Ersten Weltkrieg. Bonn 1996

Lipp A.: Diskurs und Praxis. Militärgeschichte als Kulturgeschichte. In: Kühne Th., Ziemann B. (Hg.): Was ist Militärgeschichte? Paderborn, München, Wien, Zürich 2000, S. 211-227

Liss U.: Der Nachrichtendienst in den Grenzschlachten im Westen im August 1914. In: Wehrwissenschaftliche Rundschau, 12. Jg. 1962, S. 140-160

Lowe J.: The Great Powers, Imperialism and the German Problem, 1865-1925. London, New York 1994

Lutz H.: Moltke und der Präventivkrieg. In: Kriegsschuldfrage, 5. Jg. 1927, S. 1107-1120

Mai G.: Das Ende des Kaiserreichs. Politik und Kriegsführung im Ersten Weltkrieg. München 1987

Marine-Archiv (Hg.): Der Krieg zur See 1914-1918. Groos O. (Bearb.): Der Krieg in der Nordsee. Bd. 1 Berlin 1920

Marine-Archiv (Hg.): Der Krieg zur See 1914-1918. Firle R. (Bearb.): Der Krieg in der Ostsee. Berlin 1921

Marine-Archiv (Hg.): Der Krieg zur See 1914-1918. Raeder E. (Bearb.): Der Kreuzerkrieg in den ausländischen Gewässern. 2 Bde. Berlin 1922/1923

Marten F.: Thunder at Twilight: Vienna 1913-1914. London 1991

Massie R. K.: Die Schalen des Zorns. Großbritannien, Deutschland und das Heraufziehen des Ersten Weltkrieges. Frankfurt/M. 1993

Matuschka E. Graf v.: Organisationsgeschichte des Heeres 1890 bis 1918. In: Militärgeschichtliches Forschungsamt (Hg.): Handbuch zur deutschen Militärgeschichte 1648-1939. Bd. 3 Abschnitt V Herrsching 1983, S. 157-283

Meier-Welcker H.: Unterricht und Studium in der Kriegsgeschichte angesichts der radikalen Wandlung im Kriegswesen. In: Militärgeschichtliches Forschungsamt (Hg.): Militärgeschichte. Probleme-Thesen-Wege. Stuttgart 1982, S. 18-26

Meissner O. H.: Der Kriegsminister 1814-1914: Ein Beitrag zur militärischen Verfassungsgeschichte. Berlin 1940

Mergel Th.: Politikbegriffe in der Militärgeschichte. Einige Beobachtungen und ein Vorschlag. In: Kühne Th., Ziemann B. (Hg.): Was ist Militärgeschichte? Paderborn, München, Wien, Zürich 2000, S. 141-156

Messerschmidt M.: Einleitung. In: Militärgeschichtliches Forschungsamt (Hg.): Militärgeschichte. Probleme-Thesen-Wege. Stuttgart 1982, S. 11-25

Messerschmidt M.: Die politische Geschichte der preußisch-deutschen Armee. In: Militärgeschichtliches Forschungsamt (Hg.): Handbuch zur deutschen Militärgeschichte 1648-1939. Bd. II Abschnitt IV Erster Teil Herrsching 1983, S. 9-380

Messerschmidt M.: Militär und Politik in der Bismarckzeit und im wilhelminischen Deutschland. Darmstadt 1975

Messerschmidt M.: Preußens Militär in seinem gesellschaftlichen Umfeld. In: Pahle H.-J., Wehler H.-U. (Hg.): Preußen im Rückblick. Göttingen 1980, S. 43-88

Mollin V.: Auf dem Weg zur „Materialschlacht". Vorgeschichte und Funktionieren des Artillerie-Industrie-Komplexes im Deutschen Kaiserreich. Pfaffenweiler 1985

Mommsen W. J.: Domestic Factors in German Foreign Policy before 1914. In: Central European History, Vol. VI 1973, S. 3-43

Mommsen W. J.: Großmachtstellung und Weltpolitik. Die Außenpolitik des Deutschen Reiches 1870 bis 1914. Frankfurt/M., Berlin 1993

Mommsen W. J.: Die latente Krise des Deutschen Reiches 1909-1914. Frankfurt/M. 1973

Mommsen W. J.: Die latente Krise des Wilhelminischen Reiches. Staat und Gesellschaft in Deutschland 1890-1914. In: Militärgeschichtliche Mitteilungen, Bd. 15 1974, S. 7-28

Mommsen W. J.: Der Topos vom unvermeidlichen Krieg. Außenpolitik und öffentliche Meinung im Deutschen Reich im letzten Jahrzehnt vor 1914. In: Dülffer J., Hall K. (Hg.): Bereit zum Krieg. Kriegsmentalität im wilhelminischen Deutschland 1890-1914. Beiträge zur historischen Friedensforschung. Göttingen 1986, S. 194-224

Mommsen W. J.: Die deutsche „Weltpolitik" und der Erste Weltkrieg. In: Neue Politische Literatur, Bd. 16 1971, S. 482-492

Montgelas M. Graf: Die Mobilmachung des Jahres 1914. Sonderdruck. Die deutsche Nation. Eine Zeitschrift für Politik, 1. Jg. 1919

Montgelas M. Graf: Nachträge zur Mobilmachung des Jahres 1914. Die deutsche Nation. Eine Zeitschrift für Politik, 1. Jg. 1919

Moritz A.: Das Problem des Präventivkrieges in der deutschen Politik während der ersten Marokkokrise. Frankfurt/M. 1974

Morsey R.: Kapitel V. § 1: Die Erfüllung von Aufgaben des Norddeutschen Bundes und des Reiches durch Behörden des Bundes und des Reiches. In: Jeserich K. H. G., Pohl H., Unruh G.-Chr. v. (Hg.): Deutsche Verwaltungsgeschichte. Bd. 3 Stuttgart 1984, S. 138-186

Mosen W.: Eine Militärsoziologie. Technische Entwicklung und Autoritätsprobleme in modernen Armeen. Neuwied, Berlin 1967

Müller Chr.: Anmerkungen zur Entwicklung von Kriegsbild und operativstrategischem Szenario im preußisch-deutschen Heer vor dem Ersten Weltkrieg. In: Militärgeschichtliche Mitteilungen, Bd. 57 1998, S. 385-442

Murray W., Grimsley M.: Introduction on Strategy. In: Murray W., Knox M., Bernstein A. (ed.): The Making of Strategy. Rulers, States, and War. Cambridge 1997, S. 1-24

Neilson K.: Russia. In: Wilson K. (ed.): Decisions for War 1914. New York 1995, S. 97-121

Neugebauer K.-V.: Militärgeschichte des Kaiserreichs. Des Kaisers „schimmernde Wehr". In: Neugebauer K.-V. (Hg.): Grundzüge der deutschen Militärgeschichte. Bd. 1 Freiburg 1993, S. 193-269

Neumann G. P.: Die deutschen Luftstreitkräfte im Weltkriege. Berlin 1920

Nicolai W.: Geheime Mächte. Internationale Spionage und ihre Bekämpfung im Weltkrieg und heute. Leipzig 1923

Oncken E.: Panthersprung nach Agadir. Die deutsche Politik während der Zweiten Marokkokrise 1911. Düsseldorf 1981

O'Neill R.: Deutschland und die Anwendung militärischer Gewalt im 20. Jahrhundert. In: Hansen E. W., Schreiber G., Wegner B. (Hg.): Politischer Wandel, organisierte Gewalt und nationale Sicherheit. Beiträge zur neueren Geschichte Deutschlands und Frankreichs. Festschrift für Klaus-Jürgen Müller. München 1995, S. 131-142

Ortenburg G.: Waffe und Waffengebrauch im Zeitalter der Millionenheere. Bonn 1992

Padfield P.: The Great Naval Race. The Anglo-German Naval Rivalry, 1900-1914. London 1974

Palumbo M.: German-Italian military Relations on the Eve of World War I. In: Central European History, Vol. XII 1979, S. 343-371

Papke G.: Was ist Kriegsgeschichte? In: Militärgeschichtliches Forschungsamt (Hg.): Militärgeschichte. Probleme-Thesen-Wege. Stuttgart 1982, S. 38-47

Petter W.: 'Enemies' and 'Reich Enemies'. An Analysis of Threat Perceptions and Political Strategy in Imperial Germany, 1871-1914. In: Deist W. (ed.): The German Military in the Age of total War. Leamington Spa 1985, S. 22-40

Petter W.: Deutsche Flottenrüstung von Wallenstein bis Tirpitz. In: Militärgeschichtliches Forschungsamt (Hg.): Handbuch zur deutschen Militärgeschichte 1648-1939. Bd. 5 Abschnitt VIII Herrsching 1983, S. 13-262

Pöhlmann M.: Kriegsgeschichte und Geschichtspolitik. Die amtliche deutsche Militärgeschichtsschreibung 1914-1956. Paderborn, München, Wien, Zürich 2002

Pogge v. Strandmann H.: Staatsstreichpläne, Alldeutsche und Bethmann Hollweg. In: Pogge v. Strandmann H., Geiss I.: Die Erforderlichkeit des Unmöglichen. Deutschland am Vorabend des ersten Weltkrieges. Frankfurt/M. 1965, S. 7-45

Poidevin R.: Les origines de la Premier Guerre mondiale. Paris 1975

Porch D.: Military History. In: The Historical Journal, Vol. 29 1986, S. 497-505

Potter E. B. Nimitz Ch. W.: Seemacht. Eine Seekriegsgeschichte von der Antike bis zur Gegenwart. (dt. Ausgabe: Bearb. J. Rohwer) Herrsching 1986

Radkau J.: Das Zeitalter der Nervosität. Deutschland zwischen Bismarck und Hitler. München 2000

Rahn W.: Seestrategisches Denken in der deutschen Marine 1914-1945. In: Hansen E. W., Schreiber G., Wegner B. (Hg.): Politischer Wandel, organisierte Gewalt und nationale Sicherheit. Beiträge zur neueren Geschichte Deutschlands und Frankreich. Festschrift für Klaus-Jürgen Müller. München 1995, S. 143-160

Rahn W.: Strategische Probleme der deutschen Seekriegsführung 1914-1918. In: Michalka W. (Hg.): Der Erste Weltkrieg. Wirkung. Wahrnehmung. Analyse. München 1994, S. 341-366

Rahne H.: Die militärische Mobilmachungsplanung und –technik in Preußen und im deutschen Reich (Mitte des 19. Jahrhunderts bis zur Auslösung des zweiten Weltkrieges). 2 Bde. Leipzig 1972

Rall H.: Wilhelm II. Eine Biographie. Graz, Wien, Köln 1995

Rauchensteiner M.: Entfesselung in Wien? Österreich-Ungarns Beitrag zum Ausbruch des Ersten Weltkrieges. In: Gehler M., Schmidt R. F., Brandt H.-H., Steininger R. (Hg.): Ungleiche Partner? Österreich und Deutschland in ihrer gegenseitigen Wahrnehmung. Historische Analysen und Vergleiche aus dem 19. und 20. Jahrhundert. Stuttgart 1996, S. 355-373

Rauh M.: Die britisch-russische Marinekonvention von 1914 und der Ausbruch des Ersten Weltkrieges. In: Militärgeschichtliche Mitteilungen, Bd. 41 1987, S. 37-62

Reichsarchiv (Hg.): Der Weltkrieg 1914-1918. Bde. 1, 2 Berlin 1925

Reichsarchiv (Hg.): Der Weltkrieg 1914-1918. Kriegsrüstung und Kriegswirtschaft. Bd. 1 Berlin 1930

Remak J.: 1914 – The Third Balkan War: Origins Reconsidered. In: Journal of Modern History, Vol. 43 1971, S. 353-366

Rickelson J. T.: A Century of Spies. Intelligence in the Twentieth Century. Oxford, New York 1995

Ritter G.: Der Anteil der Militärs an der Kriegskatastrophe von 1914. In: Historische Zeitschrift, Bd. 193 1961, S. 72-91

Ritter G.: Der Schlieffenplan. Kritik eines Mythos. München 1956

Ritter G.: Staatskunst und Kriegshandwerk. Das Problem des „Militarismus" in Deutschland. 4 Bde. München 1954-1968

Ritter G.: Der Erste Weltkrieg. Studien zum deutschen Geschichtsbild. Bonn 1964

Ritter G.: Die Zusammenarbeit der Generalstäbe Deutschlands und Österreich-Ungarns vor dem ersten Weltkrieg. In: Berges W., Hinrichs C. (Hg.): Zur Geschichte und Problematik der Demokratie. Festgabe für Hans Herzfeld. Berlin 1958, S. 523-551

Röhl J. C. G.: Admiral von Müller and the Approach of War, 1911-1914. In: The Historical Journal, Vol. 12 1969, S. 651-673

Röhl J. C. G.: Der militärpolitische Entscheidungsprozeß in Deutschland am Vorabend des Ersten Weltkriegs. In: Röhl J. C. G.: Kaiser, Hof und Staat. Wilhelm II. und die deutsche Politik. München 1988^2, S. 175-202

Röhl J. C. G.: Die Generalprobe. Zur Geschichte und Bedeutung des „Kriegsrates" vom 8. Dezember 1912. In: Stegmann D., Wendt B. J., Witt P.-Ch. (Hg.): Industrielle Gesellschaft und politisches System. Beiträge zur politischen Sozialgeschichte. Festschrift für Fritz Fischer zum siebzigsten Geburtstag 1978. Bonn 1978, S. 357-373

Röhl J. C. G.: Vorsätzlicher Krieg? Die Ziele der deutschen Politik im Juli 1914. In: Michalka W. (Hg.): Der Erste Weltkrieg. Wirkung. Wahrnehmung. Analyse. München, Zürich 1994, S. 193-216 (Aufsatz erschien auf englisch unter: Germany. In: Wilson K. (ed.): Decisions for War 1914. New York 1995, S. 27-55)

Rohkrämer Th: Der Militarismus der „kleinen Leute". Die Kriegervereine im deutschen Kaiserreich 1871-1914. München 1990

Rojahn J.: Arbeiterbewegung und Kriegsbegeisterung: Die deutsche Sozialdemokratie 1870-1914. In: Van der Linden M., Mergner G. (Hg.): Kriegsbegeisterung und mentale Kriegsvorbereitung. Interdisziplinäre Studien. Berlin 1991, S. 57-71

Rothenberg G. E.: Moltke, Schlieffen, and the Doctrine of Strategic Envelopment. In: Paret P. (ed.): Makers of modern Strategy from Machiavelli to the nuclear Age. Oxford 1986, S. 296-325

Rüdt v. Collenberg L. Frhr.: Die deutsche Armee von 1871-1914. Berlin 1922

Rüdt v. Collenberg L. Frhr.: Die staatsrechtliche Stellung des preußischen Kriegsministers von 1867 bis 1914. In: Wissen und Wehr, 8. Jg. 1927, S. 293-312

Rumschöttel H.: Das bayerische Offizierskorps 1866-1918. In: Hofmann H. H., Militärgeschichtliches Forschungsamt (Hg.): Das deutsche Offizierskorps 1860-1960. Boppard/Rhein 1980, S. 78-98

Rumschöttel H.: Das bayerische Offizierskorps 1866-1914. Berlin 1973

Rutherford W.: The Tsar's War 1914-1917. The Story of the Imperial Russian Army in the First World War. Cambridge 1992^2

Ropponen R.: Die Kraft Russlands. Wie beurteilte die politische und militärische Führung der europäischen Grossmächte in der Zeit von 1905 bis 1914 die Kraft Russlands? Helsinki 1968

Salewski M.: Der Erste Weltkrieg. Paderborn, München, Wien, Zürich 2003

Sasse H.: Daten zum Kriegsausbruch. Deutschland. In: Berliner Monatshefte, 12. Jg. 1934, S. 707-721

Schäfer Th. v.: Generaloberst von Moltke in den Tagen vor der Mobilmachung und seine Einwirkung auf Österreich-Ungarn. In: Kriegsschuldfrage, 4. Jg. 1926, S. 514-549

Schäfer Th. v.: Wollte Generaloberst v. Moltke den Präventivkrieg? In: Kriegsschuldfrage, 5. Jg. 1927, S. 543-560

Schäfer Th. v.: Generalstab und Admiralstab. Das Zusammenwirken von Heer und Flotte im Weltkrieg. Berlin 1931

Schäfer Th. v.: Die deutsche Mobilmachung von 1914. In: Berliner Monatshefte, 14. Jg. 1936, S. 597-639

Schellenberg J.: Die Herausbildung der Militärdiktatur in den ersten Jahren des Krieges. In: Klein F. (Hg.): Politik im Krieg 1914-1918. Studien zur Politik der deutschen herrschenden Klassen im ersten Weltkrieg. Berlin 1964, S. 22-50

Schmidt G.: Die Julikrise: Unvereinbare Ausgangslagen und innerstaatliche Zielkonflikte. In: Schöllgen G. (Hg.): Flucht in den Krieg? Die Außenpolitik des kaiserlichen Deutschland. Darmstadt 1991, S. 186-229

Schmidt-Bückeburg R.: Das Militärkabinett der preußischen Könige und deutschen Kaiser. Seine geschichtliche Entwicklung und staatsrechtliche Stellung. Berlin 1933

Schmidt-Richberg W.: Die Regierungszeit Wilhelms II. In: Militärgeschichtliches Forschungsamt (Hg.): Handbuch zur deutschen Militärgeschichte 1648-1939. Bd. 3 Abschnitt V Herrsching 1983, S. 9-157

Schmitt B. E.: The Origins of the First World War. London 1958

Schniewindt [o. Vorname]: Die Nachrichtenverbindungen zwischen den Kommandobehörden während des Bewegungskrieges 1914. In: Wissen und Wehr, 10. Jg. 1929, S. 129-152

Schöllgen G.: „Fischer-Kontroverse" und Kontinuitätsproblem. Deutsche Kriegsziele im Zeitalter der Weltkriege. In: Hillgruber A., Dülffer J. (Hg.): Ploetz. Geschichte der Weltkriege. Mächte, Ereignisse, Entwicklungen 1900-1945. Freiburg, Würzburg 1981, S. 163-178

Schöllgen G.: Griff nach der Weltmacht? 25 Jahre Fischer-Kontroverse. In: Historisches Jahrbuch, Bd. 106 1986, S. 386-406

Schraepler E.: Die Forschung über den Ausbruch des Ersten Weltkrieges im Wandel des Geschichtsbildes 1919-1969. In: Geschichte in Wissenschaft und Unterricht, 23. Jg. 1972, S. 321-338

Schroeder P: W.: World War I as Galloping Gertie: A Reply to Joachim Remak. In: Journal of Modern History, Vol. 44 1972, S. 319-345

Schudnagies Ch.: Der Kriegs- oder Belagerungszustand im Deutschen Reich während des Ersten Weltkrieges. Eine Studie zur Entwicklung und Handhabung des deutschen Ausnahmezustandsrechts bis 1918. Frankfurt/M., Berlin, Bern, New York, Paris, Wien 1994

Schulin E.: Die Urkatastrophe des zwanzigsten Jahrhunderts. In: Michalka W. (Hg.): Der Erste Weltkrieg. Wirkung. Wahrnehmung. Analyse. München, Zürich 1994, S. 3-28

Schulin E.: Der Erste Weltkrieg und das Ende des alten Europa. In: Funkkolleg Jahrhundertwende 1880-1930. Die Entstehung der modernen Gesellschaft. Studienbegleitheft 6 Tübingen 1989, S. 46-83

Schulte B.-F.: Die deutsche Armee 1900-1914. Zwischen Beharren und Verändern. Düsseldorf 1977

Schulte B.-F.: Die Kaisermanöver 1893 bis 1913. Evolution ohne Chance. In: Estenbauer F., Kalkbrenner H., Mattmüller M., Roemheld L. (Hg.): Von der freien Gemeinde zum förderalistischen Europa. Festschrift für Adolf Gasser zum 80. Geburtstag. Berlin 1983, S. 243-259

Schulte B. F.: Vor dem Kriegsausbruch 1914. Deutschland, die Türkei und der Balkan. Düsseldorf 1980

Schulte B. F.: Europäische Krise und Erster Weltkrieg. Beiträge zur Militärpolitik des Kaiserreichs, 1871-1914. Frankfurt/M., Bern 1983

Schulte B. F.: Zu der Krisenkonferenz vom 8. Dezember 1912 in Berlin. In: Historisches Jahrbuch der Görres-Gesellschaft, 102. Jg. 1982, S. 183-197

Sicken B.: Die Militärverwaltung. Hannover 1982

Simkins P.: Britain and the First World War. A Review of recent Historiography. In: Rohwer J. (Hg.): Neue Forschungen zum Ersten Weltkrieg. Koblenz 1985, S. 145-161

Skřivan A.: Schwierige Partner. Deutschland und Österreich-Ungarn in der europäischen Politik der Jahre 1906-1914. Hamburg 1999

Snyder J.: The Ideology of the Offensive. Military Decision Making and the Disasters of 1914. Ithaka, London 1984

Snyder J.: Civil-Military Relations and the Cult of the Offensive, 1914 and 1984. In: Miller St. E. (ed.): Military Strategy and the Origins of the First World War. Princeton 1985, S. 108-147

Spirak M.: L'Histigraphie Français sur la Guerre de 1914-18 depuis 1969. In: Rohwer J. (Hg.): Neue Forschungen zum Ersten Weltkrieg. Koblenz 1985, S. 115-134

Staabs H. v.: Aufmarsch nach zwei Fronten. Auf Grund der Operationspläne von 1871-1914. Berlin 1925

Stabsoffizier [Endres F. C.]: Das alte Heer. III. Heer und Kaiser. In: Weltbühne, 15. Jg. 1919, S. 625-630

Stahl F.-Chr.: Preußische Armee und Reichsheer 1871-1914. In: Hauser O. (Hg.): Zur Problematik „Preußen und das Reich". Köln, Wien 1984, S. 181-247

Steinberg J.: The Kaiser's Navy and German Society. In: Past and Present, Vol. 28 1964, S. 102-110

Steinberg J.: Der Kopenhagen-Komplex. In: Laqueur W., Mosse G. L. (Hg.): Kriegsausbruch 1914. München 1967, S. 31-60

Steinberg J.: Tirpitz and the Birth of the German Battle Fleet: Yesterday's Deterrent. London 1968²

Steiner Z.: Britain and the Origins of the First World War. New York 1977

Stengers J.: Belgium. In: Wilson K. (ed.): Decisions for War 1914. New York 1995, S. 151-175

Stengers J.: The Safety of Ciphers and the Outbreak of the First World War. In: Andrew C., Noakes J. (ed.): Intelligence and Inrernational Relations 1900-1945. Exeter 1987, S. 29-49

Stenzel E.: Die Kriegsführung des deutschen Imperialismus und das Völkerrecht. Zur Planung und Vorbereitung des deutschen Imperialismus auf die barbarische Kriegsführung im Ersten und Zweiten Weltkrieg, dargestellt an den vorherrschenden Ansichten zu den Gesetzen und Gebräuchen des Landkriegs (1900-1945). Berlin 1973

Stern F.: Bethmann Hollweg und der Krieg. Die Grenzen der Verantwortung. Tübingen 1968

Stevenson J.: More Light on World War One. In: The Historical Journal, Vol. 33 1990, S. 195-210

Stewart A. T. Or.: The Ulster Crisis. London 1967

Stone N.: The Eastern Front 1914-1917. London, Sydney, Auckland, Toronto 1976²

Stone N.: Die Mobilmachung der österreichisch-ungarischen Armee 1914. In: Militärgeschichtliche Mitteilungen, Bd. 16 1974, S. 67-95

Stone N.: Moltke-Conrad: Relations between the Austro-Hungarian and German General Staffs, 1909-1914. In: The Historical Journal, Vol. 9 1966, S. 201-228

Storz D.: Kriegsbild und Rüstung vor 1914. Europäische Landstreitkräfte vor dem Ersten Weltkrieg. Herford, Berlin, Bonn 1992

Storz D.: Die Schlacht der Zukunft. Die Vorbereitungen der Armeen Deutschlands und Frankreichs auf den Landkrieg des 20. Jahrhunderts. In: Michalka W. (Hg.): Der Erste Weltkrieg. Wirkung. Wahrnehmung. Analyse. München, Zürich 1994, S. 252-280

Strachan H.: The First World War: Causes and Course. In: The Historical Journal, Vol. 29 1986, S. 227-255

Stürmer M.: Ein Nationalstaat gegen Geschichte und Geographie: Das deutsche Dilemma. In: Schöllgen G. (Hg.): Flucht in den Krieg? Die Außenpolitik des kaiserlichen Deutschland. Darmstadt 1991, S. 95-107

Stürmer M.: Das ruhelose Reich. Deutschland 1866-1918. Berlin 1994

Taylor A. J. P.: War by Time-Table. In: Wrigley Ch. (ed.): A. J. P. Taylor. From the Boer War to the Cold War. Essays on Twentieth-Century Europe. London 1995, S. 116-181

Thoß B.: Nationale Rechte, militärische Führung und Diktaturfrage in Deutschland 1913-1923. In: Militärgeschichtliche Mitteilungen, Bd. 42 1987, S. 27-76

Thoß B.: Der Erste Weltkrieg als Ereignis und Erlebnis. Paradigmenwechsel in der westdeutschen Weltkriegsforschung seit der Fischer-Kontroverse. In: Michalka W. (Hg.): Der Erste Weltkrieg. Wirkung. Wahrnehmung. Analyse. München, Zürich 1994, S. 1012-1045

Trachtenberg M.: History and Strategy. Princeton 1991

Trumpener U.: War Premeditated? German Intelligence Operations in July 1914. In: Central European History, Vol. IX 1976, S. 58-85.

Turner L. C. F.: The Significance of the Schlieffen Plan. In: Kennedy P. M. (ed.): The War Plans of the Great Powers, 1890-1914. London, Boston, Sydney 1979, S. 199-221

Turnstall G. A. Jr.: Planning for War against Russia and Serbia. Austro-Hungarian and German military Strategies, 1871-1914. New York 1993

Uhle-Wettler F.: Erich Ludendorff in seiner Zeit. Soldat – Stratege – Revolutionär. Eine Neubewertung. Berg 1996²

Ullrich V.: Die nervöse Grossmacht. Aufstieg und Untergang des deutschen Kaiserreiches 1871-1918. Frankfurt/M. 1997²

Ullrich V.: Als der Thron ins Wanken kam. Das Ende des Hohenzollernreiches 1890-1918. Bremen 1993

Ulrich B., Ziemann B.: Das soldatische Kriegserlebnis. In: Kruse W. (Hg.): Eine Welt von Feinden. Der Große Krieg 1914-1918. Frankfurt/M. 1997, S. 127-157

Ulrich B.: „Militärgeschichte von unten." Anmerkungen zu ihren Ursprüngen, Quellen und Perspektiven im 20. Jahrhundert. In: Geschichte und Gesellschaft, Bd. 22 1996, S. 473-503

Van Crefeld M.: Command in War. Cambridge, Mass. 1985

Van Evera St.: The Cult of the Offensive and the Origins of the First World War. In: Miller St. E. (ed.): Miltary Strategy and the Origins of the First World War. Princeton 1985, S. 58-108

Verhey J.: The Spirit of 1914. Militarism, Myth and Mobilization in Germany. Cambridge 2000

Volckheim E.: Die deutschen Kampfwagen im Weltkriege. Berlin 1937²

Zur Vorgeschichte des Weltkrieges. Heft 2: Militärische Rüstungen und Mobilmachungen. Beilagen zu den stenographischen Berichten über die öffentlichen Verhandlungen des Untersuchungsausschusses (1. Untersuchungsausschuß). Bericht I-V. M. Graf Montgelas. Berlin 1921

Waldersee G. Graf: Über die Beziehungen des deutschen zum österreichisch-ungarischen Generalstab vor dem Weltkriege. In: Berliner Monatshefte, 8. Jg. 1930, S. 103-142

Waldersee G. Graf: Von Deutschlands militärpolitischen Beziehungen zu Italien. In: Berliner Monatshefte, 7. Jg. 1929, S. 636-664

Wallach J. L.: Anatomie einer Militärhilfe. Die preußisch-deutschen Militärmissionen in der Türkei 1835-1919. Düsseldorf 1976

Wallach J. L.: The Dogma of the Battle of Annihilation. The Theories of Clausewitz and Schlieffen and their Impact on the German Conduct of two World Wars. Westport, London 1986

Wegerer A. v.: Der Ausbruch des Weltkrieges 1914. 2 Bde. Hamburg 1939

Wegner B.: Kliometrie des Krieges? Ein Plädoyer für eine quantifizierende Militärgeschichtsforschung in vergleichender Absicht. In: Militärgeschichtliches Forschungsamt (Hg.): Militärgeschichte. Probleme-Thesen-Wege. Stuttgart 1982, S. 60-78

Wehler H.-U.: Der Fall Zabern von 1913/14 als eine Verfassungskrise des Wilhelminischen Kaiserreichs. In: Wehler H.-U.: Krisenherde des Kaiserreichs 1871-1918. Studien zur deutschen Sozial- und Verfassungsgeschichte. Göttingen 1970, 65-83

Wehler H.-U.: Das deutsche Kaiserreich 1871-1918. Göttingen 1988[6]

Wehler H.-U.: Krisenherde des Kaiserreichs 1871-1918. Studien zur deutschen Sozial- und Verfassungsgeschichte. Göttingen 1970

Welch D.: Germany, Propaganda and Total War, 1914-1918. The Sins of Omission. New Brunswick 2000

Wendt B.-J.: Über den geschichtswissenschaftlichen Umgang mit der Kriegsschuldfrage. In: Gantzel K. J. (Hg.): Wissenschaftliche Verantwortung und politische Macht. Berlin, Hamburg 1986, S. 3-63

Weniger K.: Die Entwicklung des Operationsplanes für die deutsche Schlachtflotte. In: Marine-Rundschau, Bd. XXXV 1930, S. 51-59

Wette W.: Militärgeschichte zwischen Wissenschaft und Politik. In: Kühne Th., Ziemann B. (Hg.): Was ist Militärgeschichte? Paderborn, München, Wien, Zürich 2000, S. 49-71

Williamson S. R., Jr.: Vienna and July 1914: The Origins of the Great War once more. In: Williamson S. R., Jr., Pastor P. (ed.): Essays on World War I: Origins and Prisoners of War. New York 1983, S. 9-36

Willems E.: Der preußisch-deutsche Militarismus. Ein Kulturkomplex im sozialen Wandel. Köln 1984

Wilson K.: Britain. In: Wilson K. (ed.): Decisions for War 1914. New York 1995, S. 175-209

Winter J. M.: Catastrophe and Culture: Recent Trends in the Historiography of the First World War. In: Journal of Modern History, Vol. 64 1992, S. 525-532

Wippich R.-H.: Das Deutsche Reich auf europäischen Konfrontationskurs. Die erste Marokkokrise 1905/06. In: Dülffer J., Kröger M., Wippich R.-H. (Hg.): Vermiedene Kriege. Deeskalation von Konflikten der Großmächte zwischen Krimkrieg und Erstem Weltkrieg 1865-1914. München 1997, S. 557-578

Wise S.: The Royal Air Force and the Origins of Strategic Bombing. In: Travers T., Archer C. (ed.): Men at War. Politics, Technology and Innovation in the Twentieth Century. Chicago 1982, S. 149-173

Wolf K.: Sir Roger Casement und die deutsch-irischen Beziehungen. Berlin 1972

Yasamee F. A. K.: Ottoman Empire. In: Wilson K. (ed.): Decisions for War 1914. New York 1995, S. 229-269

Young H. S.: The Misunderstanding of August 1, 1914. In: Journal of Modern History, Vol. 48 1976, S. 644-665

Zechlin E.: Krieg und Kriegsrisiko. Zur deutschen Politik im Ersten Weltkrieg. Düsseldorf 1979

Zechlin E.: Zum Kriegsausbruch 1914. Die Kontroverse. In: Geschichte in Wissenschaft und Unterricht, 35. Jg. 1984, S. 211-221

Zeidler M.: Die deutsche Kriegsfinanzierung 1914 bis 1918 und ihre Folgen. In: Michalka W. (Hg.): Der Erste Weltkrieg. Wirkung. Wahrnehmung. Analyse. München, Zürich 1994, S. 415-434

Zielsetzung und Methode der Militärgeschichtsschreibung. In: Militärgeschichtliches Forschungsamt (Hg.): Militärgeschichte. Probleme-Thesen-Wege. Stuttgart 1982, S. 48-59

Zilch R.: Die Reichsbank und die finanzielle Kriegsvorbereitung von 1907 bis 1914. Berlin 1978

Zilch R.: Zur wirtschaftlichen Vorbereitung des deutschen Imperialismus auf den ersten Weltkrieg. Das Protokoll der Sitzung des „Wirtschaftlichen Ausschusses" bei der „Ständigen Kommission für Mobilmachungsangelegenheiten" vom Mai 1914. In: Zeitschrift für Geschichtswissenschaft, Bd. 24 1976, S. 202-215

Zwehl H. v.: Erich von Falkenhayn. Eine biographische Studie. Berlin 1926

www.ingramcontent.com/pod-product-compliance
Lightning Source LLC
Chambersburg PA
CBHW031938290426
44108CB00011B/605